杜陵汉墓考古报告之二

西安黄渠头汉代墓地

（上册）

西安市文物保护考古研究院　编著

科学出版社

北　京

内 容 简 介

本书是西安市东南郊黄渠头汉代墓地的发掘报告。本书系统、全面地收录了关于黄渠头汉代墓地的调查、发掘成果，为研究汉代时期的历史提供了丰富的实物资料。本书共分四章：第一章概述，交代了黄渠头汉代墓地的地理位置、历史沿革、发掘及整理情况；第二章Ⅰ区墓葬，则系统梳理了Ⅰ区墓地内各墓的形制、出土器物等情况；第三章Ⅱ区墓葬，详细记录了该区墓地内各墓的形制、出土器物等情况；第四章初步研究，则从宏观上梳理了墓葬形制、出土器物类型、分期与年代、墓地的形成与布局、对墓地的几点认识。

本书适合高等院校考古专业的师生，以及相关专业的从业人员阅读参考。

图书在版编目（CIP）数据

西安黄渠头汉代墓地：全2册 / 西安市文物保护考古研究院编著. —北京：科学出版社，2023.9

（杜陵汉墓考古报告之二）

ISBN 978-7-03-073703-8

Ⅰ. ①西… Ⅱ. ①西… Ⅲ. ①汉墓–发掘报告–西安 Ⅳ. ①K878.85

中国版本图书馆CIP数据核字（2022）第213430号

责任编辑：闫广宇 / 责任校对：邹慧卿
责任印制：肖 兴 / 封面设计：北京有道文化传播有限公司

科学出版社 出版
北京东黄城根北街 16 号
邮政编码：100717
http://www.sciencep.com
北京中科印刷有限公司 印刷
科学出版社发行 各地新华书店经销

*

2023年9月第 一 版 开本：889×1194 1/16
2023年9月第一次印刷 印张：56 1/2 插页：110
字数：1 630 000
定价：800.00元（全二册）
（如有印装质量问题，我社负责调换）

目　录

插 图 目 录

彩版目录

图版目录

第一章 概 述

第一节 地 理 位 置

西安，陕西省的省会，位于中国中西部，关中平原中部，八百里秦川的中心。所在区域地形多样，有土层深厚、土壤肥沃的关中平原，有起伏不大的台原，也有海拔高、落差大的崇山峻岭。这里的气候一年四季分明，温暖湿润，降水充沛，植被发达，河流密布，是人类理想的繁衍生息之地，是中国古代文明的发源地，是中华民族的摇篮。

关中平原，是渭河及其众多支流长期冲积、泛滥而形成的冲积平原，地势平坦，土壤肥沃，灌溉便利，经过长期的开发与改造，已成为膏野千里、物产富饶的农业发达区，也是古代最富裕的地区之一。司马迁评之为"故关中之地，于天下三分之一，而人众不过什三；然量其富，什居其六"①。张衡称其为"广衍沃野，厥田上上"②。

山脉，主要是位于西安东、南两面的秦岭，秦岭之上靠近西安一段的著名山峰主要有终南山、南五台山、翠华山、骊山等。终南山，又名太乙山、南山，是秦岭武功至蓝田段的总称，它横亘于渭水以南，山势雄伟，峰峦层层，林木满山，沟谷幽深，是西安南部一道天然屏障。南五台山，位于西安之南约30千米，是西安附近秦岭的主峰，因山上有五峰（亦名五台），且在耀州区五台山之南而得名，山形峻峭，风景秀丽，素有"南山神秀，五台为最"之美誉。翠华山，位于南五台山东南，高峰环绕，翠屏环列，山顶的太乙池，池深水清，犹如一块碧玉镶嵌于云端。骊山，位于西安东南20多千米的地方，是秦岭向西北延伸的一支余脉，东西绵延20多千米，山上林木茂盛，每当夕阳西下，景色特别优美，"骊山晚照"是关中八景之一。

这里有高而平的诸多台原，较为著名的有白鹿原、少陵原、铜人原、神禾原、细柳原、毕原、凤栖原、洪渎原等。白鹿原，又称霸陵原，位于西安东南浐、灞二水之间，南接秦岭，北抵灞水南岸，东西宽约六七千米，南北长约20千米。少陵原，位于西安南浐、潏二水之间，汉代名为鸿固原，因汉宣帝杜陵位于该原之上，故又名杜陵原，南北绵延20余千米。铜人原，位

---

① （汉）司马迁撰，（南朝宋）裴骃集解，（唐）司马贞索引，（唐）张守节正义：《史记·货殖列传》，上海古籍出版社，2016年，第1500页。

② （汉）张衡：《二京赋》之《西京赋》，北方文艺出版社，2021年，第3页。

于白鹿原东北，东西长约7千米，南北宽约5千米，魏明帝欲迁秦始皇所铸铜人于洛阳，因重不可致，随留此地，故名铜人原。神禾原，位于西安市南樊川与御宿川之间高地上，相传原上曾产六斤重的谷穗，故名神禾原，它南起南五台山，北至潏河岸。凤栖原，位于韦曲附近，东接少陵原，西到勋阴坡。洪渎原，又称咸阳原，处于泾、渭二水之间，东西长32千米，南北宽10多千米，地势西北高，东南低，原上有西汉九位皇帝陵及大量陪葬墓。另外西安城区内还有龙首原、乐游原等。

西安地区水资源丰富，河流众多，泾、渭、浐、灞、沣、滈、涝、潏，号称"长安八水"。渭河，发源于甘肃，东南流入陕西境内，横贯关中平原，向东注入黄河，它支流众多，水量充沛，不仅为关中平原的农田灌溉、城市用水提供了重要水源，也是东南物质转运到长安的一条重要通道。泾河，渭河的最大支流，在农田灌溉方面起了极其重要的作用，战国晚期的郑国渠、西汉的白渠均引泾水以灌田数万顷，使关中平原地区变成千里沃野。沣河，源出终南山，自户县进入长安区境内，向北至咸阳市附近注入渭河，为周、秦、汉、唐都城用水提供了重要水源。滈水，在西安西南约20千米处，源于秦岭的石鳖谷，之后合诸峪之水后西北流入沣河。浐河，在西安东郊5千米处，发源于秦岭之中，后合诸峪之水流向西北，在西安附近与灞水会合流入渭河。浐河与长安城的关系非常密切，唐长安城内的曲江池、兴庆池、太液池中的水均引自浐河。灞河，原名滋水，春秋时秦穆公改名灞水，发源于蓝田东南的秦岭中，与浐河并行，在西安附近会合注入渭水。灞河是长安之东一道天然的护城河，关东入长安者必渡此水，灞桥沿岸，多种柳树，春季柳絮飘扬，宛如雪花，"灞柳风雪"是著名的关中八景之一。潏河，位于西安西南约15千米，发源于秦岭大义谷，北流十余千米后分为两支，一支北流易名皂河，一支西流注入滈水。西安地处关中中部，地理位置十分优越。

关中，即位于四关之中，东有函谷关，西有散关，南有武关，北有萧关。四关形势险要，易守难攻，使古代长安的防御固若金汤。函谷关，秦、西汉初置于今河南灵宝，西汉中期之后移至今河南新安城东，是通向东方最便捷的通道。散关，位于今宝鸡渭滨区益门乡的二里关村，是关中通往汉中、巴蜀的交通要冲。武关，位于今陕西丹凤武关乡武关村，是关中通往东南的重要通道。萧关，位于今宁夏固原东南的古城乡，有"长安咽喉，西凉襟带"之称。

第二节 历史沿革

优越的自然环境孕育了这里古老而发达的文明，重要的地理位置奠定了这一地区在中国历史上的特殊地位，从人类的童年——猿人时期到周秦汉唐的盛世王朝，再到宋元明清时期的军事重镇，均印证了这一史实。

石器时代，蓝田的陈家窝和公王岭发现了距今五六十万年和七八十万年的类人猿化石，我们现在称之为蓝田猿人，揭开了中国人类历史的新篇章①。近年来中国科学院古脊椎动物与古人类研究所发现的蓝田上陈遗址发现了距今212万年前的旧石器遗存②。

老官台文化③、宝鸡北首岭遗址④距今约七八千年，这一时期原始农业得到了发展，出现了早期的聚落形态。

仰韶文化，距今约七千年至五千年，是中国史前考古学文化最发达的时期，其中以西安半坡⑤、临潼姜寨⑥、高陵杨官寨⑦、西安鱼化寨⑧等遗址最为典型。

龙山文化，距今约五千年至四千年，目前西安地区发现该类文化遗址数百处，以西安客省庄遗址⑨、米家崖⑩最为著名，新发现的西安太平遗址、羊元坊遗址，考古工作正在进行中，均发现了大型环壕以及高等级的用品。

夏商周时期，西安地区也发现了丰富的夏、商文化遗存，商代的鼎盛时期，商文化遗存分布范围扩大到关中平原大部，如西安老牛坡⑪发现了内涵丰富的商文化遗存。西周时期，西安地区成为全国的政治、经济、文化中心。丰、镐两京是西周时的都城，是西周三百多年间的政治、文化中心。遗址中心区面积约15平方千米，发现大面积的夯土基址，规模宏大，排水设施齐全，另外还发现了公共墓地，分区规划，排列有序，聚族而葬，大型的高级贵族墓有专门的车马陪葬坑等⑫。

春秋战国时期，活动于这片土地上的主要是秦人。公元前383年，秦献公把都城从雍城迁至栎阳，秦孝公在此采纳了商鞅"变法修刑，内务耕稼，外劝战死之赏罚"⑬的建议，实行变法，奠定了统一六国的基础。公元前349年，秦孝公迁都咸阳，直到秦王朝灭亡一直定都于此。定都咸阳期间，秦统一了六国，建立了中国第一个统一的封建王朝。近些年来，秦都栎

① 戴尔俭：《陕西蓝田公王岭及其附近的旧石器》，《古脊椎动物与古人类》1966年第1期。
② 王社江、鹿化煜、张红艳，等：《陕西蓝田地区新发现黄土地层中的旧石器及其年代》，《科学通报》2014年第14期。
③ 北京大学考古教研室华县报告编写组：《华县、渭南古代遗址调查与试掘》，《考古学报》1980年第3期。
④ 中国社会科学院考古研究所宝鸡工作队：《一九七七年宝鸡北首岭遗址发掘简报》，《考古》1979年第2期。
⑤ 石兴邦：《西安半坡村新石器时代村落遗址的发掘》，《科学通报》1955年第7期。
⑥ 西安半坡博物馆、临潼县文化馆：《1972年春临潼姜寨遗址发掘简报》，《考古》1973年第3期。
⑦ 陕西省考古研究院：《陕西高陵杨官寨遗址发掘简报》，《考古与文物》2011年第6期。
⑧ 西安市文物保护考古研究院：《西安鱼化寨遗址发掘简报》，《考古与文物》2012年第5期。
⑨ 苏秉琦、吴汝祚：《西安附近古文化遗存的类型和分布》，《考古通讯》1956年第2期。
⑩ 陕西省考古研究院：《西安米家崖——新石器时代遗址2004～2006年考古发掘报告》，科学出版社，2012年。
⑪ 宋新潮：《西安老牛坡遗址发掘的主要收获》，《西北大学学报》（哲学社会科学版）1987年第1期。
⑫ 中国社会科学院考古研究所丰镐工作队：《1997年沣西发掘报告》，《考古学报》2000年第2期；中国社会科学院考古研究所丰镐工作队：《1984—85年沣西西周遗址、墓葬发掘报告》，《考古》1987年第1期；中国社会科学院考古研究所沣西发掘队：《陕西长安沣西客省庄西周夯土基址发掘报告》，《考古》1987年第8期。
⑬ （汉）司马迁撰，（南朝宋）裴骃集解，（唐）司马贞索引，（唐）张守节正义：《史记·秦本纪》，上海古籍出版社，2016年，第95页。

阳、咸阳①的考古工作取得了不少重要发现,尤其以栎阳城最为显著,发现了三座古城,其中三号城还发现了大型高等级建筑群。秦陵调查及大量中小型秦墓的发掘进一步深化了对秦文化的认识②。

西汉时期,定都长安,西安地区属京畿之地,是全国的政治、经济、文化中心。刘邦进驻关中后,先以栎阳作为临时都城,并开始营建长安城,至公元前190年末基本完成③,后经汉武帝进一步扩建,长安城遂成为一座国际性的大都市,西汉末年人口达近五十万。汉长安城遗址,位于今西安市西北的汉城乡、未央宫乡、六村堡乡、三桥镇,平面形状略呈方形,占地面积973顷,四周有高大城墙,城墙有十二城门,墙外有护城河,城内有八街、九市、一百六十个巷,重要宫殿有未央宫、长乐宫、北宫、桂宫等,城西还有建章宫,城西、南为广阔的上林苑,长安城周围还有众多的离宫别馆,如五柞宫、甘泉宫等。除华丽的宫殿之外,皇帝及高级贵族、官吏还为自己修建了规模宏大的陵墓。西汉的皇陵可分为两大陵区,西汉十一陵有九座帝陵位于长安城北渭河北岸的咸阳原上,自东向西依次为景帝阳陵、高祖长陵、惠帝安陵、哀帝义陵、元帝渭陵、平帝康陵、成帝延陵、昭帝平陵、武帝茂陵,文帝霸陵、宣帝杜陵分别位于长安城东南的白鹿原和杜东原上,皇陵区内除帝、后陵外,还有众多陪葬帝陵的高级贵族墓葬,有祭祀皇帝、皇后的寝园、宗庙等大型建筑④。近年,汉文帝霸陵的考古取得了重大发现,确定了霸陵的准备位置,并对其形制结构及陵园布局有了全新的认识,尤其是对周边几座培葬坑的发掘,取得了重要成果⑤。杜陵的考古工作也取得了重要进展,新发现的五典坡遗址,很可能是杜陵邑的一部分,张安世墓⑥、宜春侯墓及几座西汉壁画墓,很可能都与杜陵(邑)有关⑦。杜陵西侧、北侧发现的大量中小型汉墓,也应该与杜陵邑或乡里居民有关⑧。

东汉时期,迁都洛阳,长安的政治地位有所下降,但作为陪都,它在东汉历史上仍具有非常重要的地位。新莽至东汉初,长安城及其所在关中平原受到了严重的破坏。更始元年(23

---

① 秦都咸阳考古工作站、秦都咸阳考古工作站:《秦都咸阳第一号宫殿建筑遗址简报》,《文物》1976年第11期。

② 刘庆柱、李毓芳:《中国考古学·秦汉卷》,中国社会科学出版社,2010年。

③ (汉)司马迁撰,(南朝宋)裴骃集解,(唐)司马贞索引,(唐)张守节正义:《史记·吕后本纪》,上海古籍出版社,2016年,第180页。

④ 刘庆柱、李毓芳:《1982—1983年西汉杜陵的考古工作收获》,《考古》1984年第10期;刘庆柱、李毓芳:《1984—1985年西汉宣帝杜陵的考古工作收获》,《考古》1991年第12期;陕西省考古研究院、中国社会科学院考古研究所、西安市文物保护考古研究院:《汉宣帝杜陵考古调查勘探简报》,《考古与文物》2021年第1期。

⑤ 陕西省考古研究院、西安市文物保护考古研究院:《汉文帝霸陵考古调查勘探简报》,《考古与文物》2022年第3期。

⑥ 陕西省考古研究院:《西安凤栖原西汉墓地田野考古发掘收获》,《考古与文物》2009年第5期。

⑦ 陕西省考古研究所、西安交通大学:《西安交通大学西汉壁画墓》,西安交通大学出版社,1991年;西安市文物保护考古所:《西安理工大学西汉壁画墓发掘简报》,《文物》2006年第5期;西安市文物保护考古所:《西安曲江翠竹园西汉壁画墓发掘简报》,《文物》2010年第1期。

⑧ 西安市文物保护考古研究院:《西安南郊曲江羊头镇西汉墓发掘简报》,《文博》2013年第6期。

年），东海人公宾放火纵烧未央宫，华丽的未央宫毁于战火[1]。更始三年，王匡、张卬与李松、赵萌在长安城内连战数月，长安城内的部分宫殿受到破坏[2]。赤眉军进入长安之后，烧杀抢劫，焚烧宫室，使长安城受到了毁灭性的破坏。关中平原也是一片混乱，割据势力独霸一方，他们之间战乱不止，加上连年饥荒，使得关中地区白骨蔽野，城郭皆空，政治、经济遭到彻底破坏。东汉政府对关中地区始终采取保护政策。建武二年（26年），冯异进兵关中时，光武帝就告诫他"非必略地屠城，要在平定安集之耳"[3]，进入关中后，他恩威并施，很快平定了割据势力，使关中地区的经济得以复苏。光武帝还多次下令对西汉宫室及诸陵园进行修缮，使其恢复昔日的辉煌。东汉历代皇帝都曾多次到关中祭奠祖陵，每次祭祀都要对关中地区颁布免租赋、赠钱粮的诏令，这也从客观上促进了关中地区经济的恢复。经过东汉政府一百多年的重点经营，到东汉末年，关中地区已是一片繁荣富裕的景象。东汉末年，关中地区再罹战乱，百姓逃亡，田地荒芜，李傕火烧长安宫室、官府，致使长安城空四十余日，强者四散，羸者相食，东汉政府苦心经营的繁荣局面毁坏殆尽。

魏晋南北朝时期，长安虽不时成为短暂王朝的都城，但大体一直处于衰败暮落时期。晋惠帝元康二年（292年），潘岳在《西征赋》中对长安的萧条衰败景象作了描述，宫殿旁杂草丛生，野鸡鸣叫，狐狸野兔掘穴。永嘉之乱后，长安城中户不盈百，墙宇颓毁，蒿棘成林，"朝廷无车马章服，唯桑版署号而已"[4]，长安城已衰败到了极点。前赵、前秦、后秦、西魏和北周均以长安城为都城，西安地区的政治地位和经济也得到了一定的恢复。

隋、唐时期，西安地区再次成为全国的政治、经济、文化中心。隋朝统一全国之后，隋文帝在旧城东南的龙首山之南修建新城，即大兴城[5]。唐代长安城是在隋大兴城的基础上，经过多次扩建增修而成，规模宏大，宫殿巍峨，里坊整齐，道路笔直，四通八达，较之隋大兴城更加雄伟壮观。唐代长安城内的人口具体数量虽无明确记载，但从相关史料分析，人口总数均在百万以上。城内手工业高度发达，商业贸易极其繁荣，其中东市、西市是当时的商业活动中心，市内商品种类齐全，数量繁多。经济的繁荣，文化的发达，使长安城成为一座国际性的大都市。

唐代以后，长安再也未作过首都，西安地区也不再是全国的政治、经济、文化中心，但由于其特殊的地理位置，宋、元、明、清历代政府均把长安作为控制西北、西南的军事重镇，它的地位仍然相当重要。

① 陈芳译注：《后汉书·刘玄刘盆子列传》，中华书局，2016年，第28页。
② 陈芳译注：《后汉书·刘玄刘盆子列传》，中华书局，2016年，第42页。
③ 陈芳译注：《后汉书·冯异列传》，中华书局，2016年，第73页。
④ （唐）房玄龄：《晋书·愍帝纪》，中华书局，1974年。
⑤ （唐）魏徵等：《隋书·高祖纪》，中华书局，2000年，第12页。

第三节　发掘及整理情况

黄渠头，位于西安市东南郊，属雁塔区曲江街道，因地处隋唐时期黄渠之首而得名，黄渠是当时曲江池最重要的进水渠。西安市东南郊，地处杜陵原的北部边缘，属台原地貌，自南向北，有若干道东北—西南方向的岗地，且逐级降低。黄渠头处在杜陵北侧第一道岗地的北坡之上，向东临近浐河，杜陵邑遗址位于该岗地中部偏南，北距黄渠头约1.5千米（图一；彩版一）。

近些年来，在杜陵周边区域，发掘了一大批汉代墓葬。如杜陵西侧约6千米的凤栖原大墓，被认为有可能是张安世的家族墓；千林郡小区发掘的宜春侯夫妇合葬墓；黄渠头村南侧配合华商传媒项目建设中发掘小型汉墓100余座；在缪家寨配合金光园小区建设中发掘小型汉墓近100座；配合园林基地项目发掘小型汉墓300余座；陕西植物项目建设中发掘小型汉墓100余

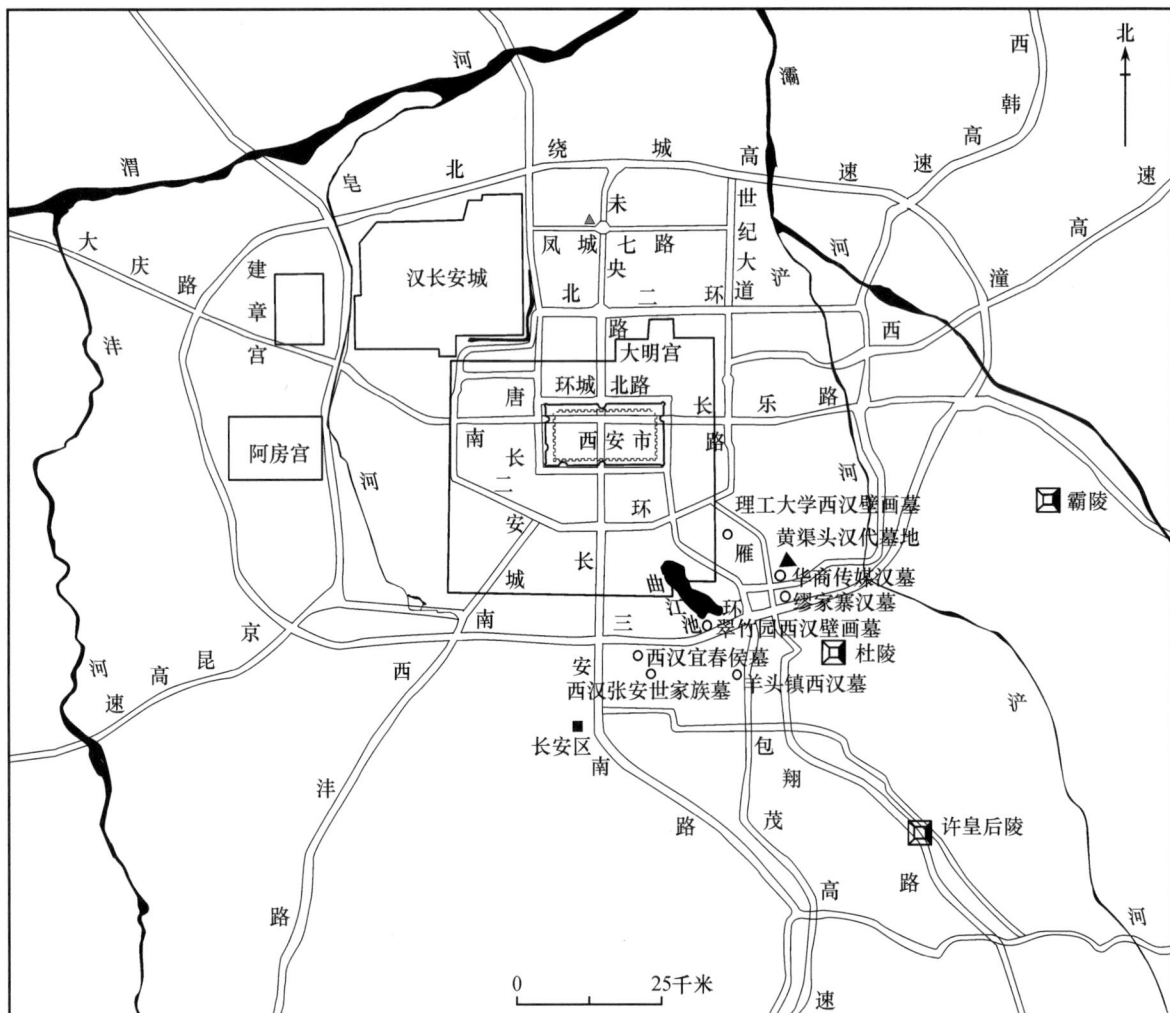

图一　黄渠头汉代墓地位置图

座等。杜陵汉墓考古报告之一《西安西汉壁画墓》录入的西安理工大学西汉壁画墓,位于黄渠头北侧的岗地之上,相距约1.5千米,录入的翠竹园西汉壁画墓位于黄渠头的西南,相距约4千米。这些墓葬,有的可能是杜陵的陪葬墓,有的可能属于居住在杜陵邑内的中高级官吏,数量众多的小型墓可能属于杜陵邑或者所属乡里的一般居民。

黄渠头汉代墓地的发掘,是西安市文物保护考古研究院配合曲江新区建设集团创意谷项目建设开展的一项抢救性发掘工作。2013年7月开始发掘,2014年6月结束,发掘古墓葬236座,其中汉墓225座。项目由张翔宇担任领队,高博、刘汉兴现场负责。南开大学历史学院、辽宁师范大学历史文化旅游学院的部分师生参与了发掘工作。参加发掘的技术人员主要有王礼云、赵俊英、王鑫博、王娅及南开大学历史学院在读研究生齐香钧、王钰、董雪迎,辽宁师范大学历史文化旅游学院在读研究生李浩然、王旭光、祝碧莲、曹蕊、谢迪欣,郑州大学历史学院研究生左弼文等(彩版二、彩版三)。

根据项目地块情况,采取分区发掘。项目用地西临雁翔路,北临黄渠头二路,东临通渠巷,南临黄渠头三路,中间以南北向的登高路为界,分为东、西两个地块。发掘也依此分为两个区,Ⅰ区为东部地块,四至范围坐标点(西安城市坐标系)分别为A(3970.723,18363.281)、B(4134.238,18651.952)、C(3745.100,18743.048)、D(3659.872,18520.554)。Ⅱ区为西部地块,四至范围坐标点分别为E(3771.523,18011.612)、

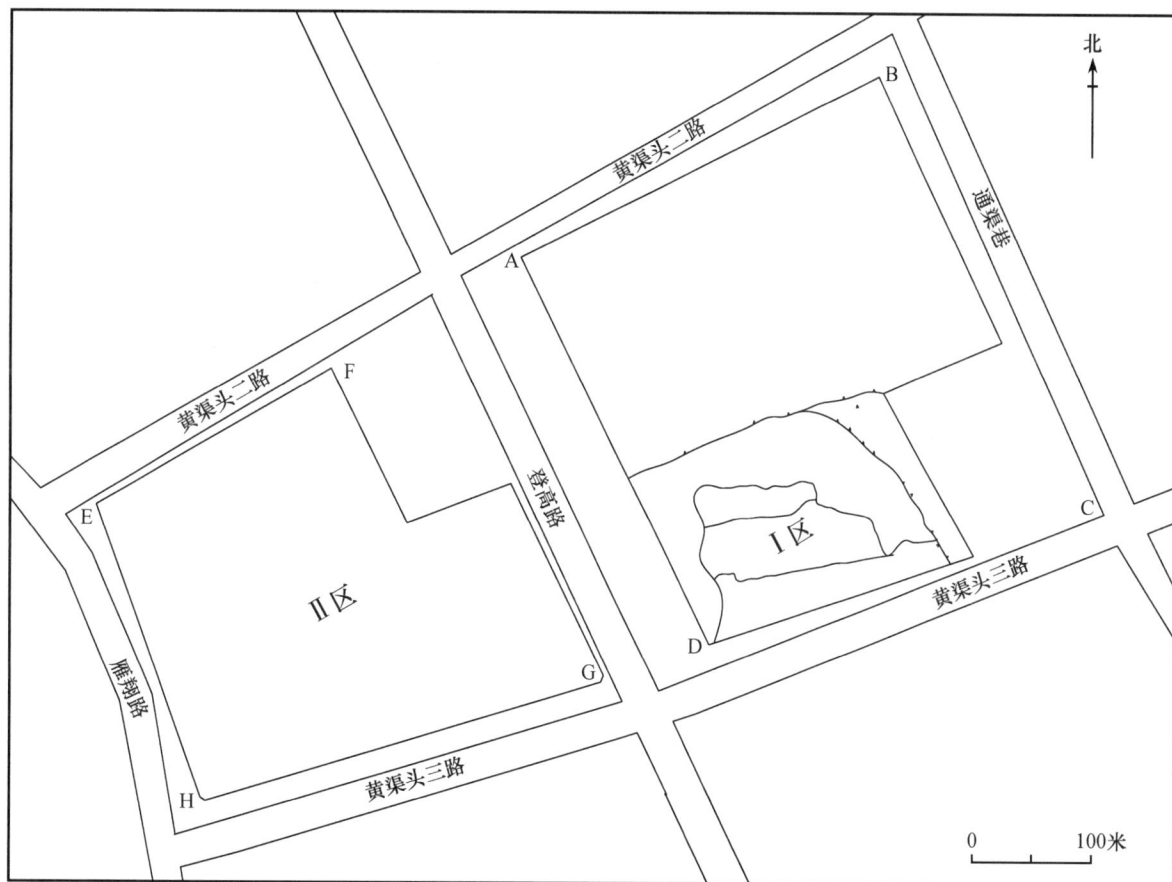

图二 黄渠头汉代墓地发掘分区图

F（3881.384，18205.562）、G（3629.687，18429.914）、H（3533.117，18102.955）。Ⅰ区和Ⅱ区墓葬分别编号（图二）。Ⅰ区地形地貌保存较好，发掘墓葬数量多，保存比较好（图三-1）。根据墓葬分布情况，以墓地西南角为基点采用虚拟布方，全站仪统一测绘制图。Ⅱ区为黄渠头村占压区域，加上拆迁、清表，地形、地貌破坏严重，发掘墓葬数量少，墓葬保存也比较差（图三-2）。

在开展田野发掘的同时，室内整理工作也同步进行。2014年6月底，出土陶器的修复工作基本完成，并对部分彩绘陶器和小件进行拍照。高博、李若菲、王娅、王鑫博负责清理小件文物。王凤娥负责绘制出土文物线图，王娅负责对器物线图进行初步排版，器物照相及图版编排由高博完成。张翔宇负责制订报告编写体例、校对与统稿。高博负责第一章概述及第四章初步研究两部分的文字初稿。刘汉兴对墓葬基础资料进行了初步整理。覃思鑫、秦宇星、林洁参与了图版、文字及表格的校对与整理工作。报告初稿于2021年底完成。

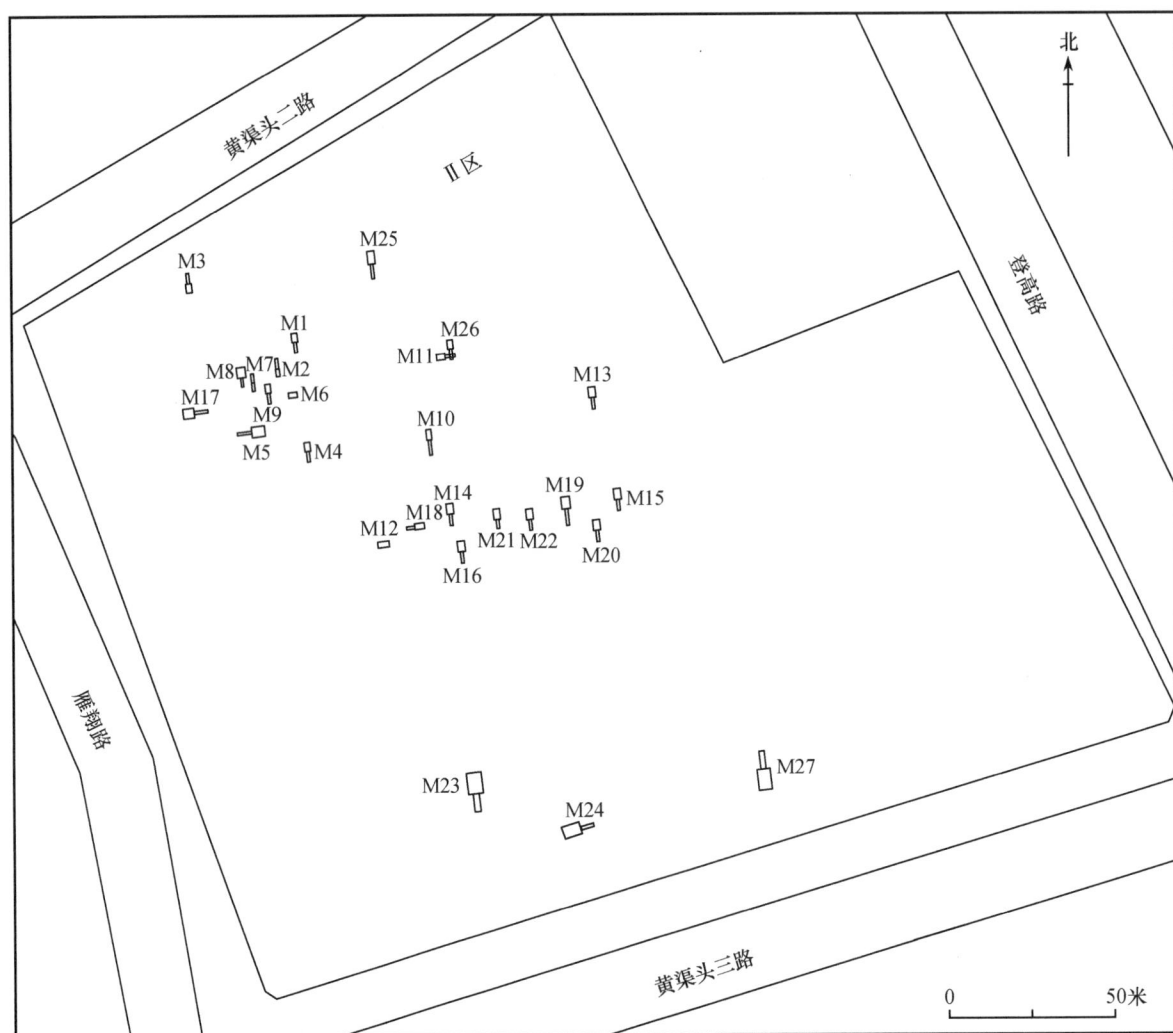

图三-2　黄渠头汉代墓地Ⅱ区墓葬分布图

　　报告的编写主要参考《西安龙首原汉墓》①、《长安汉墓》②和《西安东汉墓》③三部考古报告，共分为四章：第一章，概述，主要介绍西安的自然环境、历史沿革、发掘整理及报告编写情况。第二章，Ⅰ区墓葬，以单个墓葬为节，分别对其形制、出土器物进行全面介绍。第三章，Ⅱ区墓葬。第四章，初步研究，对墓葬形制、出土器物进行类型分析，对墓葬分期、墓地布局及相关问题进行初步探讨。

---

① 西安市文物保护考古所：《西安龙首原汉墓》，西北大学出版社，1999年。

② 西安市文物保护考古所、郑州大学考古专业：《长安汉墓》，陕西人民出版社，2004年。

③ 西安市文物保护考古所：《西安东汉墓》，文物出版社，2009年。

第二章 Ⅰ区墓葬

Ⅰ区，位于项目东部，规划为住宅区。该区域地貌保存相对较好，自南向北呈三级阶梯状，为后期人们平整土地所致。发掘墓葬209座，其中汉墓206座，唐、金墓3座。墓葬主要分布在上部的第一、二级阶地之上，下部的第三级阶地上仅有4座，墓葬分布密集，排列有序。

第一节 M1

1. 墓葬形制

M1，位于该发掘区北部偏西，探方T0208内，其东侧有M2、M3和M4。这四座墓位于该发掘区的最低一级台地，分布较为稀疏，排列似无规律。方向90度，形制为竖穴墓道砖室墓，由墓道、墓室两部分组成（图四；图版六，1、2）。

墓道　位于墓室东端，平面呈长方形，壁面较直，南北两侧有脚窝对称分布。脚窝平面呈三角形，宽0.22、高0.20、进深0.10米。墓道开口长2.50、宽0.90、底距开口深6.60米。墓道内填五花土，土质疏松，未经夯打，出土筒瓦1件。

墓室　平面呈长方形，条砖顺向错缝砌壁，条砖（楔形砖）对缝券顶，条砖错缝铺地。条砖尺寸37厘米×18厘米×9厘米，楔形砖尺寸38厘米×19厘米×（3～5）厘米。墓室长4.50、宽1.48、壁高1.0、室高1.65米。该墓被盗扰，陶器出土于墓室西部，紧邻西壁，铜钱出土于棺内。出土器物有陶罐1、仓2、釜1、甑1、筒瓦1（墓道）、铜环1、铜泡1、金箔1、铜钱2。

封门　条砖封门。上面三层错缝平砌，下部九层为对缝侧立。封门长0.90、高1.82米。

葬具　木棺1具，保存较差，长2.30、宽0.70米。

葬式　因盗扰，葬式不详。

盗洞　1处，位于墓室的中部，平面略呈长方形，自上而下打破墓室券顶。长1.0、宽0.62米。

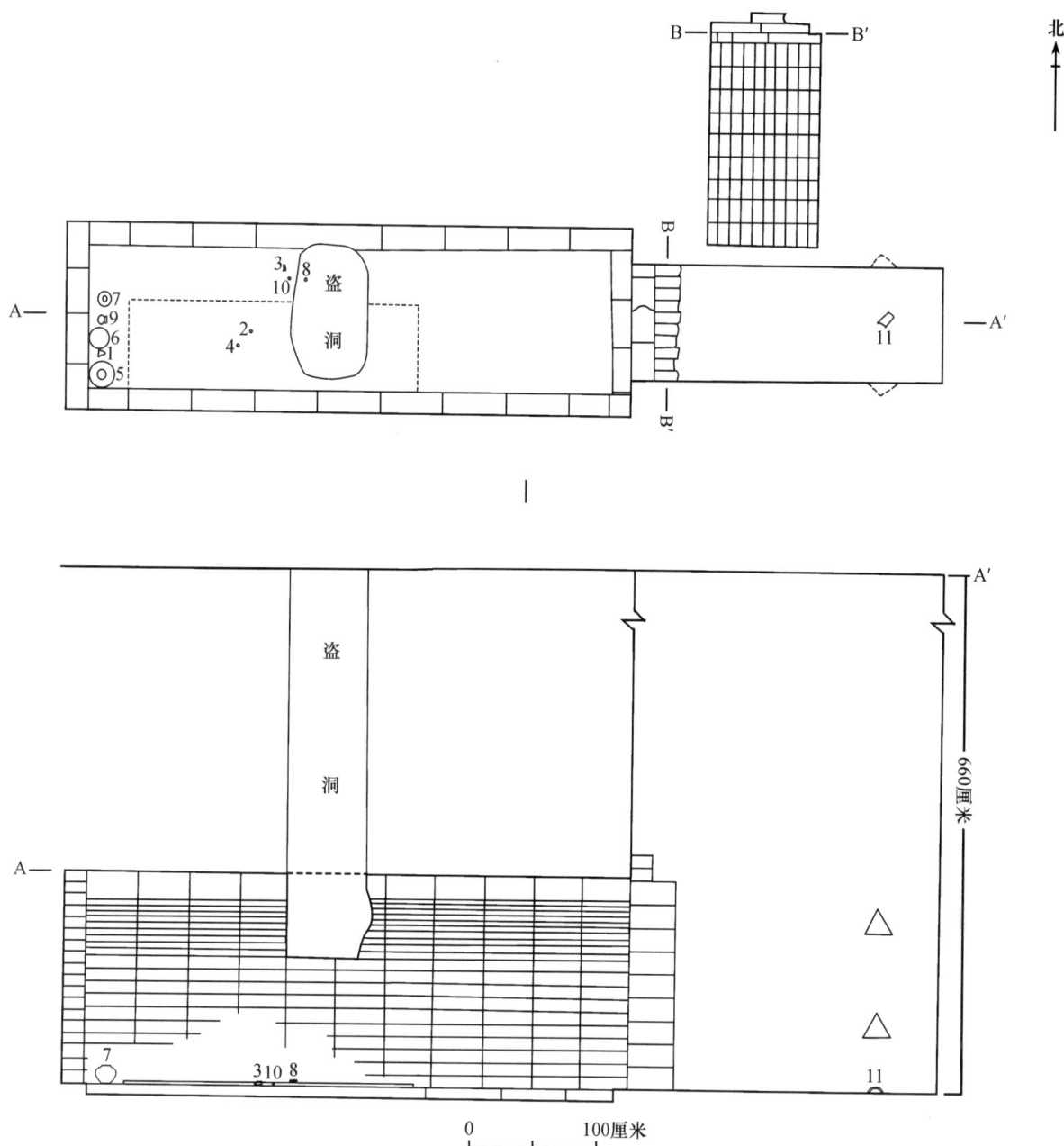

图四　Ⅰ区M1平、剖面图

1.陶甑　2、4.铜钱　3.金箔　5、6.陶仓　7.陶罐　8.铜环首　9.陶釜　10.铜泡　11.筒瓦

2. 出土器物

该墓出土器物9件，另有铜钱2枚。质地有陶、铜、金三种。分述如下。

陶器　6件，陶质分为红胎釉陶和泥质灰陶，器类有罐、仓、釜、甑、筒瓦。

罐　1件，标本M1：7，红胎绿釉，釉层薄，剥落严重。器型，侈口，圆唇，矮领，鼓肩，弧腹，平底。口径8.6、腹径14.7、底径7.2、高11.3厘米（图五，1；图版九九，1）。

仓　2件（M1：5、6），红胎绿釉，釉层薄，剥落严重。标本M1：6，器身，直口，圆唇，矮领，肩出檐，绕口一周有环状台面，之外数道筒瓦棱，筒瓦棱间有两周板瓦叠痕。直筒腹，平底，底附三踞熊形足，腹部有两组（每组二道）凹弦纹。口径5.6、底径13.4、足高5.4、通高28.6厘米（图五，4；图版九九，2）。

釜　1件，标本M1：9，泥质灰陶，敛口，平沿，矮领，鼓肩，折腹，小平底内凹。口径4.8、腹径8.45、底径1.2、高6.4厘米（图五，2；图版九九，3）。

甑　1件，标本M1：1，泥质灰陶，敞口，平沿，方唇，斜直腹，平底，底有三箅孔，腹部饰两周凸弦纹。口径6.2、底径1.8、高4.7厘米（图五，3）。

筒瓦　1件，标本M1：11，残损严重，外侧饰绳纹，内侧素面，残长8.9厘米（图五，8；图版九九，4）。

铜器　2件，器类为环和泡。

环　1件，标本M1：8，圆形，环径2.15、断面径0.25厘米（图五，5）。

泡　1件，标本M1：10，泡径2.1、高1.0厘米（图五，6）。

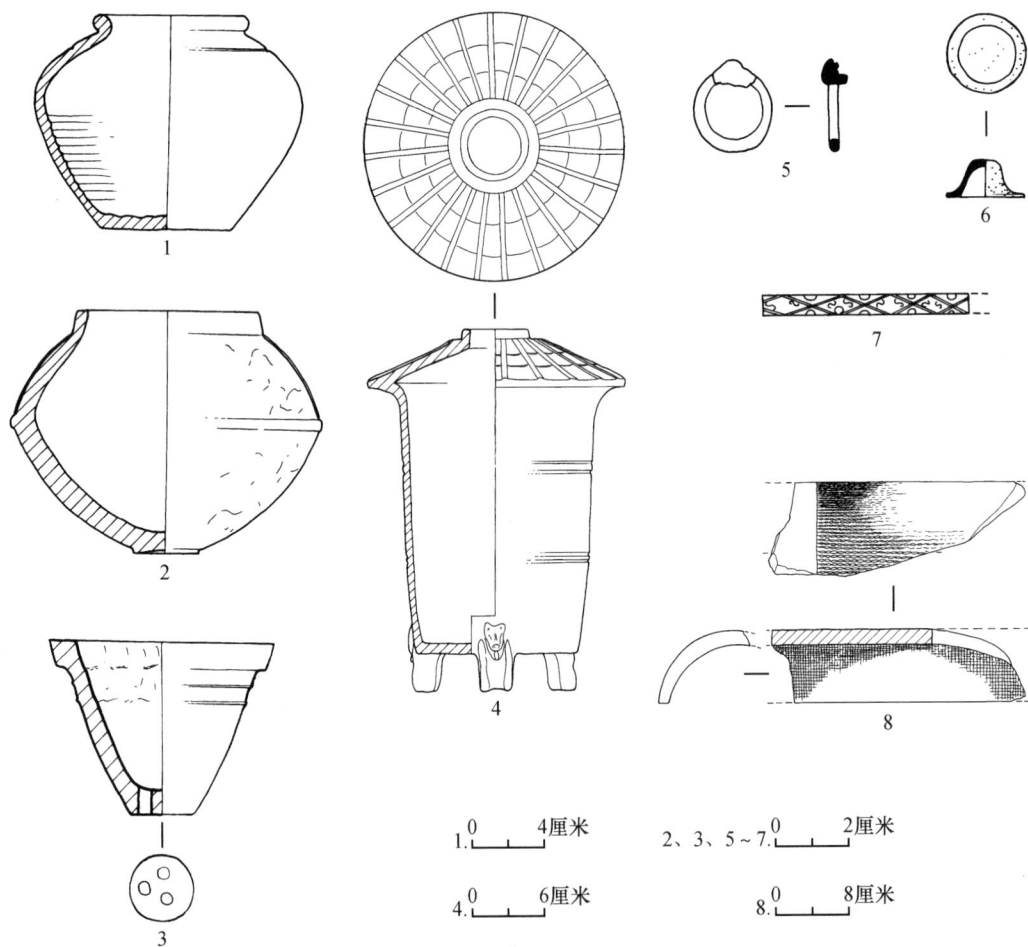

图五　Ⅰ区M1出土器物

1. 陶罐（M1：7）　2. 陶釜（M1：9）　3. 陶甑（M1：1）　4. 陶仓（M1：6）　5. 铜环（M1：8）　6. 铜泡（M1：10）
7. 金箔（M1：3）　8. 筒瓦（M1：11）

金箔　1件，标本M1∶3，长条形薄片状，应为漆器饰物。主体纹饰为连续菱形纹，其间点缀半圆圈、"S"形纹。残长5.7、宽0.6厘米（图五，7）。

铜钱　2枚，均为五铢，圆形，方穿，穿背面有郭，正面两侧有篆文"五铢"二字。标本M1∶2-1，五字瘦长，交笔较直，钱径26.17、穿宽9.85、郭厚2.13毫米，重3.64克（图六，1）。标本M1∶2-2，五字宽大，交笔甚曲，末端与横划近乎垂直，钱径26.84、穿宽9.01、郭厚2.24毫米，重4.29克（按：年代为武帝、元帝时期）（图六，2）。

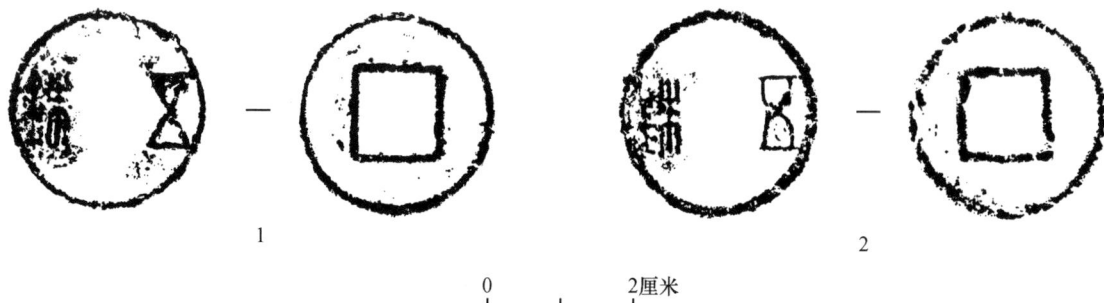

0 _____ 2厘米

图六　Ⅰ区M1出土铜钱
1. M1∶2-1　2. M1∶2-2

第二节　M2

1. 墓葬形制

M2，位于M1的东南，探方T0307内，墓道延伸至T0308，墓室延伸至T0407，方向0度，形制为竖穴墓道砖室墓，由墓道、墓室两部分组成（图七；图版六，3、4）。

墓道　位于墓室北端，平面呈长方形，壁面较直，墓道西壁横向排列有一大一小两个脚窝，东壁纵向排列有一大一小两个脚窝，底略呈坡状。脚窝，平面呈三角形，小脚窝宽0.20、进深0.12、高0.12米，大脚窝宽0.32、进深0.12、高0.24米。墓道开口残长2.46、宽0.85、底距开口深7.0米。墓道内填五花土，土质疏松，未经夯打。

墓室　平面呈长方形，券顶砖室，壁条砖错缝平砌，条砖（楔形砖）对缝券顶，底部条砖横排错缝平铺。条砖尺寸36厘米×18厘米×8厘米，楔形砖尺寸38厘米×19厘米×（3～5）厘米。墓室长4.40、宽1.56米、壁高1.34、室高1.60米。该墓葬经盗扰，出土器物有陶罐1（残）、铜马镳1、弩机1、衡末饰1、盖弓帽1、扣饰1、铜泡钉9、玉鼻塞1、铜钱9。

封门　条砖封门，侧立对缝砌，宽0.84、高1.66米。

葬具　木棺1具，仅存棺灰痕迹，因盗扰尺寸不详。

葬式　因盗扰，葬式不详。

盗洞　1处，位于墓室上方，自上而下进入墓室，平面呈方形，直径约0.70～1.10米。

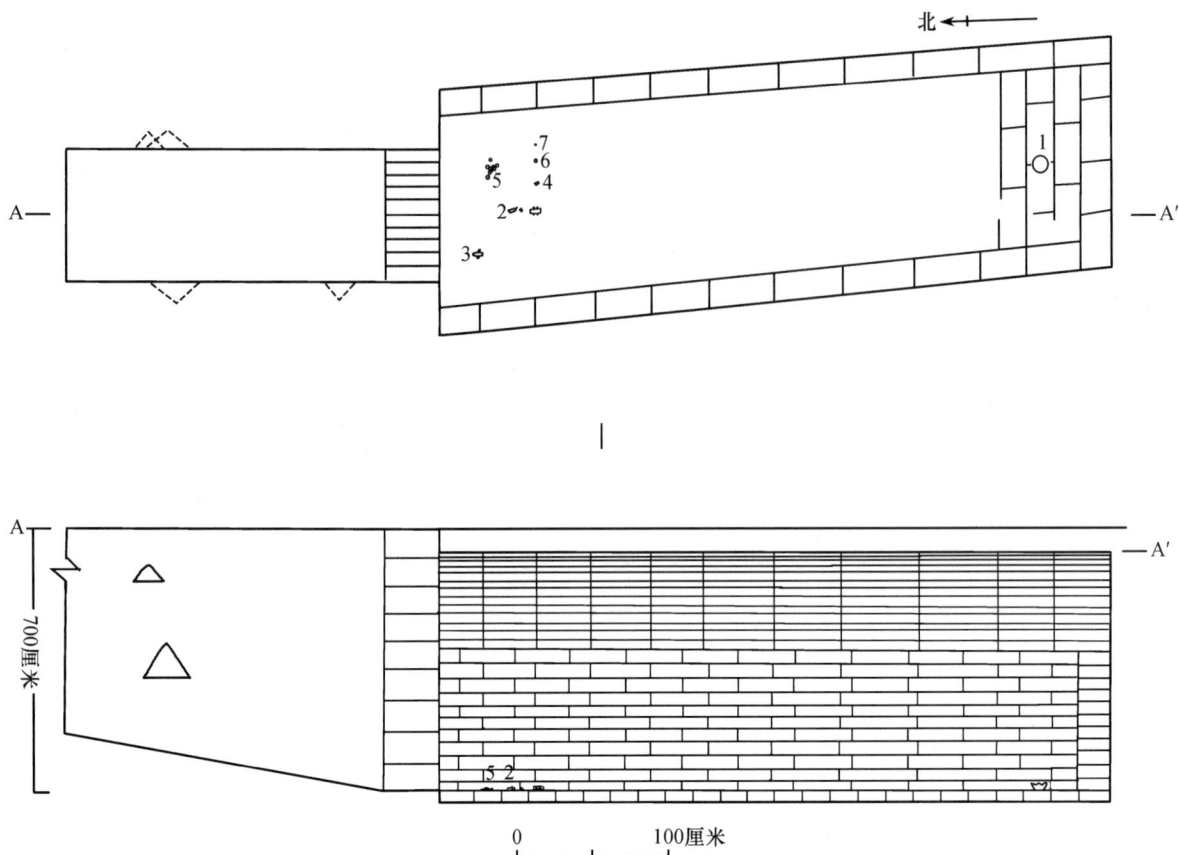

图七　Ⅰ区M2平、剖面图

1. 陶罐　2. 铜车马器　3. 弩机　4. 玉鼻塞　5. 铜钱　6. 小铜钱　7. 铜泡

2. 出土器物

该墓出土器物16件，另有铜钱9枚。质地有陶、铜、玉三种。分述如下。

陶罐　1件，标本M2：1，红胎绿釉，釉层较薄。器型，直口，圆唇，矮领，鼓肩，弧腹，平底。口径8.6、腹径15、底径8、高11.4厘米（图八，1）。

铜器　14件，器类有衡末饰、马镳、盖弓帽、扣饰、弩机、泡钉。

马镳　1件，标本M2：2-2，呈"S"形片状，中间有两孔。长8.0、厚0.3厘米（图八，2）。

弩机　1件，标本M2：3，锈蚀严重，其他部位已不清。郭长5.5、宽0.8～1.8厘米（图八，3）。

衡末饰　1件，标本M2：2-1，筒形，一端封闭。直径1.0、长1.0厘米（图八，4）。

盖弓帽　1件，标本M2：2-3，圆筒形，一端封闭，中部有一倒刺。长1.6、直径0.6厘米（图八，5）。

扣饰　1件，标本M2：2-4，帽状，下有双方环形钮。帽径1.0、高0.7厘米（图八，6）。

泡钉　9件，形制相同。标本M2：7，泡径2.0、针长0.6厘米（图八，7）。

玉鼻塞　1件，标本M2：4，保存较差，已钙化成白色，圆柱形，一端稍细。长1.5、直径0.3～0.5厘米（图八，8）。

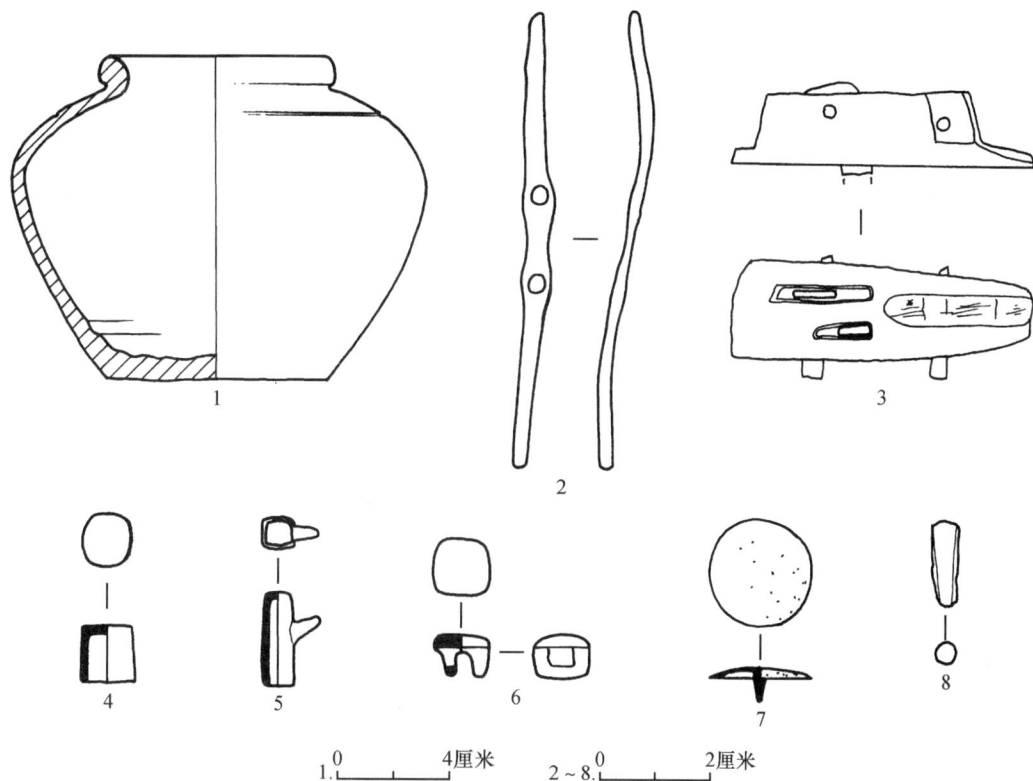

图八　Ⅰ区M2出土器物

1. 陶罐（M2：1）　2. 马镳（M2：2-2）　3. 弩机（M2：3）　4. 衡末饰（M2：2-1）　5. 盖弓帽（M2：2-3）　6. 扣饰（M2：2-4）
7. 铜泡（M2：7）　8. 玉鼻塞（M2：4）

　　铜钱　9枚，均为五铢钱，挑选其中文字清晰者8枚标本，其中小五铢钱1枚。圆形方穿，穿背面有郭，部分穿上有一横郭或穿下有一星纹，穿之两侧有篆文"五铢"二字。"五"字交股较直，字体瘦窄，钱形规整，钱径多在2.5厘米左右，重量多为3.20~4.11克（图九）。

第三节　M3

1. 墓葬形制

　　M3，位于探方T0507内，延伸至T0508，M2东侧30米处，方向270度。形制为竖穴墓道砖室墓，由墓道、耳室、墓室三部分组成（图一〇）。

　　墓道　位于墓室的西端，平面呈长方形，壁面较直，南北两壁有对称分布的脚窝。脚窝，平面呈三角形，宽0.20、高0.10、进深0.14米。墓道开口长2.70、宽1.0、底距开口深7.4米。墓道内五花土，土质疏松，未经夯打。

　　耳室　位于墓室前部南北两侧，均被盗扰。南耳室，平面呈"L"形，拱形土洞顶，条砖错缝砌壁，条砖错缝铺地，宽0.78~1.52、长1.42~3.06、高1.22米，器物置于耳室入口处，出

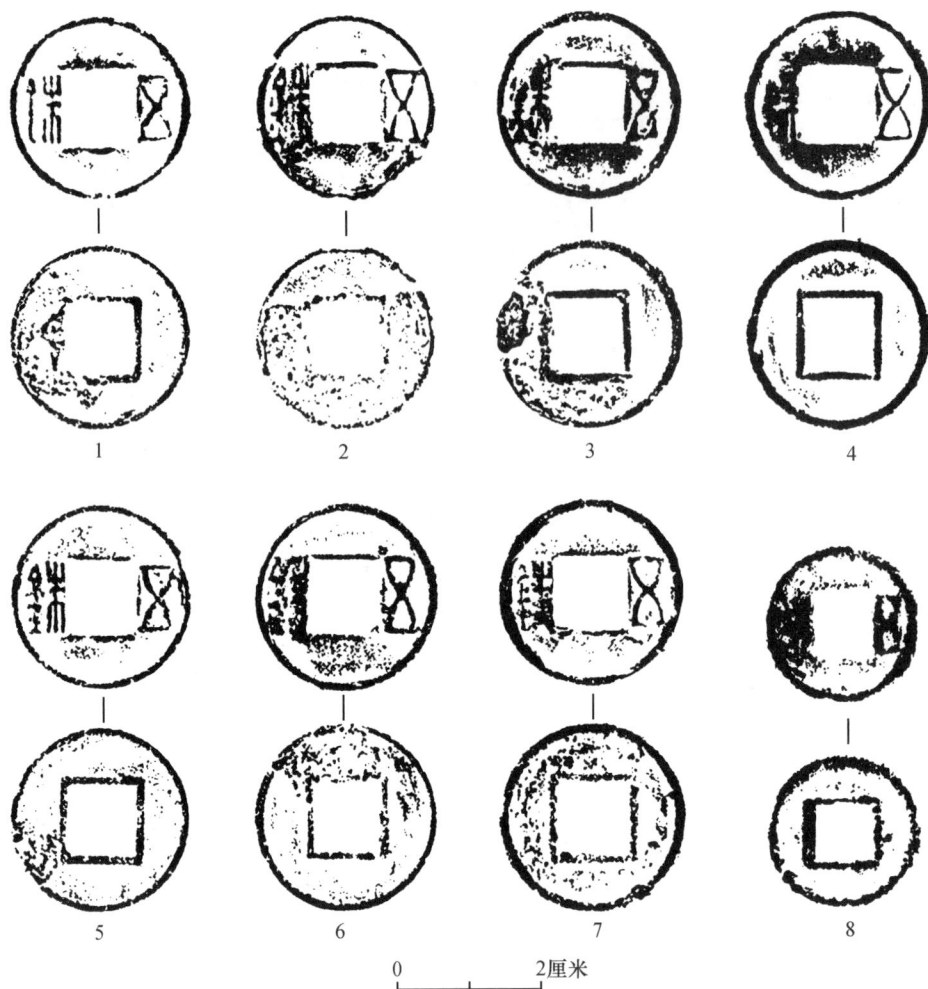

图九　Ⅰ区M2出土铜钱

1. M2∶5-1　2. M2∶5-2　3. M2∶5-3　4. M2∶5-4　5. M2∶5-5　6. M2∶5-6　7. M2∶5-8　8. M2∶6

土铜盖弓帽2、衡末饰4、铅辖𪐝1、扣饰1。北耳室，平面呈长方形，顶部条砖对缝券顶，条砖错缝平铺地，长2.03、宽1.44、高1.1米，器物主要置于中部，出土陶罐1、仓1、盆1。

　　墓室　平面呈长方形，条砖对缝券顶，壁坍塌，结构不详。墓室长4.80、宽2.08、高1.80米。该墓盗扰严重，墓室内出土铜钱3。

　　封门　条砖封门，共27层，底部三层为对缝平砌，余均为错缝平砌。条砖38厘米×19厘米×8厘米。封门宽1.14、高2.32米。

　　葬具　木棺1具，盗扰严重，尺寸结构不详。

　　葬式　不详。

　　盗洞　1处，位于墓室西部前端，自上而下进入墓室，平面呈圆形，直径约1.2米。

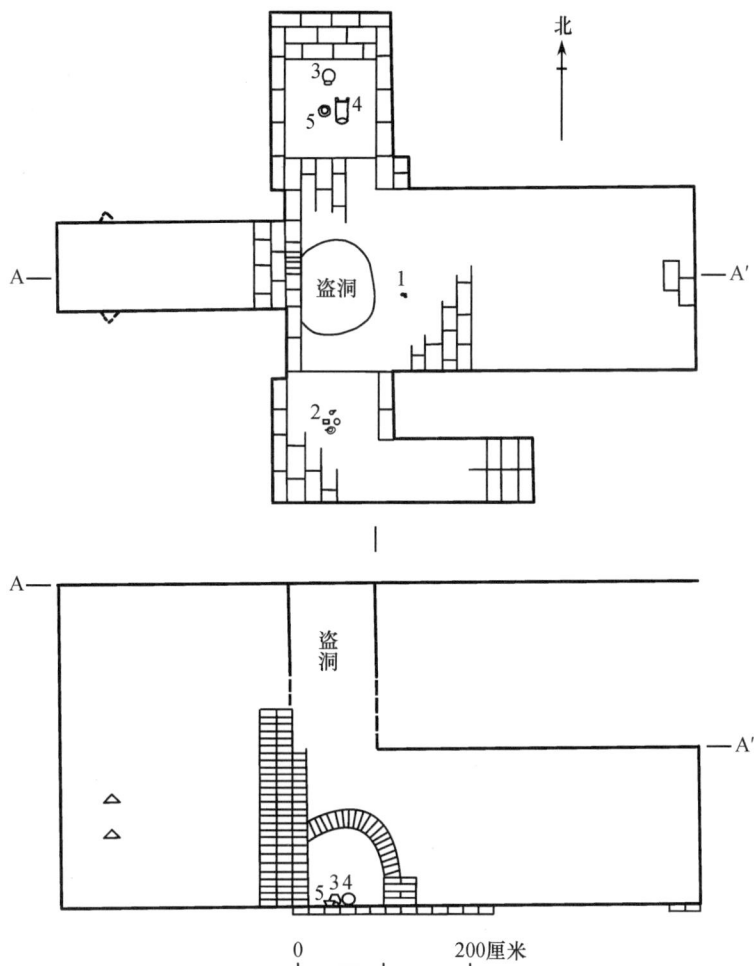

图一〇 Ⅰ区M3平、剖面图

1. 铜钱 2. 铜、铅车马器 3. 陶罐 4. 陶仓 5. 陶盆

2. 出土器物

该墓出土器物11件，另有铜钱3枚。质地有陶、铜、铅三种，分述如下。

陶器 3件，陶质分为红胎釉陶和泥质灰陶，器类为罐、仓、盆。

罐 1件，标本M3：3，红胎墨绿釉。直口，圆唇，矮领，鼓肩，鼓腹，平底，肩部模印两道凸弦纹，其间饰卷草纹。口径7.8、腹径13.8、底径6.7、高12厘米（图一一，1）。

仓 1件，标本M3：4，红胎墨绿釉陶。直口，圆唇，矮领，肩出檐，绕口一周有环状台面，之外数道筒瓦棱，筒瓦棱间有两周板瓦叠痕，直筒腹，平底，底附三踞熊形足。腹部饰三组（每组两道）凹弦纹。口径6.7、底径13.8、足高6.1、通高29.8厘米（图一一，3）。

盆 1件，标本M3：5，泥质灰陶，侈口，平沿，方唇，折腹，平底。口径12、底径4.6、高5.2厘米（图一一，2）。

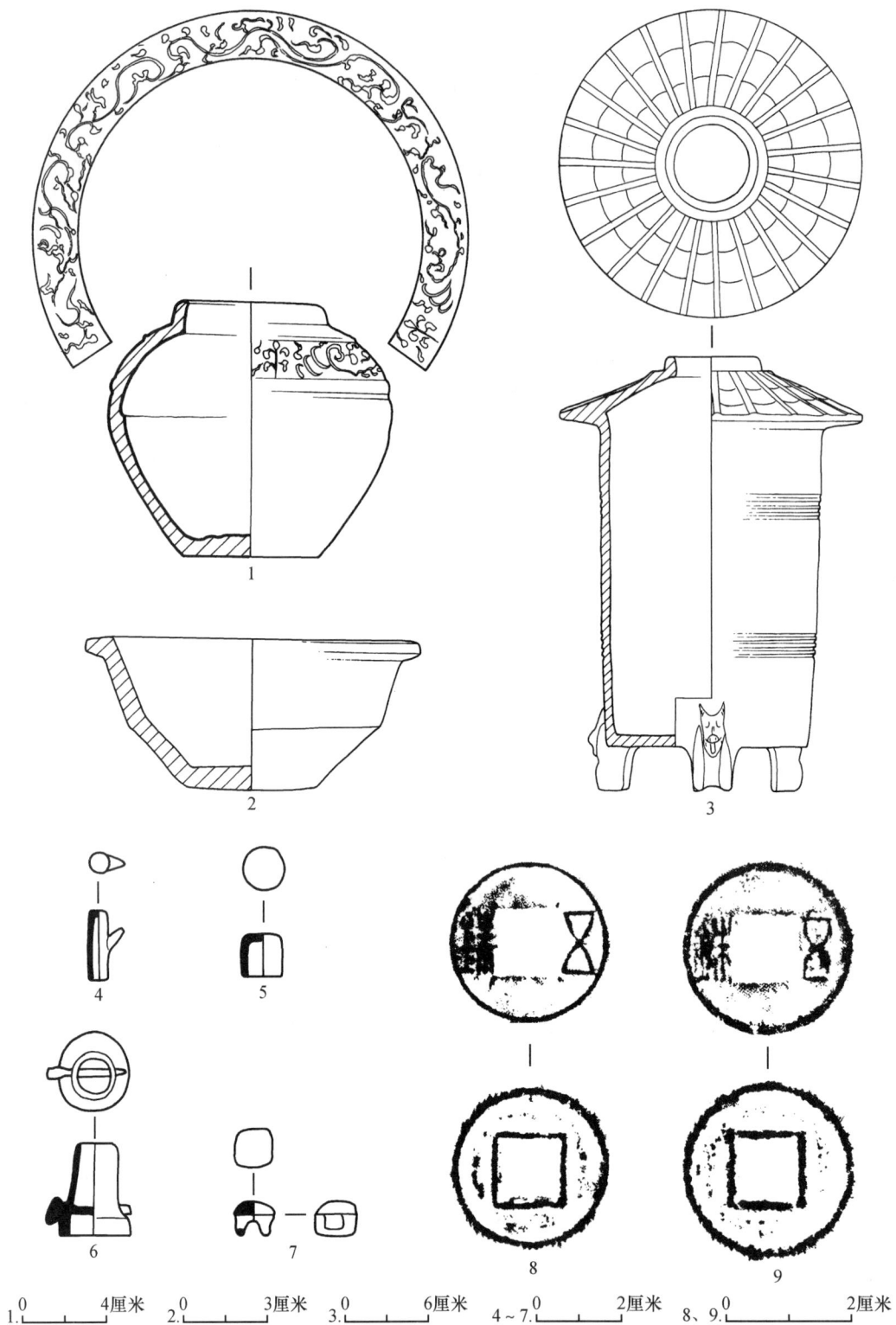

图一一　Ⅰ区M3出土器物

1. 陶罐（M3∶3）　2. 陶盆（M3∶5）　3. 陶仓（M3∶4）　4. 盖弓帽（M3∶2-1）　5. 衡末饰（M3∶2-3）

6. 辖軎（M3∶2-2）　7. 扣饰（M3∶2-4）　8、9. 铜钱（M3∶6-1、2）

铜器　6件，器类有盖弓帽、衡末饰两种。

盖弓帽　2件，形制相同，圆筒形，一端封闭，中部有一倒刺。标本M3∶2-1，长1.7、直径0.5厘米（图一一，4）。

衡末饰　4件，形制相同，筒形，一端封闭。标本M3∶2-3，直径1.0、长1.0厘米（图一一，5）。

铅器　2件，器类有辖軎和扣饰。

辖軎　1件，标本M3∶2-2，喇叭筒形，近大端处有对应辖孔，辖穿于辖孔之内。长2.1、大端径1.7、细端径1.0、辖长2.0厘米（图一一，6）。

扣饰　1件，标本M3∶2-4，帽状，下有双方环形钮。帽径0.9、高0.7厘米（图一一，7）。

铜钱　3枚，均为五铢钱，圆形方穿，穿背面有郭，穿之两侧有篆文"五铢"二字。标本M3∶6-1，五字瘦长，交笔较直，正面穿之四角有决文，钱径25.34、穿宽9.58、郭厚2.36毫米，重3.44克（图一一，8）。标本M3∶6-2，五字瘦长，交笔甚曲，钱径27.18、穿宽8.83、郭厚1.96毫米，重3.37克（按：年代为武帝、宣元时期）（图一一，9）。

第四节　M4

1. 墓葬形制

M4，位于探方T0608内，西南距M3约40米，方向180度。形制为竖穴墓道土洞墓，平面呈长方形，由墓道和墓室组成（图一二）。

墓道　位于墓室的南端，平面略呈梯形，壁面较直，开口长2.60、宽0.80~0.94、底距开口深2.10米。墓道内填五花土，土质疏松，未经夯打。

墓室　平面呈长方形，拱顶土洞。墓室长3.80、宽1.28、残高0.80米。该墓盗扰严重，仅在墓室前部出土陶灶（残）1套（甑1、盆1）。

封门　条砖封门，对缝顺砌，宽0.94、高0.80米。

葬具　木棺1具，盗扰严重，尺寸与结构不详。

葬式　不详。

盗洞　1处，位于封门处，自上而下进入墓室，平面呈圆形，直径约0.50米。

2. 出土器物

该墓出土器物3件，均为泥质灰陶器，器类为灶、甑、盆。

灶　1件，标本M4∶1，灶体平面呈马蹄形，前方后圆，灶面两釜前后分布，尾部有圆短柱形烟囱，前端有方形落地灶门，两侧模印网格、三角、圆圈等几何纹。灶面釜两侧模印鱼、

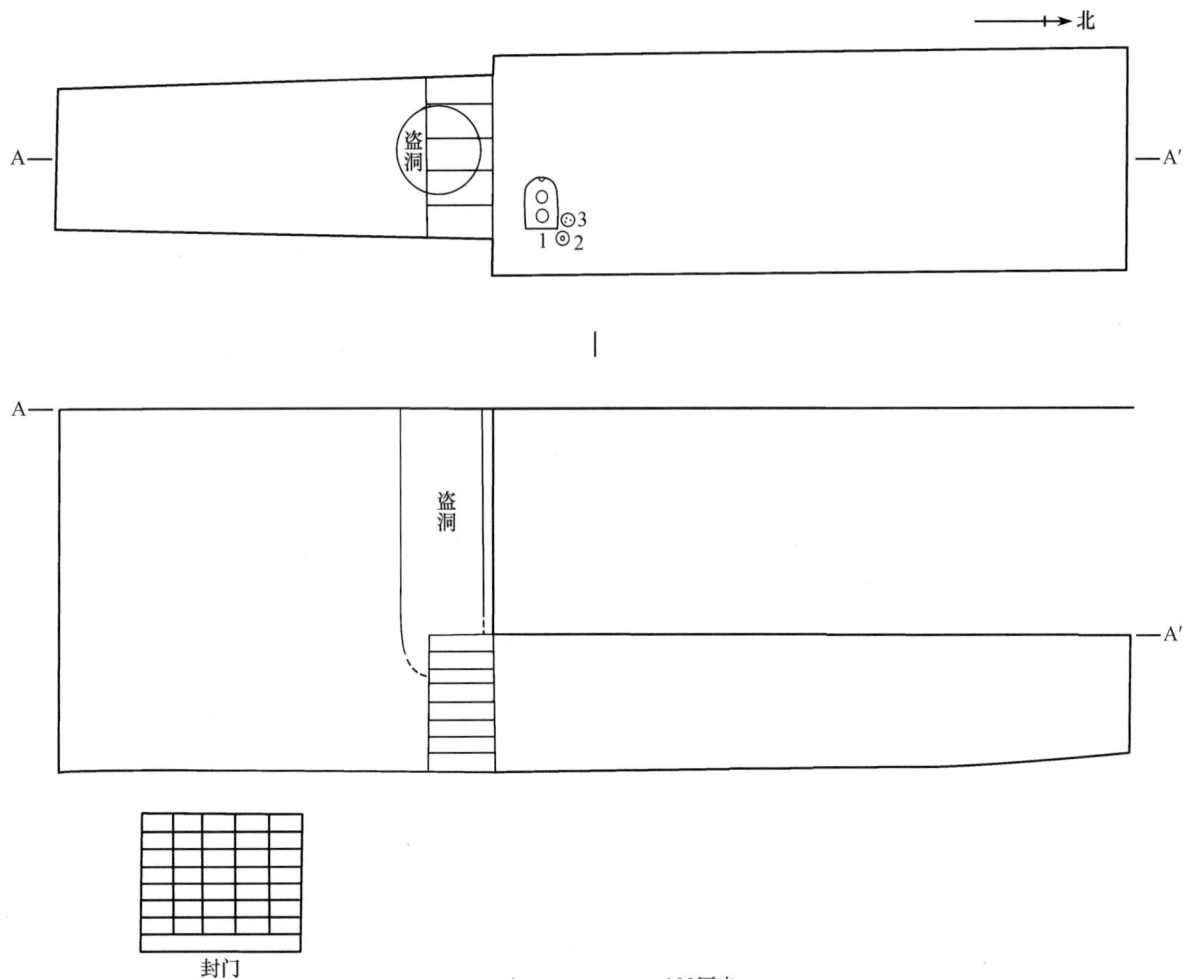

图一二　Ⅰ区M4平、剖面图
1.陶灶　2.陶甑　3.陶盆

钩、刷、勺等食品与炊具，灶面、灶壁分体模制而后粘接，釜之肩部与灶面一次性模制而成，下腹模制而后粘结于相应的位置。长22.4、宽14.6、高11厘米（图一三，1）。

　　甑　1件，与灶配套。标本M4：2（残），敞口，平沿外斜，尖唇，弧腹。口径9.6、底径1.8、高3.3厘米（图一三，2）。

　　盆　1件，与灶配套。标本M4：3，敞口，平沿外斜，尖唇，弧腹，小平底内凹。口径8.2、底径1.4、高2.8厘米（图一三，3）。

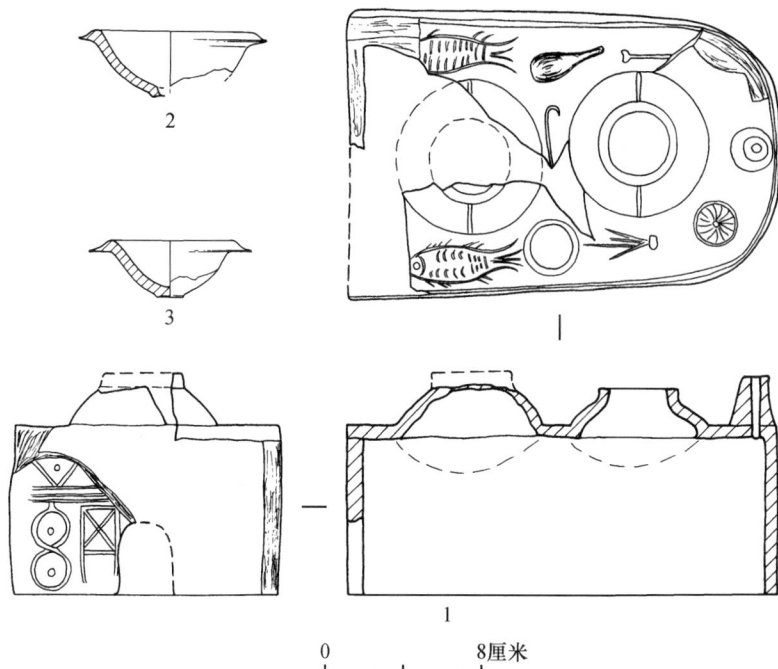

图一三　Ⅰ区M4出土器物

1. 陶灶（M4：1）　2. 陶甑（M4：2）　3. 陶盆（M4：3）

第五节　M5

1. 墓葬形制

　　M5，位于第二阶台地中部，探方T0605内，东邻M83，西邻M73，且与M73、M74、M68、M69、M80、M81、M87并列，除M87北向外，余均南向（按：这8座墓可能有家庭关系，或者说家族关系。从年代上看，东侧的3座墓年代较早，为西汉中期，西侧5座则年代较晚，为西汉中晚期，其埋葬的先后顺序可能是自东向西）。方向175度，形制为斜坡墓道土洞墓，由墓道和墓室组成（图一四）。

　　墓道　位于墓室的南端，平面呈长方形，底为斜坡状，壁面较直，开口残长5.80、宽0.70，坡长6.0、底距开口深0～3.70米，坡度30度。墓道内填五花土，土质疏松，未经夯打。

　　墓室　平面呈长方形，拱顶土洞，洞室前高后低。墓室长4.0、宽1.40、高1.50～1.60米。该墓经盗扰，出土陶灶1套（甑1）、铜柿蒂形棺饰1、铁锸2、铅辖軎2。

　　封门　木板封门，墓室口部东西壁有封门凹槽，宽0.20、进深0.20、内有朽木痕迹。

　　葬具　仅存板灰痕迹，推测为木棺，从残存灰痕判断，应有棺椁，棺痕位于墓室西部，长1.90、宽0.58米。椁痕位于墓室中北部，长2.50、宽1.31米。

　　葬式　骨架保存较差，仅存痕迹，分析为单人仰身直肢葬，头向北。

　　盗洞　1处，位于墓室的南部，自上而下进入墓室，平面呈圆形，直径约0.50米。

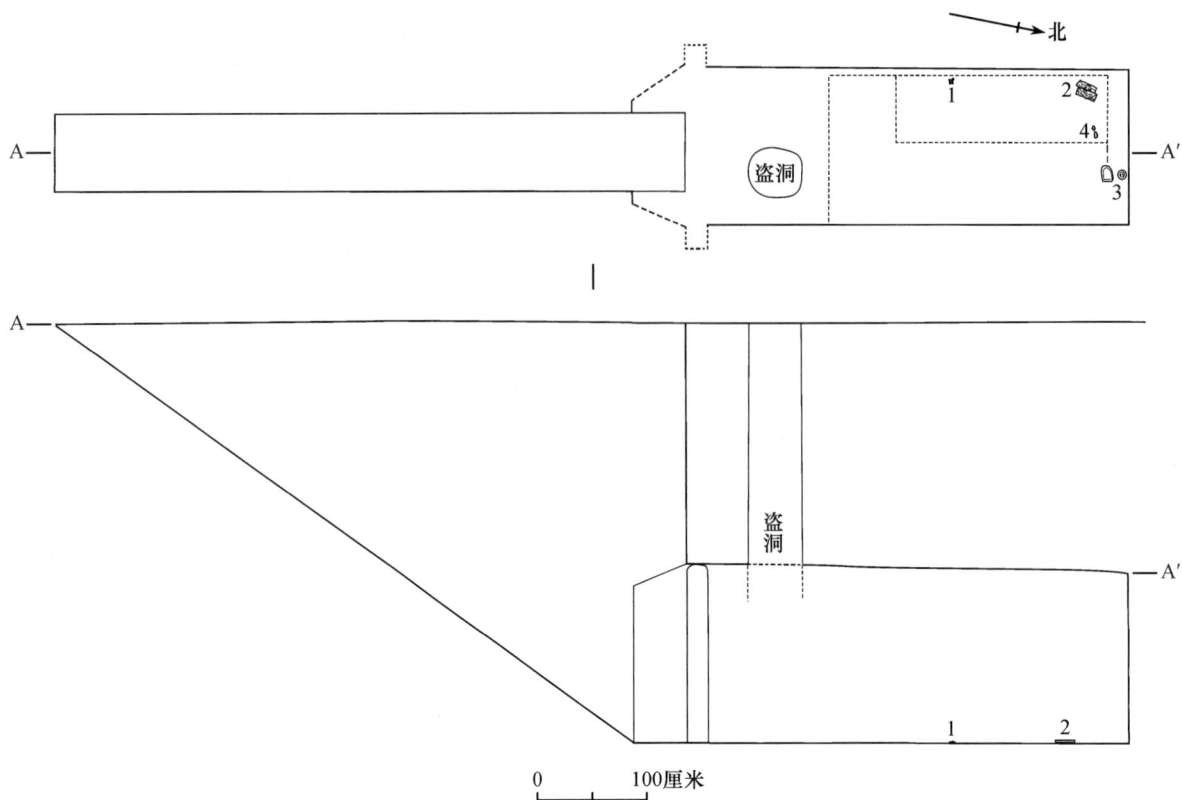

图一四　Ⅰ区M5平、剖面图

1.铜柿蒂形棺饰　2.铁锸　3.陶灶（甑）　4.铅辖害

2. 出土器物

该墓出土器物5件，质地有陶、铜、铁、铅四种，分述如下。

陶器　2件，均泥质灰陶，器类为灶、甑。

灶　1件，标本M5：3-1，灶体平面呈马蹄形，前方后圆，灶面三釜呈"品"字形分布，尾部有短柱形烟囱，前端有方形落地灶门，两侧模印菱形纹。灶面、灶壁分体模制而后粘接，釜之肩部与灶面一次性模制而成，腹模制而后粘结于相应的位置。长17、宽14.8、高7.3厘米（图一五，1）。

甑　1件，与灶配套。标本M5：3-2，敞口，平沿，尖唇，折腹，小平底，底部有五个箅孔。口径7.8、底径2、高3厘米（图一五，2）。

铜柿蒂形棺饰　1件，标本M5：1，柿蒂形，与泡钉同出。对角长4.0、泡径1.2、高1.0厘米（图一五，3）。

铁锸　2件，标本M5：2-1，刃部扁平略宽，顶部略窄，刃部磨损严重，断面"V"形，宽17~18.4、高6.0、厚1.4厘米（图一五，5）。

铅辖害　2件，标本M5：4，残，喇叭筒形，长1.5、粗端径1.84、细端径0.87厘米（图一五，4）。

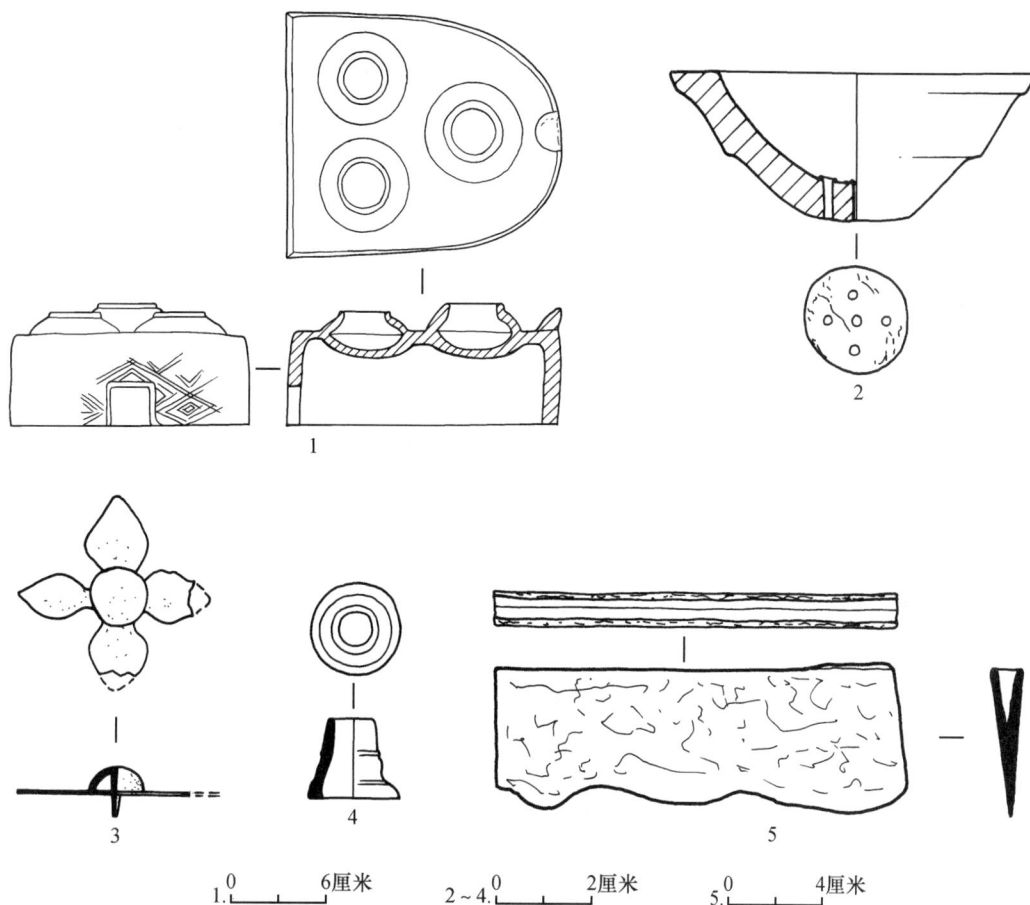

图一五　Ⅰ区M5出土器物

1. 陶灶（M5：3-1）　2. 陶甑（M5：3-2）　3. 铜柿蒂形棺饰（M5：1）　4. 铅辖軎（M5：4）　5. 铁锸（M5：2-1）

第六节　M6

1. 墓葬形制

M6，位于第二级阶地西部偏南，探方T0304内，墓道延伸至T0404内，南与M63紧邻并列，且方向一致，北邻M87。方向80度，形制为斜坡墓道土洞墓，由墓道、甬道、墓室、小龛四部分组成（图一六）。

墓道　位于墓室东端，平面呈长方形，底为斜坡状，壁面较直。开口长7.40、宽0.90、坡长7.70、底距开口深0～3.30米，坡度30度。墓道内填五花土，土质疏松，未经夯打。

墓室　平面呈长方形，拱顶土洞。墓室长3.60、宽1.20、高1.40米。在墓室东部北侧靠近封门处，有一小龛，平面近方形，拱顶土洞，宽0.80、进深0.70、洞高0.80米。该墓葬未经盗扰，陶器主要置于墓室前部南侧及小龛内。出土器物有陶盒2、陶樽1、陶仓5、陶罐7、陶灶1套（甑1）、玉口琀1、铜钱12。

封门　条砖封门，横向错缝平砌，计18层。封门宽0.90、高1.40米。

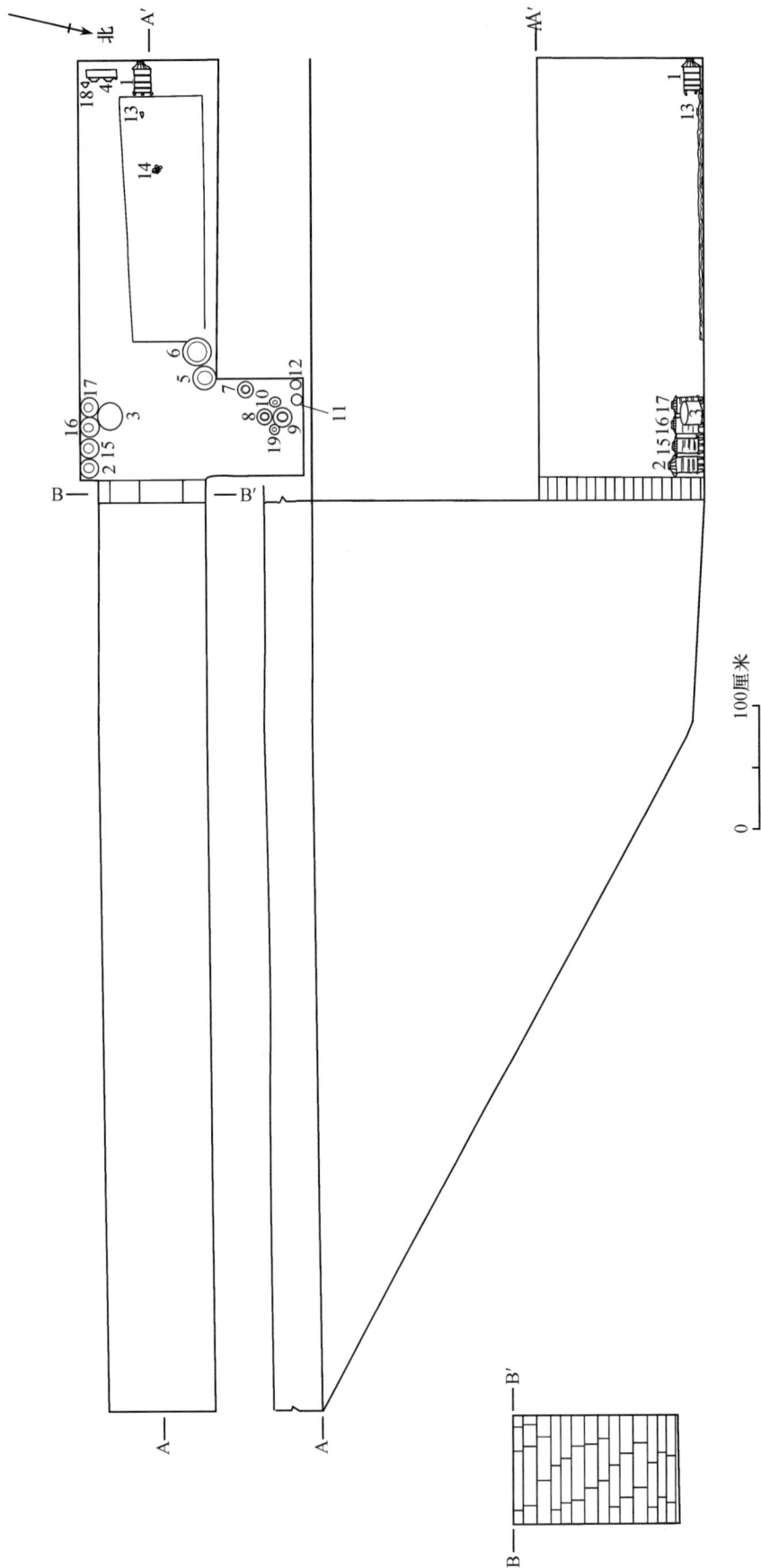

图一六　Ⅰ区M6平、剖面图

1、2、15~17. 陶仓　3. 陶樽　4. 陶灶　5、6. 陶盒　7~12、19. 陶罐　13. 玉口琀　14. 铜钱　18. 陶瓶

　　葬具　木棺1具，已朽成灰，仅存棺灰痕迹，长2.0、宽0.60~0.70米。

　　葬式　骨架1具，已朽，呈少许粉末状，葬式不详。

2. 出土器物

　　该墓出土器物18件，另有铜钱12枚。质地有陶、玉、铜三种，分述如下。

　　陶器　17件，陶质分为泥质灰陶和红胎釉陶，器类有盒、樽、仓、罐、灶、甑。

　　盒　2件（M6∶5、6），红胎酱釉，釉层较厚，釉面有光泽，形制相同。盖，浅覆钵形，顶有矮圈足捉手；器身，子母口内敛，深弧腹，矮圈足。标本M6∶6，盖径19.2、器身口径19.2、腹深10、底径11.1、高15.5厘米（图一七，1）。

　　樽　1件，标本M6∶3，红胎酱黄釉，釉层较薄，釉面无光泽。器身，直口，平沿，筒腹（略内束），平底，底附三马蹄形足，腹部模印对称铺首衔环。口径24、底径23.3、足高5.6、通高20.6厘米（图一七，2）。

　　仓　5件（M6∶1、2、15、16、17），红胎酱黄釉，釉层较薄，釉面无光泽，形制相同。器身，直口，圆唇，肩部稍出檐，绕口一周有环状台面，之下均匀布置五道竖棱，直筒腹，平底，底附三踞熊形足，腹部饰三组（每组两道）凹弦纹。标本M6∶17，口径8.4、底径16、足高5.85、通高28.8厘米（图一七，3）。

　　罐　7件（M6∶7、8、9、10、11、12、19），均为泥质灰陶。标本M6∶7、9、19，形制相同。侈口，平沿，双唇，矮领，鼓肩，鼓腹，平底，轮制，器表有轮旋纹。标本M6∶7，口径6.8、腹径8.1、底径5.1厘米（图一七，4）。标本M6∶19，双唇不明显，口径8.9、腹径15.7、底径8厘米（图一七，9）。标本M6∶8，圆唇，矮领，圆肩，鼓腹，平底内凹，口径8、腹径15.8、底径8.4、高14厘米（图一七，5）。标本M6∶10，侈口，平沿，双唇，长束颈，鼓肩，小平底。肩腹部饰密集凹弦纹，口径4、腹径6.7、底径2.7、高8.9厘米（图一七，10）。M6∶11、12，形制相同。大口内敛，圆唇，窄平肩，腹壁外敞，小平底，靠近底部有一圆孔。标本M6∶11，口径13.2、底径5.8、高7.4厘米（图一七，11）。

　　灶　1件，标本M6∶4，泥质灰陶，灶体平面呈马蹄形，前方后圆，长方形底板，四蹄形足，灶面两釜，前后布置，尾端有一圆柱形烟囱，前端有方形灶门，灶门及前壁模印两周菱形纹。灶面、灶壁分体模制而后粘接，釜之肩部与灶面一次性模制而成，腹模制而后粘结于相应的位置。通长34.7、宽14.2、通高18.5厘米（图一七，8）。

　　甑　1件，标本M6∶18，与灶配套，泥质灰陶，敞口，平沿，方唇，斜直腹，小平底，底部有七个箅孔。口径9.8、底径3.3、高6.8厘米（图一七，6）。

　　玉口琀　1件，标本M6∶13，质差，头部和尾部有残损，表面已钙化为灰白色。蝉形，残长3.2、宽2.2、厚0.9厘米（图一七，7）。

　　铜钱　12枚，均为五铢钱，挑选三枚钱文清晰者作为标本。均为圆形方穿，穿背面有郭，部分穿下有一星纹，或穿上有一横郭正面穿之两侧有篆文"五铢"二字。"五"字瘦长或宽大，交笔较直或缓曲，个别交笔甚曲，"铢"字金头三角，朱头方折（按：年代为武帝、宣帝时期）（图一八）。

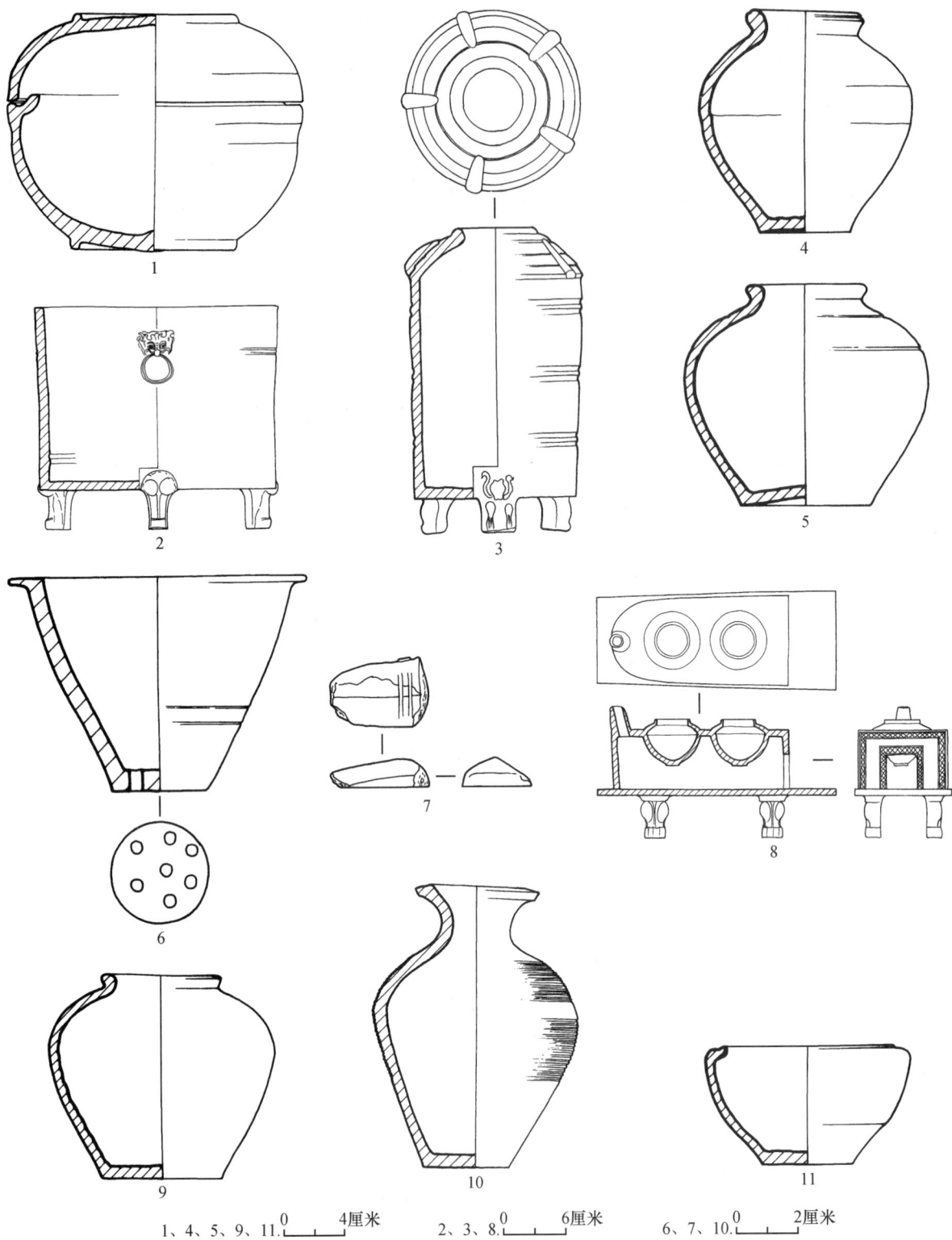

图一七　Ⅰ区M6出土器物

1. 陶盒（M6∶6）　2. 陶樽（M6∶3）　3. 陶仓（M6∶17）　4、5、9～11. 陶罐（M6∶7、8、19、10、11）

6. 陶甑（M6∶18）　7. 玉口琀（M6∶13）　8. 陶灶（M6∶4）

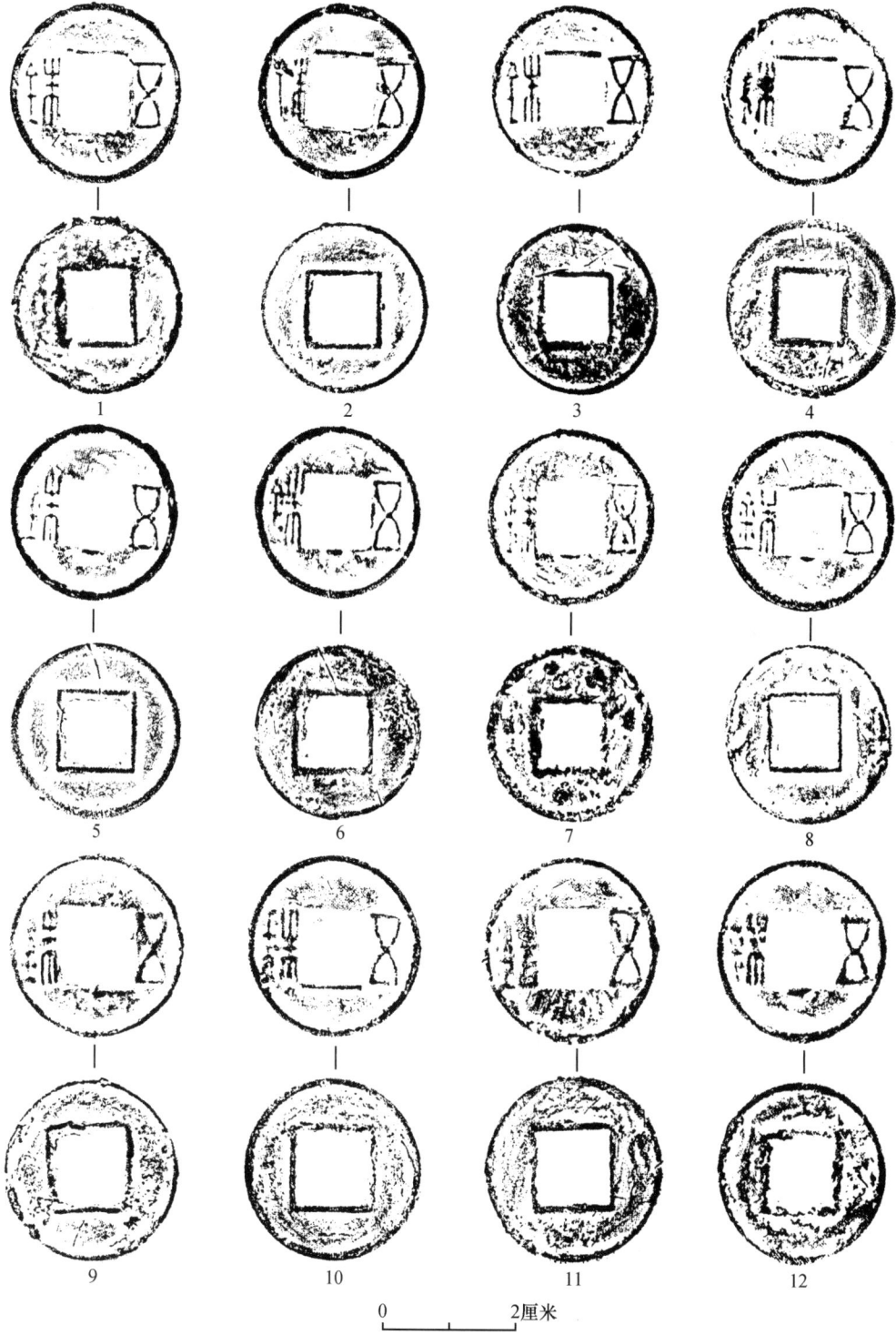

图一八 I区M6出土铜钱

1. M6：14-1　2. M6：14-2　3. M6：14-3　4. M6：14-4　5. M6：14-5　6. M6：14-6　7. M6：14-7　8. M6：14-8　9. M6：14-9
10. M6：14-10　11. M6：14-11　12. M6：14-12

第七节　M7

1. 墓葬形制

M7，位于第二阶地西北部，探方T0305内，墓道被M71打破，墓室被M70打破。方向180度，形制为斜坡墓道土洞墓，由墓道和墓室两部分组成（图一九）。

墓道　位于墓室的南端，平面呈长方形，底为斜坡状，近墓室一端底部外扩成喇叭形。开口长9.80、宽0.88、坡长12.20、底距开口深0~5.80米，坡度30度。墓道内填五花土，土质疏松，未经夯打。内出土陶仓1件，可能为扰乱所致。

墓室　平面呈长方形，拱顶土洞，洞室前高后低。墓室长4.0、宽1.40、高1.70~1.90米。该墓经盗扰，器物主要出土于墓室南部，部分器物置于棺内，出土有陶盒2、罐1、灶1套（甑2）、铜钱2。

封门　条砖对缝平砌，中间两排已坍塌。两壁有封门槽，与木板封门结构有较大相似之处，或许正是由木板封门向条砖或土坯封门过渡的形态。条砖尺寸36厘米×18厘米×8厘米。封门宽2.0、高1.40米。

葬具　一棺一椁，已朽成灰，仅存痕迹。椁长2.70、宽1.14米，棺长2.50、宽0.78米。

葬式　骨架1具，保存较差，为仰身直肢葬，头向北。

盗洞　1处，位于墓道与封门结合处，平面圆形，自上而下打破墓道及封门，进入墓室。直径0.62米。

2. 出土器物

该墓出土器物7件，另有铜钱2枚。质地有陶、铜两种，分述如下。

陶器　7件，均为泥质灰陶，器类有盒、罐、仓、灶、甑。

盒　2件（M7∶1、2），形制相同。盖，浅覆钵形，顶有矮圈足捉手；器身，子母口内敛，深弧腹，圜底近平，矮圈足。通体涂成黑色，在其上施红色彩绘。盖，捉手内饰卷云纹、短弧线纹等，捉手之外两组（每组两道）弦纹之间饰双线连续菱形纹，其间填饰卷云、圆圈、短弧线、弧边三角等纹样。器身腹部，纹样与器盖捉手外基本相同，唯主体纹样之下有一周倒三角纹。标本M7∶1，盖径18.8厘米，器身口径18.9、腹深10.7、底径10.2、通高15.8厘米（图二〇，1；彩版六，2）。

罐　1件，标本M7∶3，侈口，圆唇，矮领，弧肩，鼓腹，大平底稍内凹。口径13.7、腹径28.8、底径21.5、高30.7厘米（图二〇，3）。

仓　1件，标本M7∶6，直口，圆唇，肩部稍出檐，绕口一周有环状台面，之下均匀布置六道竖棱，直筒腹，平底，底附三蹲踞形胡人足，腹部饰三组（每组两道）凹弦纹。通体白色，呈粉状，似为陶衣。口径7.5、底径17.1、足高5.4、通高29.9厘米（图二〇，2）。

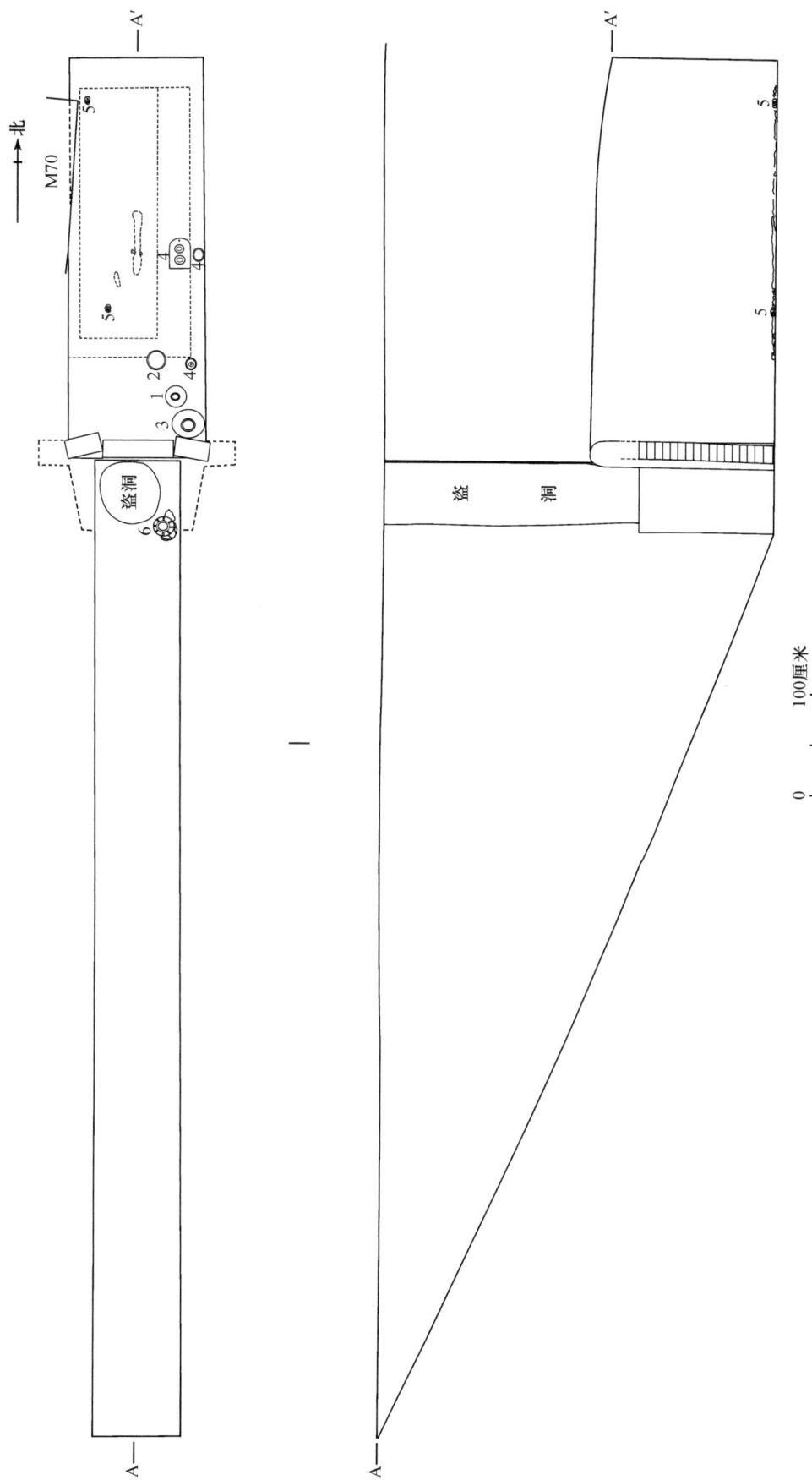

图一九　I区M7平、剖面图

1、2. 陶盒　3. 陶罐　4. 陶灶（2甑）　5. 铜钱　6. 陶仓

　　灶　1件，标本M7：4-1，灶体平面呈马蹄形，前方后圆，灶面两釜前后分布，尾部有圆孔形烟囱，前端有方形落地灶门，两侧模印多重菱形几何纹。灶面、灶壁分体模制而后粘接，釜之肩部与灶面一次性模制而成，腹模制而后粘结于相应的位置。长31.7、宽21.6、高12.8厘米（图二〇，4）。

　　甑　2件（M7：4-2、3），与灶配套，形制相同。敞口，平沿，方唇、折腹，小平底，底部有三个箅孔。标本M7：4-3，口径10.1、底径2.5、高4厘米（图二〇，5、6）。

　　铜钱　2枚，均为五铢钱，圆形方穿，穿背面有郭。M7：5-1，"五"字瘦长，交笔甚

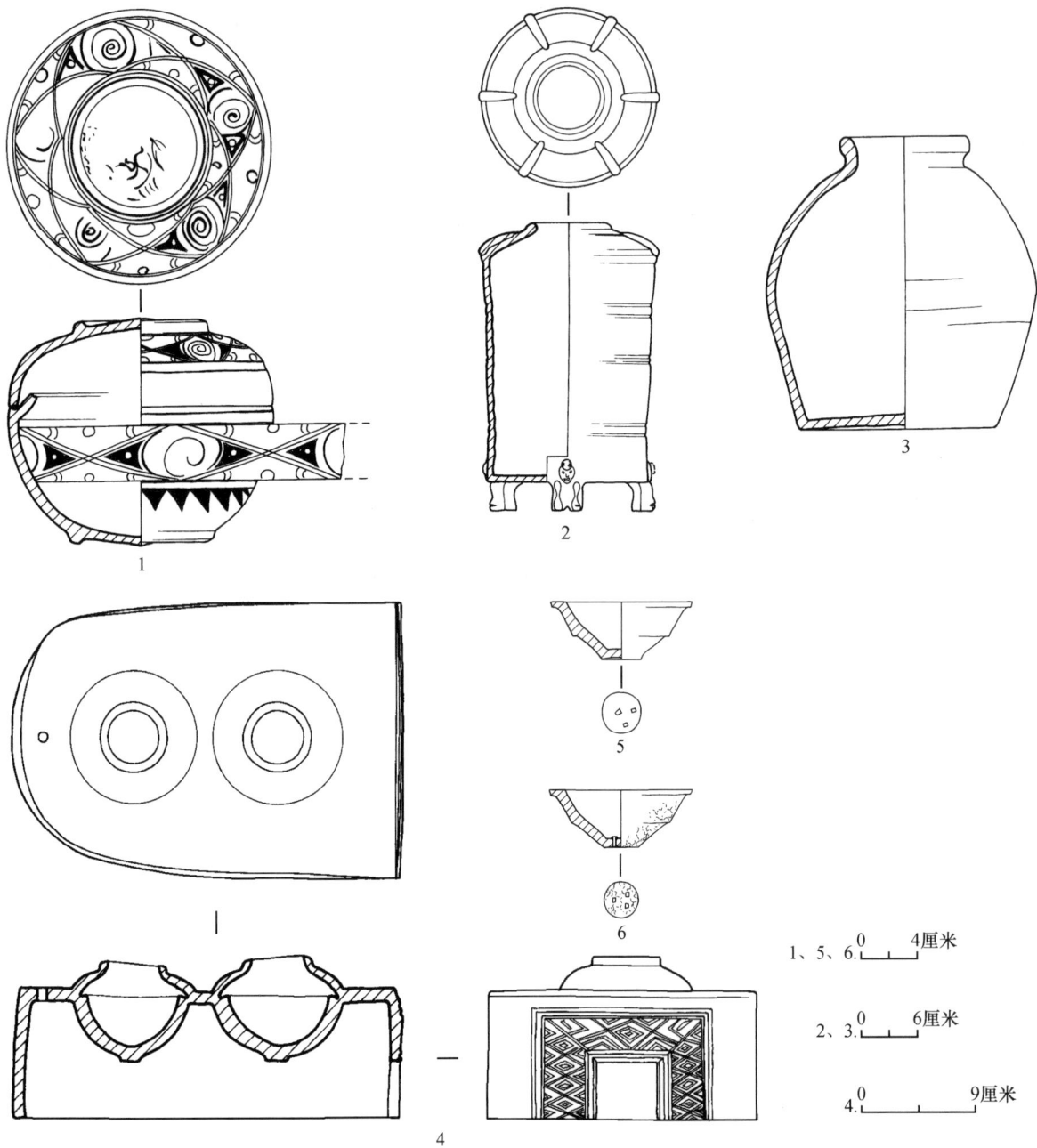

图二〇　Ⅰ区M7出土器物

1.陶盒（M7：1）　2.陶仓（M7：6）　3.陶罐（M7：3）　4.陶灶（M7：4-1）　5、6.陶甑（M7：4-2、3）

曲,"铢"字朱头方折,正面穿上一横郭,钱径24.97、穿宽8.98、郭厚1.88毫米,重3.8克（图二一,1）。M7:5-2,"五"字瘦长,交笔较直,"铢"字朱头方折,正面穿下一星,钱径25.04、穿宽9.24、郭厚2.28毫米,重3.94克（图二一,2）。

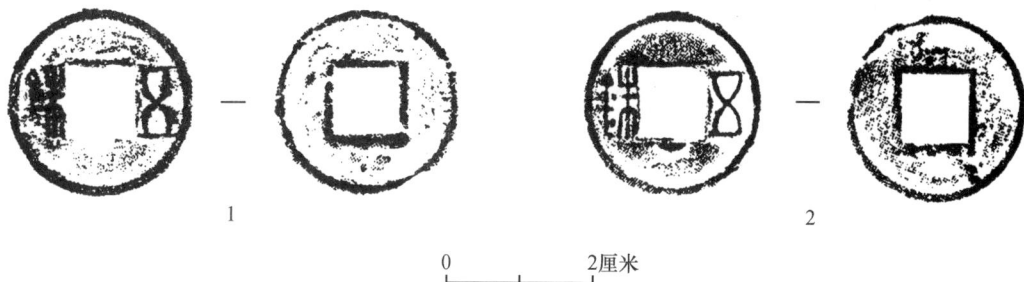

图二一 Ⅰ区M7出土铜钱
1. M7:5-1 2. M7:5-2

第八节 M8

1. 墓葬形制

M8,位于第二阶地中部偏东,探方T0804内,北邻M9,且与其并列,再北为M12,西为M10,西北为M67。方向270度。形制为竖穴墓道土洞墓,墓道与墓室等宽,由墓道、小龛、墓室三部分组成（图二二）。

墓道 位于墓室的西端,平面呈长方形,壁面较直。开口长2.60、宽0.96、底距开口深3.80米。墓道内填五花土,土质疏松,未经夯打。

墓室 平面呈长方形,拱顶土洞,长3.10、宽0.90、高0.80米。墓室西部北侧近封门处有一小龛,平面呈半圆形,拱顶土洞,宽0.70、进深0.40、高0.50米。该墓未经盗扰,器物主要出土于墓室北部小龛内,计有陶罐4、陶灶1、铜镜1。

封门 土坯封门,因倒塌,其结构与尺寸不详。

葬具 木棺1具,已朽成灰,仅存棺痕,长1.90、宽0.60米。

葬式 骨架1具,已朽为少许灰痕,葬式不详。

2. 出土器物

该墓出土器物6件,质地有陶、铜两种,分述如下。

陶器 5件,均为泥质灰陶,器类有罐、灶。

罐 4件（M8:2、3、4、5）,形制相同,侈口,凹唇,平沿,鼓腹,平底稍内凹。标本M8:2,口径11.2、腹径17.6、底径10.4、高15.8厘米（图二三,1）。标本M8:5,肩部饰六道磨光暗弦纹,其上二道间饰一周波折纹,口径13.7、腹径23.1、底径13.5、高21.3厘米（图二三,2）。

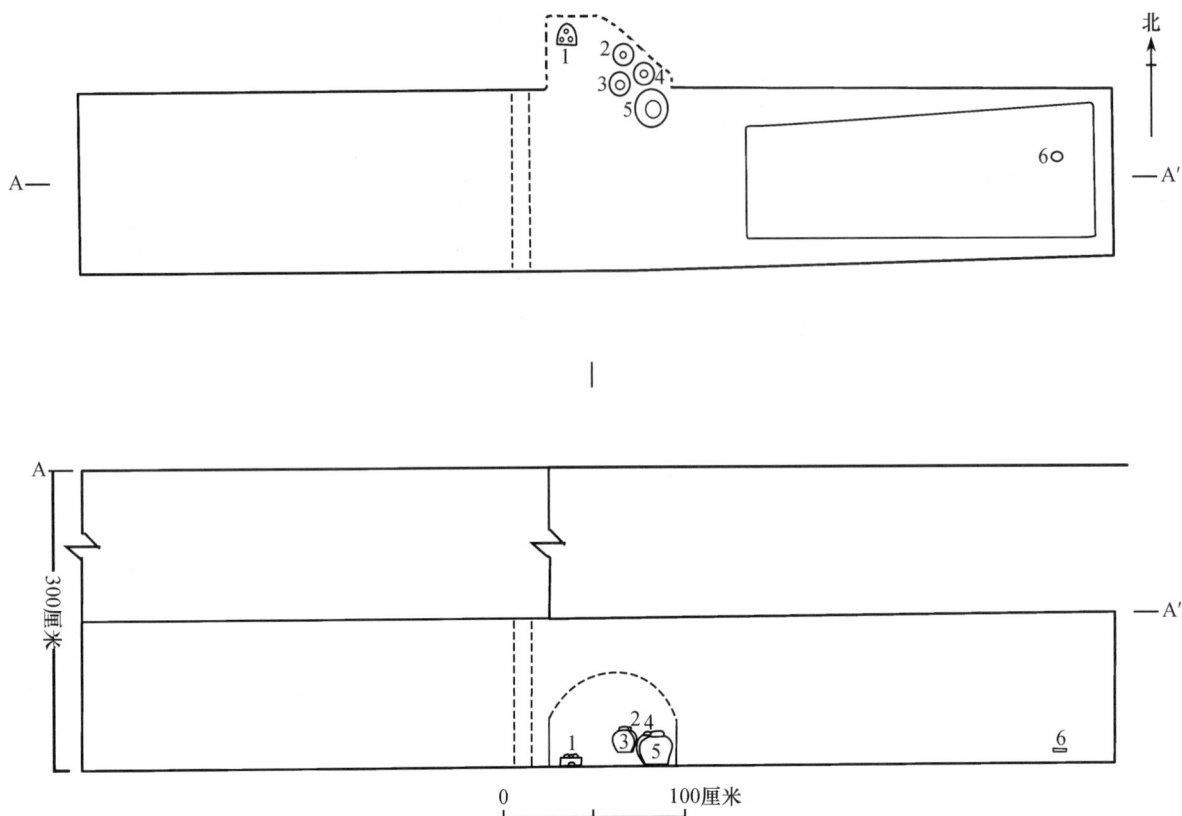

图二二　Ⅰ区M8平、剖面图

1. 陶灶　2~5. 陶罐　6. 铜镜

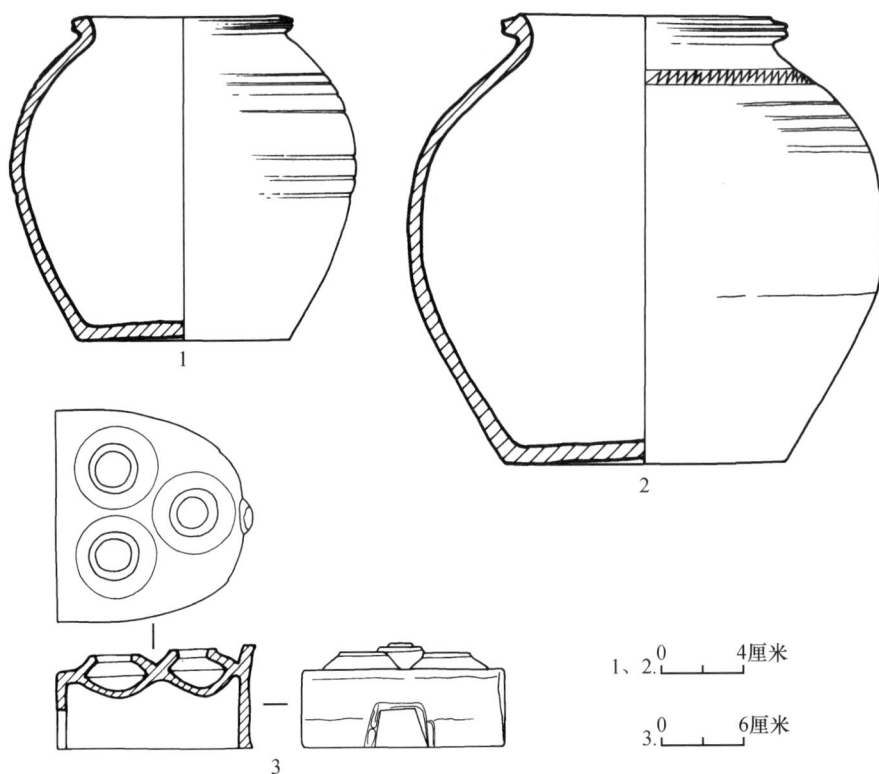

图二三　Ⅰ区M8出土器物

1、2. 陶罐（M8∶2、5）　3. 陶灶（M8∶1）

灶　1件，标本M8：1，灶体平面呈马蹄形，前方后圆，体宽短，灶面三釜呈"品"字形分布，尾部有短柱形烟囱，前端有方形落地灶门。灶面、灶壁分体模制而后粘结，釜之肩部与灶面一次性模制而成，腹模制而后粘结于相应的位置。长14.6、宽15.0、高7.3厘米（图二三，3）。

铜镜　1面，标本M8：6，日光连弧铭文镜，圆形，半圆钮，圆钮座，宽素平缘，镜面微凸，钮座圆周均匀伸出四条竖短线，之外一周内向八连弧纹，其外有"见日之光，长不天忘"铭文带，铭文两字之间有"の"符号，之外一周短斜线纹。面径5.50、背径5.40、钮宽0.80、缘宽0.30、缘厚0.20厘米，重28克（图二四；彩版二五，1）。

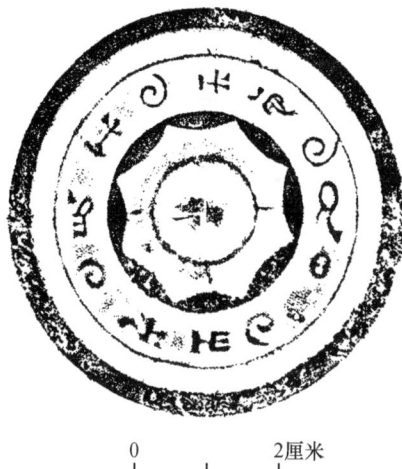

0　　　　　　2厘米

图二四　Ⅰ区M8出土铜镜（M8：6）

第九节　M9

1. 墓葬形制

M9，位于墓地中部偏东，探方T0805内，与M8并列，方向一致。方向280度，形制为竖穴墓道土洞墓，平面呈长方形，墓室等宽于墓道，由墓道、小龛、墓室三部分组成（图二五；图版七，1、2）。

墓道　位于墓室的西端，平面呈长方形，壁面较直。开口长2.50、宽0.76、底距开口深2.50米。墓道内填五花土，土质疏松，未经夯打。

墓室　平面呈长方形，拱顶土洞。墓室长3.20、宽0.84、高0.90米。墓室的西部北侧近封门处有一小龛，平面呈半圆形，宽0.78、高0.70、进深0.24米。该墓未经盗扰，铁鼎出土于龛内，陶缶出土于墓室前面棺前，铜钱、铜镜出土于棺内，计有陶缶1、铜镜1、铁鼎1、铜钱20。

封门　不详。

葬具　木棺1具，仅存棺痕，长2.64、宽0.60米。

葬式　骨架1具，保存较差，已成粉末状，可辨其头向东，仰身直肢葬。

2. 出土器物

该墓出土器物3件，另有铜钱20枚。质地有陶、铜、铁三种，分述如下。

陶缶　1件，标本M9：4，侈口，平沿外斜，方唇，短束颈，广斜肩，鼓腹，下腹内曲，平底，肩部饰密集细弦纹，中部饰一周粗绳纹。口径12.3、腹径31.8、底径17.6、高27.6厘米（图二六，1）。

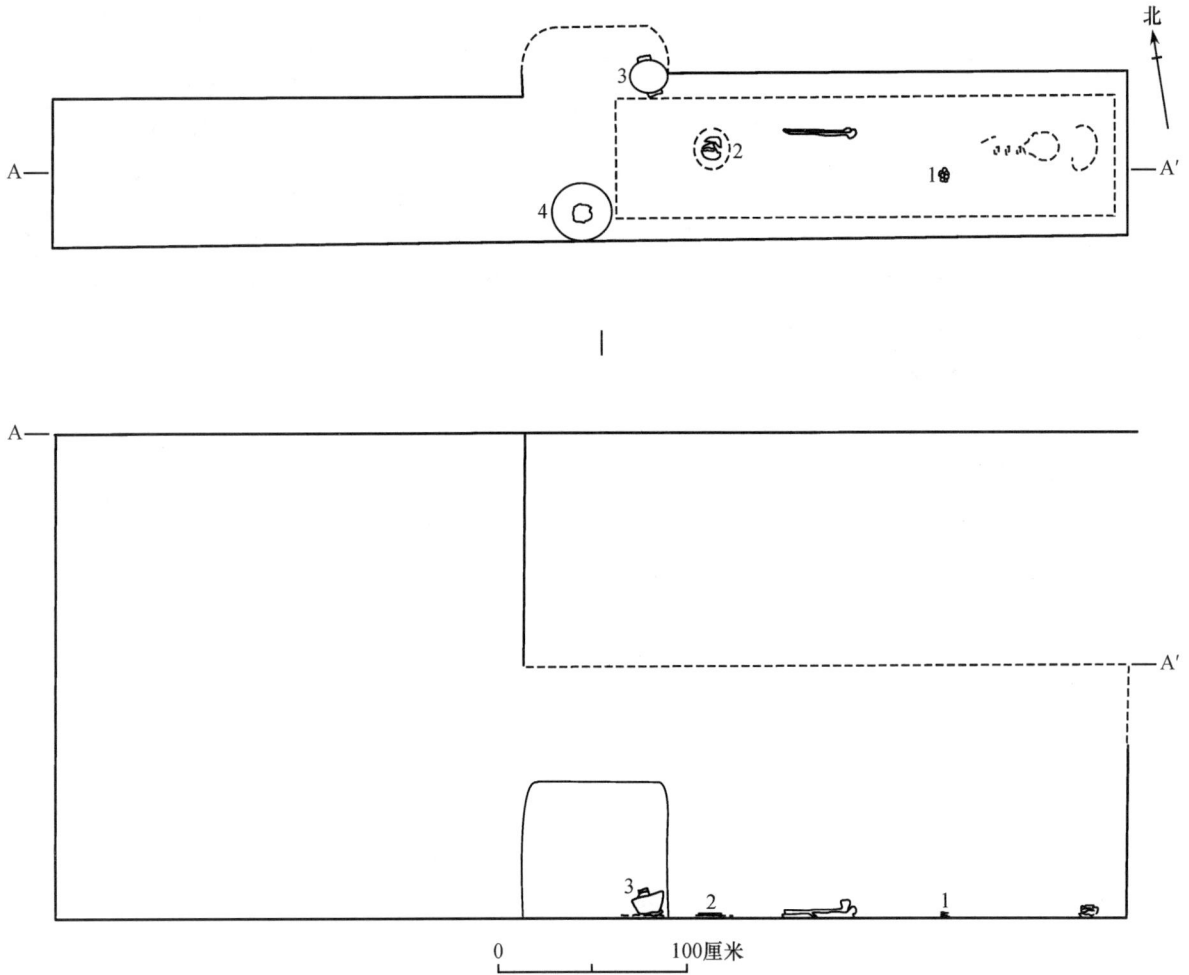

图二五　Ⅰ区M9平、剖面图

1. 铜钱　2. 铜镜　3. 铁鼎　4. 陶缶

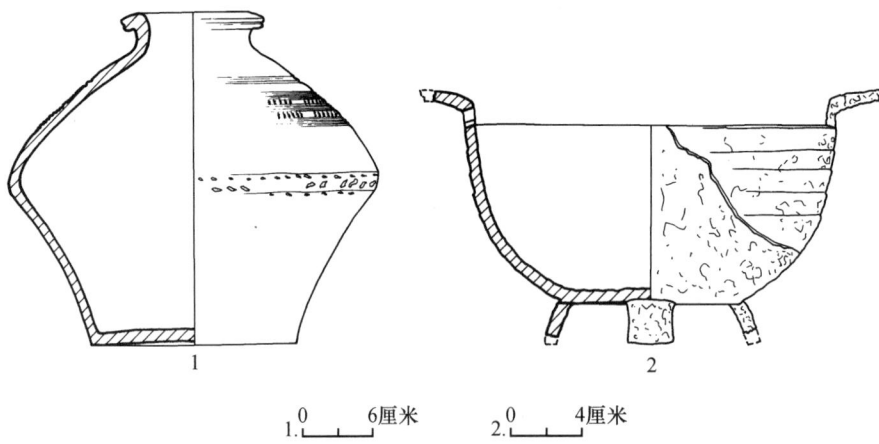

图二六　Ⅰ区M9出土器物

1. 陶缶（M9：4）　2. 铁鼎（M9：3）

　　铜镜　1面，标本M9：2，四乳几何纹镜，圆形，三弦钮，方形钮座，素窄缘，镜面微凸，钮座外有两个凹面双线方格，外方格四角各有一个单细线方格，内填对角斜线纹，每边中部均匀伸出四组（每组三线）竖线，与四乳相接。面径10.50、背径10.40、钮宽1.0、缘宽0.40、缘厚0.40厘米，重103克（图二七；彩版二五，2）。

　　铁鼎　1件，标本M9：3，器表布满铁锈，敞口，平沿，两侧附外折弯曲板耳，深弧腹，腹壁较直，平底，底附三弧长方形足。口径21、底径10、高14厘米（图二六，2）。

　　铜钱　20枚，均为五铢钱，形制一样，挑选字迹清晰者作为标本。均为圆形方穿，穿背面有郭，部分穿上有一横郭或穿下有一星纹，穿之两侧有篆文"五铢"二字。"五"字瘦长，交笔斜直或缓曲，"铢"字金头三角，朱头方折（按：年代武帝时期）（图二八、图二九）。

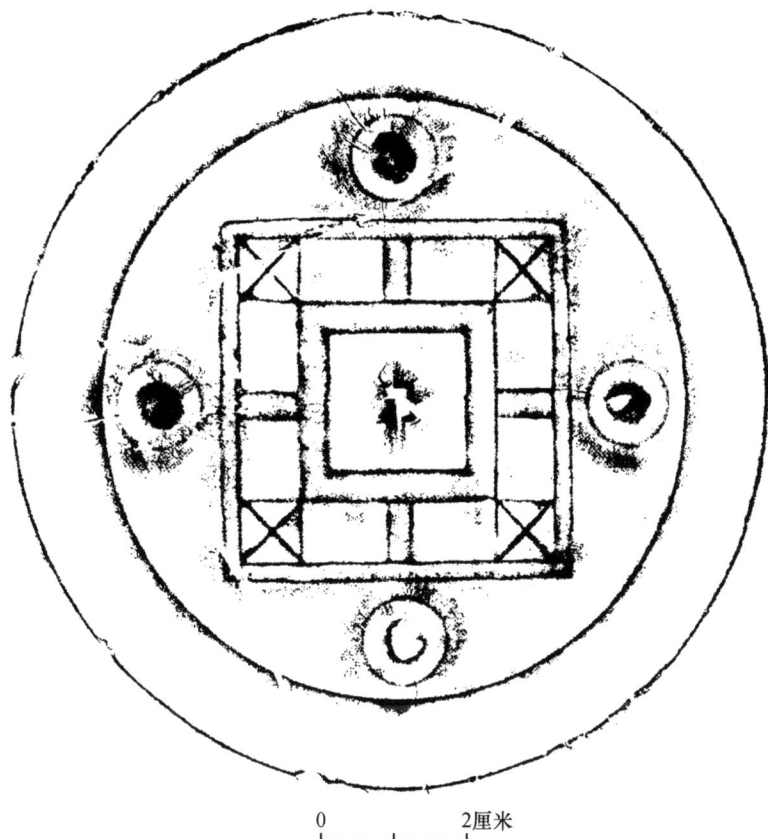

0 ———— 2厘米

图二七　I区M9出土铜镜（M9：2）

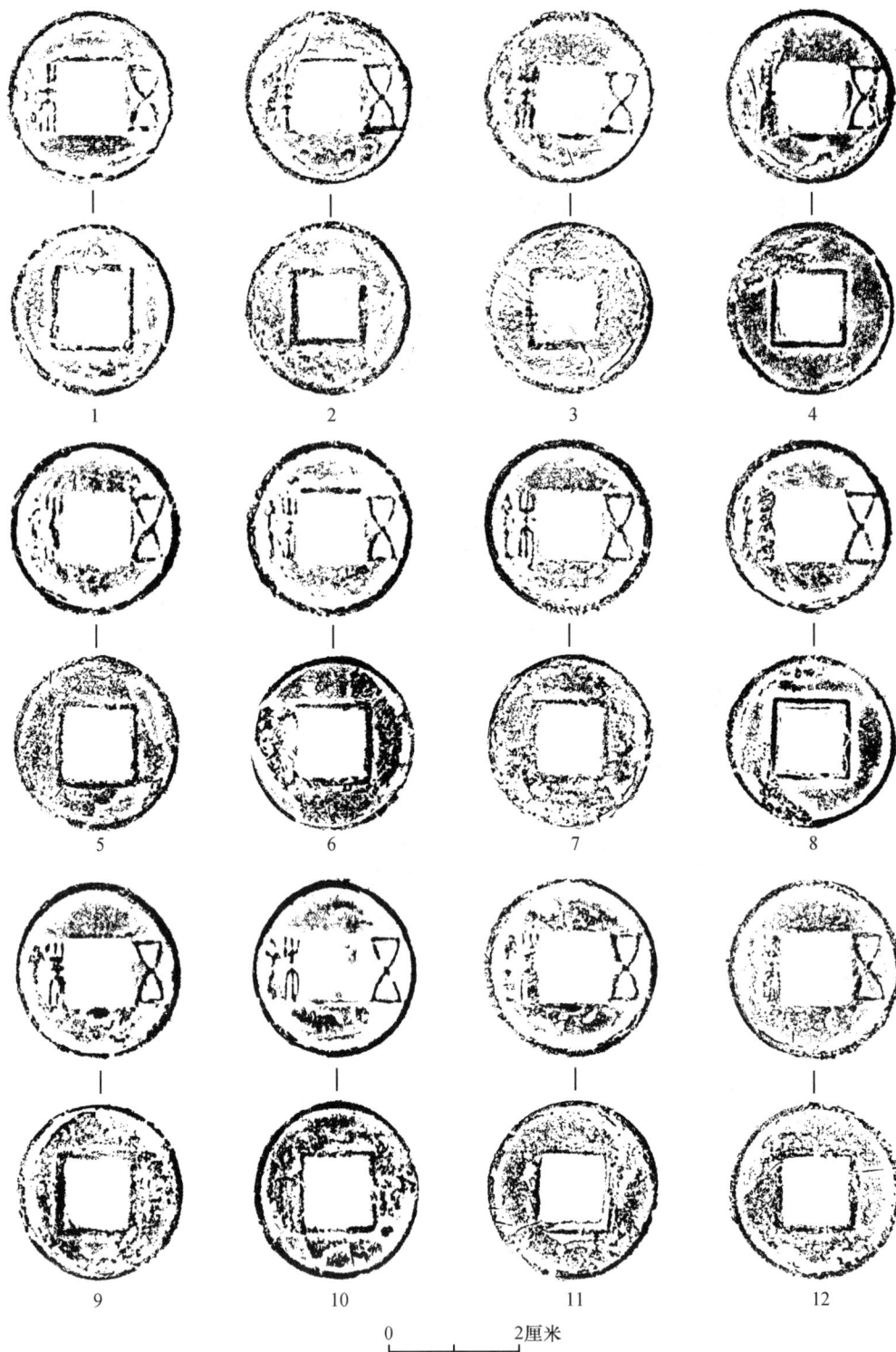

图二八　Ⅰ区M9出土铜钱（一）

1. M9：1-1　2. M9：1-2　3. M9：1-3　4. M9：1-4　5. M9：1-5　6. M9：1-6　7. M9：1-7　8. M9：1-8　9. M9：1-9
10. M9：1-10　11. M9：1-11　12. M9：1-12

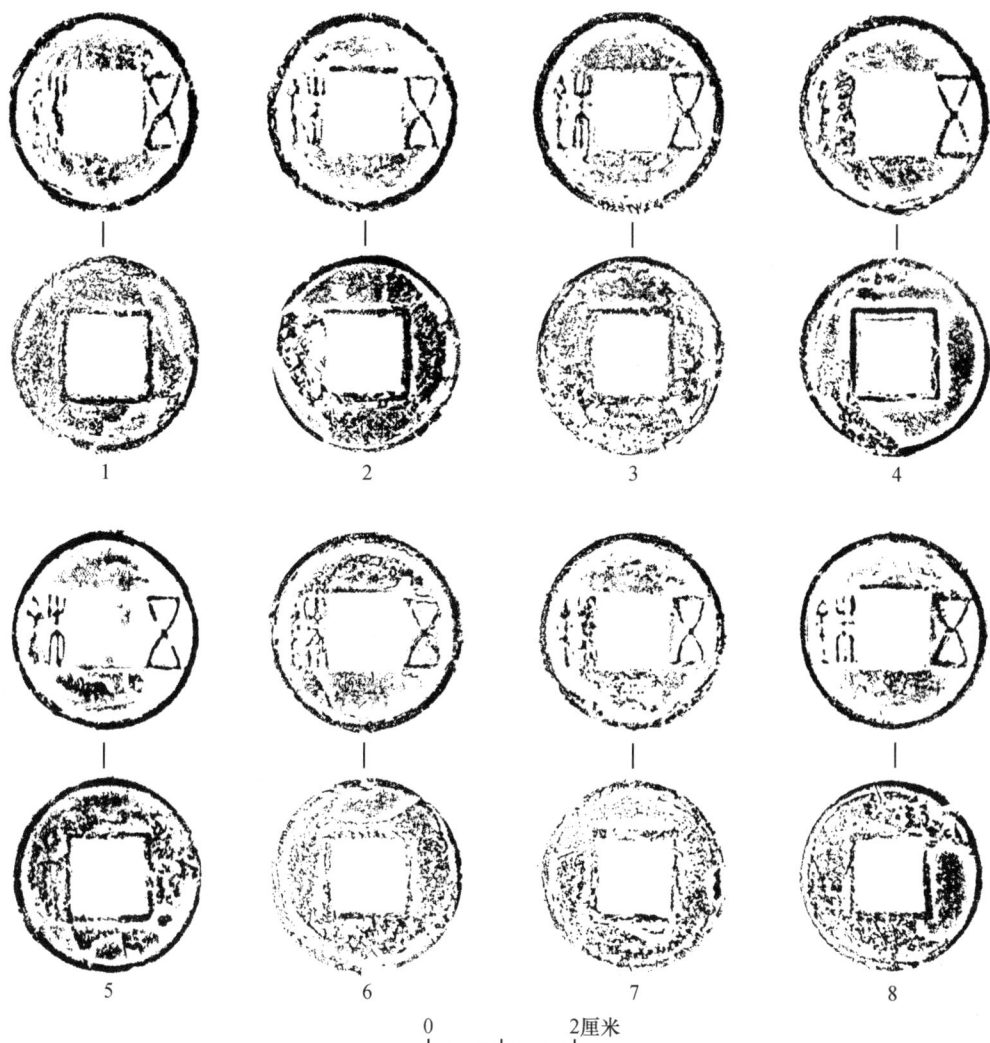

图二九　I区M9出土铜钱（二）

1. M9：1-13　2. M9：1-14　3. M9：1-15　4. M9：1-16　5. M9：1-17　6. M9：1-18　7. M9：1-19　8. M9：1-20

第十节　M10

1. 墓葬形制

M10，位于第二阶地中部偏东，探方T0705内，东侧紧邻M8、M9，西侧紧邻M66，M10方向与M12一致，但距离较远。方向160度。形制为斜坡墓道土洞墓，由墓道和墓室两部分组成（图三〇；图版七，3、4）。

墓道　位于墓室的南端，平面呈长方形，底为斜坡状，壁面较直。开口长5.9、宽0.8、坡长6.2、底距开口深0～4.2米，坡度31度。墓道内填五花土，土质疏松，未经夯打。

墓室　平面呈长方形，拱顶土洞，长3.7、宽1.3、高1.4米。该墓经盗扰，器物主要出土于墓室南部与棺内，计有陶缸1、陶灶1套（甑1）、铜柿蒂形棺饰27。

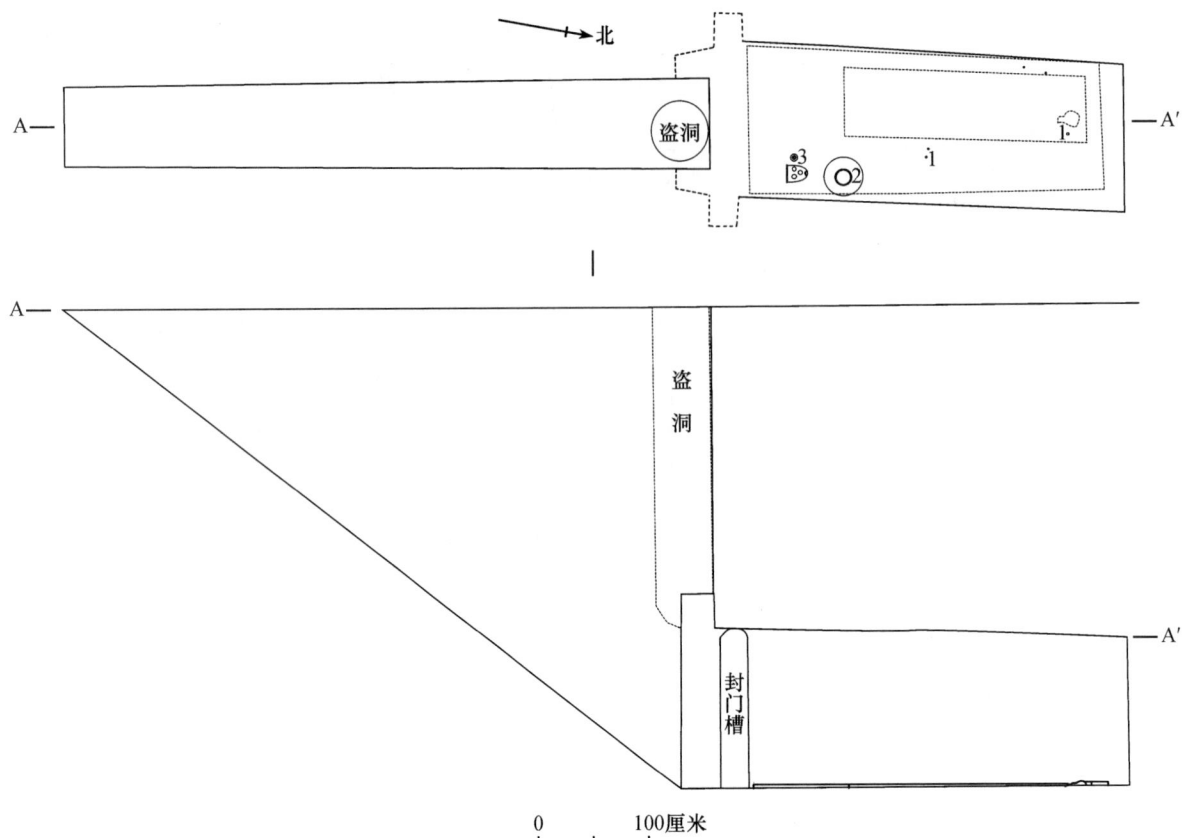

图三〇　Ⅰ区M10平、剖面图
1. 铜柿蒂形棺饰　2. 陶缶　3. 陶灶（甑）

封门　木板封门，墓室口处东西两壁有封门槽。封门槽宽0.26、进深0.26米。

葬具　一棺一椁，位于墓室的西侧，已朽成灰，仅存痕迹。椁尺寸不详。棺长2.16、宽0.6米。

葬式　骨架保存较差，可辨为单人仰身直肢葬，头向北。

盗洞　1处，位于墓道的北端，紧靠墓室口，自上而下直通墓室，平面呈圆形，直径约0.50米。

2. 出土器物

该墓出土器物30件，质地有陶、铜两种，分述如下。

陶器3件，均为泥质灰陶，器类为缶、灶、甑。

缶　1件，标本M10：2，侈口，平沿略外斜，尖唇，短束颈，斜鼓肩，折腹，下腹内曲，大平底稍内凹。口径14.1、腹径31.5、底径20.2、高26.8厘米（图三一，1）。

灶　1件，标本M10：3-1，灶体平面呈马蹄形，前方后圆，灶面三釜呈"品"字形分布，尾部有短柱形烟囱，前端有方形落地灶门，灶门外侧模印出双重方框，装饰灶门。灶面、灶壁分体模制而后粘结，釜之肩部与灶面一次性模制而成，腹模制而后粘结于相应的位置。长

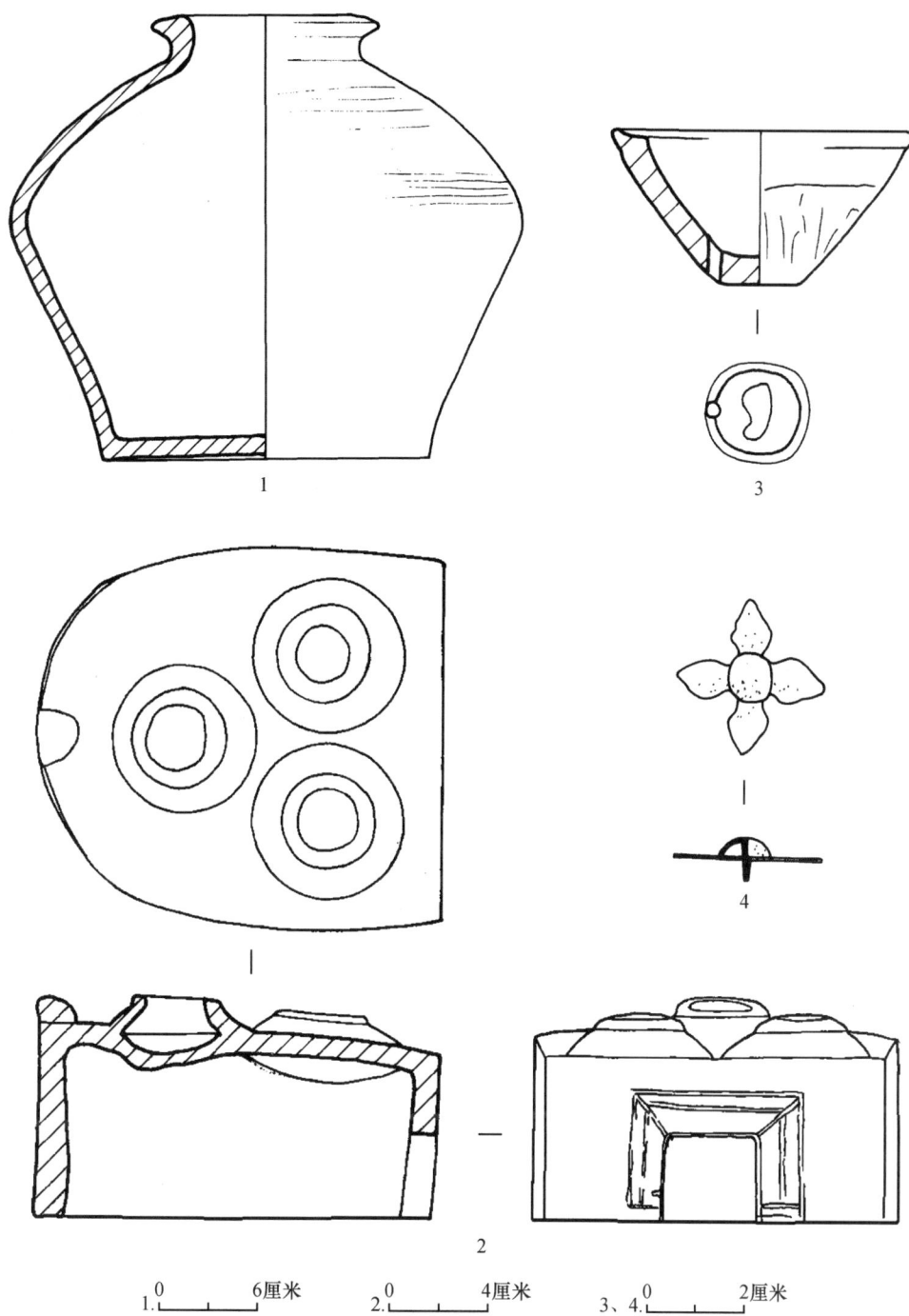

图三一　Ⅰ区M10出土器物

1. 陶缶（M10：2）　2. 陶灶（M10：3-1）　3. 陶甑（M10：3-2）　4. 铜柿蒂形棺饰（M10：1）

16.4、宽14.9、高8.7厘米（图三一，2）。

甑　1件，与灶配套。标本M10：3-2，敞口，平沿，尖唇，弧腹，小平底，底部有两个箅孔。口径6.3、底径1.7、高3.1厘米（图三一，3）。

铜柿蒂形棺饰　27件，形制大小基本相同。标本M10：1，柿蒂形，与泡钉同出。对角长3.1、泡径0.95、高0.9厘米（图三一，4）。

第十一节　M11

1. 墓葬形制

M11，位于第二阶地东北部，探方T0906内，东侧与M50、M51、M52、M48并列，方向也基本一致，当有一定关系，其西侧为M55，M55与M40、M41并列，当属另外一组。方向200度，形制为斜坡墓道土洞墓，由墓道、甬道和墓室三部分组成（图三二；图版八，1、2）。

墓道　位于墓室南端，平面呈长方形，底为斜坡状，底略宽于开口，壁面较直。开口长3.80、宽0.80、坡长4.20、底距开口深0～1.76米，坡度25度。墓道内填五花土，土质疏松，未经夯打。

甬道　位于墓室与墓道之间，平面呈梯形，拱顶土洞，底与墓底平，长0.50、宽0.90～1.10、高1.06米。

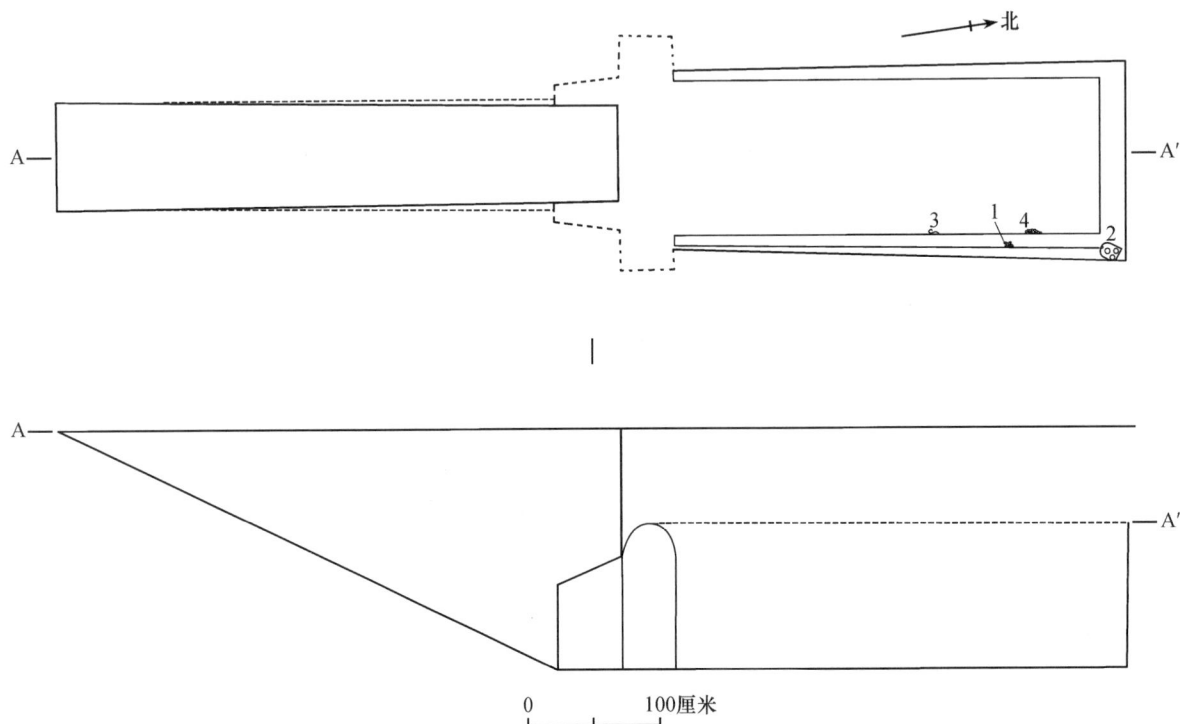

图三二　Ⅰ区M11平、剖面图

1. 铜柿蒂形棺饰　2. 陶灶　3. 铜带钩　4. 铜钱

墓室 平面呈长方形，拱顶土洞，长3.80、宽1.46、高1.06米。器物主要出土于墓室东北部，计有陶灶1、铜柿蒂形棺饰13、铜带钩1、铜钱9。

封门 木板封门，东西两壁有凹槽，高1.06、宽0.40、进深0.30米。

葬具 一棺一椁，已朽成灰，仅存灰痕。椁长3.20、宽1.24米。棺长2.30、宽0.64米。

葬式 骨架1具，已朽，仅残存极少许灰痕，葬式不详。

2. 出土器物

该墓出土器物15件，另有铜钱9枚。质地有陶、铜两种，分述如下。

陶灶 1件，标本M11：2，残损严重，无法复原。

铜器 14件，为柿蒂形棺饰、带钩。

柿蒂形棺饰 13件，形制相同，标本M11：1，柿蒂形，与泡钉同出。对角长3.1、泡径1.1、高0.75厘米（图三三，1）。

带钩 1件，标本M11：3，钩首已残，钩尾呈宽扁状，背有一圆柱形帽钮。残长2.3厘米（图三三，2）。

铜钱 9枚，均为五铢钱，圆形方穿，穿有背郭，正面两侧有篆文"五铢"二字，部分穿下有一星纹。"五"字字体瘦长，交笔较直或缓曲，"铢"头方折。钱径大小一致，为2.5～2.6厘米，穿宽多为0.9～0.95厘米，郭厚0.2厘米左右，重量足值，大多在3.3克以上，个别达4.8克（按：年代为武帝时期）（图三四）。

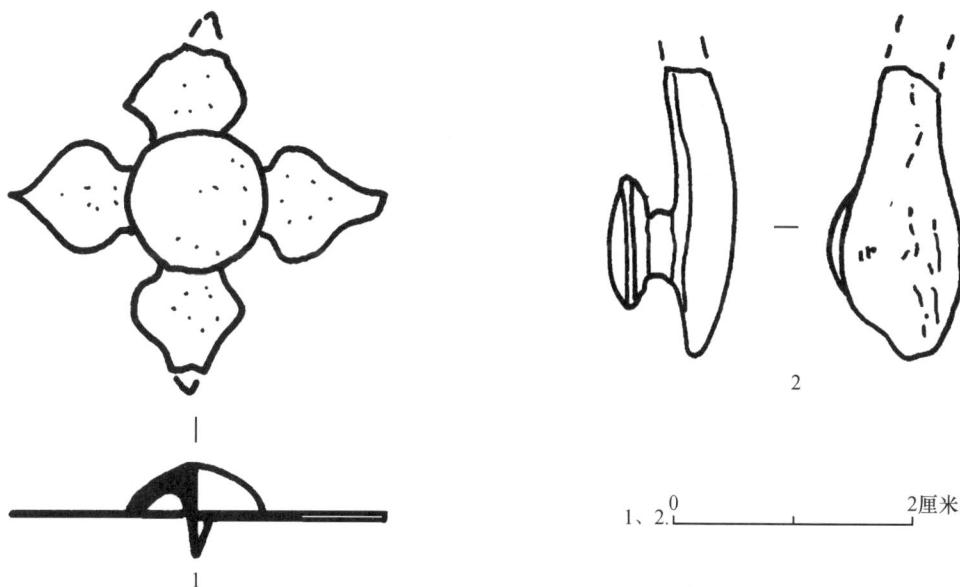

图三三 Ⅰ区M11出土器物
1. 铜柿蒂形棺饰（M11：1） 2. 铜带钩（M11：3）

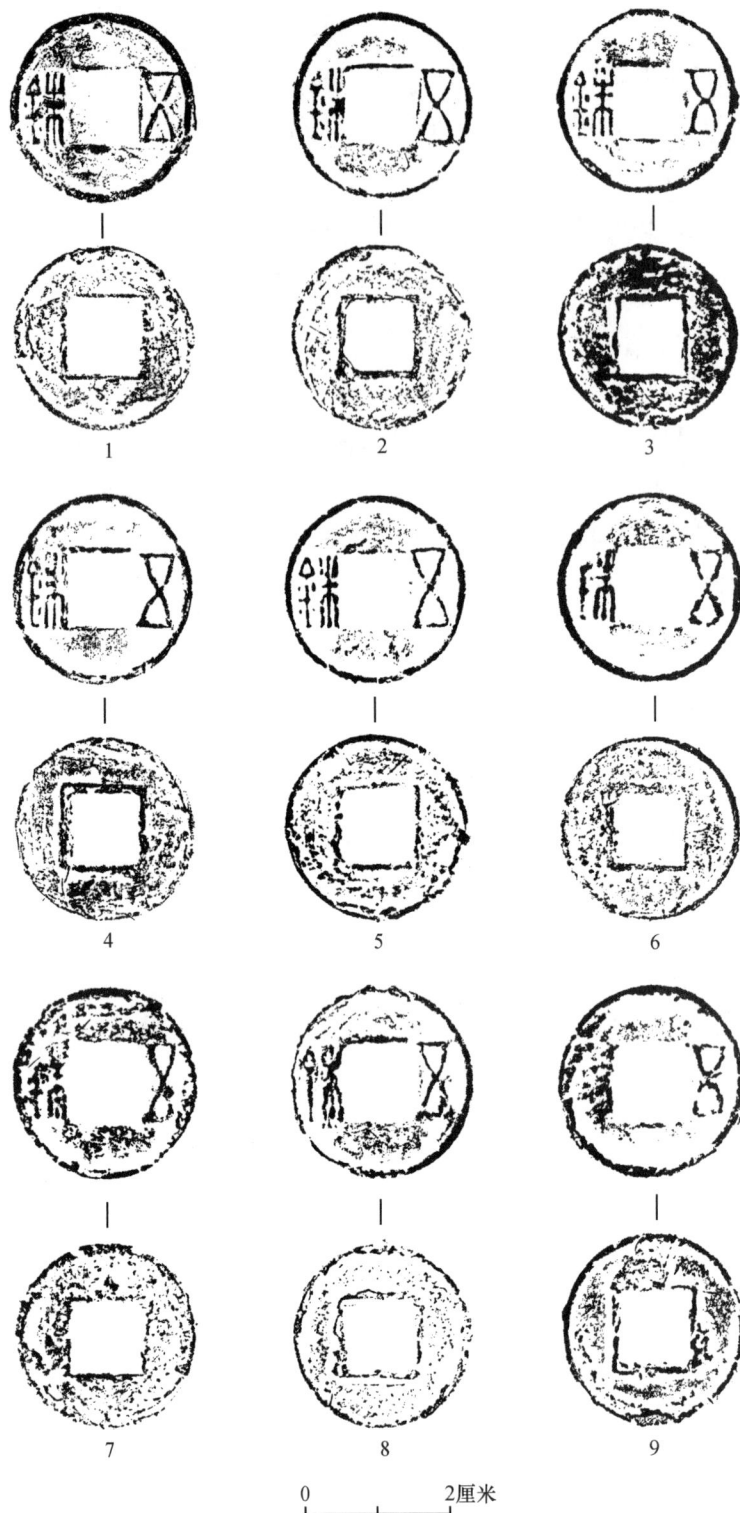

图三四　Ⅰ区M11出土铜钱

1. M11：4-1　2. M11：4-2　3. M11：4-3　4. M11：4-4　5. M11：4-5　6. M11：4-6　7. M11：4-7　8. M11：4-8　9. M11：4-9

第十二节　M12

1. 墓葬形制

　　M12，位于第二阶地东部，探方T0805内，南邻M8、M9。方向150度，形制为斜坡墓道土洞墓，由墓道、过洞、天井、甬道、墓室五部分组成（图三五；图版八，3、4）。

　　墓道　位于墓室的南端，平面呈长方形，壁面较直，底部有三个生土台阶，台阶长0.7、宽0.3、高0.2米，南壁有脚窝，平面呈半圆形，宽0.22、进深0.10、高0.10米。墓道开口长2.72、宽0.78~0.84、底距开口深3.44米。墓道内填五花土，土质疏松，未经夯打。

　　过洞　位于墓道天井之间，拱顶土洞，底部斜坡。长0.98、宽0.84、高1.4~2米。

　　天井　位于过洞北端，平面略呈长方形，壁面较直，底部斜坡，内填花土，土质较软，长1.8~1.9、宽0.84、深4.4~4.94米。

　　甬道　位于天井北端，顶部坍塌，长0.4~0.52、宽0.88~1.46、高1.54米。

　　墓室　平面略呈长方形，拱顶土洞。墓室长3.40、宽1.30、高1.18米。该墓未被盗扰，出土遗物主要置于墓室的东部，出土器物有陶罐6、陶灶1、陶器盖1、铜柿蒂形棺饰19、铜钱2。

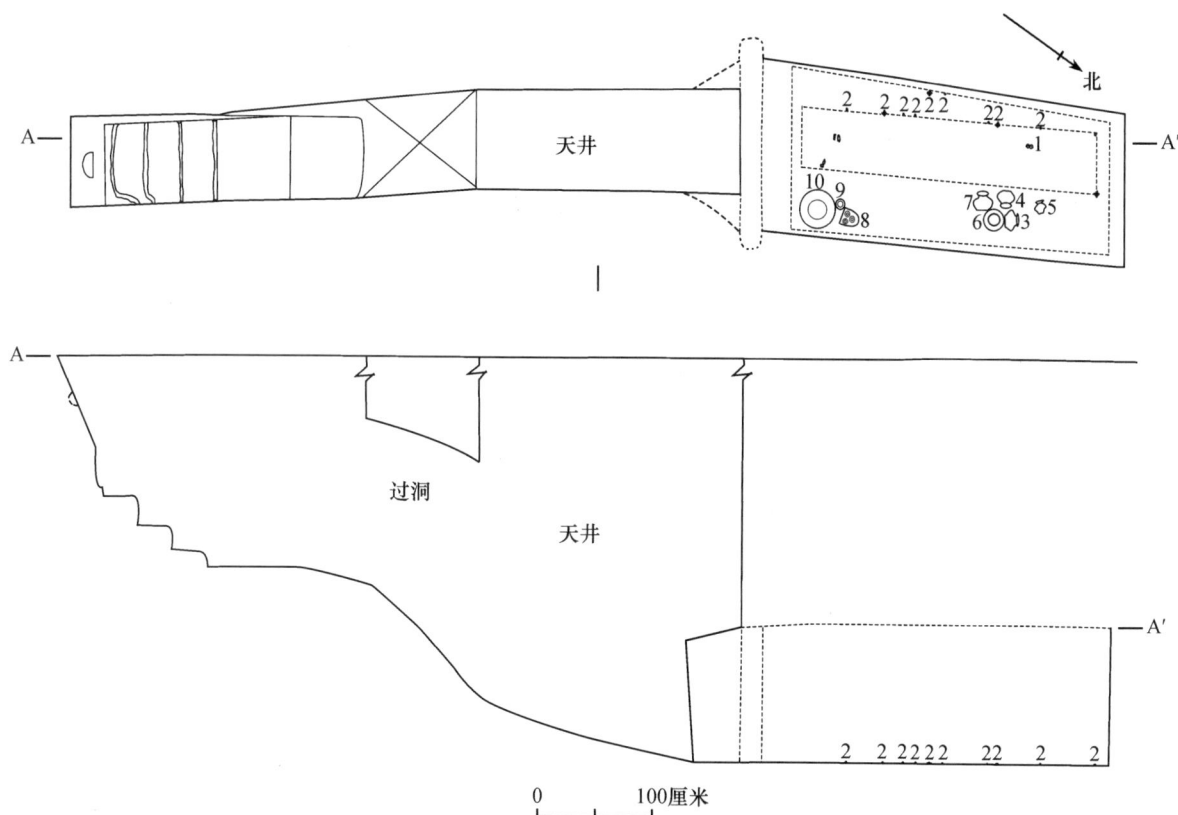

图三五　Ⅰ区M12平、剖面图

1. 铜钱　2. 铜柿蒂形棺饰　3~7、10. 陶罐　8. 陶灶　9. 陶器盖

封门　木板封门，东西两壁有凹槽。封门槽高1.78、宽0.20、进深0.16米。

葬具　一棺一椁，仅存棺椁痕迹。木棺，平面长方形，长2.60、宽0.52米。木椁，平面梯形，椁长3.24、宽1.04～1.40米。

葬式　人骨保存较差，葬式无法辨识。

2. 出土器物

该墓出土器物27件，另有铜钱2枚。质地有陶、铜两种，分述如下。

陶器　8件，均为泥质灰陶，器类有罐、灶、器盖（图版八一，1）。

罐　6件（M12：3、4、5、6、7、10），均轮制，器表有明显轮旋痕迹。标本M12：3，侈口，卷沿，方唇，矮领，圆鼓腹，平底，口径10、腹径17.2、底径10、高14.5厘米（图三六，1）。标本M12：4、5、6，形制相同，侈口，卷沿，圆唇，矮领，鼓腹，平底。标本M12：4，尖圆唇，肩部饰密集细弦纹，口径12、腹径17、底径11.4、高15厘米（图三六，2；图版九九，5）。标本M12：5，肩部略鼓，下腹斜直收，口径10.4、腹径16.8、底径10.0、高14.3厘米（图三六，3；图版九九，6）。标本M12：6，圆鼓腹，小平底，下腹斜直收，口径10.2、腹径17.6、底径8.2、高16.2厘米（图三六，4）。标本M12：7，卷沿，方唇，束颈，圆鼓腹，平底，腹饰数弦纹，口径12.2、腹径17.4、底径11.4、高14.8厘米（图三六，5）。标本M12：10，大口，圆唇，矮领，圆鼓肩，下腹斜直收，平底，肩部饰一周波折纹，口径19.8、腹径32.4、底径19、高25厘米（图三六，6；图版一〇〇，1）。

灶　1件，标本M12：8，灶体平面呈马蹄形，前方后圆，灶面三釜呈"品"字形分布，尾部有短柱形烟囱，前端有方形落地灶门，灶门两侧及灶壁上模印多重半菱形纹，灶面后部两釜间模印多重"人"字纹。灶面、灶壁分体模制而后粘结，釜之肩部与灶面一次性模制而成，腹模制而后粘结于相应的位置。长14.9、宽15.5、高6.9厘米（图三六，10；图版一〇〇，2）。

陶器盖　1件，标本M12：9，平顶，浅覆钵形。口径8、高2厘米（图三六，7）。

铜柿蒂形棺饰19件，形制相同，标本M12：2，与泡钉同出，对角长3.1、泡径1.1、高0.85厘米（图三六，8）。

铜钱　2枚，均为五铢钱，形制相同，一枚残损，圆形方穿，穿背面有郭，一枚穿下有一星纹，穿之两侧有篆文"五铢"二字，"五"字瘦长，交笔较直。标本M12：1，穿下一星，钱径25.97、穿宽9.68、郭厚1.98毫米，重4.28克（按：年代为武帝时期）（图三六，9）。

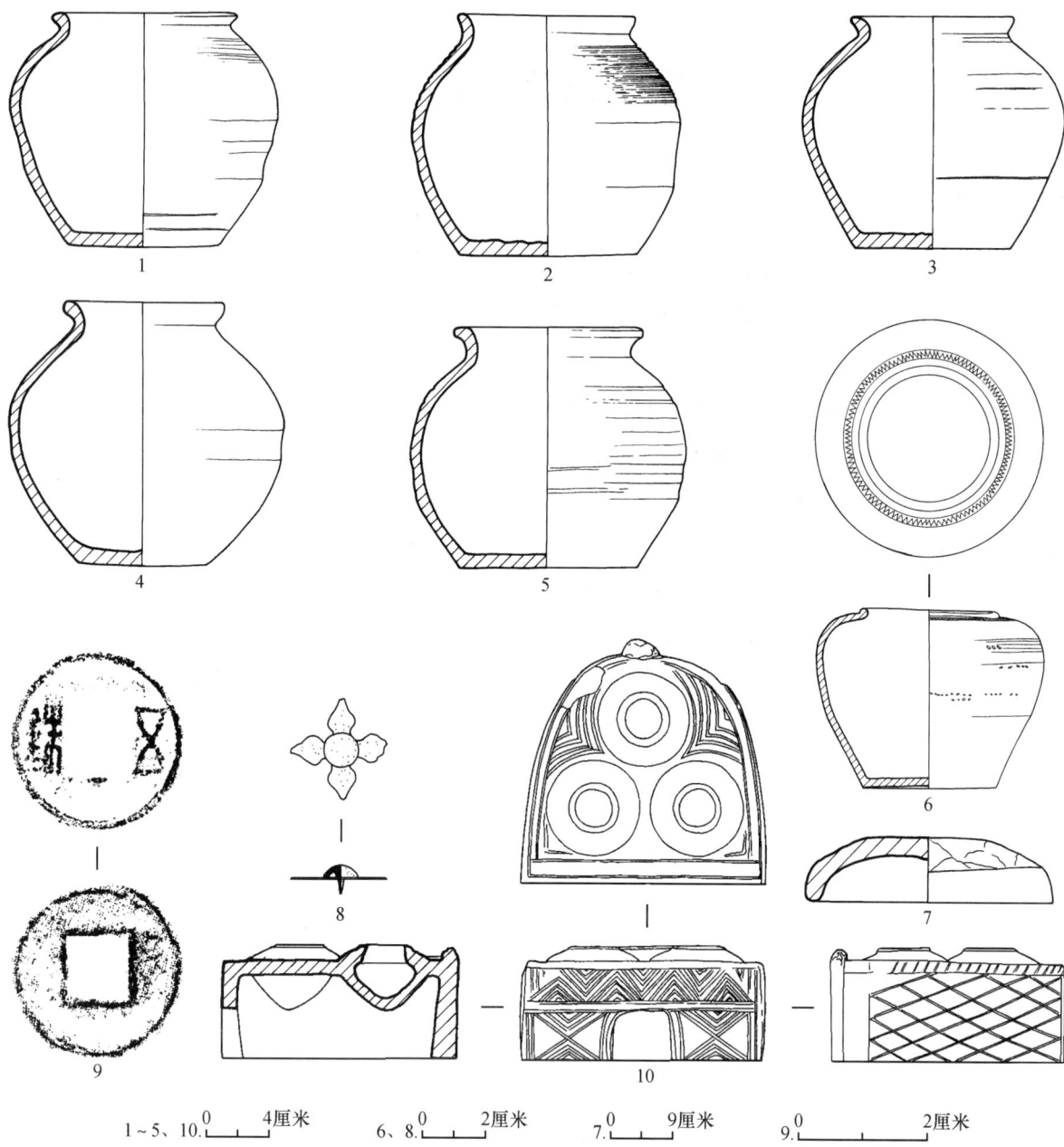

1～5、10. 0└──┘4厘米　　6、8. 0└──┘2厘米　　7. 0└──┘9厘米　　9. 0└──┘2厘米

图三六　Ⅰ区M12出土器物

1～6. 陶罐（M12：3～7、10）　7. 陶器盖（M12：9）　8. 铜柿蒂形棺饰（M12：2）　9. 铜钱（M12：1）
10. 陶灶（M12：8）

第十三节　M13

1. 墓葬形制

M13，位于第二阶地中部偏北，探方T0405内，北与M14并列，方向一致，二者应为并穴合葬，该组墓葬北侧、东侧无墓葬，南侧为M80、M81。方向100度，形制为斜坡墓道砖室墓，由墓道、小龛、墓室三部分组成（图三七；图版九，1、2）。

墓道　位于墓室的东端，平面呈梯形，西宽东窄，底部斜坡状。开口长7.0、宽0.90～1.02米、坡长8.40、底距开口深0～4.70米，坡度27度。墓道内填五花土，土质疏松，未经夯打。

墓室　平面呈长方形，条砖（楔形砖）对缝券顶，壁条砖错缝平砌，长条砖横向错缝铺地。墓室东部南侧近封门处有一长方形小龛，条砖对缝券顶，条砖侧立砌壁，条砖横竖相间平铺地。楔形砖38厘米×18厘米×（4～6）厘米，条砖38厘米×19厘米×7.5厘米。小龛宽0.94、进深1.0、高0.80米。墓室长3.80、宽1.40、壁高1.0、室高1.40米。该墓盗扰严重，器物出土于墓室之内，有陶罐1、铜环1、铜泡钉1、铁削（残）1、铜钱8。

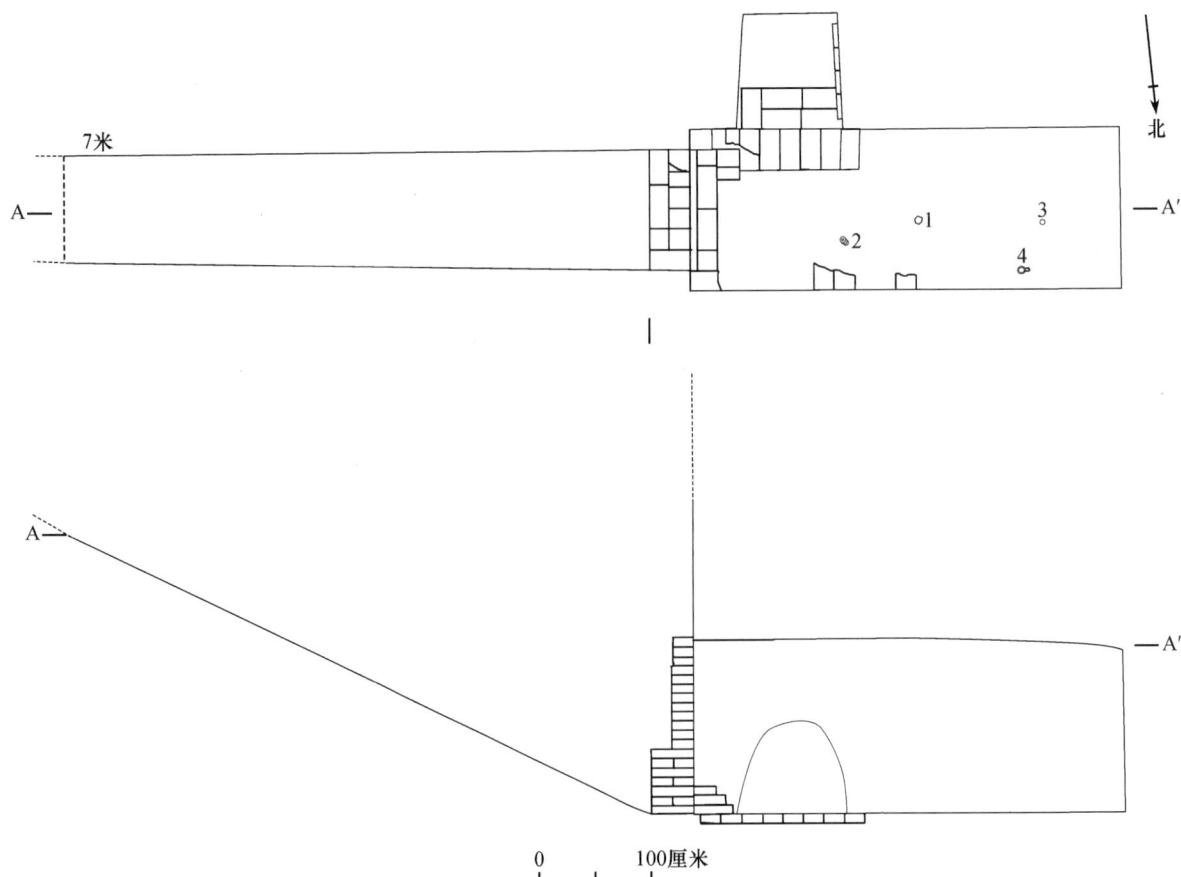

图三七　Ⅰ区M13平、剖面图
1. 陶罐　2. 铜钱　3. 铜环　4. 环首铁削　5. 铜泡

封门 条砖封门，底部7层一横一顺交替垒砌，之上11层单砖横向错缝平砌。条砖38厘米×19厘米×7.5厘米，封门宽1.0、高1.50米。

葬具 木棺，发现有铁棺钉，尺寸结构不详。

葬式 不详。

2. 出土器物

该墓出土器物4件，质地有陶、铜、铁三种，另有铜钱8枚，分述如下。

陶罐 1件，标本M13：1，残损严重，无口沿及底，无法复原。

铜器 2件，器类有环、泡钉。

环 1件，标本M13：3，圆形，直径2.3、厚0.3厘米（图三八，1）。

泡钉 1件，标本M13：5，圆形，直径1.2厘米（图三八，2）。

铁削 1件，标本M13：4，残，仅剩环首柄，锈蚀严重。残长4.8、柄宽3.6、把宽1.5厘米（图三八，3）。

铜钱 8枚，均为五铢钱，圆形方穿，穿背面有郭，部分穿上有一横郭或穿下有一星纹，穿之两侧有篆文"五铢"二字（图三九，1~8）。

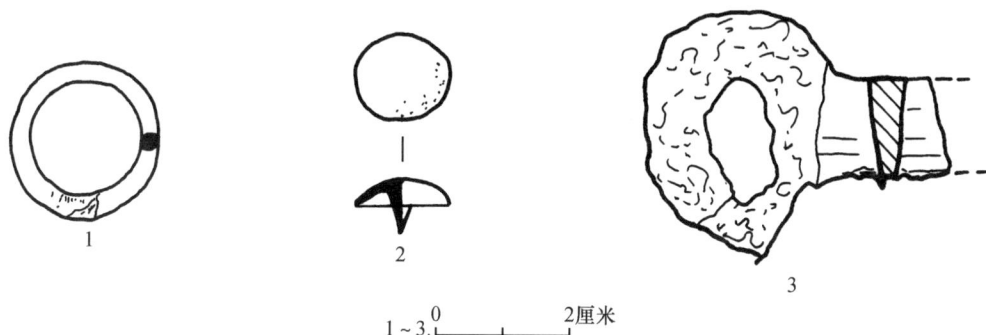

图三八 I 区M13出土器物

1.铜环（M13：3） 2.铜泡钉（M13：5） 3.环首铁削（M13：4）

第十四节 M14

1. 墓葬形制

M14，位于第二阶地中部偏北，探方T0406内，南紧邻M13，二者为并穴合葬。方向90度，形制为斜坡墓道土洞墓，由墓道、墓室两部分组成（图四〇；图版九，3、4）。

墓道 位于墓室东端，平面呈梯形，壁面光滑较直，底斜坡状。开口残长7.32、宽0.84~1.16、坡长7.40、底距开口深0~5.40米，坡度30度。墓道内填花土，土质疏松，未经夯打。

墓室 平面近长方形，拱顶土洞。长4.04、宽1.20~1.28、高1.40米。该墓未经盗扰，器物

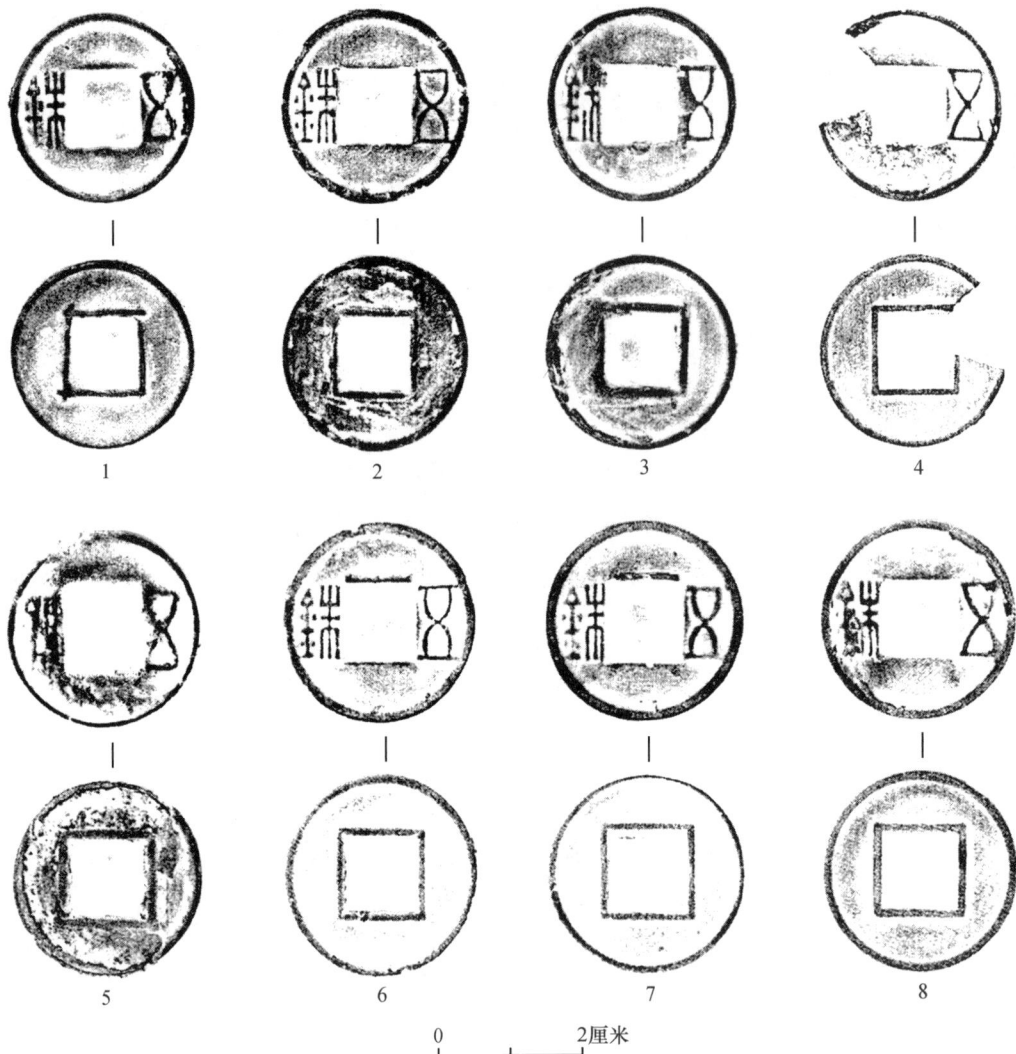

图三九　Ⅰ区M13出土铜钱

1. M13：2-1　2. M13：2-2　3. M13：2-3　4. M13：2-4　5. M13：2-5　6. M13：2-6　7. M13：2-7　8. M13：2-8

主要出土于墓室东部，计有陶鼎2、陶盒2、陶钫1、陶罐6、陶仓1、陶灶1套（盆1、甑1）、铜镜1、铜扣饰1、铅马衔镳1、铅当卢1、铜钱7。

封门　条砖封门，对缝平砌，已倒塌至墓室内。南北两壁有封门槽。条砖尺寸36厘米×18厘米×8厘米。封门槽宽0.24、进深0.13、高1.40米。

葬具　一棺一椁，仅存棺椁灰痕。椁长3.60、宽1.20～1.28米，棺长1.90、宽0.76米。

葬式　骨架1具，保存较差，已成粉末，可辨其为仰身直肢葬，头向东。

2. 出土器物

该墓出土器物19件，另有铜钱7枚。质地有陶、铜、铅三种，分述如下。

陶器　15件，均为泥质灰陶，器类有鼎、盒、钫、罐、仓、灶、甑、盆（图版八一，2）。

鼎　2件（M14：9、10），形制相同。盖，浅覆钵形，近平顶；器身，子母口内敛，弧腹，

图四〇　I 区 M14 平、剖面图

1. 铜镜　2. 铜钱　3、6、8、12~14. 陶罐　4. 陶灶 1 套（盆、甑）　5. 陶纺　7、11. 陶盒　9、10. 陶鼎　15. 陶仓　16. 铅当卢　17. 铜扣饰　18. 铅马衔镳

圜底，肩附外撇弯曲板耳，顶端外折，腹中部有一周台棱，底附三马蹄形足。标本M14∶9，盖径17、器身口径17.4、腹深8.4、足高5.6、通高15.3厘米（图四一，1；图版一○○，3）。

盒　2件（M14∶7、11），形制相同。盖，浅覆钵形，顶有矮圈足形捉手；器身，子母口内敛，弧腹，平底。标本M14∶7，盖径16.9、器身口径16.8、腹深8.6、底径7.6、高14.1厘米（图四一，2；图版一○○，4）。

钫　1件，标本M14∶5，盖，覆斗形，子母口；器身，侈口，平沿，束颈，鼓腹，高圈足稍外撇。盖口径10、器身口径10、腹径17.4、足径10.2、足高3.45、通高31.9厘米（图四一，3；图版一○○，5）。

罐　6件（M14∶3、6、8、12、13、14），均双唇，分为矮领和束颈两类。M14∶6、8，形制相同。喇叭口，双唇，束颈，圆鼓肩，弧腹，平底。肩、腹处饰有两道或者一道凹弦纹。标本M14∶6，口径8.8、腹径16.2、底径7.3、高21.8厘米（图四一，4；图版一○○，4）。M14∶3、12、13、14，形制相同。矮领，双唇，弧肩，鼓腹，平底，肩、腹处饰有两道凹弦纹，轮制，器表有轮旋纹，器底外侧有扇形线切纹。标本M14∶12，口径8.9、腹径16.8、底径8.8、高14.3厘米（图四一，5；图版一○一，2）。

仓　1件，标本M14∶15，盖，浅碟形，近平顶，饰有三组（每组一至两道）凹弦纹；器身，直口，矮领，圆唇，斜肩稍出檐，绕口一周有环状台面，之下均匀布置八道竖棱，直筒腹，平底，底附三胡人形足，腹部饰三组（每组两道）凹弦纹。器身饰红色彩绘，上、下各饰一周锯齿纹，中部上面饰一组卷云纹，下面饰一组大波折纹，其间点缀半圆圈、短弧线等纹样。盖径11.3、器身口径8.2、底径22.9、足高6、通高36.9厘米（图四一，6；图版一○一，3）。

灶　1件，标本M14∶4-1，灶体平面呈马蹄形，前方后圆，灶面两釜前后分布，尾部有短柱形烟囱，前端有方形落地灶门，两侧及上部模印多重菱形纹。灶面、灶壁分体模制而后粘结，釜之肩部与灶面一次性模制而成，腹模制而后粘结于相应的位置。长17.8、宽15.1、高7.1厘米（图四一，7；图版一○一，4）。

甑　1件，与灶配套。标本M14∶4-2，敞口，平沿，折腹，小平底，底部有三个箅孔。口径7.6、底径2.2、高3.4厘米（图四一，8）。

盆　1件，与灶配套。标本M14∶4-3，敞口，平沿，方唇，折腹，小平底内凹。口径7.4、底径2.1、高2.8厘米（图四一，9）。

铜器　2件，器类有镜、扣形饰。

镜　1面，标本M14∶1，昭明镜，圆形，半圆钮，圆钮座，宽素平缘，镜面微凸，钮座外均匀伸出四组卷草纹和一周内向八连弧纹，其外两周短斜线纹之间有"内清质以昭明，光象夫日月，而心忽忠不而泄"铭文带。面径8.50、背径8.40、钮宽1.10、缘宽0.50、缘厚0.30厘米，重94克（图四二；彩版二六，1）。

扣形饰　1件，标本M14∶17，圆扣形，下有双方形穿孔。帽径1.1、高0.6厘米（图四三，1）。

铅器　2件，车马器，有马衔镳、当卢。

马衔镳　1件，标本M14∶18，残损。镳，略呈"S"形，两段一侧镂空透雕云纹图案，有

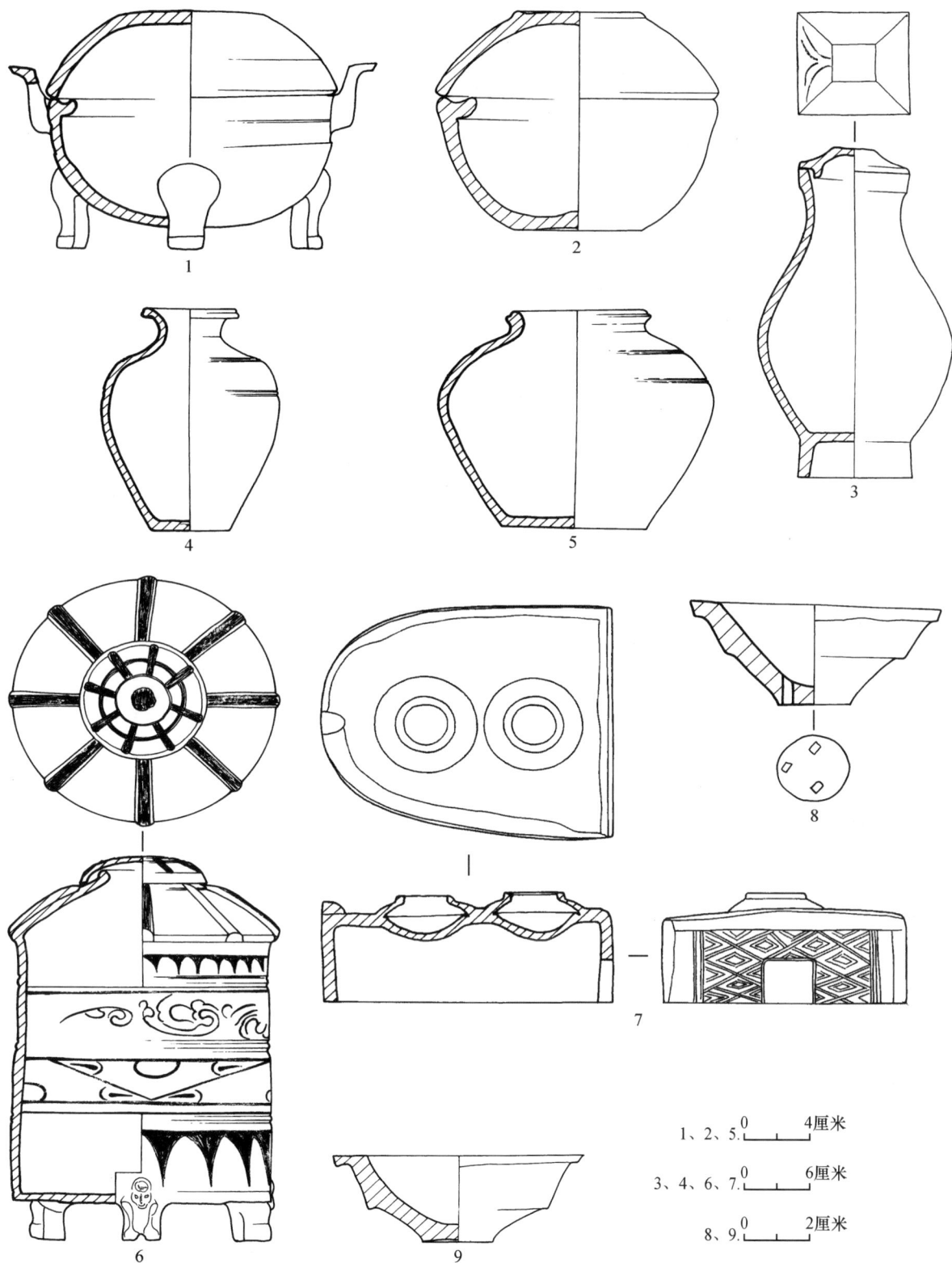

图四一　Ⅰ区M14出土器物（一）

1.陶鼎（M14：9）　2.陶盒（M14：7）　3.陶钫（M14：5）　4、5.陶罐（M14：6、12）　6.陶仓（M14：15）
7.陶灶（M14：4-1）　8.陶甑（M14：4-2）　9.陶盆（M14：4-3）

图四二　Ⅰ区M14出土铜镜（M14：1）

两孔，残长6.3厘米。衔，一节，一端有环，残长3.2厘米（图四三，2）。

当卢　1件，标本M14：16，稍残，圭形片状，一面有浅浮雕式卷云纹图案，另一面两端各有一方形穿钮。长8.1、宽0.3～1.4厘米（图四三，3）。

铜钱　7枚，均为五铢钱。圆形方穿，穿背面有郭，部分穿上有一横郭或穿下有一星纹，穿之两侧有篆文"五铢"二字。"五"字较瘦长，两交笔或斜直或甚曲，曲者末端稍内敛，"铢"字金头三角，朱头方折（按：年代为武帝到宣帝前期）（图四四）。

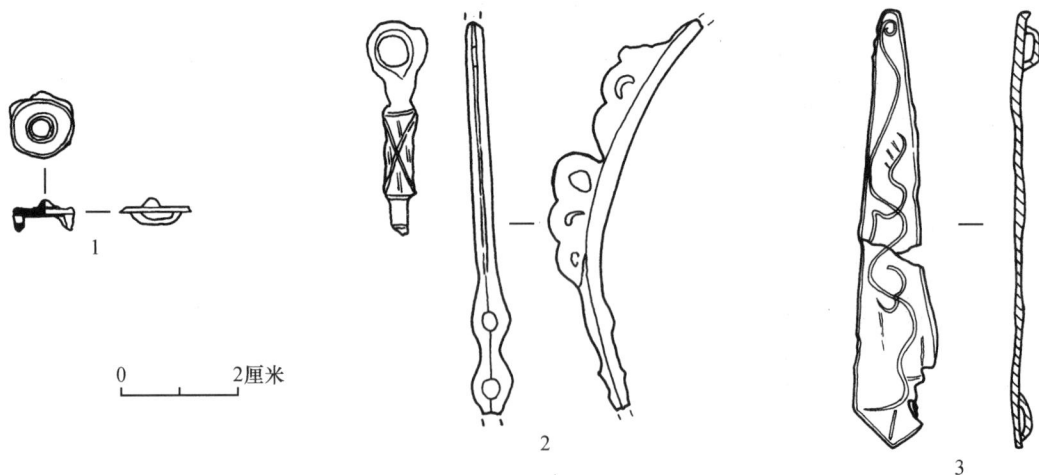

图四三　Ⅰ区M14出土器物（二）
1.铜扣形饰（M14：17）　2.铅马衔镳（M14：18）　3.铅当卢（M14：16）

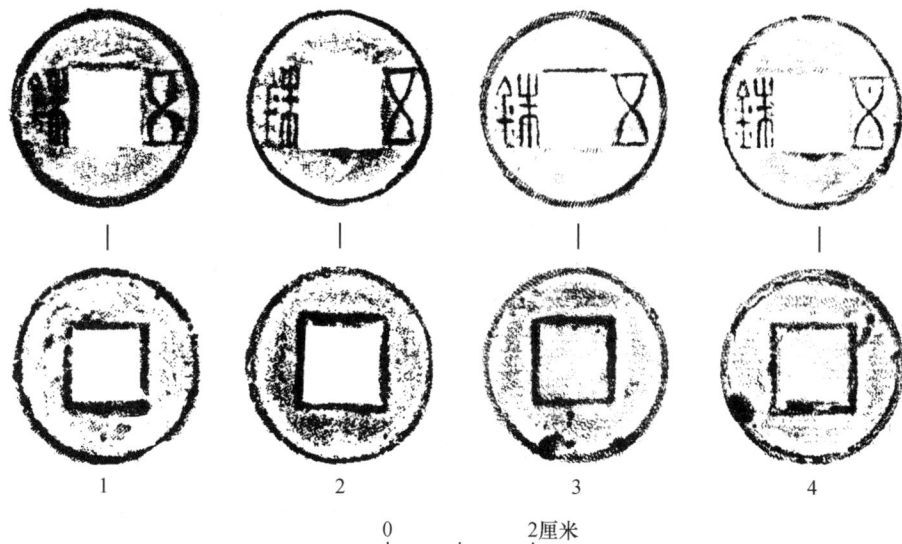

图四四　Ⅰ区M14出土铜钱

1. M14：2-1　2. M14：2-2　3. M14：2-5　4. M14：2-6

第十五节　M15

1. 墓葬形制

　　M15，位于第二阶地中部，探方T0606内，南与M85基本并列，距离稍远，西侧无墓葬，东侧有M18、M19。方向95度。形制为斜坡墓道砖室墓，由墓道、墓室两部分组成（图四五）。

　　墓道　位于墓室的东端，平面呈长方形，壁面光滑较直，底斜坡状。开口残长3.86、宽0.92、坡长3.80、底距开口深0～4.40米，坡度30度。墓道内填花土，土质疏松，未经夯打。

　　墓室　平面近长方形，条砖对缝券顶，壁条砖错缝平砌，条砖横向错缝铺地。砖的尺寸36厘米×18厘米×8厘米。墓室长3.72、宽1.52、壁高0.80、室高1.28米。该墓被盗扰，出土器物有陶鼎盖1、陶盒（残）1、陶仓3。

　　封门　条砖封门，错缝平砌，砖的尺寸36厘米×18厘米×8厘米。封门宽0.92、残高0.36米。

　　葬具　木棺，出土铁棺钉，形制、尺寸不详。

　　葬式　不详。

　　盗洞　1处，位于墓道西部，自上而下进入墓室。平面呈圆形，直径约0.7米。

2. 出土器物

　　该墓出土器物5件，均为泥质灰陶器，器类有鼎盖、盒、仓。

　　鼎盖　1件，标本M15：5，覆钵形，饰红色彩绘，弧顶近平。轮制，器内有轮旋纹。口径17.2、高5厘米（图四六，1）。

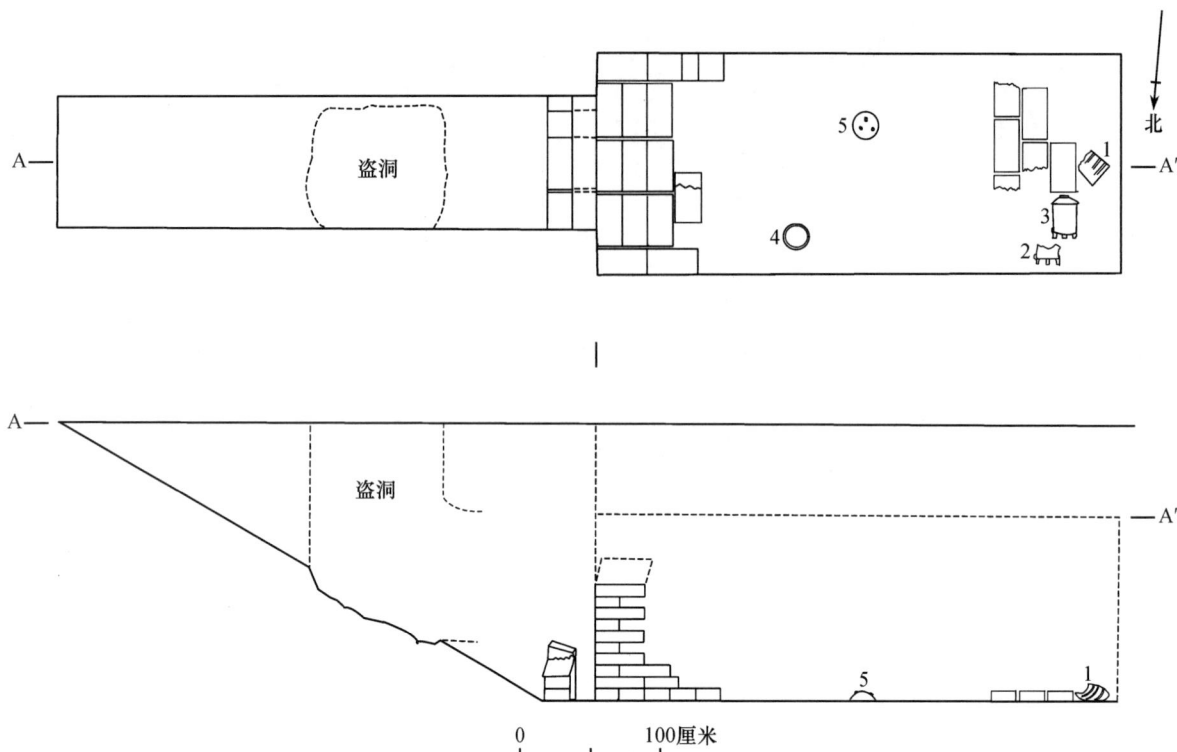

图四五　Ⅰ区M15平、剖面图
1~3.陶仓　4.陶盒　5.陶鼎盖

盒　1件，标本M15：4，仅残存器身，弧腹，平底。底径8.4、残高7.3厘米（图四六，2）。

仓　3件（M15：1、2、3），形制相同，仅一件完整。标本M15：3，盖，浅碟形，顶中部有一乳突，外有一周突棱，突棱外侧布置八道竖棱；器身，直口，圆唇，矮领，肩部稍出檐，绕口一周有环状台面，外侧均匀布置短竖棱，直筒腹，上腹饰一周红彩，平底，底附三蹲踞形胡人足。肩、腹分体轮制，足模印而后粘结，底外侧有旋切痕迹，盖径9.6、口径9.0、底径18.3、足高5.4、通高37.7厘米（图四六，3）。

第十六节　M16

1. 墓葬形制

M16，位于第二阶地中部，探方T0706内，墓道延伸至T0606，南与M17并穴合葬，东侧背对M22、M23，西侧M20置于其与M17之间，且方向一致，或有一定关系。方向275度，形制为斜坡墓道土洞墓，由墓道、过洞和墓室三部分组成（图四七；图版一〇，1）。

墓道　位于墓室的西端，平面呈梯形，壁面光滑较直，底斜坡状。开口残长4.70、宽0.72、坡长5.0、底距开口深0~3.50米，坡度25°。墓道内填花土，土质疏松，未经夯打。

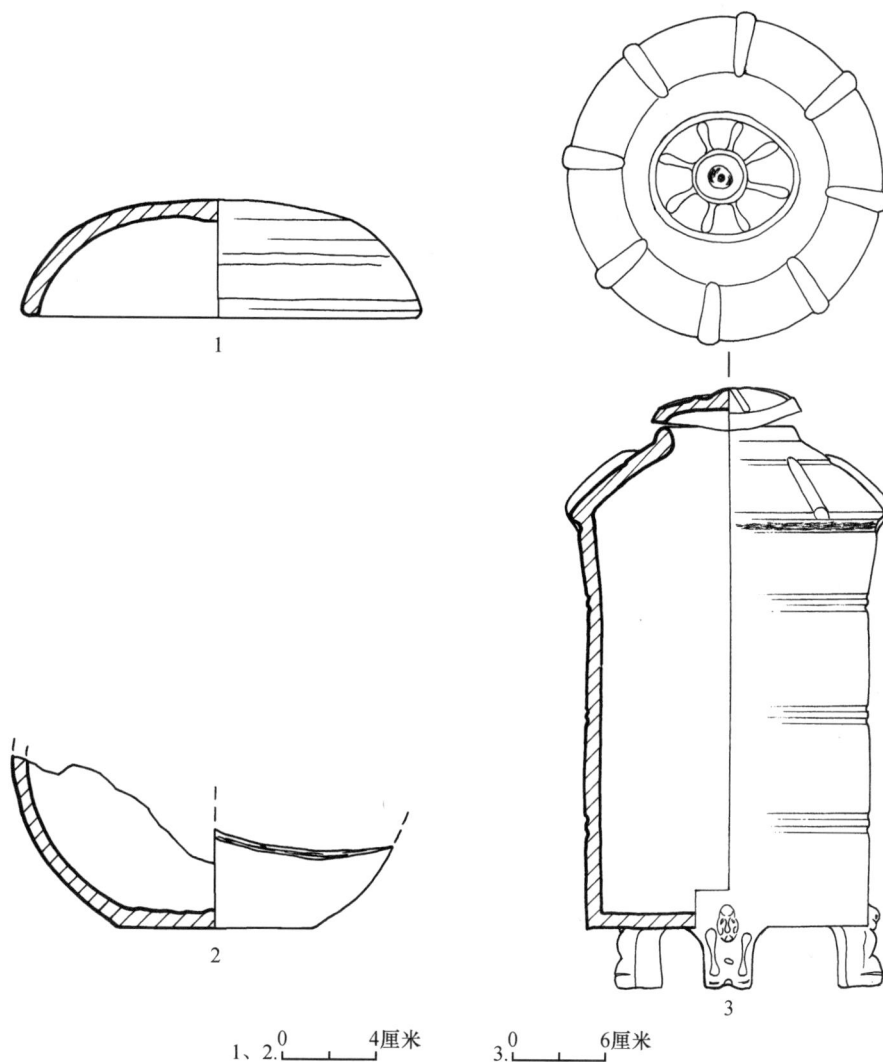

图四六　Ⅰ区M15出土器物
1. 陶鼎盖（M15：5）　2. 陶盒（M15：4）　3. 陶仓（M15：3）

过洞　平面呈梯形，拱顶坍塌。长1.3、宽0.72～1.48米。

墓室　平面近似长方形，拱顶土洞。墓室长3.60、宽1.42～1.50、高1.34米。该墓未经盗扰，陪葬品主要出土于墓室北部，出土器物有陶罐3、陶灶（残、无法修复）1、铜柿蒂形棺饰10、铁锸1、铅车饰1。

封门　木板封门，南北壁有封门槽。封门槽高1.30、宽0.20、进深0.20米。

葬具　一棺一椁。椁平面略呈梯形，长3.22、宽1.28～1.40米，棺平面长方形，长2.50、宽0.56米。

葬式　骨架保存极差，葬式无法辨识。

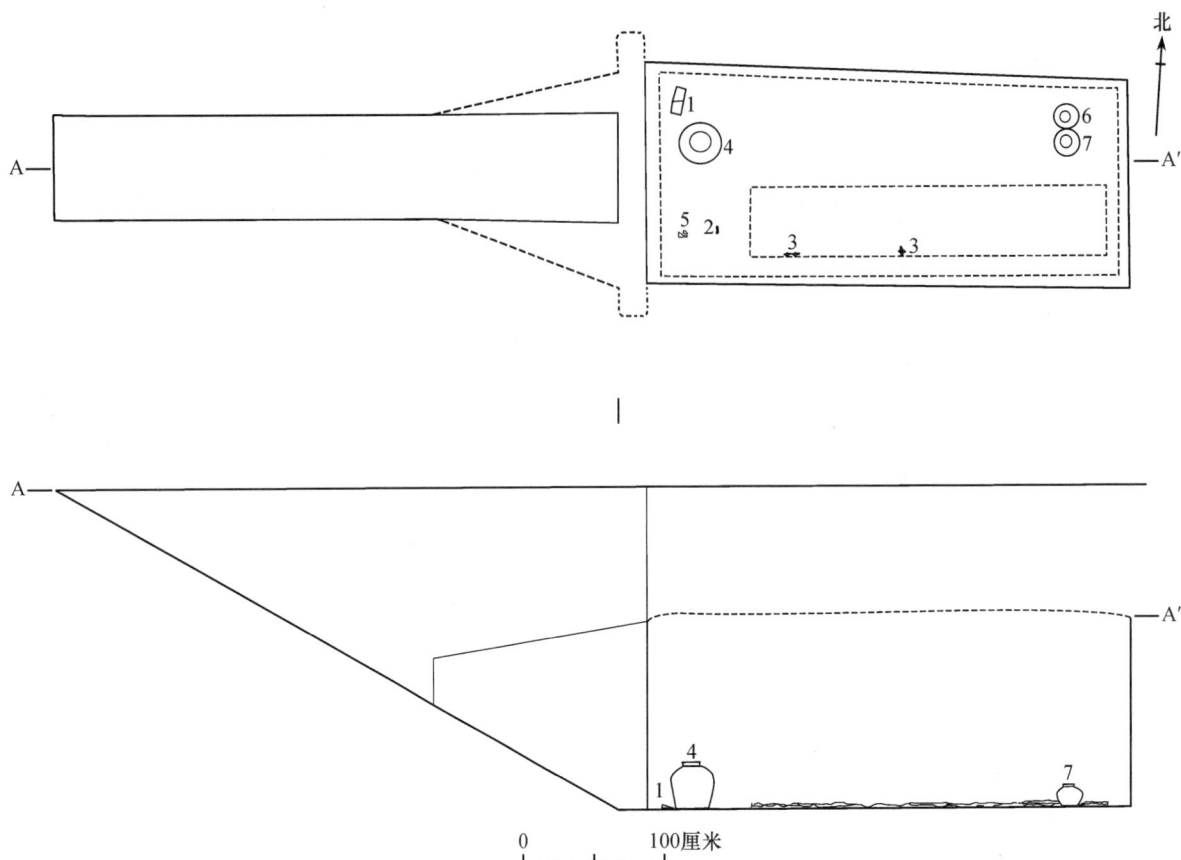

图四七　Ⅰ区M16平、剖面图

1.铁锸　2.铅车饰　3.铜柿蒂形棺饰　4、6、7.陶罐　5.陶灶残片

2. 出土器物

该墓出土器物16件，质地为陶、铜、铁、铅四种，分述如下。

陶器　4件，均为泥质灰陶，器类有罐、灶。

罐　3件（M16：4、6、7）。标本M16：6、7，形制相同。侈口，圆唇，矮领，圆鼓腹，平底稍内凹，轮制，器表有轮旋纹。标本M16：7，口径11.8、腹径17.8、底径11.0、高15.1厘米（图四八，2）。标本M16：4，侈口，矮领，圆唇，鼓肩，桶状腹，大平底，轮制，器表有轮旋纹，口径13.2、腹径33、底径24.3、高34.4厘米（图四八，1）。

陶灶　1件，标本M16：5，残损严重，无法修复。

铜柿蒂形棺饰　10件，形制相同，柿蒂形，部分与泡钉同出。标本M16：3，与泡钉同出，对角长3.2、泡径1.1、高0.75厘米（图四八，3）。

铁锸　1件，标本M16：1，刃部扁平略窄，顶部略宽，总体呈"V"形，宽17～18.4、高4.6、厚2.1厘米（图四八，5）。

铅车饰　1件，标本M16：2，椭圆环形，一侧有柄，截面扁平。残长4.5厘米（图四八，4）。

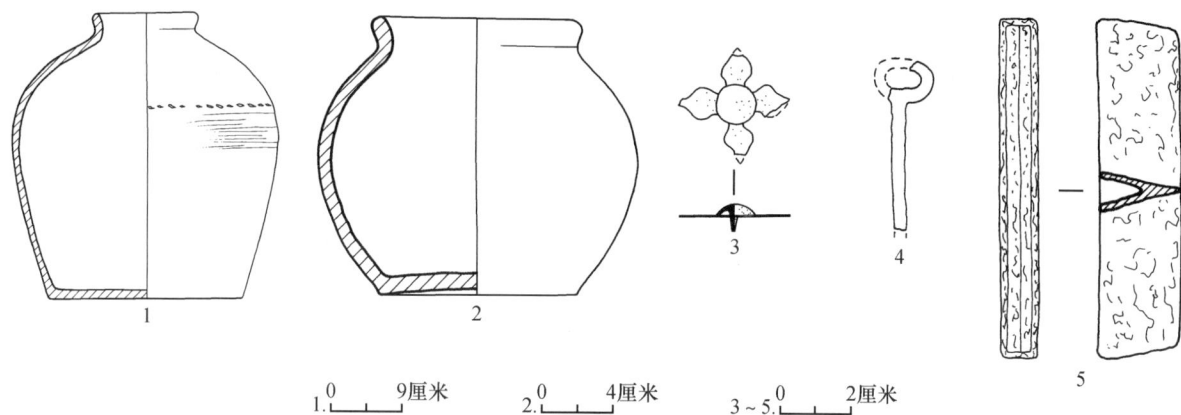

图四八　Ⅰ区M16出土器物

1、2.陶罐（M16：4、7）　3.铜柿蒂形棺饰（M16：3）　4.铅车饰（M16：2）　5.铁锸（M16：1）

第十七节　M17

1. 墓葬形制

M17，位于第二阶地中部，探方T0706内，北与M16并穴而葬，M20位于该墓北侧。方向270度。形制为斜坡墓道砖室墓，由墓道、墓室两部分组成（图四九）。

墓道　位于墓室的西端，平面呈长方形，壁面光滑较直，底斜坡状。开口残长6.96、宽

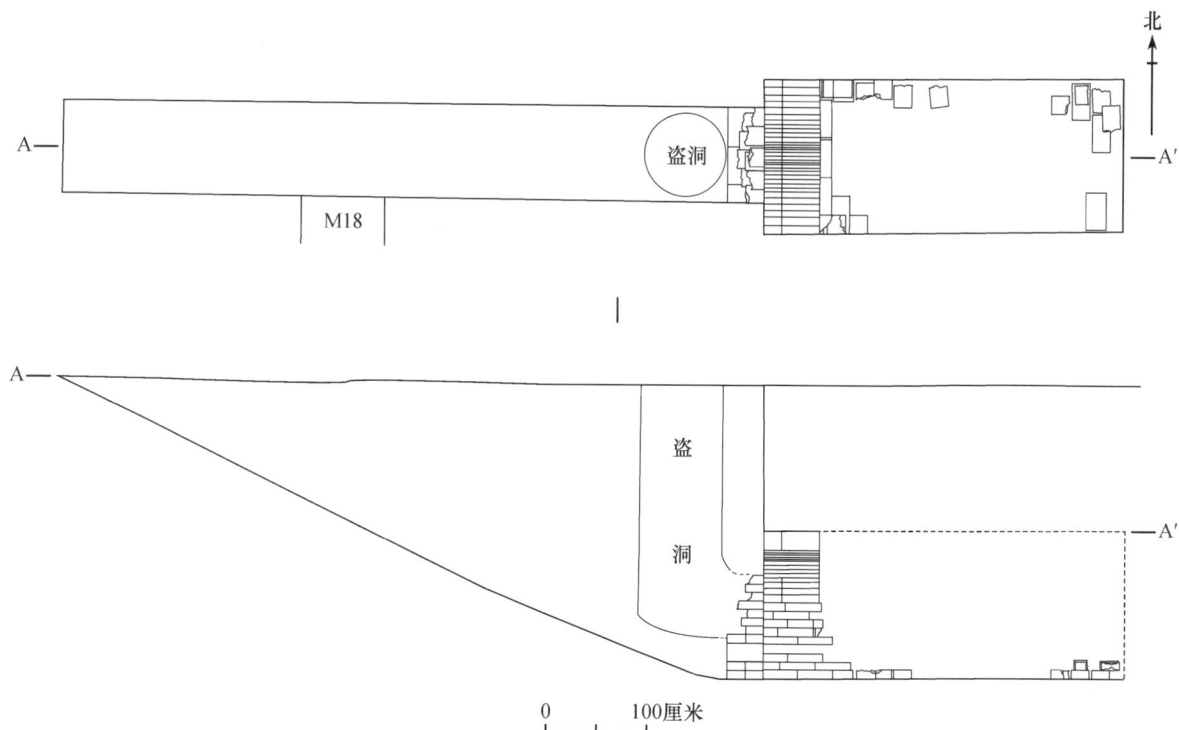

图四九　Ⅰ区M17平、剖面图

0.90、坡长6.80、底距开口深0～4.50米，坡度25°。墓道内填花土，土质疏松，未经夯打。

墓室　平面近长方形，券顶砖室，破坏严重。条砖对缝券顶，条砖顺向错缝砌壁，条砖横向铺地。砖的尺寸36厘米×18厘米×8厘米。墓室长3.60、宽1.48、壁高0.72、室高1.40米。该墓盗扰严重，未出土器物。

封门　条砖封门，横、顺条砖交替垒砌。砖的尺寸36厘米×18厘米×8厘米。宽0.90、残高0.98米。

葬具　木棺，出土铁棺钉，形制、尺寸不详。

葬式　扰乱严重，葬式不详。

盗洞　1处，位于墓道的末端，平面呈圆形，直径约0.7米。

2. 出土器物

该墓未出土器物。

第十八节　M18

1. 墓葬形制

M18，位于第二阶地中部，探方T0606内，东与M19并穴而葬，再东稍偏南有M84与M97、M76与M75，这六座墓基本为一排，方向一致，应有一定关系。北背靠M17与M16，且被M17打破。南侧有M82与M83、M85与M86。方向178度。形制为斜坡墓道土洞墓，由墓道、小龛、墓室三部分组成（图五〇）。

墓道　位于墓室的南端，平面近长方形，壁面较直，底部斜坡状，开口残长3.84、宽0.96、坡长4.36、底距开口深0～1.8米，坡度25度。墓道内填五花土，土质疏松，未经夯打。

墓室　平面呈长方形，拱顶土洞。墓室南部东侧近封门处，有一长方形小龛，拱顶土洞。小龛宽0.42、进深1.0、高0.60米。墓室长3.16、宽0.84、高1.44米。该墓未被盗扰，器物主要出土于墓室南部及小龛内，计有陶鼎1、陶盒2、陶钫1、陶缶1、陶罐5、陶仓5、陶灶1套（盆1、甑1）、铁剑1。

封门　土坯封门，横向错缝平砌。土坯砖的尺寸36厘米×18厘米×8厘米，宽0.18、长0.96、残高1.36米。

葬具　木棺1具，仅存棺痕，棺长2.14、宽0.60米。在棺下四角发现四个长方形凹槽，也许与棺的支垫有关。槽长0.16、宽0.14、深0.12米。

葬式　骨架1具，已成粉末状，头向北、仰身直肢葬。

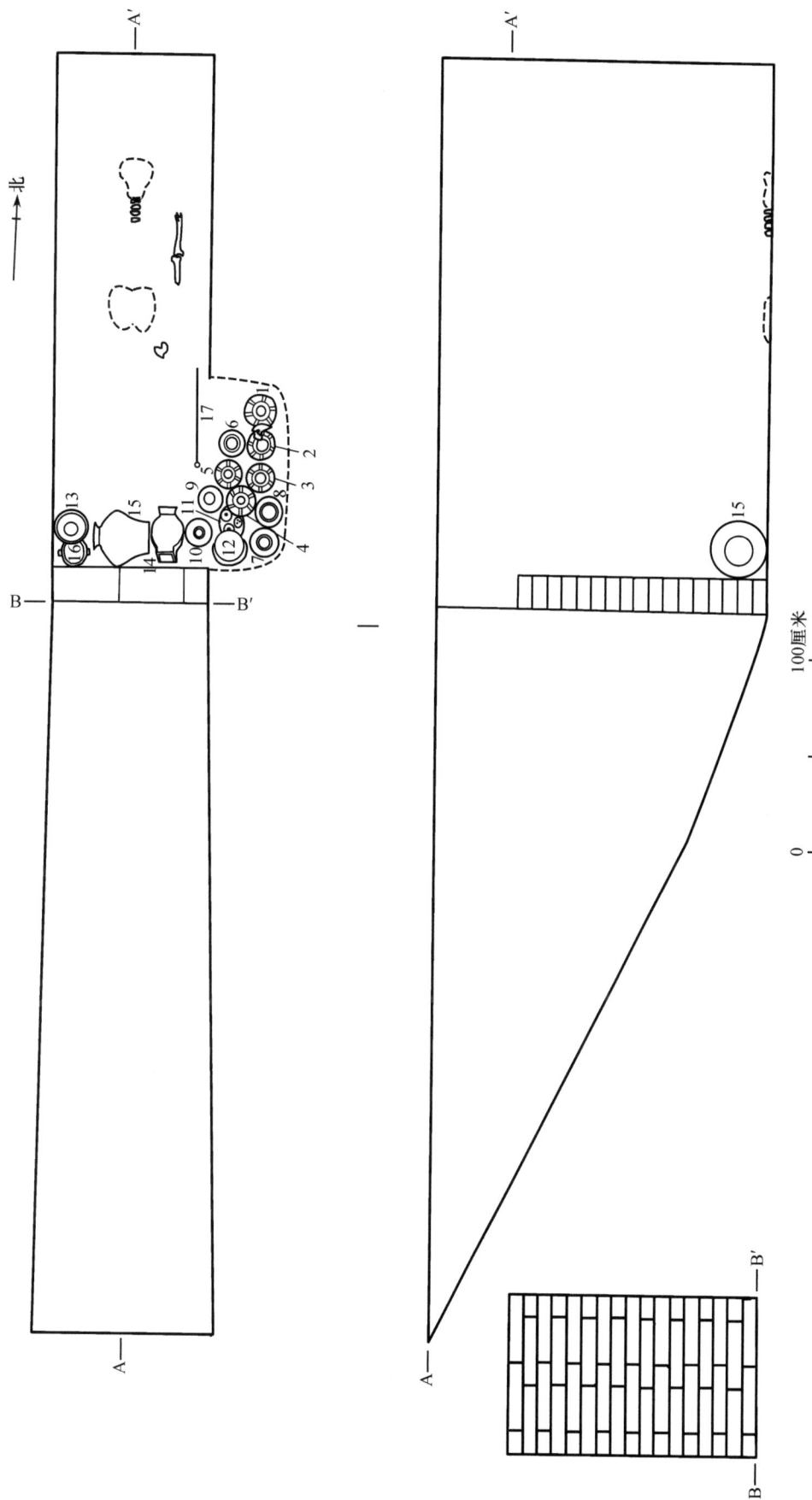

图五○　Ⅰ区M18平、剖面图

1~5. 陶仓　6~10. 陶罐　11. 陶灶1套（盆、甑）　12、13. 陶盒　14. 陶纺　15. 陶缶　16. 陶鼎　17. 铁剑

2. 出土器物

该墓出土器物19件，有泥质灰陶器和铁器，器类有鼎、盒、钫、缶、罐、仓、灶、甑、盆、铁剑（图版八二，1）。

鼎　1件，标本M18：16，盖，浅覆钵形，近平顶；器身，子母口内敛，弧腹，近平底，肩附外撇弯曲板耳，顶端外折，腹中部有一周台棱，底附三马蹄形足。通体着白色陶衣，其上用橙、褐、天蓝等彩绘图案。盖，顶部中心饰橙色柿蒂纹，之外一周双线圆圈，再外一周双线大波折纹，其间填饰半圆圈、圆点、短弧线、羽状纹等纹样，最外侧一周宽带纹。器身，上部一周波折纹，其间填饰半圆圈、圆点、短弧线等纹样，最下一周锯齿纹。盖径17.5、器身口径17.5、腹深8.2、足高4.8、通高14.9厘米（图五一，1；彩版四，2；图版一〇一，5）。

盒　2件（M18：12、13），形制相同。盖，浅覆钵形，顶有矮圈足捉手；器身，子母口内敛，弧腹，平底。通体着白色陶衣，再在其上用橙、褐、天蓝彩绘图案，局部脱落严重。盖，捉手内两周圆圈纹，中心为两组对称云纹，云纹以黑色或红色勾勒轮廓，其间填充红色。捉手外侧两周红色弦纹，其间饰一周双线大波折纹，波折纹间填饰半圆圈、圆点、羽状纹等纹样，最下一周波浪纹。器身，上下两组弦纹带，上部一组三周褐色弦纹，其中下部两弦纹间有一周波浪纹，下面一组两周弦纹，两组弦纹带之间，饰双线大波折纹，波折之间填饰圆点、半圆圈、羽状纹等纹样。标本M18：13，盖径16.5、器身口径17.4、腹深8.8、底径8.4、高14.3厘米（图五一，2；彩版六，1；图版一〇一，6）。

钫　1件，标本M18：14，盖，覆斗形，子母口；器身，侈口，平沿，束颈，鼓腹，高圈足稍外撇。通体着白色陶衣，颈部一周倒三角纹，三角之中填羽状纹，三角间绘云气纹、圆圈纹。肩部上、下各一组（每组两道）双线黑弦纹，两组弦纹带间填饰卷云纹。盖径10、器身口径9.6、腹径17.1、足径9.8、足高3.6、通高31.8厘米（图五一，3；图版一〇二，1）。

缶　1件，标本M18：15，小口，平沿，尖圆唇，圆鼓肩，折腹，下腹内曲，大平底微凹，口径13.3、腹径29.4、底径17.6、高27.9厘米（图五一，4；图版一〇二，2）。

罐　5件（M18：6、7、8、9、10），矮领，双唇或方唇，弧肩，鼓腹，平底。标本M18：6、8，方唇。标本M18：8，口径9.6、腹径15.2、底径9、高11.8厘米（图五一，6；图版一〇二，4）。M18：7、9、10，双唇。标本M18：7，口径7、腹径14.6、底径7.3、高13.2厘米（图五一，5；图版一〇二，3）。

仓　5件（M18：1、2、3、4、5），形制相同；圆唇，矮领，绕口一周有环状台面，外侧均匀布置六道竖棱，肩部稍出檐，直筒腹，平底，器表饰彩绘，肩部筒瓦楞间线画板瓦叠痕，腹部分为四组，上下似为一周锯齿纹，中间两组上面一组似为云气纹，下面一组为大波折纹，间填以圆圈、圆点等纹样。标本M18：3，足残缺，口径6.8、底径13.6、通高22.8厘米（图五一，7；图版一〇二，5）。

灶　1件，M18：11-1，灶体平面呈马蹄形，前方后圆，灶面两釜前后布置，尾部有短柱形烟囱，前端有方形落地灶门，周围模印多重菱形纹。灶面、灶壁分体模制而后粘结，釜之

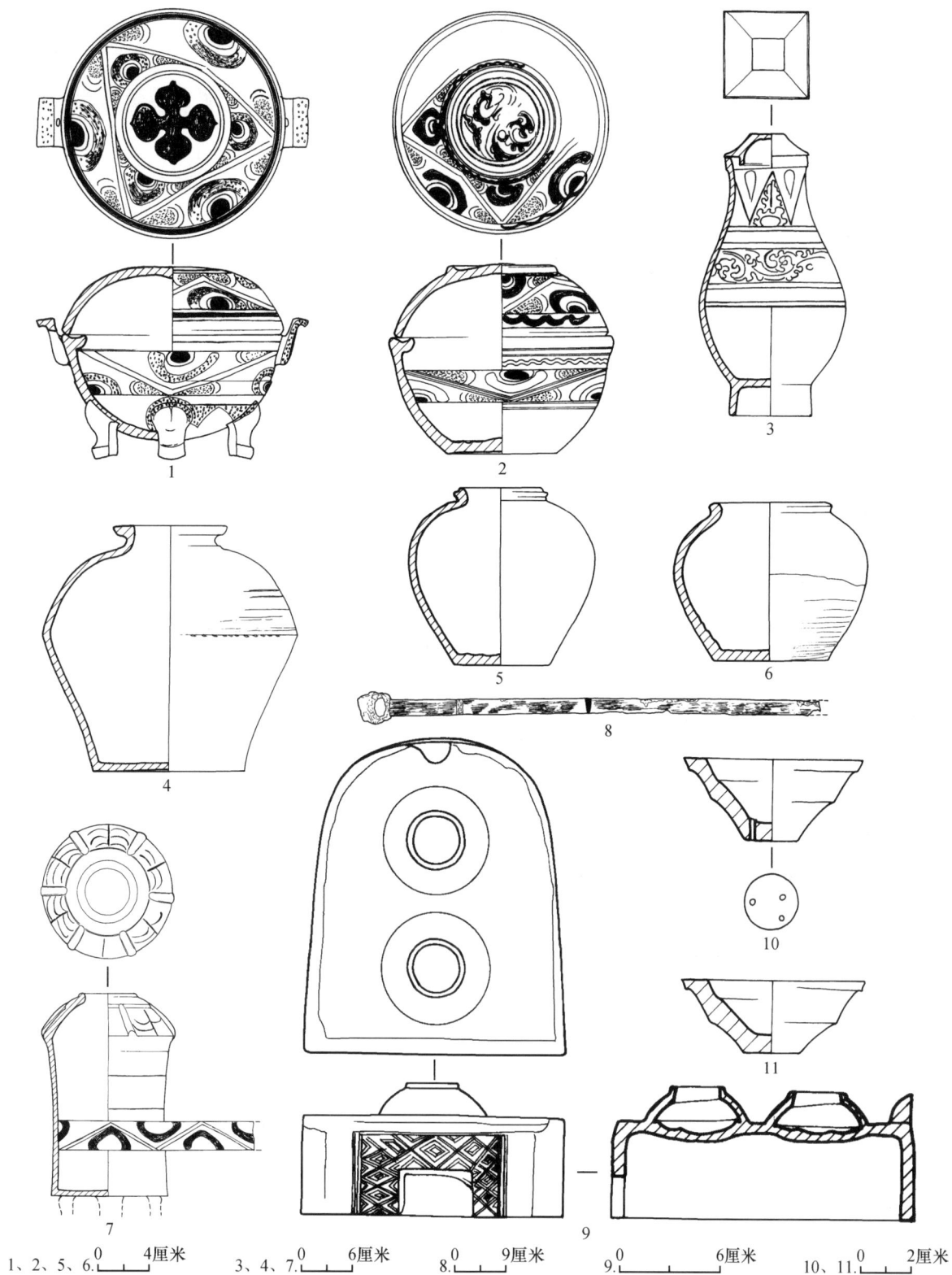

1、2、5、6. ⊢—0——4厘米　　3、4、7. ⊢—0——6厘米　　8. ⊢—0——9厘米　　9. ⊢—0——6厘米　　10、11. ⊢—0——2厘米

图五一　I 区M18出土器物

1. 陶鼎（M18∶16）　2. 陶盒（M18∶13）　3. 陶钫（M18∶14）　4. 陶缶（M18∶15）　5、6. 陶罐（M18∶7、8）

7. 陶仓（M18∶3）　8. 铁剑（M18∶17）　9. 陶灶（M18∶11-1）　10. 陶甑（M18∶11-3）　11. 陶盆（M18∶11-2）

肩部与灶面一次性模制而成，腹模制而后粘结于相应的位置。长17.8、宽15.2、高7.4厘米（图五一，9；图版一〇二，6）。

甑　1件，与灶配套。标本M18∶11-3，敞口，平沿，方唇，折腹，小平底，底部有三个箅孔。口径7.1、底径2.1、高3.1厘米（图五一，10）。

盆　1件，与灶配套。标本M18∶11-2，敞口，平沿，方唇，折腹。口径7.2、底径2.2、高2.9厘米（图五一，11）。

铁剑　1件，标本M18∶17，环首，直背，单刃，断面呈楔形。残长78厘米（图五一，8）。

第十九节　M19

1. 墓葬形制

M19，位于第二阶地中部，探方T0606内，与西侧的M18应是并穴合葬。方向180度。形制为竖穴墓道土洞墓，由墓道、墓室两部分组成（图五二）。

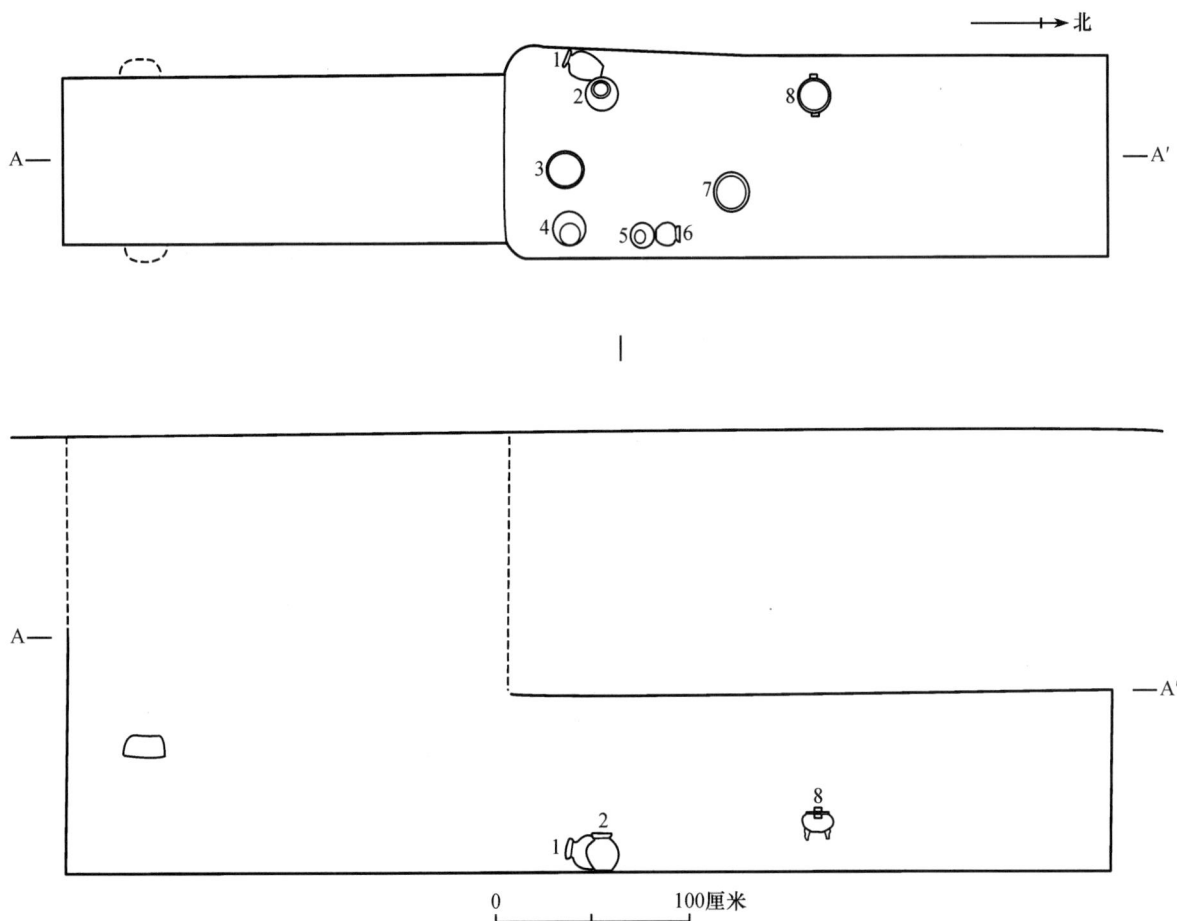

图五二　Ⅰ区M19平、剖面图

1、2、4~6. 陶罐　3、7. 陶盒　8. 陶鼎

墓道　位于墓室的南端，平面呈长方形，壁面较直，东西两壁有对称脚窝。脚窝平面呈半圆形，宽0.22、进深0.10、高0.10米。墓道开口长2.30、宽0.80~0.84、底距开口深2.20米。墓道内填五花土，土质疏松，未经夯打。

墓室　平面略呈长方形，拱顶土洞。墓室长3.10、宽1.0、残高0.90米。该墓未经盗扰，遗物主要出土于墓室南部，计有陶鼎1、陶盒2、陶罐5。

封门　不详。

葬具　木棺，出土铁棺钉，其尺寸不详。

葬式　不详。

2. 出土器物

该墓出土器物8件，均为泥质灰陶器，器类有鼎、盒、罐。

鼎　1件，标本M19∶8，盖缺失；器身，子母口内敛，弧腹，近平底，肩附外撇弯曲板耳（顶端残），腹中部有一周台棱，底附三马蹄形足，稍外撇。器身轮制，器表有轮旋纹。耳、足模制，而后粘结。器身口径16.4、腹深9.3、足高7.7、通高13.7厘米（图五三，1）。

盒　2件（M19∶3、7），形制相同。子母口内敛，深弧腹，矮圈足，平底。轮制，器身有轮旋纹。标本M19∶3，盖缺，口径18.7、腹深10.2、底径10.7、高10.4厘米（图五三，2）。

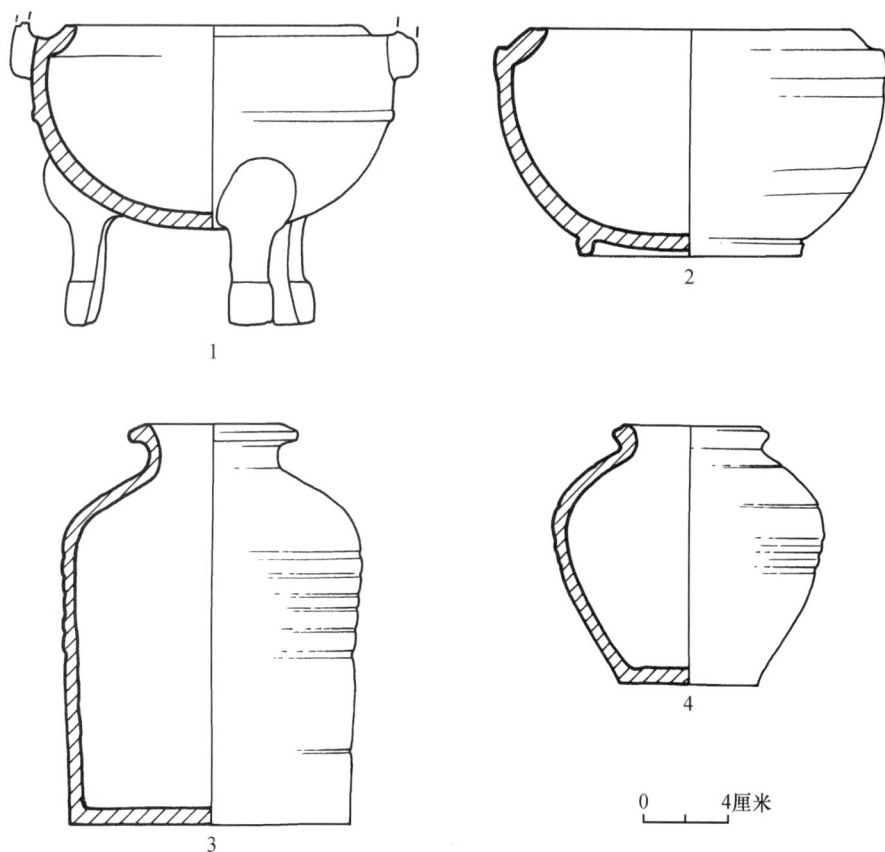

图五三　Ⅰ区M19出土器物
1. 陶鼎（M19∶8）　2. 陶盒（M19∶3）　3、4. 陶罐（M19∶2、5）

罐　5件（M19：1、2、4、5、6），形制不同，分为矮领罐和束颈罐两种。M19：5、6，形制相同。侈口，双唇，矮领，鼓肩，鼓腹，平底，肩、腹部饰一周凹弦纹。标本M19：5，口径7、腹径12.9、底径6.5、高11.9厘米（图五三，4）。标本M19：1、2、4，侈口，平沿外斜，方唇，束颈，鼓肩，直筒腹，平底，腹部饰三道凹弦纹。标本M19：2，口径8、腹径14、底径13.2、高18.4厘米（图五三，3）。

第二十节　M20

1. 墓葬形制

M20，位于探方T0606内，M16、M17墓道之间，三座墓葬方向一致，排列紧密，应有一定关系。方向270度。形制为竖穴墓道土洞墓，由墓道、墓室两部分组成（图五四；图版一〇，2）。

墓道　位于墓室的西端，平面呈长方形，壁面较直，南北两壁有对称脚窝。脚窝平面呈半圆形，宽0.16、进深0.10、高0.10米。墓道开口长2.22、宽0.84、底距开口深3.50米。墓道内填五花土，土质疏松，未经夯打。

墓室　平面略呈长方形，拱顶土洞，前高后低，西部近封门处有三块子母砖横向铺地，似为祭台。子母砖尺寸25厘米×23厘米×（4~5）厘米。墓室长3.08、宽0.84~0.92、高1.10~1.26米。该墓未被盗扰，器物主要出土于墓室西部，计有陶壶1、罐1、灶1套（盆1、甑1）、铜铃1、玉口琀1、玉鼻塞2、玉耳塞2、泥灯（残）1。

封门　条砖封门。横向错缝平砌，靠近南北壁，个别条砖竖立。条砖36厘米×18厘米×8厘米，封门宽0.84、高1.24米。

葬具　木棺1具，仅剩棺痕，长2.20、宽0.66米。

葬式　人骨1具，仰身直肢葬，头向西，面向北。

2. 出土器物

该墓出土器物12件，质地为陶、铜、玉石、泥四种，分述如下。

陶器　5件，分泥质灰陶和红胎釉陶，器类有壶、罐、灶、甑、盆。

壶　1件，标本M20：7，红胎釉陶，器表施酱黄釉，釉层较薄，釉面无光泽。侈口，平沿，唇部加厚，束颈，弧肩，鼓腹，腹的最大径在近二分之一处，假圈足。肩、腹部饰两道凹弦纹，其下贴塑对称铺首衔环。器身轮制，铺首衔环模制，器表有轮旋纹。口径14.5、腹径25.5、底径16.3、高33.3厘米（图五五，1；图版一〇三，1）。

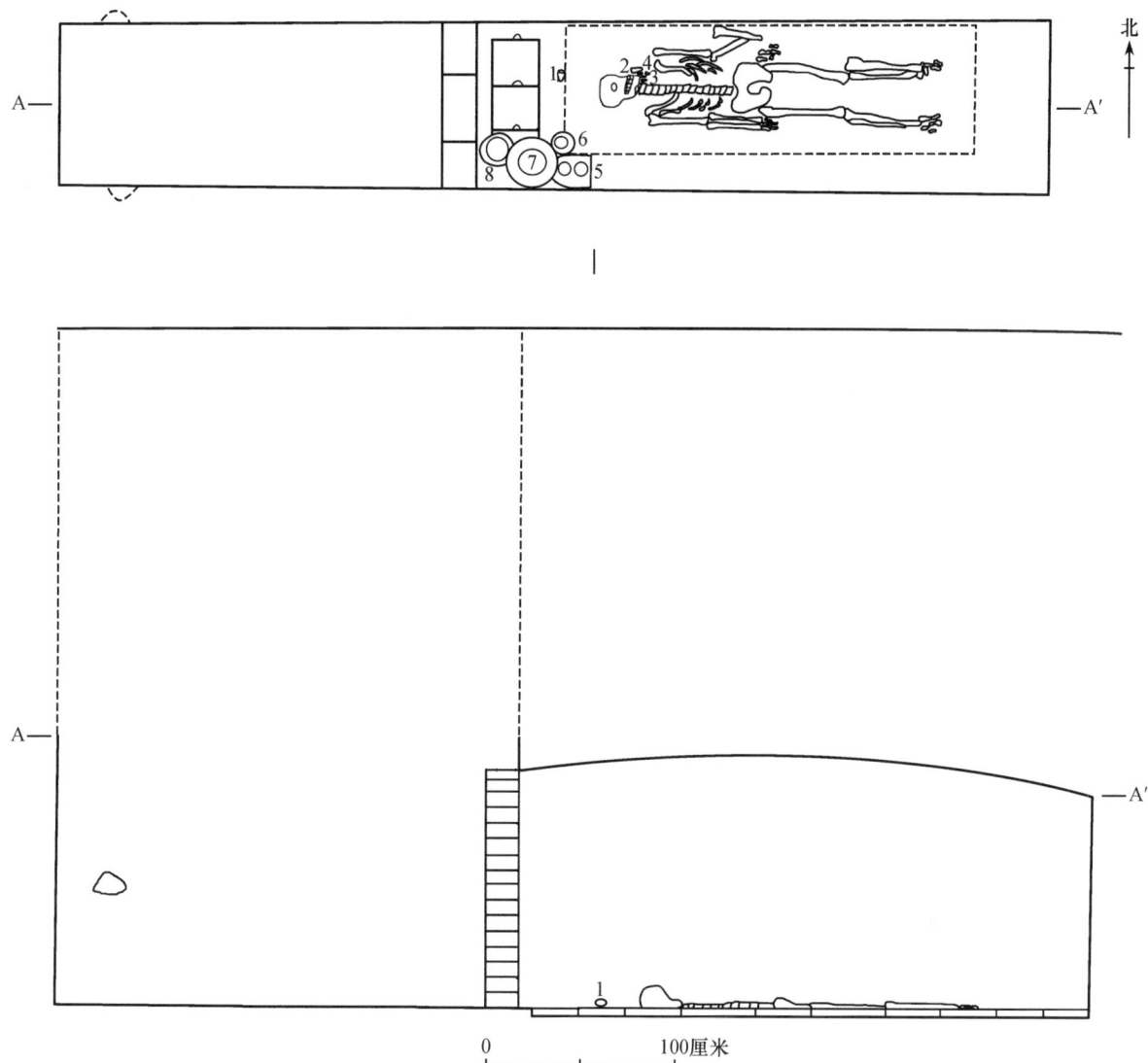

图五四　Ⅰ区M20平、剖面图

1.铜铃　2.玉口琀　3.玉鼻塞　4.玉耳塞　5.陶灶1套（盆、甑）　6.陶罐　7.釉陶壶　8.泥灯

罐　1件，标本M20∶6，侈口，双唇，束颈，弧肩，直筒腹，平底稍内凹，肩部饰一道凹弦纹。轮制，器底有旋切纹。口径7.6、腹径11、底径10.8、高13.4厘米（图五五，2；图版一〇三，2）。

灶　1件，标本M20∶5-1，泥质灰陶，灶体平面呈马蹄形，前方后圆，灶面两釜前后布置，尾部有圆孔形烟囱，前端有方形落地灶门，灶门周围模印多重菱形纹。灶面、灶壁分体模制而后粘结，釜之肩部与灶面一次性模制而成，腹模制而后粘结于相应的位置。长20.2、宽16.6、高7.8厘米（图五五，3；图版一〇三，3）。

甑　1件，与灶配套。标本M20∶5-3，敞口，平沿，方唇，折腹，小平底，底部有三个箅孔。模制，沿面有制坯时留下的线切纹。口径7.6、底径2.3、高3.1厘米（图五五，4）。

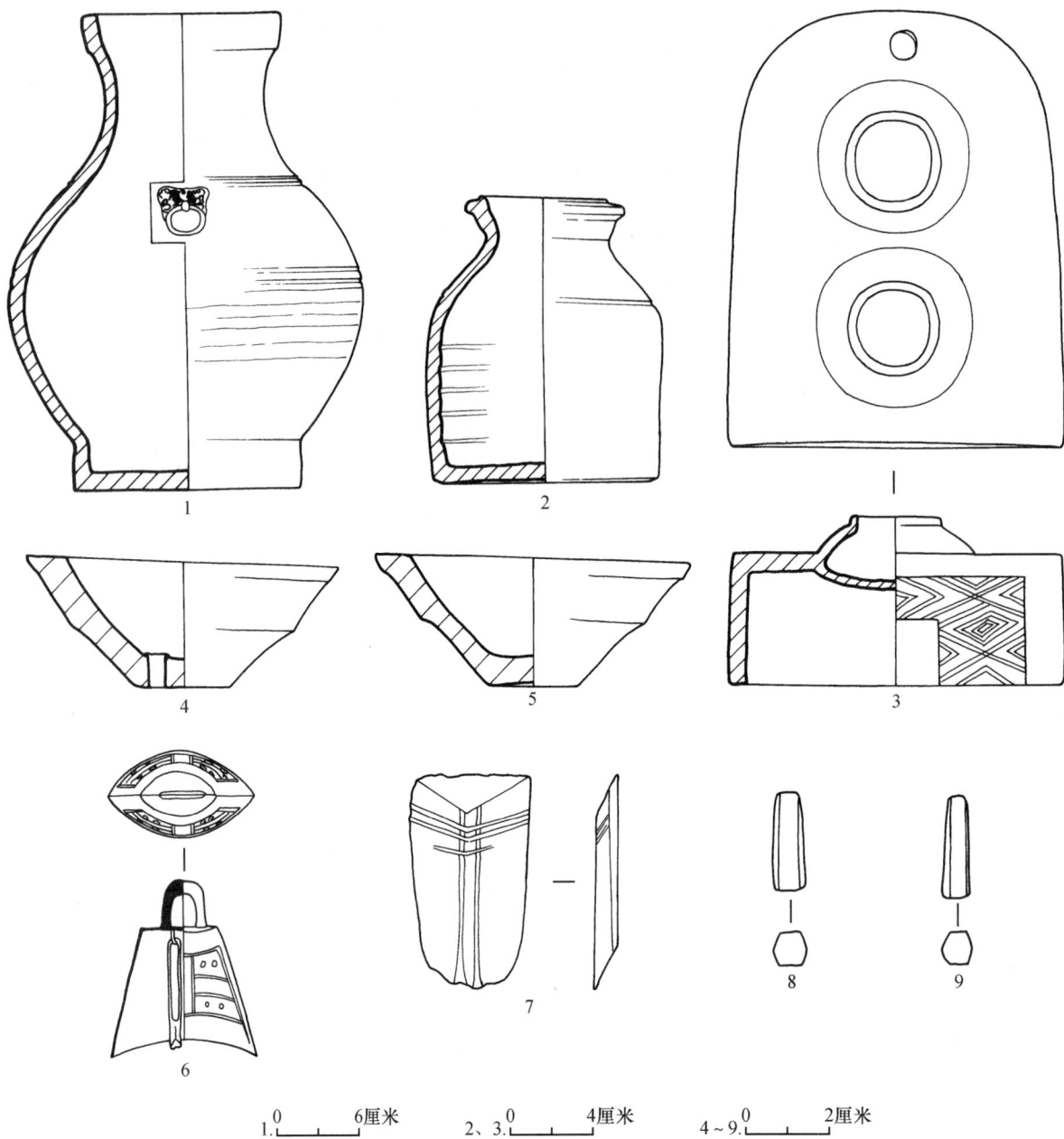

图五五　Ⅰ区M20出土器物

1. 釉陶壶（M20：7）　2. 陶罐（M20：6）　3. 陶灶（M20：5-1）　4. 陶甑（M20：5-3）　5. 陶盆（M20：5-2）　6. 铜铃
（M20：1）　7. 玉口琀（M20：2）　8. 玉鼻塞（M20：3）　9. 玉耳塞（M20：4）

盆　1件，与灶配套。标本M20：5-2，敞口，平沿，方唇，折腹，小平底。模制，沿面有制坯时留下的线切纹。口径7.6、底径2.2、高3.1厘米（图五五，5）。

铜铃　1件，标本M20：1，平顶，上有半环状钮，体较扁，上窄下宽，两铣下垂，内有舌。午部饰长方形几何纹，间饰以小乳钉，钲部无乳钉。宽1.9～3.5、高4.1厘米（图五五，6；图版一五二，4）。

玉器　5件，为口琀、鼻塞、耳塞三种，质差，表面已钙化成白色。

口琀　1件，标本M20：2，蝉形，头平齐，背部磨出三棱线做双翼、头的分界线，前部刻有两道阴线纹，后部有两凹痕，平腹，尾部上翘。长5.0、宽2.9、厚0.5厘米（图五五，7；彩版五五，4）。

鼻塞　2件，标本M20：3，形制相同，短六棱柱形，一端稍细。长2.3、直径0.8厘米（图五五，8；彩版五五，1）。

耳塞　2件，标本M20：4，形制相同，短六棱柱形，一端稍细。长2.4、直径0.7厘米（图五五，9）。

泥灯　1件，标本M20：8，平面略呈圆形，中间有一凹面，平面呈圆形。直径12.3、厚5.1厘米。因残损严重，未绘图。

第二十一节　M21

1. 墓葬形制

M21，位于第二阶地东部，探方T0905内，北侧有M33、M34、M56、M57、M58、M49、M47一排墓葬，东西两侧无墓葬，西南侧有M113、M114、M142、M108、M109一组墓葬，从位置关系上看，似与北侧一组关系更密切。方向180度。形制为竖穴墓道土洞墓，由墓道、墓室两部分组成（图五六）。

墓道　位于墓室的南端，平面呈长方形，壁面较直。墓道开口长2.40、宽0.76、底距开口深2.20米。墓道内填五花土，土质疏松，未经夯打。

墓室　平面略呈长方形，拱顶土洞。墓室长2.40、宽0.76、残高1.20米。该墓未被盗扰，出土遗物主要置于墓室的北部，出土有环首铁削1。

封门　不详。

葬具　木棺1具，已朽成灰，长2.10、宽0.76米。

葬式　骨架1具，保存较差，仰身曲肢葬，头向北。

2. 出土器物

该墓出土铁削1件。标本M21：1，残，直背，直刃，一边开刃，环首柄。残长15.8、宽1.2厘米（图五七）。

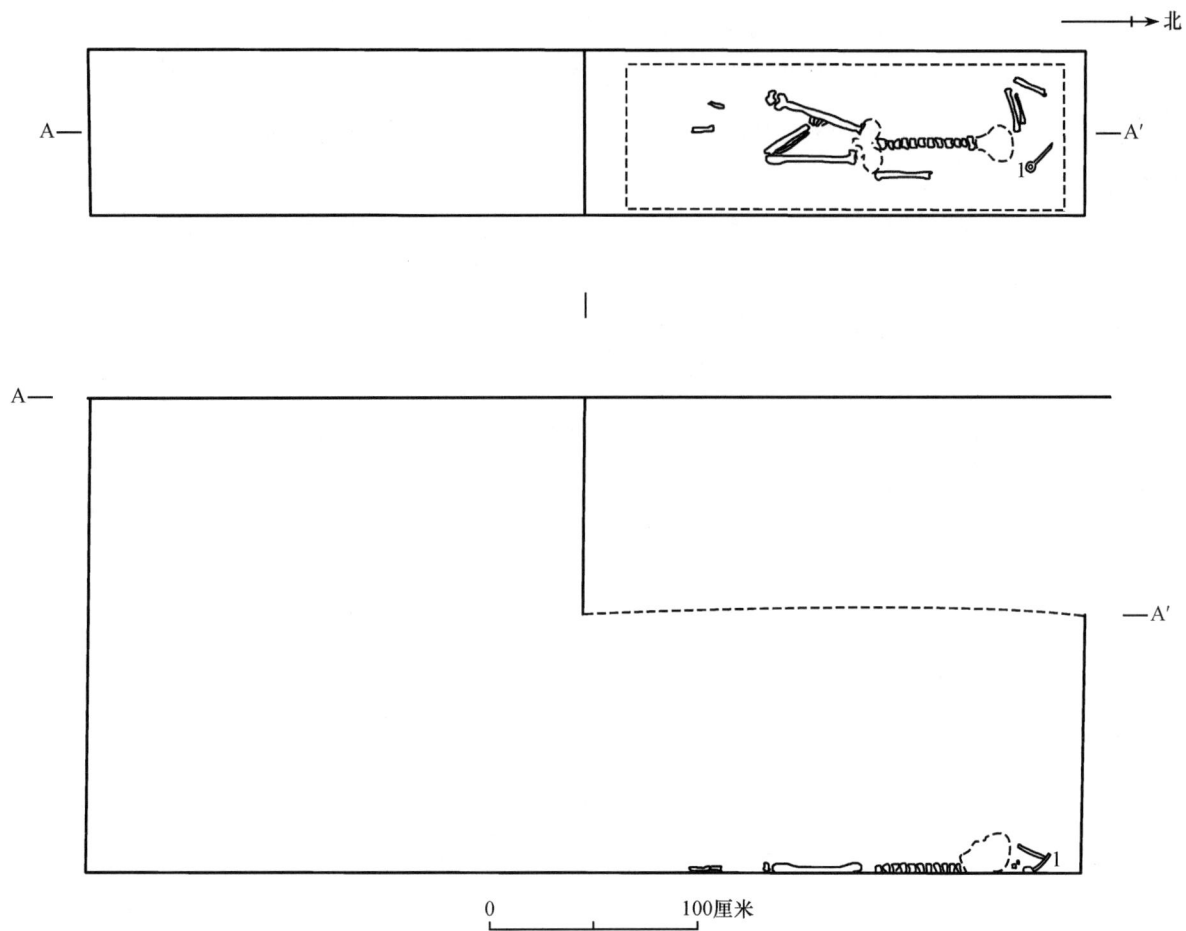

图五六　Ⅰ区M21平、剖面图

1. 环首铁削

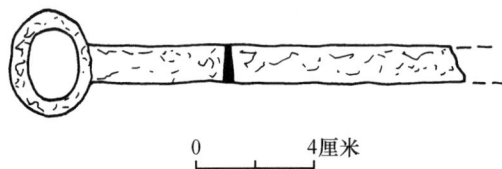

图五七　Ⅰ区M21出土环首铁削（M21∶1）

第二十二节　M22

1. 墓葬形制

M22，位于第二阶地中部偏东，探方T0706内，西邻M16、M17，东与M23并穴而葬，东侧偏南有M25、M26，南侧有M75、M76、M84、M97，方向与其基本一致，或有一定关系。方向185度。形制为斜坡墓道土洞墓，由墓道、甬道、小龛、墓室四部分组成（图五八）。

墓道　位于墓室的南端，平面呈长方形，壁面较直，底部斜坡状。墓道开口残长3.70、宽0.80、坡长4.50、底距开口深0～2.60米，坡度30度。墓道内填五花土，土质疏松，未经夯打。

甬道　位于墓道与墓室之间，平面略呈梯形，拱顶土洞。长0.46、宽0.92～1.20、高1.60米。

墓室　平面呈长方形，拱顶土洞，在墓室东西两侧靠近封门处各有一小龛，平面半圆形，拱顶土洞结构。龛宽0.60～0.70、进深0.24～0.45、高0.30～0.80米。墓室长2.80、宽0.84、高1.50～1.60米。该墓未被盗扰，器物主要出土于墓室南部及小龛内，计有陶缶1、陶釜1、陶灶1套（盆1）、陶罐5、铜镜1、铜钱12。

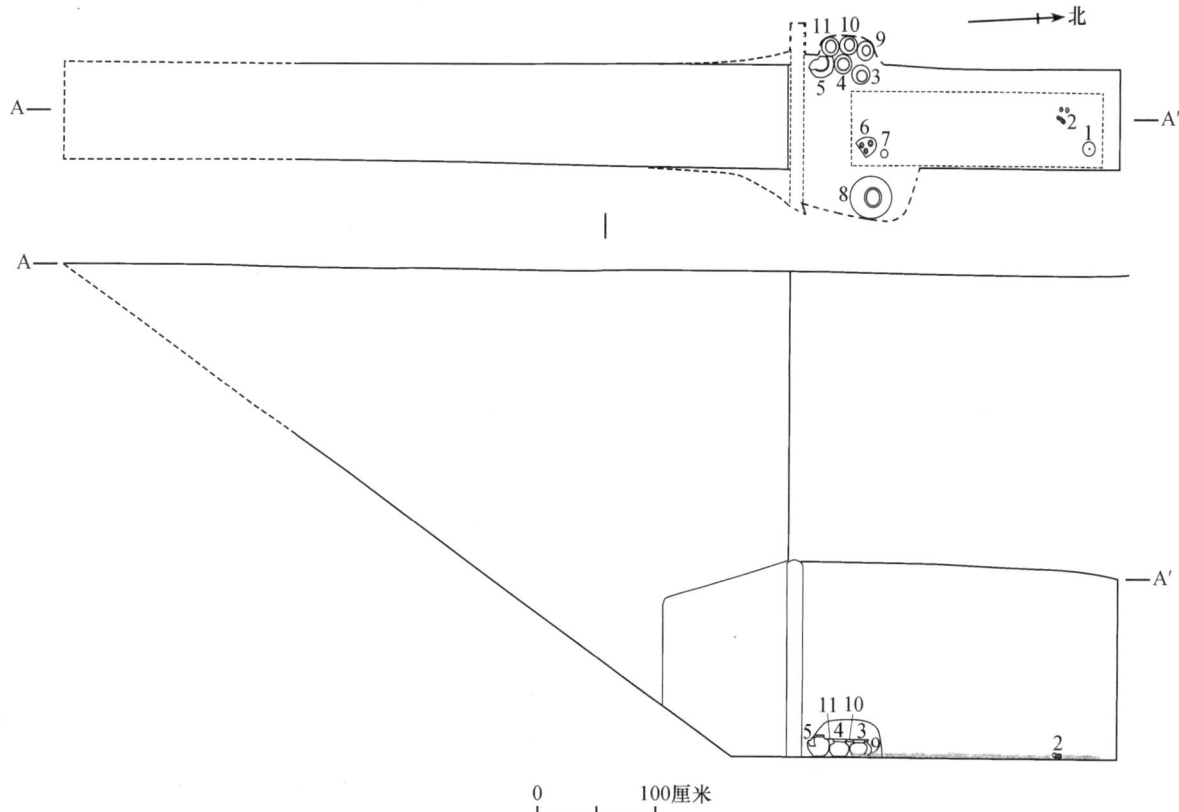

图五八　Ⅰ区M22平、剖面图
1.铜镜　2.铜钱　3～5、9、10.陶罐　6.陶灶　7.小陶盆　8.陶缶　11.陶釜

封门　木板封门。东西两壁有封门槽。封门槽宽0.12、进深0.26~0.30、高1.60米。

葬具　木棺1具，仅存棺痕，棺长2.10、宽0.60米。

葬式　骨架1具，已朽成粉末状，头向北，葬式无法辨识。

2. 出土器物

该墓出土器物10件，另有铜钱12枚。质地均为陶、铜两种，分述如下。

陶器　9件，为泥质灰陶和夹砂灰陶，器类有缶、釜、盆、灶、罐。

缶　1件，标本M22：8，泥质灰陶，直口，平沿，尖圆唇，束颈，鼓肩，鼓腹，腹部一周宽带纹，肩部饰密集的凹弦纹，大平底。轮制，器表有轮旋纹。口径14.4、腹径32.1、底径20.3、高26.8厘米（图五九，1）。

釜　1件，标本M22：11，夹砂灰陶，侈口，卷沿，圆唇，束颈，弧肩，鼓腹，圜底，底部饰粗绳纹，有烟熏痕迹。口径14.2、腹径18.4、高14.9厘米（图五九，2）。

盆　1件，标本M22：7，泥质灰陶，敞口，圆唇，浅弧腹，平底。轮制，底部有抹削痕及线切纹，口径7.1、底径3.7、高2.3厘米（图五九，3）。

灶　1件，标本M22：6，泥质灰陶，灶体平面呈马蹄形，前方后圆，灶面三釜呈"品"字

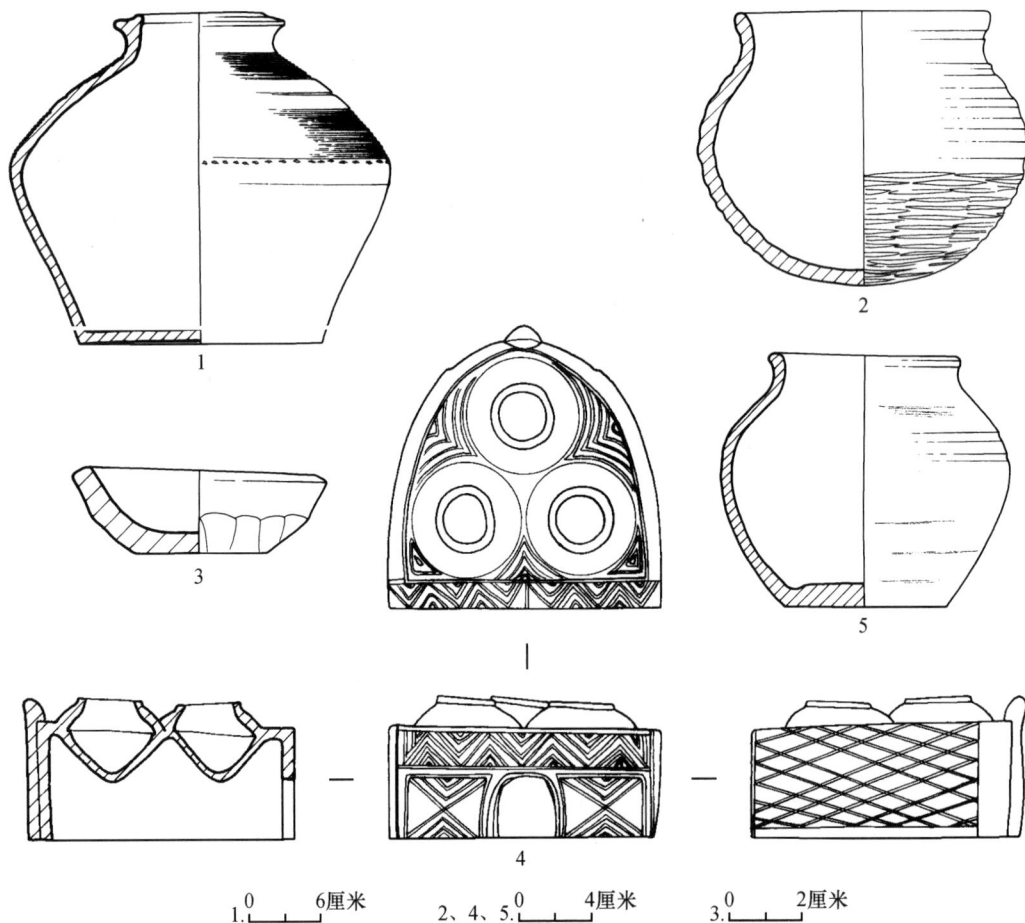

图五九　I区M22出土器物

1. 陶缶（M22：8）　2. 陶釜（M22：11）　3. 陶盆（M22：7）　4. 陶灶（M22：6）　5. 陶罐（M22：10）

形分布，尾部有短柱形烟囱，前端有方形落地灶门，灶门两侧及灶壁上部模印多重半菱形纹，灶面模印多重"人"字纹。灶面、灶壁分体模制而后粘结，釜之肩部与灶面一次性模制而成，腹模制而后粘结于相应的位置。长15、宽15、高7.5厘米（图五九，4）。

罐　5件（M22：3、4、5、9、10），泥质灰陶，形制相同。侈口，卷沿，圆唇，矮领，弧肩，鼓腹，平底。标本M22：10，口径10.7、腹径16.1、底径9.0、高13.6厘米（图五九，5）。

铜镜　1面，标本M22：1，星云纹镜，圆形，连峰式钮，钮由八乳环绕（其中1乳锈损）；钮座由八枚小乳钉与曲线相连，内向十六连弧纹缘，镜面微凸。四个圆座大乳钉将其分为四区，每区内六枚较小的乳钉，各乳钉由长短不同的弧线相连接。各区之间由两枚较小的乳钉相连。面径10.0、背径9.80、钮宽1.50、缘宽0.80、缘厚0.40厘米，重186克（图六〇；彩版二六，2）。

铜钱　12枚，均为五铢钱。圆形方穿，穿背面有郭，部分穿上有一横郭或穿下有一星纹，穿之两侧有篆文"五铢"二字，"五"字交笔，或瘦长斜直，或较短而缓曲，朱字头方折。钱径大多在2.55厘米左右，穿宽0.9～1.0厘米，郭宽多近0.2厘米，重大多在3.3～4.0克之间（按：年代为武帝时期）（图六一）。

0　　　　　2厘米

图六〇　Ⅰ区M22出土铜镜（M22：1）

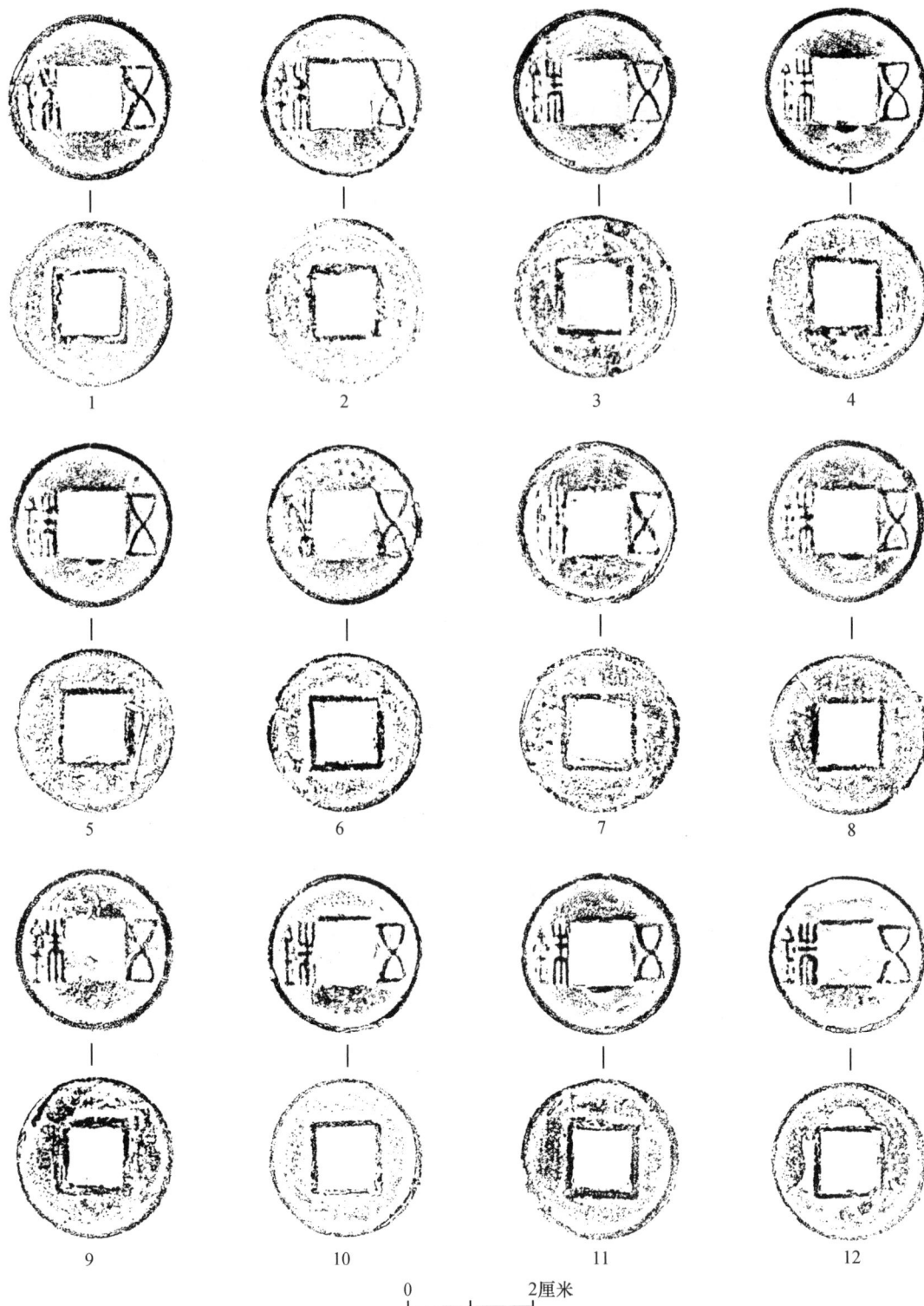

0 ————— 2厘米

图六一　Ⅰ区M22出土铜钱

1. M22：2-1　2. M22：2-2　3. M22：2-3　4. M22：2-4　5. M22：2-5　6. M22：2-6　7. M22：2-7　8. M22：2-8
9. M22：2-9　10. M22：2-10　11. M22：2-11　12. M22：2-12

第二十三节 M23

1. 墓葬形制

M23，位于第二阶地中部略偏东，探方T0706内，西与M22并穴而葬。方向185度。形制为竖穴墓道土洞墓，由墓道、墓室两部分组成（图六二）。

墓道 位于墓室的南部，平面呈长方形，壁面较直，长2.50、宽0.8～0.84、底距开口深2.60米。墓道内填五花土，土质疏松，未经夯打。

墓室 平面呈长方形，拱顶土洞。墓室长3.0、宽0.80、高1.10米。该墓出土遗物被盗扰严重，仅在墓室的南部发现两处漆器痕迹。

封门 不详。

葬具 木棺1具，已朽，仅存棺痕，长2.80、宽0.48米。

葬式 骨架1具，保存较差，朽成粉末状，能辨识为仰身直肢葬，头向北。

盗洞 1处，位于墓道的北端，自上而下进入墓室，平面呈圆形，直径约0.60米。

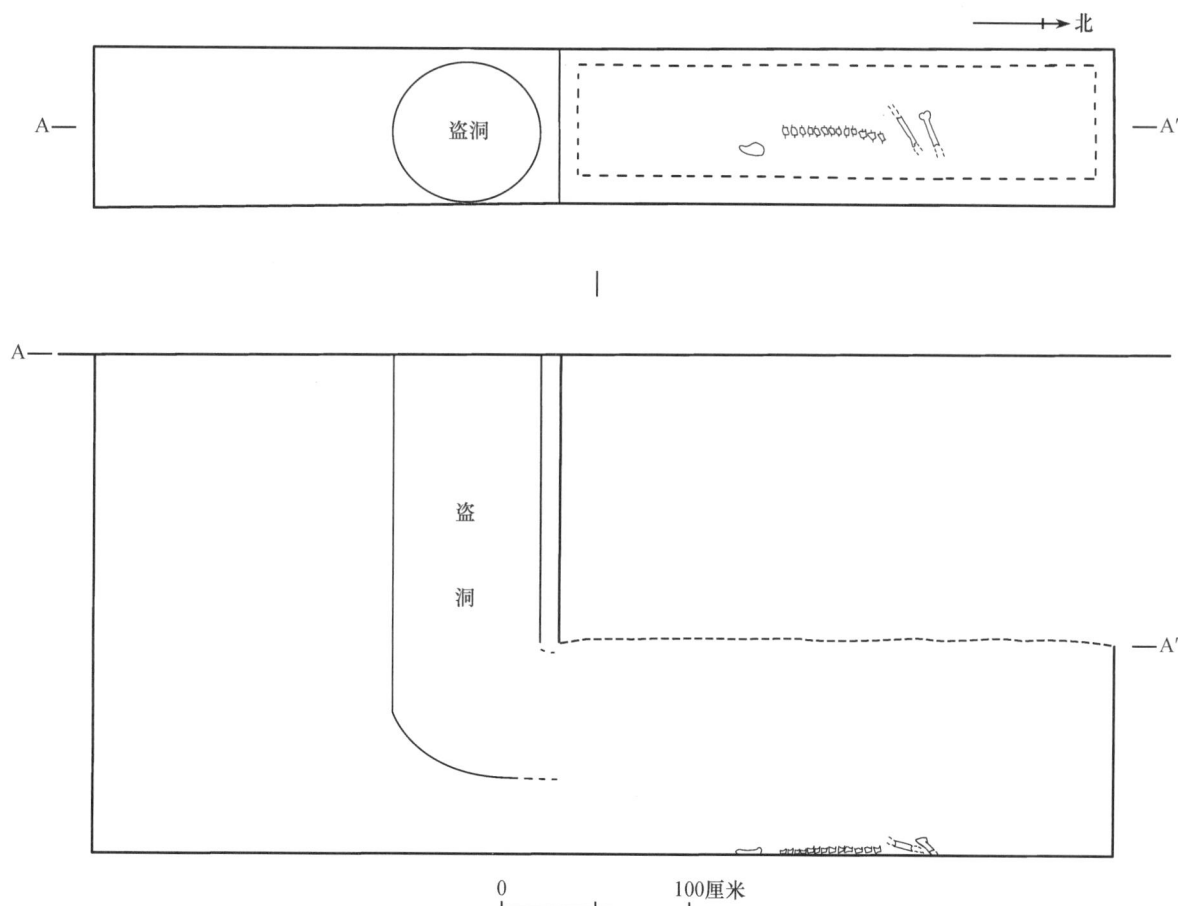

图六二 I区M23平、剖面图

2. 出土器物

该墓盗扰严重，未出土器物。

第二十四节　M24

1. 墓葬形制

M24，位于第二阶地中部偏东，探方T0805北侧，墓室跨越至T0806，西与M75、M76基本为一排，只是距离相对较远，东邻M30，只是方向不同，北侧有M29、M36。方向175度。形制为斜坡墓道土洞墓，由墓道、甬道、墓室三部分组成（图六三；图版一〇，3、4）。

墓道　位于墓室的南端，平面呈长方形，壁面较直，底部斜坡状，开口残长4.50、宽0.80、坡长4.60、底距开口深0～2.0米，坡度27度。墓道内填五花土，土质疏松，未经夯打。

墓室　平面呈长方形，拱顶土洞，墓室长3.40、宽0.80～0.96、高1.10～1.20米。该墓未被盗扰，器物主要出土于墓室的南部，计有陶鼎1、陶盒2、陶钫1、陶罐6、陶灶1套（盆1、甑1）、铜镜1、铜柿蒂形棺饰9。

封门　土坯封门，错缝平砌。宽0.96、高1.20米。土坯尺寸38厘米×19厘米×9厘米。

葬具　木棺1具，仅存棺痕，棺长2.10、宽0.60米。

葬式　骨架1具，保存较差，已成粉末状，仰身直肢葬，头向北。

2. 出土器物

该墓出土器物23件，质地有陶、铜两种，分述如下。

陶器　13件，均为泥质灰陶，器类有鼎、盒、钫、罐、灶、甑、盆（图版八二，2）。

鼎　1件　标本M24：10，盖，浅覆钵形，近平顶；器身，子母口内敛，弧腹，近平底，肩附外撇弯曲板耳，顶端外折，腹中部有一周台棱，底附三马蹄形足。通体饰红彩，脱落严重，盖饰卷云纹。盖与器身轮制，器表有轮旋纹。耳、足模制，而后粘结。盖径17.6、器身口径17.3、腹深8.3、足高5.5、通高15.9厘米（图六四，1；图版一〇三，4）。

盒　2件（M24：7、8），盖，浅覆钵形，顶有矮圈足捉手；器身，子母口内敛，弧腹，平底。通体饰红彩，脱落严重。盖，捉手内饰卷云纹，捉手外侧及边缘绘两周细弦纹，之间双线连续菱形纹，其间填饰卷云纹等纹样。器身，上部两周细弦纹，之下一周锯齿纹。盖与器身轮制，底中间轮旋纹。标本M24：7，盖径17.4、器身口径17.4、腹深8.2、底径5.6、高13.8厘米（图六四，2；图版一〇三，5）。

钫　1件　标本M24：9，盖，覆斗形，子母口；器身，侈口，平沿，束颈，鼓腹，高圈足稍外撇。通体饰红彩（脱落严重），颈部饰一周锯齿纹，之间填饰云气纹，肩部上下各饰

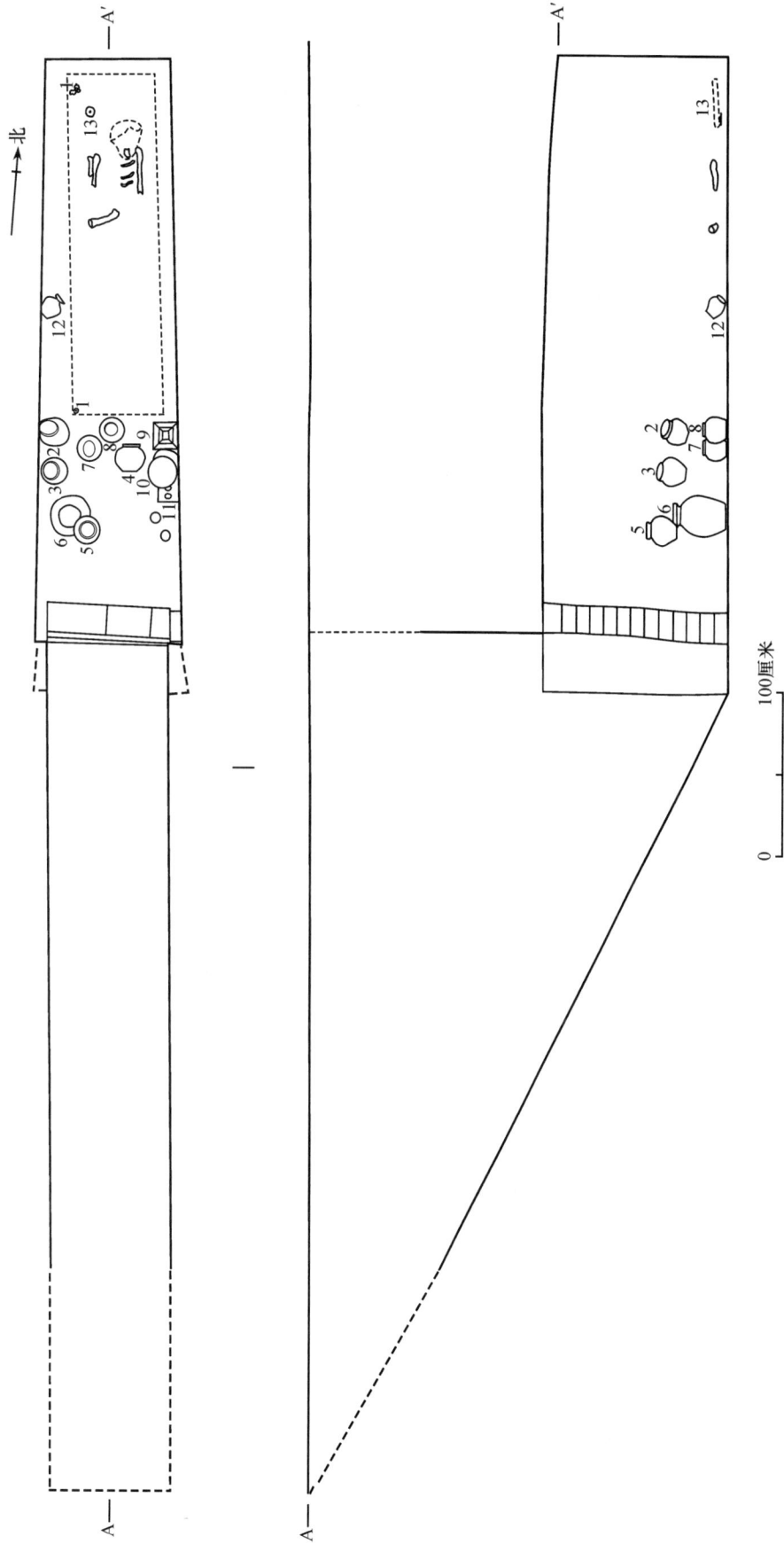

图六三　Ⅰ区M24平、剖面图

1. 铜柿蒂形棺饰　2~6、12. 陶罐　7、8. 陶盒　9. 陶纺　10. 陶鼎　11. 陶灶（盆、甑）　13. 铜镜

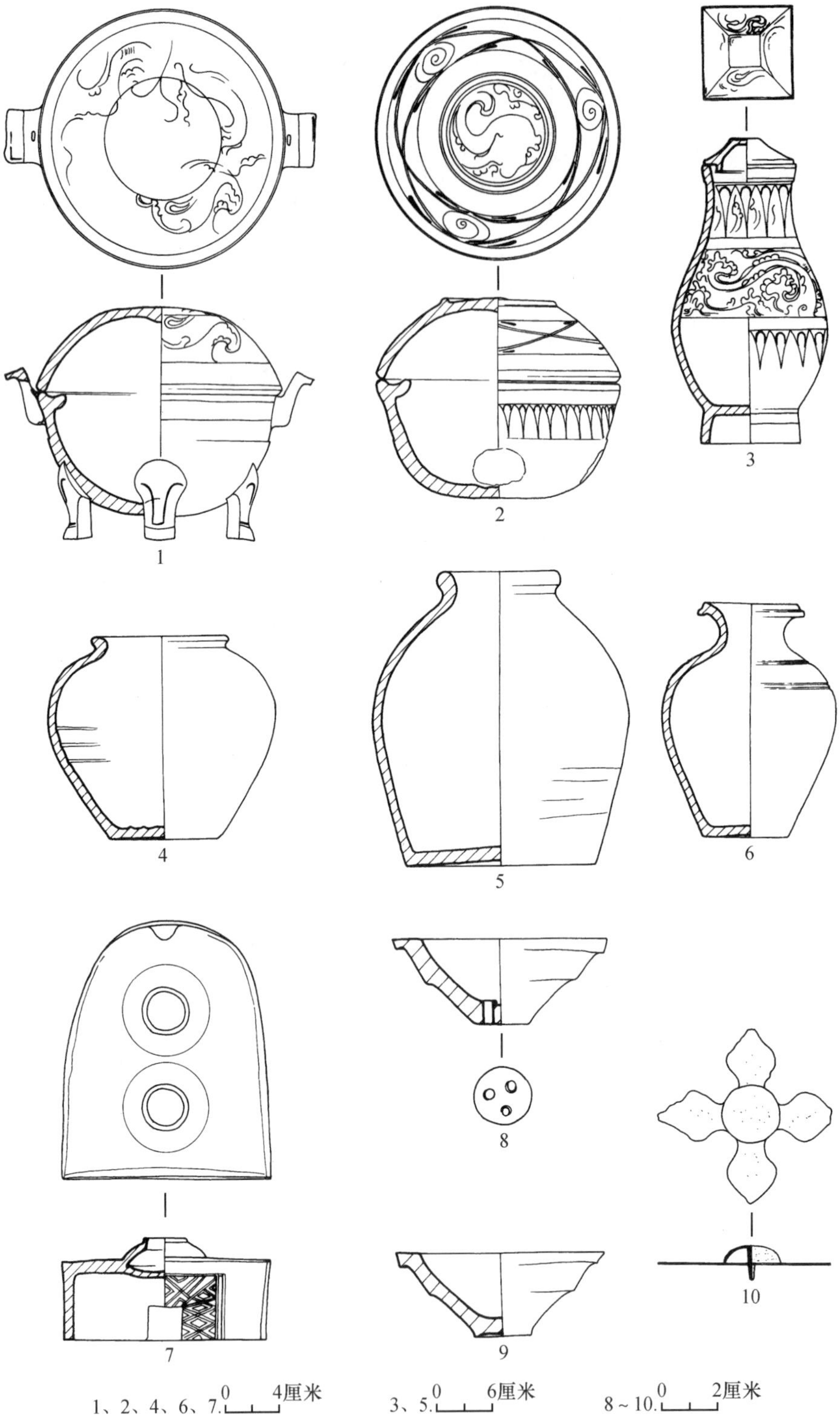

图六四　Ⅰ区M24出土器物

1. 陶鼎（M24：10）　　2. 陶盒（M24：7）　　3. 陶钫（M24：9）　　4~6. 陶罐（M24：2、6、12）　　7. 陶灶（M24：11-1）
8. 陶甑（M24：11-3）　　9. 陶盆（M24：11-2）　　10. 铜柿蒂形棺饰（M24：1）

两周弦纹，之间填饰卷云纹，下部弦纹之下一圈锯齿纹。 分体模制，而后粘结，粘结处外侧削平，内侧抹泥加固，盖径9.7、器身口径9.8、腹径16.65、足径10.6、足高3.6、通高31.4厘米（图六四，3；图版一〇三，6）。

罐　6件（M24：2、3、4、5、6、12），有矮领罐、束颈罐、大平底罐。标本M24：2、3、4、5，形制相同。侈口，尖圆唇，矮领，鼓肩，弧腹，平底。标本M24：2，口径9.8、腹径16.4、底径7.8、高14厘米（图六四，4；图版一〇四，1）。标本M24：6，侈口，圆唇，短束颈，弧肩，桶腹，大平底，口径13.4、腹径27.6、底径20.8、高30.9厘米（图六四，5；图版一〇四，2）。标本M24：12，喇叭口，双唇，束颈，鼓肩，鼓腹，下腹内收，小平底，肩部饰两组（每组两道）凹弦纹，口径7.6、腹径12.5、底径6、高16.3厘米（图六四，6；图版一〇四，3）。

灶　1件，标本M24：11-1，灶体平面呈马蹄形，前方后圆，灶面两釜前后布置，尾部有短柱形烟囱，前端有方形落地灶门，周围模印多重菱形纹。灶面、灶壁分体模制而后粘结，釜之肩部与灶面一次性模制而成，腹模制而后粘结于相应的位置。长18、宽15.3、高7.1厘米（图六四，7）。

甑　1件，与灶配套。标本M24：11-3，敞口，平沿，方唇，折腹，近平底，底部有三个箅孔。口径7.8、底径2.1、高3.1厘米（图六四，8）。

盆　1件，与灶配套。标本M24：11-2，敞口，平沿，方唇，折腹，平底稍内凹。模制，沿面有制坯时留下的线切纹。口径7.5、底径2.1、高3厘米（图六四，9）。

铜器　10件，器类有镜、柿蒂形棺饰。

镜　1面，标本M24：13，日光连弧铭文镜，圆形，半圆钮，圆钮座，宽素平缘，镜面微凸，钮座圆周均匀伸出四条竖短线，之外一周内向八连弧纹，其外有"见日之光，长不相忘"铭文带，铭文两字之间有"の"符号，之外一周短斜线纹。面径5.30、背径5.20、钮宽0.90、缘宽0.20、缘厚0.20厘米，重27克（图六五；彩版二七，1）。

柿蒂形棺饰　9件，标本M24：1，柿蒂形。对角长6.0、泡径2.0、高1.2厘米（图六四，10）。

0 _____ 2厘米

图六五　Ⅰ区M24出土铜镜（M24：13）

第二十五节　M25

1. 墓葬形制

　　M25，位于第二阶地中部偏东，探方T0706内，东与M26并穴而葬，西略偏北有M22、M23，偏南有M75、M76，北有M28，北偏东有M37、M38，东有M29、M36。方向180度。形制为竖穴墓道土洞墓，由墓道、小龛、墓室三部分组成（图六六）。

　　墓道　位于墓室的南端，平面呈长方形，壁面较直，开口长2.60、宽0.76、底距开口深1.40米。墓道内填五花土，土质疏松，未经夯打。

　　墓室　平面呈长方形，拱顶土洞，在墓室的西侧靠近封门处，有一小龛，平面呈半圆形，土洞拱顶结构，宽0.76、进深0.18、高0.58米。墓室长2.40、宽0.76、高0.96米。该墓未经盗扰，器物主要出土于墓室的南部及龛内，计有陶缶1、陶罐3。

　　封门　不详。

　　葬具　木棺1具，仅存棺痕，长1.90、宽0.55米。

　　葬式　骨架1具，保存较差，仅存两肢骨，可辨其头向北，仰身直肢葬。

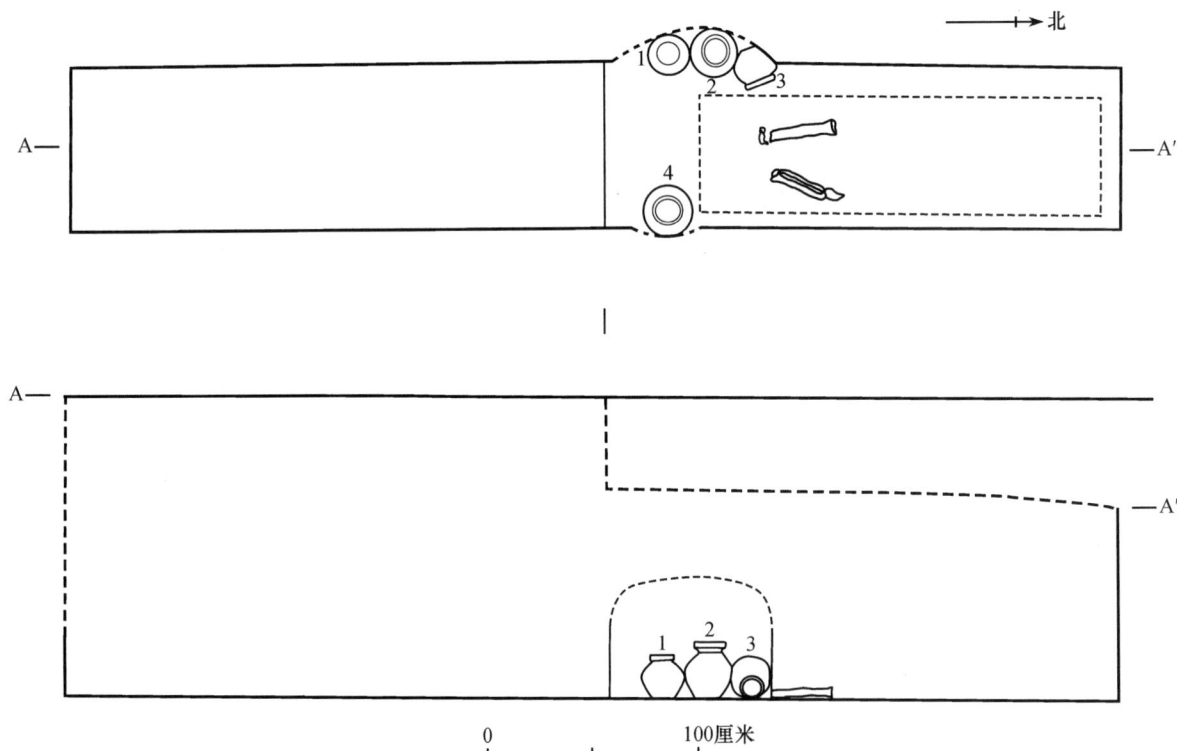

图六六　Ⅰ区M25平、剖面图

1、3、4.陶罐　2.陶缶

2. 出土器物

该墓出土器物4件，均为泥质灰陶器，器类有缶、罐。

缶　1件，标本M25：2，侈口，口部稍有变形，平沿，方唇，短束颈，鼓肩，鼓腹，下腹略直内收，平底稍内凹。轮制，器表有轮旋纹。口径12.6、腹径28.65、底径18.8、高28.3厘米（图六七，1）。

罐　3件（M25：1、3、4），分为矮领双唇罐和束颈罐。标本M25：1、3，形制相同。侈口，矮领，双唇，圆肩，鼓腹，下腹弧收，平底，肩部饰有四道凹弦纹。轮制，器表有轮旋纹。标本M25：1，口径10.4、腹径19、底径11.4、高17厘米（图六七，2）。标本M25：4，器形变形严重，侈口，沿面外斜，有一周突棱，凹唇，束颈，弧肩，鼓腹，下腹急内收，小平底，腹部饰有多道凹弦纹，轮制，器表有轮旋纹，口径12.9、腹径24、底径9.9、高32.2厘米（图六七，3）。

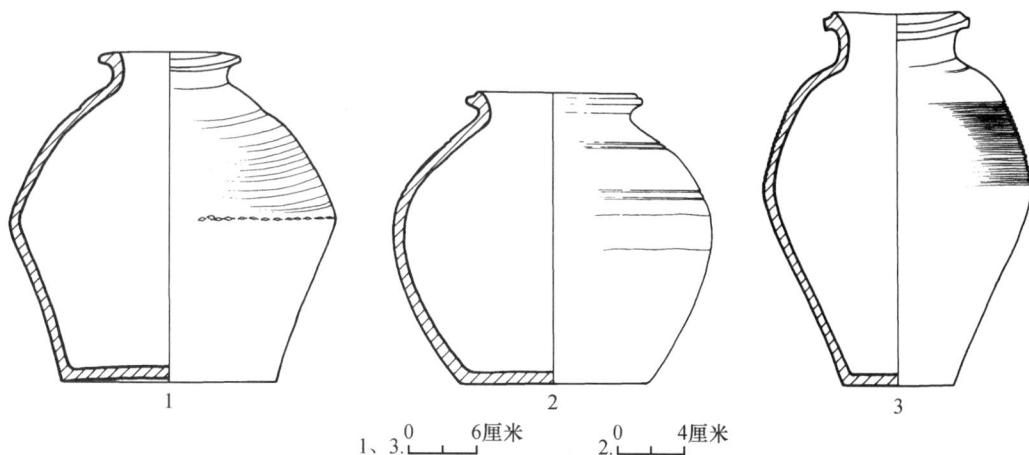

图六七　Ⅰ区M25出土器物
1. 陶缶（M25：2）　　2、3. 陶罐（M25：1、4）

第二十六节　M26

1. 墓葬形制

M26，位于第二阶地中部偏东，探方T0806内，西与M25并穴而葬。方向180度。形制为竖穴墓道土洞墓，由墓道、墓室两部分组成（图六八；图版一一，1）。

墓道　位于墓室的南端，平面呈长方形，壁面较直，东西两壁有脚窝，平面呈半圆形。脚窝，宽0.20~0.24、进深0.10、高0.12米。墓道开口长2.50、宽0.70、底距开口深2.60米。墓道内填五花土，土质疏松，未经夯打。

墓室　平面呈长方形，拱顶土洞。墓室长2.80、宽0.70、高1.20米。该墓未经盗扰，器物

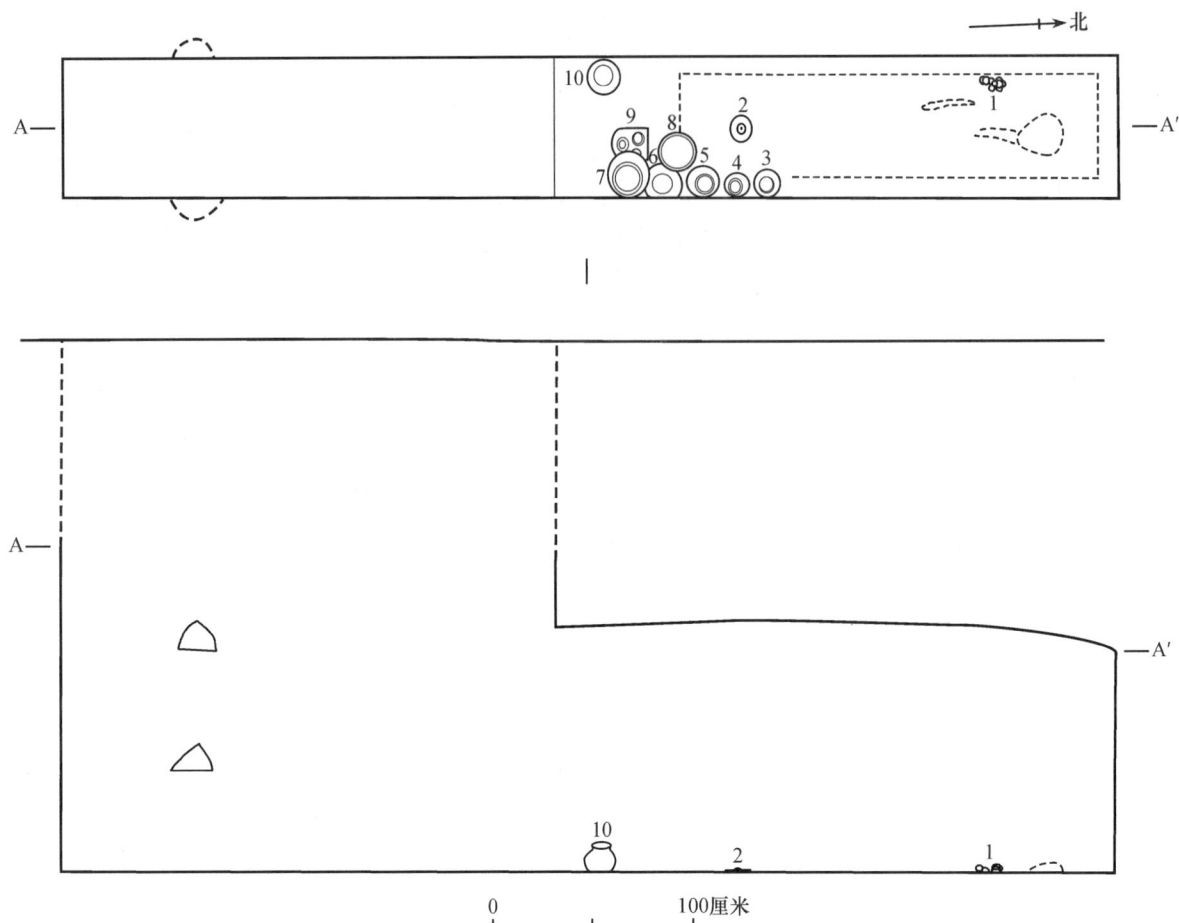

图六八　Ⅰ区M26平、剖面图

1. 铜钱　2. 铜镜　3~7、10. 陶罐　8. 陶釜　9. 陶灶1套（盆、甑）

主要出土于墓室南部及棺内，计有陶罐6、陶釜1、陶灶1套（盆1、甑1）、铜镜1、铜钱10。

封门　不详。

葬具　木棺1具，仅存棺痕，长2.10、宽0.50米。

葬式　骨架1具，保存较差，已成粉末状，可辨其头向北，仰身直肢葬。

2. 出土器物

该墓出土器物11件，另有铜钱10枚（图版八三，1）。质地为陶、铜两种，分述如下。

陶器　10件，为泥质灰陶和夹砂灰陶，器类有罐、釜、灶、甑、盆。

罐　6件（M26：3、4、5、6、7、10），泥质灰陶，分为矮领罐和束颈罐。标本M26：3、4、5、6、10，形制相同，侈口，双唇，矮领，鼓肩，鼓腹，平底，肩部饰两组（每组两道）凹弦纹。标本M26：4，口径8.4、腹径15、底径8.4、高12.8厘米（图六九，1）。标本M26：7，侈口，平沿外斜，束颈，弧肩，鼓腹，下腹斜内收，平底，肩、腹部饰密集的凹弦纹。口径13.5、腹径22.8、底径9.1、高30.5厘米（图六九，2；图版一〇四，5）。

　　釜　1件，标本M26：8，夹砂灰陶，侈口，圆唇，高领，弧肩，鼓腹，圜底，底部拍印粗绳纹，有烟熏痕迹，肩部一侧有圆筒形柄。口径11.6、腹径15、高14.3厘米（图六九，3；图版一〇四，6）。

　　灶　1件，标本M26：9-1，泥质灰陶，灶体平面呈马蹄形，前方后圆，灶面三釜呈"品"字形布置，后端一釜比前端两釜大，尾部有短柱形烟囱，前端有方形落地灶门，两侧模印多重菱形纹。灶面、灶壁分体模制而后粘结，釜之肩部与灶面一次性模制而成，腹模制而后粘结于相应的位置。长17.2、宽15.4、高7.6厘米（图六九，4；图版一〇五，1）。

　　甑　1件，与灶配套。标本M26：9-2，泥质灰陶，敞口，平沿，方唇，折腹，近平底，底部有四个箅孔。口径6.6、底径2、高2.55厘米（图六九，5）。

　　盆　1件，与灶配套。标本M26：9-3，泥质灰陶，敞口，平沿，方唇，折腹、平底稍内

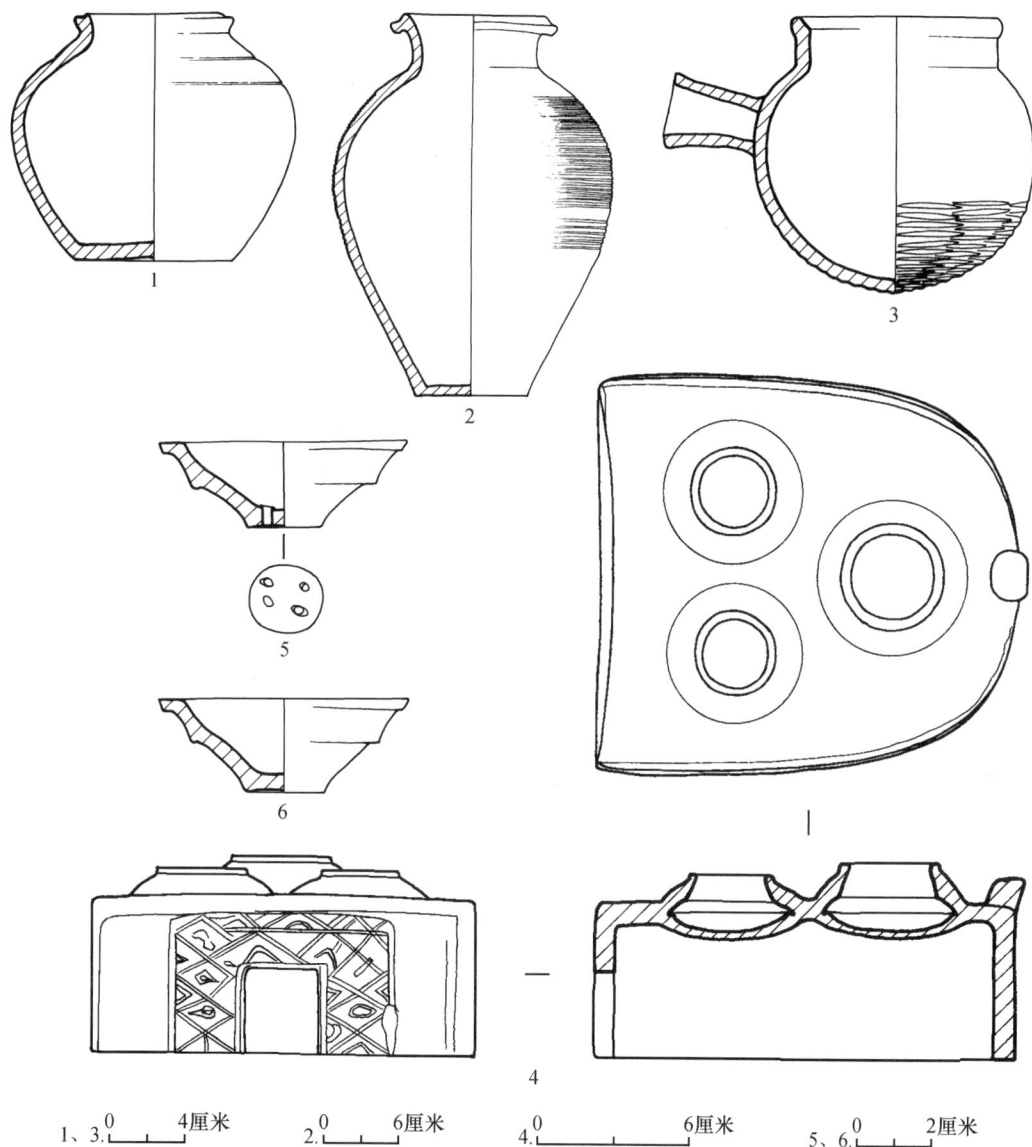

图六九　Ⅰ区M26出土器物

1、2.陶罐（M26：4、7）　3.陶釜（M26：8）　4.陶灶（M26：9-1）　5.陶甑（M26：9-2）　6.陶盆（M26：9-3）

凹。口径6.6、底径2.1、高2.45厘米（图六九，6）。

铜镜　1面，标本M26∶2，星云纹镜，圆形，连峰式钮，圆形钮座，内向十六连弧纹缘，镜面微凸。钮座之外伸出四组短弧线（每组两条），之外为一周凸棱环带纹，其外为十六连弧纹，之外为一周短斜线纹和环带纹，中间有四个圆座乳钉纹分镜背为四区，每区有五颗星，中间一颗独立，两侧两两相接，外侧两星单线外侧相连，内侧两颗则三线与外区星相连，中间一星短线与内侧环带相接。面径11.10、背径11.0、缘宽0.80、缘厚0.40厘米，重235克（图七〇；彩版二七，2）。

铜钱　10枚，均为五铢钱。圆形方穿，穿背面有郭，部分穿上有一横郭或穿下有一星纹，穿之两侧有篆文"五铢"二字，"五"字交笔，或瘦长，或短小，或斜直，或缓曲，朱字头多方折，少数头圆折。钱径多在2.55厘米左右，穿宽多在0.9～1.0厘米之间，郭厚大多接近0.2厘米，重量多在3.5克以上（按：年代为武昭时期）（图七一）。

0　　　　　2厘米

图七〇　Ⅰ区M26出土铜镜（M26∶2）

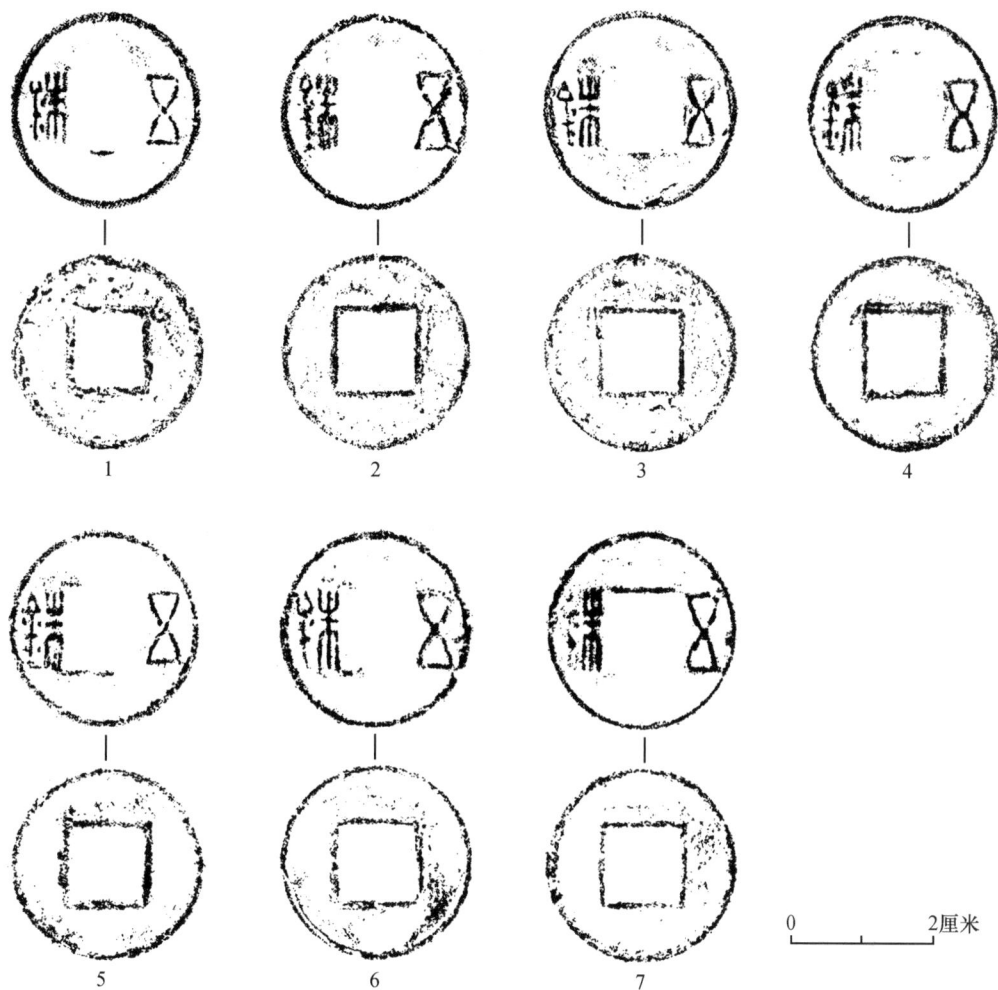

图七一　Ⅰ区M26出土铜钱

1. M26：1-1　2. M26：1-2　3. M26：1-3　4. M26：1-6　5. M26：1-7　6. M26：1-8　7. M26：1-10

第二十七节　M27

1. 墓葬形制

M27，位于第二阶地中东部偏北，探方T0607内，墓道延伸至T0606，东邻M35、M42，且方向一致，南有M16、M17、M20，西侧无墓葬。方向5度。形制为斜坡墓道砖室墓，由墓道、墓室两部分组成（图七二；图版一一，2、3）。

墓道　位于墓室的北端，平面呈长方形，底部呈斜坡状，开口残长1.70、宽0.82～0.86、坡长1.80、底距开口深0～3.60米，坡度21度。墓道内填五花土，土质疏松，未经夯打。

墓室　平面呈长方形，条砖（楔形砖）横向平置对缝券顶，每排三砖。壁条砖侧立错缝，条砖错缝铺地。条砖38厘米×20厘米×10厘米。墓室长3.60、宽1.26、壁高0.90、室高1.10米。该墓未经盗扰，器物主要出土于墓室的北部，计有陶鼎1、陶罐3、陶樽1、陶仓1、陶灶1套

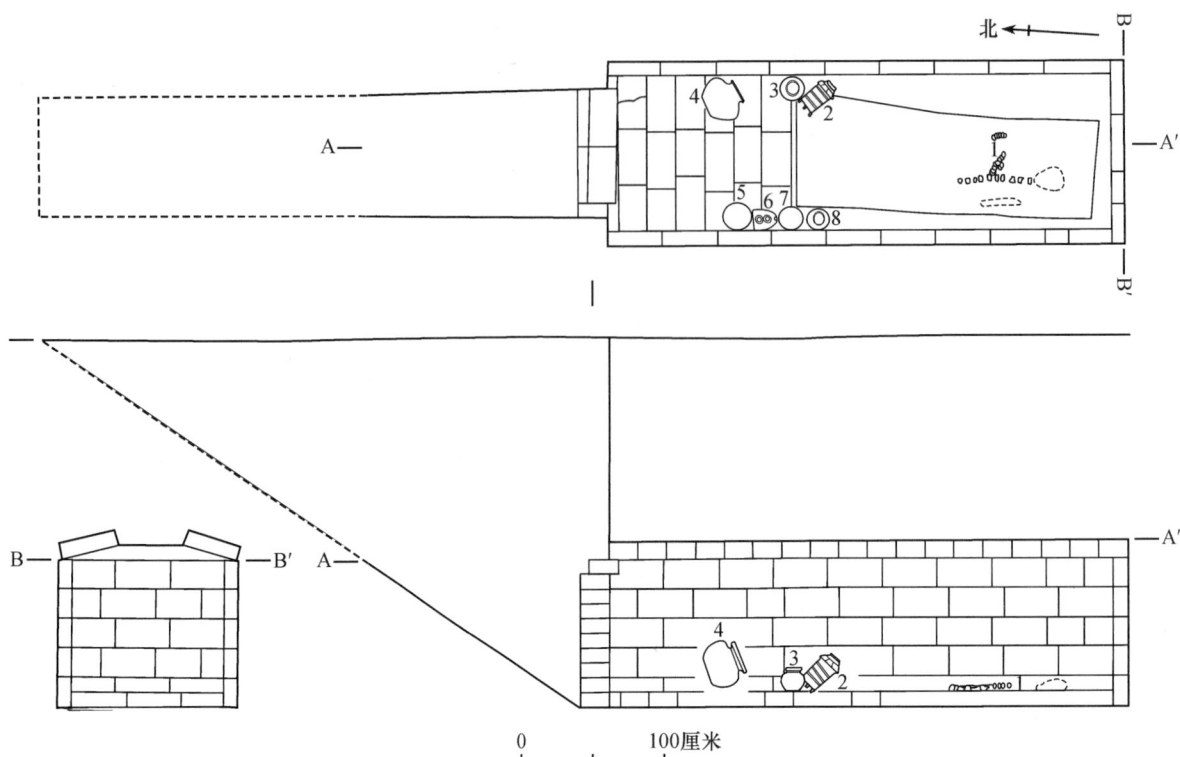

图七二　Ⅰ区M27平、剖面图

1. 铜钱　2. 陶仓　3、4、8. 陶罐　5. 陶樽　6. 陶灶1套（盆、甑）　7. 陶鼎

（盆1、甑1）、铜钱6。

封门　条砖封门。错缝平砌，局部立砖。条砖38厘米×20厘米×10厘米，封门宽0.86、高1.10米。

葬具　木棺1具，仅存棺痕，棺长2.10、宽0.66米。

葬式　骨架1具，保存较差，已成粉末状，仰身直肢葬，头向南。

2. 出土器物

该墓出土器物9件，另有铜钱6枚。质地为陶、铜两种，分述如下。

陶器　9件，为泥质灰陶，器类有鼎、罐、樽、仓、灶、甑、盆（图版八三，2）。

鼎　1件，标本M27：7，盖，浅覆钵形，近平顶；器身，子母口内敛，弧腹，圜底，肩附外撇弯曲板耳，顶端外折，腹中部有一周台棱，底附三马蹄形足。盖径16.6、器身口径16.2、腹深7.7、足高5.1、通高14.3厘米（图七三，1；图版一〇五，2）。

罐　3件（M27：3、4、8），分为双唇罐和方唇罐。标本M27：3、4，形制相同。侈口，双唇，矮领，鼓肩，鼓腹，平底。标本M27：3，口径9.1、腹径15.4、底径7.8、高13.4厘米（图七三，2；图版一〇五，3）。标本M27：4，侈口，平沿，方唇，矮领，弧肩，鼓腹，下腹内曲，平底，口径17.6、腹径28.5、底径15.1、高25厘米（图七三，3；图版一〇五，4）。

樽　1件，标本M27：5，直口，平沿，直筒腹，平底，底附三马蹄形足，足面模印出兽面。口径21.1、底径21.4、足高6.2、通高19厘米（图七三，4；图版一〇五，5）。

　　仓　1件，标本M27:2，直口，圆唇，矮领，绕口一周有环状台面，之外均匀布置五道竖棱，肩稍出檐，直筒腹，平底，底附三胡人足。腹部饰三组（每组两道）凹弦纹。口径7.5、腹径13.6、足高4、通高23.6厘米（图七三，5；图版一〇五，6）。

　　灶　1件，标本M27:6-1，灶体平面呈马蹄形，前方后圆，灶面两釜前后分布，尾部有短柱形烟囱，前端有方形落地灶门，两侧模多重菱形纹。灶面、灶壁分体模制而后粘结，釜之肩部与灶面一次性模制而成，腹模制而后粘结于相应的位置。长17.6、宽15.2、高7.5厘米（图七三，6；图版一〇六，1）。

　　甑　1件，与灶配套。标本M27:6-2，敞口，平沿，方唇，折腹，平底，底部有三个箅孔。口径7.4、底径2.2、高2.9厘米（图七三，7）。

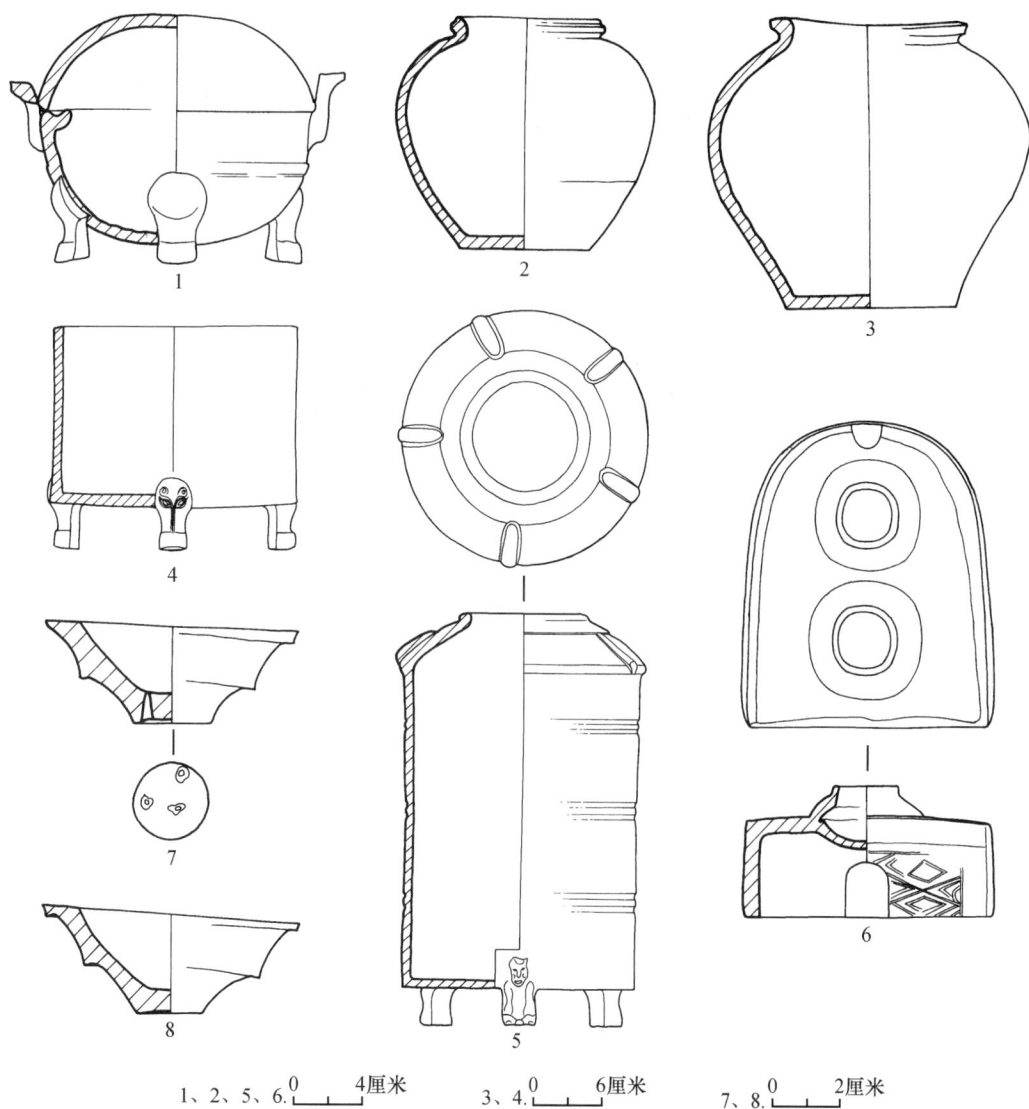

1、2、5、6 ┗━━┛4厘米　　3、4 ┗━━┛6厘米　　7、8 ┗━━┛2厘米

图七三　Ⅰ区M27出土器物

1. 陶鼎（M27:7）　2、3. 陶罐（M27:3、4）　4. 陶樽（M27:5）　5. 陶仓（M27:2）　6. 陶灶（M27:6-1）
7. 陶甑（M27:6-2）　8. 陶盆（M27:6-3）

盆　1件，与灶配套。标本M27：6-3，敞口，平沿，方唇，折腹，小平底内凹。口径7.6、底径2.2、高2.9厘米（图七三，8）。

铜钱　6枚，均为五铢钱。圆形方穿，穿背面有郭，穿之两侧有篆文"五铢"二字。大部分朱字头方折，一枚朱字头圆折（图七四）。

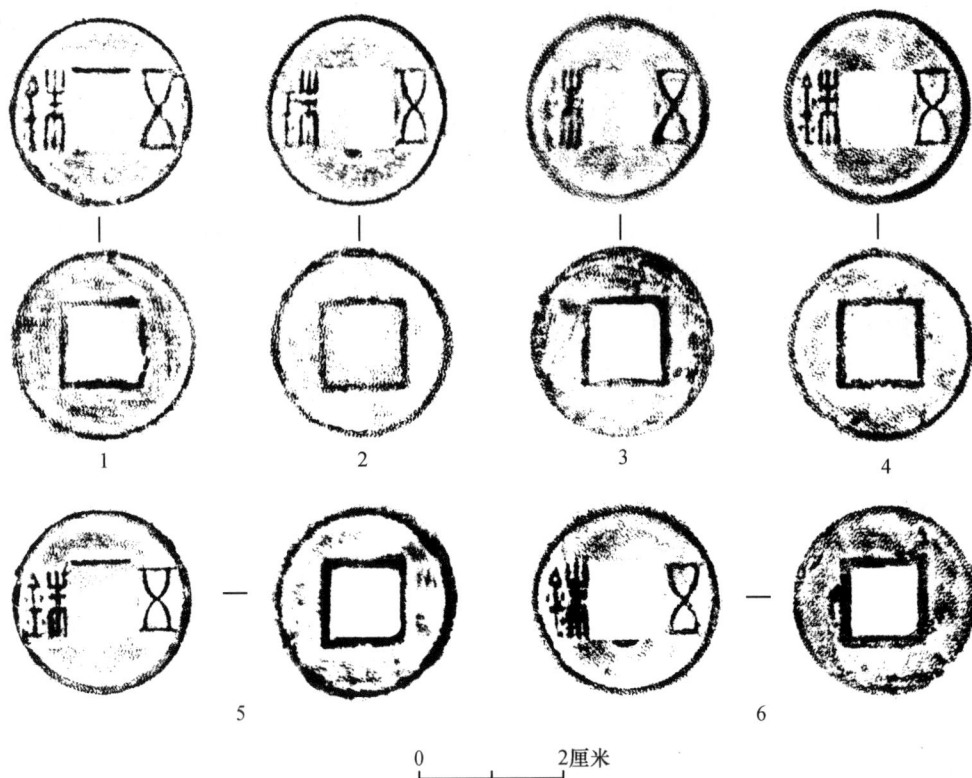

图七四　Ⅰ区M27出土铜钱

1. M27：1-1　2. M27：1-2　3. M27：1-3　4. M27：1-4　5. M27：1-5　6. M27：1-6

第二十八节　M28

1. 墓葬形制

M28，位于第二阶地中部偏北，探方T0706内，墓室延伸至T0806，南邻M25、M26，东邻M37、M38，西邻M22、M23，北邻M61，该墓周边墓葬均为南向，唯该墓为东向。方向90度。形制为竖穴墓道土洞墓，由墓道、墓室两部分组成（图七五；图版一一，4）。

墓道　位于墓室的东端，平面呈长方形，壁面较直，开口长2.30、宽0.70、底距开口深2.40米。墓道内填五花土，土质疏松，未经夯打。

墓室　平面略呈长方形，拱顶土洞。墓室长2.60、宽0.72、高0.92米。该墓未被盗扰，陶器出土于墓室前面，小件器物主要出土于棺内，计有陶灶1套（盆2）、铜带钩1、铁削1。

封门　不详。

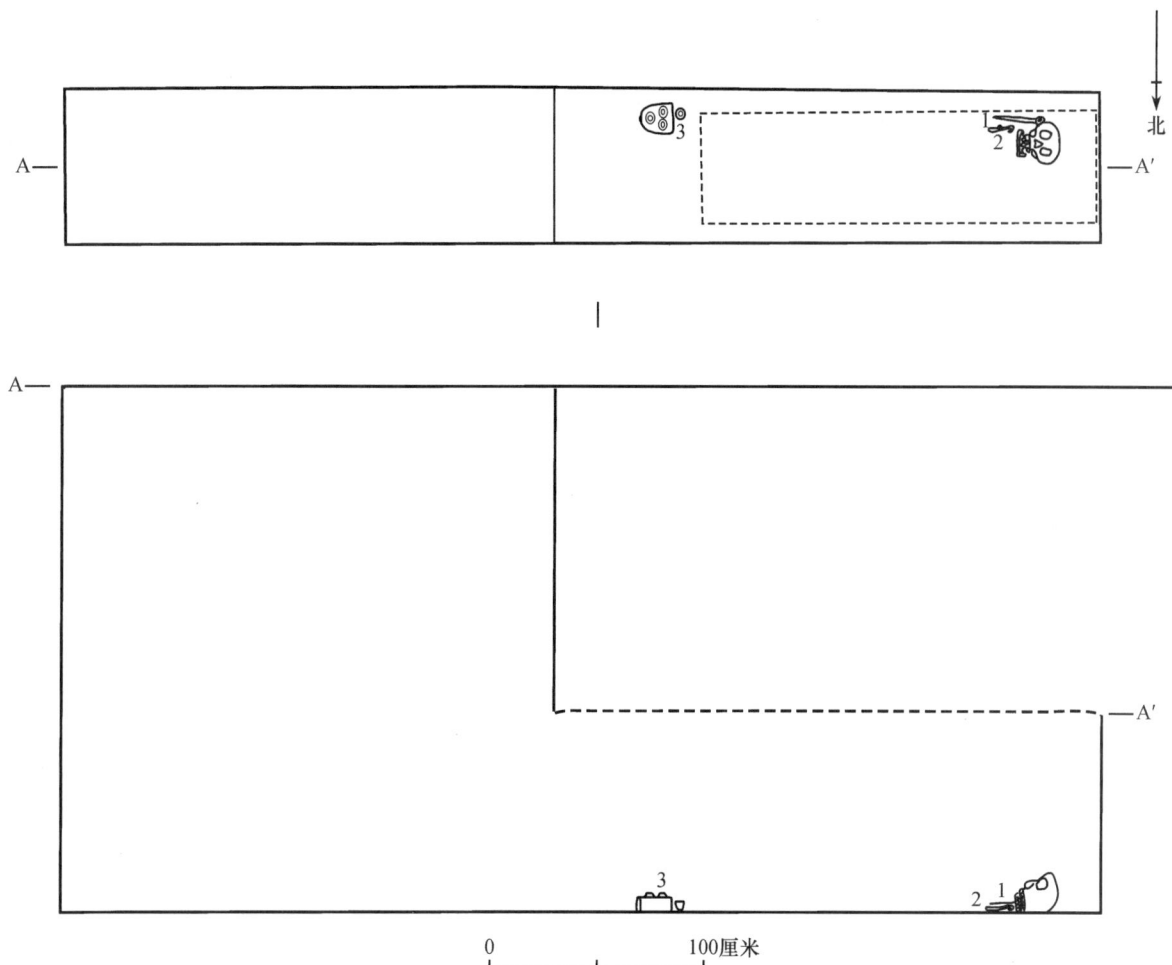

图七五　Ⅰ区M28平、剖面图
1.环首铁削　2.铜带钩　3.陶灶（盆2）

葬具　木棺1具，已朽成灰，仅存棺痕，长1.80、宽0.52米。
葬式　骨架1具，保存较差，从痕迹分析应为仰身直肢葬，头向西。

2. 出土器物

该墓出土器物5件，质地为陶、铜、铁三种，分述如下。

陶器　3件，为泥质灰陶，器类有灶、盆。

灶　1件，标本M28:3-1，灶体平面呈马蹄形，前方后圆，灶面三釜呈"品"字形布置，尾部有短柱形烟囱，前端有方形落地灶门。灶面、灶壁、烟囱分体模制而后粘结，釜之肩部模制而后粘结于灶面之上。长16.2、宽13.2、高7.6厘米（图七六，2）。

盆　2件（M28:3-2、M28:3-3），与灶配套，形制相同。敞口，平沿，浅弧腹，平底稍内凹。模制，腹外侧有刮削痕。标本M28:3-2，口径4.9、底径3、高1.7厘米（图七六，1）。

铜带钩　1件，标本M28:2，曲棒形，钩尾一面饰有浮雕卷云纹，另一面圆柱帽形钮，通长10.0厘米（图七六，3）。

　　铁削　1件，标本M28：1，锈蚀严重，环首残，直背，斜刃，环首柄。长23.2、宽1.4厘米（图七六，4）。

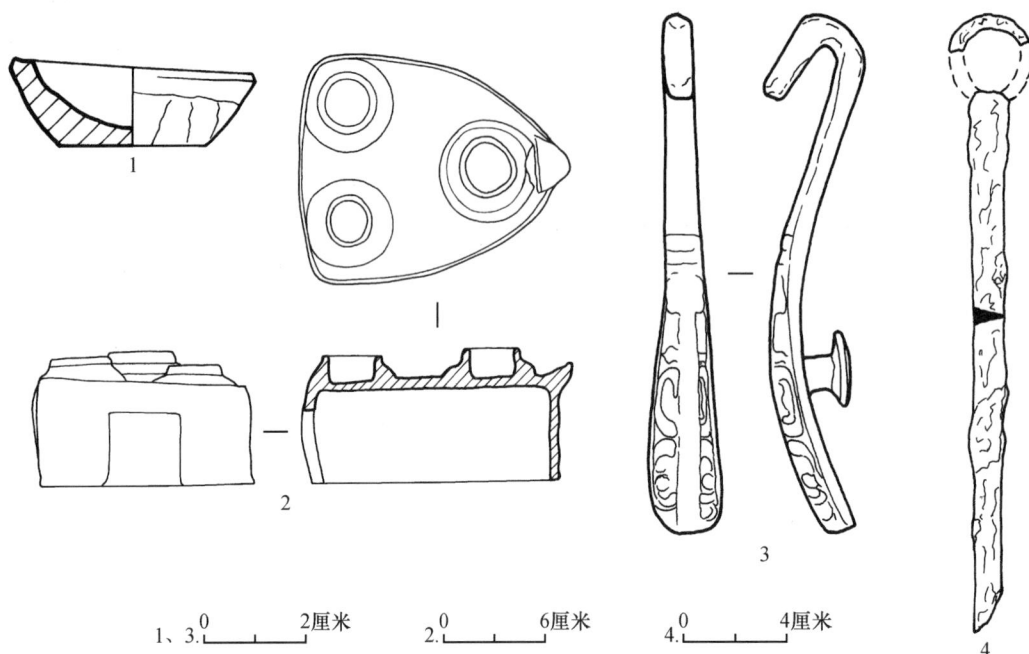

1、3. $\underset{\text{0}}{\rule{0pt}{0pt}}\underline{\rule{2cm}{0pt}}$2厘米　　2. $\underset{\text{0}}{\rule{0pt}{0pt}}\underline{\rule{2cm}{0pt}}$6厘米　　4. $\underset{\text{0}}{\rule{0pt}{0pt}}\underline{\rule{2cm}{0pt}}$4厘米

图七六　Ⅰ区M28出土器物

1. 陶盆（M28：3-2）　2. 陶灶（M28：3-1）　3. 铜带钩（M28：2）　4. 环首铁削（M28：1）

第二十九节　M29

1. 墓葬形制

　　M29，位于第二阶地东部，探方T0806内，北与M36并穴合葬，东与M40、M41前后排列，北侧有M37、M38与M39、M64，南有M24、M30。方向270度。形制为斜坡墓道土洞墓，由墓道、甬道和墓室三部分组成（图七七；图版一二，1、2）。

　　墓道　位于墓室西端，平面呈近长方形，底斜坡状。开口残长3.0、宽0.92、坡长3.40、底距开口深0～3.60米，坡度近30度。墓道内填五花土，土质疏松，未经夯打。

　　甬道　位于墓道与墓室之间，平面近长方形，拱顶土洞，长0.40、宽1.20、残高1.30米。

　　墓室　平面呈长方形，拱顶土洞。墓室长3.40、宽1.08～1.10、高1.34米。该墓未经盗扰，器物主要出土于墓室北侧，计有陶鼎1、陶盒2、陶罐4、陶仓4、陶灶1套（盆1、甑1）、铜柿蒂形棺饰4、铅当卢1、铅衡末饰1、铅车軎1和铅盖弓帽1。

　　封门　土坯封门，顺向错缝平砌。宽1.54、残高0.60米。

　　葬具　木棺1具，仅存痕迹，长2.64、宽0.60～0.64米。

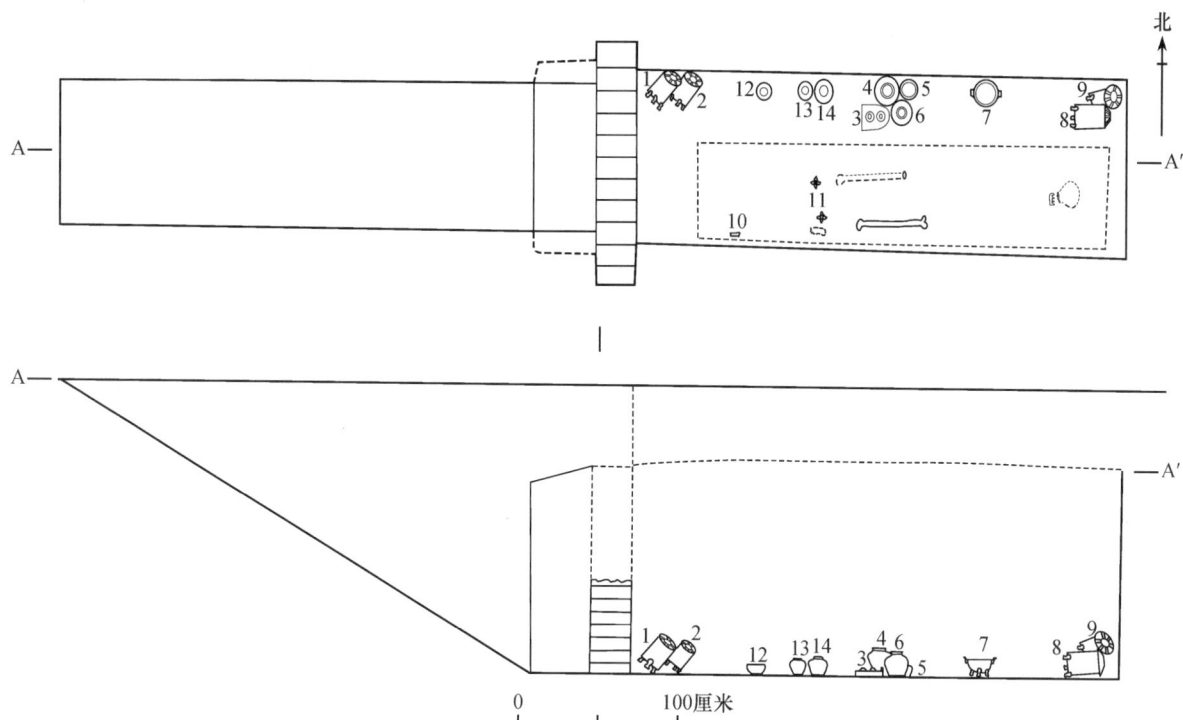

图七七 Ⅰ区M29平、剖面图

1、2、8、9.陶仓 3.陶灶1套（盆、甑） 4、6、13、14.陶罐 5、12.陶盒 7.陶鼎 10.铅器 11.铜柿蒂形棺饰

葬式 骨架1具，腐朽严重，仅见左股骨、右股骨上端关节头及颅骨痕迹，判断为仰身直肢葬，头向东。

2. 出土器物

该墓出土器物22件，质地有陶、铜、铅三种，分述如下。

陶器 14件，均为泥质灰陶，器类有鼎、盒、罐、仓、灶、甑、盆（图版八四，1）。

鼎 1件，标本M29：7，器身，子母口内敛，弧腹，近平底，肩附外撇弯曲板耳，顶端外折，腹中部有一周台棱，底附三马蹄形足。器表施红彩绘，剥落严重。器身轮制，器表有轮旋纹。耳、足模制，而后粘结。器身口径16.5、腹深8.2、足高5.2、通高11.4厘米（图七八，1；图版一〇六，2）。

盒 2件（M29：5、12），形制相同。器身，子母口内敛，深弧腹，平底。盖与器身轮制，底中间轮旋纹。标本M29：5，器身口径17.6、腹深8.5、底径9.6、高8.5厘米（图七八，2；图版一〇六，3）。

罐 4件（M29：4、6、13、14），形制相同。侈口，双唇，矮领，鼓肩，最大径在肩部，斜直腹，平底，肩部饰两道凹弦纹，轮制，器身有轮旋纹。标本M29：6，口径9、腹径17.4、底径7.7、高16.6厘米（图七八，3）。

仓 4件（M29：1、2、8、9），形制相同。小口，圆唇，矮领，绕口一周有环状台面，

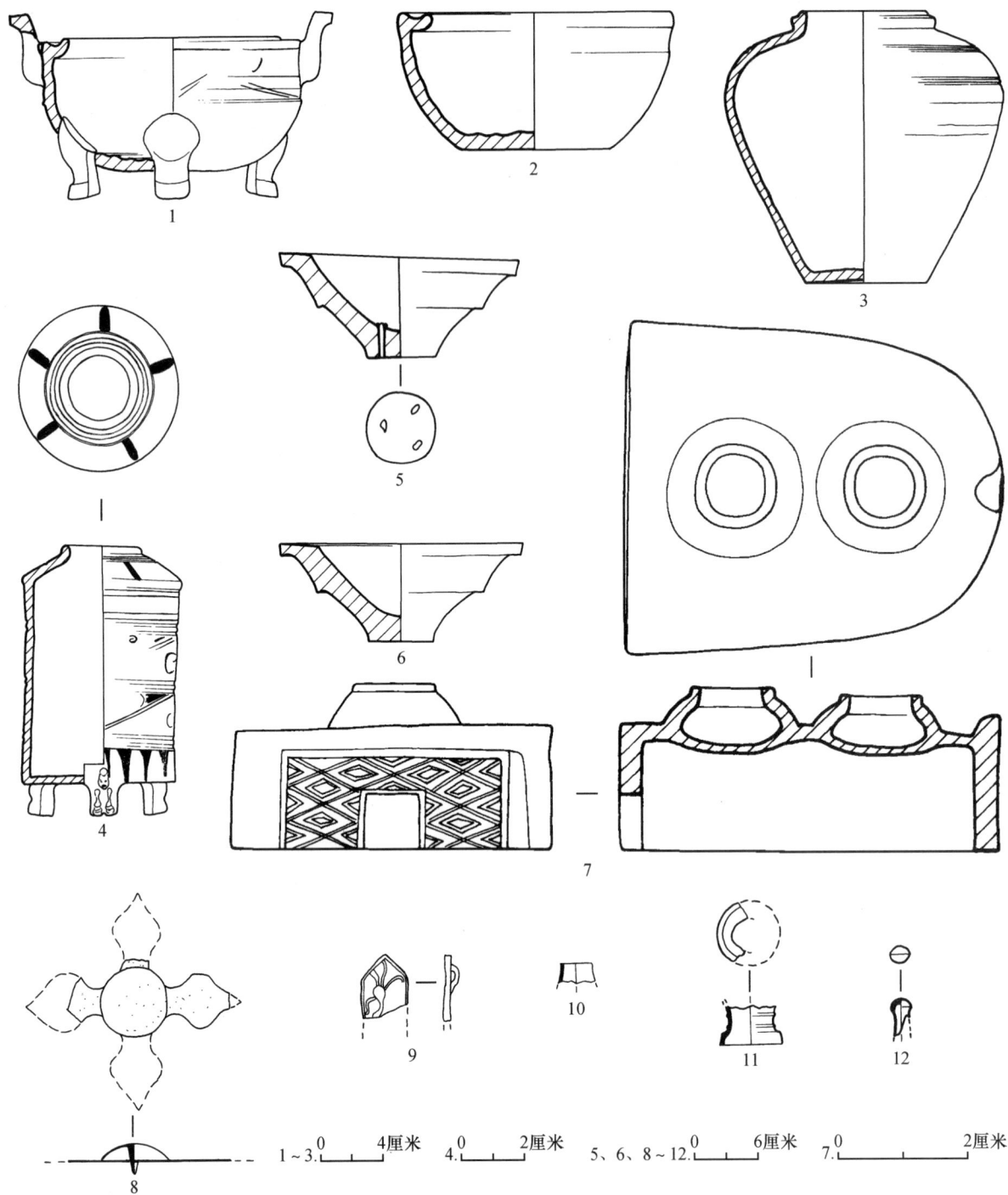

图七八　Ⅰ区M29出土器物

1.陶鼎（M29：7）　2.陶盒（M29：5）　3.陶罐（M29：6）　4.陶仓（M29：9）　5.陶瓿（M29：3-2）　6.陶盆（M29：3-3）
7.陶灶（M29：3-1）　8.铜柿蒂形棺饰（M29：11）　9.铅当卢（M29：10-1）　10.铅衡末饰（M29：10-2）　11.铅辖軎
（M29：10-3）　12.铅盖弓帽（M29：10-4）

肩部稍出檐，直筒腹，平底，底附三蹲踞形胡人足。通体饰红彩，环状台面饰两周红彩，外侧饰五道短竖棱，腹饰红彩，脱落严重，可辨中部两组大波折纹，之间填饰卷云纹等，下部一周锯齿纹。标本M29：9，口径7.6、底径14.8、足高4.35、通高24.8厘米（图七八，4；图版一〇六，5）。

灶　1件，标本M29：3-1，灶体平面呈马蹄形，前方后圆，灶面两釜前后布置，尾部有短柱形烟囱，前端有方形落地灶门，周围模印多重菱形纹。灶面、灶壁分体模制而后粘结，釜之肩部与灶面一次性模制而成，腹模制而后粘结于相应的位置。长17.8、宽15.2、高7.5厘米（图七八，7；图版一〇六，6、图版一〇七，1）。

甑　1件，与灶配套。标本M29：3-2，敞口，平沿，方唇，折腹，小平底，底部有三个箅孔。口径7.6、底径2.2、高3.4厘米（图七八，5）。

盆　1件，与灶配套。标本M29：3-3，残，敞口，平沿，方唇，折腹。口径7.9、底径2.0、高3.2厘米（图七八，6）。

铜柿蒂形棺饰　4件，标本M29：11，残，柿蒂形，与泡钉同出。对角残长5.0、泡径2.1、高0.9厘米（图七八，8）。

铅器　4件，均为车马器，有当卢、衡末饰、辖軎和盖弓帽。

当卢　1件，标本M29：10-1，残，圭形片状，一面有浅浮雕式卷云纹图案，另一面有一方形穿钮。残长2.0、宽1.5厘米（图七八，9）。

衡末饰　1件，标本M29：10-2，残，圆柱形，中空。残长0.7、直径1.0厘米（图七八，10）。

辖軎　1件，标本M29：10-3，残，仅存一部分。軎残长1.2、粗端径2.0厘米（图七八，11）。

盖弓帽　1件，标本M29：10-4，残，圆筒形，半球形帽，残长1.2厘米（图七八，12）。

第三十节　M30

1. 墓葬形制

M30，位于第二阶地东部，探方T0806内，西邻M24，东邻M33、M34，北侧有M29、M36、M40、M41。方向90度。形制为竖穴墓道土洞墓，由墓道、小龛、墓室三部分组成（图七九）。

墓道　位于墓室的东端，平面呈长方形，壁面较直，开口长2.30、宽0.60～0.70、底距开口深3.10米。墓道内填五花土，土质疏松，未经夯打。

墓室　平面略呈长方形，拱顶土洞。墓室长2.50、宽0.72、高1.30米。墓室南部靠近封门处有一小龛，平面呈半圆形，拱顶土洞，宽0.20、进深0.22、高0.40米。该墓未经盗扰，器物主要出土于小龛及棺内，计有陶罐1、陶灶1套（甑1、盆1）、陶狗1、陶鸡2、陶猪1、铜镜1、铁削1、铁带钩1、铜钱1。

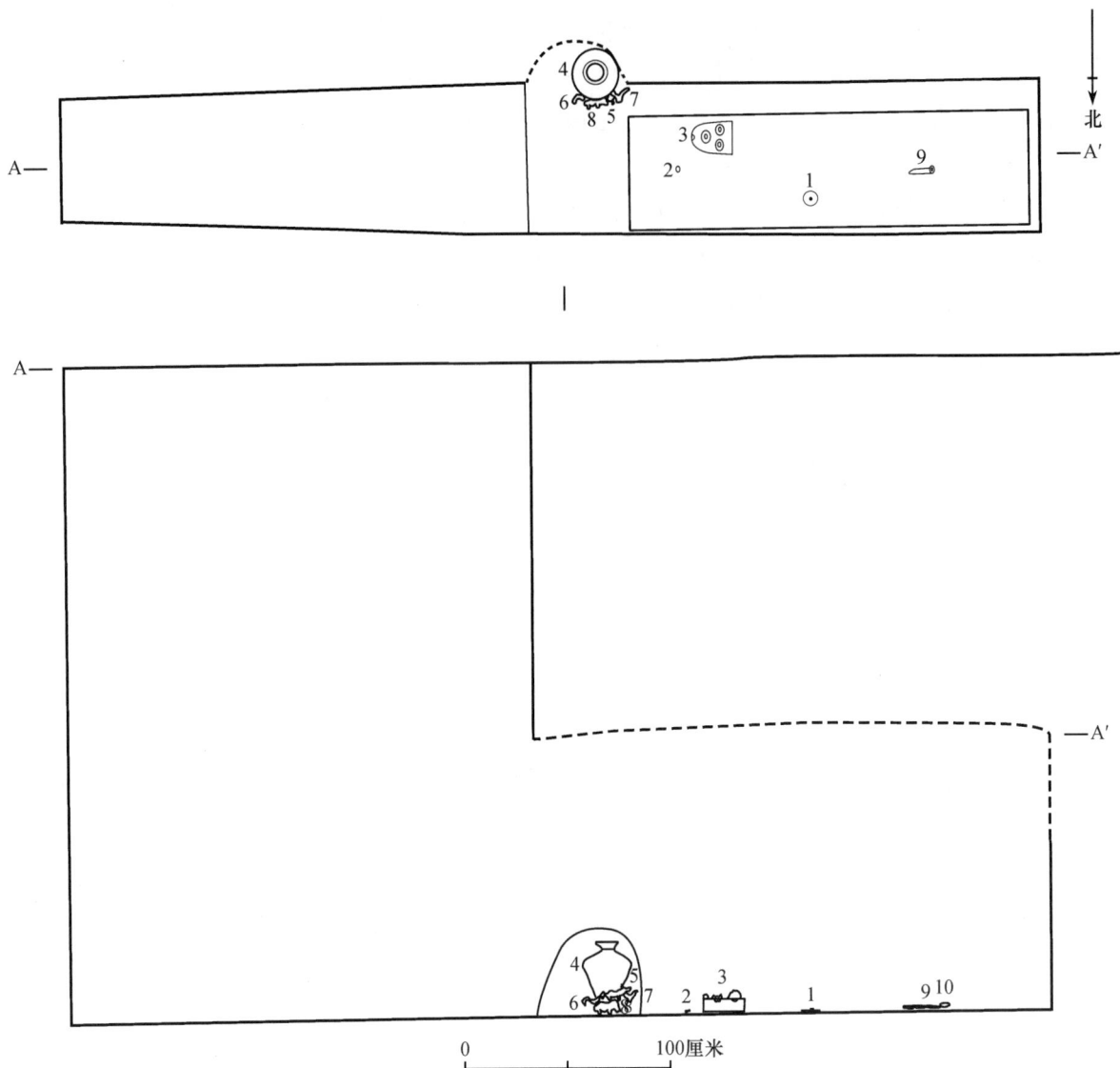

图七九　Ⅰ区M30平、剖面图

1.铜镜　2.铜钱　3.陶灶（甑、盆）　4.陶罐　5.陶狗　6、7.陶鸡　8.陶猪　9.铁削　10.铁带钩

封门　不详。

葬具　木棺1具，仅存棺痕，长1.84、宽0.52米。

葬式　骨架1具，保存较差，可辨其为仰身直肢葬。

2. 出土器物

该墓出土器物11件，另有铜钱1枚（残）。质地有陶、铜、铁三种，分述如下。

陶器　8件，均为泥质灰陶，器类有罐、灶、甑、盆、鸡、狗、猪。

罐　1件，标本M30：4，侈口，平沿外斜，凹唇，束颈，弧肩，鼓腹，下腹斜直，小平底，肩部饰密集多道凹弦纹。轮制，器表有轮旋纹。口径11.8、腹径25.5、底径10.2、高29.8厘米（图八〇，1；图版一〇七，2）。

灶 1件，标本M30：3-1，灶体平面呈马蹄形，前方后圆，灶面三釜呈"品"字形布置，后端一釜比前端两釜大，尾部有短柱形烟囱，前端有方形落地灶门，周围模印多重菱形纹。灶面、灶壁分体模制而后粘结，釜之肩部与灶面一次性模制而成，腹模制而后粘结于相应的位置。长19.8、宽17.7、高9.2厘米（图八〇，4；图版一〇七，3）。

甑 1件，与灶配套。标本M30：3-2，敞口，平沿，方唇，弧腹，近平底，底部有三个箅孔。模制，沿面有制坯时留下的线切纹。口径6.8、底径2.1、高3.3厘米（图八〇，2）。

盆 1件，与灶配套。标本M30：3-3，敞口，平沿，尖唇，弧腹，平底稍内凹。模制，沿面有制坯时留下的线切纹。口径6.55、底径2、高2.9厘米（图八〇，3）。

鸡 2件，模制，器身中间有一纵向模制扉棱，用刀削平。标本M30：6，公鸡，尖喙，圆目，三角冠，细长颈，腹底平，尾上翘，末端下垂，双翅不明显。头冠、眼、下颌饰以红色彩绘，通高7.0、长10.5（图八〇，5；图版一五一，3）。标本M30：7，母鸡，尖喙，圆目，细长径，腹底平，尾上翘，尾部扁平，双翅不明显，仅眼饰以红色彩绘，通高6.65、长10.2厘米（图八〇，6）。

狗 1件，模制，器身中间有一纵向模制扉棱，用刀削平。标本M30：5，尖嘴，双耳直竖，尾部有一小孔，体型修长，站立状。脖颈与后颈上有红色彩绘。通高5.6、长12.9厘米（图八〇，7；图版一五一，2）。

猪 1件，模制，器身中间有一纵向模制扉棱，用刀削平。标本M30：8，头微低，嘴微张，双眼圆睁，耳朵细长，四肢站立，尾巴紧贴臀部，颈上鬃毛直立，腹圆。嘴、眼、耳饰以红色彩绘。通高5.4、长10.1厘米（图八〇，8；图版一五一，4）。

铜镜 1面，标本M30：1，四叶铭文镜，圆形，三弦钮，方形钮座，素窄缘，镜面微凸，钮座外有一凹面"回"字方格，之外四桃形花苞与"常乐未央，长勿相忘"八字铭文配列，铭文篆体，端庄规整。面径7.30、背径7.20、钮宽0.60、缘宽0.10、缘厚0.30厘米，重41克（图八一；彩版二八，1）。

铁器 2件，器类有削和带钩。

削 1件，标本M30：9-1，少量锈蚀，直背，斜刃，一边开刃，环首柄。长23.0、宽1.6厘米（图八〇，9）。

带钩 1件，标本M30：10，锈蚀严重，鸭形，残长4.1厘米（图八〇，10）。

铜钱 1枚，标本M30：2，残损严重，无法辨认。

图八〇　Ⅰ区M30出土器物

1. 陶罐（M30∶4）　2. 陶瓿（M30∶3-2）　3. 陶盆（M30∶3-3）　4. 陶灶（M30∶3-1）　5、6. 陶鸡（M30∶6、7）

7. 陶狗（M30∶5）　8. 陶猪（M30∶8）　9. 环首铁削（M30∶9-1）　10. 铁带钩（M30∶10）

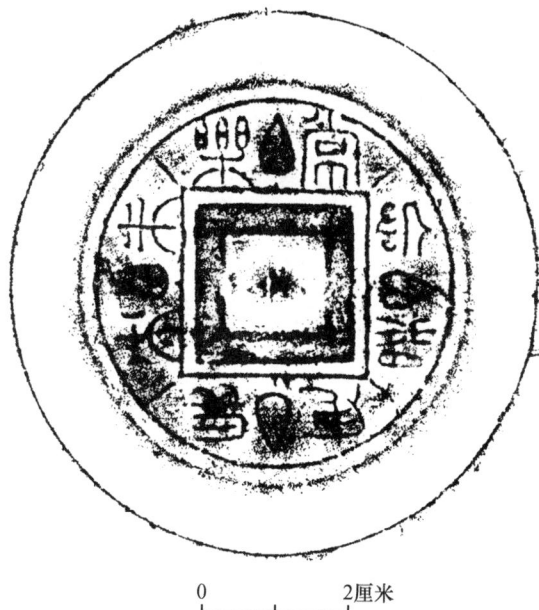

图八一　Ⅰ区M30出土铜镜（M30∶1）

第三十一节　M31

1. 墓葬形制

M31，位于第二阶地东部北侧，探方T0607内，东与M32并穴合葬，打破M32墓室西壁，且有小洞相通过，南侧有M62，北侧、西侧无墓葬。方向220度。形制为斜坡墓道砖室墓，由墓道、墓室两部分组成（图八二；图版一二，3、4）。

墓道　位于墓室的南端，平面呈长方形，壁面较直，底呈斜坡状。墓道开口残长4.14、宽0.84~0.90、坡长4.10、底距开口深3.0米。坡度30度。墓道内填五花土，土质疏松，未经夯打。

墓室　平面略呈长方形，顶部条砖（楔形砖）对缝券顶，壁条砖顺向错缝平砌，条砖横向错缝铺地。条砖36厘米×18厘米×8厘米，墓室长3.42、宽1.24、壁高1.0、室高1.42米。墓室东壁北部开长方形洞，与M32相望，洞长0.32、宽0.28米。该墓被盗扰，器物主要出土于墓室中部，计有陶灶1、铜剑格1、铁器2、玉耳塞2、玉口琀1、铜钱4。

封门　条砖封门，错缝平砌，砖的尺寸36厘米×18厘米×8厘米。长0.96、宽0.36、高1.50米。

葬具　据出土的棺钉，推测为木棺，尺寸不详。

葬式　扰乱严重，葬式不详。

盗洞　1处，位于墓室东北角，自上而下进入墓室，该盗洞同时打破M32墓室西壁，平面呈圆形，直径约0.78米。

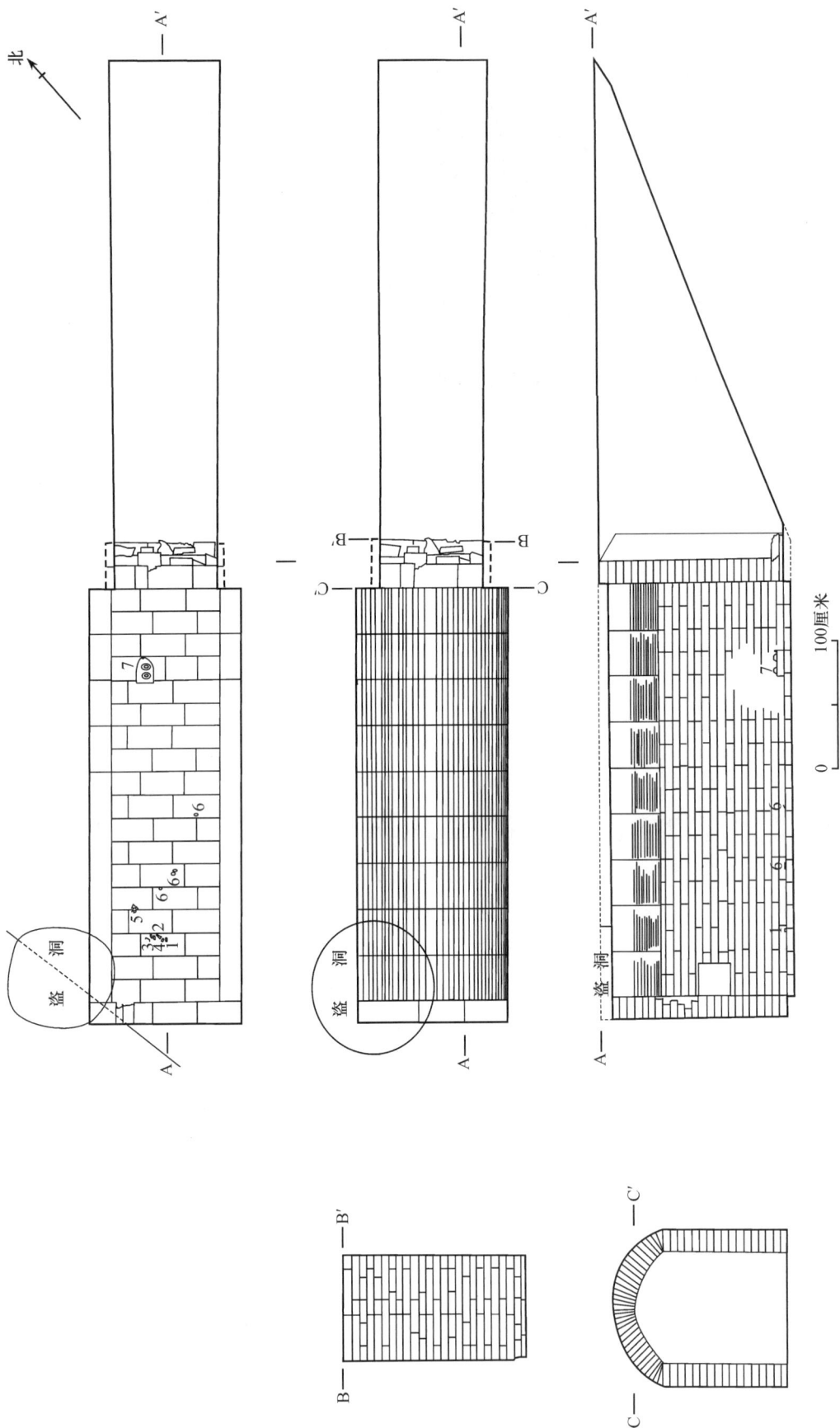

图八二　I区M31平、剖面图

1. 玉耳塞　2. 蝉形玉口琀　3. 铜剑格　4、5. 铁器　6. 铜钱　7. 陶灶

0　　　　100厘米

2. 出土器物

该墓出土器物7件，另有铜钱4枚。质地有陶、铜、铁、玉石四种，分述如下。

陶灶　1件，标本M31：7，灶体平面呈马蹄形，前方后圆，灶面两釜前后布置，尾部有短柱形烟囱，前端有方形落地灶门，上部模印多重菱形纹。灶面、灶壁分体模制而后粘结，釜之肩部与灶面一次性模制而成，腹模制而后粘结于相应的位置。长18、宽15.5、高7.6厘米（图八三，1）。

铜剑格　1件，标本M31：3，残损，菱形，残长5.1厘米（图八三，2）。

铁器　2件，锈蚀严重，无法辨认。标本M31：4-1，残长3.4厘米（图八三，3）。标本M31：4-2，残长3.7厘米（图八三，4）。

玉器　3件，器类有耳塞和口琀。

耳塞　2件，形制相同，标本M31：1，质差，已钙化成白色，圆柱形，一端稍细。长1.7、直径0.4～0.6厘米（图八三，5）。

口琀　1件，标本M31：2，质差，表面已钙化成白色。蝉形，总体呈三棱锥形，背部一道脊棱与头部两条脊棱相连，腹底平，头部有三道阴刻纹。长3.7、宽2.2厘米（图八三，6）。

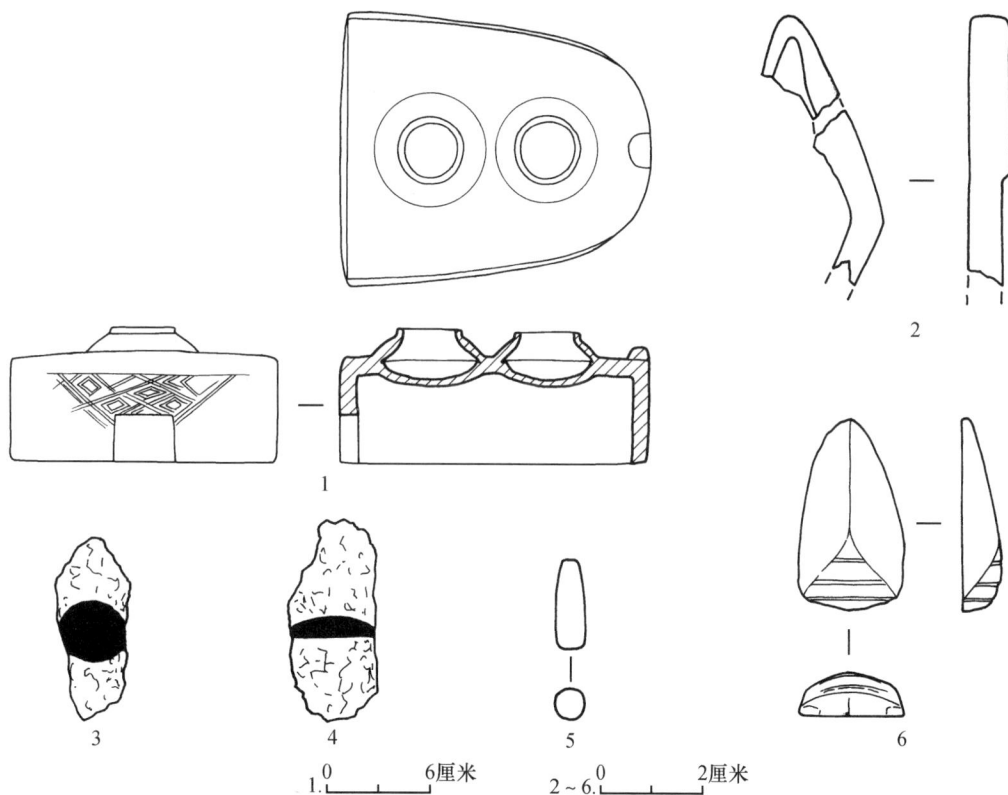

图八三　Ⅰ区M31出土器物

1. 陶灶（M31：7）　2. 铜剑格（M31：3）　3、4. 铁器（M31：4-1、2）　5. 玉耳塞（M31：1）　6. 玉口琀（M31：2）

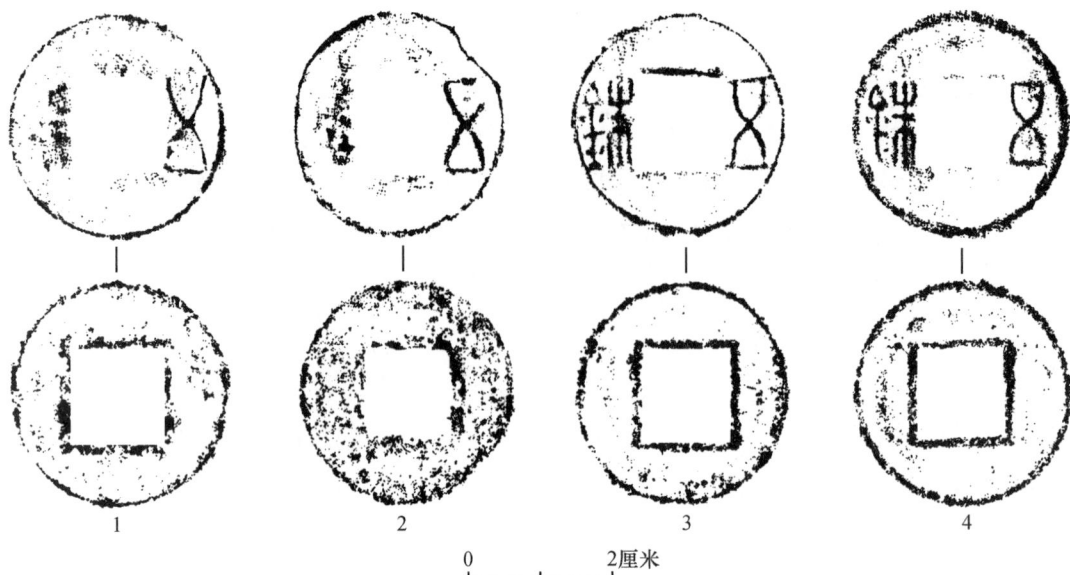

图八四　Ⅰ区M31出土铜钱

1. M31 : 6-1　2. M31 : 6-2　3. M31 : 6-3　4. M31 : 6-4

铜钱　4枚，均为五铢钱。其3枚磨去边郭，另1枚有郭五铢，穿上有一横。圆形方穿，穿背面有郭，穿之两侧有篆文"五铢"二字。磨郭五铢，"五"字瘦长，交笔较直或缓曲。有郭五铢，"五"字较宽大，交笔甚曲，"铢"字金头三角，朱头方折（按：年代为武帝至宣元时期）（图八四）。

第三十二节　M32

1. 墓葬形制

M32，位于墓地东部北侧，探方T0707内，西与M31并穴合葬，且有小洞与之相通。方向170度。形制为竖穴墓道土洞墓，由墓道、墓室两部分组成（图八五）。

墓道　位于墓室的南端，平面呈长方形，壁面较直，开口长3.10、宽0.74～0.80、底距开口深4.36米。墓道内填五花土，土质疏松，未经夯打。

墓室　平面略呈长方形，拱顶土洞。墓室长2.80、宽0.80～0.90、高1.26米。该墓被盗扰，出土有陶灶1套（甑1）、铜钱9。

封门　不详。

葬具　木棺1具，已朽成灰，仅存棺痕，长2.66、宽0.64米。

葬式　骨架1具，保存较差，从痕迹判断，为仰身直肢葬。

盗洞　1处，位于墓室的西南端，自上而下进入墓室，该盗洞同时打破M31东北角，平面呈圆形，直径约0.88米。

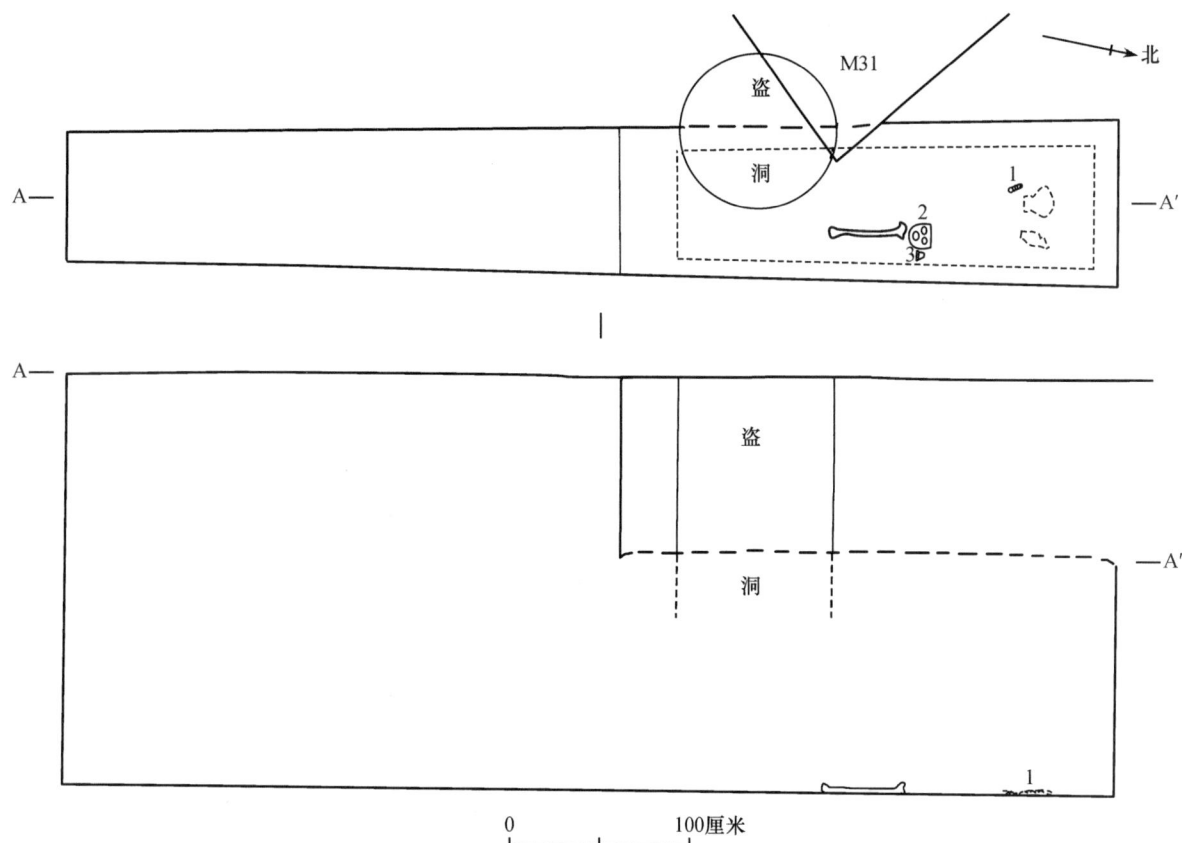

图八五　Ⅰ区M32平、剖面图
1. 铜钱　2. 陶灶　3. 陶甑

2. 出土器物

该墓出土器物2件，另有铜钱9枚，质地有陶、铜两种，分述如下。

陶器　2件，为泥质灰陶，器类有灶、甑。

灶　1件，标本M32：2，灶体平面呈马蹄形，前方后圆，灶面三釜呈"品"字形布置，尾部有短柱形烟囱，前端有方形落地灶门，灶门两侧及上部模印多重半菱形纹，两侧及后壁模印网格纹，灶面模印多重半菱形纹、"人"字纹等。灶面、灶壁分体模制而后粘结，釜之肩部与灶面一次性模制而成，腹模制而后粘结于相应的位置。长14.6、宽15、高7厘米（图八六，2）。

甑　1件，与灶配套。标本M32：3，敞口，平沿，方唇，斜直腹，近平底，底部有五个算孔。口径7、底径2.1、高4.8厘米（图八六，1）。

铜钱　9枚，均为五铢钱。圆形方穿，穿背面有郭，部分穿上有一横郭，穿之两侧有篆文"五铢"二字。"五"字瘦长，交笔较直，或缓曲，"铢"字金头三角，朱头方折（按：年代为武昭时期）（图八七）。

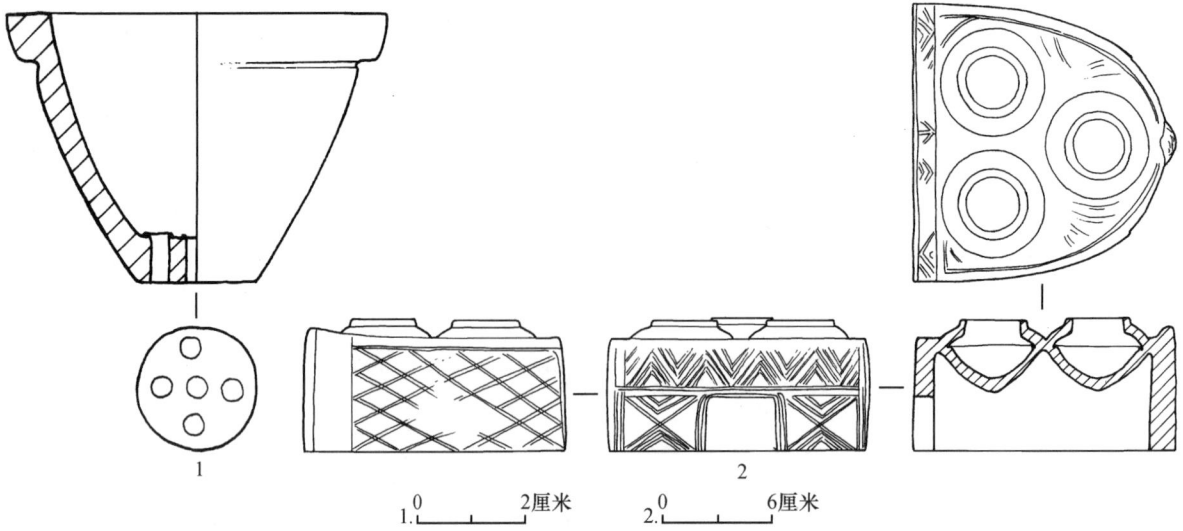

图八六　　Ⅰ区M32出土器物

1. 陶甑（M32：3）　　2. 陶灶（M32：2）

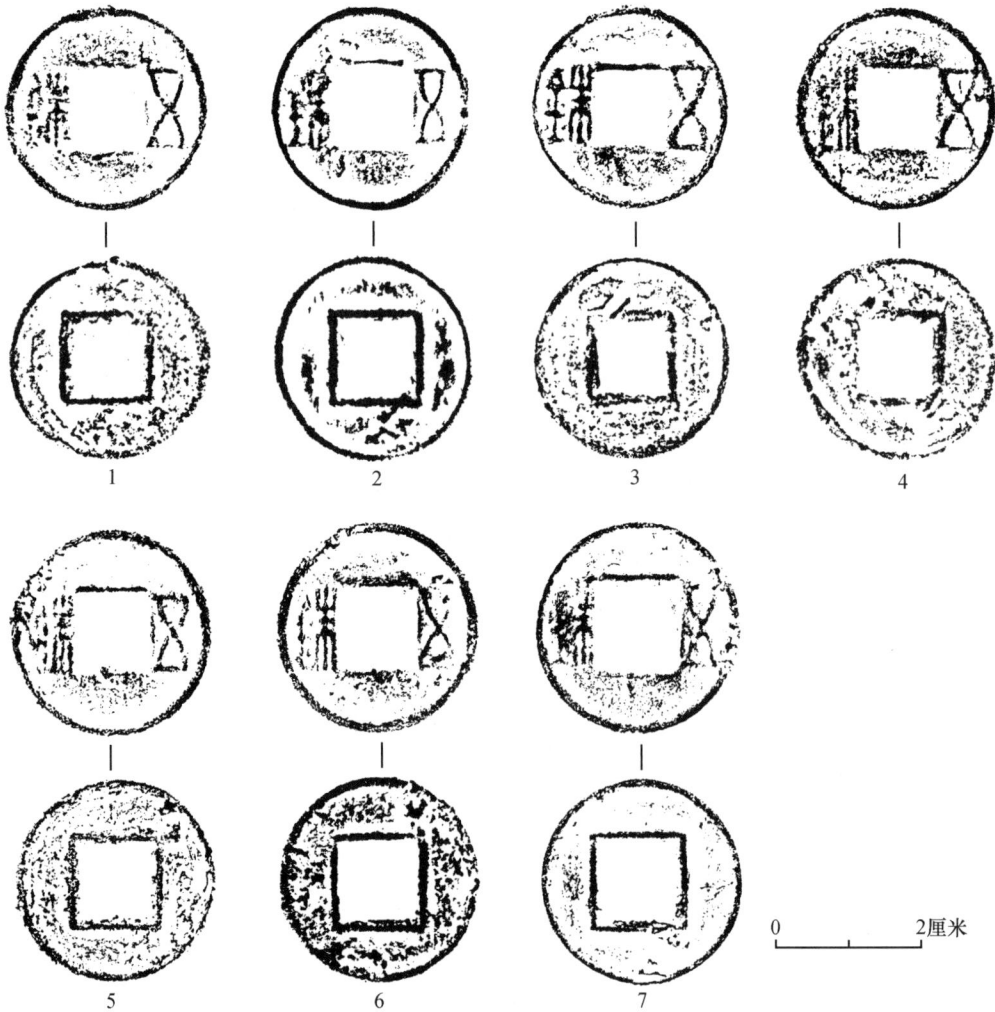

图八七　　Ⅰ区M32出土铜钱

1. M32：1-1　2. M32：1-3　3. M32：1-4　4. M32：1-5　5. M32：1-6　6. M32：1-8　7. M32：1-9

第三十三节　M33

1. 墓葬形制

　　M33，位于第二阶地东部中央，探方T0906内，墓道延伸至T0905，东与M34并穴合葬，与M56、M57、M58、M49、M47基本为东西一排，西侧为M30。方向225度。形制为竖穴墓道土洞墓，墓道、墓室基本等宽，由墓道、小龛、墓室三部分组成（图八八）。

　　墓道　位于墓室的南端，平面呈长方形，壁面较直，开口长2.64、宽0.84~0.92、底距开口深2.20米。墓道内填五花土，土质疏松，未经夯打。

　　墓室　平面略呈长方形，拱顶土洞。墓室长2.66、宽0.96、残高0.60米。墓室南部靠近封门处有一小龛，平面呈半圆形，拱顶土洞，宽0.32、进深0.34、高0.60米。该墓未经盗扰，小龛内出土陶罐1件，棺内出土铜钱4枚。

　　封门　不详。

　　葬具　木棺1具，出土铁棺钉，尺寸不详。

　　葬式　人骨保存较差，葬式无法辨识。

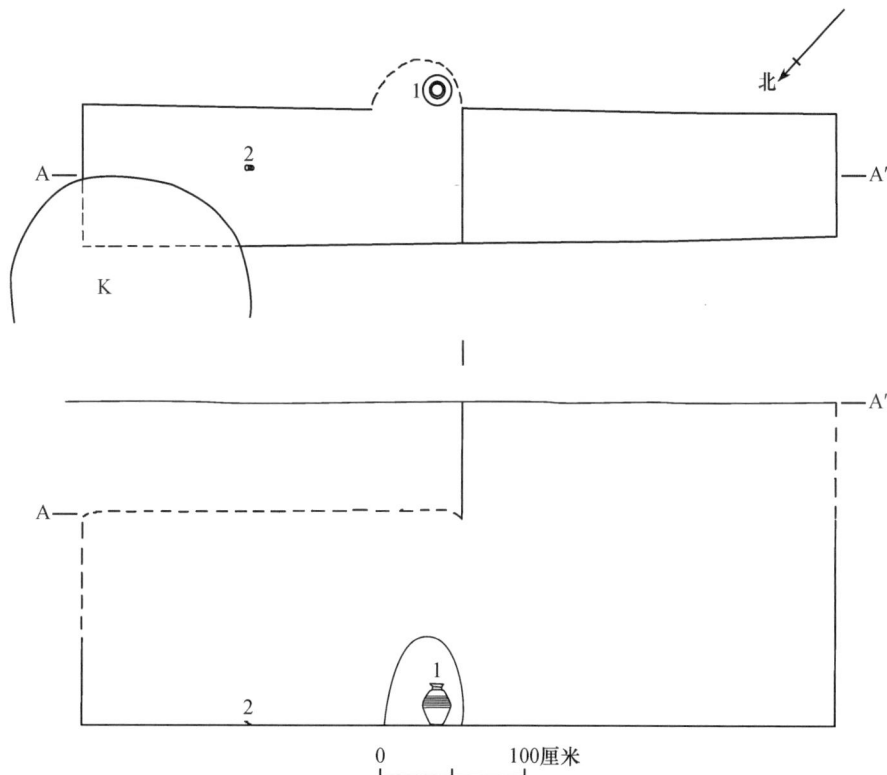

图八八　Ⅰ区M33平、剖面图
1. 陶罐　2. 铜钱

2. 出土器物

该墓出土陶罐1件，铜钱4枚，分述如下。

陶罐　1件，标本M33：1，侈口，平沿外斜，凹唇，束颈，鼓肩，鼓腹，下腹斜收，平底，肩部饰密集凹弦纹。轮制，器表有轮旋痕，口径11.2、腹径25、底径9.4、高27.2厘米（图八九，1）。

铜钱　4枚，均为五铢钱。圆形，方穿，其中1枚磨去边郭，穿背面有郭，部分有穿上一横或穿下一星记号，穿之两侧有篆文"五铢"二字。其中3枚"五"字瘦长，交笔斜直、缓曲（按：年代为武帝时期。其中1枚"五"字短粗，交笔弯曲较甚，当为郡国五铢）（图八九，2~4）。

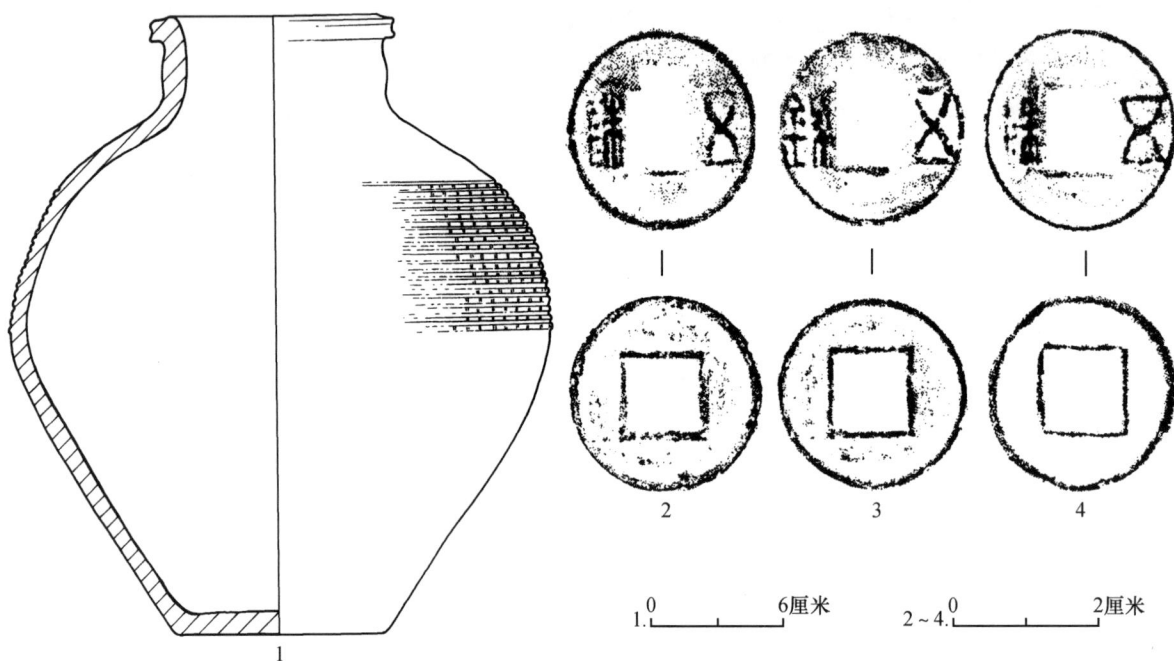

图八九　Ⅰ区M33出土器物
1. 陶罐（M33：1）　2~4. 铜钱（M33：2-1~3）

第三十四节　M34

1. 墓葬形制

M34，位于第二阶地东部中央，探方T0906内，墓道延伸至T0905，西与M33并穴合葬。方向222度。形制为竖穴墓道土洞墓，墓室等宽，由墓道、墓室两部分组成（图九〇）。

墓道　位于墓室的南端，平面呈长方形，壁面较直，开口长2.36、宽0.72~0.80、底距开口深2.40米。墓道内填五花土，土质疏松，未经夯打。

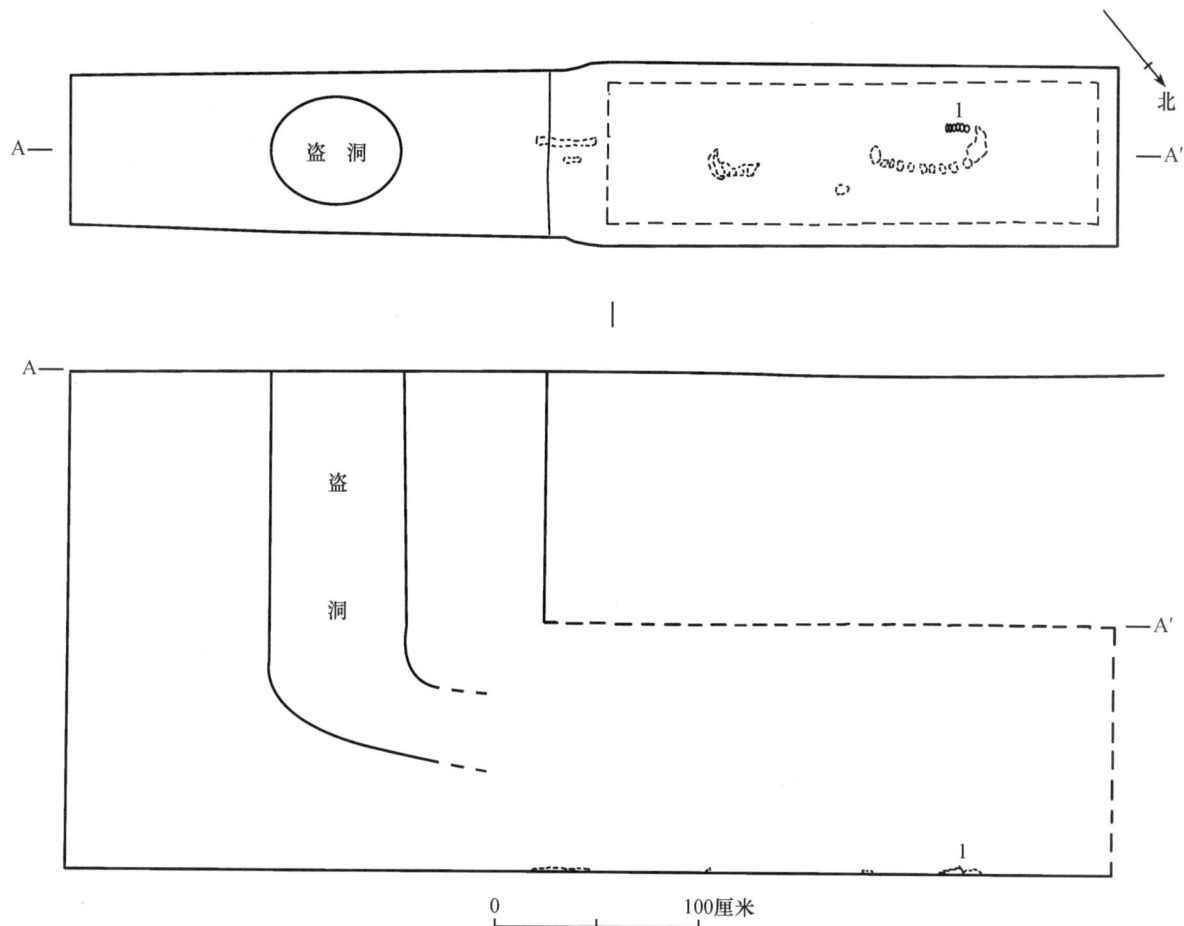

图九〇　Ⅰ区M34平、剖面图
1.铜钱（M34∶1）

墓室　平面呈长方形，拱顶结构。墓室长2.84、宽0.85、高1.20米。该墓经盗扰，棺内出土铜钱11枚。

封门　不详。

葬具　木棺1具，仅存棺痕，长2.70、宽0.68米。

葬式　骨架1具，已成粉末状，头向北，为仰身直肢葬。

盗洞　1处，位于墓道中部，自上而下进入墓室。平面呈圆形，直径约0.50米。

2. 出土器物

该墓出土铜钱11枚，均为五铢钱。圆形，方穿，穿背面有郭，部分有四角决文，或穿上一横、穿下一星纹等记号，穿之两侧有篆文"五铢"二字。"五"字瘦长，交笔较直或缓曲，"铢"字金头三角，或箭头形，朱头方折（按：年代为武帝时期）（图九一）。

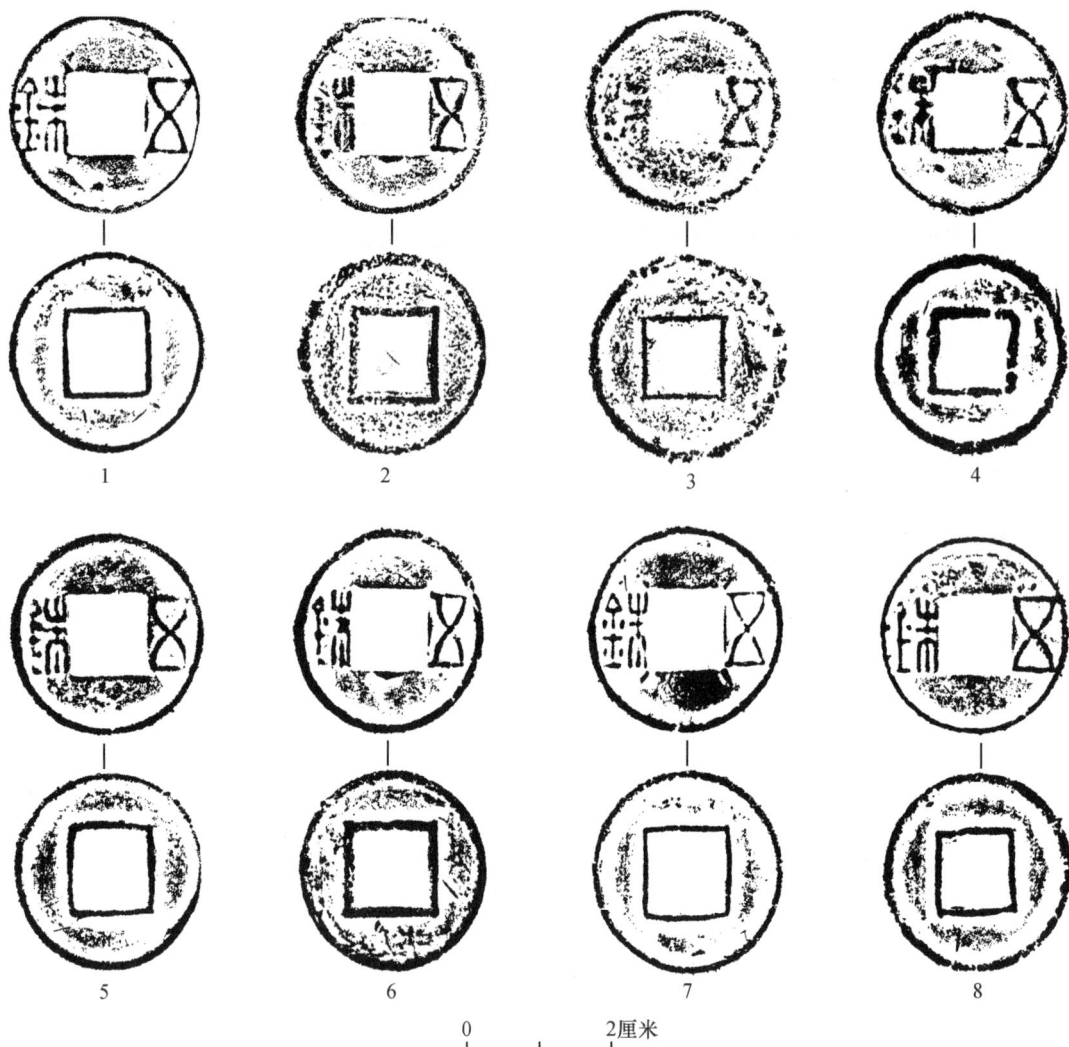

图九一　Ⅰ区M34出土铜钱

1. M34：1-1　2. M34：1-2　3. M34：1-3　4. M34：1-4　5. M34：1-5　6. M34：1-7　7. M34：1-8　8. M34：1-11

第三十五节　M35

1. 墓葬形制

M35，位于墓地中部偏北，探方T0707内，墓室延伸至T0706，东与M42并穴合葬，且被M42打破，北侧有M62，西侧有M27。方向0度。斜坡墓道土洞墓，由墓道、过洞、天井、甬道、墓室五部分组成（图九二）。

墓道　位于墓室北端，平面呈长方形，底斜坡状，壁面较直，墓道开口残长7.20、宽0.78、底距开口深4.80、底坡长10.40米。坡度40度。墓道内填五花土，土质疏松，未经夯打。

过洞　位于墓道天井之间，拱顶土洞，底部斜坡，内填花土，土质较软，长0.6、宽0.76、高2.0米。

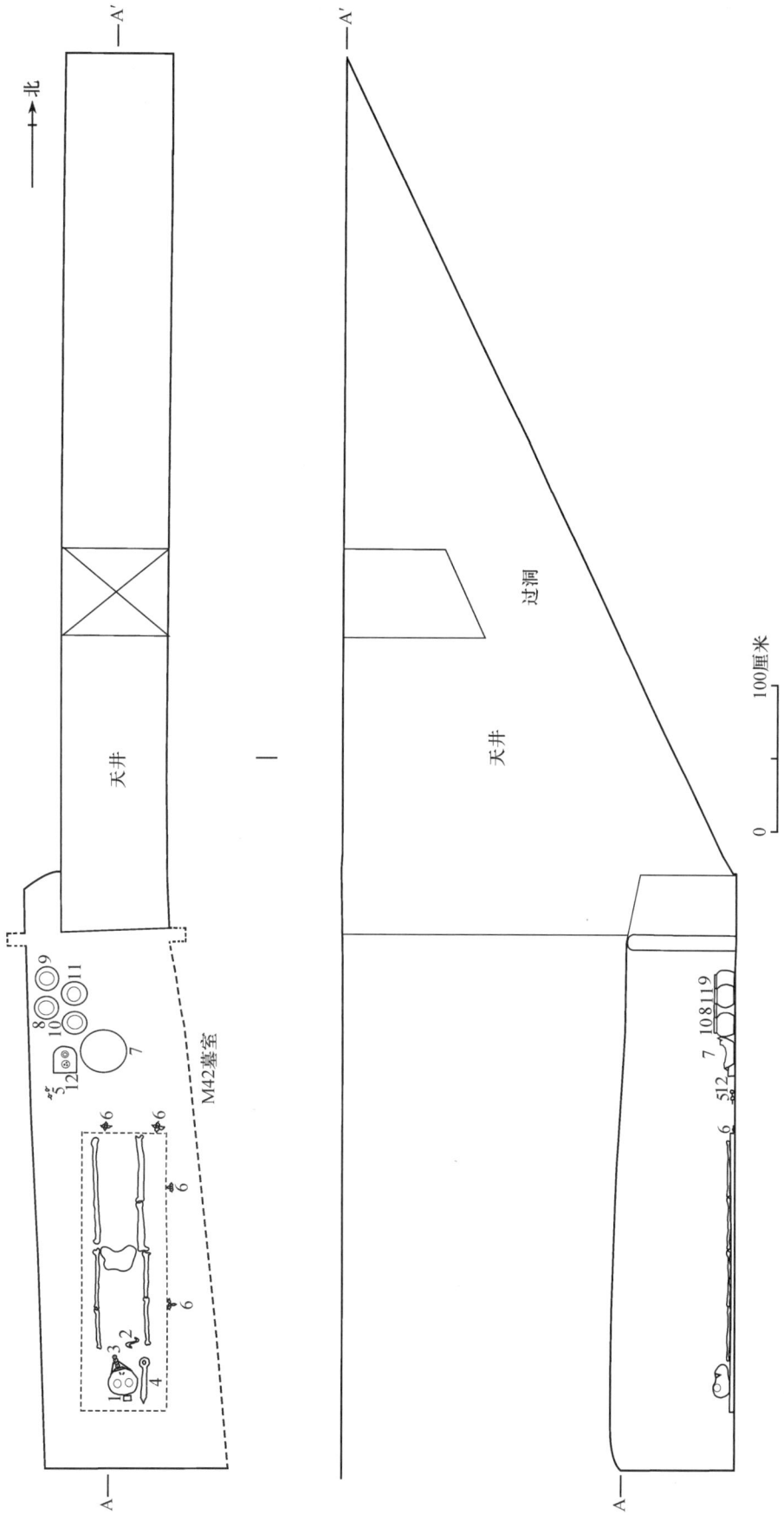

图九二 Ⅰ区M35平、剖面图

1.铜印章 2.铜带钩 3.铜钱 4.铁削 5.铅器 6.铜柿蒂形棺饰 7.铜盆 8~11.陶罐 12.陶灶1套（盆1，甑1）

天井　位于过洞南端，平面略呈长方形，壁面较直，底部斜坡，内填花土，土质较软，长1.6、宽0.76、深4.8米。

甬道　位于天井南端，顶部坍塌。长0.44、宽1.0、高2米。

墓室　平面呈长方形，拱顶土洞。墓室长4.10、宽1.30、高1.08米。该墓未被盗扰，器物主要出土于墓室北部及棺内，计有陶罐4、陶灶1套（盆1、甑1）、铜柿蒂形棺饰24、铜盆（残）1、铜印章1、铜带钩1、铁削1、铅饰3、铅马衔1、铜钱7。

封门　木板封门，凹槽内遗有板灰痕迹，封门槽高0.80、宽0.10、进深0.15米。

葬具　木棺1具，已朽成灰，长2.0、宽0.60米。

葬式　人骨1具，保存较差，头向南，仰身直肢葬。

2. 出土器物

该墓出土器物39件，另有铜钱7枚。质地有陶、铜、铁、铅四种，分述如下。

陶器　7件，均为泥质灰陶，器类有罐、灶、甑、盆。

罐　4件（M35：8、9、10、11），有圆唇罐和双唇罐两种。标本M35：8、9、11，形制相同。侈口，圆唇，矮领，鼓腹，平底稍内凹。标本M35：9，口径10.2、腹径16.8、底径10.2、高14厘米（图九三，1）。标本M35：11，圆鼓肩。口径15.8、腹径30、底径17.8、高25厘米（图九三，3）。标本M35：10，侈口，平沿，尖圆唇，短束颈，弧肩，鼓腹，最大径在腹中部，平底。口径6.8、腹径12、底径5.8、高13.7厘米（图九三，2）。

灶　1件，标本M35：12-1，灶体平面呈马蹄形，前方后圆，灶面三釜呈"品"字形分布，尾部有短柱形烟囱，前端有方形落地灶门，灶门周围模印数道凸棱，灶面、灶壁分体模制而后粘结，釜之肩部与灶面一次性模制而成，腹模制而后粘结于相应的位置，长15.8、宽14.2、高7厘米（图九三，4）。

甑　1件，与灶配套。标本M35：12-2，敞口，平沿，尖唇，斜直腹，平底，底部有六个箅孔。口径5.8、底径2.3、高4.4厘米（图九三，5）。

盆　1件，与灶配套。标本M35：12-3，敞口，平沿，方唇，折腹，小平底内凹。口径8.2、底径2.7、高3.6厘米（图九三，6）。

铜器　27件，有柿蒂形棺饰、带钩、盆、印章。

柿蒂形棺饰　24件，标本M35：6，残，柿蒂形，与泡钉同出。对角长3.3、泡径1.0、高0.7厘米（图九四，1）。

带钩　1件，标本M35：2，鸭形，钩尾部分有一周凸棱，一面有圆柱形帽钮。通长6.7厘米（图九四，2）。

盆　1件，标本M35：7，因残损严重，无法复原。

印章　1件，标本M35：1，呈四棱锥形，上方有一穿孔，下方刻有"张宫之印"四字，高2.25厘米（图九四，8）。

铁削　1件，标本M35：4，少量锈蚀，环首，直背，斜刃，一边开刃，环首柄，有刀鞘。长24.2、宽1.6厘米（图九四，7）。

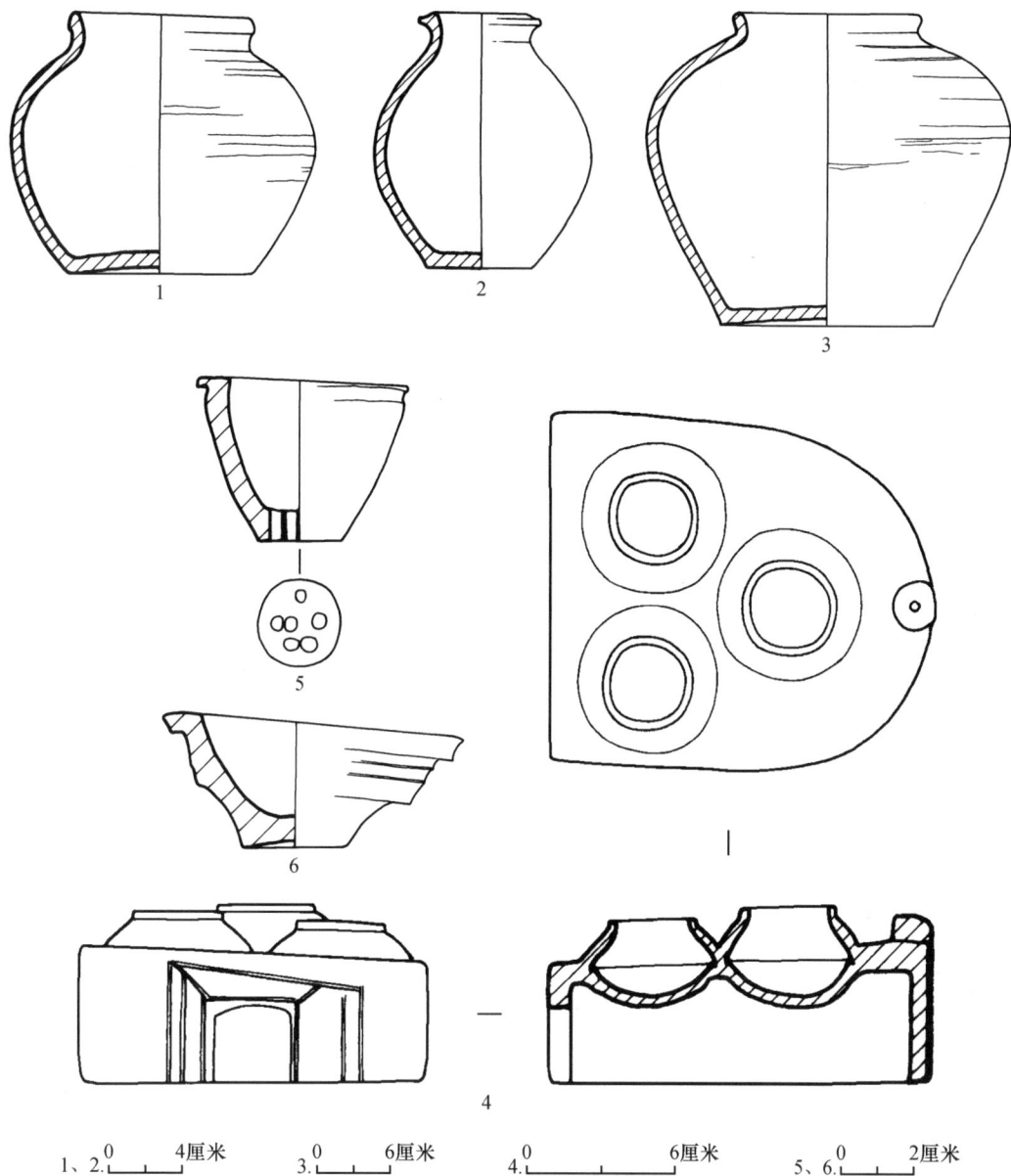

图九三　Ⅰ区M35出土器物（一）

1～3.陶罐（M35：9～11）　4.陶灶（M35：12-1）　5.陶甑（M35：12-2）　6.陶盆（M35：12-3）

铅器　4件，为马衔和铅饰。

马衔　1件，标本M35：5-1，残，一节，一端有环。残长4.7厘米（图九四，3）。

铅饰　3件，残损。标本M35：5-2，长条状，扁平。残长9.7、宽0.5（图九四，4）。标本M35：5-4，帽状，中间凸起。直径0.9厘米（图九四，5）。标本M35：5-3，弧形，残长2.4厘米（图九四，6）。

铜钱　7枚，均为五铢钱。圆形，方穿，穿背面有郭，部分有穿上一横郭、穿下一星记号，穿之两侧有篆文"五铢"二字。"五"字瘦长，交笔斜直或缓曲，"铢"字金头三角，或箭头形，朱方折，或略有圆意（按：年代为武帝时期）（图九五）。

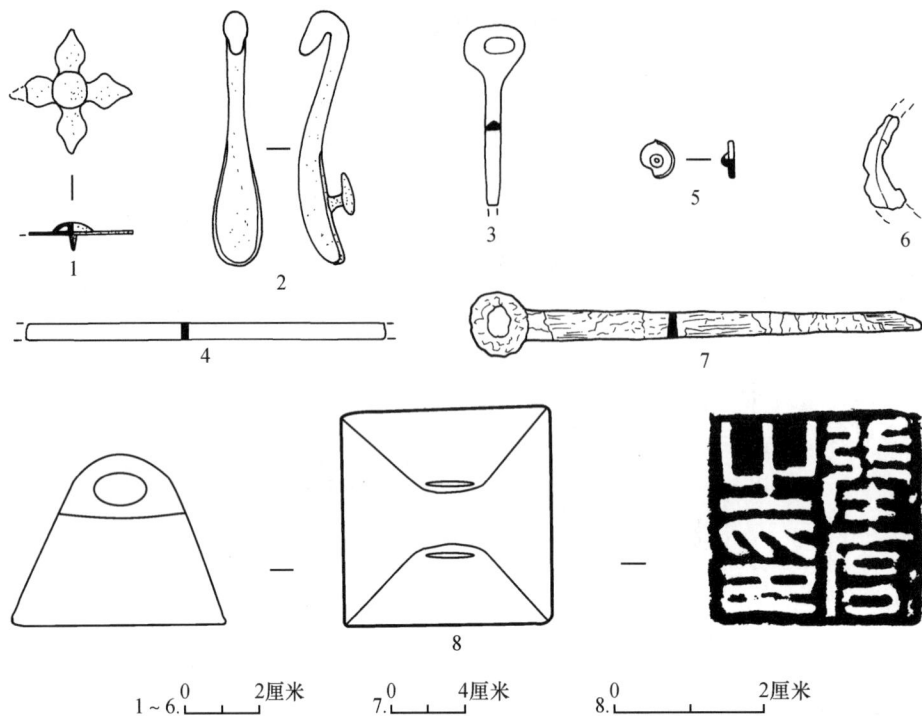

图九四　I区M35出土器物（二）

1. 铜柿蒂形棺饰（M35：6）　2. 铜带钩（M35：2）　3. 铅马衔（M35：5-1）　4～6. 铅饰（M35：5-2、4、3）
7. 铁削（M35：4）　8. 铜印章（M35：1）

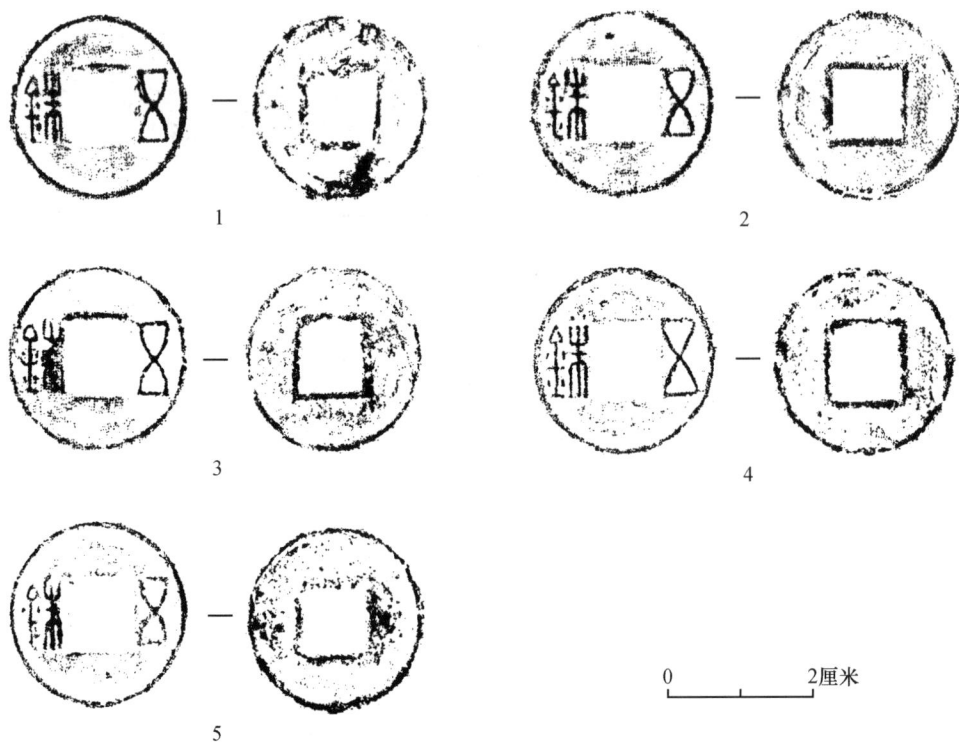

图九五　I区M35出土铜钱

1. M35：3-1　2. M35：3-2　3. M35：3-3　4. M35：3-4　5. M35：3-5

第三十六节　M36

1. 墓葬形制

M36，位于第二阶地东部中央，探方T0806内，南与M29并穴合葬，东侧与M40、M41呈前后排列，应有一定关系，北侧为M37、M38、M39、M64两对墓葬，且打破M39、M64。方向270度。形制为斜坡墓道土洞墓，由墓道、甬道、墓室三部分组成（图九六；图版一三，1、2）。

墓道　位于墓室的西端，平面呈长方形，壁面较直，底部斜坡状，开口残长2.78、宽0.80~0.84、坡长3.0、底距开口深0~2.80米，坡度25度。墓道内填五花土，土质疏松，未经夯打。

甬道　位于墓道与墓室之间，平面呈长方形，长0.52、宽1.02、高1.06米。

墓室　平面呈长方形，拱顶土洞。墓室长3.80、宽0.80~1.00、高1.36米。该墓未被盗扰，器物主要出土于墓室的西部南北两侧及棺内，计有陶鼎1、陶盒2、陶钫1、陶罐5、陶樽1、陶仓4、陶灶1套（盆1、甑1）、铜镜1、铁剑1、铜钱2。

封门　双重封门。外层，土坯错缝平砌。长0.40、宽1.50、高1.0米。土坯20厘米×10厘米×8厘米。内层，木板封门，南北两壁有封门槽，槽内有朽木痕迹。

葬具　木棺1具，仅存棺痕，长2.16、宽0.56~0.60米。

葬式　骨架1具，保存较差，已成粉末状，头向东，仰身直肢葬。

2. 出土器物

该墓出土器物19件，另有铜钱2枚。质地有陶、铜两种，分述如下。

陶器　17件，均为泥质灰陶，器类有鼎、盒、钫、樽、罐、仓、灶、盆、甑（图版八四，2）。

鼎　1件，标本M36：10，盖缺；器身，子母口内敛，弧腹，近平底，肩附外撇弯曲板耳，顶端外折，底附三马蹄形足，通体着白色陶衣，局部脱落严重。口径16.8、腹深7.6、足高5.3、通高12厘米（图九七，1；图版一〇七，4）。

盒　2件（M36：11、12），形制相同。盖，浅覆钵形，顶有矮圈足形捉手；器身，子母口内敛，弧腹，平底，通体着白色陶衣，局部脱落严重。标本M36：11，盖径16.4、器身口径16.8、腹深8.8、底径8.1、高13.5厘米（图九七，2；图版一〇七，5）。

钫　1件，标本M36：9，盖缺；器身，侈口，平沿，束颈，鼓腹，高圈足稍外撇。通体着白色陶衣，局部脱落严重。器身口径10、腹径17.4、足径10、足高3.9、通高30厘米（图九七，3；图版一〇七，6）。

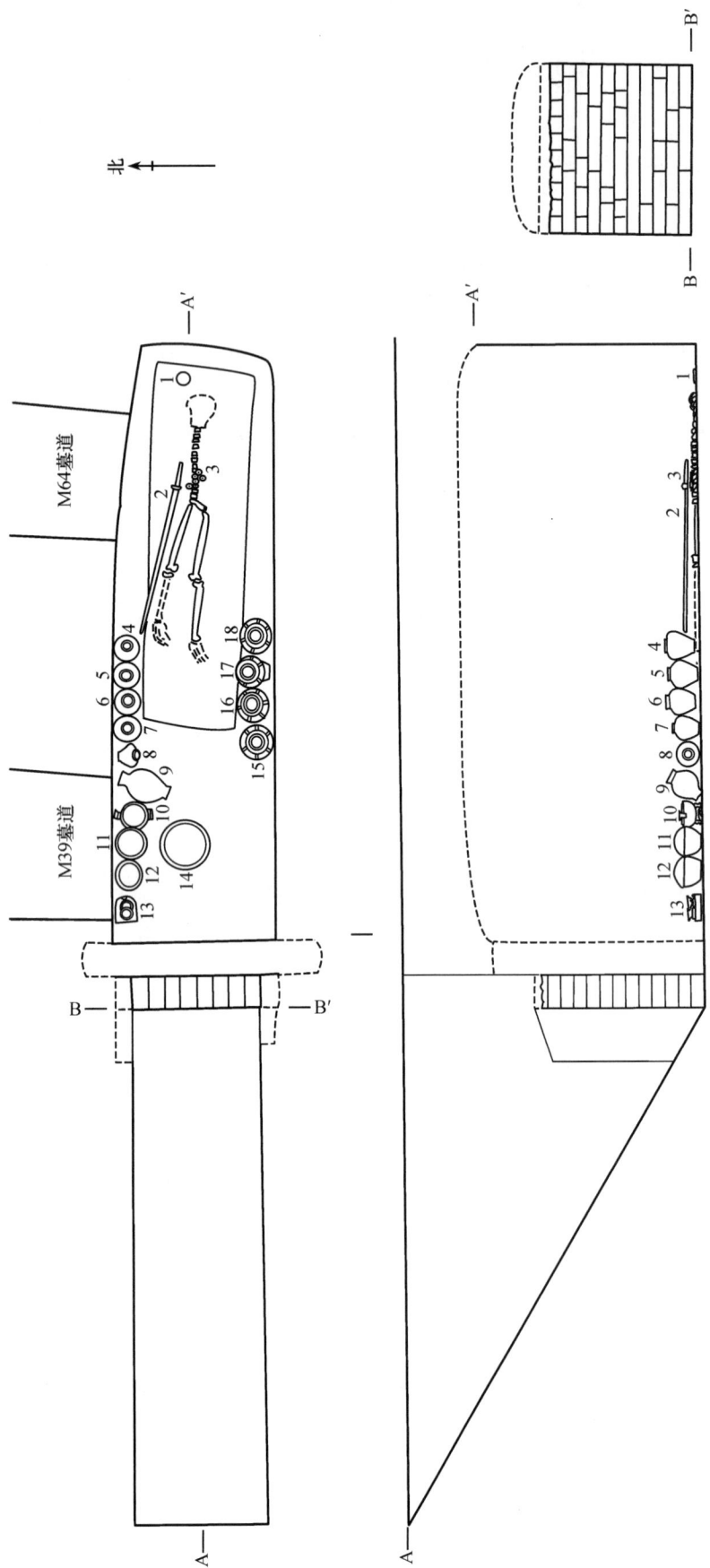

图九六 I 区M36平、剖面图

1. 铜镜 2. 铁剑 3. 铜钱 4~8. 陶罐 9. 陶纺 10. 陶鼎 11、12. 陶盒 13. 陶盆 14. 陶樽 15~18. 陶仓

陶灶1套（盆1、甑1）

图九七　Ⅰ区M36出土器物（一）

1.陶鼎（M36：10）　2.陶盒（M36：11）　3.陶钫（M36：9）　4.陶樽（M36：14）　5.陶罐（M36：4）
6.陶灶（M36：13-1）　7.陶甑（M36：13-2）　8.陶盆（M36：13-3）　9.陶仓（M36：15）

　　樽　1件，标本M36：14，直口，平沿，直筒腹，平底，底附三马蹄形足，足面模印兽面纹。通体着白色陶衣，局部脱落严重。口径20.3、底径20.5、足高5.8、高19.6厘米（图九七，4）。

　　罐　5件（M36：4、5、6、7、8），形制相同。小口，双唇，矮领，圆鼓肩，下腹弧收，平底。标本M36：4，口径7.8、腹径16.4、底径8.5、高14.8厘米（图九七，5；图版一〇八，1）。

　　灶　1件，标本M36：13-1，灶体平面呈马蹄形，前方后圆，灶面两釜前后布置，尾部有短柱形烟囱，前端有方形落地灶门，周围模印多重菱形纹。灶面、灶壁分体模制而后粘结，釜之肩部与灶面一次性模制而成，腹模制而后粘结于相应的位置。长17.5、宽15.2、高7.3厘米（图九七，6；图版一〇八，3）。

　　甑　1件，与灶配套。标本M36：13-2，敞口，平沿，方唇，折腹，小平底，底部有三个箅孔。口径7.6、底径2.1、高3厘米（图九七，7）。

　　盆　1件，与灶配套。标本M36：13-3，敞口，平沿，尖唇，折腹，小平底。口径7.7、底径2、高2.8厘米（图九七，8）。

　　仓　4件（M36：15、16、17、18），形制相同，盖缺；器身，小口，圆唇，矮领，绕口一周有环状台面，之外均匀布置六道竖棱，肩部稍出檐，直筒腹，平底，底附三足（残），通体着白色陶衣，局部脱落严重。标本M36：15，口径9.2、腹径18.8、身高29.6厘米（图九七，9；图版一〇八，2）。

　　铜镜　1面，标本M36：1，昭明连弧铭文镜，圆形，半球形钮，圆钮座，素平缘，镜面微凸。钮座外四条短竖线连接一周凸弦纹，弦纹之外一周内向入连弦纹，其间有四短弧线、月牙纹，再外两周短斜线纹之间有"内而清而以而昭而明，光而日月泄"铭文带。面径6.90、背径6.80、钮宽1.0、缘宽0.20、缘厚0.20厘米，重44克（图九八，1；彩版二八，2）。

　　铁剑　1件，标本M36：2，两面刃，铜菱形剑格，柄断面呈长方形。残长89.0厘米（图九八，2）。

　　铜钱　2枚，均为五铢钱，标本M36：3-1，圆形，方穿，穿背面有郭，穿之两侧有篆文"五铢"二字，"五"字瘦长，交笔较直，穿下一星，钱径25.11、穿宽8.81、郭厚2.05毫米，重4.01克（图九八，3）。标本M36：3-2，圆形，方穿，穿背面有郭，穿之两侧有篆文"五铢"二字，"五"字瘦长，交笔缓曲，穿下一星，钱径25.62、穿宽9.21、郭厚1.82毫米，重3.92克（图九八，4）。

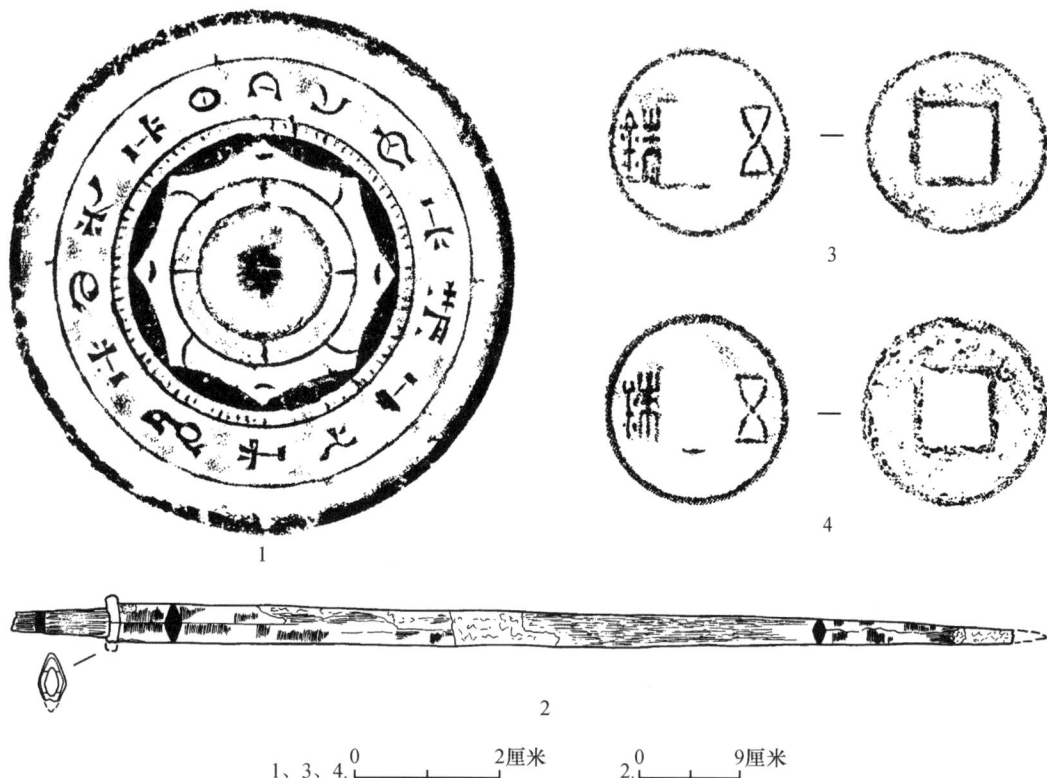

图九八　Ⅰ区M36出土器物（二）

1. 铜镜（M36∶1）　　2. 铁剑（M36∶2）　　3、4. 铜钱（M36∶3-1、2）

第三十七节　M37

1. 墓葬形制

M37，位于第二阶地东部，探方T0806内，东与M38并穴合葬，再东为M39、M64、M59、M60，三组墓葬东西并列，应当关系密切，西侧为M28，朝向M37，似有一定关系。方向200度。形制为斜坡墓道土洞墓，由墓道、墓室两部分组成（图九九；图版一三，3、4）。

墓道　位于墓室南端，平面呈长方形，底斜坡状，壁面较直，墓道开口残长4.20、宽0.80、坡长5.2、底距开口深0~2.50米。坡度40度。墓道内填五花土，土质疏松，未经夯打。

墓室　平面呈长方形，拱顶土洞。墓室长3.44、宽0.70、高1.30~1.40米。该墓经盗扰，器物主要出土于墓室南部，计有陶罐3、陶仓2。

封门　木板封门，墓室东西两壁有封门槽，槽内有板灰痕迹。封门槽高1.30、宽0.20、进深0.30米。

葬具　木棺1具，已朽成灰，棺长2.00、宽0.60~0.62米。

葬式　因盗扰，葬式不详。

盗洞　1处，位于墓道北端，自上而下进入墓室，平面呈圆形，直径约0.50米。

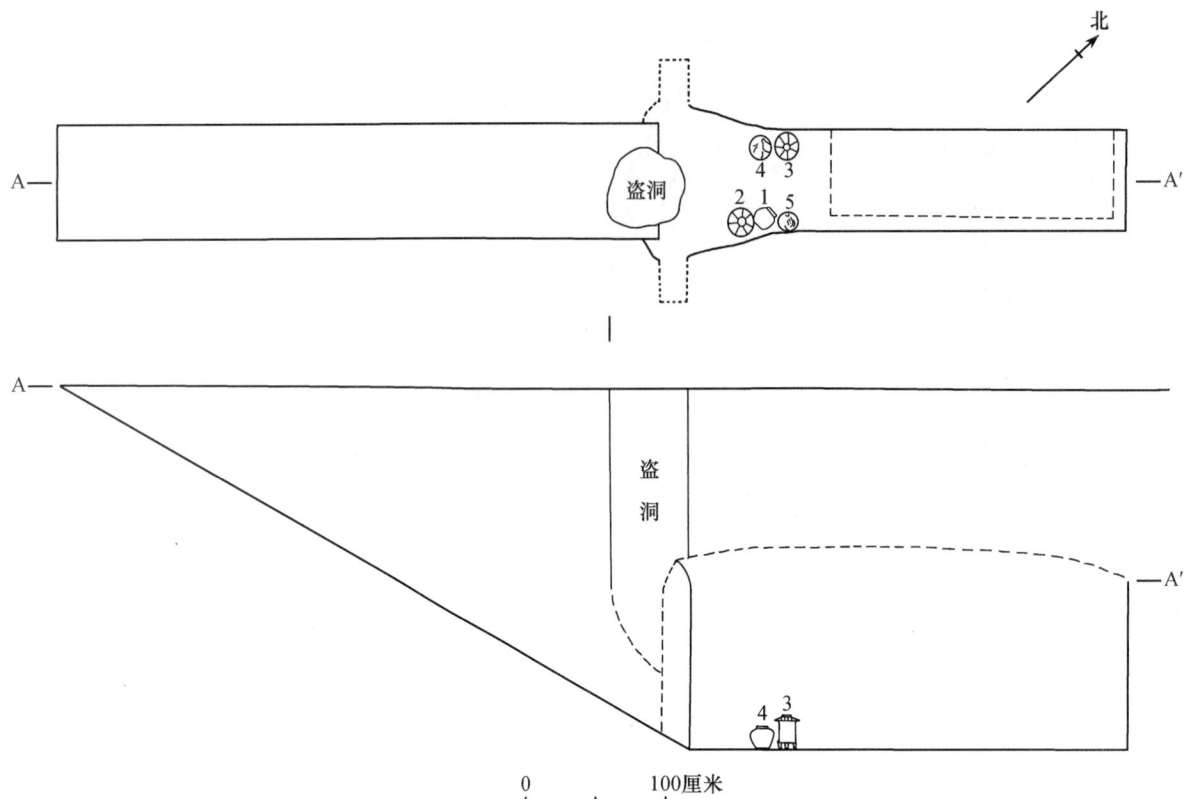

图九九　Ⅰ区M37平、剖面图
1、4、5.陶罐　2、3.陶仓

2. 出土器物

该墓出土器物5件，均为泥质灰陶器，器类有罐、仓。

罐　3件（M37：1、4、5），形制相同。侈口，双唇，平沿，矮领，圆鼓肩，弧腹，平底，轮制，器表有轮旋纹。标本M37：1，口径10、腹径18.6、底径9、高18.6厘米（图一〇〇，3）。

仓　2件（M37：2、3），形制相同。盖，浅碟形；器身，直口，圆唇，矮领，肩部出檐，绕口一周有鼓环状台面，直筒腹，平底，底附三马蹄形足。标本M37：2，台面之外均匀布置六道竖棱，器表通身涂黑，之上饰彩绘，图案无法辨识。盖径9.4、口径7.7、底径16.8、足高6、通高34.3厘米（图一〇〇，1）。标本M37：3，通体白色陶衣。盖，顶部绘六道短竖线，其间短弧线勾勒板瓦叠痕。器身，肩部褐彩饰十一道筒瓦竖棱，之间绘出板瓦叠痕，腹部四组图案，自上而下，第一组为网格纹，第二组为卷去纹，第三组为大波折纹，其间填饰圆点、圆圈、短弦纹等，第四组为一周锯齿纹。盖径9.5、口径8.2、底径19.8、足高6、通高34.7厘米（图一〇〇，2）。

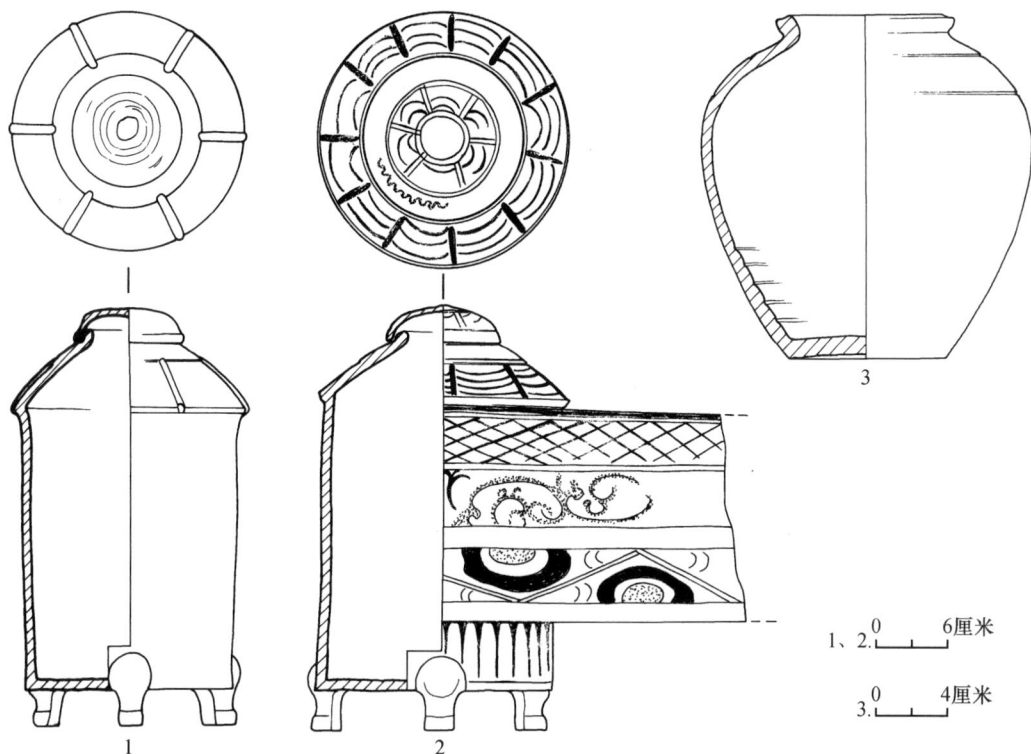

图一〇〇 Ⅰ区M37出土器物
1、2.陶仓（M37：2、3） 3.陶罐（M37：1）

第三十八节 M38

1. 墓葬形制

M38，位于第二阶地东部，探方T0806内，西与M37并穴合葬。方向185度。形制为斜坡墓道土洞墓，由墓道、过洞和墓室三部分组成（图一〇一；图版一四，1、2）。

墓道 位于墓室的南端，平面呈长方形，壁面较直，底部斜坡状，开口残长4.40、宽0.80、坡长5.0、底距开口深0～3.22米，坡度30度。墓道内填五花土，土质疏松，未经夯打。

过洞 位于墓道和墓室之间，与墓室基本等宽，拱顶土洞，底斜坡状。长0.50、宽1.08、高1.0～1.08米。

墓室 平面呈长方形，拱顶土洞。墓室长3.4、宽0.96、残高0.50米。该墓未被盗扰，器物主要出土于墓室南部及棺内，计有陶罐4、陶缶1、陶釜1、铜柿蒂形棺饰14、铜钱2。

封门 木板封门，东西两壁有封门槽。封门槽高1.36、宽0.24、进深0.14米。

葬具 木棺1具，仅存棺痕，长2.70、宽0.82～0.88米。

葬式 骨架保存差，葬式无法辨识。

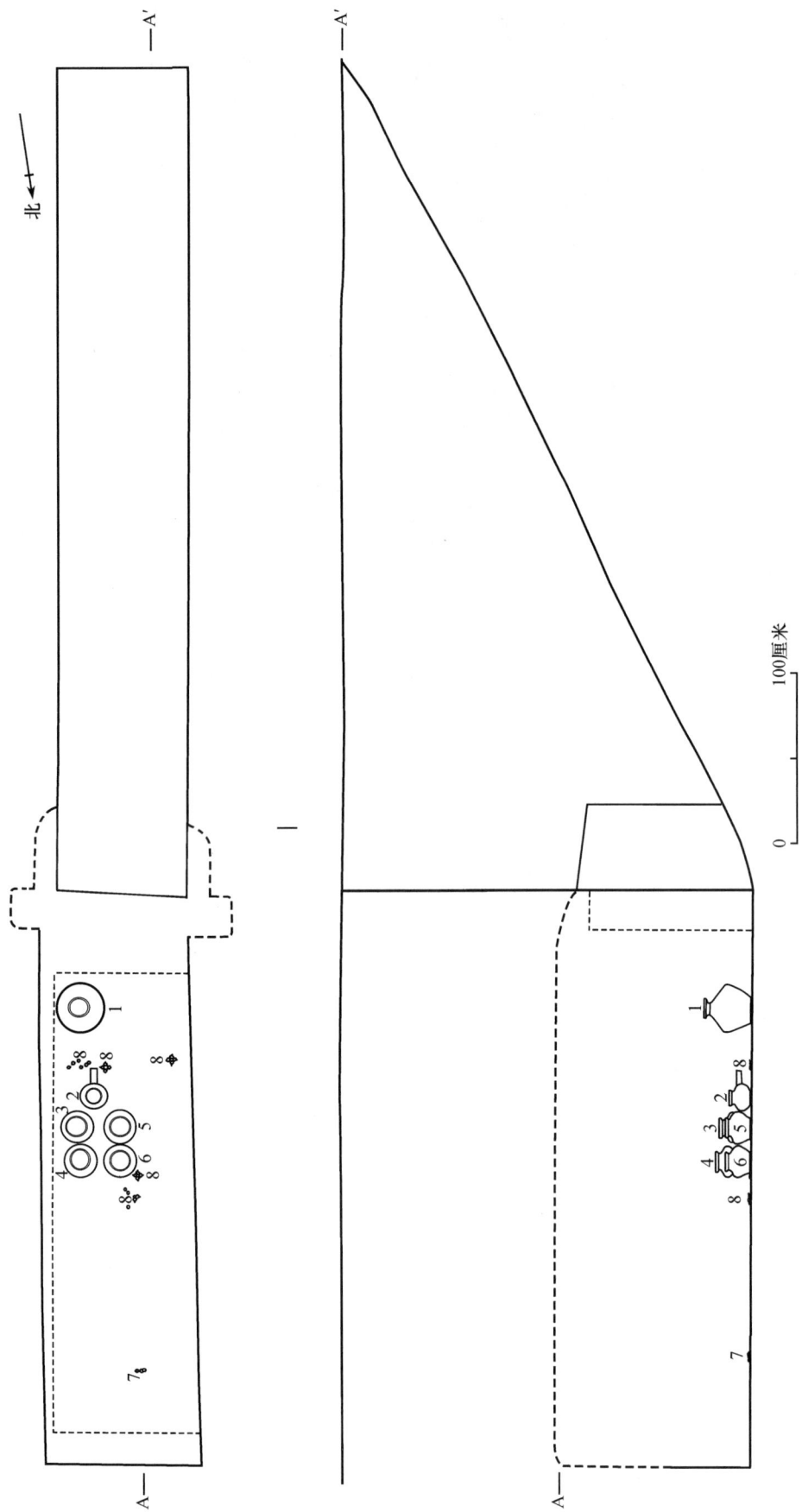

图一〇一　Ⅰ区M38平、剖面图

1. 陶缶　2. 陶釜　3~6. 陶罐　7. 铜钱　8. 铜柿蒂形棺饰

2. 出土器物

该墓出土器物20件，另有铜钱2枚。质地有陶、铜两种，分述如下。

陶器　6件，有泥质灰陶和夹砂灰陶，器类有罐、缶、釜（图版八五，1）。

罐　4件（M38：3、4、5、6），形制相同。泥质灰陶，侈口，圆唇，束领，鼓肩，鼓腹，平底。轮制，器表有轮旋纹。标本M38：3，口径10.1、腹径16.1、底径9.0、高14.0厘米（图一〇二，1；图版一〇八，4）。标本M38：5，口径10.3、腹径16.4、底径8.9、高13.8厘米（图一〇二，2；图版一〇八，5）。

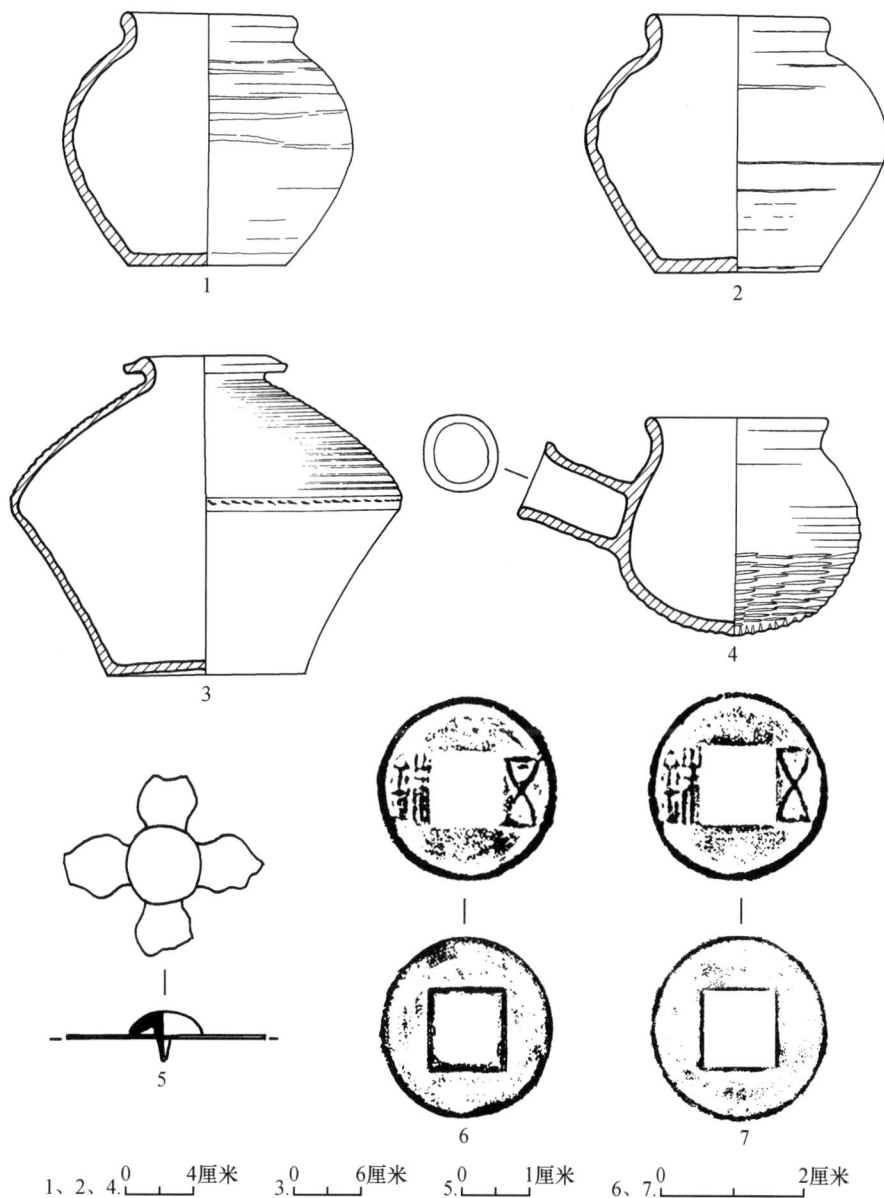

图一〇二　Ⅰ区M38出土器物
1、2. 陶罐（M38：3、5）　3. 陶缶（M38：1）　4. 陶釜（M38：2）　5. 铜柿蒂形棺饰（M38：8）
6、7. 铜钱（M38：7-1、2）

缶　1件，标本M38：1，泥质灰陶，侈口，平沿外斜，尖唇，斜微鼓肩，鼓腹，腹部有一周宽带纹，下腹内曲，平底内凹。轮制，器表有轮旋纹。口径14.6、腹径34.8、底径17.4、高27.7厘米（图一〇二，3；图版一〇八，6）。

釜　1件，标本M38：2，夹砂灰陶，侈口，圆唇，矮领，弧腹，圜底，底部拍印粗绳纹，肩部一侧有圆筒形柄。器身轮制，柄部模制，而后粘结。口径10.1、腹径13.65、高13.86厘米（图一〇二，4；图版一〇九，1）。

铜柿蒂形棺饰　14件，标本M38：8，残，柿蒂形，与泡钉同出。对角长2.9、泡径1.0、高0.7厘米（图一〇二，5）。

铜钱　2枚，均为五铢钱。M38：7-1，圆形，方穿，穿背面有郭，穿之两侧有篆文"五铢"二字，"五"字瘦长，交笔较直，钱径24.86、穿宽8.72、郭厚1.93毫米，重3.82克（图一〇二，6）。M38：7-2，圆形，方穿，穿背面有郭，穿之两侧有篆文"五铢"二字，"五"字瘦长，交笔较直，钱径25.13、穿宽9.11、郭厚1.95毫米，重3.96克（图一〇二，7）。

第三十九节　M39

1. 墓葬形制

M39，位于第二阶地东部，探方T0806内，东与M64并穴合葬，东侧有M59、M60，西侧有M37、M38，墓道被M36墓室打破。方向180度。形制为斜坡墓道土洞墓，由墓道、过洞和墓室三部分组成（图一〇三）。

墓道　位于墓室南端，平面呈长方形，底斜坡状，壁面较直，底部宽于开口，墓道开口残长2.50、开口宽0.60～0.70、底部宽0.70～0.72、坡长2.70、底距开口深0～2.16米。坡度23度。墓道内填五花土，土质疏松，未经夯打。

过洞　位于墓道和墓室之间，平面呈梯形，拱顶土洞，底斜坡状，长0.50、宽0.75～1.12、高0.96米。

墓室　平面呈长方形，拱顶土洞。墓室长3.30、宽1.10～1.24、高1.14～1.24米。该墓未被盗扰，器物主要出土于墓室南部，计有陶罐5。

封门　木板封门，墓室的东西两壁有封门槽，槽内有板灰痕迹。封门槽高1.10、宽0.20、进深0.20米。

葬具　木棺1具，已朽成灰，棺痕长2.30、宽0.55米。

葬式　骨架保存极差，葬式无法辨识。

2. 出土器物

该墓出土器物5件，均为泥质灰陶罐。分为圆唇罐、双唇罐和束颈罐。

陶罐　5件（M39：1、2、3、4、5）。标本M39：1、3，形制相同，侈口，圆唇，高领，弧肩，鼓腹，平底稍内凹。轮制，器表有轮旋纹。标本M39：1，肩部饰多道磨光暗弦纹，口径10.2、腹径16.4、底径10、高15.2厘米（图一〇四，1）。标本M39：2，侈口，平沿外斜，方

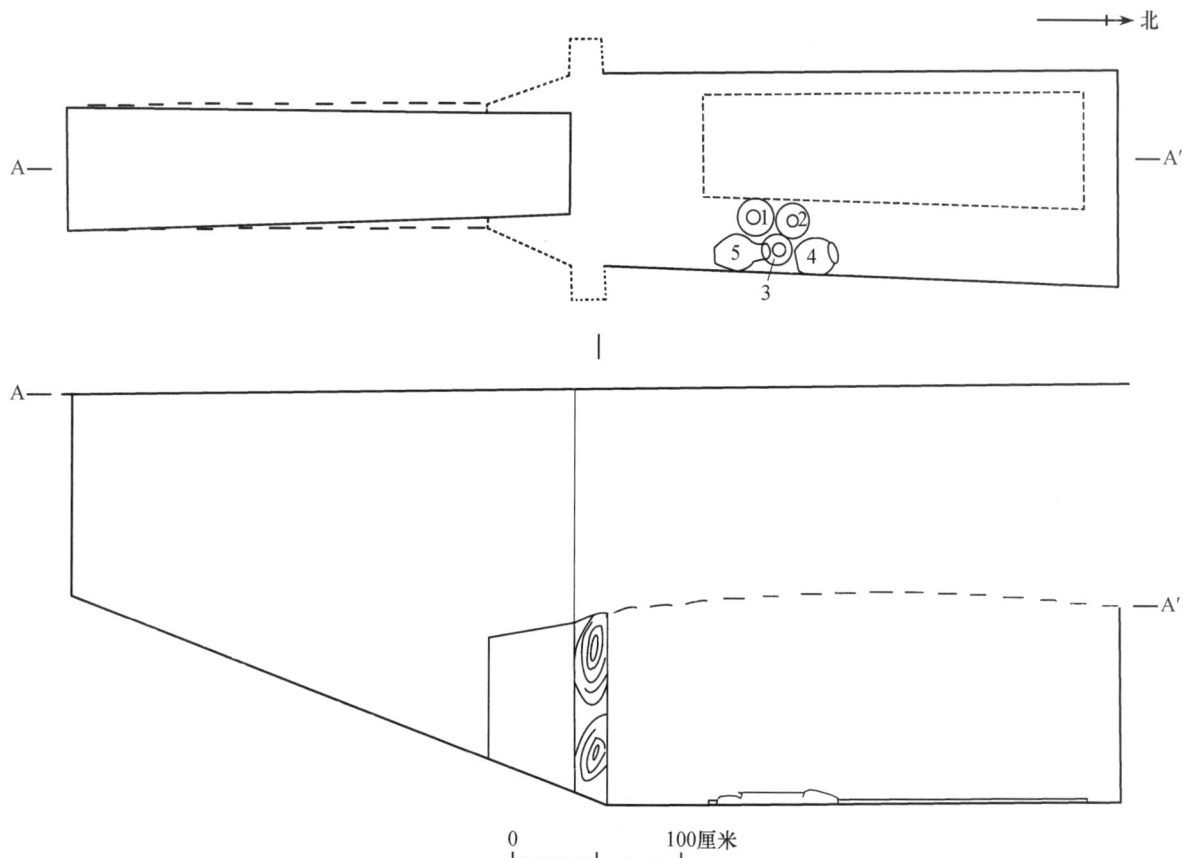

图一〇三　Ⅰ区M39平、剖面图

1~5.陶罐

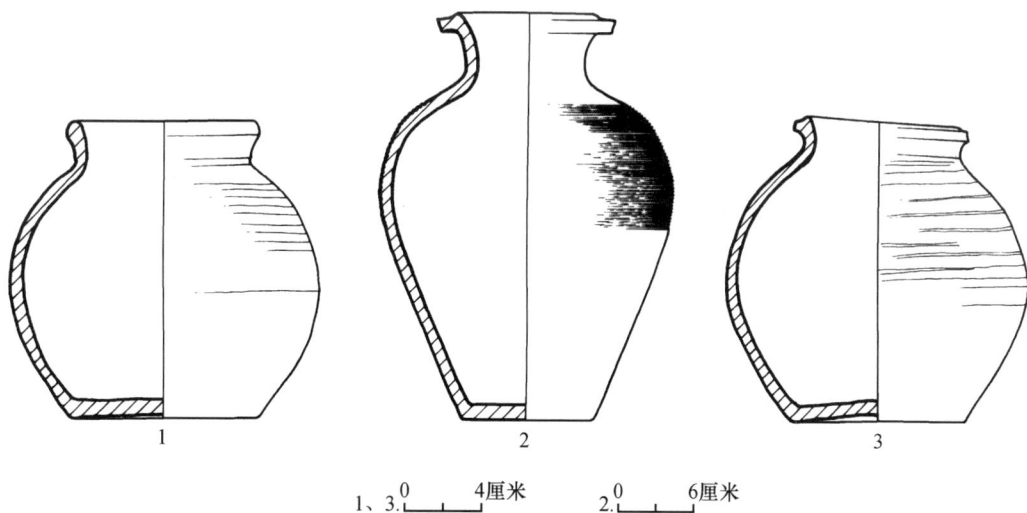

图一〇四　Ⅰ区M39出土器物

1~3.陶罐（M39：1、2、4）

唇，束颈，溜肩，鼓腹，下腹直内收，小平底，肩、腹饰多道密集凹弦纹。轮制，器表有轮旋纹。口径14.4、腹径23.4、底径10.7、高31.1厘米（图一〇四，2）。标本M39：4、5，形制相同。侈口，双唇，矮领，鼓肩，鼓腹，平底稍内凹。轮制，器表有轮旋纹。标本M39：4，肩部饰多道磨光暗弦纹。口径9.4、腹径16.2、底径9.2、高15.5厘米（图一〇四，3）。

第四十节　M40

1. 墓葬形制

M40，位于第二阶地东部，探方T0906内，南与M41并穴合葬，西M29、M36前后排列，北侧与M55并列，打破M60。方向300度。形制为斜坡墓道土洞墓，由墓道、墓室两部分组成（图一〇五；图版一四，3、4）。

墓道　位于墓室的西端，平面近长方形，壁面较直，底部斜坡状，开口残长4.88、宽0.80～0.88、坡长4.90、底距开口深0～3.68米。坡度27度。墓道内填五花土，土质疏松，未经夯打。

墓室　平面呈长方形，拱顶土洞。墓室长4.72、宽1.40～1.60、残高1.18米。该墓未被盗扰，器物主要出土于墓室的北侧，计有陶鼎2、陶盒2、陶壶1、陶罐5、陶灶1套（盆1、甑1）、铜柿蒂形棺饰21、铁器2、铅扣饰1、铅当卢1、漆器（残，无法提取）、铜钱7。

封门　双重封门。外层，土坯封门，顺向错缝平砌，土坯36厘米×18厘米×8厘米，封门宽0.34、长1.10、残高0.90米。内层，木板封门，南北两壁有封门槽，宽0.14、进深0.27、高1.0米。

葬具　一棺一椁，仅存椁痕，棺痕无法辨识。椁长4.20、宽1.36～1.44米。

葬式　骨架1具，保存较差，已成粉末状，头向东，仰身直肢葬。

2. 出土器物

该墓出土器物38件，另有铜钱7枚。质地有陶、铜、铁、铅四种，分述如下。

陶器　13件，分泥质灰陶和红胎釉陶，器类有鼎、盒、壶、罐、灶、甑、盆（图版八五，2）。

鼎　2件（M40：7、8），均泥质灰陶。盖，浅覆钵形，近平顶；器身，子母口内敛，弧腹，圜底，肩附外撇弯曲板耳，顶端外折，腹中部有一周台棱，底附三马蹄形足。标本M40：7，浅弧腹。器表施彩绘，剥落严重，盖面无法辨识，器身上部一周大波折纹，其间填饰圆圈、圆点、短弧线等，之下一周锯齿纹。盖径17.5、器身口径13.6、腹深7.5、足高5.2、通高15.4厘米（图一〇六，1；图版一〇九，2）。标本M40：8，盖，中心有一环钮，之外均匀布置三乳突形饰，深弧腹，足根饱满。器表施彩绘，剥落严重。盖径21.9、器身口径19.2、腹深11.7、足高8.4、通高22.2厘米（图一〇六，2；图版一〇九，3）。

盒　2件（M40：9、10），形制相同。泥质灰陶，盖，浅覆钵形，顶有矮圈足捉手；器

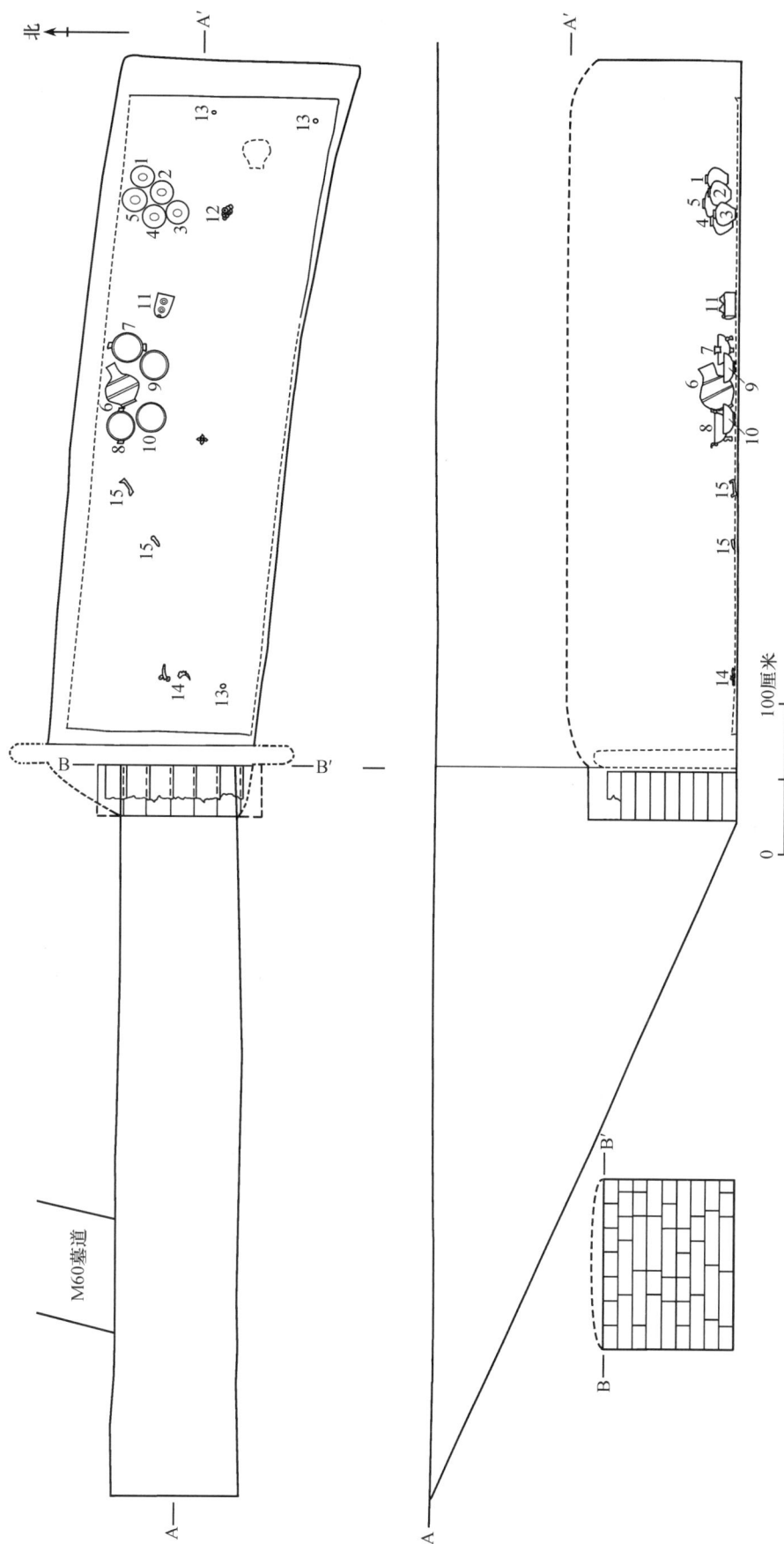

图一〇五 Ⅰ区M40平、剖面图

1~4. 釉陶罐 5. 陶罐 6. 釉陶壶 7、8. 彩绘陶鼎 9、10. 彩绘陶盒 11. 陶灶Ⅰ套（盆1、甑1） 12. 铜钱 13. 铜柿蒂形棺饰 14. 铝器 15. 铁器

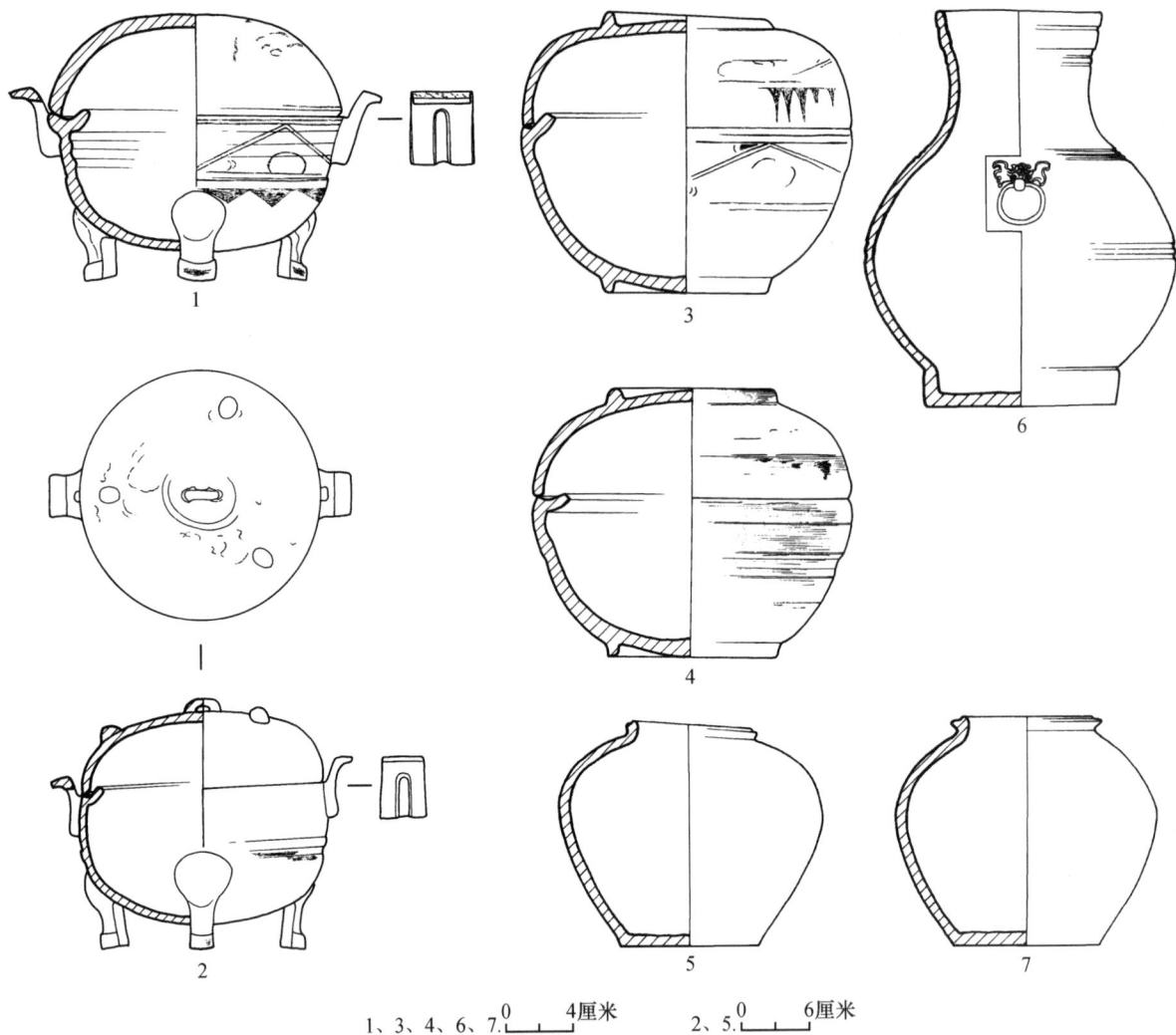

1、3、4、6、7.　0 ╟───╢ 4厘米　　2、5.　0 ╟───╢ 6厘米

图一〇六　Ⅰ区M40出土器物（一）

1、2. 陶鼎（M40：7、8）　3、4. 陶盒（M40：9、10）　5. 釉陶罐（M40：1）　6. 釉陶壶（M40：6）　7. 陶罐（M40：5）

身，子母口内敛，深弧腹，低矮圈足。通体饰红彩，局部已经脱落。盖与器身轮制，底中间轮旋纹。标本M40：9，盖面施云气纹，边缘一周锯齿纹，器身一周大波折纹，其间填饰圆圈、圆点等纹饰。盖径18.7、器身口径16.0、腹深8.8、底径9.2、高15.4厘米（图一〇六，3；图版一〇九，4）。标本M40：10，盖径18.6、器身口径16.2、腹深8.5、底径9.0、高15.3厘米（图一〇六，4）。

壶　1件，标本M40：6，红胎釉陶，器表施酱黄釉，釉层较薄，釉面无光泽。侈口，圆唇，唇部加厚，束颈，弧肩，鼓腹，腹的最大径在近二分之一处，假圈足。肩部饰三道凹弦纹，其下贴塑对称铺首衔环，腹部饰两道凹弦纹。口径14.4、腹径27、底径16.8、高33.3厘米（图一〇六，6；图版一〇九，5）。

罐　5件（M40：1、2、3、4、5），泥质灰陶1件，红胎釉陶4件，形制相同。侈口，矮领，双唇（不明显），鼓肩或圆鼓肩，弧腹，平底。M40：1、2、3、4，红胎釉陶，器表施酱黄釉，釉层较厚，釉面有光泽，圆鼓肩。标本M40：1，口径7.6、腹径15.4、底径8.2、高12.9厘米（图一〇六，5；彩版二〇，3、4；图版一〇九，6）。标本M40：5，泥质灰陶，鼓肩，口径8.8、腹径15.2、底径8.6、高13厘米（图一〇六，7；图版一一〇，1）。

灶　1件，标本M40：11-1，灶体平面呈马蹄形，前方后圆，灶面两釜前后布置，尾部有短柱形烟囱，前端有方形落地灶门，周围模印多重菱形纹。灶面、灶壁分体模制而后粘结，釜之肩部与灶面一次性模制而成，腹模制而后粘结于相应的位置。长17.9、宽15.3、高7厘米（图一〇七，1；图版一一〇，2、3）。

甑　1件，与灶配套。标本M40：11-3，敞口，平沿，方唇，折腹，小平底，底部有三个算

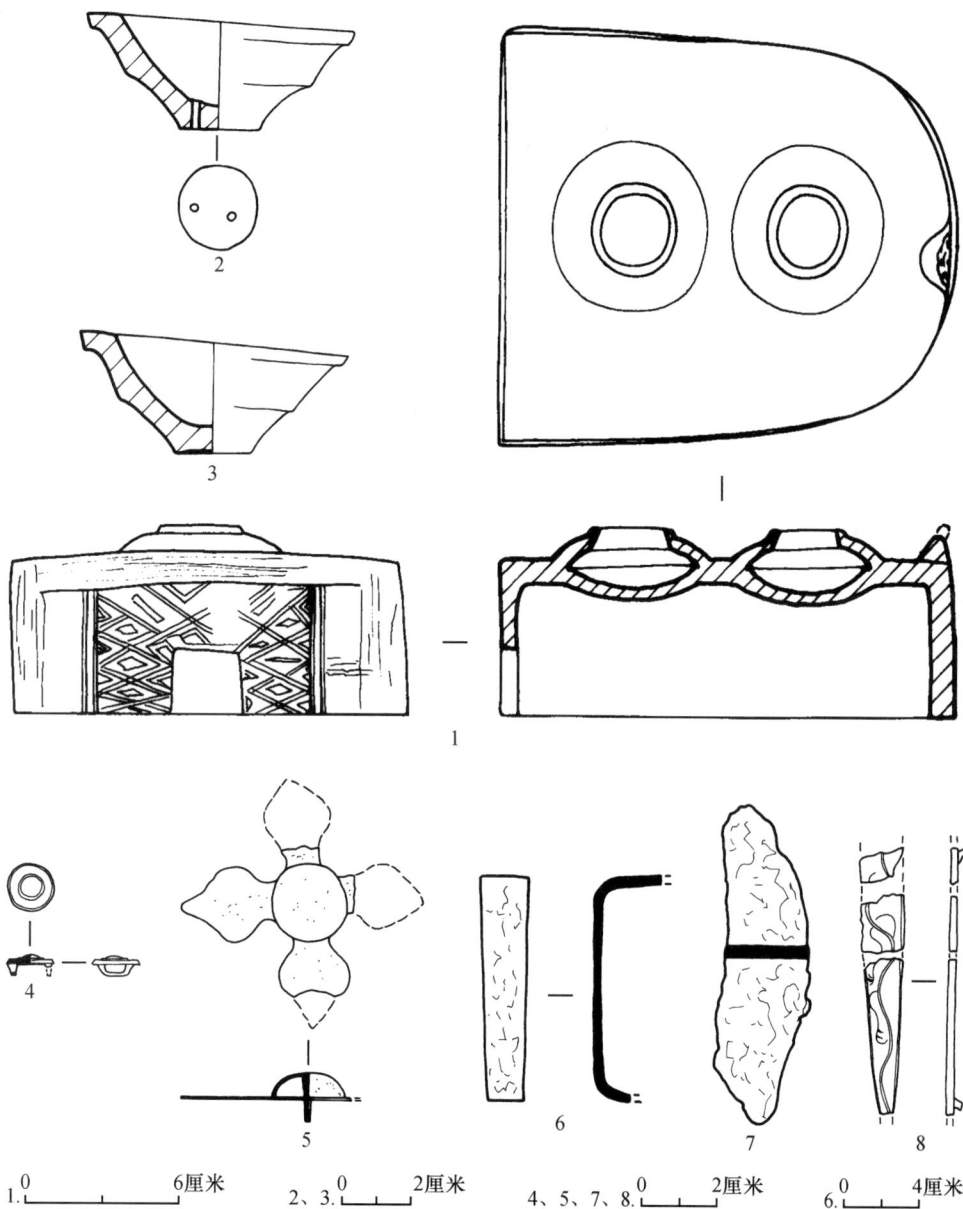

图一〇七　Ⅰ区M40出土器物（二）

1. 陶灶（M40：11-1）　2. 陶甑（M40：11-3）　3. 陶盆（M40：11-2）　4. 铅扣饰（M40：14-1）　5. 铜柿蒂形棺饰（M40：13）
6、7. 铁器（M40：15-2、1）　8. 铅当卢（M40：14-2）

孔。口径7.7、底径2.3、高3.2厘米（图一〇七，2）。

盆　1件，与灶配套。标本M40：11-2，敞口，平沿，尖唇，折腹，小平底。口径7.8、底径2、高3.4厘米（图一〇七，3）。

铜柿蒂形棺饰　21件，标本M40：13，残，柿蒂形，与泡钉同出。对角残长4.5、泡径2.0、高1.3厘米（图一〇七，5）。

铁器　2件，锈蚀严重，器形不可辨。标本M40：15-2，总体呈"C"形。长11.4、宽2.0~2.6厘米（图一〇七，6）。标本M40：15-1，扁平状。残长8.3厘米（图一〇七，7）。

铅器　2件，器类有扣饰和当卢。

扣饰　1件，标本M40：14-1，圆扣形，下有双方形穿孔。帽径1.2、高0.5厘米（图一〇七，4）。

当卢　1件，标本M40：14-2，残，圭形片状，一面有浅浮雕式卷云纹图案，另一面两端各有一方形穿钮。残长6.7、宽1.2厘米（图一〇七，8）。

铜钱　7枚，均为五铢钱。圆形，方穿，部分有四角决文，穿上一横、穿下一星记号，穿之两侧有篆书"五铢"二字。"五"字瘦长，交笔有较直者，也有特曲者（图一〇八）。

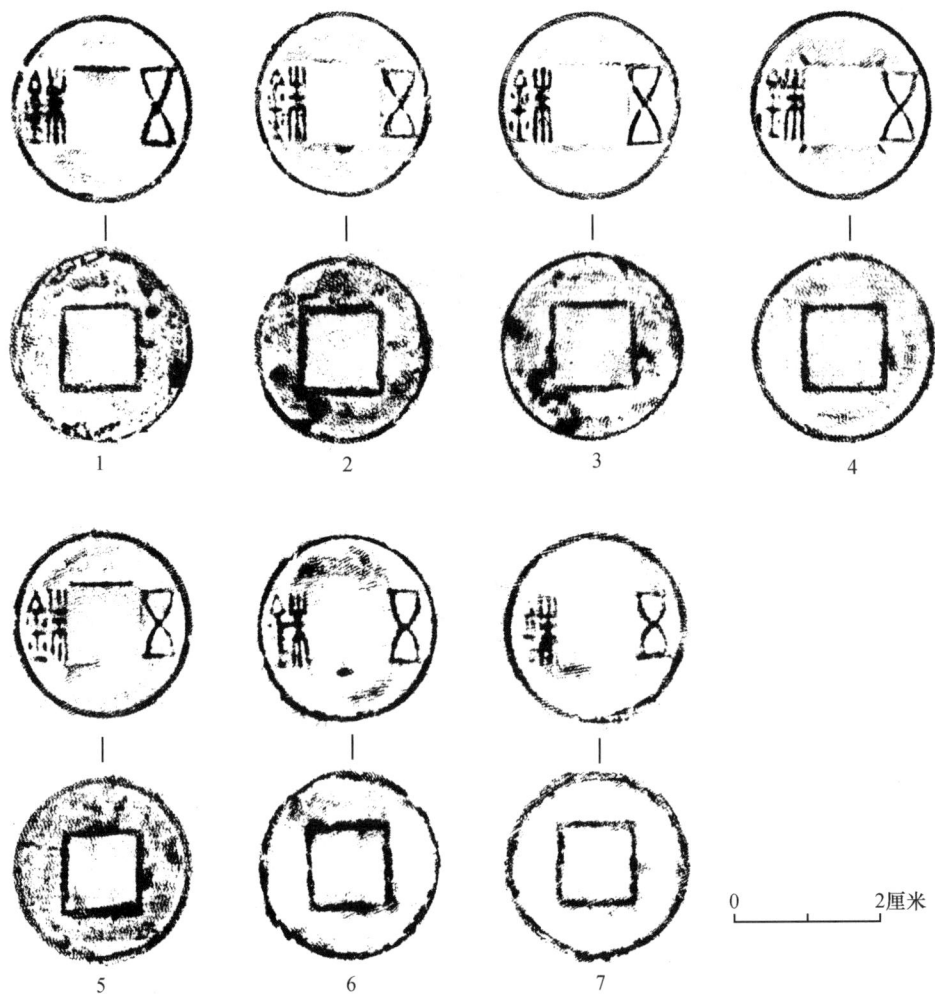

图一〇八　Ⅰ区M40出土铜钱

1. M40：12-1　2. M40：12-2　3. M40：12-3　4. M40：12-4　5. M40：12-5　6. M40：12-6　7. M40：12-7

第四十一节　M41

1. 墓葬形制

M41位于第二阶地东部，探方T0906内，墓道延伸至T0806，北与M40并穴合葬。方向270度。形制为斜坡墓道土洞墓，由墓道、甬道、墓室三部分组成（图一○九；图版一五，1、2）。

墓道　位于墓室的西端，平面呈长方形，底呈斜坡状，壁面较直，开口长2.90、宽0.60～0.82、坡长3.12、底距开口深0～3.2米。坡度28度。墓道内填五花土，土质疏松，未经夯打。

甬道　位于墓道和墓室之间，平面近梯形，因顶部坍塌，高度不详。长0.30、宽0.82～1.08米。

墓室　平面略呈长方形，拱顶土洞。墓室长3.50、宽1.20、高1.20米。该墓被盗扰，器物主要出土于墓室西部，计有陶罐3、陶灶1套（盆1、甑1）。

封门　木板封门。墓室西端南北壁有封门槽，槽内发现有朽木痕迹。封门槽宽0.38、进深0.18～0.36、高1.24米。

葬具　一棺一椁，已朽成灰，仅存椁痕，棺痕无法辨识。椁长3.12、宽0.98～1.04米。

葬式　骨架保存差，葬式无法辨识。

盗洞　1处，位于墓道的末端，自上而下进入墓室，平面呈圆形，直径约0.70米。

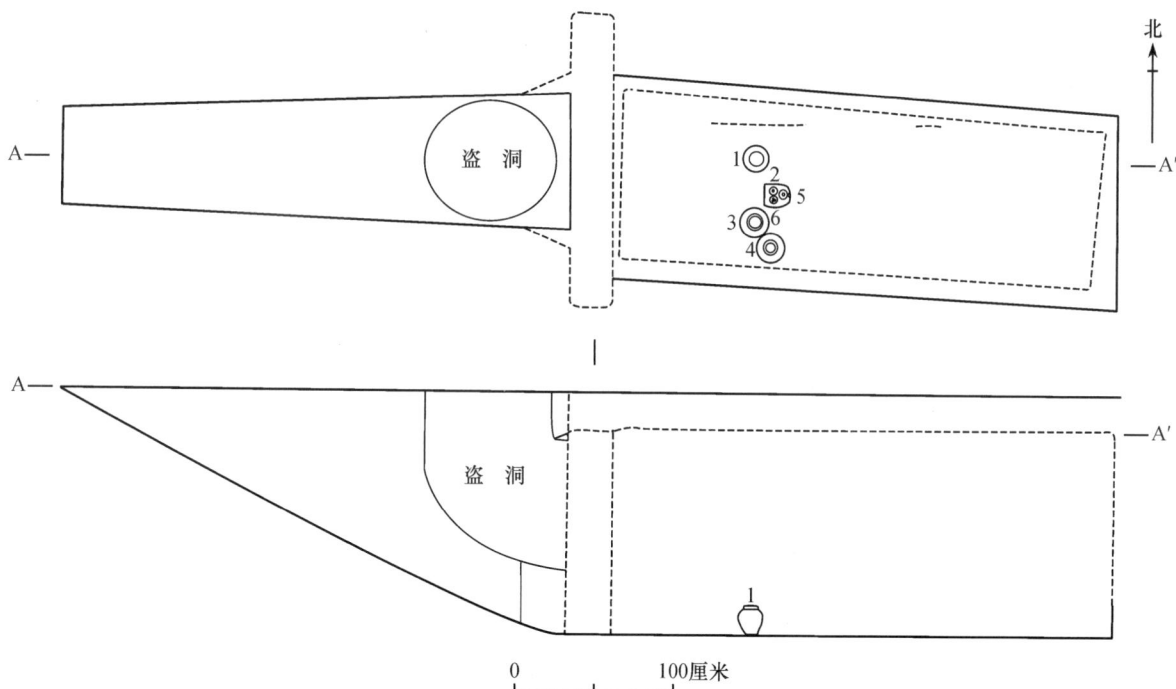

图一○九　Ⅰ区M41平、剖面图

1、3、4.陶罐　2.陶盆　5.陶灶　6.陶甑

2. 出土器物

该墓出土器物6件，均为泥质灰陶器，器类有罐、灶、甑、盆。

罐　3件（M41：1、3、4），有双唇罐和圆唇罐两种。标本M41：1、4，形制相同。侈口，双唇，矮领，弧肩，鼓腹，平底，轮制，器表有轮旋纹。标本M41：4，口径11.3、腹径19.4、底径10.8、高16厘米（图一一〇，2；图版一一〇，5）。标本M41：3，侈口，圆唇，矮领，圆鼓肩，最大径在肩部，下腹斜内收，轮制，器表有轮旋纹，口径12.6、腹径23、底径12、高19.4厘米（图一一〇，1；图版一一〇，4）。

灶　1件，标本M41：5，灶体平面呈马蹄形，前方后圆，灶面三釜呈"品"字形分布，尾部有短柱形烟囱，前端有方形落地灶门，周围模印多重半菱形纹，灶面模印多重"人"字纹。灶面、灶壁分体模制而后粘结，釜之肩部与灶面一次性模制而成，腹模制而后粘结于相应的位置。长15、宽15.2、高7.4厘米（图一一〇，3；图版一一〇，6）。

甑　1件，与灶配套。标本M41：6，敞口，平沿，浅斜直腹，小平底，底部有三个箅孔。口径5.8、底径2、高3.4厘米（图一一〇，4；图版一一一，1）。

盆　1件，与灶配套。标本M41：2，敞口，平沿，浅斜直腹，小平底。口径6、底径2.7、高2.6厘米（图一一〇，5）。

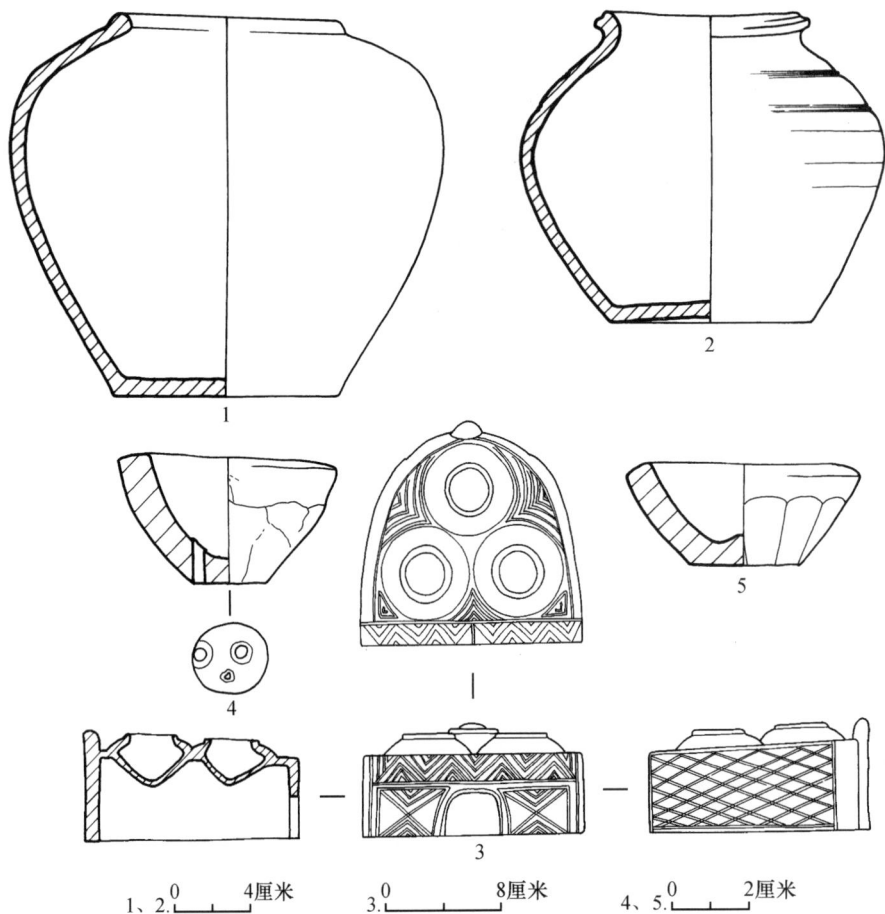

1、2. 0 　　4厘米　　　3. 0 　　8厘米　　　4、5. 0 　　2厘米

图一一〇　Ⅰ区M41出土器物

1、2.陶罐（M41：3、4）　3.陶灶（M41：5）　4.陶甑（M41：6）　5.陶盆（M41：2）

第四十二节　M42

1. 墓葬形制

　　M42，位于第二阶地北部，探方T0707内，墓室延伸至T0706，西与M35并穴合葬，且打破M35。方向20度。形制为斜坡墓道土洞墓，由墓道、过洞、天井、甬道和墓室五部分组成（图一一一；图版一五，3、4）。

　　墓道　位于墓室的北端，平面基本呈长方形，北端略向东折，壁面较直，底部呈斜坡状，开口残长7.60、宽0.80~0.94、坡长8.90、底距开口深0~6.50米，坡度34度。墓道内填五花土，土质疏松，未经夯打。

　　过洞　位于墓道南侧，平面呈长方形，土洞拱顶，长0.30、宽0.68~0.94、高1.74米。

　　天井　位于过洞南侧，平面呈长方形，长1.40、宽0.68、高6.50米。

　　甬道　位于天井南侧，因遭破坏，高度不详，之内为土坯封门。长0.70、宽1.16~1.60米。

　　墓室　平面呈长方形，拱顶土洞。墓室长4.16、宽1.60、残高1.60米。该墓未被盗扰，器物主要出土于墓室的南部东侧和北部西侧，计有陶鼎1、陶盒2、陶钫1、陶樽1、陶仓5、陶罐6、陶灶1套（盆1、甑1）、铜带钩1、铜柿蒂形棺饰37、铁削1、铅盖弓帽4、铅车軎1、铅马衔镳1、铅扣饰4、铅当卢1、铜钱17。

　　封门　双重封门。外层，土坯封门，顺、横分层砌筑，宽1.86、高1.50米。内层为木板封门，东西壁有封门槽，槽宽0.10、进深0.20、高1.50米。

　　葬具　一棺一椁。仅椁痕可辨识，椁长3.28、宽1.10米。

　　葬式　骨架保护较差，葬式无法辨识。

2. 出土器物

　　该墓出土器物69件，另有铜钱17枚。质地有陶、铜、铁、铅四种，分述如下。

　　陶器　19件，均为泥质灰陶，器类有鼎、盒、钫、罐、樽、仓、灶、甑、盆（图版八六，1）。

　　鼎　1件，标本M42：3，盖，覆钵形，弧顶近平；器身，子母口内敛，弧腹，近平底，肩附对称外撇板耳，耳顶端平折，底附三马蹄形足，腹部有一周台棱。通体饰红彩，盖，顶部饰柿蒂形纹，外侧及边缘各饰两周环带纹，中间饰锯齿纹，腹部两周彩带之间饰双线连续菱形纹，其间填饰卷云纹，最下一周波浪纹。盖、腹轮制，耳、足模制，而后粘结。鼎内侧有螺旋形拉坯痕迹。盖径17.2、器身口径18、底径6.4、腹深7.7、足高5、通高14.6厘米（图一一二，1；图版一一一，2）。

　　盒　2件，标本M42：5、6，形制相同。盖，浅覆钵形，顶上有矮圈足形捉手；器身，子母口内敛，弧腹，平底。通体涂黑，之上饰红色彩绘。盖，顶部捉手内侧一周彩带，之内绘卷云纹，捉手外侧两周彩带间饰变形连续菱形纹，其间填饰卷云纹、弧边三角纹、圆点纹、短弧

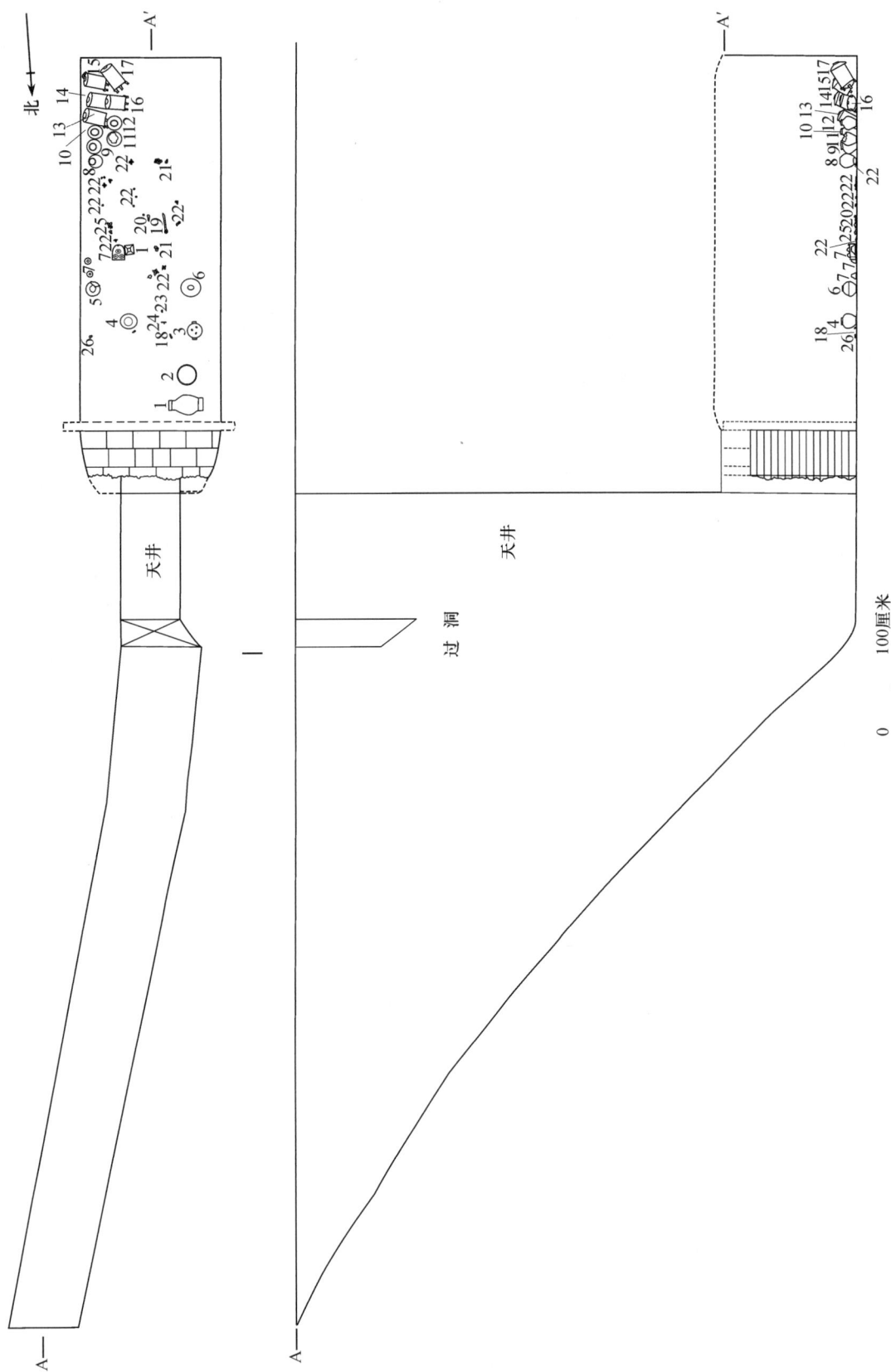

图——　Ⅰ区M42平、剖面图

1. 陶纺　2. 陶樽　3. 陶鼎　4、8～12. 陶罐　5、6. 陶盒　7. 陶灶1套（盆1、甑1）　13～17. 陶仓　18. 当卢　19. 环首铁削　20. 铜带钩　21. 铜钱　22. 铜带蒂形棺饰　23. 扣饰　24. 铅盖弓帽　25. 车軎　26. 弓衔镳

线纹等，最外侧一周波浪纹。器身，两组（一部一周，下部两周）周彩带间饰双线连续菱形纹，之间饰卷云纹、弧边三角纹、圆点纹、短弧线纹等。盖与器身轮制，盖面有轮旋纹，内侧有螺旋形拉坯痕。标本M42：6，盖径17、器身口径17、底径8.5、腹深7.8、通高13.5厘米（图一一三；图版一一一，3）。

钫　1件，标本M42：1，盖，覆斗形，子母口；器身，侈口，平沿，束颈，鼓腹，高圈足稍外撇。通体漆成黑色，之上饰红色彩绘（脱落严重）。盖，顶内外侧绘红色方框，内填柿蒂形饰，顶外侧一周红彩宽带，之下上下各一周细线纹，之间饰对角交叉线，角饰短弧线，俯视似绕顶旋转的两个菱形。器身，沿下外侧两周细线纹，之下颈部一周双线倒三角纹，外侧细线，内侧宽带，三角纹间填饰云气纹，肩部两周双线纹之间饰云气纹，下腹一周锯齿纹，圈足根处一周彩带。器身四壁、铺首、底分体模制，而后粘结，粘结处外侧削平，内侧抹泥加固。盖径10.3、器身口径10.3、腹径18.3、足径11.1、足高4.5、通高33.7厘米（图一一二，2；图版一一一，4）。

罐　6件（M42：4、8、9、10、11、12），双唇罐，形制相同。侈口，双唇，矮领，鼓肩或弧肩，鼓腹，平底。部分施白彩，剥落严重，可辨上下各一周锯齿纹，中部饰云气纹。标本M42：4，鼓肩，口径8.8、腹径15.3、底径8.4、高13.5厘米。标本M42：9，弧肩，口径8.6、腹径17、底径8.6、高16.3厘米（图一一二，4）。

樽　1件，标本M42：2，盖，浅盘形，平顶，子母口，中心有一桥形钮，之外均匀布置三乳突形饰；器身，直口，平沿，直筒腹，平底，底附三蹲踞胡人形足，腹部模印对称铺首衔环。通体饰红彩，脱落严重。盖面施云气纹、细线纹等。器身，上下两组连续菱形纹，中腹饰云气纹。器身轮制，钮饰、足铺首衔环，模印而后粘结。盖径25、器身口径24.6、底径25、足高7.5、通高27.1厘米（图一一二，3；图版一一一，6）。

仓　5件（M42：13、14、15、16、17），形制相同，盖，浅碟形，顶中部有一乳突，外有一周突棱，突棱外侧布置六道竖棱；器身，敛口，圆唇，矮领，圆肩，直筒腹，平底，底附踞熊形足。通体漆黑，之上饰红、白彩绘，其中1件为纯白彩，余4件为红、白彩，图案基本相同。肩部饰一周弧线卷云纹，腹部饰三组（每组三道）凹弦纹，分彩绘图案为四组，上下各一组锯齿纹，中部上面一组白彩大弧线勾云纹，下面一组4件为红彩双线双大波折纹，其间填饰圆圈、圆点、短弧线、白彩羽状纹，1件为白彩大勾云纹。三组为六组三角纹，中间填涡纹，盖模制，器身轮制，足模印而后粘结，底外侧有旋切痕迹。标本M42：16，盖径9、器身口径7.6、底径14.8、足高5.7、通高29.1厘米（图一一四；彩版一二，1；图版一一二，1）。

灶　1件（M42：7-1），灶体平面呈马蹄形，前方后圆，灶面三釜呈"品"字形分布，尾部有短柱形烟囱，前端有方形落地灶门，灶门周围模印多重菱形纹，灶面模印多重"人"字纹。灶面、灶壁分体模制而后粘结，釜之肩部与灶面一次性模制而成，腹模制而后粘结于相应的位置。标本M42：7-1，长17.8、宽15、高7.5厘米（图一一五，1；图版一一二，2、3）。

甑　1件（M42：7-2），与灶配套。敞口，平沿，方唇，斜直腹，平底，底部有箅孔。标本M42：7-2，折腹，底有六个箅孔，口径8.4、底径2.2、高4.3厘米（图一一五，2）。

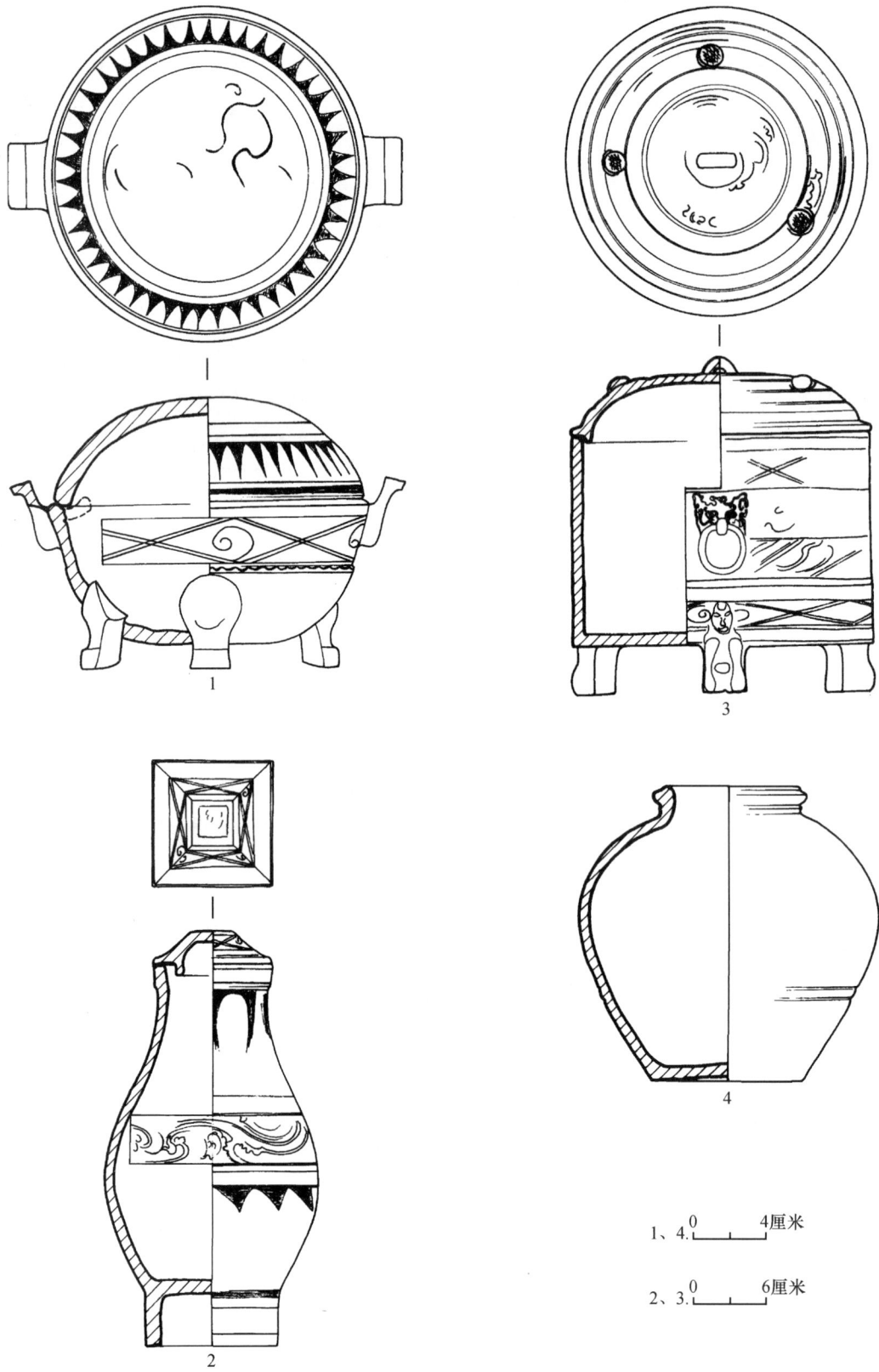

图一一二　Ⅰ区M42出土器物（一）

1. 陶鼎（M42：3）　2. 陶钫（M42：1）　3. 陶樽（M42：2）　4. 陶罐（M42：9）

图一一三 Ⅰ区M42出土陶盒（M42:6）

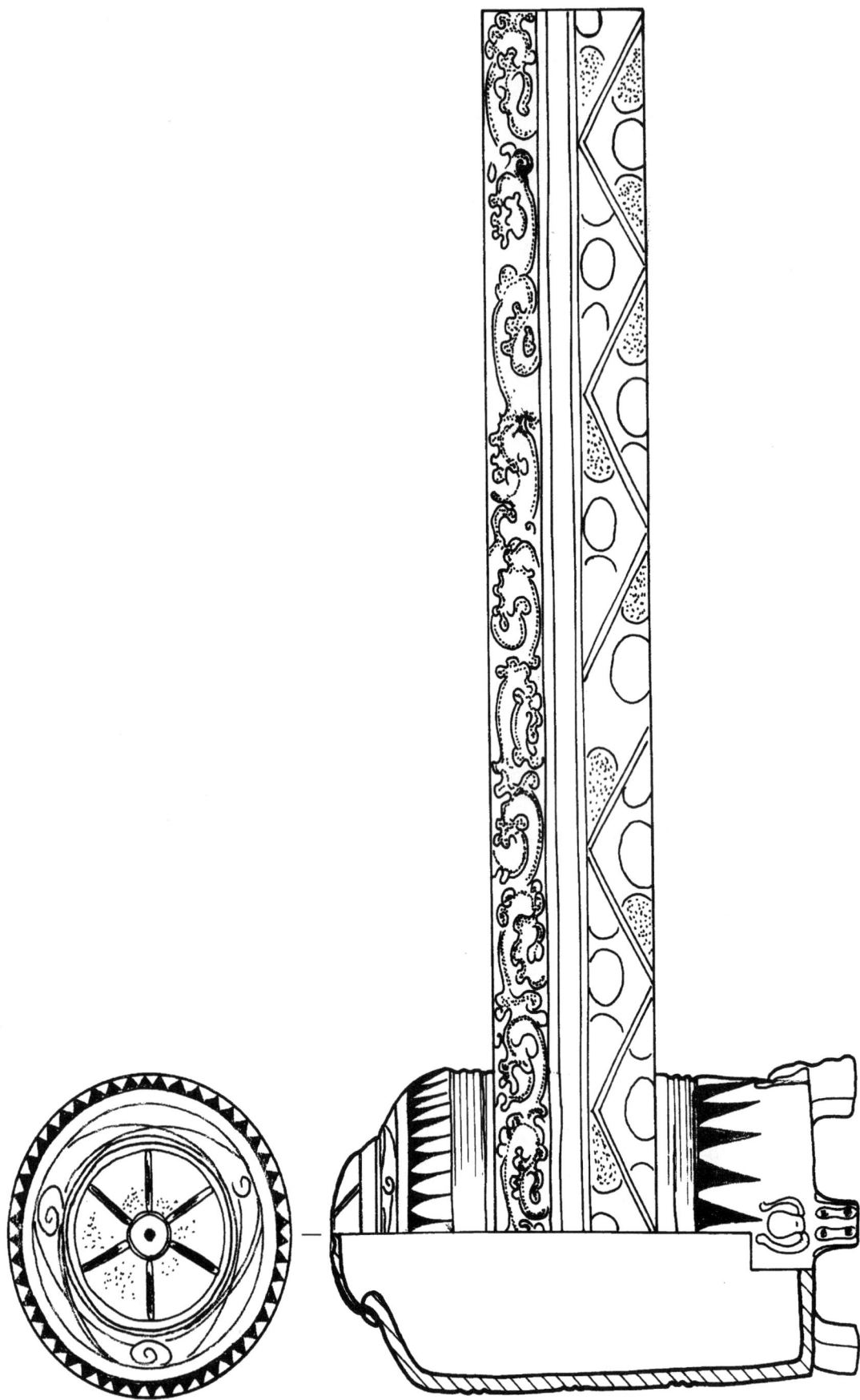

图一一四　Ⅰ区M42出土陶仓（M42：16）

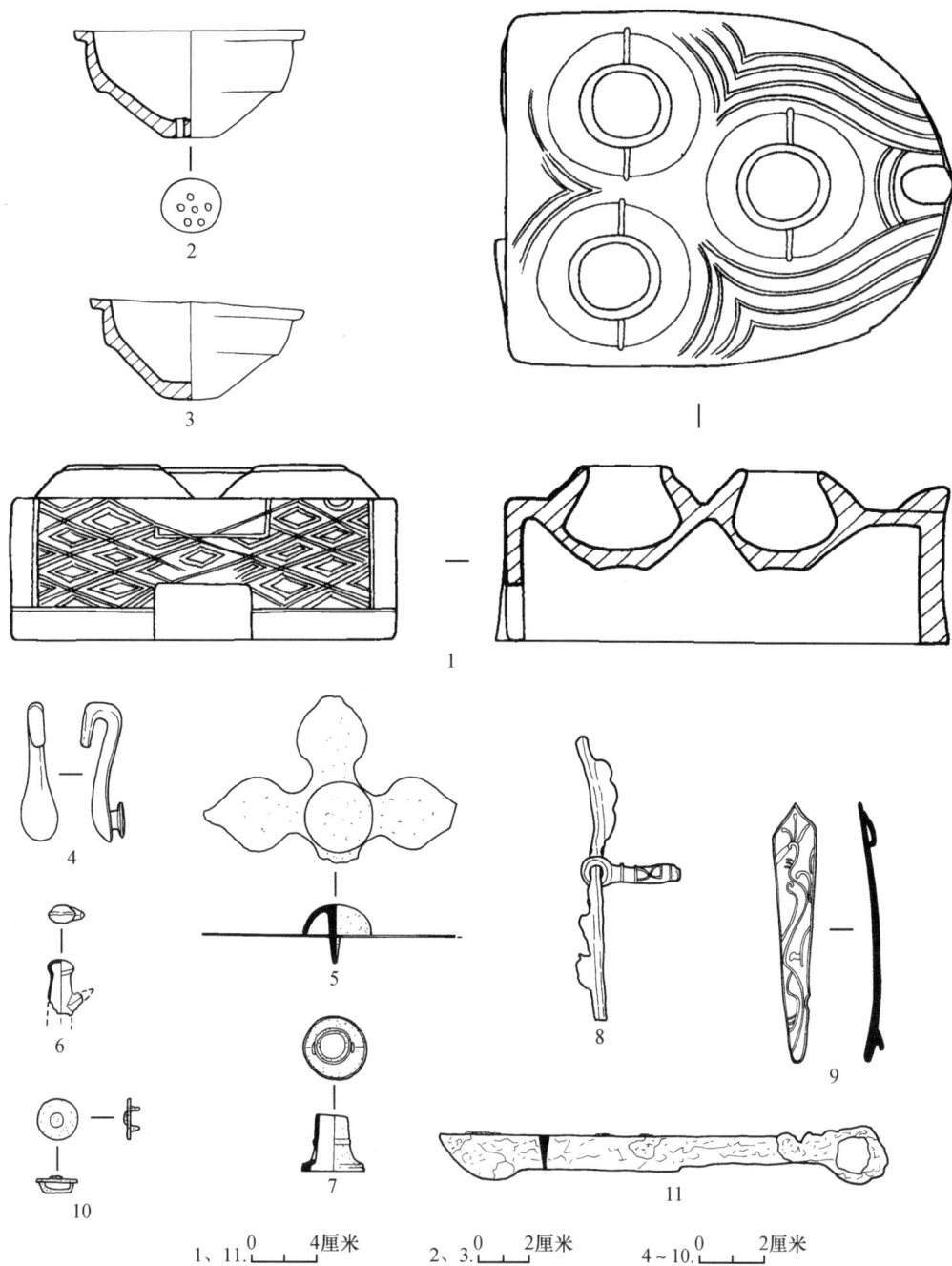

1、11. 0 4厘米　　　2、3. 0 2厘米　　　4~10. 0 2厘米

图一一五　Ⅰ区M42出土器物（二）

1.陶灶（M42：7-1）　2.陶甑（M42：7-2）　3.陶盆（M42：7-3）　4.铜带钩（M42：20）　5.铜柿蒂形棺饰（M42：22）
6.铅盖弓帽（M42：24）　7.铅车軎（M42：25）　8.铅马衔镳（M42：26）　9.铅当卢（M42：18）　10.铅扣饰（M42：23）
11.环首铁削（M42：19）

盆　1件，标本M42：7-3，与灶配套。敞口，平沿，方唇，折腹，小平底。标本M42：7-3，口径8.6、底径3.3、高4.4厘米（图一一五，3）。

铜器　38件，为带钩和柿蒂形棺饰。

带钩　1件，标本M42：20，鸭形，帽形钮，素面。通长4.1厘米（图一一五，4）。

柿蒂形棺饰　37件，标本M42：22，残，柿蒂形，与泡钉同出。对角残长7.8、泡径2.1、高1.75厘米（图一一五，5）。

环首铁削　1件，标本M42：19，残，锈蚀严重，直背，斜刃，一边开刃，环首柄。长27.8厘米（图一一五，11）。

铅器　11件，器类有盖弓帽、车軎、马衔镳、当卢和扣饰。

盖弓帽　4件，形制相同。标本M42：24，残，圆筒形，半球形帽，器外中部有一倒刺，残长1.6厘米（图一一五，6）。

车軎　1件，标本M42：25，残，喇叭筒形，长1.7、粗端径1.95、细端径0.9厘米（图一一五，7）。

马衔镳　1件，标本M42：26，残损。镳，略呈"S"形，两段一侧透雕云纹图案，残长8.6厘米。衔，一节，一端有环，器身上有篆纹"五"字形图案，残长3.1厘米（图一一五，8）。

当卢　1件，标本M42：18，圭形片状，一面有浅浮雕式卷云纹图案，另一面两端各有一方形穿钮。长7.8、宽1.4厘米（图一一五，9；图版一五四，5）。

扣饰　4件，标本M42：23，圆扣形，下有双方形穿孔。帽径1.3、高0.5厘米（图一一五，10）。

铜钱　17枚，均为五铢钱。圆形，方穿，穿背面有郭，部分有穿上一横、穿下一星记号，穿之两侧有篆文"五铢"二字。"五"字较瘦长，或宽短，交笔有斜直或缓曲者，也有交笔弯曲较甚，且两横划出头者，"铢"字金头，朱头方折（按：年代为武昭时期）（图一一六、图一一七）。

第四十三节　M43

1. 墓葬形制

M43，位于第二阶地东北部，探方T1007内，墓道延伸至T0907，前（西）有M44、M45并穴合葬，再向前（西）有M53、M54并穴合葬，这5座墓东西成排，排列整齐，当有密切关系，南侧有M46（按：根据年代判断，西部的M53、M54最早，为西汉中期，中部的M44、M45分别为西汉中晚期与中期，M43与南侧的M46为西汉中晚期，其埋葬顺序应由西向东，那么如果这三组墓葬为同一家族的话，则至少包括两代人，甚至是三代人）。方向270度。形制为斜坡墓道土洞墓，由墓道、墓室两部分组成（图一一八；图版一六，1、2）。

墓道　位于墓室西侧，平面呈长方形，底呈斜坡状，壁面较直，开口残长7.0、宽0.90、坡

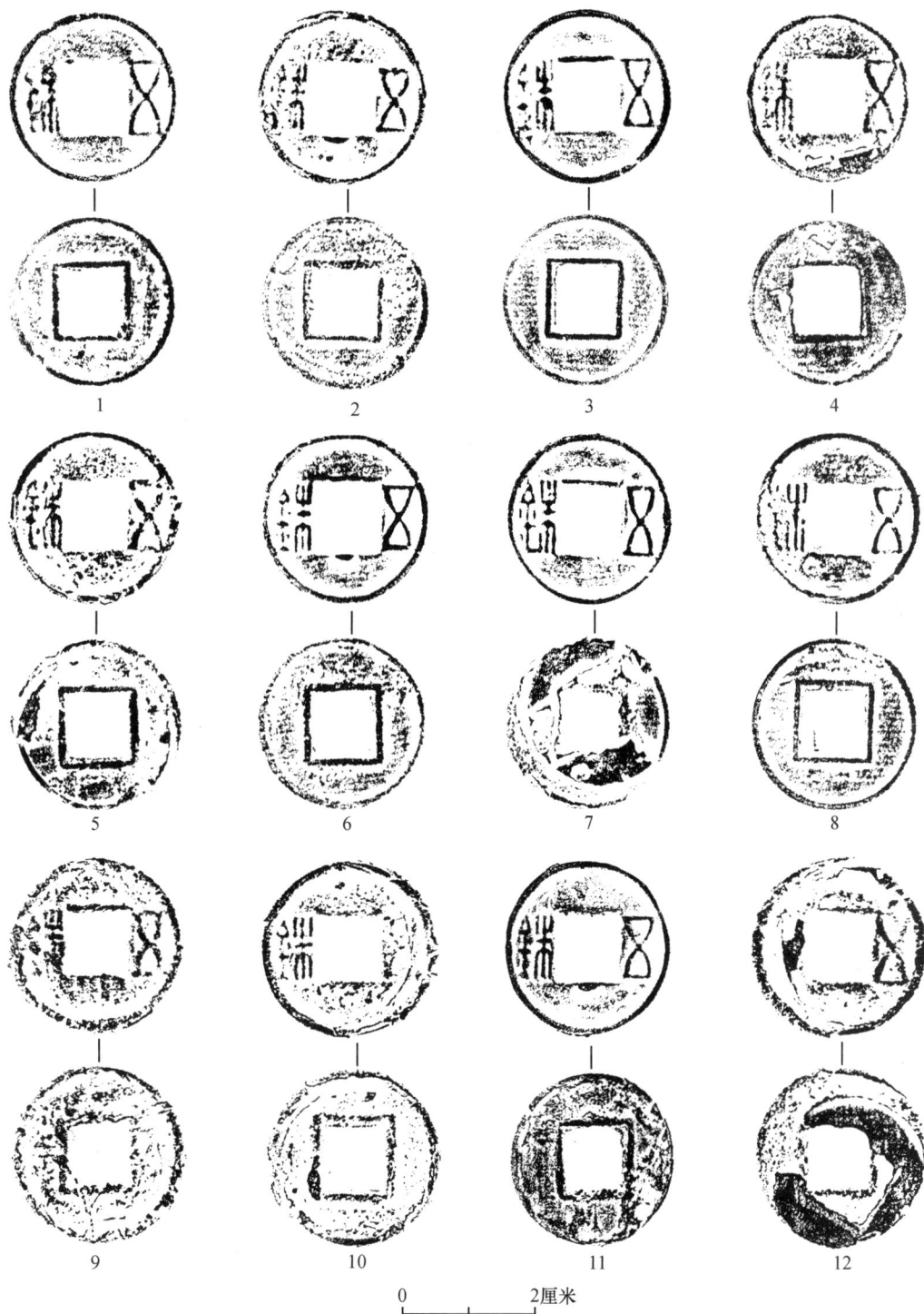

图一一六　Ⅰ区M42出土铜钱（一）

1. M42：21-1　2. M42：21-2　3. M42：21-3　4. M42：21-4　5. M42：21-5　6. M42：21-6　7. M42：21-7　8. M42：21-8
9. M42：21-9　10. M42：21-10　11. M42：21-11　12. M42：21-12

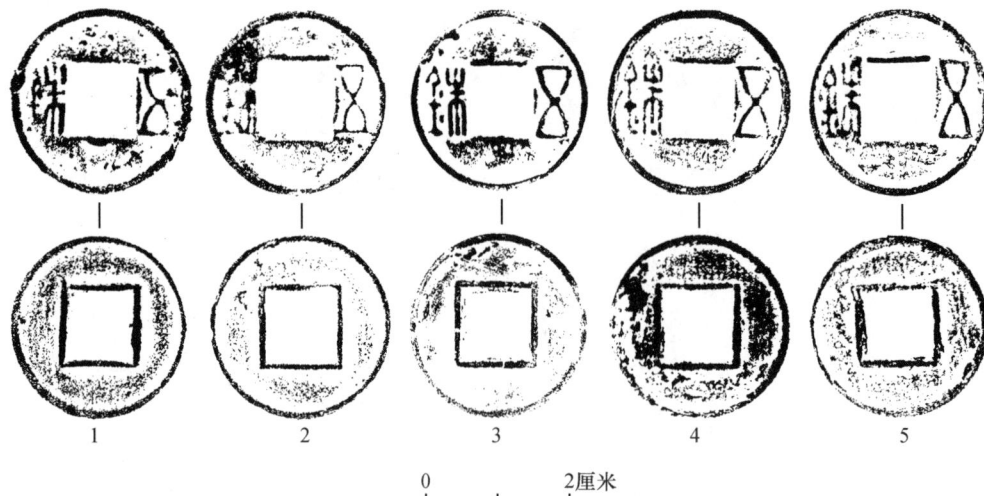

图一一七　Ⅰ区M42出土铜钱（二）

1. M42：21-13　2. M42：21-14　3. M42：21-15　4. M42：21-16　5. M42：21-17

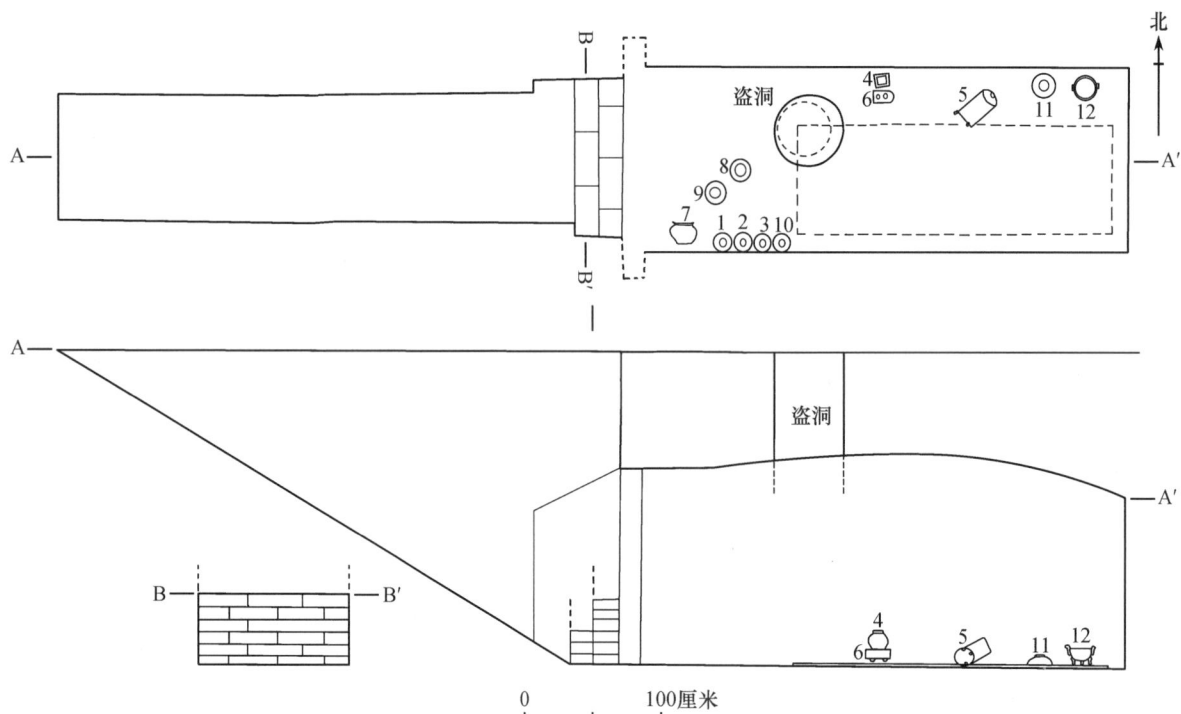

图一一八　Ⅰ区M43平、剖面图

1~3、5、10. 陶仓　4. 陶钫　6. 陶灶　7~9. 陶罐　11. 陶盒盖　12. 陶鼎

长7.60、底距开口深0～4.90米，坡度30度。墓道内填五花土，土质疏松，未经夯打。

墓室　平面呈长方形，拱顶土洞。墓室长3.66、宽1.30、高1.50米。该墓被盗扰，器物主要出土于墓室的前部南侧及后部北侧，计有陶鼎1、陶盒盖1、陶钫1、陶仓5、陶罐3、陶灶1。

封门　双重封门。外层，土坯封门，错缝平砌。土坯砖的尺寸36厘米×18厘米×7.5厘米。内层，木板封门，在墓室的东西两壁有凹槽，凹槽内有板灰痕迹，高1.20、宽0.20、进深0.20米。

葬具　木棺1具，已朽成灰，棺灰长2.30、宽0.70米。

葬式　骨架保存差，葬式无法辨识。

盗洞　1处，位于墓室顶部，自上而下进入墓室，平面呈圆形。直径约0.50米。

2. 出土器物

该墓出土器物12件，均为泥质灰陶器，器类有鼎、盒、钫、罐、仓、灶。分述如下。

鼎　1件，标本M43：12，盖缺。器身，子母口内敛，浅弧腹，近平底，肩附外撇弯曲板耳（局部残），腹中部有一周台棱，底附三马蹄形足。口径17、腹深8.3、足高5.7、通高10.5厘米（图一一九，1；图版一一二，4）。

盒　1件，标本M43：11，仅存盒盖，浅覆钵形，顶有矮圈足捉手，通体着白色陶衣，局部已脱落。口径16.7、高5.8厘米（图一一九，2；图版一一二，5）。

钫　1件，标本M43：4，盖缺。器身，侈口，平沿，束颈，鼓腹，高圈足稍外撇，出土时内有粟。通体着白色陶衣（局部已脱落），之上施彩绘。颈部用彩绘倒三角及卷云纹，肩部两组（每组一周）环带纹，之间双墨线大波折纹，其间填饰圆圈、圆点、短弧线，下腹一周锯齿纹。盖径10、器身口径10、腹径18、足径11.1、足高3.9、通高30.8厘米（图一一九，3；图版一一二，6、图版一一三，1）。

罐　3件（M43：7、8、9），形制相同。侈口，卷沿，尖圆唇，矮领，弧肩，鼓腹，下腹内收，平底。肩部饰有三道凹弦纹。标本M43：8，口径9.5、腹径17.2、底径8.6、高13.7厘米（图一一九，4）。

仓　5件（M43：1、2、3、5、10），无盖；器身，直口，圆唇，矮领，肩部稍出檐，绕口一周有环状台面，直筒腹，平底，底附三马蹄形足，通体着白色陶衣，之上施白色彩绘。肩部绘四竖短粗线，代替筒瓦棱，腹部可辨识下部一周锯齿纹，之上为一周大波折纹，其间填饰圆圈、圆点、短弧线纹等。标本M43：5，口径5.9、底径14、足高6、通高27.5厘米（图一一九，5；图版一一三，3）。

灶　1件，标本M43：6，灶体平面呈马蹄形，前方后圆，灶面两釜前后分布，尾部有短柱形烟囱，前端有方形落地灶门，周围模印多重菱形纹。灶面、灶壁分体模制而后粘结，釜之肩部与灶面一次性模制而成，腹模制而后粘结于相应的位置。长17.8、宽15.2、高6.8厘米（图一一九，6；图版一一三，4、5）。

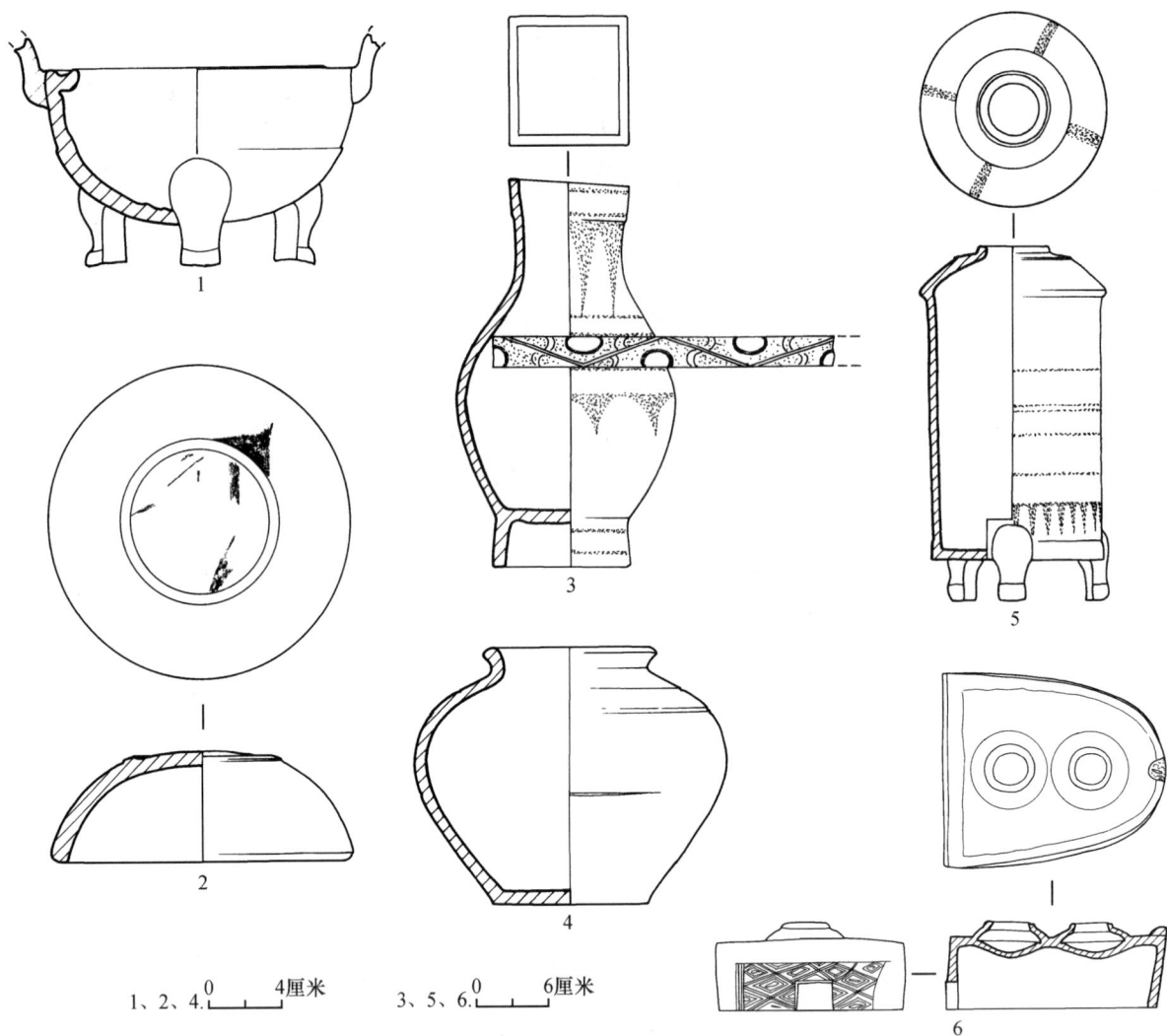

图一一九　Ⅰ区M43出土器物

1. 陶鼎（M43∶12）　2. 陶盒盖（M43∶11）　3. 陶钫（M43∶4）　4. 陶罐（M43∶8）　5. 陶仓（M43∶5）
6. 陶灶（M43∶6）

第四十四节　M44

1. 墓葬形制

　　M44，位于第二阶地东北部，探方T0907内，北与M45并穴合葬。方向270度。形制为斜坡墓道土洞墓，由墓道、小龛、墓室三部分组成（图一二〇；图版一六，3、4）。

　　墓道　位于墓室西端，平面呈长方形，底呈斜坡状，壁面较直，开口残长7.0、宽0.80~0.90、坡长7.60、底距开口深0~6.0米，坡度30度，墓道内填五花土，土质疏松，未经夯打。

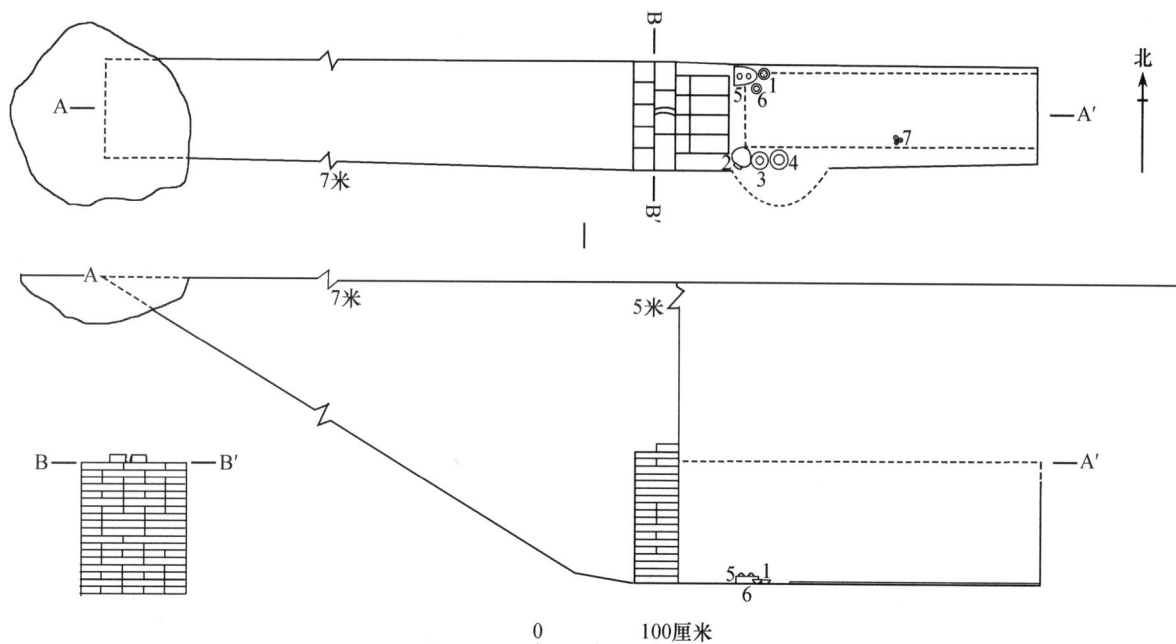

图一二〇　Ⅰ区M44平、剖面图
1.小陶甑　2~4.陶罐　5.陶灶　6.小陶盆　7.铜钱

墓室　平面呈长方形，拱顶土洞，底部为条砖对缝纵铺，在墓室的南侧靠近封门处有一平面呈半圆形的小龛，拱顶土洞，宽0.80、进深0.30、高1.0米。墓室长3.10、宽0.80~0.90、高1.0米。该墓未被盗扰，器物主要出土于墓室西部，计有陶罐3、陶灶1套（盆1、甑1）、铜钱4。

封门　双层条砖封门，错缝平砌。砖36厘米×18厘米×6厘米，高1.14、宽0.90米。

葬具　木棺1具，已朽成灰，棺长2.40、宽0.60米。

葬式　骨架保存差，葬式无法辨识。

2. 出土器物

该墓出土器物6件，另有铜钱4枚。质地有陶、铜两种，分述如下。

陶器　6件，均为泥质灰陶，器类有罐、灶、甑、盆。

罐　3件（M44:2、3、4），形制相同。侈口，双唇，矮领，弧肩，鼓腹，平底。肩部饰两组（每组两道）凹弦纹。轮制，器表有轮旋纹。标本M44:4，口径8.8、腹径16、底径8、高14.5厘米（图一二一，1；图版一一三，6）。

灶　1件，标本M44:5，灶体平面呈马蹄形，前方后圆，灶面两釜前后布置，尾部有短柱形烟囱，前端有方形落地灶门，周围模印多重菱形纹。灶面、灶壁分体模制而后粘结，釜之肩部与灶面一次性模制而成，腹模制而后粘结于相应的位置。长17.6、宽15.2、高7厘米（图一二一，2；图版一一四，1）。

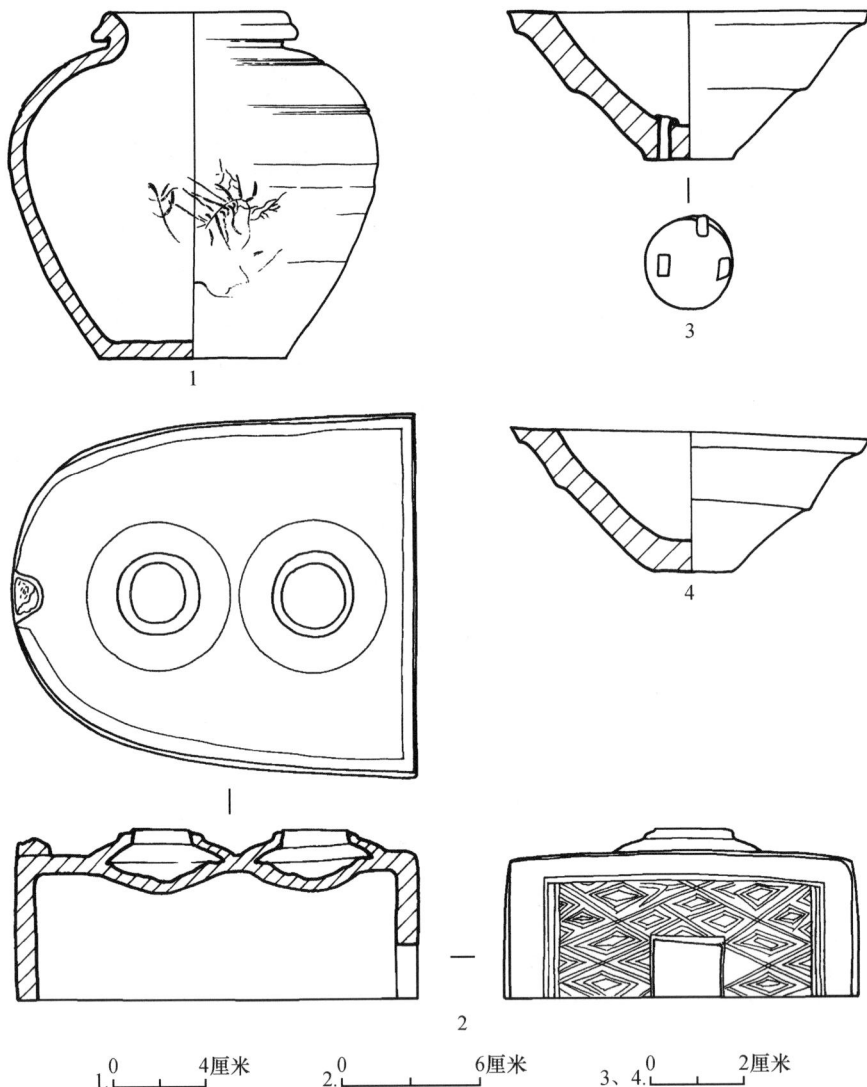

图一二一　Ⅰ区M44出土器物

1.陶罐（M44：4）　2.陶灶（M44：5）　3.陶甑（M44：1）　4.陶盆（M44：6）

　　甑　1件，与灶配套。标本M44：1，敞口，平沿，方唇，折腹，小平底，底部有三个箅孔。模制，沿面有制坯时留下的线切纹。口径7.8、底径1.9、高3.1厘米（图一二一，3）。

　　盆　1件，与灶配套。标本M44：6，敞口，平沿，尖唇，折腹，小平底。模制，沿面有制坯时留下的线切纹。口径7.8、底径1.8、高3.1厘米（图一二一，4）。

　　铜钱　4枚，均为五铢钱。圆形，方穿，穿背面有郭，部分有穿上一横、穿下一星记号，其中磨郭钱1枚，穿之两侧有篆文"五铢"二字。"五"字较瘦长，交笔缓曲，也有弯曲较甚者，"铢"字金头三角，或箭头形，朱方方折（按：年代为昭宣时期）（图一二二）。

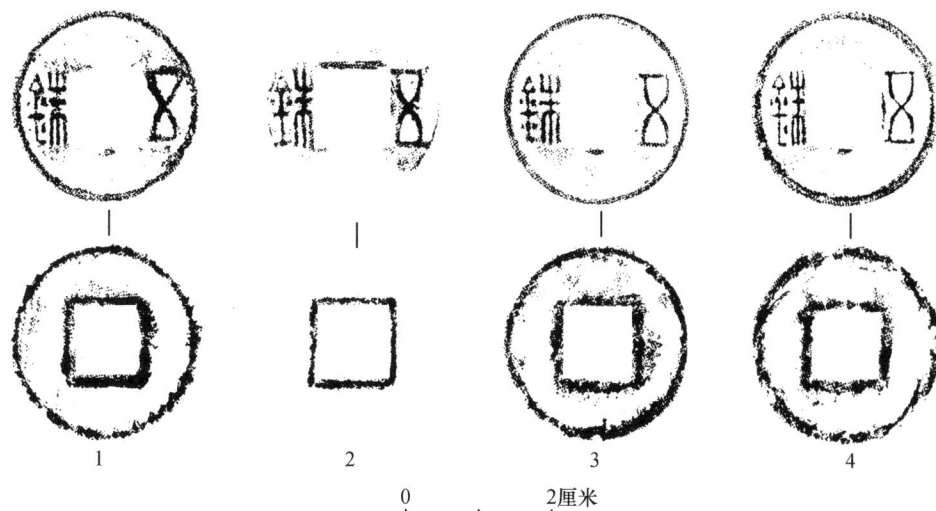

图一二二 Ⅰ区M44出土铜钱

1. M44：7-1 2. M44：7-2 3. M44：7-3 4. M44：7-4

第四十五节 M45

1. 墓葬形制

M45，位于第二阶地东北部，探方T0907内，南与M44并穴合葬。方向270度。形制为斜坡墓道土洞墓，由墓道、墓室两部分组成（图一二三）。

墓道 位于墓室西端，平面呈长方形，底呈斜坡状，壁面较直，开口长7.0、宽0.92、坡长7.60、底距开口深0～3.50米，坡度30度。墓道内填五花土，土质疏松，未经夯打。

墓室 平面呈长方形，拱顶土洞。墓室长3.30、宽1.06～1.30、高1.40米。该墓被盗扰，器物主要出土于墓室的东部，计有陶灶1套（盆1、甑1）、铜柿蒂形棺饰4、铁镰1、铜钱5。

封门 双重封门。外层，土坯封门，错缝平砌，土坯36厘米×18厘米×8厘米。内层，木板封门，土坯封门内侧墓室南北两壁有封门槽。槽宽0.30、进深0.20～0.36、残高0.20米。

葬具 木棺，出土有铁棺钉，形制、大小不详。

葬式 骨架保存差，葬式不可辨。

盗洞 1处，位于墓道的末端，自上而下进入墓室，平面呈圆形，直径约0.60米。

2. 出土器物

该墓出土器物8件，另有铜钱5枚。质地有陶、铜、铁三种，分述如下。

陶器 3件，均为泥质灰陶，器类有灶、甑、盆。

灶 1件，标本M45：1，灶体平面呈马蹄形，前方后圆，灶面两釜前后布置，尾部有短柱形烟囱，前端有方形落地灶门，前壁灶门周围模印多重菱形纹。灶面、灶壁分体模制而后粘

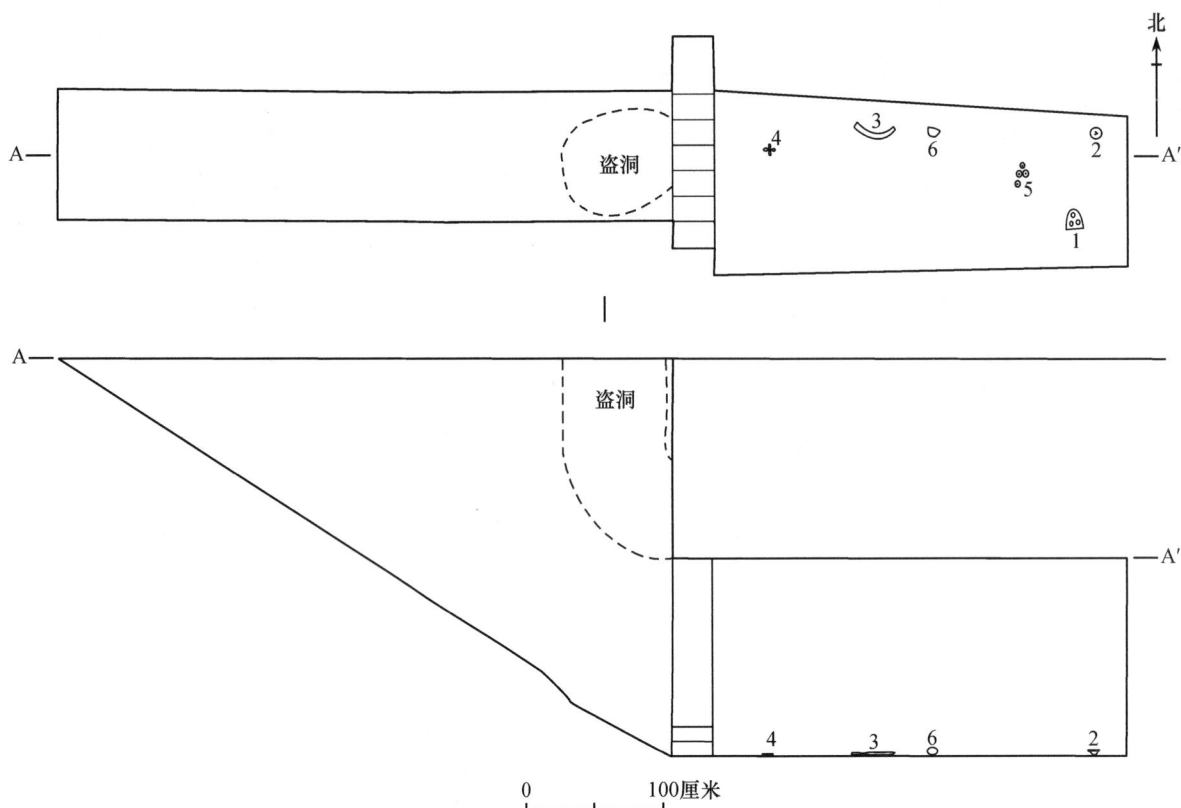

图一二三　Ⅰ区M45平、剖面图
1.陶灶　2.小陶甑　3.铁镰　4.铜柿蒂形棺饰　5.铜钱　6.小陶盆

结，釜之肩部与灶面一次性模制而成，腹模制而后粘结于相应的位置。长18.1、宽15.9、高7.1厘米（图一二四，1）。

　　甑　1件，与灶配套。标本M45：2，敞口，平沿，方唇，折腹，小平底，底部有三个箅孔。模制，沿面有制坯时留下的线切纹。口径7.7、底径2、高3.3厘米（图一二四，2）。

　　盆　1件，与灶配套。标本M45：6，敞口，平沿，方唇，折腹，小平底。模制，沿面有制坯时留下的线切纹。口径7.7、底径2、高3.1厘米（图一二四，3）。

　　铜柿蒂形棺饰　4件，形制相同。标本M45：4，柿蒂形，与泡钉同出，残损严重，蒂叶已无。泡径2.0、高0.9厘米（图一二四，4）。

　　铁镰　1件，标本M45：3，月牙形，内侧开刃，少量锈蚀。通长26.0、宽3.4～4.0厘米（图一二四，5）。

　　铜钱　5枚，均为五铢钱。圆形，方穿，穿背面有郭，部分有穿上一横、穿下一星记号，穿之两侧有篆文"五铢"二字。"五"字瘦长或稍宽短，交笔斜直或缓曲，"铢"字金头三角，或箭头形，朱字头方折（按：年代为武帝时期）（图一二五）。

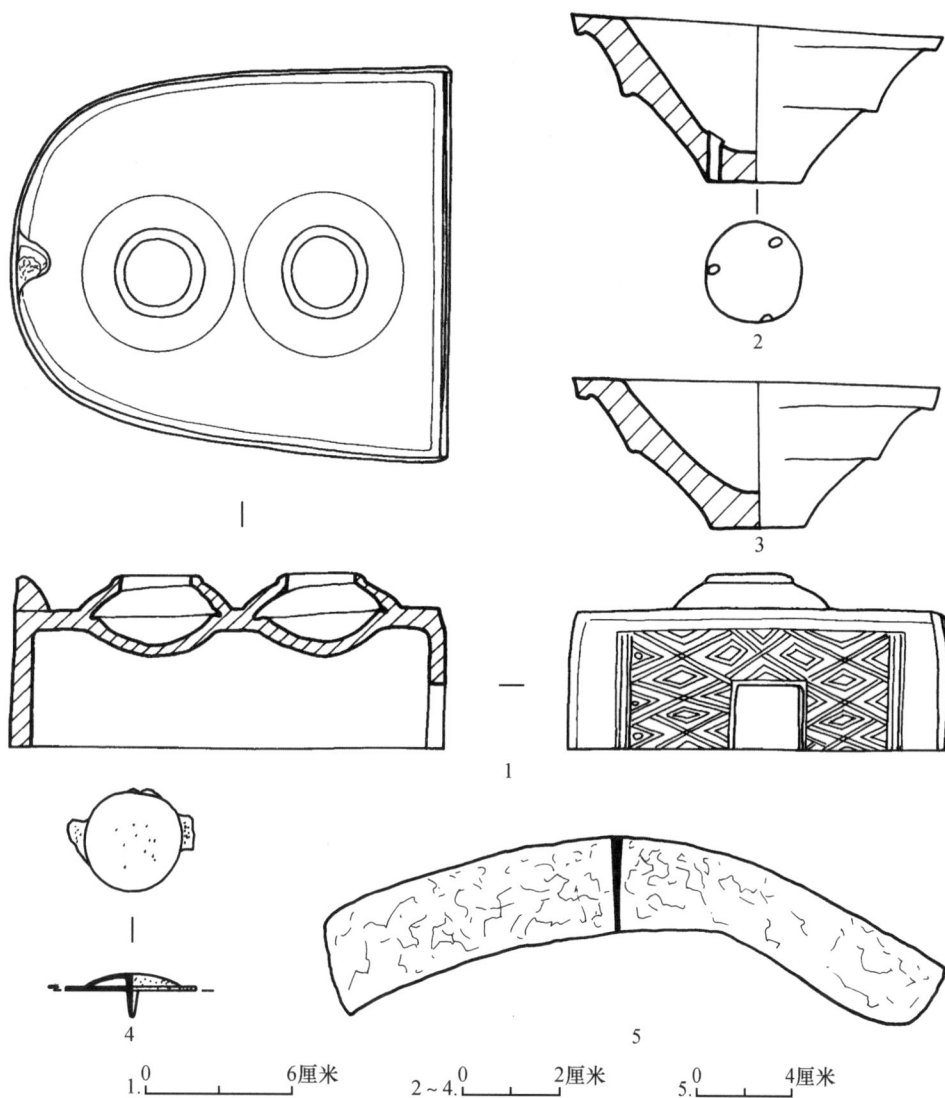

0 ————————— 6厘米
1.
2~4. 0 ————— 2厘米
5. 0 ————— 4厘米

图一二四　Ⅰ区M45出土器物

1.陶灶（M45：1）　2.陶甑（M45：2）　3.陶盆（M45：6）　4.铜柿蒂形棺饰（M45：4）　5.铁镰（M45：3）

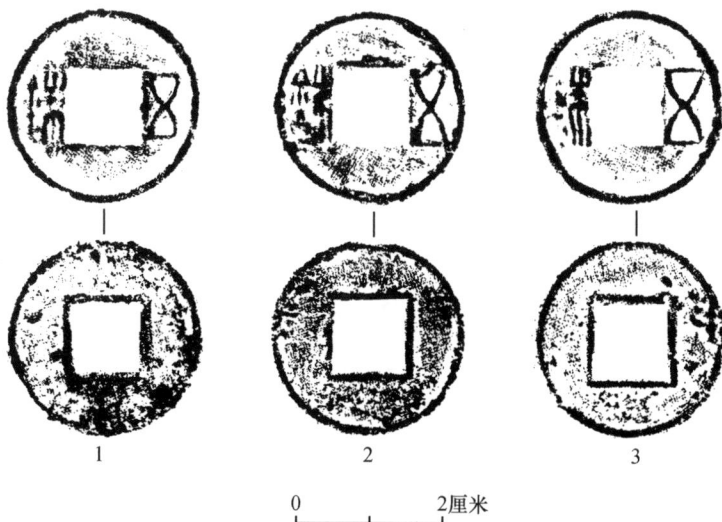

0 ————————— 2厘米

图一二五　Ⅰ区M45出土铜钱

1. M45：5-2　2. M45：5-3　3. M45：5-5

第四十六节　M46

1. 墓葬形制

　　M46，位于第二阶地东北部，探方T1006内，北邻M43，南邻M48。形制为竖穴土圹砖椁墓，平面呈长方形，由砖室、小龛两部分组成（图一二六；图版一七，1、2）。

　　墓圹　土圹四壁有条砖错缝砌壁，底部为条砖对缝平铺，顶塌毁，结构不详。条砖的尺寸36厘米×18厘米×6厘米。墓室的南壁外侧有一平面呈圆角方形的小龛，宽1.20、进深1.0、高

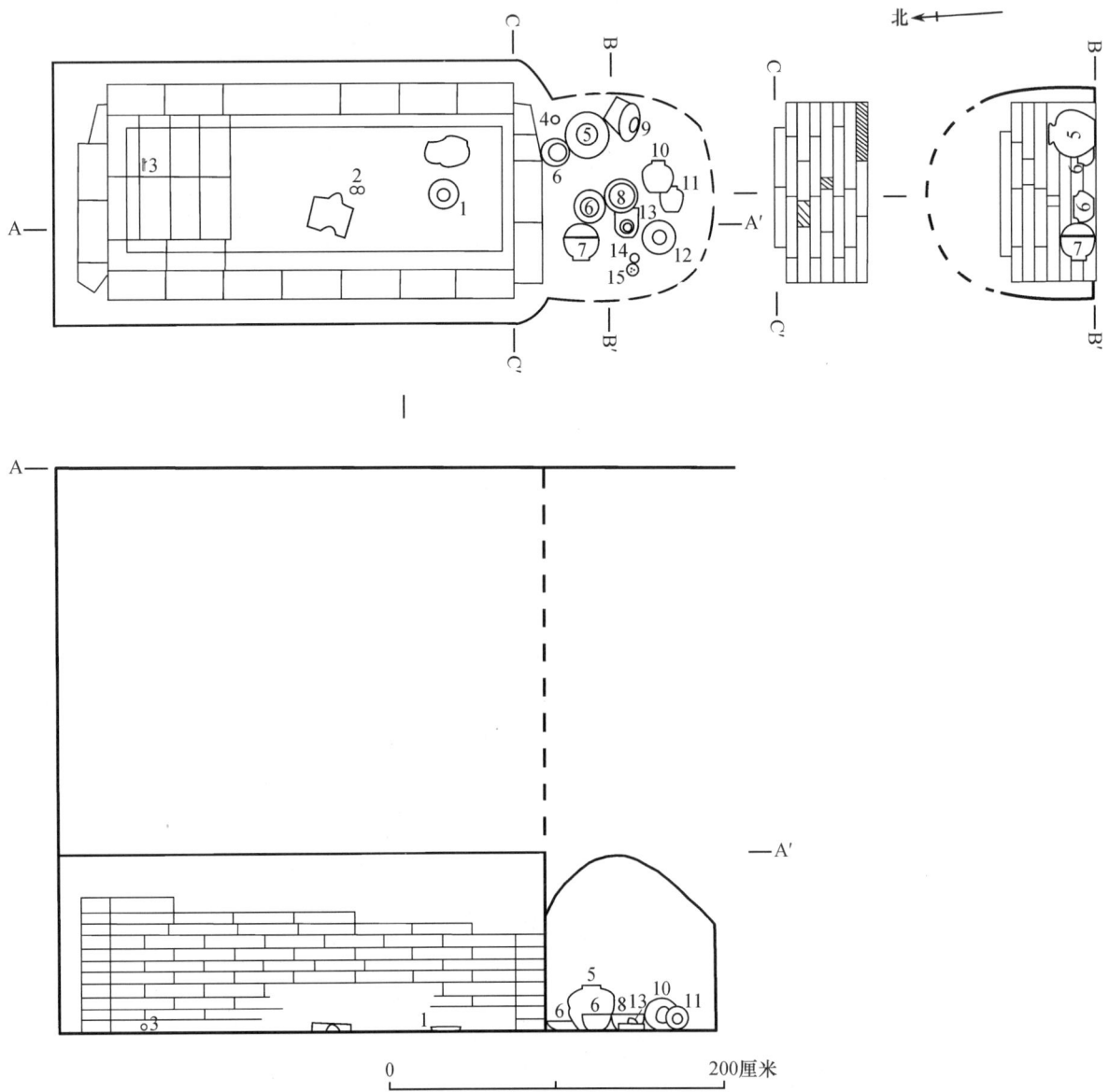

图一二六　Ⅰ区M46平、剖面图

1. 铜镜　2、4. 铜钱　3. 铜盖弓帽　5、10~12. 陶罐　6~9. 釉陶盒　13. 陶灶　14. 小陶盆　15. 小陶甑

1.0米。椁室长2.94、宽1.54、壁残高0.56~0.78米。该墓未经盗扰，陶器均出土于小龛内，其他出土于棺内，计有陶盒4、陶罐4、陶灶1套（盆1、甑1）、铜镜1、铜盖弓帽1、铜钱2。

葬具　砖椁木棺。棺已朽成灰痕，仅存棺痕。长2.30、宽0.70米。

葬式　骨架保存差，葬式不可辨。

2. 出土器物

该墓出土器物13件，另有铜钱2枚。质地有陶、铜，分述如下。

陶器　11件，为泥质灰陶和红胎釉陶，器类有盒、罐、灶、甑、盆。

盒　4件（M46∶6、7、8、9），形制相同，红胎釉陶，器表施青绿釉，釉层较薄，釉面无光泽。盖，浅覆钵形，顶上有矮圈足形捉手；器身，子母口内敛，深弧腹，矮圈足。标本M46∶8，盖径18.3、器身口径18.4、底径9.8、腹深10.2、通高14.7厘米（图一二七，1；彩版一五，3；图版一一四，2）。

罐　4件（M46∶5、10、11、12），均为泥质灰陶，分为尖唇罐、圆唇罐和双唇罐。标本M46∶5，侈口，平沿外斜，尖圆唇，矮领，鼓肩，下腹内收，平底。器表漆黑磨光，器表有

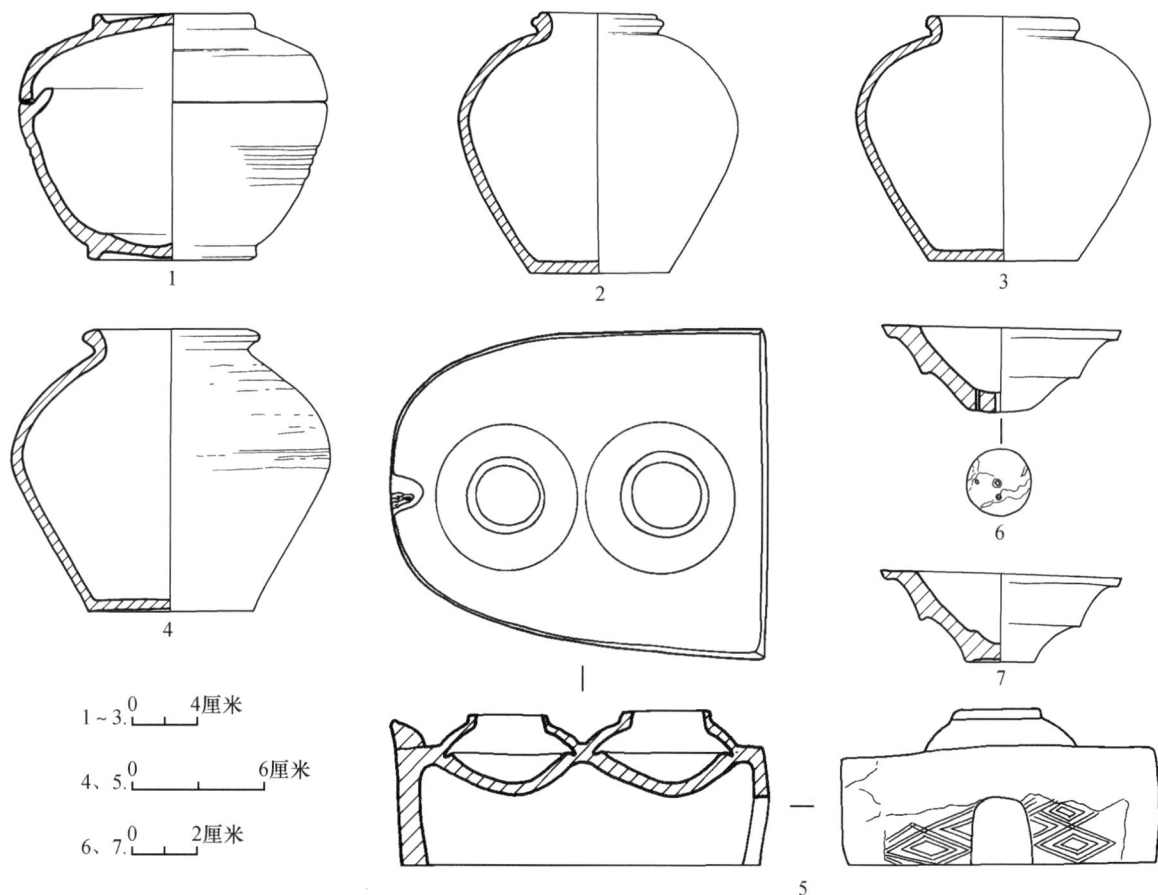

图一二七　Ⅰ区M46出土器物（一）

1.釉陶盒（M46∶8）　2~4.陶罐（M46∶11、10、5）　5.陶灶（M46∶13）　6.陶甑（M46∶15）　7.陶盆（M46∶14）

轮旋纹。口径16.2、腹径29.1、底径15.1、高25厘米（图一二七，4；图版一一四，3）。标本M46：11，侈口，双唇，矮领，圆鼓肩，下腹弧收，平底。器表漆黑磨光。口径8、腹径17、底径8.4、高15.6厘米（图一二七，2；图版一一四，4）。标本M46：10、12，形制相同。侈口，卷沿，圆唇，圆鼓肩，下腹弧收，平底。标本M46：10，口径9.45、腹径18、底径9.1、高15厘米（图一二七，3）。

灶　1件，标本M46：13，泥质灰陶，灶体平面呈马蹄形，前方后圆，灶面两釜前后布置，尾部有短柱形烟囱，前端有方形落地灶门，两侧模印多重菱形纹。灶面、灶壁分体模制而后粘结，釜之肩部与灶面一次性模制而成，腹模制而后粘结于相应的位置。长17.3、宽14.7、高6.9厘米（图一二七，5；图版一一四，5）。

甑　1件，与灶配套。标本M46：15，泥质灰陶，敞口，平沿，尖唇，折腹，小平底，底部有三个箅孔。口径7.4、底径2、高2.5厘米（图一二七，6）。

盆　1件，与灶配套。标本M46：14，泥质灰陶，敞口，平沿，尖唇，折腹，小平底。模制，沿面有制坯时留下的线切纹。口径7.4、底径2.1、高2.7厘米（图一二七，7）。

铜器　2件，器类有镜、盖弓帽。

镜　1面，标本M46：1，双龙镜，圆形，半球形钮，并蒂十二连珠纹钮座，素平缘，镜面微凸。钮座圆周均匀伸出四组（每组三条）竖短线及"人"字纹，之外一周细短斜线弦纹圈带，及一周凸弦纹圈带纹，再外两周短斜线纹之间有两龙两凤逆时针排列。面径11.10、背径10.80、钮宽1.60、缘宽0.60、缘厚0.60厘米，重202克（图一二八；彩版二九，1）。

盖弓帽　1件，标本M46：3，圆筒状，顶端球形帽，一侧有一倒刺。长5.0厘米（图一二九，1；图版一五三，2）。

铜钱　2枚，均为五铢钱，一枚残损严重，无法复原。标本M46：4-1，圆形，方穿，穿背面有郭，有穿上一横记号，穿之两侧有篆文"五铢"二字。"五"字较瘦长，交笔甚曲，横划两端出头，钱径26.6、穿宽9.01、郭厚1.86毫米，重3.3克（按：年代为宣帝前期五铢钱）（图一二九，2）。

第四十七节　M47

1. 墓葬形制

M47，位于第二阶地东部中央，探方T1006内，墓室延伸至T1005，西邻M49，与M49、M58、M56、M57、M34、M33为东西并列，当有一定关系。方向35度。形制为竖穴墓道土洞墓，由墓道、墓室两部分组成（图一三〇）。

墓道　位于墓室的北端，平面呈长方形，壁面较直，开口长2.38、宽0.80、底距开口深2.80米。墓道内填五花土，土质疏松，未经夯打。

0   2厘米

图一二八   Ⅰ区M46出土铜镜（M46∶1）

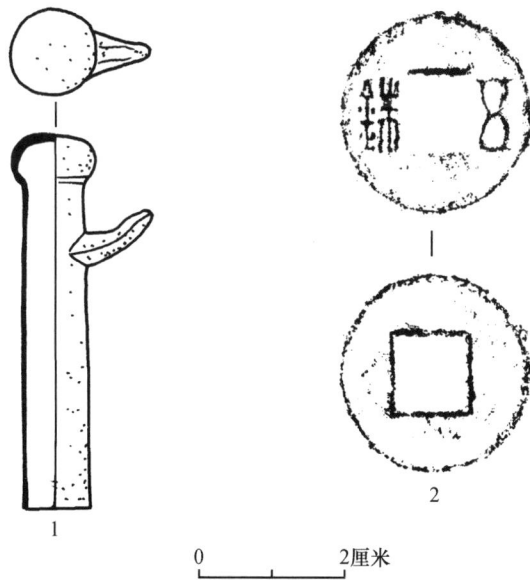

0   2厘米

图一二九   Ⅰ区M46出土器物（二）

1.铜盖弓帽（M46∶3）   2.铜钱（M46∶4-1）

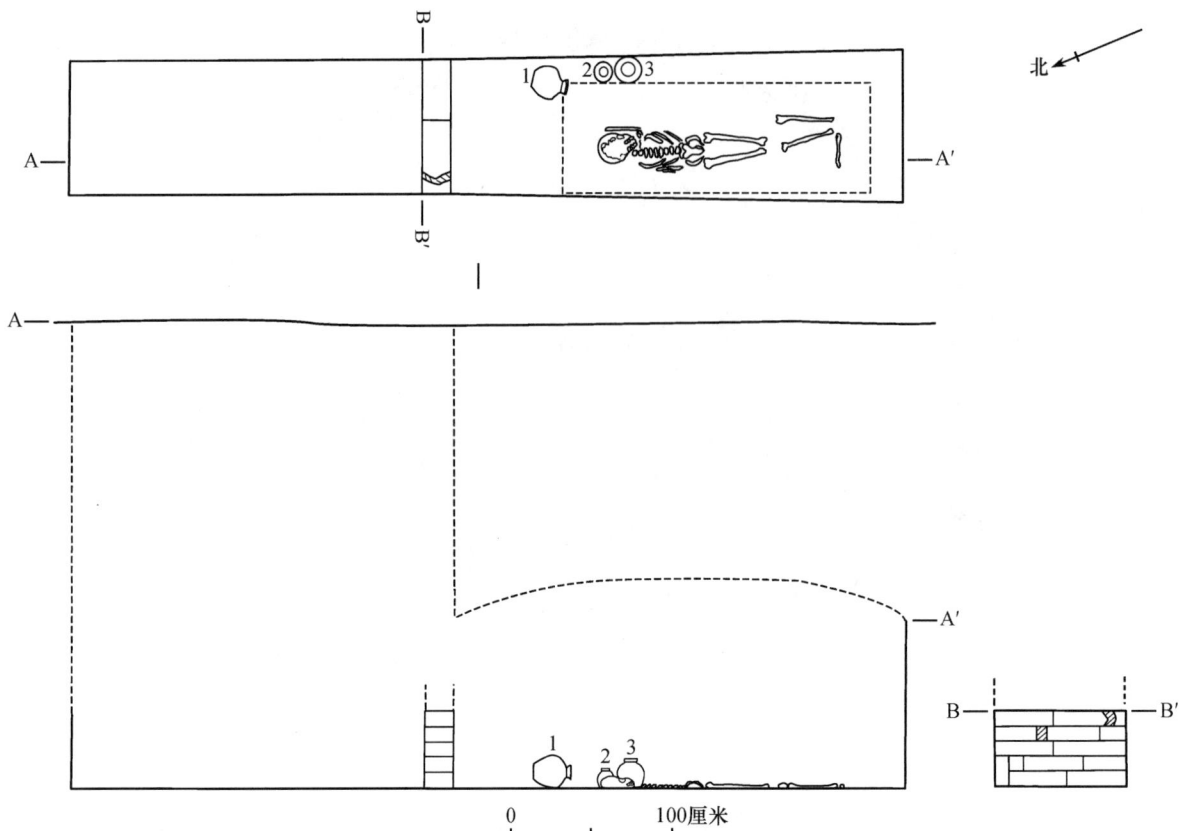

图一三〇　Ⅰ区M47平、剖面图

1～3. 陶罐

　　墓室　平面略呈长方形，拱顶土洞。墓室长2.80、宽0.85、高1.20～1.30米。该墓未被盗扰，器物主要出土于墓室北部东侧，计有陶罐3。另发现有漆器痕迹（无法提取）。

　　封门　条砖封门，错缝平砌，条砖38厘米×18厘米×9厘米。宽0.80、残高0.46米。

　　葬具　木棺1具，已朽成灰，长1.90、宽0.66米。

　　葬式　骨架1具，头向北，面向东，仰身直肢葬。

2. 出土器物

　　该墓出土器物3件，均为泥质灰陶罐。

　　罐　3件（M47：1、2、3），形制基本相同。侈口，束颈，鼓肩，直筒腹，平底，肩部饰两至三道凹弦纹，轮制，器表有轮旋纹。标本M47：1，平沿，方唇，口径9.5、腹径18、底径13.4、高20.3厘米（图一三一，1）。标本M47：3，双唇，口径8.4、腹径15、底径13、高17.2厘米（图一三一，2）。

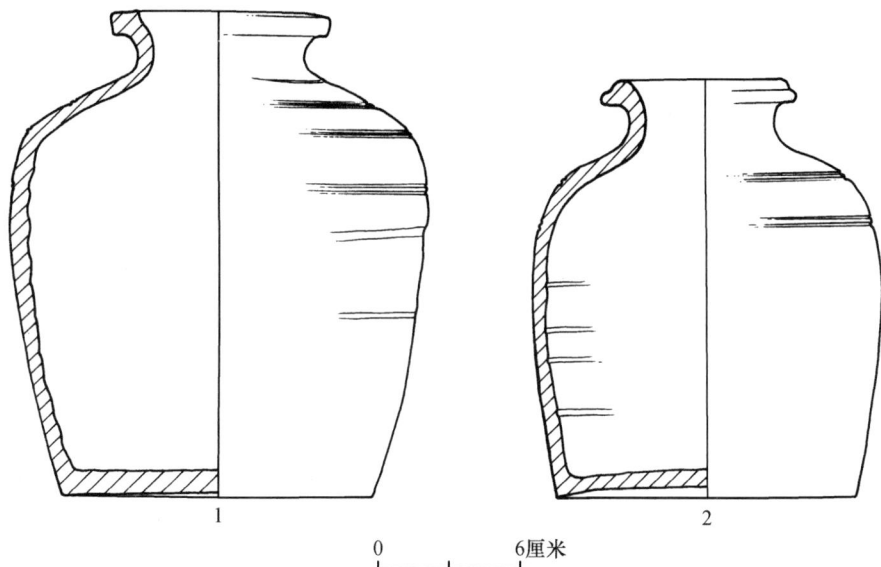

图一三一　Ⅰ区M47出土器物

1、2.陶罐（M47：1、3）

第四十八节　M48

1. 墓葬形制

M48，位于墓地东部中央，探方T1006内，西与M52、M51、M50、M11基本并列，为东西一排（按：从其年代看，自西向东M11、M50、M51较早，为西汉中期，M52、M48为西汉中晚期，其埋葬的先后顺序可能为自西向东）。方向190度。形制为竖穴墓道砖室墓，由墓道、前室、后室三部分组成（图一三二；图版一七，3、4）。

墓道　位于前室的南端，平面呈梯形，壁面较直，开口长2.18、宽1.0~0.90、底距开口深5.40米。墓道内填五花土、砖块，土质疏松，未经夯打。

前室　平面略呈方形，条砖对缝券顶，条砖顺向错缝砌壁，条砖横向错缝铺地，条砖36厘米×18厘米×6厘米，前室长1.75、宽2.0、高1.40米。该墓未被盗扰，前室内出土有陶鼎2、陶盒2、陶壶3、陶罐2、陶灶1套（甑1、盆1）、铜铺首环2、铜蹄足3、铜盖弓帽1、漆器（残、无法提取）。

后室　平面呈长方形，条砖对缝券顶，条砖错缝砌壁，条砖横向错缝铺地，条砖36厘米×18厘米×6厘米，后室长2.25、宽1.30、壁高0.64、室高1.20米。器物主要出土于后室的西部及棺内，计有陶壶2、陶罐2、陶仓5、铜镜1、铜镜刷2、铁剑1、环首铁削1、玉口琀1、玉耳塞2、石璧1。

封门　条砖封门，错缝纵铺，条砖35厘米×18厘米×8厘米，宽0.90、残高0.40米。

葬具　木棺1具，已朽成灰，长2.10、宽0.65米。

葬式　骨架保存极差，葬式不可辨。

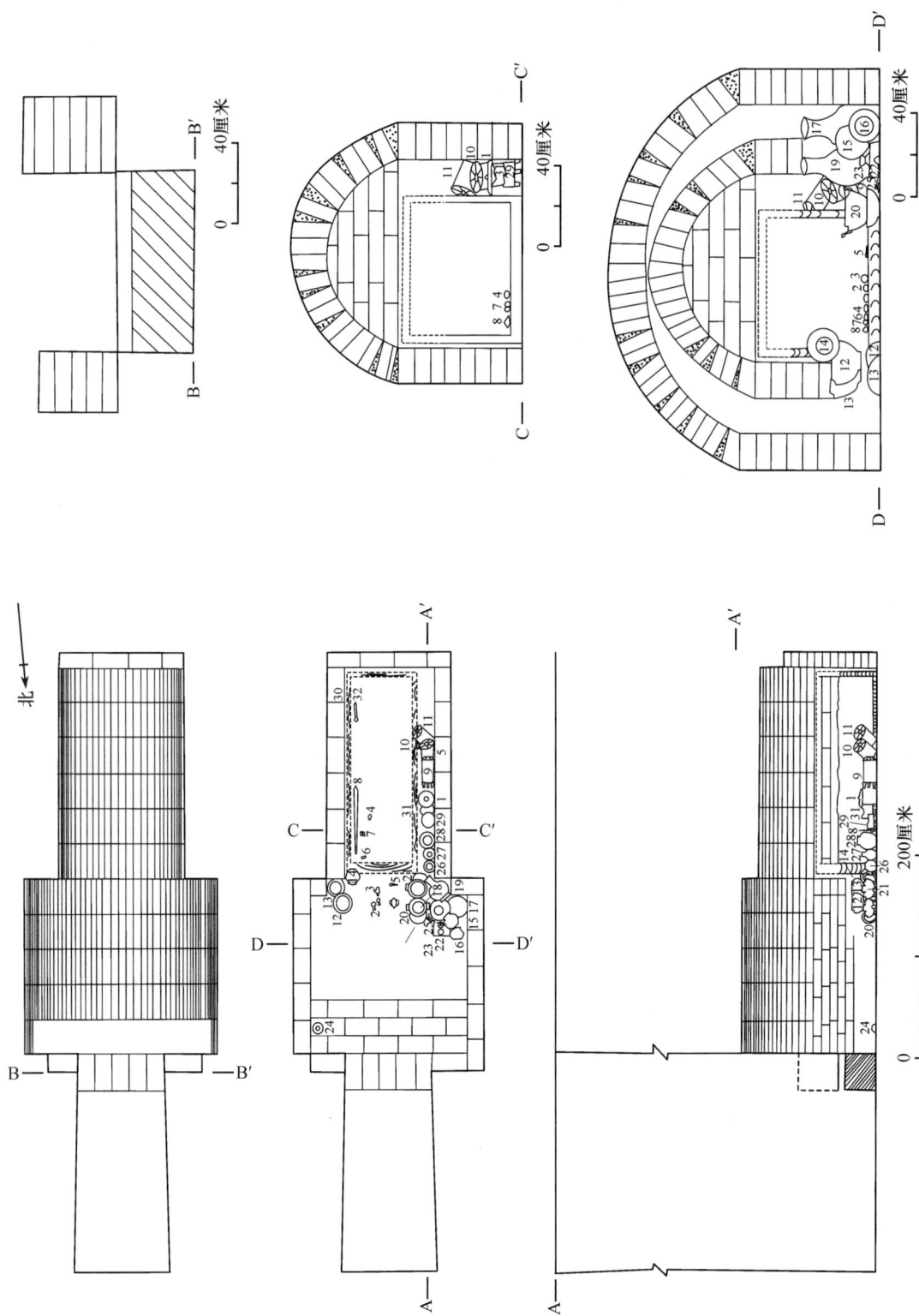

图一三二　Ⅰ区M48平、剖面图

1. 铜镜　2. 铜蹄足　3. 铜铺首　4. 玉口琀　5. 铜盖弓帽　6. 石璧　7. 玉耳塞　8. 铁剑　9~11、29、31. 陶仓　12、13. 陶盒　14~16、28. 陶罐　17~19、26、27. 陶壶　20、21. 陶鼎　22. 陶灶　23. 陶甑　24. 陶盆　25. 漆痕　30. 铜镜刷　32. 环首铁削

2. 出土器物

该墓出土器物36件,质地有陶、铜、铁、玉石四种,分述如下。

陶器 21件,泥质灰陶或红胎釉陶,器类有鼎、盒、壶、罐、仓、灶、盆、甑(图版八六,2)。

鼎 2件(M48:20、21),红胎釉陶,器表施青绿釉,釉层较薄,釉面无光泽,形制相同。盖,浅覆钵形,近平顶,中心有一桥形钮,之外均匀布置三乳突形饰;器身,子母口内敛,深腹,圜底,肩附外撇弯曲板耳,顶端外折,腹中部有一周台棱,底附三马蹄形足,足根饱满。盖与器身轮制,器表有轮旋纹。盖上钮饰、耳、足模制,而后粘结,口沿及足底有粘烧痕,蘸釉,叠覆烧。标本M48:20,盖径19、器身口径18.8、腹深11.6、足高8.3、通高21.2厘米(图一三三,1;图版一一四,6)。

盒 2件(M48:12、13),红胎釉陶,器表施青绿釉,釉层较薄,釉面无光泽。盖,浅覆钵形,顶有矮圈足捉手;器身,子母口内敛,深弧腹,圈足矮,平底。标本M48:13,盖径19.1、器身口径18.9、腹深10.6、底径10.6、高16厘米(图一三三,2;彩版一五,4)。

壶 5件(M48:17、18、19、26、27),红胎青绿釉,釉层较薄,釉面无光泽。形制基本相同,侈口,平沿,唇部加厚,束颈,弧肩,鼓腹,假圈足。标本M48:17、18、19,形体较大,肩部饰两道凹弦纹,其下贴塑对称铺首衔环。M48:19,口径14、腹径26.4、底径18.8、高33.5厘米(图一三三,3;彩版一六,4;图版一一五,2)。标本M48:26、27,形体较小,肩部无铺首。标本M48:27,口径7、腹径14、底径8.9、高16.8厘米(图一三三,4)。

罐 4件(M48:14、15、16、28),均为泥质灰陶,形制基本相同。侈口,平沿,方唇矮领,鼓肩,鼓腹,平底或内凹。轮制,器底有旋切痕。标本M48:14,方唇,肩部饰两道凹弦纹,口径10.3、腹径16.8、底径7.8、高14.5厘米(图一三三,5)。标本M48:16,圆唇,肩部饰两道凹弦纹,口径9.5、腹径16.2、底径7.8、高14.1厘米(图一三三,6;图版一一五,3)。

仓 5件(M48:9、10、11、29、31),形制相同,红胎釉陶,器表施青绿釉,釉层较薄,釉面无光泽。盖缺;器身,直口,圆唇,矮领,肩部稍出檐,绕口一周有环状台面,之下均匀布置六道竖棱,直筒腹,平底,底附三踞熊形足,腹部饰三组(每组三道)凹弦纹。肩、腹分体轮制,足模印而后粘结,底外侧有旋切痕迹。标本M48:9,口径8.2、底径17、足高5.6、通高30.9厘米(图一三三,7;彩版一八,4;图版一一五,4)。

灶 1件,标本M48:22,泥质灰陶,灶体平面呈马蹄形,前方后圆,灶面三釜呈"品"字形分布,尾部有短柱形烟囱,前端有方形落地灶门,前壁灶门周围模印菱形网格纹,灶面前端稍出檐,周围模印变体菱形纹,中央模印双鱼、炊具等图案。灶面、灶壁分体模制而后粘结,釜之肩部与灶面一次性模制而成,腹模制而后粘结于相应的位置。长20.2、宽17.3、高8.9厘米(图一三三,8;图版一一五,5)。

甑 1件,与灶配套。标本M48:23,泥质灰陶,敞口,平沿,尖唇,斜直腹,小平底,底部有三个箅孔。口径7.5、底径1.6、高4.3厘米(图一三三,9)。

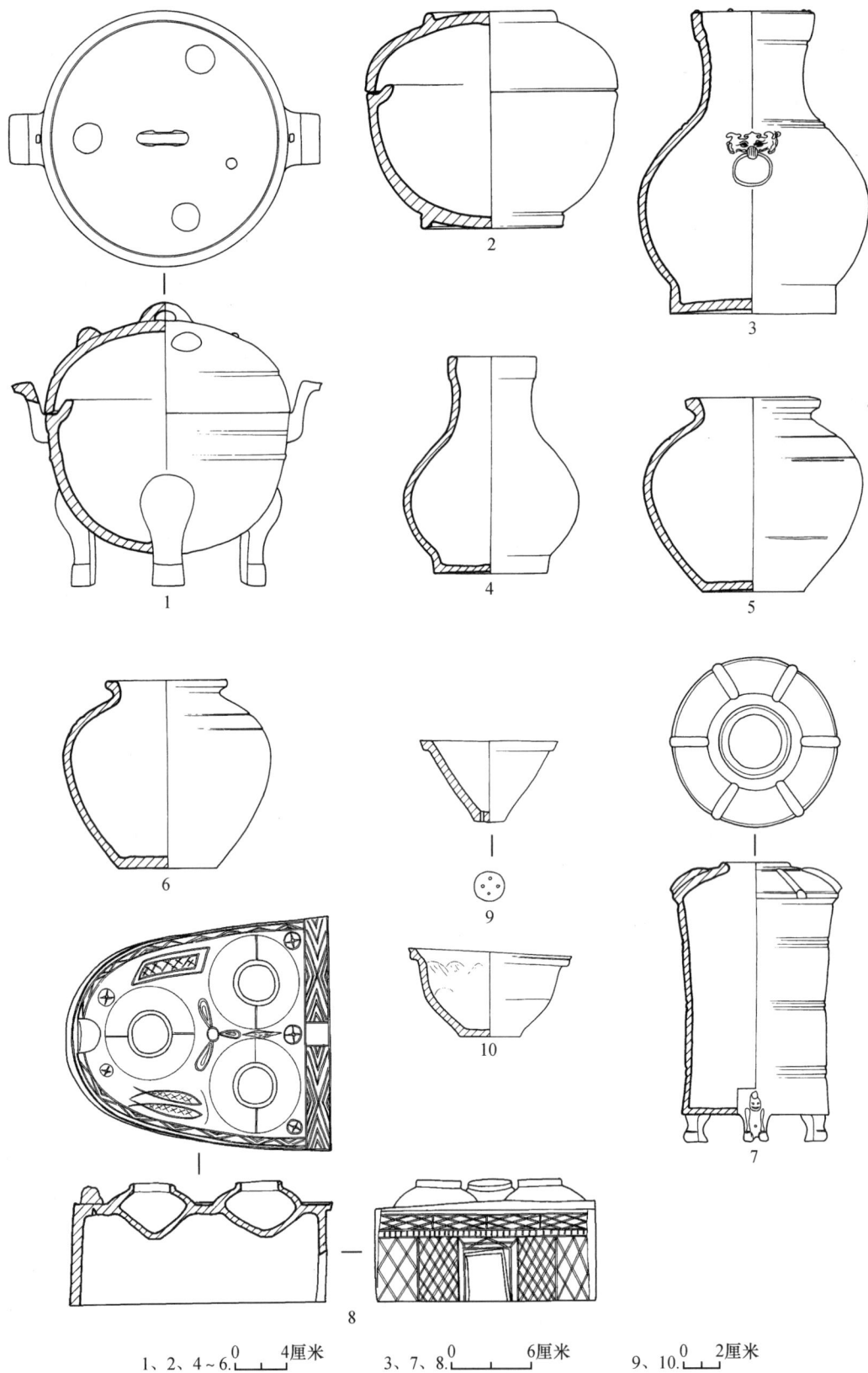

图一三三　Ⅰ区M48出土器物（一）

1.陶鼎（M48：20）　2.陶盒（M48：13）　3、4.陶壶（M48：19、27）　5、6.陶罐（M48：14、16）　7.陶仓（M48：9）

8.陶灶（M48：22）　9.陶甑（M48：23）　10.陶盆（M48：24）

盆　1件，与灶配套。标本M48：24，泥质灰陶，敞口，平沿，方唇，折腹，小平底。口径8.8、底径3.3、高4.6厘米（图一三三，10）。

铜器　9件，器类有镜、鎏金铜蹄足、镜刷、盖弓帽和鎏金铺首环。

镜　1面，标本M48：1，重圈铭带纹镜，圆形，半圆钮，并蒂十二连珠纹钮座，宽素平缘，镜面微凸，钮座圆周之外一周细弦纹圈带。钮座外两周凸弦纹圈带间有铭文带，内区有"内清质以昭明，光之象夫日月，心忽而愿而不泄"铭文带纹，外区两周短斜线纹之间有"洁精白而事君志驩之弇明作玄锡而泽疏而日忘慎美之王愿不绝"铭文带。面径15.70、背径15.60、钮宽1.90、缘宽1.30、缘厚0.70厘米，重540克（图一三五；彩版二九，2）。

鎏金蹄形足　3件，形制相同，标本M48：2，素面，马蹄形，足面圆鼓，背面平，一榫，应为漆器三足。通高3.7厘米（图一三四，1）。另旁边有漆痕。

漆器痕迹（M48：25）1处，仅剩漆皮，无法提取。

盖弓帽　1件，标本M48：5，圆筒形，一端封闭，中部有一倒刺。长1.7、直径0.4厘米（图一三四，2）。

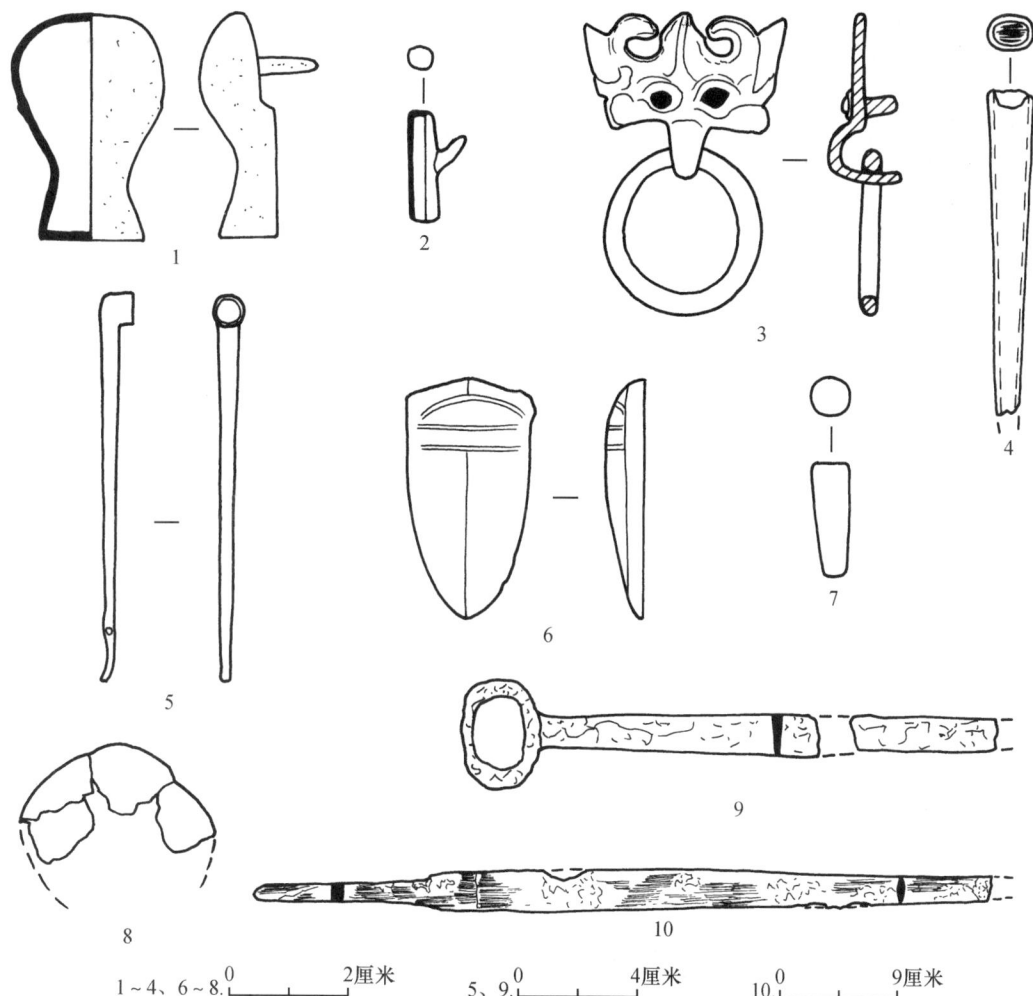

图一三四　I区M48出土器物（二）

1.铜蹄形足（M48：2）　2.铜盖弓帽（M48：5）　3.铜铺首环（M48：3）　4、5.铜镜刷（M48：30-1、2）　6.玉口琀（M48：4）
7.玉耳塞（M48：7）　8.石璧（M48：6）　9.环首铁削（M48：32）　10.铁剑（M48：8）

鎏金铺首环　2件，形制相同，标本M48：3，兽面形，兽面鎏金，两耳内卷，额头三角形，圜眼，鼻回勾，下衔一环，铺首背面有一榫。兽面宽3.4、高2.7、环直径2.7厘米（图一三四，3；彩版五四，3）。

镜刷　2件，标本M48：30-1，圆柱形，中空，一端细。长5.4、直径0.4～0.8厘米（图一三四，4）。标本M48：30-2，呈烟斗形，中空，另一端龙首形，有小圆孔，当穿系之用。长12.8、刷头径1.0厘米（图一三四，5；彩版五二，3）。

铁器　2件，器类为环首削和剑。

环首削　1件，残，标本M48：32，直背，斜刃，一边开刃，环首柄。残长18.0厘米（图一三四，9）。

图一三五　Ⅰ区M48出土铜镜（M48：1）

剑 1件，标本M48：8，器表有已朽木质剑鞘痕迹，残长56.2厘米（图一三四，10）。

玉器 3件，为口琀和耳塞。

口琀 1件，标本M48：4，质差，表面已钙化成白色。蝉形，腹底平，头部有三道阴刻纹。长4.0、宽2.1厘米（图一三四，6）。

耳塞 2件，标本M48：7，质差，已钙化成白色，圆柱形，一端稍细。长1.9、直径0.4~0.7厘米（图一三四，7）。

石璧 1件，残，标本M48：6，石璧形，仅剩4块残片，无法复原（图一三四，8）。

第四十九节　M49

1. 墓葬形制

M49，位于第二阶地东部，探方T1006内，墓室延伸至T1005，东邻M47，西邻M58，基本为东西成排。方向200度。形制为竖穴墓道土洞墓，由墓道、墓室两部分组成（图一三六）。

墓道 位于墓室的南端，平面呈长方形，壁面较直，开口长2.80、宽0.80~0.90、底距开口深3.30米。墓道内填五花土，土质疏松，未经夯打。

墓室 平面略呈长方形，拱顶土洞。墓室长2.80、宽1.20、高1.10米。该墓未被盗扰，器物主要出土于墓室前部西侧，有陶钫盖1、陶缶1、陶灶1套（盆1、甑1）、铜盆2、铜环1、铁灯1、石剑珌1、铜钱2。

封门 木板封门，东西两壁有封门槽，内有朽木痕迹。封门槽宽0.50、进深0.36、高0.90米。

葬具 木棺，出土有铁棺钉，形制大小不可辨。

葬式 骨架保存差，葬式不可辨。

2. 出土器物

该墓出土器物10件，另有铜钱2枚。质地有陶、铜、铁、石四种，分述如下。

陶器 5件，分为夹砂灰陶和泥质灰陶，器类有钫、缶、灶、甑、盆。

钫 1件，标本M49：1，仅存钫盖，泥质灰陶，覆斗形，子母口。饰红、白彩绘。脱落严重，顶部卷云纹，四坡三周白色彩带和一周红色彩带。口径11.2、高3.2厘米（图一三七，1）。

缶 1件，标本M49：6，夹砂灰陶，小口，斜平沿，尖唇，广斜肩，折腹，腹中部有一周宽环带，环带戳印两道麻点纹，下腹内曲，平底，肩部饰密集凹弦纹及竖向绳纹，轮制，器表有轮旋纹。口径12、腹径29.7、底径16.4、高26.4厘米（图一三七，2）。

灶 1件，标本M49：8，泥质灰陶，灶体平面呈马蹄形，前方后圆，灶面三釜呈"品"字形分布，尾部有短柱形烟囱，前端有方形落地灶门，周围模印菱形网格纹。灶面、灶壁分体模制而后粘结，釜之肩部与灶面一次性模制而成，腹模制而后粘结于相应的位置。长17.7、宽

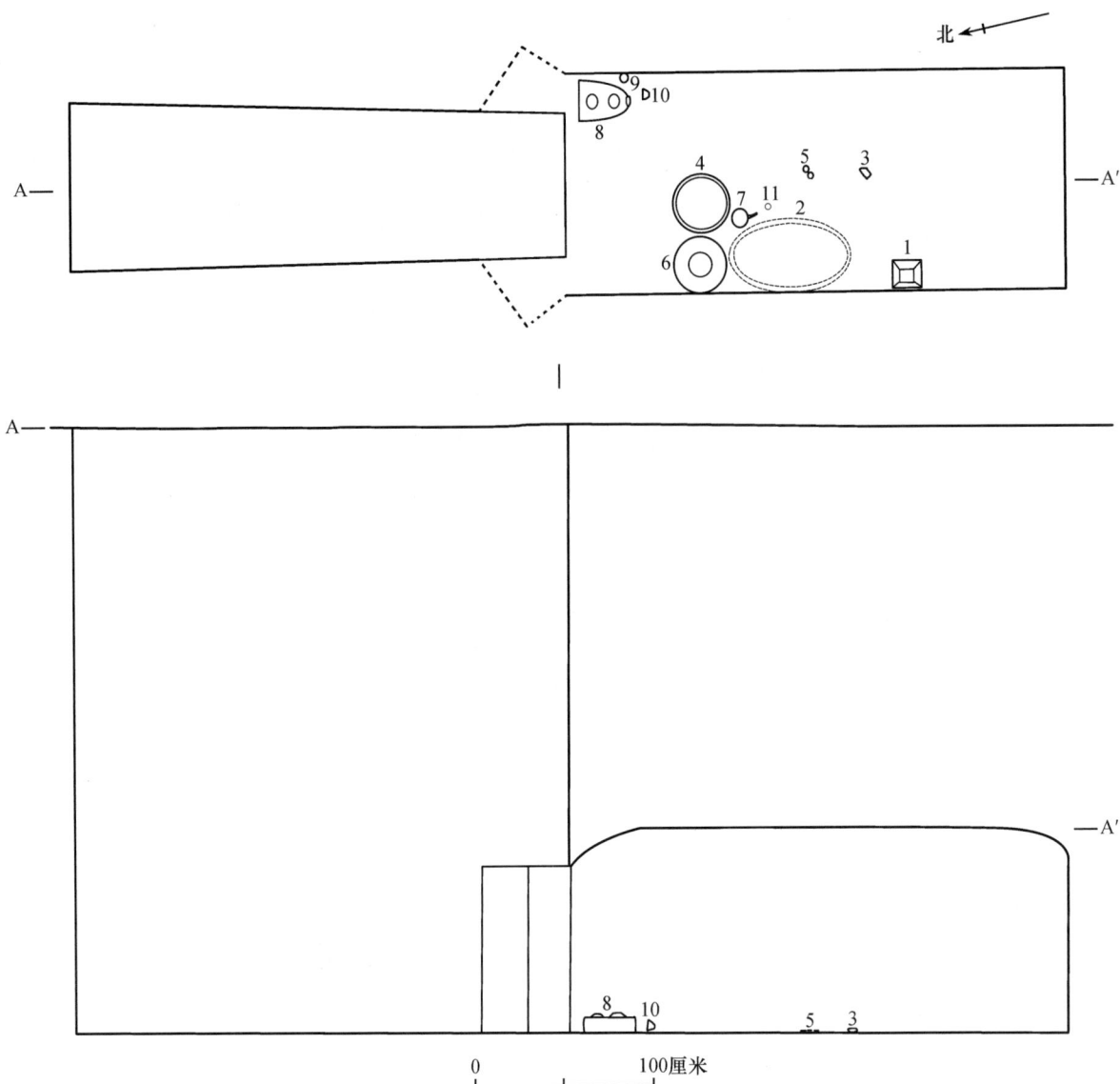

图一三六　Ⅰ区M49平、剖面图

1. 陶钫盖　2、4. 铜盆　3. 石剑珌　5. 铜钱　6. 陶缶　7. 铁灯　8. 陶灶　9. 小陶甑　10. 小陶盆　11. 铜环

16.7、高8.9厘米（图一三七，3）。

　　甑　1件，与灶配套。标本M49：9，泥质灰陶，残，敞口，平沿，尖唇，弧腹，小平底，底部有三个箅孔。模制，沿面有制坯时留下的线切纹。口径6.8、底径2、高2.8厘米（图一三七，4）。

　　盆　1件，与灶配套。标本M49：10，泥质灰陶，敞口，平沿，方唇，弧腹，小平底。模制，沿面有制坯时留下的线切纹。口径6.3、底径2、高3.2厘米（图一三七，5）。

　　铜器　3件，器类有盆和环。

　　铜盆　2件，标本M49：4，残损严重，敛口，宽平沿内斜，深腹略弧，底已残。口径36.2、沿宽0.9、残高8.2厘米（图一三七，6）。

　　铜环　1件，标本M49：11，环形，直径1.8厘米（图一三七，7）。

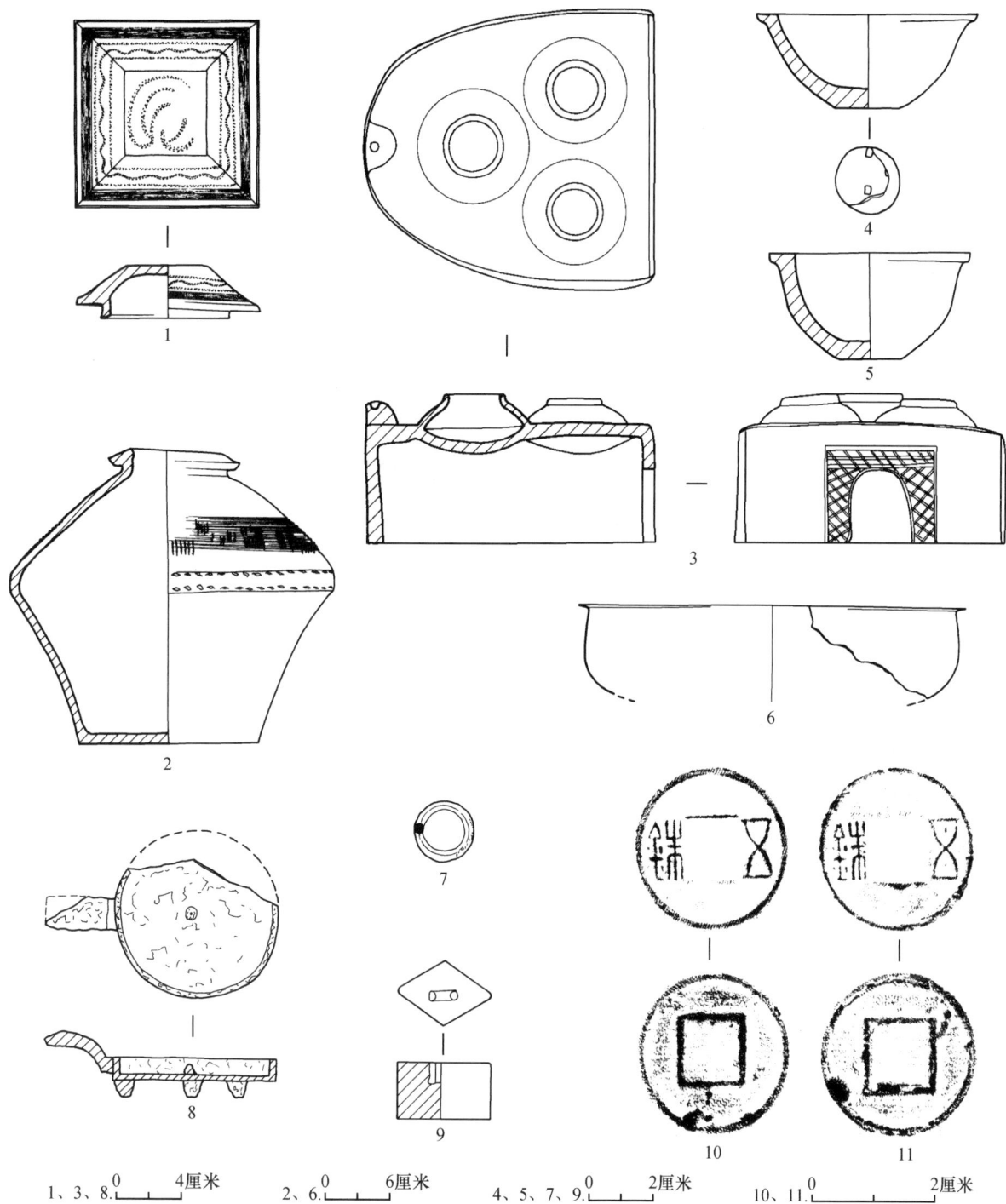

1、3、8. |0___4厘米　2、6. |0___6厘米　4、5、7、9. |0___2厘米　10、11. |0___2厘米

图一三七　Ⅰ区M49出土器物

1.陶钫盖（M49∶1）　2.陶缶（M49∶6）　3.陶灶（M49∶8）　4.陶甗（M49∶9）　5.陶盆（M49∶10）
6.铜盆（M49∶4）　7.铜环（M49∶11）　8.铁灯（M49∶7）　9.石剑珌（M49∶3）　10、11.铜钱（M49∶5-1、2）

铁灯　1件，标本M49：7，残，浅圆盘形，直口，方唇，直腹，平底，底有三圆柱形矮足，盘中心有圆锥形灯芯，一侧有一柄。盘径9.9、通高3.9厘米（图一三七，8）。

石剑珌　1件，标本M49：3，表面呈菱形，上面中部有一椭圆槽。高1.7，槽长0.85、槽宽0.3、槽深0.65厘米（图一三七，9；彩版五六，3）。

铜钱　2枚，均为五铢钱，标本M49：5-1，圆形方穿，穿背面有郭，正面穿上有一横郭，穿之两侧有篆文"五铢"二字，"五"字瘦长，交笔缓曲，钱径24.82、穿宽8.94、郭厚1.82毫米，重3.8克（图一三七，10）。标本M49：5-2，圆形方穿，穿背面有郭，正面穿上有一横郭，穿之两侧有篆文"五铢"二字，"五"字瘦长，交笔缓曲，钱径25.14、穿宽9.21、郭厚1.92毫米，重3.88克（图一三七，11）。

第五十节　M50

1. 墓葬形制

M50，位于第二阶地东部，探方T0906内，西邻M11，东邻M51，三墓东西并列，方向一致。方向190度。形制为斜坡墓道土洞墓，由墓道、过洞、天井、甬道和墓室五部分组成（图一三八；图版一八，1、2）。

墓道　位于墓室南端，平面呈长方形，墓道南部略宽于北部，底呈斜坡状，壁面较直，墓道底部宽于开口。墓道开口残长5.0、开口宽0.60～0.72、底部宽0.80、坡长5.70、底距开口深0～1.90米，坡度38度。墓道内填五花土，土质疏松，未经夯打。

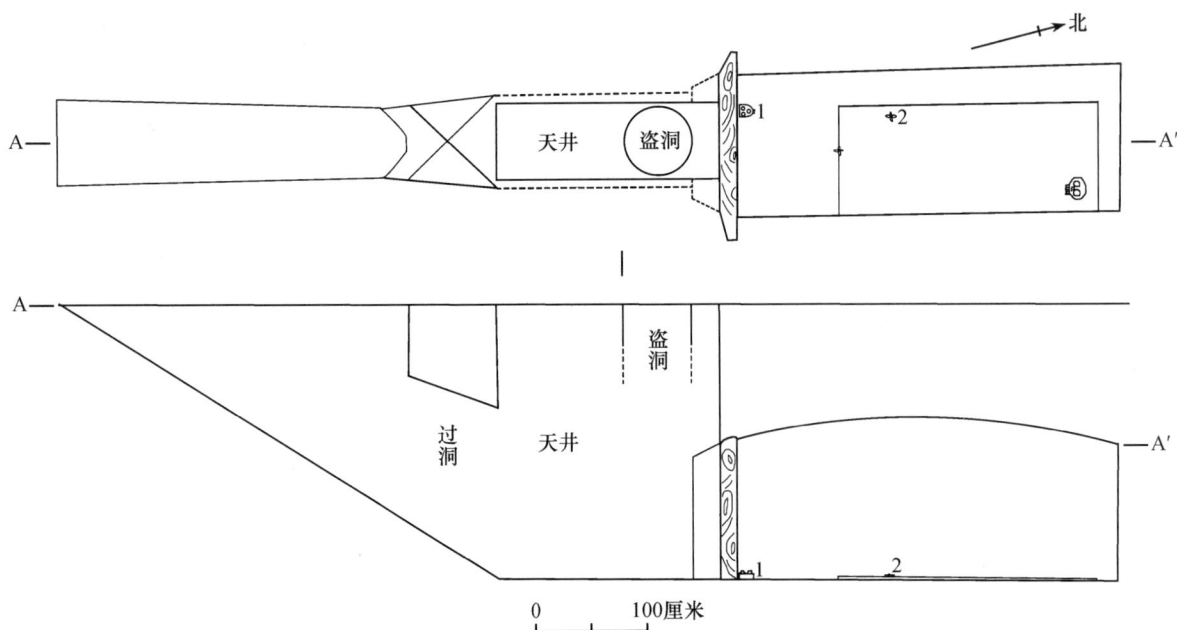

图一三八　Ⅰ区M50平、剖面图

1. 陶灶　2. 铜柿蒂形棺饰

过洞　位于墓道和天井之间，平面呈梯形，拱顶土洞，底部斜坡，长0.78、宽0.64～0.80、洞高1.50、底距开口残深1.90～2.40米。

天井　位于过洞和甬道之间，平面呈长方形，口小底大，壁面较直，底与墓室底平，开口长1.76、上口宽0.68、下口宽0.80、底距开口残深2.40米。

甬道　位于天井和墓室之间，平面呈梯形，拱顶土洞，底与墓室底平，长0.26、宽0.96～1.16、高度1.16米。

墓室　平面呈长方形，拱顶土洞。墓室长3.54、宽1.26、高1.20～1.40米。该墓葬经盗扰，出土器物有陶灶1、铜柿蒂形棺饰25件。

封门　木板封门。南北两壁有封门槽，槽高1.20、宽0.18、进深0.20米。

葬具　木棺1具，已朽成灰，仅存棺灰痕迹，长2.30、宽0.94米。

葬式　骨架1具，保存较差，可辨其头向北，面向上，仰身直肢。

盗洞　1处，位于天井处，自上而下进入墓室，平面呈圆形，直径约0.60米。

2. 出土器物

该墓出土器物26件，质地有陶、铜两种，分述如下。

陶灶　1件，标本M50：1，泥质灰陶，灶体平面呈马蹄形，前方后圆，灶面三釜呈"品"字形分布，尾部有短柱形烟囱，前端有方形落地灶门，灶门两侧模印多重对三角纹，上部模印多重波折纹，侧壁模印网格纹，灶面前端模印多重波折纹，釜间模印多重"人"字纹。灶面、灶壁分体模制而后粘结，釜之肩部与灶面一次性模制而成，腹模制而后粘结于相应的位置。长14.7、宽15、高7.4厘米（图一三九，1）。

铜柿蒂形棺饰　25件，标本M50：2，柿蒂形，与泡钉同出。对角长3.2、泡径1.2、高0.7厘米（图一三九，2）。

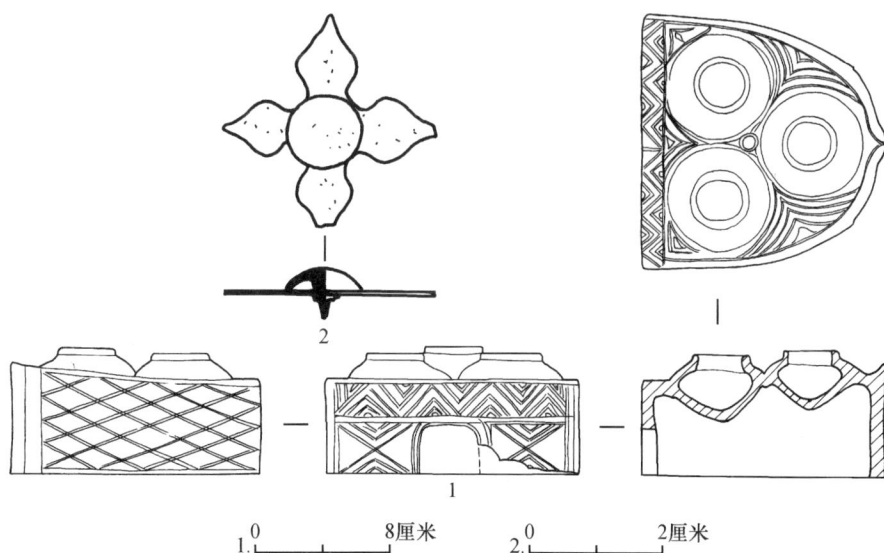

图一三九　Ⅰ区M50出土器物
1. 陶灶（M50：1）　2. 铜柿蒂形棺饰（M50：2）

第五十一节　M51

1. 墓葬形制

　　M51，位于第二阶地东部，探方T0906内，西邻M50，东邻M52。方向210度。形制为斜坡墓道土洞墓，由墓道、过洞、天井、甬道和墓室五部分组成（图一四○；图版一八，3、4）。

　　墓道　位于墓室南端，平面呈长方形，墓道南部略宽于北部，底呈斜坡状，壁面较直，墓道底部宽于开口。墓道开口残长4.90、宽0.70～0.76、坡长5.20、底距开口深0～1.30米，坡度23度。墓道内填五花土，土质疏松，未经夯打。

　　过洞　位于墓道和天井之间，平面呈长方形，拱顶土洞，底部斜坡，长0.40、宽0.66、洞高1.08米。

　　天井　位于过洞和甬道之间，平面呈长方形，壁面较直，底部斜坡。长1.62、宽0.66、底坡长0.75、底距开口深1.46～2.2米。

　　甬道　位于墓室和天井之间，平面呈梯形，拱顶土洞，底与墓室底平，长0.60、宽0.88～1.16、高1.20米。

　　墓室　平面呈长方形，拱顶土洞，墓室长3.72、宽1.30、高1.2米。该墓葬未经盗扰，出土器物有陶罐5、陶灶1套（盆1、甑1）、铜泡钉6、铅车軎1、铅马衔1、漆器（残，无法提取）。

　　封门　木板封门，东西两壁有凹槽，内有朽木痕迹。封门槽高1.20、宽0.22、进深0.44米。

　　葬具　木棺1具，仅剩棺痕，棺痕长2.30、宽0.66米。

　　葬式　骨架1具，保存较差，仅可判断头向北。

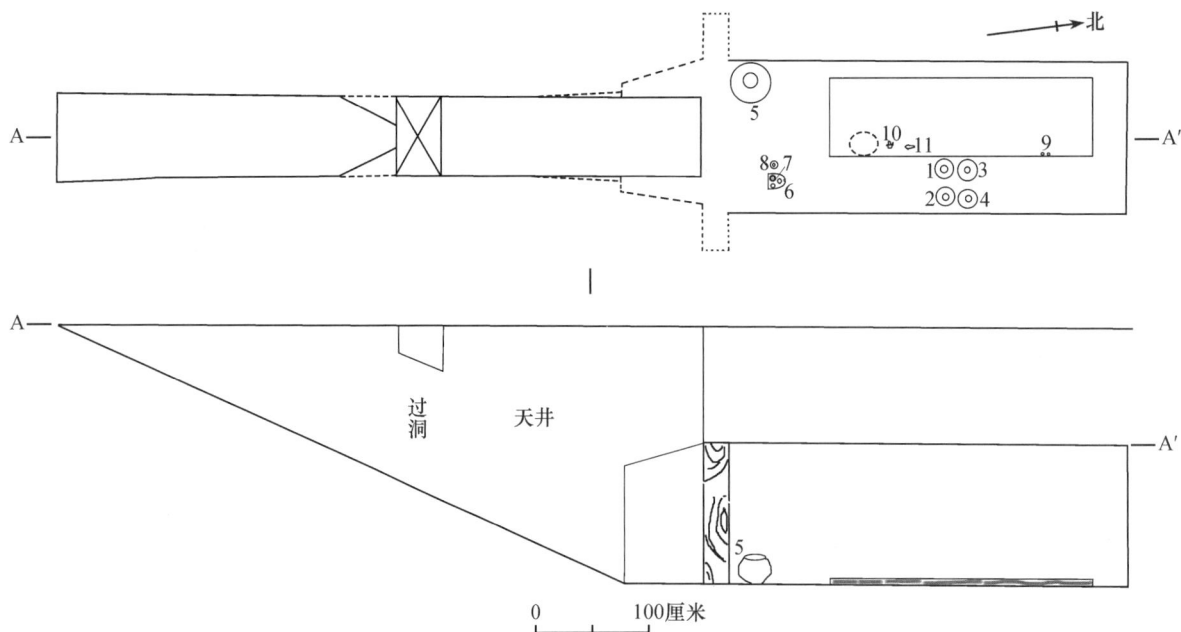

图一四○　Ⅰ区M51平、剖面图

1～5. 陶罐　6. 陶灶　7. 小陶甑　8. 小陶盆　9. 铜泡钉　10. 铅车軎　11. 铅马衔

2. 出土器物

该墓出土器物16件，质地有陶、铜、铅三种，分述如下。

陶器 8件，为泥质灰陶，器类有罐、灶、甑、盆。

罐 5件（M51：1、2、3、4、5）。M51：1、2、3、4，形制基本相同。侈口，平沿或圆唇，圆鼓腹，平底。轮制，器表有轮旋纹。标本M51：1，平沿，沿面外侧有一周凸棱，口径10.6、腹径16.8、底径10.3、高13.4厘米（图一四一，1）。标本M51：2，圆唇，高领，口径10.5、腹径16、底径9.1、高13.4厘米（图一四一，2）。标本M51：5，侈口，双唇不明显，矮领，圆鼓肩，大平底，轮制，器表有轮旋纹，口径18、腹径27.5、底径16.8、高22.9厘米（图一四一，3）。

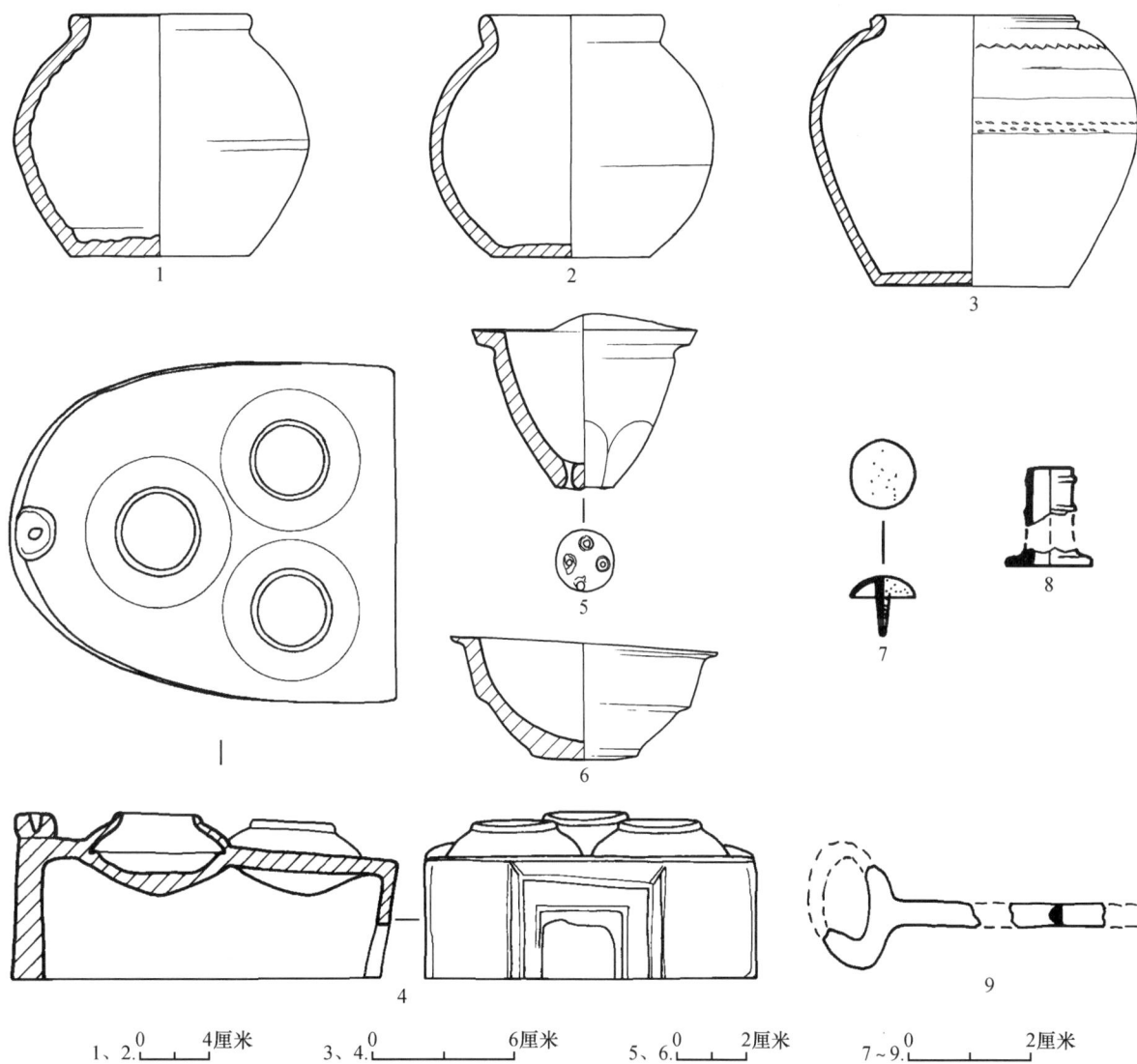

图一四一 I区M51出土器物

1~3. 陶罐（M51：1、2、5） 4. 陶灶（M51：6） 5. 陶甑（M51：7） 6. 陶盆（M51：8） 7. 铜泡钉（M51：9）

8. 铅车軎（M51：10） 9. 铅马衔（M5：11）

灶　1件，标本M51：6，灶体平面呈马蹄形，前方后圆，灶面三釜呈"品"字形分布，尾部有短柱形烟囱，前端有方形落地灶门。灶面、灶壁分体模制而后粘结，釜之肩部与灶面一次性模制而成，腹模制而后粘结于相应的位置。长16.3、宽14、高6.8厘米（图一四一，4）。

甑　1件，与灶配套。标本M51：7，器形略变形，敞口，平沿，方唇，斜直腹，小平底，底部有四个箅孔。模制，底部有抹削痕，沿面有制坯时留下的线切纹。口径6.6、底径1.6、高5厘米（图一四一，5）。

盆　1件，与灶配套。标本M51：8，敞口，平沿，尖唇，弧腹，小平底内凹。模制，沿面有制坯时留下的线切纹。口径6.2、底径2.95、高2.6厘米（图一四一，6）。

铜泡钉　6件，形制相同。标本M51：9，泡径1.1、高0.9厘米（图一四一，7）。

铅器　2件，为车軎和马衔。

车軎　1件，标本M51：10，残，喇叭筒形。长1.55、粗端径1.35、细端径7.5厘米（图一四一，8）。

马衔　1件，标本M51：11，残。衔，一节，一端有环。残长4.65厘米（图一四一，9）。

第五十二节　M52

1. 墓葬形制

M52，位于第二阶地东部，探方T1006内，东邻M48，西邻M51。方向230度。形制为斜坡墓道砖室墓，由墓道、甬道、墓室三部分组成（图一四二；图版一九，1、2）。

墓道　位于墓室的南端，平面呈长方形，壁面较直，底部呈斜坡状，开口残长2.68、宽0.98～1.08、坡长3.54、底距开口深0～6.80米，坡度30度。墓道内填五花土，土质疏松，未经夯打。

甬道　位于墓室和墓道之间，平面呈长方形，条砖（楔形砖）对缝券顶，条砖错缝砌壁，楔形砖35厘米×7.5厘米×（3～4.5）厘米，条砖36厘米×18厘米×5厘米，甬道长1.12、宽1.08、高1.50米。

墓室　平面呈长方形，条砖（楔形砖）对缝券顶，条砖错缝砌壁，条砖错缝铺地。楔形砖尺寸35厘米×7.5厘米×（3～4.5）厘米，条砖尺寸36厘米×18厘米×5厘米。墓室长4.46、宽2.16、壁高1.0、室高1.80米。该墓被盗扰，器物主要出土于墓室西侧，出土有陶鼎2、陶盒5、陶钫1、陶罐9、陶仓4、陶樽1、陶灶2套（盆2、甑2）、铜泡钉9、铅车軎1、铅饰件2、铜钱13。

封门　双重，均条砖封门。外层，位于甬道南端，下面十三层，一顺一横交错平砌，之上十三层单砖横向错缝平砌。内层，位于墓室口部，条砖横向错平砌。条砖36厘米×18厘米×5厘米，长1.08、宽0.24、高1.80米。

葬具　木棺，出土铁棺钉，形制、尺寸不详。

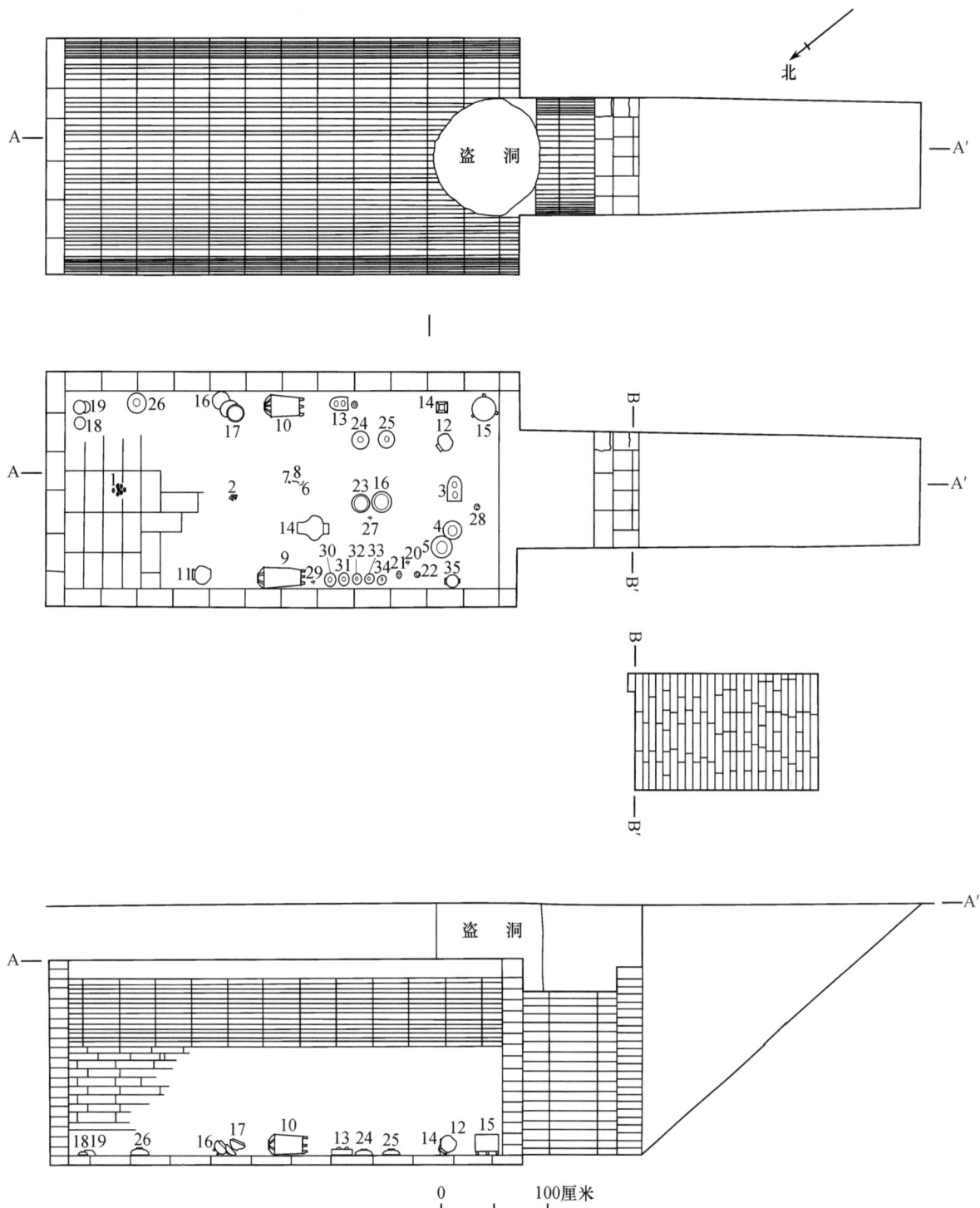

图一四二　Ⅰ区M52平、剖面图

1. 铜钱　2、20、27、29. 铜泡钉　3、13. 陶灶　4、5、11、12、30~34. 陶罐　6、8. 铅饰　7. 铅车軎　9、10、18、19. 陶仓
14. 陶钫　15. 陶樽　16、35. 陶鼎　17、23~26. 陶盒　21、28. 陶甑　22、13-1. 小陶盆

葬式　扰乱严重，葬式不详。

盗洞　1处，位于甬道的顶端，自上而下进入墓室，平面呈圆形，直径约1.0米。

2. 出土器物

该墓出土器物40件，另有铜钱13枚。质地有陶、铜、铅三种，分述如下。

陶器　28件，为泥质灰陶、红陶和红胎釉陶，器类为鼎、盒、钫、罐、仓、樽、灶、盆、甑（图版八七，1）。

鼎　2件（M52：16、35），均为泥质灰陶，通体着白色陶衣（局部脱落严重），饰红彩、墨线图案。标本M52：16，盖，浅覆钵形，弧顶近平；器身，子母口内敛，弧腹，近平底，肩附对称外撇板耳，耳顶端平折，底附三马蹄形足，腹部有一周台棱。盖面图案无法辨识，器身墨线连续菱形纹，之间填饰三角、卷云、短弧线、圆点等纹样。盖径16.8、器身口径17.4、腹深8.4、足高4.6、通高15.7厘米（图一四三，1；图版一一五，6）。标本M52：35（残），盖，浅覆钵形，近平顶，中心有一穿环钮，之外均匀布置三乳突形饰；器身，子母口内敛，深腹，近平底，耳（残），腹中部有一周台棱，底附三马蹄形足，足根饱满。盖，以钮为中心饰红彩柿蒂形纹，外侧两周墨线之间绘三连续菱形纹，其间填三角、圆圈、圆点、短弧线、卷云等纹样。盖与器身轮制，器表有轮旋纹。盖上钮饰、耳、足模制，而后粘结。盖径19.2、器身口径19.1、腹深11、足高8.2、通高19.9厘米（图一四三，2；图版一一六，1）。

盒　5件（M52：17、23、24、25、26），均为泥质灰陶，通体着白色陶衣，之上墨线、红彩图案，局部已脱落。标本M52：23，残缺，无法复原。标本M52：24、25，形制相同。仅存盒盖，浅覆钵形，顶上有矮圈足形捉手。捉手双黑线边连续菱形纹，之间填饰三角、圆圈、圆点、短弧线、卷云等纹样，脱落严重。标本M52：24，盖径16.8、高6.1厘米（图一四四，2）。标本M52：26、17，形制相同。盖，浅覆钵形，顶上有矮圈足形捉手；器身，子母口内敛，深弧腹，近圜底，矮圈足。盖，捉手外为连续菱形纹，其间边缘两周波浪纹。器身，上、下各一周红波浪纹，之间两周细线间饰双线连续菱形纹，其间填饰三角、圆圈、圆点、短弧线、卷云等纹样。标本M52：17，盖径18.8、器身口径18.8、底径10.5、腹深10.2、通高15.5厘米（图一四四，1；图版一一六，2）。

钫　1件，标本M52：14，泥质灰陶，盖，覆斗形，子母口；器身，侈口，平沿，束颈，鼓腹，高圈足稍外撇肩部模印铺首衔环。通体着白色陶衣（局部已脱落）。盖径10.4、器身口径10.2、腹径17.1、足径10.6、足高3.3、通高32.3厘米（图一四三，3；图版一一六，3）。

罐　9件（M52：4、5、11、12、30、31、32、33、34），泥质灰陶和红胎釉陶，形制相同，侈口，双唇，圆鼓肩，鼓腹，平底。标本M52：12，泥质灰陶，口径8.3、腹径17.6、底径8.9、高16.2厘米（图一四三，4；图版一一六，4）。

仓　4件（M52：9、10、18、19），形制相同，泥质灰陶，盖，浅碟形，顶中部有一乳突，外有一周突棱，突棱外侧布置八道竖棱；器身，直口，圆唇，矮领，肩部稍出檐，绕口一周有环状台面，外侧均匀布置六道短竖棱，直筒腹，平底，底附三蹲熊形足。通体着白色陶

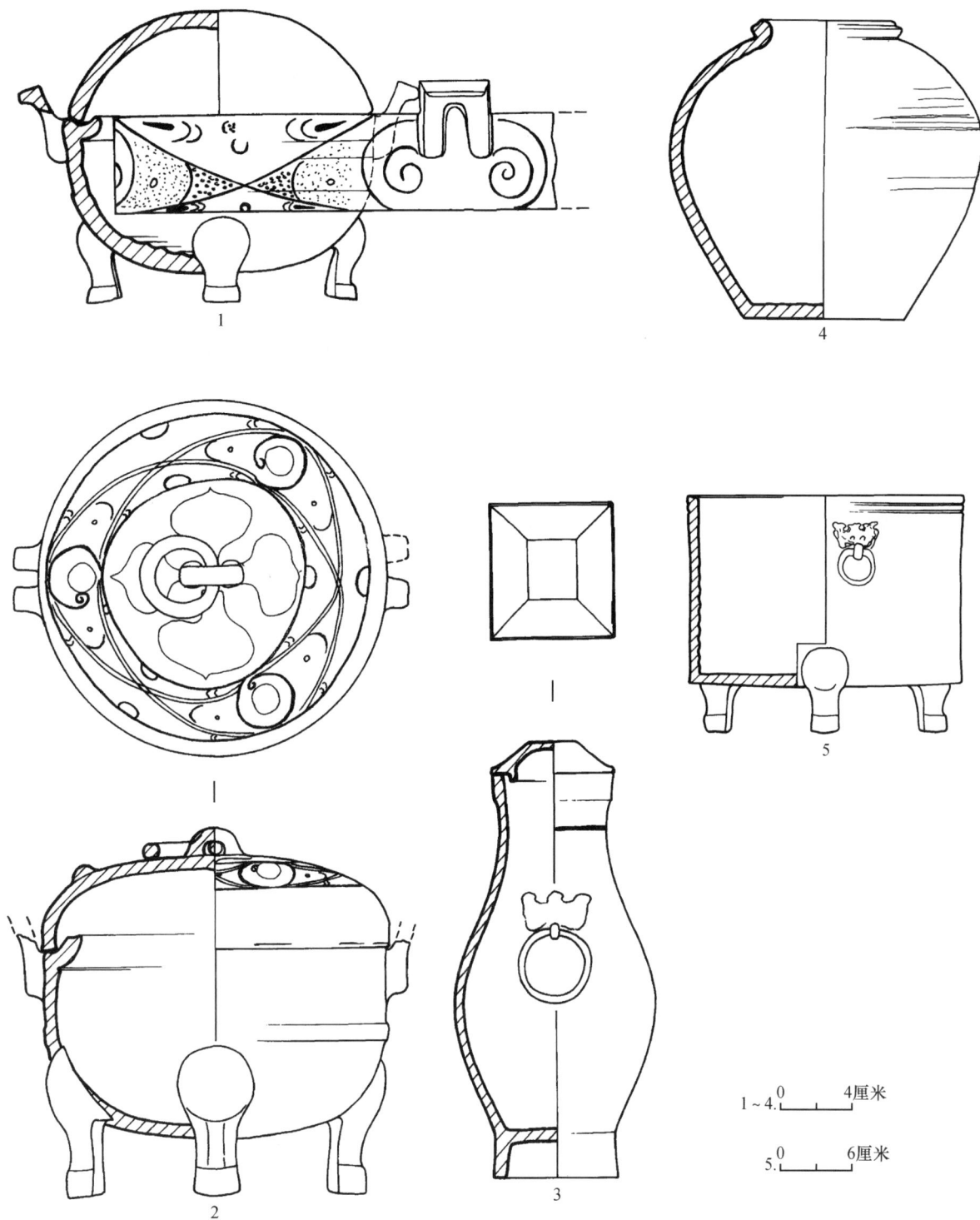

图一四三　Ⅰ区M52出土器物（一）

1、2.陶鼎（M52：16、35）　3.陶钫（M52：14）　4.陶罐（M52：12）　5.陶樽（M52：15）

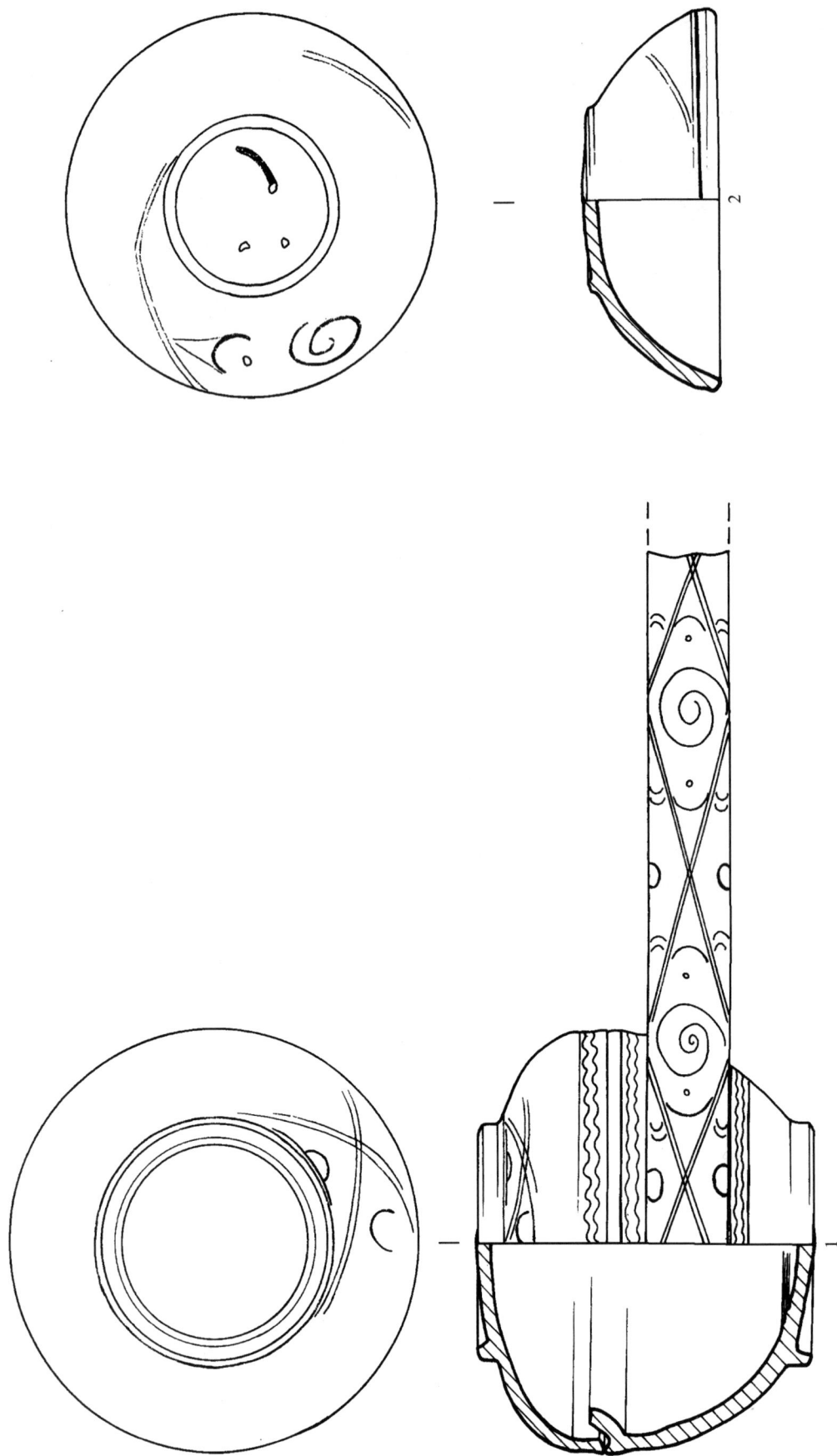

图一四四　Ⅰ区M52出土器物（二）

1. 陶盒（M52：17）　2. 陶盒盖（M52：24）

0　　　　4厘米

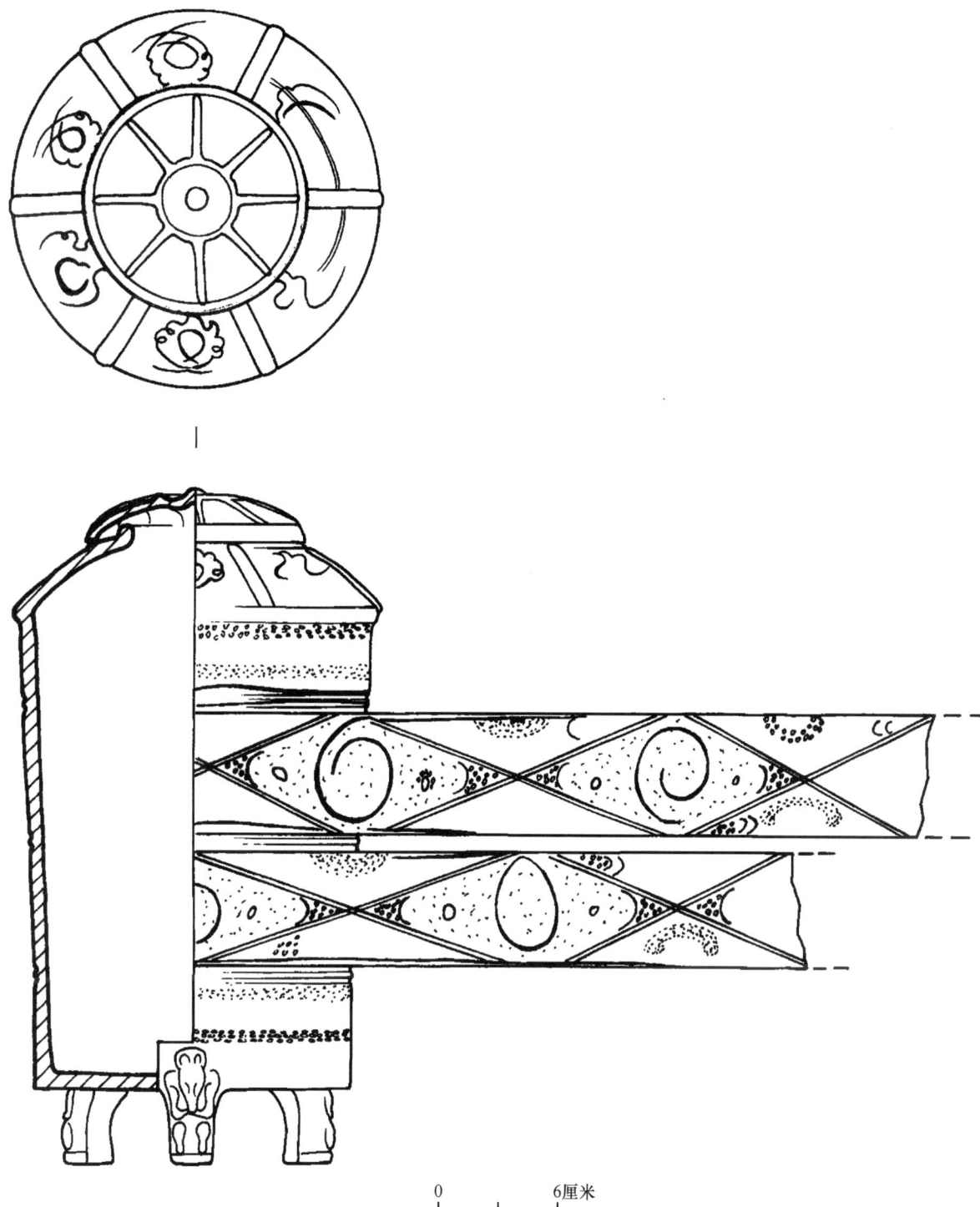

0 ⸻ 6厘米

图一四五　Ⅰ区M52出土陶仓（M52：9）

衣，之上施彩绘，墨线勾勒，肩部短竖棱间用黑彩绘卷云纹，腹部上下各一周红彩带，中间两组图案相同，双墨线连续菱形纹，之间填饰三角、圆圈、圆点、短弧线、卷云等纹样。标本M52∶9，口径11、底径16.2、足高6、通高33.5厘米（图一四五；图版一一六，5）。

樽　1件，标本M52∶15，泥质红陶，直口，平沿，直筒腹，平底，底附三马蹄形足，腹部模印铺首衔环及三道凹弦纹。口径23.1、底径22.8、足高6.6、通高19厘米（图一四三，5；图版一一六，6）。

灶　2件（M52∶3、13），泥质灰陶，形制相同。灶体平面呈马蹄形，前方后圆，灶面两釜前后布置，尾部有短柱形烟囱，前端有方形落地灶门，灶门周围模印多重菱形纹。灶面、灶

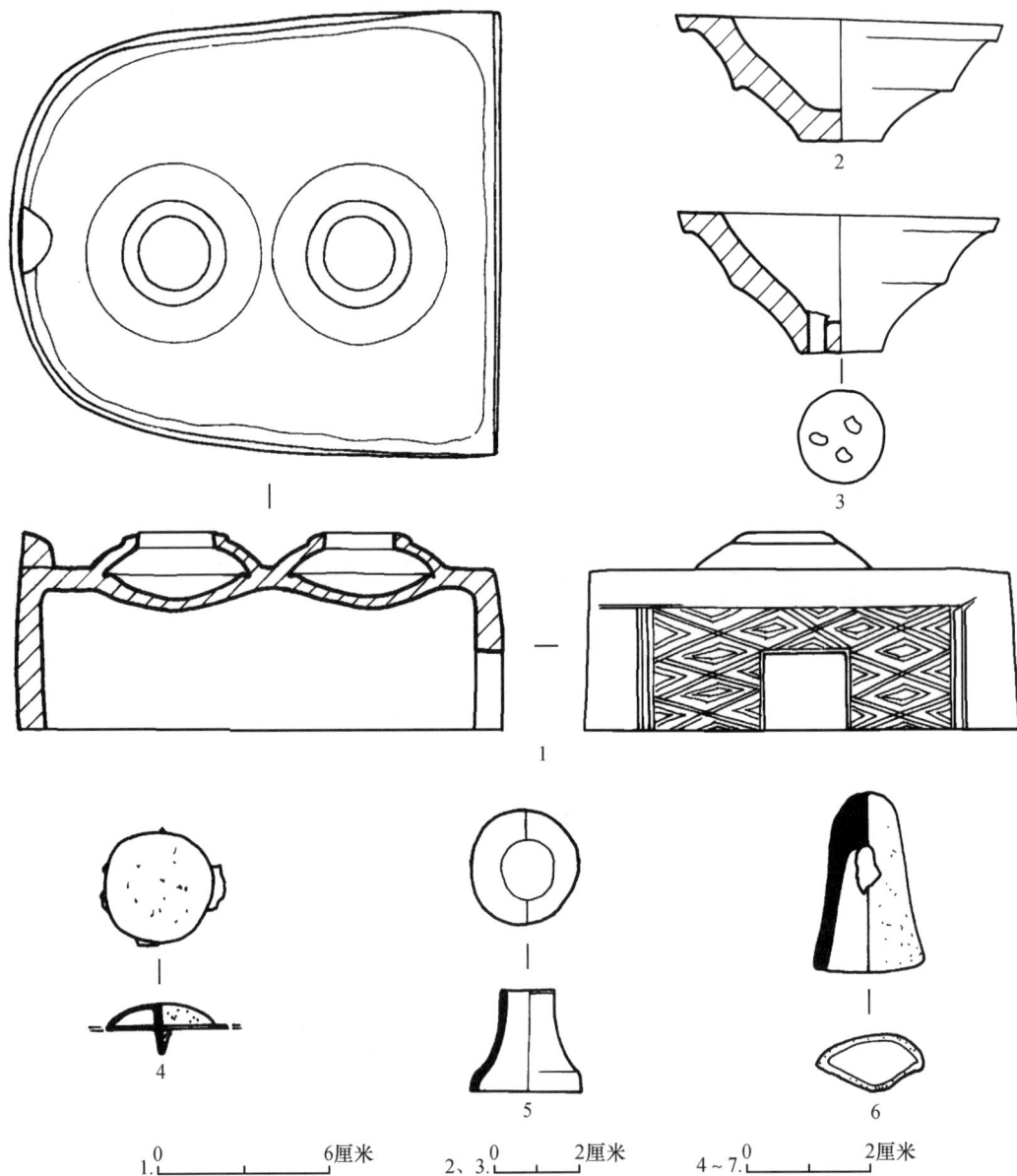

图一四六　Ⅰ区M52出土器物（三）

1. 陶灶（M52∶13）　2. 陶盆（M52∶22）　3. 陶甑（M52∶21）　4. 铜泡钉（M52∶2）　5. 铅车害（M52∶7）

6. 铅饰（M52∶8）

壁分体模制而后粘结，釜之肩部与灶面一次性模制而成，腹模制而后粘结于相应的位置。标本M52：13，长17、宽15、高6.6厘米（图一四六，1；图版一一七，1）。

盆　2件（M52：22、13-1），与灶配套，形制相同。泥质灰陶，敞口，平沿，方唇，折腹，小平底。标本M52：22，口径7.7、底径1.9、高2.9厘米（图一四六，2）。

甑　2件（M52：21、28），与灶配套，形制相同。泥质灰陶，敞口，平沿，方唇，折腹，小平底，底部有三个箅孔。标本M52：21，口径7.5、底径2、高3.1厘米（图一四六，3）。

铜泡钉　9件（M52：2、20、27、29），形制相同。标本M52：2，泡径1.9、高0.8厘米（图一四六，4）。

铅器　3件，为车軎和饰件。

车軎　1件，标本M52：7，残，喇叭筒形，长1.6、粗端径1.85、细端径0.9厘米（图一四六，5）。

饰件　2件（M52：6、8），形制相同。标本M52：8，帽形。高2.85厘米（图一四六，6）。

铜钱　13枚，均为五铢钱。圆形，方穿，穿背面有郭，部分有穿上一横、穿下一星记号，穿之两侧有篆文"五铢"二字（按：年代为武帝至宣元时期）（图一四七）。

该墓虽扰乱严重，葬具、葬式无法确知，但其出土的两套器物组合非常明显，并且墓室宽度在2米以上，也与并列双棺的要求一致。

第五十三节　M53

1. 墓葬形制

M53，位于第二阶地东北部，探方T0807内，北与M54并穴合葬，东与M44、M45及M43前后排列。方向270度。形制为斜坡墓道土洞墓，由墓道、甬道、墓室三部分组成（图一四八）。

墓道　位于墓室的西端，平面呈梯形，西宽东窄，口小底大，壁面较直，底部呈斜坡状，开口残长4.50、开口宽0.6～0.70、底部宽0.70～0.80、坡长5.0、底距开口残深0～2.0米，坡度28度。墓道内填五花土，土质疏松，未经夯打。

甬道　位于墓室和墓道之间，拱顶土洞，平底，平面呈梯形，西窄东宽，长0.50、宽0.80～1.0、高1.0米。

墓室　平面呈长方形，拱顶土洞。墓室长3.50、宽1.20、残高1.1米。该墓未被盗扰，器物主要出土于墓室西部，计有陶罐4、陶灶1套（盆1、甑1）、铜镜1、铁削1、铅马衔镳1、铅扣饰2、铜钱2。

封门　木板封门，墓室南北两壁有凹槽，宽0.26、进深0.36、高1.10米。

葬具　木棺1具，仅存棺痕，棺长1.90、宽0.56～0.65米。

葬式　骨架1具，保存较差，已成粉末状。可辨其为仰身直肢葬，头向东。

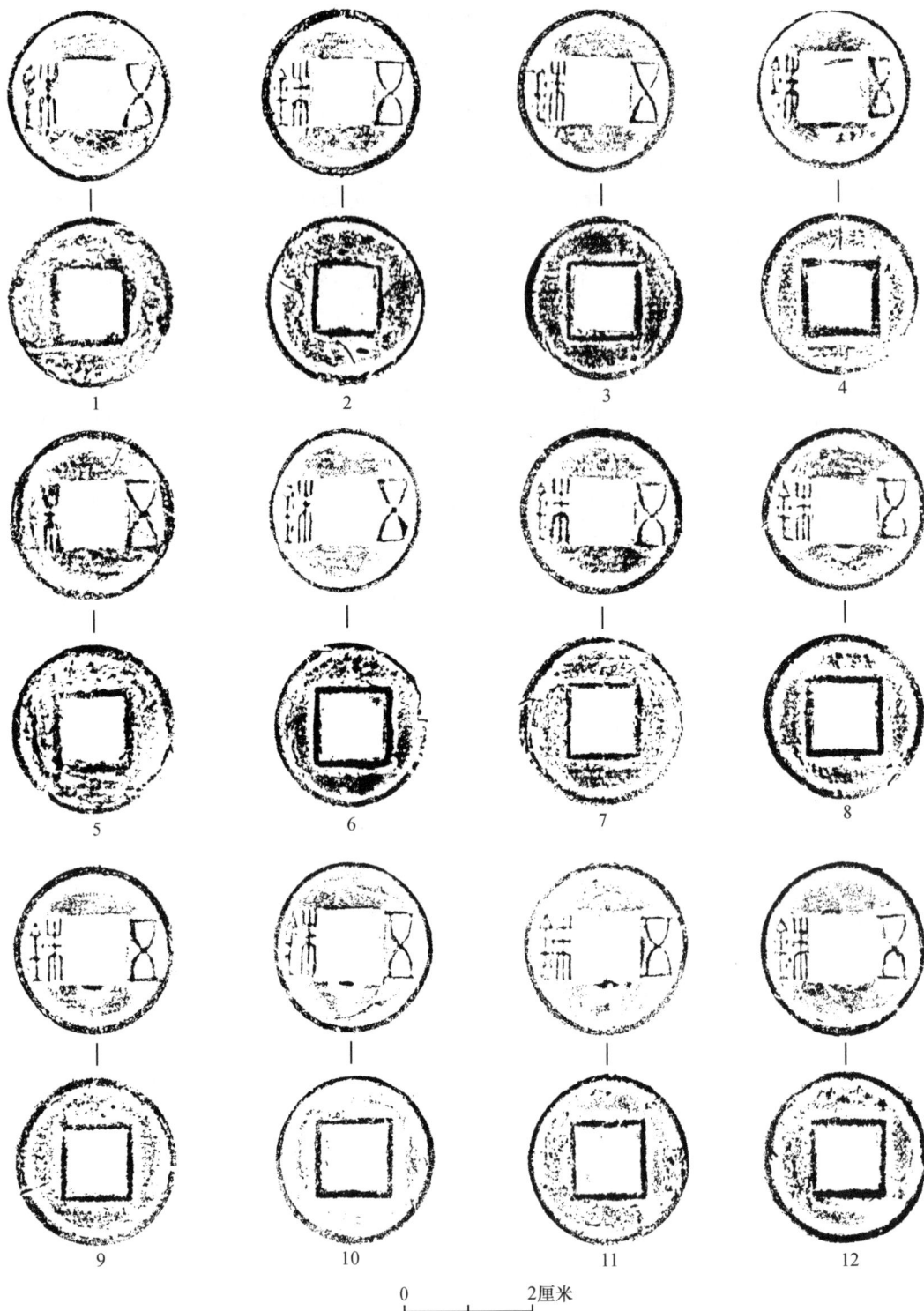

0 ——— 2厘米

图一四七　Ⅰ区M52出土铜钱

1. M52：1-1　2. M52：1-2　3. M52：1-4　4. M52：1-5　5. M52：1-6　6. M52：1-7　7. M52：1-8　8. M52：1-9　9. M52：1-10
10. M52：1-11　11. M52：1-12　12. M52：1-13

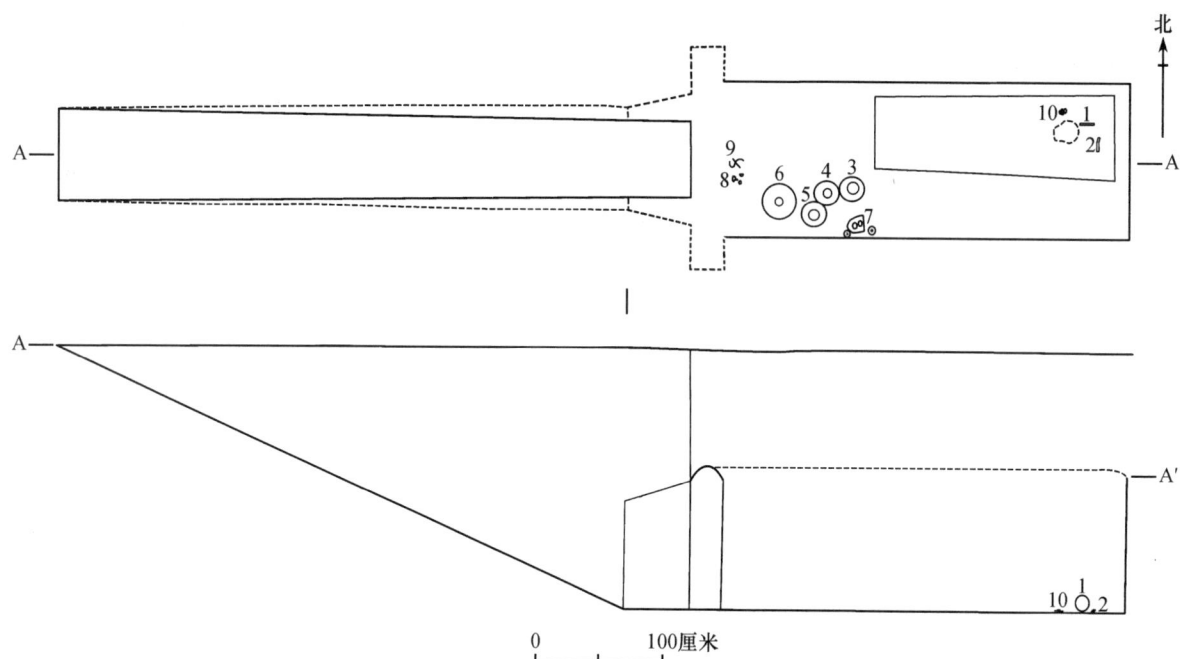

图一四八　Ⅰ区M53平、剖面图

1. 铜镜　2. 铁削　3~6. 陶罐　7. 陶灶1套（盆1、甑1）　8. 铅扣饰　9. 铅马衔镳　10. 铜钱

2. 出土器物

该墓出土器物12件，另有铜钱2枚。质地有陶、铜、铁、铅四种，分述如下。

陶器　7件，均为泥质灰陶，器类有罐、灶、盆、甑。

罐　4件（M53：3、4、5、6）。M53：4、5、6，形制相同，侈口，圆唇，矮领，圆鼓腹，平底。标本M53：5，口径11.2、腹径17、底径10、高15.2厘米（图一四九，1）。标本M53：3，器型较大，侈口，圆唇，矮领，广斜肩，下腹略内收，大平底。口径11.9、腹径31.8、底径23.1、高33.2厘米（图一四九，2）。

灶　1件，标本M53：7-1，灶体平面呈马蹄形，前方后圆，灶面三釜呈"品"字形布置，尾部有短柱形烟囱，前端有方形落地灶门，两侧模印对角多重半菱形纹，上部模印。灶面前端模印多重波折纹，釜间模印多重"人"字纹，侧壁模印菱形网格纹。灶面、灶壁分体模制而后粘结，釜之肩部与灶面一次性模制而成，腹模制而后粘结于相应的位置。长14.7、宽15.2、高7.4厘米（图一四九，3）。

盆　1件，标本M53：7-2，与灶配套。敞口，平沿，方唇，折腹，小平底。口径5.5、底径1.9、高2.4厘米（图一四九，4）。

甑　1件，标本M53：7-3，与灶配套。敞口，平沿，方唇，斜直腹，小平底，底部（残）。口径5.5、底径2.3、高3.9厘米（图一四九，5）。

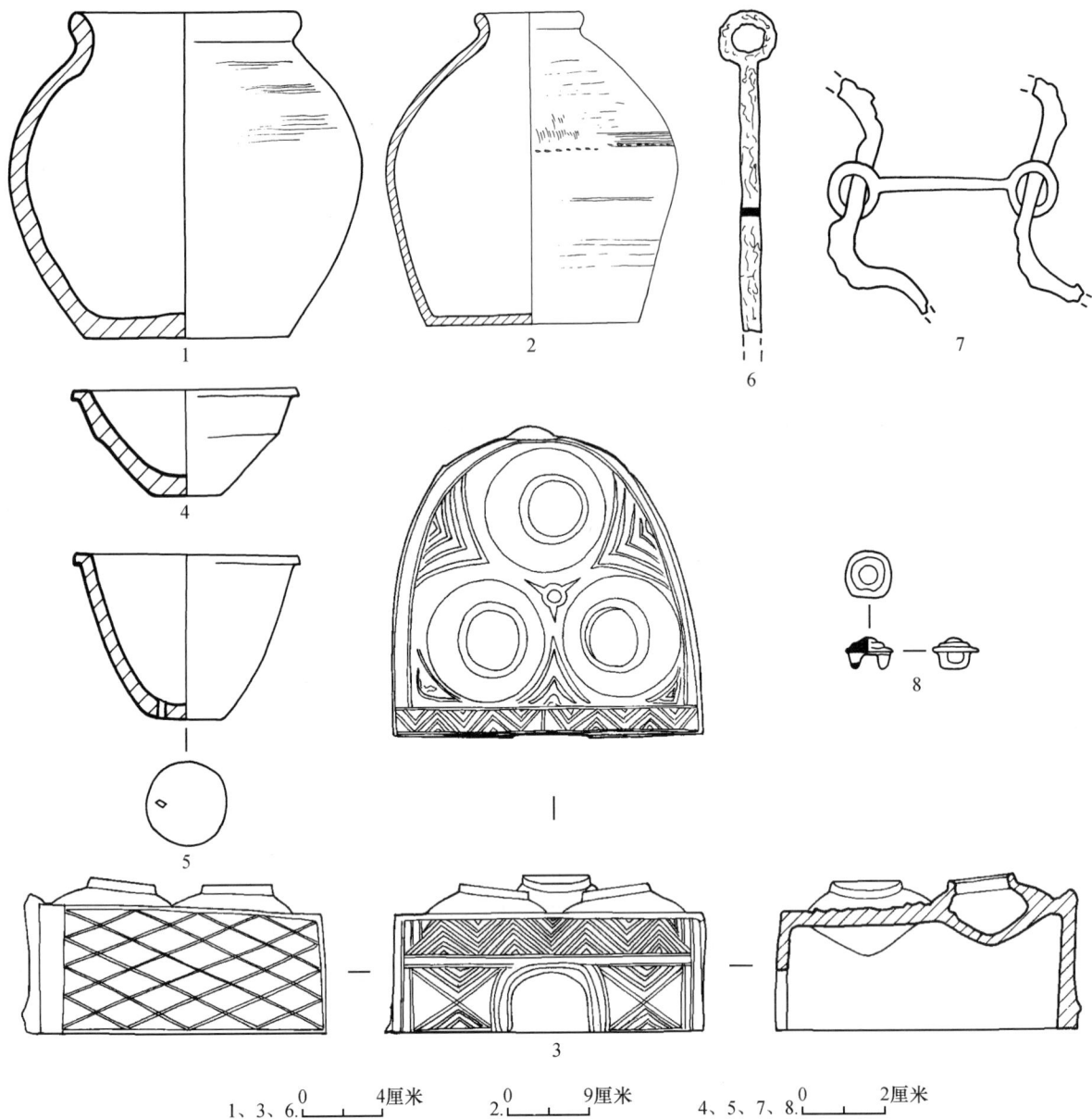

1、3、6.└─────┘4厘米　　2.└─────┘9厘米　　4、5、7、8.└─────┘2厘米

图一四九　Ⅰ区M53出土器物（一）

1、2.陶罐（M53：5、3）　3.陶灶（M53：7-1）　4.陶盆（M53：7-2）　5.陶甑（M53：7-3）　6.铁削（M53：2）

7.铅马衔镳（M53：9）　8.铅扣饰（M53：8）

　　铜镜　1面，标本M53：1，日光铭文镜，圆形，半圆钮，圆钮座，宽素平缘，镜面微凸，钮座圆周均匀伸出四组（每组三条）竖短线及"人"字纹，之外一周凸弦纹圈带，其外有"见日之光，长勿相忘"铭文带，每两字有卷叶纹相隔，之外一周短斜线纹。面径6.80、背径6.70、钮宽1.10、缘宽0.50、缘厚0.30厘米，重59克（图一五〇，1；彩版三〇，1）。

　　铁削　1件，标本M53：2，直背，直刃，环首柄。长15.2厘米（图一四九，6）。

　　铅器　3件，为衔镳、扣饰。

　　马衔镳　1件，标本M53：9，残损。镳，略呈"S"形。衔，两端有环，环套于镳中部，长5.7厘米（图一四九，7）。

扣饰　2件，标本M53:8，帽形，上方为陀螺形，下有双方形穿孔。直径1.1、高0.7厘米（图一四九，8）。

铜钱　2枚，均为五铢钱，圆形方穿，穿背面有郭，穿之两侧有篆文"五铢"二字，"五"字瘦长，交笔缓曲，字体不甚规整。标本M53:10-1，穿上一横，钱径25.56、穿宽8.89、郭厚1.57毫米，重2.81克（图一五〇，2）。标本M53:10-2，钱径25.76、穿宽9.08、郭厚1.93毫米，重3.26克（按：年代为武、昭时期）（图一五〇，3）。

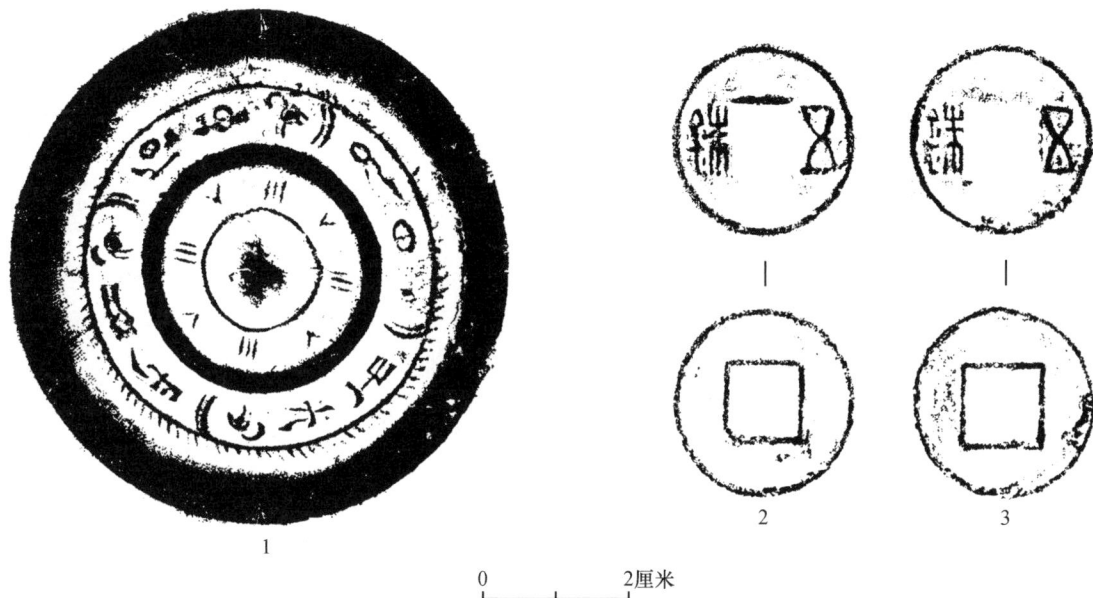

图一五〇　I区M53出土器物（二）
1. 铜镜（M53:1）　2、3. 铜钱（M53:10-1、2）

第五十四节　M54

1. 墓葬形制

M54，位于第二阶地东北部，探方T0807内，南与M53并穴合葬。方向270度。形制为斜坡墓道土洞墓，由墓道、甬道和墓室三部分组成（图一五一）。

墓道　位于墓室西端，平面呈梯形，底呈斜坡状，壁面较直，开口残长3.60、开口宽0.67~0.76、底宽0.67~0.96、坡长3.90、底距开口深0~1.70米，坡度23度。墓道内填五花土，土质疏松，未经夯打。

甬道　位于墓道和墓室之间，平面呈梯形，拱顶土洞，底呈斜坡状，长0.50、宽1.12~1.2、高1.50~1.70米。

墓室　平面呈长方形，拱顶土洞。墓室长3.56、宽1.20、高1.16米。该墓未经盗扰，器物主要出土于墓室西部靠近封门处，计有陶罐4、铜带钩1、铜钱3。

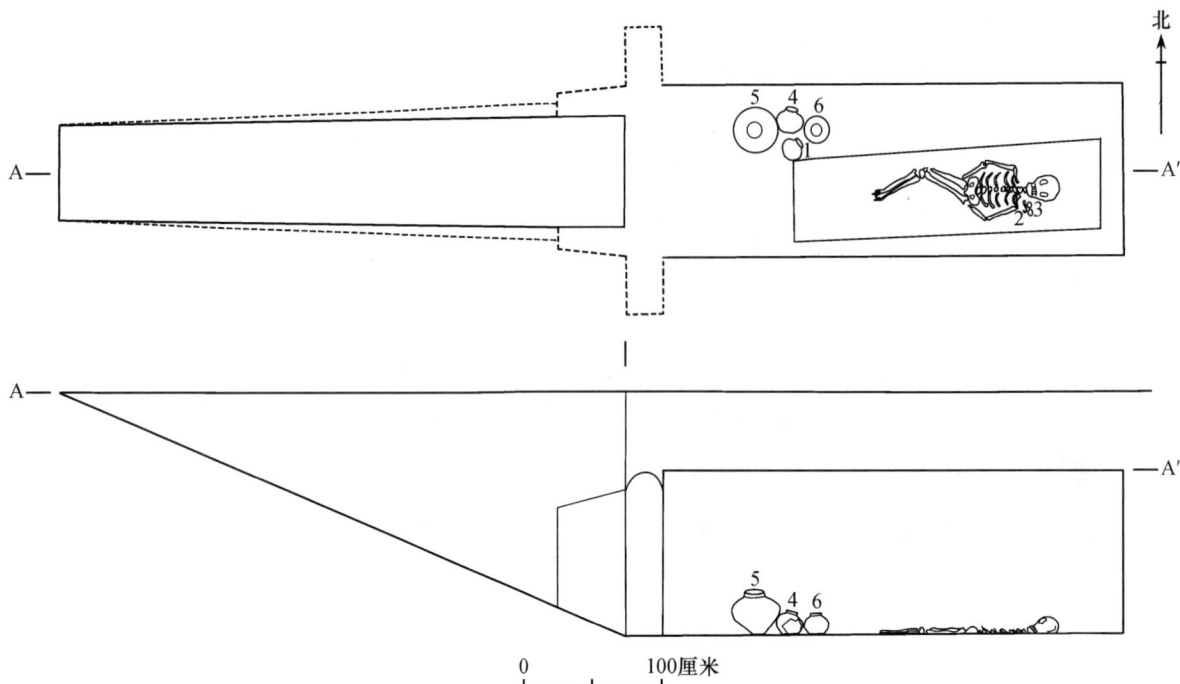

图一五一　Ⅰ区M54平、剖面图
1、4~6.陶罐　2.铜带钩　3.铜钱

封门　木板封门，南北两壁有封门槽。槽高1.16、宽0.26、进深0.40米。

葬具　木棺1具，已朽成灰，仅存棺痕，长1.33，宽0.60~0.62米。

葬式　骨架1具，保存较好，头向东，面向上，仰身曲肢。

2. 出土器物

该墓出土器物5件，另有铜钱3枚。质地有陶、铜两种，分述如下。

陶器　4件，均为泥质灰陶罐。

罐　4件（M54：1、4、5、6），形制相同。侈口，矮领，圆鼓腹，平底。标本M54：1，平沿，尖圆唇，口径10.8、腹径17.4、底径9.4、高16厘米（图一五二，2）。标本M54：5，直口，平沿，尖圆唇，短束颈，斜鼓肩，折腹，下腹斜内收，大平底。口径11.5、腹径30、底径18.6、高28.2厘米（图一五二，1）。标本M54：4，圆唇，口径10.4、腹径17.4、底径8.7、高16.5厘米（图一五二，3）。

铜带钩　1件，标本M54：2，曲棒形，素面，帽形钮。通长6.25厘米（图一五二，4）。

铜钱　3枚，均为五铢钱。圆形，方穿，穿背面有郭，有穿下一星记号，穿之两侧有篆文"五铢"二字（按：年代为武、昭时期）（图一五二，5、6）。

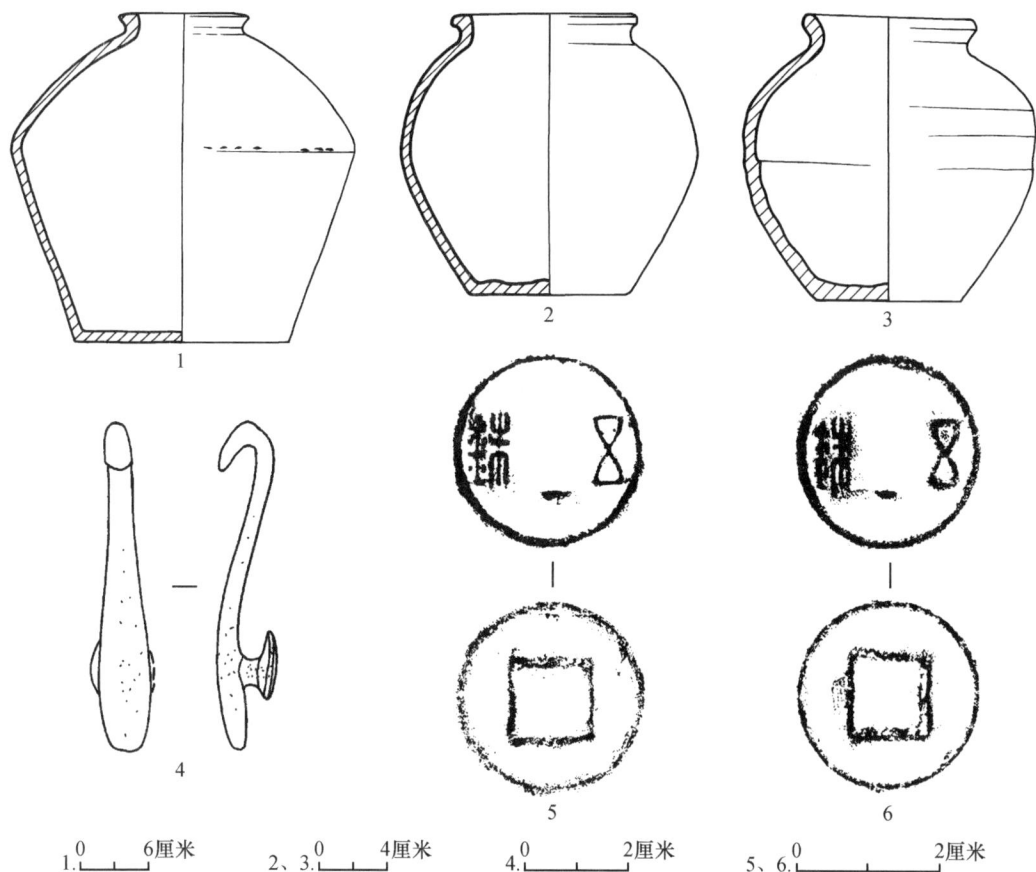

图一五二　Ⅰ区M54出土器物

1～3. 陶罐（M54：5、1、4）　4. 铜带钩（M54：2）　5、6. 铜钱（M54：3-2、3）

第五十五节　M55

1. 墓葬形制

M55，位于第二阶地东部，探方T0906内，南与M40、M41并列，东背对M11等一组墓葬，西有M60等一组墓葬。方向270度。形制为竖穴墓道土洞墓，由墓道、甬道、墓室三部分组成（图一五三）。

墓道　位于墓室西端，平面近似长方形，壁面较直，北壁有两处脚窝，南壁仅一处脚窝，宽0.20、高0.14、进深0.10米。墓道长1.74、宽0.65～0.75、底距开口深2.12米。墓道内填五花土，土质疏松，未经夯打。

甬道　位于墓道和墓室之间，平面呈梯形，拱顶土洞，长0.65、宽0.65～1.30、高1.26米。

墓室　平面近长方形，拱顶土洞。墓室长3.52、宽1.30、高1.27米。该墓未经盗扰，器物主要出土于墓室西北部，计有陶罐1、陶灶1套（甑1）。

封门　木板封门，南北两壁有封门槽。槽宽0.25、深0.20、残高1.25米。

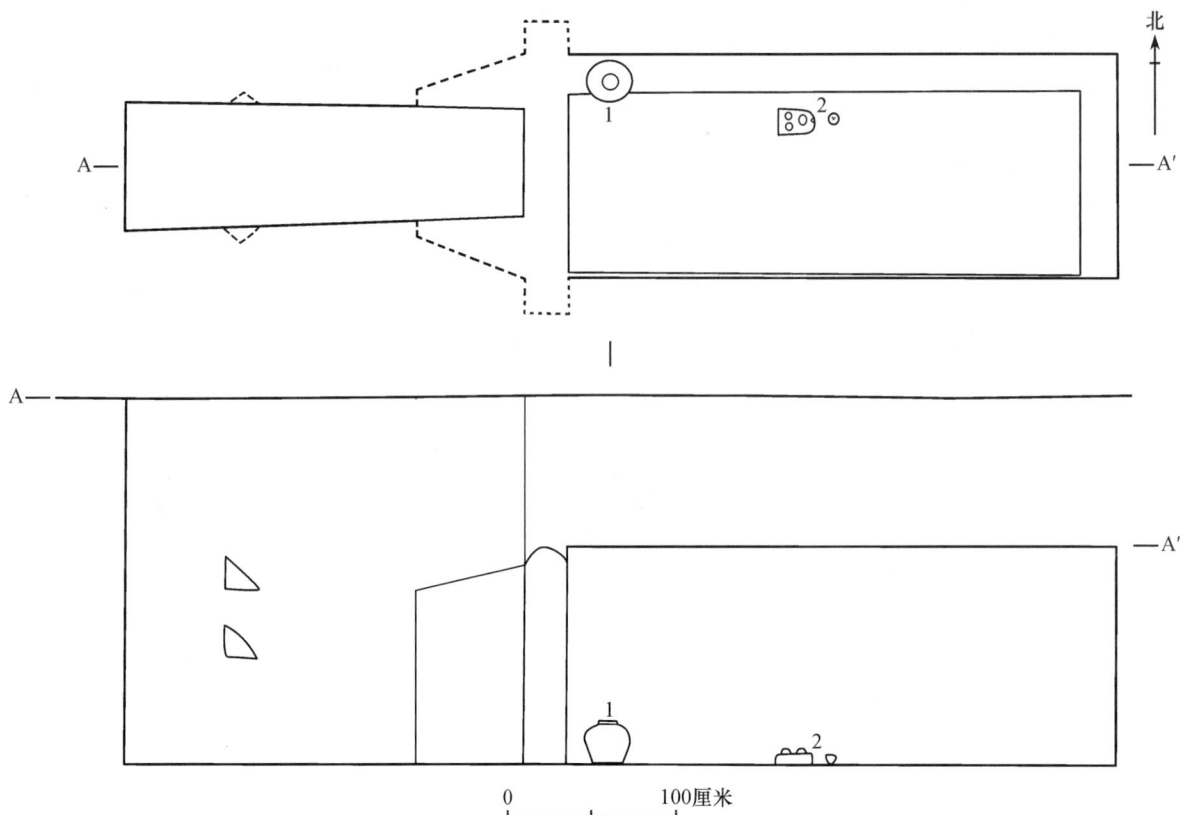

图一五三　Ⅰ区M55平、剖面图
1. 陶罐　2. 陶灶1套（甑1）

葬具　木棺1具，尺寸不详。

葬式　保存较差，葬式不可辨。

2. 出土器物

该墓出土器物3件，均为泥质灰陶器，器类有罐、灶、甑。

罐　1件，标本M55：1，直口，双唇，矮领，鼓肩，鼓腹，平底稍内凹，肩部饰一周"之"字纹，腹部饰两周麻点纹，器表磨光。口径17、腹径30.6、底径17.4、高23.2厘米（图一五四，1）。

灶　1件，标本M55：2-1，灶体平面呈马蹄形，前方后圆，灶面三釜呈"品"字形分布，尾部有短柱形烟囱，前端有方形落地灶门，两侧模印对角多重半菱形纹，上部多重波折纹，侧壁菱形网格纹，灶面釜间模印多重"人"字纹。灶面、灶壁分体模制而后粘结，釜之肩部与灶面一次性模制而成，腹模制而后粘结于相应的位置。长15、宽15.4、高7.4厘米（图一五四，2）。

甑　1件，与灶配套。标本M55：2-2，敞口，平沿，方唇，斜直腹，小平底，底部有三个箅孔。模制，内壁留有手指痕。口径6、底径1.4、高4.1厘米（图一五四，3）。

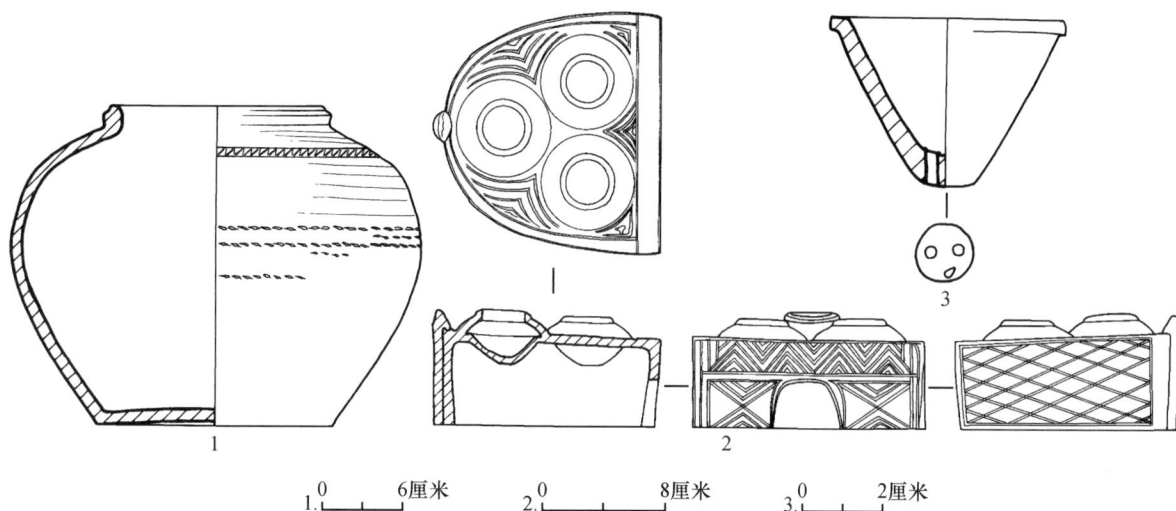

图一五四　Ⅰ区M55出土器物
1. 陶罐（M55：1）　2. 陶灶（M55：2-1）　3. 陶甑（M55：2-2）

第五十六节　M56

1. 墓葬形制

M56，位于第二阶地东部偏南，探方T0905内，西与M57并穴合葬，且打破M57。方向20度。形制为斜坡墓道土洞墓，由墓道、墓室两部分组成（图一五五）。

墓道　位于墓室北端，平面呈长方形，底呈斜坡状，壁面较直，开口残长1.90、宽0.90～1.0、底距开口深1.20米。墓道内填五花土，土质疏松，未经夯打。

墓室　平面呈梯形，拱顶土洞，墓室底部呈缓斜坡状，北高南低。墓室长2.60、宽1.10～1.40、残高0.88～1.10米。该墓被盗扰，出土器物主要有陶罐2、铜柿蒂形棺饰34、铅马衔镳1、铅扣饰1、铜钱4。

封门　土坯封门，封门塌毁严重，土坯砖尺寸40厘米×18厘米×8厘米。封门长0.90、宽0.40、高0.40米。

葬具　木棺1具，已朽成灰，棺长2.04、宽0.50、残高0.02米。

葬式　扰乱严重，葬式不详。

2. 出土器物

该墓出土器物38件，另有铜钱4枚。质地有陶、铜、铅三种，分述如下。

陶罐　2件（M56：1、2），形制相同。侈口，平沿，尖圆唇，圆鼓肩，下腹弧收，平底。肩部饰有一周"之"字纹。标本M56：1，口径13、腹径21.2、底径13.2、高17.2厘米（图一五六，1）。

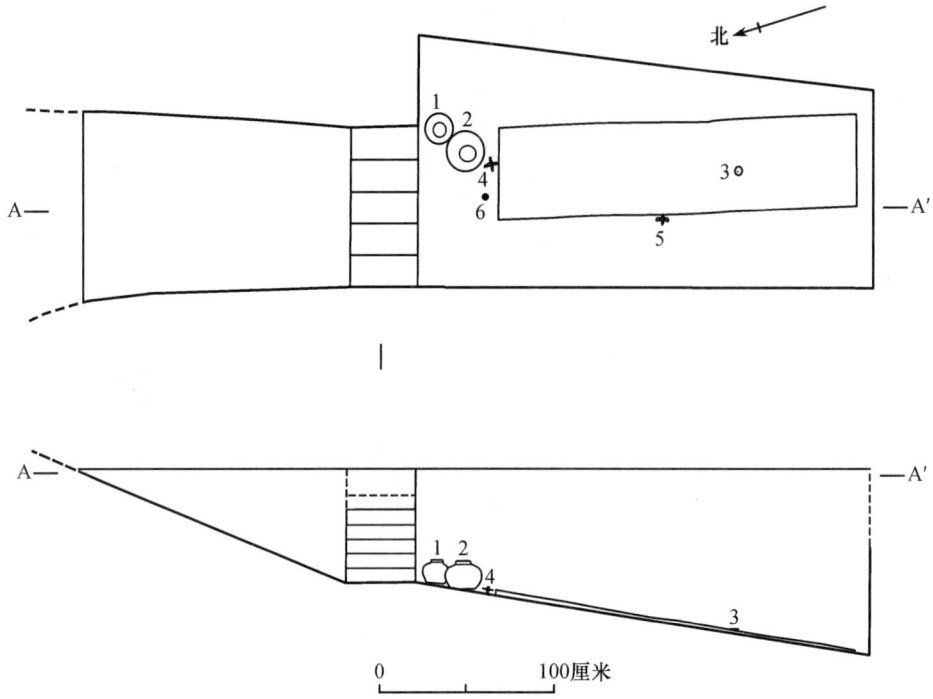

图一五五　Ⅰ区M56平、剖面图

1、2.陶罐　3.铜钱　4.铅马衔镳　5.铜柿蒂形棺饰　6.铅扣饰

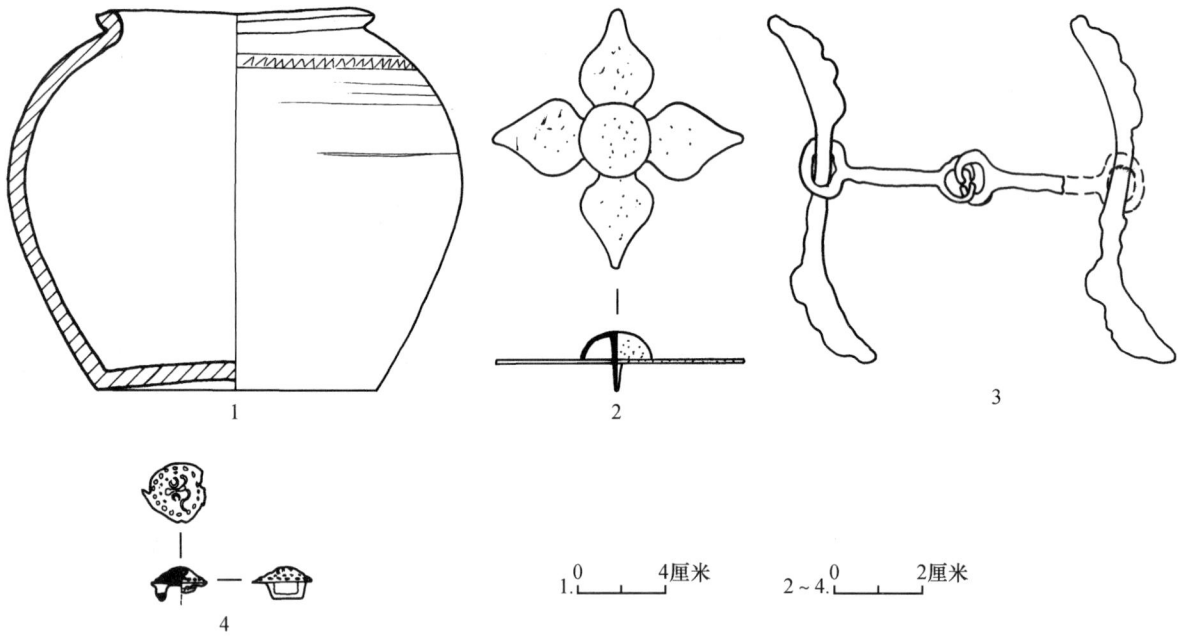

图一五六　Ⅰ区M56出土器物

1.陶罐（M56∶1）　2.铜柿蒂形棺饰（M56∶5）　3.铅马衔镳（M56∶4）　4.铅扣饰（M56∶6）

铜柿蒂形棺饰　34件，形制相同。标本M56：5，柿蒂形，与泡钉同出。对角长5.2、泡径1.65、高1.7厘米（图一五六，2）。

铅器　2件，为马衔镳、扣饰。

马衔镳　1件，标本M56：4，衔，两节连成，每节两端为环形，相互咬合，长9.25厘米。镳，略呈"S"形，中间有两小孔，长7.7厘米（图一五六，3）。

扣饰　1件，标本M56：6，圆帽状，帽顶饰草叶、圆点纹，帽下有对称长方形扣。帽径1.3、高0.75厘米（图一五六，4）。

铜钱　4枚，均为五铢钱。圆形，方穿，穿背面有郭，部分有穿下一星记号，穿之两侧有篆文"五铢"二字（按：年代为武、昭时期）（图一五七）。

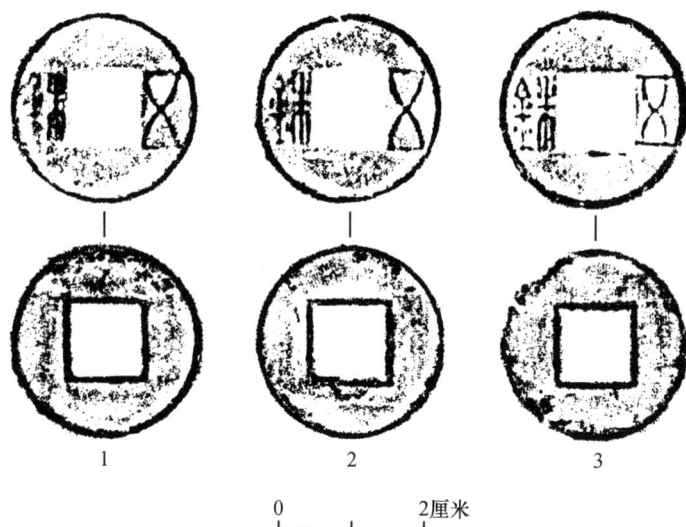

图一五七　Ⅰ区M56出土铜钱
1. M56：3-1　2. M56：3-2　3. M56：3-3

第五十七节　M57

1. 墓葬形制

M57，位于第二阶地东部偏南，探方T0905内，墓道延伸至T0906，东与M56并穴合葬，且被M56打破。方向5度。形制为竖穴墓道土洞墓，由墓道、墓室、小龛三部分组成（图一五八；图版一九，3、4）。

墓道　位于墓室北端，平面呈长方形，壁面较直，开口长2.60、宽0.64、底距开口深2.57米。墓道内填五花土，土质疏松，未经夯打。

墓室　平面略呈长方形，北宽南窄，拱顶土洞。墓室长2.80、宽0.75~1.04、残高1.22米。在墓室西壁靠近封门处有一小龛，拱顶土洞，宽0.70、进深0.15、高0.62米。该墓未被盗扰，器物主要出土于墓室北部西侧及小龛内，计有陶钫2、陶缶1、陶灶1套（盆1、甑1）、铜盖弓

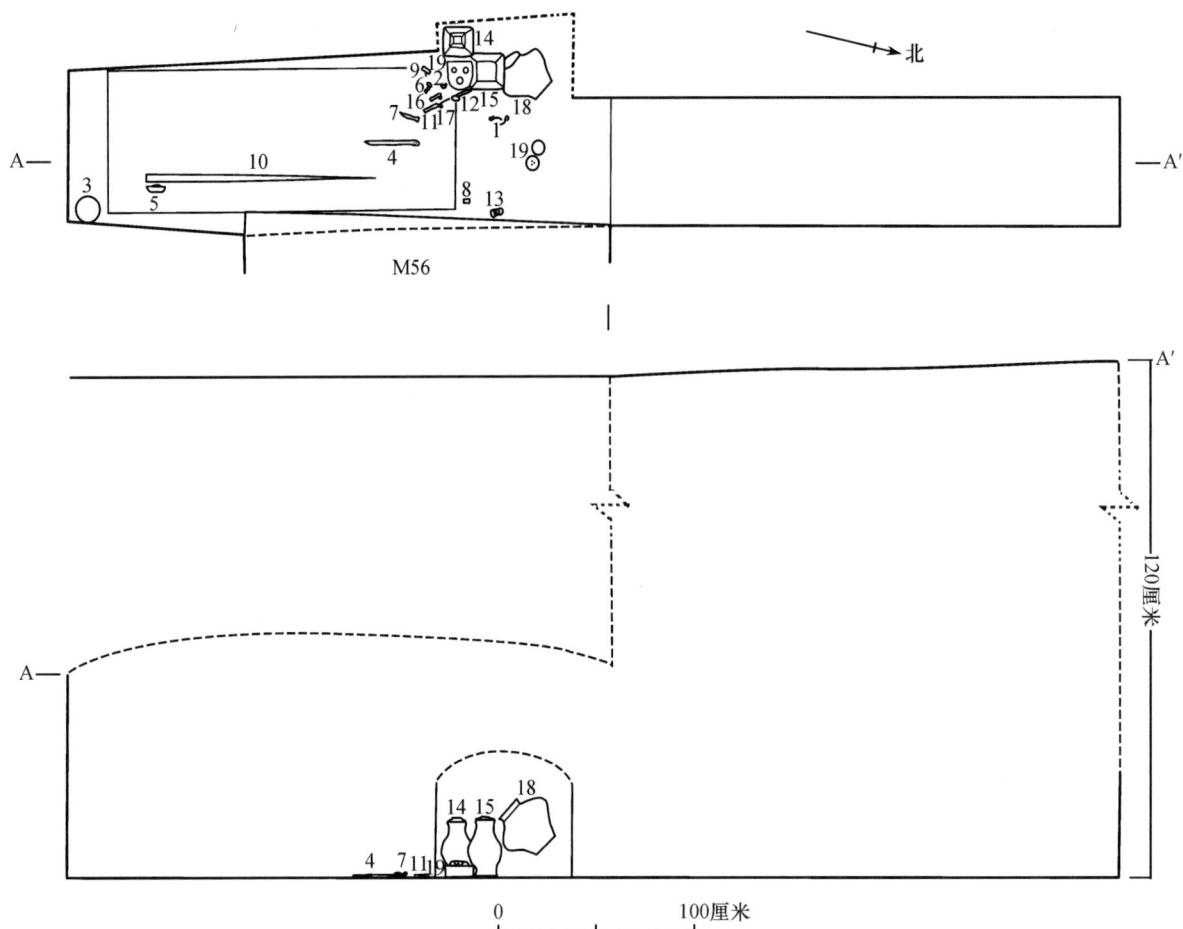

图一五八　Ⅰ区M57平、剖面图

1. 铜带钩　2. 铜印章　3. 铜镜　4. 铁削　5. 石剑璏　6~8、11、12、16、17. 铜饰　9. 铜盖弓帽　10. 铁剑　13. 铜钱
14、15. 陶钫　18. 陶缶　19. 陶灶1套（盆1、甑1）

帽1、铜带钩3、铜印章1、铜饰7、铜镜1、铁削3、铁剑2、石剑璏1、铜钱12。

葬具　木棺1具，已朽成灰，棺长1.80、宽0.70米。

葬式　骨架保存差，葬式不可辨。

2. 出土器物

该墓出土器物25件，另有铜钱12枚。质地有陶、铜、石、铁四种，分述如下。

陶器　6件，均为泥质灰陶，器类有钫、缶、灶、甑、盆。

钫　2件（M57：14、15），盖，覆斗形，子母口；器身，侈口，平沿，束颈，鼓腹，高圈足稍外撇（内有粟），腹部模印铺首衔环。通体饰白彩（局部已脱落），盖，顶部白彩绘卷云纹，四坡两周白带之间一周粗细相间白色彩带，边缘绘一周红彩带，器身颈、肩、腹及圈足各一组（红、白各一道）彩带，颈部两组彩带间饰红白彩倒三角及卷云纹，肩部两组彩带间彩绘脱落严重，可辨其为红彩卷云纹。标本M57：14，盖径10.8、器身口径9.3、腹径17.1、足径

10.1、足高3.9、通高32.7厘米（图一五九，1）。

　　缶　1件，标本M57：18，小口，平沿，尖唇，广斜肩，中腹有一周宽带，饰三周米粒纹，下腹内曲，平底稍内凹。肩部一周竖绳纹带。口径12、腹径30.9、底径19.2、高27厘米（图一五九，2）。

　　灶　1件，标本M57：19-1，灶体平面呈马蹄形，前方后圆，灶面三釜呈"品"字形分布，尾部有短柱形烟囱，前端有方形落地灶门，周围模印菱形网格纹。灶面、灶壁分体模制而后粘结，釜之肩部与灶面一次性模制而成，腹模制而后粘结于相应的位置。长17.4、宽16.5、高8.8厘米（图一五九，3）。

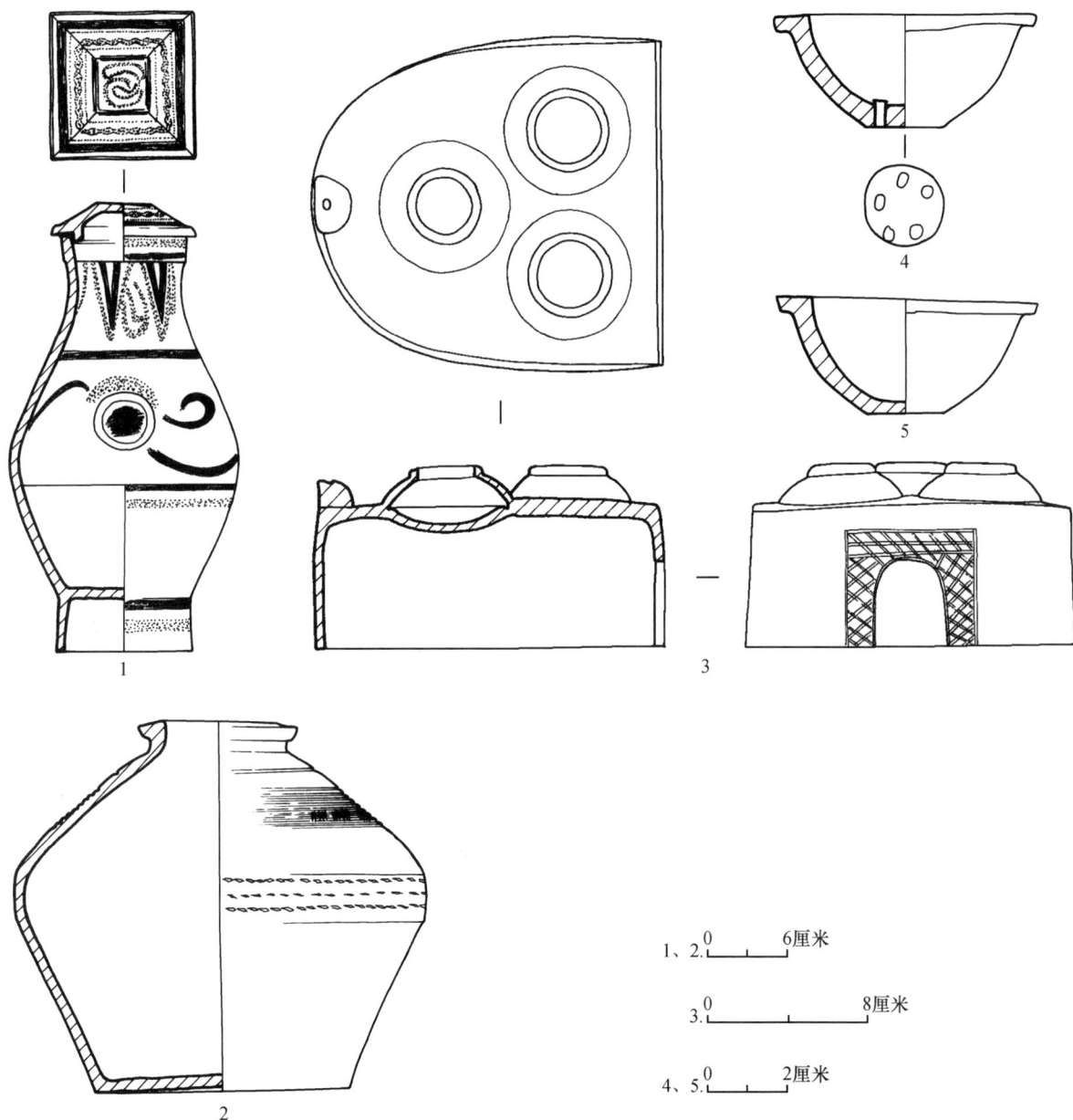

1、2. |———0———6厘米

3. |———0———8厘米

4、5. |———0———2厘米

图一五九　Ⅰ区M57出土器物（一）

1. 陶钫（M57：14）　2. 陶缶（M57：18）　3. 陶灶（M57：19-1）　4. 陶甑（M57：19-3）　5. 陶盆（M57：19-2）

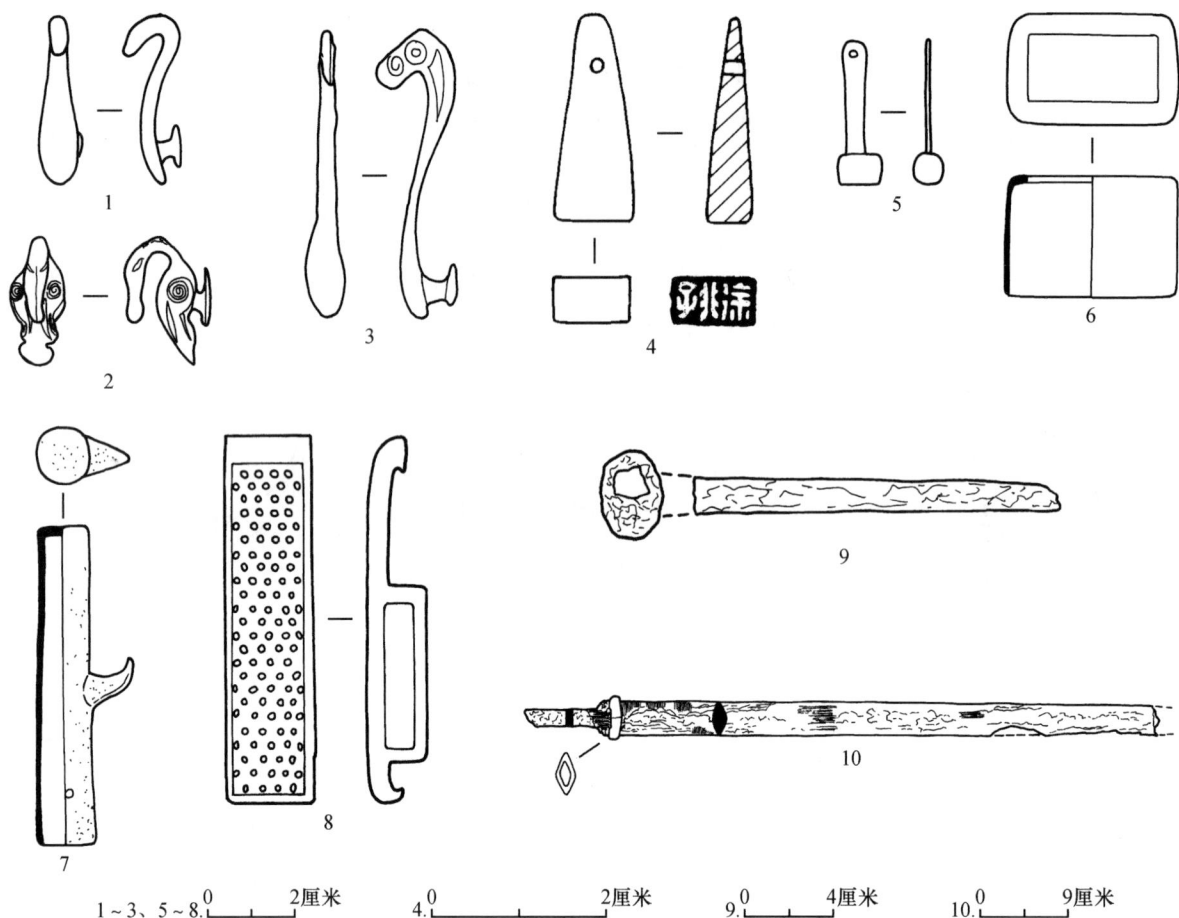

图一六〇　Ⅰ区M57出土器物（二）

1～3. 铜带钩（M57：1-1～3）　4. 铜印章（M57：2）　5、6. 铜饰（M57：7、8）　7. 铜盖弓帽（M57：9）
8. 石剑彘（M57：5）　9. 铁削（M57：4-1）　10. 铁剑（M57：10）

甑　1件，与灶配套。标本M57：19-3，敞口，平沿，尖唇，弧腹，小平底，底部有五个箅孔。口径6.7、底径2、高2.8厘米（图一五九，4）。

盆　1件，与灶配套。标本M57：19-2，敞口，平沿，尖圆唇，弧腹，小平底内凹。口径6.6、底径1.9、高2.9厘米（图一五九，5）。

铜器　13件，器类有镜、带钩、印章、盖弓帽和铜饰。

带钩　3件，标本M57：1-1，鸭形，兽首，帽形钮。通长3.8厘米（图一六〇，1）。标本M57：1-2，鸭形，整体饰以鸭形刻纹，帽形钮。长2.85厘米（图一六〇，2）。标本M57：1-3，曲棒形，钩首扁平，有一三角形开口，两卷云纹图案，帽形钮，位于钩尾末端。长6.4厘米（图一六〇，3）。

印章　1件，标本M57：2，呈四棱锥形，上方有一穿孔，印面阴刻三字"徐非子"，印面长0.57、宽0.34、高2.25厘米（图一六〇，4；彩版二四，3、4）。

铜饰　7件，标本M57：6、7、11、12、16、17，均呈勺状，柄部宽扁，末端有一穿孔，柄稍呈圆柱体。标本M57：7，长3.3（图一六〇，5）。标本M57：8，总体呈长方体，中空，上方有向内折沿，长4.0、宽2.5、高2.7、折沿0.5（图一六〇，6；彩版五三，3）。

盖弓帽　1件，标本M57∶9，圆柱形，一端封闭，中部有一倒刺，下方有一穿孔，长7.0、直径1.2～1.3厘米（图一六〇，7）。

铜镜　1面，标本M57∶3，草叶纹镜，圆形，半圆钮，圆形座，镜面微凸，内向十六连弧纹缘。钮座外一凹面圈带，圈带外均匀伸出四叶，分别指向四个带圈座乳突，每一乳突也各有一叶伸向外侧。四乳突分镜面四区，每区两垂直草叶纹，两草叶间填一"V"形饰。面径10.3、背径10.10、钮宽1.30、缘宽0.70、缘厚0.30厘米，重108克（图一六一；彩版三〇，2）。

铁器　5件，为铁削、铁剑。

铁削　3件，形制相同，直背，直刃，环首柄。标本M57∶4-1，长21.2（图一六〇，9）。

铁剑　2件，标本M57∶10，带菱形铜剑格，残长65.4厘米（图一六〇，10；图版一七四，2）。

石剑彘　1件，标本M57∶5，白色，正面长方形，微弧外凸，两端内卷，背有近长方形穿，正面饰以乳钉纹。长8.1、宽2.1、厚1.4、穿长3.2、宽0.7厘米（图一六〇，8；彩版五六，4）。

铜钱　12枚，均为五铢钱，圆形方穿，穿背面有郭，部分穿上有一横郭，穿之两侧有篆文"五铢"二字（按：年代为武、昭时期）（图一六二）。

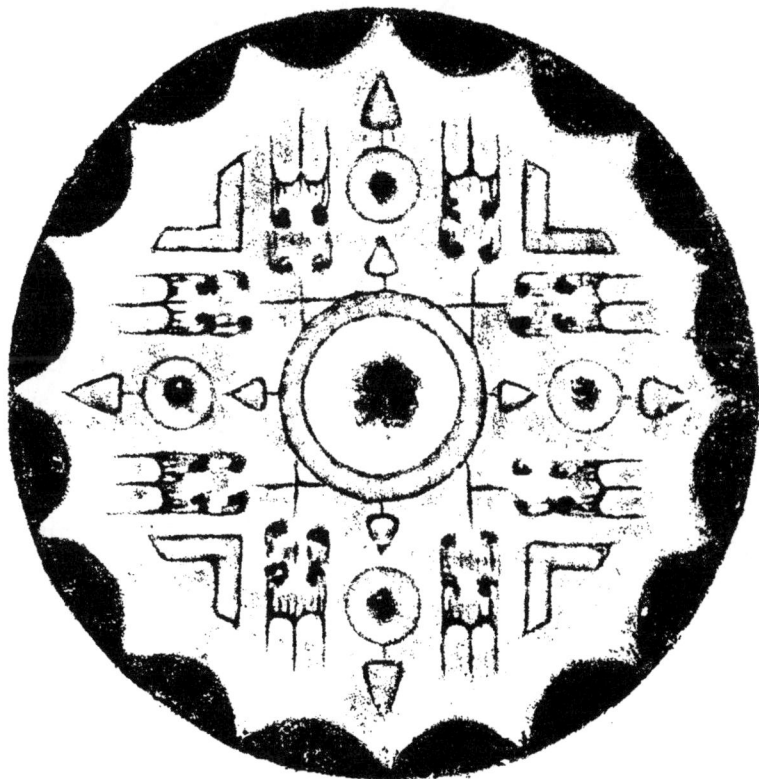

0   2厘米

图一六一　Ⅰ区M57出土铜镜（M57∶3）

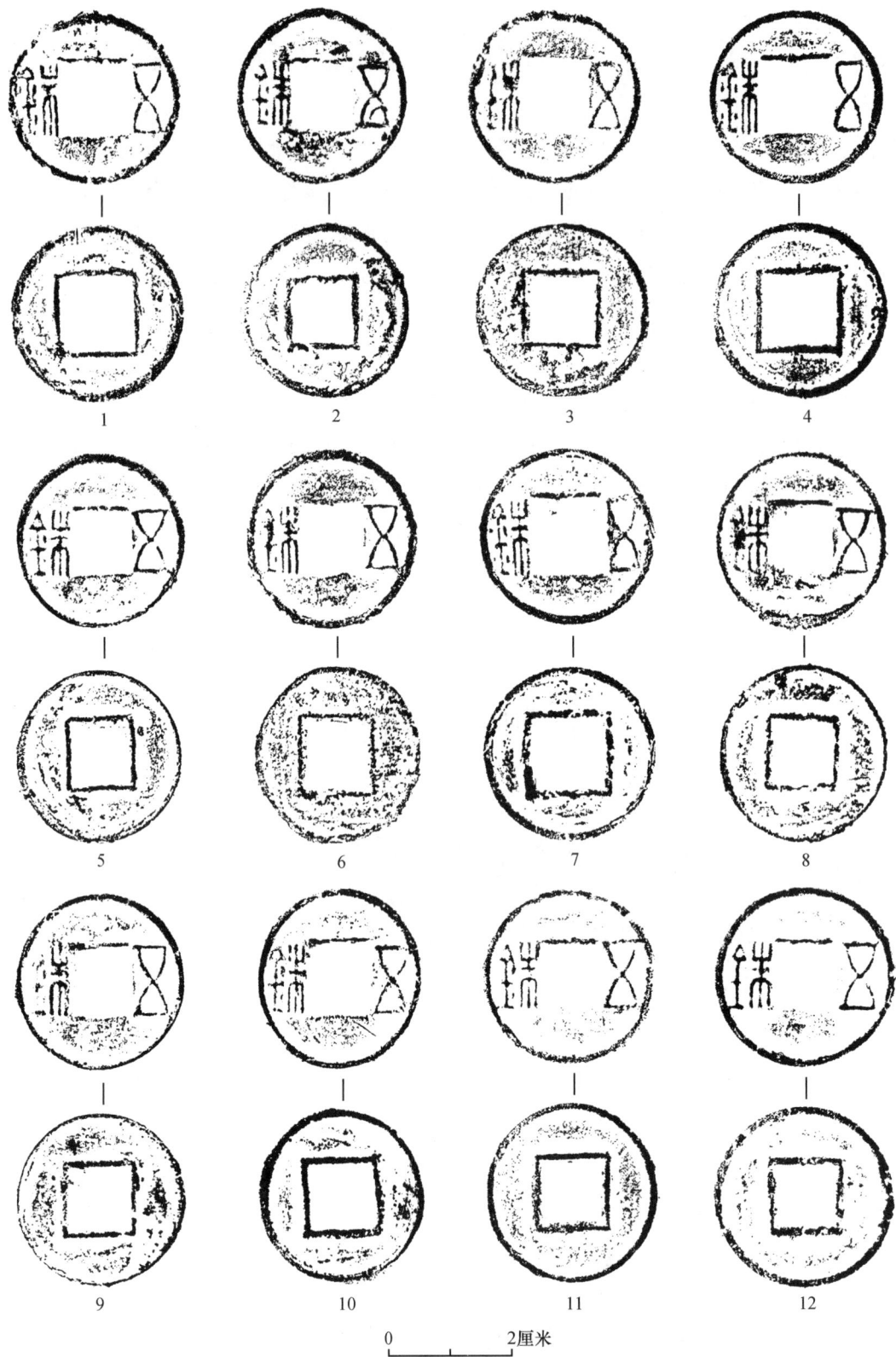

图一六二　Ⅰ区M57出土铜钱

1. M57：13-1　2. M57：13-2　3. M57：13-3　4. M57：13-4　5. M57：13-5　6. M57：13-6　7. M57：13-7　8. M57：13-8
9. M57：13-9　10. M57：13-10　11. M57：13-11　12. M57：13-12

第五十八节　M58

1. 墓葬形制

　　M58，位于墓地东部偏南，探方T1005内，东邻M49，西邻M56，基本为东西一排。方向170度。形制为竖穴墓道土洞墓，由墓道、小龛、墓室三部分组成（图一六三）。

　　墓道　位于墓室的南端，平面呈长方形，壁面较直，开口长2.50、宽0.74～0.80、底距开口深3.10米。墓道内填五花土，土质疏松，未经夯打。

　　墓室　平面呈长方形，拱顶土洞，靠近墓室口处西壁有一平面呈长方形小龛，拱顶土洞，长0.82、进深0.38、高0.60米。墓室长2.64、宽0.80～0.90、残高0.60米。该墓被盗扰，器物主

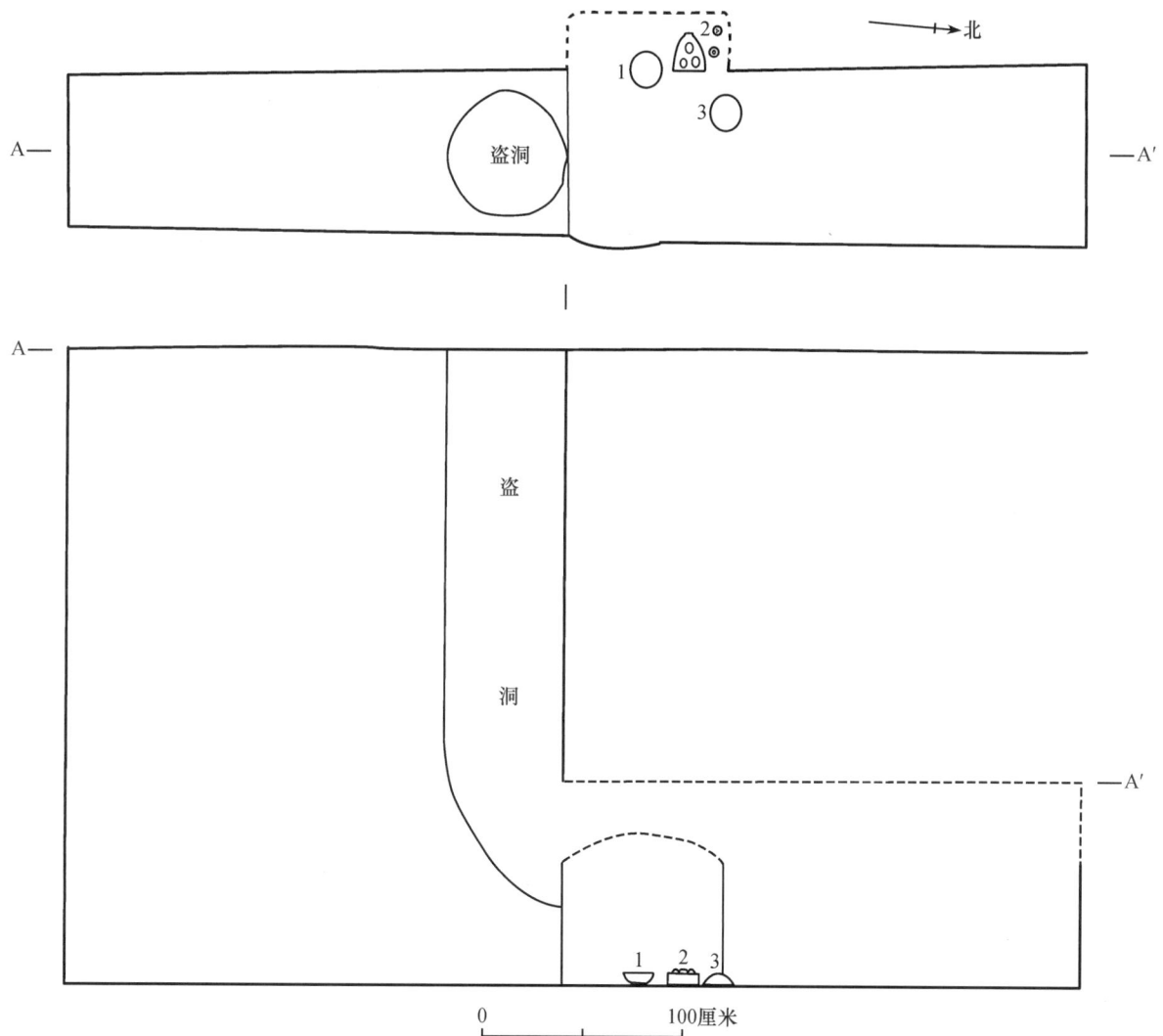

图一六三　Ⅰ区M58平、剖面图
1.陶盒盖　2.陶灶1套（盆1、甑1）　3.陶鼎盖

1 ~ 3. |0___4厘米　4、5. |0___2厘米

图一六四　Ⅰ区M58出土器物

1.陶鼎盖（M58：3）　2.陶盒盖（M58：1）　3.陶灶（M58：2-1）　4.陶甑（M58：2-2）　5.陶盆（M58：2-3）

要出土于小龛及墓室南部，计有陶鼎盖1、陶盒盖1、陶灶1套（盆1、甑1）。

封门　不详。

葬具　木棺1具，尺寸不详。

葬式　盗扰严重，葬式不详。

盗洞　1处，位于墓道的末端，自上而下进入墓室，平面呈圆形，直径约0.60米。

2. 出土器物

该墓出土器物5件，均为泥质灰陶器，器类有鼎盖、盒盖、灶、盆、甑。

鼎盖　1件，标本M58：3，覆钵形，弧顶，通体饰红白彩，顶部用红白彩绘三组大弧线卷云纹，边缘用红白彩绘两周环带纹。口径17.7、高5.4厘米（图一六四，1）。

盒盖　1件，标本M58：1，浅覆钵形，顶有矮圈足捉手。盖面施红、白彩绘，剥落严重，可辨有卷云纹等。口径17.4、高5.7厘米（图一六四，2）。

灶　1件，标本M58：2-1，灶体平面呈马蹄形，前方后圆，灶面三釜呈"品"字形分布，前端一釜大于后端两釜，尾部有短柱形烟囱，前端有方形落地灶门，周围模印多重菱形纹。灶面、灶壁分体模制而后粘结，釜之肩部与灶面一次性模制而成，腹模制而后粘结于相应的位置。长18.4、宽16.5、高9.1厘米（图一六四，3）。

甑　1件，与灶配套。标本M58：2-2，敞口，平沿，方唇，弧腹，小平底，底部有四个箅孔。口径7、底径2、高2.9厘米（图一六四，4）。

盆　1件，与灶配套。标本M58：2-3，敞口，平沿，方唇，弧腹，小平底内凹。口径6.2、底径1.8、高2厘米（图一六四，5）。

第五十九节　M59

1. 墓葬形制

M59，位于第二阶地东北部，探方T0806内，东与M60并穴合葬，西侧与M39、M64并列。方向225度。形制为斜坡墓道土洞墓，由墓道、过洞、天井、甬道、墓室五部分组成（图一六五；图版二〇，1、2）。

墓道　位于墓室的西南端，平面呈梯形，壁面较直，底部略宽于开口，呈斜坡状。开口残长4.20、宽0.60～0.80、坡长10.40、底距开口深0～3.40米，坡度30度。墓道内填五花土，土质疏松，未经夯打。

过洞　位于墓道和天井之间，平面呈长方形，底呈斜坡状，长0.22、宽0.82、高1.30米。

天井　位于甬道和过洞之间，平面呈长方形，壁面较直，底呈斜坡状，长1.48、宽0.56、底距开口深3.50～3.90米。

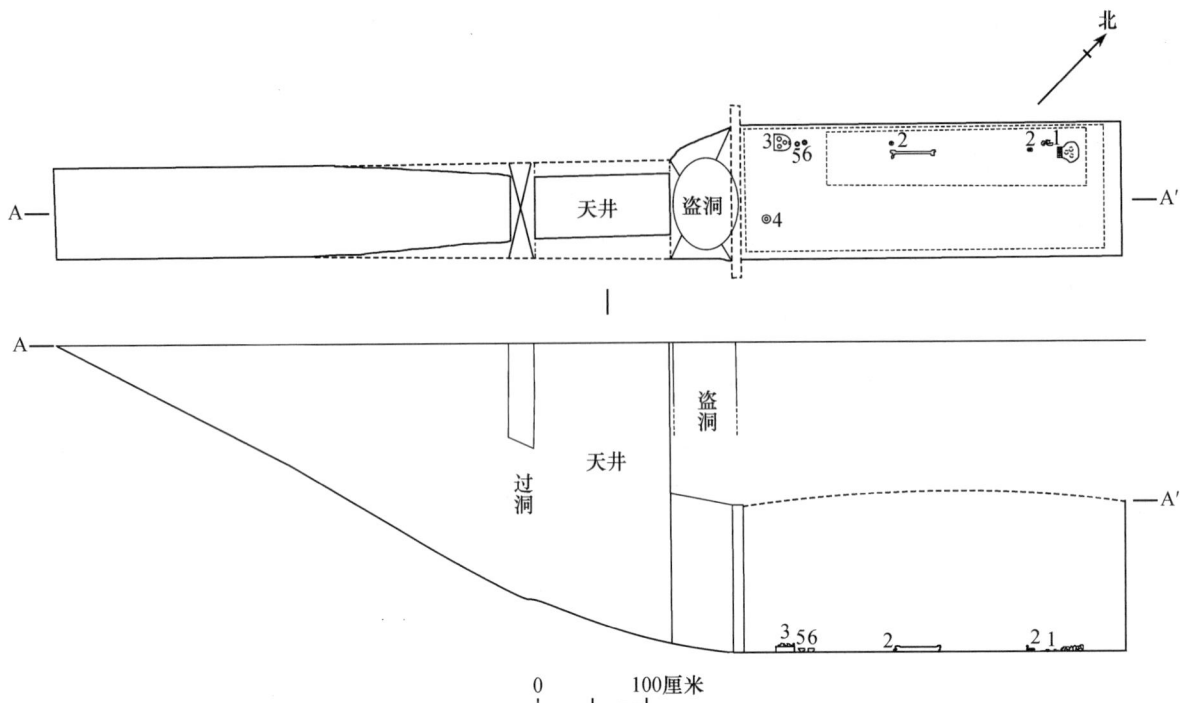

图一六五　Ⅰ区M59平、剖面图

1.铜带钩　2.铜钱　3.陶灶　4.陶罐　5.小陶盆　6.小陶甑

　　甬道　位于天井北端，平面呈梯形，拱顶土洞，因遭盗扰，高度不详。长0.54、宽0.88～1.18米。

　　墓室　平面呈长方形，拱顶土洞。墓室长3.56、宽1.20、残高1.40米。该墓被盗扰，器物主要出土于墓室前部西侧及棺内，计有陶罐1、陶灶1套（盆1、甑1）、铜带钩1、铜钱10。

　　封门　木板封门，墓室口处南北两壁有凹槽，槽内有朽木痕迹。宽0.14、进深0.10～0.18、高1.30米。

　　葬具　一棺一椁，仅存棺椁痕迹。椁长3.28、宽1.10米，棺长2.36、宽0.48～0.54米。

　　葬式　骨架1具，保存较差，已成粉末状，可辨其头向北，仰身直肢葬。

　　盗洞　1处，位于甬道处，自上而下进入墓室，平面呈椭圆形，直径约0.57～0.80米。

2. 出土器物

　　该墓出土器物5件，另有铜钱10枚。质地有陶、铜两种，分述如下。

　　陶器　4件，均为泥质灰陶，器类有罐、灶、甑、盆。

　　罐　1件，标本M59：4，侈口，圆唇，束颈，鼓腹，平底。口径11.8、腹径17.2、底径10.4、高13.6厘米（图一六六，1）。

　　灶　1件，标本M59：3，灶体平面呈马蹄形，前方后圆，灶面三釜呈"品"字形分布，尾部有短柱形烟囱，前端有方形落地灶门，周围模印三重方框。灶面、灶壁分体模制而后粘结，釜之肩部与灶面一次性模制而成，腹模制而后粘结于相应的位置。长16.2、宽13.6、高7.4厘米

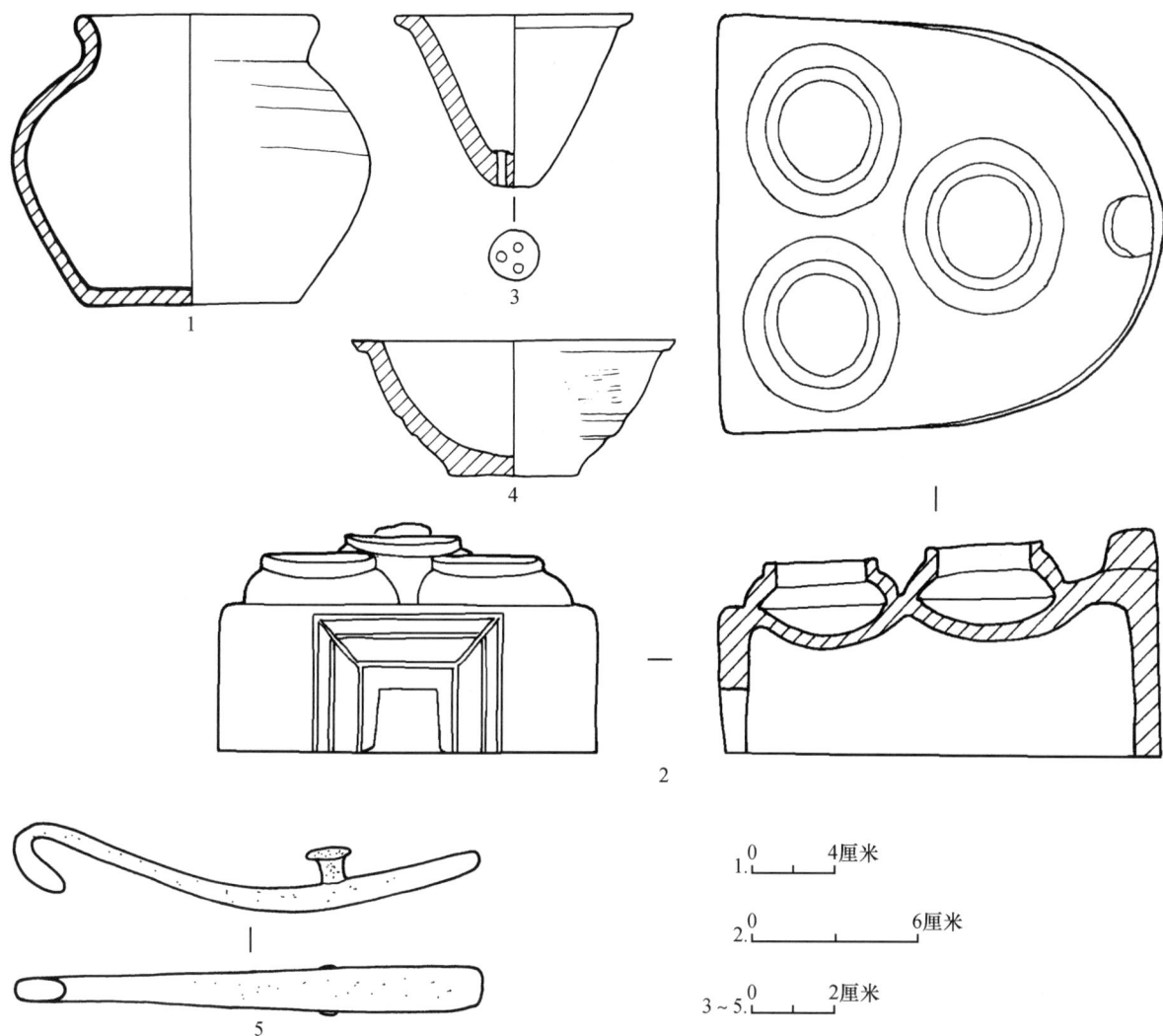

图一六六　Ⅰ区M59出土器物

1.陶罐（M59：4）　2.陶灶（M59：3）　3.陶甑（M59：6）　4.陶盆（M59：5）　5.铜带钩（M59：1）

（图一六六，2）。

　　甑　1件，与灶配套，标本M59：6，敞口，平沿，尖唇，斜直腹，小平底，底部有三个箅孔。口径5.8、底径1.2、高4厘米（图一六六，3）。

　　盆　1件，与灶配套。标本M59：5，敞口，平沿，尖唇，弧腹，腹部有一道折棱，小平底。口径8、底径3.2、高3.5厘米（图一六六，4）。

　　铜带钩　1件，标本M59：1，曲棒形，素面，帽形钮。通长11.4厘米（图一六六，5）。

　　铜钱　10枚，均为五铢钱，圆形方穿，穿背面有郭，部分穿上有一横郭或穿下有一星纹，穿之两侧有篆文"五铢"二字（按：年代为武、昭时期）（图一六七）。

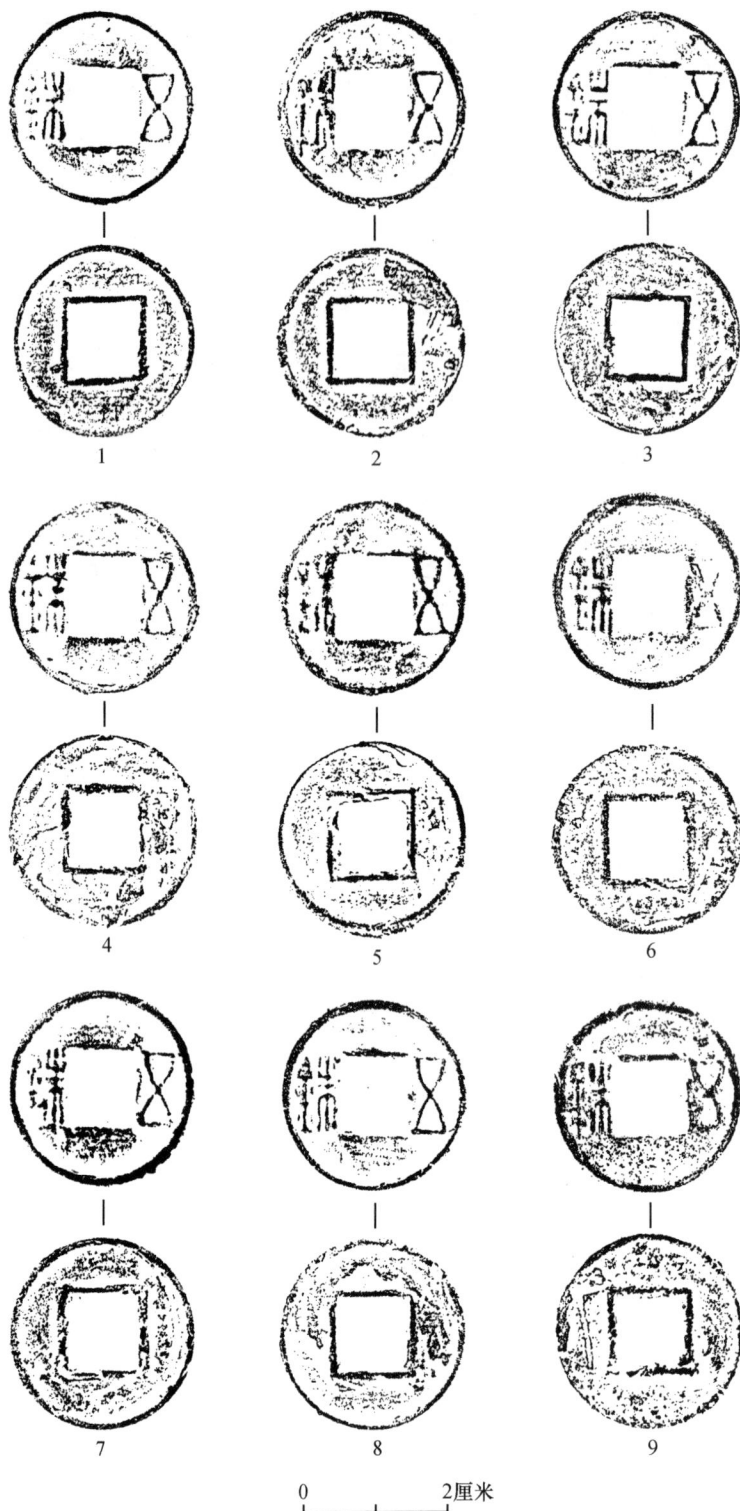

0　　　　2厘米

图一六七　Ⅰ区M59出土铜钱

1. M59：2-1　2. M59：2-2　3. M59：2-3　4. M59：2-4　5. M59：2-5　6. M59：2-7　7. M59：2-8　8. M59：2-9　9. M59：2-10

第六十节　M60

1. 墓葬形制

M60，位于第二阶地东北部，探方T0906内，墓道延伸至T0806，西与M59并穴合葬。方向210度。形制为斜坡墓道土洞墓，由墓道、过洞、天井、甬道、墓室五部分组成（图一六八；图版二○，3、4）。

墓道　位于墓室南端，平面呈长方形，底呈斜坡状，壁面较直，开口残长3.50、宽0.60～0.80、坡长3.90、底距开口深0～1.66米，坡度23度。墓道内填五花土，土质疏松，未经夯打。

过洞　位于墓道和天井之间，拱顶土洞，底呈斜坡状，长1.0、宽0.52、拱顶高1.10米。

天井　位于过洞和甬道之间，平面呈长方形，较墓道略向西偏离。底呈斜坡状，壁面较直。长1.48、宽0.52～0.64、底距开口深1.90～2.60米。

甬道　位于天井北端，平面呈梯形，拱顶土洞，长0.42、宽0.64～0.92、高1.20米。

墓室　平面呈长方形，拱顶土洞，南部东西两壁内斜。墓室长3.30、宽1.0、高1.20米。该墓葬未经盗扰，器物主要出土于墓室南侧靠近封门处，计有陶鼎盖1、陶盒2、陶罐3、陶灶1套（甑1）。

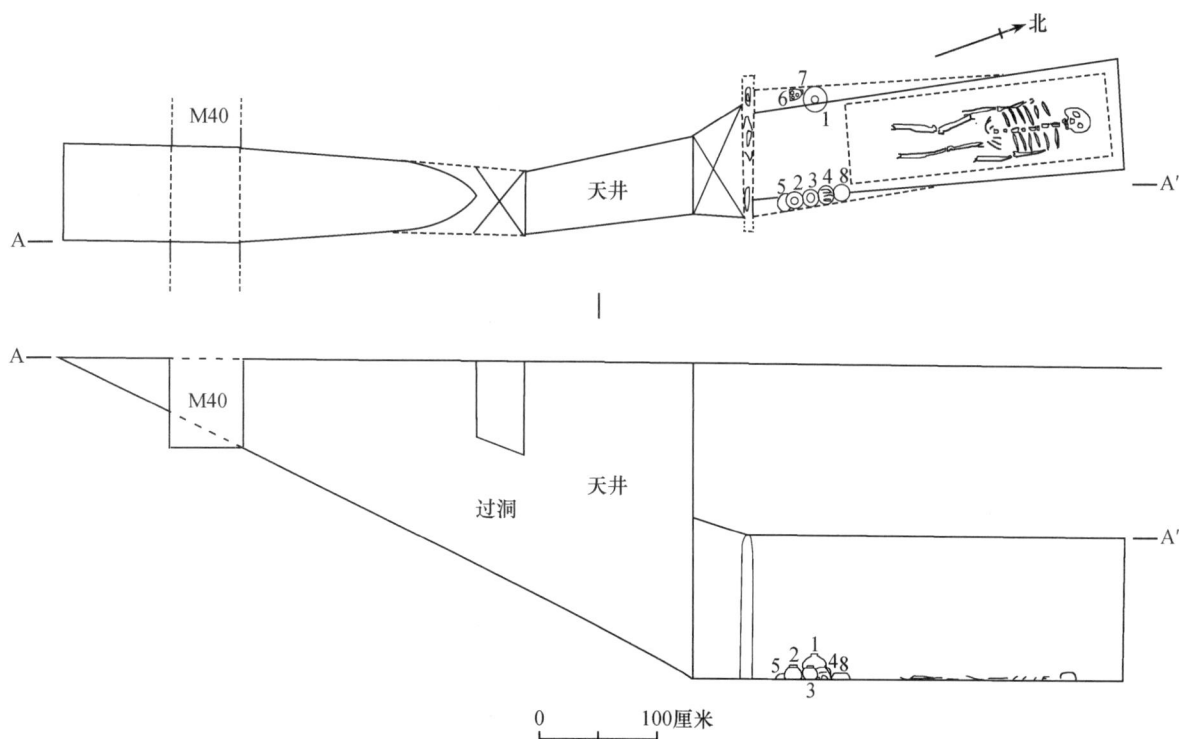

图一六八　Ⅰ区M60平、剖面图

1～3. 陶罐　4、5. 陶盒　6. 陶灶　7. 小陶甑　8. 陶鼎盖

封门　木板封门，东西两壁有凹槽。高1.20、宽0.10、进深0.15～0.25米。

葬具　木棺1具，仅存棺痕，长2.20、宽0.80米。

葬式　骨架1具，保存较差，头向北，面向上，仰身直肢。

2. 出土器物

该墓出土器物8件，均为泥质灰陶器，器类有鼎盖、盒、罐、灶、甑。

鼎盖　1件，标本M60∶8，覆钵形，弧顶，通体饰白彩，绘大弧线卷云纹。口径17.4、高5.7厘米（图一六九，1）。

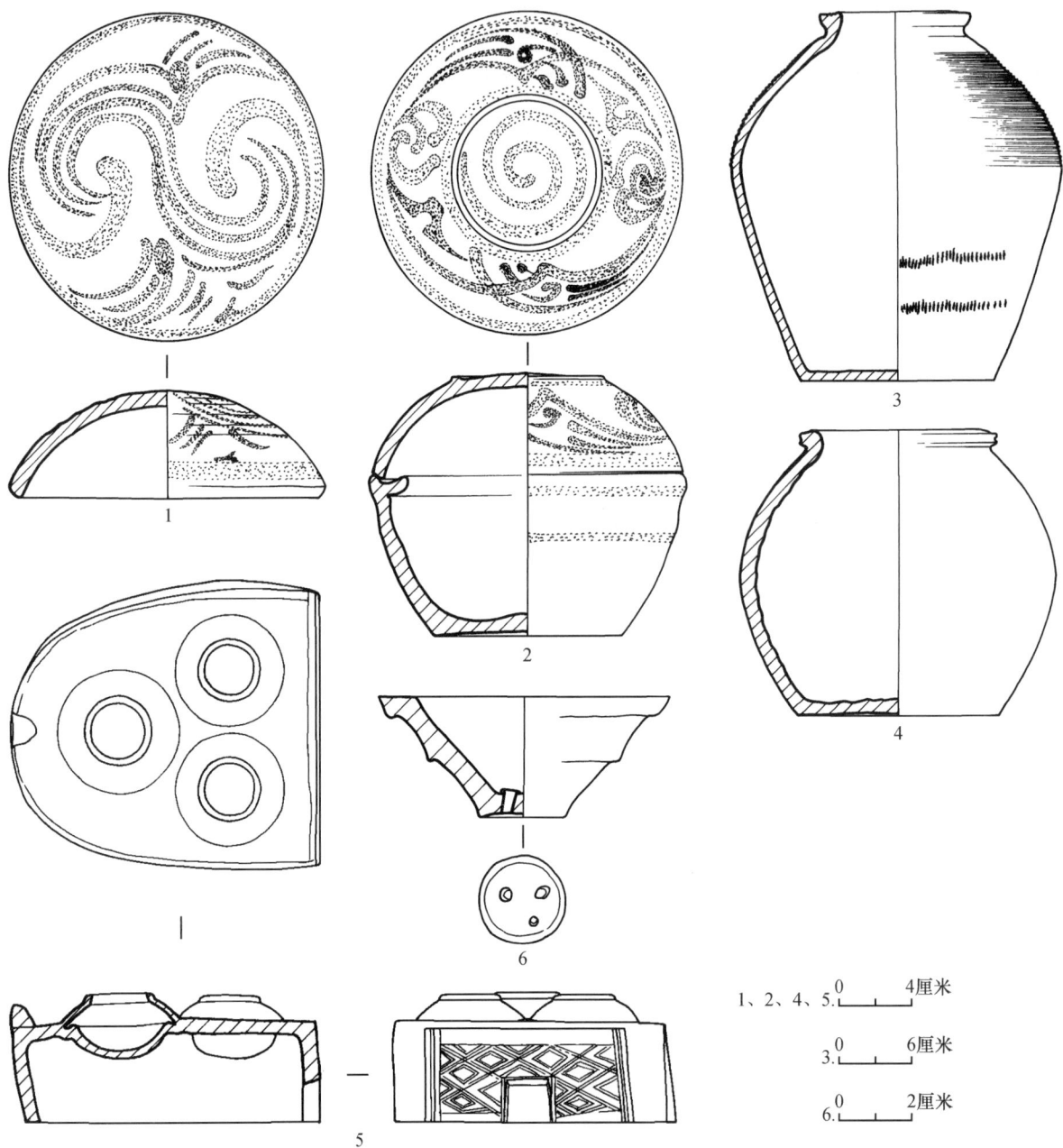

1、2、4、5.⊢————⊣ 4厘米

3.⊢————⊣ 6厘米

6.⊢————⊣ 2厘米

图一六九　Ⅰ区M60出土器物

1.陶鼎盖（M60∶8）　2.陶盒（M60∶5）　3、4.陶罐（M60∶1、2）　5.陶灶（M60∶6）　6.陶甑（M60∶7）

盒　2件（M60：4、5），M60：4，残，仅剩盖。标本M60：5，由盖和器身组成，盖浅覆钵形，顶有矮圈足捉手；器身，子母口内敛，弧腹，平底。通体饰白彩，局部已经脱落，盖，捉手之内绘卷云纹，捉手外侧及边缘绘一周环带纹，中间填大弧线勾云纹。器身，腹部饰两道白彩环带纹。盖径17.4、器身口径17.9、腹深8.6、底径10.4、高14.2厘米（图一六九，2；图版一一七，2）。

罐　3件（M60：1、2、3），形制相同。侈口，卷沿，唇面内凹，矮领，圆鼓腹，平底，轮制，器表有轮旋纹。标本M60：2，口径10.9、腹径17.2、底径11、高15.4厘米（图一六九，4；图版一一七，4）。标本M60：1，微敛口，平沿，方唇，圆鼓肩，鼓腹，下腹斜内收，平底，腹部以上饰密集凹弦纹。轮制，器表有轮旋纹，口径12.5、腹径27、底径16、高29.7厘米（图一六九，3；图版一一七，3）。

灶　1件，标本M60：6，灶体平面呈马蹄形，前方后圆，灶面三釜呈"品"字形分布，尾部有短柱形烟囱，前端有方形落地灶门，周围模印多重菱形纹，灶面、灶壁分体模制而后粘结，釜之肩部与灶面一次性模制而成，腹模制而后粘结于相应的位置。长17.1、宽15.6、高6.9厘米（图一六九，5；图版一一七，5）。

甑　1件，与灶配套。标本M60：7，敞口，平沿，方唇，折腹，小平底，底部有三个箅孔。模制，沿面有制坯时留下的线切纹。口径8、底径2.4、高3.2厘米（图一六九，6）。

第六十一节　M61

1. 墓葬形制

M61，位于第二阶地东部偏北，探方T0707南侧，墓室延伸至T0706，东临M54与M53，西邻M42。方向10度。形制为竖穴墓道土洞墓，由墓道、小龛、墓室三部分组成（图一七○）。

墓道　位于墓室的北端，平面呈长方形，壁面较直，开口长2.70、宽0.76、底距开口深3.60米。墓道内填五花土，土质疏松，未经夯打。

墓室　平面呈长方形，拱顶土洞。墓室长2.60、宽0.82、高0.80米。墓室北部东侧靠近封门处有一小龛，平面呈半圆形，宽0.70、高0.50、进深0.30米。该墓被盗扰，器物出土于小龛及棺内，计有陶罐1、铜钱11。

封门　不详。

葬具　木棺，出土铁棺钉，尺寸不详。

葬式　已成粉末状，葬式不可辨。

盗洞　1处，位于墓道南端，自上而下进入墓室。平面呈圆形，直径0.6～0.65米。

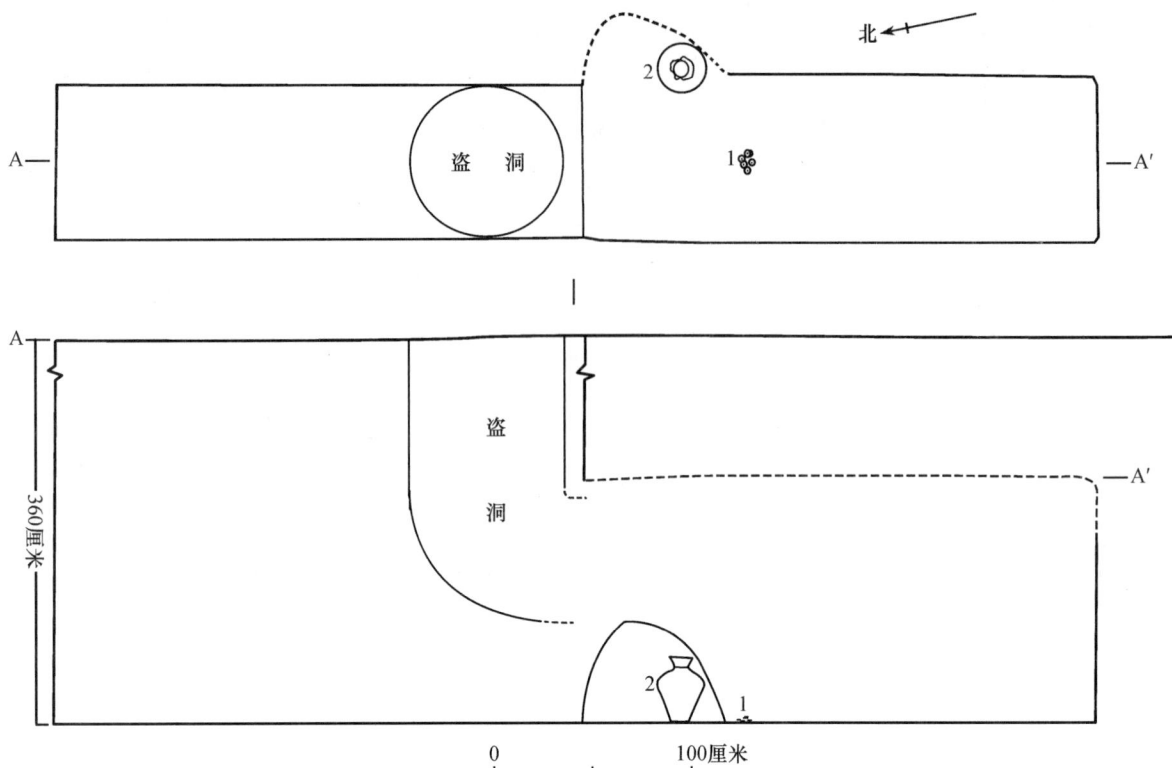

图一七〇　Ⅰ区M61平、剖面图
1. 铜钱　2. 陶罐

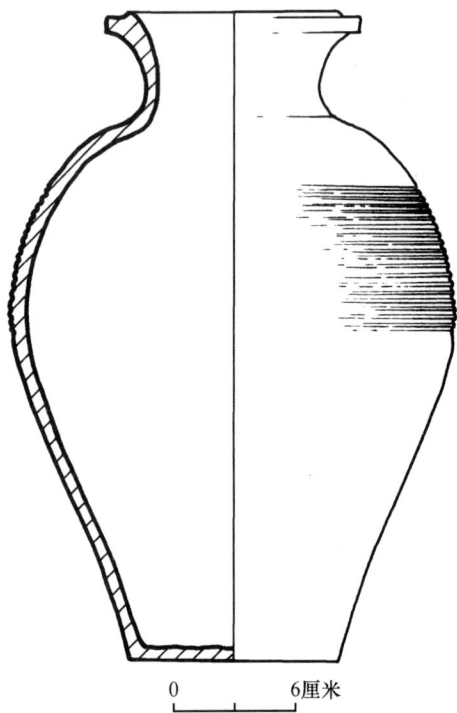

图一七一　Ⅰ区M61出土陶罐
（M61：2）

2. 出土器物

该墓出土陶罐1件，另有铜钱11枚。分述如下。

陶罐　1件，标本M61：2，喇叭口，平沿内凹，凹唇，束颈，鼓肩，鼓腹，下腹斜内收，平底，腹部饰密集凹弦纹。口径13.4、腹径22.2、底径10.6、高31.2厘米（图一七一）。

铜钱　11枚，均为五铢钱，圆形方穿，穿背面有郭，部分穿上有一横郭或穿下有一星纹，穿之两侧有篆文"五铢"二字（图一七二）。

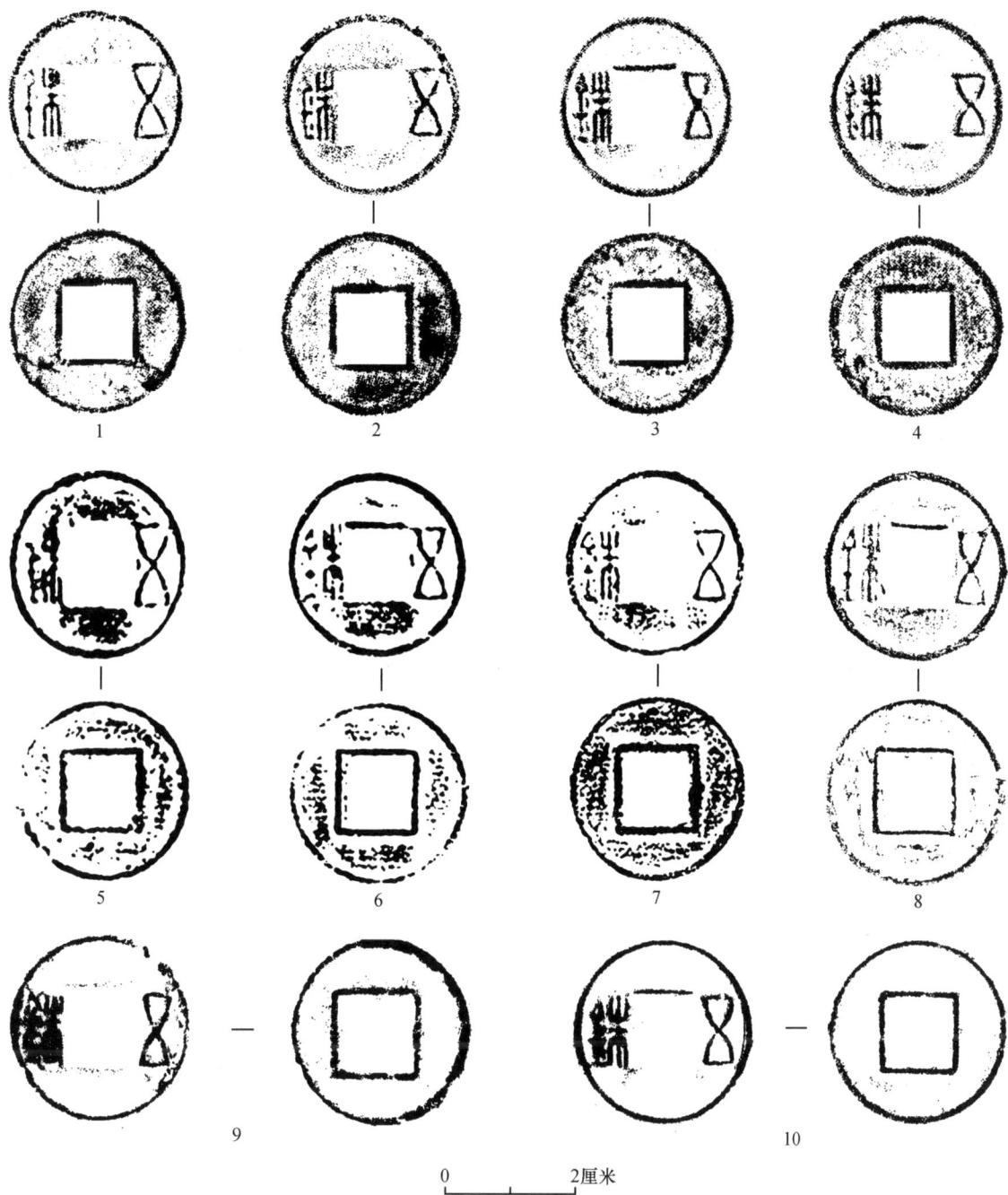

图一七二　Ⅰ区M61出土铜钱

1. M61：1-1　2. M61：1-2　3. M61：1-3　4. M61：1-4　5. M61：1-6　6. M61：1-7　7. M61：1-8　8. M61：1-9
9. M61：1-10　10. M61：1-11

第六十二节　M62

1. 墓葬形制

M62，位于第二阶地东部偏北，探方T0607内，墓道延伸至T0707，北侧有M31、M32、东南有M35、M42，打破M35。方向90度。形制为竖穴墓道土洞墓，由墓室、墓道两部分组成（图一七三；图版二一，1、2）。

墓道　位于墓室东端，平面呈长方形，壁面较直，开口长2.30、宽0.80、底距开口深2.90米。墓道内填五花土，土质疏松，未经夯打。

墓室　平面近长方形，拱顶土洞，底部由两列方砖铺底，共7排，自东侧封门位置起第一排对缝平铺，第二排至第七排采用错缝，铺地砖尺寸为38厘米×38厘米×6厘米。墓室长2.95、宽1.06、高1.30～1.40米。该墓盗扰严重，未出土器物。

封门　土坯封门。横置对缝铺砌，一侧有一竖立土坯。宽0.80、残高1.10米。土坯38厘米×19厘米×8厘米。

葬具　木棺，出土铁棺钉，其尺寸不详。

葬式　骨架1具，保存较差，仅可判别头向西。

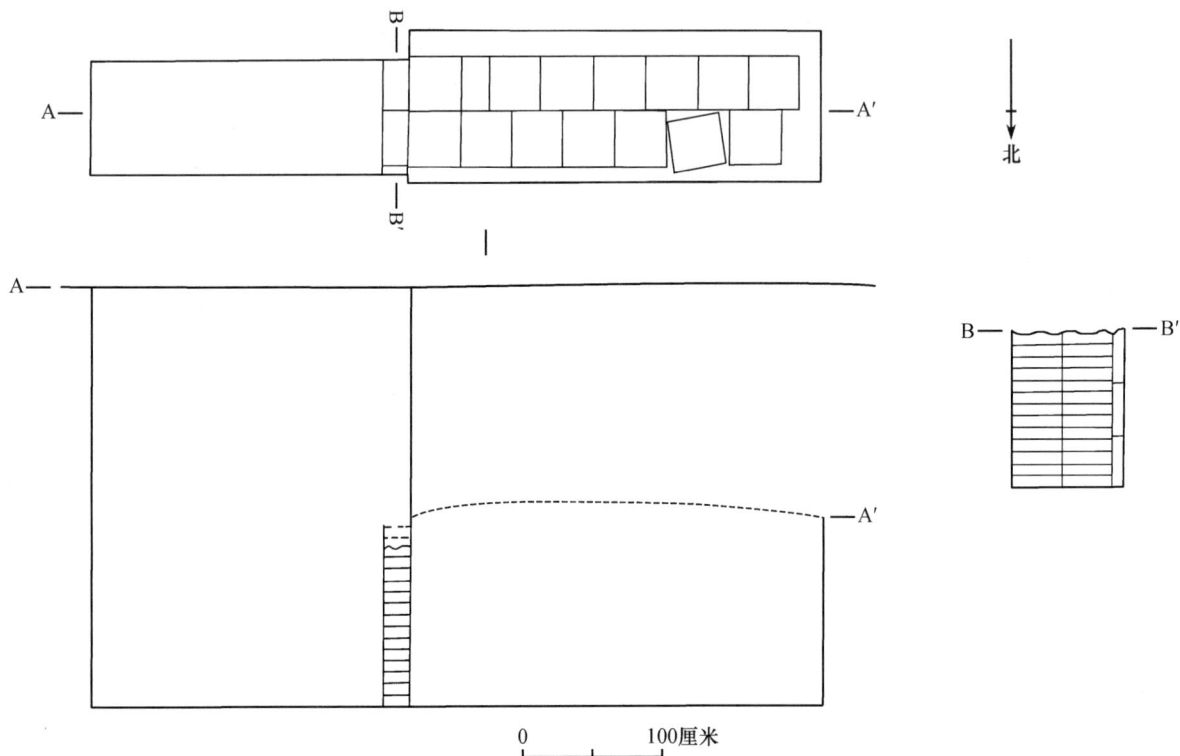

图一七三　Ⅰ区M62平、剖面图

2. 出土器物

该墓未出土器物。

第六十三节　M63

1. 墓葬形制

M63，位于第二阶地西部偏南，探方T0304内，墓道延伸至T0404，北与M6并穴合葬。方向88度。形制为竖穴墓道土洞墓，由墓道、墓室两部分组成（图一七四；图版二一，3、4）。

墓道　位于墓室的东端，平面呈长方形，壁面较直。开口长2.60、宽0.90、底距开口深3.10米。墓道内填五花土，土质疏松，未经夯打。

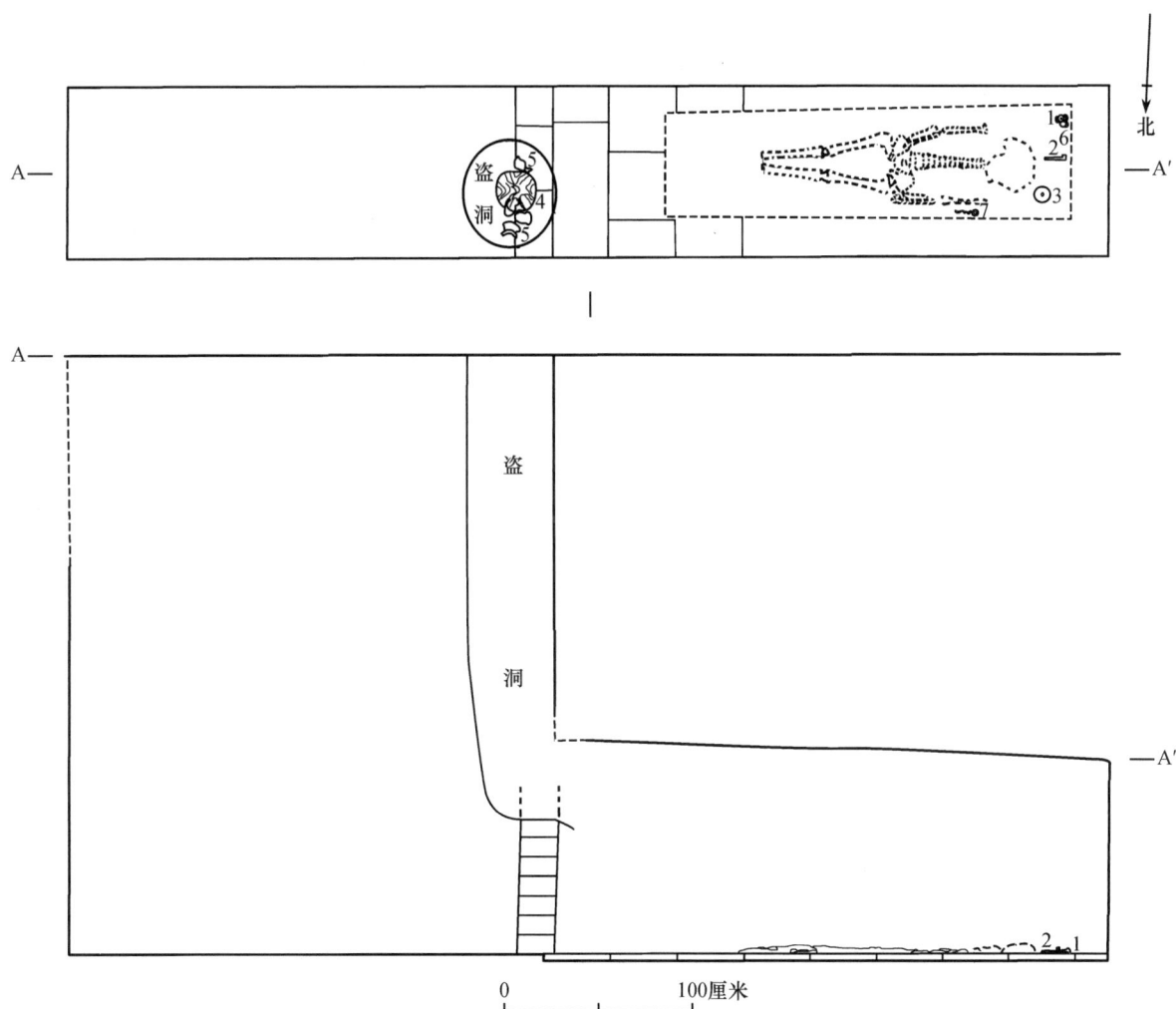

图一七四　Ⅰ区M63平、剖面图

1.铜钱　2.铜镜刷　3.铜镜　4.釉陶樽盖　5.陶罐　6.铜环　7.铁削

墓室　平面呈长方形,拱顶土洞,方砖对缝铺地。墓室长3.0、宽0.90、高1.10米。方砖尺寸36厘米×36厘米×4厘米。该墓被盗扰,器物主要出土于盗洞及棺内,计有陶罐1、釉陶樽盖1、铜镜1、铜镜刷1、铜环1、铁削(残)1、铜钱3。

封门　土坯封门,错缝平砌。宽0.90、高0.70米,土坯34厘米×20厘米×10厘米。

葬具　木棺1具,仅存棺痕,长2.20、宽0.54～0.60米。

葬式　骨架保存差,可辨其为仰身直肢葬,头向西。

盗洞　1处,位于墓道的末端,自上而下进入墓室。平面呈圆形,直径约0.60米。

2. 出土器物

该墓出土器物6件,另有铜钱3枚。质地有陶、铜、铁三种,分述如下。

陶器　2件,泥质灰陶和红胎釉陶,器类有罐、樽盖。

罐　1件,标本M63:5,泥质灰陶,侈口,圆唇,矮领,鼓肩,下腹弧收,平底。肩部两周凹弦纹。轮制,器表有旋切痕迹。口径8.6、腹径16.6、底径7.8、高13.9厘米(图一七五,1)。

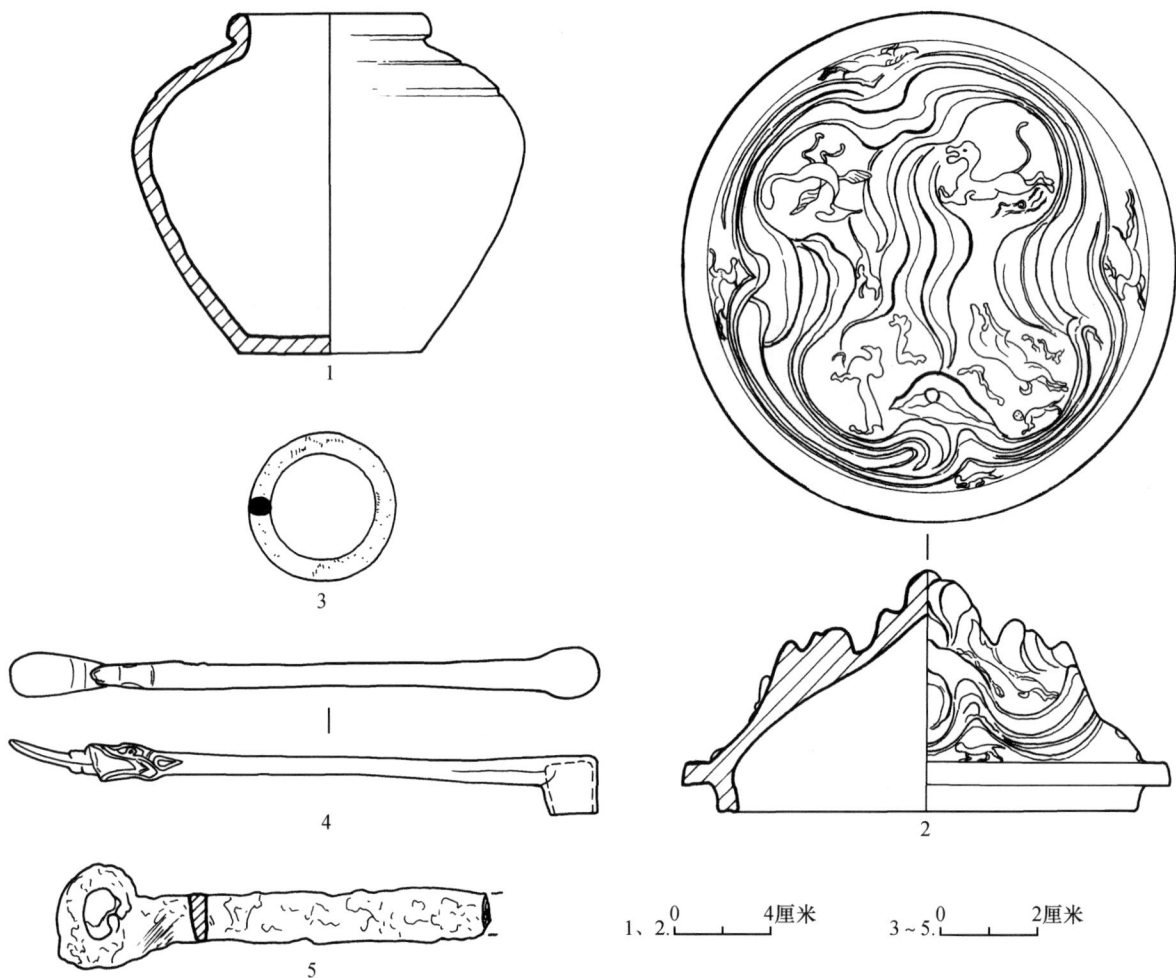

图一七五　Ⅰ区M63出土器物(一)

1.陶罐(M63:5)　2.陶樽盖(M63:4)　3.铜环(M63:6)　4.铜镜刷(M63:2)　5.铁削(M63:7)

樽盖　1件，标本M63：4，红胎釉陶，通体饰酱黄釉，子母口，博山形，中间主峰，周围四次峰，每峰四至五重，峰下各一兽，作顺时针奔跑状，可辨者有鹿、野猪，四峰之间有朱雀、虎、野猪等形象。口径20.2、高9.7厘米（图一七五，2）。

铜器　3件，器类有镜、镜刷、环。

镜　1面，标本M63：3，四乳禽兽镜。圆形，半圆钮，圆钮座，宽素平缘，镜面微凸。钮座圆周均匀伸出四组（每组三条）短线及四组（每组两条）短弧线纹，之外一周凸弦纹圈带，之外两周短斜线纹之间四乳分其为四部分，每部分有两相对禽鸟，相对禽鸟之间为单字铭文，合为"家常贵富"，四乳带圆座，铭文篆体，笔画转角方折，端庄规整。面径9.20、背径9.10、钮宽1.40、缘宽0.80、缘厚0.60厘米，重190克（图一七六，1；彩版三一，1）。

镜刷　1件，标本M63：2，烟斗形，柄首中空，烟斗头，柄尾龙首，龙首张开，龙舌突出，扁平状。长12.1厘米（图一七五，4）。

环　1件，标本M63：6，圆环形，直径3.0厘米（图一七五，3）。

铁削　1件，标本M63：7，残，直背，直刃，环首柄。残长9.0厘米（图一七五，5）。

铜钱　3枚，均为五铢钱，圆形方穿，穿上一横，穿之两侧有篆书"五铢"二字，"五"字有瘦长，亦有宽大者，交笔竖划有缓曲者，也有甚曲者（按：年代在宣元时期或稍后）（图一七六，2、3）。

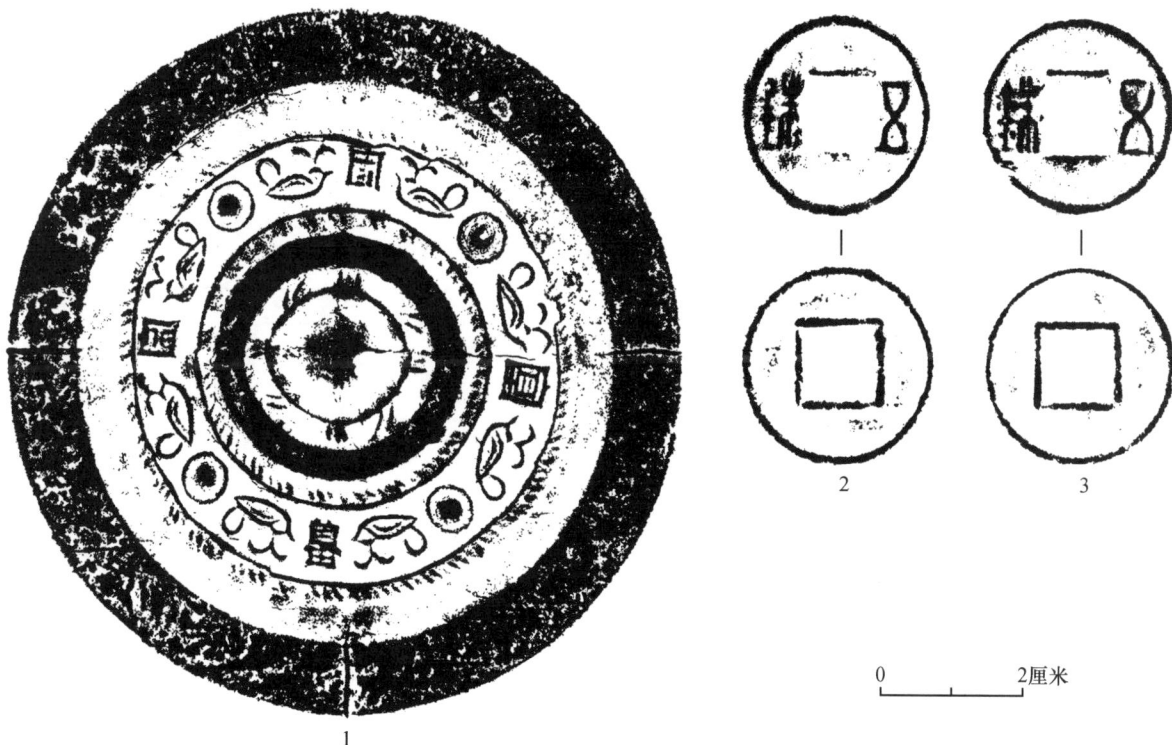

图一七六　Ⅰ区M63出土器物（二）
1. 铜镜（M63：3）　2、3.铜钱（M63：1-1、2）

第六十四节　M64

1. 墓葬形制

　　M64，位于第二阶地东部偏北，探方T0806内，西与M39并穴葬，东有M59、M60，西有M37、M38，被M36打破。方向185度。形制为斜坡墓道土洞墓，墓由墓道、甬道、墓室三部分组成（图一七七）。

　　墓道　位于墓室的南端，平面呈长方形，底呈斜坡状，壁面较直，开口残长1.50、宽0.64、坡长1.7、底距开口深0~4.20米，坡度23度。墓道内填五花土，土质疏松，未经夯打。

　　甬道　位于墓室和墓道之间，拱顶土洞。墓室长0.60、宽0.84、高1.20米。

　　墓室　平面略呈长方形，拱顶土洞。长3.1、宽0.96、高1.2米。该墓未经盗扰，器物主要出土于墓室中部西侧，计有陶罐5、陶缶1、陶灶1套（盆1、甑1）、铜镜（残）1、铜柿蒂形棺饰14、铜钱2。

　　封门　木板封门，墓室口处发现有朽木痕迹，其尺寸不详。

　　葬具　木棺1具，仅存棺痕，长2.0、宽0.50米。

　　葬式　人骨1具，保存较差，可辨为仰身直肢葬，头向南。

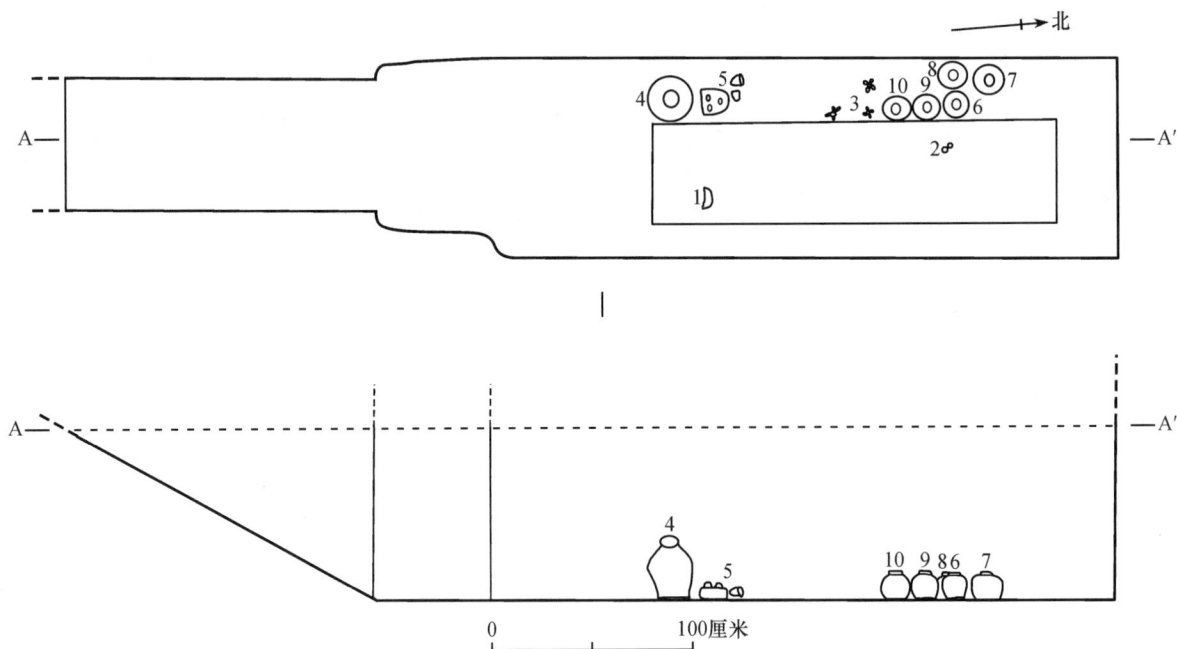

图一七七　Ⅰ区M64平、剖面图

1. 铜镜　2. 铜钱　3. 铜柿蒂形棺饰　4. 陶缶　5. 陶灶1套（盆1、甑1）　6~10. 陶罐

2. 出土器物

该墓出土器物24件，另有铜钱2枚。质地有陶、铜两种，分述如下。

陶器　9件，均为泥质灰陶，器类有罐、缶、灶、甑、盆。

罐　5件（M64：6、7、8、9、10）形制相同。侈口，圆唇，束颈，圆鼓腹，平底。标本M64：10，口径10.4、腹径16.2、底径9.2、高15.2厘米（图一七八，1）。

缶　1件，标本M64：4，小口，平沿，方唇，矮领，广斜肩，下腹内曲，平底稍内凹。腹部有一周环带饰麻点纹。口径13.2、腹径31.2、底径20、高32.5厘米（图一七八，2）。

灶　1件，标本M64：5-1，灶体平面呈马蹄形，前方后圆，灶面三釜呈"品"字形分布，尾部有短柱形烟囱，前端有方形落地灶门，两侧模印对角多重半菱形纹，上部模印多重波折纹，侧壁菱形网格纹，灶面前端模印多重波折纹，釜间多重"人"字纹。灶面、灶壁分体模制而后粘结，釜之肩部与灶面一次性模制而成，腹模制而后粘结于相应的位置。长14.8、宽

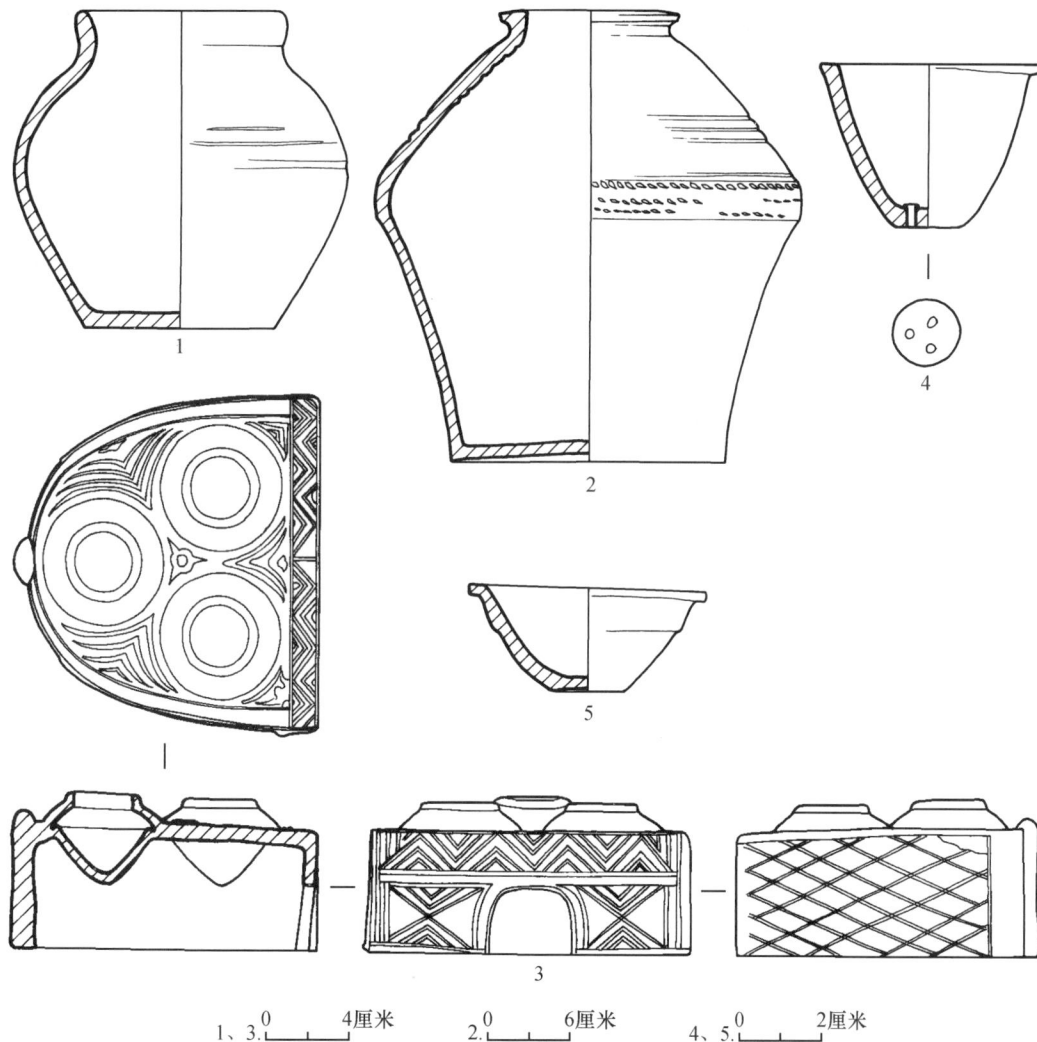

1、3. |0___4厘米|　　2. |0___6厘米|　　4、5. |0___2厘米|

图一七八　Ⅰ区M64出土器物（一）

1.陶罐（M64：10）　2.陶缶（M64：4）　3.陶灶（M64：5-1）　4.陶甑（M64：5-3）　5.陶盆（M64：5-2）

15.6、高7.2厘米（图一七八，3）。

甑　1件，与灶配套。标本M64：5-3，敞口，平沿，尖唇，斜直腹，小平底，底部有三个箅孔。口径5.9、底径1.8、高2.6厘米（图一七八，4）。

盆　1件，与灶配套。标本M64：5-2，敞口，平沿，方唇，折腹，小平底内凹。模制，沿面有制坯时留下的线切纹。口径5.3、底径1.6、高3.8厘米（图一七八，5）。

铜器　15件，器类有镜、柿蒂形棺饰。

镜　1面，标本M64：1，残，星云纹镜，圆形，连峰式钮，圆形钮座，内向十六连弧纹缘，镜面微凸。钮座外一周内向连弧纹，之外为两周短斜线纹，中间四个圆座大乳突分为四部分，每一部分有五星，中间一，两侧各二，两侧四星弧线意连，中间一星短线连内侧圈带。面径10.0、背径9.80、缘宽0.80、缘厚0.50厘米，重85克（图一七九，1；彩版三一，2）。

柿蒂形棺饰　14件，形制相同，标本M64：3，柿蒂形，与泡钉同出，对角长3.2、泡径

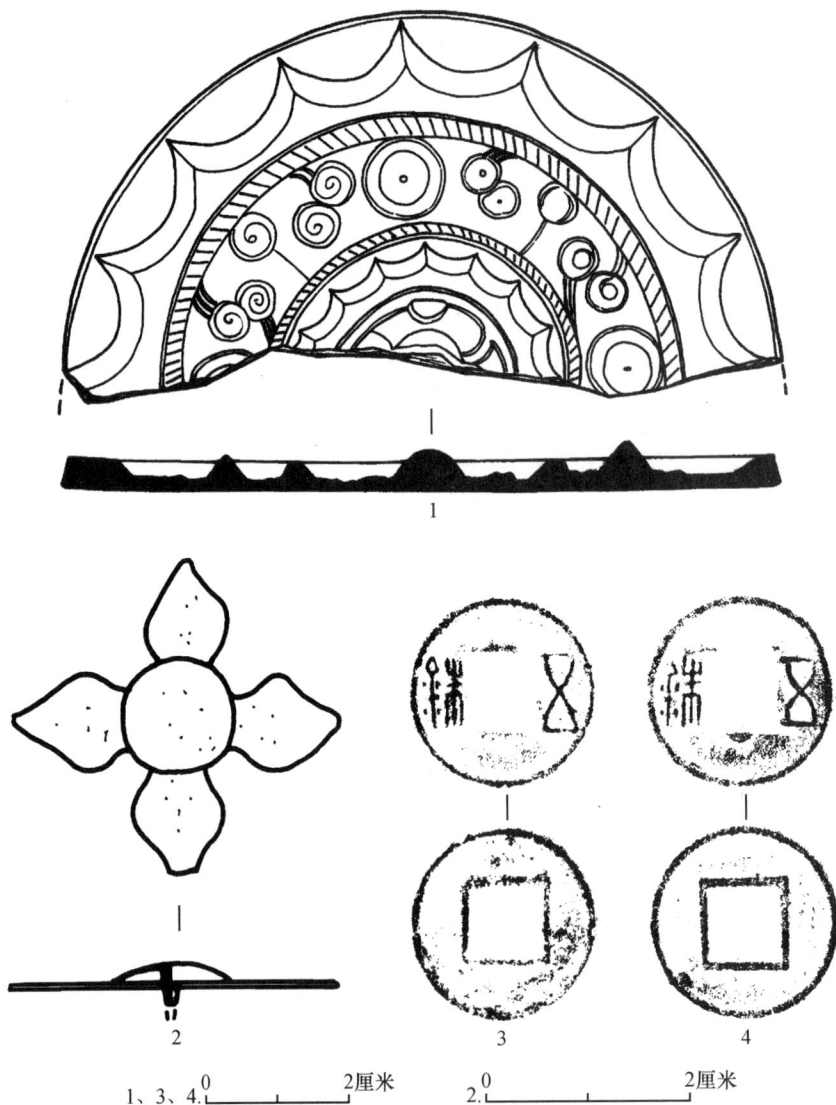

图一七九　Ⅰ区M64出土器物（二）

1. 铜镜（M64：1）　2. 铜柿蒂形棺饰（M64：3）　3、4. 铜钱（M64：2-1、2）

1.2、残高0.4厘米（图一七九，2）。

铜钱　2枚，均为五铢钱，标本M64：2-1，圆形方穿，穿背面有郭，穿下有一星纹，穿之两侧有篆文"五铢"二字。"五"字瘦长，交笔较直，钱径25.33、穿宽9.34、郭厚1.61毫米，重3.04克（图一七九，3）。M64：2-2，圆形方穿，穿背面有郭，穿下有一星纹，穿之两侧有篆文"五铢"二字。"五"字瘦长，交笔缓曲，钱径25.58、穿宽9.58、郭厚1.58毫米，重2.96克（年代为武帝时期）（图一七九，4）。

第六十五节　M65

1. 墓葬形制

M65，位于第二阶地中部，探方T0704内，北邻M66，方向一致，唯稍偏西，南有M135、M136。方向270度。形制为竖穴墓道土洞墓，由墓道、墓室两部分组成（图一八〇）。

墓道　位于墓室的西端，平面呈长方形，壁面较直。开口长2.30、宽0.64~0.72、底距开口深2.20米。墓道内填五花土，土质疏松，未经夯打。

墓室　平面略呈长方形，拱顶土洞。墓室长2.50、宽0.72~0.84、高1.0米。该墓被盗扰，未出土器物。

封门　不详。

葬具　木棺1具，尺寸不详。

葬式　不详。

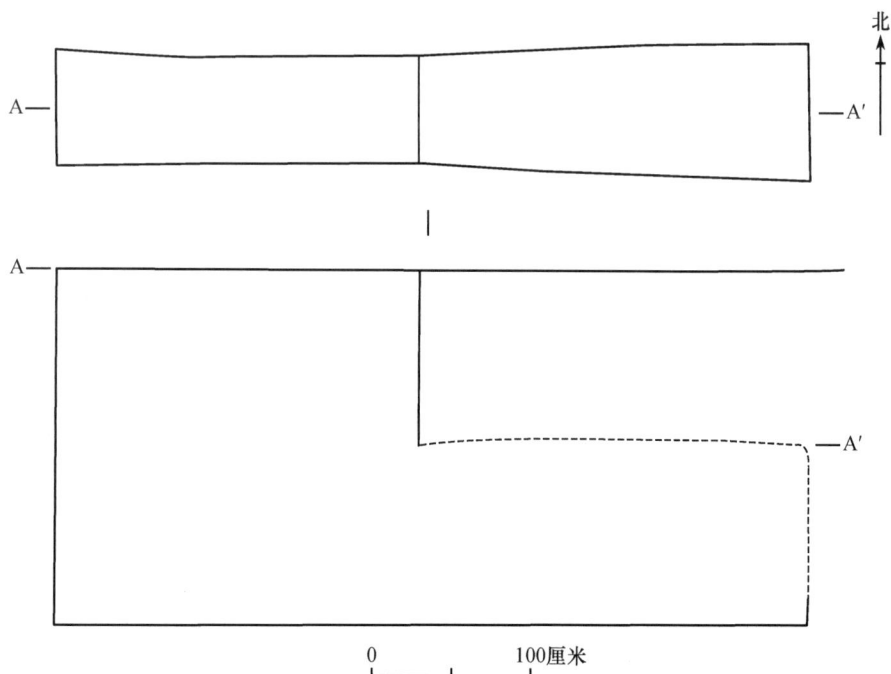

图一八〇　Ⅰ区M65平、剖面图

2. 出土器物

该墓未出土器物。

第六十六节　　M66

1. 墓葬形制

M66，位于第二阶地中部，探方T0704和T0705内，南临M65，东侧有M10。方向275度。形制为斜坡墓道土洞墓，由墓道、墓室、小龛三部分组成（图一八一；图版二二，1、2）。

墓道　位于墓室的西端，平面呈长方形，底呈斜坡状。开口残长6.20、宽0.80、坡长6.40、底距开口深0～3.80米。墓道内填五花土，土质疏松，未经夯打。

墓室　平面呈长方形，拱顶土洞。墓室长3.40、宽1.20、高1.30～1.40米。墓室北侧近封门处有一小龛，拱顶土洞，宽0.50～0.54、进深0.70、高0.70米。该墓未经盗扰，器物主要出土于墓室西部及小龛之内，部分小件器物出土于棺内，计有陶鼎3、陶钫1、陶缶1、陶罐3、陶灶1套（盆1、甑1）、铜柿蒂形棺饰33、铜带钩1、铁削1、铁剑1、漆器（无法提取）、铜钱12。

封门　土坯封门，错缝平砌。土坯38厘米×20厘米×9厘米。封门残高1.0、宽1.30米。

葬具　木棺1具，仅存棺痕，长2.10、宽0.66米。葬式，骨架1具，保存较好，头向东，仰身直肢葬。

2. 出土器物

该墓出土器物47件，另有铜钱12枚。质地有陶、铜两种，分述如下。

陶器　11件，除1件硬釉陶外，其余均为泥质灰陶，器类有鼎、钫、缶、罐、灶、甑、盆。

鼎　3件（M66：12、13、14），形制相同。M66：13、14，仅剩器盖。标本M66：12，盖，浅覆钵形，弧顶近平；器身，子母口内敛，深弧腹，近平底，肩附对称外撇板耳，耳顶端平折，底附三马蹄形足。中腹有一周台棱。盖，用白彩绘两个大卷云纹，两侧绘"人"字形纹，最外侧用白彩绘一周环带纹。器身，两周白色彩带。盖径17.2、器身口径16.9、腹深8.2、足高5.4、通高15.8厘米（图一八二，1）。

钫　1件，标本M66：11，盖，覆斗形，子母口；器身，侈口，平沿，束颈，鼓腹，高圈足稍外撇。通体涂黑，之上绘白彩（局部已脱落）。口沿下、肩、腹各一组（两周）彩带，颈部两组彩带间绘倒三角、卷云纹，肩部两组环带间彩绘大弧线卷云纹。盖径10.5、器身口径10.9、腹径16.8、足径10.5、足高3、通高32.8厘米（图一八二，2）。

缶　1件，标本M66：10，小口，平沿，尖唇，矮领，斜鼓肩，鼓腹，下腹内曲，平底稍内凹。腹部有一周环带纹。通体漆墨。轮制，器表有轮旋纹。口径12.9、腹径30、底径20.8、

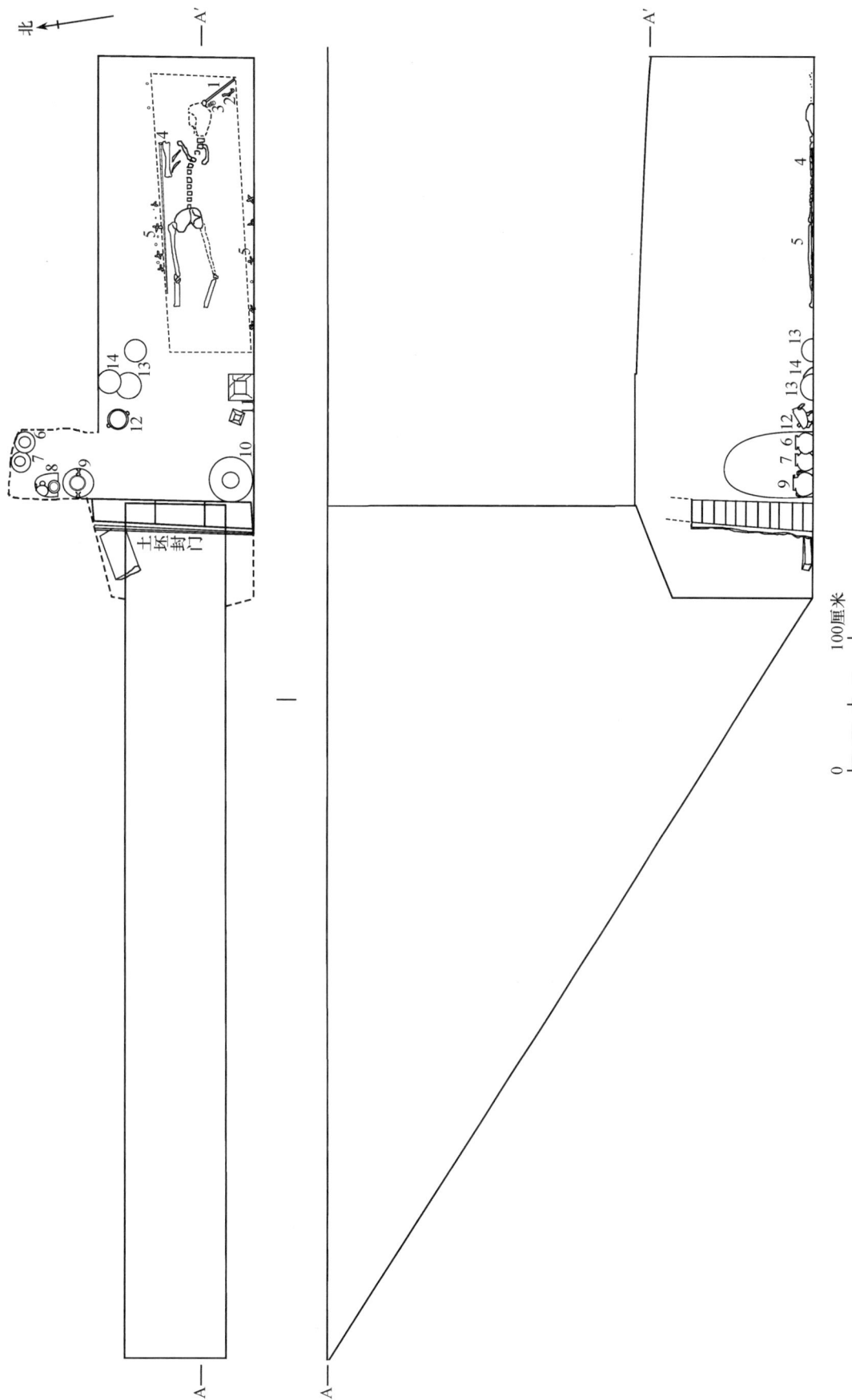

图一八一　Ⅰ区M66平、剖面图

1. 铁削　2. 铜带钩　3. 铜钱　4. 铁削　5. 铜柿蒂形棺饰　6、7、9. 陶罐　8. 陶灶1套（盆1、甑1）　10. 陶缶　11. 陶纺　12～14. 陶鼎

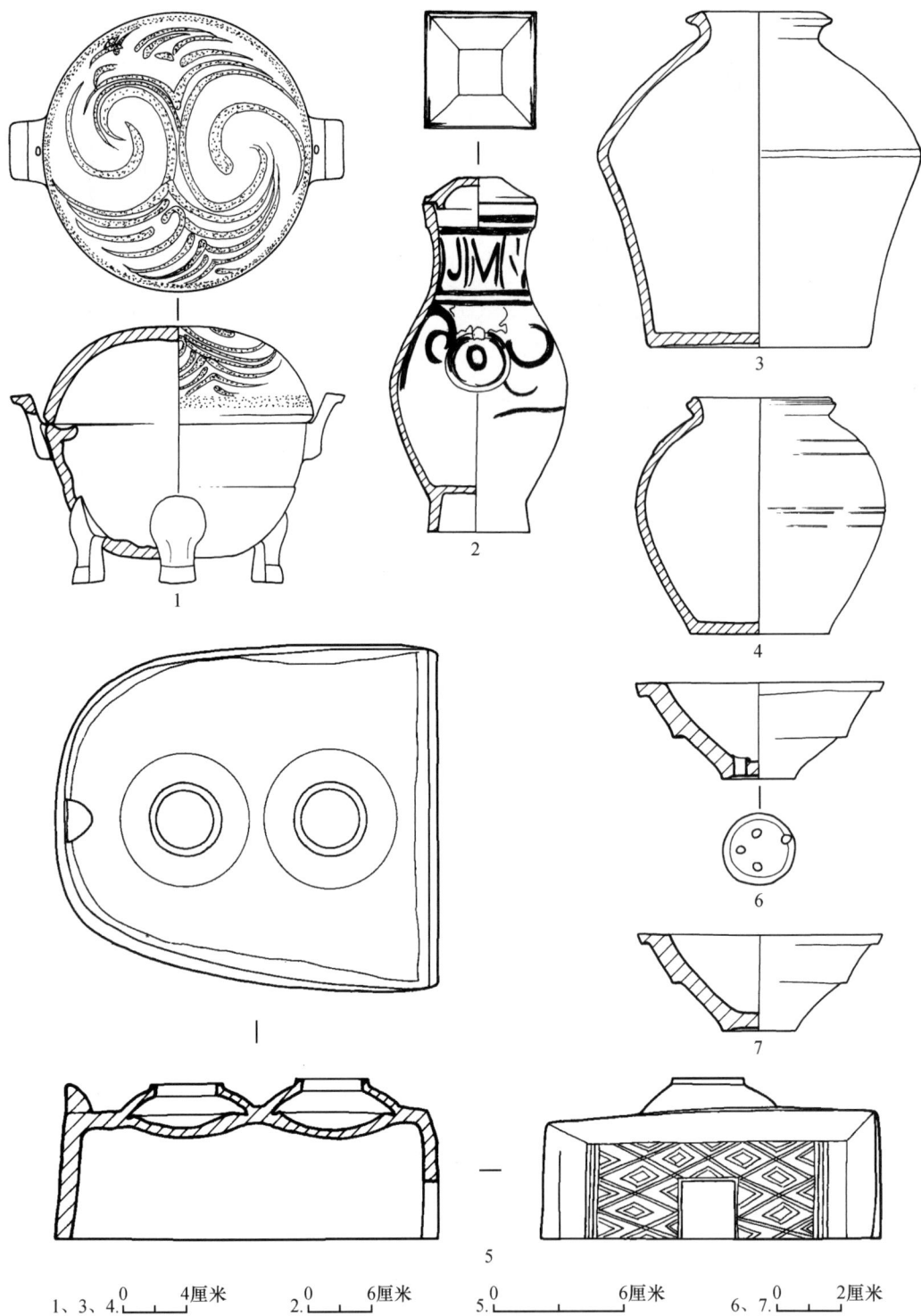

1、3、4. $\overline{0\quad\quad 4厘米}$　　2. $\overline{0\quad\quad 6厘米}$　　5. $\overline{0\quad\quad\quad\quad 6厘米}$　　6、7. $\overline{0\quad\quad 2厘米}$

图一八二　Ⅰ区M66出土器物（一）

1. 陶鼎（M66：12）　2. 陶钫（M66：11）　3. 陶缶（M66：10）　4. 陶罐（M66：6）　5. 陶灶（M66：8-1）

6. 陶甑（M66：8-3）　7. 陶盆（M66：8-2）

高31.2厘米（图一八二，3）。

罐 3件（M66：6、7、9）。M66：6、7，泥质灰陶，形制相同。侈口，双唇，矮领，弧肩，鼓腹，平底。肩部两周凹弦纹。轮制，器表有轮旋纹。标本M66：6，口径9.7、腹径16、底径8.9、高14.8厘米（图一八二，4）。M66：9，红胎，硬釉陶，肩部饰青釉，多有脱落，下腹不饰釉，呈暗红色。侈口，平沿稍内斜，尖唇，高领，弧肩，鼓腹，平底，肩部饰对称的桥形钮。轮制，器表有轮旋纹。口径9.8、腹径18、底径11.2、高15厘米（图一八三，1）。

灶 1件，标本M66：8-1，灶体平面呈马蹄形，前方后圆，灶面两釜前后布置，尾部有短柱形烟囱，前端有方形落地灶门，周围模印多重菱形纹。灶面、灶壁分体模制而后粘结，釜之肩部与灶面一次性模制而成，腹模制而后粘结于相应的位置。长18.2、宽15.9、高7.3厘米（图一八二，5）。

甑 1件，与灶配套。标本M66：8-3，敞口，平沿，尖唇，折腹，小平底，底部有四个箅孔。口径7.8、底径2.3、高3厘米（图一八二，6）。

盆 1件，与灶配套。标本M66：8-2，敞口，平沿，方唇，折腹，小平底。口径7.7、底径2.3、高3厘米（图一八二，7）。

铜器 34件，为带钩和柿蒂形棺饰。

带钩 1件，标本M66：2，勾首素面，颈细长，尾部宽大，腹部末端有圆柱形帽钮。通长8.9厘米（图一八三，2）。

柿蒂形棺饰 33件，形制相同，标本M66：5，柿蒂形，与泡钉同出，对角残长3.1、泡径1.6、残高1.0厘米（图一八三，3）。

铁器 2件，为削和剑。

削 1件，环首柄，直背，直刃。M66：1，残长17.6厘米（图一八三，4）。

剑 1件，M66：4，稍残，器表有木质剑鞘朽痕。长60.3厘米（图一八三，5）。

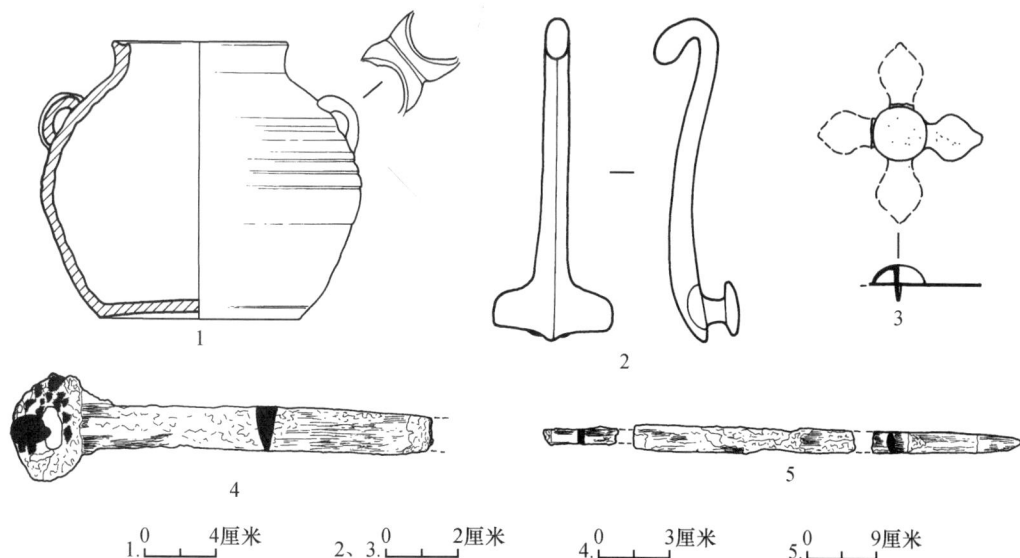

图一八三 Ⅰ区M66出土器物（二）

1.陶双耳罐（M66：9） 2.铜带钩（M66：2） 3.铜柿蒂形棺饰（M66：5） 4.铁削（M66：1） 5.铁剑（M66：4）

铜钱　12枚，均为五铢钱，圆形方穿，穿背面有郭，部分穿上有一横郭或穿下有一星纹，穿之两侧有篆文"五铢"二字（按：年代为武、昭时期）（图一八四）。

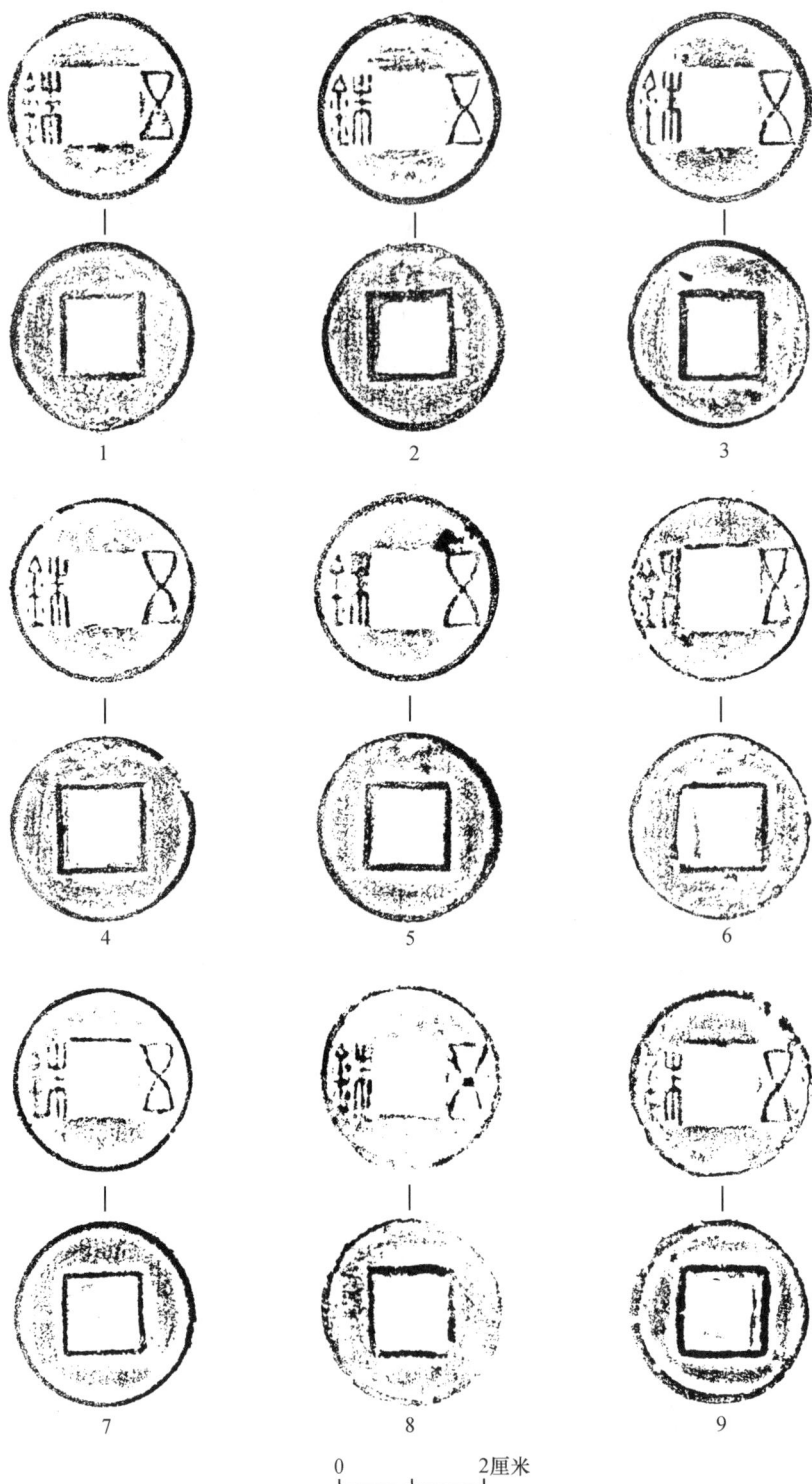

图一八四　Ⅰ区M66出土铜钱

1. M66：3-1　2. M66：3-2　3. M66：3-3　4. M66：3-4　5. M66：3-5　6. M66：3-6　7. M66：3-8　8. M66：3-10　9. M66：3-11

第六十七节　M67

1. 墓葬形制

M67，位于第二阶地中部，探方T0705内，东邻M12，西南邻M10。方向5度。形制为竖穴墓道土洞墓，由墓道、小龛、墓室三部分组成（图一八五；图版二二，3、4）。

墓道　位于墓室的北端，平面呈长方形，壁面较直，东西两侧有对称分布的脚窝。平面呈三角形，宽0.15、高0.13、进深0.08米。墓道开口长2.0、宽0.68~0.72、底距开口深3.70米。墓道内填五花土，土质疏松，未经夯打。

墓室　平面呈长方形，拱顶土洞。墓室长3.80、宽0.70~0.98、高1.10米。墓室北部东侧近封门处有一小龛，平面呈半圆形，宽0.60、高0.36、进深0.32米。该墓未经盗扰，器物主要出土于墓室北部，部分小件器物出土于棺内，计有陶罐4、铜带钩1、铁削2、石砚1、石研1、泥球12、铜钱27。

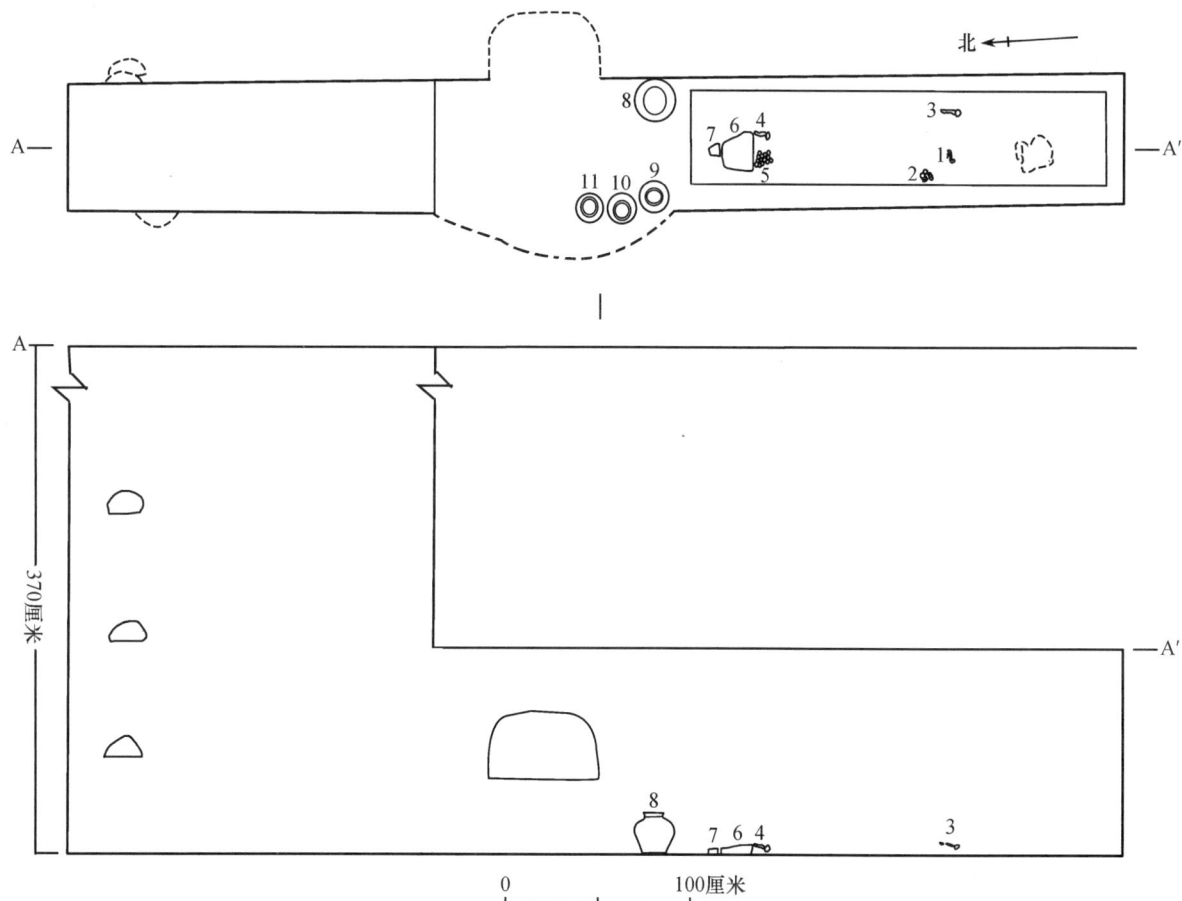

图一八五　Ⅰ区M67平、剖面图

1.铜带钩　2.铜钱　3、4.铁削　5.泥球　6.石砚　7.石研　8~11.陶罐

封门　木板封门。墓室口处发现有朽木痕迹，结构、尺寸不详。

葬具　木棺1具，仅存棺痕，长2.50、宽0.50米。

葬式　骨架1具，已成粉末状，头向南，仰身直肢葬。

2. 出土器物

该墓出土器物21件，另有铜钱27枚。质地有陶、石、铜、铁、泥五种，分述如下。

陶罐　4件（M67：8、9、10、11），均为泥质灰陶。标本M67：8，侈口，圆唇，矮领，鼓肩，鼓腹，平底稍内凹。轮制，器表有轮旋纹。口径13.8、腹径23.6、底径14.2、高21.2厘米（图一八六，1）。M67：9、10、11，形制相同，侈口，双唇，直领，鼓肩，鼓腹，平底稍内凹。肩部饰有两组（每组两道）凹弦纹。轮制，器表有轮旋纹。标本M67：11，口径10.5、腹径17、底径10.7、高15.7厘米（图一八六，2）。

铜带钩　1件，标本M67：1，鸭形，素面，圆柱形帽钮。通长6.15厘米（图一八六，4）。

铁削　2件，形制相同，残，直背，直刃，环首柄。标本M67：3，残长8.8（图一八六，

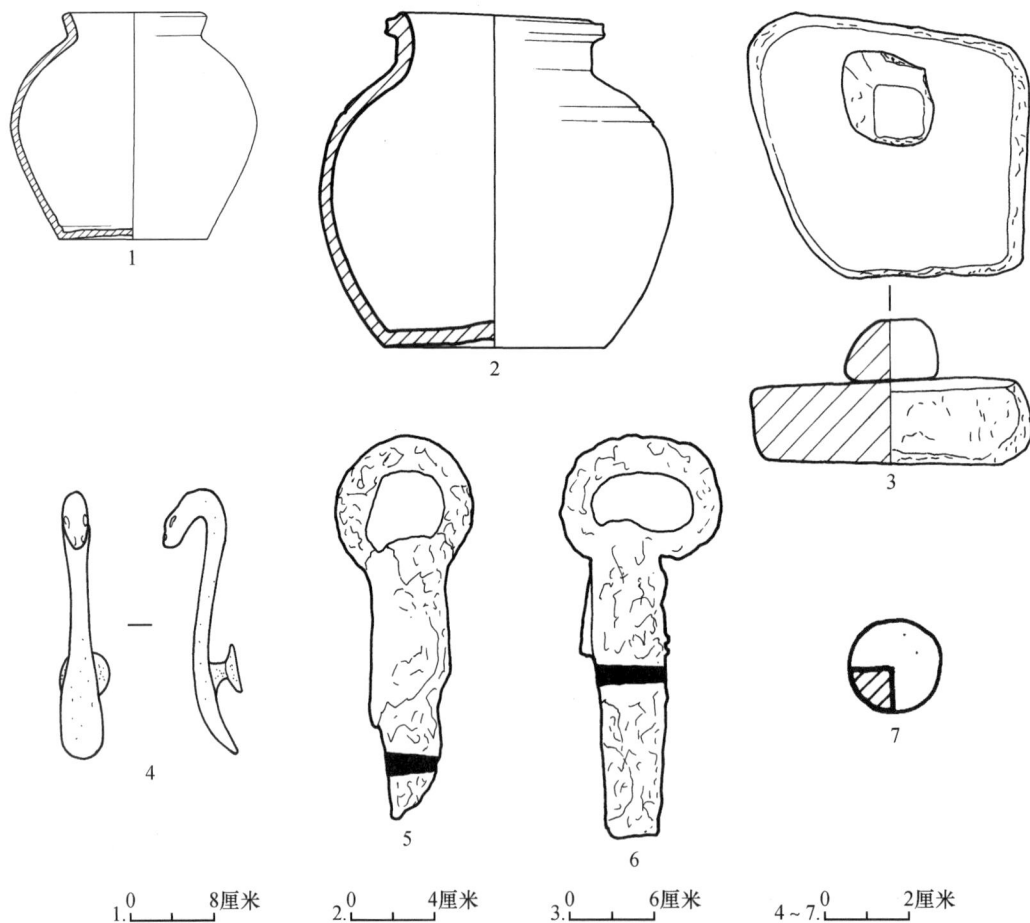

图一八六　Ⅰ区M67出土器物

1、2.陶罐（M67：8、11）　3.石砚（M67：6）、石研（M67：7）　4.铜带钩（M67：1）　5、6.铁削（M67：3、4）

7.泥球（M67：5）

5）。标本M67：4，残长9.4厘米（图一八六，6）。

石器 2件，器类有石砚、石研。

石砚 1件，标本M67：6，系天然砾石，平面略称不规则方形，边角圆润，一面较平，其上留有黑色墨迹。长20、宽18.5、厚6厘米（图一八六，3）。

石研 1件，标本M67：7，系天然砾石，平面略呈不规则长方形，边角圆润，一面光滑，其上留有黑色墨迹。长6.8、宽6.6、厚4.1厘米（图一八六，3）。

泥球 12件，形制相同。标本M67：5，圆球形。直径1.3厘米（图一八六，7；图版一五六，4）。

铜钱 27枚，均为五铢钱，圆形方穿，穿背面有郭，部分穿上有一横郭或穿下有一星纹，穿之两侧有篆文“五铢”二字（图一八七、图一八八）。

第六十八节 M68

1. 墓葬形制

M68，位于第二阶地中部，探方T0505内，墓道延伸至T0504，西与M69并穴合葬，东侧与M74、M73、M5并列，西侧与M80、M81、M87并列，从平面分布上看，这几座墓葬似有密切关系。方向180度。形制为斜坡墓道土洞墓，由墓道、墓室两部分组成（图一八九；图版二三，1、2）。

墓道 位于墓室的南端，平面呈长方形，壁面较直，底部呈斜坡状，东西两壁有一级二层台，台宽0.04米。墓道开口残长11.0、宽1.0～1.06、坡长12.0、底距开口深0～5.0米，坡度27度。墓道内填五花土，土质疏松，未经夯打。

墓室 平面呈长方形，拱顶土洞。墓室长3.86、宽1.46～1.54、高1.60米。该墓未被盗扰，器物主要出土于墓室东侧北部，计有陶鼎1、陶盒2、陶壶1、陶樽1、陶仓5、陶罐5、陶灶1套（盆1、甑1）、铜柿蒂形棺饰5、铅当卢1、铅盖弓帽1、铅衡末饰2、铅扣饰2、铅马衔镳1、铜钱15。

封门 木板封门。东西两壁有封门槽，内有朽木痕迹。槽宽0.26、进深0.24、高1.60米。

葬具 木棺1具，仅存棺痕，长2.26、宽0.70米。

葬式 骨架1具，已成粉末状，头向北，仰身直肢葬。

2. 出土器物

该墓出土器物30件，另有铜钱15枚。质地有陶、铜、铅三种，分述如下。

陶器 18件，分泥质灰陶和红胎釉陶，器类有鼎、盒、壶、樽、仓、罐、灶、甑、盆（图版八七，2）。

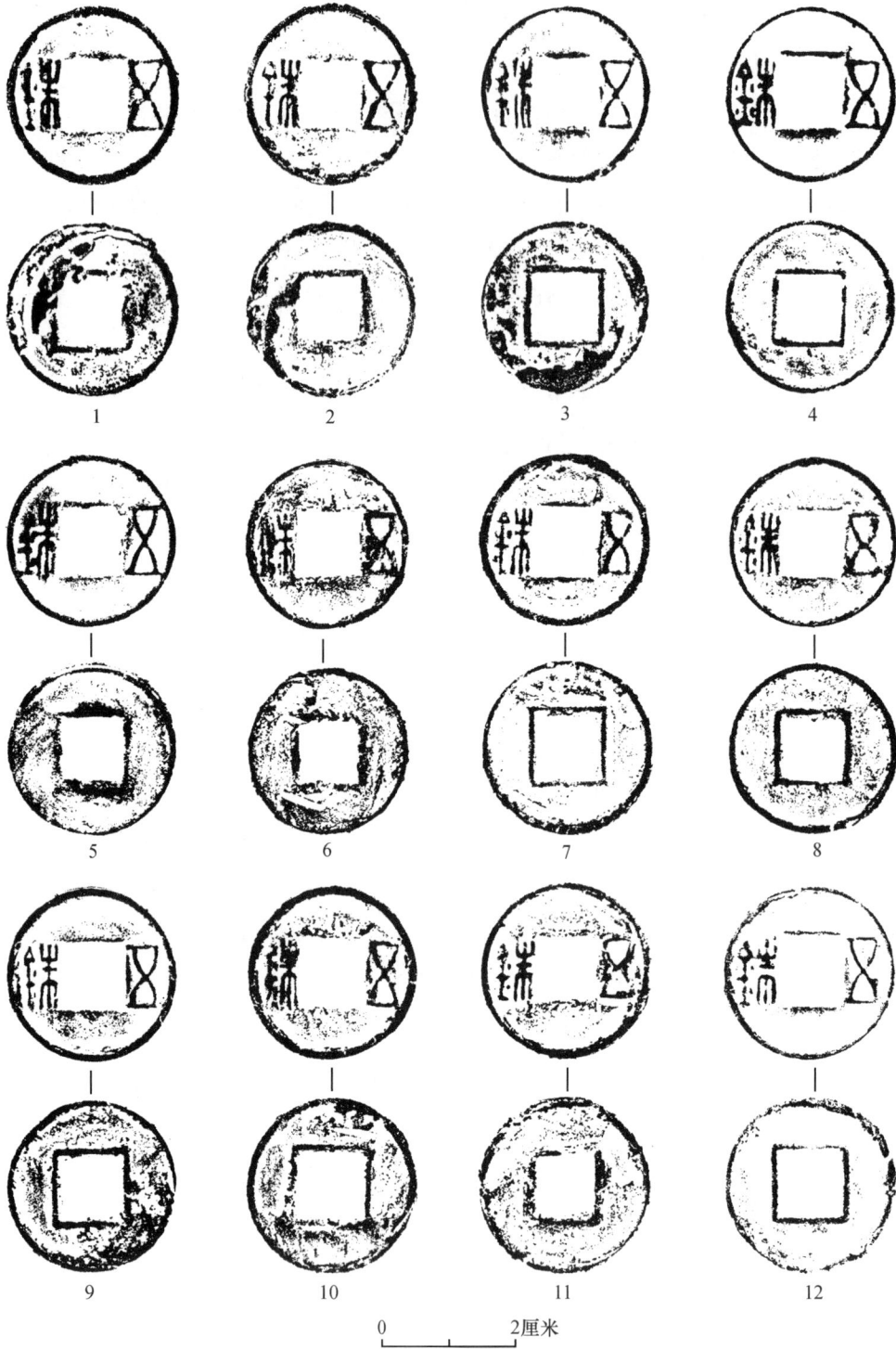

图一八七　I 区M67出土铜钱（一）

1. M67：2-1　2. M67：2-2　3. M67：2-3　4. M67：2-4　5. M67：2-5　6. M67：2-6　7. M67：2-7　8. M67：2-10

9. M67：2-11　10. M67：2-12　11. M67：2-13　12. M67：2-14

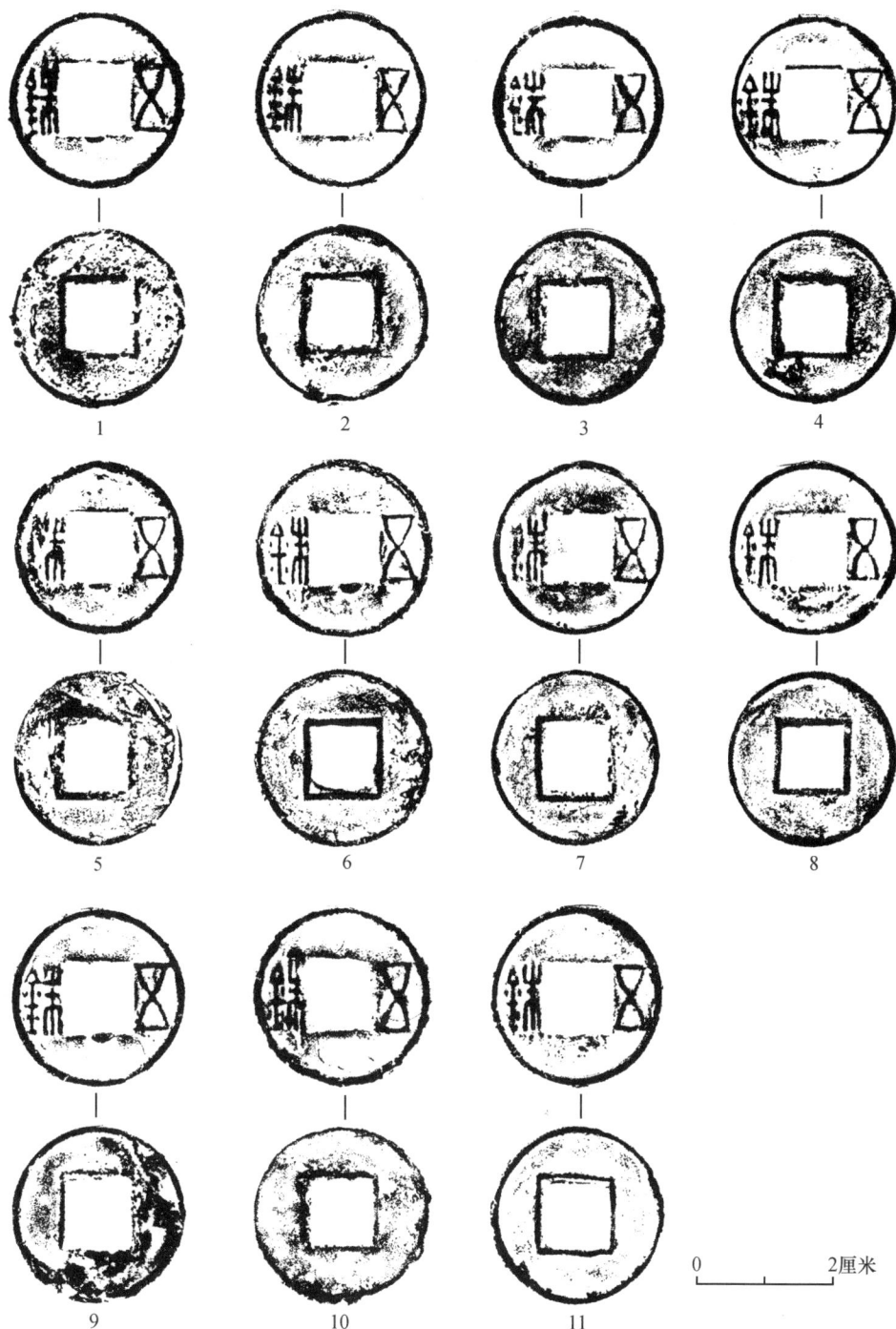

图一八八　I区M67出土铜钱（二）

1. M67：2-15　2. M67：2-16　3. M67：2-17　4. M67：2-18　5. M67：2-21　6. M67：2-22　7. M67：2-23　8. M67：2-24

9. M67：2-25　10. M67：2-26　11. M67：2-27

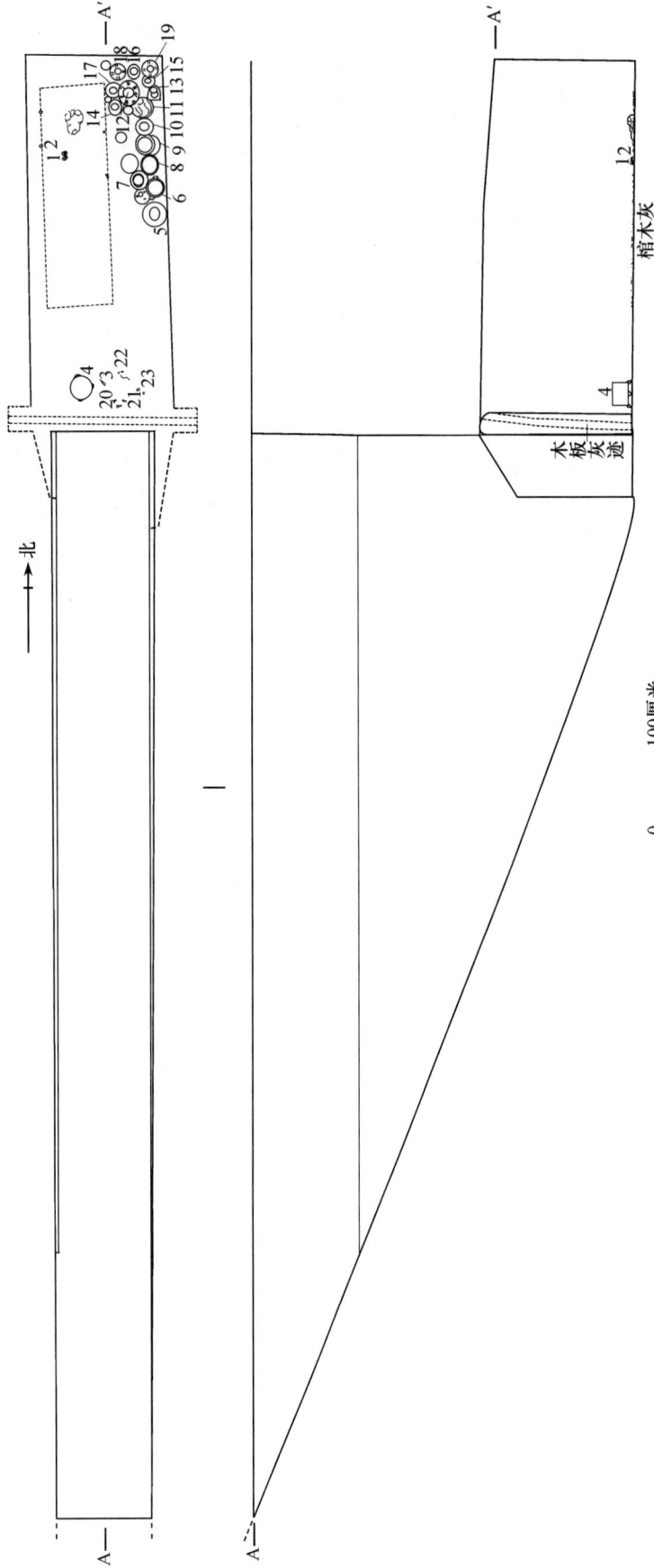

图一八九　Ⅰ区M68平、剖面图

0　　　100厘米

1. 铜钱　2. 铜柿蒂形棺饰　3. 铅当卢　4. 陶樽　5. 陶壶　6. 陶鼎　7、10、14~16. 陶罐　8、9. 陶盒　11、12、17~19. 陶仓　13. 陶灶1套（盆1、甑1）　20. 铅马衔镳　21. 铅衡末饰　22. 铅扣饰　23. 铅盖弓帽

　　鼎　1件，标本M68：6，红胎釉陶，器表施青绿釉，釉层较薄，釉面无光泽，器内红褐釉。盖，浅覆钵形，近平顶，中心有一穿环钮，之外均匀布置三乳突形饰；器身，子母口内敛，深腹，圜底，肩附外撇弯曲板耳，顶端外折，腹中部有一周台棱，底附三马蹄形足，足根饱满。盖与器身轮制，器表有轮旋纹。盖上钮饰、耳、足模制，而后粘结，口沿及足底有粘烧痕，肩部有垂釉现象，蘸釉，叠覆烧。盖径18.7、器身口径19.1、腹深10.9、足高7.4、通高20厘米（图一九〇，1；彩版一四，1、2；图版一一七，6、图版一一八，1）。

　　盒　2件（M68：8、9），泥质灰陶，形制相同。盖，浅覆钵形，顶有矮圈足捉手；器身，子母口内敛，弧腹，平底。器身涂黑，之上绘白彩，局部已经脱落。盖，捉手之内绘卷云纹，捉手之外两组（每组两周）弦纹之间绘双线大波折纹，之间填饰短弧线、圆圈、圆点等纹饰。器身彩绘剥落严重，纹饰不可辨。盖与器身轮制，底中间轮旋纹。标本M68：8，盖径16.8、器身口径17.5、腹深8.2、底径8.5、高13.6厘米（图一九〇，2）。

　　壶　1件，标本M68：5，红胎釉陶，器表施青绿釉，釉层较厚，釉面有光泽，内壁红褐釉。盖，略呈半球形，子母口，盖面有一周台棱；器身，侈口，平沿，唇部加厚，束颈，弧肩，鼓腹，低矮假圈足，肩部饰两道凹弦纹，其下贴塑对称铺首衔环。器身轮制，铺首衔环模制，器表有轮旋纹，刷釉。口径13.1、腹径24.6、底径16.6、高32.6厘米（图一九〇，3；彩版一六，1；图版一一八，3、4）。

　　樽　1件，标本M68：4，红胎釉陶，器表施青绿釉，釉层较厚，釉面有光泽，内壁红褐釉。盖，浅覆钵形，子母口，顶部中心有圆饼形捉手，之外均匀布置三乳突形饰，饰有四道凹弦纹；器身，直口，平沿，直筒腹，底附三马蹄形足，足根饱满，盖与器身轮制，足模制而后粘结，刷釉。口径22.9、底径22.2、腹深14.25、足高5.6、通高22.9厘米（图一九一，1；彩版一七，1；图版一一八，5）。

　　仓　5件（M68：11、12、17、18、19），均为泥质灰陶。M68：11、17、18、19，形制相同。盖，浅碟形，近平顶；器身，直口，圆唇，矮领，肩部出檐，绕口一周有环状台面，直筒腹，平底，底附三踞熊形足，通体饰白彩，绕口一周有一周彩带，外侧均匀彩绘五道竖棱，腹部三组图案，上部两周红彩线之间一周卷云纹，下部两周彩线之间一周大波折纹，之间填饰短弧线、圆圈纹等，底部一周锯齿纹。肩、腹分体轮制，足模印而后粘结，底外侧有旋切痕迹。标本M68：12，无盖，直口，圆唇，矮领，肩部稍出檐，绕口一周有环状台面，外侧有八道竖棱，直筒腹，平底，底附三胡人形足，腹部饰三组（每组三道）凹弦纹。通体涂黑，之上绘红彩，剥落严重，仅底部一周锯齿纹可辨。肩、腹分体轮制，足模印而后粘结，底外侧有旋切痕迹。口径10.2、底径21.7、足高5.6、通高36.4厘米（图一九〇，4；图版一一八，6）。

　　罐　5件（M68：7、10、14、15、16），泥质灰陶，形制相同。侈口，双唇，矮领，圆鼓肩，下腹弧收，平底，肩部饰三道凹弦纹。轮制，器表有轮旋纹。标本M68：15，口径7.7、腹径15.8、底径7.5、高13.9厘米（图一九一，2）。

　　灶　1件，标本M68：13-1，灶体平面呈马蹄形，前方后圆，灶面两釜前后布置，尾部有短柱形烟囱，前端有方形落地灶门，周围模印多重菱形纹。灶面、灶壁分体模制而后粘结，

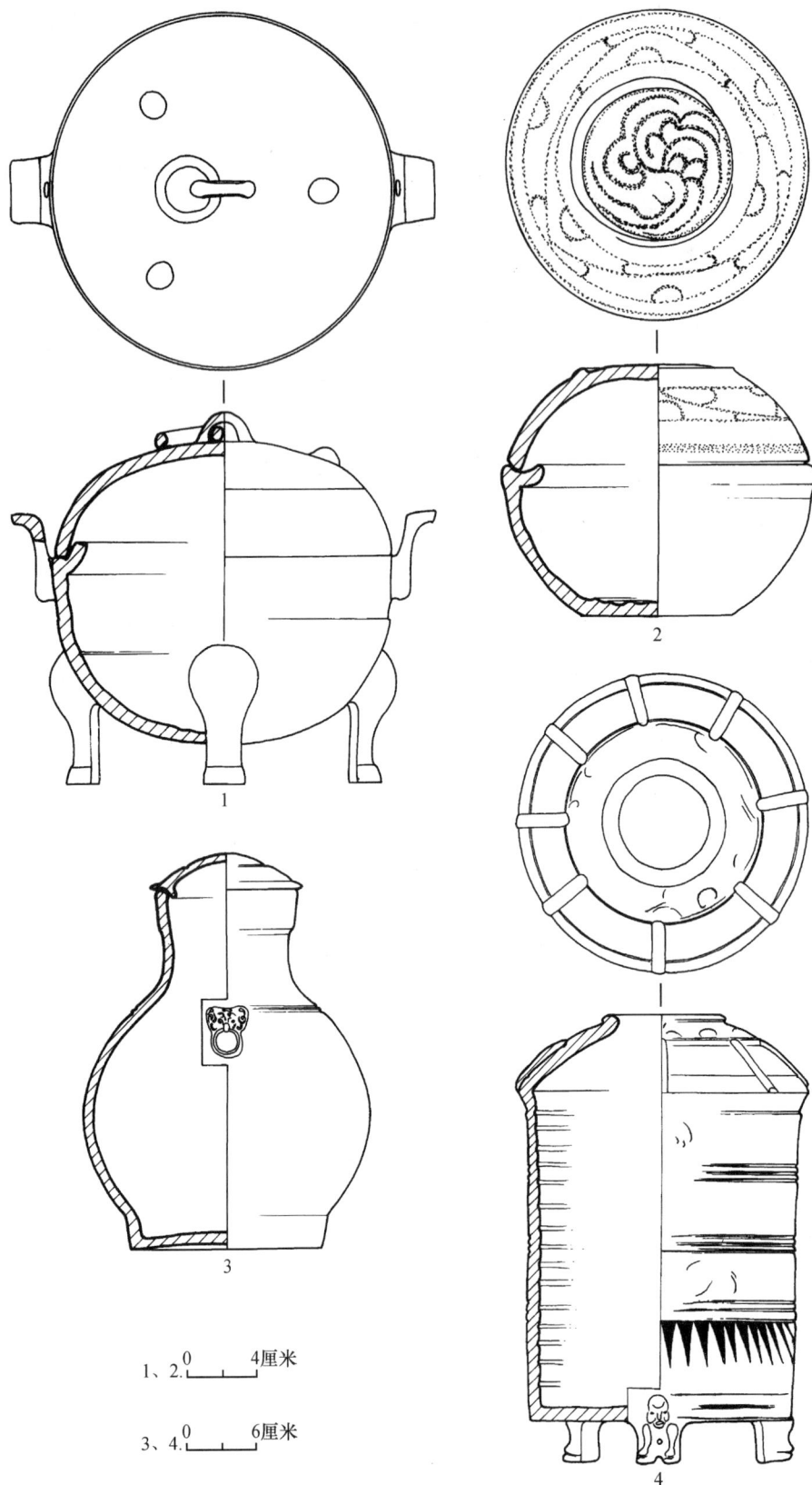

图一九〇　　Ⅰ区M68出土器物（一）

1. 陶鼎（M68：6）　2. 陶盒（M68：8）　3. 陶壶（M68：5）　4. 陶仓（M68：12）

釜之肩部与灶面一次性模制而成，腹模制而后粘结于相应的位置。长17.8、宽15.1、高7.2厘米（图一九一，3；图版一一九，1）。

甑　1件，与灶配套。标本M68：13-3，敞口，平沿，尖唇，折腹，小平底，底部有三个箅孔。模制，沿面有制坯时留下的线切纹。口径7.9、底径2.2、高3.3厘米（图一九一，4）。

盆　1件，与灶配套。标本M68：13-2，敞口，平沿，方唇，折腹，小平底。模制，沿面有制坯时留下的线切纹。口径7.5、底径2、高3.1厘米（图一九一，5）。

铜柿蒂形棺饰　5件，形制相同。标本M68：2，柿蒂形，与泡钉同出，对角残长4.6、泡径2.3、残高0.5厘米（图一九二，6）。

铅器　7件，为盖弓帽、衡末饰、扣饰、马衔镳和当卢。

盖弓帽　1件，标本M68：23，圆柱形，上方有一球形帽，中部一侧有一倒刺。高1.7、直径0.5厘米（图一九二，1）。

衡末饰　2件，形制相同。标本M68：21，圆柱形，一端封闭。高1.3、直径1.0厘米（图一九二，2；图版一五四，6）。

扣饰　2件，形制相同。标本M68：22，圆扣形，上方乳钉镶嵌，下有双方形穿孔。帽径1.25、残高0.45厘米（图一九二，3）。

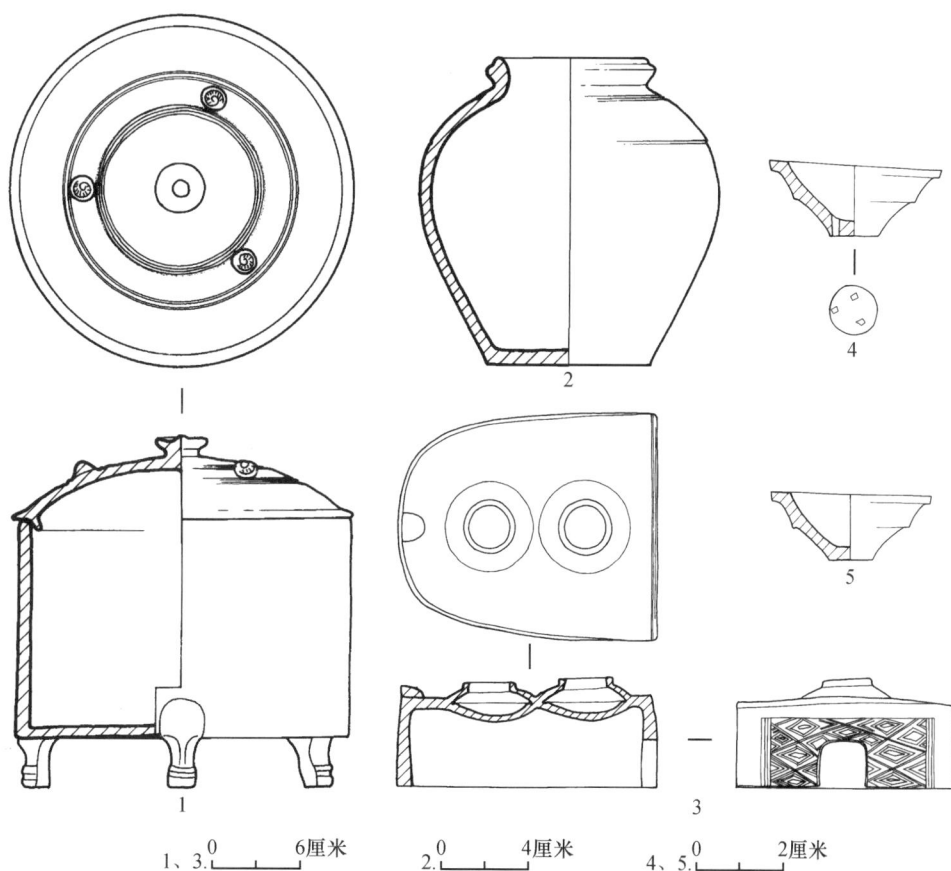

图一九一　Ⅰ区M68出土器物（二）

1.陶樽（M68：4）　2.陶罐（M68：15）　3.陶灶（M68：13-1）　4.陶甑（M68：13-3）　5.陶盆（M68：13-2）

马衔镳　1件，标本M68：20，残损。镳，略呈"S"形，两端一侧透雕云纹图案，残长8.7厘米。衔，一节，两端有环，器身上有篆纹"五"字形图案，残长4.3厘米（图一九二，4）。

当卢　1件，标本M68：3，残，圭形片状，一面有浅浮雕式卷云纹图案，另一面一端有一方形穿钮。残长6.4、宽0.8～1.6厘米（图一九二，5）。

铜钱　15枚，均为五铢钱，圆形方穿，穿背面有郭，部分穿上有一横郭或穿下有一星纹，穿之两侧有篆文"五铢"二字。"五"字有瘦长者，有稍宽大者，交笔有斜直者，也有缓曲者，"铢"字金头三角或呈箭镞形，四点或圆或呈短竖形（年代武、昭、宣时期）（图一九三）。

该墓葬是为数不多的彩绘陶器与黄釉陶器、青绿釉陶共存的墓葬，尤其是仿铜陶礼器中，鼎壶为釉陶器，盒为彩绘陶器，显示了陶质明器由彩绘陶器向釉陶器的过渡，另就器型而言，鼎为出新器型，盒为老器型，也显示了器型的过渡状态。

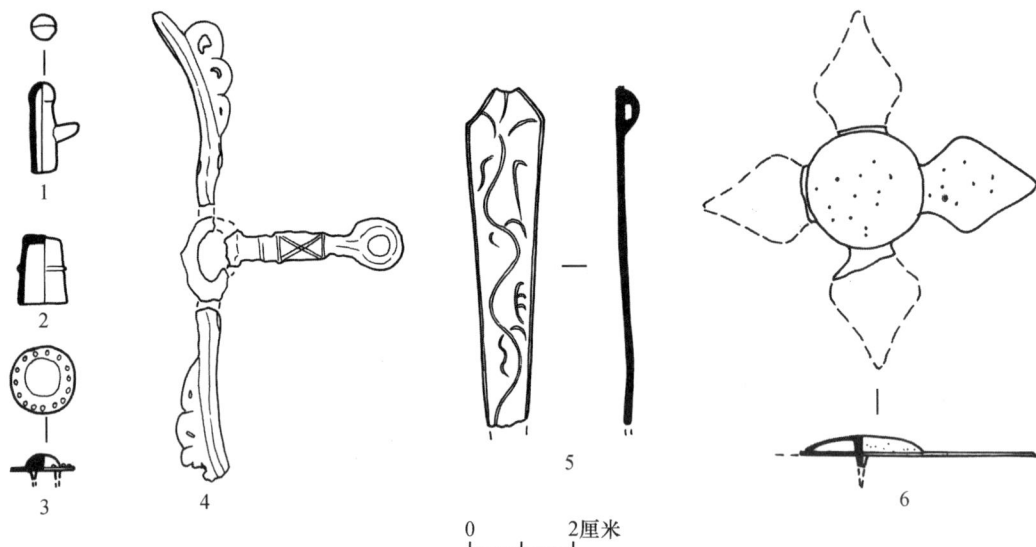

图一九二　Ⅰ区M68出土器物（三）

1. 铅盖弓帽（M68：23）　2. 铅衡末饰（M68：21）　3. 铅扣饰（M68：22）　4. 铅马衔镳（M68：20）
5. 铅当卢（M68：3）　6. 铜柿蒂形棺饰（M68：2）

第六十九节　M69

1. 墓葬形制

M69，位于第二阶地中部偏北，探方T0505内，东与M68并穴合葬。方向170度。形制为斜坡墓道土洞墓，由墓道、甬道、墓室三部分组成（图一九四）。

墓道　位于墓室的南端，平面呈长方形，壁面较直，底部呈斜坡状，两壁有一级二层台，宽0.06米。墓道开口残长10.0、宽0.72～0.84、坡长14.2、底距开口深0～6.20米，坡度30度。墓道内填五花土，土质疏松，未经夯打。

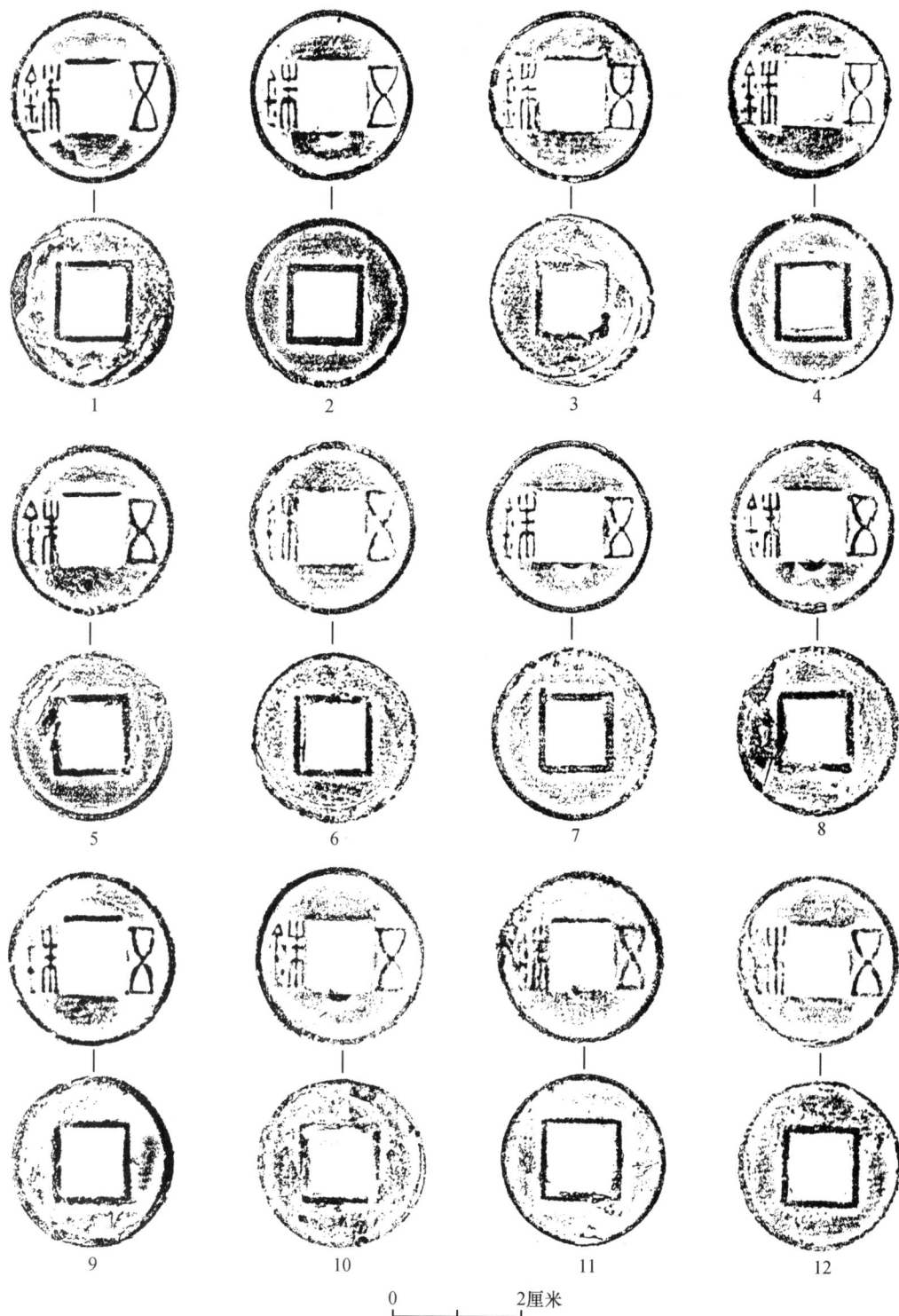

图一九三 Ⅰ区M68出土铜钱

1. M68：1-1 2. M68：1-2 3. M68：1-3 4. M68：1-4 5. M68：1-5 6. M68：1-6 7. M68：1-10 8. M68：1-11
9. M68：1-12 10. M68：1-13 11. M68：1-14 12. M68：1-15

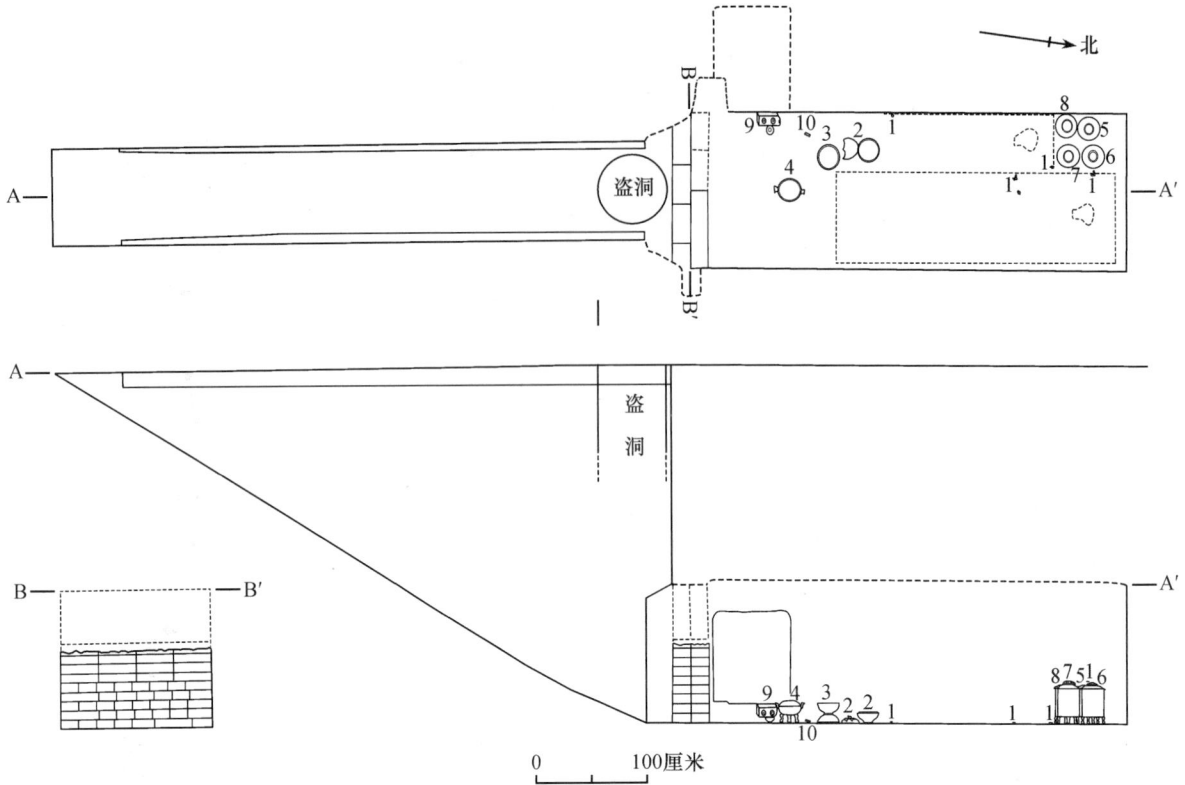

图一九四　Ⅰ区M69平、剖面图

1. 铜柿蒂形棺饰　2、3. 陶盒　4. 陶鼎　5~8. 陶仓　9. 陶灶1套（盆1、甑1）　10. 铁片

甬道　位于墓道与墓室之间，平面近梯形，拱顶土洞，因顶部坍塌，高度不详，长0.24、宽0.84~1.20米。

墓室　平面呈长方形，拱顶土洞。墓室长4.06、宽1.38、高1.20米。墓室南部两侧靠近封门处有一小龛，平面呈长方形，宽0.70、高0.80、进深0.90米。该墓被盗扰，器物主要出土于墓室西侧，计有陶鼎1、陶盒2、陶仓4、陶灶1套（盆1、甑1）、铜柿蒂形棺饰7、铁片1。

封门　土坯封门，错缝平砌。宽1.90、高0.68、厚0.18~0.24米。土坯的尺寸34厘米×16厘米×8厘米。

葬具　木棺2具，仅存棺痕，东西并排，东棺长2.50、宽0.50米，西棺长1.74、宽0.48米。

葬式　骨架2具，保存较差，已成粉末状，头向北，仰身直肢葬。

盗洞　1处，位于墓道的北端，自上而下，进入墓室，平面呈圆形，直径0.60米。

2. 出土器物

该墓出土器物18件，质地有陶、铜、铁三种，分述如下。

陶器　10件，均为泥质灰陶，器类有鼎、盒、仓、灶、盆、甑。

鼎　1件，标本M69：4，盖，浅覆钵形，近平顶，中心有一穿环钮，边缘均匀布置三乳突形饰；器身，子母口内敛，深腹，圜底，肩附外撇弯曲板耳，顶端外折，腹中部有一周台棱，底附三马蹄形足，足根饱满。通体饰红彩，顶部脱落严重，中心一周彩带，之外两组双线彩线，之间双线波折纹，其间填饰圆圈、短弧线、羽状纹等，边缘一周锯齿纹。器身两组双线之间，饰双线波折纹。其间填饰短弧线、圆圈等纹饰，下部饰一周锯齿纹。盖与器身轮制，器表有轮旋纹。盖上钮饰、耳、足模制，而后粘结。盖径20.5、器身口径21、腹深11、足高8.3、通高20.2厘米（图一九五）。

盒　2件（M69：2、3），形制相同。盖，浅覆钵形，顶有矮圈足捉手；器身，子母口内敛，弧腹，近圜底，矮圈足。通体饰红彩，局部已经脱落。盖，捉手内外侧饰一周红彩，中间绘卷云纹，捉手之外再下一周锯齿纹。器身，口沿下一周锯齿纹，之下两周双线之间绘双线大波折纹，其间填饰短弧线、圆圈等图案。盖与器身轮制，底中间轮旋纹。标本M69：2，盖径18.8、器身口径19.5、腹深9.6、底径10、高15.7厘米（图一九六）。

仓　4件（M69：5、6、7、8），形制相同。盖，浅碟形，近平顶，中间有一乳突，之外一周突棱，外侧均匀布置八道竖棱，边缘有一周突棱；器身，直口，圆唇，矮领，肩部出檐，绕口一周有环状台面，直筒腹，平底，底附三马蹄形足（内有粮食）。通体饰红彩，绕口一周双线红彩，外侧均匀彩绘八道竖棱，腹部饰七周红彩，第三、四道间绘卷云纹，第五、六道中间绘双线大波折纹，其间填饰短弧线、圆圈等图案。近底一周锯齿纹。肩、腹分体轮制，足模印而后粘结，底外侧有旋切痕迹。标本M69：6，盖径10.5、口径8.1、底径19.1、足高6、通高34.4厘米（图一九七）。

灶　1件，标本M69：9-1，灶体平面呈马蹄形，前方后圆，灶面两釜前后布置，尾部有短柱形烟囱，前端有方形落地灶门，周围模印多重菱形纹。灶面、灶壁分体模制而后粘结，釜之肩部与灶面一次性模制而成，腹模制而后粘结于相应的位置。长17、宽14.8、高7.3厘米（图一九八，1）。

盆　1件，与灶配套。标本M69：9-2，敞口，平沿，方唇，折腹，小平底。模制，沿面有制坯时留下的线切纹。口径7.9、底径2.2、高3.35厘米（图一九八，2）。

甑　1件，与灶配套。标本M69：9-3，敞口，平沿，方唇，折腹，小平底，底部有三个箅孔。模制，沿面有制坯时留下的线切纹。口径7.6、底径2.2、高2.9厘米（图一九八，3）。

铜柿蒂形棺饰　7件，形制相同。标本M69：1，柿蒂形，与泡钉同出。对角长7.0、泡径2.1、高1.1厘米（图一九八，4）。

铁片　1件，标本M69：10，长方形片状。长4.6、宽2.2、厚0.15厘米（图一九八，5）。

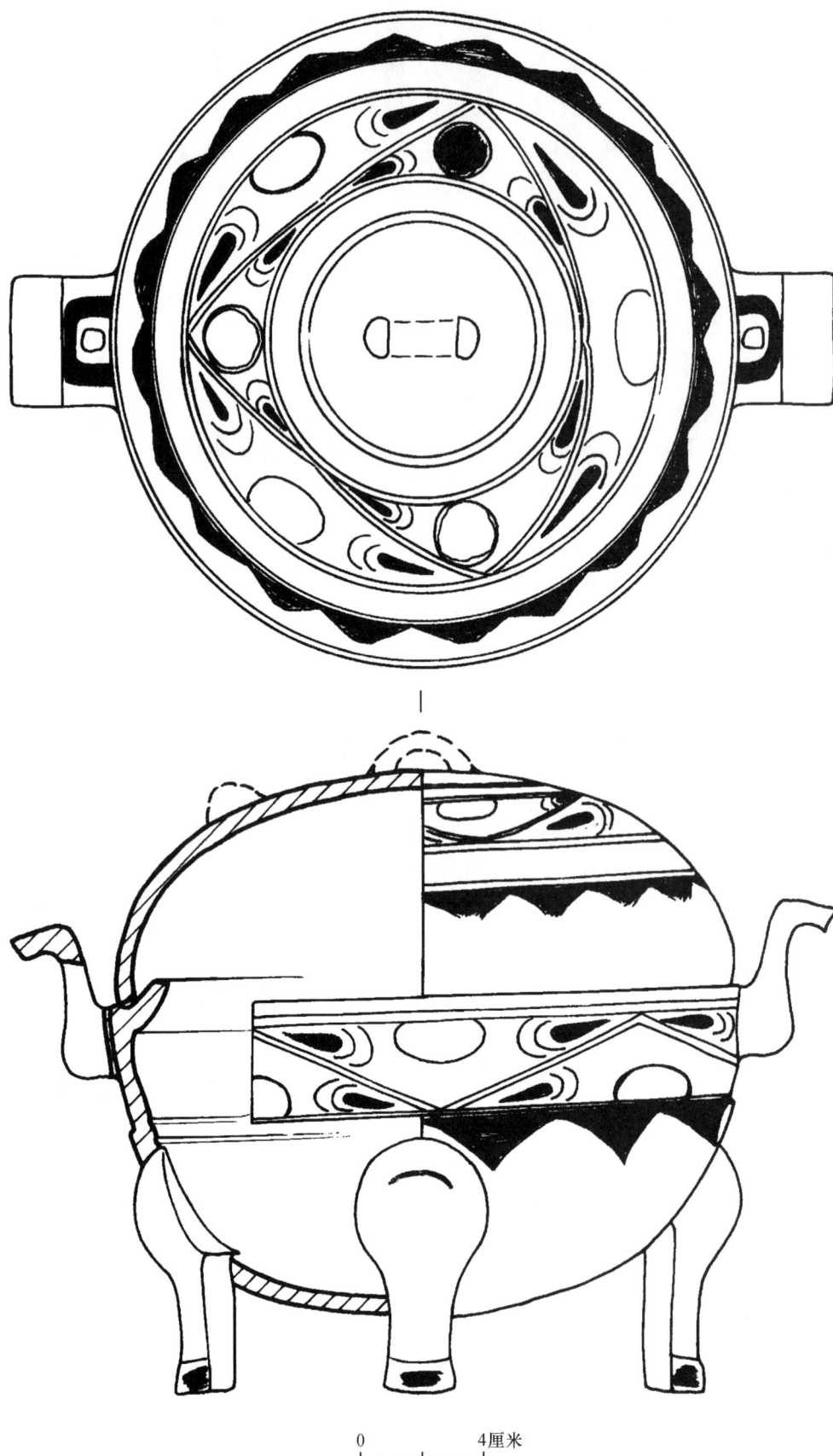

0 |——————| 4厘米

图一九五　Ⅰ区M69出土陶鼎（M69∶4）

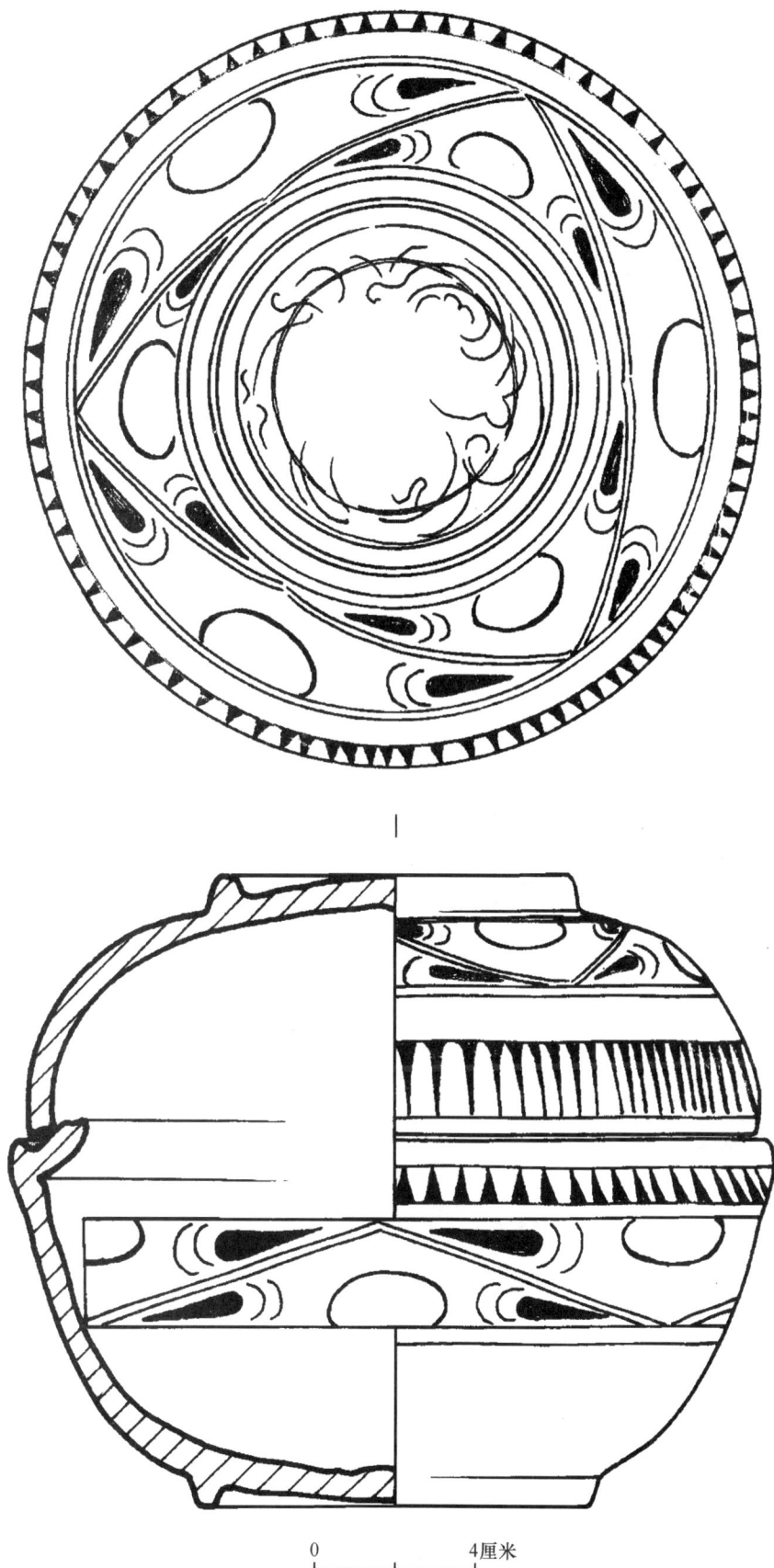

0   4厘米

图一九六　Ⅰ区M69出土陶盒（M69∶2）

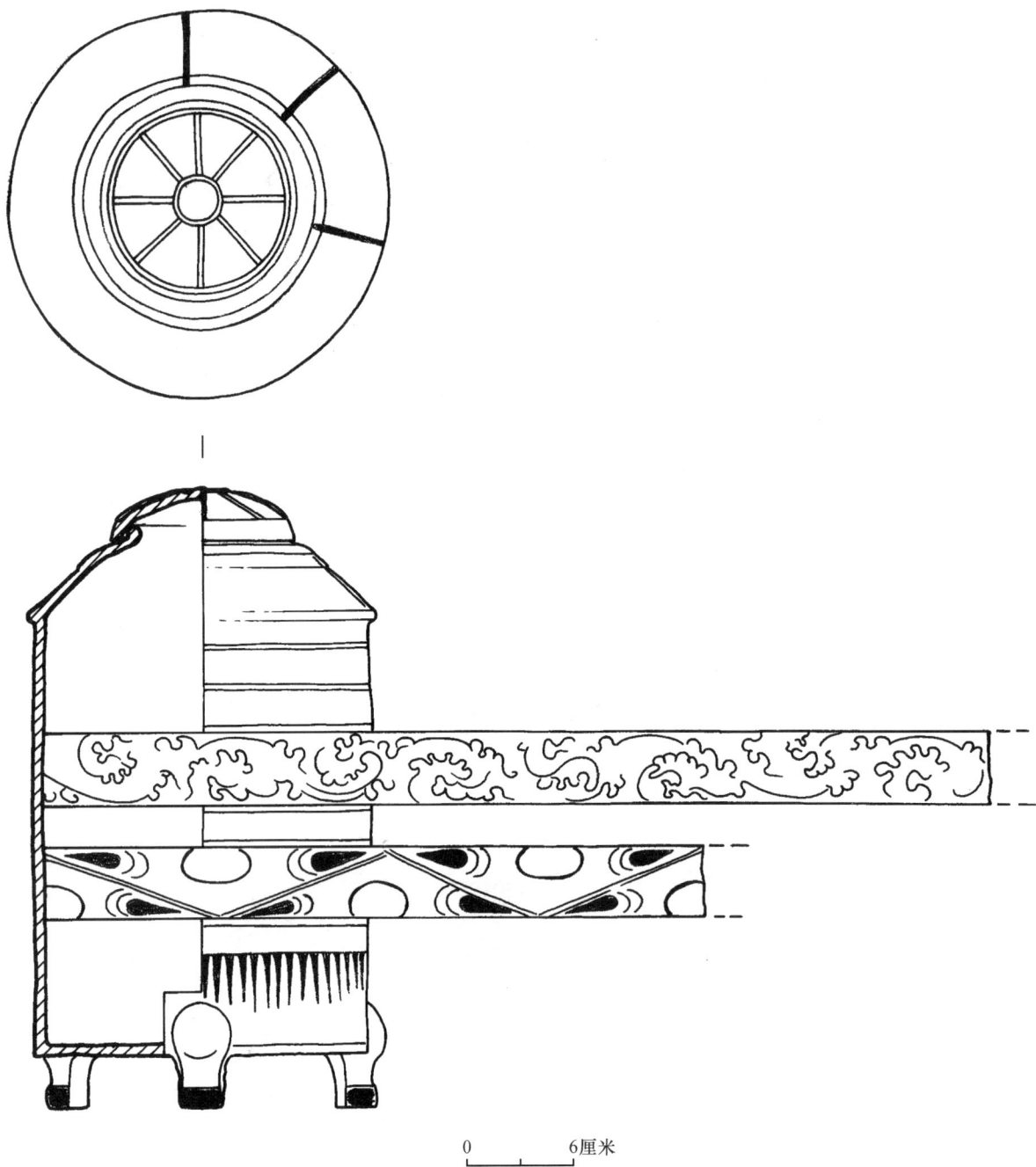

0　　　　　6厘米

图一九七　Ⅰ区M69出土陶仓（M69∶6）

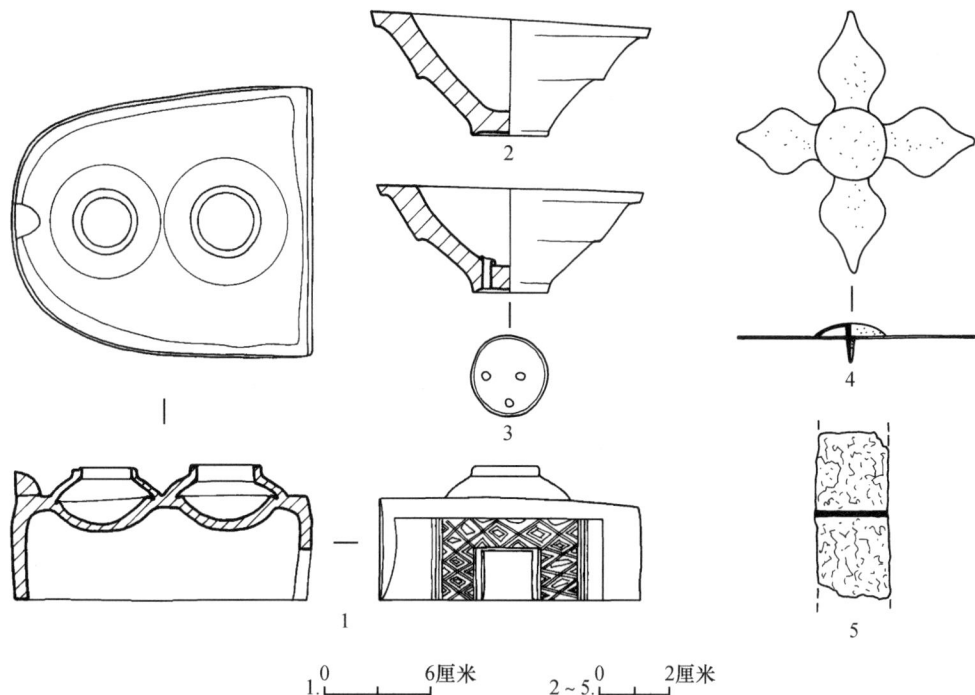

图一九八　Ⅰ区M69出土器物

1.陶灶（M69：9-1）　2.陶盆（M69：9-2）　3.陶甑（M69：9-3）　4.铜柿蒂形棺饰（M69：1）　5.铁片（M69：10）

第七十节　M70

1. 墓葬形制

M70，位于第二阶地西北部，探方T0305内，东与M7并穴合葬，墓道南端打破M79，且被东南侧的M71打破。方向210度。形制为斜坡墓道砖室墓，墓道略向右折，由墓道、墓室两部分组成（图一九九；图版二三，3、4）。

墓道　位于墓室的南端，平面呈梯形，南宽北窄，底部呈斜坡状。开口残长9.08、宽0.74～0.86、坡长9.90、底距开口深0～4.10米，坡度27度。墓道内填五花土，土质疏松，未经夯打。

墓室　平面呈长方形，条砖对缝券顶，壁条砖顺置错缝平砌，条砖错缝平铺地。墓室长4.0、宽1.3、壁高0.80、室高1.30米。条砖38厘米×19厘米×10厘米，楔形砖38厘米×19厘米×（4～6）厘米。该墓被盗扰，器物主要出土于墓室南端，计有陶灶1、铜柿蒂形棺饰6、铁器1、铜钱4。

封门　条砖封门，错缝侧立平砌。宽0.9、高0.8米，条砖38厘米×19厘米×10厘米。

葬具　木棺，出土有铁棺钉，尺寸不详。

葬式　不详。

盗洞　1处，位于墓室的北端。平面呈圆形，直径0.50米。

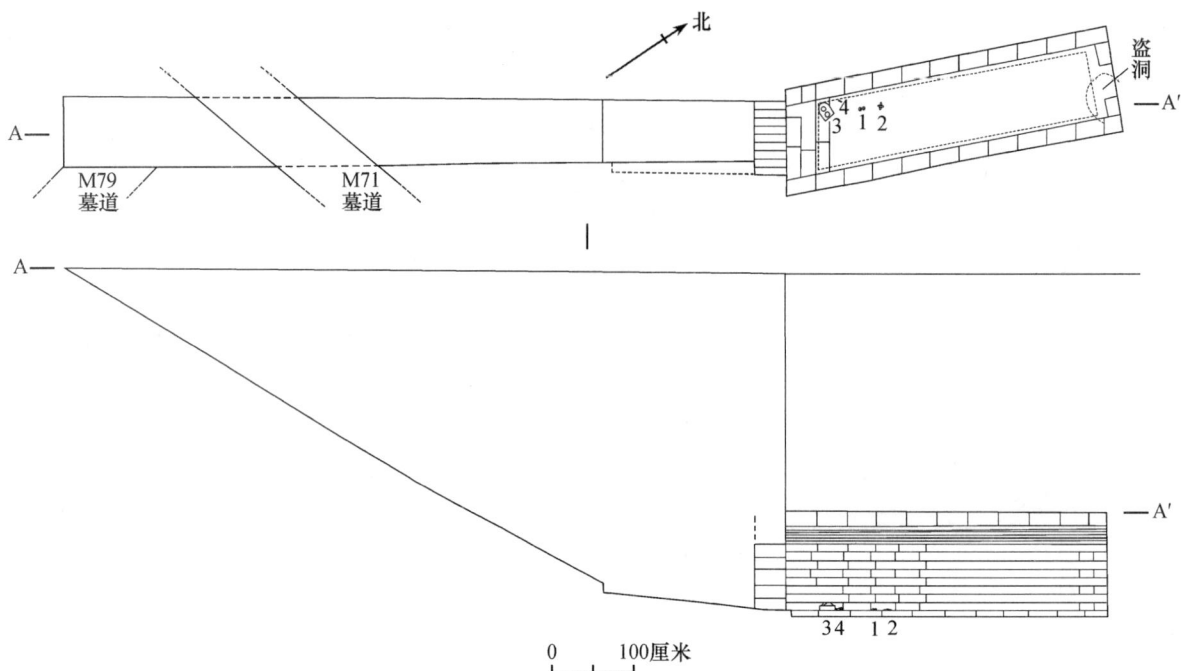

图一九九　Ⅰ区M70平、剖面图

1.铜钱　2.铜柿蒂形棺饰　3.陶灶　4.铁器

2. 出土器物

该墓出土器物8件，另有铜钱4枚。质地有陶、铜、铁三种，分述如下。

陶灶　1件，标本M70：3，泥质类陶，灶体平面呈马蹄形，前方后圆，灶面两釜前后布置，尾部有圆孔形烟囱，前端有方形落地灶门，周围模印多重菱形纹。长21.4、宽16.4、高8厘米（图二〇〇，1）。

铜柿蒂形棺饰　6件，残，形制相同，标本M70：2，柿蒂形，与泡钉同出。对角长4.6、泡径1.8、高0.9厘米（图二〇〇，2）。

铁器　1件，残，标本M70：4，长条片状。残长4.6厘米（图二〇〇，3）。

铜钱　4枚，均为五铢钱，圆形方穿，穿背面有郭，部分穿上有一横郭或穿下有一星纹，穿之两侧有篆文"五铢"二字。大部分朱字头方折，"五"字出头（图二〇〇，4、5）。

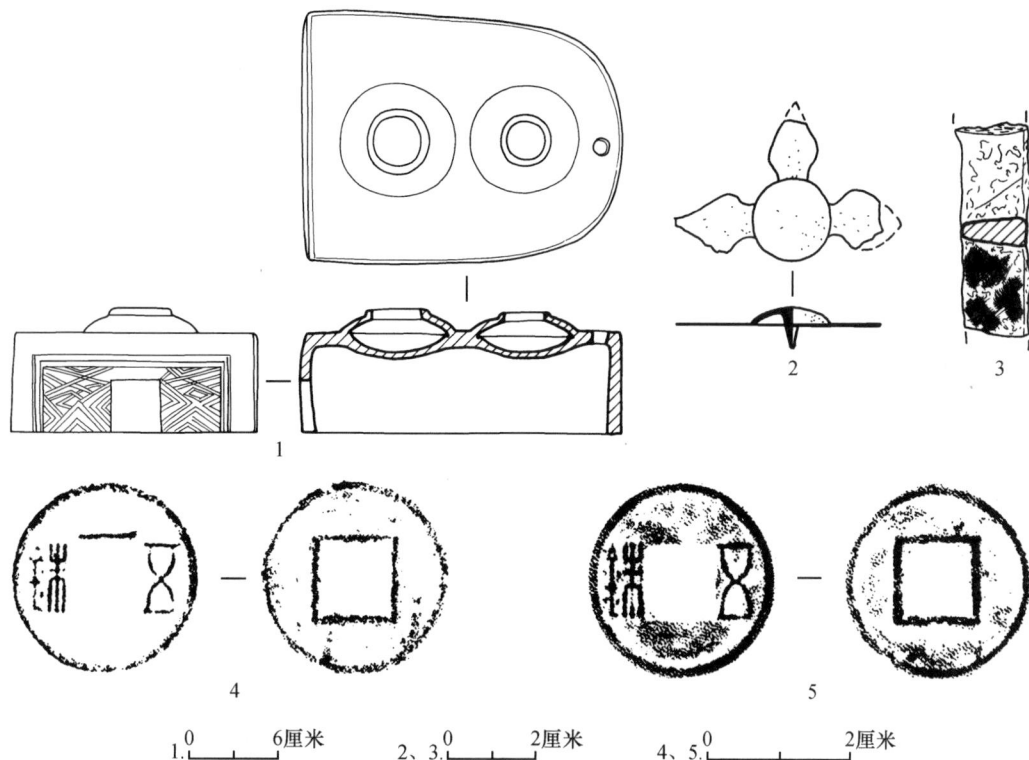

图二〇〇 Ⅰ区M70出土器物

1.陶灶（M70∶3） 2.铜柿蒂形棺饰（M70∶2） 3.铁器（M70∶4） 4、5.铜钱（M70∶1-1、2）

第七十一节 M71

1. 墓葬形制

M71，位于第二阶地西部偏北，探方T0305内，M70、M7南侧，且打破M70、M7墓道。方向260度。形制为斜坡墓道土洞墓，由墓道、墓室两部分组成（图二〇一；图版二四，1、2）。

墓道 位于墓室的西端，平面呈长方形，壁面较直，底部呈斜坡状，南北两壁有平面呈三角形的脚窝，宽0.20、高0.14、进深0.10米。开口残长5.05、宽0.84～0.96、坡长5.40、底距开口深0～6.08米，坡度25度。墓道内填五花土，土质疏松，未经夯打。

墓室 平面呈长方形，拱顶土洞，条砖错缝平铺地。条砖38厘米×19厘米×8.5厘米，墓室长3.40、宽1.32、残高1.58米。该墓未被盗扰，器物主要出土于墓室西部北侧，计有陶罐3、铜镜1、漆器（无法提取）、铜钱1（大泉五十）。

封门 条砖封门，对缝平砌。条砖36.5厘米×18.5厘米×8.5厘米。封门宽0.85、高1.37米。

葬具 木棺1具，仅存棺痕，棺长2.50、宽0.70米。

葬式 骨架1具，保存较差，已成粉末状，头向西，仰身直肢葬。

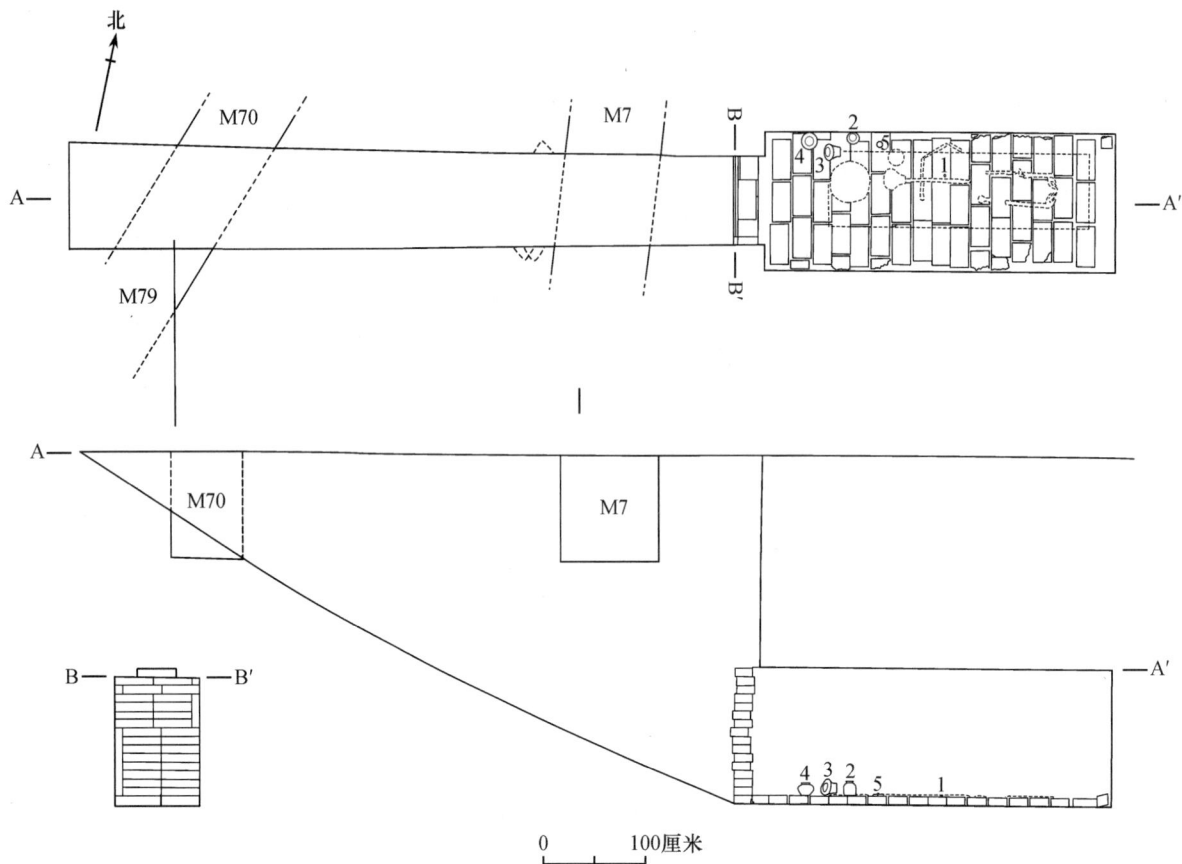

图二○一　Ⅰ区M71平、剖面图
1. 铜钱　2. 陶罐　3、4. 釉陶罐　5. 铜镜

2. 出土器物

该墓出土器物共4件，另有铜钱1枚。质地有陶、铜两种，分述如下。

陶罐　3件（M71：2、3、4）。M71：3、4，红胎釉陶，器表施酱黄釉或青绿釉，形制相同。侈口，圆唇，矮领，圆鼓肩，下腹内收，平底稍内凹，肩部饰两道凹弦纹。轮制，刷釉，器底有旋切痕。标本M71：3，口径9、腹径15.6、底径7.4、高11厘米（图二○二，1）。标本M71：2，泥质灰陶，喇叭口，双唇，束颈，弧肩，直筒腹，平底，轮制，器表有轮旋纹，口径8.1、腹径12.6、底径12.1、高14厘米（图二○二，2）。

铜镜　1面，标本M71：5，四乳家常富贵镜，圆形，镜背由两周短斜线纹分为内外两圈，内圈中心为镜钮，半球形，中心有穿孔，圆形钮座，内向八连弧纹缘，钮座区和内圈斜线纹之间夹杂四组由短弧、直线组成的装饰，镜面微凸。外圈为四个圆座大乳突与"家常富贵"四字铭文配列。面径6.80、背径6.70、钮宽0.80、缘宽0.50、缘厚0.40厘米（图二○二，3；彩版三二，1）。

铜钱　1枚，标本M71：1，大泉五十，圆形方穿，穿两面有郭，穿之四侧有篆文"大泉五十"四字，钱径27.86、穿宽7.63、郭厚2.43毫米，重5.39克（图二○二，4）。

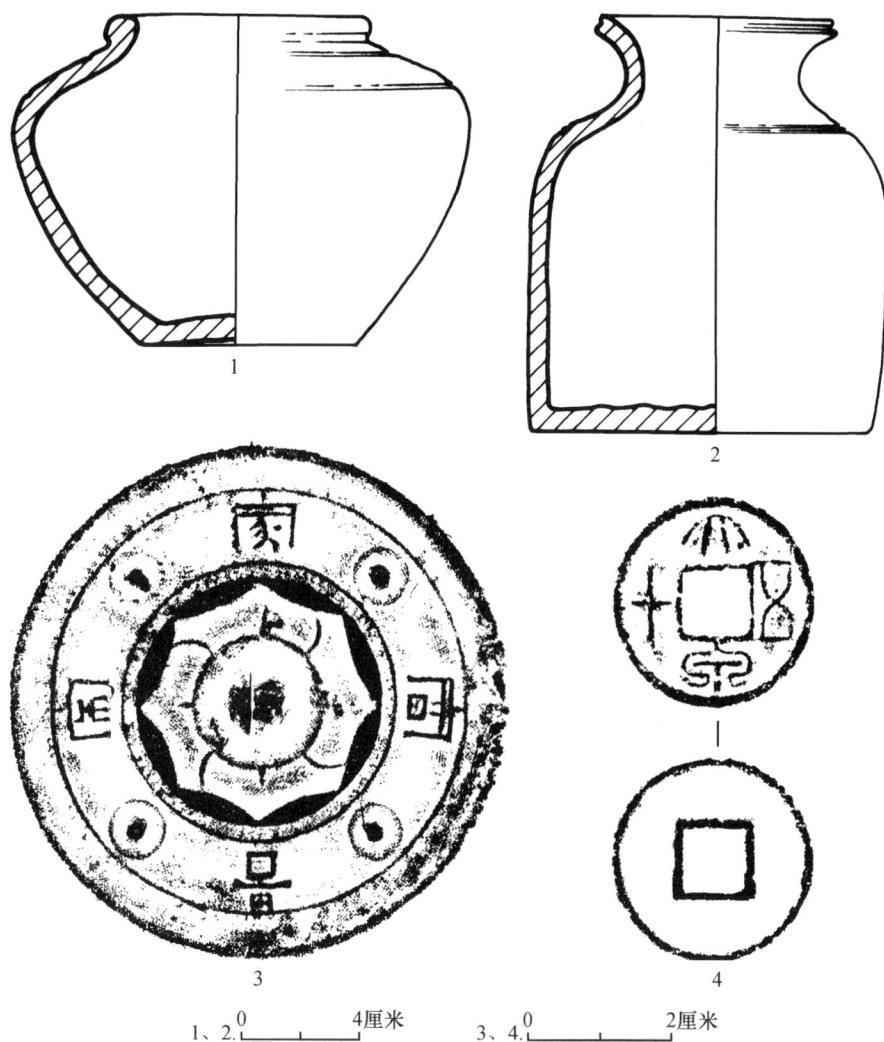

1、2.$\underset{\text{厘米}}{\overset{0\qquad\qquad 4}{\vdash\quad\vdash\quad\dashv}}$　　　　3、4.$\underset{\text{厘米}}{\overset{0\qquad\qquad 2}{\vdash\quad\dashv}}$

图二〇二　Ⅰ区M71出土器物

1. 釉陶罐（M71：3）　2. 陶罐（M71：2）　3. 铜镜（M71：5）　4. 铜钱（M71：1）

第七十二节　M72

1. 墓葬形制

M72，位于第二阶地西北部，探方T0305内，与M89并列分布在M79的东西两侧（按：从年代上看，M79相对较早，而M72与M89稍晚，且基本同时，如果这是一处家庭墓地的话，也许是两代人的墓），唯方向相反，北邻M7、M70、M71。方向180度。形制为斜坡墓道土洞墓，由墓道、甬道、墓室部分组成（图二〇三；图版二四，3、4）。

墓道　位于墓室的南端，平面呈长方形，壁面较直，底部呈斜坡状。开口残长6.40、宽0.92、坡长7.10、底距开口深0～4.76米，坡度32度。墓道内填五花土，土质较硬，未经夯打。

甬道　位于墓道和墓室之间，平面呈梯形，拱顶土洞，因顶部坍塌，高度不详，长0.58、宽1.40米。

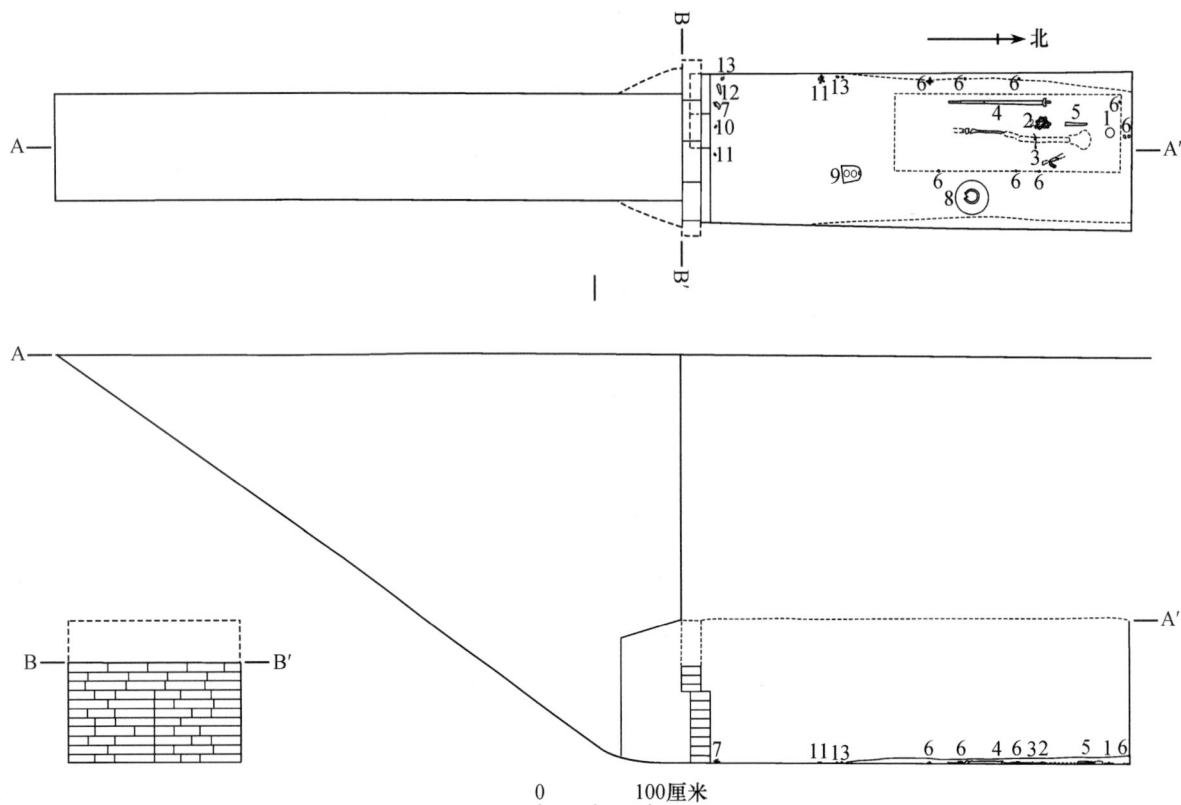

图二○三　Ⅰ区M72平、剖面图

1. 铜镜　2. 铜钱　3. 铜带钩　4. 铁剑　5. 铁削　6. 铜柿蒂形棺饰　7. 铜马衔镳　8. 陶罐　9. 陶灶　10. 铜衡末饰
11. 铜盖弓帽　12. 铜当卢　13. 铜扣饰

　　墓室　平面呈长方形，拱顶土洞。墓室长4.06、宽1.32～1.40、高1.28米。该墓未被盗扰，器物主要出土于墓室北部及棺内，计有陶罐1、陶灶1、铜马衔镳1、铜衡末饰3、铜盖弓帽9、铜当卢1、铜扣饰3、铜柿蒂形棺饰9、铜镜1、铜带钩1、铁剑1、铁削1、铁器1、铜钱1。

　　封门　土坯封门，错缝平砌。墓室口东西两壁有凹槽。土坯36厘米×18厘米×8厘米。封门宽1.56、残高0.88米。

　　葬具　一棺一椁，仅存痕迹。椁长4.06、宽1.14～1.32米，棺长2.04、宽0.68米。

　　葬式　骨架1具，已成粉末状，头向北，仰身直肢葬。

2. 出土器物

　　该墓出土器物33件，另有铜钱1枚。质地有陶、铜、铁三种，分述如下。

　　陶器　2件，均为泥质灰陶，器类有罐、灶。

　　罐　1件，标本M72：8，卷沿，圆唇，短束颈，弧肩，桶形腹，大平底。口径14.2、腹径27.9、底径20、高30.7厘米（图二○四，1）。

　　灶　1件，标本M72：9，灶体平面呈马蹄形，前方后圆，灶面两釜位于前后布置，尾部有短柱形烟囱，前端有方形落地灶门，一侧模印多重菱形纹。灶面、灶壁分体模制而后粘结，

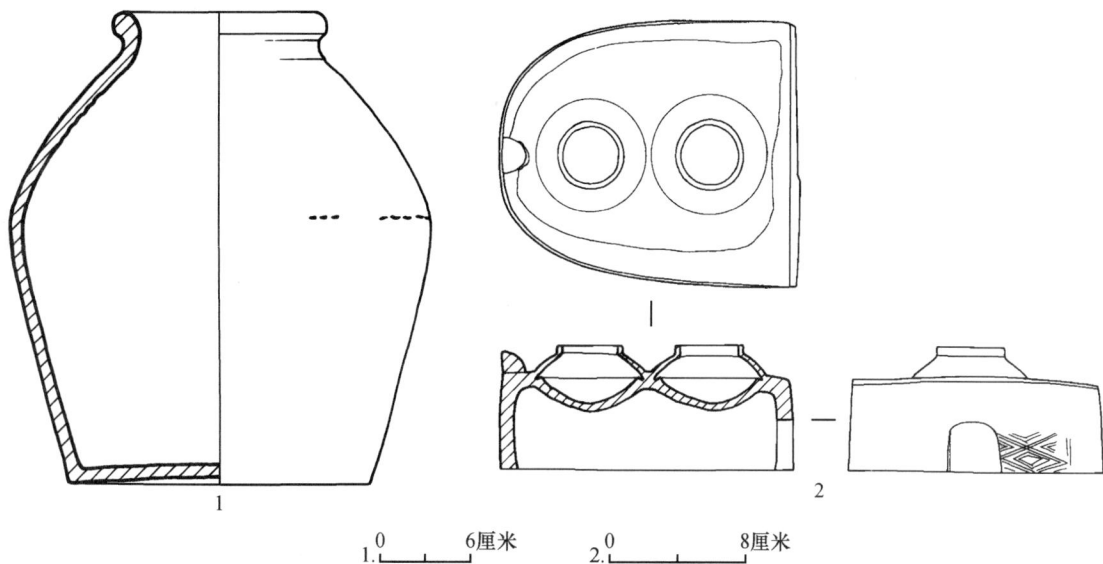

图二〇四　Ⅰ区M72出土器物（一）
1. 陶罐（M72∶8）　2. 陶灶（M72∶9）

釜之肩部与灶面一次性模制而成，腹模制而后粘结于相应的位置。长17.7、宽15.1、高7.1厘米（图二〇四，2）。

铜器　28件，器类有镜、马衔镳、当卢、盖弓帽、衡末饰、扣饰、柿蒂形棺饰和带钩。

马衔镳　1件，标本M72∶7，衔，两节，每节两端有环，两环相互咬合。镳，略呈"S"形，中部有两小孔。衔长7.1、镳长8.0厘米（图二〇五，1）。

当卢　1件，标本M72∶12，圭形片状，一面素面，另一面两端各有一方形穿钮。长8.0、宽0.6～1.75厘米（图二〇五，2）。

盖弓帽　9件，形制相同。圆柱形，中部有一倒刺。标本M72∶11，长1.8、直径0.5厘米（图二〇五，3）。

衡末饰　3件，形制相同。圆柱形，一端封闭。标本M72∶10-1，长1.15、直径0.85厘米（图二〇五，4）。标本M72∶10-2，长1.4、直径0.7厘米（图二〇五，5）。

扣饰　3件，标本M72∶13-1，2件，形制相同，帽形，帽为兽面纹，帽下有一横。帽径1.5、高0.8厘米（图二〇五，6）。标本M72∶13-2，1件，圆扣形，下有双方形穿孔。帽径1.05、高0.7厘米（图二〇五，7）。

柿蒂形棺饰　9件，形制相同，柿蒂形，与泡钉同出。标本M72∶6，对角长7.1、泡径2.0、高0.85厘米（图二〇五，8）。

带钩　1件，标本M72∶3，曲棒形，蛇头形钩首，背有圆柱形帽钮，通长13.0厘米（图二〇五，9）。

铜镜　1面，标本M72∶1，日光铭文镜，圆形，半圆钮，圆钮座，宽素平缘，镜面微凸，钮座圆周均匀伸出四组（每组三条）短线及月牙纹，之外一周凸弦纹圈带，其外两周短斜线纹间有"见日之光，天下大明"铭文带，铭文两字之间有"の""◇"符号。面径7.20、背径

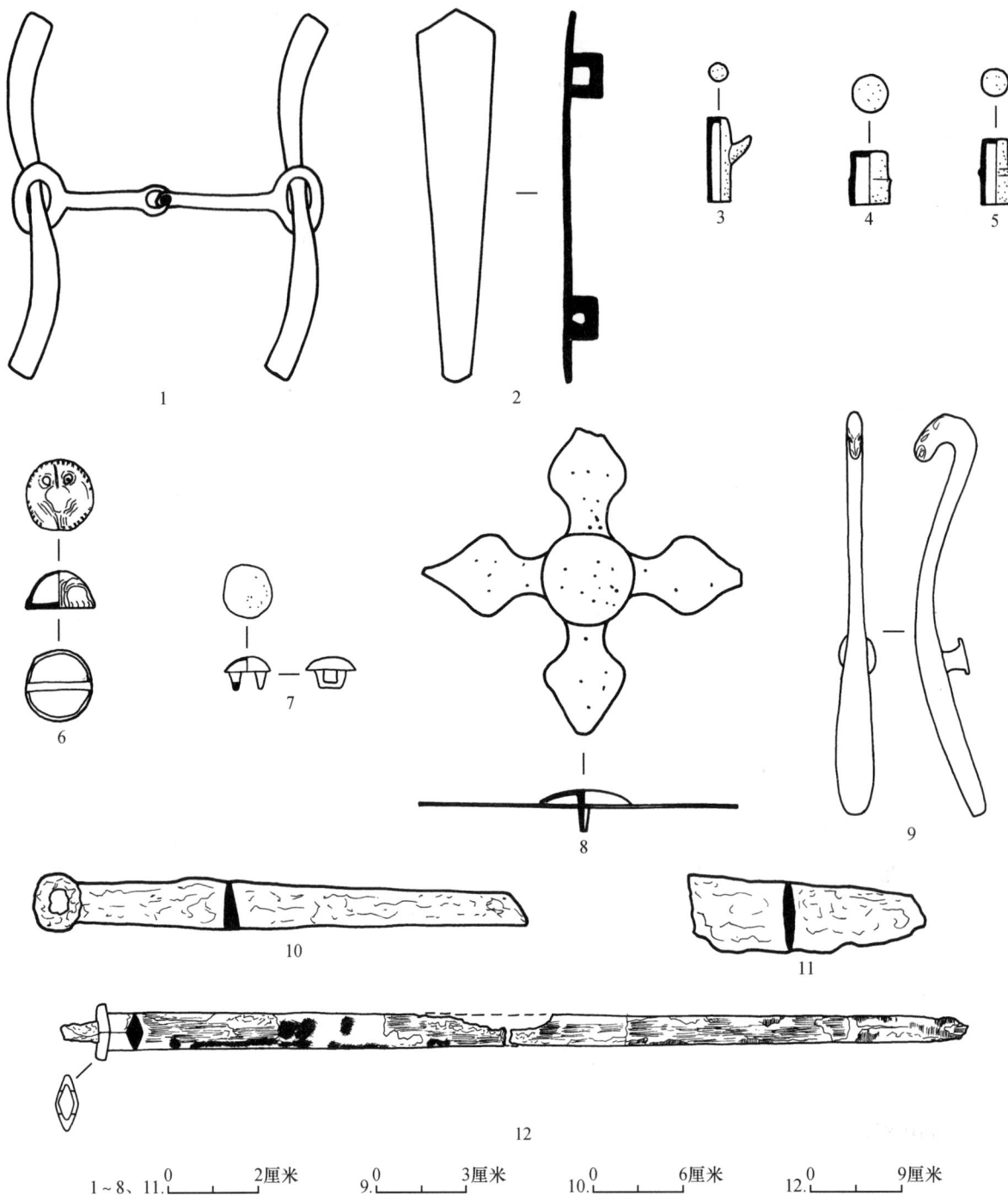

图二〇五　Ⅰ区M72出土器物（二）

1. 铜马衔镳（M72∶7）　2. 铜当卢（M72∶12）　3. 铜盖弓帽（M72∶11）　4、5. 铜衡末饰（M72∶10-1、2）

6、7. 铜扣饰（M72∶13-1、2）　8. 铜柿蒂形棺饰（M72∶6）　9. 铜带钩（M72∶3）　10. 铁削（M72∶5）

11. 铁器（M72∶4-2）　12. 铁剑（M72∶4）

7.10、钮宽1.10、缘宽0.40、缘厚0.40厘米，重56克（图二〇六，1；彩版三二，2）。

铁器　3件，器类有削、铁器、剑。

削　1件，残，标本M72：5，单刃，环首柄，直背，直刃，仅末端为弧刃。长33.0厘米（图二〇五，10）。

铁器　1件，残，标本M72：4-2，锈蚀严重，器形不明（图二〇五，11）。

剑　1件，残，标本M72：4，断面菱形，铜质剑格，表面有木质剑鞘痕迹。残长5.3厘米（图二〇五，12）。

铜钱　1枚，为五铢钱，标本M72：2，圆形方穿，穿背面有郭，穿下有一星纹，穿之两侧有篆文"五铢"二字。"五"字瘦长，交笔缓曲，钱径26.62、穿宽9.75、郭厚2.16毫米，重4.58克（图二〇六，2）。

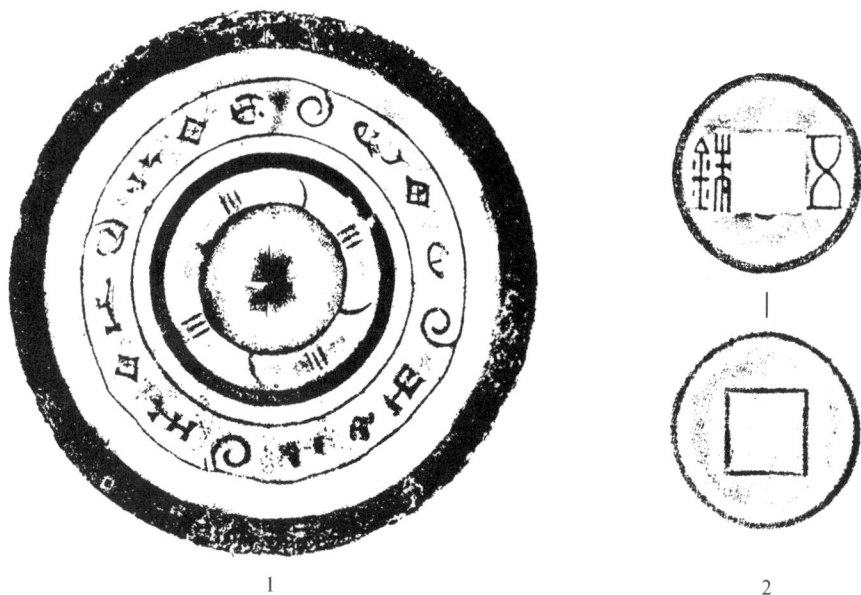

图二〇六　Ⅰ区M72出土器物（三）
1. 铜镜（M72：1）　2. 铜钱（M72：2）

第七十三节　M73

1. 墓葬形制

M73，位于墓地中部偏北，探方T0505内，西与M74并穴合葬，西侧与M68、M69并列，东侧与M5并列。方向175度。形制为斜坡墓道砖室墓，由墓道、墓室两部分组成（图二〇七；图版二五，1、2）。

墓道　位于墓室的南端，平面呈长方形，壁面较直，底部呈斜坡状。开口残长7.62、宽0.84、坡长8.70、底距开口深0～4.90米，坡度30度。墓道内填五花土，土质疏松，未经夯打。

墓室　平面呈长方形，条砖错缝平砌，底条砖错缝横铺，由于上部压力过大，墓室西壁砖

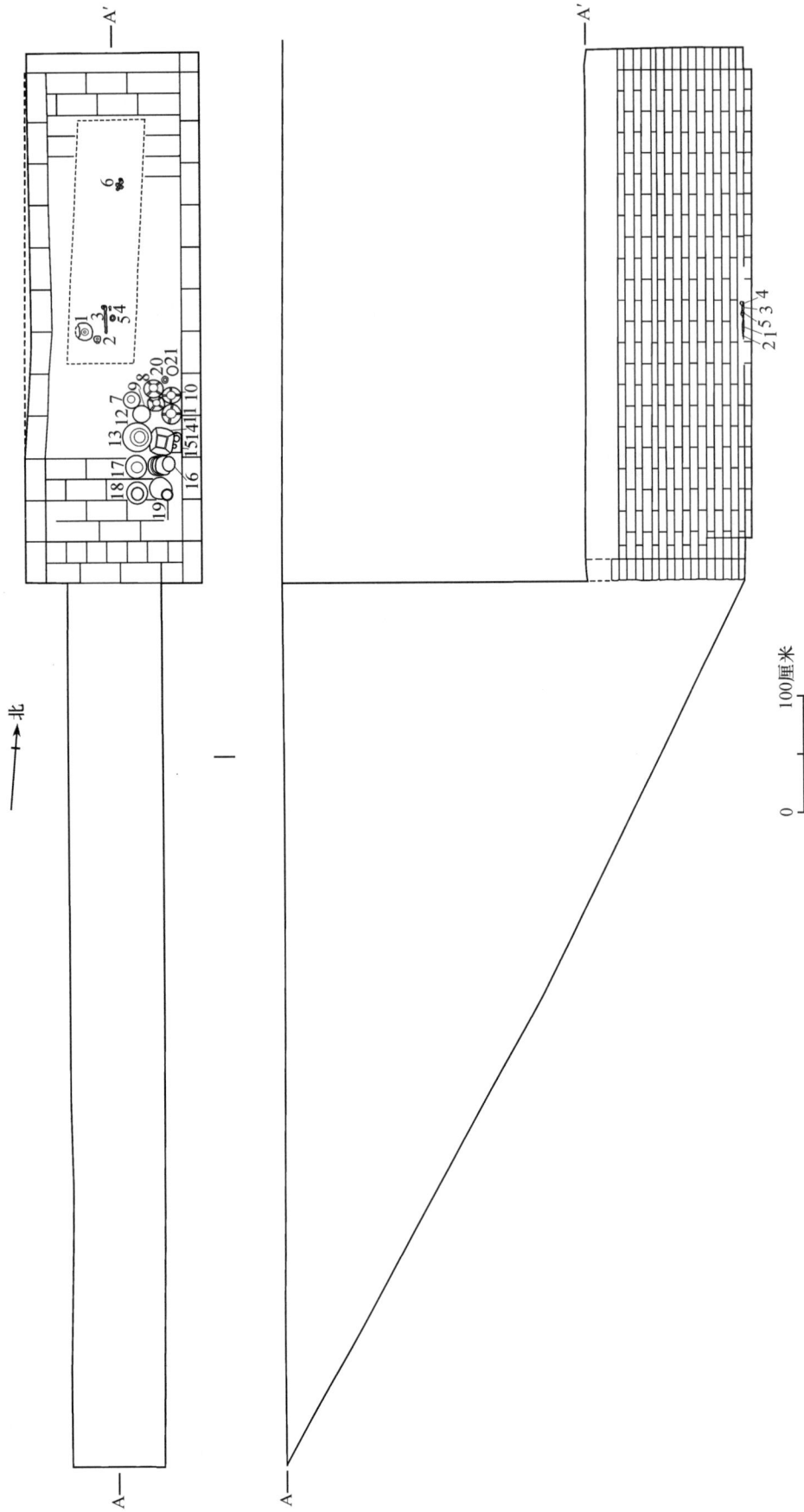

图二〇七　Ⅰ区M73平、剖面图

1、2. 铜镜　3. 铁削　4. 铜镜削　5. 铜环　6. 铜钱　7～11. 陶仓　12. 陶鼎　13、18、19. 陶罐　14. 陶纺　15. 陶灶1套（甑1）　16、17. 陶盒　20. 泥器　21. 陶壶盖

墙整体向内倾斜，顶为拱形土洞，推测砖墙之上可能有木质棚板。条砖36厘米×18厘米×6.5厘米，墓室长4.56、宽1.56、砖壁高1.10、顶高1.40米。该墓未被盗扰，器物主要出土于墓室南部东侧，小件器物出土于棺内，计有陶鼎1、陶盒2、陶钫1、陶仓5、陶罐3、陶壶盖1、陶灶1套（甑1）、铜镜2、铜镜刷1、铜环1、铁削1、泥器1、铜钱12。

封门 条砖封门，下面五层一顺一横平砌，之上为横向错缝平砌。宽1.20、高1.20米。条砖的尺寸36厘米×18厘米×6.5厘米。

葬具 木棺1具，仅存棺痕，长2.10、宽0.60米。

葬式 骨架1具，已成粉末状，头向南，葬式不可辨。

2. 出土器物

该墓出土器物21件，另有铜钱12枚。质地有陶、铜、铁三种，分述如下。

陶器 15件，有泥质灰陶和泥质红陶两种，器类有鼎、盒、钫、仓、罐、壶盖、灶、甑（图版八八，1）。

鼎 1件，标本M73：12，泥质灰陶。盖，浅覆钵形。器身，子母口内敛，深腹，圜底，肩附外撇弯曲板耳，顶端外折，腹中部有一周台棱，底附三马蹄形足。通体着白色陶衣，之上用红、黑、紫等彩绘图案。盖，以一周白彩带分为两部分，顶部中心白彩云纹，白彩带边缘向内均匀布置四个半涡纹，中心一红彩圆点，向外依次为红、白涡纹，部分见黑彩，白彩带上均匀布置四红彩垂点纹；白彩带向外，一周红彩卷云纹。器身，腹壁两周白彩带之间一周橙色彩带。盖与器身轮制，器表有轮旋纹，耳、足模制，而后粘结，口沿及足底有粘烧痕。盖径16.7、器身口径17.6、腹深9、足高4.8、通高14.9厘米（图二〇八，1；图版一一九，2）。

盒 2件（M73：16、17），泥质灰陶，形制相同。盖，浅覆钵形，顶有矮圈足捉手；器身，子母口内敛，深弧腹，平底。通体着白色陶衣，之上绘红、蓝、黑彩图案。盖，捉手内，三朵卷云纹，卷云纹分内外两重，内重白中泛蓝，外重红彩。捉手外，两周黑彩之带间饰双线波折纹，其间填饰卷云纹、短弧线、圆点、三角等纹样。器身一红、一蓝两周平行彩带。盖与器身轮制，底中间轮旋纹。标本M73：16，盖径16.7、器身口径17.4、腹深10、底径8.8、高15.5厘米（图二〇八，2；彩版七，2；图版一一九，3）。

钫 1件，标本M73：14，泥质灰陶，无盖；器身，侈口，平沿，束颈，鼓腹，高圈足稍外撇。通体着白色陶衣，之上绘红、黑图案。颈部一周黑线倒三角纹，内填红彩，肩部两周黑线纹之间填饰卷云纹、三角、半圆圈等图案，腹部一周波折纹，波峰间饰蓝色圆点。用红、黑、白、天蓝绘三角纹、弧线纹，下部用黑彩绘三角纹。两组（每组一周）环带纹，之间彩绘大弧线卷云纹，足饰白彩。器身四壁、底分体模制，而后粘结，粘结处外侧削平，内侧抹泥加固，器身口径11.4、腹径19.2、足径11.6、足高3.2、通高30.1厘米（图二〇八，3；彩版一〇，1；图版一一九，4）。

仓 5件（M73：7、8、9、10、11），形制相同，泥质红陶。标本M73：8，盖缺；器身，小口，圆唇，矮领，之外均匀布置四条短竖棱，肩部稍出檐，直筒腹，平底，底附三踞熊

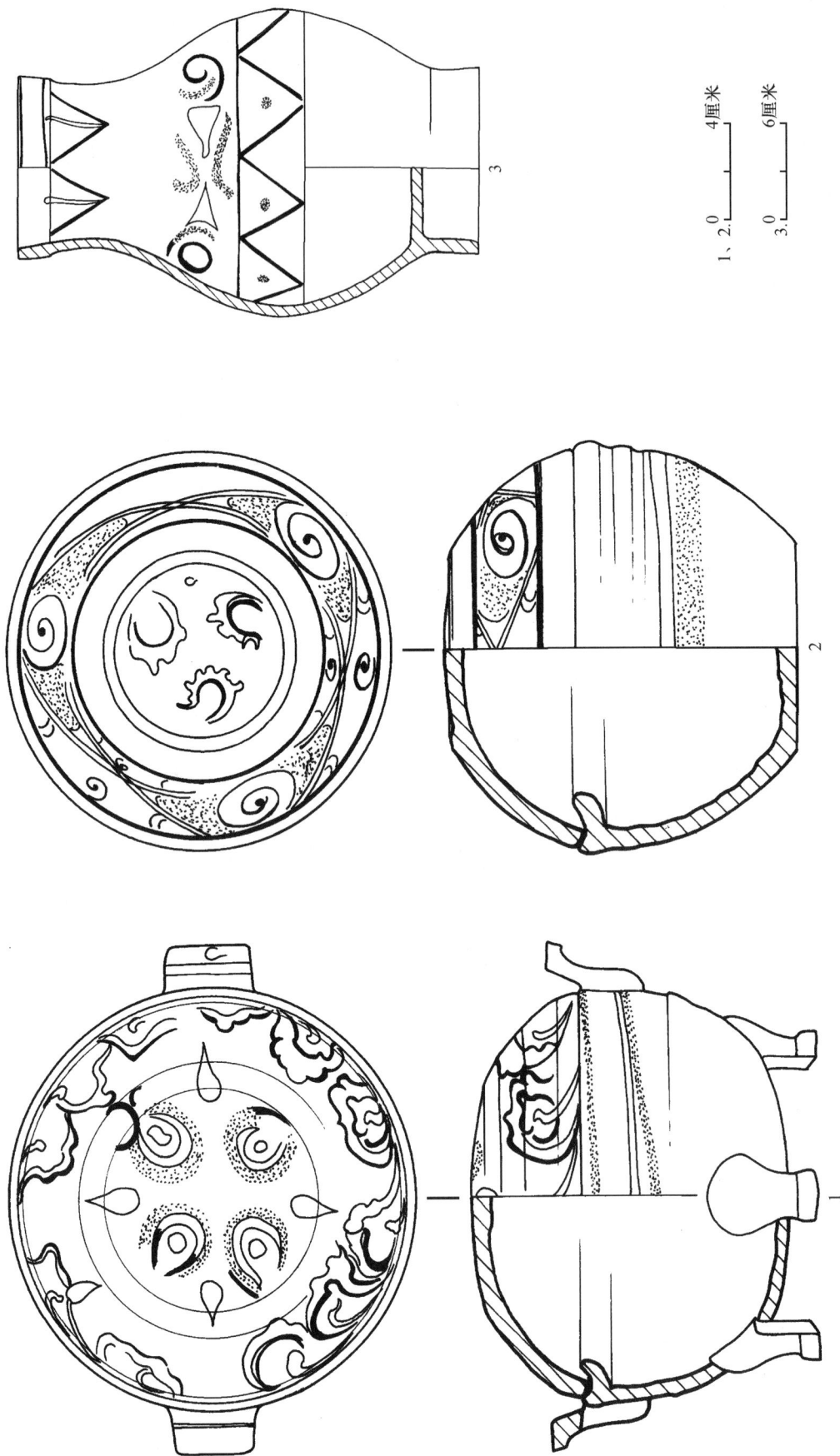

图二〇八　Ⅰ区M73出土器物（一）

1. 陶鼎（M73：12）　2. 陶盒（M73：16）　3. 陶钫（M73：14）

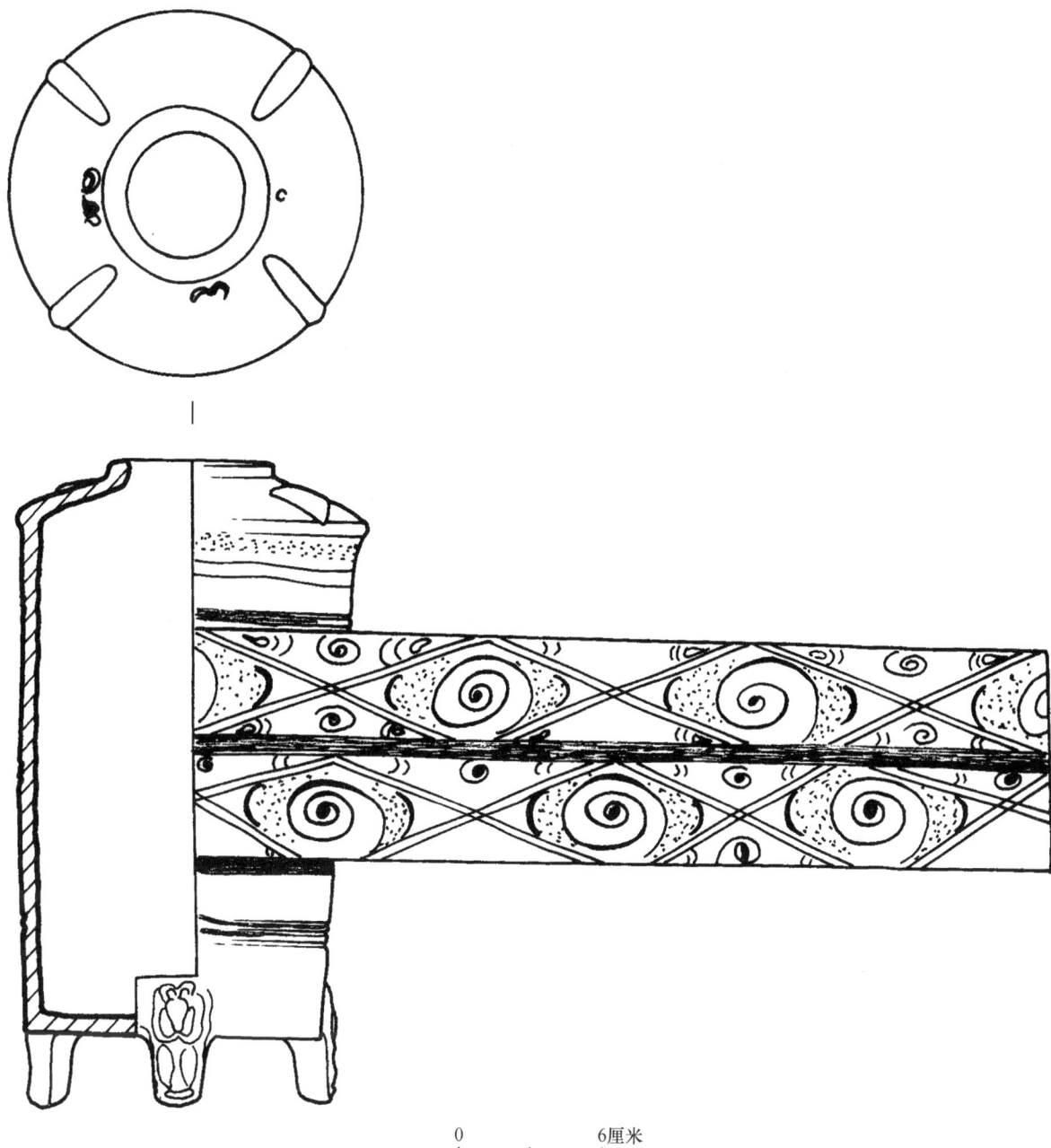

0　　　　　6厘米

图二〇九　Ⅰ区M73出土陶仓（M73：8）

形足，腹部饰三组（每组三道）凹弦纹。通体着白色陶衣，之上绘黑、红彩图案。肩部四条短竖棱中间用黑、红彩绘卷云纹。腹部，上、下各一周红彩带，之间三周黑彩带，分腹部为两部分，两部分纹饰基本相同，双线连续菱形为框架，之间填饰卷云、三角、短弧线、圆点等纹样。口径7、底径12.5、足高5.1、高26.7厘米（图二〇九）。

罐　3件（M73：13、18、19）。M73：18、19，泥质红陶，形制相同。侈口，卷沿，圆唇，矮领，圆肩，鼓腹，平底。轮制，器表有轮旋纹。标本M73：18，口径9.1、腹径17、底径9.2、高14.9厘米（图二一〇，1）。标本M73：13，泥质灰陶，喇叭口，平沿，方唇，束颈，

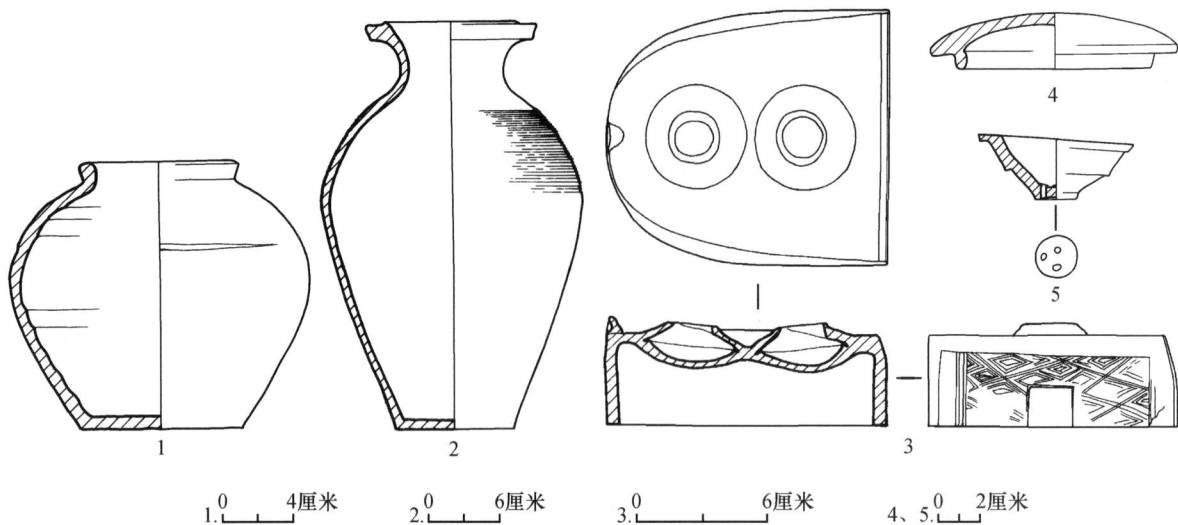

图二一〇　Ⅰ区M73出土器物（二）

1、2.陶罐（M73：18、13）　3.陶灶（M73：15-1）　4.陶壶盖（M73：21）　5.陶甑（M73：15-2）

溜肩，鼓腹，小平底。肩部饰多道凹弦纹，下腹上部涂黑。口径14.7、腹径22.5、底径10.1、高33.9厘米（图二一〇，2）。

壶盖　1件，标本M73：21，泥质灰陶，浅碟形，顶近平，子母口。口径11.6、高2.6厘米（图二一〇，4）。

灶　1件，标本M73：15-1，泥质灰陶，灶体平面呈马蹄形，前方后圆，灶面两釜前后布置，灶面局部凹弦，尾部有短柱形烟囱，前端有方形落地灶门，周围模印多重菱形纹。灶面、灶壁分体模制而后粘结，釜之肩部与灶面一次性模制而成，腹模制而后粘结于相应的位置。长17.2、宽15.2、高6.5厘米（图二一〇，3；图版一二〇，1）。

甑　1件，与灶配套。标本M73：15-2，泥质灰陶，敞口，平沿，尖唇，折腹，小平底，底部有三个箅孔。口径7.4、底径2、高3.1厘米（图二一〇，5）。

铜器　4件，器类有镜、镜刷、环。

环　1件，标本M73：5，直径3.4～3.7厘米（图二一二，2）。

镜刷　1件，标本M73：4，曲尺形，圆筒状。长2.4厘米（图二一二，3）。

镜　2面，一面家常富贵镜，另一面昭明镜。标本M73：1，家常富贵镜，圆形，连峰式钮，八连珠纹钮座，内向十六连弧纹缘，镜面微凸，钮座与一周短斜线之间，布置四窝状乳突，再外两周内向连弧纹之间，有两周短斜线纹圈带，短斜线纹圈带之间，四并蒂八珠柿蒂纹与"家常贵福"四字铭相间分布，铭文上方短斜线圈带外侧各有一半月纹。面径13.60、背径13.50、缘宽1.0、缘厚0.60厘米，重360克（图二一一；彩版三三，1）。标本M73：2，残，昭明连弧铭文镜。圆形，半圆钮，圆钮座，素平缘，镜面微凸。钮座圆周均匀伸出四组（每组三条）短竖线，之外一周内向八连弧，其外有"内而清而以昭明光而泄"铭文带，之外一周短斜线纹。面径5.80、背径5.60、钮宽0.90、缘宽0.20、缘厚0.30厘米，重32克（图二一二，1；彩版三三，2）。

图二一一　Ⅰ区M73出土铜镜（M73∶1）

铁削　1件，标本M73∶3，残，单刃，环首柄。残长10.7厘米（图二一二，4）。

泥器　1件，标本M73∶20，圆形，中间挖出圆窝，似为灯。残高3.1厘米。未绘图。

铜钱　12枚，均为五铢钱，圆形方穿，穿背面有郭，部分穿上有一横郭或穿下有一星纹，穿之两侧有篆文"五铢"二字。"五"字或瘦长，或宽大，交笔或斜直，或缓曲，"铢"字金头三角或箭镞形，朱字头方折（按：年代为武帝至宣帝前期）（图二一三）。

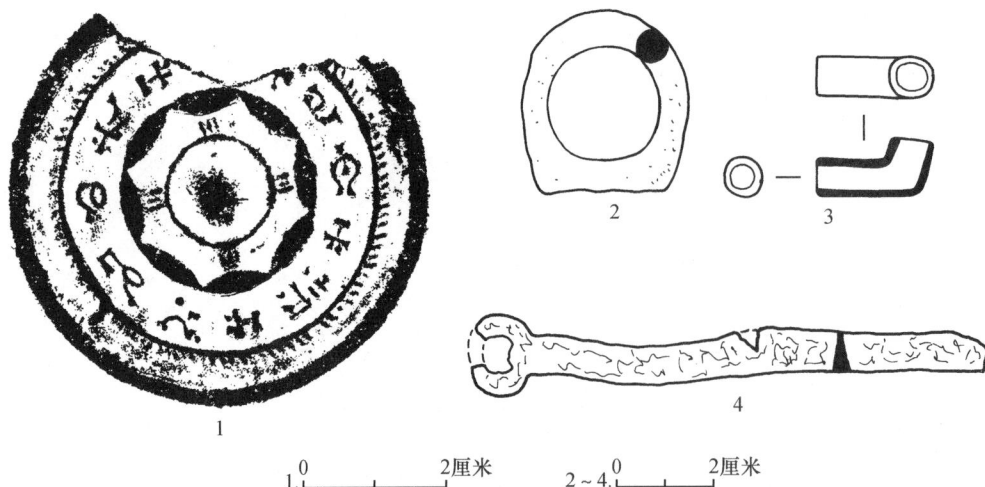

图二一二　Ⅰ区M73出土器物（三）

1. 铜镜（M73∶2）　2. 铜环（M73∶5）　3. 铜镜刷（M73∶4）　4. 铁削（M73∶3）

第七十四节　M74

1. 墓葬形制

M74，位于第二阶地中部偏北，探方T0505内，墓道延伸至T0504，东与M73并穴合葬。方向177度。形制为斜坡墓道土洞墓，由墓道、墓室两部分组成（图二一四；图版二五，3、4）。

墓道　位于墓室的南端，平面呈长方形，壁面较直，底部呈斜坡状，两壁有一级二层台，台面宽0.06~0.10米。墓道开口残长9.94、宽0.92~1.04、坡长10.50、底距开口深0~4.80米，坡度25度。墓道内填五花土，土质坚硬，经过夯打，夯窝呈圆形，直径约0.08~0.10米。

墓室　平面呈长方形，拱顶土洞。墓室长4.94、宽1.28、残高2.0米。该墓未被盗扰，器物主要出土于墓室南部及北部西侧，计有陶鼎1、陶壶1、陶樽1、陶仓5、陶罐5、陶釜1、陶器盖1、陶灶1套（盆1、甑1）、铜柿蒂形棺饰21、铜盖弓帽8、铜辖害1、铜铃1、铜车轙1、铜衡末饰4、铁灯1、铁剑璏1、铁铺首1、铜钱6。

封门　土坯封门。东西两壁有凹槽。封门东半部内侧为双排土坯，西半部外侧为双排土坯，中间为单层土坯，不知如何形成这种结构。封门槽宽0.46~0.50、进深0.14~0.44米，封门宽1.86、残高1.04米。土坯36厘米×18厘米×8厘米。

葬具　木棺1具，仅存棺痕，长2.46、宽0.70米。

葬式　骨架1具，已成粉末状，头向南，仰身直肢葬。

2. 出土器物

该墓出土器物57件，另有铜钱6枚。质地有陶、铜、铁三种，分述如下。

陶器　18件，为泥质灰陶，器类有鼎、壶、樽、仓、罐、釜、器盖、灶、盆、甑（图版

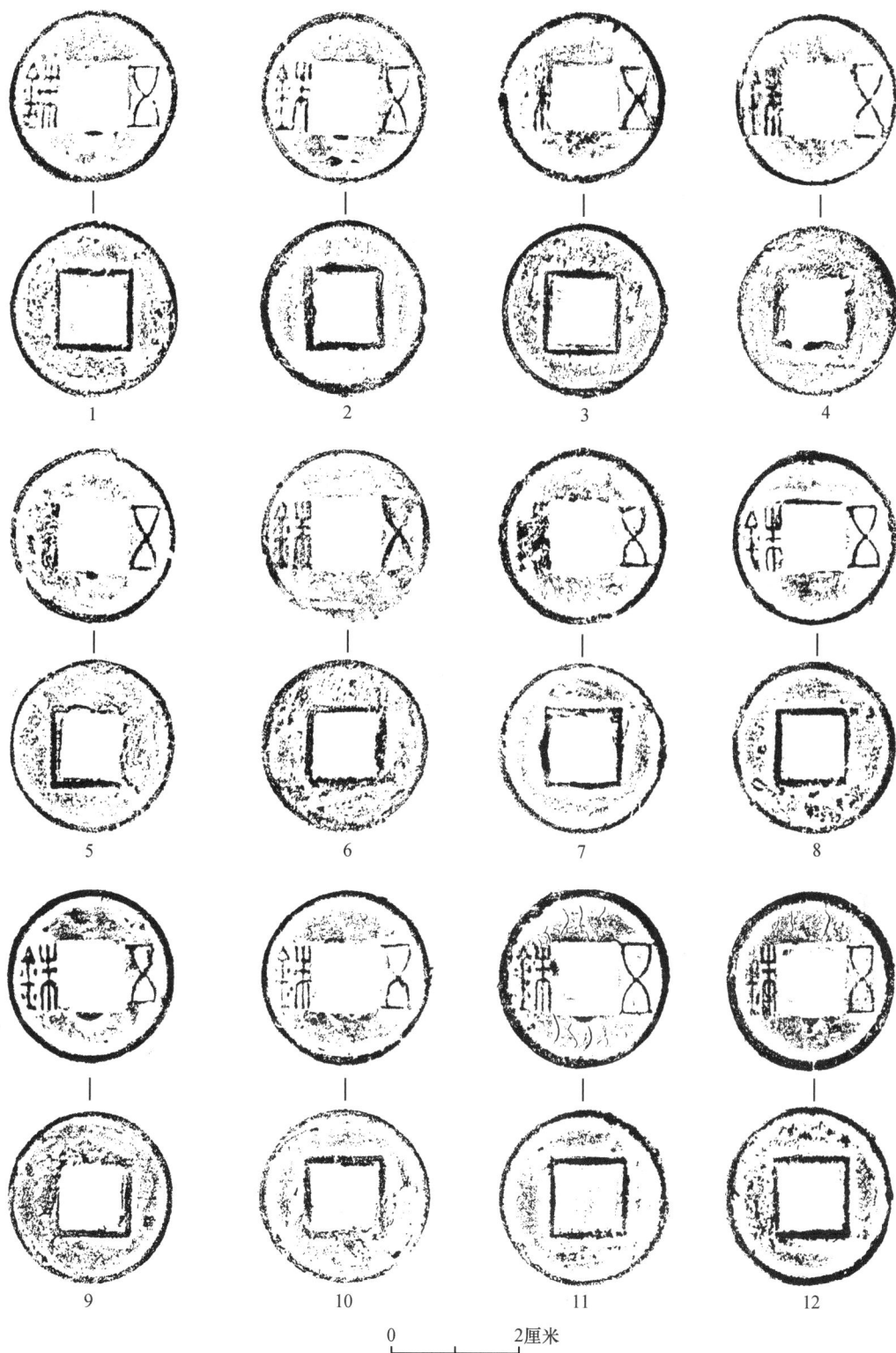

图二一三　Ⅰ区M73出土铜钱

1. M73：6-1　2. M73：6-2　3. M73：6-3　4. M73：6-4　5. M73：6-5　6. M73：6-6　7. M73：6-7　8. M73：6-8
9. M73：6-9　10. M73：6-10　11. M73：6-11　12. M73：6-12

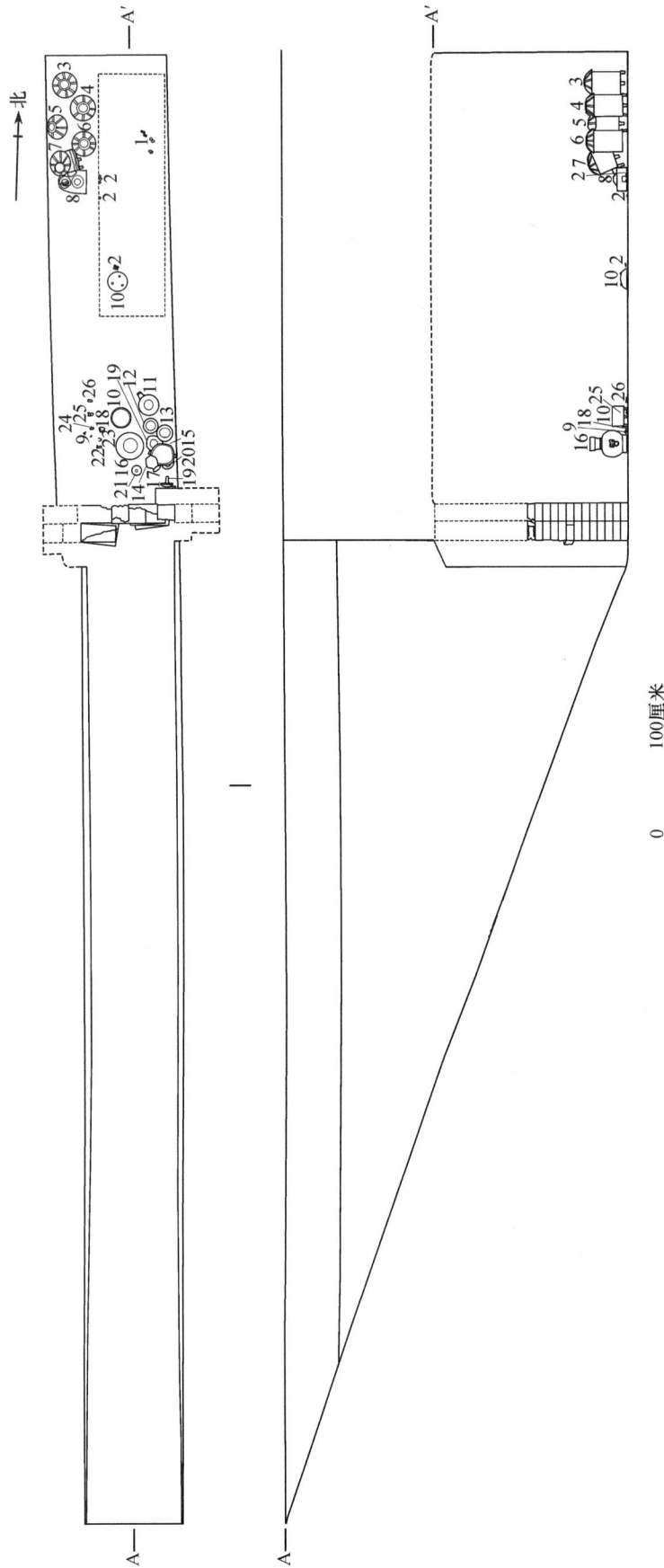

图二一四 Ⅰ区M74平、剖面图

0 ___ 100厘米

1. 铜钱 2. 柿蒂形棺饰 3~7. 陶仓 8. 陶灶1套 9. 辖軎 10. 陶樽 11. 带柄陶釜 12~14、19、20. 陶罐 15. 陶鼎 16. 陶壶 17. 铁灯 18. 铜铃 21. 器盖 22. 盖弓帽 23. 车辖 24. 衡末饰 25. 铺首 26. 剑剽

八八，2）。

鼎　1件，标本M74：15，盖，浅覆钵形，近平顶，边缘均匀布置三乳突形饰；器身，子母口内敛，深腹，圜底，肩附外撇弯曲板耳，顶端外折，腹中部有一周台棱，底附三马蹄形足，足根饱满。通体饰红彩，顶部脱落严重。盖，中心一周红彩带，之外两周红彩带之间饰双线大波折纹，其间真填饰圆圈、圆点、羽状纹等，再外一周锯齿纹。器身，腹部两周红彩带之间饰双线大波折纹，其间真填饰圆圈、圆点、羽状纹等，之下一周锯齿纹。盖径21.4、器身口径21.8、腹深11、足高8.4、通高21厘米（图二一五；图版一二〇，2）。

壶　1件，标本M74：16，盖，浅覆钵形，子母口，弧顶近平；器身，侈口，平沿，束颈，鼓肩，球形腹，圈足稍外撇，肩部置对称铺首衔环。器表涂黑，之上绘红彩图案。器盖，中央顶黑线柿蒂纹，之外一周黑彩带，再外两周白色圈带。器身，沿下两组（上二、下一道）红彩线。颈部一周红彩带之下两周红线，再下一周红彩蕉叶纹，外层单线，内层重彩，中央涂白，叶间一朵云气纹。肩部两组（每组两道）红线之间白彩卷云纹。下腹一周锯齿纹。腹足相接处一周红彩带，之下两周红线纹之间一周红彩波浪纹，足部底部饰倒三角纹，圈足饰两周红彩。盖，器身轮制，器表有轮旋纹。铺首模制，而后粘结。盖径3.9、器身口径4.0、腹径30.7、底径19.2、圈足高4.0、通高41.8厘米（图二一六；彩版一〇，2；图版一二〇，3）。

樽　1件，标本M74：10，盖，浅覆钵形，近平顶，子母口，中心饰一穿环钮，边缘均匀饰三乳突，顶部饰三道凹弦纹。器身，直口，直筒腹，平底，三蹲踞形胡人足，腹部饰对称铺首衔环。通体饰红彩，脱落严重。盖，主体纹饰以红彩线为界，分为三部分，内容为卷云纹，边缘饰一周锯齿纹。器身，四周红彩带分主体纹饰为三组，每组以上、下单线为边界。上、下两组纹样基本相同，即以双线连续菱形纹为主体，菱形内四个圆点，余涂朱，外侧填饰圆圈、羽状纹等，中间一组饰大卷云纹。盖径24.9、口径24.9、底径24.5、足高5.7、通高27.6厘米（图二一七；彩版九，2；图版一二〇，4）。

仓　5件（M74：3、4、5、6、7），形制相同。盖，浅碟形，近平顶，中间有一乳突，之外两周突棱间，均匀布置八道竖棱；器身，直口，圆唇，矮领，肩部出檐，绕口一周有环状台面，外侧均八道竖棱，直筒腹，平底，底附三蹲踞形胡人足，内残存谷物。器表饰红色彩绘。口下台面之上两周红彩，肩部竖棱涂朱，末端绘出瓦当，竖棱间红褐彩绘出竖向瓦棱及横向叠痕。腹部五周红褐宽彩带分其为四组。上、下两组图案基本相同，主体为一周锯齿纹，上组锯齿下有一周红线，下组锯齿纹上有一周红线。中间两组，上组红彩卷云纹，下组双线波折纹，其间填饰圆圈、圆点、短弦纹，主体纹饰上、下分别有一、二周红线纹。肩、腹分体轮制，足模印而后粘结，底外侧有旋切痕迹。标本M74：5，盖径10.2、口径9、底径23.7、足高5.4、通高43.7厘米（图二一八；彩版一二，2；图版一二〇，5）。

罐　5件（M74：12、13、14、19、20），形制相同。侈口，卷沿，尖唇，鼓肩，鼓腹，平底，轮制，器表有轮旋纹。标本M74：12，口径8.7、腹径16、底径10、高14.8厘米（图二一九，6）。

釜　1件，标本M74：11，敛口，平沿内斜，方唇，矮领，鼓肩，鼓腹，圜底，底附三马蹄形足，肩一侧有圆筒形柄，流残缺。器身轮制，足，柄模制而后粘结。口径9.8、腹径16.6、足高4、通高12.6厘米（图二一九，1；图版一二〇，6）。

器盖　1件，标本M74：21，浅碟形，近平底，中间有一螺旋钮。轮制，器表有轮旋纹。口径11.7、高4.8厘米（图二一九，2）。

灶　1件，标本M74：8-1，灶体平面呈马蹄形，前方后圆，灶面两釜前后分布，尾部有圆柱形烟囱，前端有方形落地灶门，周围模印多重菱形纹。灶面、灶壁分体模制而后粘结，釜之肩部与灶面一次性模制而成，腹模制而后粘结于相应的位置。长31.1、宽24.2、高17.4厘米（图二一九，4；图版一二一，1）。

盆　1件，标本M74：8-3，敛口，平沿，上腹较直，下弧腹，低矮假圈足，平底。轮制，器表有轮旋纹。口径11.6、底径7、高5.3厘米（图二一九，3）。

甑　1件，标本M74：8-2，敞口，平沿，尖唇，深弧腹，平底，底部有五个箅孔。轮制，器表有轮旋纹。口径9.8、底径3.9、高4.7厘米（图二一九，5）。

铜器　36件，有柿蒂形棺饰、铃、衡末饰、车軎、辖軎和盖弓帽。

柿蒂形棺饰　21件，形制相同。标本M74：2，残，柿蒂形，与泡钉同出。对角长7.7、泡径2.2、高1.55厘米（图二二〇，1）。

铃　1件，标本M74：18，半圆形钮，平顶，扁腹，两铣下垂，腔内有舌，钲部饰以几何纹、浮点纹等。高4.1、宽3.65厘米（图二二〇，2）。

衡末饰　4件，形制相同，筒形器，一端封闭，中部有一突棱。标本M74：24-1，长1.1，直径1.0（图二二〇，3）。标本M74：24-2，长1.4、直径0.6厘米（图二二〇，4）。

车軎　1件，标本M74：23，"U"形，断面圆形。宽1.7、高1.4厘米（图二二〇，5）。

辖軎　1件，标本M74：9，喇叭筒形，近大端处有对应辖孔，辖穿于辖孔之内。长1.85、粗端径1.65、细端径0.9、辖长2.0厘米（图二二〇，7）。

盖弓帽　8件，形制相同，标本M74：22，筒形器，中部有一倒刺。长1.8厘米（图二二〇，8）。

铁器　3件，为铺首、剑剽和铁灯。

铺首　1件，标本M74：25，锈蚀，铺首近似方形，中部有一孔，素面，铺首背面有一榫，宽3.7、高2.2厘米（图二二〇，9）。

剑剽　1件，标本M74：26，方形，长1.9、宽1.3厘米（图二二〇，6；图版一五五，3）。

铁灯　1件，标本M74：17，残缺，豆形，盘，敞口，平沿，方唇，浅腹，实心柱形柄，底座残。盘径10.8、深0.6、残高9.0厘米（图二二〇，10）。

铜钱　6枚，均为五铢钱，圆形方穿，穿背面有郭，部分穿上有一横郭或穿下有一星纹，穿之两侧有篆文"五铢"二字。"五"字瘦长，交笔缓曲（按：年代为武、昭时期）（图二二一）。

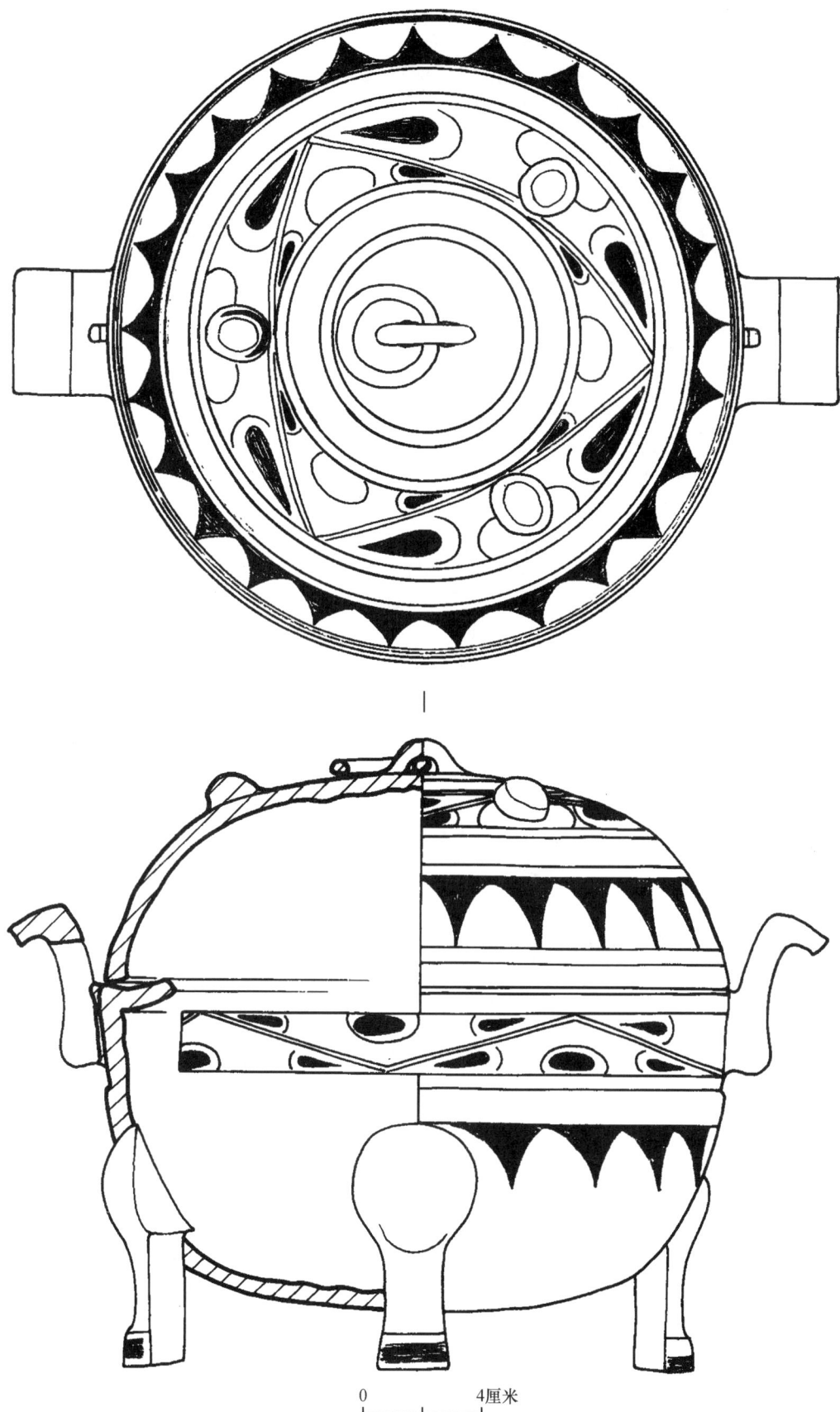

图二一五　Ⅰ区M74出土陶鼎（M74∶15）

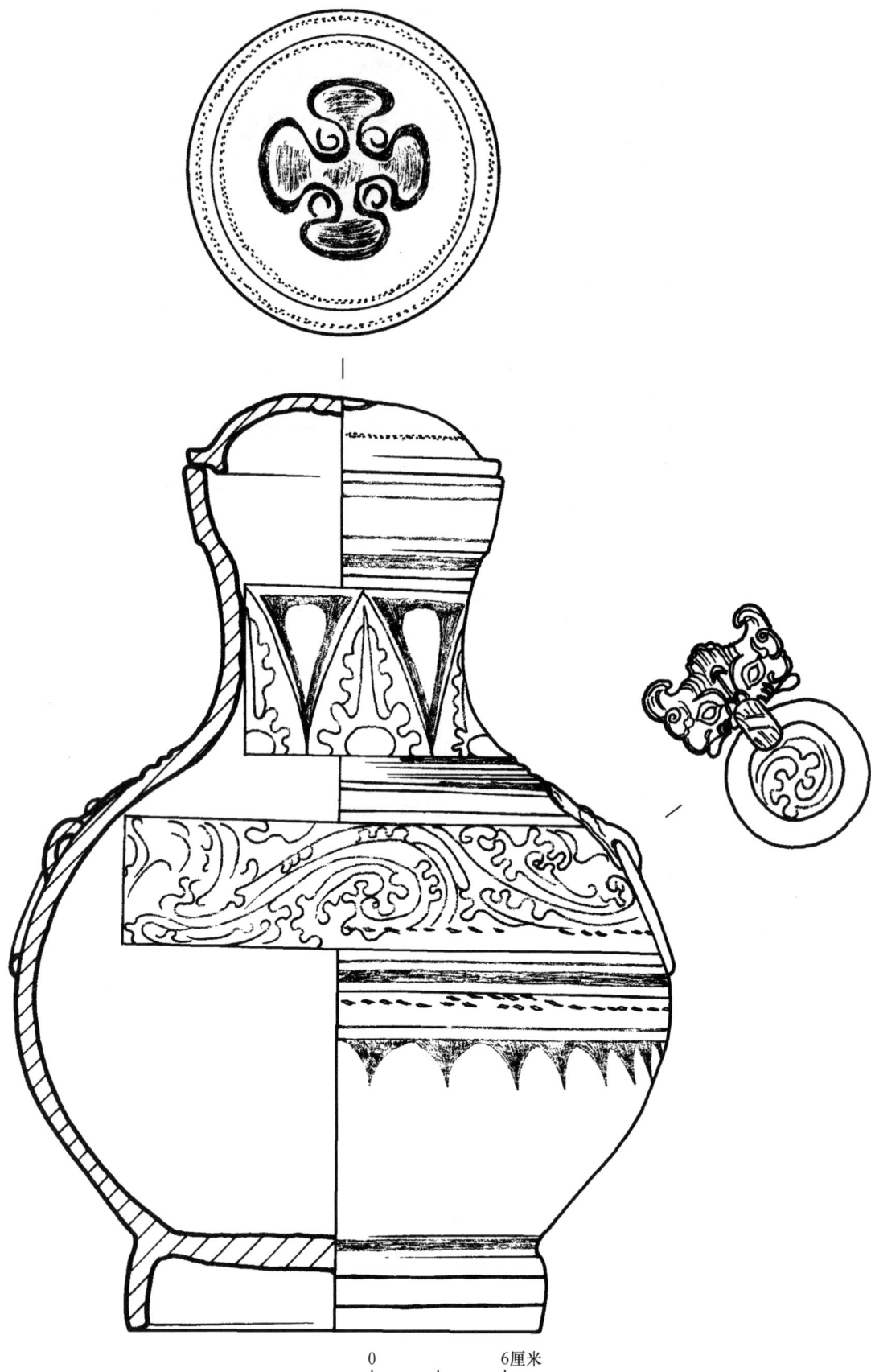

0　　　　　　6厘米

图二一六　　Ⅰ区M74出土陶壶（M74：16）

图二一七　Ⅰ区M74出土陶樽（M74：10）

0　　　　6厘米

图二一八　Ⅰ区M74出土陶仓（M74：5）

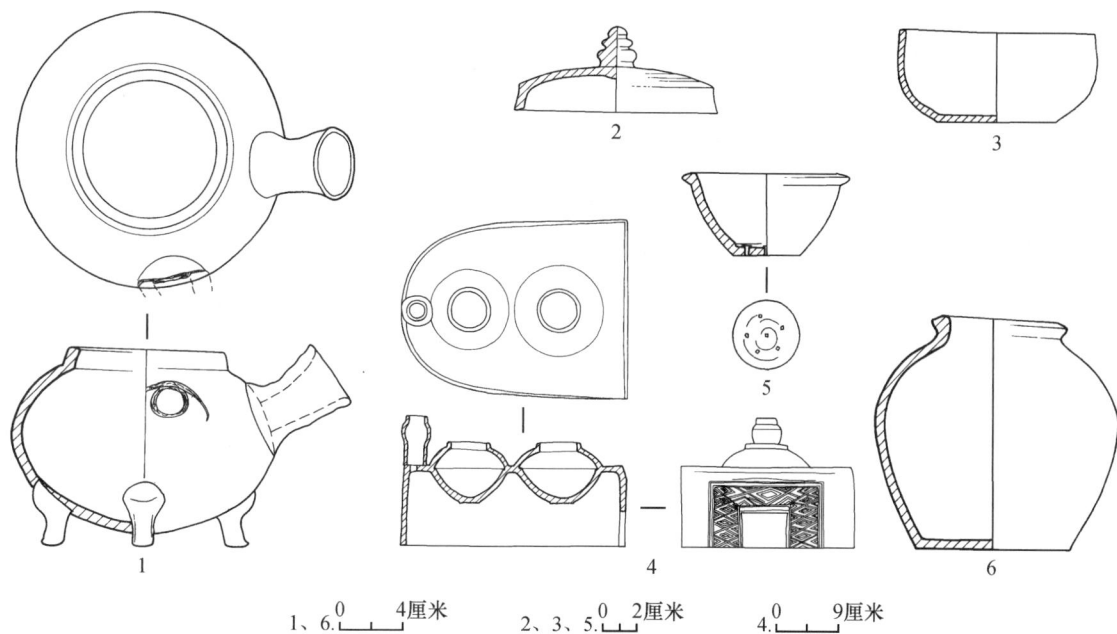

1、6. |0___4厘米|　2、3、5. |0__2厘米|　4. |0___9厘米|

图二一九　Ⅰ区M74出土器物（一）

1.带柄陶釜（M74∶11）　2.陶器盖（M74∶21）　3.陶盆（M74∶8-3）　4.陶灶（M74∶8-1）　5.陶甑（M74∶8-2）
6.陶罐（M74∶12）

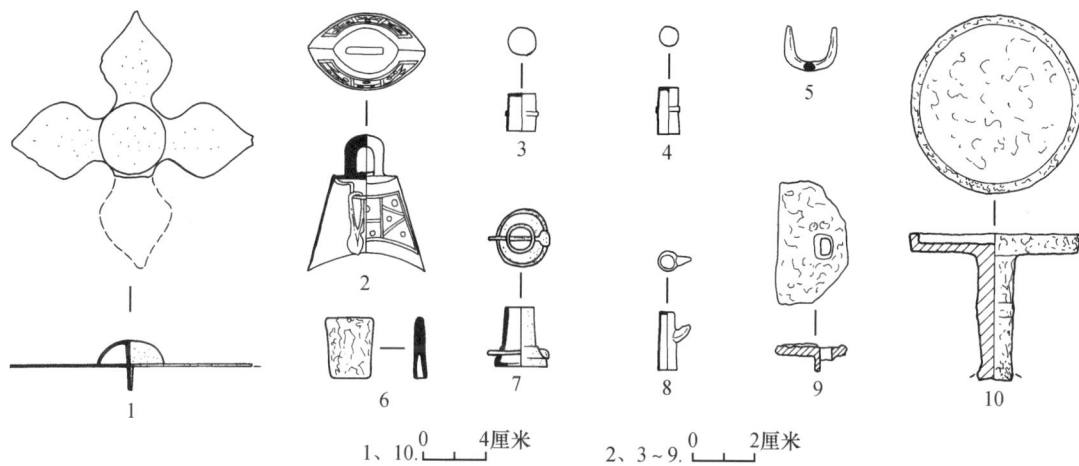

1、10. |0___4厘米|　2、3~9. |0__2厘米|

图二二〇　Ⅰ区M74出土器物（二）

1.铜柿蒂形棺饰（M74∶2）　2.铜铃（M74∶18）　3、4.铜衡末饰（M74∶24-1、2）　5.铜车軎（M74∶23）
6.铁剑剽（M74∶26）　7.铜辖軎（M74∶9）　8.铜盖弓帽（M74∶22）　9.铁铺首（M74∶25）
10.铁灯（M74∶17）

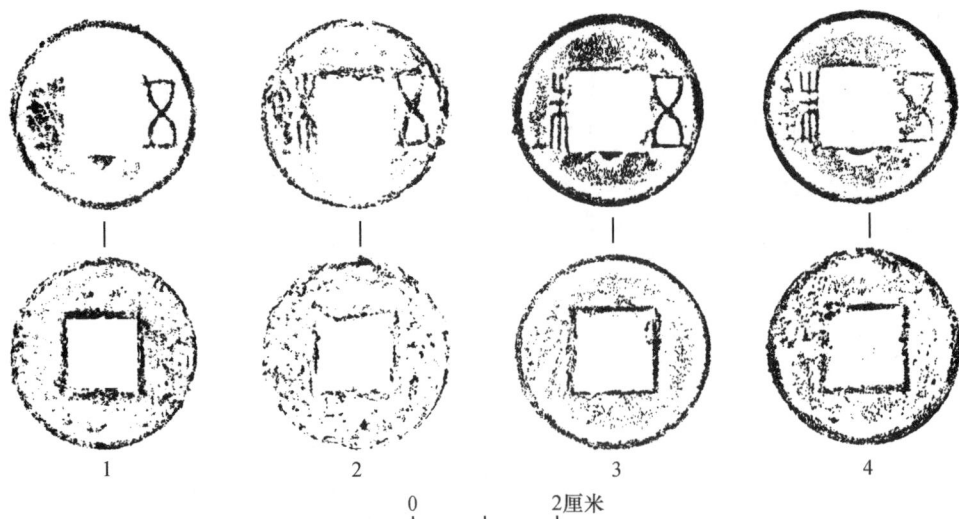

图二二一　Ⅰ区M74出土铜钱
1. M74：1-1　2. M74：1-2　3. M74：1-4　4. M74：1-5

第七十五节　M75

1. 墓葬形制

M75，位于第二阶墓地中部偏东，探方T0706内，西与M76并穴合葬，与西侧的M84、M97并列。方向185度，形制为斜坡墓道土洞墓，由墓道、墓室两部分组成（图二二二）。

墓道　位于墓室的南端，平面呈梯形形，南宽北窄，壁面较直，底部斜坡状。开口残长5.70、宽0.80～0.56、底宽0.80～0.76、坡长7.0、底距开口深0～4.0米，坡度34度。墓道内填五花土，土质疏松，未经夯打。

墓室　平面呈长方形，拱顶土洞。墓室长3.3、宽1.40、残高1.40米。该墓未被盗扰，器物主要出土于墓室椁内东部，计有陶罐4、灶1（盆1）、柿蒂形棺饰14件。

封门　木板封门。东西两壁有凹槽，内有朽木痕迹。封门槽宽0.30、进深0.40、高1.40米。

葬具　一棺一椁，仅存棺椁痕迹。椁长2.10、宽1.26米，棺长2.10、宽0.66米（按：该墓虽为斜坡墓道，墓室却相对狭小，出土器物中无陶礼器、车马器，而葬具却用了一棺一椁，这不合礼制，也许别有缘由）。

葬式　骨架1具，保存较差，葬式不可辨。

2. 出土器物

该墓出土器物20件，质地有为陶、铜两种，分述如下。

陶器　6件，均为泥质灰陶，器类有罐、灶、盆。

罐　4件（M75：2、3、4、5），形制相同。侈口，圆唇、近平沿或卷沿，束颈，弧肩，

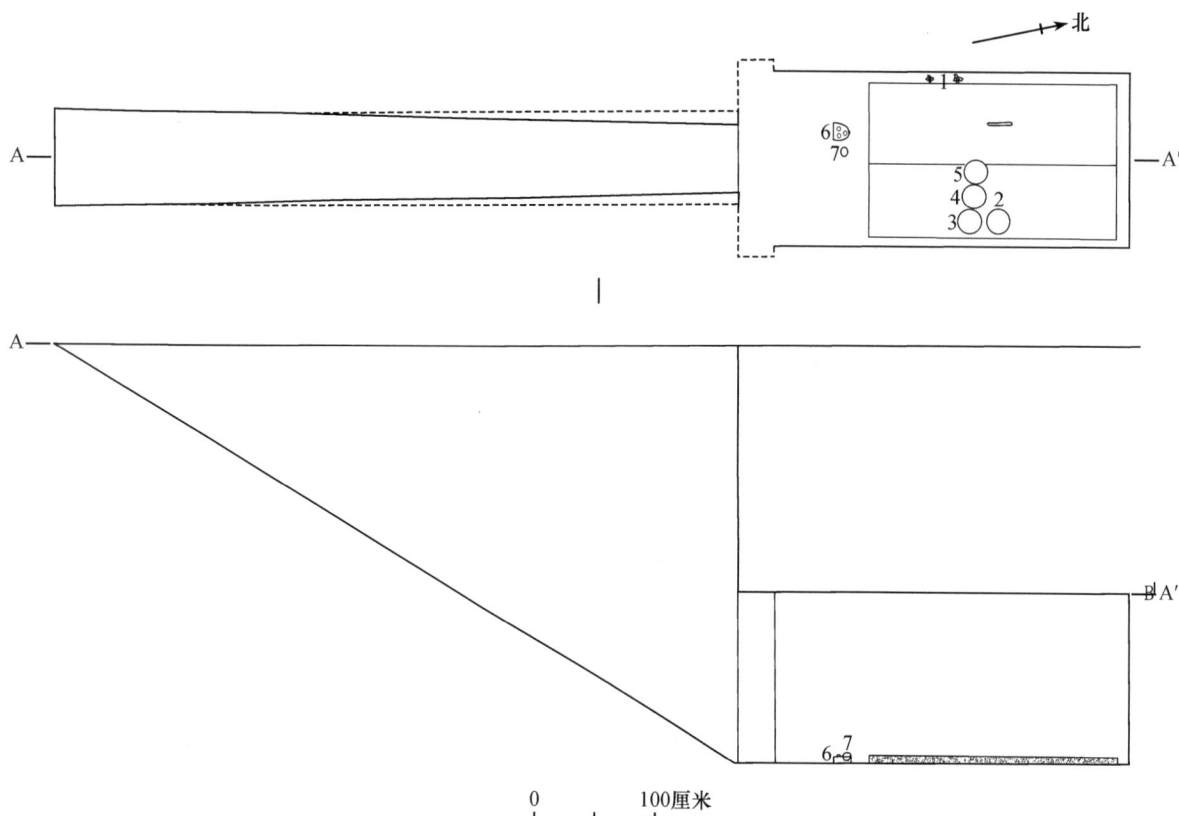

图二二二　Ⅰ区M75平、剖面图
1. 柿蒂形棺饰　2~5. 陶罐　6. 陶灶　7. 陶盆

鼓腹，下腹内收，平底。轮制，器表有轮旋纹。标本M75：2，近平沿，口径10.6、腹径16.2、底径11.0、高14.7厘米（图二二三，1）。标本M75：3，卷沿，口径9.7、腹径15.6、底径9.3、高14.1厘米（图二二三，2）。

　　灶　1件，标本M75：6，灶体平面呈马蹄形，前方后圆，灶面三釜呈"品"字形布置，尾部有短柱形烟囱，前端有方形落地灶门，两侧模印对角多重半菱形纹，上部模印多重波折纹，侧面模印菱形网格纹。灶面、灶壁分体模制而后粘结，釜之肩部与灶面一次性模制而成，腹模制而后粘结于相应的位置。长14.6、宽15.3、高6.9厘米（图二二三，3）。

　　盆　1件，与灶配套，标本M75：7，敞口，平沿，尖唇，曲腹，大平底。模制，口径、高厘米（图二二三，4）。

　　铜柿蒂形棺饰　14件，形制相同。标本M75：1，柿蒂形，与泡钉同出。对角长3.0、泡径1.05、残高0.65厘米（图二二三，5）。

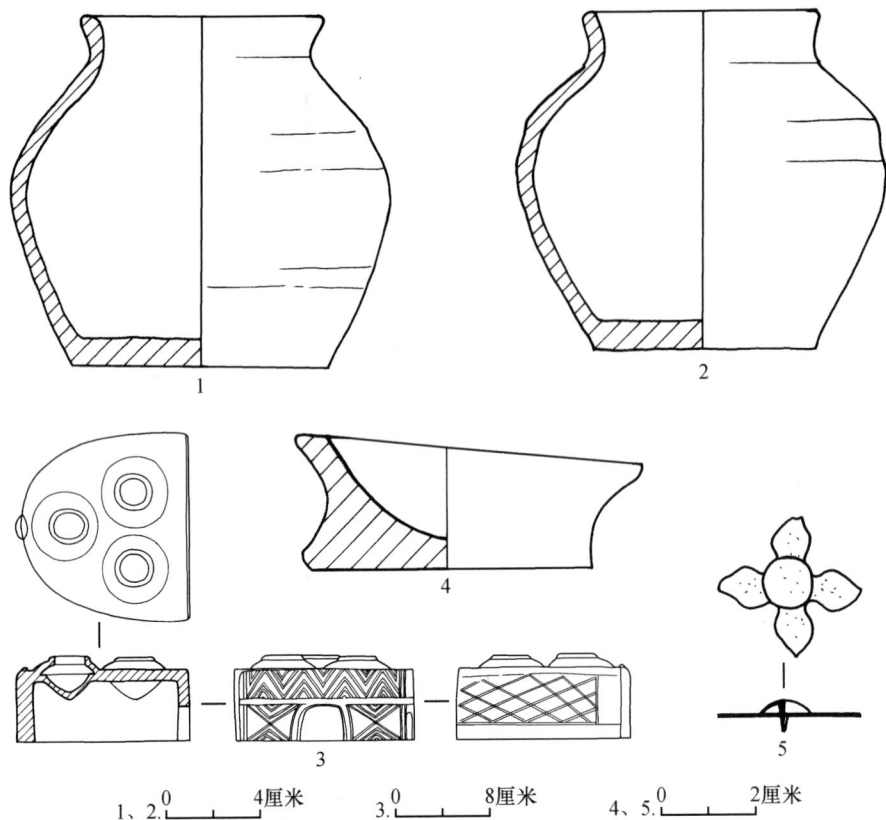

图二二三　Ⅰ区M75出土器物

1、2. 陶罐（M75：2、3）　3. 陶灶（M75：6）　4. 陶盆（M75：7）　5. 柿蒂形棺饰（M75：1）

第七十六节　M76

1. 墓葬形制

M76，位于墓地中部偏东，探方T0706内，东与M75并穴合葬，西侧为M97、M84。方向190度。形制为斜坡墓道土洞墓，由墓道、墓室两部分组成（图二二四；图版二六，1）。

墓道　位于墓室的南端，平面呈梯形，南宽北窄，壁面较直，底部斜坡状。开口残长7.0、开口宽0.60～0.84、底宽0.80～0.84、坡长7.70、底距开口深0～4.90米，坡度30度。墓道内填五花土，土质疏松，未经夯打。

墓室　平面呈长方形，拱顶土洞。墓室长3.60、宽1.26～1.30、残高1.30～1.5米。该墓未被盗扰，器物主要出土于墓室南部，计有陶缶1、罐2、釜1、灶1套（盆1、甑1）、铜盆1。

封门　木板封门。东西两壁有凹槽，内有朽木痕迹。封门槽宽0.30、进深0.30米、高1.50米。

葬具　木棺1具，仅存棺痕。棺长2.10、宽0.66米。

葬式　骨架1具，已成粉末状，头向北，仰身直肢葬。

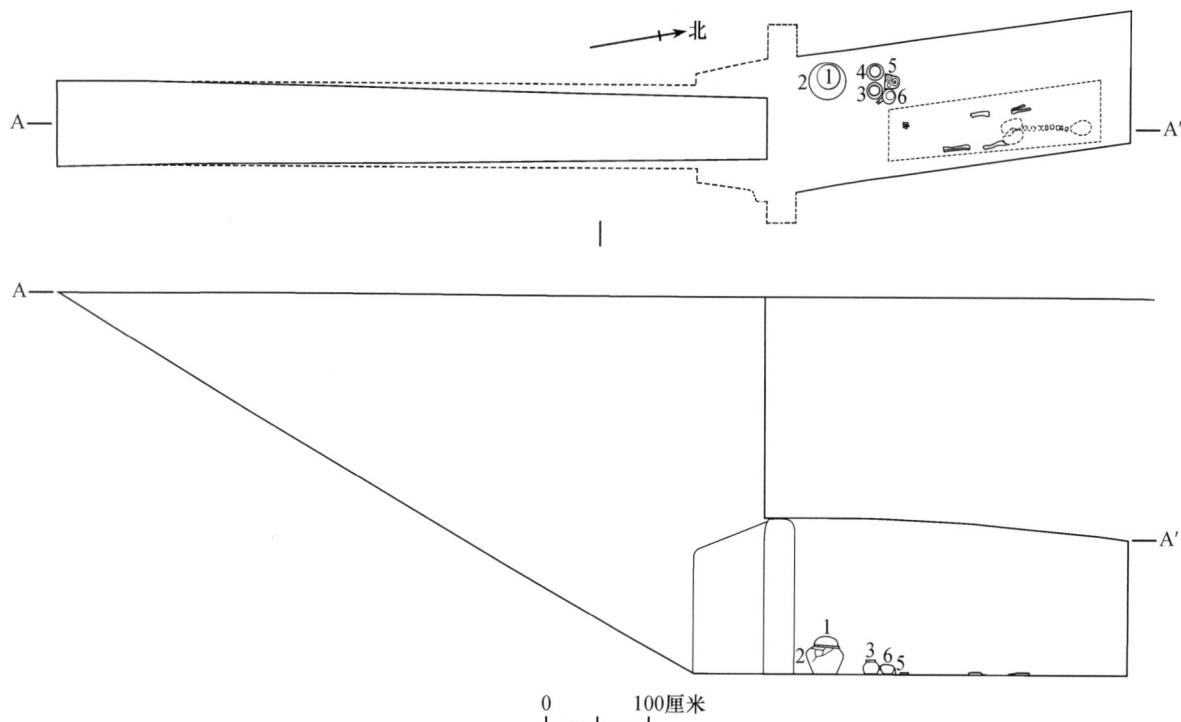

图二二四　Ⅰ区M76平、剖面图
1. 铜盆　2. 陶缶　3、4. 陶罐　5. 陶灶1套（盆、甑）　6. 陶釜（带把柄）

2. 出土器物

该墓出土器物8件，质地有为陶、铜两种，分述如下。

陶器　7件，为泥质灰陶和夹砂灰陶，器类有缶、罐、釜、灶、盆、甑。

缶　1件，标本M76：2，泥质灰陶，小口，平沿，尖唇，矮领，广斜肩微鼓，下腹内收，平底稍内凹。腹部有多道暗弦纹。轮制，器表有轮旋纹。口径14.2、腹径31.6、底径18.1、高29.1厘米（图二二五，1）。

罐　2件（M76：3、4），泥质灰陶，形制相同。侈口，圆唇、卷沿，矮领，弧肩，鼓腹，平底。轮制，器表有轮旋纹。标本M76：4，口径10.6、腹径12.6、底径10.8、高11.9厘米（图二二五，2）。

釜　1件，标本M76：6，夹砂灰陶，侈口，圆唇，高领，圆腹，圜底，底部拍印粗绳纹，肩部一侧有圆筒形柄（局部残）。器身轮制，柄部模制，而后粘结。口径、腹径、底径、高12厘米（图二二五，3）。

灶　1件，标本M76：5-1，灶体平面呈马蹄形，前方后圆，灶面三釜呈"品"字形布置，尾部有短柱形烟囱，前端有方形落地灶门，周围模印多重菱形纹。灶面、灶壁分体模制而后粘结，釜之肩部与灶面一次性模制而成，腹模制而后粘结于相应的位置。长16.5、宽14.8、高7.6厘米（图二二五，4）。

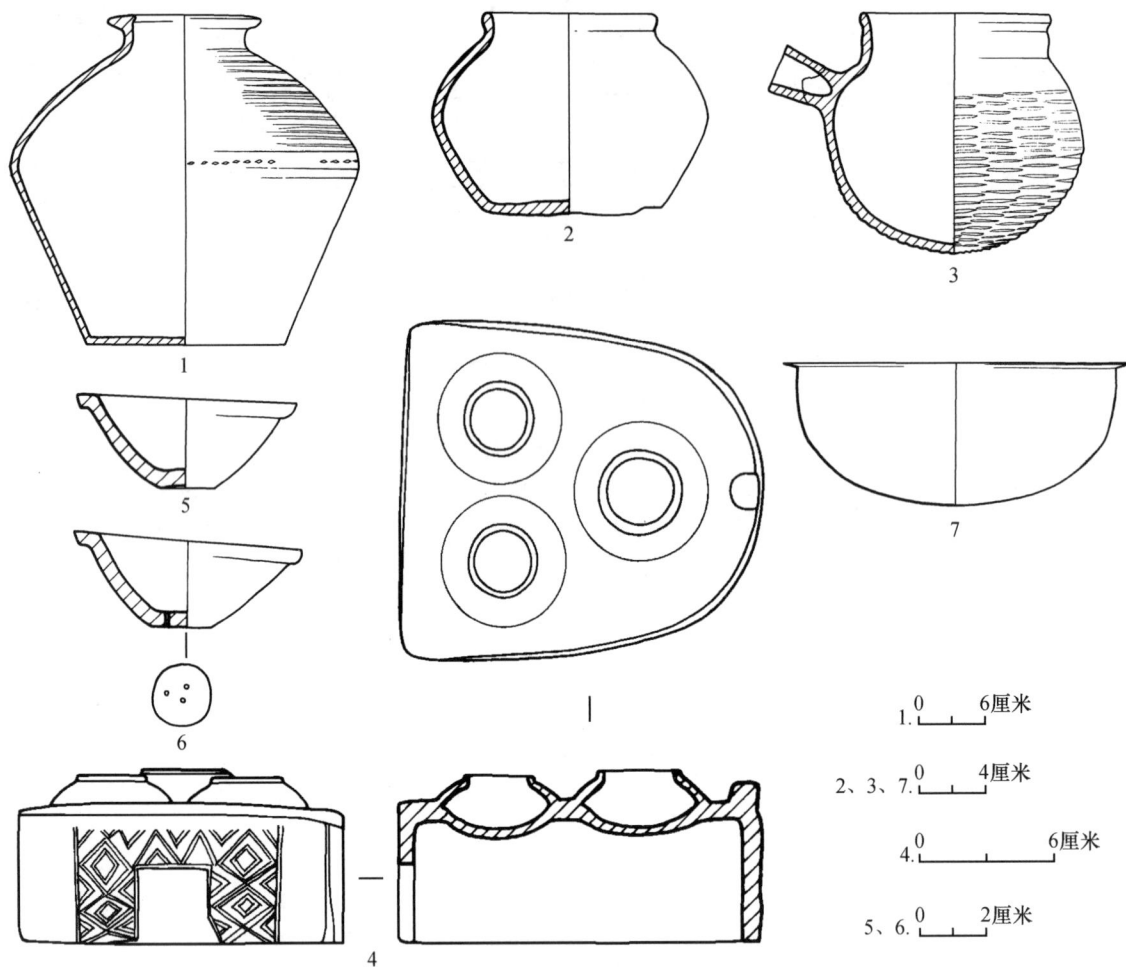

图二二五　Ⅰ区M76出土器物

1.陶缶（M76：2）　2.陶罐（M76：4）　3.陶釜（M76：6）　4.陶灶（M76：5-1）　5.陶盆（M76：5-3）
6.陶甑（M76：5-2）　7.陶盆（M76：1）

　　盆　1件，与灶配套。标本M76：5-3，敞口，平沿，尖唇，斜直腹，小平底内凹。模制，沿面有制坯时留下的线切纹。口径6.9、底径1.8、高2.8厘米（图二二五，5）。

　　甑　1件，与灶配套。标本M76：5-2，敞口，平沿，尖唇，斜直腹，小平底，底部有三个箅孔。模制，沿面有制坯时留下的线切纹。口径6.7、底径1.7、高2.7厘米（图二二五，6）。

　　铜盆　1件，标本M76：1，敞口，平沿，尖唇，弧腹，圜底。口径20.8、高8.1厘米（图二二五，7）。

第七十七节　M77

1. 墓葬形制

M77位于墓地中部，探方T0705内，西与M111并穴合葬，西侧与M82、M83基本为东西一排，唯方向相反。方向185度，形制为竖穴墓道土洞墓，墓道宽于墓室，由墓道、墓室两部分组成（图二二六；图版二六，2）。

墓道　位于墓室的南端，平面呈长方形，壁面较直，东西两壁南端有对称脚窝，西壁三个，东壁二个。脚窝三角形，宽0.16、高0.16、进深0.10米。墓道开口长2.90、宽1.0~1.10、底距开口深2.50米。墓道内填五花土，土质疏松，未经夯打，出土陶罐1。

墓室　平面略呈长方形，拱顶土洞。墓室长3.06、宽0.84~0.90、高1.0米。该墓被盗扰，器物主要置于墓室的南部，出土陶罐4（其中1个于墓道出土）、灶1。

封门　不详。

葬具　木棺一具，出土铁棺钉，尺寸不详。

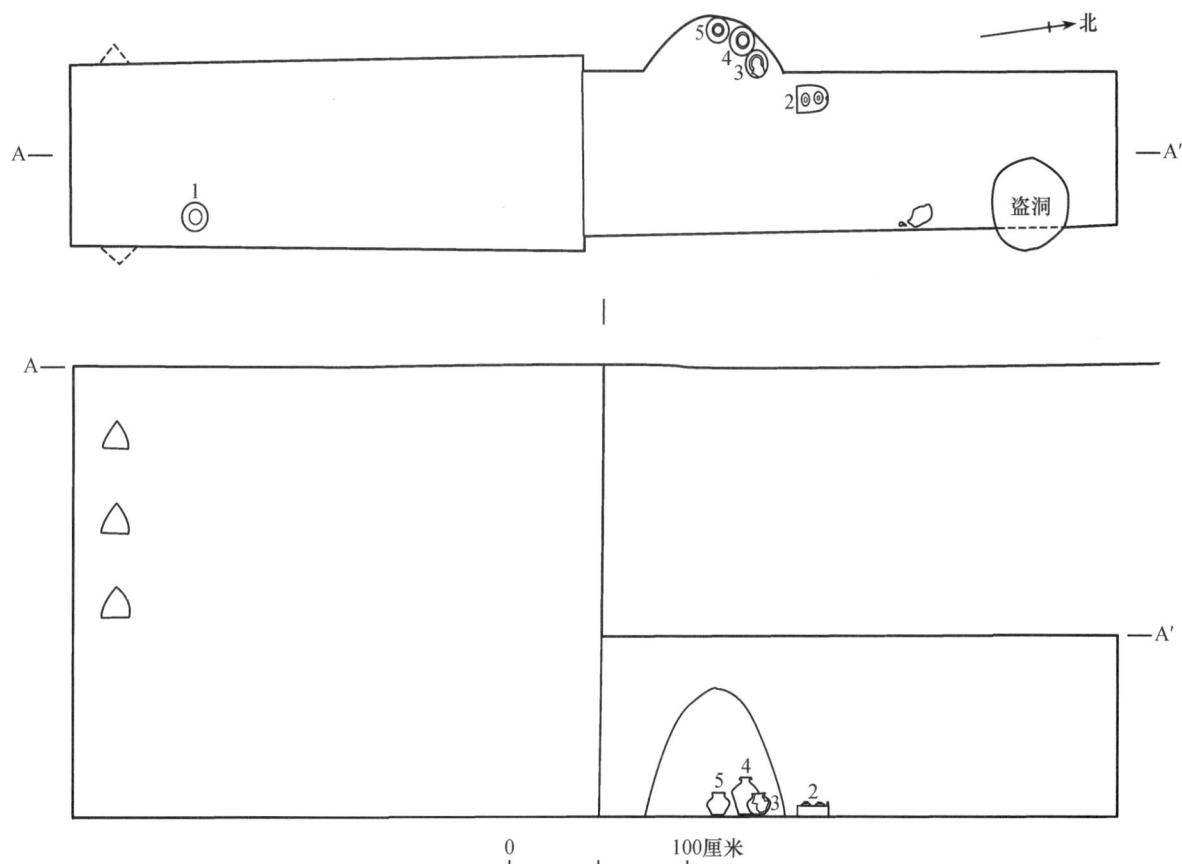

图二二六　I 区M77平、剖面图

1、3~5.陶罐　2.陶灶

葬式　盗扰严重，葬式不可辨。

盗洞　1处，位于墓室的东北部，自上而下进入墓室。平面呈圆形，直径0.50米。

2. 出土器物

该墓出土器物5件，均为泥质灰陶器，器类有罐和灶。

罐　4件（M77：1、3、4、5）。标本M77：1、3、4，形制相同。侈口，卷平沿，尖圆唇，束颈，鼓肩，下腹内收，平底。轮制，器表有轮旋纹。标本M77：1，肩部饰有三道凹弦纹，口径6.5、腹径13.3、底径5.9、高12.3厘米（图二二七，1）。标本M77：3，肩部饰有，两道凹弦纹，口径8.4、腹径15、底径8.2、高12.5厘米（图二二七，3）。标本M77：5，喇叭口，

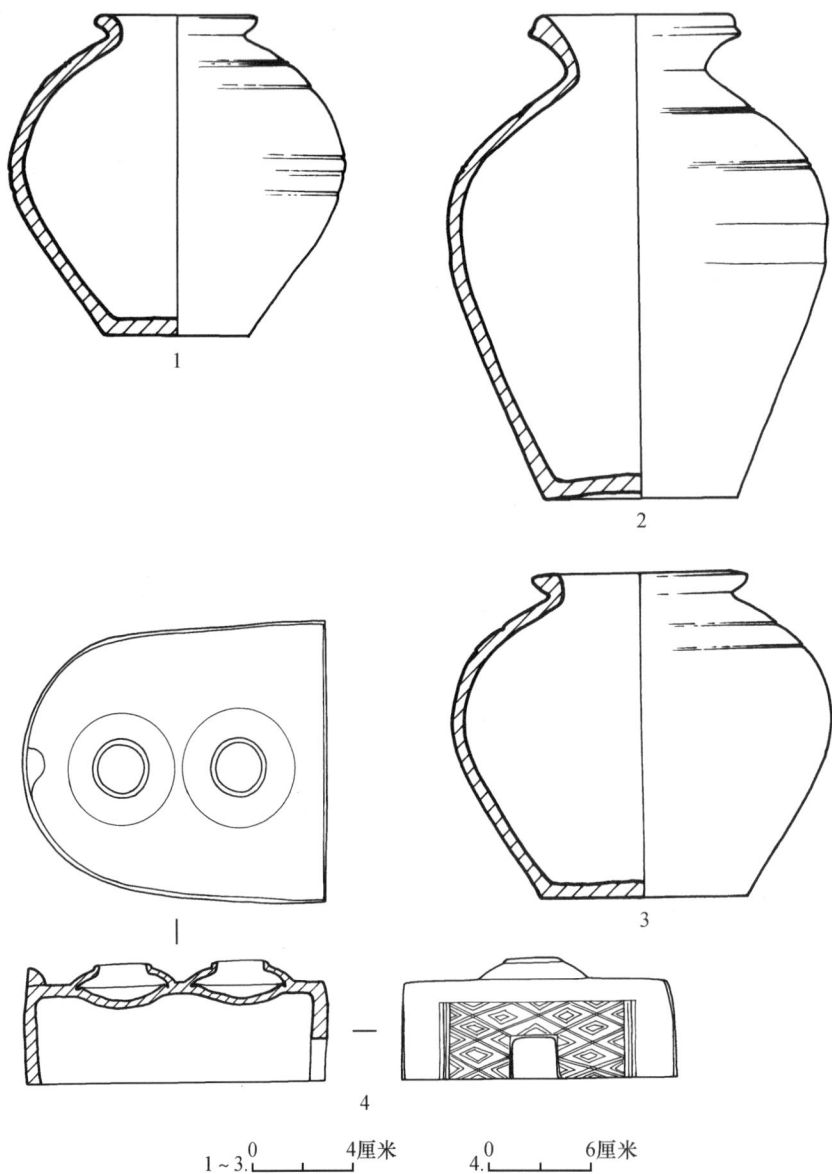

图二二七　Ⅰ区M77出土器物

1～3.陶罐（M77：1、M77：5、M77：3）　4.陶灶（M77：2）

双唇，束颈，弧肩，鼓腹，下腹斜内收，平底稍内凹。肩部有两组四道凹弦纹。轮制，器表有轮旋纹，器底外侧有扇形线切纹。口径8.5、腹径15、底径7.8、高18.9厘米（图二二七，2）。

灶 1件，标本M77：2，泥质灰陶，灶体平面呈马蹄形，前方后圆，灶面两釜前后分布，尾部有短柱形烟囱，前端有略呈圆意的方形落地灶门，周围模印多重菱形纹。灶面、灶壁分体模制而后粘结，釜之肩部与灶面一次性模制而成，腹模制而后粘结于相应的位置。长18.1、宽16.1、高7厘米（图二二七，4）。

第七十八节 M78

1. 墓葬形制

M78，位于第二阶地西部，探方T0204内，与北侧的M199、M205、M206并列，基本南北成排，唯相距较远。方向95度，形制为斜坡墓道土洞墓，由墓道、墓室两部分组成（图二二八）。

墓道 位于墓室的东端，平面近长方形，壁面较直，底部斜坡状。开口残长7.40、上口宽0.86～0.94、底宽0.98、坡长8.50、底距开口深0～4.20米，坡度26度。墓道内填五花土，土质疏松，未经夯打。

墓室 平面略呈长方形，拱顶土洞。墓室长3.80、宽1.44～1.60、高1.40米。该墓被盗扰，器物被扰乱，出土有陶鼎盖1、盒（残）1、壶盖1、樽1、仓1、灶1套（盆1）、铜带钩1、盖弓帽14、车軎1、衡末饰1、辖害1、柿蒂形棺饰10、铁剑（残）1、铅马衔镳1（残）、扣饰2、当卢1。

封门 木板封门。东西两壁有凹槽，内有朽木痕迹。封门槽宽0.20、进深0.60米，高1.40米。

葬具 木棺1具，形制大小不详。

葬式 骨架1具，保存极差，葬式不可辨。

盗洞 2处。一处，位于墓道西端北侧，平面呈圆形，直径0.60米。另一处，位于墓室东部南侧，平面呈圆形，直径0.50米。

2. 出土器物

该墓出土器物40件，质地有陶、铜、铁、铅四种，分述如下。

陶器 7件，泥质灰陶或红陶，器类有鼎盖、盒盖、壶盖、樽、仓、灶、盆。

鼎盖 1件，标本M78：5，浅覆钵形，近平顶，之外均匀布置三乳突。口径21.2、高5厘米（图二二九，1）。

盒盖 1件，标本M78：6，残损严重，无法复原。

壶盖 1件，标本M78：17，泥质红陶，红褐釉。略呈半球形，子母口，盖面有一周台

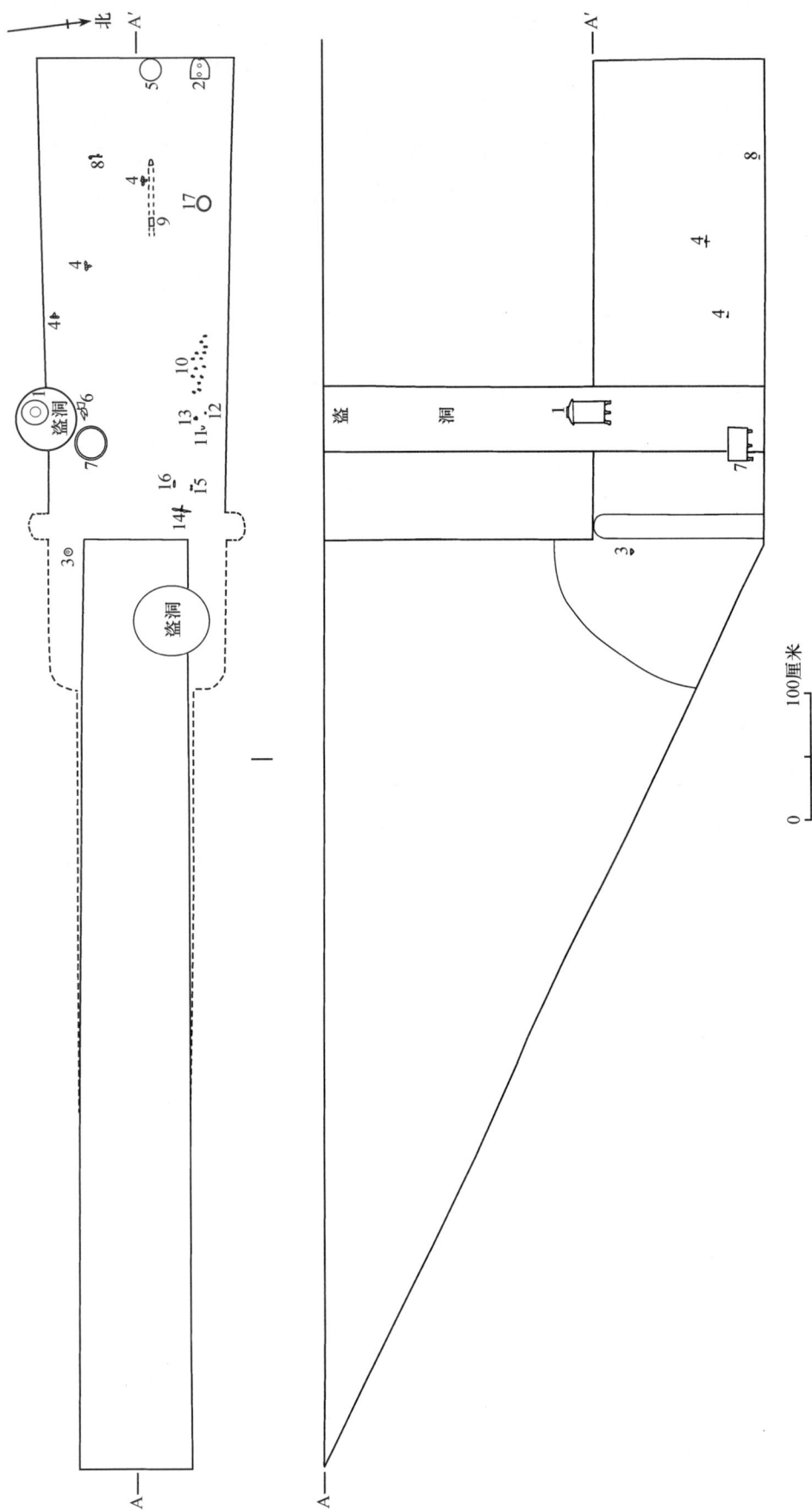

图二八 Ⅰ区M78平、剖面图

1.陶仓 2.陶灶 3.陶盆 4.柿蒂形棺饰 5.陶鼎盖 6.陶盒 7.陶樽 8.带钩 9.铁剑 10.盖弓帽 11.车軎 12.衡末饰 13.辖害 14.马衔镳 15.扣饰 16.当卢 17.釉陶壶盖

棱。口径15.5、高3.6厘米（图二二九，2）。

樽　1件，标本M78：7，盖缺；器身，直口，平沿，直筒腹，平底，底附三马蹄形足，腹部对称分布铺首衔环。内壁涂朱砂。器表涂黑，之上红彩图案。两周红褐彩带分其为三，上、下两组内容基本相同，主体为变形连续菱形纹，其间填饰卷云、圆圈、圆点、变形三角等纹样，中间一组为大卷云。口径21.8、底径21.4、足高6.2、通高18.7厘米（图二二九，3）。

仓　1件，标本M78：1，盖，浅碟形，顶中部有一乳突，外有一周突棱，突棱外侧布置八道竖棱；器身，直口，圆唇，矮领，肩部出檐，绕口一周有鼓环状台面，直筒腹，平底，底附三胡人形足。器表涂黑，之上红色彩绘，剥落严重，肩部绘六道竖棱，腹部仅底部一周锯齿纹可辨外，余均不详。盖径10.8、口径7.8、底径19.6、足高6、通高35.7厘米（图二二九，4）。

灶　1件，标本M78：2，灶体平面呈马蹄形，前方后圆，灶面两釜前后布置，尾部有短柱形烟囱，前端有方形落地灶门，周围模印多重菱形纹。长18.2、宽15、高7.5厘米（图二二九，5）。

盆　1件，与灶配套。标本M78：3，敞口，平沿，尖唇，折腹，小平底内凹。口径7.8、底径2.2、高3.1厘米（图二二九，6）。

铜器　28件，有衡末饰、车轊、带钩、辖軎、柿蒂形棺饰和盖弓帽。

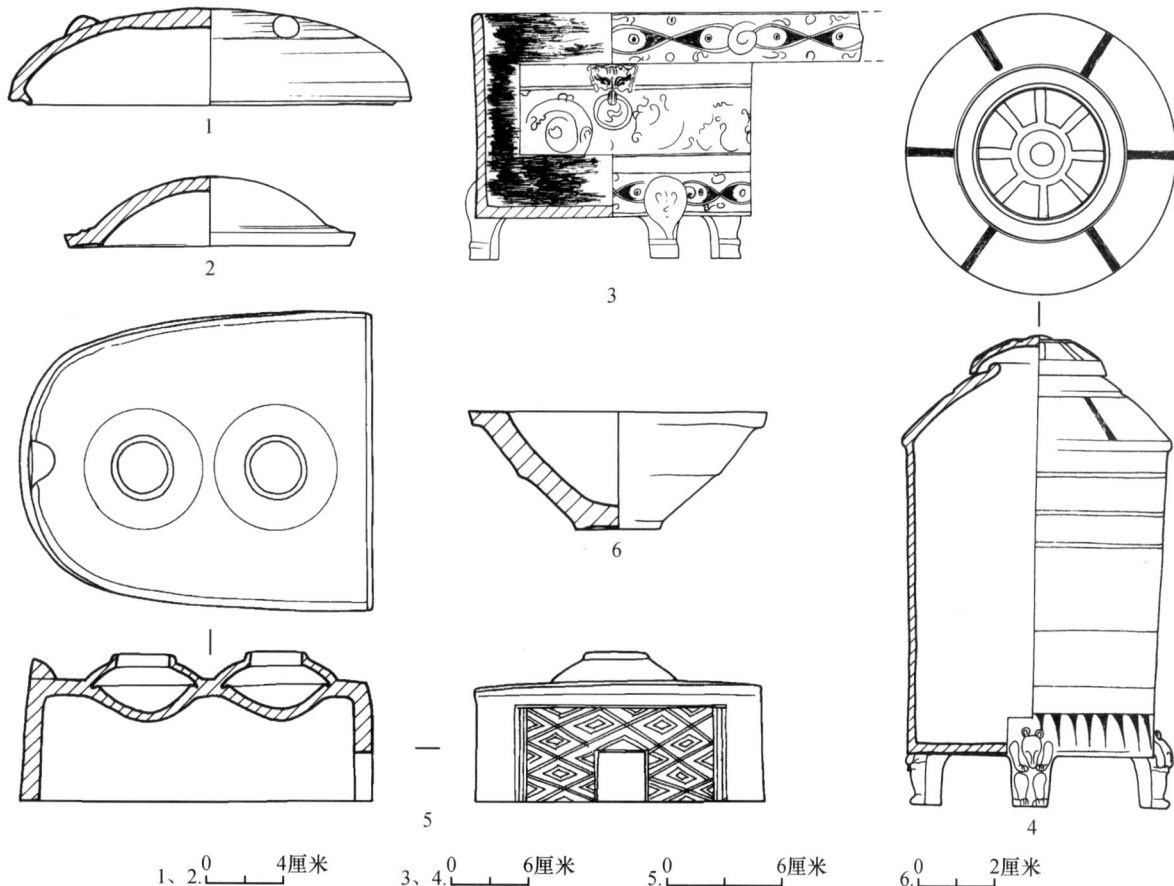

1、2. ⊢—0—⊣—4厘米　　3、4. ⊢—0—⊣—6厘米　　5. ⊢—0—⊣—6厘米　　6. ⊢—0—⊣—2厘米

图二二九　Ⅰ区M78出土器物（一）

1. 陶鼎盖（M78：5）　2. 釉陶壶盖（M78：17）　3. 陶樽（M78：7）　4. 陶仓（M78：1）　5. 陶灶（M78：2）

6. 陶盆（M78：3）

衡末饰　1件，标本M78：12，筒形器，一端封闭，中部有一突棱。长1.15、直径0.9厘米（图二三〇，3）。

车轙　1件，标本M78：11，"U"形，断面圆形。宽1.7、高1.55厘米（图二三〇，2）。

带钩　1件，标本M78：8，曲棒形，素面，圆柱形帽钮。通长10.6厘米（图二三〇，6）。

辖軎　1件，标本M78：13，鎏金，喇叭筒形，近大端处有对应辖孔，辖穿于辖孔之内。长1.9、粗端径1.8、细端径1.0、辖长2.15厘米（图二三〇，4）。

柿蒂形棺饰　10件，形制相同，表面鎏金。柿蒂形，多与泡钉同出。标本M78：4，对角残长4.25、泡径1.85、高1.1厘米（图二三〇，7）。

盖弓帽　14件，形制相同，表面鎏金。筒形，中部有一倒刺。标本M78：10，长2.05厘米

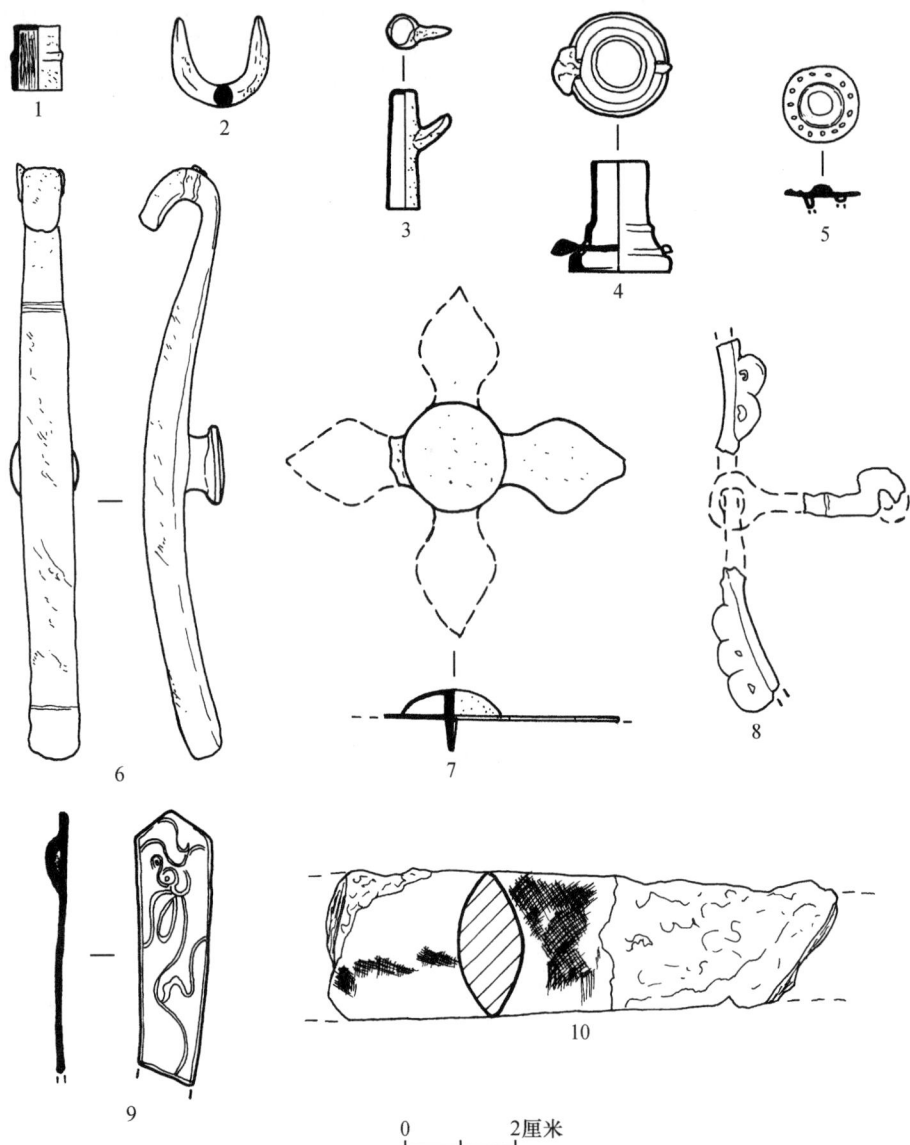

0　　　　2厘米

图二三〇　Ⅰ区M78出土器物（二）

1. 盖弓帽（M78：10）　2. 车轙（M78：11）　3. 衡末饰（M78：12）　4. 辖軎（M78：13）　5. 扣饰（M78：15）
6. 带钩（M78：8）　7. 柿蒂形棺饰（M78：4）　8. 马衔镳（M78：14）　9. 当卢（M78：16）　10. 铁剑（M78：9）

（图二三〇，1）。

铁剑　1件，标本M78：9，残，表面有布纹。残长9.3厘米（图二三〇，10）。

铅器　4件，器类有扣饰、衔镳、当卢。

扣饰　2件，形制相同。标本M78：15，圆扣形，上方乳钉镶嵌，下有双方形穿孔，残。帽径1.35、残高0.4厘米（图二三〇，5）。

马衔镳　1件，标本M78：14，残损。镳，略呈"S"形。衔，两端有环。通长6.5厘米（图二三〇，8）。

当卢　1件，标本M78：16，残，圭形片状，一面有浅浮雕式卷云纹图案，另一面一端有一半圆形穿钮。残长4.6厘米（图二三〇，9）。

第七十九节　M79

1. 墓葬形制

M79，位于墓地西部，探方T0304内，西侧紧邻M89，且被M89打破，东邻M72，方向相反，打破北侧的M70。方向340度，形制为斜坡墓道土洞墓，平面略呈刀字形，墓道、墓室两部分组成（图二三一）。

墓道　位于墓室的北端，平面近长方形，壁面较直，底部斜坡状。开口残长7.20、开口宽0.76 ~ 0.84、底宽0.84、坡长8.20、底距开口深0 ~ 3.90米，坡度25度。墓道内填五花土，土质疏松，未经夯打。

墓室　平面呈刀形，拱顶土洞。墓室长3.44、宽0.84 ~ 1.27、残高1.36米。该墓未被盗扰，器物主要出土于墓室西侧，计有陶鼎1、盒2、钫1、罐3、仓1、灶1套（盆1、甑1）、铜镜（残）1、铅车軎（残）1、铜钱23。

封门　木板封门。东西两壁有凹槽。封门槽宽0.14、进深0.160米、高0.66米。

葬具　一椁一棺，仅存棺椁痕迹。棺长2.30、宽0.70米，椁长2.80、宽1.0米。

葬式　骨架保存差，葬式不可辨。

2. 出土器物

该墓出土器物13件，另有铜钱23枚。质地有陶、铜、铅三种，分述如下。

陶器　11件，均为泥质灰陶，器类有鼎、盒、钫、罐、仓、灶、甑、盆。

鼎　1件，标本M79：12，盖，浅覆钵形，弧顶近平；器身，子母口内敛，弧腹，近平底，肩附对称外撇板耳，耳顶端平折，底附三马蹄形足。中腹有一周台棱。器表涂黑，之上饰红彩，剥落严重，可辨盖顶一柿蒂纹，边缘一周锯齿纹，余不可辨。盖径17、器身口径17.2、腹深8.2、足高5.6、通高16.4厘米（图二三二，1）。

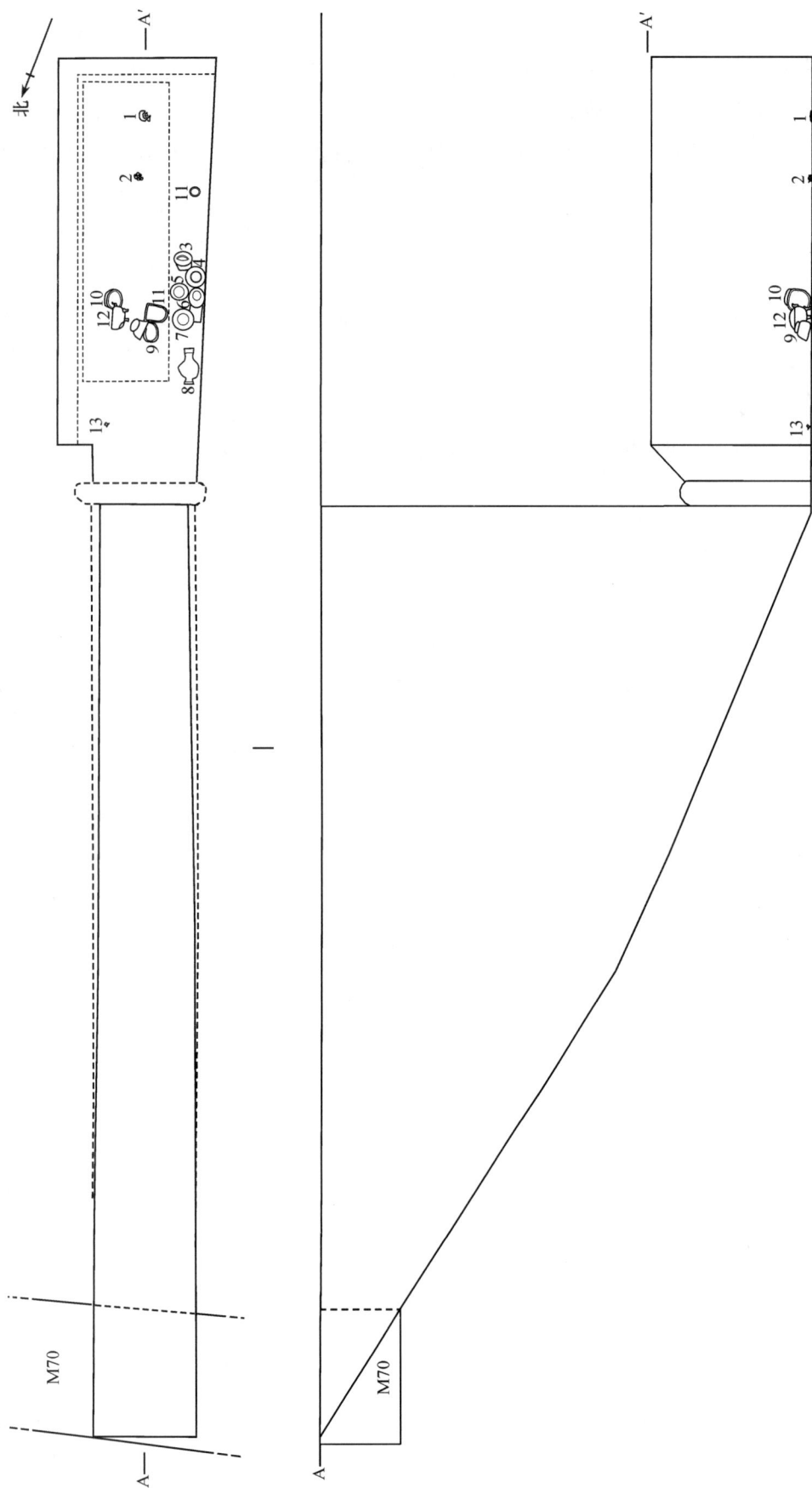

图二三一　Ⅰ区M79平、剖面图

1. 铜镜　2. 铜钱　3~5. 陶罐　6、7. 陶仓　8. 陶纺　9、10. 陶盒　11. 陶灶1套（盆、甑）　12. 陶鼎　13. 车辖

盒 2件（M79：9、10），其中标本M79：10，器身缺失，仅剩盒盖，未绘图。标本 M79：9，盖径16.8、器身口径17.4、腹深8.1、底径8.8、高13.4厘米（图二三二，4）。

钫 1件，标本M79：8，无盖；器身，侈口，平沿，束颈，鼓腹，高圈足稍外撇。器表彩 绘，剥落严重，可辨颈下锯齿纹，肩部卷云纹。器身口径9.5、腹径11、足径9.8、足高2.2、通 高28.3厘米（图二三二，2）。

罐 3件（M79：3、4、5），形制相同。侈口，双唇，矮领，弧肩或圆鼓肩，鼓腹，平底。 标本M79：5，弧肩，口径8.6、腹径15、底径7.8、高14.3厘米（图二三二，6）。标本M79：4， 圆鼓肩，最大径在腹部以上，口径8.5、腹径17.6、底径8.7、高15.6厘米（图二三二，5）。

仓 1件，标本M79：6，盖缺；器身，直口，圆唇，矮领，肩部稍出檐，绕口一周有环状台 面，直筒腹，平底，底附三蹄形足。器身涂黑，之上彩绘，剥落严重，可辨者，中腹一周卷云 纹，一周波折纹，底部一周锯齿纹。口径7、底径14.8、足高3.3、通高32厘米（图二三二，3）。

灶 1件，标本M79：11-1，灶体平面呈马蹄形，前方后圆，灶面两釜前后布置，尾部 有短柱形烟囱，前端有方形落地灶门，周围模印多重菱形纹。长17.2、宽15、高7.1厘米（图

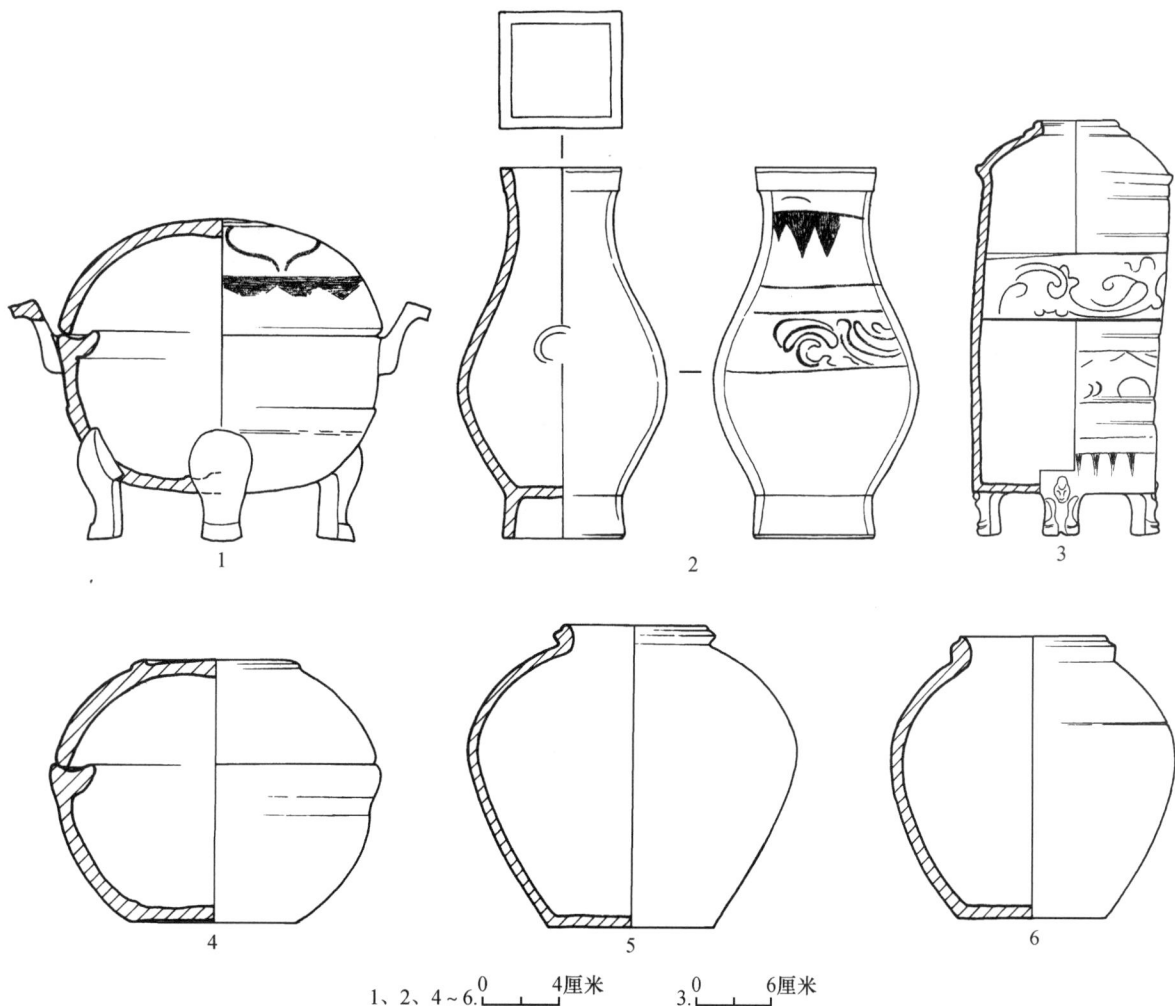

图二三二 Ⅰ区M79出土器物（一）
1.陶鼎（M79：12） 2.陶钫（M79：8） 3.陶仓（M79：6） 4.陶盒（M79：9） 5、6.陶罐（M79：4、M79：5）

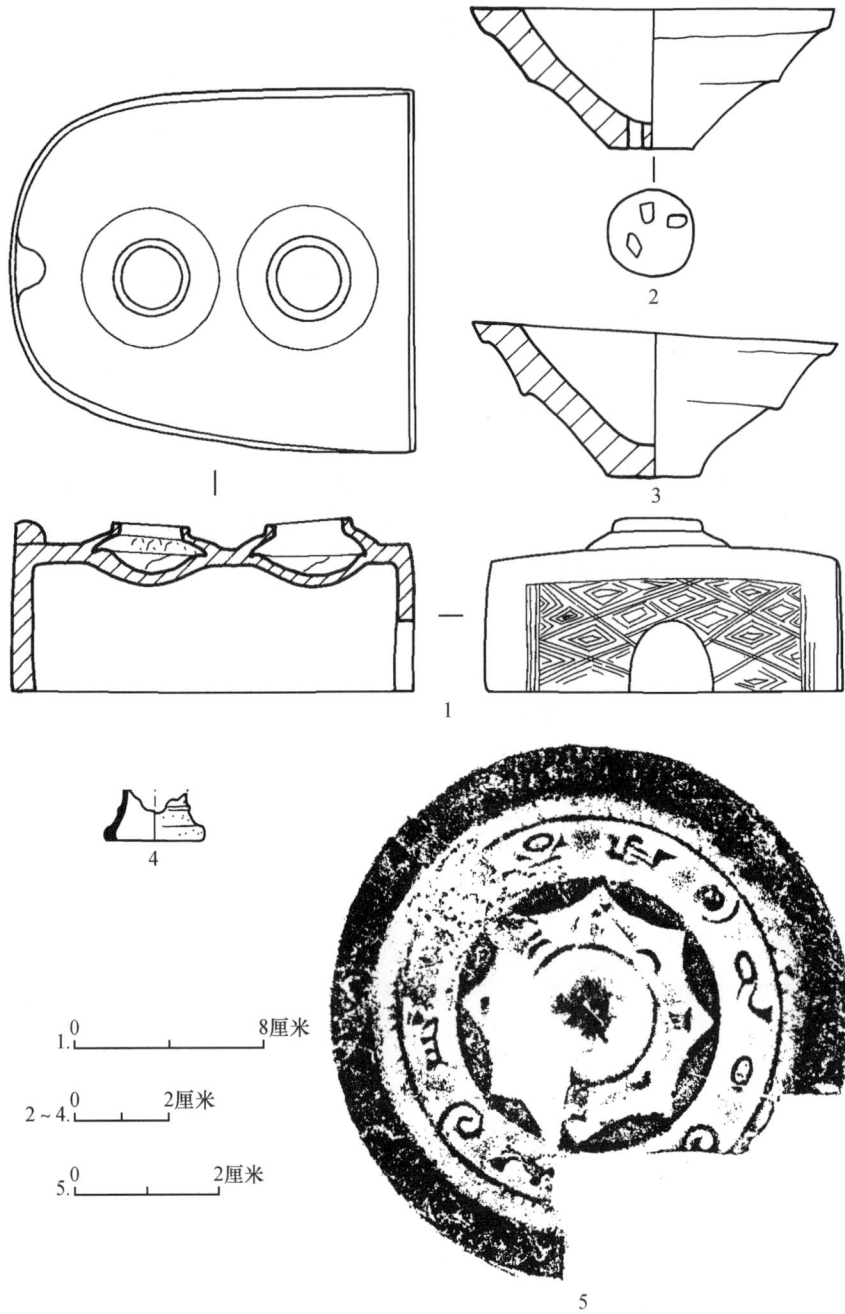

图二三三　Ⅰ区M79出土器物（二）

1. 陶灶（M79：11-1）　2. 陶甑（M79：11-2）　3. 陶盆（M79：11-3）　4. 车軎（M79：13）

5. 铜镜（M79：1）

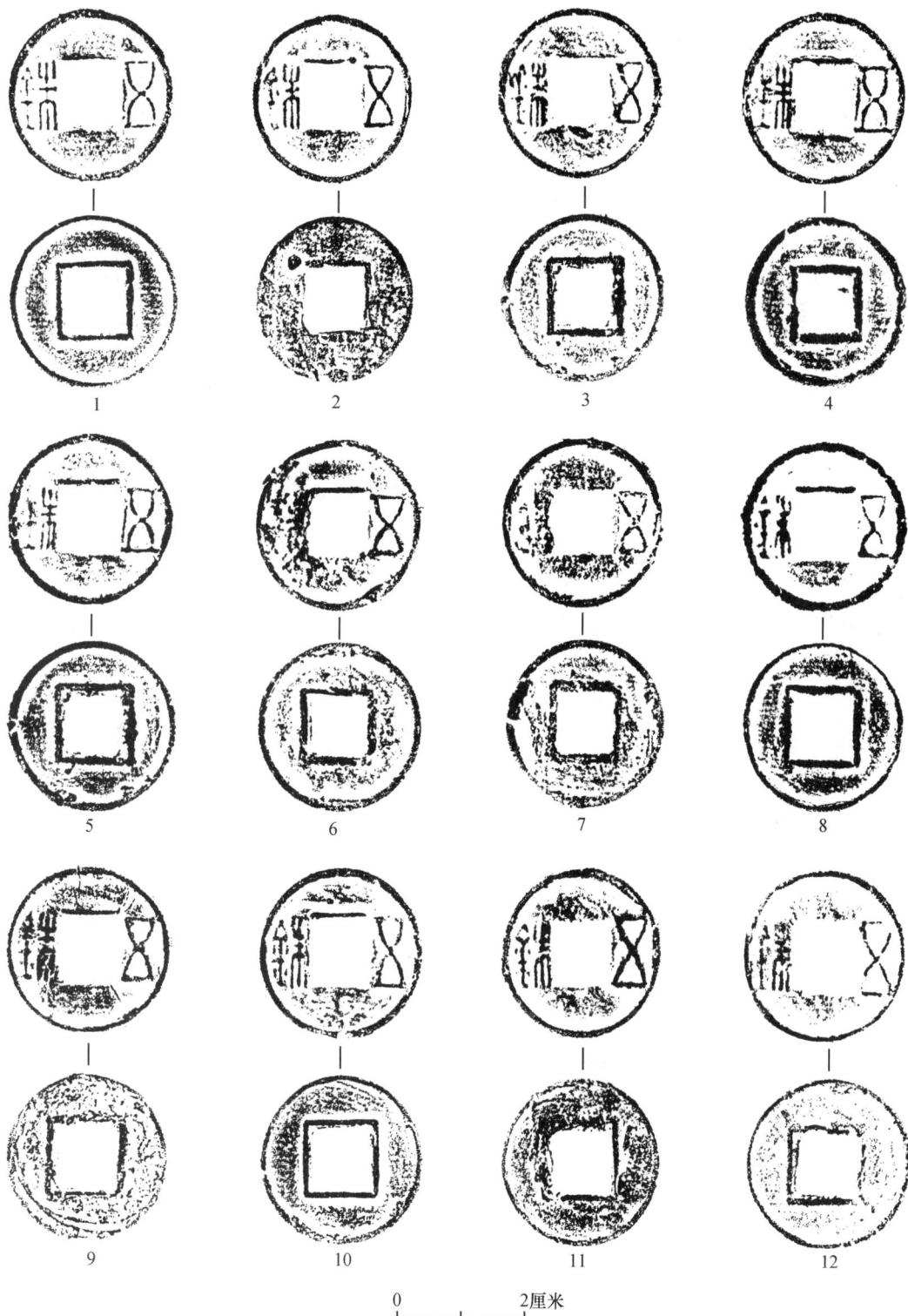

图二三四　Ⅰ区M79出土铜钱（一）

1. M79：2-1　2. M79：2-2　3. M79：2-3　4. M79：2-4　5. M79：2-5　6. M79：2-6　7. M79：2-7　8. M79：2-8　9. M79：2-10
10. M79：2-11　11. M79：2-12　12. M79：2-13

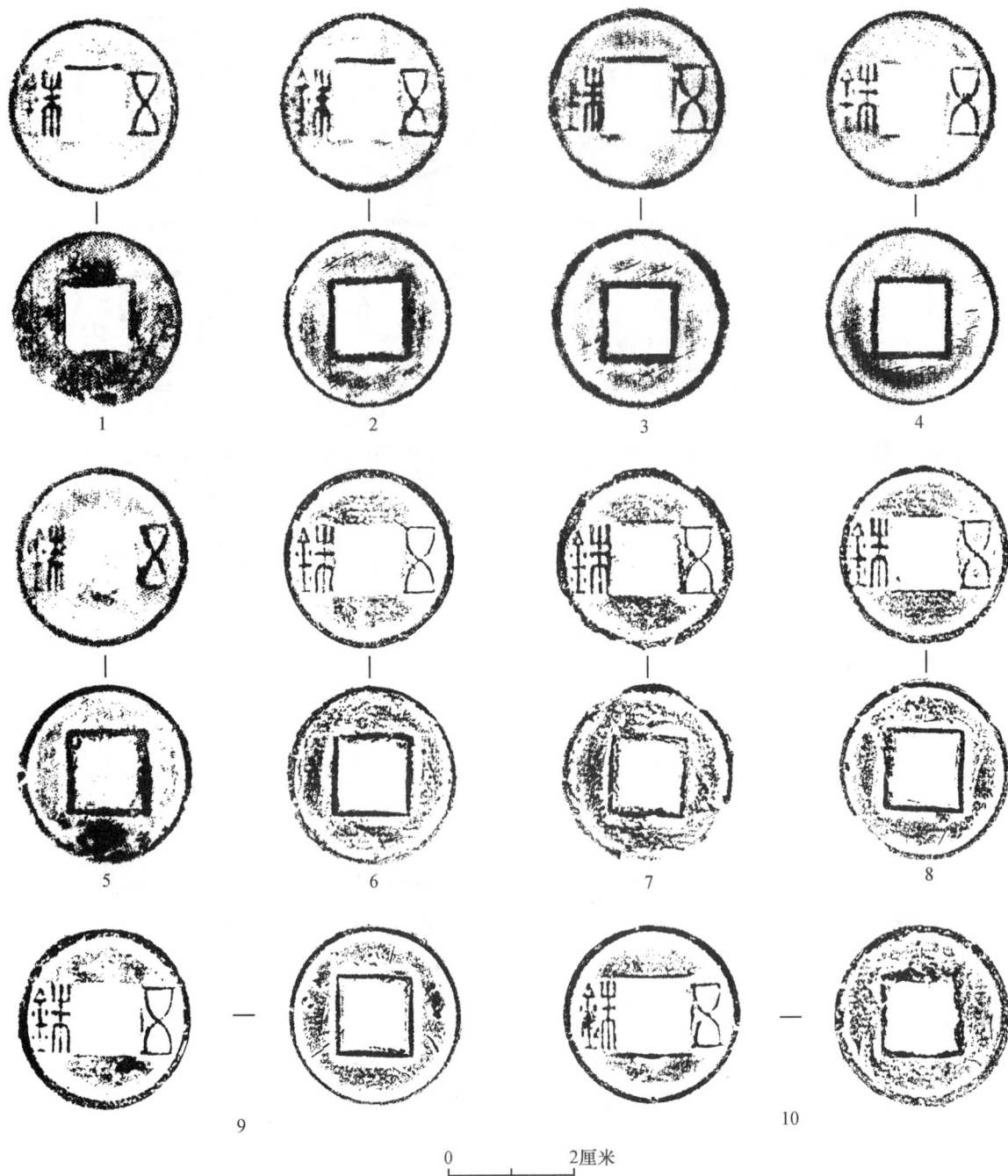

图二三五　Ⅰ区M79出土铜钱（二）

1. M79：2-14　2. M79：2-15　3. M79：2-16　4. M79：2-17　5. M79：2-18　6. M79：2-19　7. M79：2-20　8. M79：2-21
9. M79：2-22　10. M79：2-23

二三三，1）。

甑　1件，与灶配套。标本M79：11-2，敞口，平沿，尖唇，折腹，小平底，底部有三个箅孔。口径7.7、底径1.8、高2.9厘米（图二三三，2）。

盆　1件，与灶配套。标本M79：11-3，敞口，平沿，方唇，折腹，小平底内凹。口径7.8、底径2、高3.2厘米（图二三三，3）。

铜镜　1面，标本M79：1（残），日光连弧铭文。圆形，半圆钮，圆钮座，宽素平缘，镜面微凸。钮座圆周均匀伸出三组（每组三条）竖短线及月牙纹，之外一周内向八连弧纹，其外有"见日之光，长不相忘"铭文带，铭文两字之间有"の"符号，之外一周短斜线纹。面径6.60、背径6.50、钮宽0.90、缘宽0.60、缘厚0.30厘米，重42克（图二三三，5；彩版三四，1）。

铅车軎　1件，标本M79：13，残损。直径2.1、残高1.1厘米（图二三三，4）。

铜钱　23枚，均为五铢钱，圆形方穿，穿背面有郭，部分穿上有一横郭或穿下有一星纹，穿之两侧有篆文"五铢"二字。"五"字或瘦长，或宽大，交笔或缓曲，或弯曲较甚，朱字头方折（按：年代为武、昭、宣时期）（图二三四、图二三五）。

第八十节　M80

1. 墓葬形制

M80，位于墓地中部偏西，探方T0405内，东与M81并穴合葬，西侧与M87并列，唯方向相反。方向175度，形制为斜坡墓道土洞墓，由墓道、墓室两部分组成（图二三六；图版二六，3、4）。

墓道　位于墓室的南端，平面呈长方形，壁面较直，底部斜坡状。开口残长8.50、宽0.64～1.0、底宽0.92～1.0、坡长9.60、底距开口深0～4.10米，坡度25度。墓道内填五花土，土质疏松，未经夯打。

墓室　平面呈长方形，拱顶土洞。墓室长3.70、宽1.20～1.26、残高0.6米。该墓被盗扰，器物主要出土于墓室西部及棺内，计有陶仓3、罐3、灶1套（盆1、甑1）、泥灯1、铜钱25。

封门　土坯封门。分为内、外两重，均错缝平砌。封门宽1.20、残高1.0米。土坯36厘米×18厘米×10厘米。

葬具　木棺1具，仅存棺痕，长2.20、宽0.72米。

葬式　骨架1具，保存较差，已成粉末状，头向北，仰身直肢葬。

2. 出土器物

该墓出土器物10件，另有铜钱25枚。质地有陶、泥两种，分述如下。

陶器　9件，均为泥质灰陶，器类有仓、罐、灶、甑、盆。

仓　3件（M80：2、3、4），形制相同。盖，浅碟形，顶中部有一乳突，外有一周突棱，突棱外侧布置八道竖棱；器身，直口，圆唇，矮领，肩部出檐，鼓面，中部有一周凸弦纹，直筒腹，平底，底附三胡人形足，通体着白色陶衣，之上彩绘剥落严重，内容不详。肩、腹分体轮制，足模印而后粘结，底外侧有旋切痕迹。标本M80：3，盖径10.8，口径7.4、底径18.7、足高3.6、通高36.4厘米（图二三七，1）。

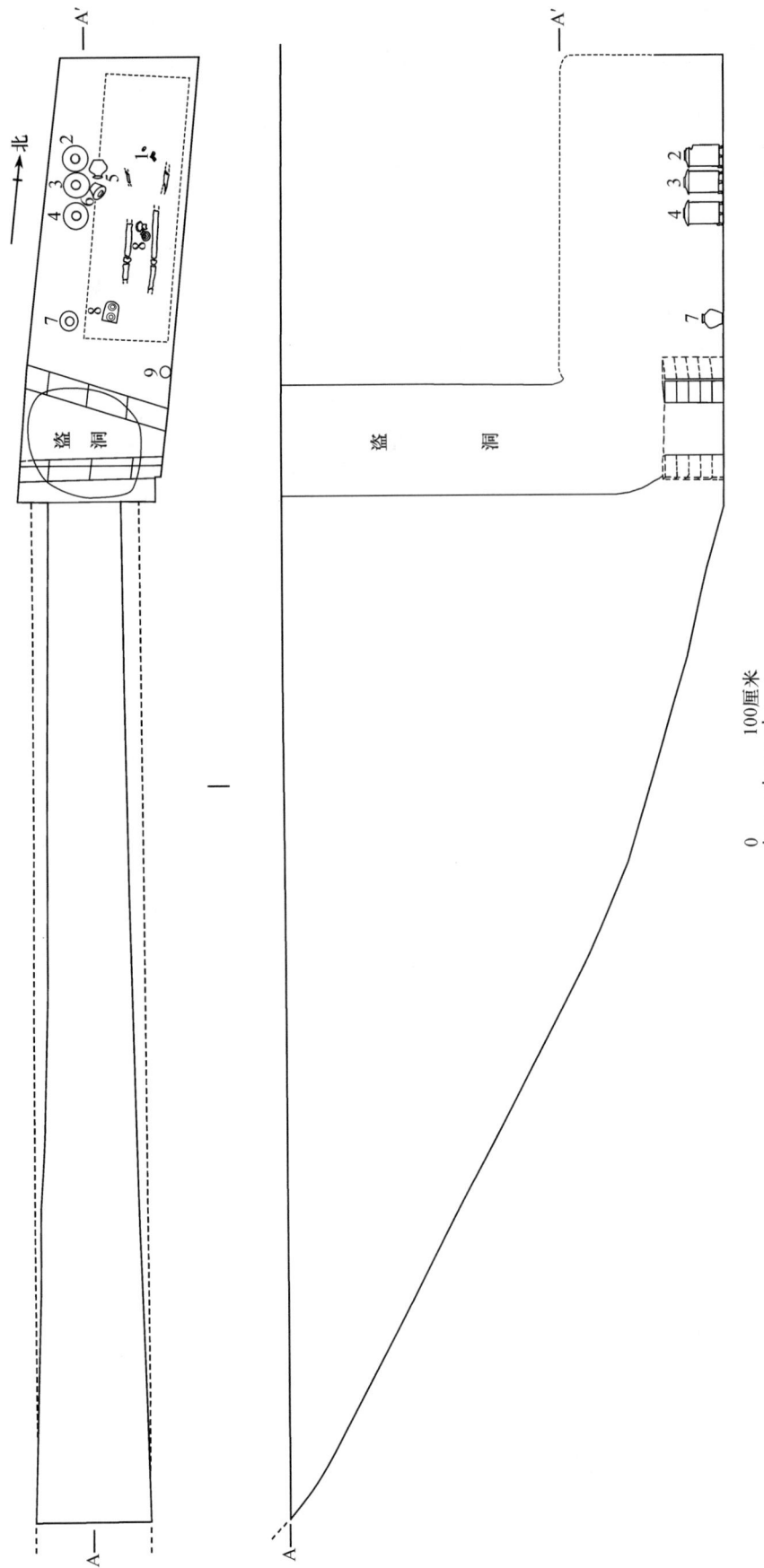

图二三六　Ⅰ区M80平、剖面图

1. 铜钱　2～4. 彩绘陶仓　5～7. 陶罐　8. 陶灶1套（盆、甑）　9. 泥灯

罐　3件（M80：5、6、7），形制相同。侈口，双唇（不明显），矮领，弧肩，鼓腹，下腹内收，平底。肩部饰有三道凹弦纹。轮制，器表有轮旋纹。标本M80：7，口径9、腹径16.8、底径8.8、高15.9厘米（图二三七，2）。

灶　1件，标本M80：8-1，灶体平面呈马蹄形，前方后圆，灶面两釜前后布置，尾部有短柱形烟囱，前端有方形落地灶门，周围模印多重菱形纹。灶面、灶壁分体模制而后粘结，釜之肩部与灶面一次性模制而成，腹模制而后粘结于相应的位置。长17.8、宽15.4、高7.4厘米（图二三七，3）。

甑　1件，与灶配套。标本M80：8-2，敞口，平沿，尖唇，折腹，小平底，底部有三个箅孔。模制，沿面有制坯时留下的线切纹。口径7.6、底径2.1、高3.1厘米（图二三七，4）。

盆　1件，与灶配套。标本M80：8-3，敞口，平沿，方唇，折腹，小平底内凹。模制，沿面有制坯时留下的线切纹。口，7.8、底径2.1、高3.1厘米（图二三七，5）。

泥灯　1件，标本M80：9，残缺，圆柱形，顶端有圆窝。残高6.8、直径9.3厘米（图二三七，6）。

铜钱　25枚，均为五铢钱，圆形方穿，穿背面有郭，部分穿上有一横郭或穿下有一纹，穿之两侧有篆文“五铢”二字。“五”字或瘦长，或较短，交笔缓曲，“铢”字金头三角，朱头方折（按：年代为武、昭及宣帝前期）（图二三八、图二三九）。

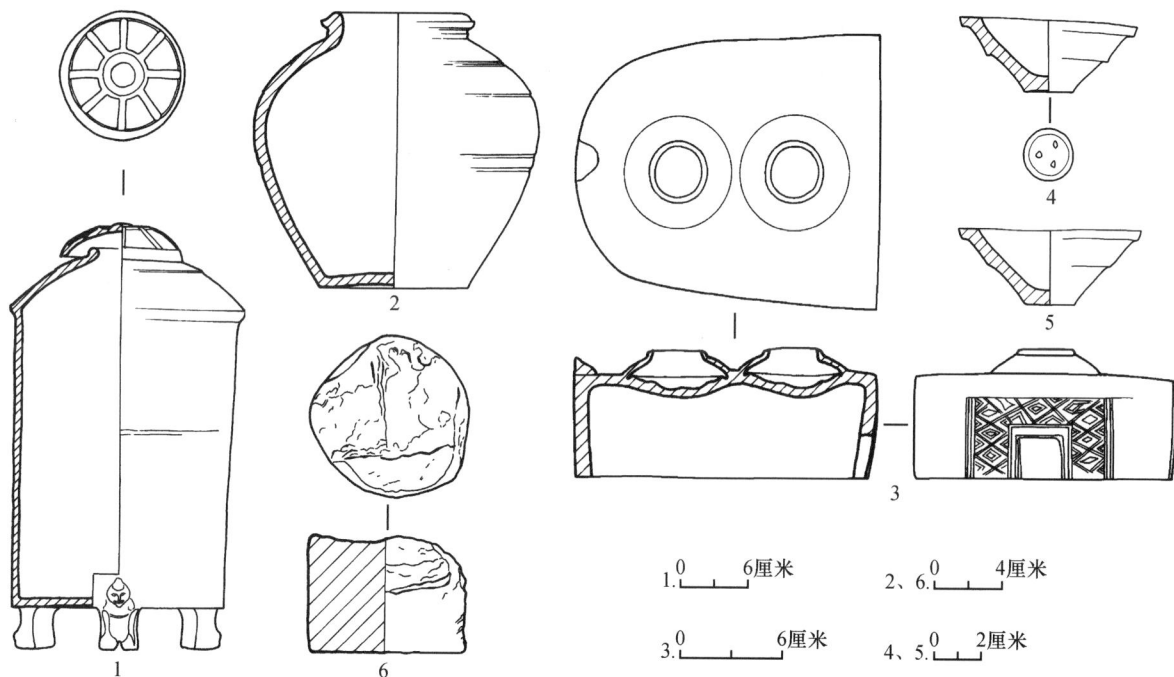

图二三七　Ⅰ区M80出土器物
1.陶仓（M80：3）　2.陶罐（M80：7）　3.陶灶（M80：8-1）　4.陶甑（M80：8-2）　5.陶盆（M80：8-3）
6.泥灯（M80：9）

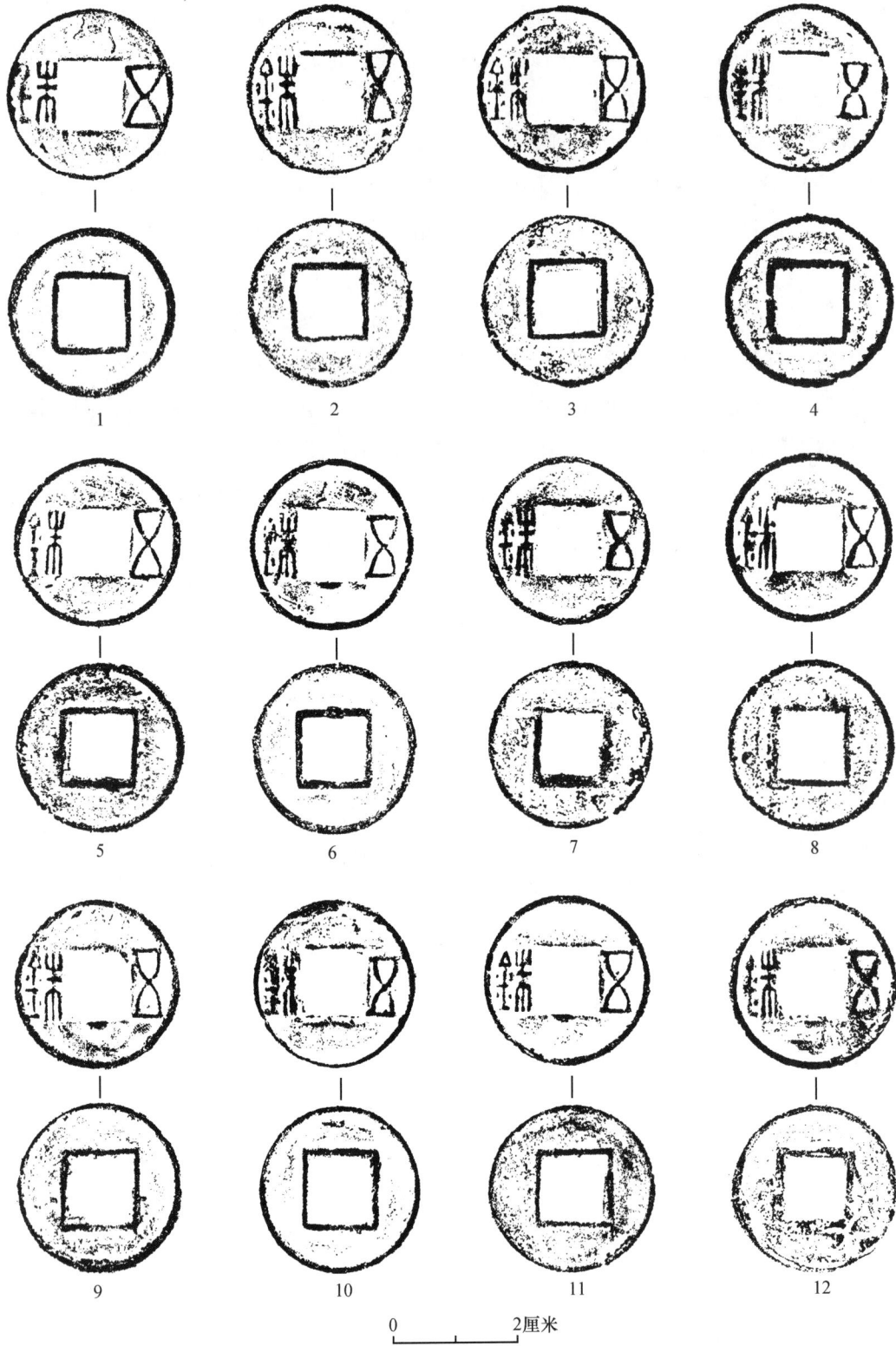

0　　　　　2厘米

图二三八　Ⅰ区M80出土铜钱（一）

1. M80：3-1　2. M80：3-2　3. M80：3-3　4. M80：3-4　5. M80：3-5　6. M80：3-6　7. M80：3-7　8. M80：3-8　9. M80：3-9
10. M80：3-10　11. M80：3-11　12. M80：3-12

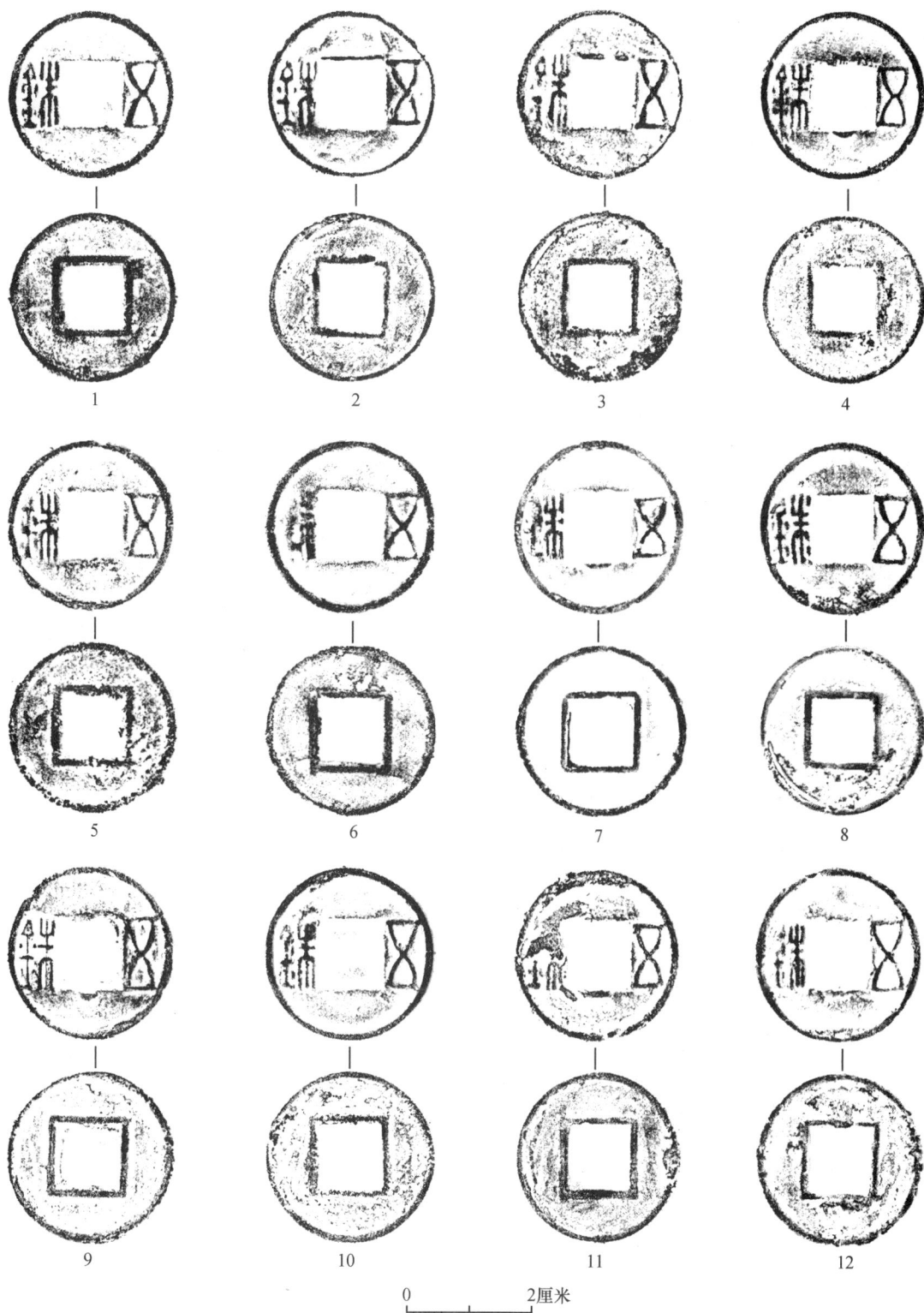

图二三九　Ⅰ区M80出土铜钱（二）

1. M80：3-13　2. M80：3-14　3. M80：3-15　4. M80：3-16　5. M80：3-17　6. M80：3-18　7. M80：3-20　8. M80：3-21
9. M80：3-22　10. M80：3-23　11. M80：3-24　12. M80：3-25

第八十一节　M81

1. 墓葬形制

M81，位于墓地中部偏西，探方T0405内，西侧紧邻M80并穴合葬，东邻M69、M68。方向178度，形制为斜坡墓道土洞墓，由墓道、天井、墓室三部分组成（图二四〇；图版二七，1、2）。

墓道　位于墓室的南端，平面近长方形，壁面较直，底部斜坡状，东西两壁有一级二层台，台宽0.04~0.10米。墓道开口残长9.0、宽0.68~0.92、底宽0.96、坡长10.50、底距开口深0-5.40米，坡度32度。墓道内填五花土，土质疏松，未经夯打。

天井　位于墓室和墓道之间，平面呈东西长方形，壁竖直，口大底小，东、西、南壁有一级二层台，台面宽0.10米。天井南北宽0.86、东西长1.80、深5.40米。天井内填五花土，土质疏松，未经夯打。

墓室　平面呈长方形，拱顶土洞。墓室长4.02、宽1.44-1.54、高2.0米。该墓未被盗扰，器物主要出土于墓室西侧，计有陶鼎1、盒2、壶1、樽1、仓5、熏炉1、罐5、灶1套（盆1甑1）、铜镜1、柿蒂形棺饰15、铜环1、铁削1、铁器1、铅当卢1、盖弓帽1、马镳1、葬石4、漆器（残，无法提取）、铜钱31。

封门　土坯封门，错缝平砌。土坯砖36厘米×18厘米×7厘米。封门宽2.10、残高1.70米。

葬具　一棺一椁，仅存棺椁痕迹。椁长3.40、宽1.40米，棺长2.20、宽0.74米。

葬式　骨架1具，已成粉末状，头向北，仰身直肢葬。

2. 出土器物

该墓出土器物45件，另有铜钱31枚。质地有陶、铜、铁、铅、石五种，分述如下。

陶器　19件，陶质有泥质灰陶和红胎釉陶，器类有鼎、盒、壶、樽、仓、熏炉、罐、灶、盆、甑（图版八九，1）。

鼎　1件，标本M81：20，红胎釉陶，器表施酱黄釉，釉层较厚，釉面光泽。盖，浅覆钵形，近平顶，中心有一穿环钮，之外均匀布置三乳突形饰；器身，子母口内敛，深腹，圜底，肩附外撇弯曲板耳，顶端外折，腹中部有一周台棱，底附三马蹄形足，内残留有动物骨骼。盖上钮饰、耳、足模制，而后粘结，口沿及足底有粘烧痕，肩部有垂釉现象，蘸釉，叠覆烧。盖径21.3、器身口径20.9、腹深11.3、足高8.4、通高21.5厘米（图二四一，1；彩版一四，5；图版一二一，2）。

盒　2件（M81：21、22），形制相同，泥质灰陶，盖，浅覆钵形，顶有矮圈足捉手；器身，子母口内敛，深弧腹，低矮圈足，平底稍凸。器表彩绘，脱落严重，可辨盖与器身绘一周大波折纹，其间填饰圆圈、短弧线等图案，盖边缘有周锯齿纹。标本M81：22，盖径18.9、器身口径18.8、腹深10.6、底径9.1、高16厘米（图二四一，2；图版一二一，3）。

北→

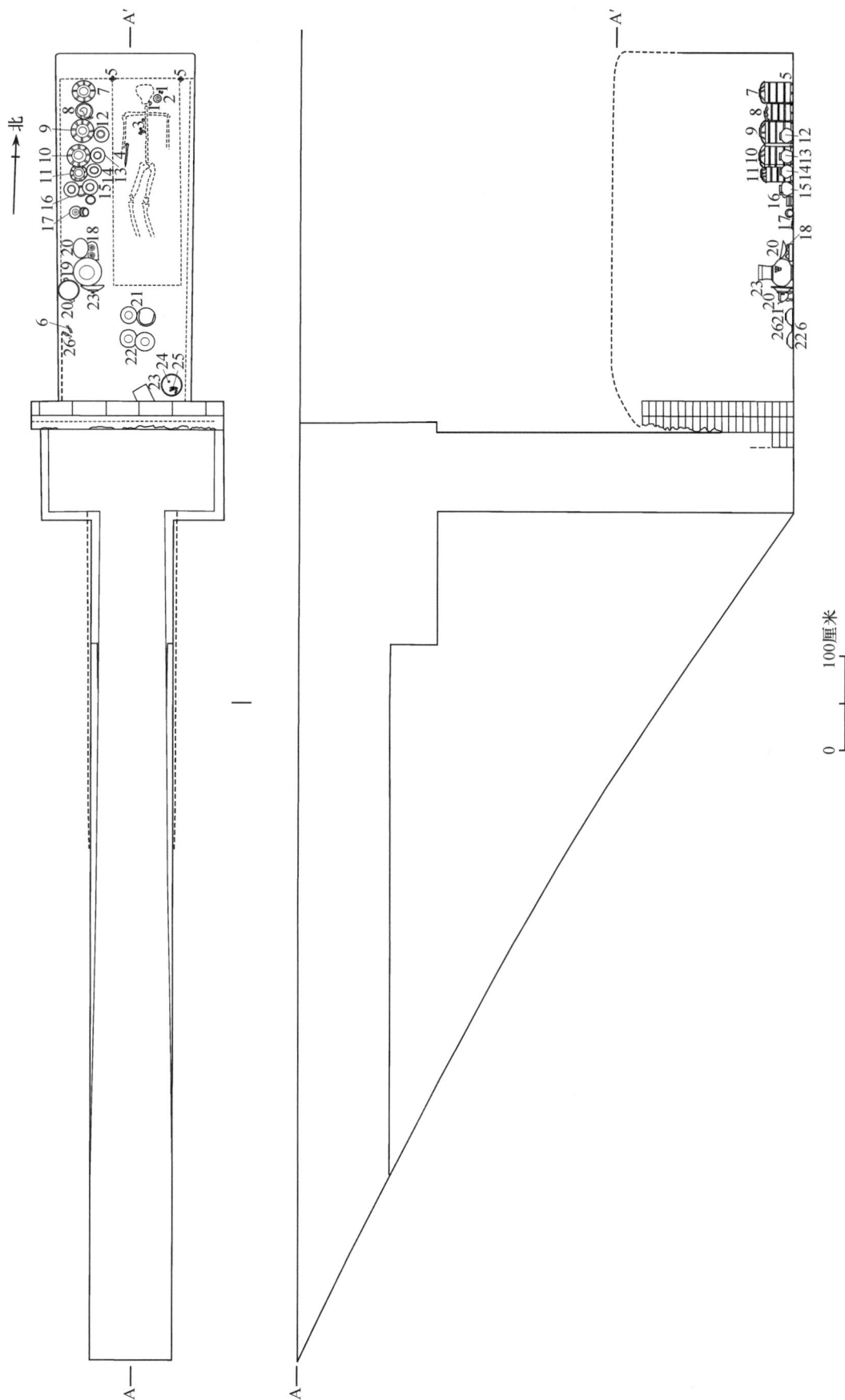

图二四〇　Ⅰ区M81平、剖面图

0　　　　　100厘米

1. 葬石　2. 铜镜　3. 铜钱　4. 环首铁削　5. 柿蒂形棺饰　6. 当卢　7~11. 釉陶仓　12~16. 釉陶罐　17. 釉熏炉　18. 陶灶1套（盆、甑）　19. 釉陶壶　20. 釉陶鼎　21、22. 彩绘陶盒　23. 釉陶樽　24. 铜环　25. 盖弓帽　26. 马镳

壶 1件，标本M81：19，红胎釉陶，器表施黄釉，釉层较薄，釉面无光泽，侈口，平沿，束颈，溜肩，鼓腹，腹部下垂，假圈足，腹部对称分布一对铺首衔环（其一已经脱落），肩部饰三道凹弦纹。器身轮制，铺首衔环模制，器表有轮旋纹，刷釉。口径16.6、腹径29.4、底径20.2、高35.8厘米（图二四一，3；彩版一六，5；图版一二一，4）。

樽 1件，标本81：23，红胎釉陶，器表施青绿釉，釉层较薄，釉面无光泽。盖，浅覆钵形，子母口，顶部中心有圆饼形捉手，之外均匀布置三乳突形饰；器身，直口，平沿，直筒腹，底附三马蹄形足，足根饱满。盖径23.5、口径23.2、底径23.2、腹深14.7、足高5.7、通高23.2厘米（图二四一，4；彩版一七，4；图版一二一，5）。

仓 5件（M81：7、8、9、10、11），红胎釉陶，器表施酱黄釉，釉层较薄，釉面无光泽，形制相同。盖，浅碟形，近平顶，顶部中心有圆饼形捉手；器身，直口，圆唇，矮领，肩部稍出檐，绕口一周有环状台面，之下均匀布置六道竖棱，直筒腹，平底，底附三足，腹部饰三组（每组三道）凹弦纹。肩、腹分体轮制，足模印而后粘结，底外侧有旋切痕迹。标本M81：10，底附三踞熊形足，盖径9.6、口径7.5、底径19.8、足高3.9、通高36.5厘米（图二四一，6）。标本M81：9，底附三马蹄形足，盖径9.8、口径9、底径22.4、足高5.4、通高38.6厘米（图二四一，5；彩版一八，5；图版一二一，6）。

熏炉 1件，标本M81：17，红胎釉陶，器表施青绿釉，釉层较薄，釉面无光泽，炉内红褐釉。盖，博山形；炉身，子母口内敛，深腹略鼓，圜底近平，实心柱形柄，盘形底座，平沿，尖唇，折腹，低矮假圈足，底内侧有一周台棱。盖模制，炉身与柄座分体轮制，而后粘结，刷釉。炉身口径8.5、腹径9、底座口径12.6、底径7.4、通高14.7厘米（图二四二，1；彩版一九，2；图版一二二，1）。

罐 5件（M81：12、13、14、15、16），均泥质灰陶。M81：12、13、15、16，形制相同，侈口，双唇，矮领，圆鼓肩，弧腹，平底，肩部饰两周凹弦纹。轮制，器表有轮旋纹。标本M81：13，口径8.1、腹径16.4、底径9.2、高14.2厘米（图二四二，2）。标本M81：14，直口，圆唇，矮领，鼓肩，下腹弧收，平底内凹。口径8.5、腹径16、底径9、高14.6厘米（图二四二，3）。

灶 1件，标本M81：18-1，泥质灰陶，灶体平面呈马蹄形，前方后圆，灶面两釜前后布置，尾部有短柱形烟囱，前端有方形落地灶门，周围模印多重菱形纹。灶面、灶壁分体模制而后粘结，釜之肩部与灶面一次性模制而成，腹模制而后粘结于相应的位置。长17、宽14.4、高7厘米（图二四二，4）。

盆 1件，标本M81：18-2，泥质灰陶，敞口，平沿，尖唇，折腹，平底。口径7.2、底径2、高2.6厘米（图二四二，5）。

甑 1件，标本M81：18-3，泥质灰陶，敞口，平沿，尖唇，折腹，平底，底部有三个圆形箅孔。口径7.6、底径2、高3.1厘米（图二四二，6）。

铜器 17件，器类有镜、柿蒂形棺饰、环。

柿蒂形棺饰 15件，残损，形制相同。标本M81：5，柿蒂形，与泡钉同出。对角残长

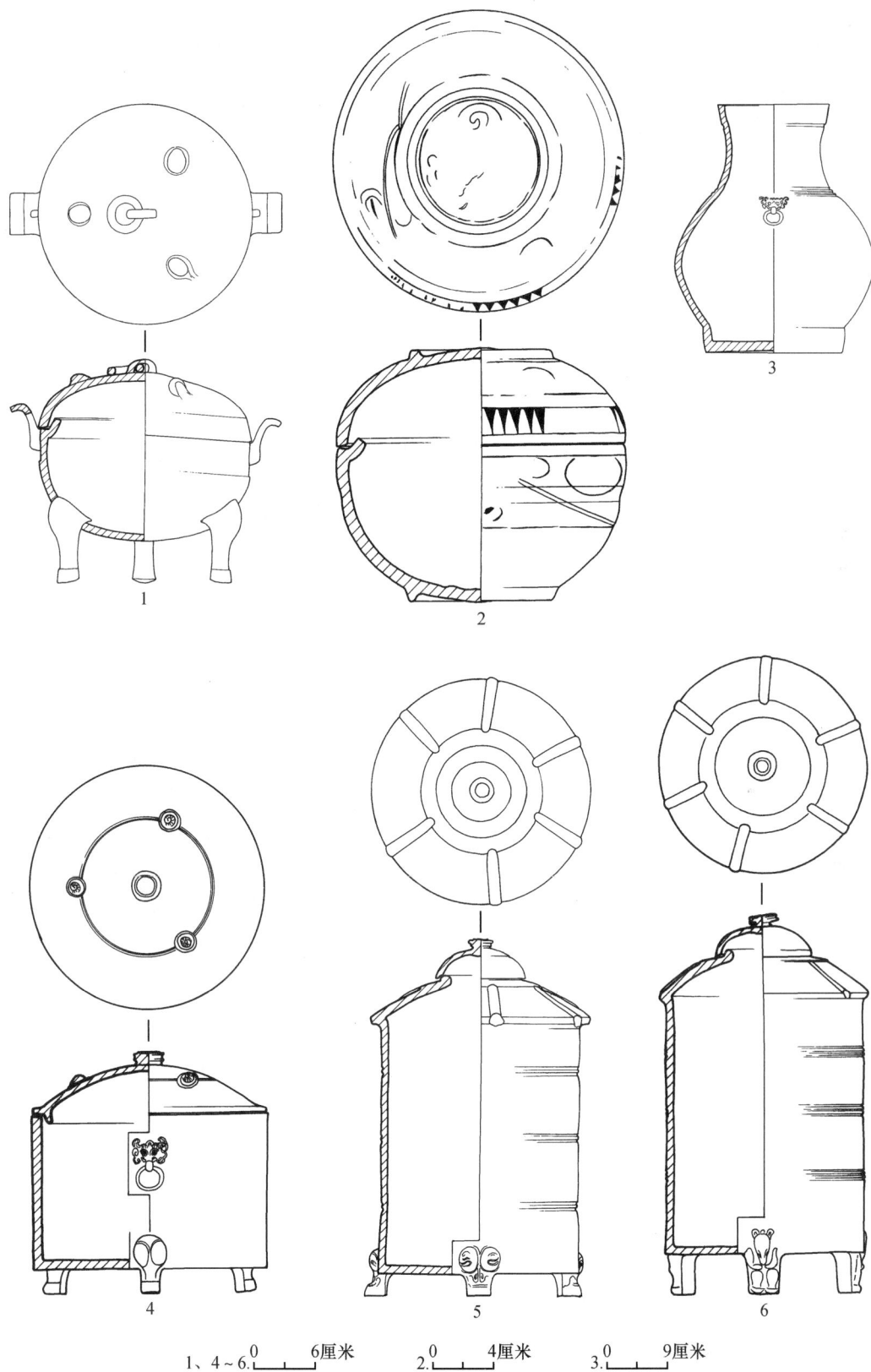

图二四一 Ⅰ区M81出土器物（一）
1.釉陶鼎（M81：20） 2.陶盒（M81：22） 3.釉陶壶（M81：19） 4.釉陶樽（M81：23）
5、6.釉陶仓（M81：9、M81：10）

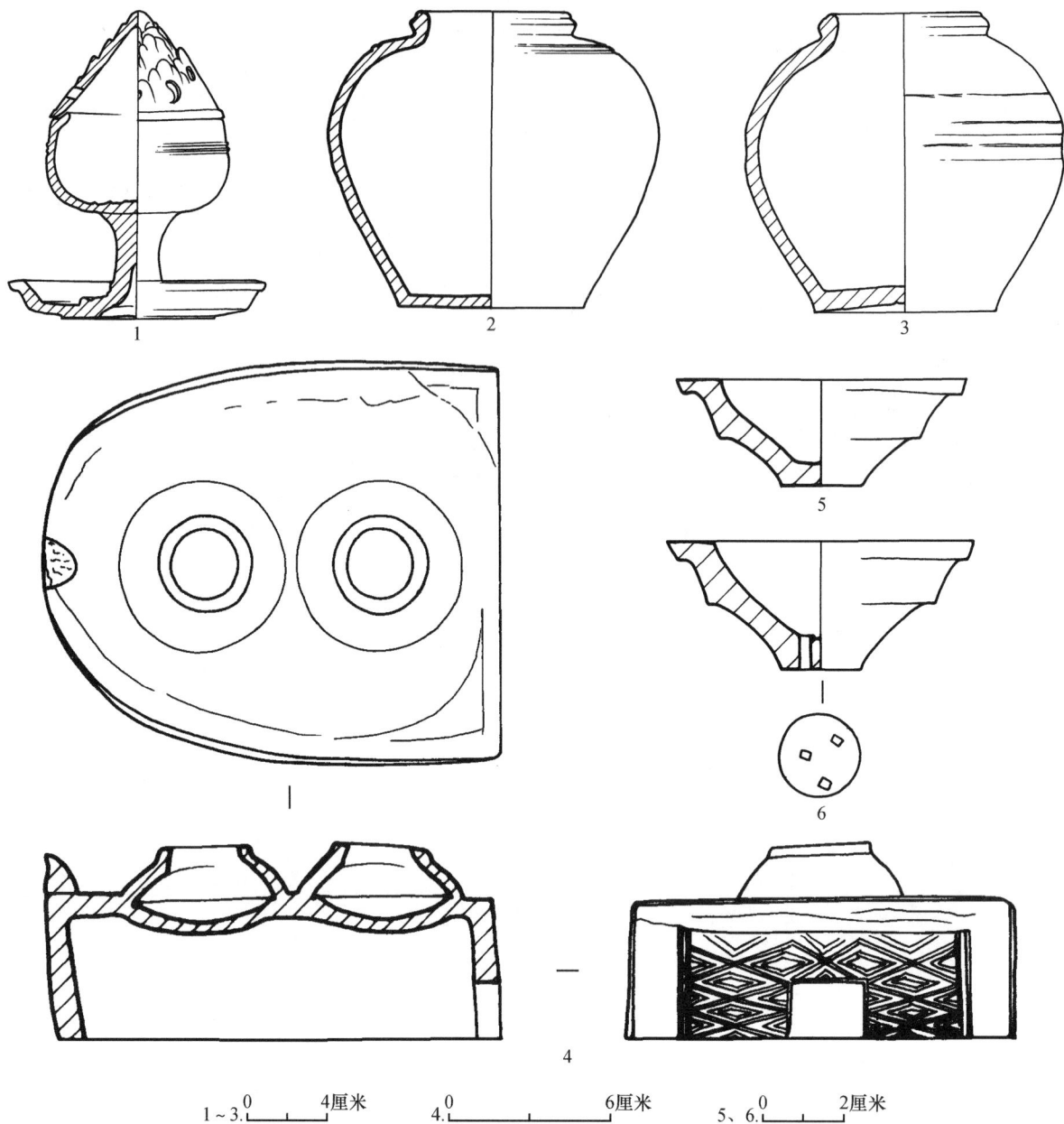

图二四二　Ⅰ区M81出土器物（二）

1. 釉熏炉（M81：17）　2、3. 陶罐（M81：13、M81：14）　4. 陶灶（M81：18-1）　5. 陶盆（M81：18-2）

6. 陶甑（M81：18-3）

4.6、泡径2.35、高1.2厘米（图二四三，1）。

环　1件，标本M81：24，圆环形，直径1.4厘米（图二四三，2）。

镜　1面，标本M81：2，日光连弧铭文镜，圆形，半圆钮，圆钮座，宽素平缘，镜面微凸，钮座圆周均匀伸出四组（每组两条）短弧线和月牙纹，之外一周内向八连弧纹，其外有"见日之光，长不相忘"铭文带，铭文两字之间有"▣"符号，之外一周短斜线纹。面径6.40、背径6.0、钮宽1.20、缘宽0.40、缘厚0.50厘米，重58克（图二四四；彩版三四，2）。

铁器　2件，为削和铁器。

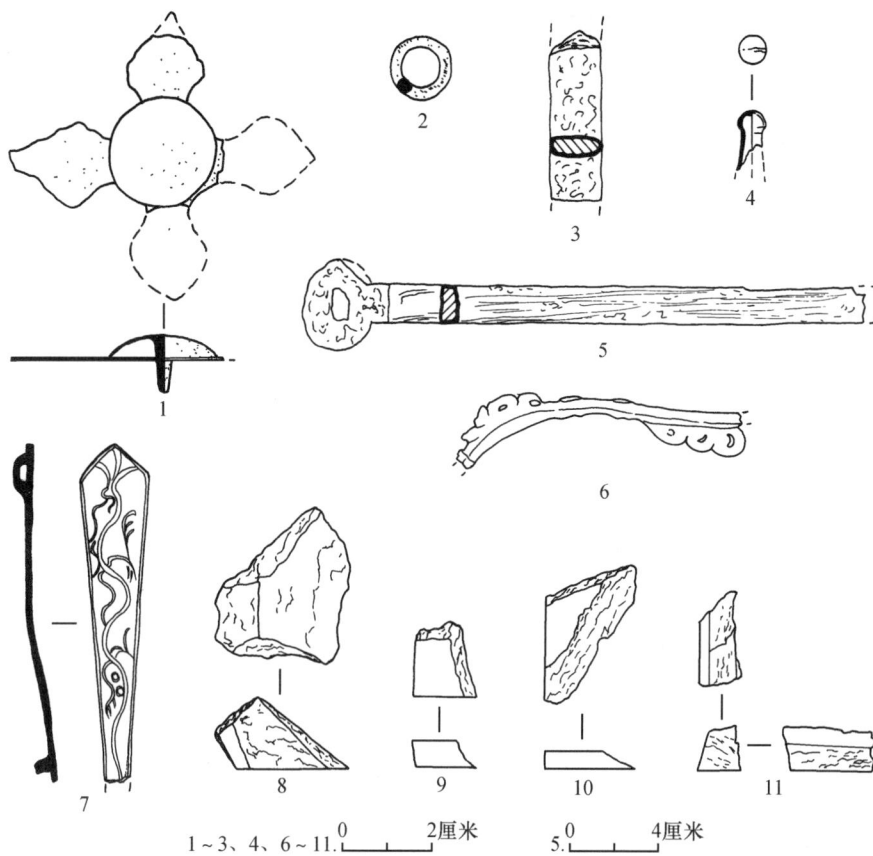

1~3、4、6~11. |⎯⎯| 0 2厘米   5. |⎯⎯| 0 4厘米

图二四三　Ⅰ区M81出土器物（三）

1. 柿蒂形棺饰（M81：5）　2. 铜环（M81：24）　3. 铁器（M81：4-1）　4. 盖弓帽（M81：25）　5. 铁削（M81：4-2）
6. 马镳（M81：26）　7. 当卢（M81：6）　8~11. 葬石（M81：1-1~4）

0 2厘米

图二四四　Ⅰ区M81出土铜镜（M81：2）

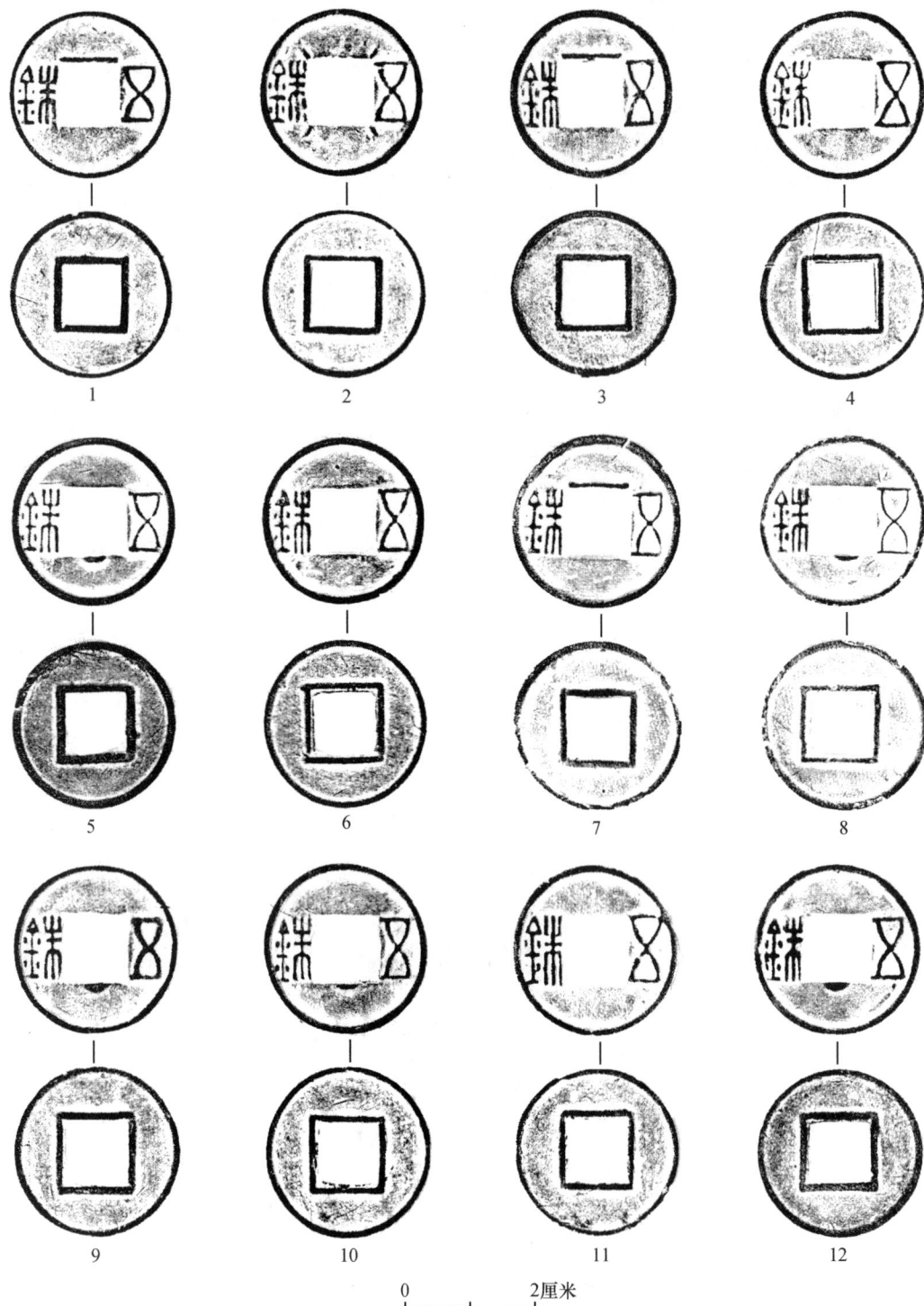

图二四五　Ⅰ区M81出土铜钱（一）

1. M81∶3-1　2. M81∶3-2　3. M81∶3-3　4. M81∶3-4　5. M81∶3-5　6. M81∶3-6　7. M81∶3-7　8. M81∶3-8　9. M81∶3-9
10. M81∶3-10　11. M81∶3-11　12. M81∶3-12

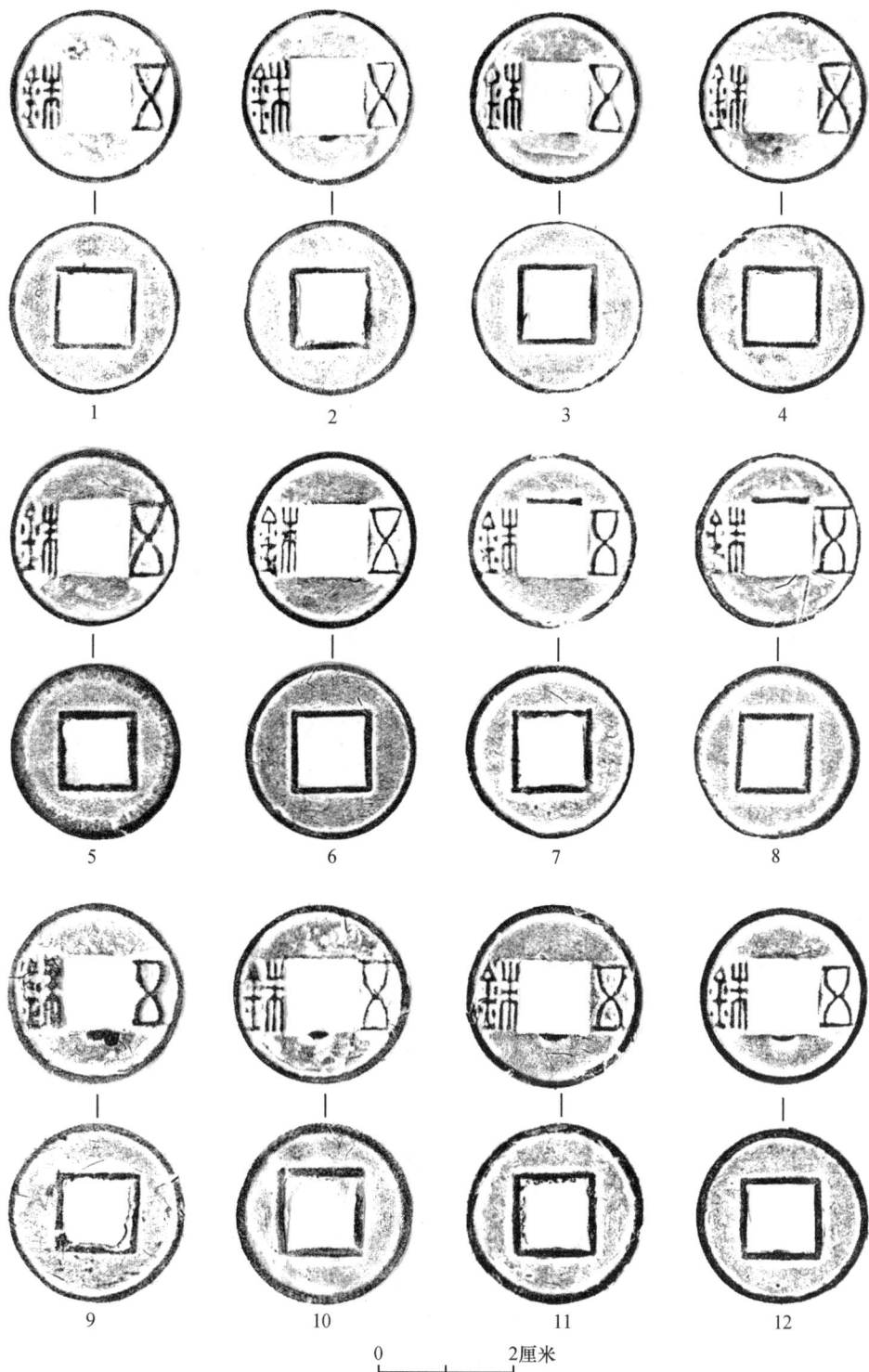

图二四六　Ⅰ区M81出土铜钱（二）

1. M81：3-13　2. M81：3-14　3. M81：3-15　4. M81：3-16　5. M81：3-17　6. M81：3-18　7. M81：3-19　8. M81：3-20
9. M81：3-21　10. M81：3-22　11. M81：3-23　12. M81：3-24

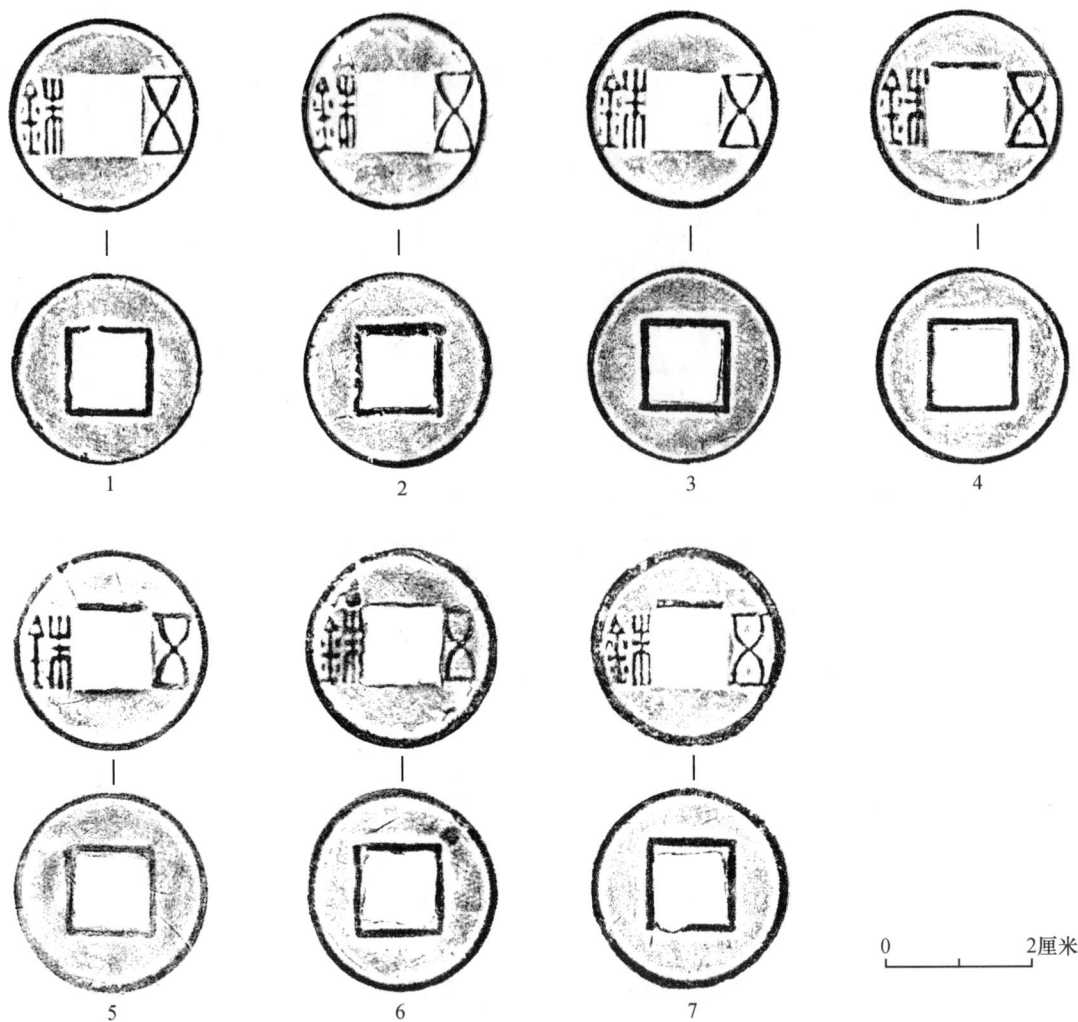

图二四七　Ⅰ区M81出土铜钱（三）

1. M81：3-25　2. M81：3-26　3. M81：3-27　4. M81：3-28　5. M81：3-29　6. M81：3-30　7. M81：3-31

铁削　1件，残，标本M81：4-2，直背，直刃，环首柄。残长25.2厘米（图二四三，5）。

铁器　1件，残，标本M81：4-1，长方形片状，残长3.7、宽1.1厘米（图二四三，3）。

铅器　3件，为当卢、盖弓帽和马镳。

当卢　1件，标本M81：6，圭形片状，一面有浅浮雕式卷云纹图案，另一面两端各有一方形穿钮。长7.35、宽0.6～1.55厘米（图二四三，7）。

盖弓帽　1件，标本M81：25，残，筒形，上有半球形帽。残长1.3厘米（图二四三，4）。

马镳　1件，标本M81：26，残，略呈"S"形，两端一侧透雕云纹图案，中部有两小孔。残长6.5厘米（图二四三，6）。

葬石　4件，标本M81：1-1、2、3、4，形状不规则，一面或两面平直（图二四三，8～11）。

铜钱　31枚，均为五铢钱，圆形方穿，穿背面有郭，部分穿上有一横郭或穿下有一星纹，穿之两侧有篆文"五铢"二字。大部分朱字头方折，"五字"出头（图二四五～图二四七）。

第八十二节　M82

1. 墓葬形制

　　M82，位于第二阶地中部，探方T0605内，西与M83并穴合葬，东与M111、M77并列，基本东西成排，唯方向相反。方向0度，形制为竖穴墓道土洞墓，由墓道、墓室两部分组成（图二四八）。

　　墓道　位于墓室的北端，平面呈长方形，底为斜坡状，壁面较直，开口长2.80、宽0.70、底距开口深2.40米。墓道内填五花土，土质疏松，未经夯打。

　　墓室　平面略呈长方形，拱顶土洞。墓室长2.60、宽0.82、高1.0米。该墓盗扰严重，未出土器物。

　　封门　不详

　　葬具　木棺，出土铁棺钉，尺寸不详。

　　葬式　不详。

2. 出土器物

　　该墓盗扰严重，未出土器物。

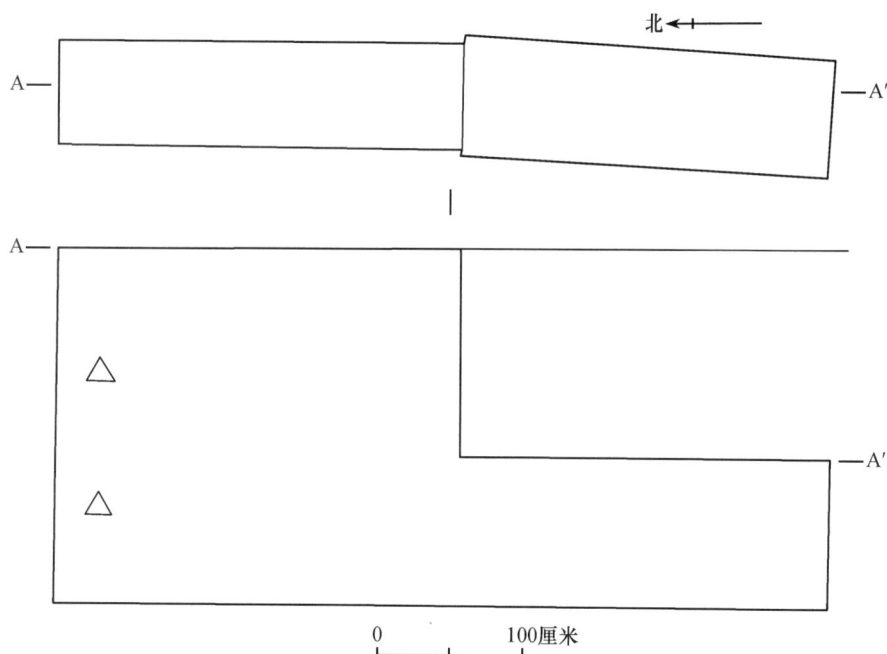

图二四八　I区M82平、剖面图

第八十三节　M83

1. 墓葬形制

　　M83，位于第二阶地中部，探方T0605内，东与M82并穴合葬，被M85打破（分布图上的打破关系有误）。方向0度，形制为斜坡墓道土洞墓，由墓道、墓室两部分组成（图二四九）。

　　墓道　位于墓室的北端，平面呈梯形形，北宽南窄，壁面较直，底部斜坡状。开口残长6.50、宽0.60～0.70、底宽0.90、坡长7.20、底距开口深0～4.30米，坡度25度。墓道内填五花土，土质疏松，未经夯打。

　　墓室　平面呈长方形，拱顶土洞。墓室长3.50、宽1.30、残高1.20米。该墓未被盗扰，器物主要出土于墓室西侧，计有陶鼎盖1、盒2、钫1、罐3、仓5、灶1套（盆1甑1）、铜镜1、柿蒂形棺饰7、铁灯1、铁器1、铜钱20。

　　封门　木板封门。东西两壁有凹槽，内有朽木痕迹。封门槽宽0.20、进深0.20、高0.80米。

　　葬具　木棺1具，尺寸不详。

　　葬式　骨架1具，保存较差，仅存股骨。头向北，仰身直肢葬。

2. 出土器物

　　该墓出土器物25件，另有铜钱20枚。质地有陶、铜、铁三种，分述如下。

　　陶器　15件，均为泥质灰陶，器类有鼎盖、盒、钫、仓、罐、灶、甑、盆。

　　鼎盖　1件，标本M83：10，覆钵形，弧顶近平。器表施白色陶衣，之上彩绘剥落严重。轮制，器表有轮旋纹，口径16.6、高6厘米（图二五〇，1）。

　　盒　2件（M83：6、7），形制相同。盖，浅覆钵形，顶有矮圈足捉手；器身，子母口内敛，弧腹，平底。通体着白色陶衣，之上绘黑彩，局部已经脱落。盖与器身轮制，底中间轮旋纹。标本M83：6，盖径16.8、器身口径17.5、腹深8.2、底径8.8、高14.2厘米（图二五〇，2）。

　　钫　1件，标本M83：8，盖，覆斗形，子母口；器身，侈口，平沿，束颈，鼓腹，高圈足稍外撇。器身施白彩，剥落严重，可辨下腹一周锯齿纹。器身四壁、底分体模制，而后粘结，粘结处外侧削平，内侧抹泥加固，盖径9.7、器身口径9.7、腹径17.4、足径10.3、足高3.9、通高30.2厘米（图二五〇，3）。

　　仓　5件（M83：11、12、13、14、15），形制相同。盖，浅碟形，顶中部有一乳突，外有一周突棱，突棱外侧布置八道竖棱；器身，直口，圆唇，矮领，肩部出檐，绕口一周有环状台面，外侧均匀布置六道短竖棱，直筒腹中间略内凹，平底，底附三蹲踞形胡人足，通体饰白彩，脱落严重。肩部竖棱间白彩绘出板瓦棱及叠痕，腹部可辨者五周白彩带，其间彩绘内容不

北

100厘米

0

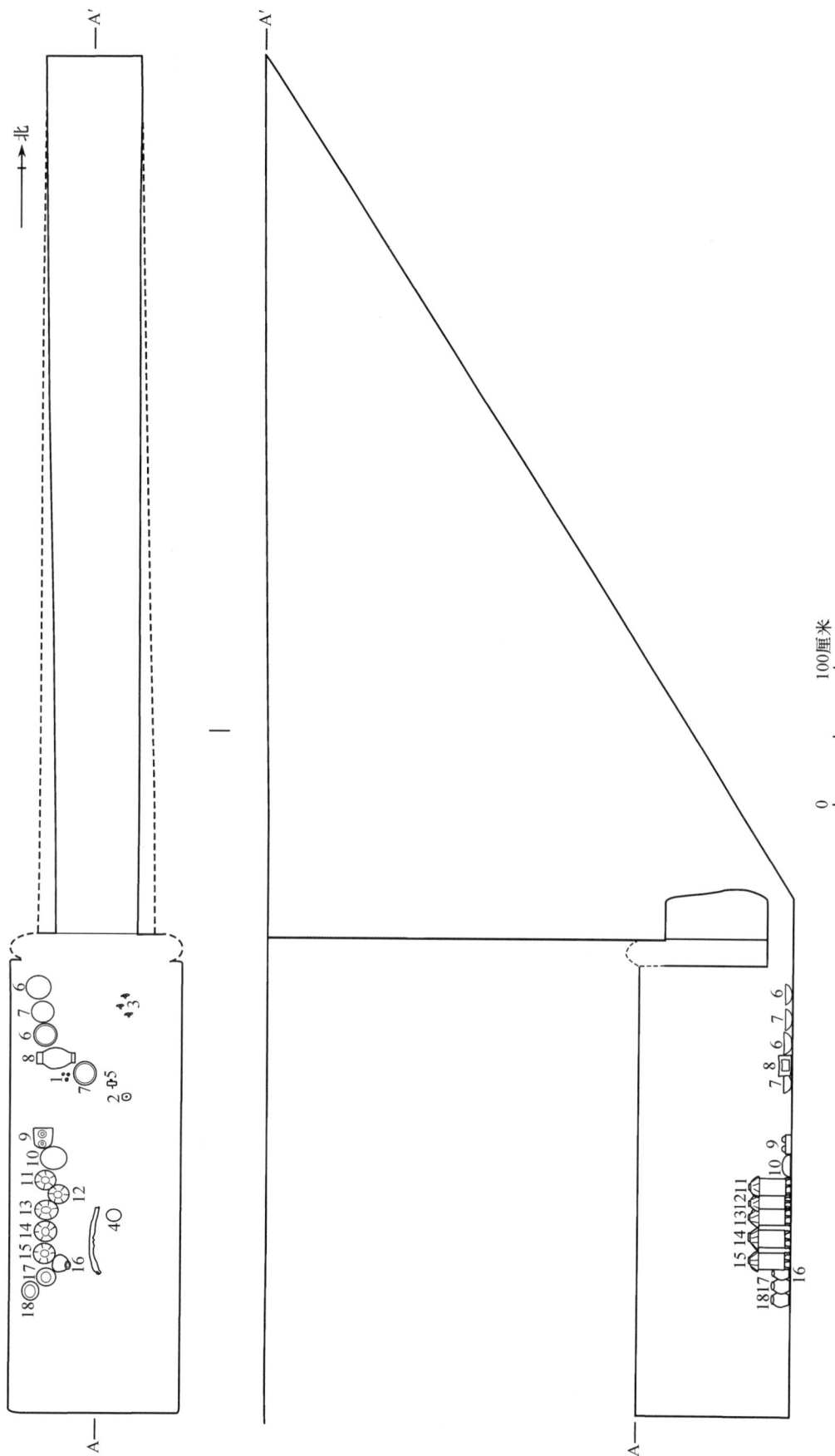

图二四九　Ⅰ区M83平、剖面图

1.铜钱　2.铜镜　3.柿蒂形棺饰　4.铁灯　5.铁器　6、7.陶盒　8.陶盒　9.陶纺　10.陶鼎盖　11～15.陶仓　16～18.陶罐

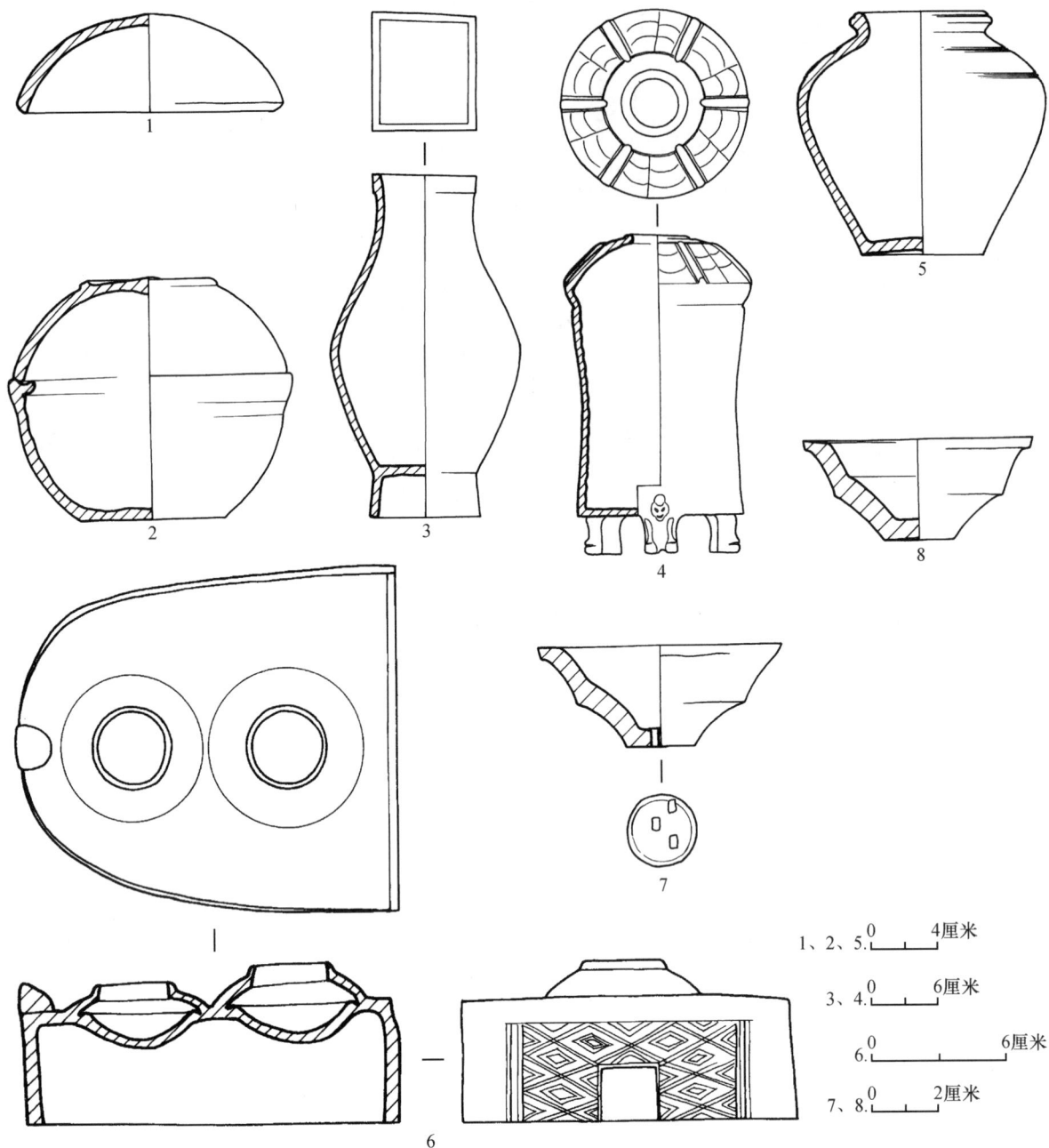

图二五〇　Ⅰ区M83出土器物（一）

1. 陶鼎盖（M83：10）　2. 陶盒（M83：6）　3. 陶钫（M83：8）　4. 陶仓（M83：12）　5. 陶罐（M83：16）
6. 陶灶（M83：9-1）　7. 陶甑（M83：9-2）　8. 陶盆（M83：9-3）

可辨。出肩、腹分体轮制，足模印而后粘结，底外侧有旋切痕迹。标本M83：12，口径6、底径15、足高5.1、通高28.3厘米（图二五〇，4）。

　　罐　3件（M83：16、17、18），形制相同。侈口，双唇，弧肩，鼓腹，平底稍内凹，肩部饰两组（每组两道）凹弦纹。轮制，器底有旋切痕。标本M83：16，口径8.7、腹径15、底径7.4、高14.4厘米（图二五〇，5）。

灶　1件，标本M83：9-1，灶体平面呈马蹄形，前方后圆，灶面两釜前后布置，尾部有圆孔形烟囱，前端有方形落地灶门，周围模印多重菱形纹。灶面、灶壁分体模制而后粘结，釜之肩部与灶面一次性模制而成，腹模制而后粘结于相应的位置。长17.5、宽15.3、高7.1厘米（图二五〇，6）。

甑　1件，与灶配套。标本M83：9-2，敞口，平沿，方唇，折腹，小平底，底部有三个箅孔。模制，沿面有制坯时留下的线切纹。口径7.4、底径2.1、高3厘米（图二五〇，7）。

盆　1件，与灶配套。标本M83：9-3，敞口，平沿，方唇，折腹，小平底内凹。模制，沿面有制坯时留下的线切纹。口径7.1、底径2.2、高3厘米（图二五〇，8）。

铜器　8件，器类有镜、柿蒂形棺饰。

柿蒂形棺饰　7件，形制相同，标本M83：3，柿蒂形，与泡钉同出，对角长3.8、泡径1.3、高0.8厘米（图二五一，3）。

镜　1面，标本M83：2，日光连弧铭文镜，圆形，半圆钮，圆钮座，宽素平缘，镜面微凸。钮座圆周之外一周内向八连弧纹，其外有"见日之光，天下下不"铭文带，铭文两字之间有用弧线纹，之外一周短斜线纹。面径5.40、背径5.30、钮宽0.90、缘宽0.20、缘厚0.20厘米，重26克（图二五一，4；彩版三五，1）。

铁器　2件，为铁灯和铁器。

灯　1件，标本M83：4，残，浅圆盘形，敞口，方唇，斜腹，平底，底有三圆柱形矮足，

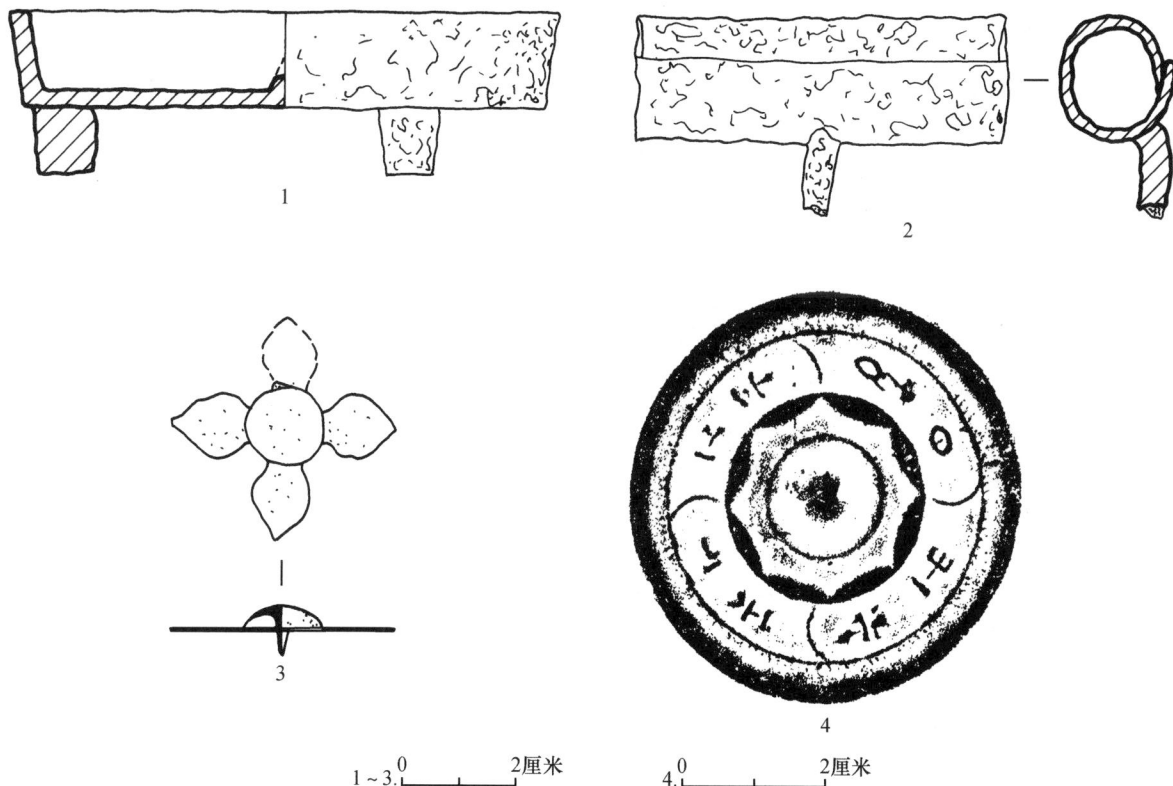

图二五一　I 区M83出土器物（二）

1.铁灯（M83：4）　2.铁器（M83：5）　3.柿蒂形棺饰（M83：3）　4.铜镜（M83：2）

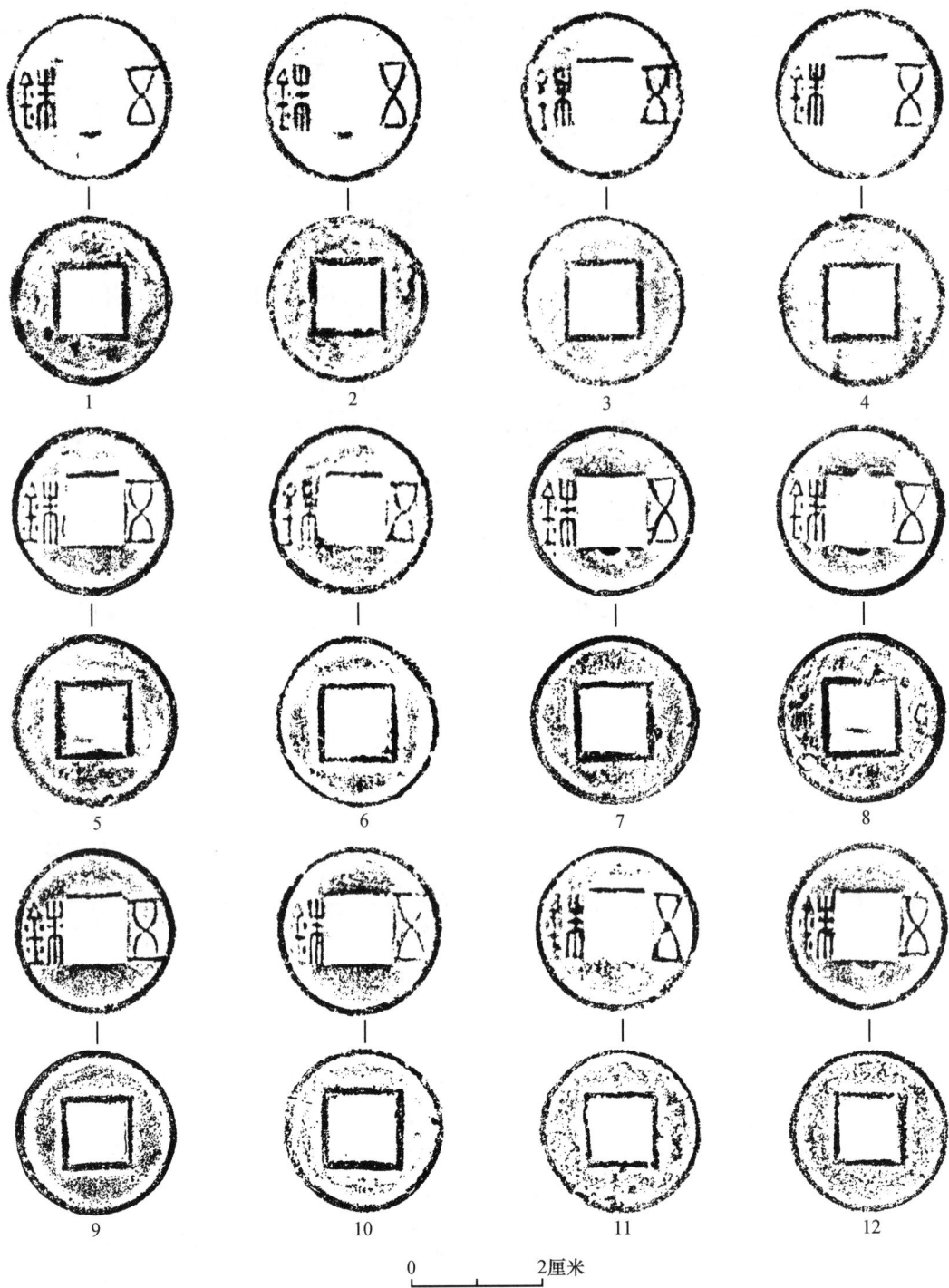

图二五二　Ⅰ区M83出土铜钱（一）

1. M83：3-1　2. M83：3-2　3. M83：3-3　4. M83：3-4　5. M83：3-5　6. M83：3-6　7. M83：3-7　8. M83：3-8　9. M83：3-9

10. M83：3-10　11. M83：3-11　12. M83：3-12

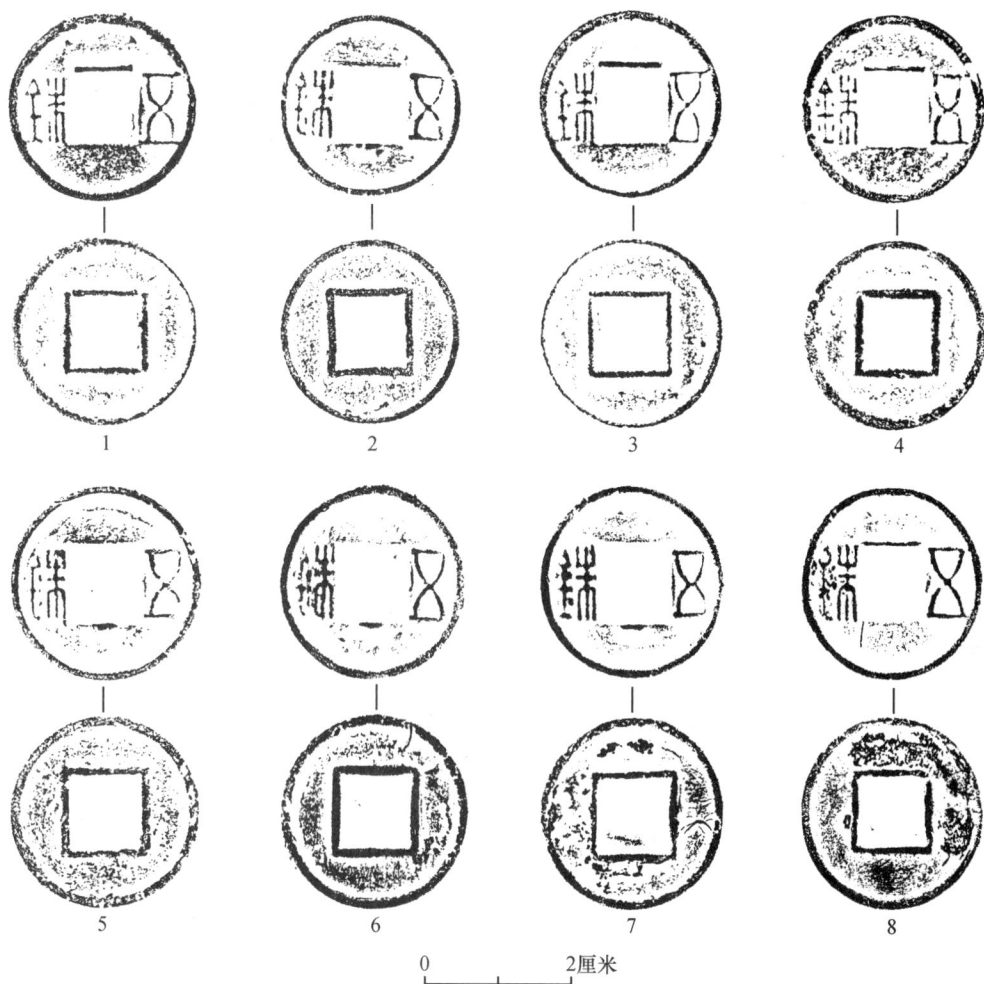

图二五三　Ⅰ区M83出土铜钱（二）

1. M83∶3-13　2. M83∶3-14　3. M83∶3-15　4. M83∶3-16　5. M83∶3-17　6. M83∶3-18　7. M83∶3-19　8. M83∶3-20

盘中心有圆锥形灯芯。盘径9.8、高2.8厘米（图二五一，1）。

铁器　1件，标本M83∶5，残，器类不明，短圆筒形，中部有一倒刺。残长6.65厘米（图二五一，2）。

铜钱　20枚，均为五铢钱，圆形方穿，背有穿郭，正面穿之两侧有篆书"五铢"二字，部分有穿上一横或穿下一星符号。"五"字瘦长，或较短，交笔较直，或缓曲，"铢"字金头三角或呈箭镞形，之下四圆点，或呈短竖形，朱头方折（按：年代武、昭、宣帝前期）（图二五二、图二五三）。

第八十四节　M84

1. 墓葬形制

　　M84，位于第二阶地中部偏东，探方T0705西北部，墓室延伸至T0706，东与M97并穴合葬，西侧偏北有M18、M19，东侧偏南有M75、M76。方向190度，形制为斜坡带台阶墓道土洞墓，由墓道、墓室两部分组成（图二五四）。

　　墓道　位于墓室的南端，平面近长方形，壁面较直，底部为斜坡，自面向北残存两级台阶。开口残长3.94、宽0.70~0.76、底距开口深3.9米。墓道内填五花土，土质疏松，未经夯打。

　　墓室　平面呈长方形，拱顶土洞。墓室长4.10、宽1.24、高1.46米。该墓未被盗扰，器物主要出土于墓室南部及棺之西侧，计有陶盒3、罐5、灶1套（甑1）、铜柿蒂形棺饰19、铅当卢1、马镳（残）1、车軎1、衡末饰1、漆器（残、无法提取）、铜钱13。

　　封门　木板封门。墓道东西两壁有凹槽，进深0.21、0.10宽，高1.20米。

　　葬具　一棺一椁，仅存棺椁痕迹。椁长3.0、宽1.0米，棺长1.70、宽0.50米。

　　葬式　骨架1具，保存较好，头向北、仰身直肢葬。

2. 出土器物

　　该墓出土器物33件，另有铜钱13枚。质地有陶、铜、铅三种，分述如下。

　　陶器　10件，泥质灰陶或泥质红陶，器类有盒、罐、灶、甑。

　　盒　3件（M84：4、5、12），形制相同。盖，浅覆钵形，顶有矮圈足捉手；器身，子母口内敛，弧腹，平底。通体饰白彩，局部已经脱落。盖，捉手之内绘卷云纹，捉手之两周彩带之间外绘连续卷云纹。器身，中部饰两道彩带。盖与器身轮制，底中间轮旋纹。标本M84：4，泥质灰陶，盖径17.8、器身口径18.8、腹深8.1、底径8.4、高13.7厘米（图二五五，1）。标本M84：5，泥质灰陶，盖径、高厘米（图二五五，2；图版一二二，2）。标本M84：12，泥质红陶，盖径17.6、器身口径19、腹深8.3、底径9.3、高14厘米（图二五五，3）。

　　罐　5件（M84：6、7、8、9、11），泥质灰陶。标本M84：6、7、8、9，形制相同，侈口，卷沿，圆唇，短束颈，鼓肩，鼓腹，下腹内收，平底。轮制，器表有轮旋纹。标本M84：8，口径9.6、腹径16.8、底径8.8、高16.2厘米（图二五五，4）。标本M84：11，直口，平沿外斜，尖圆唇，束颈，广斜肩略弧，下腹斜内收，大平底。轮制，器表有轮旋纹，器底外侧有扇形线切纹。口径14、腹径32、底径23.2、高35.5厘米（图二五五，5；图版一二二，4）。

　　灶　1件，标本M84：10-1，泥质灰陶，灶体平面呈马蹄形，前方后圆，灶面三釜呈

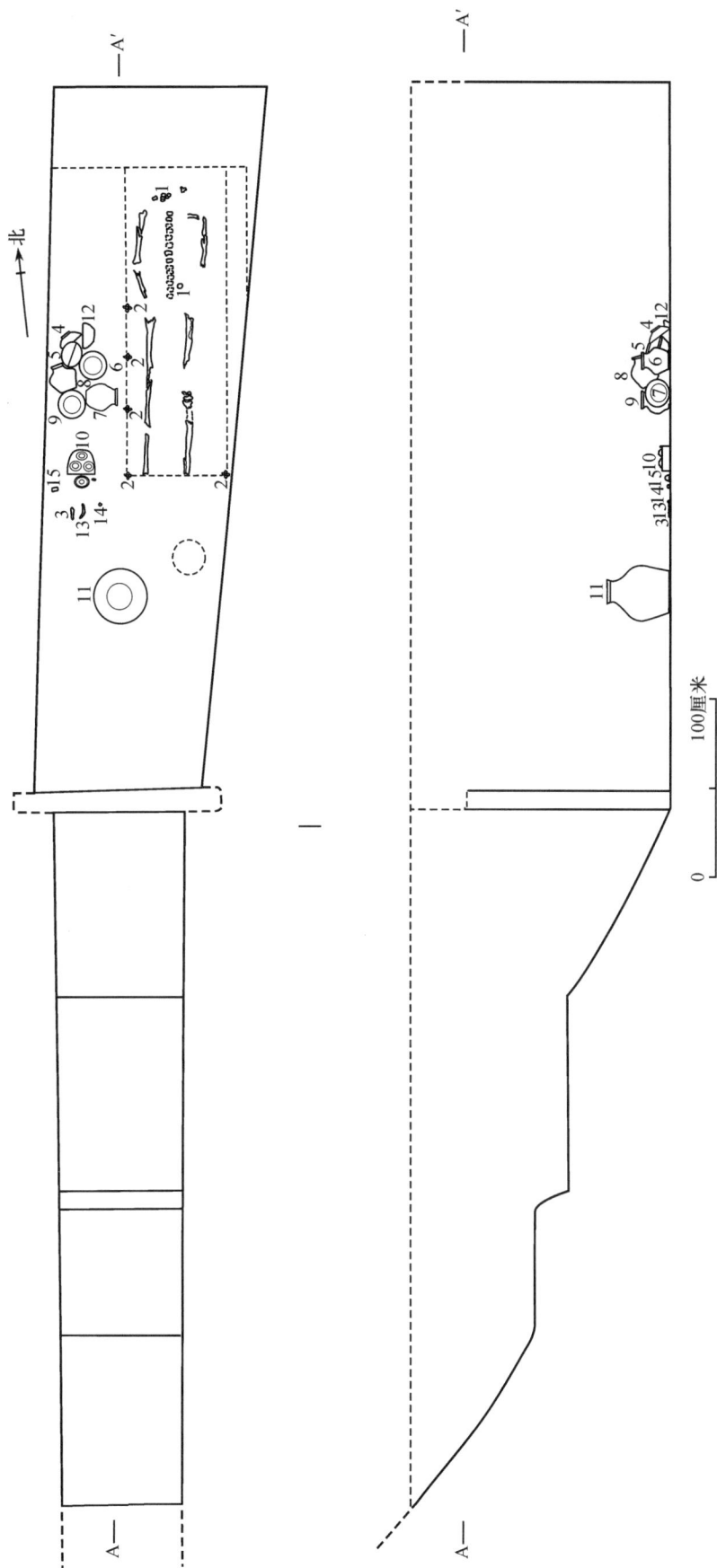

图二五四　Ⅰ区M84平、剖面图

1. 铜钱　2. 柿蒂形棺饰　3. 铅当卢　4、5、12. 陶盒　6～9、11. 陶罐　10. 陶灶　13. 车軎　14. 衡木饰　15. 马镳

图二五五　Ⅰ区M84出土器物（一）

1～3.陶盒（M84：4、M84：5、M84：12）　4、5.陶罐（M84：8、M84：11）　6.陶甑（M84：10-2）　7.陶灶（M84：10-1）

"品"字形分布，尾部有短柱形烟囱，前端方形落地灶门，周围模印多重菱形纹，侧壁模印网格菱形纹，灶面局部模印"人"字纹。灶面、灶壁分体模制而后粘结，釜之肩部与灶面一次性模制而成，腹模制而后粘结于相应的位置。长15、宽15.5、高7.3厘米（图二五五，7；图版一二二，5）。

甑　1件，与灶配套。标本M84：10-2，敞口，平沿，斜直腹，近平底，底部有一个箅孔。模制，下腹有削切痕迹。口径7.1、底径2、高4厘米（图二五五，6）。

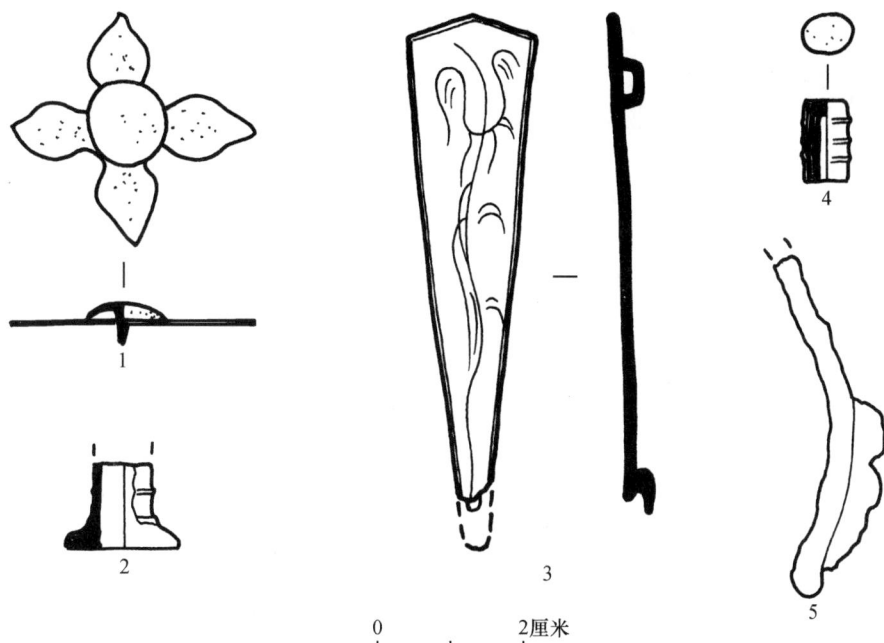

图二五六　Ⅰ区M84出土器物（二）

1. 柿蒂形棺饰（M84∶2）　2. 车軎（M84∶13）　3. 当卢（M84∶3）　4. 衡末饰（M84∶14）　5. 镳（M84∶15）

铜柿蒂形棺饰　19件，形制相同，标本M84∶2，柿蒂形，与泡钉同出，对角长3.3、泡径1.1、高0.5厘米（图二五六，1）。

铅器　4件，器类有车軎、当卢、衡末饰和马镳。

车軎　1件，标本M84∶13，残，喇叭筒形，残高1.1厘米（图二五六，2）。

当卢　1件，标本M84∶3，圭形片状，一面有浅浮雕式卷云纹图案，另一面两端各有一方形穿钮。长6.8、宽0.6～1.8厘米（图二五六，3）。

衡末饰　1件，标本M84∶14，筒形器，一端封闭，中部有三突棱。长1.1、直径0.7厘米（图二五六，4）。

马镳　1件，标本M84∶15，残，略呈"S"形，两端一侧透雕云纹图案，中部有两小孔。残长4.6厘米（图二五六，5）。

铜钱　13枚，均为五铢钱，圆形方穿，穿背面有郭，部分穿上有一横郭或穿下有一星纹，穿之两侧有篆文"五铢"二字。"五"瘦长，交笔斜直或缓曲，"铢"金头三角，之下四短竖点，朱头方折（按：年代就为武帝时期）（图二五七）。

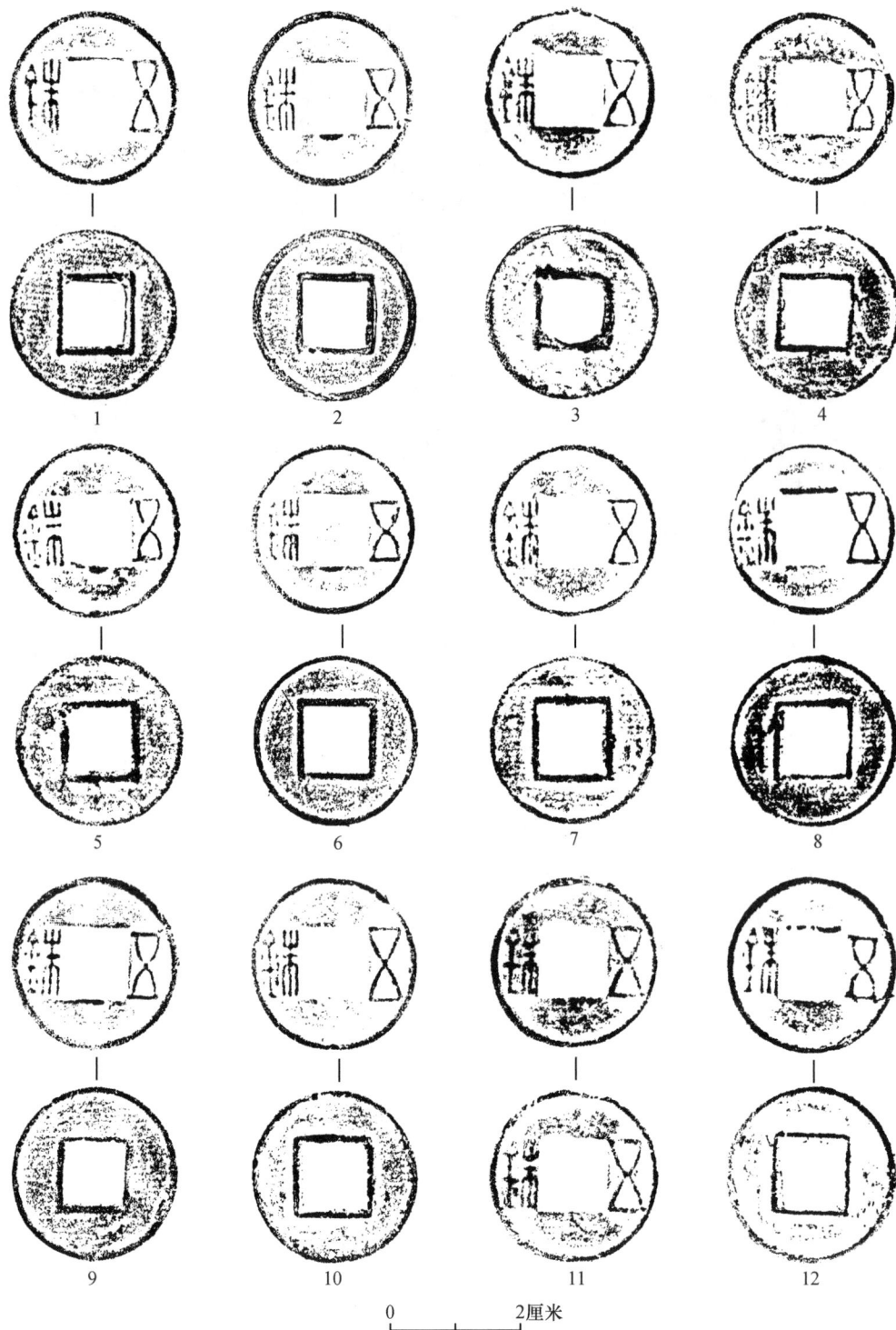

图二五七　Ⅰ区M84出土铜钱

1. M84：3-1　2. M84：3-2　3. M84：3-3　4. M84：3-4　5. M84：3-5　6. M84：3-6　7. M84：3-7　8. M84：3-9　9. M84：3-10
10. M84：3-11　11. M84：3-12　12. M84：3-13

第八十五节　M85

1. 墓葬形制

M85，位于第二阶地中部，探方T0605内，打破M83。方向275度，形制为竖穴墓道土洞墓，由墓道、墓室、小龛三部分组成（图二五八；图版二七，3、4）。

墓道　位于墓室的西端，平面呈长方形，壁面较直，四周有一级二层台，台面宽0.05～0.13米。墓道开口长2.40、宽0.80～0.88、底距开口深3.10米。墓道内填五花土，土质疏松，未经夯打。

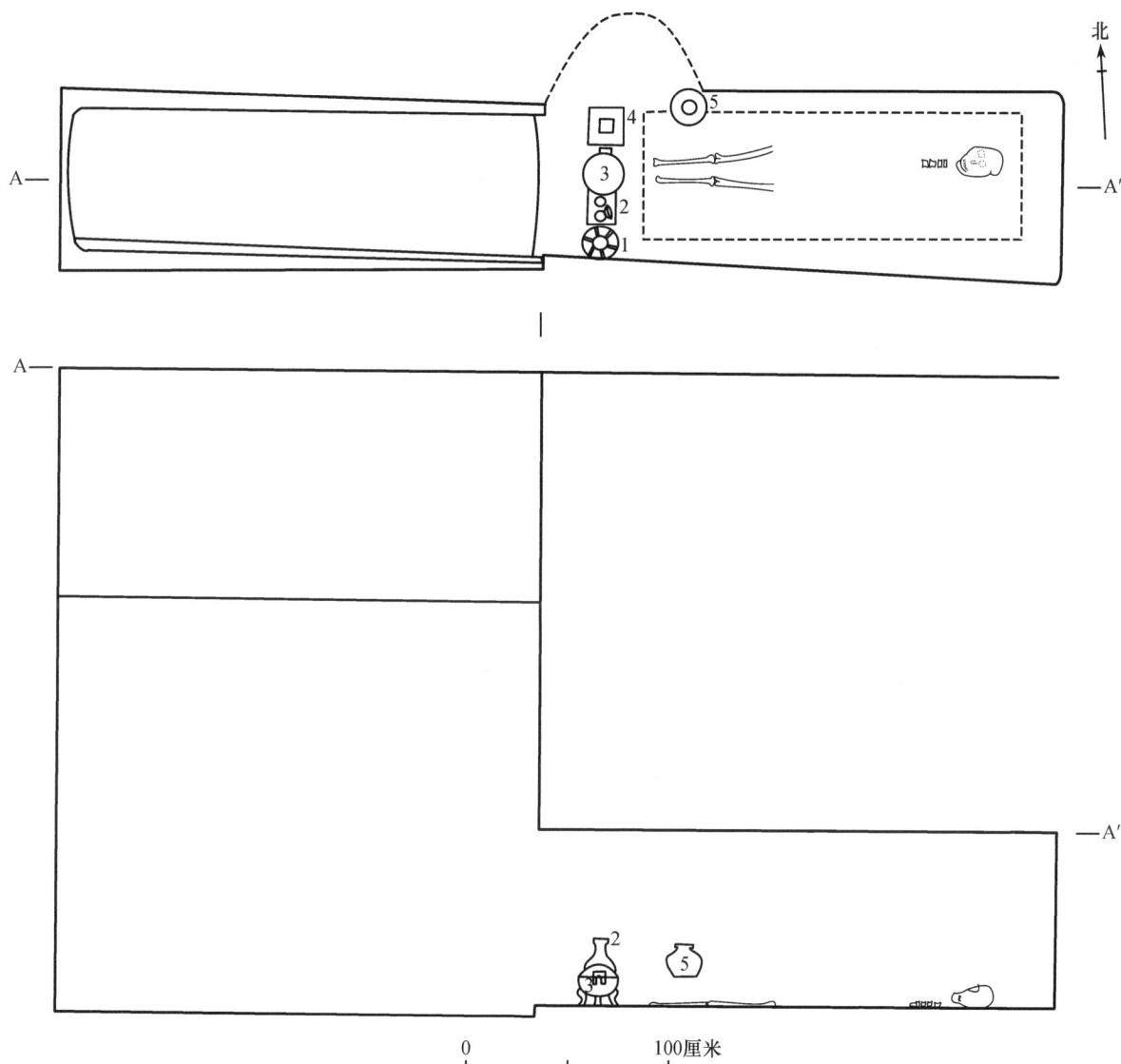

图二五八　Ⅰ区M85平、剖面图

1. 陶仓　2. 陶灶1套（盆、甑）　3. 陶鼎　4. 陶钫　5. 陶罐

墓室　平面略呈长方形，拱顶土洞。墓室长2.60、宽0.90、残高0.90米。在墓室北部靠近墓道处有一小龛，土洞拱顶。宽0.80、进深0.44、高0.85米。该墓未经盗扰，器物主要出土于墓室西部，计有陶鼎1、钫1、罐1、仓1、灶1套（盆1甑1）。

封门　不详。

葬具　木棺，出土有铁棺钉。长1.90、宽0.61米。

葬式　骨架1具，仰身直肢葬，头向东。

2. 出土器物

该墓出土器物7件，均为泥质灰陶器，器类有鼎、钫、罐、仓、灶、甑、盆（图版八九，2）。

鼎　1件，标本M85：3，盖，浅覆钵形，弧顶近平；器身，子母口内敛，浅弧腹，近平底，肩附对称外撇板耳，耳顶端平折，底附三马蹄形足。中腹有一周台棱。器表涂黑，之上彩绘，剥落严重。器身两周彩线之间饰大波折纹，其间填饰圆圈、圆点、短弧线等纹样。盖径16.9、器身口径17.2、腹深7.8、足高5.1、通高15.2厘米（图二五九，1；图版一二二，6）。

钫　1件，标本M85：4，盖，覆斗形，子母口；器身，侈口，平沿，束颈，鼓腹，高圈足稍外撇。器表彩绘，剥落严重。器身，颈部一周倒三角纹，下腹一周锯齿纹，肩部卷云纹。盖径9.9、器身口径10.3、腹径17.4、足径10.4、足高3.9、通高32.5厘米（图二五九，2；图版一二三，1）。

罐　1件，标本M85：5，侈口，双唇，圆鼓肩，下腹弧收，平底。口径7.8、腹径15.6、底径7.5、高15厘米（图二五九，3）。

仓　1件，标本M85：1，盖，浅碟形，顶部近平；器身，直口，圆唇，矮领，肩部出檐，绕口一周有环状台面，直筒腹，平底，底附三蹲踞形胡人足，腹部饰有三组（每组三道）凹弦纹；盖，器身通体着白色陶衣。盖径9.9、口径8.7、底径17.6、足高5.1、通高32.5厘米（图二五九，4；图版一二三，2）。

灶　1件，标本M85：2-1，灶体平面呈马蹄形，前方后圆，灶面两釜前后布置，尾部有短柱形烟囱，前端有方形落地灶门，周围模印多重菱形纹。长17.7、宽14.9、高7.6厘米（图二五九，5；图版一二三，3）。

甑　1件，与灶配套。标本M85：2-3，敞口，平沿，方唇，折腹，小平底，底部有三个箅孔。口径7.5、底径2、高2.8厘米（图二五九，6）。

盆　1件，与灶配套。标本M85：2-2，敞口，平沿，方唇，折腹，小平底内凹。口径7.7、底径2、高3.1厘米（图二五九，7）。

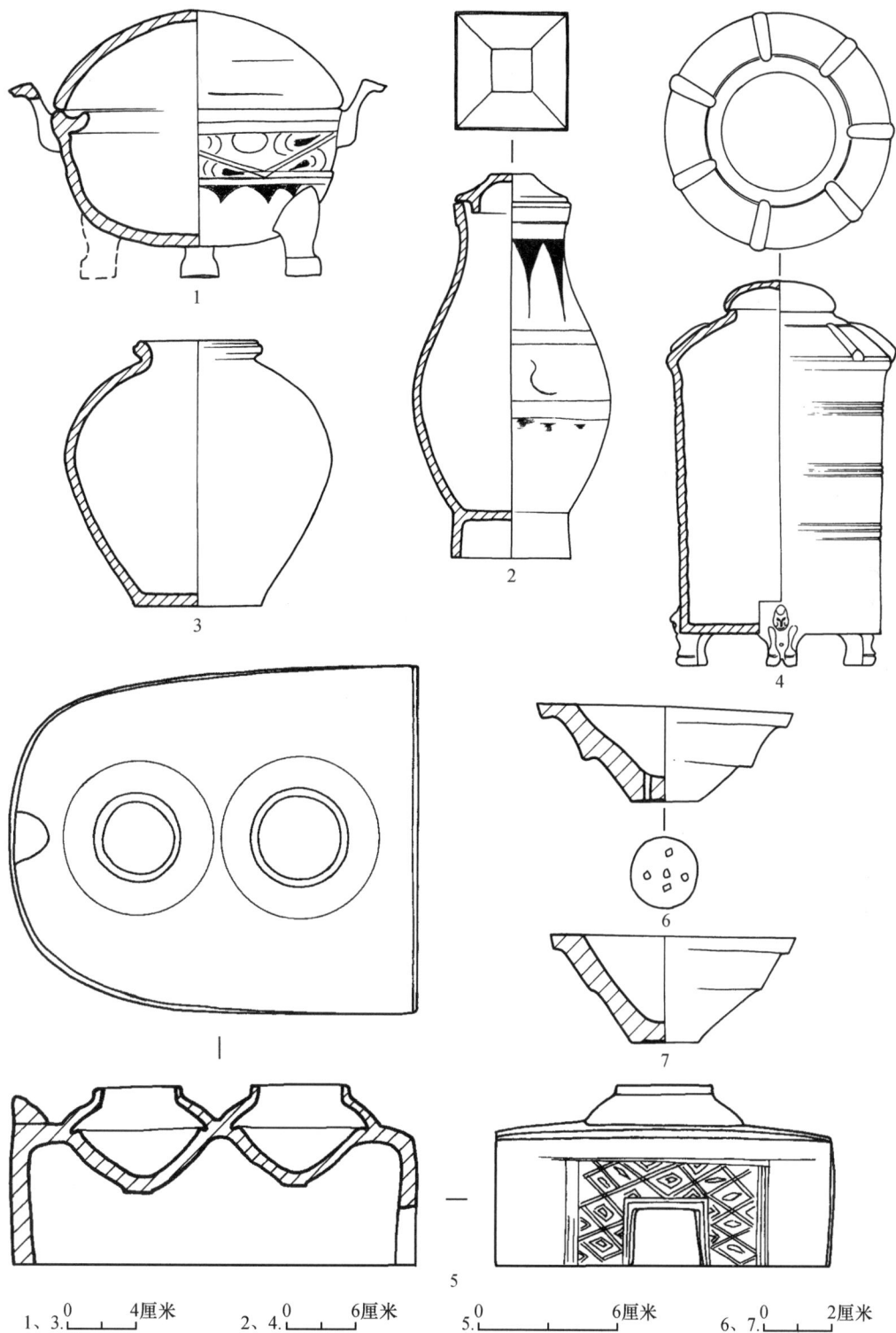

图二五九 Ⅰ区M85出土器物

1.陶鼎（M85:3） 2.陶钫（M85:4） 3.陶罐（M85:5） 4.陶仓（M85:1） 5.陶灶（M85:2-1）

6.陶甑（M85:2-3） 7.陶盆（M85:2-2）

第八十六节　M86

1. 墓葬形制

　　M86，位于第二阶地中部，探方T0605内，M85东南，M82、M83北侧。方向80度，形制为斜坡墓道土洞墓，由墓道、墓室两部分组成（图二六〇；图版二八，1、2）。

　　墓道　位于墓室东端，平面近长方形，壁面较直，底部斜坡状。开口残长4.80、宽0.96～1.0、坡长5.50、底距开口深0～3.70米，坡度30度。墓道内填五花土，土质疏松，未经夯打。

　　墓室　平面呈长方形，拱顶土洞，底条砖错缝平铺，条砖尺寸33厘米×16厘米×7.2厘米。墓室长3.58、宽0.92、残高1.0米。该墓被盗扰，器物主要出土于棺内，计有铜镜1、柿蒂形棺饰1。

　　封门　土坯封门，错缝平砌。土坯尺寸34厘米×18厘米×8厘米。封门宽1.24、残高0.24米。

　　葬具　木棺1具，仅存棺痕。长1.80、宽0.70米。

　　葬式　骨架1具，保存较好，头向西、仰身直肢葬。

　　盗洞　1处，位于墓道末端，自上而下进入墓室。平面圆形，直径0.60米。

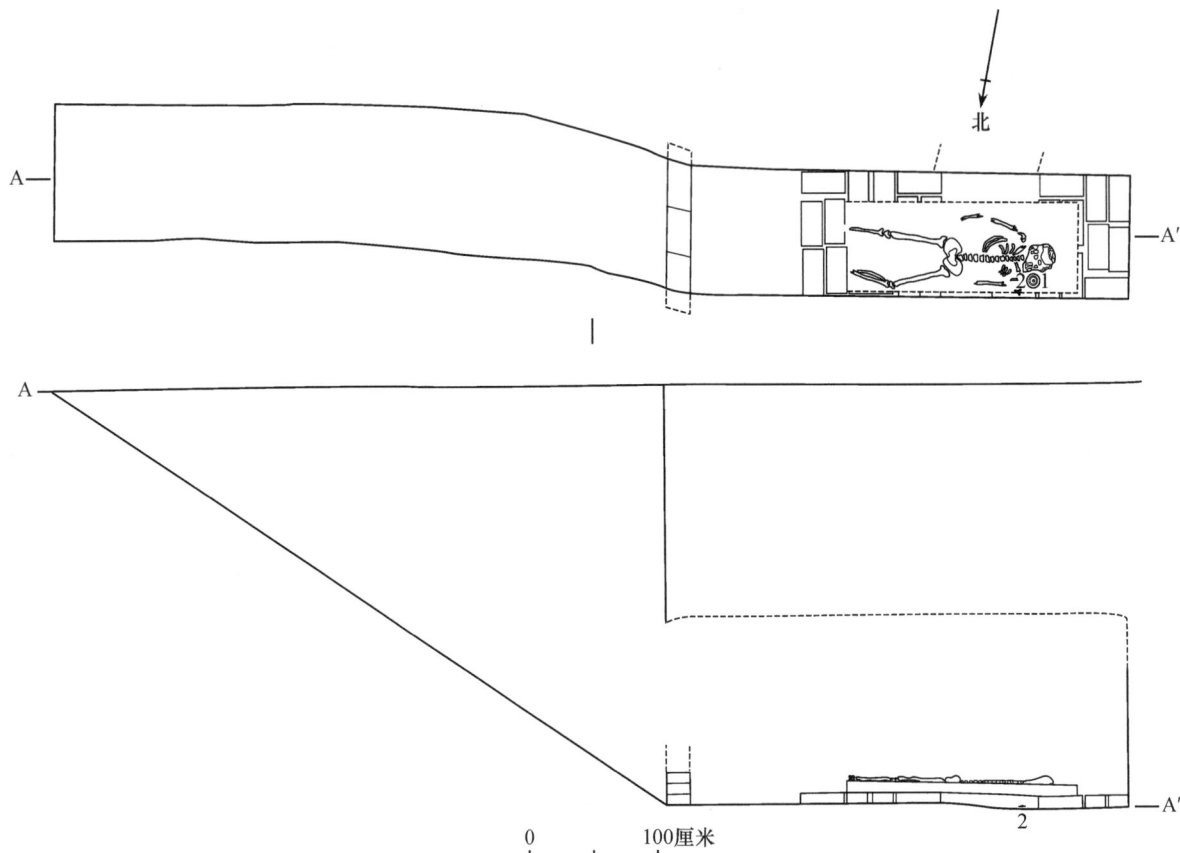

图二六〇　Ⅰ区M86平、剖面图
1. 铜镜　2. 柿蒂形棺饰

2. 出土器物

该墓出土器物2件，均为铜器，器类有镜和柿蒂形棺饰。

柿蒂形棺饰　1件，标本M86：2，柿蒂形，与泡钉同出，对角残长2.75、泡径1.4、高0.7厘米（图二六一，1）。

镜　1面，标本M86：1，昭明连弧铭文镜，圆形，半圆钮，并蒂十二连珠纹座，宽素平缘，镜面微凸，钮座圆周均匀伸出四组（每组三条）短竖线和一周内向八连弧，其外两周短斜线纹之间有"内清而以昭明，光之象夫日月，心忽扬而忠而不泄"铭文带。面径9.0、背径8.80、钮宽1.30、缘宽0.50、缘厚0.50厘米，重120克（图二六一，2；彩版三五，2）。

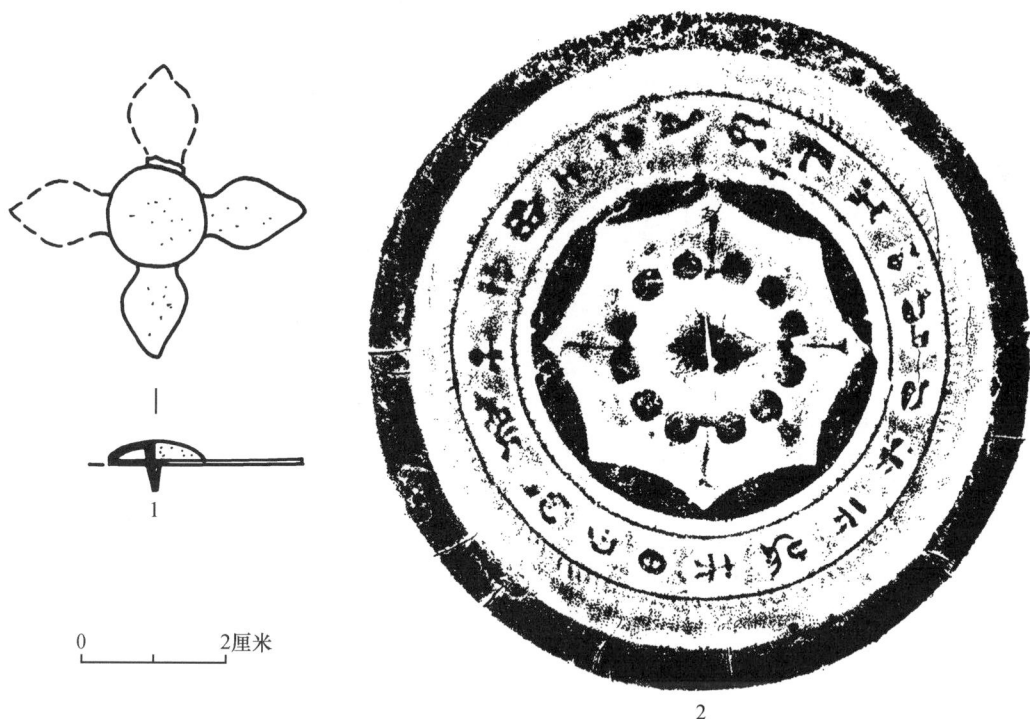

图二六一　Ⅰ区M86出土器物
1. 柿蒂形棺饰（M86：2）　2. 铜镜（M86：1）

第八十七节　M87

1. 墓葬形制

M87，位于第二阶地西部，探方T0304东北角，墓室延伸至T0404，东与M80并列，唯方向相反。方向355度，形制为斜坡墓道砖室墓，由墓道、墓室两部分组成（图二六二；图版二八，3、4）。

墓道　位于墓室的北端，平面近长方形，口小底大，底为斜坡状。开口残长10.56、宽

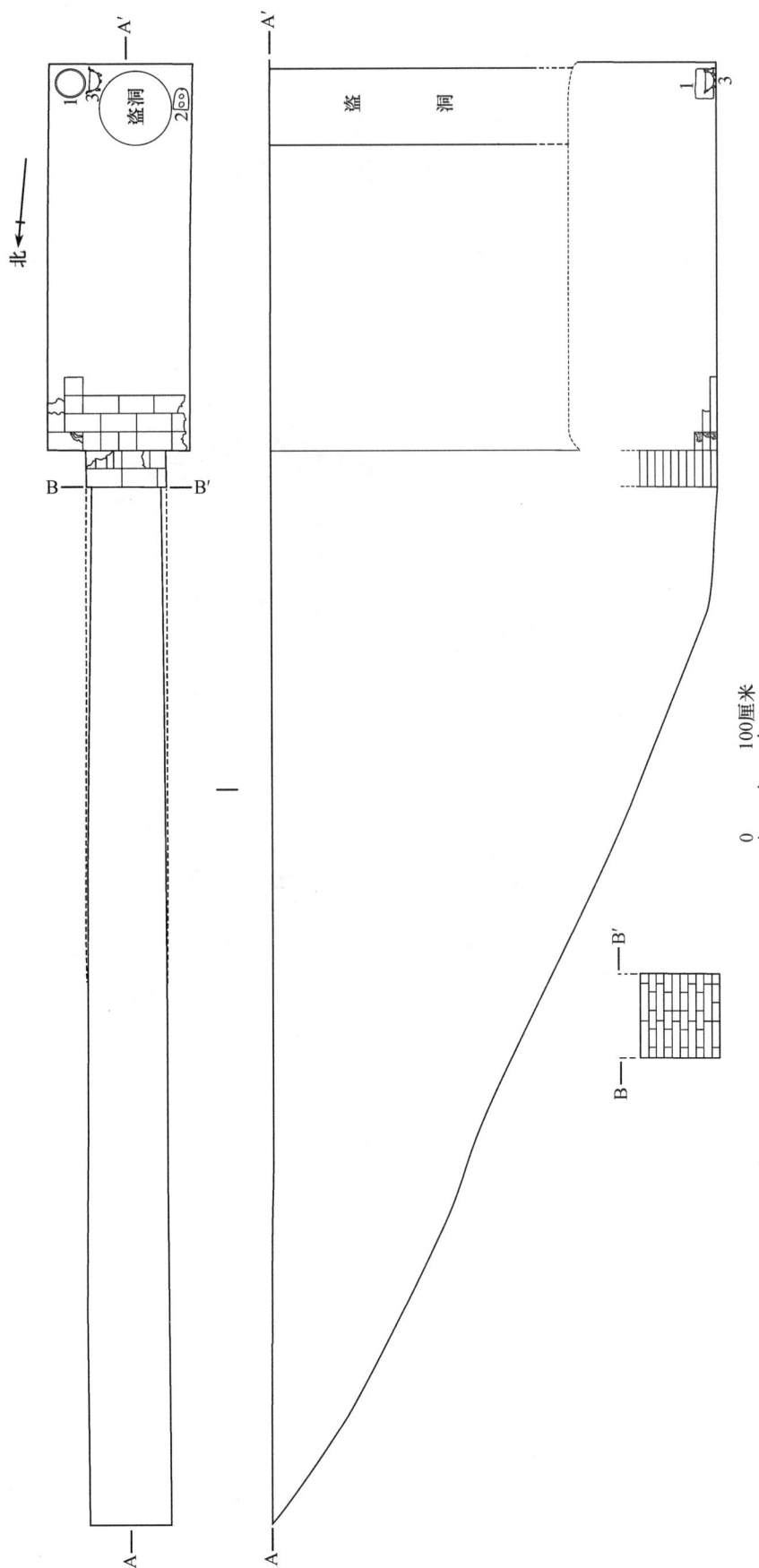

图二六二　Ⅰ区M87平、剖面图
1. 陶樽　2. 陶灶　3. 陶鼎

0　　　　　100厘米

0.72~0.84、坡长10.80、底距开口深0~4.70米，坡度25度。墓道内填五花土，土质疏松，未经夯打。

墓室　平面呈长方形，顶部坍塌，条砖错缝砌壁，条砖错缝铺地，砖尺寸36厘米×18厘米×8厘米。墓室长3.80、宽1.44~1.46、壁高1.0、墓室残高1.40米。该墓被盗扰，器物主要出土于墓室中部，出土有陶鼎（残）1、樽1、灶1。

封门　条砖封门，一顺一丁错缝平砌。条砖36厘米×18厘米×5厘米。封门宽0.82米、残高0.80米。

葬具　木棺，出土铁棺钉，尺寸不详。

葬式　不详。

盗洞　1处，位于墓室中部处，自上而下进入墓室。平面圆形，直径0.60米。

2. 出土器物

该墓出土器物3件，均为陶泥灰陶器。器类有鼎、樽、灶。

鼎　1件，标本M87：3，残，无法复原。

樽　1件，标本M87：1，直口、平沿，直筒腹，平底，底附三马蹄形足，腹部饰对称铺首衔环纹。口径21.8、底径22.8、高18.2厘米（图二六三，1）。

灶　1件，标本M87：2，灶体平面呈马蹄形，前方后圆，灶面两釜前后布置，尾部有短柱形烟囱，前端有方形落地灶门，周围模印多重菱形纹。灶面、灶壁分体模制而后粘结，釜之肩部与灶面一次性模制而成，腹模制而后粘结于相应的位置。长17.9、宽15、高7厘米（图二六三，2）。

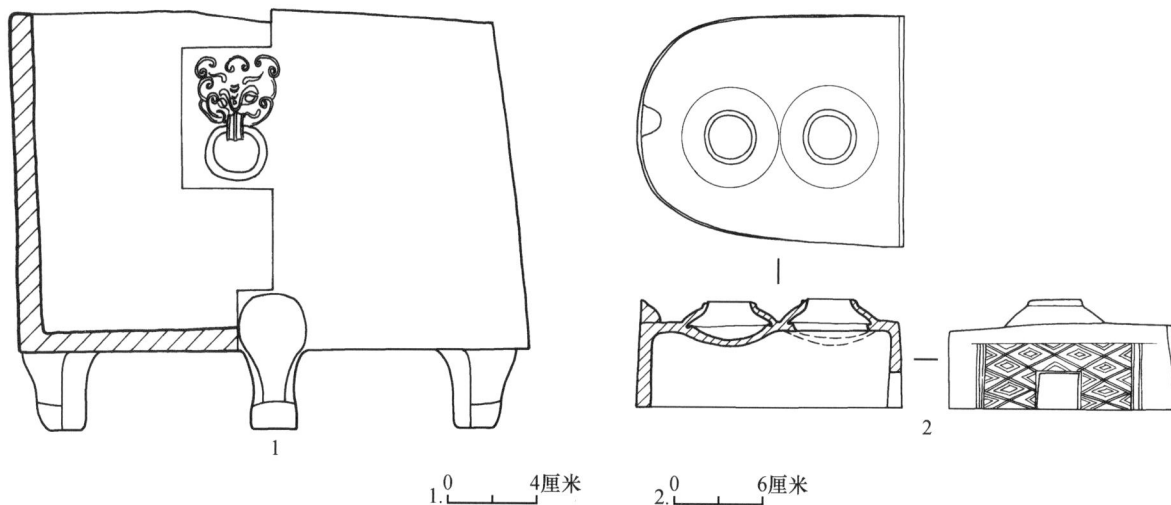

图二六三　Ⅰ区M87出土器物
1. 陶樽（M87：1）　2. 陶灶（M87：2）

第八十八节　M89

1. 墓葬形制

M89，位于第二阶地西部，探方T0304内，M79西侧，且打破M79，基本以M79墓道为轴，与M72对称分布，也就是说M89与M72分别位于M79的前面两侧。方向325度。形制为斜坡墓道砖室墓，墓道稍折向西北，由墓道、墓室两部分组成（图二六四；图版二九，1、2）。

墓道　位于墓室的北端，平面近长方形，壁面较直，底部斜坡状。开口残长5.82、宽0.74～0.88、坡长6.46、底距开口深0～3.70米，坡度25度。墓道内填五花土，土质疏松，未经夯打。

墓室　平面呈长方形，条砖（楔形砖）对缝券顶，壁条砖错缝平砌，条砖错缝铺地。楔形砖35厘米×18厘米×（3～4.5）厘米，条砖36厘米×18厘米×5厘米。墓室长3.46、宽1.12～1.18、壁高0.80、室高1.20米。该墓被盗扰，器物主要出土于墓室中部，计有陶仓5、灶1套（盆1、甑1）。

封门　条砖封门。侧立对缝。条砖36厘米×18厘米×5厘米。封门宽0.85、高1.20米。

葬具　木棺1具，仅存棺痕，棺长2.10，宽0.70米。

葬式　不详。

盗洞　1处，位于封门处，自上而下进入墓室。平面呈圆形，直径0.60米。

2. 出土器物

该墓出土器物8件，均为泥质地灰陶器，器类有仓、灶、甑、盆。

仓　5件（M89：1、2、3、4、5），形制相同。盖缺。器身，直口，圆唇，矮领，肩部出檐，绕口一周有环状台面，直筒腹，平底，底附三踞熊形足，腹部饰有两组（每组三道）凹弦纹。肩、腹分体轮制，足模印而后粘结，底外侧有旋切痕迹。标本M89：1，口径7.9、底径13.5、足高4.8、通高26.5厘米（图二六五，1）。

灶　1件，标本M89：6-1，灶体平面呈马蹄形，前方后圆，灶面两釜前后布置，尾部有圆孔形烟囱，前端有方形落地灶门，周围模印多重菱形纹。灶面、灶壁分体模制而后粘结，釜之肩部与灶面一次性模制而成，腹模制而后粘结于相应的位置。长21、宽16.8、高8厘米（图二六五，2）。

甑　1件，与灶配套。标本M89：6-2，敞口，平沿，方唇，折腹，小平底，底部有三个箅孔。模制，沿面有制坯时留下的线切纹。口径7.8、底径2、高3.25厘米（图二六五，3）。

盆　1件，与灶配套。标本M89：6-3，敞口，平沿，方唇，折腹，小平底内凹。模制，沿面有制坯时留下的线切纹。口径8、底径2、高3.25厘米（图二六五，4）。

北

盗洞

盗洞

盗洞

盗洞

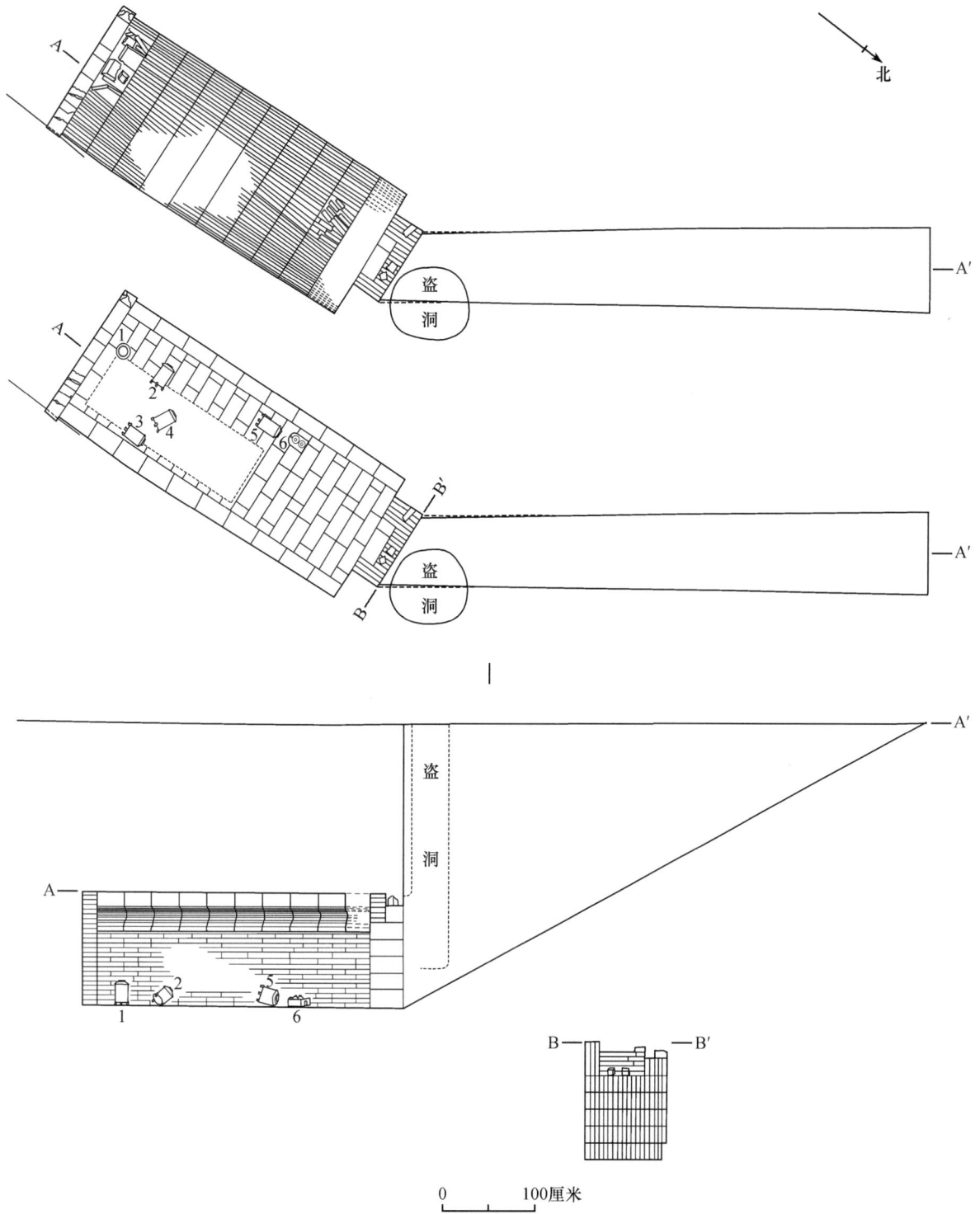

图二六四　Ⅰ区M89平、剖面图
1~5.陶仓　6.陶灶1套（盆、甑）

0　　　100厘米

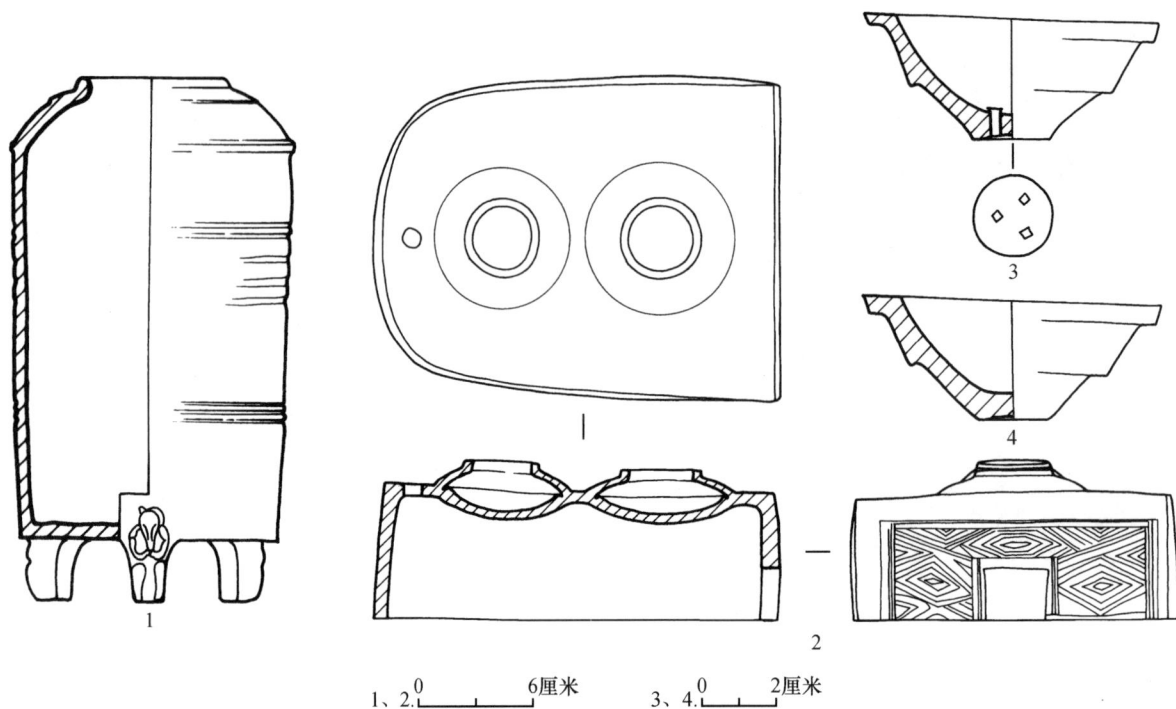

1、2. ⊢—————⊣ 6厘米　　　3、4. ⊢————⊣ 2厘米
　　　　0　　　　　　　　　　　　　　　　0

图二六五　Ⅰ区M89出土器物

1. 陶仓（M89：1）　2. 陶灶（M89：6-1）　3. 陶甑（M89：6-2）　4. 陶盆（M89：6-3）

第八十九节　M90

1. 墓葬形制

M90，位于墓第一阶地中部偏北，探方T0603内，东邻M149、M91。方向20度，形制为斜坡墓道土洞墓，由墓道、甬道、墓室三部分组成（图二六六；图版二九，3、4）。

墓道　位于墓室的南端，平面呈梯形，南宽北窄，壁面较直，底部斜坡状。开口残长8.20、宽0.80～0.56、底宽0.80、坡长10.40、底距开口深0～6.10米，坡度32度。墓道内填五花土，土质疏松，未经夯打。

甬道　位于墓室和墓道之间，土洞拱顶。长0.72、宽1.20～1.34、高1.30米。

墓室　平面呈长方形，拱顶土洞。墓室长3.50、宽1.36、残高1.30米。该墓未被盗扰，器物主要出土于墓室北部及南部西侧，计有陶鼎1、盒盖2、钫1、罐3、灶1套（盆1、甑1）、铜钱3。

封门　木板封门。东西两壁有凹槽，内有朽木痕迹。封门槽宽0.18～0.20、进深0.20～0.24、高1.30米。

葬具　木棺1具，仅存棺痕，棺长2.10，宽0.60米。

葬式　骨架1具，已成粉末状，头向南，仰身直肢葬。

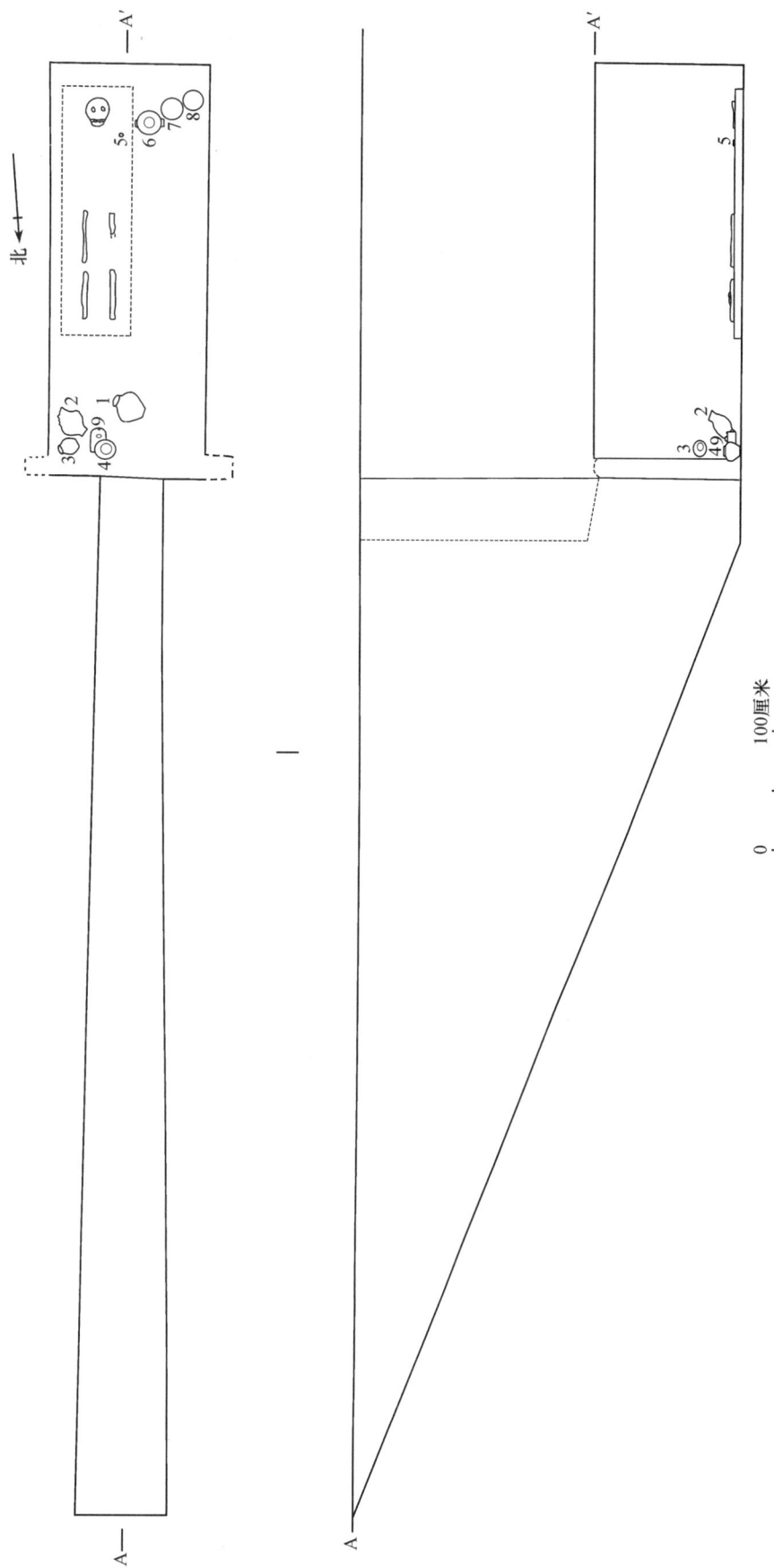

图二六六　I区M90平、剖面图

1、3、4.陶罐　2.陶纺　5.铜钱　6.陶鼎　7、8.陶盒盖　9.陶灶（盆、甑）

2. 出土器物

该墓出土器物10件，另有铜钱3枚。质地有陶、铜两种，分述如下。

陶器　10件，均为泥质灰陶，器类有鼎、盒盖、钫、罐、灶、甑、盆（图版九〇，1）。

鼎　1件，标本M90：6，盖，浅覆钵形，弧顶；器身，子母口内敛，浅弧腹，中腹有一周台棱，近平底，肩附对称外撇板耳，耳顶端平折，底附三马蹄形足。器表涂黑，之上白彩。盖，饰对称两朵大卷云纹，之间填饰流云线条，近底一周白彩带。器身，腹饰周白彩环。盖、腹轮制，耳、足模制，而后粘结。鼎内侧有螺旋形拉坯痕迹。盖径17.6、器身口径18.5、腹深7.7、足高5.3、通高14.3厘米（图二六七，1；图版一二三，4）。

盒盖　2件（M90：7、8），盖，浅覆钵形，顶有矮圈足捉手；器表涂黑，之上白彩。捉手之内，一朵逆时针卷云纹，捉手之外两朵对称卷云纹，两卷云纹之间饰流云纹，边缘一周白彩带。标本M90：7，口径17.3、高5.3厘米（图二六七，2；图版一二三，5）。

钫　1件，标本M90：2，盖，覆斗形，子母口；器身，侈口，平沿，束颈，鼓腹，高圈足稍外撇。器身四壁、底分体模制，而后粘结，粘结处外侧削平，内侧抹泥加固。器表饰白彩，剥落严重，内容不可辨。盖径9.8、器身口径9.8、腹径17.4、足径10、足高3.6、通高32.8厘米（图二六七，3；图版一二三，6）。

罐　3件（M90：1、3、4）形制不同，标本M90：3，喇叭口，平沿，沿面内凹，方唇，长束颈，弧肩、鼓腹、平底。肩部两周凹弦纹。轮制，器表有轮旋纹。口径7.2、腹径14、底径7.2、高15.9厘米（图二六七，4；图版一二四，2）。标本M90：4，侈口、双唇、矮领、鼓腹宽扁，平底稍内凹，轮制，器底有旋切迹。口径9.9、腹径15.6、底径9.3、高12.4厘米（图二六七，6）。标本M90：1，口部变形，直口，卷沿，圆唇，短束颈，广肩略鼓，下腹斜内收，大平底。轮制，器表有轮旋纹。口径12.3、腹径33.2、底径22.5、高33.9厘米（图二六七，5；图版一二四，1）。

灶　1件，标本M90：9-1，灶体平面呈马蹄形，前方后圆，灶面三釜呈"品"字形布置，尾部有短柱形烟囱，前端有方形落地灶门，周围模印多重菱形纹。灶面、灶壁分体模制而后粘结，釜之肩部与灶面一次性模制而成，腹模制而后粘结于相应的位置。长17.2、宽15、高7.2厘米（图二六七，7；图版一二四，3）。

甑　1件，与灶配套。标本M90：9-2，敞口，平沿，方唇，折腹，小平底，底部有三个箅孔。模制，沿面有制坯时留下的线切纹。口径6.7、底径1.7、高2.9厘米（图二六七，8）。

盆　1件，与灶配套。标本M90：9-3，敞口，平沿，方唇，折腹，小平底内凹。模制，沿面有制坯时留下的线切纹。口径6.7、底径1.4、高2.7厘米（图二六七，9）。

铜钱　3枚，均为五铢钱，圆形方穿，穿背面有郭，部分穿上有一横郭，穿之两侧有篆文"五铢"二字。"五"较短，或宽或瘦，交笔缓曲，"铢"字金旁较短，头三角或箭头形，朱字头方折（按：年代应为武帝时期，"五"字宽短者或为郡国五铢）（图二六八）。

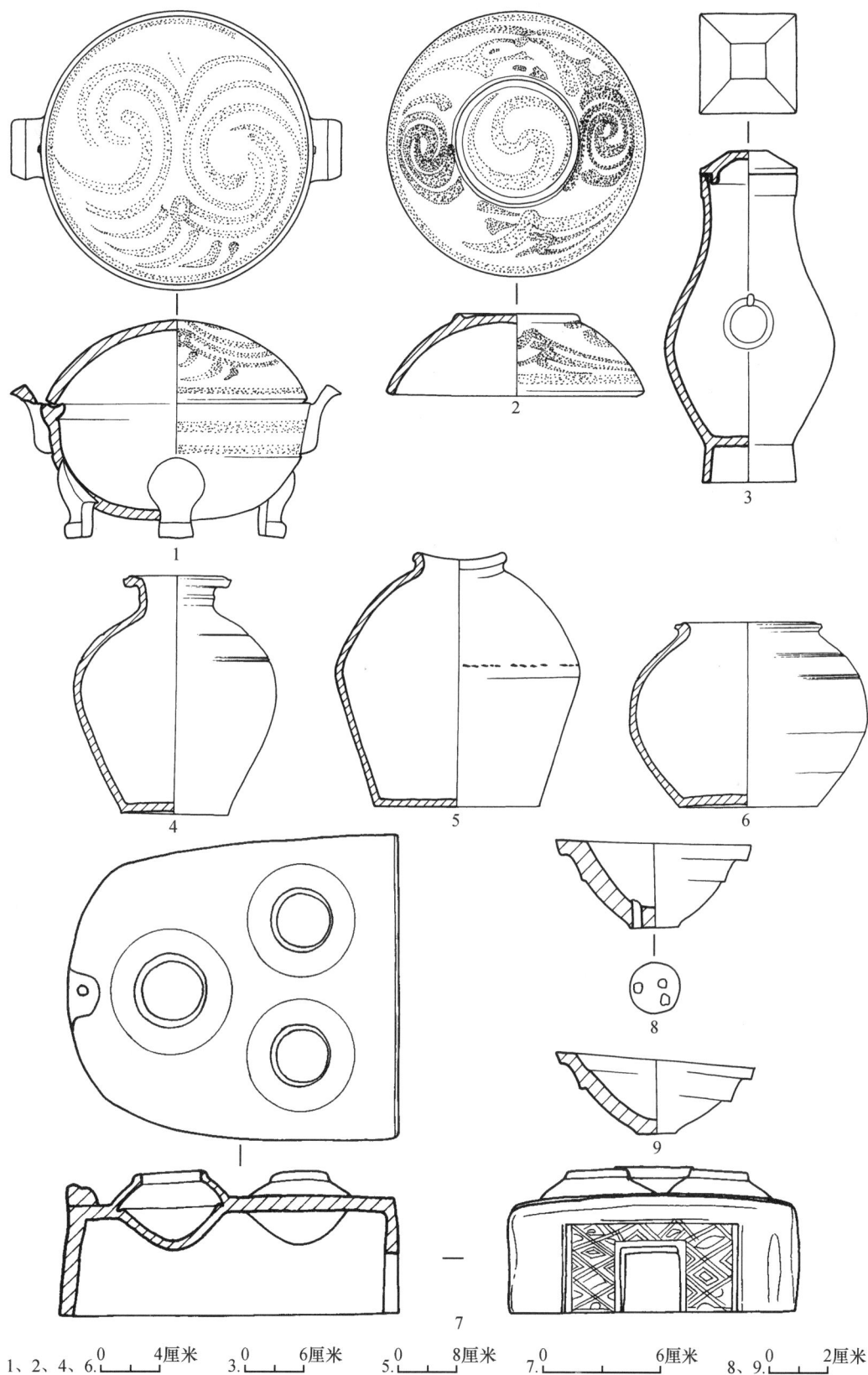

图二六七　Ⅰ区M90出土器物

1. 陶鼎（M90：6）　　2. 陶盒盖（M90：7）　　3. 陶钫（M90：2）　　4~6. 陶罐（M90：3、M90：1、M90：4）

7. 陶灶（M90：9-1）　　8. 陶甑（M90：9-2）　　9. 陶盆（M90：9-3）

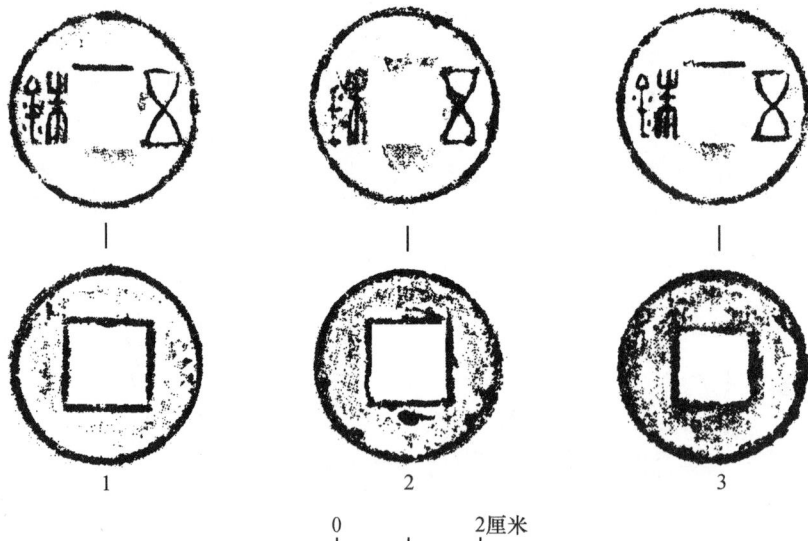

图二六八　Ⅰ区M90出土铜钱
1. M90：5-1　2. M90：5-2　3. M90：5-3

第九十节　M92

1. 墓葬形制

　　M92，位于第二阶地中部，探方T0703内，西南有M152，东南有M146、M147，与M152、M147方向基本一致。方向205度，形制为竖穴墓道土洞墓，由墓道、墓室两部分组成（图二六九；图版三〇，1、2）。

　　墓道　位于墓室的南端，平面呈长方形，壁面较直。开口长2.30、宽1.26、底距开口深4.90米。墓道内填五花土，土质疏松，未经夯打。

　　墓室　平面略呈长方形，拱顶土洞。墓室长3.44、宽1.30、残高1.10米。该墓未经盗扰，器物主要置于墓室的中部，计有陶鼎1、盒2、灶1套（甑1、盆1）。

　　封门　土坯封门，错缝平铺。墓室口东西两壁有凹槽。封门残高1.50、宽1.50。土坯34厘米×18厘米×6厘米。

　　葬具　木棺1具，已朽成灰，长2.10，宽1.30米。

　　葬式　骨架1具，保存较差，已成粉末状，可辨其为仰身直肢葬，头向北。

2. 出土器物

　　该墓出土器物6件，均为泥质灰陶器，器类有鼎、盒、灶、盆、甑。

　　鼎　1件，标本M92：1，盖，浅覆钵形，弧顶，近平。器身，子母口内敛，弧腹，尖圆底，肩附对称外撇板耳，耳顶端平折，底附三马蹄形足。中腹有一周台棱。盖。器表涂黑，之上红彩绘，剥落严重。器盖，三朵红、白彩卷去纹，边缘红、白两周彩带；器身，腹部一周红

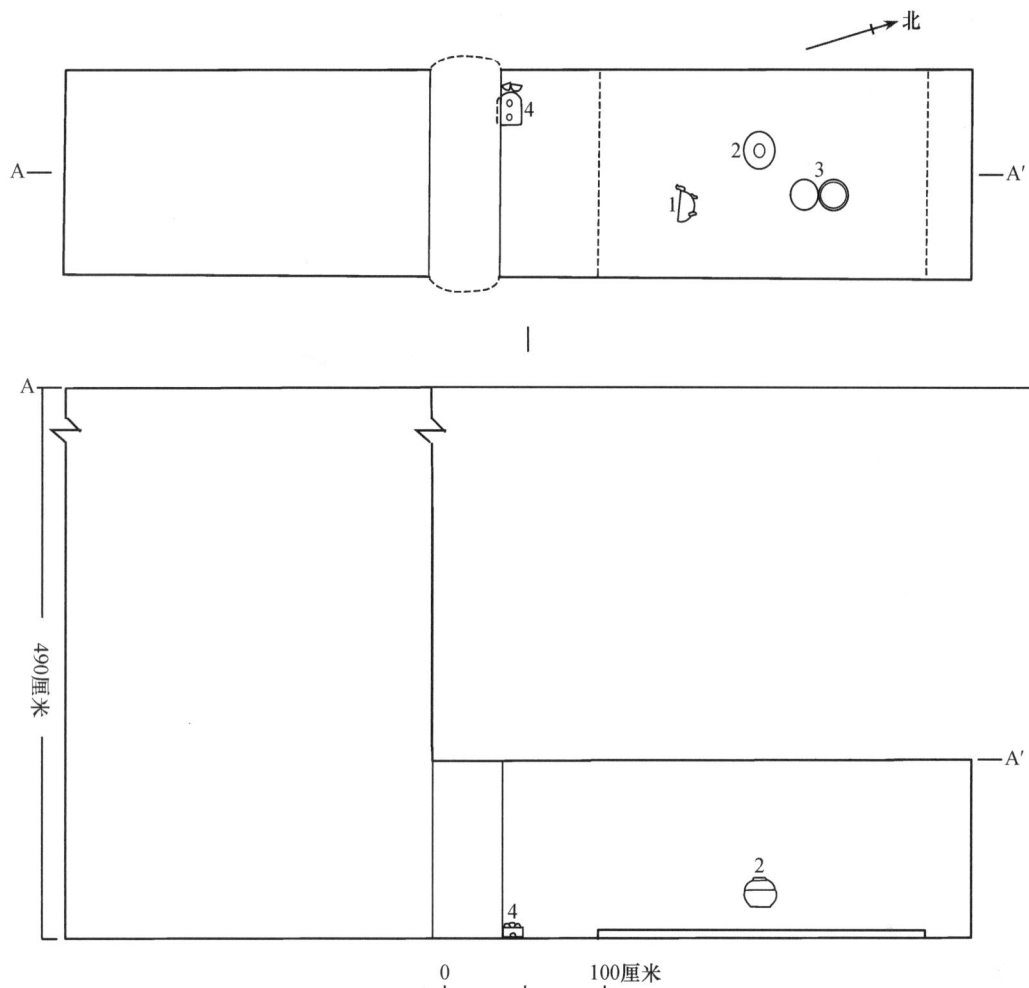

图二六九 Ⅰ区M92平、剖面图
1.陶鼎 2、3.陶盒 4.陶灶1套（盆、甑）

彩带。盖、腹轮制，耳，足模制，而后粘结。鼎内侧有螺旋形拉坯痕迹。盖径18.1、器身口径
18.2、腹深8.3、足高5、通高13.8厘米（图二七○，1）。

　　盒 2件（M92∶2、3），形制相同。盖，浅覆钵形，顶有矮圈足捉手。器身，子母口内
敛，深弧腹，平底稍内凹。器身白彩，剥落严重，图案不可辨。盖与器身轮制，底中间轮旋
纹。标本M92∶2，盖径17.6、器身口径17.6、腹深8.5、底径9.6、高13厘米（图二七○，2）。

　　灶 1件，标本M92∶4-1，器形略变形，灶体平面呈马蹄形，前方后圆，灶面三釜呈
"品"字形分布，前端一釜大于后端两釜，尾部有短柱形烟囱，前端有略呈圆意的方形落地灶
门，周围模印多重菱形纹。灶面、灶壁分体模制而后粘结，釜之肩部与灶面一次性模制而成，
腹模制而后粘结于相应的位置。长19.8、宽17.4、高10.4厘米（图二七○，3）。

　　盆 1件，与灶配套。标本M92∶4-2，敞口，平沿，方唇，折腹，小平底内凹。模制，沿
面有制坯时留下的线切纹。口径8、底径2.1、高3.2厘米（图二七○，4）。

　　甑 1件，与灶配套。标本M92∶4-3，敞口，平沿，方唇，折腹，近平底，底部有四个箅
孔。模制，沿面有制坯时留下的线切纹。口径8、底径2.1、高2.8厘米（图二七○，5）。

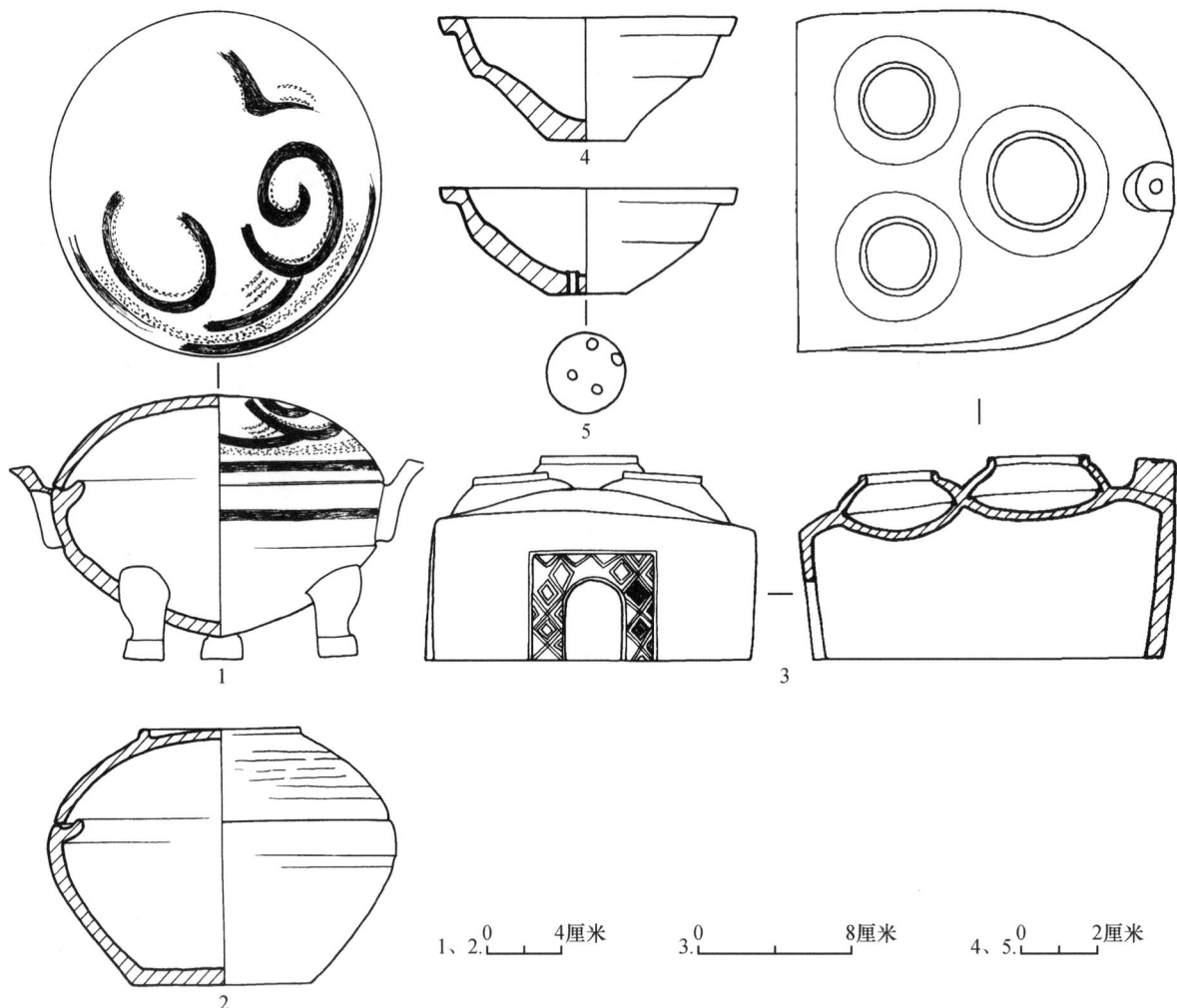

图二七〇　Ⅰ区M92出土器物

1.陶鼎（M92：1）　2.陶盒（M92：2）　3.陶灶（M92：4-1）　4.陶盆（M92：4-2）　5.陶甑（M92：4-3）

第九十一节　M93

1. 墓葬形制

　　M93，位于第一阶地东端，探方T1305内，M95、M96北侧，打破M96，且被M95打破。方向295度，形制为斜坡墓道土洞墓，由墓道、墓室两部分组成（图二七一；图版三〇，3、4）。

　　墓道　位于墓室的西端，平面近长方形，壁面较直，底部斜坡状。开口残长9.12、宽0.76～0.90、底宽0.90、坡长10.0、底距开口深0～4.20米，坡度20度。墓道内填五花土，土质疏松，未经夯打。

　　墓室　平面呈长方形，拱顶土洞。墓室长3.70、宽1.30、残高1.30米。该墓未被盗扰，器物主要出土于墓室的西部及东部北侧，计有陶鼎1、盒2、钫1、罐5、灶1套（甑1）、铜镜1、带钩1、柿蒂形棺饰13、马镳1、铁剑2、铅车軎1、铜钱15。

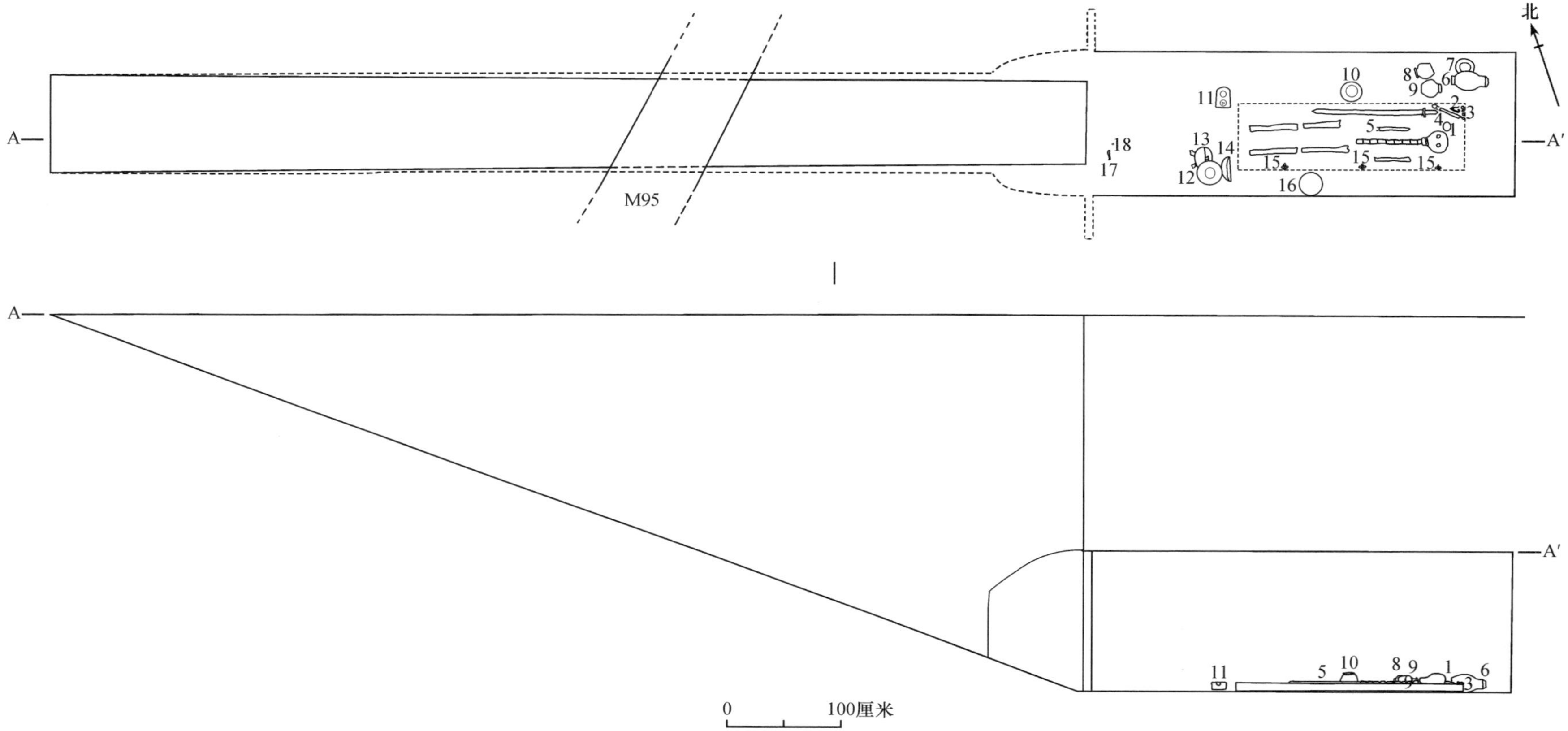

图二七一 I 区 M93 平、剖面图

1. 铜镜 2. 带钩 3. 铜钱 4、5. 铁剑 6. 陶纺 7～10、12. 陶罐 11. 陶灶（甑） 13. 陶鼎 14、16. 陶盒 15. 柿蒂形棺饰 17. 马镳 18. 车軎

封门　木板封门。东西两壁有凹槽，内有朽木痕迹。封门槽宽0.08、进深0.40、高1.30米。

葬具　木棺1具，仅存棺痕，棺长2.0，宽0.60米。

葬式　骨架1具，已成粉末状，头向北，仰身直肢葬。

2. 出土器物

该墓出土器物30件，另有铜钱15枚。质地有陶、铜、铁、铅四种，分述如下。

陶器　11件，均为泥质灰陶，器类有鼎、盒、钫、罐、灶、甑（图版九〇，2）。

鼎　1件，标本M93：13，盖，浅覆钵形，弧顶，近平顶；器身，子母口内敛，弧腹，近平底，肩附对称外撇板耳，耳顶端平折，底附三马蹄形足。中腹有一周台棱。器表彩绘，剥落严重。盖，可辨出两朵卷云纹；器身，腹部两周白彩带。盖、腹轮制，耳，足模制，而后粘结。鼎内侧有螺旋形拉坯痕迹。盖径17、器身口径17.8、腹深7.7、足高5、通高15.4厘米（图二七二，1；图版一二四，4）。

盒　2件（M93：14、16），形制相同。盖，浅覆钵形，顶有矮圈足捉手；器身，子母口内敛，浅弧腹，平底。器表白色彩绘，剥落严重，可辨盖面卷去纹。盖与器身轮制，底中间轮旋纹。标本M93：14，盖径16.9、器身口径17.2、腹深7.6、底径10、高13.6厘米（图二七二，2）。

钫　1件，标本M93：6，盖，覆斗形，子母口；器身，侈口，平沿，束颈，鼓腹，高圈足稍外撇。通体饰白彩（局部已脱落）。器身三组（每组两周）彩带分主体彩绘为两部分。颈部，一周倒三角纹，之间填饰云纹，肩部，大弧线卷云纹。足部，两周彩带。器身四壁、底分体模制，而后粘结，粘结处外侧削平，内侧抹泥加固，盖径9.9、器身口径9.2、腹径18、足径9.9、足高3.3、通高32.4厘米（图二七二，3；图版一二四，6）。

罐　5件（M93：7、8、9、10、12）。M93：7、8、9、10，形制相同。侈口，圆唇，束颈，圆鼓腹，平底稍内凹。轮制，器表有轮旋纹，器底有旋切痕迹。标本M93：8，口径9.6、腹径17、底径9.1、高15.7厘米（图二七二，4；图版一二五，1）。标本M93：12，喇叭口，平沿外斜，沿面内凹，方唇，束颈，圆鼓肩，下腹内收，小平底，腹部饰有多道凹弦纹。轮制，器表有轮旋纹。口径12.6、腹径20.4、底径8.4、高29厘米（图二七二，5；图版一二五，2）。

灶　1件，标本M93：11-1，灶体平面呈马蹄形，前方后圆，灶面两釜前后布置，尾部有短柱形烟囱，前端有方形落地灶门，周围模印多重菱形纹。灶面、灶壁分体模制而后粘结，釜之肩部与灶面一次性模制而成，腹模制而后粘结于相应的位置。长18、宽15.6、高7.2厘米（图二七二，6；图版一二五，3）。

甑　1件，与灶配套。标本M93：11-2，敞口，平沿，方唇，折腹，小平底，底部有四个箅孔。模制，沿面有制坯时留下的线切纹。口径7.5、底径2.4、高3.2厘米（图二七二，7）。

铜器　16件，器类有镜、带钩、柿蒂形棺饰、衔镳。

柿蒂形棺饰　13件，形制相同，标本M93：15，柿蒂形，与泡钉同出，对角长4.6、泡径1.5、高1.2厘米（图二七二，8）。

图二七二　Ⅰ区M93出土器物（一）

1. 陶鼎（M93：13）　2. 陶盒（M93：14）　3. 陶钫（M93：6）　4、5. 陶罐（M93：8、M93：12）　6. 陶灶（M93：11-1）

7. 陶甑（M93：11-2）　8. 柿蒂形棺饰（M93：15）　9. 马镳（M93：17）　10. 铜带钩（M93：2）　11. 车軎（M93：18）

12、13. 铁剑（M93：4、5）

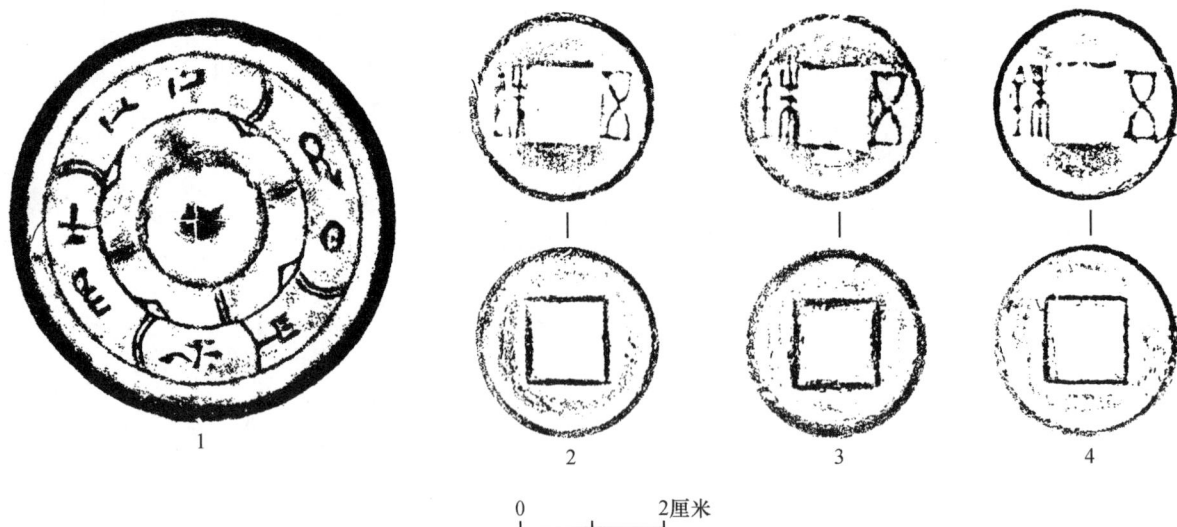

0 　　　　　　 2厘米

图二七三　Ⅰ区M93出土器物（二）

1. 铜镜（M93：1）　　2~4. 铜钱（M93：3-1~3）

马镳　1件，标本M93：17，残，略呈"S"形，两端一侧透雕云纹图案，中部有两小孔。残长4.5厘米（图二七二，9）。

带钩　1件，标本M93：2，鸭形，蛇头形钩首，背有圆柱形帽钮，通长5.9厘米（图二七二，10）。

镜　1面，标本M93：1，日光铭文镜，圆形，半圆钮，圆钮座，素平缘，镜面微凸。钮座圆周均匀伸出四组（每组两条）竖短线及"人"字纹，之外一周凸弦纹与一周短斜线纹之间为"见日之光，长不天下"铭文带，铭文两字之间有短弧线纹。面径5.30、背径5.20、钮宽1.0、缘宽0.20、缘厚0.20厘米，重22克（图二七三，1；彩版三六，1）。

铁剑　2柄，形制相同。标本M93：4，长90.3厘米（图二七二，12）。标本M93：5，长91.0厘米（图二七二，13）。

铅车軎　1件，标本M93：18，喇叭筒形，器身中部有两突棱，高1.75厘米（图二七二，11）。

铜钱　15枚，均为五铢钱，圆形方穿，穿背面有郭，两枚四角决文，部分穿上有一横郭或穿下有一星纹，穿之两侧有篆文"五铢"二字。"五"瘦长，交笔斜直，或缓曲，"铢"金头小三角，朱头方折（按：年代大部为武帝时期，个别可至昭帝时期）（图二七三，2~4、图二七四）。

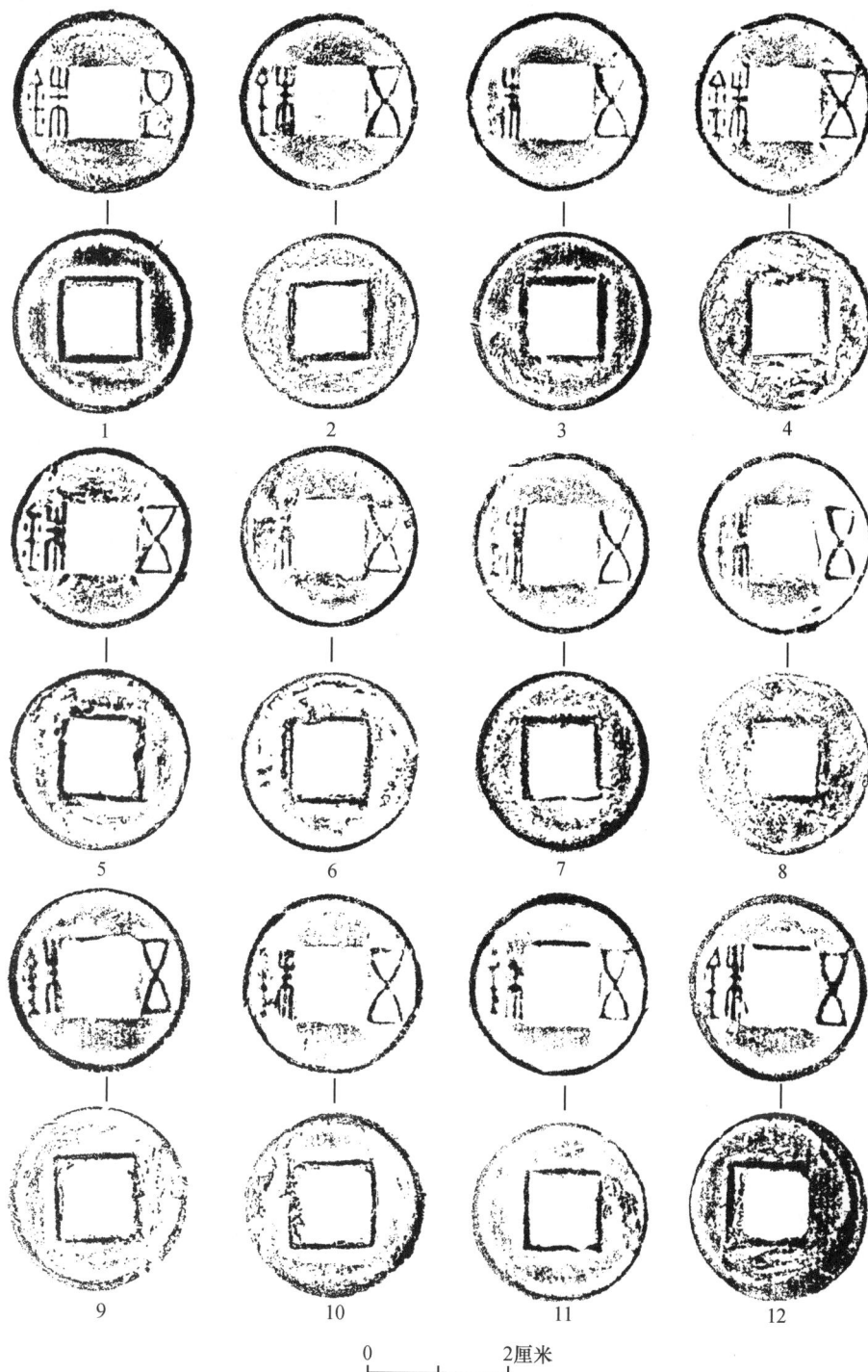

图二七四　Ⅰ区M93出土铜钱

1. M93：3-4　2. M93：3-5　3. M93：3-6　4. M93：3-7　5. M93：3-8　6. M93：3-9　7. M93：3-10　8. M93：3-11　9. M93：3-12
10. M93：3-13　11. M93：3-14　12. M93：3-15

第九十二节　M94

1. 墓葬形制

　　M94，位于第阶地中部偏北，探方T0603内，西邻M90，东邻M137、M133，这四座墓方向基本一致，唯南北稍错位。方向20度，形制为斜坡墓道土洞墓，由墓道、墓室两部分组成（图二七五）。

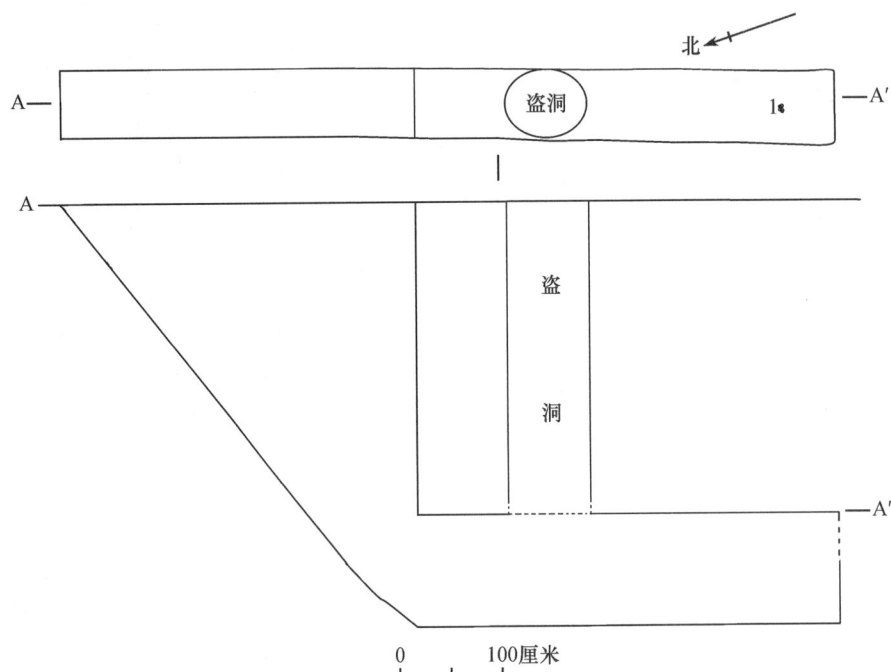

图二七五　Ⅰ区M94平、剖面图
1. 铜钱

　　墓道　位于墓室的北端，平面呈长方形，壁面较直。开口残长3.30、宽0.64～0.66、底距开口深4.0米。墓道内填五花土，土质疏松，未经夯打。

　　墓室　平面略呈长方形，拱顶土洞。墓室长4.09、宽0.66～0.70、残高0.60米。该墓被盗扰，仅出土五铢钱10。

　　封门　不详。

　　葬具　木棺，出土铁棺钉，尺寸不详。

　　葬式　不详。

　　盗洞　1处，位于墓室的中部，自上而下进入墓室。平面呈圆形，直径约0.50米。

2. 出土器物

该墓出土铜钱10枚，均为五铢钱，圆形方穿，穿背面有郭，部分穿上有一横郭或穿下有一星纹，穿之两侧有篆文"五铢"二字。"五"字瘦长，或宽短，交笔较直，或缓曲，"铢"字金头小三角，朱字头方折（按：年代为武、昭时期）（图二七六）。

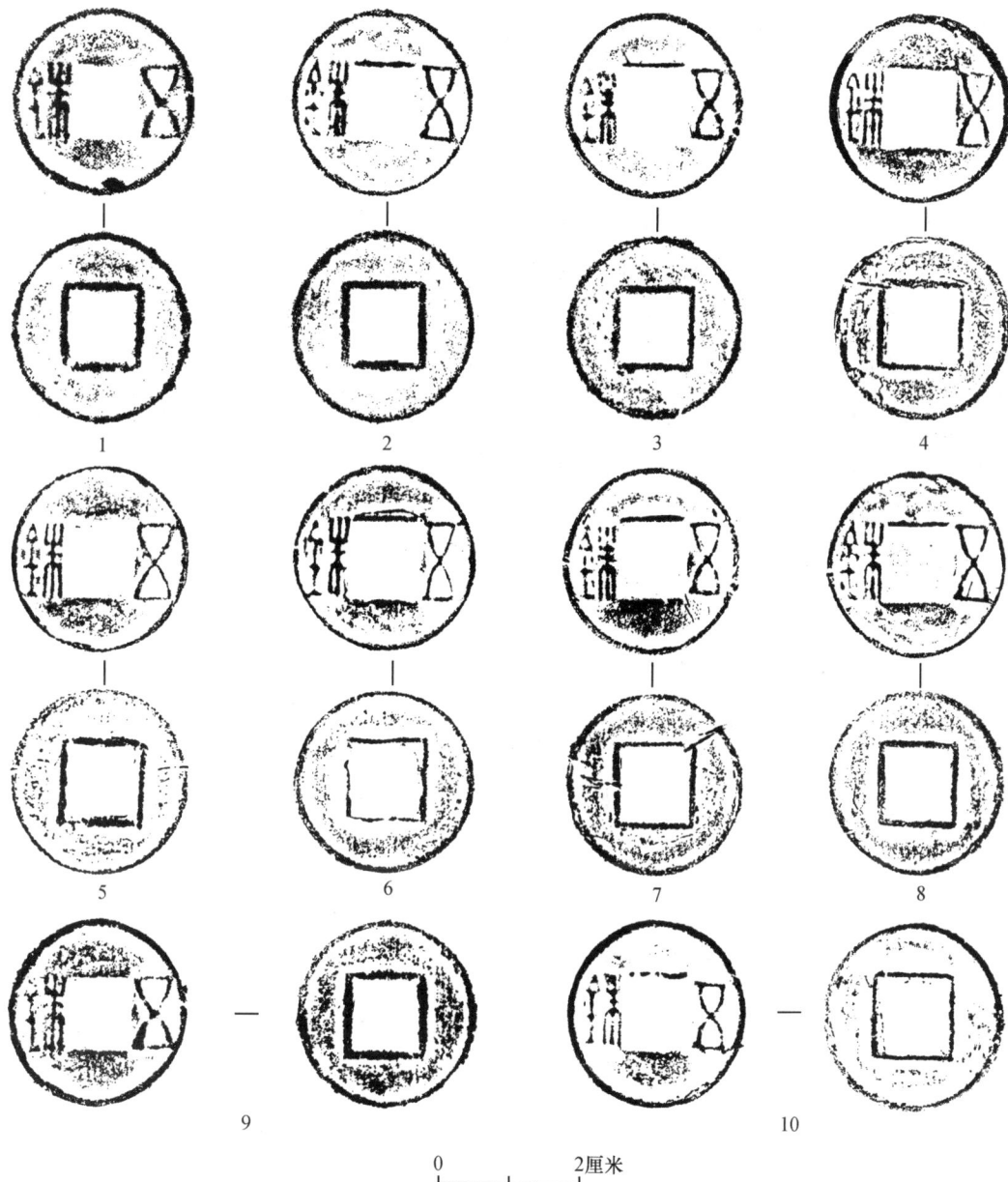

图二七六　Ⅰ区M94出土铜钱

1. M94∶3-1　2. M94∶3-2　3. M94∶3-3　4. M94∶3-4　5. M94∶3-5　6. M94∶3-6　7. M94∶3-7　8. M94∶3-8　9. M94∶3-9
10. M94∶3-10

第九十三节　M95

1. 墓葬形制

M95，位于第一阶地最东端，探方T1204内，东与M96并穴合葬，打破M93。方向20度，墓葬形制为斜坡墓道土洞墓，由墓道、过洞、天井、耳室、墓室五部分组成（图二七七；图版三一，1、2）。

墓道　位于墓室的北端，平面近长方形，壁面较直，底斜坡状。开口残长7.90 、宽0.92、坡长8.60、底距开口深0～3.30米，坡度21度。墓道内填五花土，土质疏松，未经夯打。

过洞　位于墓道和天井之间，拱顶土洞。长1.90、宽0.82、高1.80～1.60米。

天井　位于墓室和过洞之间，竖井结构。长2.10、宽0.84～0.96、底距开口深5.0米。天井内填五花土，土质疏松未经夯打。

墓室　平面呈长方形，拱顶土洞。墓室长4.04、宽1.40、残高1.60米。墓室东侧靠近封门处有一小龛，拱顶土洞，平面呈长方形。进深1.50、宽1.0、高0.70米。该墓未被盗扰，器物主要出土于墓室北部及耳室之间内，计有陶鼎2（小龛）、壶1、罐3（小龛）、樽2、仓5（小龛）、熏炉1、釜3（小龛）、盆1（小龛）、甑1（小龛）、铜柿蒂形棺饰36、铜铃1、盖弓帽8、衡末饰3、辖害1、马衔镳1、车軎2、当卢1、扣饰1、车饰1、铁削1、铅铺首1、铜钱4。

封门　双重封门。外层，土坯封门，宽2.0米、高1.50米。内层，木板封门，东西两壁有凹槽，封门槽宽0.14、进深0.60、高1.50米。

葬具　木棺，仅存棺灰痕迹。棺长2.22、宽0.66米。

葬式　骨架1具，保存较差，头向南，仰身直肢葬。

2. 出土器物

该墓出土器物76件，另有铜钱4枚。质地有陶、铜、铁、铅四种，分述如下。

陶器　19件，分为泥质灰陶和红胎釉陶，器类有鼎、壶、罐、樽、仓、熏炉、釜、盆、甑（图版九一，1）。

鼎　2件（M95：24、25），红胎釉陶，器表施青绿釉，釉层较薄，釉面无光泽，形制相同。盖，浅覆钵形，近平顶，中心有一穿环钮，之外均匀布置三乳突形饰；器身，子母口内敛，深腹，圜底，肩附外撇弯曲板耳，顶端外折，腹中部有一周台棱，底附三马蹄形足。盖与器身轮制，器表有轮旋纹。盖上钮饰、耳、足模制，而后粘结，口沿及足底有粘烧痕，肩部有垂釉现象，蘸釉，叠覆烧。标本M95：25，器表施青绿釉，盖径10.2、器身口径10.3、腹深11.4、足高8.6、通高22厘米（图二七八，1；彩版一四，6；图版一二五，6）。

壶　1件，标本M95：5，红胎釉陶，器表施青绿釉，釉层较薄，釉面无光泽。侈口，平沿，唇部加厚，束颈，弧肩，鼓腹，假圈足稍外撇。肩部饰两道凸棱纹，其下贴塑对称铺首

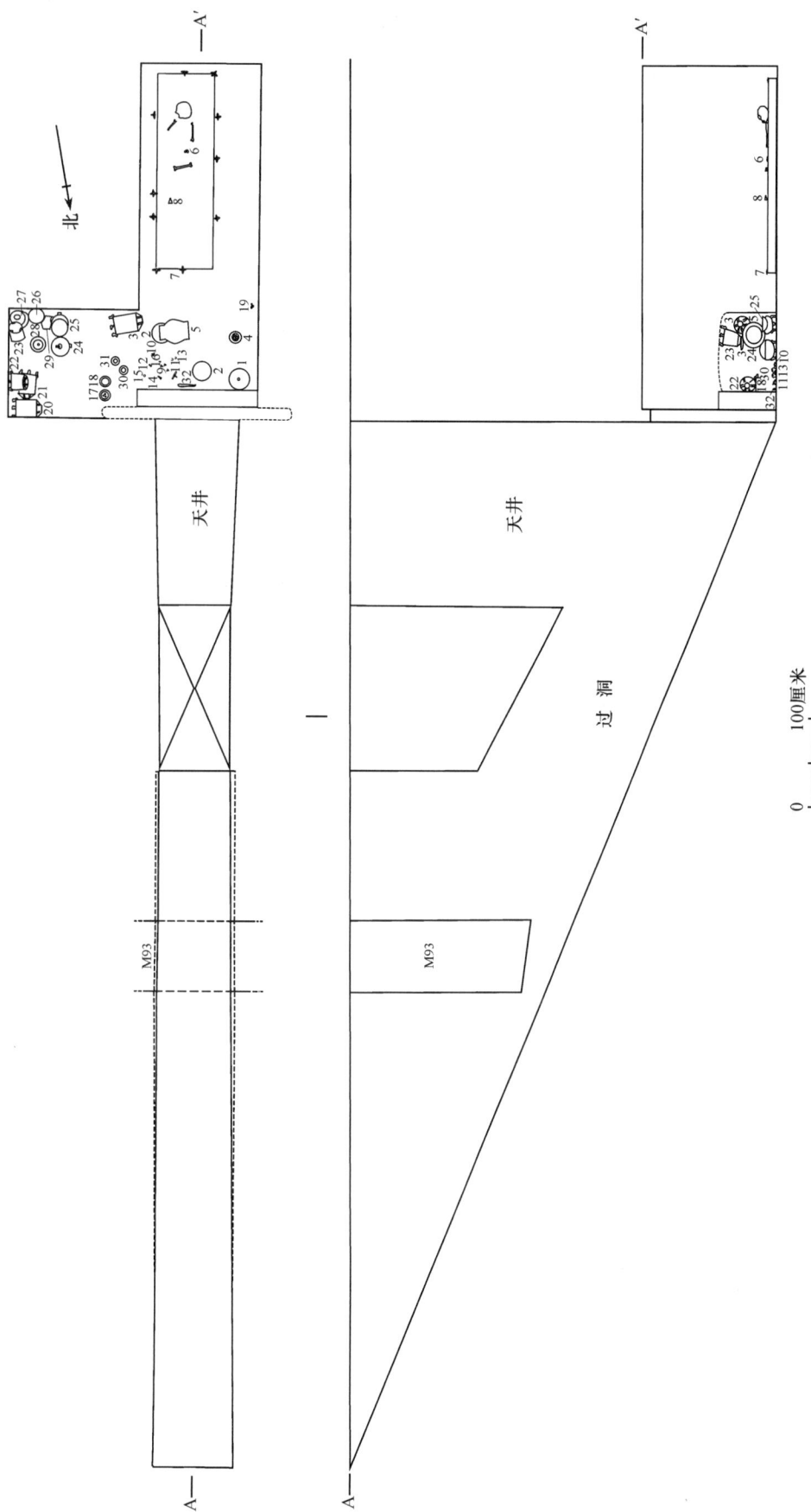

图二七七　Ⅰ区M95平、剖面图

1、2. 陶樽　3、20～23. 陶仓　4. 熏炉　5. 陶壶　6. 铜钱　7. 柿蒂形棺饰　8. 铜铃　9. 盖弓帽　10. 辖軎　11. 马衔镳　12. 衡末饰　13. 车軏　14. 当卢　15. 扣饰　16. 车饰　17. 陶瓿
18. 陶盆　19. 铺首　24、25. 陶鼎　26. 陶樽　27～29. 陶釜　30、31. 小陶罐　32. 铁削

衔环，腹部饰两道凹弦纹。器身轮制，铺首衔环模制，器表有轮旋纹，刷釉。口径16.6、腹径30、底径19.5、高35.7厘米（图二七八，2；彩版一六，6；图版一二六，1）。

罐　3件（M95：27、28、29），红胎釉陶，器表施酱黄釉，形制相同。盖，浅覆钵形，近平顶，中心有一螺旋钮。器身，侈口、平沿、双领、鼓腹、平底。轮制，盖、器身轮制，钮模制而后粘结，器底有旋切迹，刷釉，叠覆烧。标本M95：27，盖径13.6、口径17.7、腹径17.2、底径8.7、高20.4厘米（图二七八，3；彩版二〇，5、6；图版一二六，2、3）。

樽　2件（M95：1、2），红胎釉陶，器表施酱黄釉或青绿釉，釉层较薄，釉面无光泽。盖，浅覆钵形，子母口，顶部中心有圆饼形捉手，之外均匀布置三乳突形饰；器身，直口，平沿，直筒腹，底附三马蹄形足，足根饱满，盖与器身轮制，足模制而后粘结，刷釉。标本M95：1，器表施酱黄釉，盖径22.3、口径23.2、底径22.9、腹深15.2、足高5.6、通高23.6厘米（图二七八，4；彩版一七，5；图版一二六，4）。

仓　5件（M95：3、20、21、22、23），红胎釉陶，器表施青绿釉，釉层较薄，釉面无光泽。盖，浅碟形，近平顶；器身，直口，圆唇，矮领，肩部稍出檐，绕口一周有环状台面，之下均匀布置六道竖棱，直筒腹，平底，底附三踞熊形足，腹部饰三组（每组三道）凹弦纹。肩、腹分体轮制，足模印而后粘结，底外侧有旋切痕迹。标本M95：22，口径7.5、腹径21.6、底径19.5、足高5.7、通高34.2厘米（图二七八，5；彩版一八，6）。

釜　3件（M95：26、30、31）。标本M95：26，红胎釉陶，器表施酱黄釉，敛口，平沿内斜，尖圆唇，深弧腹，圜底。轮制，刷釉。口径17.9、高10.9厘米（图二七八，7；彩版一九，3；图版一二七，2、3）。M95：30、31，形制相同，泥质灰陶，直口、尖圆唇、矮领、弧肩、鼓腹、下腹弧内收，小平底稍内凹。标本M95：31，口径5.6、腹径11、底径2.1、高7.8厘米（图二七八，6）。

盆　1件，标本M95：18，泥质灰陶，敞口，平沿，尖圆唇，折腹，平底。轮制，器底有旋切痕迹。口径13.2、底径3.6、高6.3厘米（图二七八，8）。

甑　1件，标本M95：17，泥质灰陶，敞口，平沿，尖圆唇，斜直腹，平底，底部有七个圆形箅孔。腹部饰有两道凹弦纹。轮制，器底有旋切痕迹。口径13、底径4.3、高7.9厘米（图二七八，9）。

熏炉　1件，标本M95：4，红胎釉陶，器表施酱黄釉。盖，博山形；炉身，子母口内敛，深腹略鼓，圜底近平，实心柱形柄，盘形底座，平沿，方唇，折腹，低矮假圈足，底内侧有一周台棱。盖模制，炉身与柄座分体轮制，而后粘结，刷釉。盖径7.8、炉身口径6.2、腹径8.6、底座口径14.5、底径8.5、通高16.0厘米（图二七九，1；彩版一九，4；图版一二七，5）。

铜器　55件，为柿蒂形棺饰、铃、盖弓帽、辖軎、马衔镳、车輨、衡末饰、当卢、扣饰和车饰。

柿蒂形棺饰　36件，残损，形制相同。标本M95：7，柿蒂形，与泡钉同出。对角残长7.2、泡径2.5、高1.2厘米（图二八〇，1）。

铃　1件，标本M95：8，残，半圆形钮，平顶，扁腹，两铣下垂，腔内有舌，钲部饰以几

图二七八 Ⅰ区M95出土器物（一）

1.陶鼎（M95：25） 2.陶壶（M95：5） 3.坛口罐（M95：27） 4.陶樽（M95：1） 5.陶仓（M95：22）
6.小陶釜（M95：31） 7.陶釜（M95：26） 8.陶盆（M95：18） 9.陶甑（M95：17）

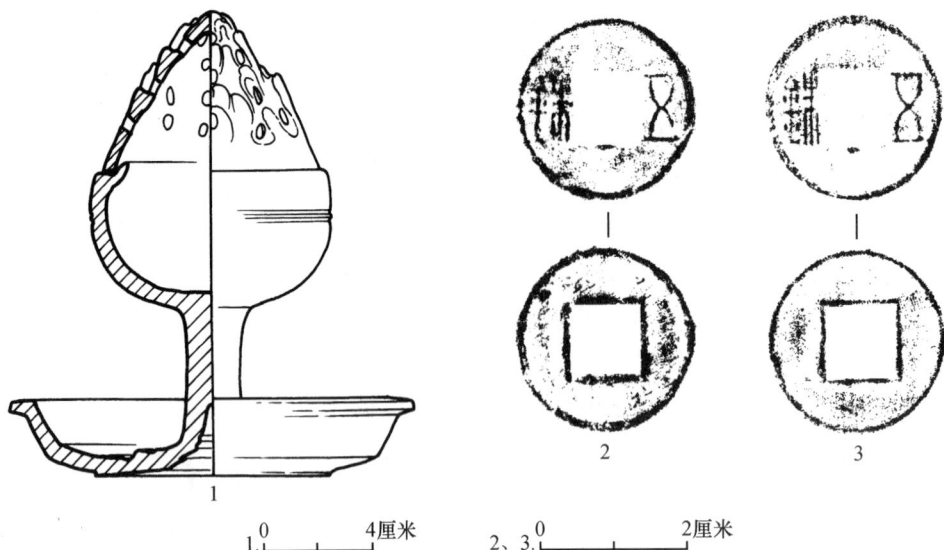

图二七九　Ⅰ区M95出土器物（二）
1. 熏炉（M95：4）　　2、3. 铜钱（M95：6-1、2）

何纹、浮点纹等。高4.3、宽3.5厘米（图二八〇，2）。

盖弓帽　8件，形制相同，标本M95：9，筒形。长1.8厘米（图二八〇，3）。

辖軎　1件，标本M95：10，喇叭筒形，近大端处有对应辖孔，辖穿于辖孔之内。长1.9、粗端径1.7、细端径1.1厘米（图二八〇，4；图版一五三，3）。

马衔镳　1件，标本M95：11，镳，略呈"S"形。衔，两端有环。通长8.0厘米（图二八〇，5）。

车軎　2件，形制相同。标本M95：13，"U"形，断面圆形。宽1.6、高1.35厘米（图二八〇，6；图版一五三，5）。

衡末饰　3件，形制相同，筒形器，一端封闭，中部有一突棱。标本M95：12-1，长1.2、直径1.0（图二八〇，7；图版一五三，4）。标本M95：12-2，长1.4、直径0.75厘米（图二八〇，8）。

当卢　1件，标本M95：14，残，圭形片状，一面一端有一方形穿钮。残长4.3、宽1.35—1.6厘米（图二八〇，9）。

扣饰　1件，标本M95：15，圆扣形，下有双方形穿孔。帽径1.2、高0.85厘米（图二八〇，10；图版一五三，6）。

车饰　1件，标本M95：16，似一环钉，一端半圆形，一端锥形，通长1.5厘米（图二八〇，11）。

铁削　1件，残，标本M95：32，长方形片状，残长8.1、宽1.1厘米（图二八〇，12）。

铅铺首　1件，标本M95：19，兽面纹，后面有一榫，兽面宽1.9、高2.0厘米（图二八〇，13）。

铜钱　4枚，均为五铢钱，圆形方穿，穿背面有郭，穿下有一星纹，穿之两侧有篆文"五铢"二字，朱字头方折（图二七九，2、3）。

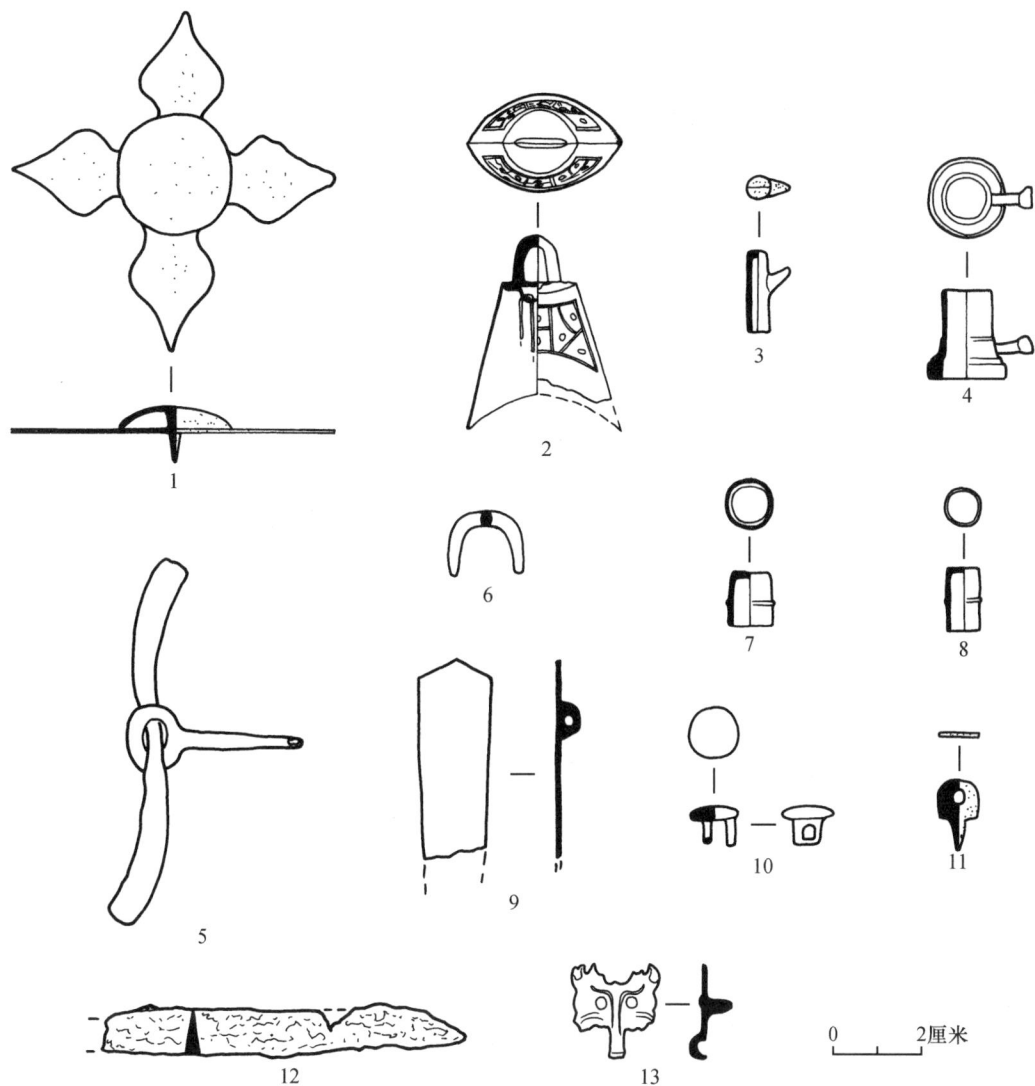

图二八〇 Ⅰ区M95出土器物（三）

1. 柿蒂形棺饰（M95：7） 2. 铜铃（M95：8） 3. 盖弓帽（M95：9） 4. 辖軎（M95：10） 5. 马衔镳（M95：11）
6. 车輨（M95：13） 7、8. 衡末饰（M95：12-1、2） 9. 当卢（M95：14） 10. 扣饰（M95：15）
11. 车饰（M95：16） 12. 铁削（M95：32） 13. 铺首（M95：19）

第九十四节 M96

1. 墓葬形制

M96，位于第一阶地最东端，探方T1304内，西与M95并穴合葬。墓道被M93打破。方向20度，形制为斜坡墓道土洞墓，由墓道、墓室两部分组成（图二八一；图版三一，3、4）。

墓道 位于墓室的北端，平面近长方形，壁面较直，底斜坡状。开口残长6.70、宽0.72～0.60、底宽0.66、坡长8.0、底距开口深0～3.70米，坡度30度。墓道内填五花土，土质疏松，未经夯打。

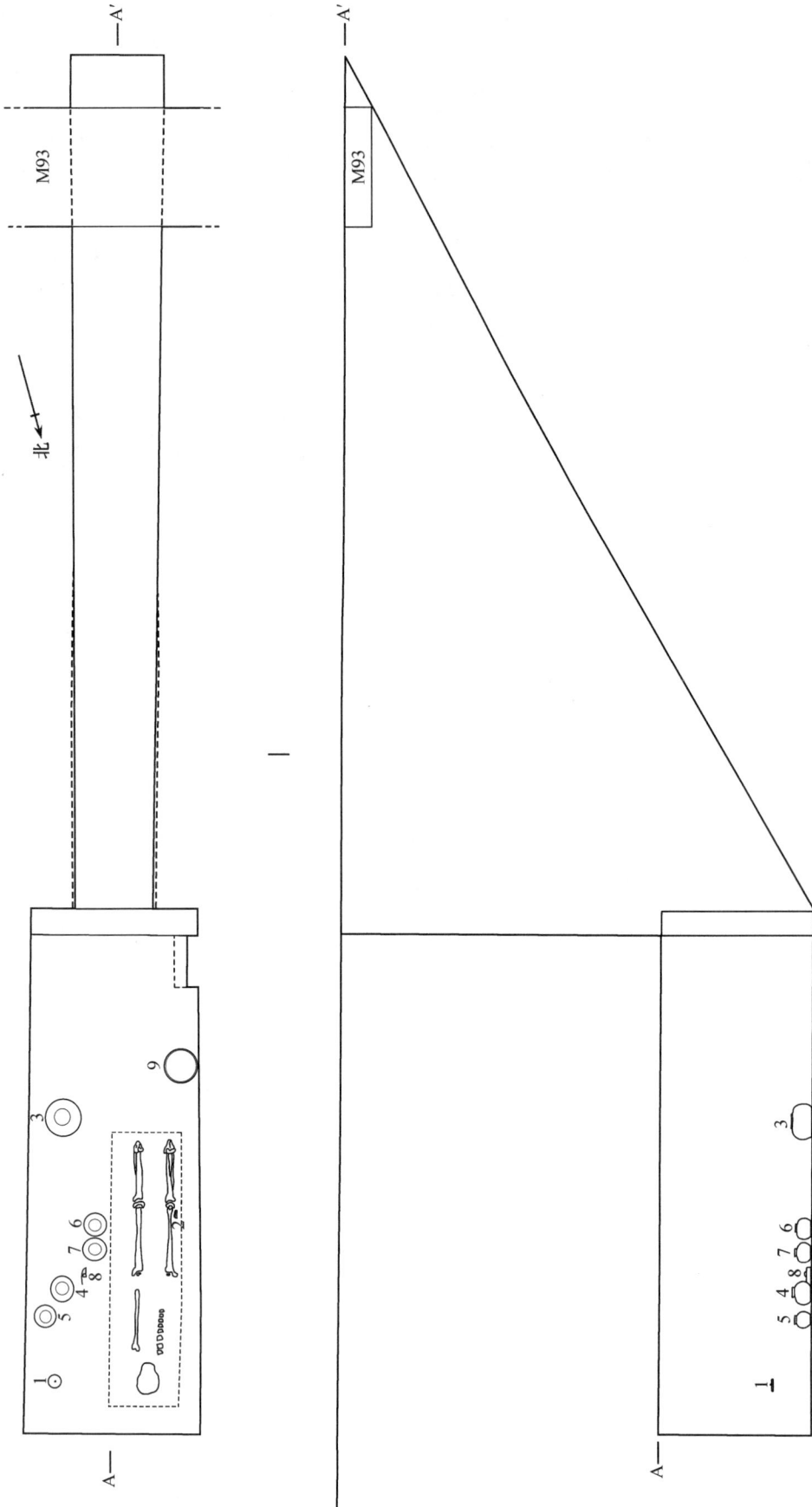

图二八一　Ⅰ区M96平、剖面图

1. 铜镜　2. 镞　3~7. 陶罐　8. 陶灶　9. 铜盆

墓室　平面呈长方形，拱顶土洞。墓室长3.80、宽1.30~1.40、残高1.20米。该墓未被盗扰，器物主要出土于墓室中部西侧，计有陶罐5、灶1（残）、铜镜1、盆1、镞1（出土于人骨右侧膝盖上部，可能墓主人正是受此箭伤不治而亡）。

封门　土坯封门。宽1.30、残高1.20米。

葬具　木棺1具，仅存棺痕，棺长2.10、宽0.60米。

葬式　骨架1具，头向南，仰身直肢葬。

2. 出土器物

该墓出土器物9件，质地有陶、铜两种，分述如下。

陶器　6件，均为泥质灰陶，器类有罐、灶。

罐　5件（M96∶3、4、5、6、7）。标本M96∶3，侈口，双唇，矮领，圆鼓肩，最大径在肩部，弧腹，平底，腹部饰两周戳印米粒纹。轮制，器表有轮旋纹。口径16.8、腹径29.2、底径19.2、高21厘米（图二八二，1）。M96∶4、5，形制相同。侈口，圆唇，束颈，鼓腹矮胖，平底，轮制，器表有轮旋纹。标本M96∶4，口径12.5、腹径20.6、底径11.6、高18.4厘米（图二八二，2）。标本M96∶5，口径10.6、腹径15.8、底径9.6、高12.6厘米（图二八二，3）。M96∶6、7，形制相同。侈口，平沿，方唇，束颈，鼓腹，平底。轮制，器表有轮旋纹。标本M96∶6，口径10.8、腹径16.4、底径10.2、高13.4厘米（图二八二，4）。

陶灶　1件 M96∶8，残，无法复原。

铜器　3件，器类有镜、盆、镞。

镜　1面，标本M96∶1，星云纹镜。圆形，连峰式钮，圆形钮座，内向十六连弧纹缘，镜

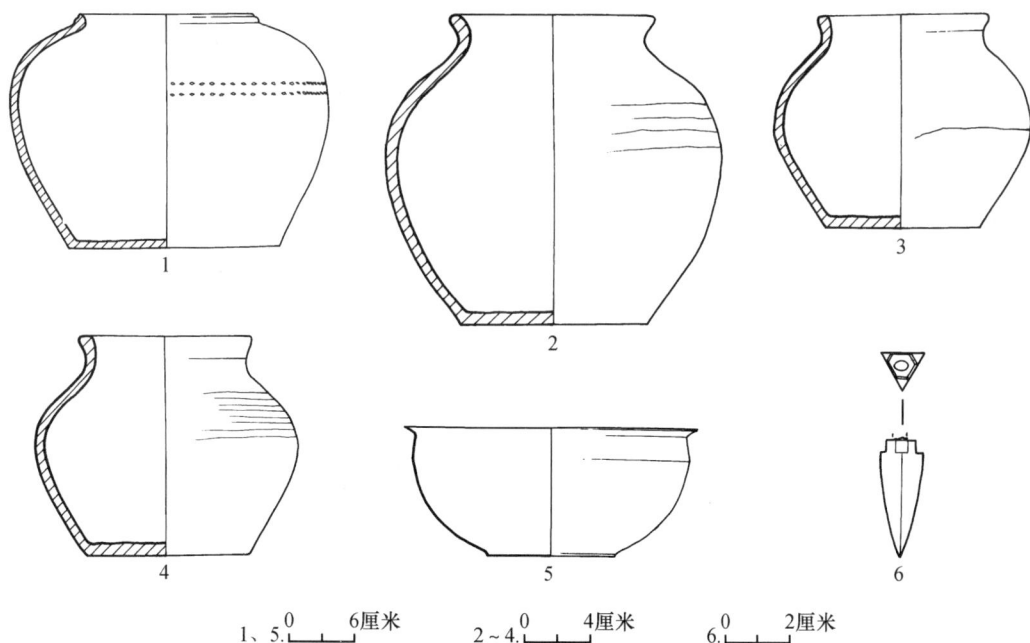

1、5.　0 —— 6厘米
2~4.　0 —— 4厘米
6.　0 —— 2厘米

图二八二　Ⅰ区M96出土器物

1~4.陶罐（M96∶3~6）　5.铜盆（M96∶9）　6.铜镞（M96∶2）

面微凸。钮座之外伸出三组短（每组两条）弧线和月牙纹，之外为一周凸棱环带，之外为两周短斜线之间为星云纹带，四个圆座乳突分其为四组，每每三星，组内两端星通过外侧短斜线圈带意连，中间一星则与内外短斜线圈带相接，组间相邻两星则通过内侧短斜线圈带相连。面径10.0、背径9.90、缘宽0.80、缘厚0.50厘米，重185克（图二八三；彩版三六，2）。

　　盆　1件，标本M96∶9，敞口，斜沿向上，尖圆唇，深弧腹，矮假圈足，平底。口径26.8、底径11.6、通高11.4厘米（图二八二，5）。

　　镞　1件，标本M96∶2，呈三棱形，三刃部隆起锋利，后端六棱体，中间有圆孔，孔内有铁铤（已残）。长3.6厘米（图二八二，6）。

0　　　　　　3厘米

图二八三　Ⅰ区M96出土铜镜（M96∶1）

第九十五节　M97

1. 墓葬形制

M97，位于第二阶地中部偏东，探方T0705北侧，墓室延伸至T0706，西与M84并穴合葬，东与M75、M76并列。方向185度，形制为竖穴墓道土洞墓，由墓道、墓室两部分组成（图二八四）。

墓道　位于墓室的南端，平面呈长方形，壁面较直，东西两壁有三对脚窝。脚窝宽0.22~0.26、高0.08、进深0.08米。墓道开口长2.40、宽0.70、底距开口深4.5米。墓道内填五花

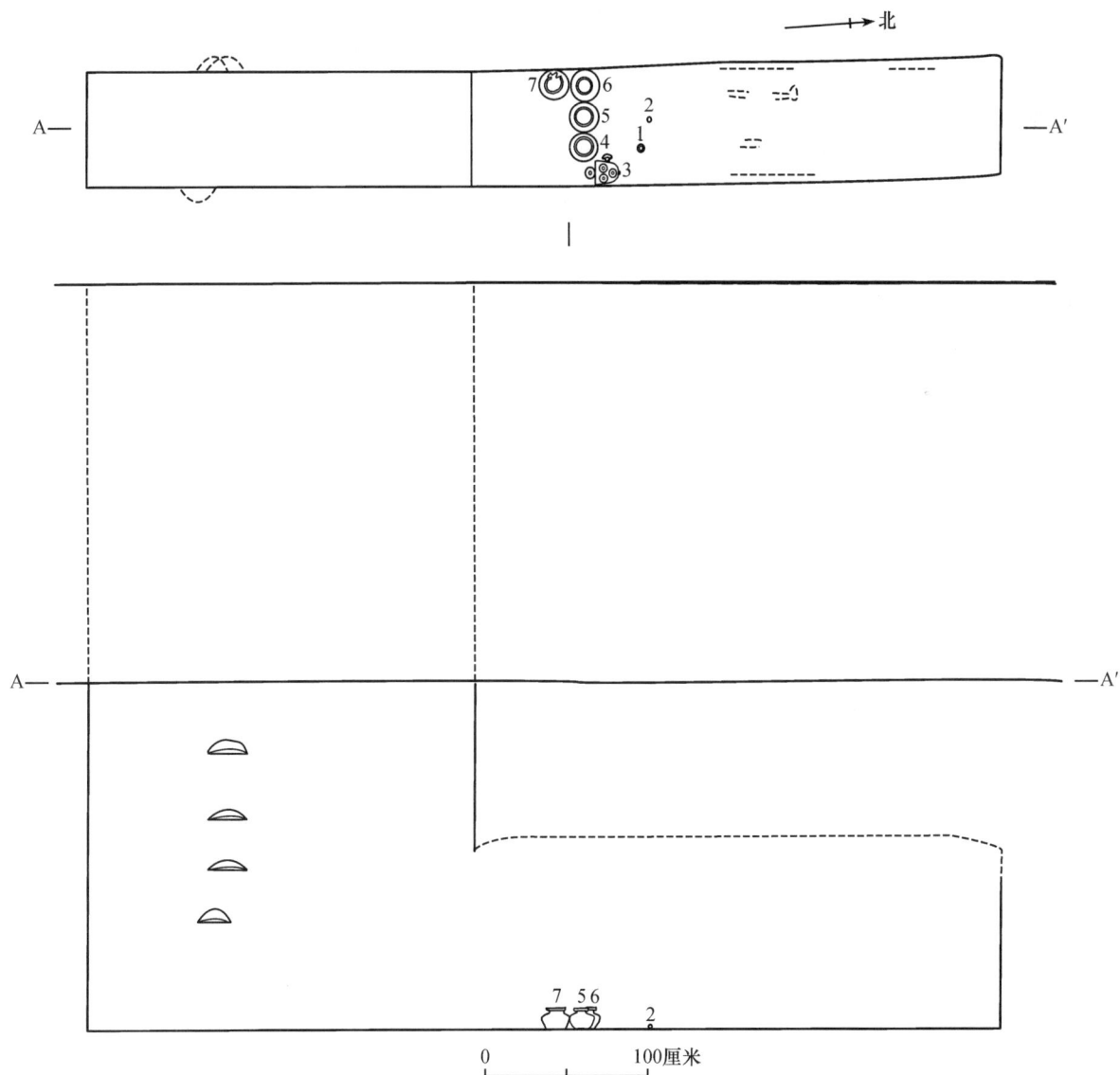

图二八四　Ⅰ区M97平、剖面图

1. 铜环　2. 陶球　3. 陶灶1套（盆、甑）　4~7. 陶罐

土，土质疏松，未经夯打。

墓室　平面略呈长方形，拱顶土洞。墓室长3.30、宽0.72、高1.18米。该墓未被盗扰，器物主要出土于墓室南部，计陶罐4、灶1套（盆1、甑1）、陶球1、铜环3。

封门　不详。

葬具　木棺，出土有铁棺钉。

葬式　不详。

2. 出土器物

该墓出土器物11件，质地有陶、铜两种，分述如下。

陶器　8件，均为泥质灰陶，器类有罐、灶、盆、甑、球。

罐　4件（M97：4、5、6、7）。标本M97：4、5、7，形制相同。侈口，卷沿，圆唇，短束颈，弧肩，鼓腹，下腹内收，平底。轮制，器表有轮旋纹。标本M97：4，口径11.2、腹径16.4、底径10.2、高13.2厘米（图二八五，1）。标本M97：6，器形略有变形，侈口，平沿，方唇，鼓肩，鼓腹，下腹内收，平底。肩部有两道凹弦纹。轮制，器表有轮旋纹，器底外侧有扇形线切纹。口径10.2、腹径17.4、底径10、高13.6厘米（图二八五，2）。

灶　1件，标本M97：3-1，灶体平面呈马蹄形，前方后圆，灶面三釜呈"品"字形分布，尾部有短柱形烟囱，前端有略呈圆意的方形落地灶门，两侧模印对角连线四边形，上部模印多重波折纹。侧壁模印菱形网格纹。灶面釜间模印多"人"字纹，前部多重波折纹。灶面、灶壁分体模制而后粘结，釜之肩部与灶面一次性模制而成，腹模制而后粘结于相应的位置。长14.8、宽15、高7.2厘米（图二八五，3）。

盆　1件，与灶配套。标本M97：3-2，敞口，平沿，方唇，折腹，小平底内凹。模制，沿面有制坯时留下的线切纹。口径5.6、底径1.6、高2.5厘米（图二八五，4）。

甑　1件，与灶配套。标本M97：3-3，敞口，平沿，斜直腹，近平底，底部有三个箅孔。模制，沿面有制坯时留下的线切纹。口径5.5、底径1.8、高3.9厘米（图二八五，5）。

球　1件，标本M97：2，圆球形，表面有圆形纹。直径2.4厘米（图二八五，6；图版一五六，5）。

铜环　3件，形制相同，圆环形，截面为圆形。标本M97：1-1，直径2.4（图二八五，7）。标本M97：1-2，直径3.25（图二八五，8）。标本M97：1-3，直径3.5厘米（图二八五，9）。

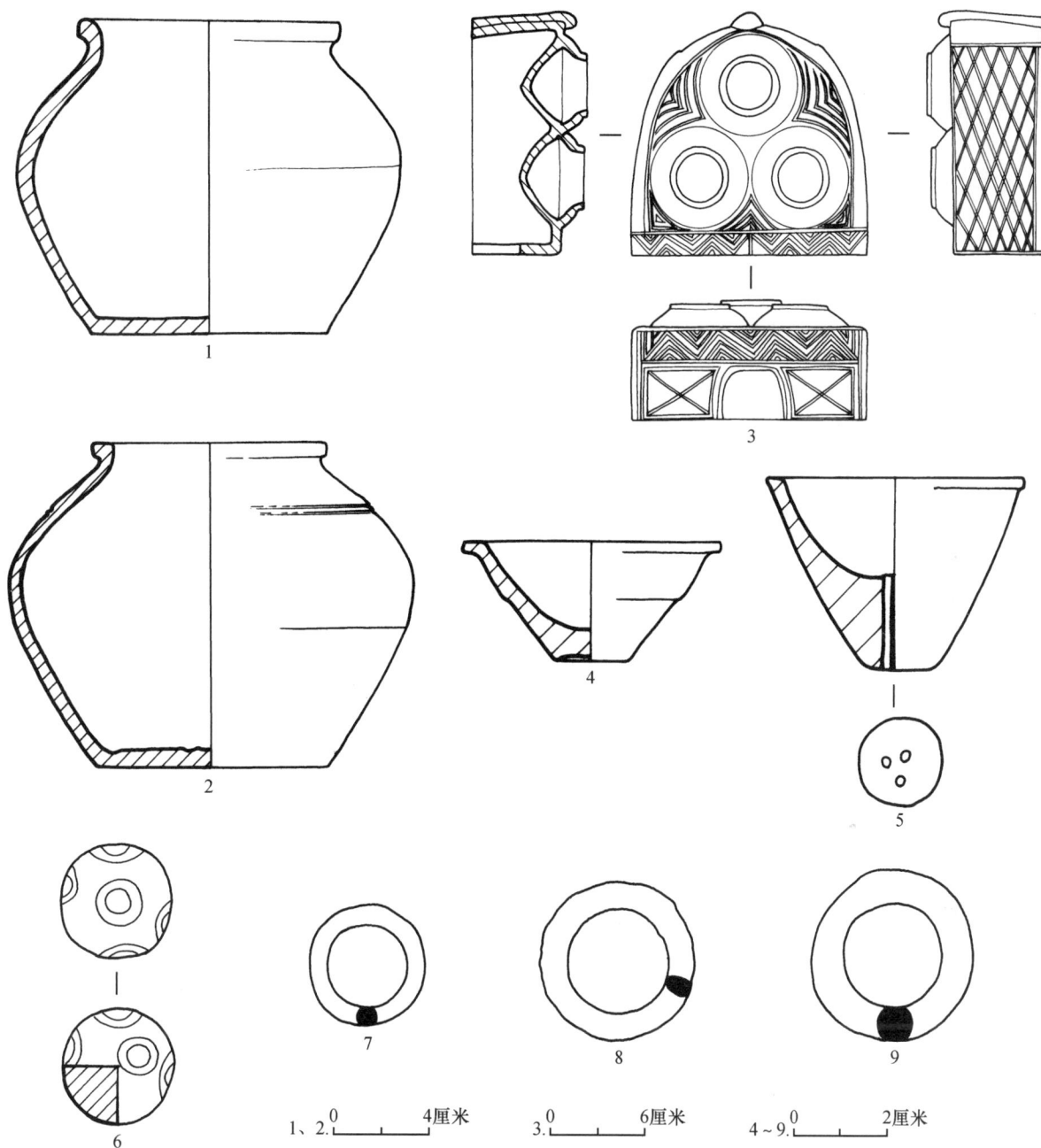

图二八五 I区M97出土器物

1、2.陶罐（M97：4、6） 3.陶灶（M97：3-1） 4.陶盆（M97：3-2） 5.陶甑（M97：3-3） 6.陶球（M97：2）

7～9.铜环（M97：1-1～3）

第九十六节　M98

1. 墓葬形制

　　M98，位于第一阶地东端，探方T1204内，南与M99、M101基本并列，西紧邻M100。方向295度，形制为竖穴墓道土洞墓，由墓道、墓室两部分组成（图二八六；图版三二，1、2）。

　　墓道　位于墓室的西端，平面呈长方形，壁面较直，南北两壁有两对脚窝，底部有一级台阶，靠近墓室一端底部，两侧加宽。脚窝宽0.22、高0.10、进深0.80米。墓道开口长2.40、宽0.70、底距开口深2.90米。墓道内填五花土，土质疏松，未经夯打。

　　墓室　平面略呈长方形，拱顶土洞。墓室长3.40、宽1.10~1.20、残高1.30米。该墓被盗扰，器物主要出土于墓室中部，计有陶灶1套（盆1、甑1）、铁灯1。

　　封门　木板封门。墓室口南北两壁有凹槽，槽残高1.30、宽0.20、进深0.26米。

　　葬具　木棺，出土铁棺钉，尺寸不详。

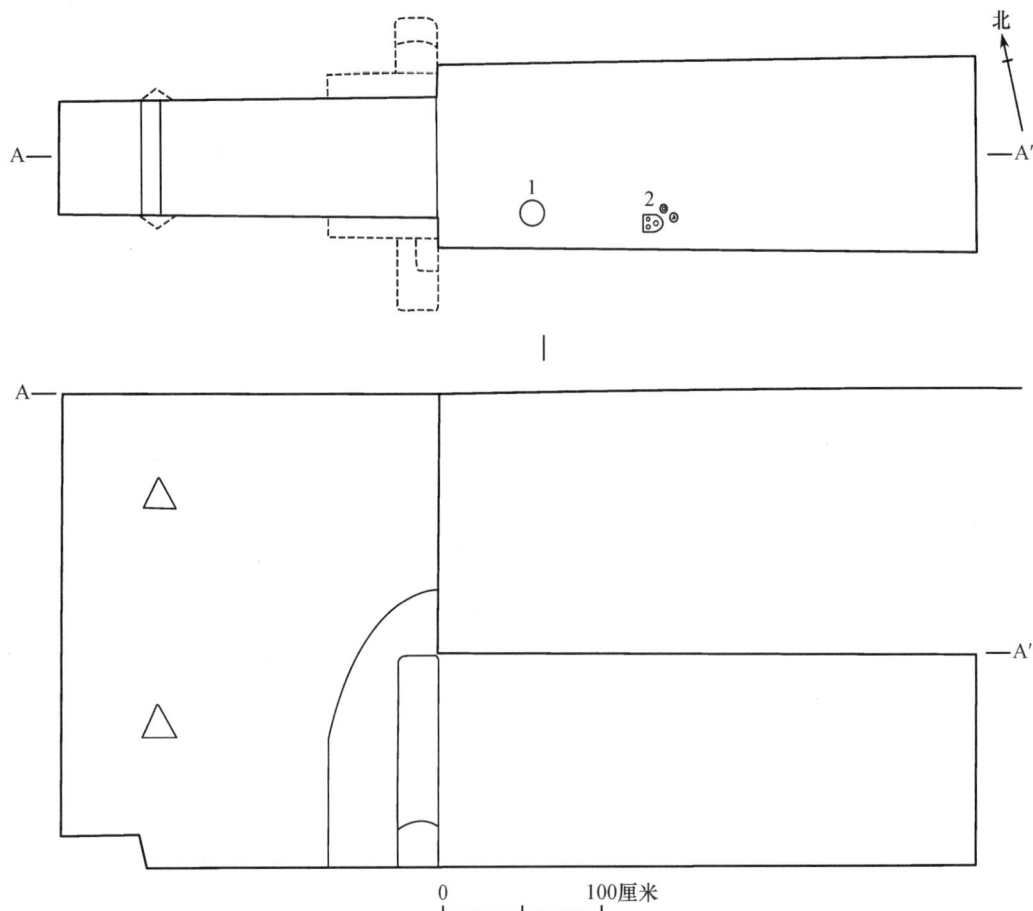

图二八六　Ⅰ区M98平、剖面图
1. 铁灯　2. 陶灶1套（盆、甑）

葬式　不详。

盗洞　1处，位于墓道的末端，自上而下进入墓室，平面呈圆形，直径约0.60米。

2. 出土器物

该墓出土器物4件，质地有陶、铁两种，分述如下。

陶器　3件，均为泥质灰陶，器类有灶、甑、盆。

灶　1件，标本M98：2-1，灶体平面呈马蹄形，前方后圆，灶面三釜呈"品"字形布置，尾部有短柱形烟囱，前端有方形落地灶门，两侧对角多重三角纹，上部多重波折纹，侧壁模印菱形网格纹，灶面模印多重"人"字纹。灶面、灶壁分体模制而后粘结，釜之肩部与灶面一次性模制而成，腹模制而后粘结于相应的位置。长14.3、宽14.6、高6.8厘米（图二八七，1）。

甑　1件，与灶配套。标本M98：2-2，敞口，平沿，尖唇，斜直腹，小平底，底部有四个箅孔。模制，沿面有制坯时留下的线切纹。口径5.9、底径1.2、高4厘米（图二八七，2）。

盆　1件，与灶配套。标本M98：2-3，敞口，平沿，方唇，折腹，小平底内凹。模制，沿面有制坯时留下的线切纹。口径5.8、底径1.8、高2.5厘米（图二八七，3）。

铁灯　1件，标本M98：1，残损，仅剩盘，浅圆盘形，敞口，方唇，斜腹。直径16.2、盘高2.0厘米（图二八七，4）。

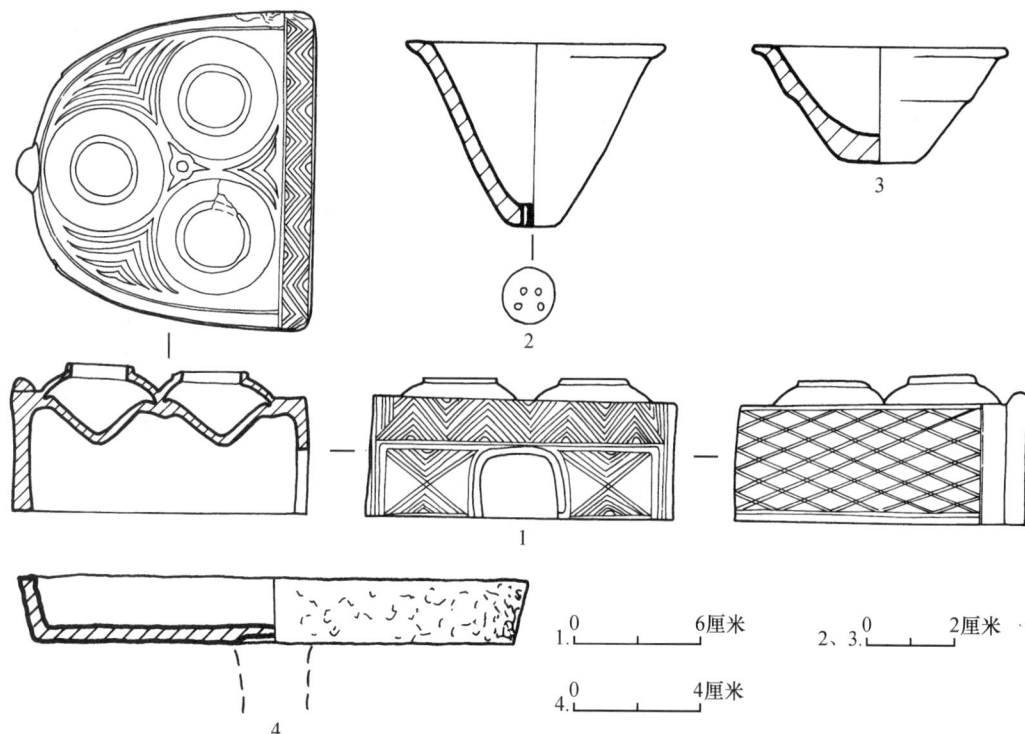

图二八七　Ⅰ区M98出土器物

1.陶灶（M98：2-1）　2.陶甑（M98：2-2）　3.陶盆（M98：2-3）　4.铁灯（M98：1）

第九十七节　M99

1. 墓葬形制

　　M99，位于第一阶地东端，探方T1204内，墓道延伸至T1104，北与M98并列，西南与M101基本并列，西侧有M100。方向270度。形制为斜坡墓道土洞墓，由墓道、墓室两部分组成（图二八八；图版三二，3、4）。

　　墓道　位于墓室的西端，平面呈梯形，西宽东窄，壁面较直，底部呈斜坡状。开口残长5.60、宽0.56~0.76、底宽0.66~0.76、坡长6.50、底距开口深0~4.0米，坡度30度。墓道内填五花土，土质疏松，未经夯打。

　　墓室　平面呈长方形，拱顶土洞。墓室长3.40、宽1.20、高1.20米。该墓未被盗扰，器物主要出土于墓室南部，出土有陶甑1、陶盆1、铜钱1。

　　封门　木板封门。南北两壁有凹槽，内有朽木痕迹。封门槽宽0.20、进深0.60、高1.30米。

　　葬具　木棺1具，已朽成灰，长2.4、宽0.90米。

　　葬式　不详。

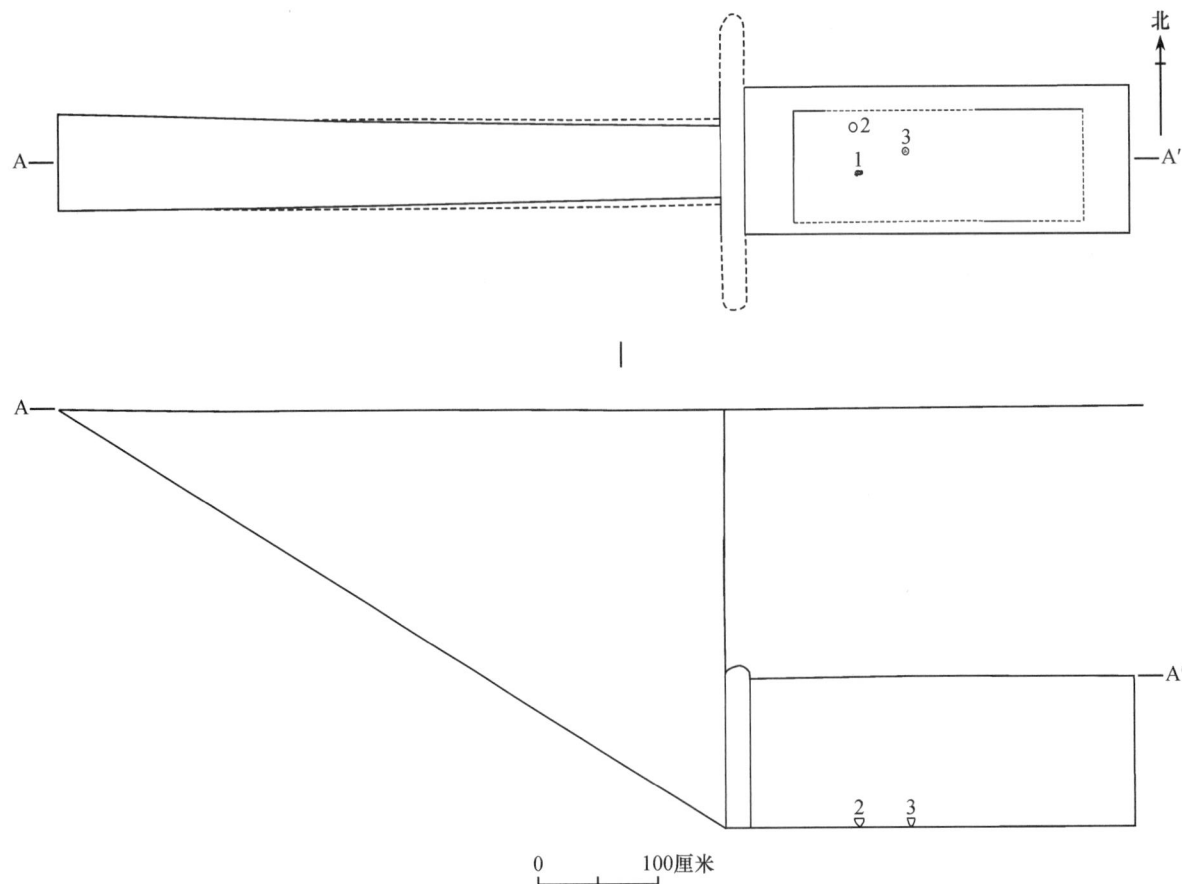

图二八八　Ⅰ区M99平、剖面图

1.铜钱　2.陶盆　3.陶甑

2. 出土器物

该墓出土器物2件，另有铜钱1枚。质地有陶、铜两种，分述如下。

陶器 2件，均为泥质灰陶，器类有甑、盆。

甑 1件，与灶配套。标本M99∶3，敞口，平沿外斜，方唇，浅弧腹，小平底，底部有三个箅孔。模制，内壁有制坯时留下的线切纹。口径6.3、底径2.8、高2.2厘米（图二八九，1）。

盆 1件，与灶配套。标本M99∶2，敞口，平沿，斜腹，小平底。模制，内壁有制坯时留下的线切纹。口径7.2、底径3.4、高3.3厘米（图二八九，2）。

铜钱 1枚，为五铢钱，标本M99∶1，圆形方穿，穿背面有郭，穿下有一星纹，穿之两侧有篆文"五铢"二字。"五"字宽短，交笔缓曲，"铢"字金头三角，朱字头方折，钱径25.29、穿宽9.44、郭厚1.93毫米，重3.49克（图二八九，3）。

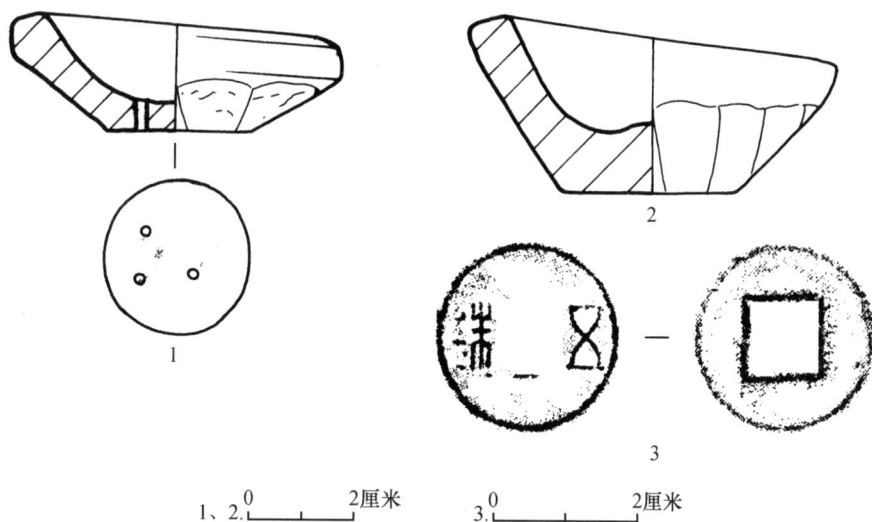

图二八九 Ⅰ区M99出土器物
1. 陶甑（M99∶3） 2. 陶盆（M99∶2） 3. 铜钱（M99∶1）

第九十八节 M100

1. 墓葬形制

M100，位于第一阶地东部，探方T1104内，东侧有M98、M99，南侧有M101。方向250度。形制为斜坡墓道土洞墓，墓道右折（按：似乎是为避让南侧的M99和M101），由墓道、过洞、天井、墓室四部分组成（图二九〇；图版三三，1、2）。

墓道 位于墓室的西端，平面近长方形，壁面较直，底部呈斜坡状。开口残长3.06、宽0.74、坡长3.60、底距开口深0～1.46米，坡度30度。墓道内填五花土，土质疏松，未经夯打。

过洞 位于墓道和天井之间，两面坡顶。长0.90、宽0.74～0.80、顶高1.46米。

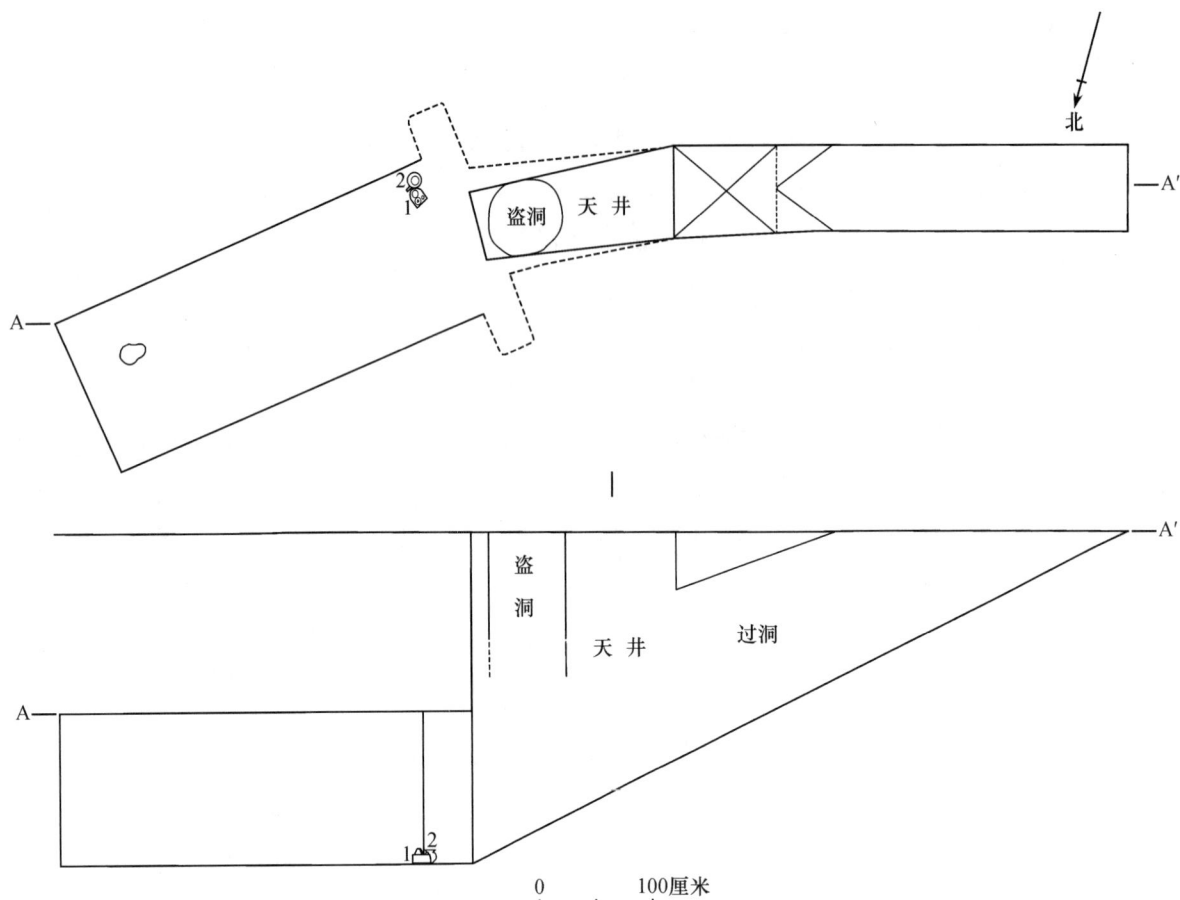

图二九〇　Ⅰ区M100平、剖面图

1.陶灶1套（盆1、甑1）　2.陶釜

天井　位于墓室和过洞之间，长方形竖井结构，底呈斜坡状。长1.82、宽0.60～0.80、底距开口深1.90～2.80米。天井内填五花土，土质疏松，未经夯打。

墓室　平面呈长方形，拱顶土洞。墓室长3.62、宽1.40、残高1.30米。该墓被盗扰，器物主要出土于墓室南部，计有陶釜1、陶灶1套（盆1、甑1）。

封门　土坯封门。东西两壁有凹槽。封门槽宽0.36、进深0.40、高1.30米。土坯尺寸36厘米×16厘米×5厘米。

葬具　不详。

葬式　骨架1具，保存较差，头向东北，仰身直肢葬。

盗洞　1处，位于墓室南侧、天井处，自上而下进入墓室，平面呈圆形，直径约0.68米。

2. 出土器物

该墓出土器物4件，均为陶器，器类有釜、灶、盆、甑。

釜　1件，标本M100：2，夹砂灰陶，侈口，圆唇，高领，弧肩，鼓腹，圜底，底部饰粗绳纹，肩部一侧有圆筒形柄。口径10.4、腹径6.6、高12厘米（图二九一，1）。

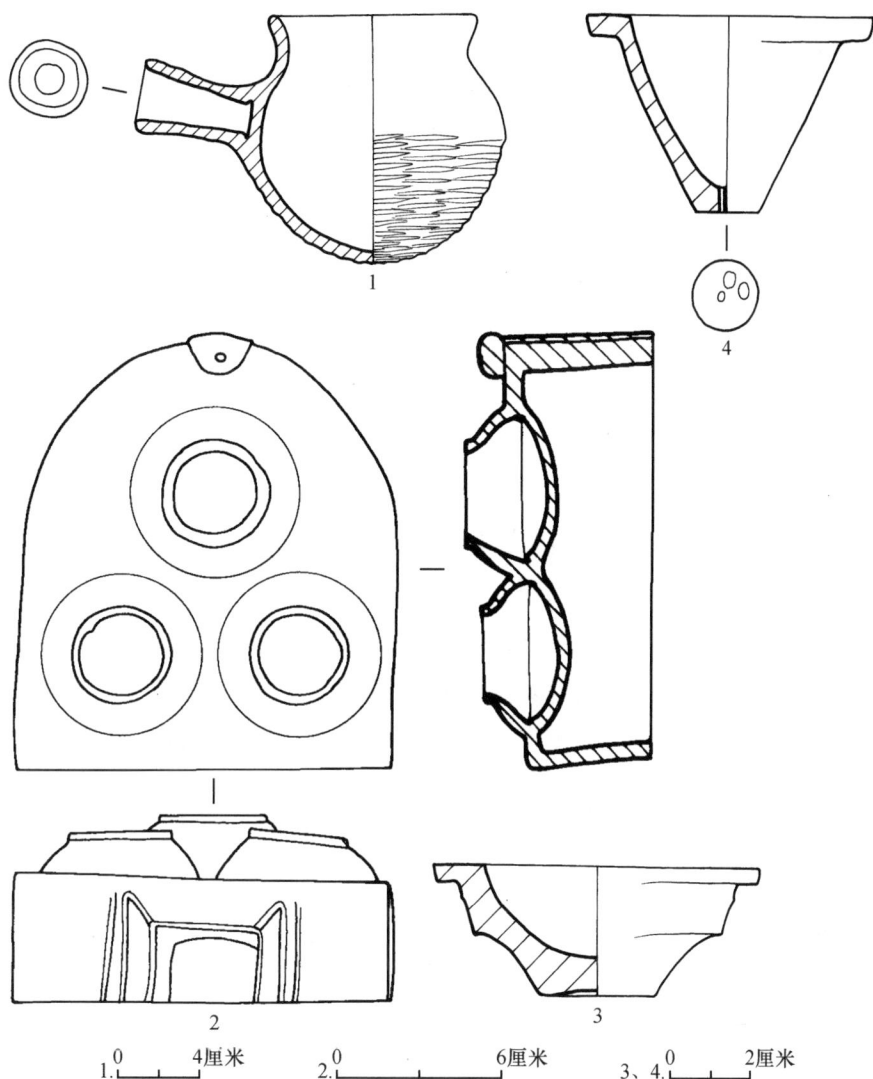

图二九一 Ⅰ区M100出土器物

1. 陶釜（M100∶2）　2. 陶灶（M100∶1-1）　3. 陶盆（M100∶1-3）　4. 陶甑（M100∶1-2）

灶　1件，标本M100∶1-1，泥质灰陶，灶体平面呈马蹄形，前方后圆，灶面三釜呈"品"字形分布，尾部有短柱形烟囱，前端有略呈圆意的方形落地灶门，周围模印三道棱线。灶面、灶壁分体模制而后粘结，釜之肩部与灶面一次性模制而成，腹模制而后粘结于相应的位置。长16、宽14、高6.9厘米（图二九一，2）。

盆　1件，与灶配套。标本M100∶1-3，泥质灰陶，敞口，平沿，方唇，折腹，小平底内凹。模制，沿面有制坯时留下的线切纹。口径8、底径2.8、高3.1厘米（图二九一，3）。

甑　1件，与灶配套。标本M100∶1-2，泥质灰陶，敞口，平沿，斜直腹，近平底，底部有三个箅孔。模制，沿面有制坯时留下的线切纹。口径7、底径1.6、高4.6厘米（图二九一，4）。

第九十九节　M101

1. 墓葬形制

M101位于第一阶地东部，探方T1104内，北与M99、M98并列。方向290度。形制为斜坡墓道土洞墓，墓道略左折，由墓道、过洞、天井、墓室四部分组成（图二九二；图版三三，3、4）。

墓道　位于墓室的西端，平面近长方形，壁面较直，底部呈斜坡状。开口残长3.10、宽0.72、坡长3.60、底距开口深0~1.70米，坡度30度。墓道内填五花土，土质疏松，未经夯打。

过洞　位于墓道和天井之间，两面坡顶。长0.90、宽0.76~0.80、高1.4米。

天井　位于墓室和过洞之间，平面呈长方形，底呈斜坡状。长1.70、开口宽0.64、底宽0.8、深2.1~2.9米。天井内填五花土，土质疏松，未经夯打。

墓室　平面呈长方形，拱顶土洞。墓室长3.0、宽1.20、高1.30米（按：该墓虽为斜坡墓道洞室墓，但墓室比一般的竖穴墓道洞室墓的墓室还要小）。该墓未被盗扰，出土有铜盆1、铜铃9、铁环1、铁器1、漆器（残，无法提取）、铜钱26。

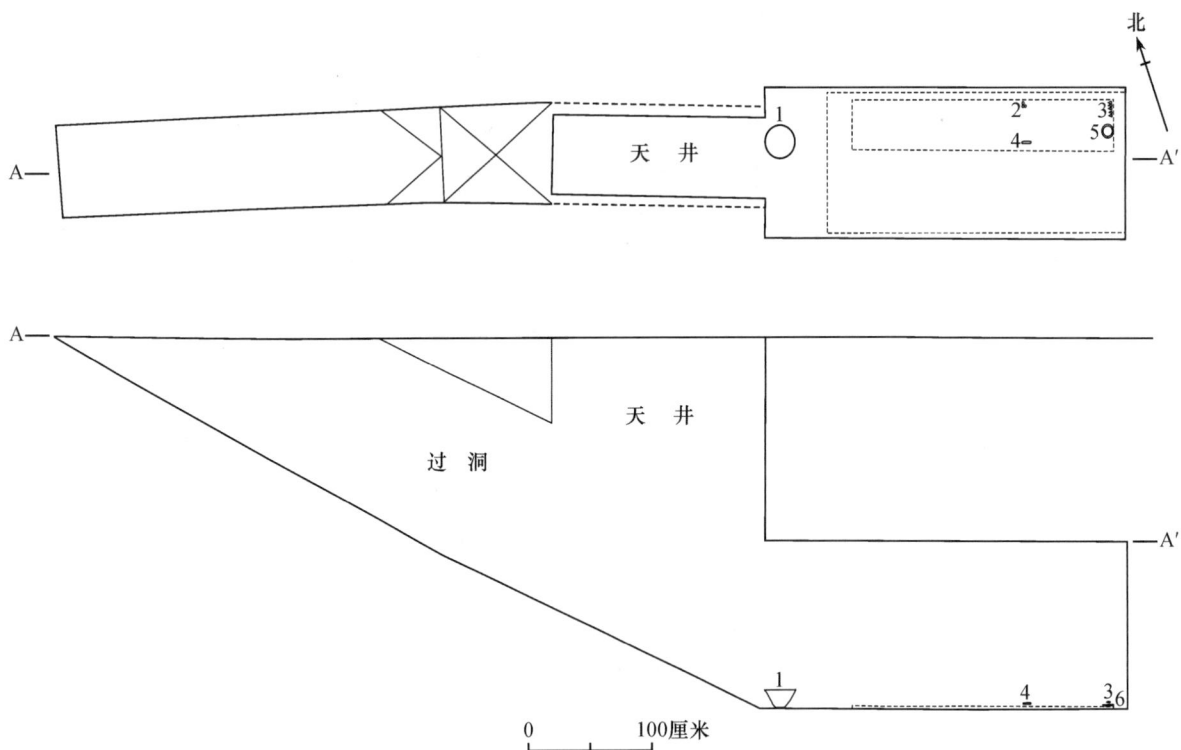

图二九二　Ⅰ区M101平、剖面图
1. 铜盆　2. 铜钱　3. 铜铃　4. 铁器　5. 铁环

封门　不详。

葬具　一棺一椁。椁痕长2.40、宽1.20，棺痕长2.10、宽0.40米。

葬式　骨架1具，保存较差，头向东，面向上，仰身直肢葬。

2. 出土器物

该墓出土器物12件，另有铜钱26枚。质地有铜、铁两种，分述如下。

铜器　10件，器类有盆、铃。

盆　1件，标本M101：1，敞口，平沿，尖圆唇，斜直腹，低矮假圈足，平底。口径26.1、底径12.6、高9.2厘米（图二九三，1）。

铃　9件，形制相同。平顶，上有半圆形钮，上窄下宽，两铣下垂，内有舌。舞部饰菱形几何纹，间饰以小乳钉，钲部饰卷云纹。标本M101：3，宽2.1～3.4、高3.85厘米（图二九三，3）。

铁器　2件，器类有环、铁器。

环　1件，标本M101：5，圆环形，截面为方形。直径12.8、内径9.6厘米（图二九三，4）。

铁器　1件，标本M101：4，残，器类不明，长条形。长9.4厘米（图二九三，2）。

铜钱　26枚，均为五铢钱，圆形方穿，穿背面有郭，部分穿上有一横郭或穿下一星纹，穿之两侧有篆文"五铢"二字。"五"字瘦长，交笔斜直，或缓曲，"铢"字金头三角，或箭头形，朱头方折，部分有圆意（按：年代为武昭时期）（图二九四、图二九五）。

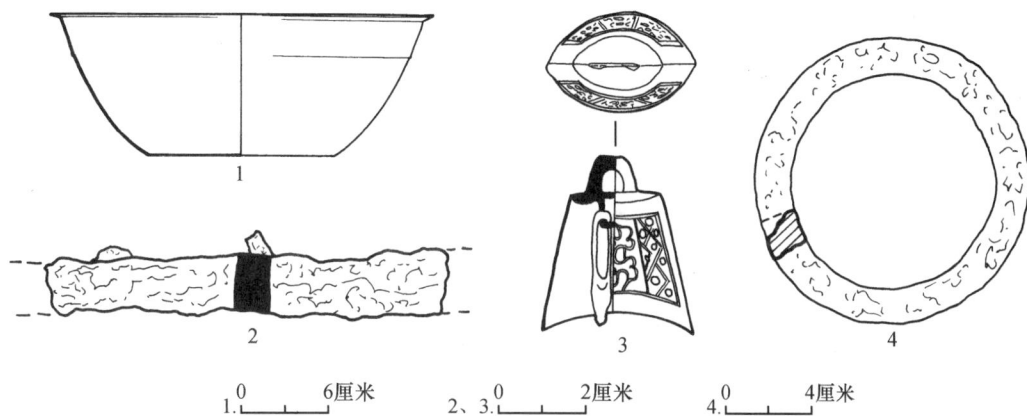

图二九三　Ⅰ区M101出土器物

1. 铜盆（M101：1）　2. 铁器（M101：4）　3. 铜铃（M101：3）　4. 铁环（M101：5）

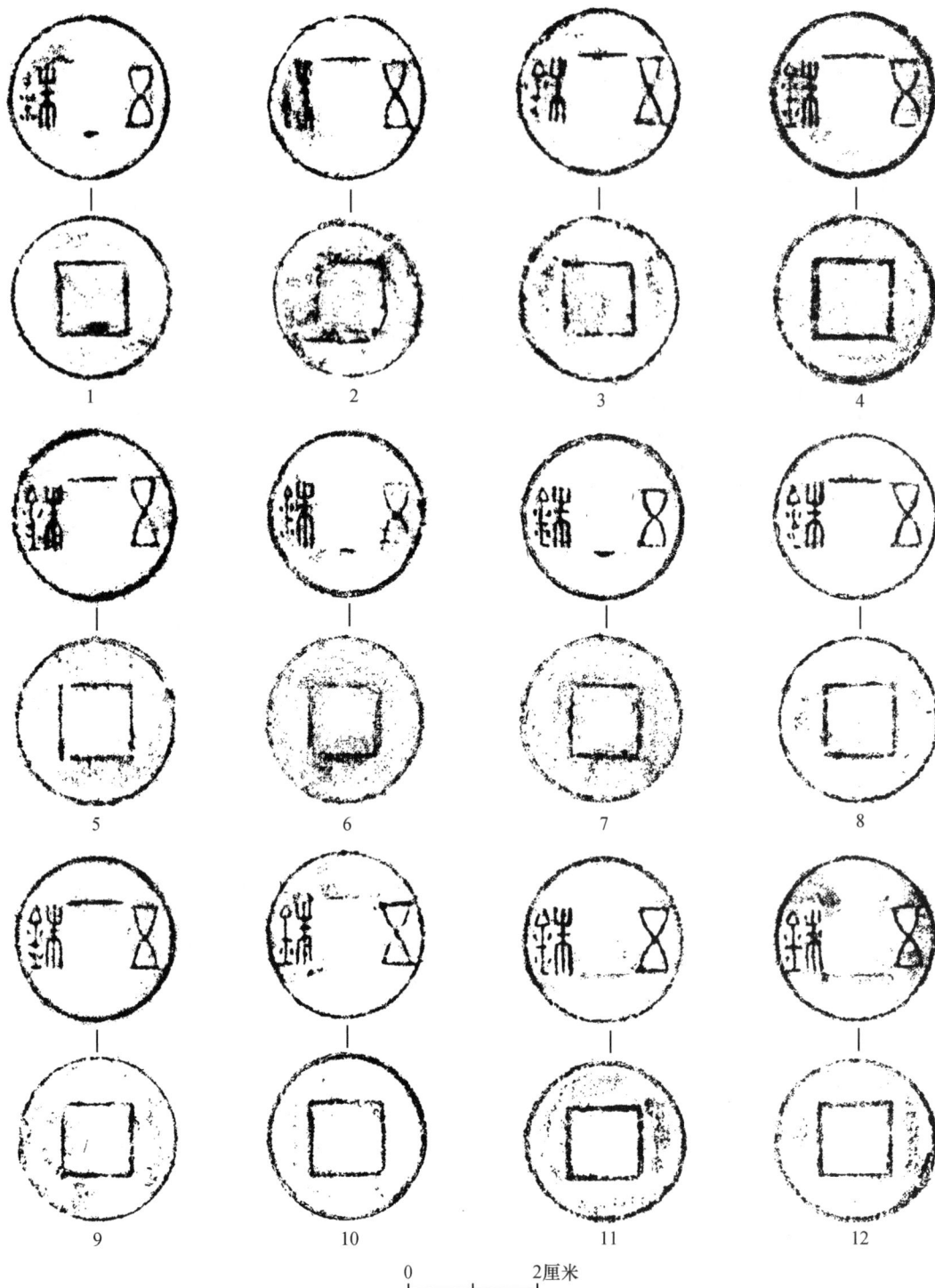

图二九四　Ⅰ区M101出土铜钱（一）

1. M101∶2-1　2. M101∶2-2　3. M101∶2-3　4. M101∶2-4　5. M101∶2-5　6. M101∶2-6　7. M101∶2-7　8. M101∶2-8
9. M101∶2-9　10. M101∶2-10　11. M101∶2-11　12. M101∶2-12

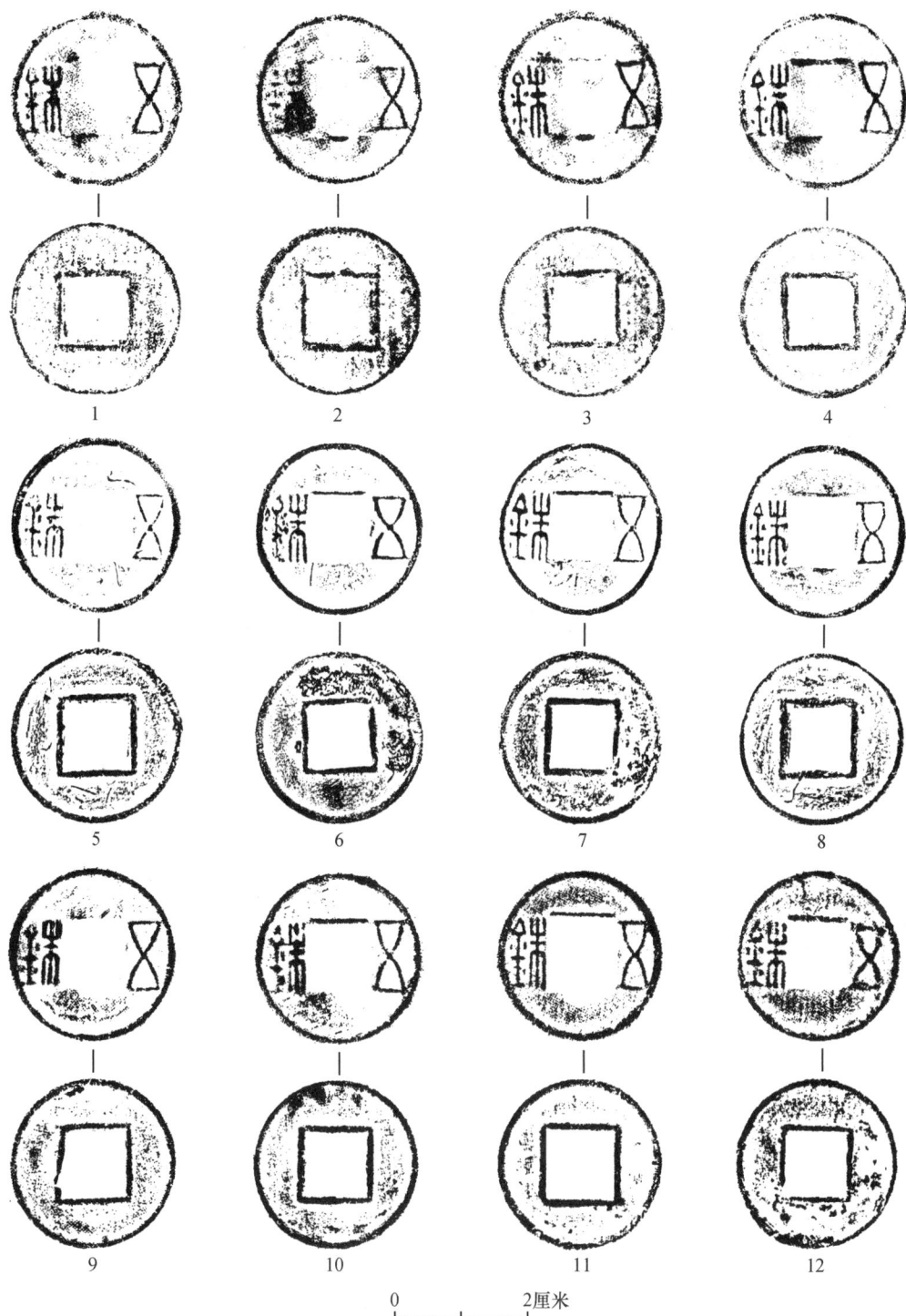

0   2厘米

图二九五 I区M101出土铜钱（二）

1. M101：2-13   2. M101：2-14   3. M101：2-15   4. M101：2-16   5. M101：2-17   6. M101：2-18   7. M101：2-19
8. M101：2-20   9. M101：2-21   10. M101：2-22   11. M101：2-23   12. M101：2-24

第一〇〇节　M102

1. 墓葬形制

M102，位于第一阶地东部，探方T1105内，东南有M100及M98、M99、M101，且朝向这几座墓，似乎有一定关系。方向114度。形制为竖穴墓道土洞墓，由墓道、墓室、小龛三部分组成（图二九六）。

墓道　位于墓室的东端，平面呈长方形，壁面较直，东端南北两壁有脚窝，南二、北三。脚窝宽0.24、高0.20、进深0.10米。墓道开口长2.60、宽0.98、底距开口深3.20米。墓道内填五花土，土质疏松，未经夯打。

墓室　平面呈长方形，拱顶土洞，条砖对缝平铺地。北壁靠近封门处有一小龛，平面呈长方形，宽0.88、进深1.0、高0.96米。墓室长3.40、宽0.98、高1.30米。条砖36厘米×19厘米×7

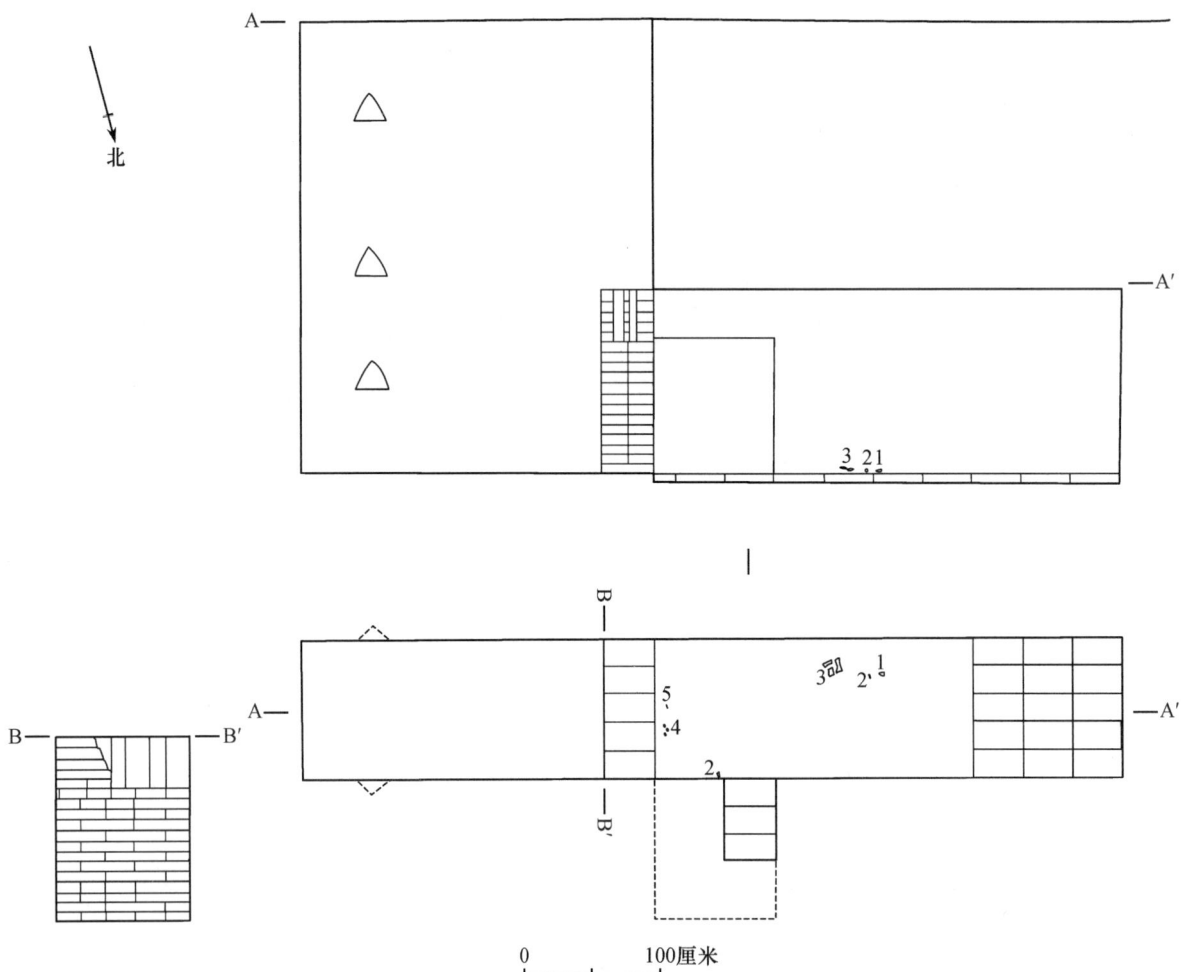

图二九六　Ⅰ区M102平、剖面图
1. 玉口琀　2. 玉耳塞　3. 铁削　4. 铅扣饰　5. 铁器

厘米。该墓被盗扰，出土有铁削1、铁器1、铅扣饰1、玉口琀1、玉耳塞2。

　　封门　条砖封门，错缝平砌。条砖36厘米×18厘米×7厘米，封门宽0.98、高1.30米。

　　葬具　木棺，出土铁棺钉，尺寸不详。

　　葬式　不详。

2. 出土器物

　　该墓出土器物6件，质地有铁、铅、玉三种。分述如下。

　　铁器　2件，器类有铁削和铁器。

　　铁削　1件，残损，标本M102∶3，残成3节。残长15.9厘米（图二九七，4）。

　　铁器　1件，标本M102∶5，器类不可辨，残成2节，长条扁状。残长6.4厘米（图二九七，5）。

　　铅扣饰　1件，标本M102∶4，圆扣形，下有双方形穿孔。帽径1.4、高0.5厘米（图二九七，1）。

　　玉器　3件，器类为口琀和耳塞。

　　口琀　1件，标本M102∶1，蝉形，残损，呈三棱锥形，长3.8、宽2.1厘米（图二九七，2）。

　　耳塞　2件，形制相同。短圆柱形，一端稍细。标本M102∶2，长1.9、直径0.3～0.7厘米（图二九七，3）。

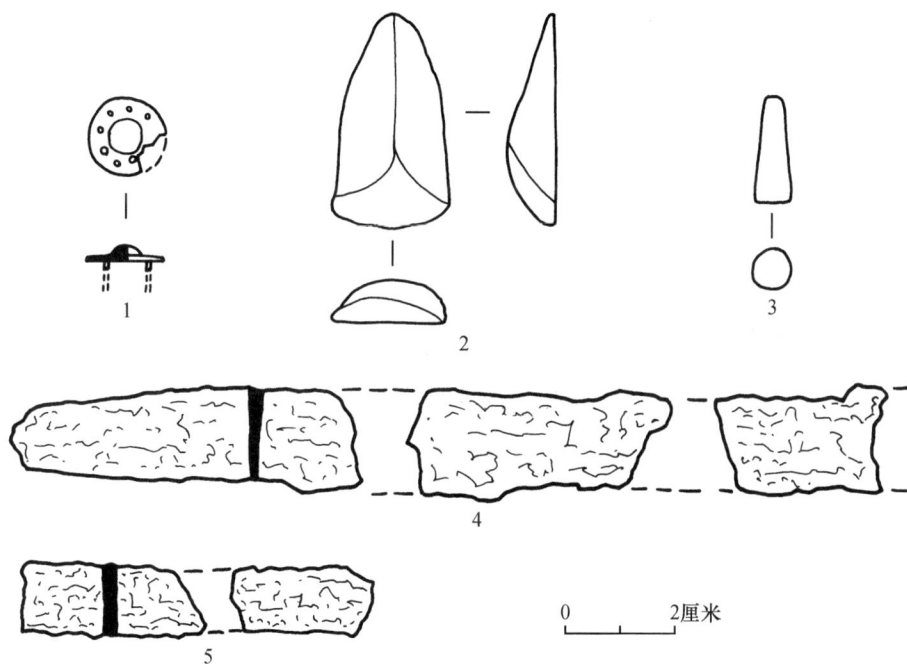

图二九七　Ⅰ区M102出土器物

1. 铅扣饰（M102∶4）　2. 玉口琀（M102∶1）　3. 玉耳塞（M102∶2）　4. 铁削（M102∶3）　5. 铁器（M102∶5）

第一〇一节　M103

1. 墓葬形制

M103，位于第二阶地中部偏南，探方T0604内，墓道延伸至T0504，北邻M73、M74。方向260度。形制为竖穴墓道土洞墓，由墓道、墓室、小龛三部分组成（图二九八；图版三四，1、2）。

墓道　位于墓室的西端，平面呈长方形，壁面较直，南北两壁有四对脚窝。脚窝宽0.22、高0.19、进深0.08米。墓道开口长2.70、宽0.80、底宽0.80~0.88、底距开口深2.70米。墓道内填五花土，土质疏松，未经夯打。

墓室　平面略呈长方形，拱顶土洞，条砖对缝铺地。墓室长3.30、宽0.88、高1.60米，条砖38厘米×19厘米×9厘米。墓室北壁靠近封门处有一小龛，平面近似长方形，宽0.60、进深0.34、高0.70米。该墓未被盗扰，器物主要出土于墓室西部北侧及小龛内，出土有陶鼎1、陶盒1、陶罐2、陶仓3、陶樽1、陶灶1套（盆1、甑1）、铜镜1、铅铺首1、玉口琀1、玉耳塞2、玉鼻塞1、铜钱9。

封门　条砖封门，错缝平砌。条砖38厘米×19厘米×9厘米。封门宽0.80、高1.60米。

葬具　木棺1具，已朽成灰，长2.20、宽0.60米。

葬式　骨架1具，已成粉末，头向东，仰身直肢葬。

2. 出土器物

该墓出土器物17件，另有铜钱9枚。质地有陶、铜、铅、玉四种，分述如下。

陶器　11件，均为泥质灰陶，器类有鼎、盒、罐、仓、樽、灶、盆、甑。

鼎　1件，标本M103：11，盖，浅覆钵形，外侧均匀布置三乳突形饰；器身，子母口内敛，弧腹，近平底，肩附外撇弯曲板耳，顶端外折，腹中部有一周台棱，底附三马蹄形足。盖径16.5、器身口径14、腹深7.6、足高6.6、通高15.4厘米（图二九九，1；图版一二七，6）。

盒　1件，标本M103：12，盖，浅覆钵形，顶有矮圈足捉手；器身，子母口内敛，弧腹，平底。盖径17.2、器身口径17.4、腹深7.4、底径10.2、高12.6厘米（图二九九，2；图版一二八，1）。

罐　2件，M103：9、10，形制相同。侈口，双唇，矮领，圆肩，鼓腹，平底。肩部饰两道凹弦纹。标本M103：10，口径8.7、腹径15.4、底径9.4、高13厘米（图二九九，3）。

仓　3件，M103：6、7、8，形制相同。直口，圆唇，矮领，肩部稍出檐，绕口一周有环状台面，直筒腹，上大下小，平底，底附三踞熊形足，腹部饰两组（每组三道）凹弦纹。标本M103：8，口径8、腹径16.3、底径11.3、足高4.5、通高25.1厘米（图二九九，4；图版一二八，3）。

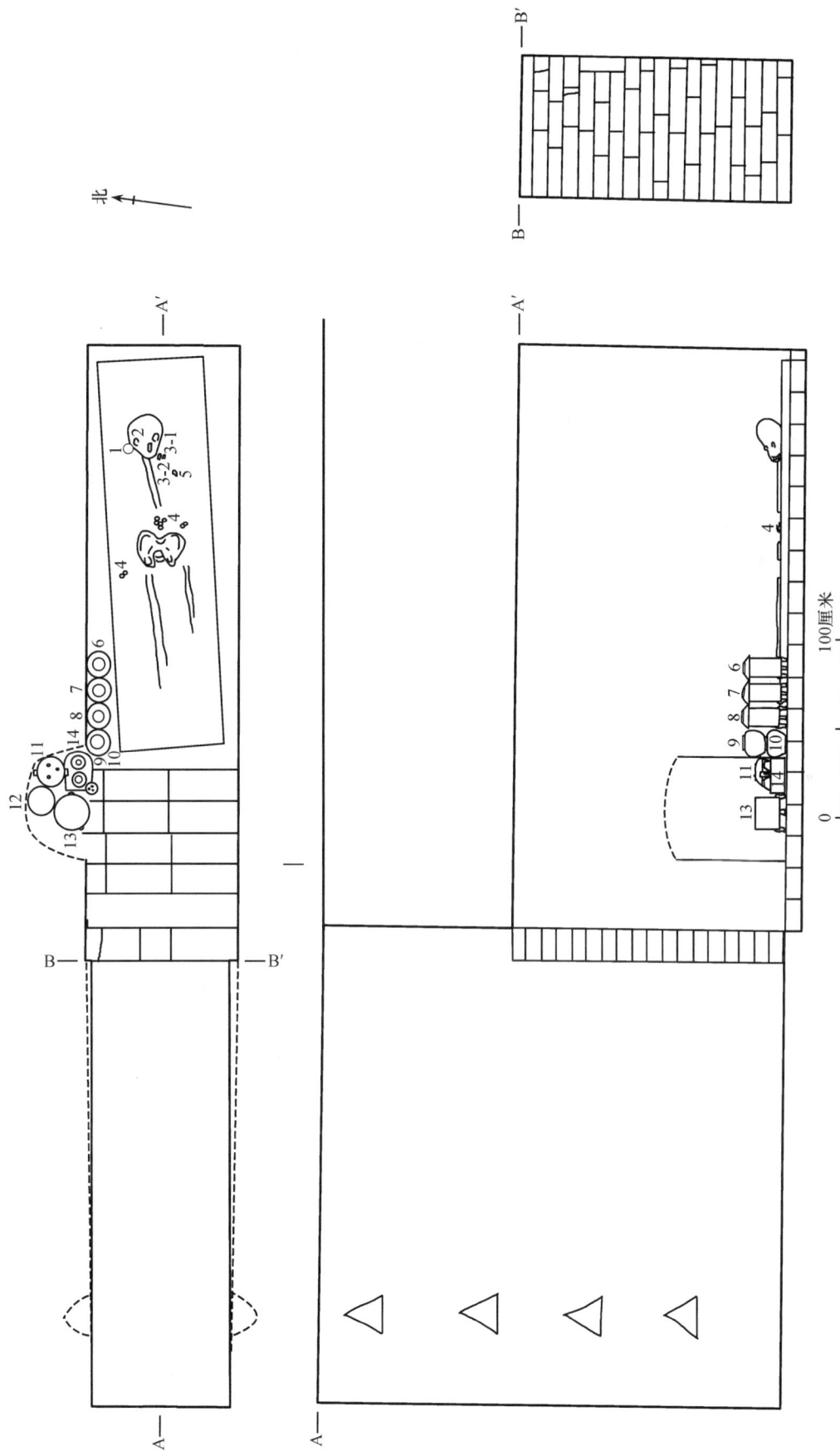

图二九八　Ⅰ区M103平、剖面图

1. 铜镜　2. 玉口琀　3-1. 玉耳塞　3-2. 玉鼻塞　4. 铜钱　5. 铅铺首　6~8. 陶仓　9、10. 陶罐　11. 陶鼎　12. 陶盒　13. 陶樽　14. 陶灶1套（盆1、甑1）

樽　1件，M103：13，盖缺；器身，直口，斜平沿，直通腹，平底，底附三马蹄形足，足根饱满。标本M103：13，口径20.2、底径19、足高5.3、通高17厘米（图二九九，5；图版一二八，4）。

灶　1件，标本M103：14-1，灶体平面呈马蹄形，前方后圆，灶面前端略有出檐，灶面两釜前后布置，尾部有圆孔烟囱，前端有方形的落地灶门，周围模印出门框，门框之外上、下两圆圈纹，门框之上一周连续菱形纹，灶面模印鱼、勺、火钩、盘、刷、锅盖等食品及炊具，檐上连续菱形纹。长22.6、宽15.7、高11.6厘米（图二九九，8；图版一二八，5）。

盆　1件，与灶配套。标本M103：14-2，敞口，平沿，方唇，折腹，小平底内凹。口径8.2、底径2.6、高3.6厘米（图二九九，6）。

甑　1件，与灶配套。标本M103：14-3，敞口，平沿，方唇，斜直腹，近平底，底部有三个箅孔。口径6.4、底径2、高4.7厘米（图二九九，7）。

铜镜　1面，标本M103：1，日光铭文镜，圆形，半圆钮，圆钮座，宽素平缘，镜面微凸。钮座之外有一周凹面环带纹，其外有"见日天下之光"铭文带，铭文两字之间有"◇"符号，之外一周短斜线纹。面径5.20、背径5.10、钮宽0.90、缘宽0.70、缘厚0.10厘米，重24克（图三〇一；彩版三七，1）。

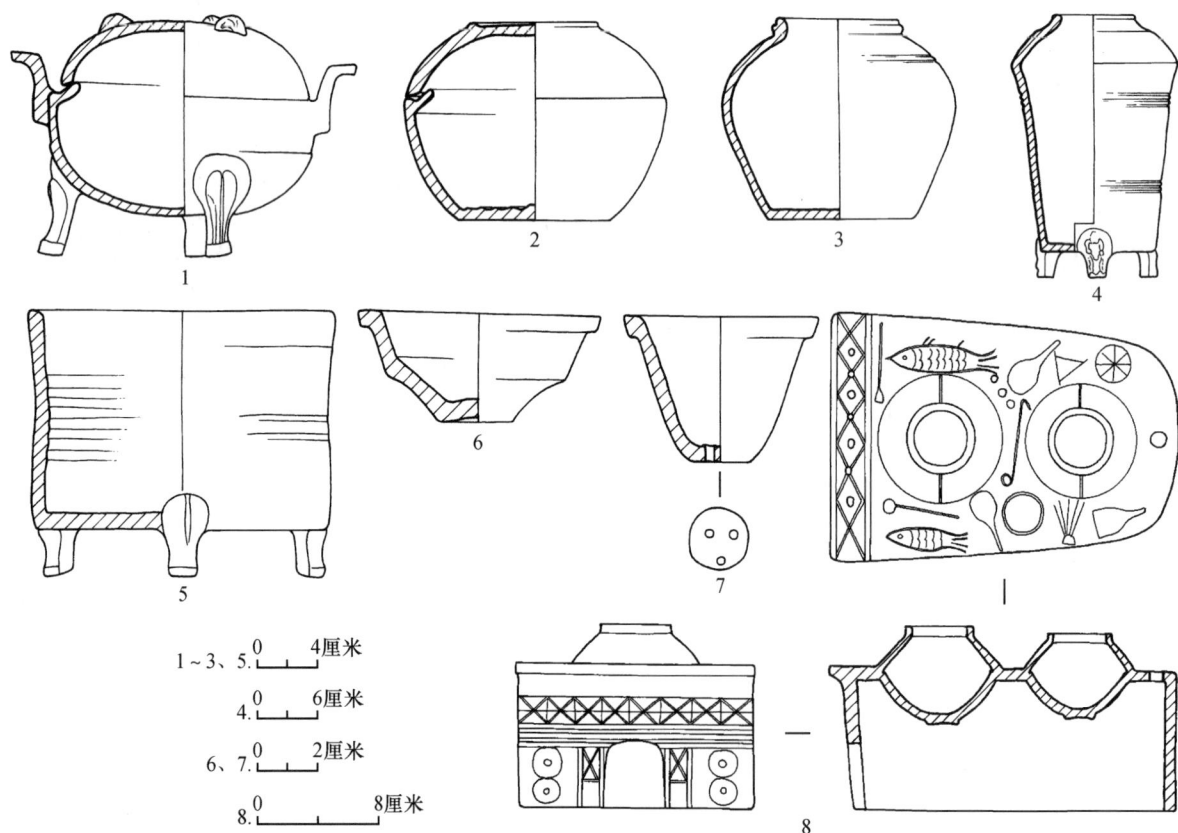

比例尺：
1~3、5. 0—4厘米
4. 0—6厘米
6、7. 0—2厘米
8. 0—8厘米

图二九九　Ⅰ区M103出土器物（一）

1. 陶鼎（M103：11）　　2. 陶盒（M103：12）　　3. 陶罐（M103：10）　　4. 陶仓（M103：8）　　5. 陶樽（M103：13）

6. 陶盆（M103：14-2）　　7. 陶甑（M103：14-3）　　8. 陶灶（M103：14-1）

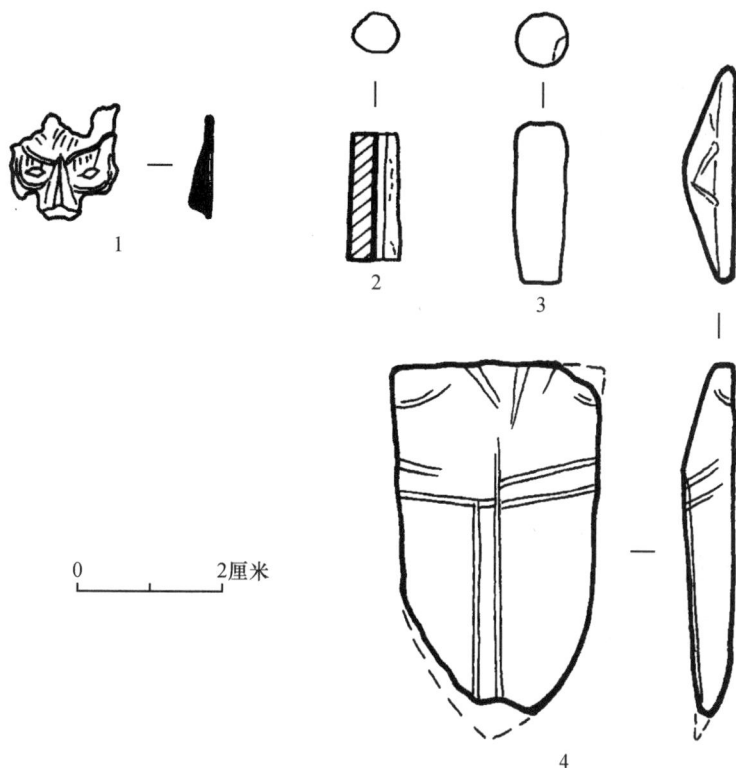

图三〇〇　Ⅰ区M103出土器物（二）

1.铅铺首（M103：5）　2.玉口琀（M103：2）　3.玉鼻塞（M103：3-1）　4.玉耳塞（M103：3-2）

铅铺首　1件，标本M103：5，残，兽面纹，兽面宽1.4、高1.5厘米（图三〇〇，1）。

玉器　4件，为口琀、鼻塞和耳塞。

口琀　1件，标本M103：2，蝉形，残，头平齐，背部磨出三棱线做双翼、头的分界线，前部刻有两道阴线纹，后部有两凹痕，平腹，尾部上翘。残长4.7、宽2.9、厚0.7厘米（图三〇〇，2）。

鼻塞　1件，标本M103：3-1，六棱柱形，表面已钙化，长2.15、直径0.7厘米（图三〇〇，3）。

耳塞　2件，圆柱形，形制相同。标本M103：3-2，长2.1、直径0.7厘米（图三〇〇，4）。

图三〇一　Ⅰ区M103出土铜镜（M103：1）

铜钱　9枚，均为五铢钱，圆形方穿，穿背面有郭，部分穿上有一横郭或穿下有一星纹，穿之两侧有篆文"五铢"二字。"五"字或瘦长，或宽大，交笔或缓曲，或曲，"铢"字金头三角或箭镞形，朱字头方折（按：年代为昭宣时期）（图三〇二）。

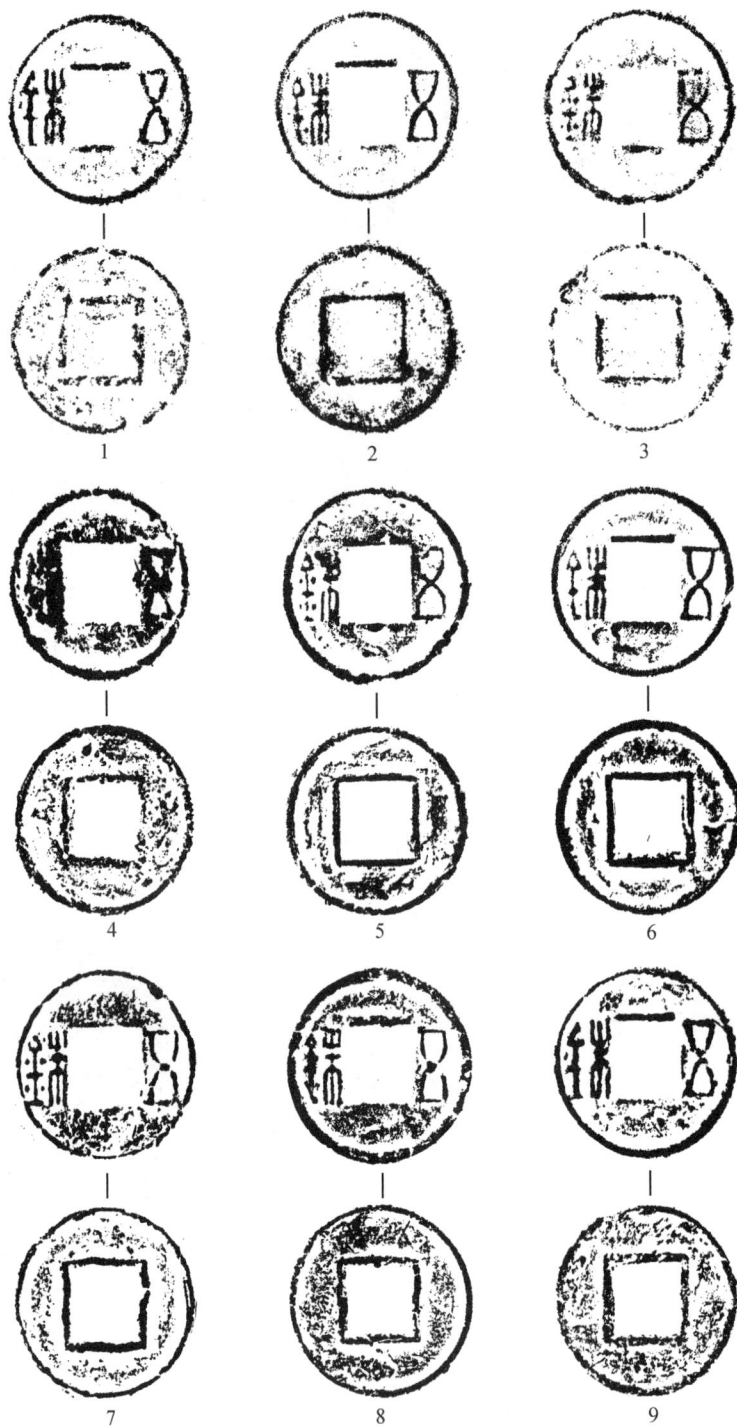

图三〇二　Ⅰ区M103出土铜钱

1. M103：4-1　2. M103：4-2　3. M103：4-3　4. M103：4-4　5. M103：4-5　6. M103：4-6　7. M103：4-7　8. M103：4-8

9. M103：4-9

第一〇二节　M104

1. 墓葬形制

M104，位于第一阶地东部，探方T1004内，南与M105并列，唯方向相反，不知是否为并穴合葬。方向110度。形制为竖穴墓道土洞墓，由墓道、墓室两部分组成（图三〇三；图版三四，3、4）。

墓道　位于墓室的东端，平面呈长方形，壁面较直，南北两壁有六对脚窝。脚窝宽0.22、高0.18、进深0.08米。墓道开口长2.30、宽0.92、底距开口深6.30米。墓道内填五花土，土质疏松，未经夯打。

墓室　平面略呈长方形，拱顶土洞，东端靠近封门处有一排条砖（楔形砖）砌壁券顶，之后为土洞，底为楔形砖横置错缝平铺，墓室呈前高后低（按：这种结构多见于新莽时期，应该是砖室墓的一种简化形式）。墓室长3.50、宽1.08～1.22、砖券高1.42、土洞高1.20米，条砖38厘米×19厘米×6厘米、楔形砖的尺寸36厘米×18厘米×（2.8～4）厘米。该墓未被盗扰，器物主要出土于墓室的东部南、北两侧，计有陶罐10、陶樽1、陶灶1（盆2、甑1）、磨石1、铜钱8。

封门　条砖封门，错缝平砌。条砖38厘米×19厘米×6厘米。封门宽0.92、高1.50米。

葬具　木棺1具，已朽成灰，长2.10、宽0.70米。

葬式　骨架1具，已成粉末，头向东，仰身直肢葬。

2. 出土器物

该墓出土器物16件，另有铜钱8枚。质地为陶、石两种，分述如下。

陶器　15件，均为泥质灰陶，器类有罐、樽、灶、盆、甑。

罐　10件（M104：1、2、3、4、5、6、7、8、10、12）。M104：1、2、3、4、5、6、7、8，形制相同。侈口，双唇，弧肩，鼓腹，平底，肩部饰两道凹弦纹。轮制，器底有旋切痕。标本M104：7，口径9、腹径16、底径9、高13.6厘米（图三〇四，1；图版一二八，6）。标本M104：12，直口，卷平沿，尖圆唇，短束颈，鼓肩，直筒腹，平底，腹部饰三组（每组三道）凹弦纹。口径9.2、腹径15.5、底径14.7、高19.4厘米（图三〇四，2；图版一二九，1）。标本M104：10，直口，卷平沿，尖圆唇，短束颈，鼓肩，弧腹，平底。口径11.7、腹径18.2、底径16.5、高21.3厘米（图三〇四，3）。

樽　1件，标本M104：11，直口，平沿，直筒腹，平底，底附三马蹄形足。口径21.4、腹径21.4、足高5.6、通高17.2厘米（图三〇四，4；图版一二九，2）。

灶　1件，标本M104：9-1，灶体平面呈马蹄形，前方后圆，灶面三釜，前、后各一大

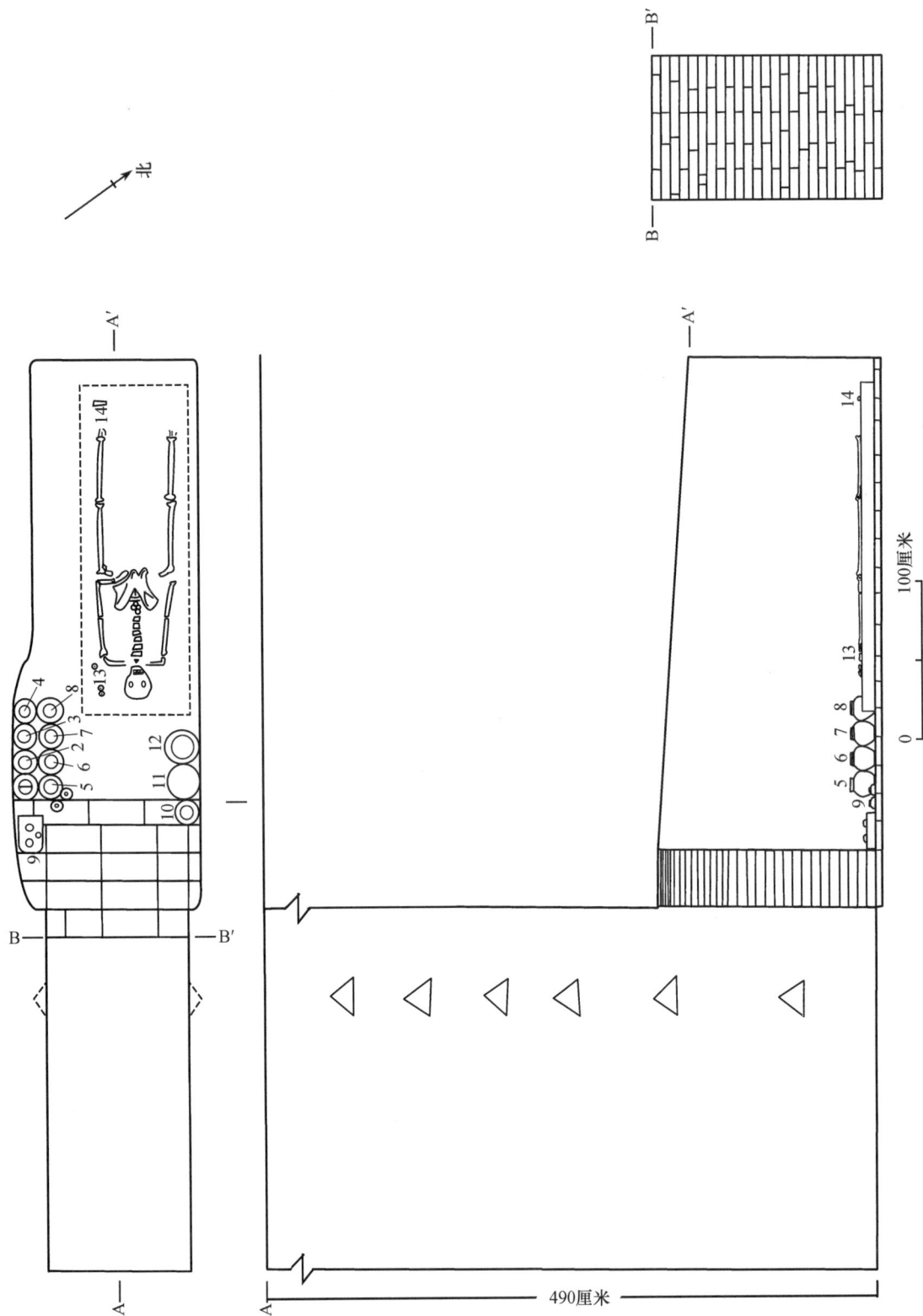

图三○三 Ⅰ区M104平、剖面图

1~8、10、12. 陶罐 9. 陶灶1（盆2、甑1） 11. 陶樽 13. 铜钱 14. 磨石

釜，一侧有一小釜，尾部有圆孔烟囱，前端有方形的落地灶门，周围模印多重菱形纹，灶面前部连续菱形纹，菱形内饰一小圆点，两侧及釜间模印鱼、刷、勺、钩等食物、炊具。长21.4、宽16.6、高8.2厘米（图三○四，5；图版一二九，3）。

　　盆　2件，与灶配套，形制相同。M104：9-2、M104：9-4，敞口，平沿，方唇，折腹，小平底内凹。标本M104：9-2，口径7.9、底径2.2、高3.2厘米（图三○四，6）。

　　甑　1件，与灶配套。标本M104：9-3，敞口，平沿，方唇，折腹，平底内凹，底部有三个箅孔。口径7.7、底径2.2、高3.1厘米（图三○四，7）。

　　磨石　1件，标本M104：14，长条方形，残，断面方形，表面有使用痕迹，褐色。长9.8、宽2.1、高2.9厘米（图三○四，8；图版一五五，4）。

　　铜钱　8枚，均为五铢钱，圆形方穿，穿背面有郭，部分穿上有一横郭或穿下有一星纹，穿之两侧有篆文"五铢"二字。"五"字较宽大，交笔甚曲，"铢"金头三角，之下四圆点或短竖点，朱头方折（按：年代为宣元时期）（图三○五）。

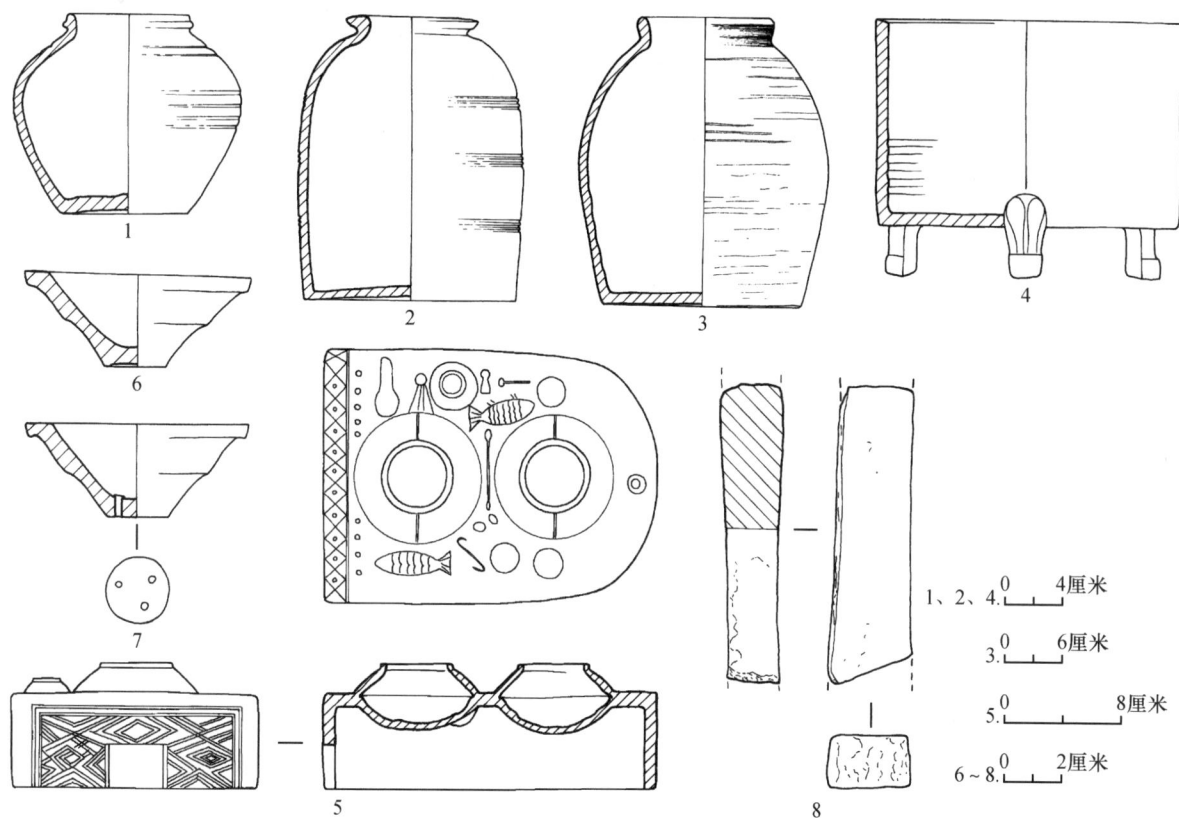

图三○四　Ⅰ区M104出土器物
1～3.陶罐（M104：7、12、10）　4.陶樽（M104：11）　5.陶灶（M104：9-1）　6.陶盆（M104：9-2）
7.陶甑（M104：9-3）　8.磨石（M104：14）

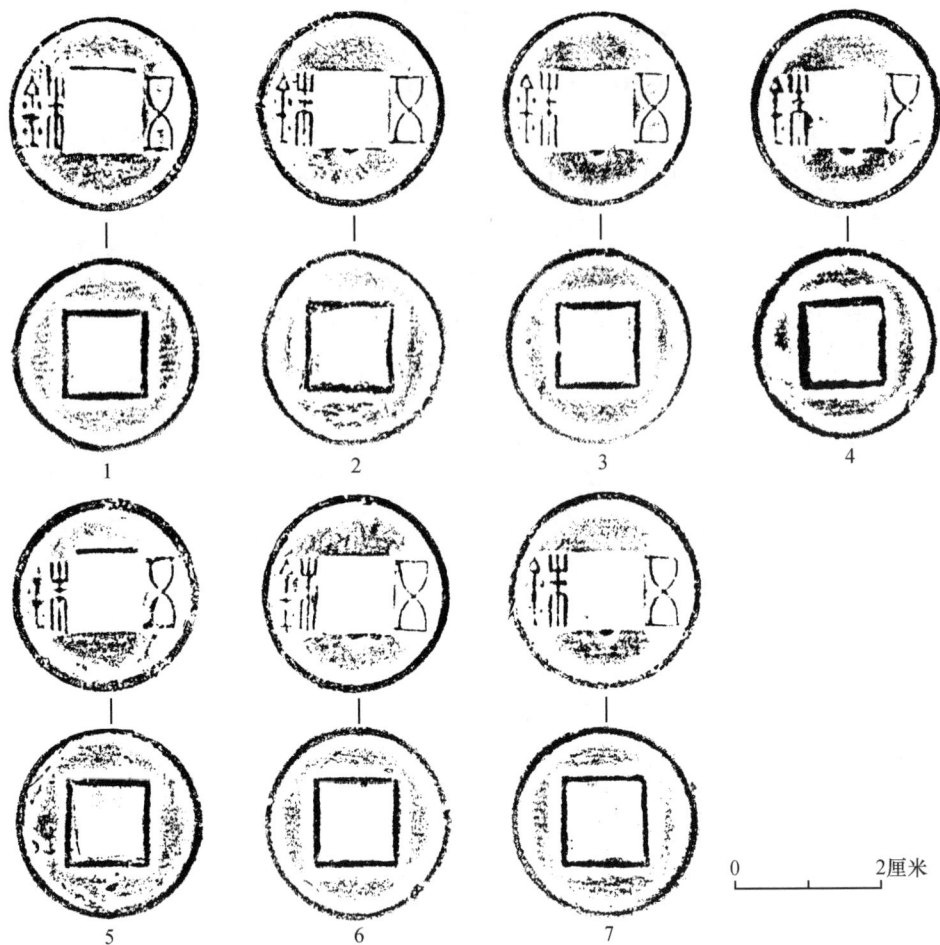

图三〇五　　Ⅰ区M104出土铜钱

1. M104：13-1　2. M104：13-2　3. M104：13-3　4. M104：13-4　5. M104：13-5　6. M104：13-6　7. M104：13-7

第一〇三节　M105

1. 墓葬形制

　　M105，位于第一阶地东部，探方T1004内，北与M104并列。方向295度。形制为竖穴墓道土洞墓，平面呈刀把形，由墓道、墓室两部分组成（图三〇六；图版三五，1、2）。

　　墓道　位于墓室的西端，平面呈长方形，壁面较直，南北两壁有平面呈三角形的脚窝。脚窝宽0.20、进深0.10、高0.16米。墓道开口长2.50、宽0.84、底距开口深4.80米。墓道内填五花土，土质疏松，未经夯打。

　　墓室　平面略呈刀形，拱顶土洞，底为条砖错缝平铺。应该是二次造，正对墓门砖铺地部分是第一次造墓室，南侧为第二次造的墓室（按：二次造是满足合葬的需要，西汉中期以前，夫妻合葬多为并穴合葬，西汉中期以后，同穴合葬渐渐流行，这种二次造墓现象，正处在由异穴向同穴合葬的过渡阶段）。条砖36厘米×18厘米×6厘米。墓室长3.30、宽1.70～1.90、高

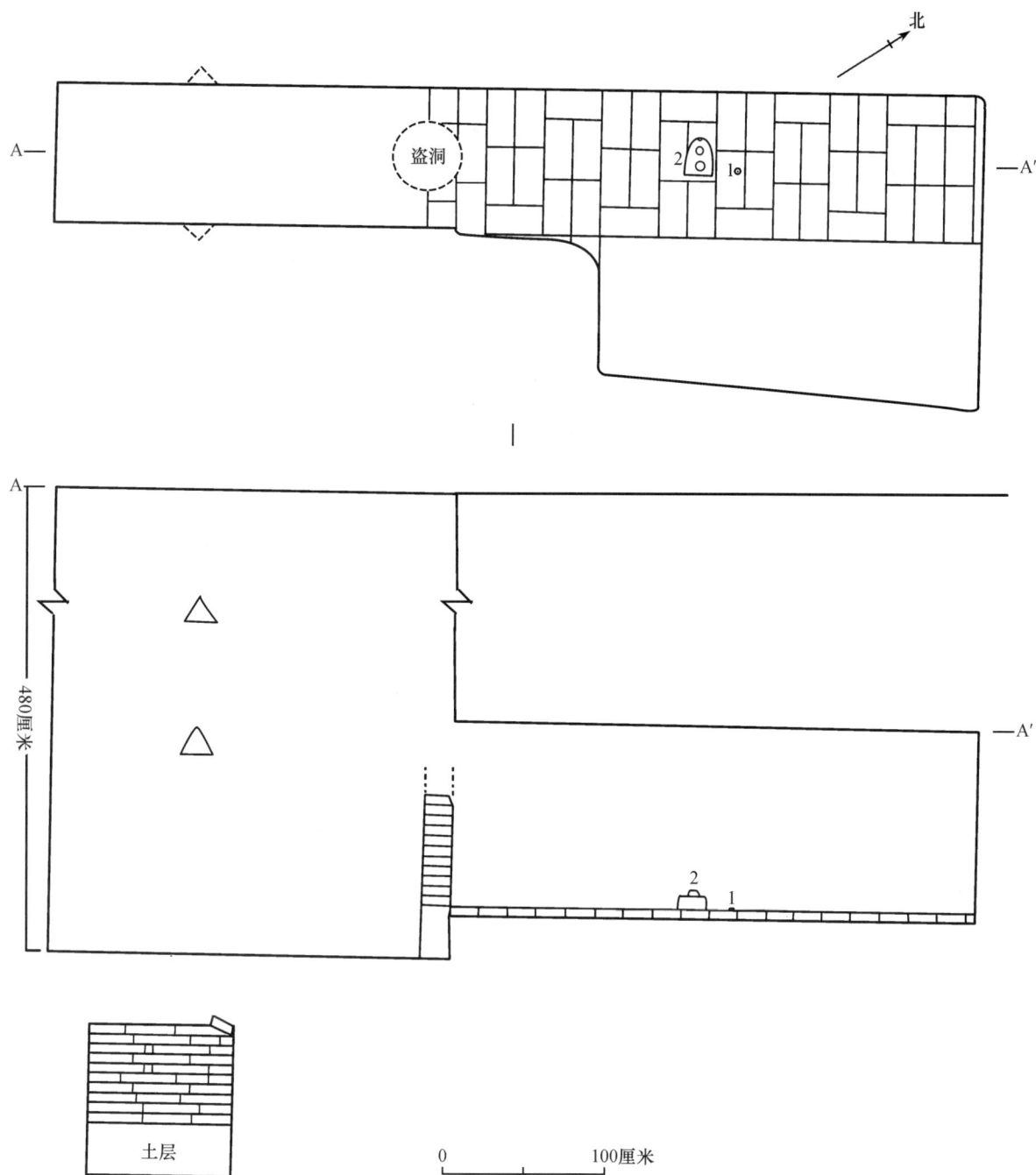

图三〇六　Ⅰ区M105平、剖面图
1. 铜钱　2. 陶灶

1.42米。该墓被盗扰，出土有陶灶1、铜钱1。

封门　条砖、土坯错缝平砌。条砖的尺寸36厘米×18厘米×6厘米，土坯的尺寸28厘米×18厘米×6厘米。这也是二次造墓的见证。

葬具　木棺，出土铁棺钉尺寸不详（按：木棺用铁钉的现象流行于西汉中期以后）。

葬式　不详。

盗洞　1处，位于封门处，自上而下进入墓室。平面呈圆形，直径约0.40米。

2. 出土器物

该墓出土器物1件，另有铜钱1枚。质地为陶、铜两种，分述如下。

陶灶　1件，标本M105：2，灶体平面呈马蹄形，前方后圆，灶面两釜前后布置，尾部有圆孔烟囱，前壁有长方形落地灶门，周围模印多重菱形纹。灶面、灶壁分体模制而后粘结，釜之肩部与灶面一次性模制而成，腹模制而后粘结于相应的位置。长22.8、宽16.8、高9.2厘米（图三〇七，1）。

铜钱　1枚，为五铢钱，标本M105：1-1，圆形方穿，穿背面有郭，剪轮，正面穿上有一横，穿之两侧有篆文"五铢"二字。"五"字宽大，交笔较直，"铢"金头三角，朱字头方折，钱径21.72、穿宽9.6、郭厚0.95毫米，重2.29克（按：该钱铸于武帝时期，可能在宣元时期被剪郭使用）（图三〇七，2）。

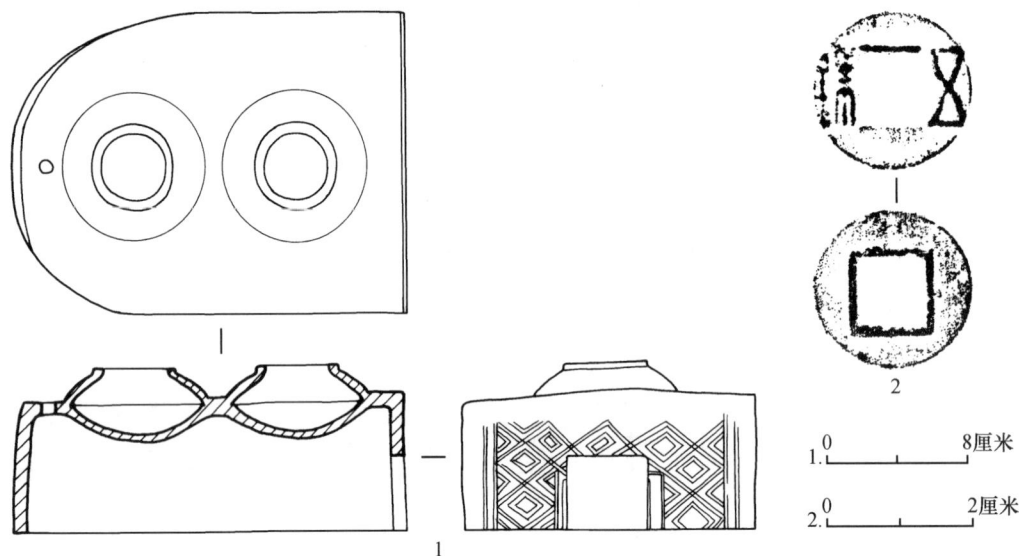

图三〇七　Ⅰ区M105出土器物
1. 陶灶（M105：2）　2. 铜钱（M105：1-1）

第一〇四节　M106

1. 墓葬形制

M106，位于第一阶地东部，探方T1004内，东南紧邻M129，唯方向与其相反。方向10度。形制为竖穴墓道土洞墓，由墓道、墓室两部分组成（图三〇八；图版三五，3、4）。

墓道　位于墓室的北端，平面呈长方形，壁面较直。开口长2.30、宽0.88、底宽1.0、底距开口深2.30米。墓道内填五花土，土质疏松，未经夯打。

墓室　平面略呈刀形，拱顶土洞。墓室长2.70、宽1.40～1.56、高1.30米。该墓被盗扰，出

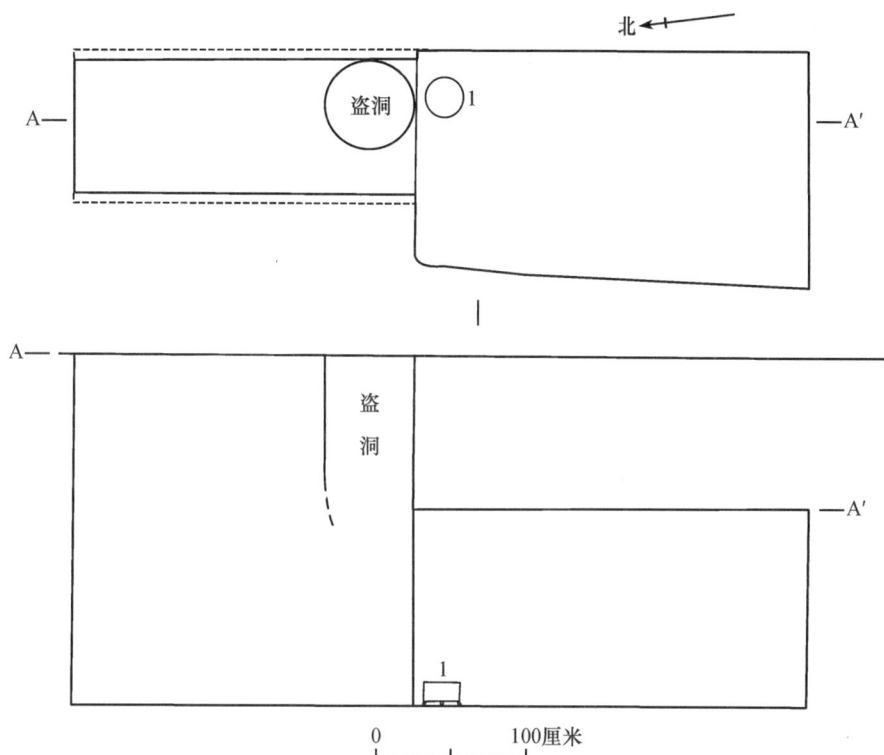

图三〇八　Ⅰ区M106平、剖面图
1. 陶樽

土陶樽1件。

　　封门　不详。

　　葬具　木棺，出土铁棺钉，尺寸不详。

　　葬式　不详。

　　盗洞　1处，位于封门处，自上而下进入墓室。平面呈圆形，直径约0.60米。

2. 出土器物

　　该墓共出土陶樽1件，标本M106：1，红胎酱黄釉陶。直口，平沿，直筒腹，平底，底附三马蹄形足。口径23.2、腹径23.3、底径22.4、高18.2厘米（图三〇九）。

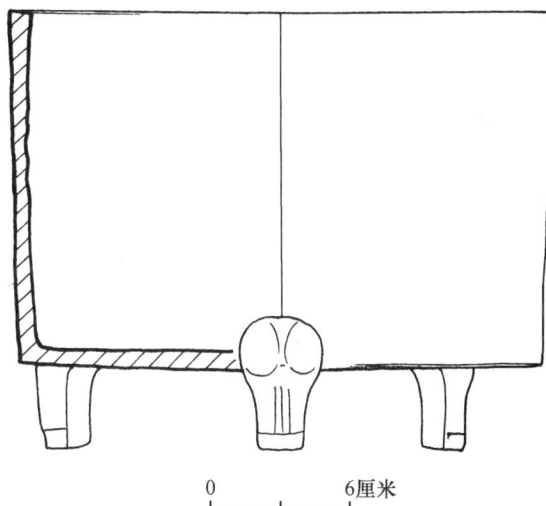

图三〇九　Ⅰ区M106出土陶樽（M106：1）

第一〇五节　M108

1. 墓葬形制

M108，位于第一阶地东部，探方T0904内，西与M109并穴而葬，再西与M142、M113、M114、M115基本为东西并列，南北稍有错位。方向210度。形制为竖穴墓道土洞墓，由墓道、墓室两部分组成（图三一〇）。

墓道　位于墓室的南端，平面呈长方形，壁面较直，底略呈坡状。开口长2.50、宽0.72～0.76、底距开口深0.90～1.10米。墓道内填五花土，土质疏松，未经夯打。

墓室　平面略呈长方形，拱顶土洞。墓室长2.50、宽0.96、高1.0米。该墓未被盗扰，器物主要出土于墓室南部，计有陶罐1、陶钵1、铁器1。

封门　不详。

葬具　木棺，出土铁棺钉，尺寸不详。

葬式　保存极差，葬式不详。

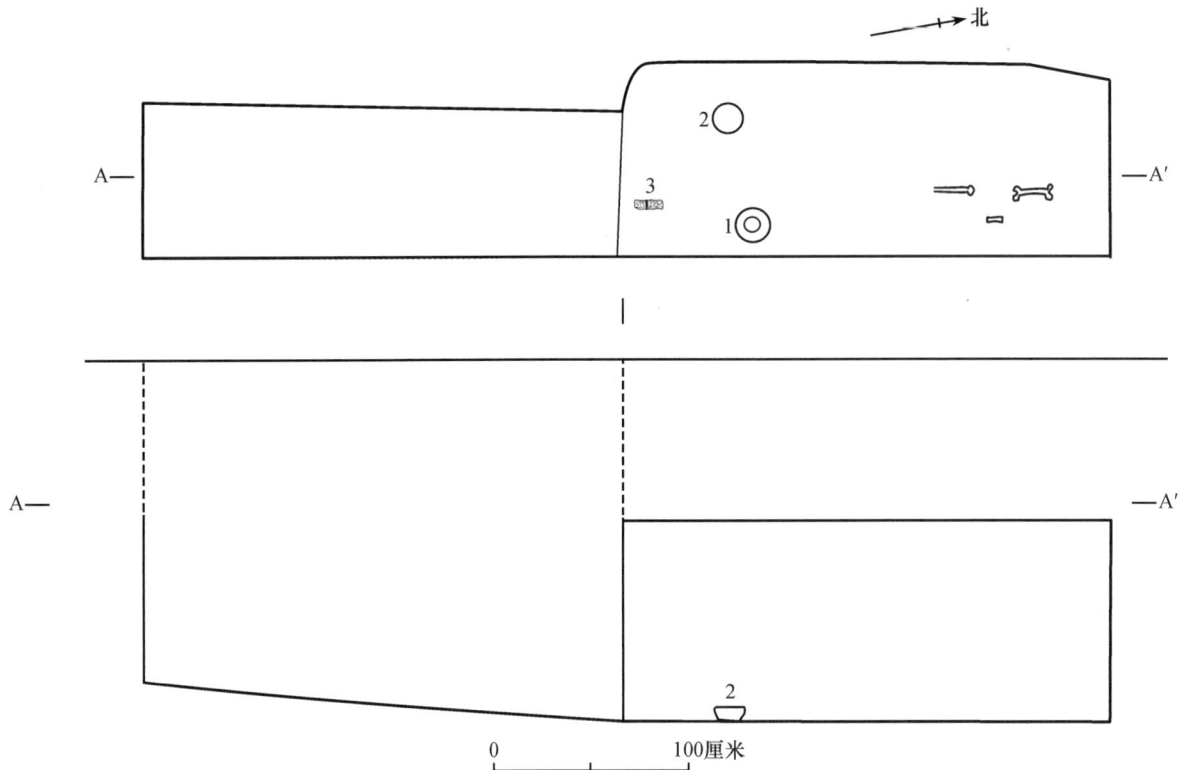

图三一〇　Ⅰ区M108平、剖面图

1.陶罐　2.陶钵　3.铁器

2. 出土器物

该墓出土器物3件，质地有陶、铁两种，分述如下。

陶器 2件，均为泥质灰陶，器类有罐、钵。

罐 1件，标本M108：1，侈口，双唇，束颈，圆鼓腹，下腹内曲，平底。肩、腹各饰一道凹弦纹。轮制，器表有轮旋纹。口径10.9、腹径17.4、底径8.2、高17.1厘米（图三——，1）。

钵 1件，标本M108：2，敞口，尖圆唇，唇部加厚，浅弧腹，平底稍内凹。轮制，器表有轮旋纹。口径15.4、腹径15.6、底径10、高7.5厘米（图三——，2）。

铁器 1件，标本M108：3，器类难辨，条形片状，残长6.6厘米（图三——，3）。

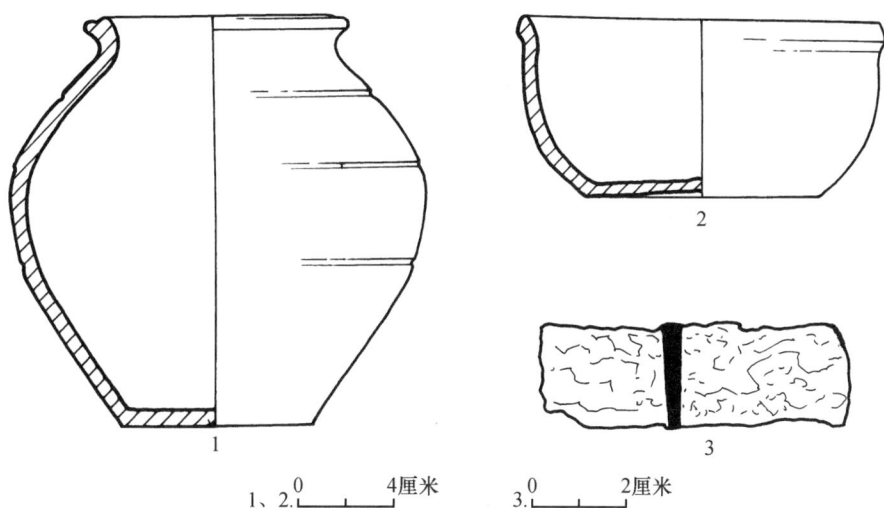

1、2. 0 ____ 4厘米   3. 0 ____ 2厘米

图三—— Ⅰ区M108出土器物
1. 陶罐（M108：1） 2. 陶钵（M108：2） 3. 铁器（M108：3）

第一〇六节 M109

1. 墓葬形制

M109，位于第一阶地东部，探方T0904内，东与M108并穴合葬，西邻M142。方向200度，形制为竖穴墓道土洞墓，平面略呈长方形，由墓道、小龛、墓室三部分组成（图三一二；图版三六，1、2）。

墓道 位于墓室的南端，平面呈长方形，壁面较直。开口长2.50、宽0.84、底距开口深1.70米。内填五花土，土质疏松，未经夯打。

墓室 平面略呈长方形，拱顶土洞。墓室长3.50、宽1.20、高1.60米。在墓室西侧近封门处有一小龛，拱顶土洞，平面呈长方形，宽0.70、高0.90、进深0.40米。该墓未被盗扰，器物主要出土于墓室南部，计有陶罐3、灶1（盆1、甑1）、铅当卢1、扣饰1、口琀1、铜五铢钱6、

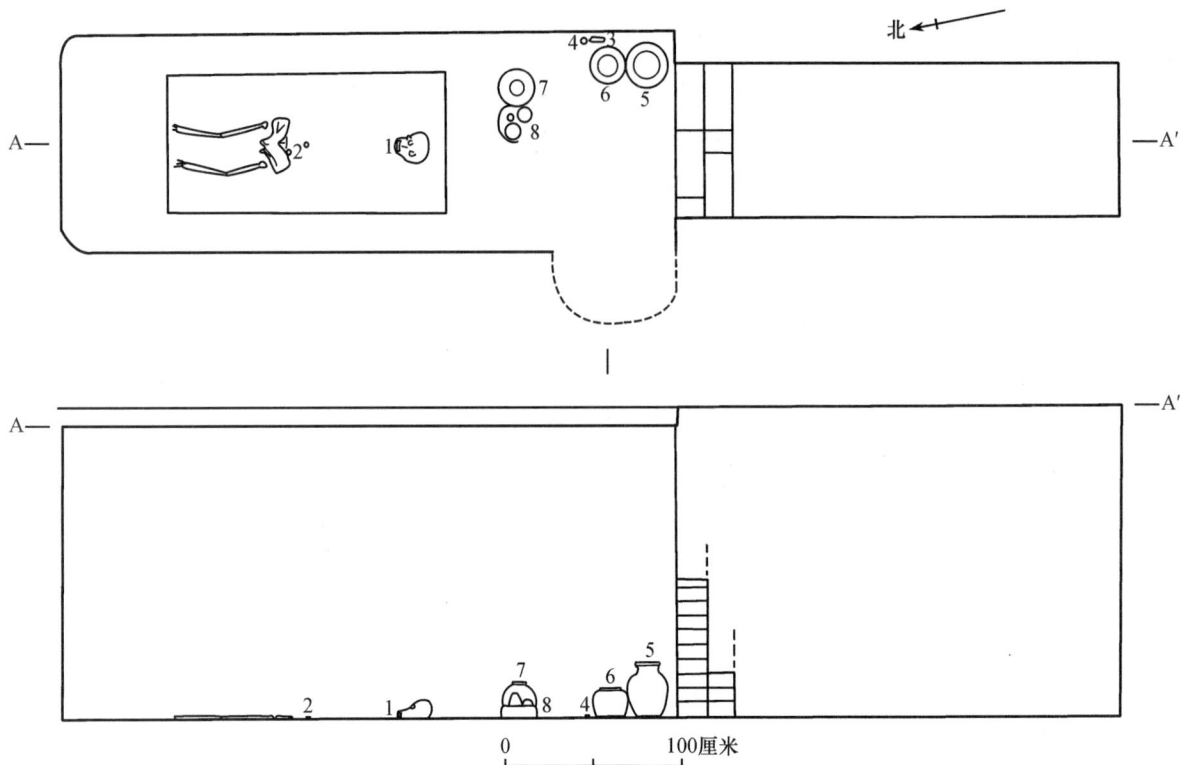

图三一二　Ⅰ区M109平、剖面图

1. 口琀　2. 铜钱　3. 当卢　4. 扣饰　5~7. 陶罐　8. 陶灶1套（盆、甑）

铜半两钱2。

　　封门　土坯封门，错缝平砌。尺寸35.5厘米×16厘米×8厘米。

　　葬具　木棺1具，已朽成灰，长1.60、宽0.76米。

　　葬式　人骨1具，头向南，面向上，仰身直肢葬。

2. 出土器物

　　该墓出土器物9件，另有铜钱8枚。质地为陶、铜、铅、玉四种，分述如下。

　　陶器　6件，均为泥质灰陶，器类有罐、灶、盆、甑。

　　罐　3件（M109：5、6、7）。标本M109：5，大口，平沿，尖圆唇，矮领，鼓肩，腹矮胖，平底，轮制，器底有旋切痕，口径12.3、腹径20.6、底径12.4、高17.3厘米（图三一三，1）。标本M109：6，喇叭口，平沿，方唇，束颈，鼓肩，腹瘦高，小平底，腹部饰密集凹弦纹，轮制，器标有轮旋纹，口径14.8、腹径23.8、底径10.8、高35.2厘米（图三一三，3）。标本M109：7，小口，平沿，方唇，短束颈，鼓肩，腹瘦高，小平底，肩、腹部饰两道凹弦纹，轮制，器标有轮旋纹，口径7.8、腹径17.8、底径7.8、高22厘米（图三一三，2）。

　　灶　1件，标本M109：8-1，灶体平面呈马蹄形，前方后圆，灶面三釜呈"品"字形布置，尾部有短柱形烟囱，前端有方形的落地灶门，前端出檐。灶门外侧模印出门框、门楣，门框两侧依次为连续多重菱形纹带、连续穿插菱形纹带，门楣上方连续菱形纹，两侧菱形网格纹带，灶面前端菱形网格纹带，釜间鱼、勺、钩、刷等食物炊具。灶面、灶壁分体模制而后粘结，釜之肩部与灶面一次性模制而成，腹模制而后粘结于相应的位置。长19、宽16.8、高10.4厘米（图三一三，4）。

盆 1件，与灶配套。标本M109：8-3，敞口，平沿，尖圆唇，弧腹，平底。模制，器内壁留有手指痕。口径8.5、底径3.9、高3.1厘米（图三一三，5）。

甑 1件，与灶配套。标本M109：8-2，敞口，平沿，方唇，斜直腹，平底内凹，底部有五个箅孔。模制，器表有轮旋纹。口径8.2、底径2.4、高5.3厘米（图三一三，6）。

铅器 2件，为当卢和扣饰。

当卢 1件，标本M109：3，圭形片状，一面有浅浮雕式卷云纹图案，另一面两端各有一方形穿钮。长7.8、宽0.4～1.4厘米（图三一三，7）。

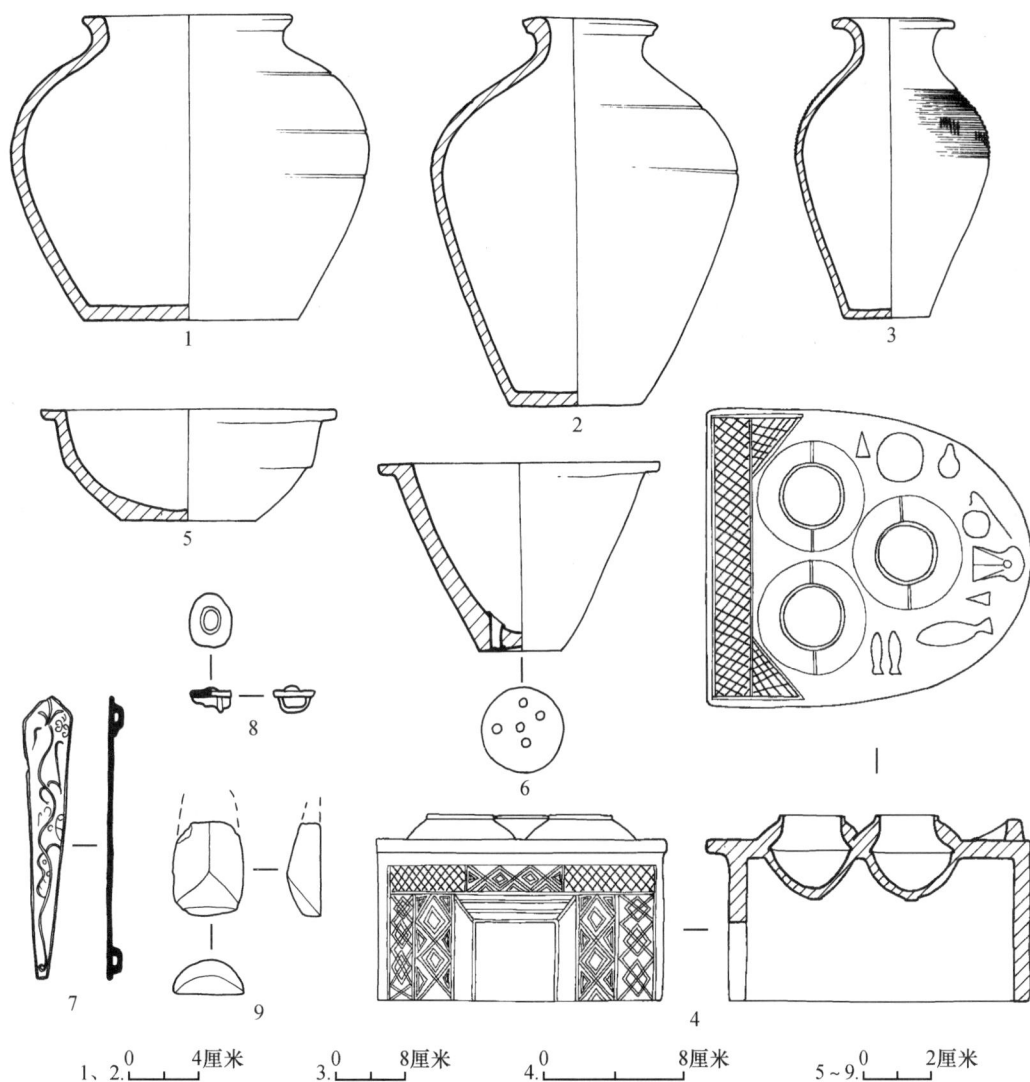

图三一三 Ⅰ区M109出土器物

1～3.陶罐（M109：5、M109：7、M109：6） 4.陶灶（M109：8-1） 5.陶盆（M109：8-3） 6.陶甑（M109：8-2）

7.当卢（M109：3） 8.扣饰（M109：4） 9.口琀（M109：1）

扣饰　1件，标本M109：4，圆扣形，下有双方形穿孔。帽径1.2、高0.6厘米（图三一三，8；图版一五四，1）。

玉口琀　1件，标本M109：1，蝉形，残损，呈三棱锥形，长2.7、宽2.1、厚1.0厘米（图三一三，9）。

铜钱　8枚，有半两和五铢钱两种（按：中小型西汉墓中，半两钱和五铢钱同出的现象较为少见。元狩五年，西汉政府废除半两钱，发行五铢钱。可见这座墓的下葬年代当在废除半两、发行五铢之际）。半两2枚，圆形方穿，无钱郭、穿郭，穿之两侧篆书"半两"二字。五铢6枚，圆形方穿，穿背面有郭，剪轮正面穿上有一横郭，穿之两侧有篆文"五铢"二字。朱字头方折（图三一四）。

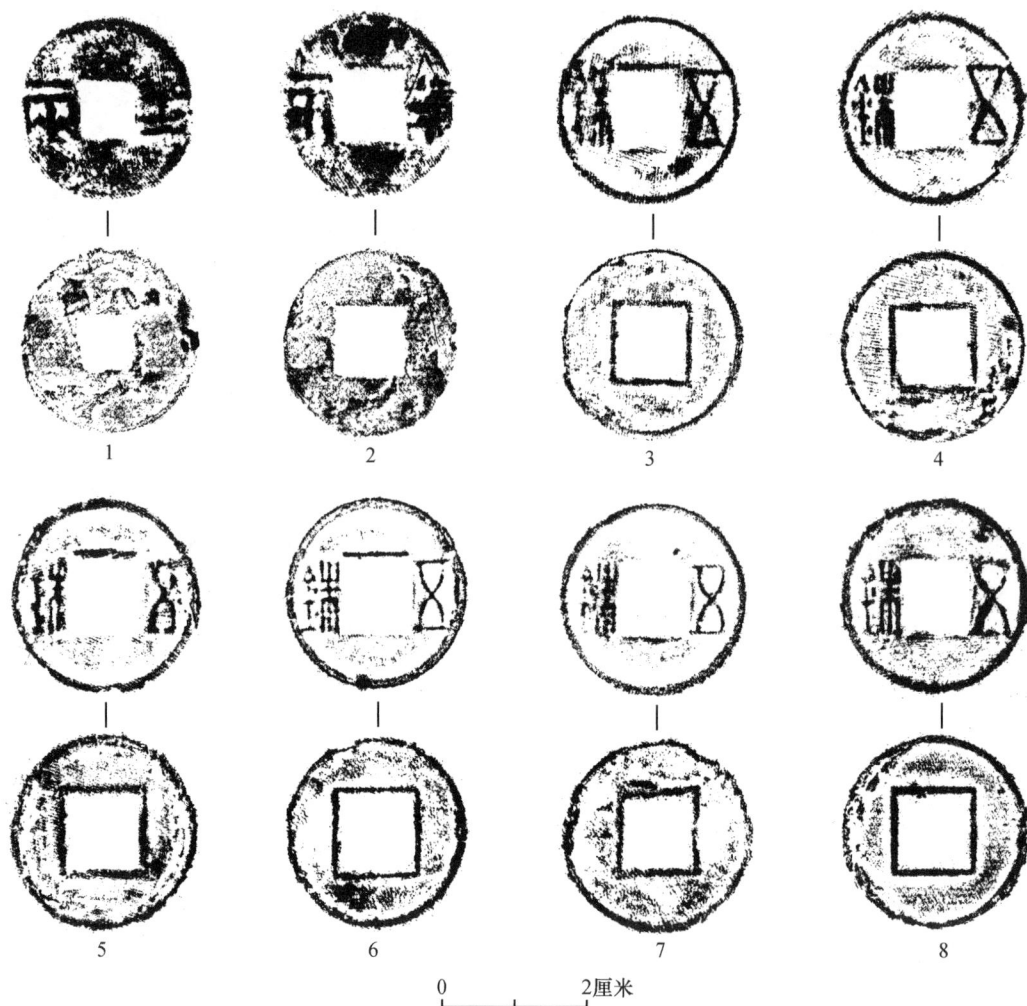

图三一四　Ⅰ区M109出土铜钱

1. M109：3-1　2. M109：3-2　3. M109：3-3　4. M109：3-4　5. M109：3-5　6. M109：3-6　7. M109：3-7　8. M109：3-8

第一〇七节 M110

1. 墓葬形制

M110，位于第一阶地东部偏南，探方T1003内，西邻M112，东邻M127。方向325度，形制为斜坡墓道砖室墓，墓道右折，由墓道、墓室两部分组成（图三一五；图版三六，3、4）。

墓道 位于墓室的西端，平面近长方形，壁面较直，开口向下两壁有两级窄台阶，底部斜坡状。近墓室有一级台阶，台阶之东两侧有四对脚窝，可能是二次下葬痕迹。脚窝，平面呈三角形，宽0.12~0.20，高0.12~0.20，进深0.06~0.08米。墓道开口残长14.20、宽1.0~1.06、坡长15.8、底距开口深0~7.20米，坡度25度。内填五花土，土质疏松，未经夯打。

墓室 平面呈长方形，条砖（楔形砖）对缝券顶（10排），条砖错缝砌壁，底条砖错缝斜平铺。条砖36厘米×18厘米×（3.5~5）厘米，楔形砖34.3厘米×17厘米×（6~6.5）厘米。墓室长3.96、宽2.26、壁高1.0、室高2.10米（按：根据墓室的宽度，可能为合葬墓）。该墓被盗扰，出土有陶盒盖1、仓1、灶2（盆1、甑1）、铜盖弓帽1、铅车軎1、当卢1、铅饰1。

封门 条砖封门，错缝平砌。条砖的尺寸36厘米×18厘米×（7.5~8）厘米，宽0.18、长0.92、高2.08米。

葬具 木棺，出土铁棺钉，其他不详。

葬式 不详。

盗洞 1处，位于封门处，自上而下进入墓室。平面呈圆形，直径约0.60米。

2. 出土器物

该墓出土器物10件，质地有陶、铜、铅三种，分述如下。

陶器 6件，有泥质灰陶、红陶和红胎釉陶，器类有盒盖、仓、灶、盆、甑。

盒盖 1件，标本M110：3，红胎釉陶，器表饰酱黄釉，釉层较厚，釉面有光泽，浅覆钵形，顶有矮圈足捉手，直径19.4、高5.5厘米（图三一六，1）。

仓 1件，标本M110：4，残，泥质灰陶，直口，圆唇，矮领，绕口一周有环状台面，肩稍出檐，口径8，残高8.5厘米（图三一六，2）。

灶 2件（M110：1-1、M110：2），灶体平面呈马蹄形，前方后圆，灶面两釜前后布置，尾部有圆孔烟囱，灶门周围模印多重菱形纹。标本M110：1-1，泥质灰陶，长21.6、宽16.4、高8.5厘米（图三一六，3）。标本M110：2，泥质红陶，长29.8、宽23、高13.4厘米（图三一六，6）。

盆 1件，与灶配套。标本M110：1-2，敞口，平沿，尖圆唇，折腹，平底。口径7.6、底径2.2、高3.2厘米（图三一六，4）。

甑 1件，与灶配套。标本M110：1-3，敞口，平沿，尖圆唇，折腹，平底，底部有三个算

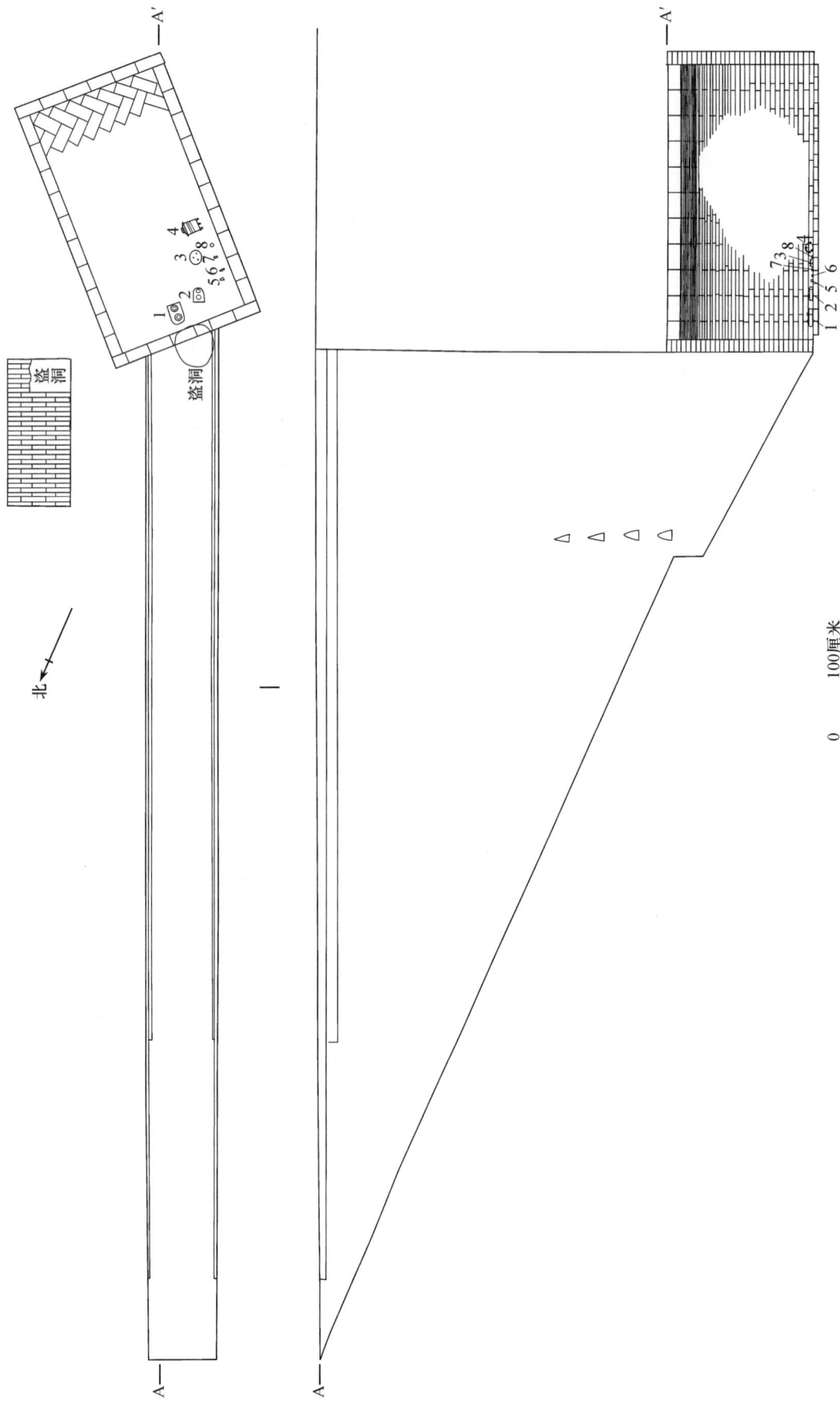

图三一五　Ⅰ区M110平、剖面图

1. 陶灶1套（盆、甑）　2. 陶灶　3. 釉陶盒盖　4. 陶仓　5. 铅当卢　6. 铅车軎　7. 铜盖弓帽　8. 铅饰

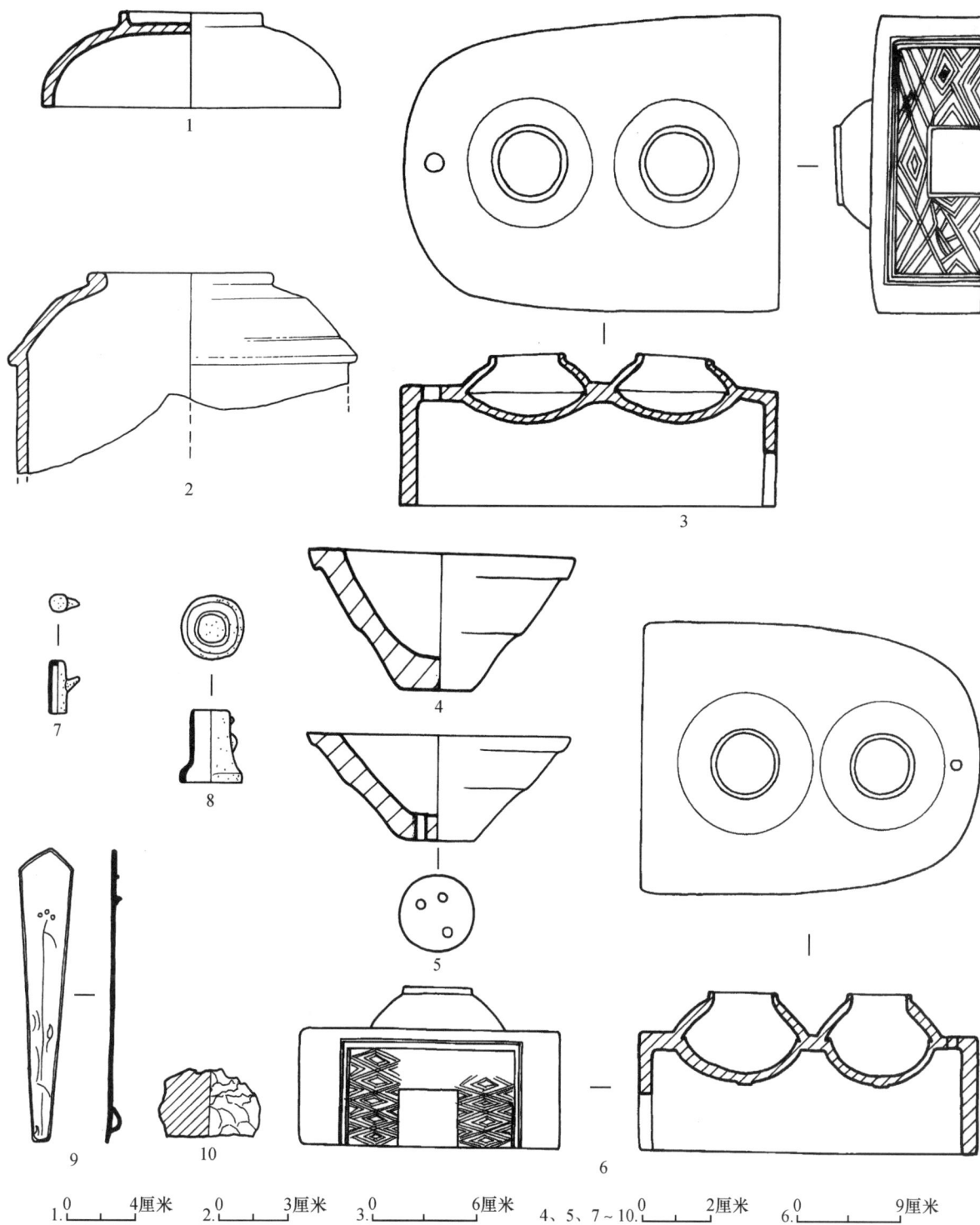

图三一六 Ⅰ区M110出土器物

1. 釉陶盒盖（M110：3） 2. 陶仓（M110：4） 3、6. 陶灶（M110：1-1、2） 4. 陶盆（M110：1-2） 5. 陶甑（M110：1-3）
7. 铜盖弓帽（M10：7） 8. 铅车軎（M110：5） 9. 铅当卢（M110：6） 10. 铅饰（M110：8）

孔。口径7.6、底径2.2、高3.1厘米（图三一六，5）。

铜盖弓帽　1件，标本M110∶7，筒形。长1.5、直径0.5厘米（图三一六，7）。

铅器　3件，为车軎、当卢和铅饰。

车軎　1件，标本M110∶5，喇叭筒形，长2.1、细端径1.1、粗端径1.8厘米（图三一六，8）。

当卢　1件，标本M110∶6，圭形片状，一面有浅浮雕式云纹图案，另一面两端各有一方形穿钮。长8.2、宽0.5～1.6厘米（图三一六，9）。

铅饰　1件，标本M110∶8，圆饼状。直径3.0厘米（图三一六，10）。

第一○八节　M111

1. 墓葬形制

M111，位于第二阶地中部，探方T0705内，东与M77并穴合葬（按：M77、M111与北侧的M84、M97，从平面布局上看很有意思，M111本应与M77并齐，而它却向南错出一定距离，以避免打破北侧的M84，可见这是有意的安排，同时也说明M111和M77略晚于北侧的M84和M97）。方向185度，形制为竖穴墓道土洞墓，由墓道、小龛、墓室三部分组成（图三一七；图版三七，1、2）。

墓道　位于墓室的南端，平面呈长方形，壁面较直，南北两壁有三对脚窝。脚窝宽0.14、高0.12、进深0.10米。墓道开口长2.60、宽0.86～0.92、底距开口深2.30米。墓道内填五花土，土质疏松，未经夯打。

墓室　平面略呈长方形，拱顶土洞。墓室长2.80、宽0.64～0.86、残高1.1米。墓室前端两壁各有一小龛，形制大小基本相同，拱顶土洞，宽0.80、高1.0、进深0.36米。该墓未被盗扰，陶器出土于西龛内，计有陶罐3（小龛）、铜钱7枚。

封门　不详。

葬具　木棺1具，已朽成灰，长2.10、宽0.60米。

葬式　人骨1具，头向北，面向上，仰身直肢葬。

2. 出土器物

该墓出土器物3件，另有铜钱7枚。质地有陶、铜两种，分述如下。

陶罐　3件（M111∶1、2、3），形制相同。侈口，平沿，尖圆唇，矮领，圆鼓腹，平底，轮制，器表有轮旋纹，标本M111∶2，口径9.8、腹径16、底径10.4、高13.9厘米（图三一八）。

铜钱　7枚，均为五铢钱，圆形方穿，穿背面有郭，部分穿上有一横郭或穿下有一星纹，穿之两侧有篆文"五铢"二字。"五"字或瘦长，或较短，交笔斜直或缓曲，"铢"字金头三角，或箭镞形，朱头方折（按：年代为武帝时期）（图三一九）。

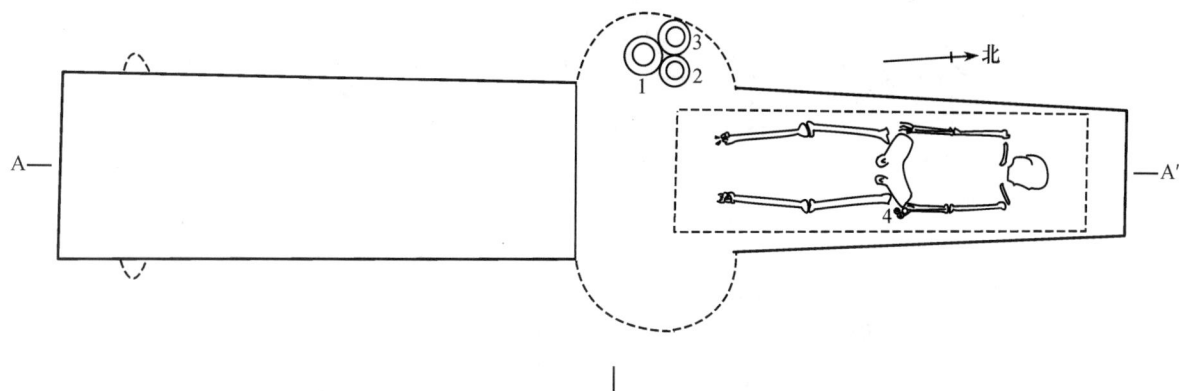

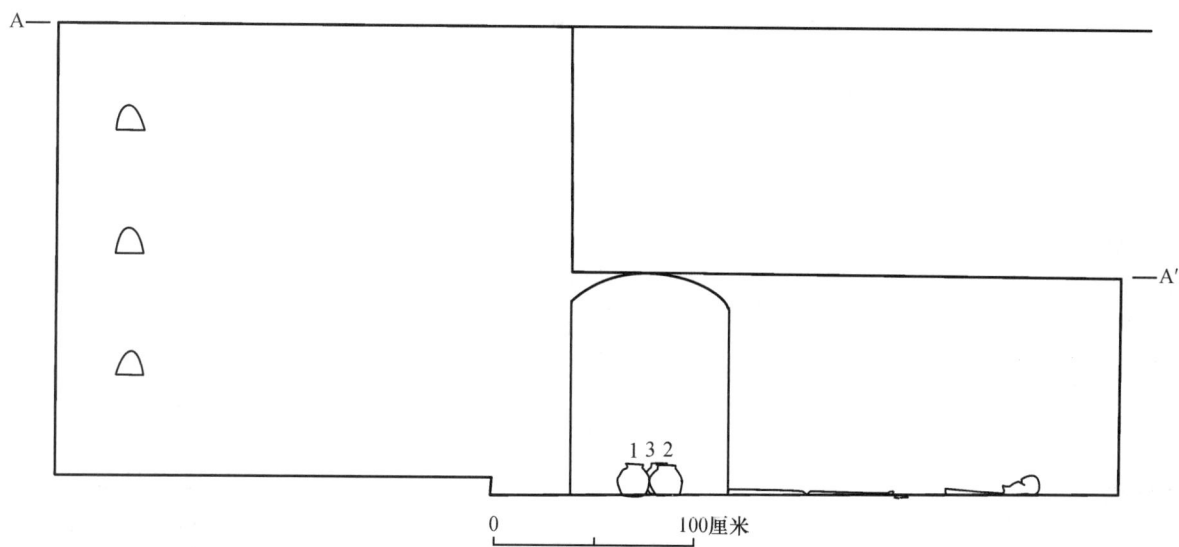

图三一七　Ⅰ区M111平、剖面图

1～3. 陶罐　4. 铜钱

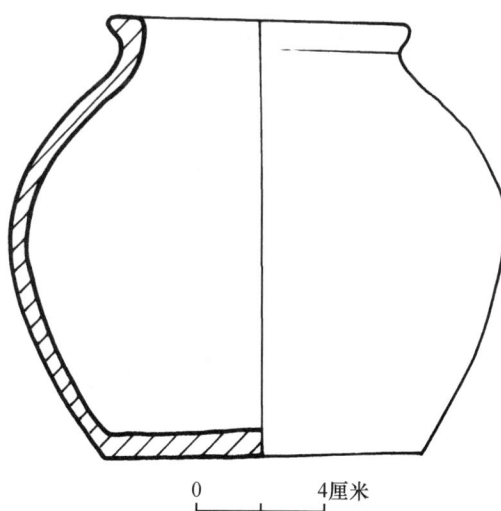

图三一八　Ⅰ区M111出土陶罐（M111：2）

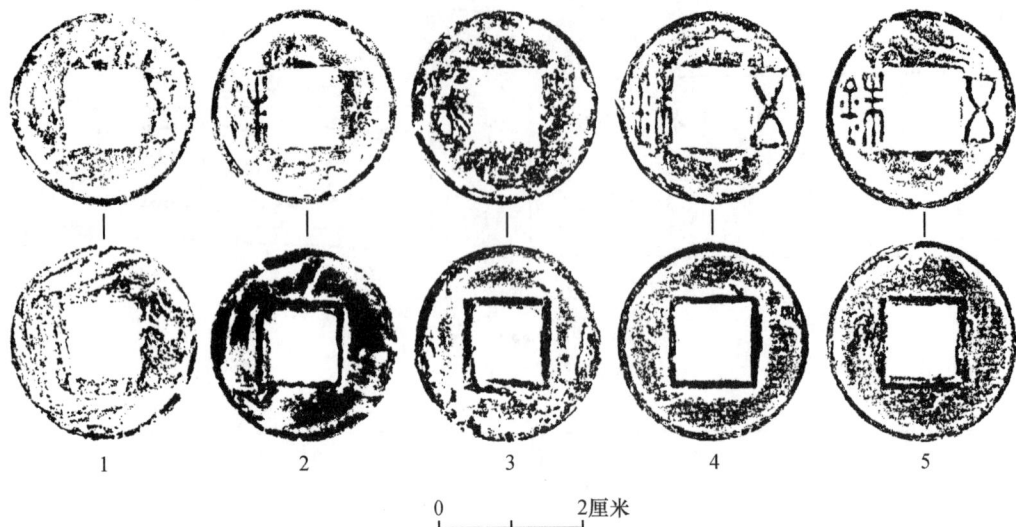

图三一九　Ⅰ区M111出土铜钱

1. M111：1　2. M111：2　3. M111：3　4. M111：4　5. M111：5

第一〇九节　M112

1. 墓葬形制

M112，位于第一阶地东部，探方T0903内，东临M110，西邻M134。方向95度，形制为竖穴墓道土洞墓，平面略呈"刀"形，由墓道、甬道、墓室三部分组成（图三二〇；图版三七，3、4）。

墓道　位于墓室的东端，平面呈长方形，壁面较直。南北两壁有对称分布的八对脚窝。脚窝，平面呈三角形，宽0.20～0.36、高0.18～0.32、进深0.10～0.14米。墓道开口长2.60、宽1.0、底距开口深5.50米。墓道内填五花土，土质疏松，未经夯打。

甬道　位于墓道与墓室之间，条砖砌壁，拱形土洞顶。长0.76、宽1.0、高1.5米。

墓室　平面略呈刀形，拱形土洞顶，南、北、西三壁条砖错缝砌壁，底方砖对缝平铺，条砖的尺寸：36厘米×18厘米×6厘米，方砖的尺寸36厘米×6.5厘米。墓室长2.80、宽2.10、高1.50米。该墓未被盗扰，器物主要出土于甬道及墓室前部南侧，计有陶罐5、灶1套（甑1、盆1）、铜镜1、铁器5、耳塞2、鼻塞2、泥灯1、铜钱15（双棺之四角均各置1枚铜钱，当是一种风俗）。

封门　碎砖错缝平砌（条砖已碎成小块）。宽1.0、高1.50米。

葬具　木棺2具，南北并列放置，已朽成灰，长2.10、宽0.60米。

葬式　骨架2具，粉末，仰身直肢葬，头向东。

（按：在中小型西汉墓中，只用砖砌壁、铺地，而顶部不用砖券，这种做法还是较为少见的。壁上是否用木板棚盖，形成一个砖木混合的类似椁一类的设施，还有待以后的考古发现。另，竖穴土圹墓中，有用砖砌壁铺地，之上木板平盖，形成类似砖椁结构的。这两者或许有一定的相似性。）

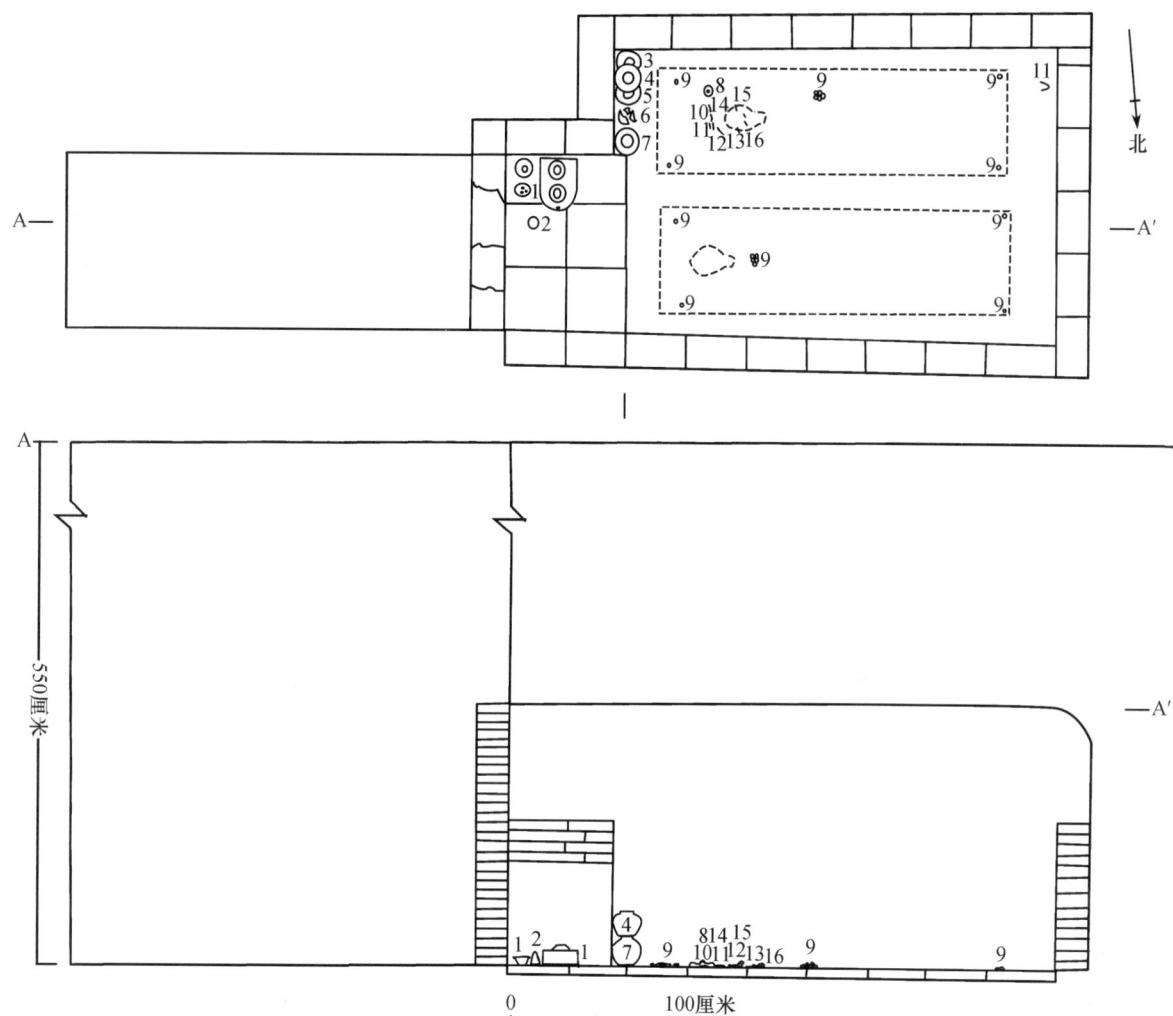

图三二〇　Ⅰ区M112平、剖面图

1.陶灶1套（盆、甑）　2.泥灯　3～7.陶罐　8.铜镜　9.铜钱　10～14.铁器　15.鼻塞　16.耳塞

2. 出土器物

该墓出土器物19件，另有铜钱15枚。质地为陶、铜、铁、玉石、泥五种，分述如下。

陶器　8件，均为泥质灰陶，器类有罐、灶、盆、甑。

罐　5件（M112：3、4、5、6、7），形制相同。侈口，双唇，矮领，圆鼓肩，下腹弧收，平底。肩、腹部饰两组（每组两道）凹弦纹。轮制，器表有轮旋纹。标本M112：4，口径8.6、腹径16.6、底径7.6、高15.6厘米（图三二一，1；图版一二九，4）。

灶　1件，标本M112：1-1，灶体平面呈马蹄形，前方后圆，灶面两釜前后布置，尾部有圆孔烟囱，灶门周围模印多重菱形纹。灶面、灶壁分体模制而后粘结，釜之肩部与灶面一次性模制而成，腹模制而后粘结于相应的位置。长29.8、宽22.7、高12.7厘米（图三二一，2；图版一二九，5）。

盆　1件，与灶配套。标本M112：1-2，敞口，平沿，尖圆唇，折腹，平底。轮制，器底有

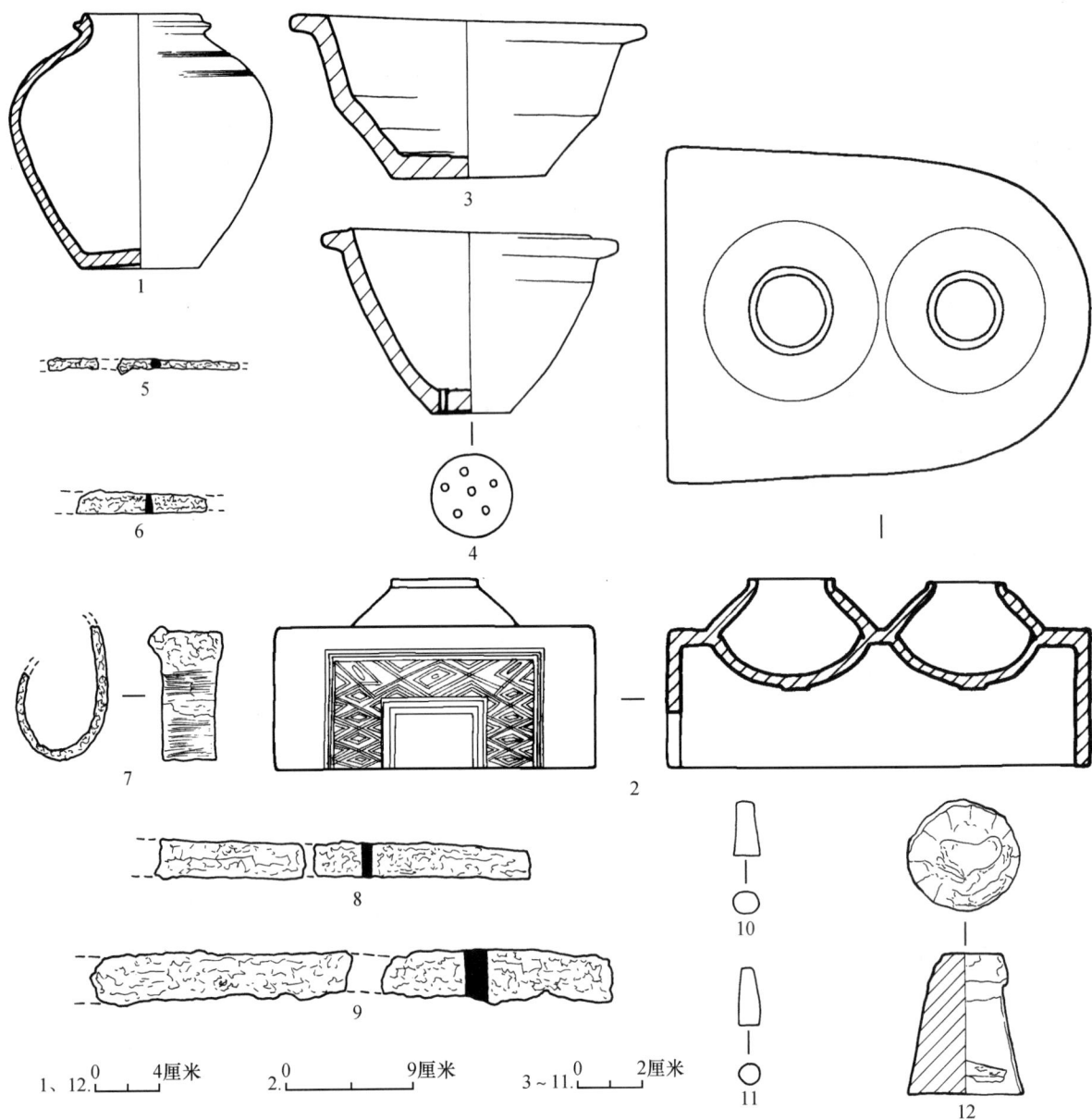

图三二一　Ⅰ区M112出土器物（一）

1. 陶罐（M112：4）　2. 陶灶（M112：1-1）　3. 陶盆（M112：1-2）　4. 陶甑（M112：1-3）　5. 铁器（M112：10-1）
6～9. 铁器（M112：10-2、M112：10-3、M112：11-1、M112：11-2）　10. 鼻塞（M112：12）　11. 耳塞（M112：13）
12. 泥灯（M112：2）

旋切纹。口径11.3、底径4.9、高5.1厘米（图三二一，3）。

　　甑　1件，与灶配套。标本M112：1-3，敞口，平沿，尖圆唇，斜直腹，平底内凹，底部有六个箅孔。轮制，器表有轮旋纹。口径9.3、底径2.5、高5.6厘米（图三二一，4）。

　　铜镜　1面，标本M112：8，日光连弧铭文镜。圆形，半圆钮，圆钮座，素平缘，镜面微凸。钮座圆周均匀伸出四组（每组三条）竖短线，之外一周内向八连弧纹，其外有"见日之光，天下大明"铭文带，铭文两字之间有"の"符号，之外一周短斜线纹。面径5.10、背径

5.0、钮宽0.90、缘宽0.20、缘厚0.20厘米，重21克（图三二三，4；彩版三七，2）。

铁器　5件，残损，器类不明。标本M112：10-1，长条状，截面为圆形，残长6.05厘米（图三二一，5）。标本M112：10-2，长条状，截面为三角形，残长4厘米（图三二一，6）。标本M112：10-3，"C"形，宽扁状，残长4.15厘米（图三二一，7）。标本M112：11-1，长条状，截面为长方形，残长11.3厘米（图三二一，8）。标本M112：11-2，长条扁状，截面为长方形，残长16.3厘米（图三二一，9）。

玉器　4件，器类为耳塞和鼻塞。

鼻塞　2件，形制相同，标本M112：12，圆柱形，直径0.55～0.8、高1.8厘米（图三二一，10）。

耳塞　2件，形制相同，标本M112：13，圆柱形，直径0.4～0.65、高1.7厘米（图三二一，11）。

泥灯　1件，标本M112：2，圆柱状，实心，残损，高4.3、直径3.6厘米（图三二一，12；图版一五六，2）。

铜钱　15枚，均为五铢钱，圆形方穿，穿背面有郭，部分穿上有一横郭或穿下有一星纹，穿之两侧有篆文"五铢"二字。"五"字有瘦长，交笔斜直或缓曲者，有宽大而交笔弯曲较甚者，也有短而缓曲者，"铢"金头三角，或呈箭镞形，之下四圆点或短竖点，朱字头方折（按：年代为武、昭、宣时期）（图三二二、图三二三，1～3）。

第一一〇节　M113

1. 墓葬形制

M113，位于第一阶地东部，探方T0904内，东与M142并穴合葬，西与M114并列。方向195度，形制为竖穴墓道土洞墓，由墓道、小龛、墓室两部分组成（图三二四；图版三八，1、2）。

墓道　位于墓室的南端，平面呈长方形，壁面较直。开口长2.50、宽0.90、底距开口深2.30米。墓道内南壁，距东壁0.30米处，有一小龛，平面呈长方形，宽0.24，进深0.30，高0.40米。内填五花土，土质疏松，未经夯打。

墓室　平面略呈长方形，拱顶土洞。墓室长3.20、宽0.90～1.20、高0.80米。南部东、西两壁有半圆形小龛。该墓未被盗扰，器物主要出土于墓室南部，棺之前端。计有陶鼎1、缶1、罐2（小龛）、灶1、铜钱13。

封门　不详

葬具　木棺1具，已朽成灰，长2.0、宽0.64米。

葬式　骨架1具，头向南，仰身直肢葬。

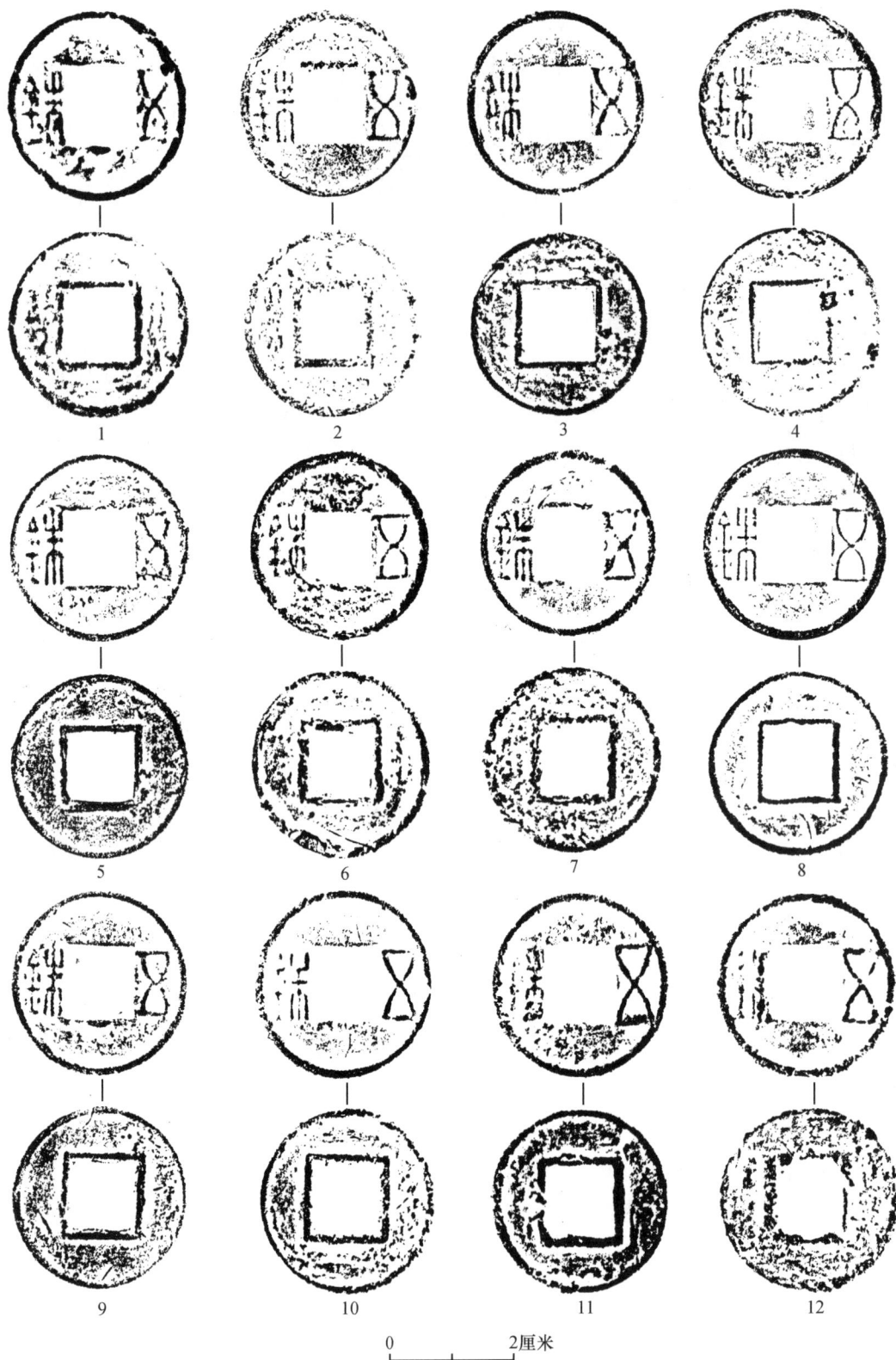

图三二二　Ⅰ区M112出土铜钱

1. M112：3-1　2. M112：3-2　3. M112：3-3　4. M112：3-4　5. M112：3-5　6. M112：3-6　7. M112：3-7　8. M112：3-8
9. M112：3-9　10. M112：3-10　11. M112：3-11　12. M112：3-12

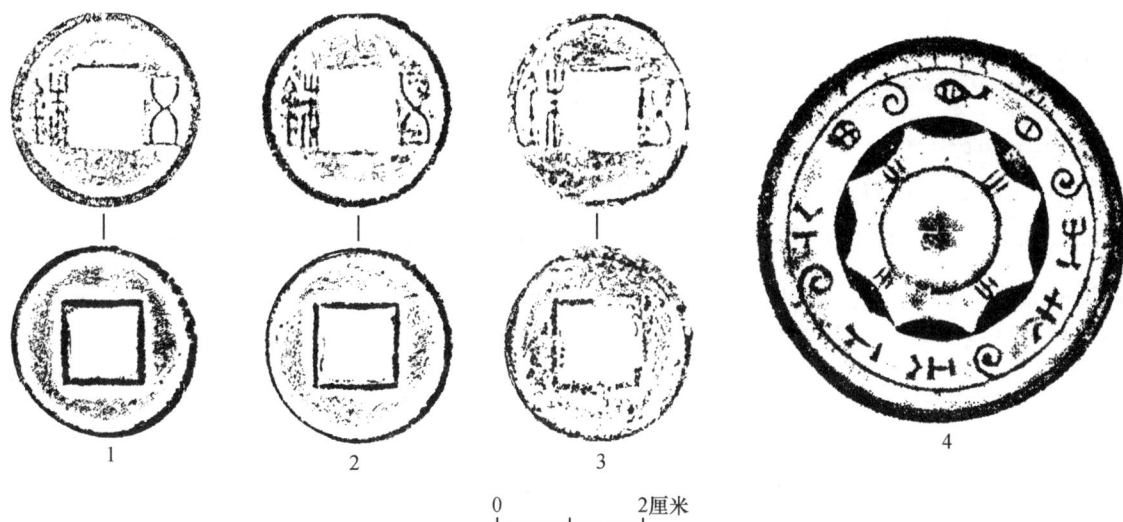

图三二三 Ⅰ区M112出土器物（二）

1~3. 铜钱（M112：9-13~15） 4. 铜镜（M112：8）

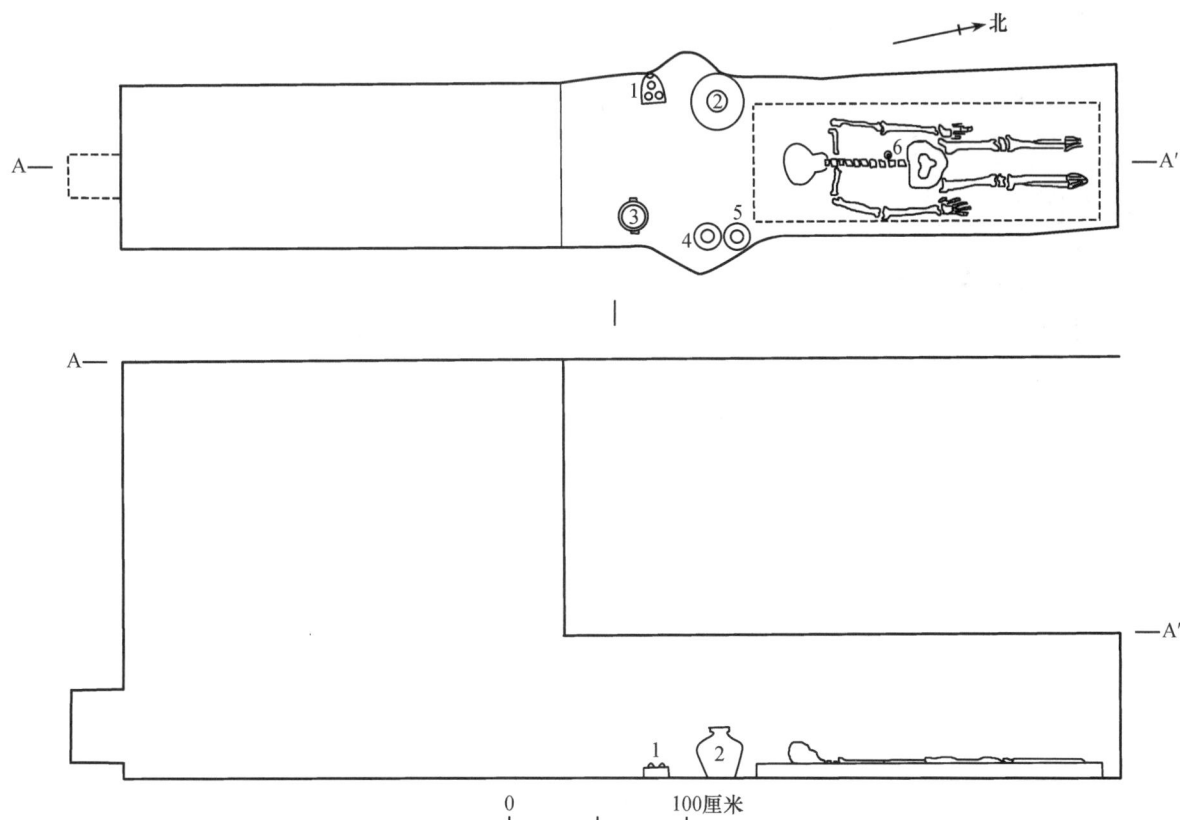

图三二四 Ⅰ区M113平、剖面图

1. 陶灶 2. 陶缶 3. 陶鼎 4、5. 陶罐 6. 铜钱

2. 出土器物

该墓出土器物5件，另有铜钱13枚。质地有陶、铜两种，分述如下。

陶器　5件，为泥质灰陶，器类有鼎、缶、罐、灶（图版九一，2）。

鼎　1件，标本M113：3，盖，浅覆钵形，弧顶；器身，子母口内敛，弧腹，圜底，肩附外撇弯曲板耳，顶端外折，腹中部有一周台棱，底附三马蹄形足。器表白色彩绘。盖顶，三朵大卷云纹，边缘一周彩带。器身，两周彩带。盖与器身轮制，耳、足模制，而后粘结，器表有轮旋纹。盖径16.7、器身口径17、腹深7.1、足高4.8、通高12.5厘米（图三二五，1；彩版四，1；图版一二九，6）。

缶　1件，标本M113：2，直口，平沿外斜，方唇，短束颈，广斜肩，折腹，下腹内曲，腹部有一周麻点纹。大平底。肩部饰两道凹弦纹，中间填西密集凹弦纹。口径12.8、腹径29.4、底径16.7、高27厘米（图三二五，2；图版一三〇，1）。

罐　2件（M113：4、5）。标本M113：4，侈口，圆唇，束颈，弧肩，鼓腹，平底，轮制，器表有轮旋纹，口径11.3、腹径17.8、底径8.6、高16.1厘米（图三二五，3；图版一三〇，

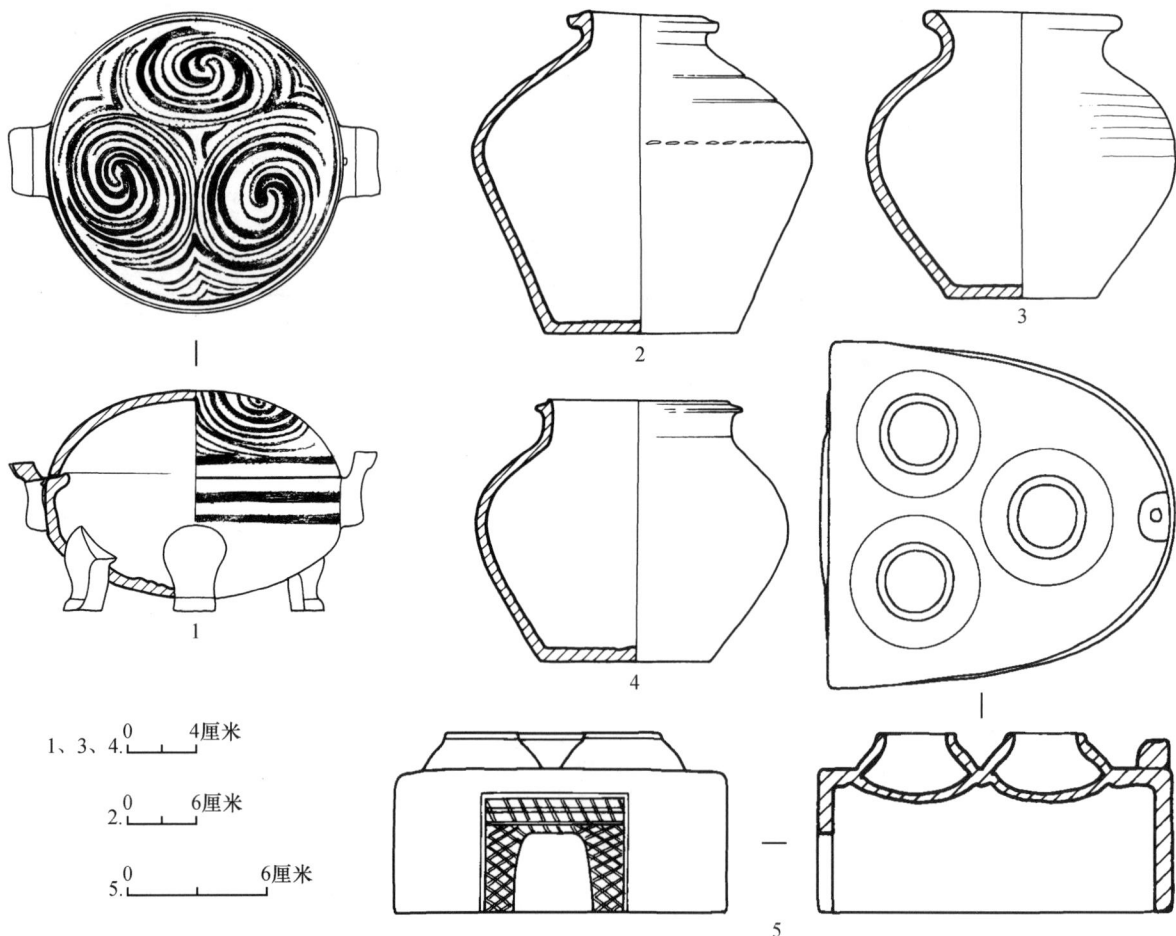

1、3、4.　0 ⊢———⊣ 4厘米

2.　0 ⊢————⊣ 6厘米

5.　0 ⊢—————⊣ 6厘米

图三二五　Ⅰ区M113出土器物

1. 陶鼎（M113：3）　2. 陶缶（M113：2）　3、4. 陶罐（M113：4、M113：5）　5. 陶灶（M113：1）

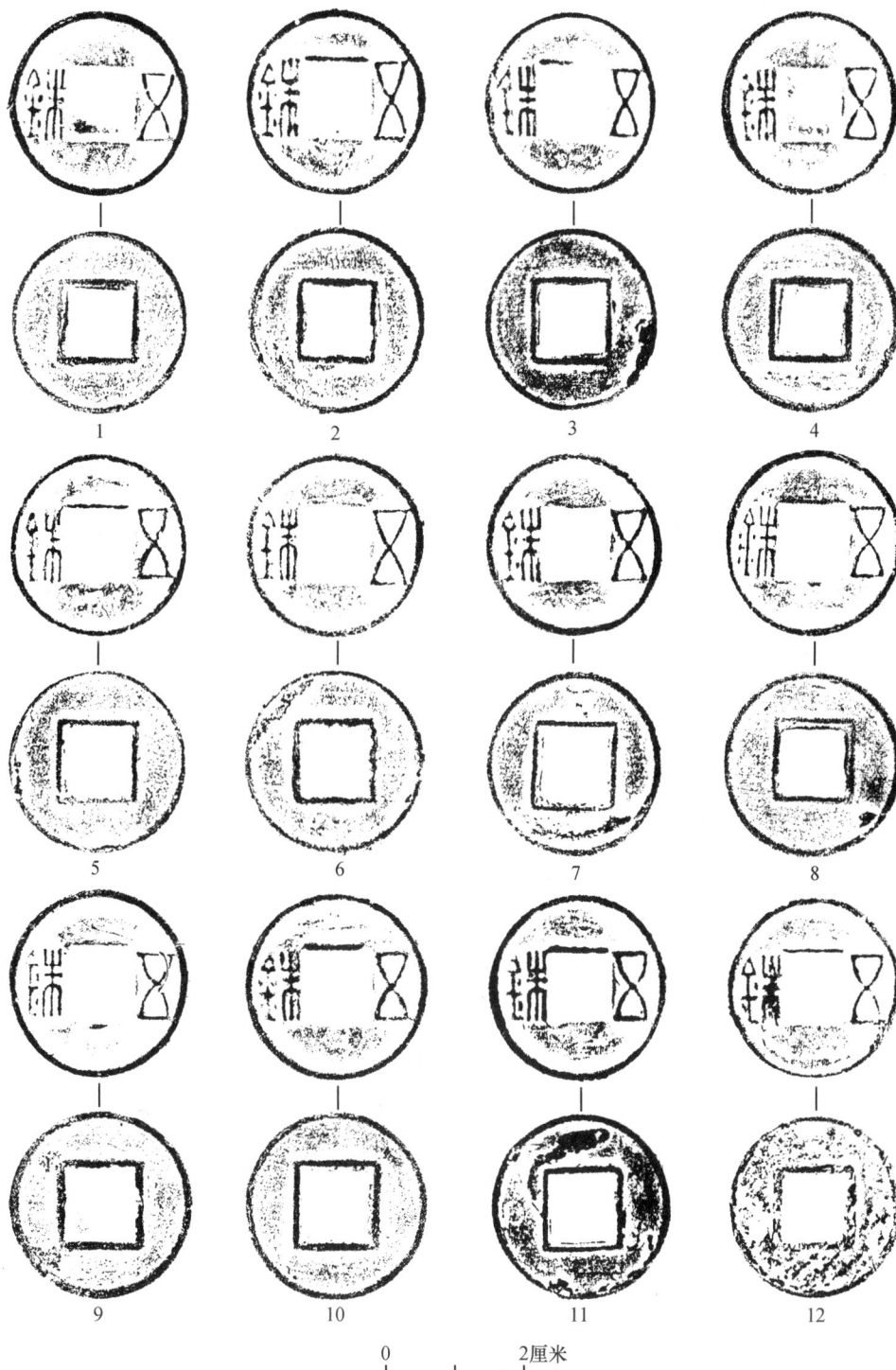

0 ⊢——⊣ 2厘米

图三二六　Ⅰ区M113出土铜钱

1. M113：3-1　2. M113：3-2　3. M113：3-3　4. M113：3-4　5. M113：3-5　6. M113：3-6　7. M113：3-7　8. M113：3-8
9. M113：3-9　10. M113：3-10　11. M113：3-11　12. M113：3-12

2）。标本M113：5，侈口，双唇，束颈，鼓肩，鼓腹，平底，轮制，器表有轮旋纹，口径11.9、腹径18、底径9.8、高14.6厘米（图三二五，4）。

灶　　1件，标本M113：1，灶体平面呈马蹄形，前方后圆，灶面三釜呈"品"字形布置，其中前端一釜大于后端两釜，尾部有短柱形烟囱，前端有方形的落地灶门，周围模印菱形网格纹。灶面、灶壁分体模制而后粘结，釜之肩部与灶面一次性模制而成，腹模制而后粘结于相应的位置。长15.2、宽14.4、高7.5厘米（图三二五，5；图版一三〇，3）。

铜钱　　13枚，均为五铢钱，圆形方穿，穿背面有郭，部分穿上有一横郭或穿下有一星纹，穿之两侧有篆文"五铢"二字。"五"字瘦长，交笔斜直或缓曲，"铢"金头三角或箭镞形，之下四短竖点，朱字头方折（按：年代为武帝时期）（图三二六）。

第一一一节　　M114

1. 墓葬形制

M114，位于第一阶地东部，探方T0904内，西与M115并穴合葬，东邻M113。方向10度，形制为斜坡墓道土洞墓，由墓道、过洞、天井、小龛、墓室五部分组成（图三二七）。

墓道　　位于墓室的北端，平面近长方形，壁面较直，底部斜坡状。开口残长6.50、宽0.80、坡长7.0、底距开口深0～2.60米，坡度30度。墓道内填五花土，土质疏松，未经夯打。

过洞　　位于墓道和天井之间，拱顶土洞。长1.10、宽0.80、洞高1.4米。

天井　　位于墓室和过洞之间，长方形竖井，底斜坡状。长2.0、宽0.80～0.84、深3.10～3.80米。天井内填五花土，土质疏松，未经夯打。

墓室　　平面呈长方形，拱顶土洞。墓室长3.0、宽0.84、高1.30米。东壁近封门处有一长方形小龛，拱顶土洞。宽0.70、深0.60、高0.70米。该墓被盗扰，器物主要出土于耳室及墓室前部，计有陶钫盖1、罐1（小龛）、仓3（其中1个于小龛出土）、灶1（小龛）。

封门　　土坯封门，一横一顺交错分层错缝平砌。土坯36厘米×16厘米×0.80厘米。高宽0.82、0.98米。

葬具　　木棺，出土铁棺钉。

葬式　　不详。

盗洞　　1处，位于墓室封门处，自上而下进入墓室。平面呈圆形，直径0.60米。

2. 出土器物

该墓出土器物6件，均为泥质灰陶器，器类有钫盖、仓、罐、灶。

钫盖　　1件，标本M114：4，覆斗形，子母口，长9.8、宽9.8、高3.2厘米（图三二八，1）。

罐　　1件，标本M114：6，直口，圆唇，矮领，鼓肩，弧腹，最大径在肩部，平底，轮

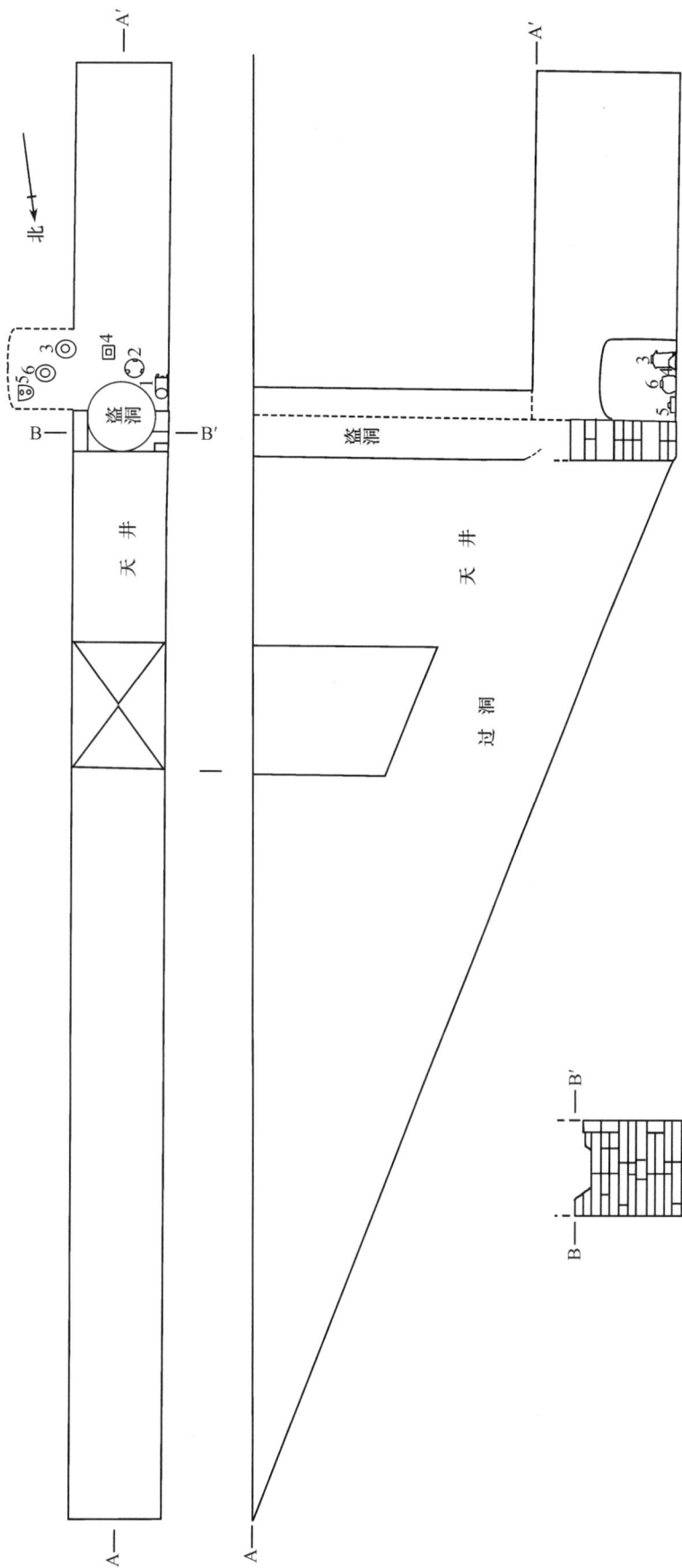

图三二七 Ⅰ区M114平、剖面图
1~3. 陶仓 4. 陶纺盖 5. 陶灶 6. 陶罐

制，器表有轮旋纹，口径8、腹径15.8、底径8.8、高14.6厘米（图三二八，2）。

　　仓　3件（M114：1、2、3），形制相同。盖缺；器身，小口，圆唇，矮领，绕口一周有环状台面，肩部稍出檐，直筒腹，平底，底附三马蹄形足。器表涂黑，之上红彩绘，剥落严重。台面之上一周红彩，之外均匀绘出短竖棱（局部脱落）。肩与腹分体轮制，足模制，而后粘结。标本M114：2，口径6、底径15、足高5、通高28.5厘米（图三二八，3）。

　　灶　1件，标本M114：5，灶体平面呈马蹄形，前方后圆，灶面两釜前后布置，尾部有短柱形烟囱，前壁正中有方形灶门，周围模印我多重菱形纹。灶面、灶壁分体模制而后粘结，釜之肩部与灶面一次性模制而成，腹模制而后粘结于相应的位置。长18.5、宽15.8、高7.3厘米（图三二八，4）。

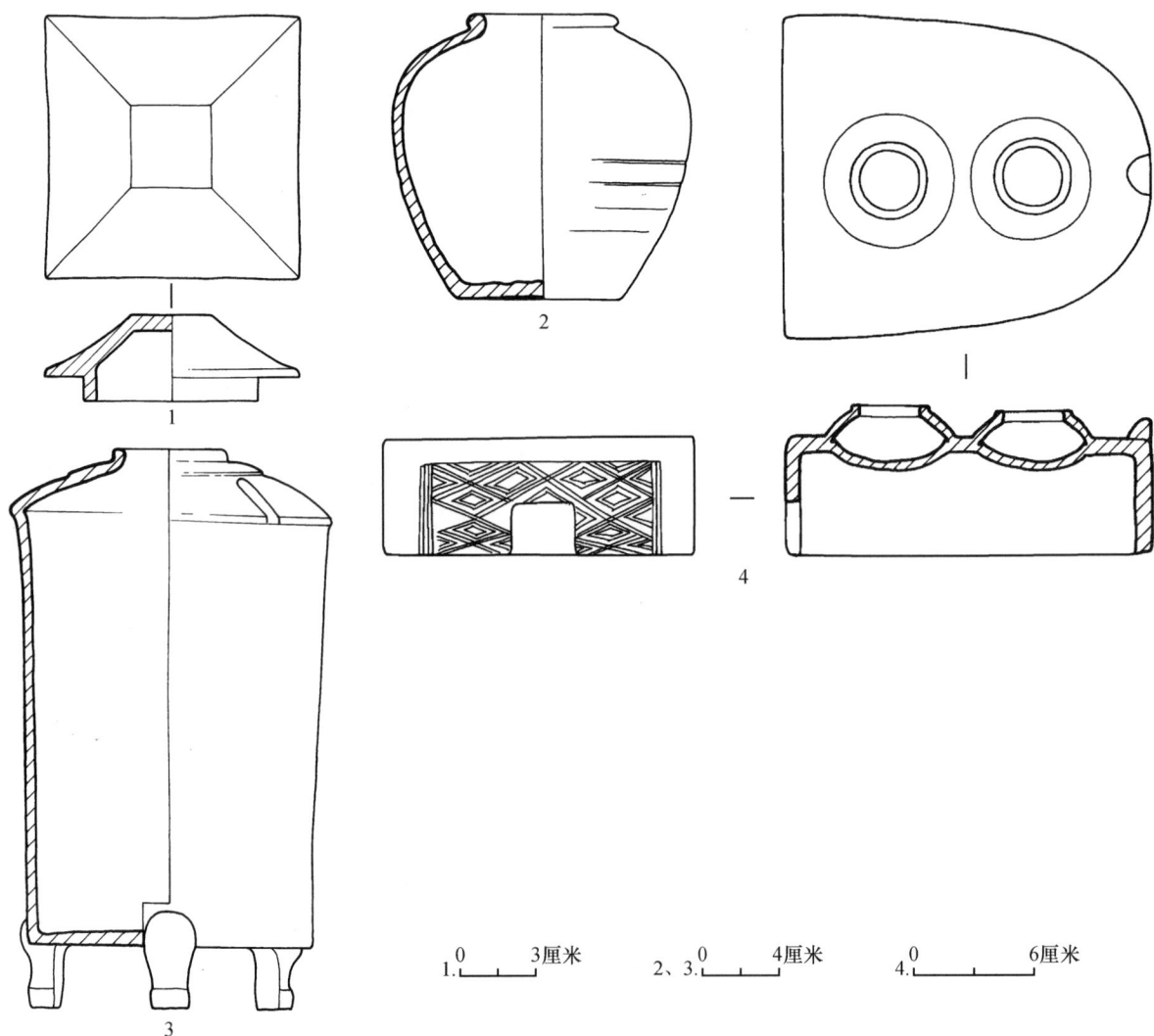

图三二八　Ⅰ区M114出土器物

1.陶钫盖（M114：4）　2.陶罐（M114：6）　3.陶仓（M114：2）　4.陶灶（M114：5）

第一一二节 M115

1. 墓葬形制

M115，位于第一阶地东部，探方T0904内，东与M114并穴合葬。方向20度，形制为竖穴墓道土洞墓，由墓道、墓室两部分组成（图三二九；图版三八，3、4）。

墓道 位于墓室的北端，平面呈长方形，壁面较直。开口长2.60、宽0.84、底距开口深3.40米。墓道内填五花土，土质疏松，未经夯打。

墓室 平面略呈长方形，拱顶土洞。墓室长3.10、宽1.20、高1.50米。该墓未被盗扰，遗物主要出土于墓室北部及棺之西侧，小件器物出土于棺内，计有陶鼎1、盒1、罐4、灶1套（盆

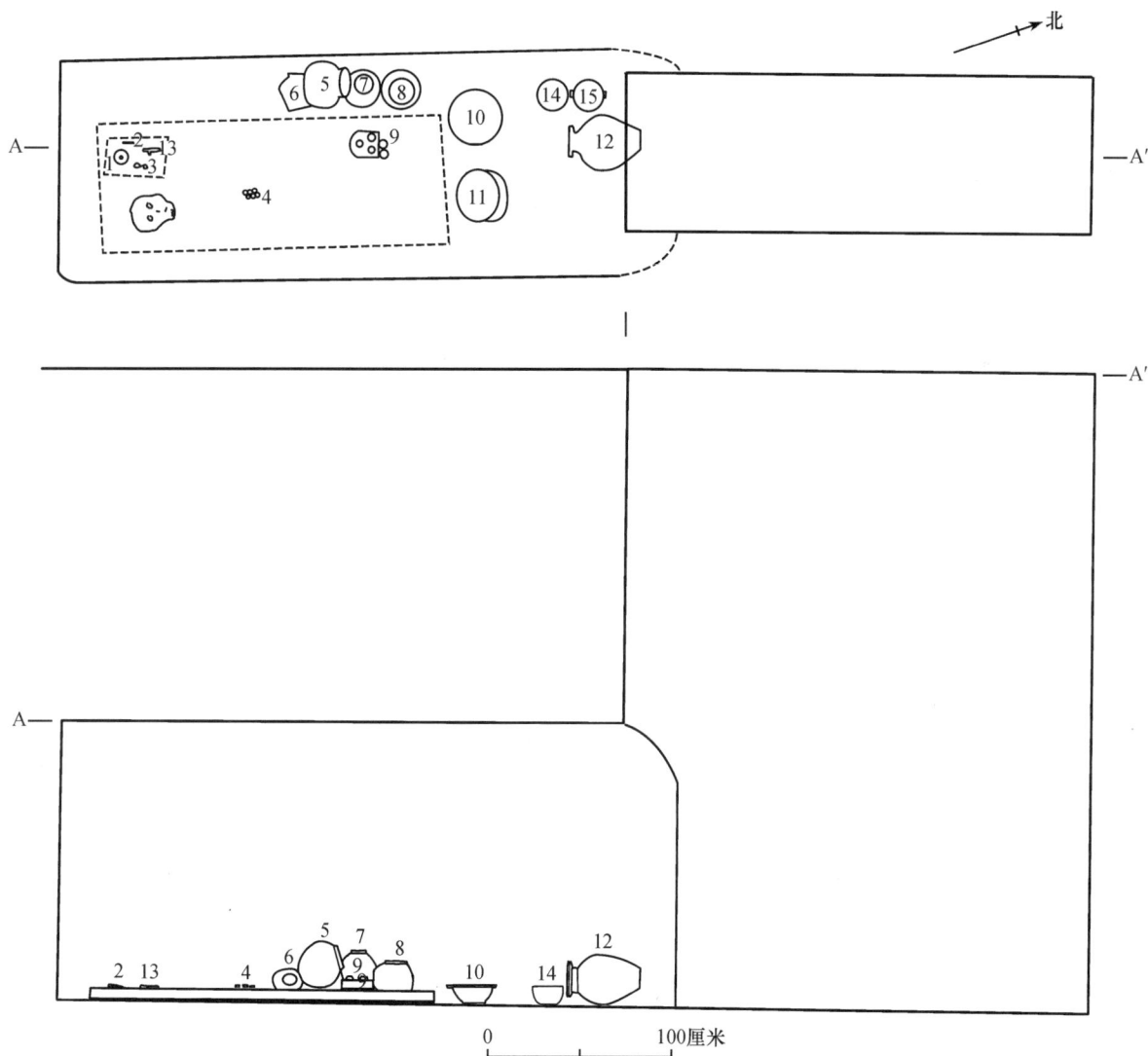

图三二九 Ⅰ区M115平、剖面图

1. 铜镜　2. 镜刷　3. 铜带钩　4. 铜钱　5. 铁釜　6～8、12. 陶罐　9. 陶灶（2盆）　10、11. 铜盆　13. 铁器　14. 陶盒　15. 陶鼎

2）、铜镜1、镜刷1、带钩1、铜盆2、铁器1、铁釜1、铜钱13。

封门　不详。

葬具　木棺1具，已朽成灰，长1.90、宽0.60～0.70米。

葬式　骨架1具，已成粉末，头向南，面向上，仰身直肢葬。

2. 出土器物

该墓出土器物16件，另有铜钱13枚。质地为陶、铁、铜三种，分述如下。

陶器　9件，均为泥质灰陶，器类有鼎、盒、罐、灶、盆。

鼎　1件，标本M115：15，盖，浅覆钵形，弧顶；器身，子母口内敛，弧腹，近平底，肩附外撇弯曲板耳，顶端外折，腹中部有一周台棱，底附三马蹄形足。器表白色彩绘，脱落严重。盖顶，红白彩绘三个大卷云纹，边缘两周红、白彩带。器身，两周红、白彩带。盖径17.8、器身口径17.1、腹深7.2、足高4.6、通高13厘米（图三三〇，1）。

盒　1件，标本M115：14，盖，浅覆钵形，顶有矮圈足捉手；器身，子母口内敛，弧腹，平底。通体饰红、白彩绘，脱落严重。盖，捉手内白彩绘卷云纹，外侧用红、白彩绘云纹。盖径17.3、器身口径18.2、腹深7.7、底径8.5、高13厘米（图三三〇，2）。

罐　4件（M115：6、7、8、12）。标本M115：6，小喇叭口，圆唇，短束颈，鼓腹瘦高，平底。口径7.2、腹径16.4、底径10、高19.8厘米（图三三〇，4）。标本M115：7，直口，平沿，凹唇，矮领，鼓腹矮胖，平底。口径14.6、腹径21、底径11.6、高15.6厘米（图三三〇，5）。标本M115：8，侈口，方唇，束颈，鼓肩，鼓腹，最大径在腹中部，平底。口径10、腹径19.6、底径10.2、高21厘米，未绘图。标本M115：12，喇叭口，平沿外斜，凹唇，束颈，弧肩，鼓腹，最大径在腹中部，平底，腹部饰密集的凹弦纹。口径14、腹径28.8、底径12.2、高36.4厘米（图三三〇，6）。

灶　1件，标本M115：9-1，灶体平面呈马蹄形，前方后圆，灶面三釜呈"品"字形布置，其中两大釜一小，尾部有短柱形烟囱，前端有方形的落地灶门，周围模印几何纹。长16.8、宽14.8、高7.6厘米（图三三〇，7）。

盆　2件，与灶配套，形制相同。M115：9-2、3，敞口，平沿，方唇，浅弧腹，小平底稍内凹。标本M104：9-2，口径6.5、底径2.2、高2.4厘米（图三三〇，8）。

铜器　5件，器类有铜镜、镜刷、带钩、盆。

镜　1面，标本M115：1，螭龙镜。圆形，半圆钮，四叶钮座，内向六十连弧缘，镜面微凸。钮座外有一周方形凸弦纹，之外有四个圆座乳钉与四条曲颈回首吐舌的螭龙配列。面径10.0、背径9.80、钮宽1.20、缘宽0.90、缘厚0.20厘米，重90克（图三三二；彩版三八，1）。

镜刷　1件，标本M115：2，柄端龙首形，有一小穿孔，刷头管状，中空。长7.0、刷头径0.7厘米（图三三一，1）。

图三三〇 Ⅰ区M115出土器物（一）

1. 陶鼎（M115：15） 2. 陶盒（M115：14） 3. 铁釜（M115：5） 4~6. 陶罐（M115：6、M115：7、M115：12）
7. 陶灶（M115：9-1） 8. 陶盆（M115：9-2） 9、10. 铜盆（M115：11、M115：10）

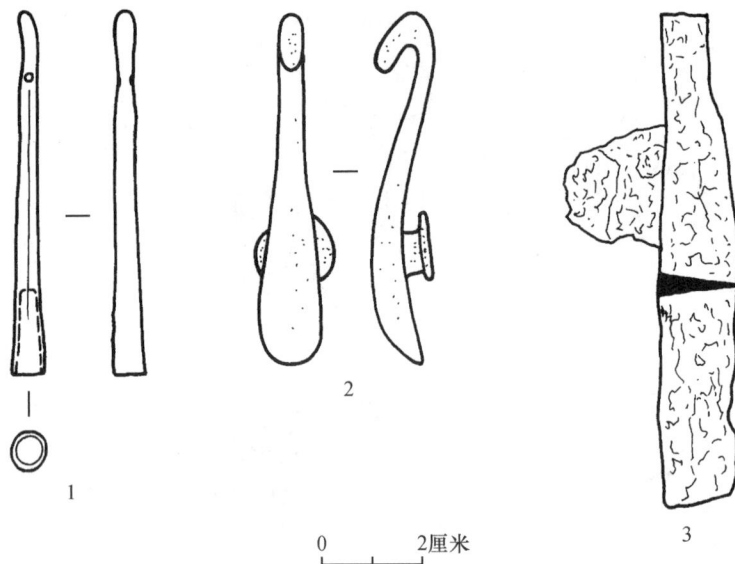

图三三一　Ⅰ区M115出土器物（二）

1. 镜刷（M115：2）　2. 铜带钩（M115：3）　3. 铁器（M115：13）

图三三二　Ⅰ区M115出土铜镜（M115：1）

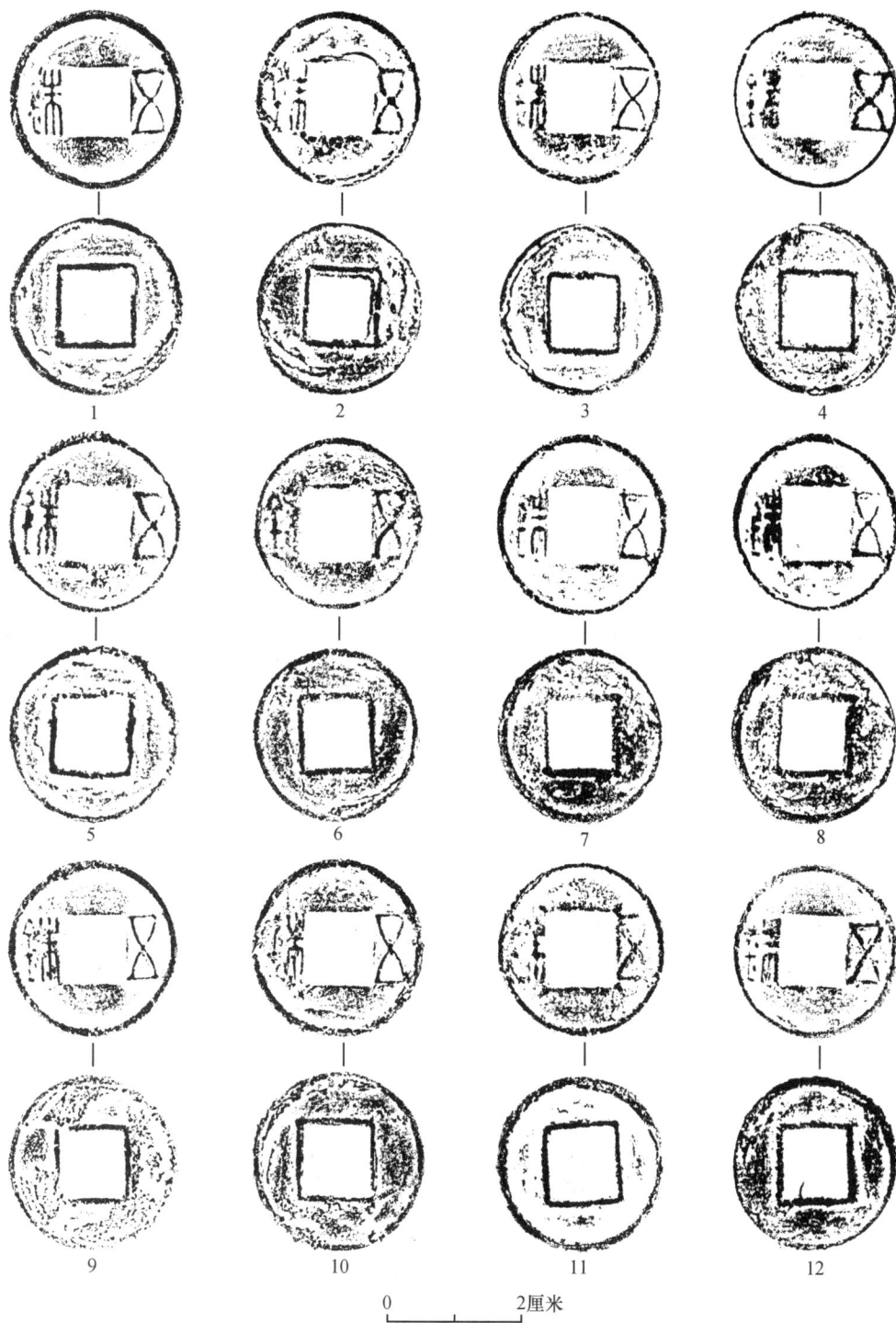

图三三三　Ⅰ区M115出土铜钱

1. M115：4-1　2. M115：4-2　3. M115：4-3　4. M115：4-4　5. M115：4-5　6. M115：4-7　7. M115：4-8　8. M115：4-9
9. M115：4-10　10. M115：4-11　11. M115：4-12　12. M115：4-13

带钩　1件，标本M115：3，鸭形，背面有一圆柱帽钮。通长6.7厘米（图三三一，2）。

盆　2件（M115：10、11），敞口，平沿，尖圆唇。M115：11，残，平折沿内斜，弧腹较直，圜底，径31.3、高8.8厘米（图三三〇，9）。标本M115：10，平折沿内斜，斜直腹，低矮假圈足，平底。口径29.3、底径12.8、高10.2厘米（图三三〇，10）。

铁器　2件，器类有釜、铁器。

釜　1件，标本M115：5，器身布满铁锈，直口，平沿，高领，弧肩，鼓腹，圜底。口径19.8、高19.1厘米（图三三〇，3）。

铁器　1件，标本M115：13，残，近似长方形，截面为三角形。残长9.5厘米（图三三一，3）。

铜钱　13枚，均为五铢钱，圆形方穿，穿背面有郭，一枚四角决文，部分穿上有一横郭或穿下有一星纹，穿之两侧有篆文"五铢"二字。"五"字瘦长或宽短，交笔斜直或缓曲，"铢"金头三角或箭镞形，朱头方折（按：年代为武帝时期，其中宽短者或为群国五铢钱）（图三三三）。

第一一三节　M116

1. 墓葬形制

M116，位于第一阶地东部，探方T0904内，墓道延伸至T0903，西与M117并穴合葬，北侧有M114、M115，南侧有M134、M140。方向200度。形制为竖穴墓道土洞墓，由墓道、墓室两部分组成（图三三四；图版三九，1、2）。

墓道　位于墓室的南端，平面呈长方形，壁面较直，开口长2.70、宽0.90~1.0、底距开口深3.30米。墓道内填五花土，土质疏松，未经夯打。

墓室　平面略呈长方形，拱顶土洞。墓室长3.10、宽1.30、高1.10米。该墓未被盗扰，器物主要出土于墓室南部，出土有陶鼎1、陶盒1、陶钫1、陶罐1、陶灶1套（盆1、甑1）、铜半两钱10。

封门　不详。

葬具　木棺1具，已朽成灰，长2.10、宽0.60米。

葬式　不详。

2. 出土器物

该墓出土器物7件，另有铜钱10枚。质地为陶、铜两种，分述如下。

陶器　7件，均为泥质灰陶，器类有鼎、盒、钫、罐、灶、盆、甑（图版九二，1）。

鼎　1件，标本M116：5，盖，浅覆钵形，弧顶，外侧均匀布置三乳突形饰；器身，子母口内敛，弧腹，圜底，肩附外撇弯曲板耳，顶端外折，腹中部有一周台棱，底附三马蹄形足。

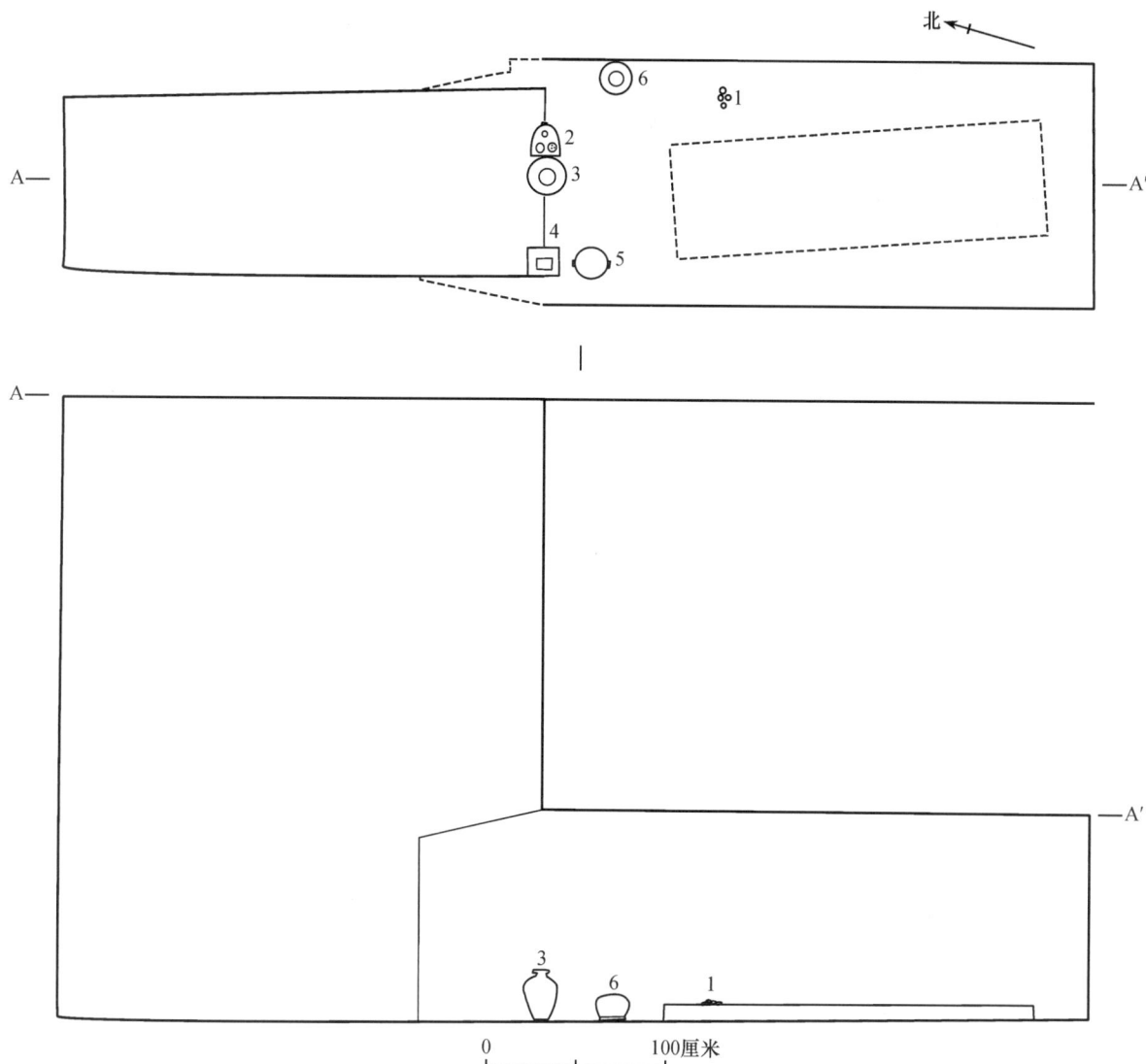

图三三四　Ⅰ区M116平、剖面图
1.铜钱　2.陶灶1套（盆1、甑1）　3.陶罐　4.陶钫　5.陶鼎　6.陶盒

器表红白彩绘。盖面，三组红、白大卷云纹，边缘一周红彩带。器身，一红一白两周彩带，足、耳局部红彩。盖与器身轮制，耳、足模制，而后粘结，器表有轮旋纹。盖径17.8、器身口径18、腹深8、足高4.6、通高13.6厘米（图三三五，1；图版一三〇，4）。

盒　1件，标本M116：6，盖，浅覆钵形，顶有矮圈足捉手；器身，子母口内敛，弧腹，平底内凹。器表红、白彩绘，剥落严重。器盖，捉手内边缘一周红彩，中央白彩绘大"S"形卷云纹，外侧两周红彩带之间彩绘云纹；盖与器身轮制，底中间轮旋纹。盖径17.6、器身口径18、腹深7.6、底径9、高13.3厘米（图三三五，2）。

钫　1件，标本M116：4，盖，覆斗形，子母口；器身，侈口，平沿，束颈，鼓腹，高圈足稍外撇，腹部有对称分布铺首衔环纹。器表红、白彩绘。盖，顶部及边缘各一周红彩带，之间两周细白彩环带。器身，沿下、肩、腹及足各一组（一红、一白）腰带，颈部两组彩带之间

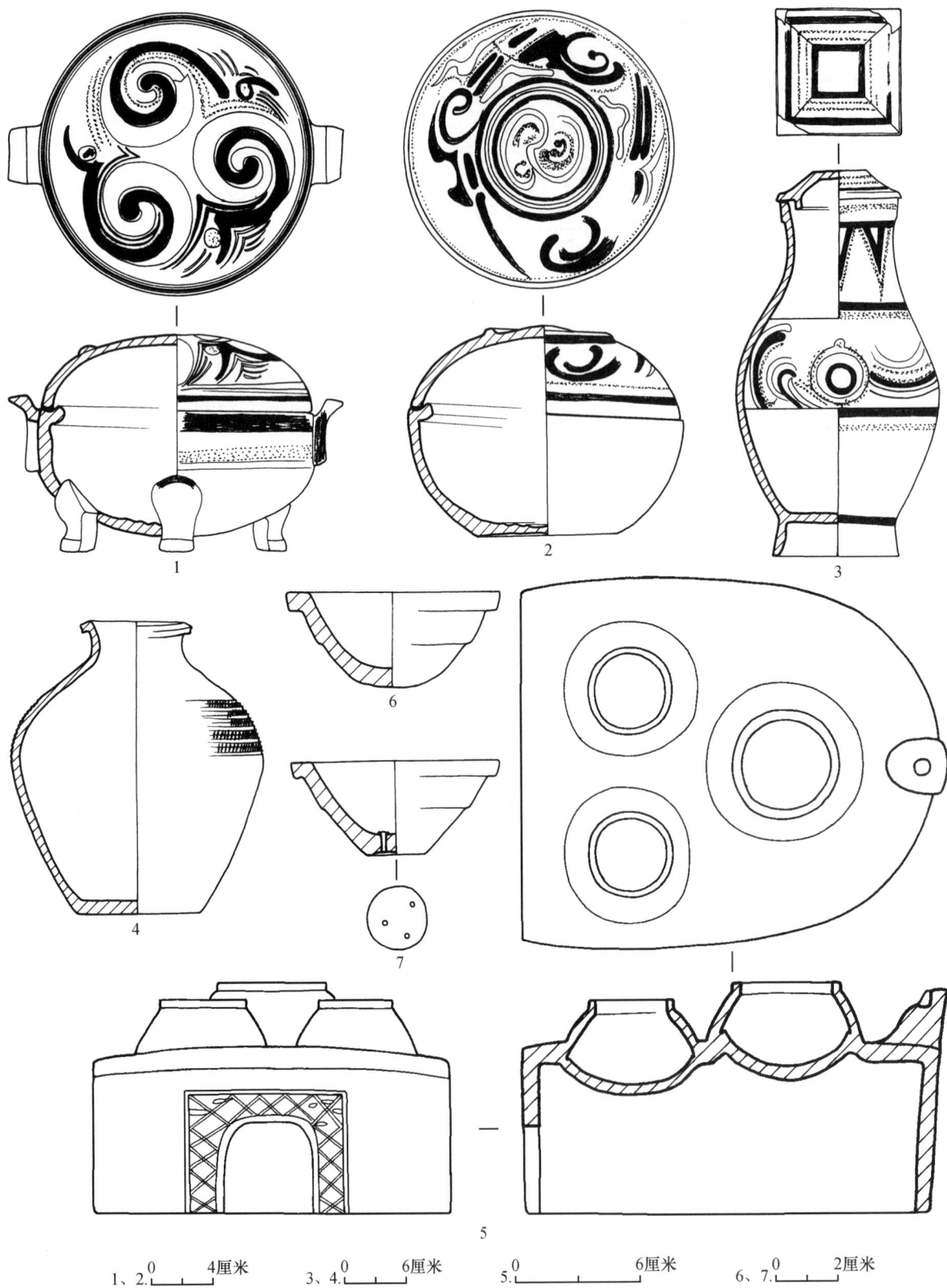

1、2. 0 ⌴⌴⌴⌴ 4厘米　　3、4. 0 ⌴⌴⌴⌴ 6厘米　　5. 0 ⌴⌴⌴⌴ 6厘米　　6、7. 0 ⌴⌴ 2厘米

图三三五　Ⅰ区M116出土器物

1.陶鼎（M116：5）　2.陶盒（M116：6）　3.陶钫（M116：4）　4.陶罐（M116：3）　5.陶灶（M116：2-1）　6.陶盆
（M116：2-3）　7.陶甑（M116：2-2）

一周双彩（内红、外白）线倒三角纹，肩部，一周双彩卷云纹。器身四壁、底分体模制，而后粘结，粘结处外侧削平，内侧抹泥加固。盖径11.9、器身口径11.3、腹径19.7、足径12、足高3、通高36.2厘米（图三三五，3；图版一三〇，5）。

罐 1件，标本M116：3，侈口，平沿外斜，凹唇，束颈，弧肩，鼓腹，下腹斜腹，最大径在腹部中上部，平底，腹部饰四道凹弦纹及粗绳纹。轮制，器表有轮旋纹。口径10.8、腹径32.4、底径12、高27.2厘米（图三三五，4；图版一三〇，6）。

灶 1件，标本M116：2-1，灶体平面呈马蹄形，前方后圆，灶面三釜呈"品"字形布置，前端一釜大于后端两釜，尾部有短柱形烟囱，前端有方形的落地灶门，周围模印菱形网格纹。长20.4、宽17.4、高10.8厘米（图三三五，5；图版一三一，1）。

盆 1件，与灶配套。标本M116：2-3，敞口，平沿，方唇，微折腹，近圜底。口径6.2、底径2、高2.9厘米（图三三五，6）。

甑 1件，与灶配套。标本M116：2-2，敞口，平沿，方唇，微折腹，平底内凹，底部有三个箅孔。口径6.1、底径1.9、高2.8厘米（图三三五，7）。

铜钱 10枚，均为半两钱，圆形方穿，无廓，穿之两侧有篆文"半两"二字（图三三六）。

第一一四节 M117

1. 墓葬形制

M117，位于第一阶地东部，探方T0904内，墓道延伸至T0903，东与M116并穴合葬。方向205度。形制为竖穴墓道土洞墓，平面略呈长方形，由墓道、墓室两部分组成（图三三七；图版三九，3、4）。

墓道 位于墓室的南端，平面呈长方形，壁面较直，东西两壁有脚窝。脚窝平面呈三角形，宽0.22、高0.16、进深0.08米。墓道开口长2.60、宽0.90～1.0、底距开口深3.50米。墓道内填五花土，土质疏松，未经夯打。

墓室 平面略呈长方形，拱顶土洞。墓室长3.60、宽1.20、高1.20米。该墓未被盗扰，器物主要出土于墓室南部及北部西侧，计有陶鼎1、陶钫5、陶钵2、陶罐1、陶灶1套（盆1）、铜带钩1、铜钱半两1。

封门 不详。

葬具 木棺1具，已朽成灰，长2.10、宽0.76米。

葬式 骨架1具，保存较差，仰身直肢葬，头向南。

图三三六　Ⅰ区M116出土铜钱

1. M116：1-1　2. M116：1-2　3. M116：1-3　4. M116：1-4　5. M116：1-5　6. M116：1-6　7. M116：1-8　8. M116：1-9
9. M116：1-10

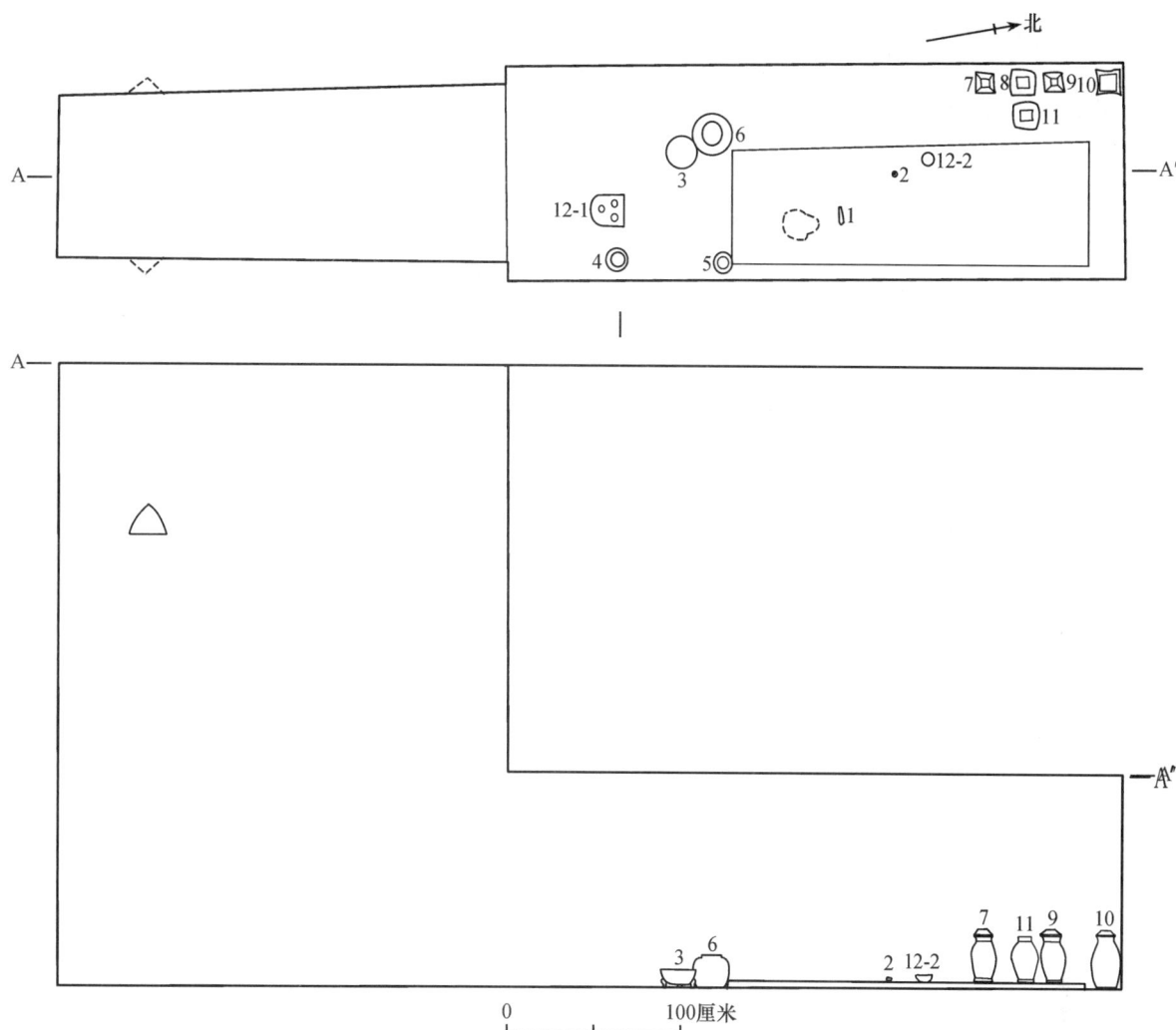

图三三七　Ⅰ区M117平、剖面图

1. 铜带钩　2. 铜钱　3. 陶鼎　4、5. 陶钵　6. 陶罐　7～11. 陶钫　12. 陶灶1套（盆2-2）

2. 出土器物

该墓出土器物12件，另有铜钱1枚。质地为陶、铜两种，分述如下。

陶器　11件，均为泥质灰陶，器类有鼎、钫、钵、罐、灶、盆（图版九二，2）。

鼎　1件，标本M117：3，盖，浅覆钵形，弧顶；器身，子母口内敛，弧腹，圜底，肩附外撇弯曲板耳，顶端外折，腹中部有一周台棱，底附三马蹄形足。盖顶，中心三白彩点，外侧三组卷云纹，均作逆时针旋转，内侧白彩，或双线或单线，外侧红彩，均作宽带状，边缘两周彩带，内白彩，外红彩。器身，腹部两周彩带，上红下白，足根、耳局部红彩。盖径17、器身口径18.4、腹深7.3、足高2.4、通高13.3厘米（图三三八，1；图版一三一，2、3）。

钫　5件（M117：7、8、9、10、11），形制相同。盖，覆斗形，子母口；器身，侈口，平沿，束颈，鼓腹，高圈足稍外撇。通体饰红白彩，剥落严重。盖，顶部及边缘各一周红彩带纹，中间白彩两周细环带。器身，沿下、肩、腹及足部各一组红、白双彩环带，颈部，红、

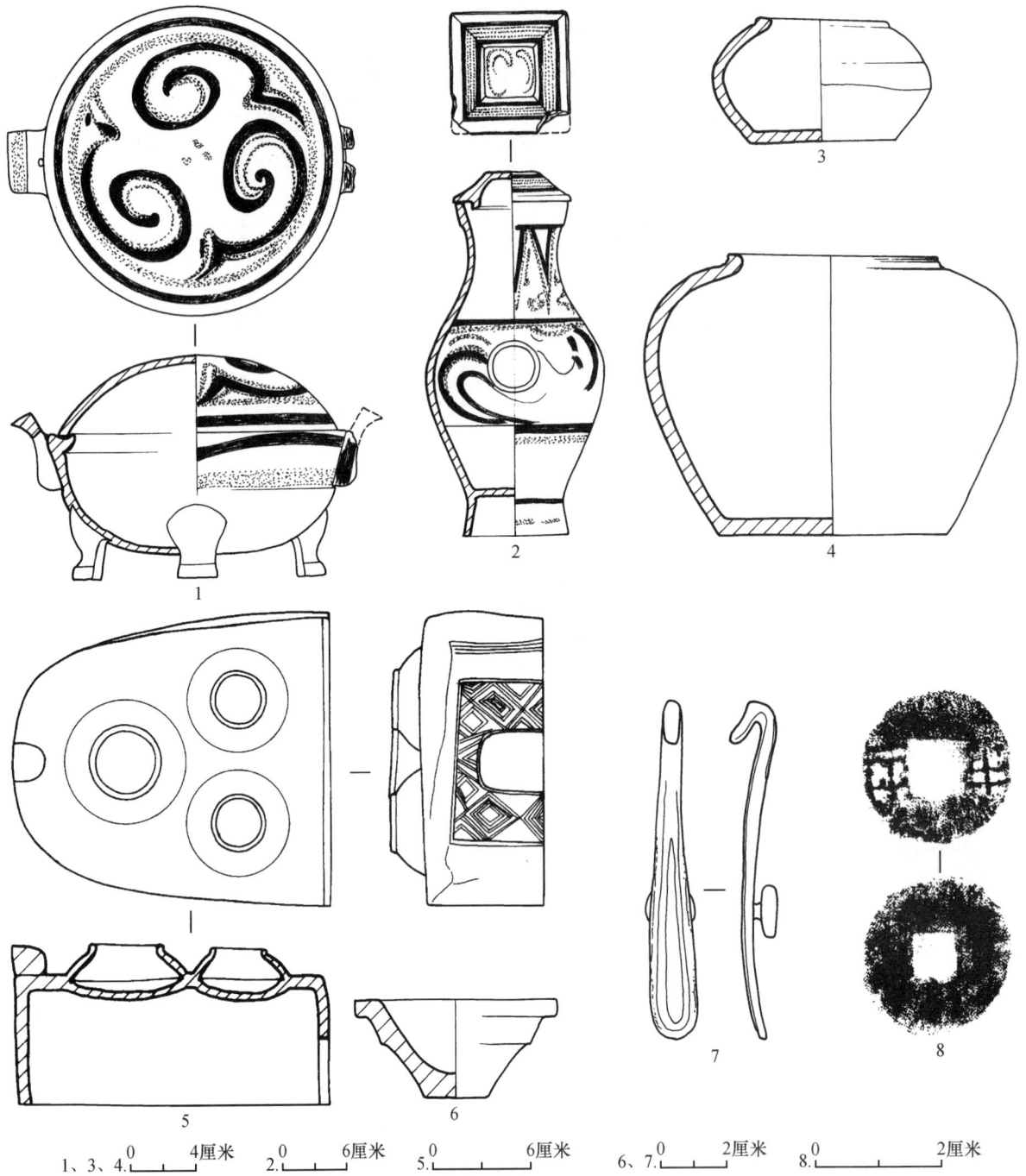

图三三八　Ⅰ区M117出土器物

1. 陶鼎（M117：3）　2. 陶钫（M117：8）　3. 陶钵（M117：4）　4. 陶罐（M117：6）　5. 陶灶（M117：12-1）

6. 陶盆（M117：12-2）　7. 铜带钩（M117：1）　8. 铜钱（M117：2）

白双彩绘倒三角纹、卷云纹。肩部，大"S"形卷云纹。标本M117：8，盖径10.7、器身口径10.3、腹径16.2、足径9.7、足高3、通高32厘米（图三三八，2；图版一三一，4）。

钵　2件（M117：4、5），形制相同，敛口，平沿，方唇，矮领，弧肩，鼓腹，最大径在腹中部，平底，轮制，器表有轮旋纹。标本M117：4，口径7.8、腹径13.2、底径8.8、高7.4厘米（图三三八，3；图版一三一，5）。

罐　1件，标本M117：6，敛口，双唇，矮领，圆鼓肩，弧腹，平底。口径12.8、腹径22.6、底径13.8、高16.6厘米（图三三八，4；图版一三一，6）。

灶　1件，标本M117：12-1，灶体平面呈马蹄形，前方后圆，灶面三釜呈"品"字形布置，前端釜大于后端两釜，尾部有短柱形烟囱，前端有方形的落地灶门，周围模印多重菱形纹。长19、宽17、高9.2厘米（图三三八，5；图版一三二，1）。

盆　1件，与灶配套。标本M117：12-2，敞口，平沿，尖唇，微折腹，小平底内凹。口径8.1、底径2.2、高4厘米（图三三八，6）。

铜带钩　1件，标本M117：1，琴面型，背面有一圆柱形帽钮，帽钮凸出钩身外。通长9.9厘米（图三三八，7）。

铜钱　1枚，标本M117：2，半两钱，圆形方穿，穿之两侧有篆文"半两"二字，"两"字下框内为二"人"字，且出头较长，钱径23.5、穿宽7.48、郭厚1.07毫米，重2.36克（图三三八，8）。

第一一五节　M118

1. 墓葬形制

M118，位于第一阶地中部偏东，探方T0803内，墓道延伸至T0804，南与M119并穴合葬，西侧有M122、M123、M126、M130，且方向一致，或有一定关系。方向300度。形制为竖穴墓道土洞墓，由墓道、甬道和墓室三部分组成（图三三九；图版四○，1、2）。

墓道　位于墓室的西端，平面呈长方形，壁面较直，底略于开口。开口长2.40、宽0.80～0.90、底距开口深3.20米。墓道内填五花土，土质疏松，未经夯打。

甬道　位于墓道与墓室之间，拱顶土洞。长0.9、宽0.9、高1.0米。

墓室　平面略呈长方形，拱顶土洞。墓室长2.80、宽0.90～1.36、高1.0米。该墓未被盗扰，器物主要出土于墓室的北侧棺椁之间，计有陶盒2、陶钫2、陶罐2、陶釜1、铜柿蒂形棺饰24、铅盖弓帽2、铅衡末饰3、铅车軎2、铜钱7。

封门　不详。

葬具　一棺一椁。棺长2.0、宽0.80米，椁长2.30、宽1.30米。

葬式　人骨1具，保存较差，头向北。

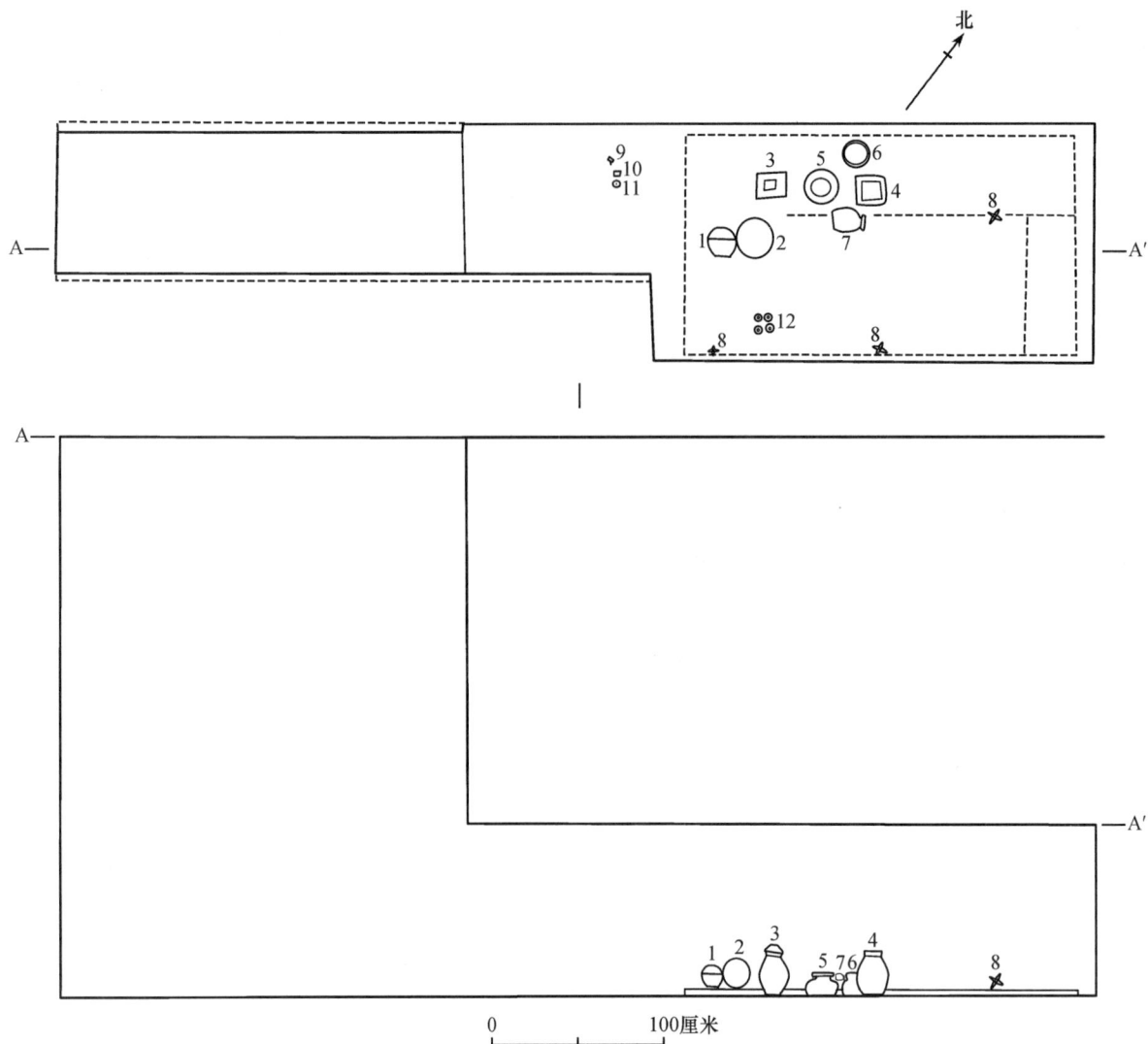

图三三九　Ⅰ区M118平、剖面图

1、2.陶盒　3、4.陶钫　5、7.陶罐　6.陶釜　8.铜柿蒂形棺饰　9.铅盖弓帽　10.铅衡末饰　11.铅车軎　12.铜钱

2. 出土器物

该墓出土器物38件，另有铜钱7枚。质地为陶、铜、铅三种，分述如下。

陶器　7件，为泥质或夹砂灰陶，器类有盒、钫、罐、釜。

盒　2件（M118：1、2），泥质灰陶，形制相同。盖，浅覆钵形，顶有矮圈足捉手；器身，子母口内敛，弧腹，平底。器表红色彩绘，脱落严重。盖，捉手内侧一周红彩带，中央不可辨。捉手外，两周红色彩带之间，双线波折纹，之间填云气等纹样。盖与器身轮制，底中间轮旋纹。标本M118：2，盖径17.8、器身口径18.2、腹深8、底径10.3、高13.7厘米（图三四〇，1）。

钫　2件（M118：3、4），泥质灰陶，形制相同。盖，覆斗形，子母口；器身，侈口，平沿，束颈，鼓腹，高圈足稍外撇。器表彩绘，剥落严重。盖可辨有两周红彩，器身可辨出四周红彩带。器身四壁、底分体模制，而后粘结，粘结处外侧削平，内侧抹泥加固。标本M118：4，盖径10.1、器身口径9.3、腹径16.1、足径9.4、足高3.3、通高32.6厘米（图三四〇，2）。

罐　2件（M118：5、7），泥质灰陶。标本M118：5，小口外侈，圆唇，束颈，鼓肩，鼓腹，平底，轮制，器表有轮旋纹，口径8.1、腹径16.2、底径9.8、高18.3厘米（图三四〇，3）。标本M118：7，大口，圆唇，矮领，圆鼓肩，最大径在肩部，下腹斜内收，平底，口径9.3、腹径15.9、底径8.1、高18.6厘米（图三四〇，4）。

釜　1件，标本M118：6，夹砂灰陶，侈口，圆唇，高领，圆鼓腹，圜底，底部饰粗绳纹，有烟熏痕迹。口径14、腹径18.8、高14.2厘米（图三四〇，5）。

铜柿蒂形棺饰　24件，形制相同，柿蒂形，多与泡钉同出。标本M118：8，对角长3.4、泡径1.1、高0.95厘米（图三四一，1）。

铅器　7件，器类有盖弓帽、衡末饰和车軎。

盖弓帽　2件，残，形制相同，标本M118：9，筒形，残长1.25厘米（图三四一，2）。

车軎　2件，残，形制相同，标本M118：11，喇叭口形，残长0.6、粗端径1.4厘米（图

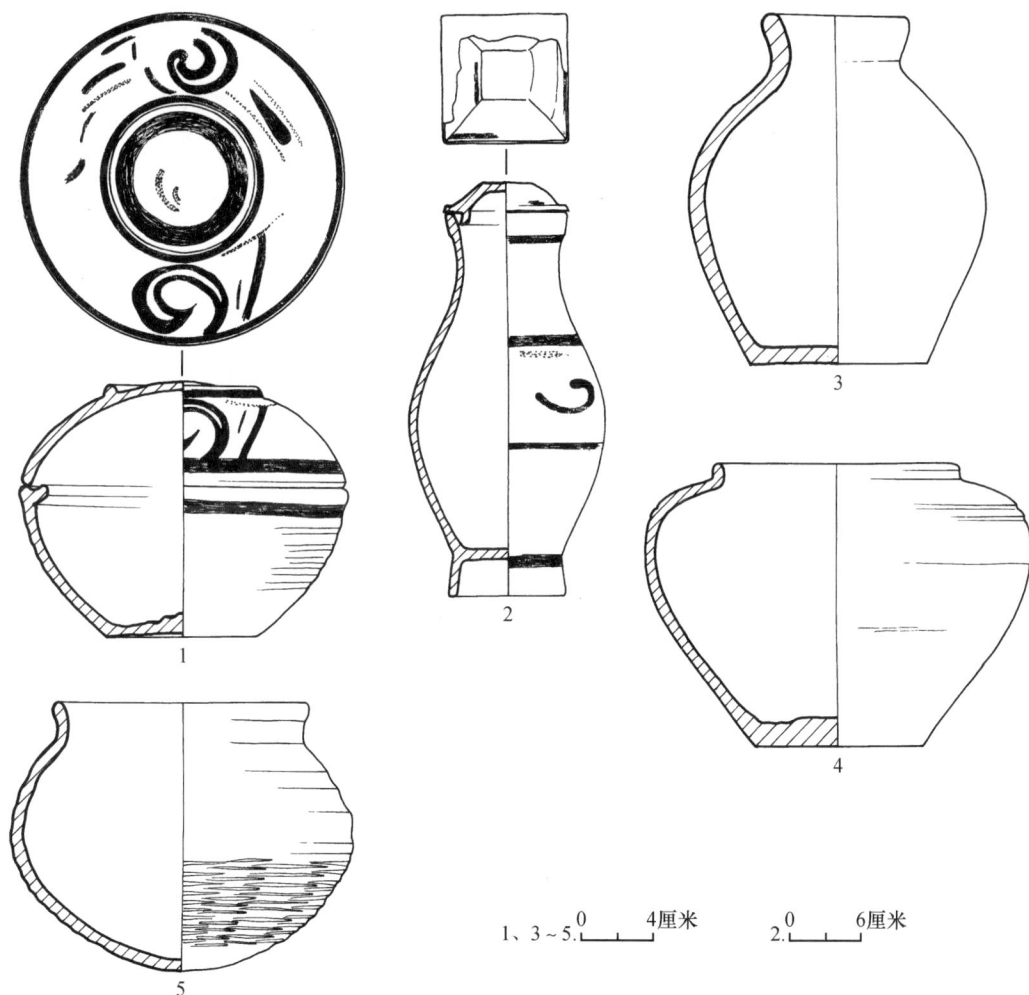

图三四〇　Ⅰ区M118出土器物（一）

1.陶盒（M118：2）　2.陶钫（M118：4）　3、4.陶罐（M118：5、7）　5.陶釜（M118：6）

三四一，3）。

衡末饰　3件，残，形制相同，标本M118：10，筒形，残长1.0厘米（图三四一，4）。

铜钱　7枚，均为五铢钱，圆形方穿，穿背面有郭，部分穿上有一横郭或穿下有一星纹，穿之两侧有篆文"五铢"二字。"五"字瘦长，或较短，交笔斜直或缓曲，"铢"金头三角，朱字头方折（按：年代为武帝时期）（图三四一，5～10）。

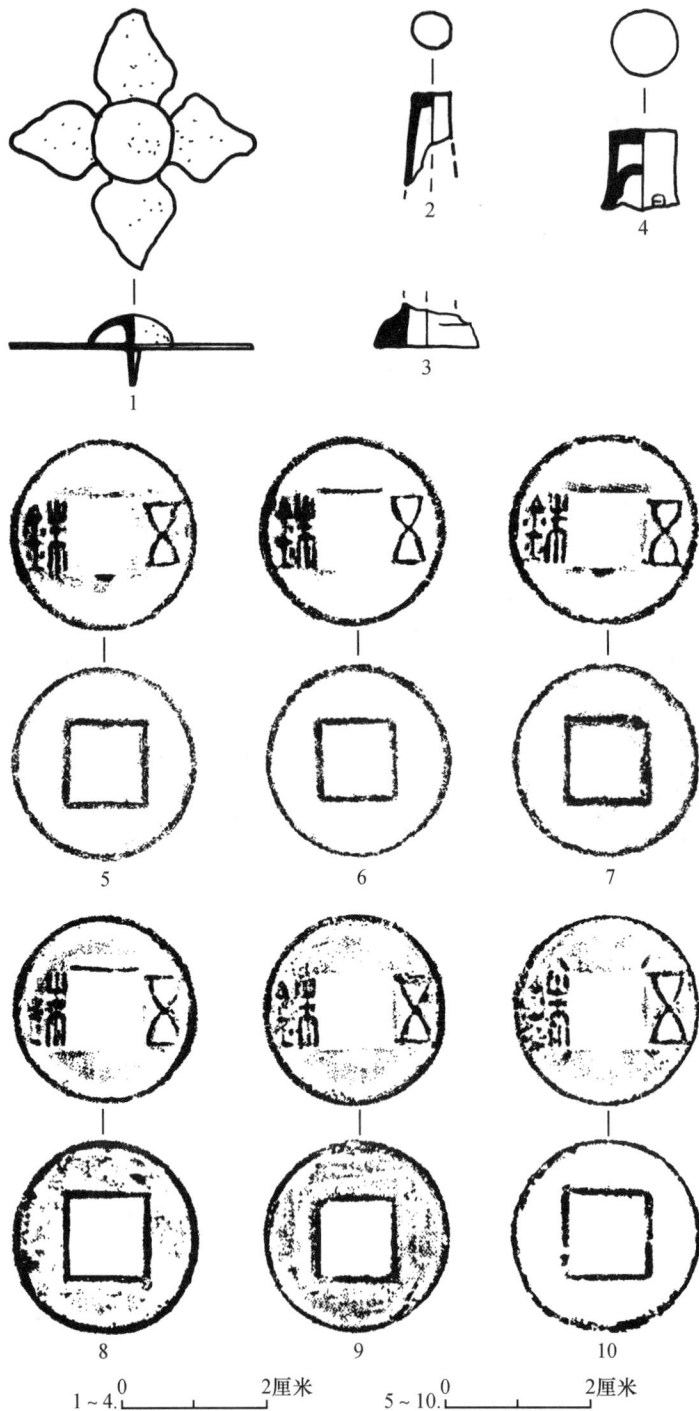

图三四一　Ⅰ区M118出土器物（二）

1.铜柿蒂形棺饰（M118：8）　2.铅盖弓帽（M118：9）　3.铅车軎（M118：11）　4.铅衡末饰（M118：10）

5～10.铜钱（M118：12-1～6）

第一一六节　M119

1. 墓葬形制

M119，位于第一阶地中部偏东，探方T0803内，北与M118并穴合葬。方向285度。形制为竖穴墓道土洞墓，由墓道、墓室两部分组成（图三四二；图版四〇，3、4）。

图三四二　Ⅰ区M119平、剖面图

1. 陶罐　2. 陶灶1套（盆1、甑2）　3. 陶钫　4. 陶鼎　5、6. 陶盒

墓道　位于墓室的西端，平面呈长方形，壁面较直。开口长2.70、宽1.04、底距开口深4.60米。墓道内填五花土，土质疏松，未经夯打。

墓室　平面略呈长方形，拱顶土洞。墓室长3.0、宽1.04、高1.60米。该墓未被盗扰，器物主要出土于墓室的西部，计有陶鼎1、陶盒2、陶钫1、陶罐1、陶灶1套（盆1、甑2）。

封门　木板封门，墓室南北两壁有凹槽，内有朽木痕迹。封门槽宽0.14、进深0.10、高1.60米。

葬具　木棺1具，已朽成灰，长2.10、宽0.54米。

葬式　人骨1具，保存较差，仰身直肢，头向东。

2. 出土器物

该墓出土器物9件，均为泥质灰陶，器类有鼎、盒、钫、罐、灶、盆、甑。

鼎　1件，标本M119：4，盖，浅覆钵形，弧顶外侧均匀布置三乳突形饰；器身，子母口内敛，弧腹，近平底，肩附外撇弯曲板耳，顶端外折，腹中部有一周台棱，底附三马蹄形足。器表红、白彩绘。盖，中心向外，放射三条白线，指向盖面的三乳突，末端向外，旋转出三个多彩大卷云纹，内层白线状，中层红彩带状，外层白彩带，大卷云纹之间，三组红、白彩流云纹，盖边缘一周红彩带，上部边缘一周白彩细线。器身，中腹两周红彩带，足、耳边缘绘白或红彩。盖径17.5、器身口径18.1、腹深8.4、足高5.5、通高14.1厘米（图三四三，1）。

盒　2件（M119：5、6），盖，浅覆钵形，顶有矮圈足捉手；器身，子母口内敛，深弧腹，平底。器表红、白彩绘。器盖，捉手内一周红彩带，中央两组对称白彩勾云纹，捉手外侧两组（每组两周，一红彩带，一白彩线）之间，三组白色双斜线分其为三部分，每一部分一红彩卷云纹，双斜线之间两红彩流云纹，斜线夹角填白彩云纹。器身，之上红、白彩绘，沿下有红、白彩带各一周。标本M119：5，盖径17.8、器身口径17.6、腹深7.6、底径10.2、高12.8厘米（图三四三，2；彩版七，1）。

钫　1件，标本M119：3，盖，覆斗形，子母口；器身，侈口，平沿，束颈，鼓腹，高圈足稍外撇。通体饰白彩（器身，已脱落）。盖，顶部及边缘用白彩绘一周宽环带纹，中间两周红彩细环带纹。器身，涂黑，之上红、白彩绘，剥落严重，可辨肩部绘大卷云纹。盖径11.4、器身口径11.4、腹径19.5、足径11.2、足高3.8、通高30.6厘米（图三四三，3）。

罐　1件，标本M119：1，侈口，平沿稍内凹，方唇，束颈，鼓肩，最大径在腹部，下腹斜内收，平底，肩部饰密集凹弦纹。口径13、腹径29.4、底径13.6、高32.3厘米（图三四三，4）。

灶　1件，标本M119：2-1，灶体平面呈马蹄形，前方后圆，灶面三釜呈"品"字形布置，前端釜大于后端两釜，尾部有短柱形烟囱，前端有方形的落地灶门，周围模印多重菱形纹。长19、宽16.4、高9.5厘米（图三四三，5）。

盆　1件，与灶配套。标本M119：2-2，敞口，平沿，方唇，微折腹，小平底内凹。口径7、底径2、高3厘米（图三四三，6）。

甑　2件，与灶配套，形制相同。M119：2-3、4，敞口，平沿，方唇，微折腹腹，平底内凹，底部有三个箅孔。标本M119：2-3，口径7、底径2、高3厘米（图三四三，7）。

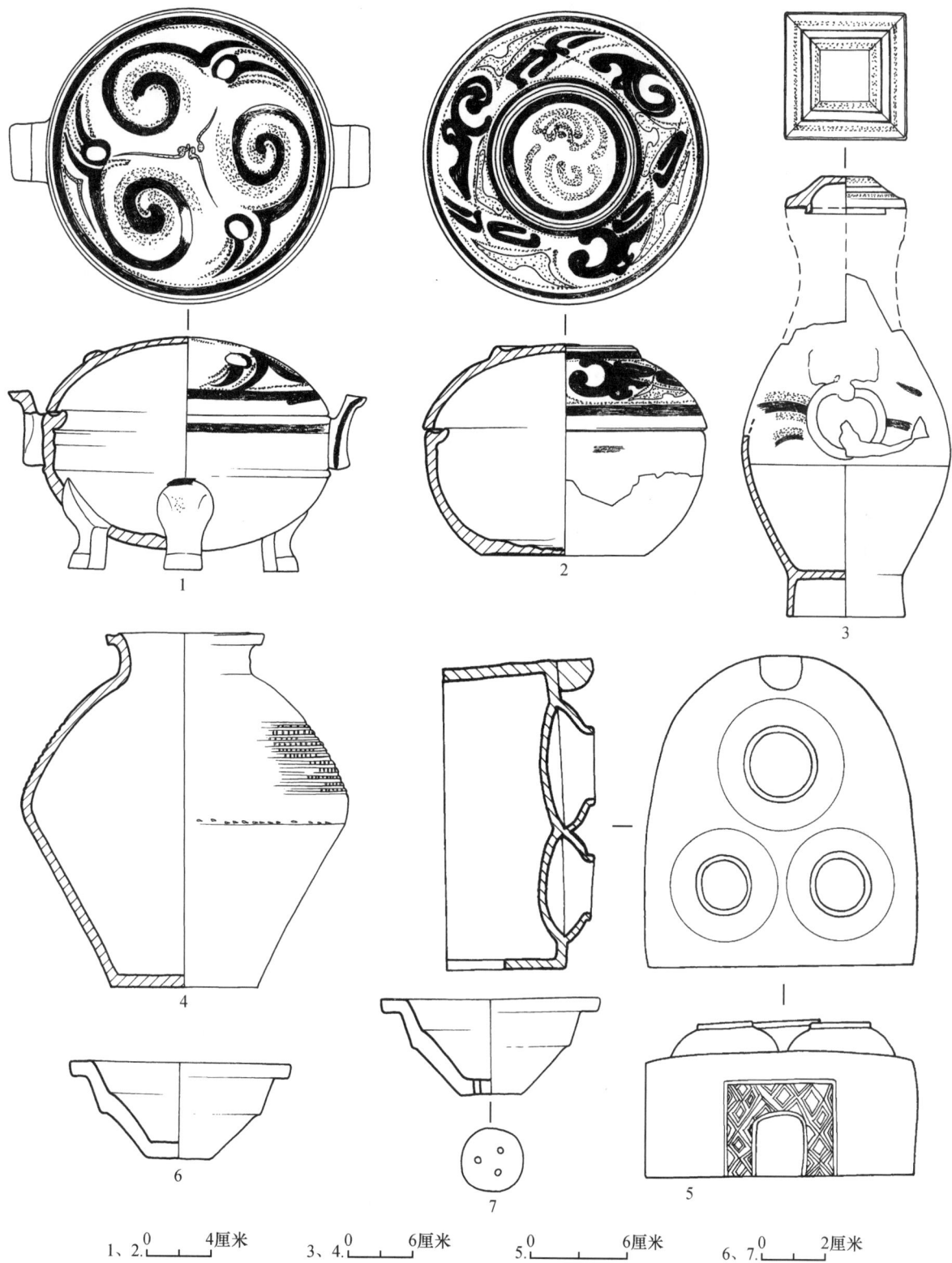

1、2. ⊢———⊣ 4厘米　　3、4. ⊢———⊣ 6厘米　　5. ⊢———⊣ 6厘米　　6、7. ⊢———⊣ 2厘米

图三四三　I 区M119出土器物

1. 陶鼎（M119：4）　2. 陶盒（M119：5）　3. 陶钫（M119：3）　4. 陶罐（M119：1）　5. 陶灶（M119：2-1）

6. 陶盆（M119：2-2）　7. 陶甑（M119：2-3）

第一一七节　M120

1. 墓葬形制

M120，位于第一阶地中部偏东，探方T0804内，西与M121并穴合葬，南侧面向M122、M123。方向195度。形制为竖穴墓道土洞墓，由墓道、墓室两部分组成（图三四四；图版四一，1、2）。

墓道　位于墓室的南端，平面呈长方形，壁面较直，东西两壁有脚窝。脚窝，平面呈三角形，长0.20、高0.18、进深0.10米。墓道开口长2.40、宽0.70～0.76、底距开口深2.60米。墓道

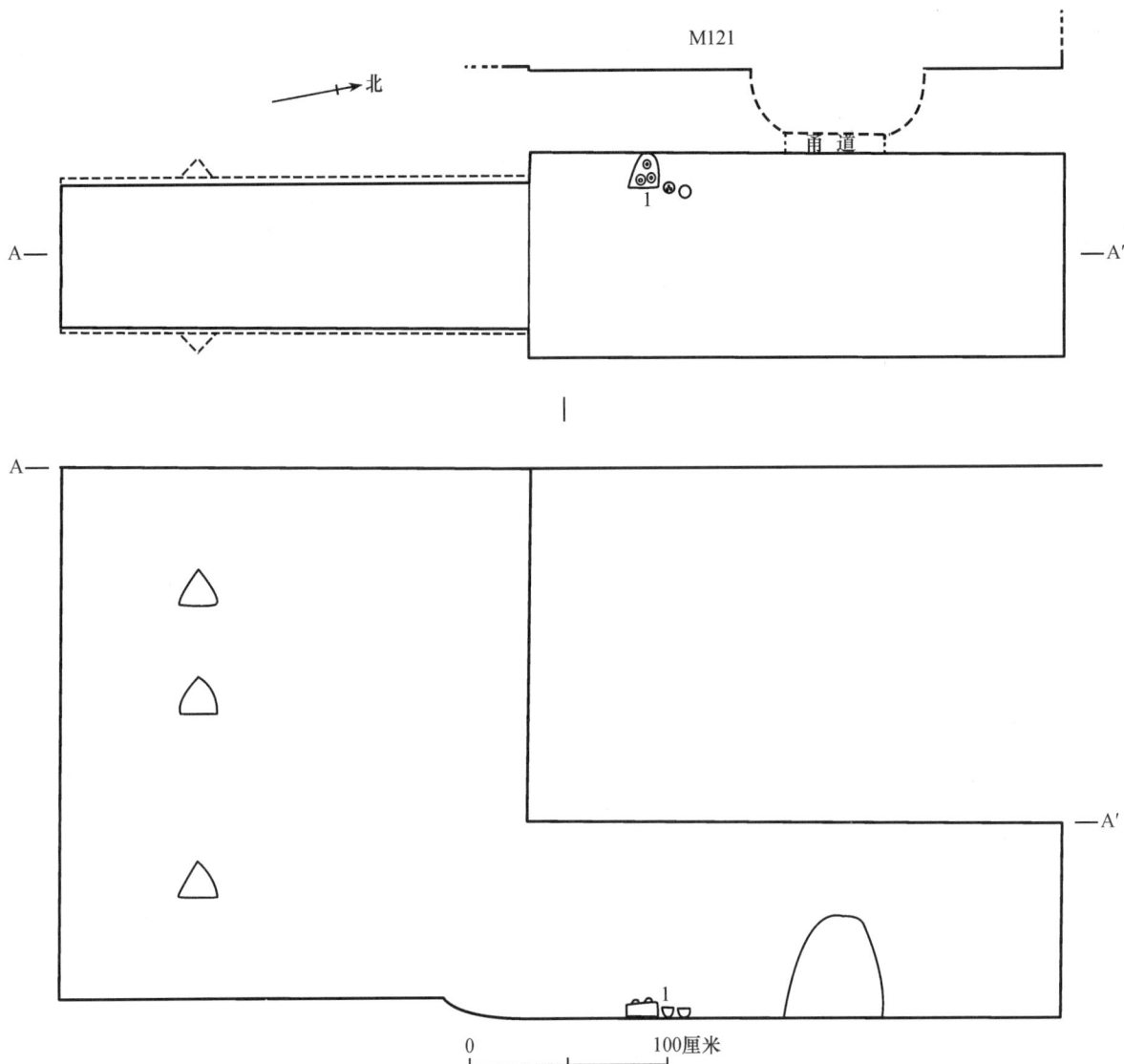

图三四四　Ⅰ区M120平、剖面图

1.陶灶1套（盆1、甑1）

内填五花土，土质疏松，未经夯打。

墓室　平面略呈长方形，拱顶土洞。墓室西部有一平面呈长方形的过洞，和M121墓室连通，过洞宽0.50、高0.50米。墓室长2.70、宽1.0、残高0.96米。该墓未被盗扰，出土有陶灶1套（盆1、甑1）。

封门　不详。

葬具　木棺，出土铁棺钉，尺寸不详。

葬式　不详。

2. 出土器物

该墓出土器物3件，均为陶器，泥质灰陶或红陶，器类有灶、盆、甑。

灶　1件，标本M120：1-1，泥质红陶，灶体平面呈马蹄形，前方后圆，灶面三釜呈"品"字形布置，尾部有圆孔烟囱，前端有方形的落地灶门，周围模印菱形网格纹。长15、宽14.4、高7.6厘米（图三四五，1）。

盆　1件，与灶配套。标本M120：1-2，敞口，平沿，尖唇，弧腹，小平底内凹。口径6.5、底径2.1、高3厘米（图三四五，2）。

甑　1件，与灶配套。标本M120：1-3，敞口，平沿，尖唇，弧腹，平底内凹，底部有三个箅孔。口径6.6、底径2、高3厘米（图三四五，3）。

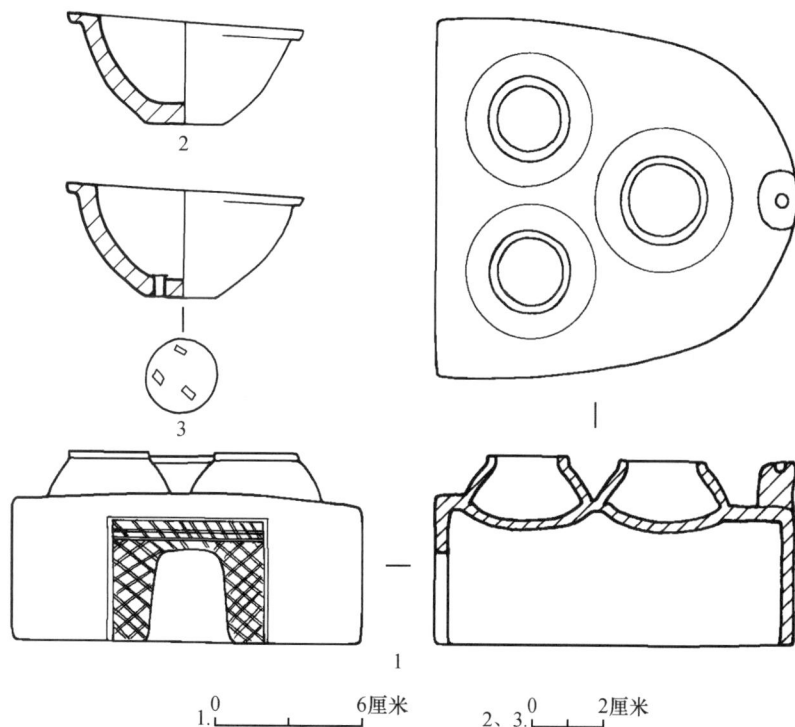

图三四五　Ⅰ区M120出土器物

1.陶灶（M120：1-1）　2.陶盆（M120：1-2）　3.陶甑（M120：1-3）

第一一八节　M121

1. 墓葬形制

　　M121，位于第一阶地中部偏东，探方T0804内，东与M120并穴合葬。方向195度。形制为竖穴墓道土洞墓，由墓道、墓室两部分组成（图三四六；图版四一，3、4）。

　　墓道　位于墓室的南端，平面呈长方形，壁面较直，东西壁有两对脚窝。脚窝，平面呈三

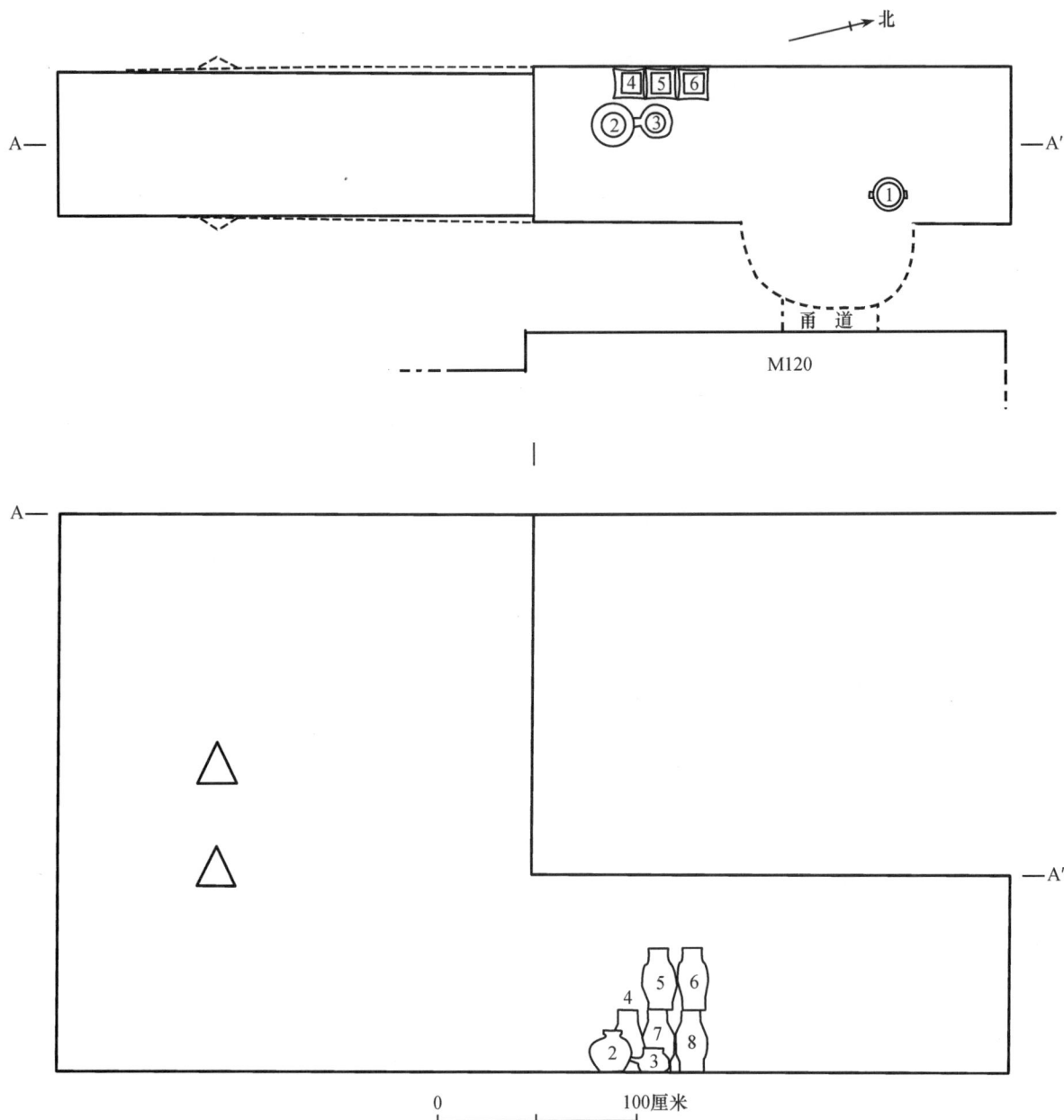

图三四六　Ⅰ区M121平、剖面图

1.陶鼎　2.陶罐　3.陶釜　4~8.陶钫

角形，长0.20、高0.20、进深0.06米。墓道开口长2.40、宽0.70～0.76、底距开口深2.70米。墓道内填五花土，土质疏松，未经夯打。

墓室　平面略呈长方形，拱顶土洞。墓室长2.40、宽0.76、残高0.96米。墓室东部有一半圆形小龛，拱顶土洞，宽0.86、进深0.42、高0.96米。龛内向东有过洞与M120连通，过洞宽0.50、高0.50、进深0.12米。该墓未被盗扰，遗物主要出土于墓室南部，计有陶鼎1、陶钫5、陶釜1、陶罐1。

封门　不详。

葬具　木棺，出土铁棺钉，其尺寸不详。

葬式　不详。

2. 出土器物

该墓出土器物8件，均为陶器，泥质灰陶或夹砂灰陶，器类有鼎、钫、釜、罐。

鼎　1件，标本M121：1，泥质灰陶，盖缺；器身，子母口内敛，弧腹，圜底，肩附外撇弯曲板耳，顶端外折，底附三马蹄形足。器身轮制，耳、足模制，而后粘结，器表有轮旋纹。器身口径16.4、腹深6.7、足高4.8、通高9.1厘米（图三四七，1；图版一三二，2）。

钫　5件（M121：4、5、6、7、8），泥质灰陶，形制相同。盖，覆斗形，子母口；器身，侈口，平沿，束颈，鼓腹，高圈足稍外撇。器表红、白彩绘，剥落严重。器身，口沿、肩、腹部有三组红、白彩带，颈部倒三角纹，肩部大"S"卷云纹。器身四壁、底分体模制，而后粘结，粘结处外侧削平，内侧抹泥加固，M121：7，盖径10.1、器身口径9.9、腹径17.55、足径10.1、足高3.9、通高32.3厘米（图三四七，2；图版一三二，3）。

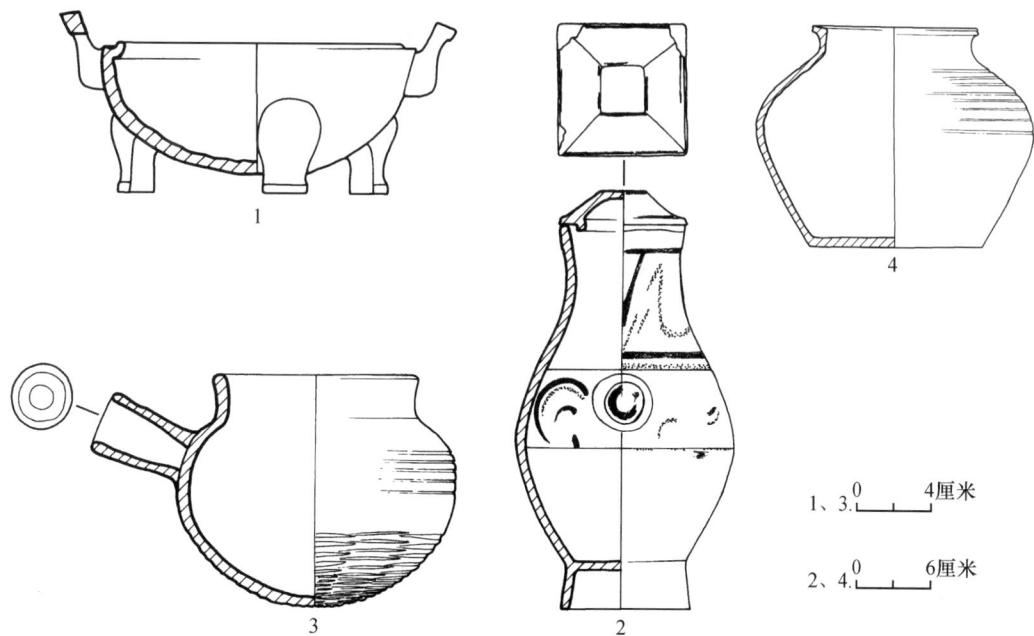

图三四七　Ⅰ区M121出土器物

1. 陶鼎（M121：1）　　2. 陶钫（M121：7）　　3. 陶釜（M121：3）　　4. 陶罐（M121：2）

釜　1件，标本M121：3，夹砂灰陶，侈口，圆唇，高领，弧肩，鼓腹，圜底，底部拍印粗绳纹，有黑色烟炱痕，肩部一侧有圆筒形柄。器身轮制，器表有轮旋纹，柄部模制，而后粘结。口径11、腹径15、高12.2厘米（图三四七，3；图版一三二，4）。

罐　1件，标本M121：2，泥质灰陶，侈口，平沿内斜，凹唇，矮领，弧肩，鼓腹，平底，肩部饰两道凹弦纹，轮制，器表有轮旋纹，口径13.6、腹径22.6、底径14.2、高17.2厘米（图三四七，4；图版一三二，5）。

第一一九节　M122

1. 墓葬形制

M122，位于第一阶地中部偏东，探方T0804内，墓道延伸至T0704，南与M123并穴合葬，北邻M120、M121，东侧有M118、M119，南有M126、M130。方向300度。形制为竖穴墓道土洞墓，由墓道、墓室两部分组成（图三四八；图版四二，1、2）。

墓道　位于墓室的西端，平面呈长方形，壁面较直。开口长2.70、宽0.86、底距开口深3.50米。墓道内填五花土，土质疏松，未经夯打。

墓室　平面略呈长方形，拱顶土洞。墓室长3.10、宽1.20、高1.30米。该墓未被盗扰，器物主要出土于墓室南部，计有陶鼎1、陶盒2、陶钫6、陶灶1套（盆1、甑1）、陶猪1、铜带钩1、铜伞柄1、铅扣饰1、铅马镳1。

封门　不详。

葬具　木棺1具，已朽成灰，长2.0、宽0.80米。

葬式　骨架1具，仰身直肢葬，头向不详。

2. 出土器物

该墓出土器物17件，质地为陶、铜、铅三种，分述如下。

陶器　13件，均为泥质灰陶，器类有鼎、盒、钫、灶、盆、甑、猪。

鼎　1件，标本M122：9，器身残缺，仅盖可复原。浅覆钵形，弧顶外侧均匀布置三乳突形饰。盖面红、白彩绘三组大卷云纹，边缘一组红、白彩带。盖轮制，器表有轮旋纹。口径17.4、高5.2厘米（图三四九，1）。

盒　2件（M122：7、8），形制相同。盖，浅覆钵形，顶有矮圈足捉手；器身，子母口内敛，弧腹，平底。器表红、白彩绘，剥落严重。盖，捉手内一周红彩带，内部不可辨，捉手外两红彩带之间绘云气纹。盖与器身轮制，底中间轮旋纹。标本M122：8，盖径17.2、器身口径17.2、腹深7.8、底径8.2、高12.9厘米（图三四九，2）。

钫　6件（M122：1、2、3、4、5、6），形制相同。盖，覆斗形，子母口；器身，侈口，

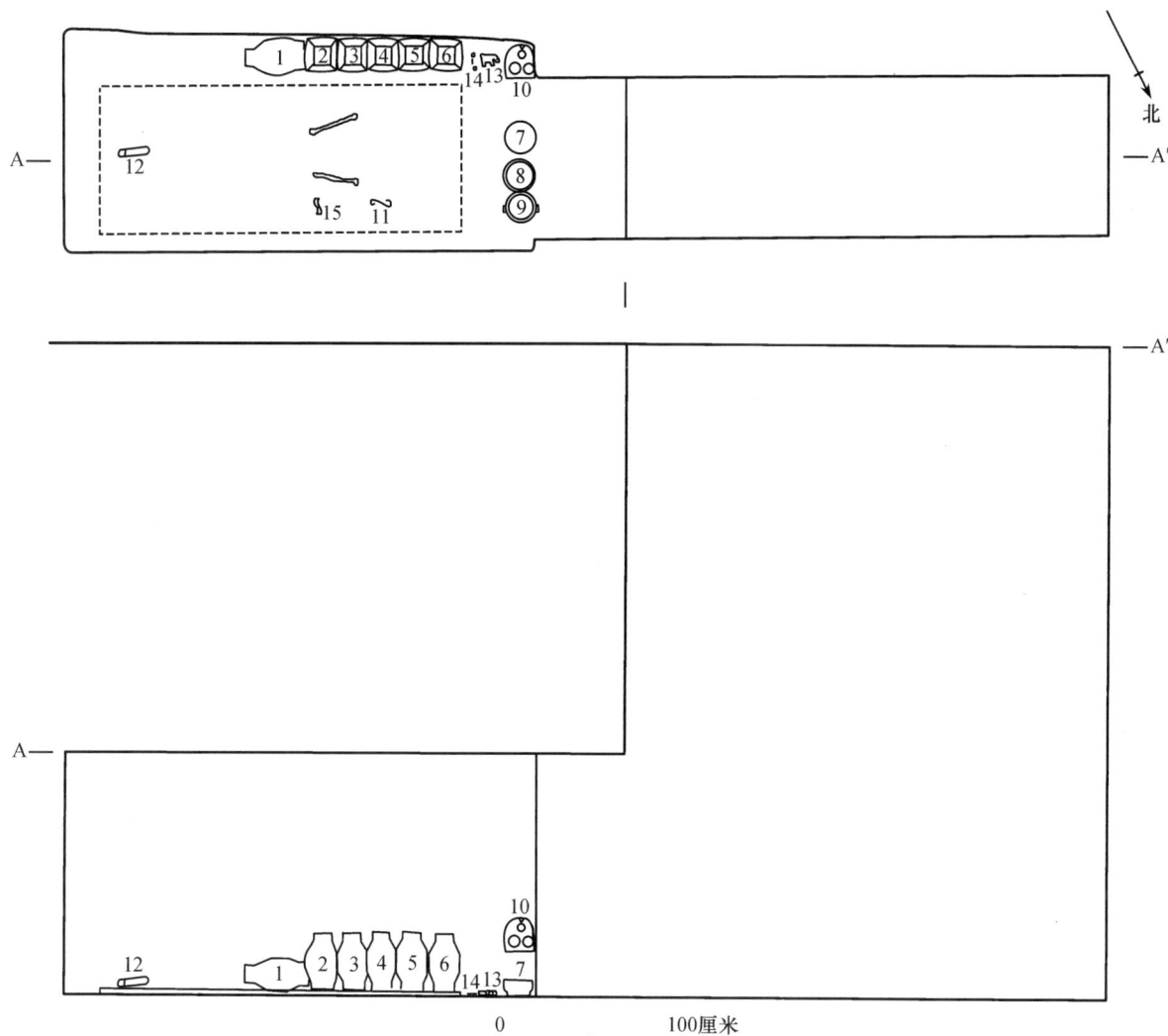

图三四八　Ⅰ区M122平、剖面图

1~6.陶钫　7、8.陶盒　9.陶鼎盖　10.陶灶1套（盆1、甑1）　11.铜带钩　12.铜伞柄　13.陶猪　14.铅扣饰　15.铅马镳

平沿，束颈，鼓腹，高圈足稍外撇。通体饰红、白彩（局部已脱落）。盖，顶部及边缘各饰一周红彩带，中央白彩云纹，红彩带之间两周白彩带，其间一周白彩波浪纹。器身，沿下、肩、腹及足各一组红、白彩带，颈部一周红、白彩倒三角纹，三角纹间填白彩羽点纹，肩部两组环带纹之间，彩绘大弧线卷云纹。器身四壁、底分体模制，而后粘结，粘结处外侧削平，内侧抹泥加固。标本M122：3，盖径10.4、器身口径10.3、腹径17.1、足径10、足高3.9、通高32.4厘米（图三四九，3）。

灶　1件，标本M122：10-1，泥质红陶，灶体平面呈马蹄形，前方后圆，灶面三釜呈"品"字形布置，后端釜大于前端两釜，尾部有短柱形烟囱，前端有方形的落地灶门，周围模印多重菱形纹。灶面、灶壁分体模制而后粘结，釜之肩部与灶面一次性模制而成，腹模制而后粘结于相应的位置。长18、宽16.4、高8.9厘米（图三四九，4）。

盆　1件，与灶配套。标本M122：10-3，敞口，平沿，尖唇，弧腹，小平底内凹。模制，

1、2. 0 4厘米

3. 0 6厘米

4. 0 6厘米

5、6. 0 2厘米

图三四九 Ⅰ区M122出土器物（一）

1.陶鼎盖（M122：9） 2.陶盒（M122：8） 3.陶钫（M122：3） 4.陶灶（M122：10-1） 5.陶盆（M122：10-3）
6.陶甑（M122：10-2）

沿面有制坯时留下的线切纹。口径7、底径2、高2.8厘米（图三四九，5）。

甑　1件，与灶配套。标本M122：10-2，敞口，平沿，尖唇，弧腹，平底内凹，底部有三个算孔。模制，沿面有制坯时留的下线切纹。口径7、底径2、高2.8厘米（图三四九，6）。

猪　1件，标本M122：13，模制，器身中间有一纵向模制扉棱，用刀削平。头微低，嘴微张，双眼圆睁，耳朵内凹，四肢站立，尾巴一半微翘，腹扁，整体偏瘦。通高4.4、长8.6厘米（图三五〇，1）。

铜器　2件，为带钩和伞柄。

带钩　1件，标本M122：11，曲棒形，兽首，钩尾宽扁内凹，圆柱形帽钮，通长12.2厘米（图三五〇，2）。

伞柄　1件，标本M122：12，圆柱形，中空，手柄上下有两突棱。通长14.4厘米（图三五〇，3；图版一五二，1）。

铅器　2件，为扣饰和马镳。

扣饰　1件，标本M122：14，圆扣形，上有乳钉装饰，下已残。直径1.3、残高0.45厘米（图三五〇，4）。

马镳　1件，标本M122：15，残，"S"形，中部有两穿孔。残长7.35厘米（图三五〇，5）。

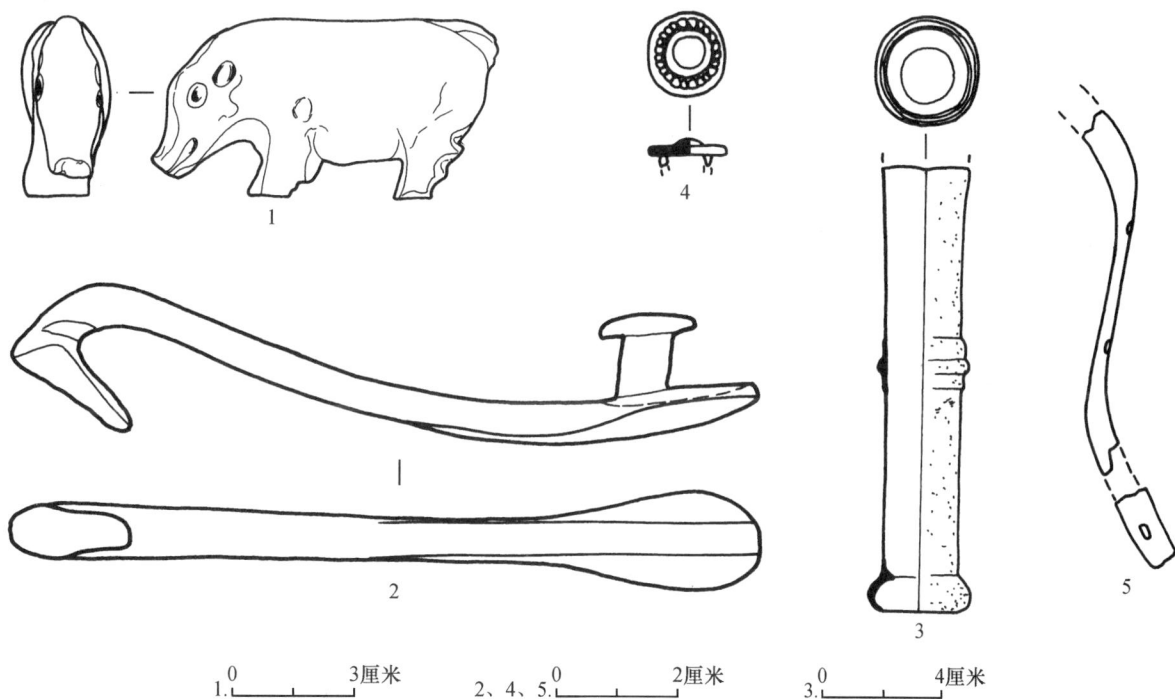

图三五〇　Ⅰ区M122出土器物（二）

1.陶猪（M122：13）　2.铜带钩（M122：11）　3.铜伞柄（M122：12）　4.铅扣饰（M122：14）　5.铅马镳（M122：15）

第一二〇节　M123

1. 墓葬形制

M123，位于第一阶地中部偏东，探方T0804内，墓室延伸至T0803，墓道延伸至T0704，北与M122并穴合葬。方向290度。形制为竖穴墓道土洞墓，由墓道、墓室两部分组成（图三五一）。

墓道　位于墓室的西端，平面呈长方形，壁面较直。开口长2.30、宽0.80、底距开口深3.20米。墓道内填五花土，土质疏松，未经夯打。

墓室　平面略呈长方形，拱顶土洞。墓室长3.50、宽1.20、高1.20～1.40米。该墓未被盗扰，器物主要出土于墓室西部，计有陶鼎1、陶盒2、陶钫1、陶灶1套（甑1、盆1）。

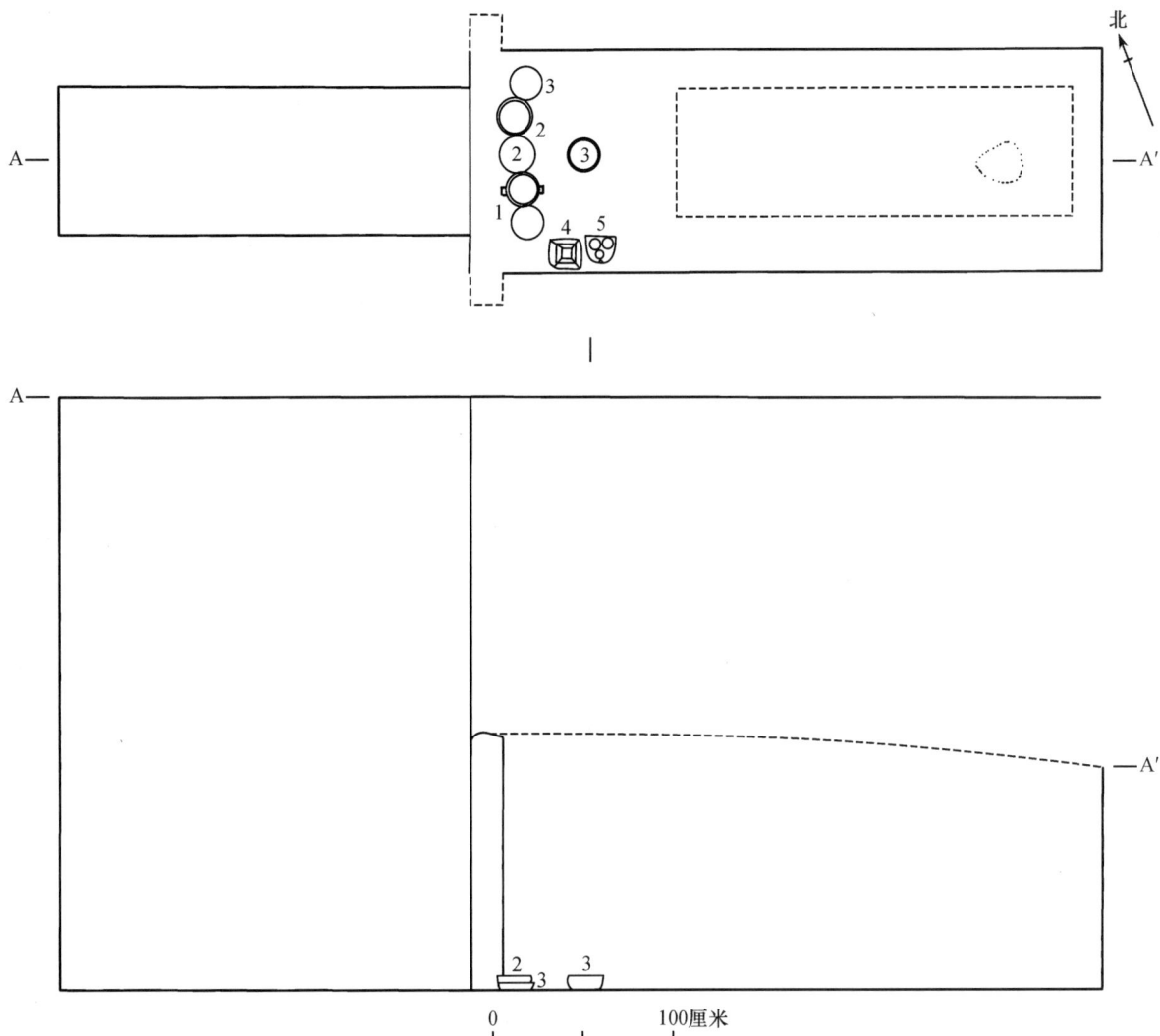

图三五一　Ⅰ区M123平、剖面图

1. 陶鼎　2、3. 陶盒　4. 陶钫　5. 陶灶1套（甑1、盆1）

封门　木板封门。南北两壁有凹槽。封门槽宽0.18、进深0.20、高1.40米。

葬具　木棺1具，已朽成灰，长2.20、宽0.70米。

葬式　骨架1具，已成粉末状，仰身直肢葬，头向东。

2. 出土器物

该墓出土器物7件，均为泥质灰陶器，器类有鼎、盒、钫、灶、盆、甑。

鼎　1件，标本M123：1，盖，浅覆钵形，弧顶；器身，子母口内敛，弧腹，圜底，肩附外撇弯曲板耳，顶端外折，腹中部有一周台棱，底附三马蹄形足。器表红、白彩绘，剥落严重。盖面，三组红、白彩大卷云纹，边缘红、白彩绘两周环带。器身，红、白彩绘两周环带，足、耳边缘绘红彩。盖径16.9、器身口径17.3、腹深7、足高5、通高12.8厘米（图三五二，1）。

盒　2件（M123：2、3），盖，浅覆钵形，顶有矮圈足捉手；器身，子母口内敛，弧腹，平底。器表红、白彩绘。盖面，捉手内一周红彩带，中央残缺。捉手向外，两组（每组两周）红、白彩带，之间以白彩交叉弧线分其为三部分，每部分一红彩卷云纹，交叉弧线之下一朵白云，其右上方对称分布一朵白云，其间饰红彩流云。标本M123：2，盖径16.6、器身口径17、腹深6.8、底径10、高11.9厘米（图三五二，2）。

钫　1件，标本M123：4，盖，覆斗形，子母口；器身，侈口，平沿，束颈，鼓腹，高圈

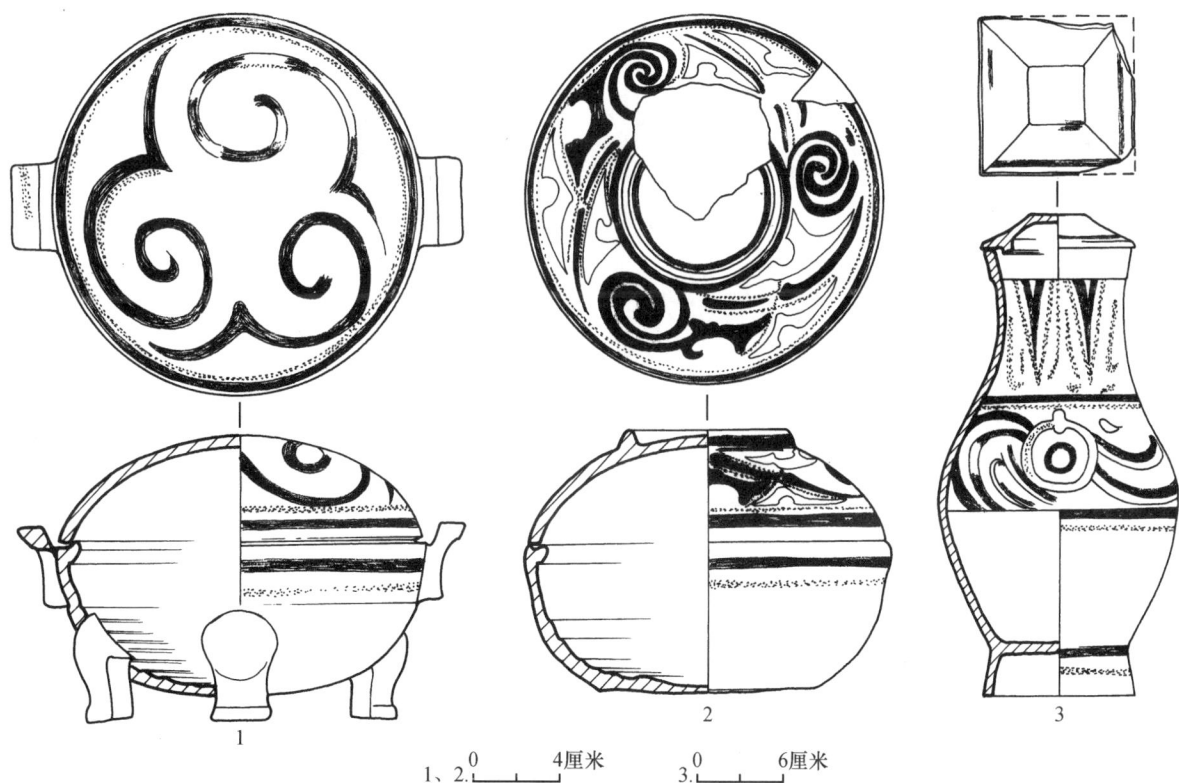

图三五二　Ⅰ区M123出土器物（一）

1. 陶鼎（M123：1）　2. 陶盒（M123：2）　3. 陶钫（M123：4）

足稍外撇，肩部模印铺首衔环。通体饰红、白彩绘，局部已脱落。盖，顶部及边缘饰两周红彩。沿下、肩、腹及足各一组红、白彩带，颈部一周红、白彩倒三角纹，三角纹间填白彩羽点纹，肩部两组环带纹之间，彩绘大弧线卷云纹。盖径10.7、器身口径10.3、腹径16.8、足径10.8、足高3.3、通高32.8厘米（图三五二，3）。

灶　1件，标本M123：5-3，灶体平面呈马蹄形，前方后圆，灶面三釜呈"品"字形布置，尾部有短柱形烟囱，前端有方形的落地灶门，周围模印多重菱形纹。长17、宽16.2、高8.6厘米（图三五三，3）。

盆　1件，与灶配套。标本M123：5-1，敞口，平沿，尖唇，弧腹，小平底。口径6.6、底径2、高3厘米（图三五三，1）。

甑　1件，与灶配套。标本M123：5-2，敞口，平沿，尖唇，弧腹，平底内凹，底部残留有两个箅孔。口径6.7、底径2、高3厘米（图三五三，2）。

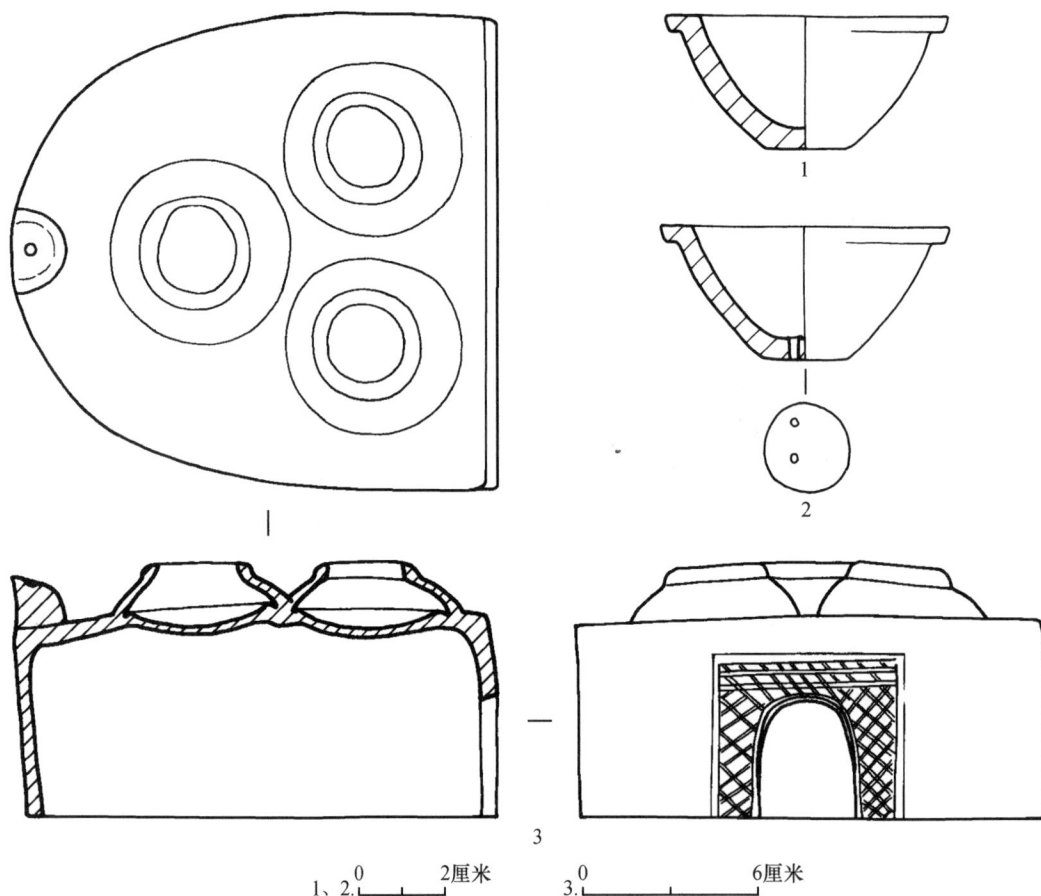

图三五三　Ⅰ区M123出土器物（二）
1. 陶盆（M123：5-1）　2. 陶甑（M123：5-2）　3. 陶灶（M123：5-3）

第一二一节　M124

1. 墓葬形制

　　M124，位于第一阶地中部偏南，探方T0803内，西与M125并穴合葬，面向北侧M130、M126，与东侧的M138、M139、M141、M145方向一致，唯距离相对较远。方向25度。形制为竖穴墓道土洞墓，墓道略等宽于墓室，由墓道、墓室两部分组成（图三五四；图版四二，3、4）。

　　墓道　位于墓室的北端，平面呈长方形，壁面较直。开口长2.70、宽1.0、底距开口深3.30米。墓道内填五花土，土质疏松，未经夯打。

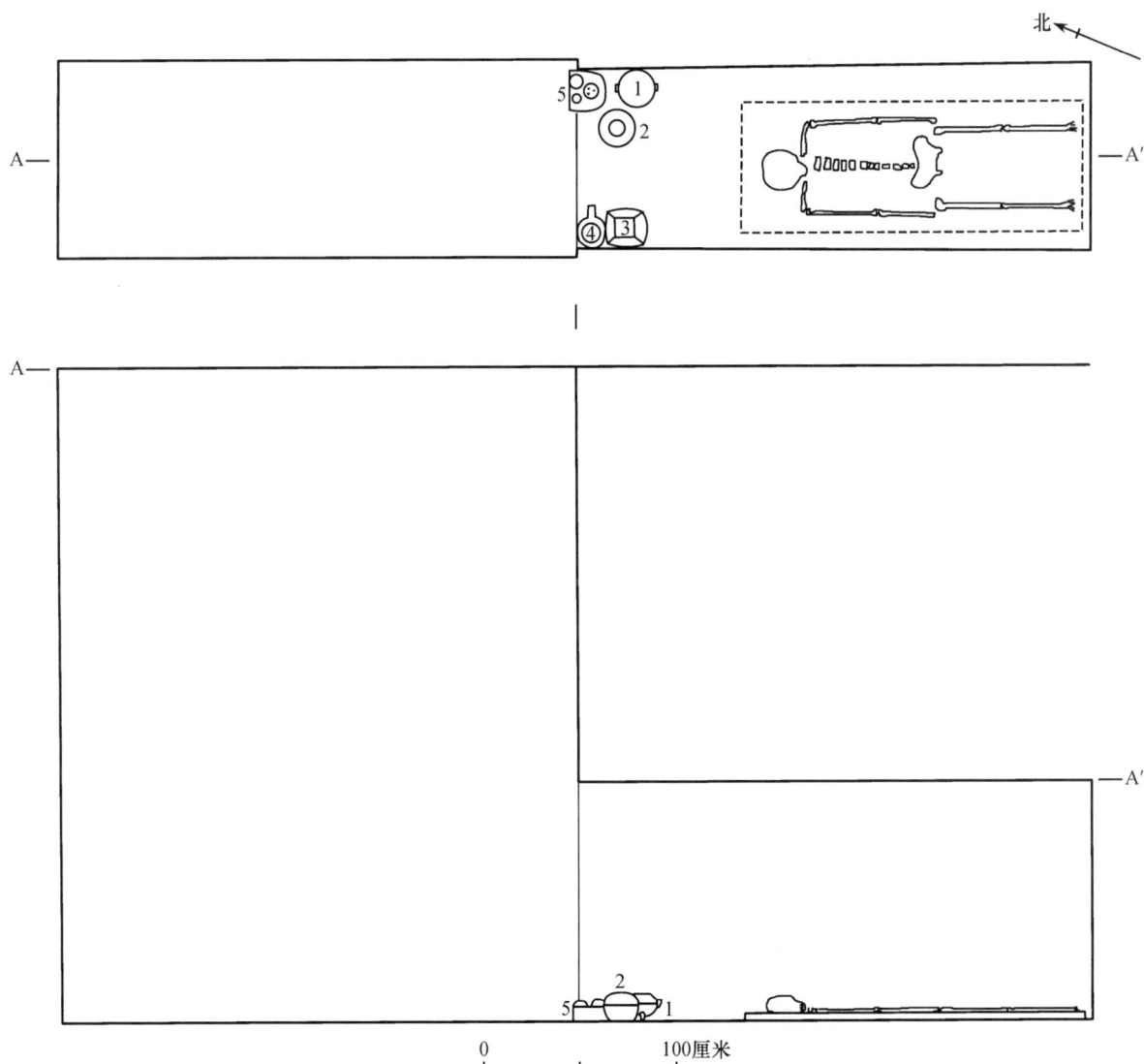

图三五四　Ⅰ区M124平、剖面图

1.陶鼎　2.陶盒　3.陶钫　4.陶釜　5.陶灶1套（甑1、盆1）

墓室　平面略呈长方形，拱顶土洞。墓室长2.70、宽0.90~0.96、高1.20米。该墓未被盗扰，器物主要出土于墓室北部，计有陶鼎1、陶盒1、陶钫1、陶釜1、陶灶1套（甑1、盆1）。

封门　不详。

葬具　木棺1具，已朽成灰，长2.0、宽0.66米。

葬式　骨架1具，保存较差，已成粉末状，仰身直肢葬，头向北。

2. 出土器物

该墓出土器物7件，均为陶器，泥质灰陶或夹砂灰陶，器类有鼎、盒、钫、釜、灶、盆、甑（图版九三，1）。

鼎　1件，标本M124：1，泥质灰陶，盖，浅覆钵形，弧顶外侧均匀布置三乳突形饰；器身，子母口内敛，弧腹，圜底，肩附外撇弯曲板耳，顶端外折，腹中部有一周台棱，底附三马蹄形足。器表涂黑，之上绘红、白彩绘。盖，顶部中央三白彩点，之外三组红白彩逆时针大卷云纹，云纹三层，内层双线白彩，中层红彩带，外层白中泛青彩带，边缘两周彩带，外侧红彩带，内侧白彩带。器身，两周彩带，上红下白，鼎足、耳边缘绘红彩。盖径17.8、器身口径17.8、腹深、足高5.6、通高14.5厘米（图三五五，1；图版一三二，6、图版一三三，1）。

盒　1件，标本M124：2，泥质灰陶，盖，浅覆钵形，顶有矮圈足捉手；器身，子母口内敛，深弧腹，平底。器表涂黑，之上红、白彩绘。盖，捉手内一周红彩带，中央两组（每组四重）白彩云纹，基本中心对称，捉手外两组彩带（上部一周红彩，下部红、白两周）之间，由白彩弧线、对称白中泛青三角云纹及红彩流云构成的三组图案分其为三部分，每部分填饰一组红彩卷云纹。器身，沿下有红白彩带各一周。盖径17.4、器身口径17.2、腹深9.1、底径7.9、高13.9厘米（图三五五，2；彩版八；图版一三三，2、3）。

钫　1件，标本M124：3，泥质灰陶，盖，覆斗形，子母口；器身，侈口，平沿，束颈，鼓腹，高圈足稍外撇。器表涂黑，之上红、白彩绘。盖，坡面上、下各饰一组红、白彩带（外白、内红）。器身，沿下、颈、肩、腹及足部各饰一组（红、白两周）彩带，颈部两组彩带之间一周白、彩（内红、外白）倒三角纹，三角纹之间填饰白、紫雨滴纹及勾云纹等，肩部两组环带纹之间，彩绘"S"形卷云纹，对称两面基本相同，一面中间红、白两周圆环，两侧饰卷云纹，环左侧云纹七层，由外向内分别是白中泛青彩带、红彩带、白双线、蓝双线、白中泛青彩带、红彩带、白双线，环右侧云纹十一层，由上而下分别为红彩带、白中泛青彩带、紫双线、白单线、红彩带、白中泛青彩带、紫双线、白双线、红彩带、白中泛青彩带、单紫线。足饰红白彩两周。盖径12.2、器身口径11.5、腹径20.4、足径12、足高3.9、通高37.9厘米（图三五五，3；彩版一一，1；图版一三三，4）。

釜　1件，标本M124：4，夹砂灰陶，侈口，卷沿，高领，弧肩，鼓腹，圜底，底部拍印粗绳纹，有黑色烟炱痕，肩部一侧有圆筒形柄，腹部有三道凸棱。口径10.6、腹径15.4、高13厘米（图三五六，1；图版一三三，5、6）。

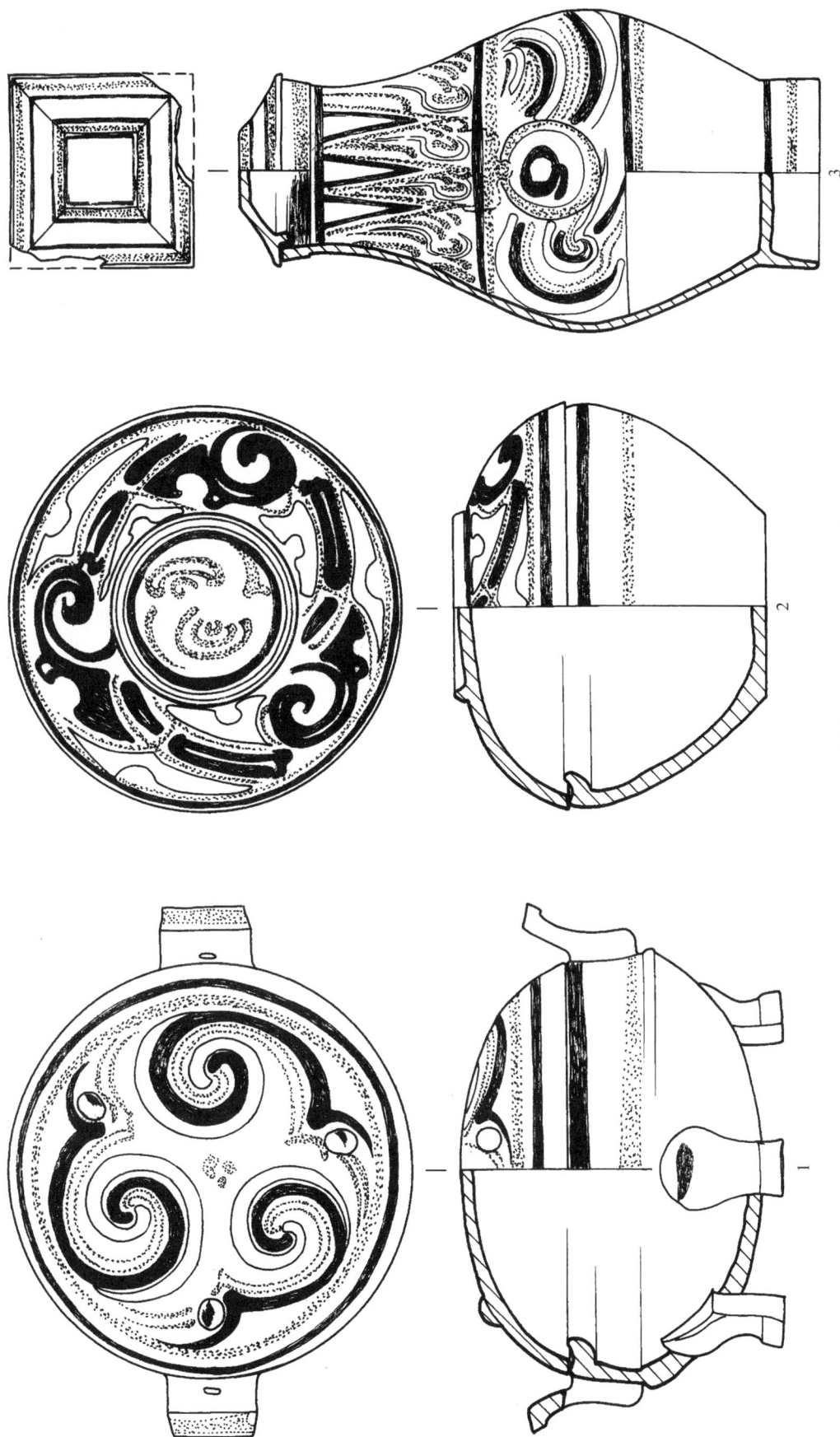

图三五五 Ⅰ区M124出土器物（一）

1. 陶鼎（M124：1） 2. 陶盒（M124：2） 3. 陶纺（M124：3）

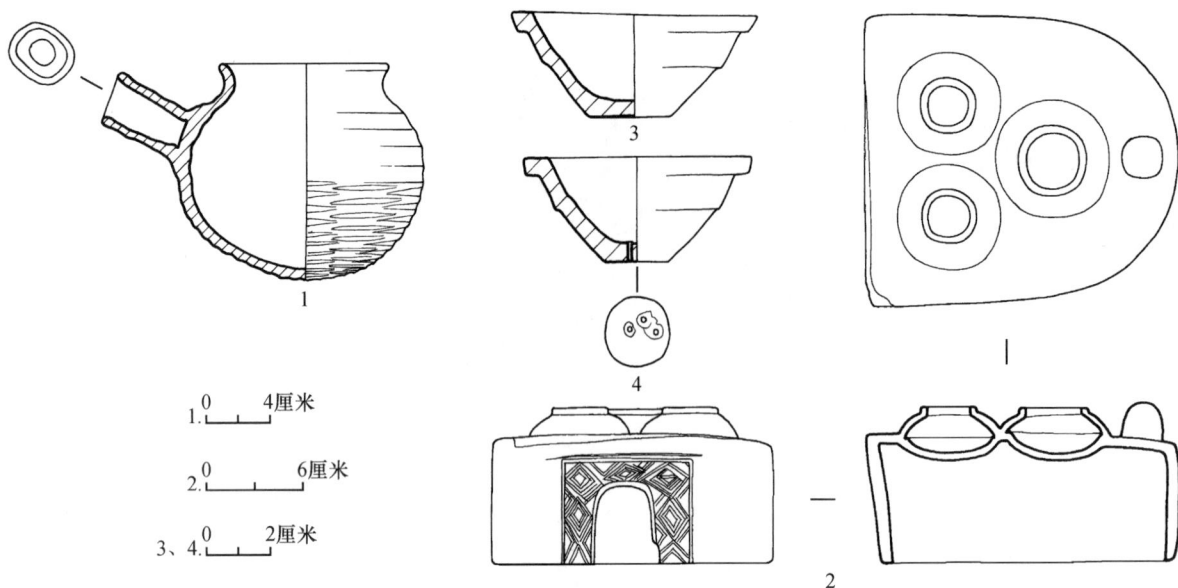

图三五六　Ⅰ区M124出土器物（二）

1. 陶釜（M124：4）　2. 陶灶（M124：5-1）　3. 陶盆（M124：5-2）　4. 陶甑（M124：5-3）

灶　1件，标本M124：5-1，泥质灰陶，灶体平面呈马蹄形，前方后圆，灶面三釜呈"品"字形布置，前端一釜大于后端两釜，尾部有短柱形烟囱，前端有方形的落地灶门，周围模印多重菱形纹。长19.2、宽17.4、高9.3厘米（图三五六，2；图版一三四，1）。

盆　1件，与灶配套。标本M124：5-2，泥质灰陶，敞口，平沿，方唇，微折腹，小平底内凹。口径7.7、底径2.6、高3.2厘米（图三五六，3）。

甑　1件，与灶配套。标本M124：5-3，泥质灰陶，敞口，平沿，方唇，微折腹，平底，底部有三个箅孔。口径6.8、底径2、高3厘米（图三五六，4）。

第一二二节　M125

1. 墓葬形制

M125，位于第一阶地中部偏南，探方T0803内，墓室延伸至T0703，东与M124并穴合葬。方向35度。形制为竖穴墓道土洞墓，墓道略宽于墓室，由墓道、小龛、墓室三部分组成（图三五七；图版四三，1、2）。

墓道　位于墓室的北端，平面呈长方形，壁面较直。开口长2.60、宽0.90、底距开口深3.20米。墓道内填五花土，土质疏松，未经夯打。

墓室　平面呈长方形，拱顶土洞。墓室长2.80、宽0.80、高0.90米。墓室北部东、西侧靠近封门处有两小龛，平面呈半圆形，拱顶土洞。东侧龛宽0.70、进深0.60、高0.70米。西侧龛宽0.60、进深0.24、高0.60米。该墓未经盗扰，器物主要出土于墓室北部及小龛之内，计有陶

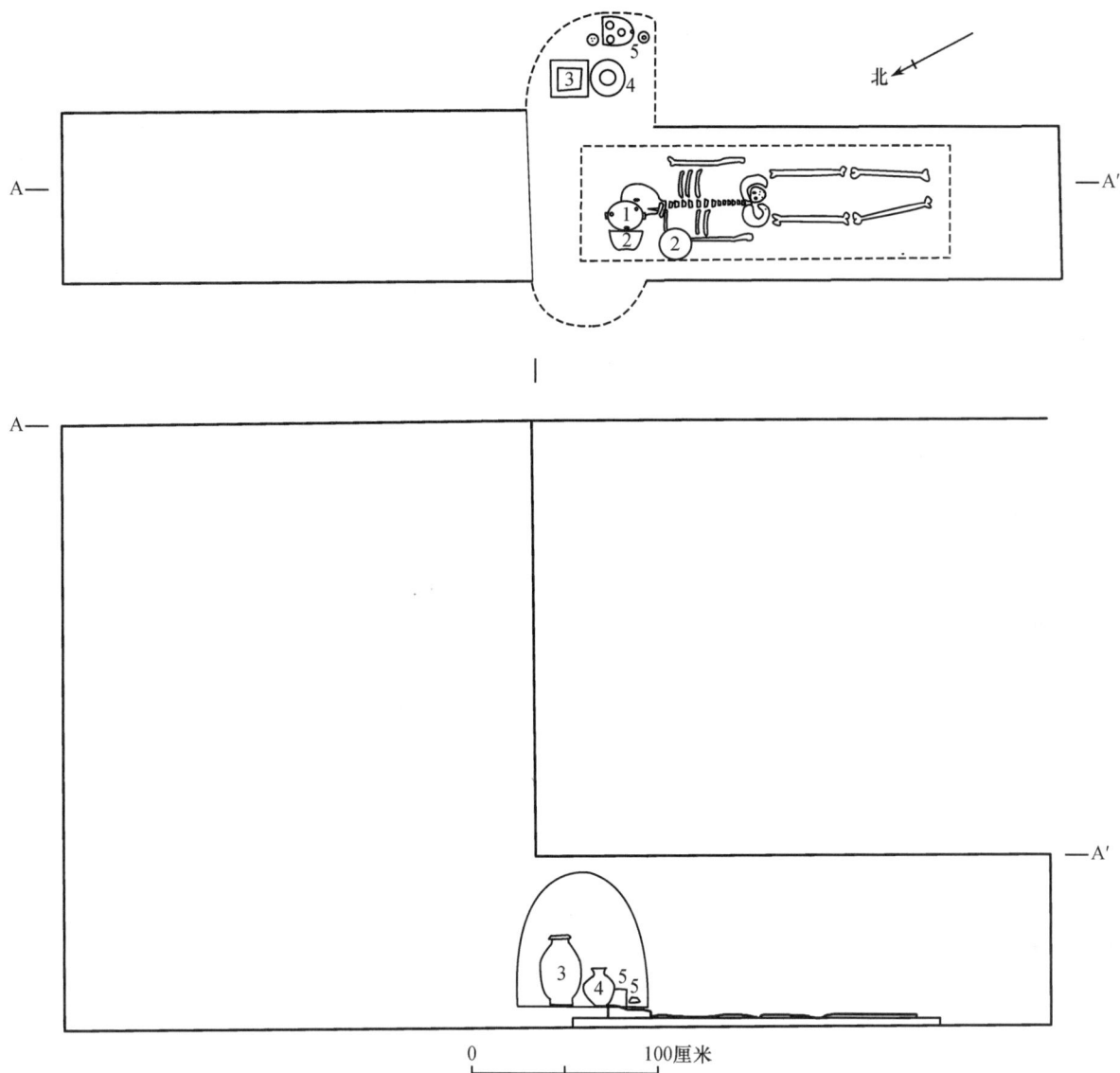

图三五七 I 区 M125 平、剖面图
1. 陶鼎 2. 陶盒 3. 陶钫 4. 陶罐 5. 陶灶 1 套（盆 1、甑 1）

鼎 1、陶盒 1、陶钫 1、陶罐 1、陶灶 1 套（盆 1、甑 1）。

　　封门　不详。

　　葬具　木棺 1 具，仅存棺痕，长 2.0、宽 0.60 米。

　　葬式　骨架 1 具，已成粉末状，头向北，仰身直肢葬。

2. 出土器物

　　该墓出土器物 7 件，均为泥质灰陶器，器类有鼎、盒、钫、罐、灶、盆、甑。

　　鼎　1 件，标本 M125∶1，盖，浅覆钵形，弧顶，外侧均匀布置三乳突形饰；器身，子母口内敛，弧腹，圜底，肩附外撇弯曲板耳，顶端外折，腹中部有一周台棱，底附三马蹄形足。

顶部中央三白彩点，之外三组红白彩逆时针大卷云纹，云纹三层，内层双线白彩，中层红彩带，外层白中泛紫彩带，边缘两周彩带，外侧红彩带，内侧白彩带。腹部用红白彩绘两道环带纹，鼎足、耳边缘绘红彩。盖与器身轮制，耳、足模制，而后粘结，器表有轮旋纹。盖径18.2、器身口径18、腹深9.4、足高9.6、通高14.5厘米（图三五八，1；彩版五，1）。

盒　1件，标本M125：2，盖，浅覆钵形，顶有矮圈足捉手；器身，子母口内敛，深弧腹，平底，通体饰红白彩绘。盖，捉手内一周红彩带，中央两组（每组四重）白彩云纹，基本中心对称，捉手外两组彩带（上部一周红彩，下部红、白两周）之间，由白彩弧线、对称白中泛青三角云纹及红彩流云构成的三组图案分其为三部分，每部分填饰一组红彩卷云纹。器身沿下有红白彩带各一周，盖与器身轮制，底中间轮旋纹。盖径17.6、器身口径17.6、腹深10、底径8.6、高15厘米（图三五八，2；彩版九，1）。

钫　1件，标本M125：3，盖，覆斗形，子母口；器身，侈口，平沿，束颈，鼓腹，高圈足稍外撇。器表涂黑，之上红、白彩绘。盖，坡面上、下各饰一组红、白彩带（外白、内红）。器身，沿下、颈、肩、腹及足部各饰一组（红、白两周）彩带，颈部两组彩带之间一周白、彩（内红、外白）倒三角纹，三角纹之间填饰白、紫雨滴纹及勾云纹等，肩部两组环带纹之间，彩绘"S"形卷云纹，对称两面基本相同，一面中间红、白两周圆环，两侧是意连卷云纹，环左侧云纹七层，由外向内分别是白中泛青彩带、红彩带、白双线、蓝双线、白中泛青彩带、红彩带、白双线，环右侧云纹九层，由上而下分别为红彩带、白中泛青彩带、白双线、红彩带、白中泛青彩带、紫双线、白双线、红彩带、白中泛青彩带。足饰红白彩两周。器身四壁、底分体模制，而后粘结，粘结处外侧削平，内侧抹泥加固。盖径11.8、器身口径11.6、腹径18、足径11.8、足高3.9、通高37.5厘米（图三五八，3）。

罐　1件，标本M125：4，喇叭口，平沿外斜，凹唇，束颈，鼓肩，下腹弧收，平底，肩部饰密集的凹弦纹及绳纹。轮制，器表有轮旋纹。口径10、腹径20.1、底径8.8、高24.4厘米（图三五九，1）。

灶　1件，标本M125：5-1，灶体平面呈马蹄形，前方后圆，灶面三釜呈"品"字形布置，后端一釜两侧模印出铺首衔环，且大于前面两釜，尾部有短柱形烟囱，前端有方形的落地灶门，周围模印多重菱形纹，灶面边缘前部连续菱形纹带，其余三面"之"字纹带，灶面、灶壁分体模制而后粘结，釜之肩部与灶面一次性模制而成，腹模制而后粘结于相应的位置。长20.3、宽16.8、高9.2厘米（图三五九，2）。

盆　1件，与灶配套。标本M125：5-2，敞口，平沿，方唇，折腹，小平底。模制，沿面有制坯时留下的线切纹，内壁留有手指痕。口径7、底径2、高3.1厘米（图三五九，3）。

甑　1件，与灶配套。标本M125：5-3，敞口，平沿，方唇，弧腹，平底，腹部饰有一周几何形纹，底部有四个箅孔。模制，沿面有制坯时留的下线切纹。口径6.6、底径1.8、高3.1厘米（图三五九，4）。

图三五八　Ⅰ区M125出土器物（一）

1. 陶鼎（M125：1）　2. 陶盒（M125：2）　3. 陶纺（M125：3）

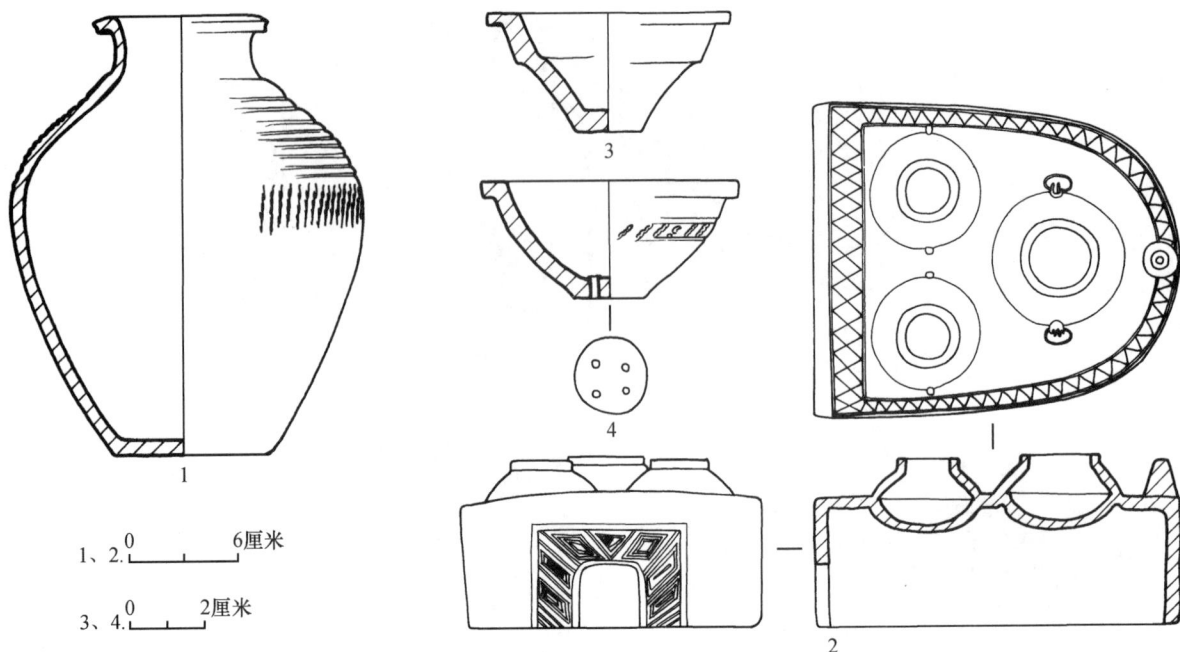

1、2、 0 ⊢―――――⊣ 6厘米

3、4、 0 ⊢―――⊣ 2厘米

图三五九　Ⅰ区M125出土器物（二）

1. 陶罐（M125∶4）　2. 陶灶（M125∶5-1）　3. 陶盆（M125∶5-2）　4. 陶甑（M125∶5-3）

第一二三节　M126

1. 墓葬形制

M126，位于第一阶地东南部，探方T0803内，墓道延伸至T0703，南与M130并穴合葬，北邻M118、M119与M122、M123。方向285度。形制为斜坡墓道土洞墓，由墓道、过洞、天井、墓室四部分组成（图三六〇；图版四三，3、4）。

墓道　位于墓室的西端，平面近长方形，壁面较直，底部呈斜坡状。开口残长5.60、宽0.80～0.90、坡长6.50、底距开口深0～3.3米，坡度25度。墓道内填五花土，土质疏松，未经夯打。

过洞　位于墓道和天井之间，拱顶土洞。长1.20、宽0.80、高1.60米。

天井　位于墓室和过洞之间，口大底小，长方形竖井结构。宽1.50～1.70、长0.60～0.90、底距开口深4.0米。天井内填五花土，土质疏松，未经夯打。

墓室　平面呈长方形，拱顶结构，木板南北铺底。木板长1.32、宽0.20米。墓室长3.90、宽1.32～1.36、高1.30～1.60米。该墓未被盗扰，器物主要出土于墓室西部，计有陶盒2、陶壶2、陶罐3、铜带钩1、铜柿蒂形棺饰37、铅马镳1、铅车軎1、铅盖弓帽4。

封门　不详。

葬具　木棺1具，仅存棺痕，棺长2.10、宽0.70米。

葬式　骨架1具，保存较差，头向东，仰身直肢葬。

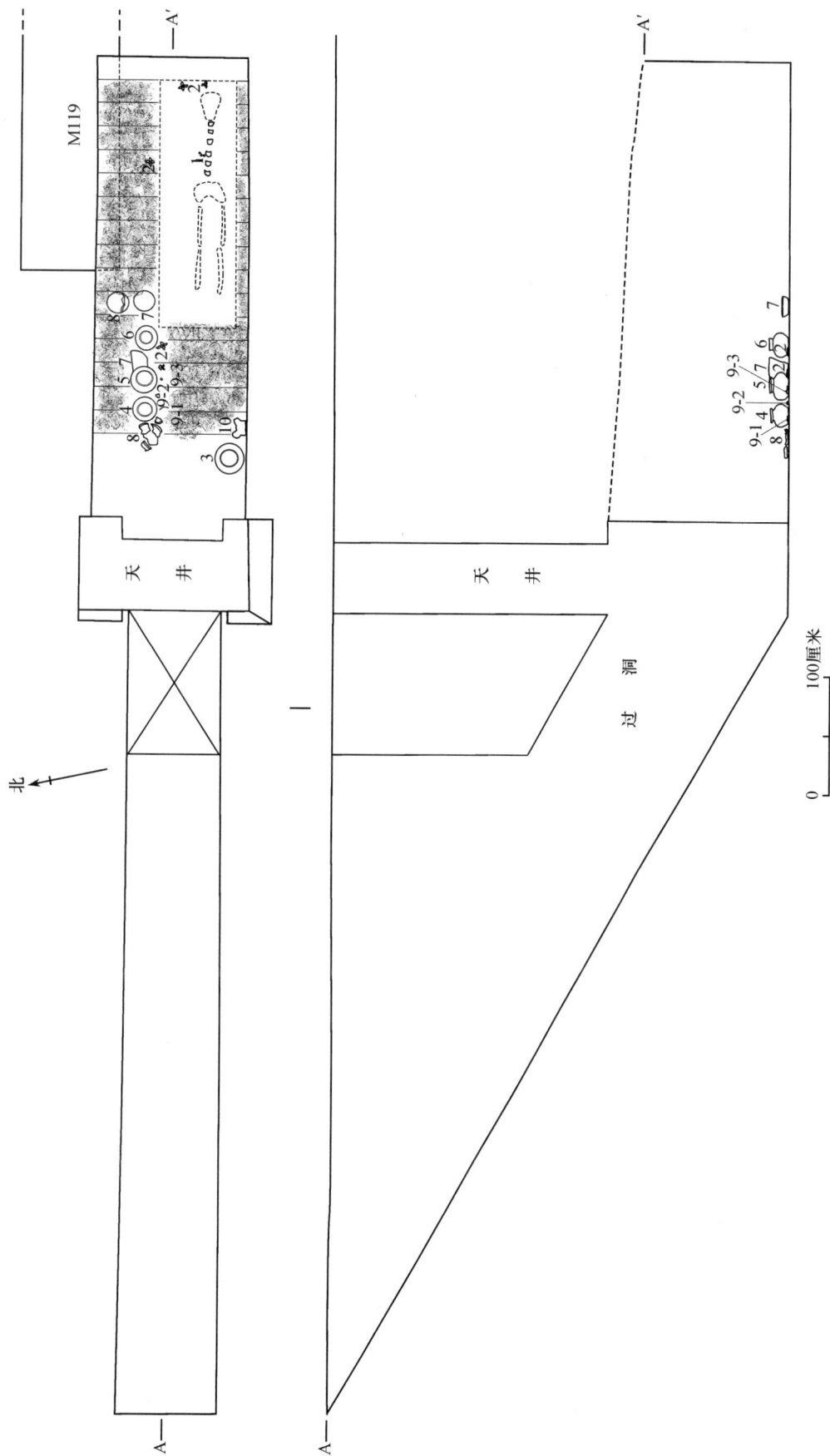

图三六〇　Ⅰ区M126平、剖面图

1. 铜带钩　2. 铜柿蒂形棺饰　3、10. 陶壶　4~6. 陶罐　7、8. 陶盒　9-1. 铅马镳　9-2. 铅车軎　9-3. 铅盖弓帽

2. 出土器物

该墓出土器物51件，质地为陶、铜、铅三种，分述如下。

陶器　7件，均为泥质灰陶，器类有盒、壶、罐（图版九三，2）。

盒　2件，（M126：7、8），形制基本相同。盖，覆钵形，顶有矮圈足捉手；器身，子母口内敛，弧腹或斜直腹，平底。器表红、白彩绘，剥落严重。标本M126：8，斜直腹。器盖红、白彩绘云气等纹饰，器身红、白彩带各一周。盖径18、器身口径18、腹深6.7、底径8.3、高13.3厘米（图三六一，1；图版一三四，2）。

壶　2件（M126：3、10），标本M126：10，仅残存圈足，足径11.2、高4.8厘米。标本

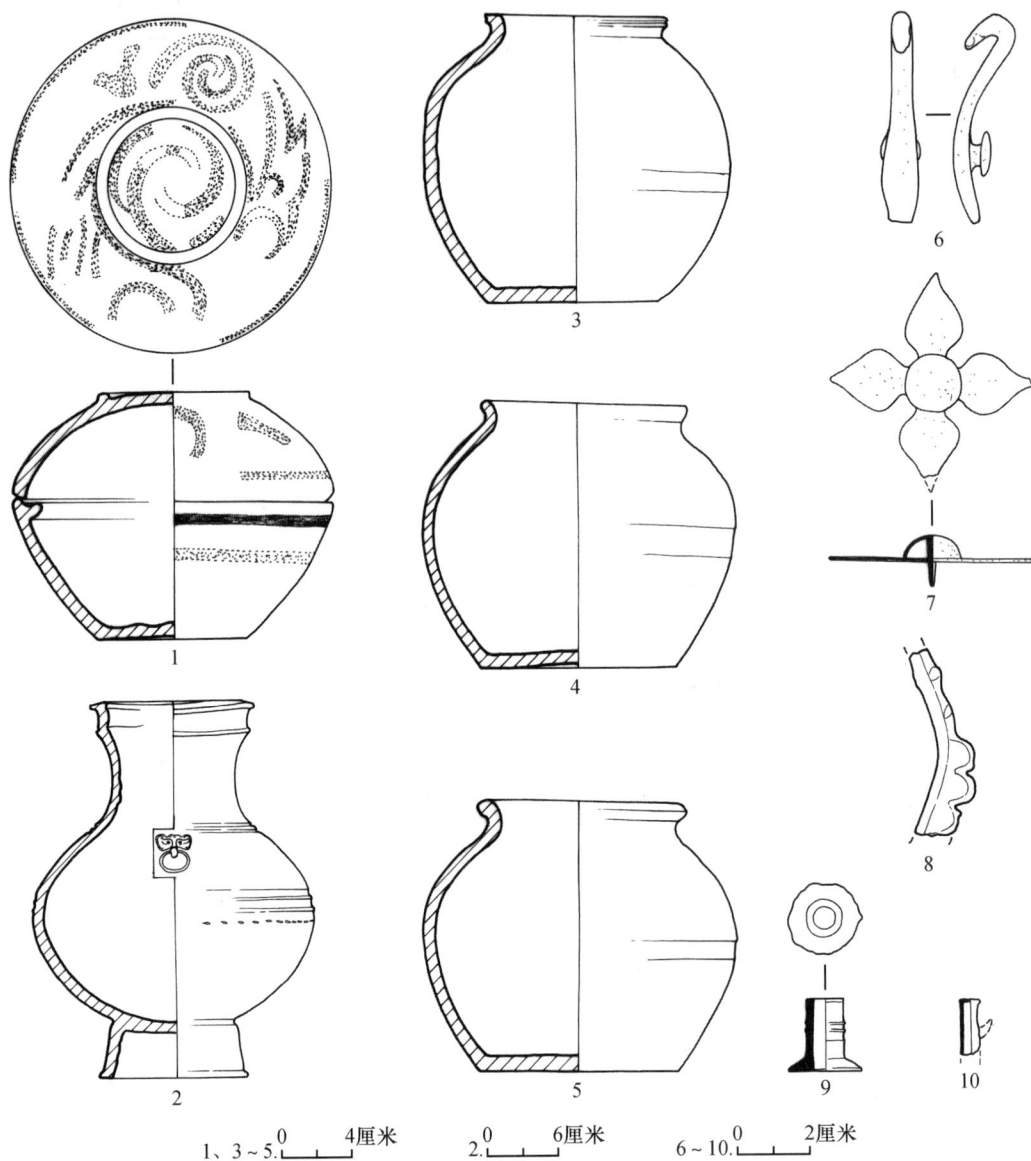

图三六一　Ⅰ区M126出土器物

1. 陶盒（M126：8）　2. 陶壶（M126：3）　3~5. 陶罐（M126：4~6）　6. 铜带钩（M126：1）　7. 铜柿蒂形棺饰（M126：2）
8. 铅马镳（M126：9-1）　9. 铅车軎（M126：9-2）　10. 铅盖弓帽（M126：9-3）

M126：3，杯形口，平沿，尖圆唇，束颈，弧肩，鼓腹，高圈足外撇。肩、腹各饰一组（每组两道）凹弦纹，肩部对称模印铺首衔环。口径14、腹径23.7、圈足高4.5、通高30.3厘米（图三六一，2；图版一三四，3、4）。

罐　3件（M126：4、5、6），形制基本相同。侈口，卷沿，矮领，圆鼓腹，平底。标本M126：4，平沿，凹唇，口径10.1、腹径17、底径9.6、高15.6厘米（图三六一，3；图版一三四，5）。标本M126：5，圆唇，口径11.3、腹径17.2、底径10.8、高14.3厘米（图三六一，4）。标本M126：6，卷沿，尖圆唇，口径11.6、腹径17.4、底径11.2、高14.6厘米（图三六一，5）。

铜器　38件，器类有带钩和柿蒂形棺饰。

带钩　1件，标本M126：1，曲棒形，圆柱形帽钮。通长5.8厘米（图三六一，6）。

柿蒂形棺饰　37件，形制相同，柿蒂形，鎏金。标本M126：2，与泡钉同出。对角长5.7、泡径1.6、高1.4厘米（图三六一，7）。

铅器　6件，器类有马镳、车軎和盖弓帽。

马镳　1件，"S"形，一侧有透雕云纹图案，残，标本M126：9-1，残长4.9厘米（图三六一，8；图版一五四，2）。

车軎　1件，喇叭筒形，中部有两道突棱。标本M126：9-2，长1.9厘米（图三六一，9；图版一五四，3）。

盖弓帽　4件，筒形，残，标本M126：9-3，残长1.5厘米（图三六一，10；图版一五四，4）。

第一二四节　M127

1. 墓葬形制

M127，位于第一阶地东部，探方T1004内，墓道延伸至T1003，北邻M128，西邻M110。方向240度。形制为斜坡墓道土洞墓，由墓道、过洞、天井、小龛、墓室五部分组成（图三六二；图版四四，1、2）。

墓道　位于墓室的西端，略向左折，平面近长方形，壁面较直，底部呈斜坡状。开口残长6.70、宽0.68～0.76、底宽0.76、坡长7.40、底距开口深0～3.20米，坡度30度。墓道内填五花土，土质疏松，未经夯打。

过洞　位于墓道和天井之间，拱顶土洞。长1.64、宽0.76～0.98、高1.40～2米。

天井　位于墓室和过洞之间，长方形竖井结构，口小底大。开口长1.52～1.70、宽0.66～0.78、底宽1.0、深4.70～4.80米。天井内填五花土，土质疏松，未经夯打。

墓室　平面呈长方形，拱顶土洞，前高后低。墓室长3.70、宽1.2～1.30、高1.10～1.50米。墓室南侧近封门处有一小龛，平面呈曲尺形，拱顶土洞，进深1.40、宽1.30、高1.30米。该墓未被盗扰，器物主要出土于小龛内，计有陶钫1、陶罐5、铜柿蒂形棺饰35、铜盖弓帽15、

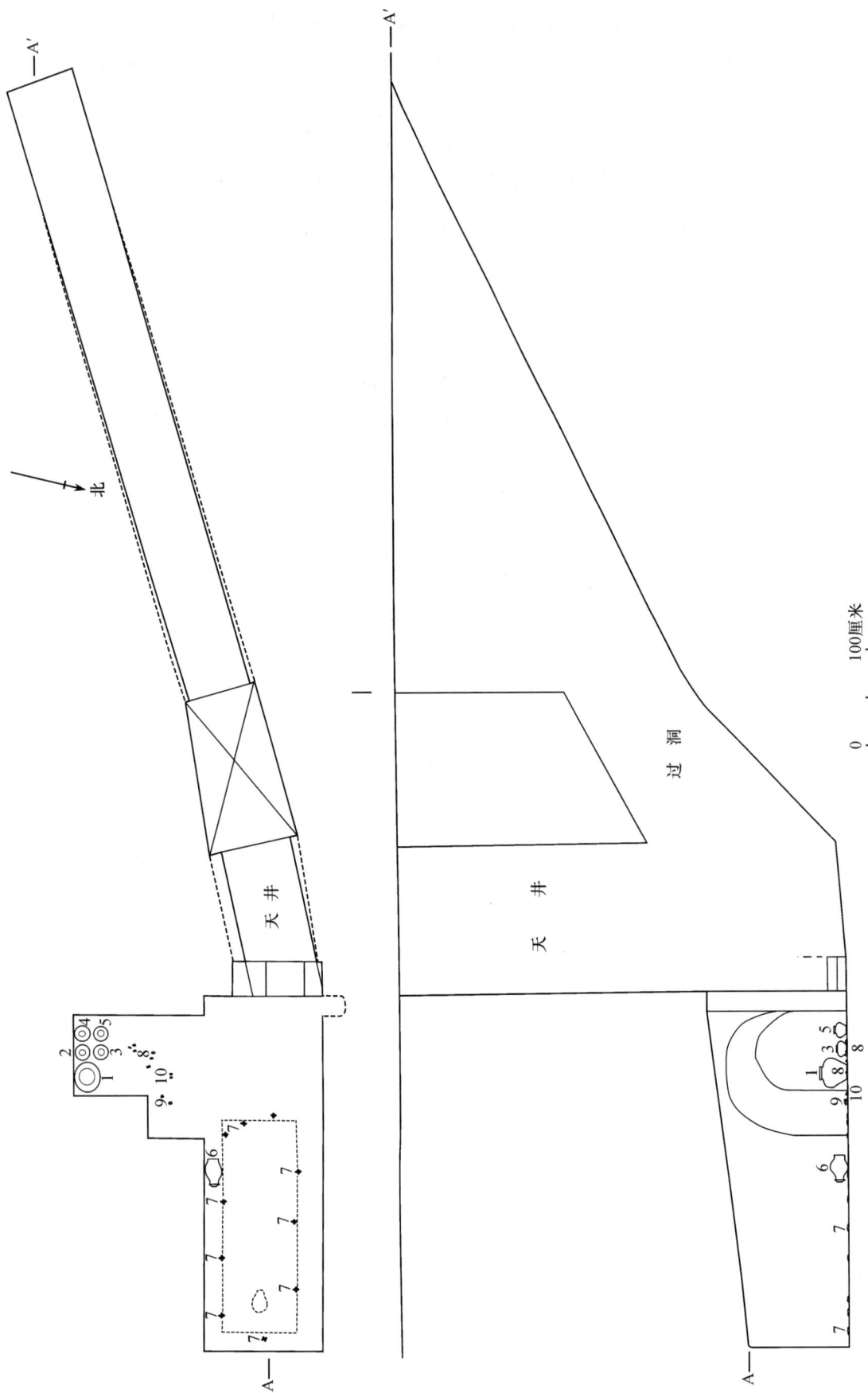

图三六二　Ⅰ区M127平、剖面图

1～5. 陶罐　6. 陶纺　7. 铜柿蒂形棺饰　8. 铜盖弓帽　9. 铜辖軎　10. 铜衡末饰

铜辖軎2、铜衡末饰2。

封门　双重封门。外层，土坯封门，错缝平砌。土坯36厘米×17厘米×8厘米。内层，木板封门，南北两壁有封门槽。槽宽0.20、进深0.26、高1.50米。

葬具　木棺1具，仅存棺痕，棺长2.20、宽0.80米。

葬式　骨架1具，保存较差，头向东，面向上，仰身直肢葬。

2. 出土器物

该墓出土器物60件，质地为陶、铜两种，分述如下。

陶器　6件，均为泥质灰陶，器类有钫、罐。

钫　1件，标本M127：6，盖，覆斗形，子母口；器身，侈口，平沿，束颈，鼓腹，高圈足稍外撇。器表白彩，线条粗犷、简单，局部已脱落。盖，顶部及边缘各饰一周宽带。器身，颈、肩、腹、足各一组（两周）彩带，颈部两组彩带间饰倒三角、流云纹等，肩部两组（每组一周）环带纹，肩部两组彩带间饰大弧线卷云纹。盖径10.7、器身口径10.7、腹径17.4、足径10.3、足高3.3、通高33.4厘米（图三六三，1）。

罐　5件（M127：1、2、3、4、5）。M127：1、2、3、4，形制相同，侈口，双唇，矮领，鼓肩，鼓腹，平底。轮制，器表有轮旋纹。标本M127：4，口径8.9、腹径16、底径10、

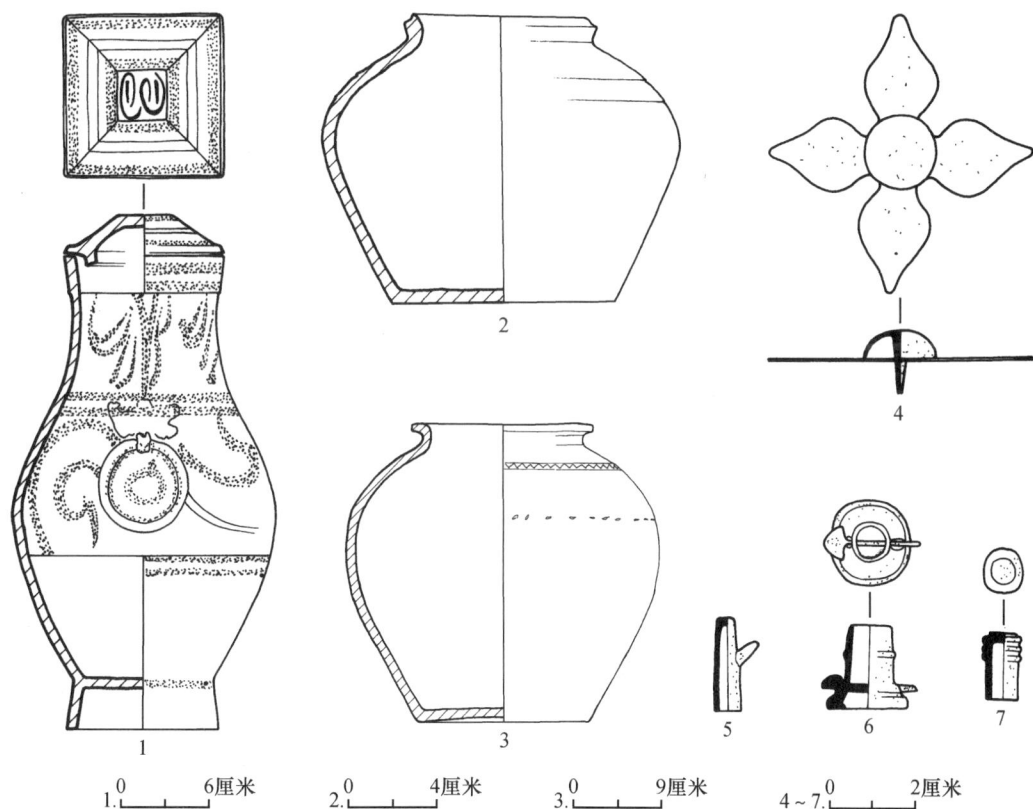

图三六三　Ⅰ区M127出土器物

1. 陶钫（M127：6）　2、3. 陶罐（M127：4、5）　4. 铜柿蒂形棺饰（M127：7）　5. 铜盖弓帽（M127：8）
6. 铜辖軎（M127：9）　7. 铜衡末饰（M127：10）

高12.9厘米（图三六三，2）。标本M127：5，卷平沿，方唇，短束颈，弧肩，鼓腹，下腹内收，平底稍内凹，肩部饰一周"之"字纹。口径18.2、腹径31.5、底径17.5、高29.4厘米（图三六三，3）。

铜器　54件，器类有柿蒂形棺饰、盖弓帽、辖害和衡末饰。

柿蒂形棺饰　35件，形制相同。柿蒂形，与泡钉同出。标本M127：7，对角长5.9、泡径1.7、高1.4厘米（图三六三，4）。

盖弓帽　15件，形制相同。标本M127：8，筒形，中部有一倒刺。长2.1、直径0.4～0.6厘米（图三六三，5）。

辖害　2件，形制相同。标本M127：9，喇叭筒形，近大端处有对应辖孔，辖穿于辖孔之内。长1.85、粗端径1.9、细端径1.0、辖长2.2厘米（图三六三，6）。

衡末饰　2件，形制相同。筒形器，一端封闭，上部有三突棱。标本M127：10，高1.5、直径0.9厘米（图三六三，7）。

第一二五节　M128

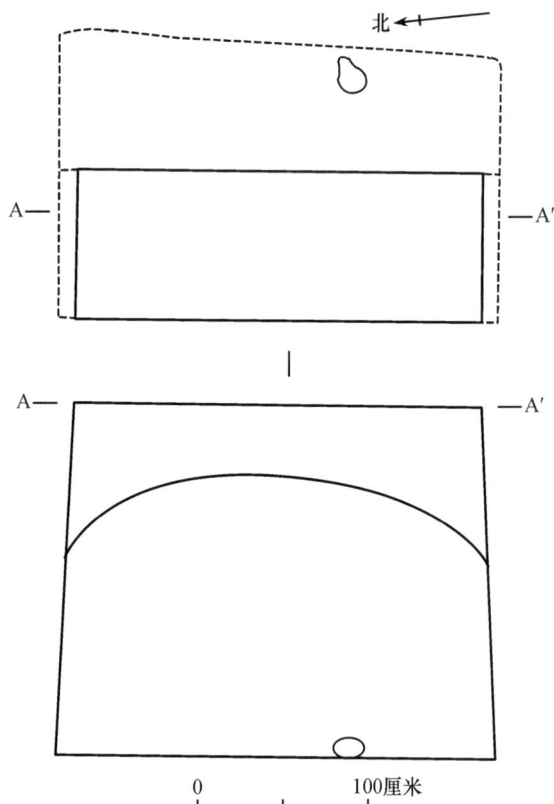

图三六四　Ⅰ区M128平、剖面图

1. 墓葬形制

M128，位于第一阶地东部，探方T1004内，西与M129并列，唯距离较远，南临M127。方向210度。形制为竖穴墓道偏洞室墓，由墓道、墓室两部分组成（图三六四）。

墓道　平面呈长方形，上窄下宽，开口长2.40～2.60、宽0.84、底距开口深2.0米。墓道内填五花土，土质疏松，未经夯打。

墓室　位于墓道东侧，平面呈长方形，拱顶土洞结构。墓室长2.60、宽0.76～0.86、高1.60米。该墓未盗扰，未出土器物。

封门　不详。

葬具　木棺1具，尺寸不详。

葬式　骨架1具，骨架保存较差，侧身曲肢，头向南。

2. 出土器物

该墓未出土器物。

第一二六节　M129

1. 墓葬形制

M129，位于第一阶地东部，探方T1004内，东与M128并列，西北邻M106。方向185度。形制为竖穴墓道土洞墓，由墓道、墓室两部分组成（图三六五）。

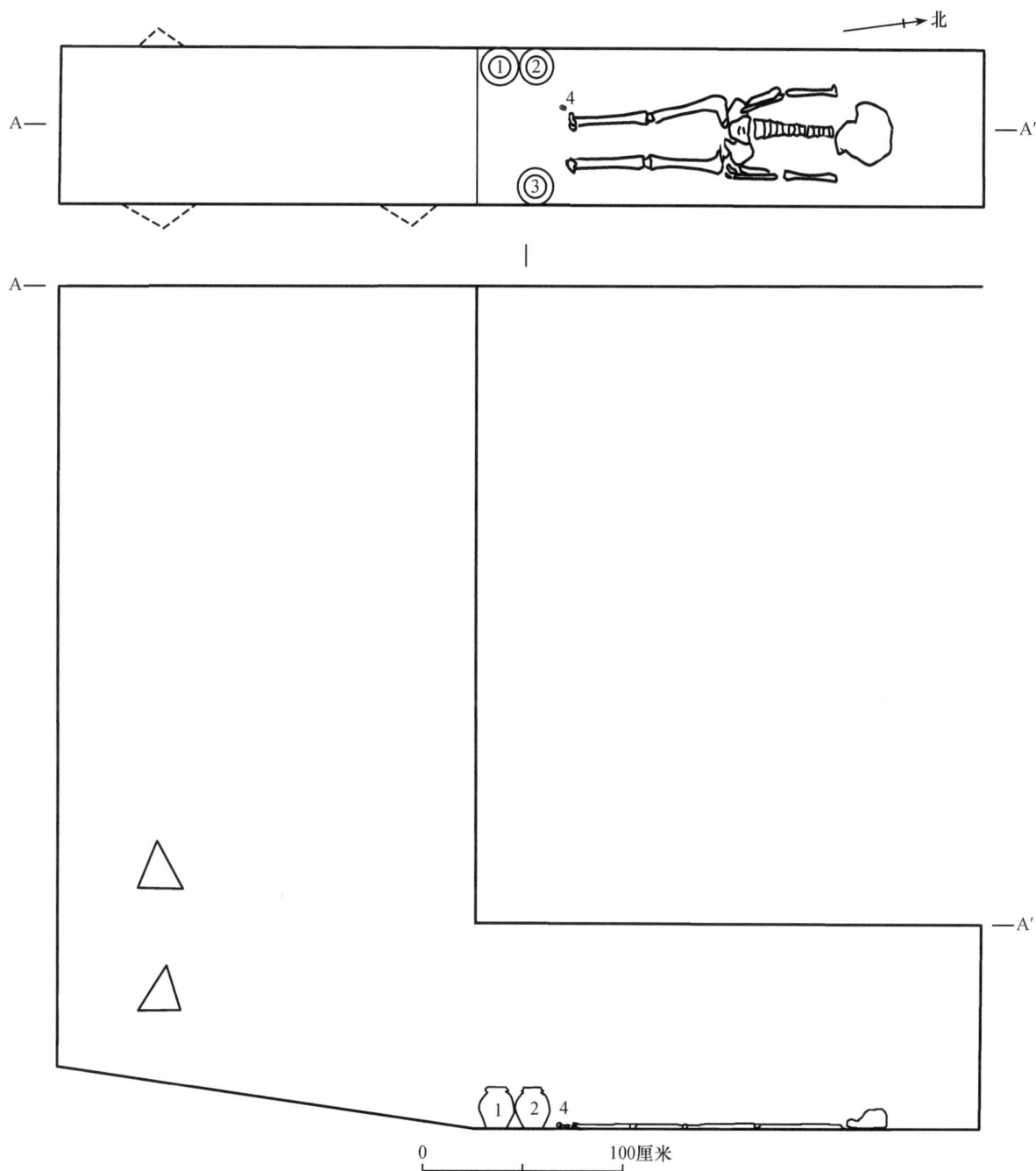

图三六五　Ⅰ区M129平、剖面图

1~3.陶罐　4.铜钱

墓道　位于墓室的南端，平面呈长方形，壁面较直，底略呈斜坡状，东西两壁有脚窝。脚窝，宽0.22～0.38、高0.22～0.28、进深0.08～0.12米。墓道开口长2.10、宽0.76、底距开口深3.80～4.10米。墓道内填五花土，土质疏松，未经夯打。

墓室　平面略呈长方形，拱顶土洞。墓室长2.56、宽0.76、高1.0米。该墓未被盗扰，器物主要出土于墓室南部，计有陶罐3、铜钱3。

封门　不详。

葬具　木棺，出土铁棺钉，尺寸不详。

葬式　人骨1具，保存较差，仰身直肢，头向北。

2. 出土器物

该墓出土器物3件，另有铜钱3枚。质地为陶、铜两种，分述如下。

陶罐　3件（M129：1、2、3），泥质灰陶，形制相同。侈口，双唇，矮领，鼓肩，下腹弧收，平底，轮制，器表有轮旋纹。标本M129：3，口径9.7、腹径17.2、底径8.8、高16.6厘米（图三六六，1）。

铜钱　3枚，均为五铢钱，圆形方穿，穿背面有郭，部分穿上有一横郭，穿之两侧有篆文"五铢"二字。"五"字或瘦长，或宽大，交笔或缓曲，或甚曲，"铢"金头三角，之下四短竖点，朱字头方折（按：年代为武帝、宣帝时期）（图三六六，2、3）。

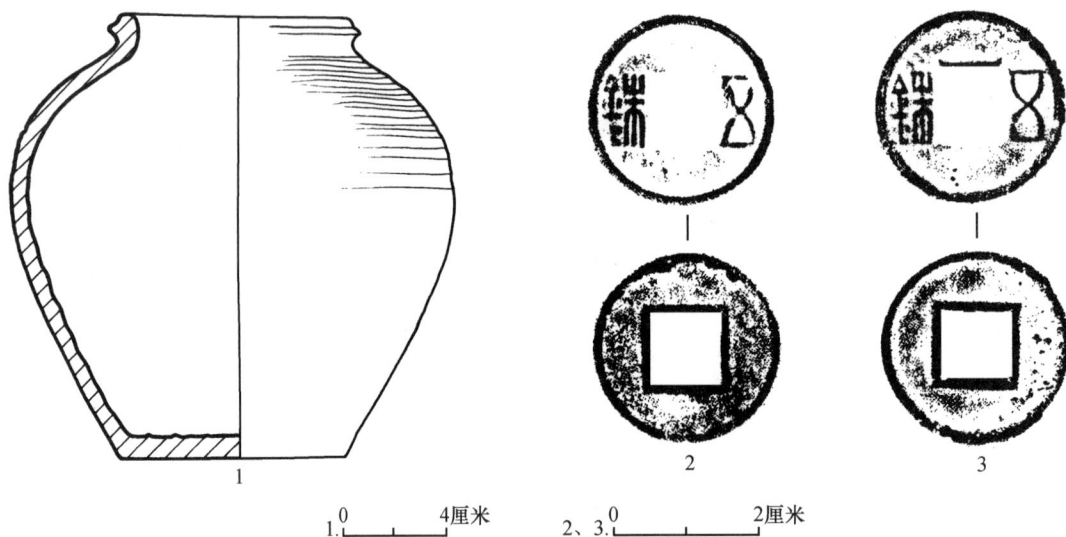

图三六六　Ⅰ区M129出土器物
1. 陶罐（M129：3）　2、3. 铜钱（M129：4-1、2）

第一二七节　M130

1. 墓葬形制

M130，位于第一阶地中部，探方T0803内，北与M126并穴合葬。方向290度。形制为竖穴墓道土洞墓，由墓道、墓室两部分组成（图三六七；图版四四，3、4）。

墓道　位于墓室的西端，平面呈长方形，壁面较直。南北两壁有对称分布的脚窝。开口长2.50、宽0.76、底开口深2.40米。墓道内填五花土，土质疏松，未经夯打。

墓室　平面略呈长方形，拱顶土洞。墓室长2.60、宽0.76、高1.20米。该墓未被盗扰，遗物主要置于墓室的西部，出土有陶鼎1、陶盒2、陶钫2、陶罐1、陶灶1套（盆2）、铜镜1、铜半两钱2。

封门　不详。

葬具　木棺1具，已朽成灰，长1.70、宽0.60米。

葬式　骨架1具，保存较差，已成粉末状，仰身直肢葬，头向东。

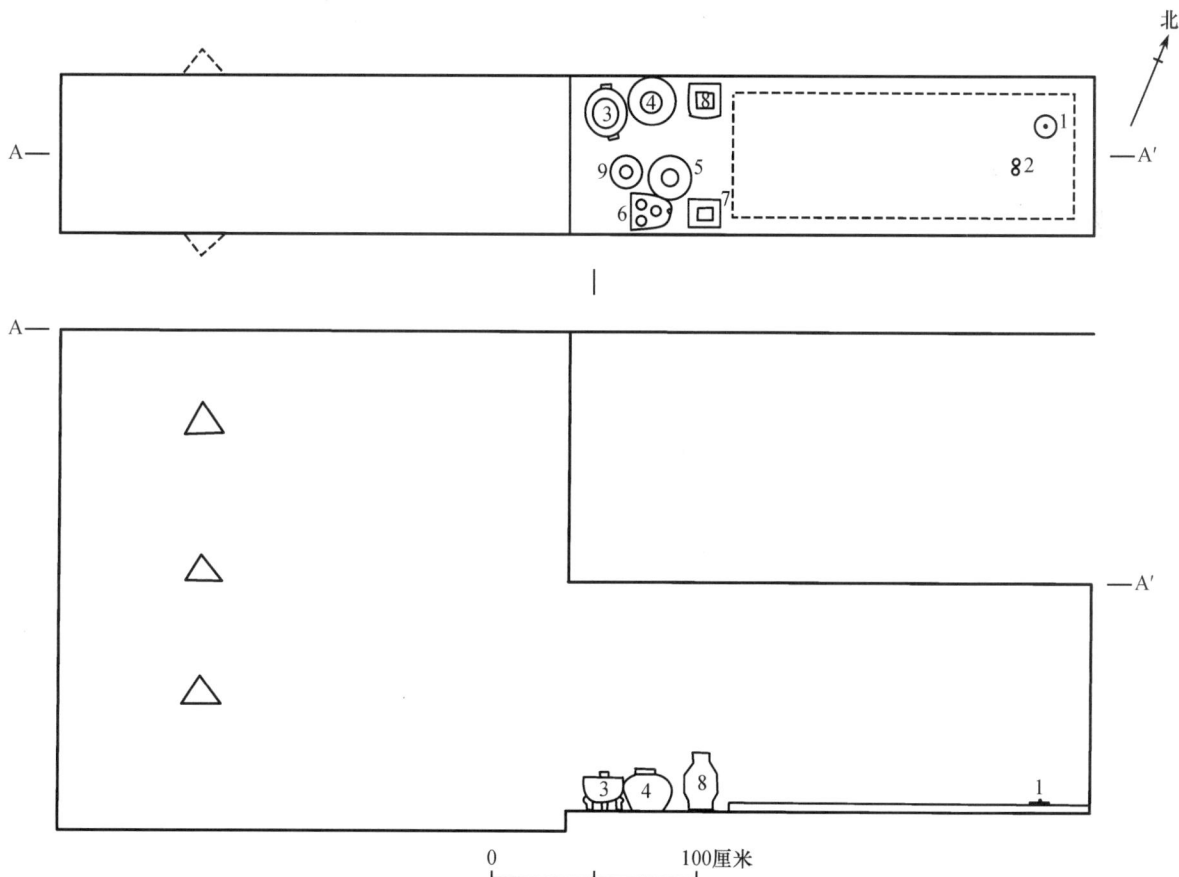

图三六七　Ⅰ区M130平、剖面图

1. 铜镜　2. 铜钱　3. 陶鼎　4. 陶罐　5、9. 陶盒　6. 陶灶1套（盆2）　7、8. 陶钫

2. 出土器物

该墓出土器物10件，另有铜钱2枚。质地为陶、铜两种，分述如下。

陶器　9件，均为泥质灰陶，器类有鼎、盒、钫、罐、灶、盆。

鼎　1件，标本M130：3，盖，浅覆钵形，弧顶，边缘均匀布置三乳突形饰；器身，子母口内敛，弧腹，圜底，肩附对称外撇板耳，耳顶端平折，底附三马蹄形足，腹部有一周台棱。盖、腹轮制，耳、足模制，而后粘结。鼎内侧有螺旋形拉坯痕迹。盖径17.4、器身口径17.4、腹深7.2、足高4.6、通高13厘米（图三六八，1）。

盒　2件（M130：5、9），形制相同，盖，覆钵形，顶有矮圈足捉手；器身，子母口内敛，弧腹，平底。器表红白彩绘。盖，剥落严重，可辨口处一周红彩。器身，沿下有红白彩带各一周。盖与器身轮制，底中间轮旋纹。标本M130：5，盖径17.8、矮圈足捉手9、高5厘米（图三六八，2）。标本M130：9，器身口径17.4、腹深6.6、底径8.8、高6.6厘米（图三六八，3）。

钫　2件（M130：7、8），形制相同，均残，仅剩底部。鼓腹，高圈足稍外撇。器身有红、白彩绘，可辨肩、腹、足各一组（每组两周）红、白彩带，肩部两组彩带之间绘卷云纹。标本M130：7，底径10.1、残高23.6厘米（图三六八，4）。

罐　1件，标本M130：4，颈部残，弧肩，鼓腹，下腹斜内收，平底。腹部饰密集凹弦纹。腹径20.8、底径9.3、残高20.8厘米（图三六八，5）。

灶　1件，标本M130：6-1，灶体平面呈马蹄形，前方后圆，灶面三釜呈"品"字形布置，前端釜大于后端两釜，尾部有短柱形烟囱，前端有方形的落地灶门。灶面、灶壁分体模制而后粘结，釜之肩部与灶面一次性模制而成，腹模制而后粘结于相应的位置。长18.8、宽17.2、高9.2厘米（图三六八，6）。

盆　2件（M130：6-2、M130：6-3），与灶配套。敞口，平沿，尖唇，小平底。模制，沿面有制坯时留下的线切纹。标本M130：6-2，深弧腹，口径6.3、底径2、高3厘米（图三六八，7）。标本M130：6-3，浅弧腹，口径7.2、底径2、高2.5厘米（图三六八，8）。

铜镜　1面，标本M130：1，草叶螭龙纹镜，圆形，半圆钮，四叶纹座，镜面微凸，内向十六连弧纹边缘。钮座外为方框，四角各斜出一枝二叠草叶纹，方框四面各伏一动物，前爪扶框，后腿伸出，动物外侧一带圆座乳突。面径10.20、背径9.90、钮宽1.30、缘宽0.70、缘厚0.30厘米，重99克（图三六九，1；彩版三八，2）。

铜钱　2枚，均为半两钱，圆形方穿，穿之两侧有篆文"半两"二字，"两"字下框内作"十"形（图三六九，2、3）。

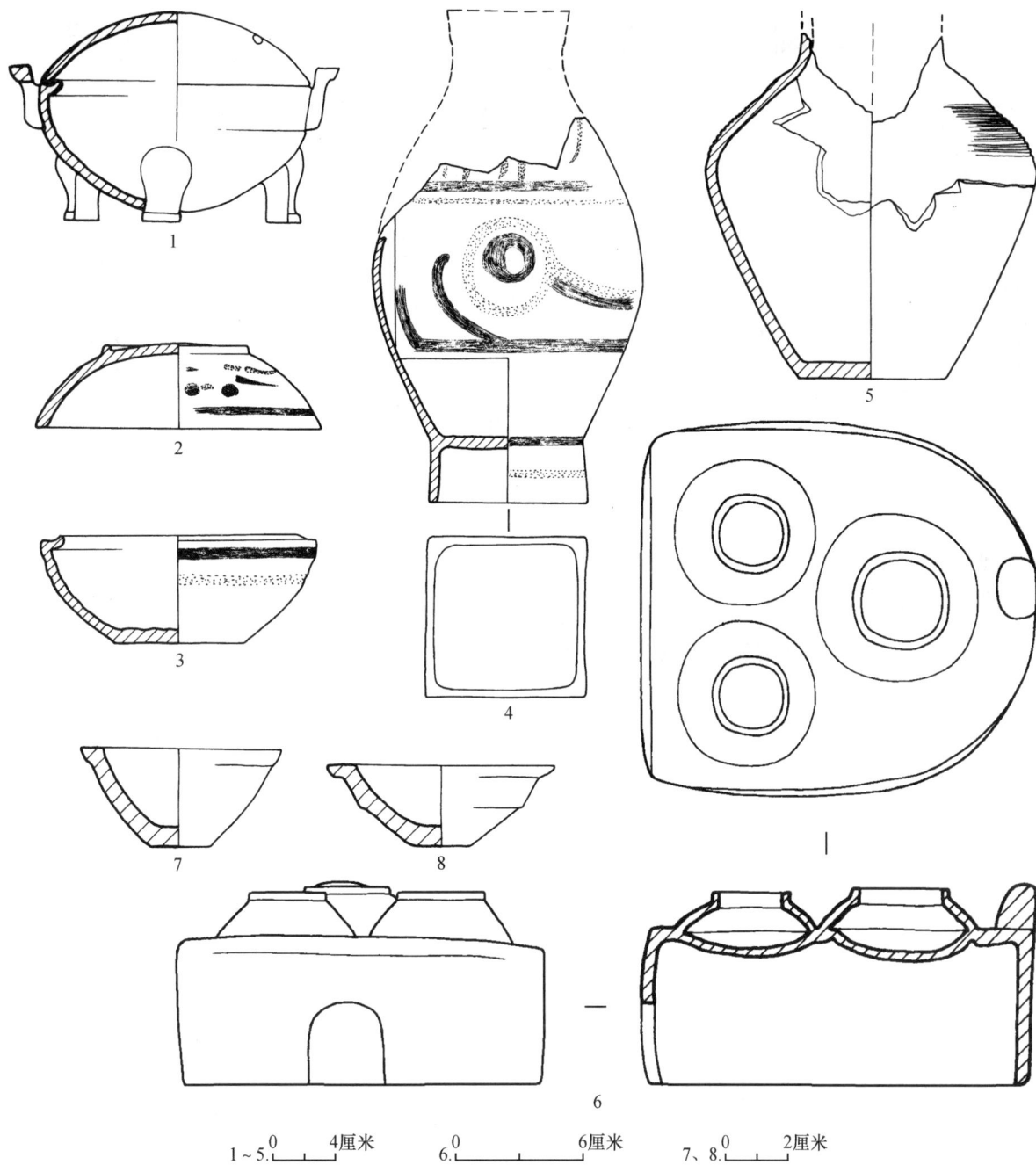

1 ~ 5.　0　　4厘米　　　6.　0　　6厘米　　　7、8.　0　2厘米

图三六八　Ⅰ区M130出土器物（一）

1. 陶鼎（M130：3）　　2、3. 陶盒盖（M130：5、9）　　4. 陶钫（M130：7）　　5. 陶罐（M130：4）　　6. 陶灶（M130：6-1）

7、8. 陶盆（M130：6-2、3）

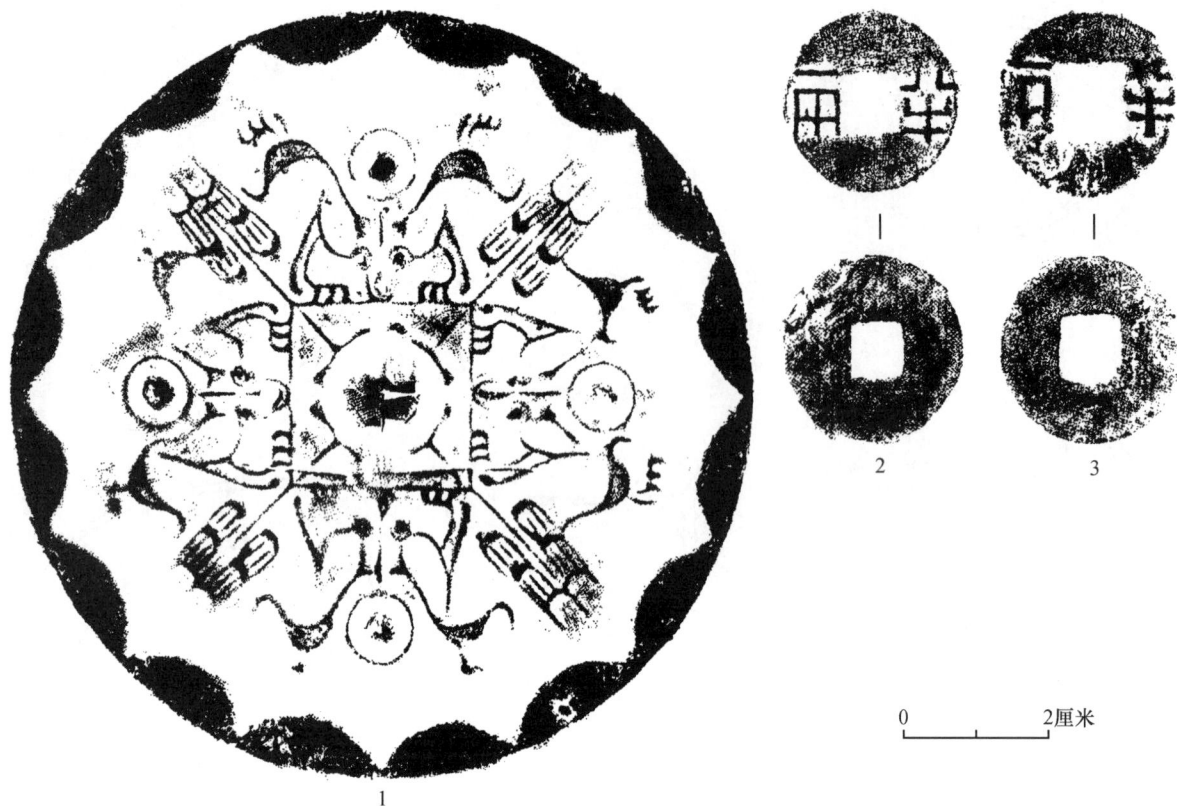

图三六九　Ⅰ区M130出土器物（二）
1. 铜镜（M130∶1）　2、3. 铜钱（M130∶2-1、2）

第一二八节　M131

1. 墓葬形制

　　M131，位于第一阶地中部北侧，探方T0704内，北与M154并列，东邻M122、M123。方向290度。形制为斜坡墓道土洞墓，由墓道、墓室两部分组成（图三七〇；图版四五，1、2）。

　　墓道　位于墓室的西端，平面近长方形，壁面较直，底部呈斜坡状。开口残长6.70、宽0.70、底宽0.80、坡长7.20、底距开口深0～3.40米，坡度22度。墓道内填五花土，土质疏松，未经夯打。

　　墓室　平面呈长方形，拱顶土洞。墓室长3.50、宽1.40、高1.60米。该墓未被盗扰，器物主要出土于墓室东部南侧，计有陶罐5、陶釜1、陶灶1套（盆1、甑1）、铜钫1、铜盆（残）1、铜柿蒂形棺饰4、铁灯1、铜钱12。

　　封门　木板封门。南北两壁有凹槽。封门槽宽0.10、进深0.12、高1.60米。

　　葬具　木棺1具，仅存棺痕，棺长2.10、宽0.68米。

　　葬式　骨架1具，保存较差，头向东，仰身直肢葬。

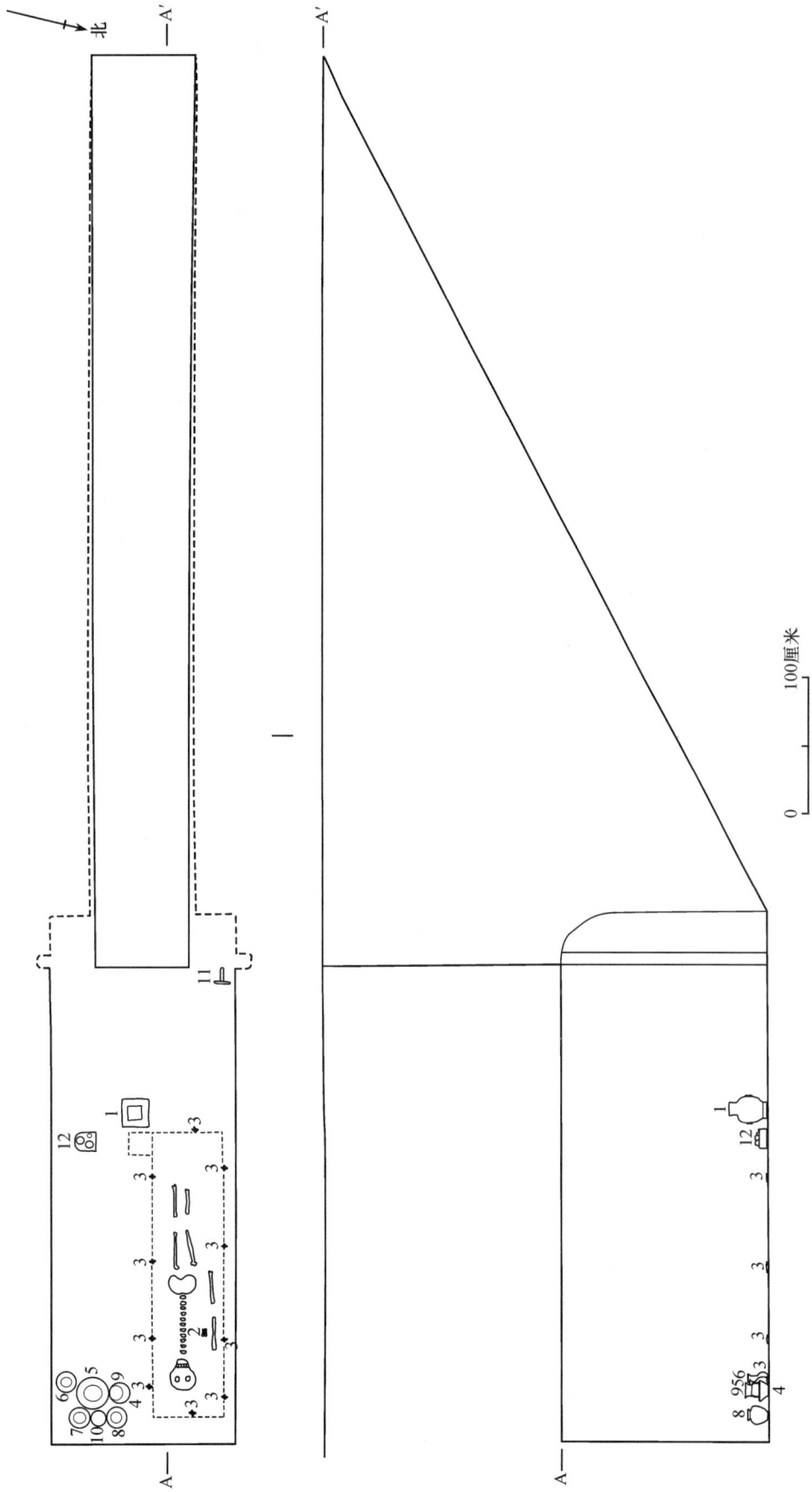

图三七〇　Ⅰ区M131平、剖面图

1. 铜钫　2. 铜钱　3. 铜柿蒂形棺饰　4. 铜盆　5～8.陶罐　9. 陶釜　10.异形陶罐　11. 铁灯　12. 陶灶1套（盆1、甑1）

2. 出土器物

该墓出土器物16件，另有铜钱12枚。质地为陶、铜、铁三种，分述如下。

陶器　9件，均为泥质灰陶，器类有罐、釜、灶、盆、甑（图版九四，1）。

罐　5件（M131：5、6、7、8、10）。标本M131：5，侈口，平沿，凹唇，唇面内凹，短束颈，弧肩，鼓腹，平底，口径10.8、腹径18、底径11、高15.5厘米（图三七一，1；图版一三四，6）。标本M131：6，侈口，圆唇，矮领，鼓肩，鼓腹，平底，口径10.6、腹径18、底径10.4、高12.5厘米（图三七一，2）。标本M131：7，侈口，双唇，矮领，鼓肩，鼓腹，平底稍内凹，口径10.8、腹径17.4、底径11.2、高14.4厘米（图三七一，3）。标本M131：8，大口，圆唇，矮领，弧肩，鼓腹，平底，口径14.8、腹径21.6、底径15、高14.1厘米（图三七一，4；图版一三五，1）。标本M131：10，敞口，平沿外斜，方唇，高领，窄肩，筒腹，平底。口径11.5、底径8、高17.3厘米（图三七一，5）。

釜　1件，标本M131：9，直口微敞，平沿外斜，尖圆唇，高领，圆鼓腹，圜底稍内凹，底部饰粗绳纹。口径11.9、底径6、高17.8厘米（图三七一，6；图版一三五，2）

灶　1件，标本M131：12-1，灶体平面呈马蹄形，前方后圆，灶面三釜呈"品"字形布置，尾部有短柱形烟囱，前端有拱形的落地灶门，周围模印菱形网格纹。长15、宽14.6、高8.1厘米（图三七一，7；图版一三五，3）。

盆　1件，与灶配套。标本M131：12-3，敞口，平沿，方唇，弧腹，近平底。口径6.8、底径2、高3厘米（图三七一，8）。

甑　1件，与灶配套。标本M131：12-2，敞口，平沿，尖唇，弧腹，平底，底部有三个箅孔。口径6.5、底径2、高3厘米（图三七一，9）。

铜器　6件，器类有钫、柿蒂形棺饰。

钫　1件，标本M131：1，无盖；器身，侈口，平沿，束颈，鼓腹，高圈足稍外撇。肩部对称分布铺首衔环纹。在腹部的补丁，清晰可见。器身口径11.3、腹径21.9、足径13.4、足高4.8、通高35.4厘米（图三七二，1；彩版二一，1）。

柿蒂形棺饰　4件，形制相同，柿蒂形。标本M131：3，与泡钉同出，对角长2.7、泡径1.0、高0.8厘米（图三七二，2）。

盆　1件，标本M131：4，侈口，折沿，浅腹略鼓，圜底。口径18.9、高5.9厘米（图三七二，3）。

铁灯　1件，标本M131：11，残缺，豆形。盘，敞口，平沿，方唇，斜腹，弧底，实心柱形柄，底座残缺。盘径13.3、残高14.1厘米（图三七二，4）。

铜钱　12枚，均为五铢钱，圆形方穿，穿背面有郭，部分穿上有一横郭或穿下有一星纹，穿之两侧有篆文"五铢"二字。大部分朱字头方折（图三七三）。

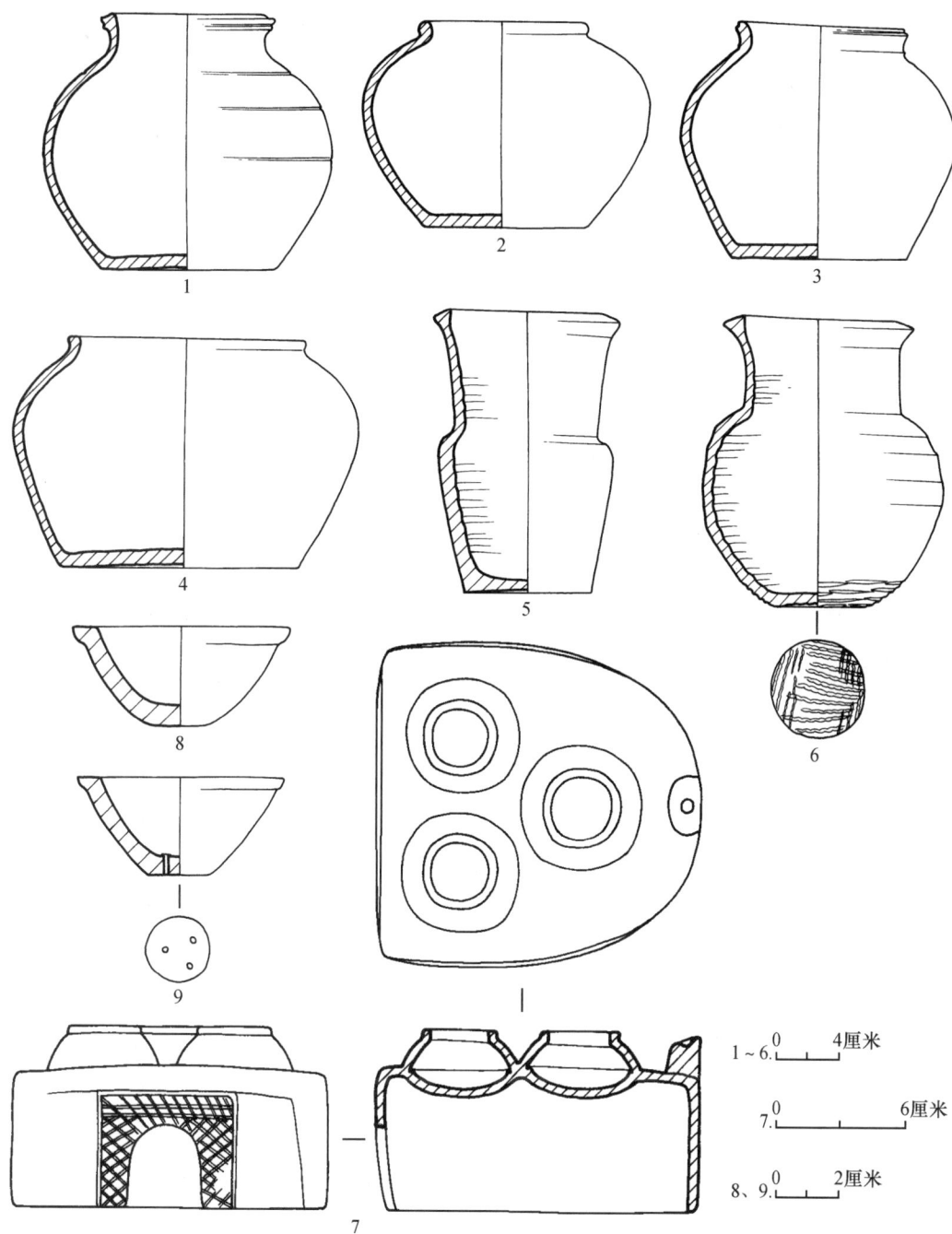

图三七一　Ⅰ区M131出土器物（一）

1~5.陶罐（M131：5~8、10）　6.陶釜（M131：9）　7.陶灶（M131：12-1）　8.陶盆（M131：12-3）

9.陶甑（M131：12-2）

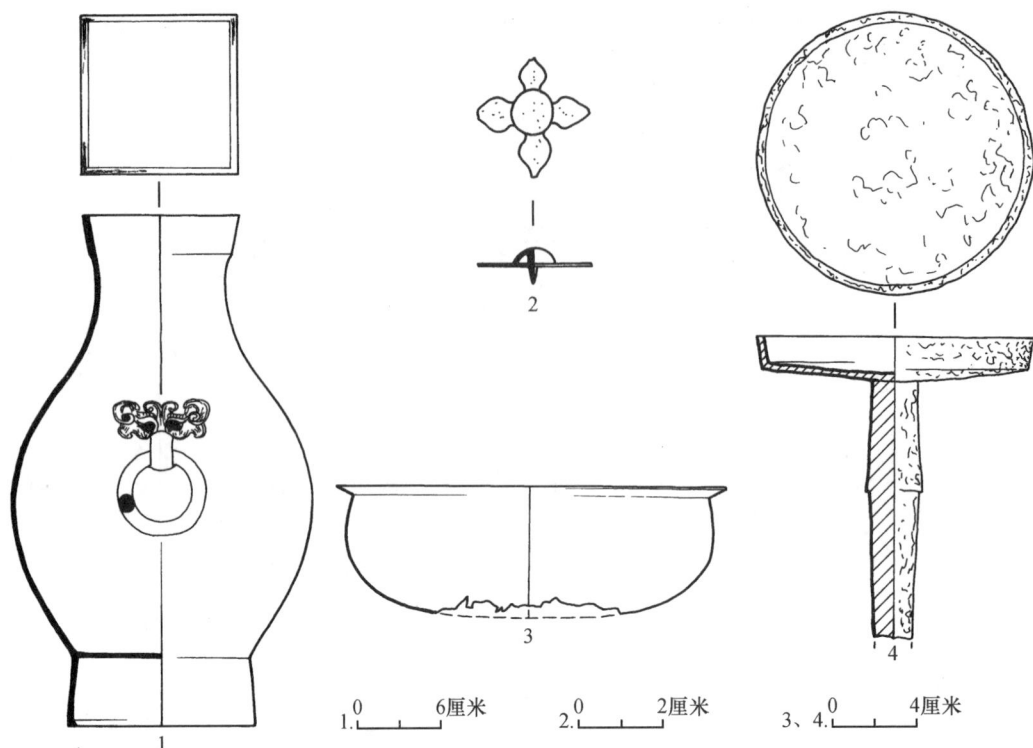

图三七二　Ⅰ区M131出土器物（二）

1. 铜钫（M131：1）　2. 铜柿蒂形棺饰（M131：3）　3. 铜盆（M131：4）　4. 铁灯（M131：11）

第一二九节　M132

1. 墓葬形制

M132，位于第一阶地中部，探方T0703内，北邻M131，东偏北有M130、M126、M122、M123、M118、M119，且方向基本一致。方向295度。形制为竖穴墓道土洞墓，由墓道、墓室两部分组成（图三七四）。

墓道　位于墓室的西端，平面呈长方形，壁面较直。开口长2.0、宽0.90、底距开口深3.20米。墓道内填五花土，土质疏松，未经夯打，出土陶缶1。

墓室　平面略呈长方形，拱顶土洞。墓室长3.20、宽1.10、高1.30米。该墓被盗扰，器物主要出土于墓室西部，计有陶鼎盖1、陶钫3、陶缶1、陶灶1套（盆1、甑1）。

封门　木板封门。南北两壁有凹槽，内有板灰痕迹。封门槽宽0.20、进深0.20、高1.30米。

葬具　木棺，出土铁棺钉，尺寸不详。

葬式　不详。

盗洞　1处，位于墓室的东西，自上而下进入墓室。平面呈圆形，直径约0.50米。

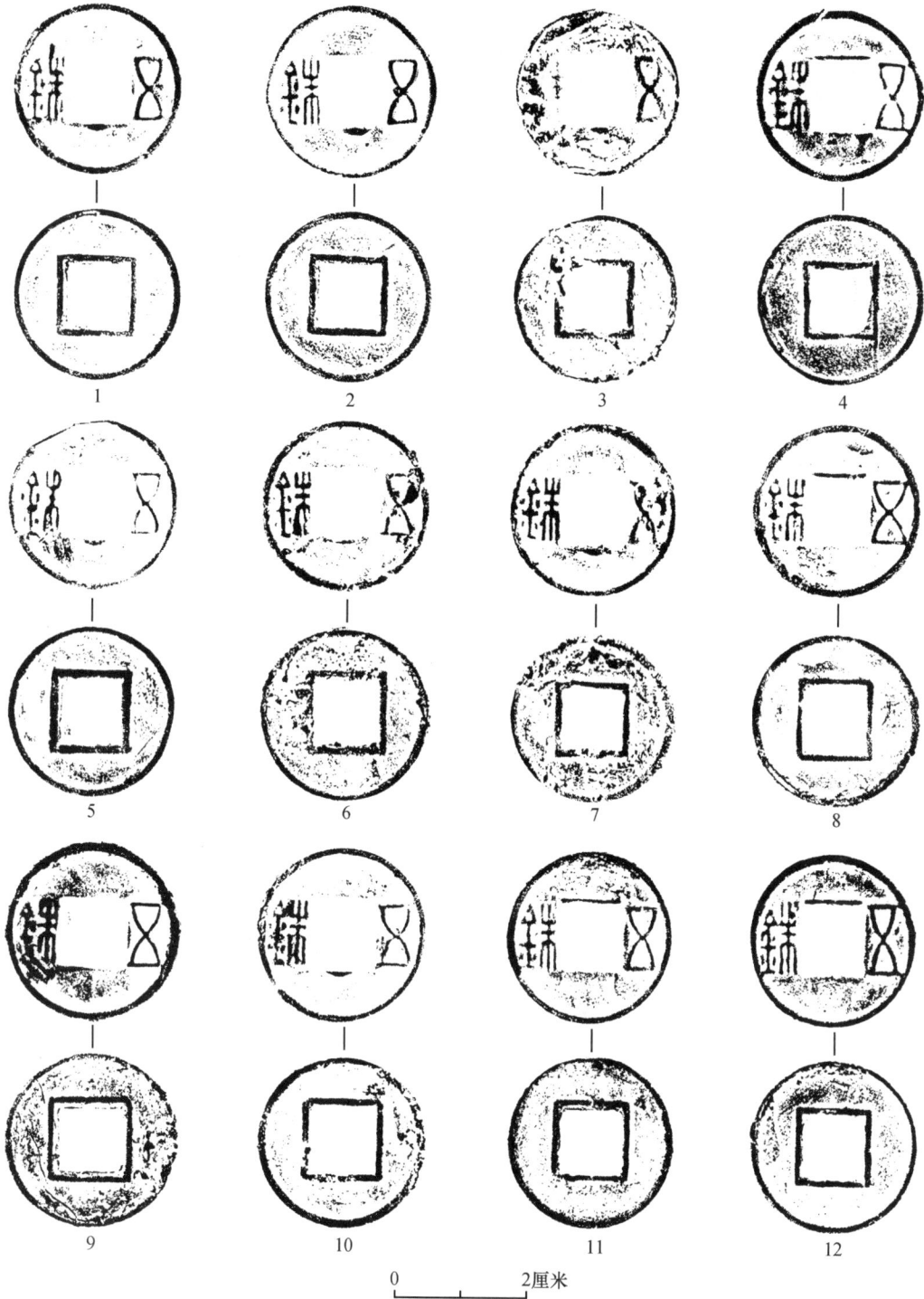

图三七三　Ⅰ区M131出土铜钱

1. M131：2-1　2. M131：2-2　3. M131：2-3　4. M131：2-4　5. M131：2-5　6. M131：2-6　7. M131：2-7　8. M131：2-8
9. M131：2-9　10. M131：2-10　11. M131：2-11　12. M131：2-12

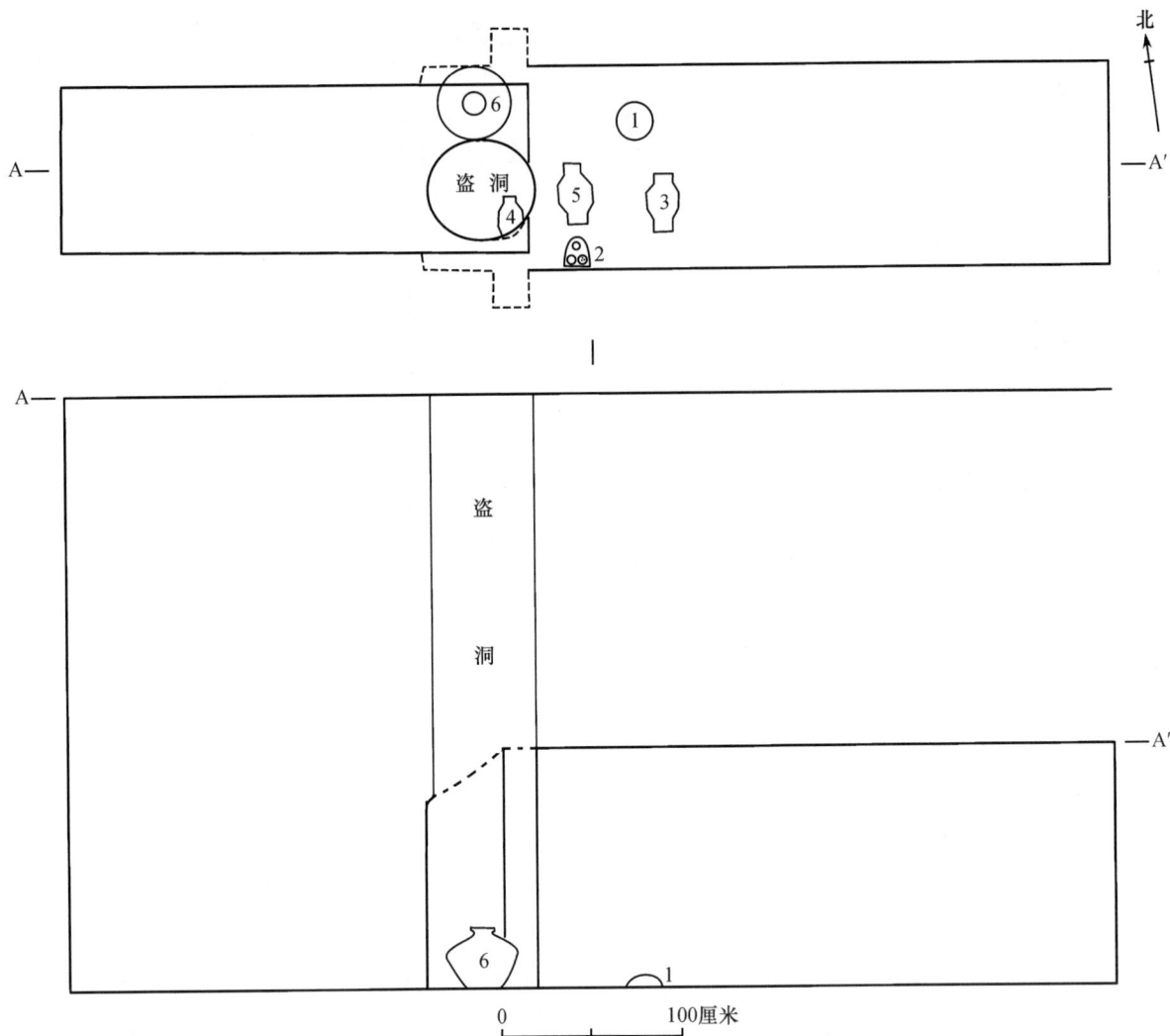

图三七四　Ⅰ区M132平、剖面图

1. 陶鼎盖　2. 陶灶1套（盆1、甑1）　3～5. 陶钫　6. 陶缶

2. 出土器物

该墓出土器物8件，均为泥质灰陶器，器类有鼎、钫、缶、灶、盆、甑。

鼎　1件，标本M132：1，仅存鼎盖，覆钵形，弧顶，顶部边缘饰三乳突形饰。器表红、白彩绘，剥落严重，内容不可辨。口径17.7、高5.5厘米（图三七五，1）。

钫　3件（M132：3、4、5），均残缺，形制相同。盖，覆斗形，子母口；器身，侈口，平沿，束颈，鼓腹，高圈足稍外撇。器表红、白彩绘（局部已脱落）。盖，上下各二组红、白彩带，之间一周粗细交互变化红彩带。器身四壁、底分体模制，而后粘结，粘结处外侧削平，内侧抹泥加固。标本M132：3，盖径11.5、器身口径11.5、腹径19.8、足径11.6、足高4.2、通高14.7厘米（图三七五，2）。

缶　1件，标本M132：6，小口，平沿，尖圆唇，短束颈，广斜肩，折腹，腹部有一周宽带纹，饰两周麻点纹，下腹内曲，大平底。轮制，器表有轮旋纹。口径12.6、腹径40.2、底径

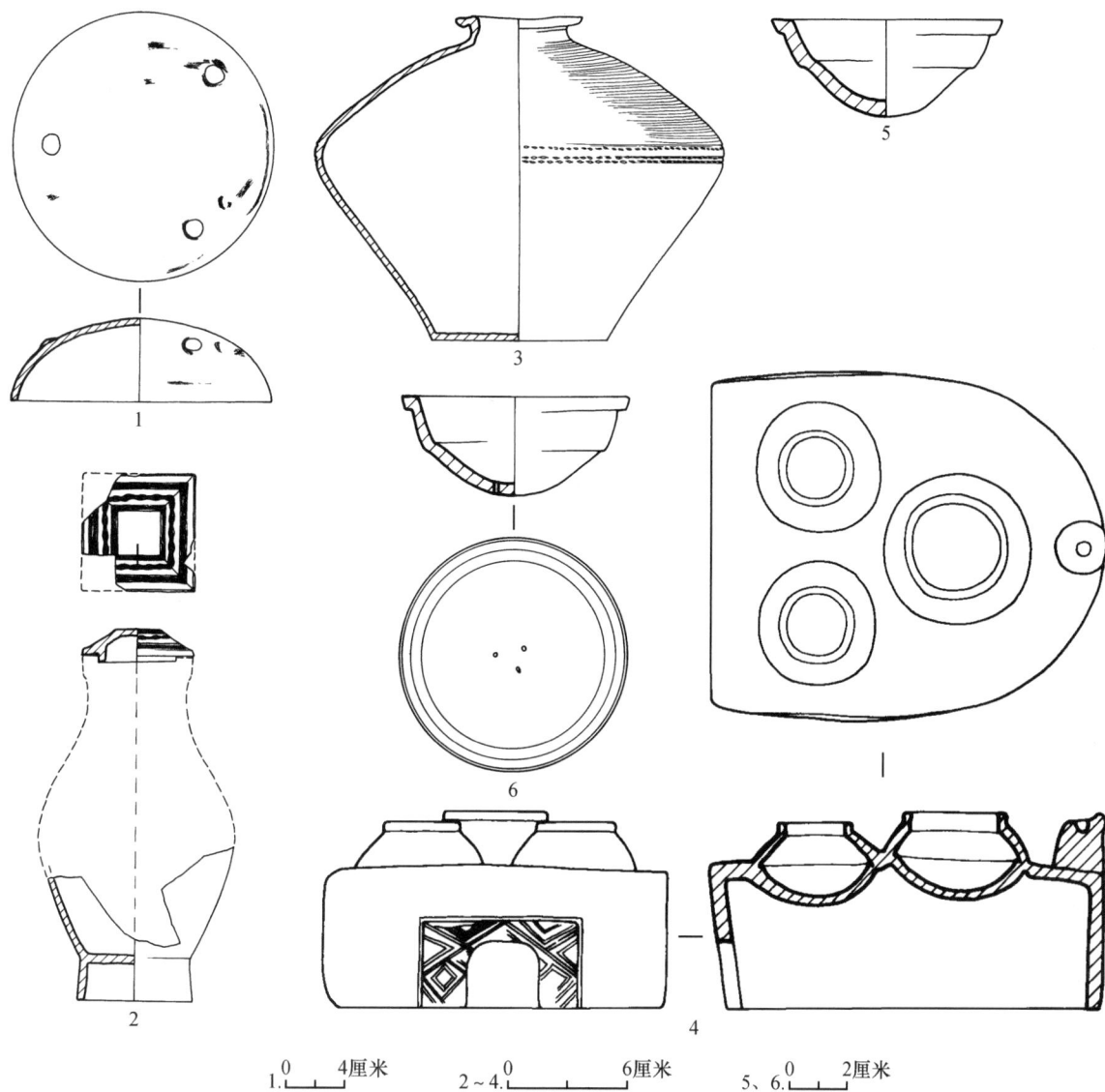

图三七五　Ⅰ区M132出土器物

1.陶鼎盖（M132：1）　2.陶钫（M132：3）　3.陶缶（M132：6）　4.陶灶（M132：2-1）　5.陶盆（M132：2-2）

6.陶甑（M132：2-3）

17.5、高31.5厘米（图三七五，3）。

　　灶　1件，标本M132：2-1，灶体平面呈马蹄形，前方后圆，灶面三釜呈"品"字形布置，后端一釜大于前端两釜，尾部有短柱形烟囱，前端有方形的落地灶门，周围模印多重菱形纹。灶面、灶壁分体模制而后粘结，釜之肩部与灶面一次性模制而成，腹模制而后粘结于相应的位置。长20、宽17.2、高9.5厘米（图三七五，4）。

　　盆　1件，与灶配套。标本M132：2-2，敞口，平沿，方唇，弧腹，圜底。模制，沿面有制坯时留下的线切纹。口径7.8、高3.2厘米（图三七五，5）。

　　甑　1件，与灶配套。标本M132：2-3，敞口，平沿，方唇，弧腹，圜底，底部有三个箅孔。口径7.8、高3.3厘米（图三七五，6）。

第一三〇节　M133

1. 墓葬形制

　　M133，位于第一阶地中部，探方T0603内，墓道延伸至T0604，M132西侧，西与M137并穴合葬。方向40度。形制为竖穴墓道土洞墓，由墓道、墓室两部分组成（图三七六）。

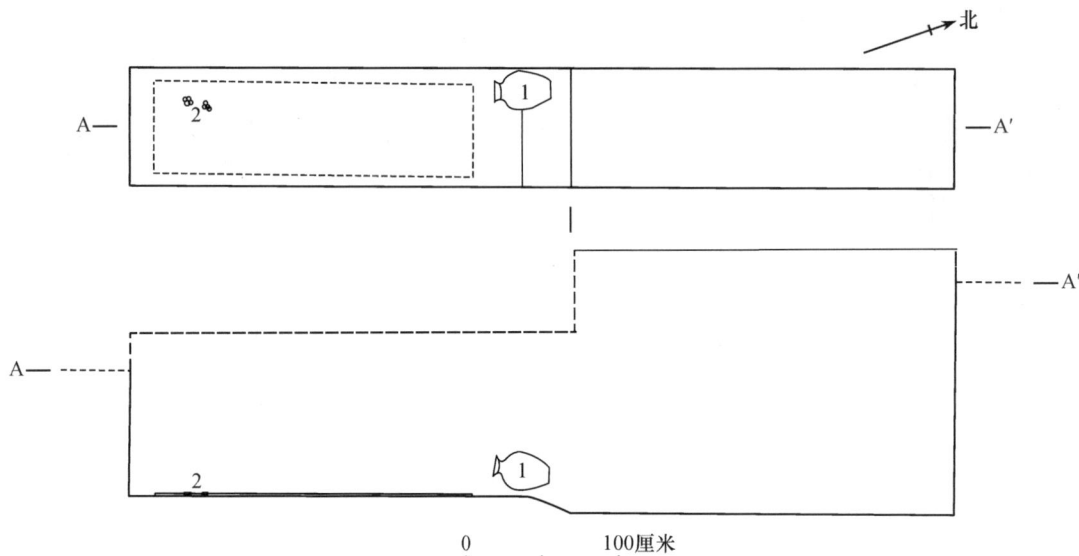

图三七六　Ⅰ区M133平、剖面图
1. 陶罐　2. 铜钱

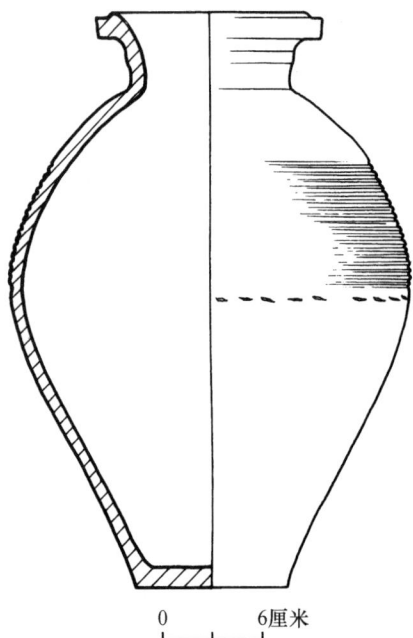

图三七七　Ⅰ区M133出土陶罐（M133：1）

　　墓道　位于墓室的北端，平面呈长方形，壁面较直。开口长2.50、宽0.76、底距开口深1.50米。墓道内填五花土，土质疏松，未经夯打。

　　墓室　平面略呈长方形，拱顶土洞。墓室长2.90、宽0.76、高0.80米。该墓未被盗扰，器物主要出土于墓室北部，计有陶罐1、铜钱14。

　　封门　不详。

　　葬具　木棺1具，仅存棺痕，长2.0、宽0.60米。

　　葬式　不详。

2. 出土器物

　　该墓出土陶罐1件，另有铜钱14枚。

　　陶罐　1件，标本M133：1，侈口，平沿，方唇，束颈，弧肩，鼓腹，小平底，腹部饰密集凹弦纹。口径

13.6、腹径24.2、底径9.2、高33.4厘米（图三七七）。

　　铜钱　14枚，均为五铢钱，圆形方穿，穿背面有郭，一枚四角决文，部分穿上有一横郭或穿下有一星纹，穿之两侧有篆文"五铢"二字。"五"字瘦长，或稍宽短，交笔较直或缓曲，"铢"字金头三角，或箭头形，朱字头方折（按：年代为武昭时期）（图三七八）。

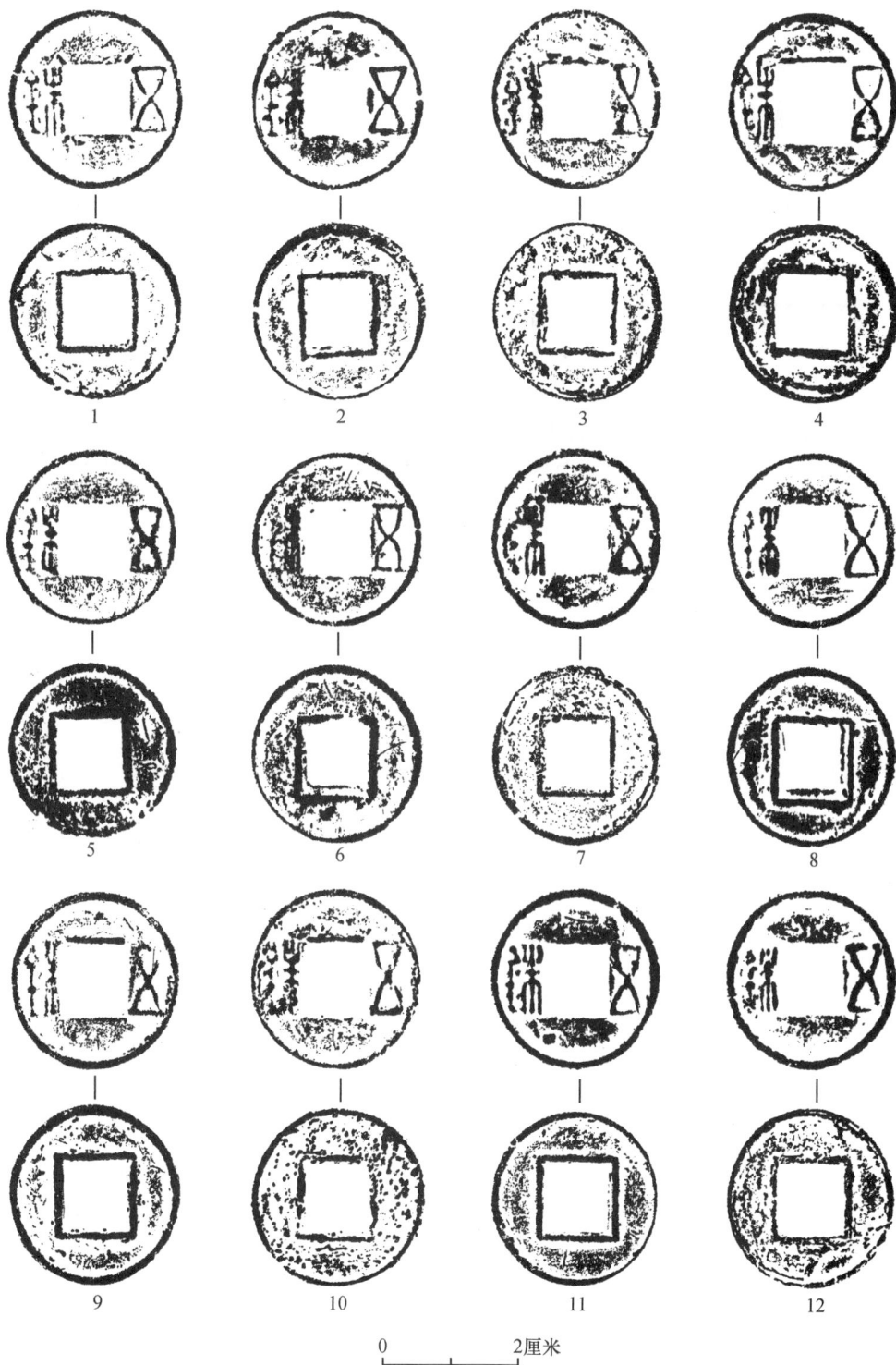

0　　　　2厘米

图三七八　Ⅰ区M133出土铜钱

1. M133：2-1　2. M133：2-2　3. M133：2-3　4. M133：2-4　5. M133：2-5　6. M133：2-6　7. M133：2-7　8. M133：2-10
9. M133：2-11　10. M133：2-12　11. M133：2-13　12. M133：2-14

第一三一节　M134

1. 墓葬形制

　　M134，位于第一阶地中部偏东，探方T0903内，西与M140并列，北邻M116、M117，且方向一致，东邻M112。方向220度。形制为竖穴墓道土洞墓，由墓道、墓室、小龛三部分组成（图三七九）。

　　墓道　位于墓室的南端，平面呈长方形，壁面较直。开口长2.40、宽0.84、底距开口深

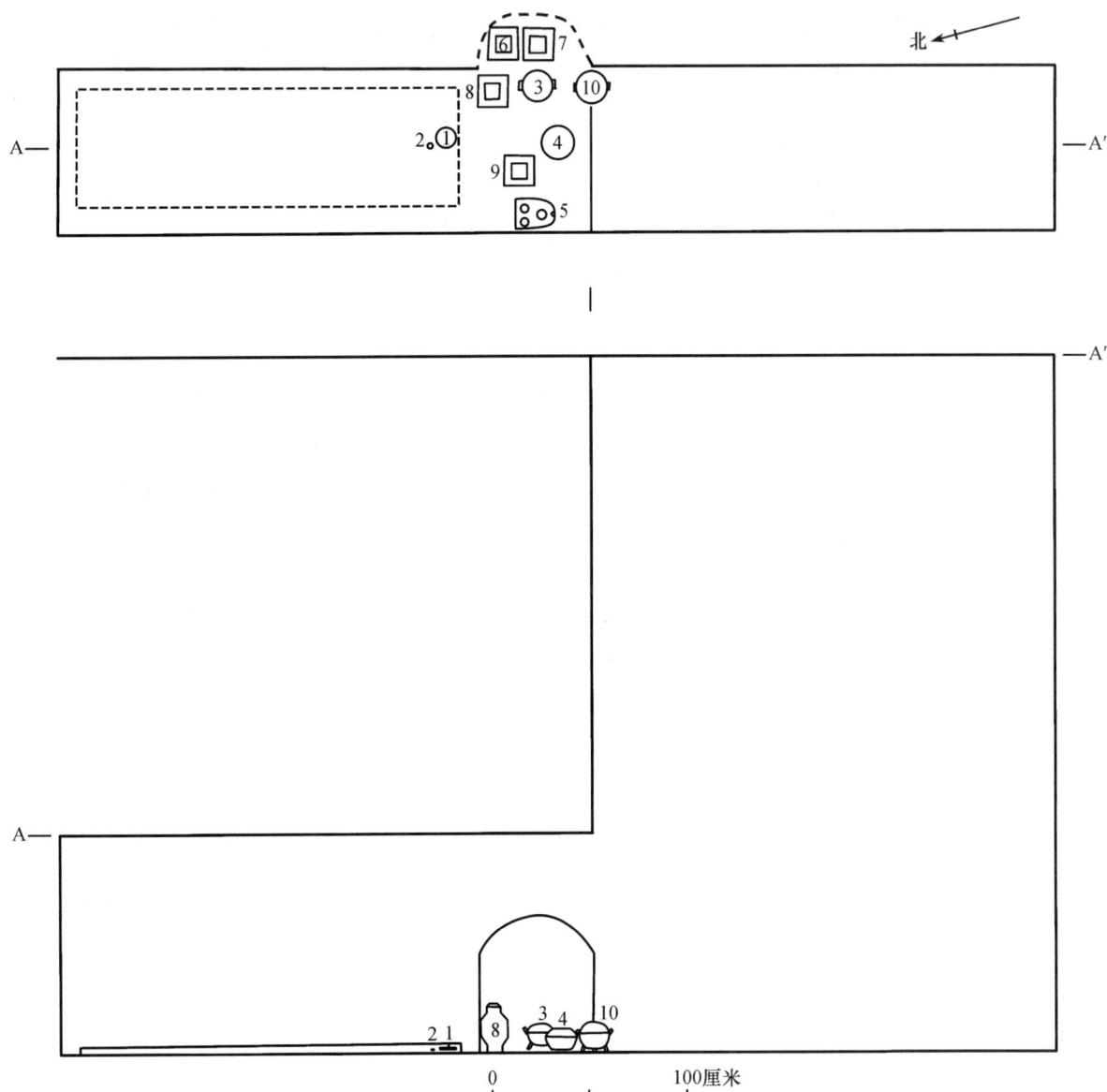

图三七九　Ⅰ区M134平、剖面图

1. 铜镜　2. 铜钱　3、10. 陶鼎　4. 陶盒　5. 陶灶1套（盆1、甑1）　6～9. 陶钫

3.50米。墓道内填五花土，土质疏松，未经夯打。

墓室　平面略呈长方形，拱顶土洞。墓室长2.80、宽0.84、高1.10米。靠近墓门东侧有一小龛，平面呈半圆形，拱顶土洞，宽0.60、进深0.30、高0.70米。该墓未被盗扰，器物主要出土于墓室南部及小龛之内，计有陶鼎2、陶盒1、陶钫4、陶灶1套（盆1、甑1）、铜镜1、铜半两钱1。

封门　不详。

葬具　木棺1具，已朽成灰，长2.0、宽0.60米。

葬式　不详。

2. 出土器物

该墓出土器物11件，另有铜钱1枚。质地为陶、铜两种，分述如下。

陶器　10件，均为泥质灰陶，器类有鼎、盒、钫、灶、盆、甑。

鼎　2件（M134：3、10）形制相同。盖，浅覆钵形，弧顶，边缘均匀布置三乳突形饰，脱落严重；器身，子母口内敛，弧腹，近平底，肩附对称外撇板耳，耳顶端平折，底附三马蹄形足，腹部有一周台棱。器表红、白彩绘。盖，中央三白彩圆点，之外均匀布置三大卷云纹，内层红彩，外层白彩，边缘红、白彩带两周。盖、腹轮制，耳、足模制，而后粘结。鼎内侧有螺旋形拉坯痕迹。标本M134：3，盖径18、器身口径17.6、腹深7.2、足高5.2、通高13.9厘米（图三八〇，1）。

盒　1件，标本M134：4，盖缺；器身，子母口内敛，弧腹，平底。器腹部红、白彩带各一周。器身轮制，底部有旋切痕，口径17.6、腹深7.5、底径8.5、高7.6厘米（图三八一，1）。

钫　4件（M134：6、7、8、9），形制相同。盖，覆斗形，子母口；器身，侈口，平沿，束颈，鼓腹，高圈足稍外撇，肩部模印对称分布铺首衔环。器表红、白彩绘（局部已脱落）。盖，上、下两组红、白彩带，中间一周粗细交互变化白彩带。器身，沿下、肩、腹各一组红、白彩带，肩部两组彩带之间绘一周双彩倒三角纹，内层红彩、外层白彩，三角纹之间白彩滴水纹，肩部两组环带纹之间，彩绘红、白彩大卷云纹。器身四壁、底、铺首衔环分体模制，而后粘结，粘结处外侧削平，内侧抹泥加固，标本M134：6，盖径10.6、器身口径10.4、腹径17.4、足径9.9、足高3、通高32.7厘米（图三八〇，2）。

灶　1件，标本M134：5-1，灶体平面呈马蹄形，前方后圆，灶面三釜呈"品"字形布置，后端一釜大于前端两釜，尾部有短柱形烟囱，前端有方形的落地灶门，周围模印多重菱形纹。灶面、灶壁分体模制而后粘结，釜之肩部与灶面一次性模制而成，腹模制而后粘结于相应的位置。长18.8、宽16.5、高8.8厘米（图三八一，2）。

盆　1件，与灶配套。标本M134：5-2，敞口，平沿，方唇，弧腹，平底。模制，沿面有制坯时留下的线切纹。口径6.9、底径2、高2.4厘米（图三八一，3）。

甑　1件，与灶配套。标本M134：5-3，敞口，平沿，方唇，折腹，平底，底部有三个箅孔。模制，沿面有制坯时留的下线切纹。口径6.8、底径2、高2.9厘米（图三八一，4）。

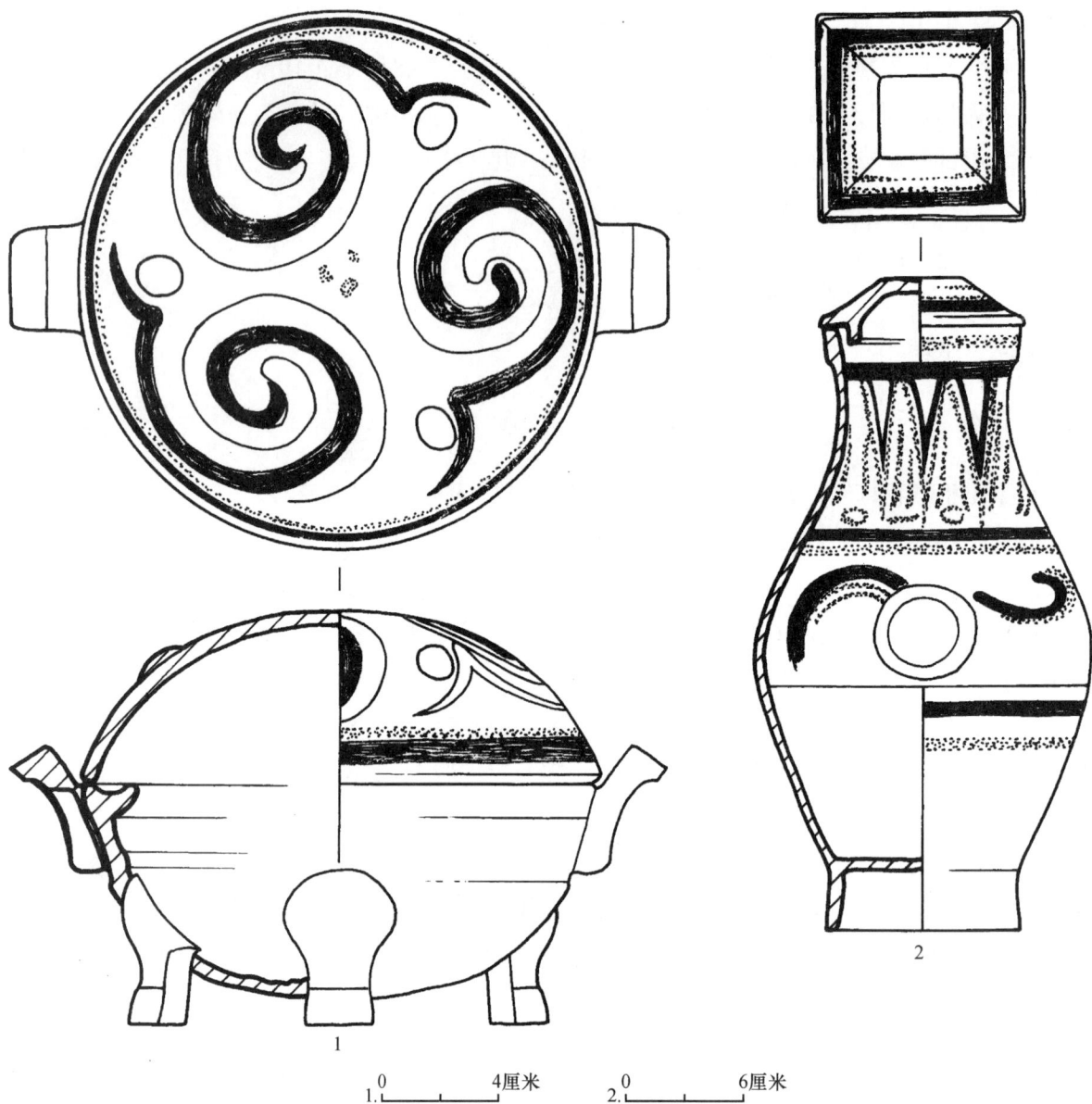

图三八〇　Ⅰ区M134出土器物（一）

1. 陶鼎（M134：3）　2. 陶钫（M134：6）

铜镜　1面，标本M134：1，四乳铭文镜，圆形，三弦钮，方形钮座，素窄缘，镜面微凸。钮座之外有一凹面方框，之外有四个圆座乳钉与"大乐未央，长勿相忘"铭文带配列。面径7.50、背径7.40、钮宽0.80、缘宽0.10、缘厚0.30厘米，重43克（图三八二，1；彩版三九，1）。

铜钱　1枚，标本M134：2，半两钱，圆形方穿，穿之两侧有篆文"半两"二字，"两"字下框内作"十"形，钱径23.35、穿宽8.18、郭厚1.39毫米，重2.71克（图三八二，2）。

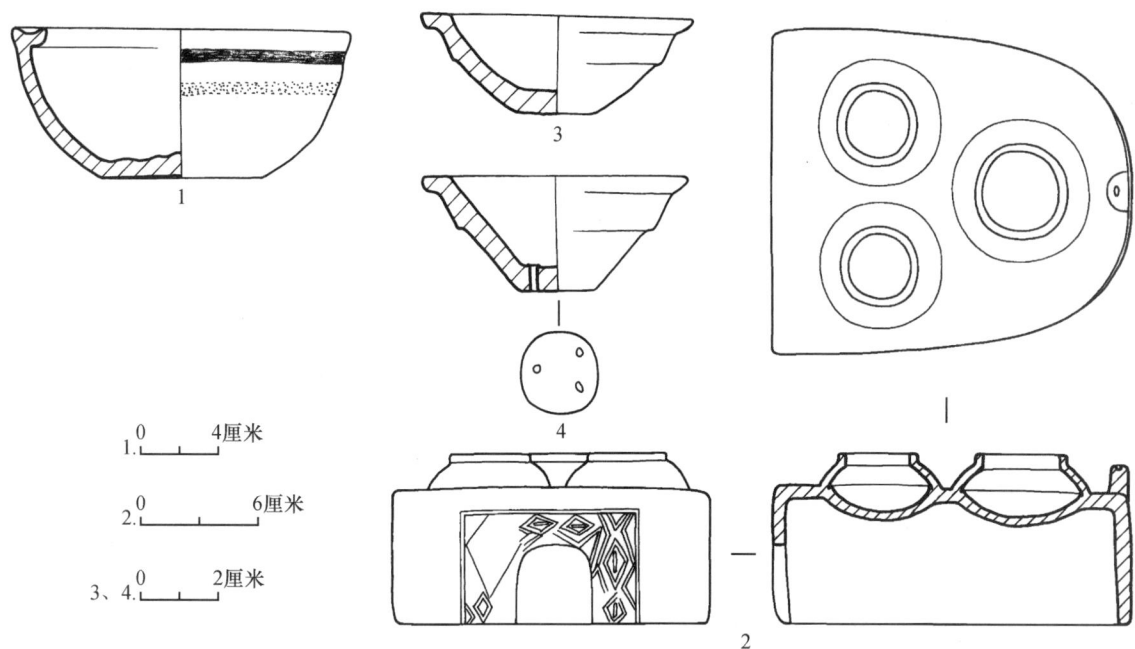

图三八一　Ⅰ区M134出土器物（二）

1. 陶盒（M134：4）　2. 陶灶（M134：5-1）　3. 陶盆（M134：5-2）　4. 陶甑（M134：5-3）

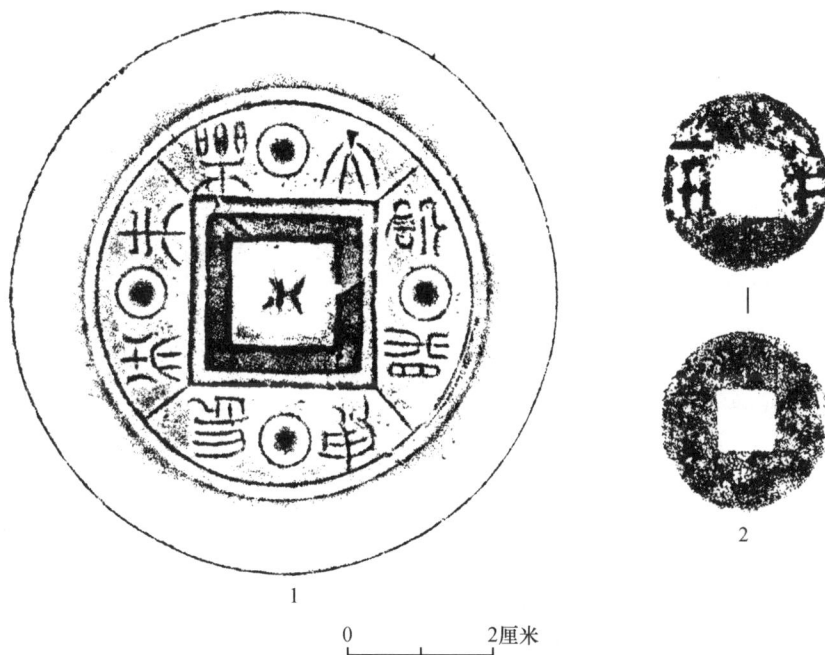

图三八二　Ⅰ区M134出土器物（三）

1. 铜镜（M134：1）　2. 铜钱（M134：2）

第一三二节　M135

1. 墓葬形制

M135，位于第二阶地中部南侧，探方T0604内，西邻M137墓道，东与M136并穴合葬，北邻M65，东邻M131、M154。方向195度。形制为竖穴墓道土洞墓，由墓道、墓室两部分组成（图三八三；图版四五，3、4）。

墓道　位于墓室的南端，平面呈长方形，壁面较直。开口长2.40、宽0.74、底距开口深2.60米。墓道内填五花土，土质疏松，未经夯打。

墓室　平面略呈长方形，拱顶土洞。墓室长3.40、宽0.74～0.94、高1.20米。近墓门东西两侧有小龛，平面呈长方形，拱顶土洞。宽0.70～0.80、进深0.20～0.30、高1.0米。该墓被盗扰，龛内出土有陶钫盖1件，棺内铜钱11枚。

封门　不详。

葬具　木棺1具，已朽成灰，长2.10、宽0.56米。

葬式　骨架1具，已成粉末，仰身直肢葬，头向北。

盗洞　1处，位于墓道北端，自上而下进入墓室。平面呈圆形，直径0.60米。

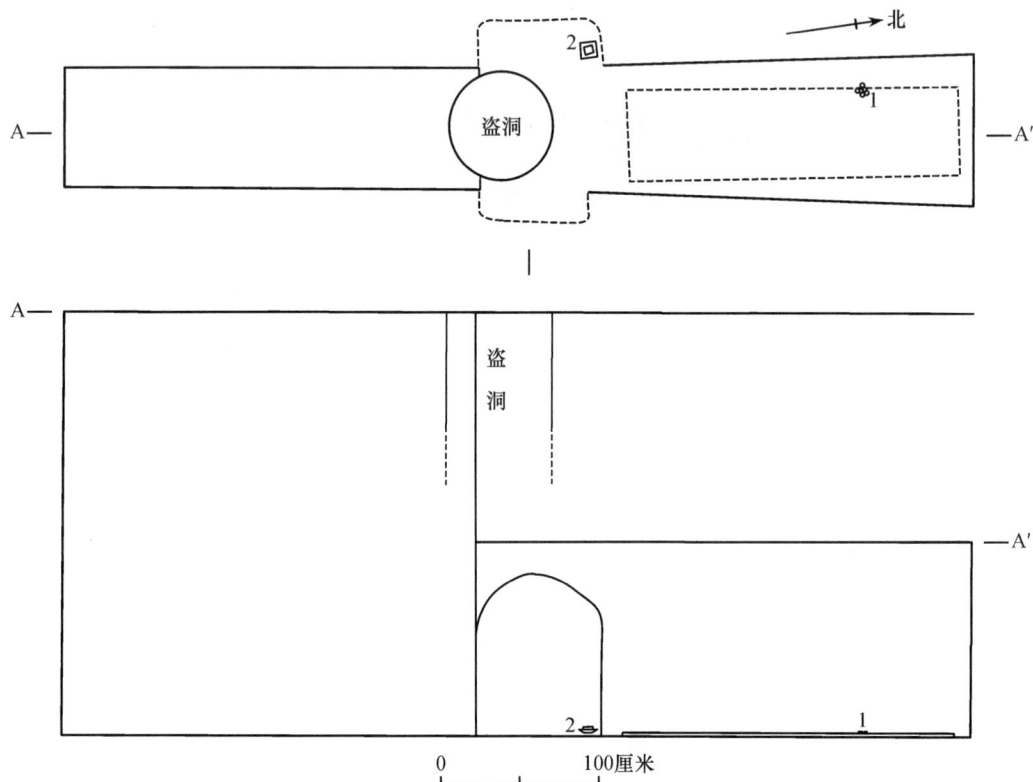

图三八三　Ⅰ区M135平、剖面图
1. 铜钱　2. 陶钫盖

2. 出土器物

该墓出土陶钫盖1件，另有铜钱11枚。

陶钫　1件，标本M135：2，残，仅存器盖。泥质灰陶，覆斗形，子母口。盖面上、下各有一周白彩带。口径9.9、高3.3厘米（图三八四）。

铜钱　11枚，均为五铢钱，圆形方穿，穿背面有郭，一枚四角决文，其他部分穿上有一横郭或穿下有一星纹，穿之两侧有篆文"五铢"二字。"五"字瘦长，交笔较直，或缓曲，"铢"字金头三角，朱字头方折（按：年代为武、昭时期）（图三八五）。

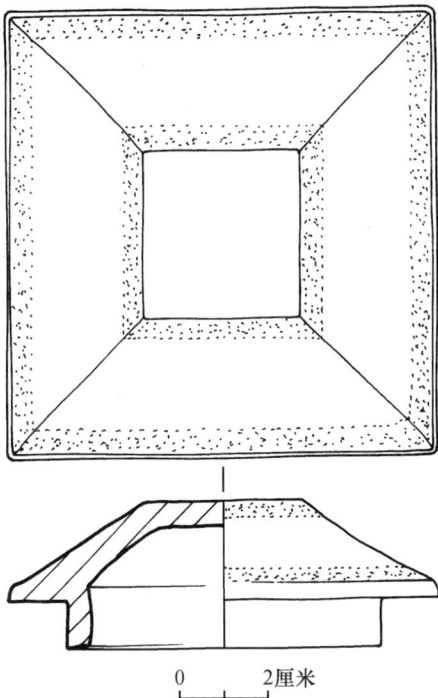

0　　　　2厘米

图三八四　Ⅰ区M135出土陶钫盖（M135：2）

第一三二节　M136

1. 墓葬形制

M136，位于第二阶地中部偏南，探方T0704内，西与M135并穴合葬。方向190度。形制为竖穴墓道土洞墓，由墓道、墓室两部分组成（图三八六；图版四六，1、2）。

墓道　位于墓室的南端，平面呈长方形，壁面较直。开口长2.50、宽0.80、底距开口深2.56米。墓道内填五花土，土质疏松，未经夯打。

墓室　平面略呈长方形，拱顶土洞。墓室长2.80、宽0.80、高1.20米。该墓未被盗扰，器物主要出土于墓室南部，计有陶罐2、铜镜1。

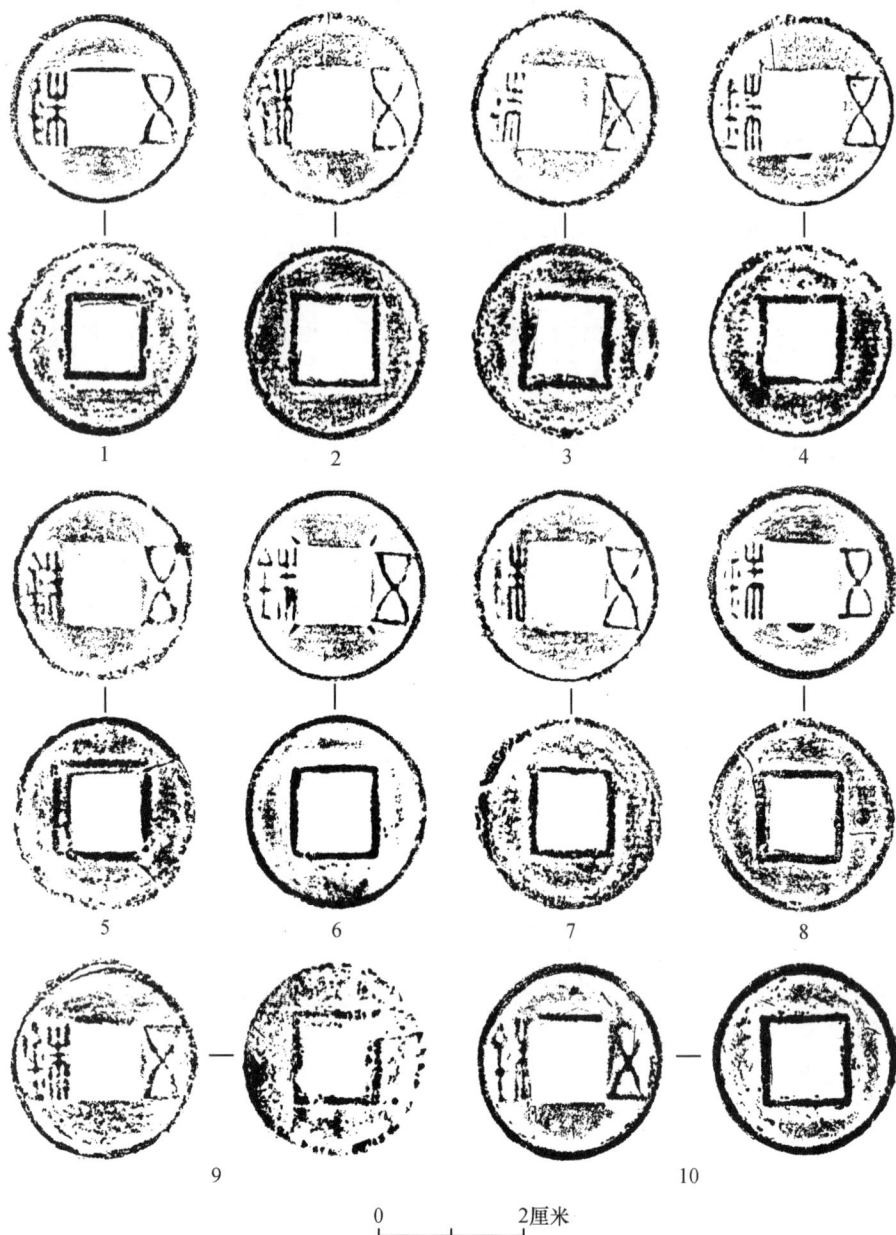

图三八五　Ⅰ区M135出土铜钱

1. M135：1-1　2. M135：1-2　3. M135：1-3　4. M135：1-4　5. M135：1-5　6. M135：1-6　7. M135：1-7　8. M135：1-8
9. M135：1-9　10. M135：1-11

封门　不详。

葬具　木棺1具，已朽成灰，长1.90、宽0.62米。

葬式　骨架1具，已成粉末，仰身直肢葬，头向北。

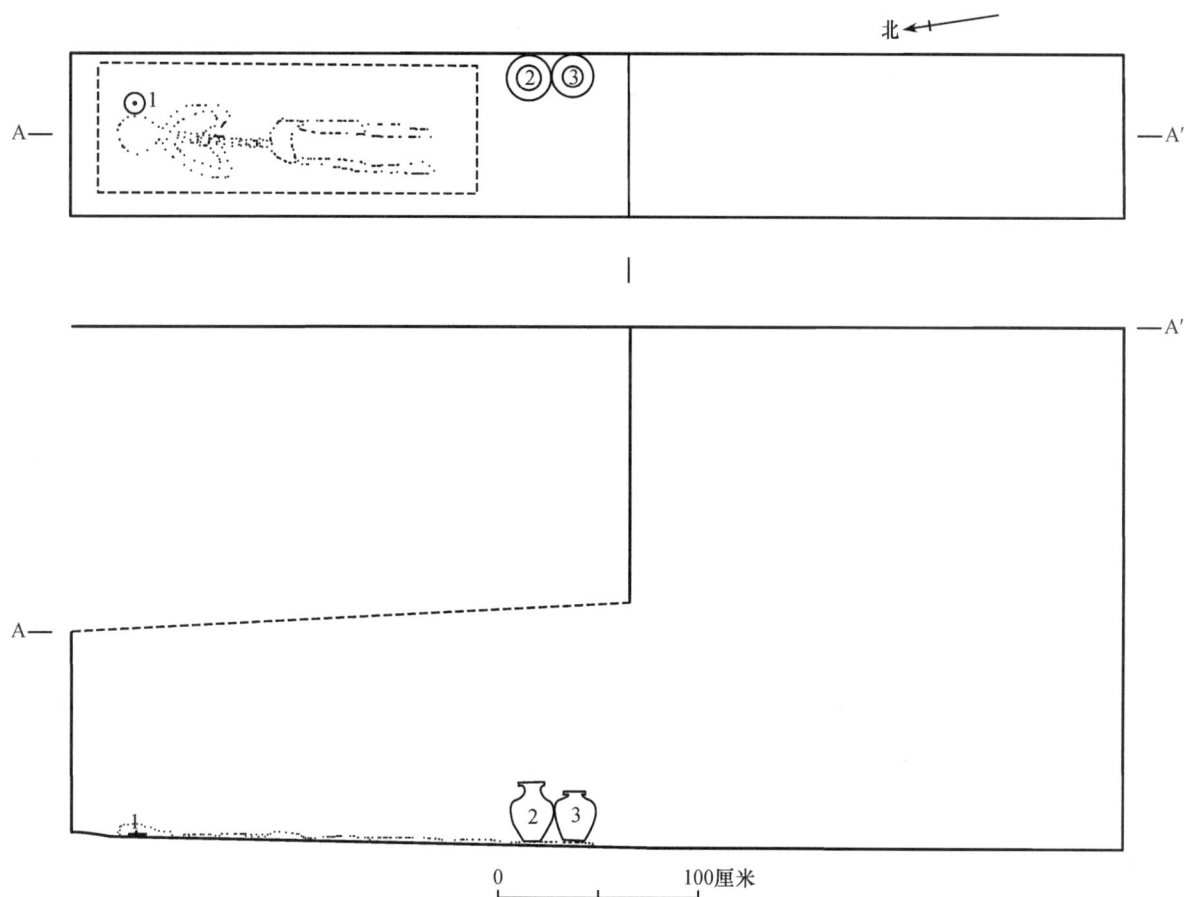

图三八六　Ⅰ区M136平、剖面图
1.铜镜　2、3.陶罐

2. 出土器物

该墓出土器物3件，质地为陶、铜两种，分述如下。

陶罐　2件（M136：2、3），均为泥质灰陶。标本M136：2，侈口，平沿外斜，凹唇，束颈，弧肩，鼓腹，下腹斜直，平底，肩部饰密集的凹弦纹。轮制，器表有轮旋纹。口径13.5、腹径23.1、底径9.8、高30.7厘米（图三八七，1）。标本M136：3，侈口，平沿，凹唇，短束颈，圆肩，鼓腹，平底稍内凹。轮制，器表有轮旋纹。口径13.2、腹径23.2、底径13.5、高22.8厘米（图三八七，2）。

铜镜　1面，标本M136：1，草叶纹镜，圆形，半圆钮，四叶纹座，镜面微凸，内向十六连弧纹边缘。钮座外罩方框，方框外中部有"见日之光"铭文带，四角有方框，内填六道短斜线，之外均匀分布四组花叶和四组（每组两片）花苞，面径9.90、背径9.80、钮宽1.40、缘宽0.90、缘厚0.20厘米，重103克（图三八七，3；彩版三九，2）。

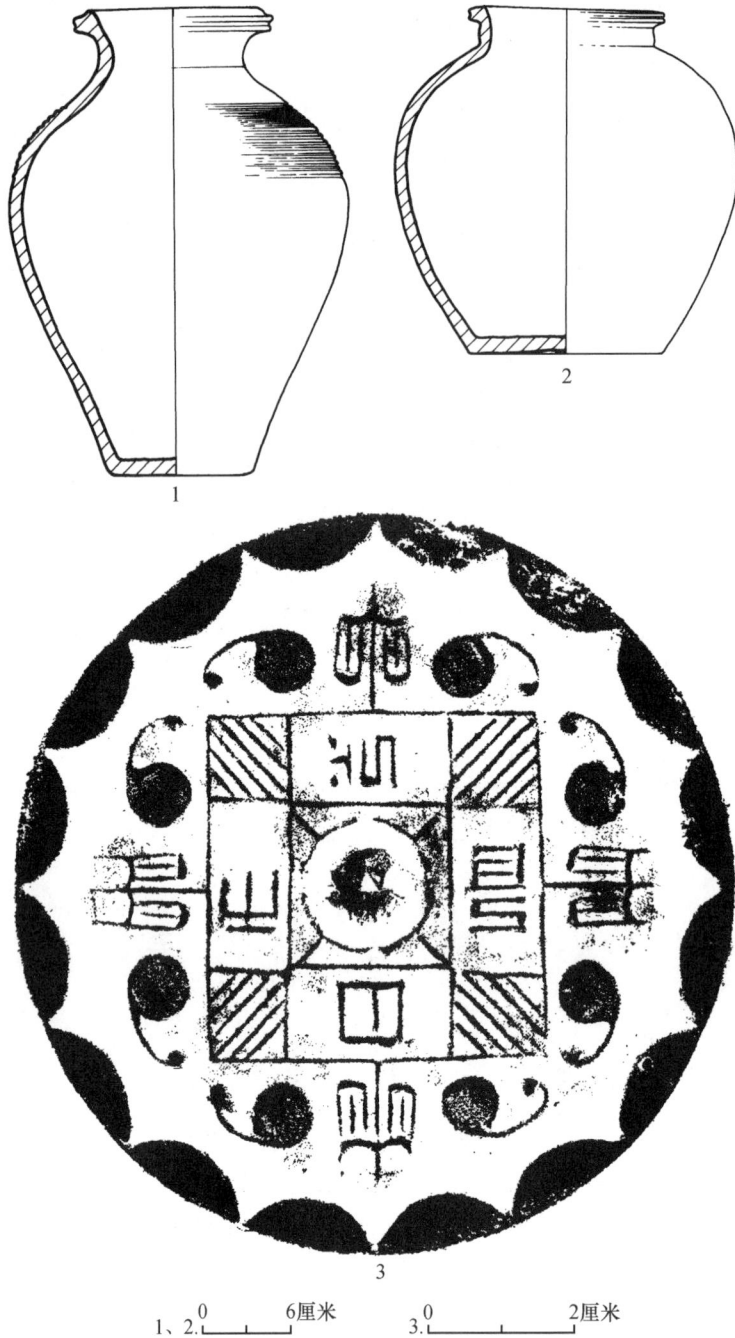

1、2. 陶罐（M136：2、M136：3）　　3. 铜镜（M136：1）

图三八七　Ⅰ区M136出土器物

第一三四节　M137

1. 墓葬形制

M137，位于第一阶地中部北侧，探方T0603内，墓道延伸至T0604，M135、M136南侧，东与M133并穴合葬，西有M94、M90，且方向一致。方向340度。形制为斜坡墓道土洞墓，墓道左折，由墓道、墓室组成（图三八八；图版四六，3、4）。

墓道　位于墓室的北端，平面近长方形，壁面较直，底部呈斜坡状。开口残长7.0 、宽0.80、坡长7.50、底距开口深0～3.40米，坡度29度。墓道内填五花土，土质疏松，未经夯打。

墓室　平面呈长方形，拱顶土洞。墓室长3.90、宽1.50、高1.30米。器物主要出土于墓室北部，计有陶鼎1、陶钫盖1、陶仓盖1、陶灶1套（盆1、甑1）、铜衡末饰4、铜当卢1、铜马衔镳1、铜盖弓帽10、铜辖軎2、铜柿蒂形棺饰7、铜扣饰1、银环1、铜钱16。

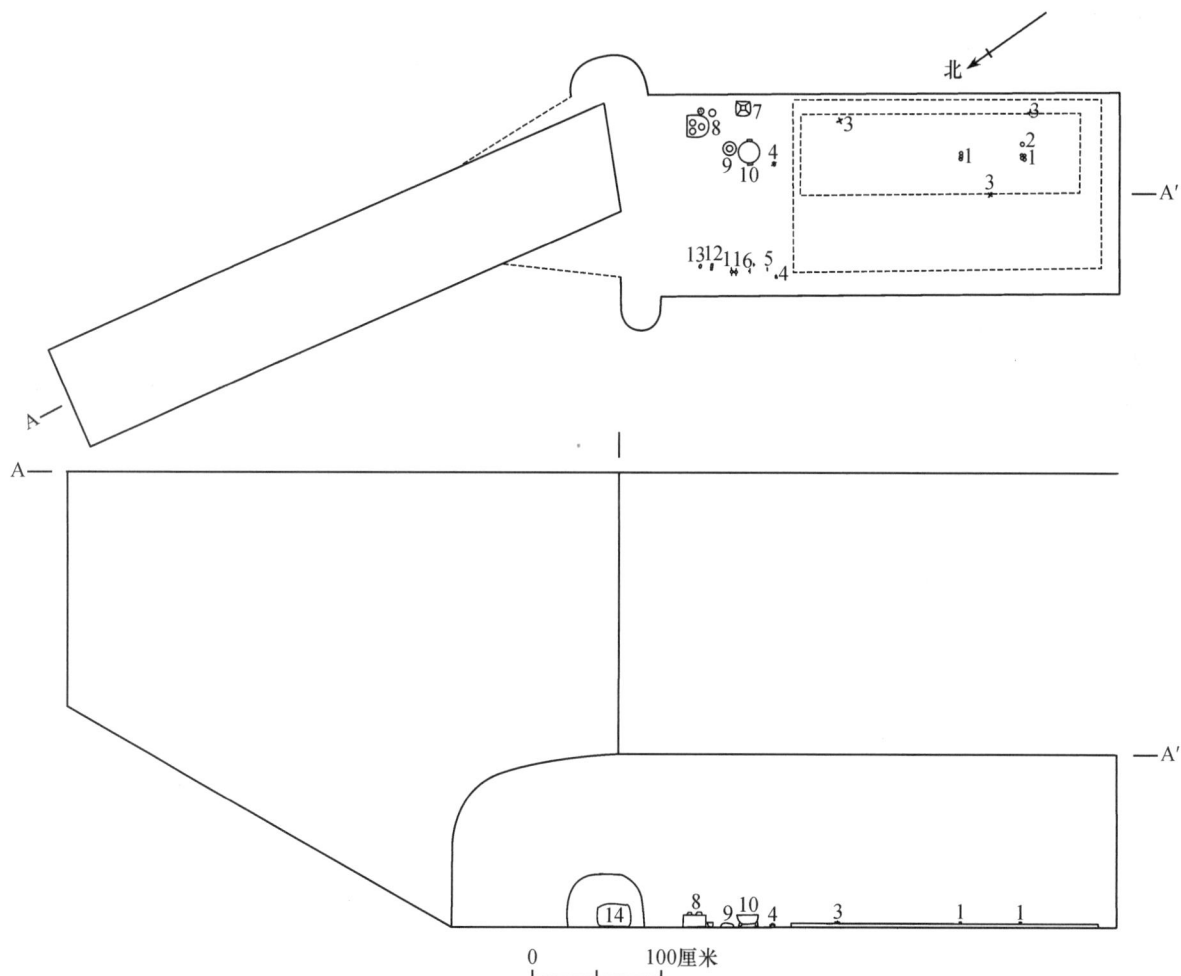

图三八八　Ⅰ区M137平、剖面图

1.铜钱　2.银环　3.铜柿蒂形棺饰　4.铜辖軎　5.铜衡末饰　6.铜盖弓帽　7.陶钫盖　8.陶灶1套（盆1、甑1）　9.陶仓盖　10.陶鼎　11.铜马衔镳　12.铜当卢　13.铜扣饰

封门　木板封门，两侧有封门槽。

葬具　一棺一椁。仅存棺椁痕，棺长2.20、宽0.60米，椁长2.40、宽1.30米。

葬式　骨架1具，保存较差，头向南。

2. 出土器物

该墓共出土器物33件，另有铜钱16枚。质地为陶、铜、银三种，分述如下。

陶器　6件，均为泥质灰陶，器类有鼎、钫盖、仓盖、灶、盆、甑。

鼎　1件，标本M137∶10，盖缺。器身，子母口内敛，弧腹，近平底，肩附对称外撇板耳，耳顶端平折，底附三马蹄形足，腹部有一周台棱。盖、腹轮制，耳、足模制，而后粘结。鼎内侧有螺旋形拉坯痕迹。器身口径17.6、腹深7.7、足高4.8、通高10.4厘米（图三八九，1）。

钫盖　1件，标本M137∶7，覆斗形，子母口。模制。口径10、高3.2厘米（图三八九，2）。

仓盖　1件，标本M137∶9，浅覆钵形，弧顶，顶部模印云纹。模制。口径9.7、高2.6厘米（图三八九，3）。

灶　1件，标本M137∶8-1，残，灶体平面呈马蹄形，前方后圆，尾部有短柱形烟囱，周围模印多重菱形纹。灶面、灶壁分体模制而后粘结。长17.7、宽18、高6.2厘米（图三八九，4）。

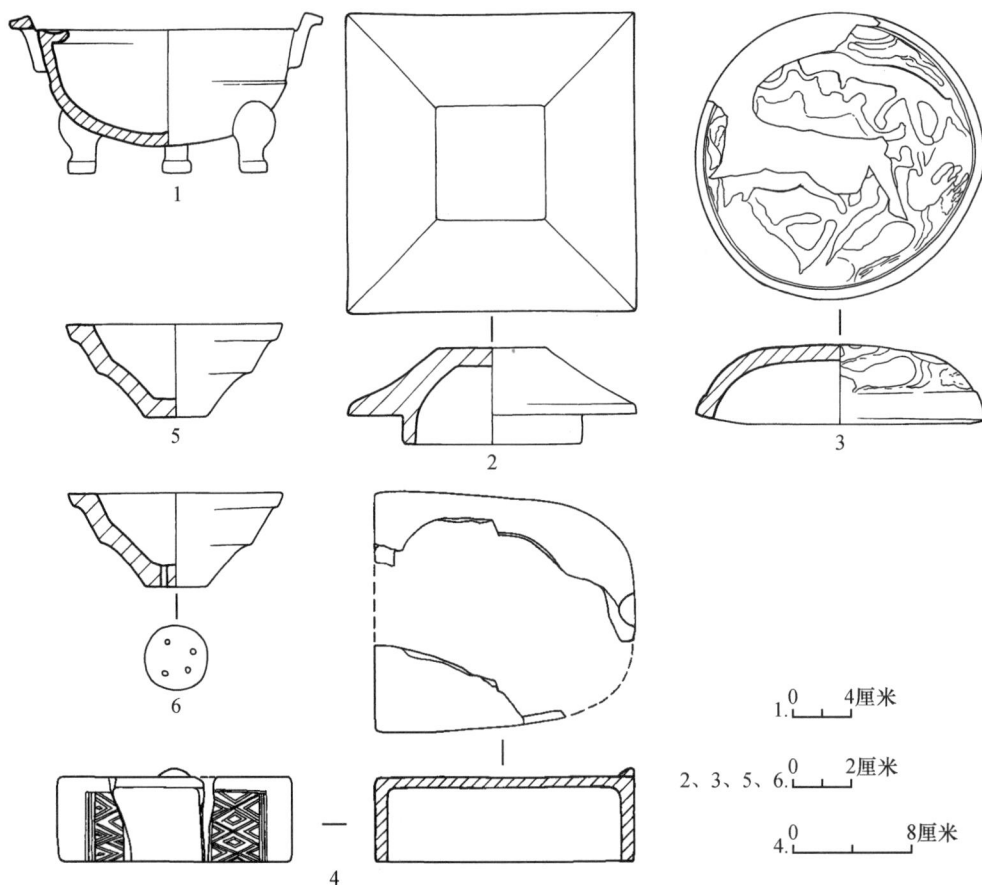

图三八九　Ⅰ区M137出土器物（一）

1.陶鼎（M137∶10）　2.陶钫盖（M137∶7）　3.陶仓盖（M137∶9）　4.陶灶（M137∶8-1）　5.陶盆（M137∶8-2）
6.陶甑（M137∶8-3）

盆　1件，与灶配套。标本M137：8-2，敞口，平沿，方唇，折腹，平底。模制，沿面有制坯时留下的线切纹。口径7.4、底径2.2、高3.1厘米（图三八九，5）。

甑　1件，与灶配套。标本M137：8-3，敞口，平沿，方唇，折腹，平底，底部有四个箅孔。模制，沿面有制坯时留的下线切纹。口径7.4、底径2.2、高3.1厘米（图三八九，6）。

铜器　26件，器类有柿蒂形棺饰、衡末饰、辖軎、盖弓帽、扣饰、当卢、马衔镳。

柿蒂形棺饰　7件，柿蒂形，形制相同。标本M137：3，与泡钉同出。对角长4.75、泡径1.6、残高0.8厘米（图三九〇，2）。

衡末饰　4件，筒形器，一端封闭，中部有一突棱。标本M137：5-1，3件，形制相同，高1.1、直径0.95（图三九〇，3）。标本M137：5-2，1件，高1.6、直径0.8厘米（图三九〇，4）。

辖軎　2件，形制相同，喇叭筒形，近大端处有对应辖孔，辖穿于辖孔之内。标本M137：4，长1.8、粗端径1.7、细端径0.9、辖长2.25厘米（图三九〇，5）。

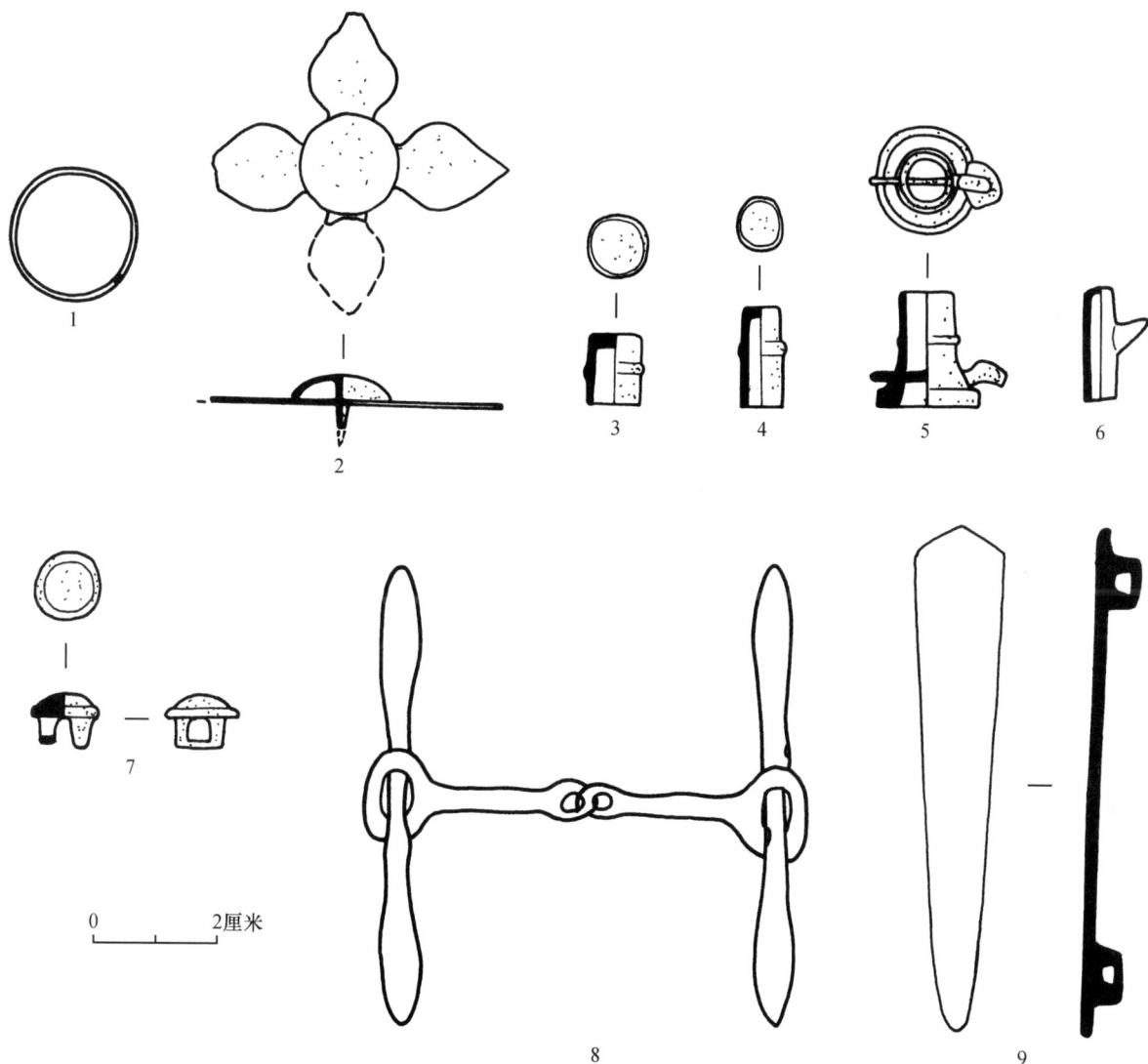

图三九〇　Ⅰ区M137出土器物（二）

1. 银环（M137：2）　2. 铜柿蒂形棺饰（M137：3）　3、4. 铜衡末饰（M137：5-1、2）　5. 铜辖軎（M137：4）
6. 铜盖弓帽（M137：6）　7. 铜扣饰（M137：13）　8. 铜马衔镳（M137：11）　9. 铜当卢（M137：12）

盖弓帽　10件，形制相同，筒形，中部有一倒刺。标本M137：6，长1.75、直径0.5厘米（图三九〇，6）。

扣饰　1件，标本M137：13，圆扣帽形，下有两方形穿钮。直径1.1、高0.85厘米（图三九〇，7）。

马衔镳　1件，标本M137：11，残缺。衔，两节，两端有环，环环相扣，长7.2厘米。镳，棒形，两端宽，中部细，有两孔，长7.0厘米（图三九〇，8）。

当卢　1件，标本M137：12，圭形片状，一面两端各有一方形穿钮。长8.0、宽0.4～1.45厘米（图三九〇，9）。

银环　1件，标本M137：2，圆环形，环较细。直径2.0厘米（图三九〇，1）。

铜钱　16枚，均为五铢钱，圆形方穿，穿背面有郭，一枚四角决文，其他部分穿上有一横郭或穿下有一星纹，穿之两侧有篆文"五铢"二字。"五"字瘦长，交笔较直，或缓曲，"铢"字金头三角，之下四短竖点，朱头方折（按：年代为武帝时期）（图三九一、图三九二）。

第一三五节　M138

1. 墓葬形制

M138，位于第一阶地中部偏东，探方T0803内，东与M139并穴合葬，东北与M134、M140为邻，东南与M145、M141为邻。方向30度。形制为竖穴墓道土洞墓，由墓道、小龛、墓室三部分组成（图三九三）。

墓道　位于墓室的北端，平面呈长方形，壁面较直。开口长2.20、宽0.84、底距开口深2.80米。墓道内填五花土，土质疏松，未经夯打。

墓室　平面略呈长方形，拱顶土洞。墓室长2.60、宽0.94、高1.0米。近墓门东壁有一小龛，拱顶土洞，平面呈半圆形。宽0.80、进深0.26、高0.80米。该墓被盗扰，未出土器物。

封门　不详。

葬具　木棺，出土铁棺钉，已朽成灰，棺痕长2.0、宽0.66米。

葬式　不详。

盗洞　1处，位于墓室的北部，自上而下进入墓室，平面呈圆形，直径约0.50米。

2. 出土器物

该墓未出土器物。

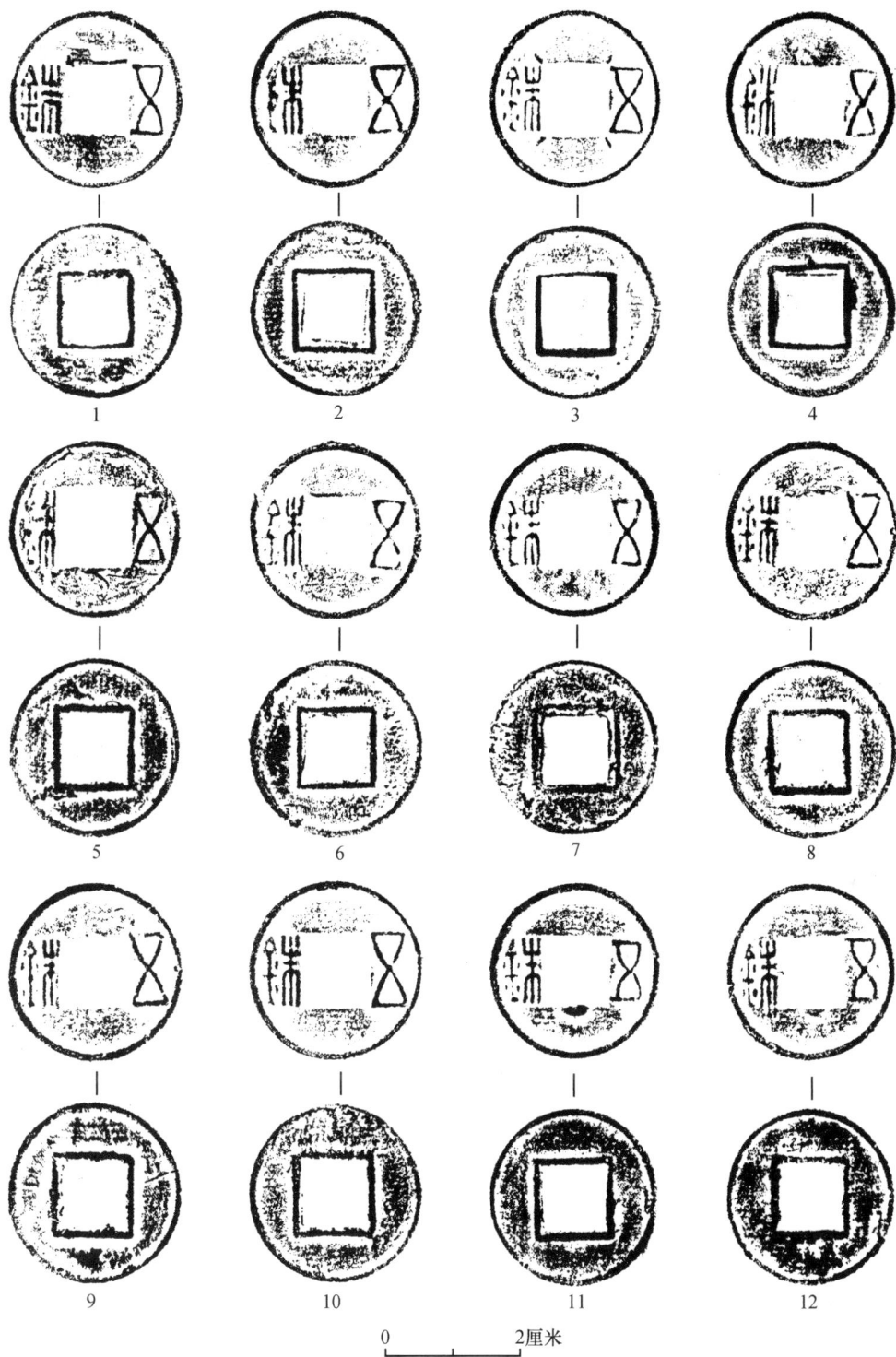

0　　　　　　2厘米

图三九一　Ⅰ区M137出土铜钱（一）

1. M137：1-1　2. M137：1-2　3. M137：1-3　4. M137：1-4　5. M137：1-5　6. M137：1-6　7. M137：1-7　8. M137：1-8
9. M137：1-9　10. M137：1-10　11. M137：1-11　12. M137：1-12

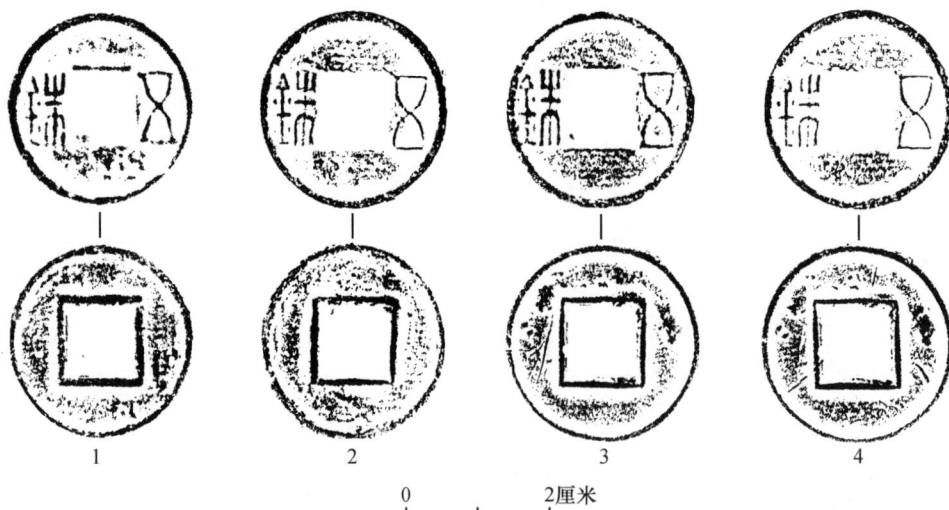

图三九二　Ⅰ区M137出土铜钱（二）
1. M137：1-13　2. M137：1-14　3. M137：1-15　4. M137：1-16

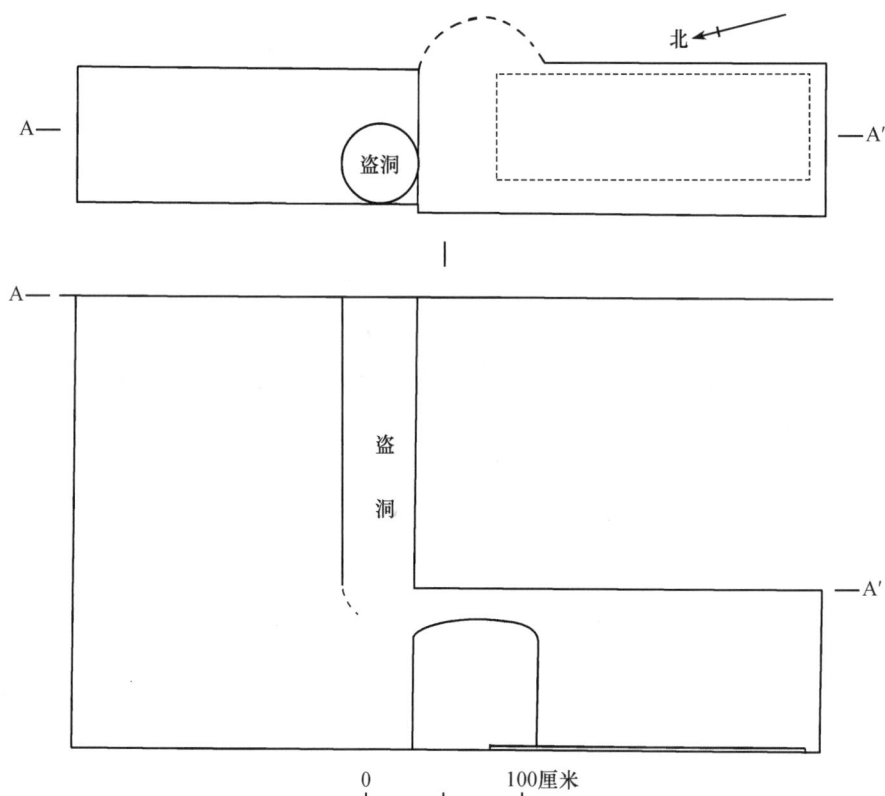

图三九三　Ⅰ区M138平、剖面图

第一三六节 M139

1. 墓葬形制

M139，位于第一阶地中部偏东，探方T0803内，西与M138并穴合葬。方向30度。形制为竖穴墓道土洞墓，由墓道、墓室两部分组成（图三九四）。

墓道 位于墓室的北端，平面呈长方形，壁面较直。开口长2.40、宽0.74、底距开口深2.10米。墓道内填五花土，土质疏松，未经夯打。

墓室 平面略呈长方形，拱顶土洞。墓室长2.90、宽0.74、高1.0米。该墓被盗扰，未出土器物。

封门 不详。

葬具 木棺，出土铁棺钉，已朽成灰，棺痕长2.0、宽0.50米。

葬式 不详。

盗洞 1处，位于墓室的北部，自上而下进入墓室。平面呈圆形，直径约0.50米。

2. 出土器物

该墓未出土器物。

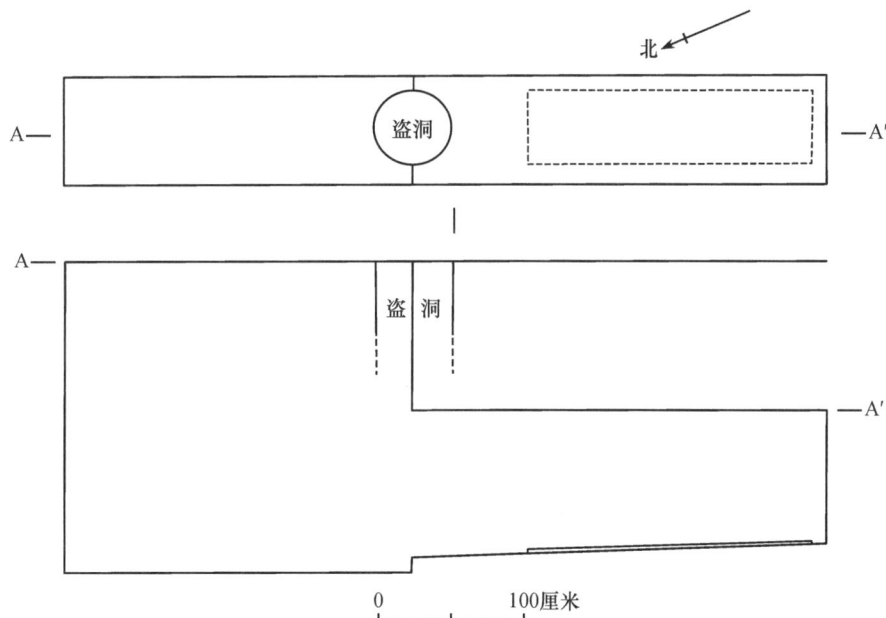

图三九四 Ⅰ区M139平、剖面图

第一三七节　M140

1. 墓葬形制

M140，位于第一阶地中部偏东，探方T0903内，墓室延伸至T0803，M139的东北侧，东与M134并列，北邻M116、M117，南邻M141、M145。方向195度。形制为竖穴墓道土洞墓，由墓道、墓室两部分组成（图三九五）。

墓道　位于墓室南端，平面呈长方形，壁面较直。开口长2.70、宽1.20、底距开口深3.0米。墓道内填五花土，土质疏松，未经夯打。

墓室　平面略呈长方形，拱顶土洞。墓室长3.10、宽1.12、高1.30米。该墓被盗扰，器物主要出土于墓室南部，计有陶鼎盖1、陶盒盖1、陶钫1、陶釜1、铜器钮1、铜钱3。

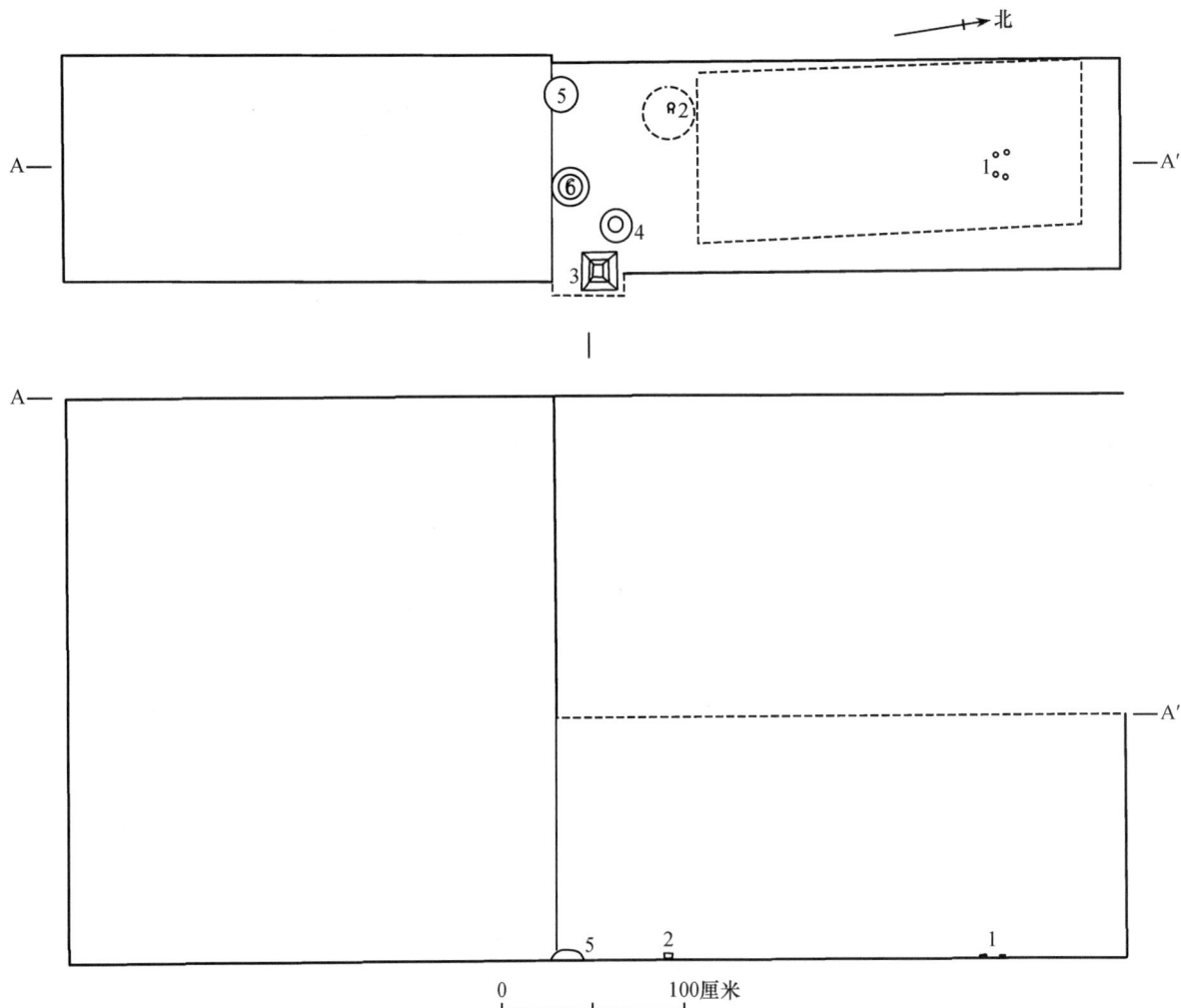

图三九五　Ⅰ区M140平、剖面图

1. 铜钱　2. 铜器钮　3. 陶钫　4. 陶盒盖　5. 陶鼎盖　6. 陶釜

封门　不详。

葬具　木棺1具，已朽成灰，长2.10、宽0.90米。

葬式　不详。

2. 出土器物

该墓出土器物5件，另有铜钱3枚。质地为陶、铜两种，分述如下。

陶器　4件，泥质灰陶或夹砂灰陶，器类有鼎盖、盒盖、钫、釜。

鼎盖　1件，标本M140∶5，泥质灰陶，浅覆钵形，弧顶，边缘均匀布置三乳突形饰。器表红、白彩绘，中央三白彩圆点，向外均匀布置三大卷云纹，云纹三重，内层双线白彩，中间红彩带，外层白中泛绿彩带，盖边缘一周红彩带。盖径17.8、高4.9厘米（图三九六，1）。

盒盖　1件，标本M140∶4，泥质灰陶，覆钵形，顶有矮圈足捉手，器表红、白彩绘，脱落严重。盖径17.6、高5.1厘米（图三九六，2）。

钫　1件，标本M140∶3，泥质灰陶。盖，覆斗形，子母口；器身，侈口，平沿，束颈，鼓腹，高圈足稍外撇，腹部模印对称分布铺首衔环。器表红、白彩绘。盖，上、下各一组红、白彩带。器身，沿下、肩、腹各一组两周红、白彩带。肩部两组彩带之间一周红、白彩倒三角纹，内红彩，外白彩，三角纹之间填饰白彩滴水纹。腹部两组彩带之间，彩绘大弧线卷云纹，

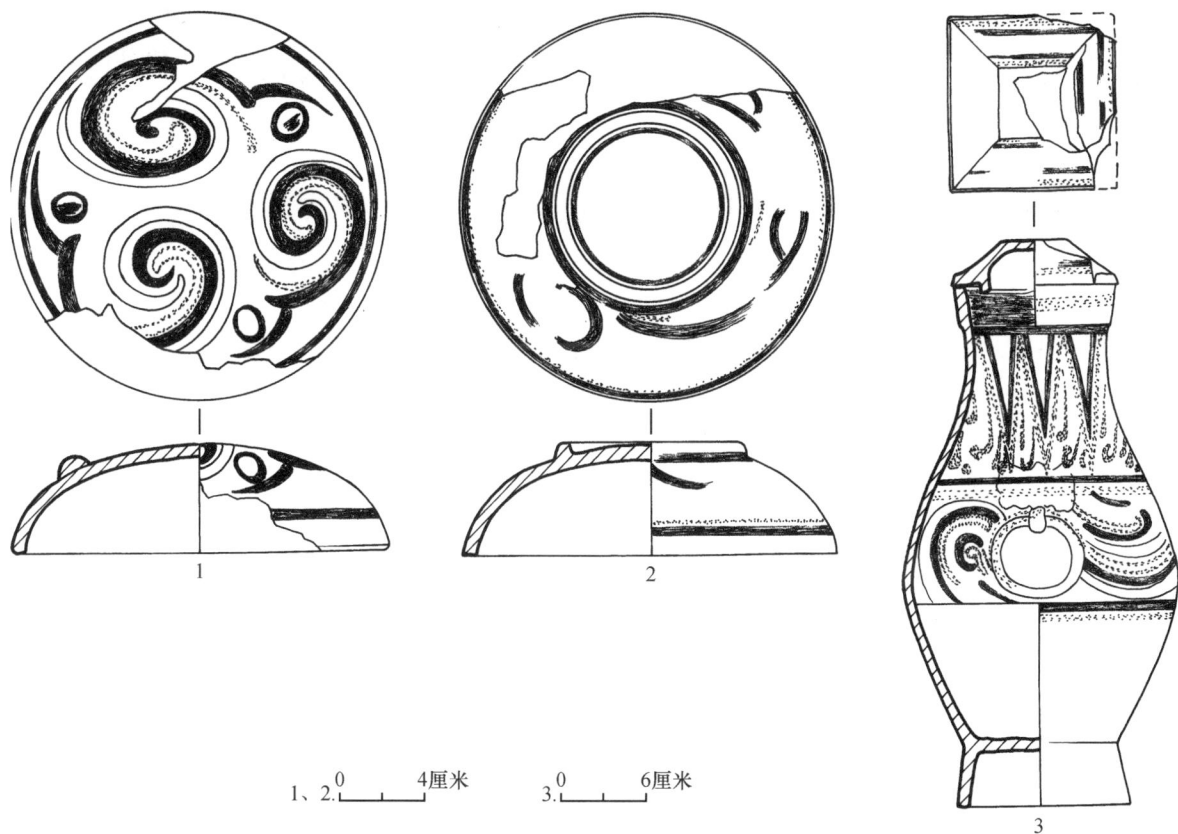

1、2. |—0——4厘米—|　　　3. |—0——6厘米—|

图三九六　Ⅰ区M140出土器物（一）

1. 陶鼎盖（M140∶5）　2. 陶盒盖（M140∶4）　3. 陶钫（M140∶3）

内层双线白彩，中层红彩带，外层白彩带。器身四壁、底、铺首衔环分体模制，而后粘结，粘结处外侧削平，内侧抹泥加固。盖径11.6、器身口径11.3、腹径19.3、足径12.2、足高4.2、通高37.7厘米（图三九六，3）。

釜　1件，标本M140:6，夹砂灰陶，侈口，圆唇，短束颈，鼓肩，鼓腹，圜底，底部饰粗绳纹，有烟炱痕，肩部饰有圆形柄（残），轮制，器内有轮旋纹。口径10.9、腹径14.9、高12.1厘米（图三九七，1）。

铜器钮　1件，标本M140:2，漆器构件，圆环形，一侧有两半圆形穿钮。直径1.8、高0.9~1.1厘米（图三九七，2）。

铜钱　3枚，均为半两钱，圆形方穿，穿之两侧有篆文"半两"二字（图三九七，3~5）。

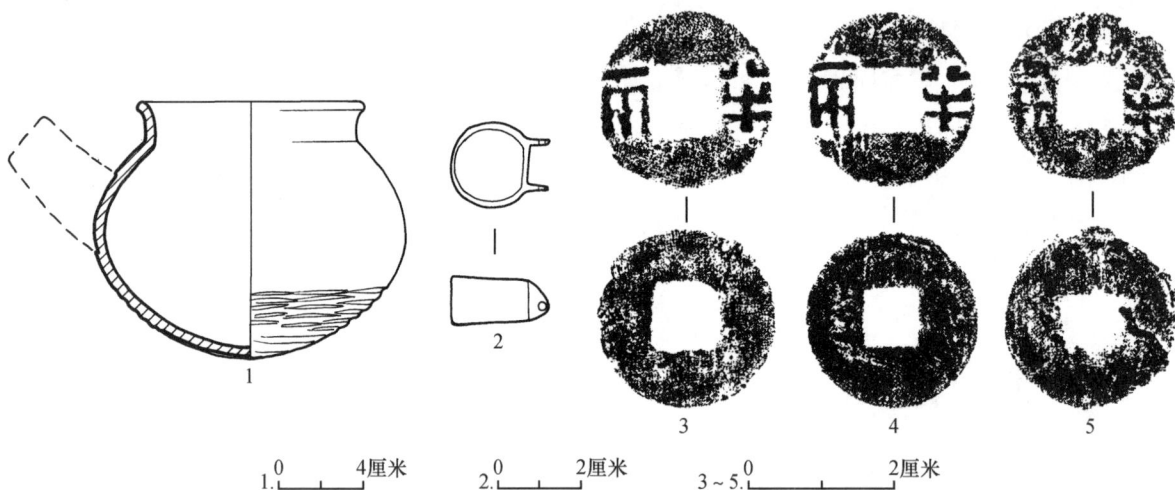

图三九七　Ⅰ区M140出土器物（二）
1. 陶釜（M140:6）　2. 铜器钮（M140:2）　3~5. 铜钱（M140:1-1~3）

第一三八节　M141

1. 墓葬形制

M141，位于第一阶地中东部偏南，探方T0803内，M140南侧，M138、M139东南，西与M145并穴合葬。方向25度。形制为竖穴墓道土洞墓，由墓道、墓室两部分组成（图三九八；图版四七，1、2）。

墓道　位于墓室的北端，平面呈长方形，壁面较直。开口长2.70、宽1.26~1.30、底距开口深4.0~4.20米。墓道内填五花土，土质疏松，未经夯打。

墓室　平面略呈长方形，拱顶土洞。墓室长2.80、宽1.20、高1.60米。该墓未被盗扰，器物出土于墓室北部，计有陶鼎1、陶盒1、陶钫1、陶罐1、陶灶1套（盆1、甑1）。

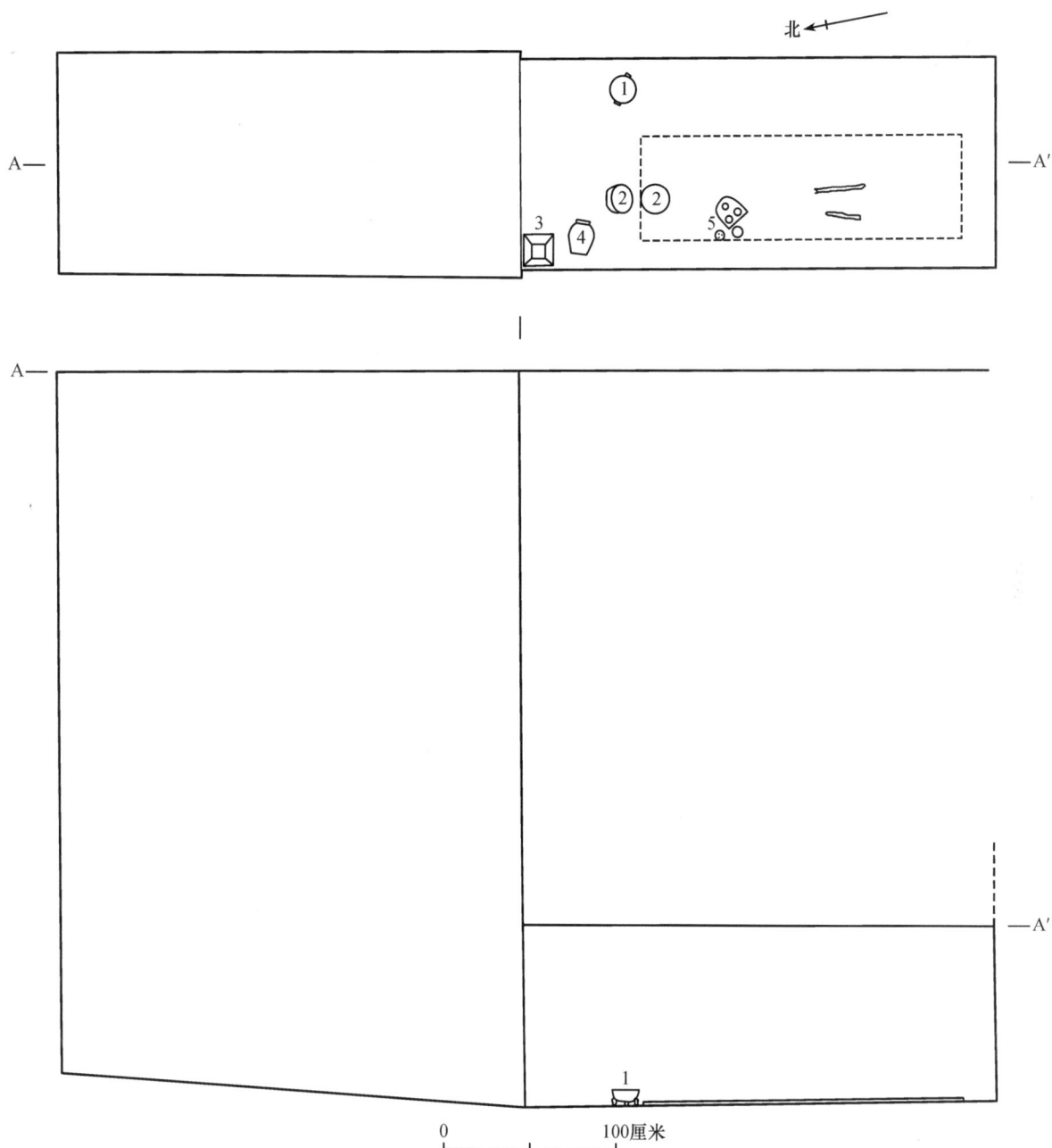

图三九八　Ⅰ区M141平、剖面图
1.陶鼎　2.陶盒　3.陶钫　4.陶罐　5.陶灶1套（盆1、甑1）

封门　不详。

葬具　木棺1具，仅存棺痕，长1.90、宽0.60米。

葬式　人骨1具，保存较差，仰身直肢葬，头向北。

2. 出土器物

该墓出土器物7件，均为泥质灰陶器，器类有鼎、盒、钫、罐、灶、盆、甑。

鼎　1件，标本M141：1，盖，浅覆钵形，弧顶；器身，子母口内敛，弧腹，近圜底，肩附对称外撇板耳，耳顶端平折，底附三马蹄形足，腹部有一周台棱。器表红、白彩绘，剥落严重。盖，顶部均匀布置三组大卷云纹，云纹三层，内层单线白彩，中层红彩带，外层白中泛紫彩带，盖面边缘一组红、白彩带。器身，红、白彩带两周。盖、腹轮制，耳、足模制，而后粘结。鼎内侧有螺旋形拉坯痕迹。盖径17.4、器身口径17.6、腹深8.2、足高5、通高13厘米（图四〇〇，1）。

盒　1件，标本M141：2，盖，覆钵形，顶有矮圈足捉手，器身，子母口内敛，弧腹，平底。器表红白彩绘，剥落严重。器盖，捉手内一周红彩带，中两组白彩云纹，捉手外两组彩带（每组一红、一白），两组彩带之间均匀布置三组红彩卷云纹，其间以器身轮制，底部有旋切痕，盖径17.7、口径17.7、腹深8.5、底径9.1、高13.5厘米（图四〇〇，2）。

钫　1件，标本M141：3，盖，覆斗形，子母口；器身，侈口，平沿，束颈，鼓腹，高圈足稍外撇。器表红白彩（局部已脱落）。器盖，四坡上下各一组彩带（每组一白、一红）。器身，沿下、肩、腹及足部各一组彩带（每组两周，一红、一白），肩部两组彩带之间一周红、白彩双层倒三角纹，三角纹间填饰白彩滴水纹，肩部两组带纹之间饰红、白（单线、双线）卷

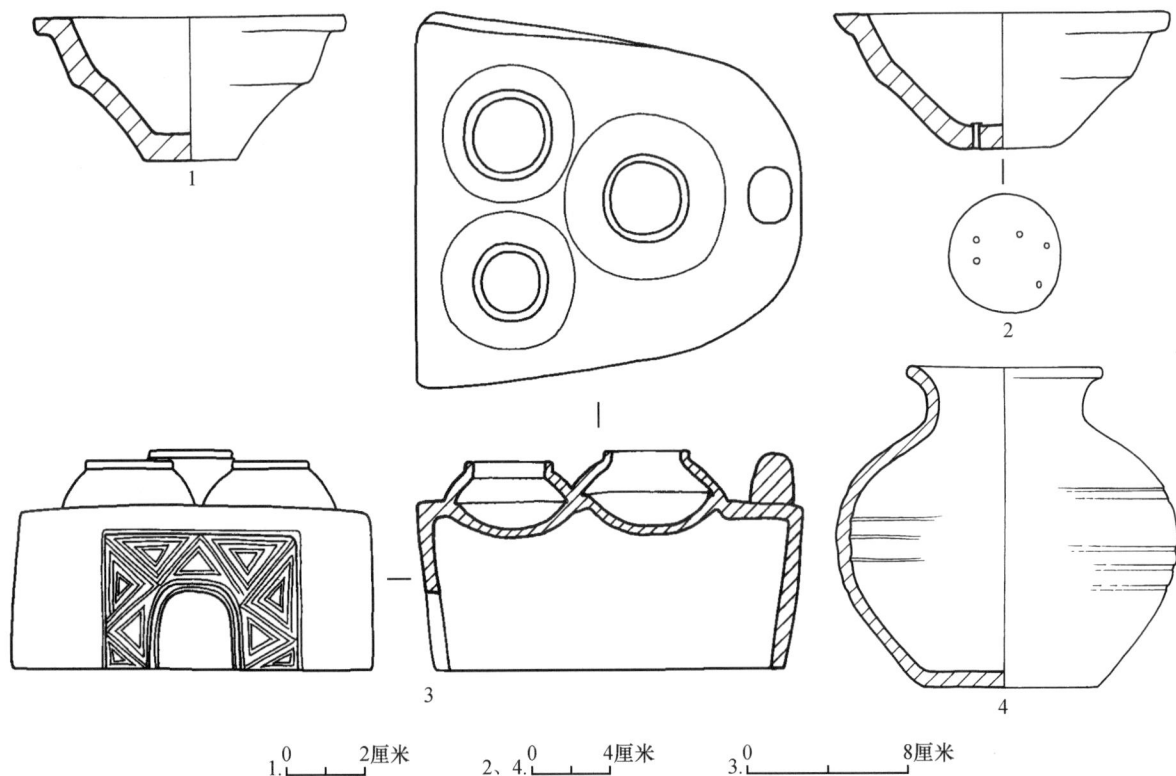

図三九九　Ⅰ区M141出土器物（一）

1. 陶盆（M141：5-3）　2. 陶甑（M141：5-2）　3. 陶灶（M141：5-1）　4. 陶罐（M141：4）

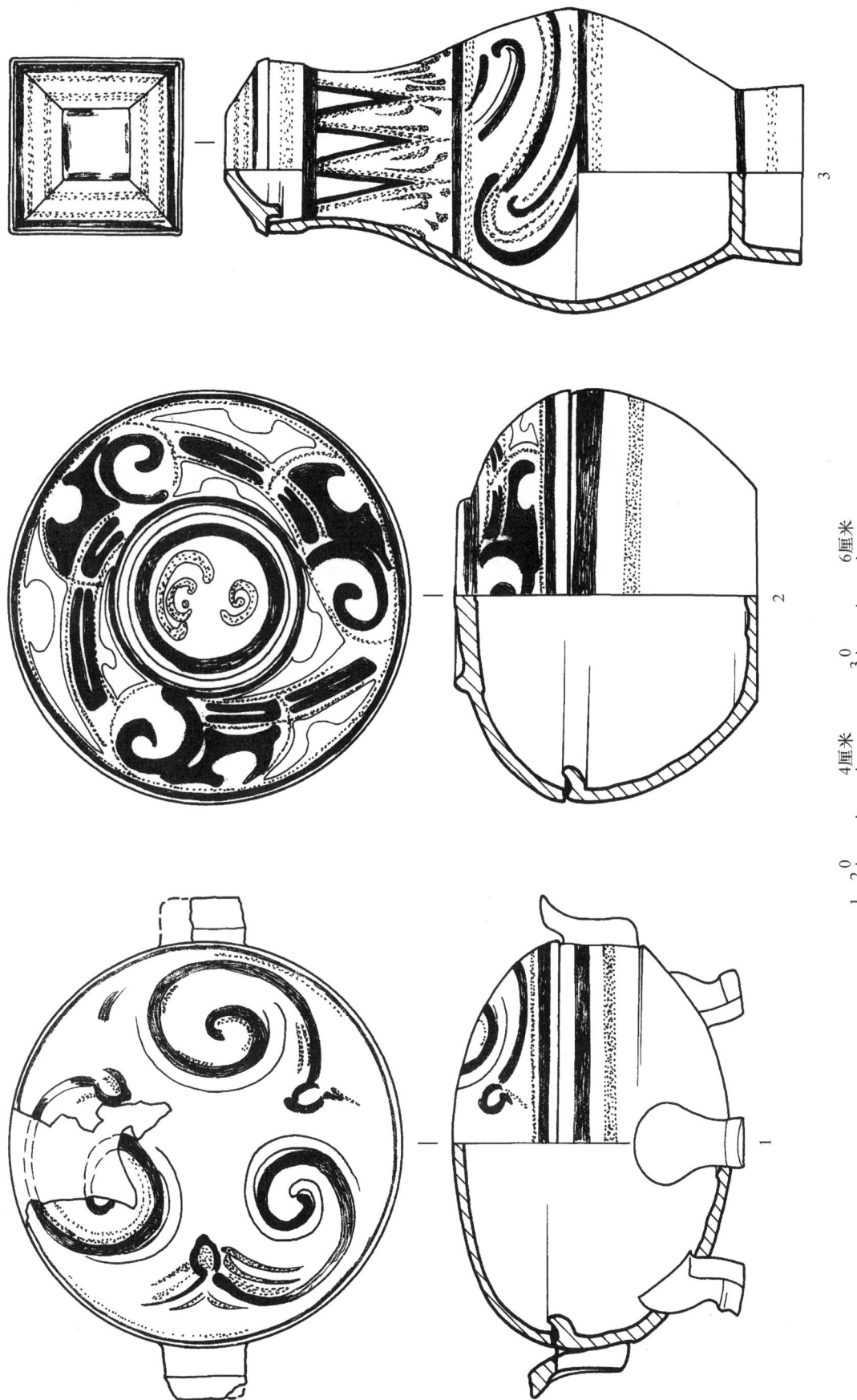

图四〇〇　Ⅰ区M141出土器物（二）

1.陶鼎（M141：1）　2.陶盒（M141：2）　3.陶纺（M141：3）

云纹。器身四壁、底、铺首衔环分体模制，而后粘结，粘结处外侧削平，内侧抹泥加固。盖径11.8、器身口径11.2、腹径19.5、足径11.5、足高4.5、通高38.2厘米（图四〇〇，3）。

　　盆　1件，与灶配套。标本M141：5-3，敞口，平沿，方唇，折腹，平底。模制，沿面有制坯时留下的线切纹。口径7.8、底径2.4、高3.5厘米（图三九九，1）。

　　甑　1件，与灶配套。标本M141：5-2，敞口，平沿，尖唇，弧腹，平底，底部有五个箅孔。模制，沿面有制坯时留的下线切纹。口径8.5、底径2.8、高3.3厘米（图三九九，2）。

　　灶　1件，标本M141：5-1，灶体平面呈马蹄形，前方后圆，灶面三釜呈"品"字形布置，后面一釜大于前面两釜，尾部有短柱形烟囱，前端有方形落地灶门，周围模印多重三角纹。灶面、灶壁分体模制而后粘结，釜之肩部与灶面一次性模制而成，腹模制而后粘结于相应的位置。长19.3、宽18、高10.6厘米（图三九九，3）。

　　罐　1件，标本M141：4，侈口，圆唇，短束颈，圆鼓腹，平底，轮制，器底有旋切痕。口径10、腹径17.4、底径9.1、高15.9厘米（图三九九，4）。

第一三九节　M142

1. 墓葬形制

　　M142，位于第一阶地东部，探方T0905内，墓道延伸至T0904，西与M113并列，东邻M108、M109，M115、M114、M113、M142、M109、M108基本为东西并列，关系似较为密切。方向200度。形制为竖穴墓道土洞墓，由墓道、墓室两部分组成（图四〇一；图版四七，3、4）。

　　墓道　位于墓室的南端，平面呈长方形，壁面较直。开口长2.42、宽0.80、底距开口深3.0～3.1米。墓道内填五花土，土质疏松，未经夯打。

　　墓室　平面略呈长方形，拱顶土洞。墓室长3.88、宽1.70、高1.60米。器物主要出土于墓室的东西两侧，计有陶鼎盖1、陶盒2、陶钫6、陶罐3、陶灶1套（盆1、甑1）、铜镜2、铜饰2、铁削1、铁剑格1、铁熏炉1、铜半两钱7。

　　封门　木板封门，东西两壁有凹槽。槽进深0.24、宽0.12、高1.60米。

　　葬具　木棺一具，出土铁棺钉（按：铁棺钉多见于西汉中期以后的墓葬，西汉早期较为少见，而这座墓是目前发现为数不多的较早使用铁棺钉的墓葬），形制、尺寸不详。

　　葬式　骨架保存极差，葬式不详。

2. 出土器物

　　该墓出土器物22件，另有铜钱7枚。质地为陶、铜、铁三种，分述如下。

　　陶器　15件，均为泥质灰陶，器类有鼎盖、盒、钫、罐、灶、盆、甑。

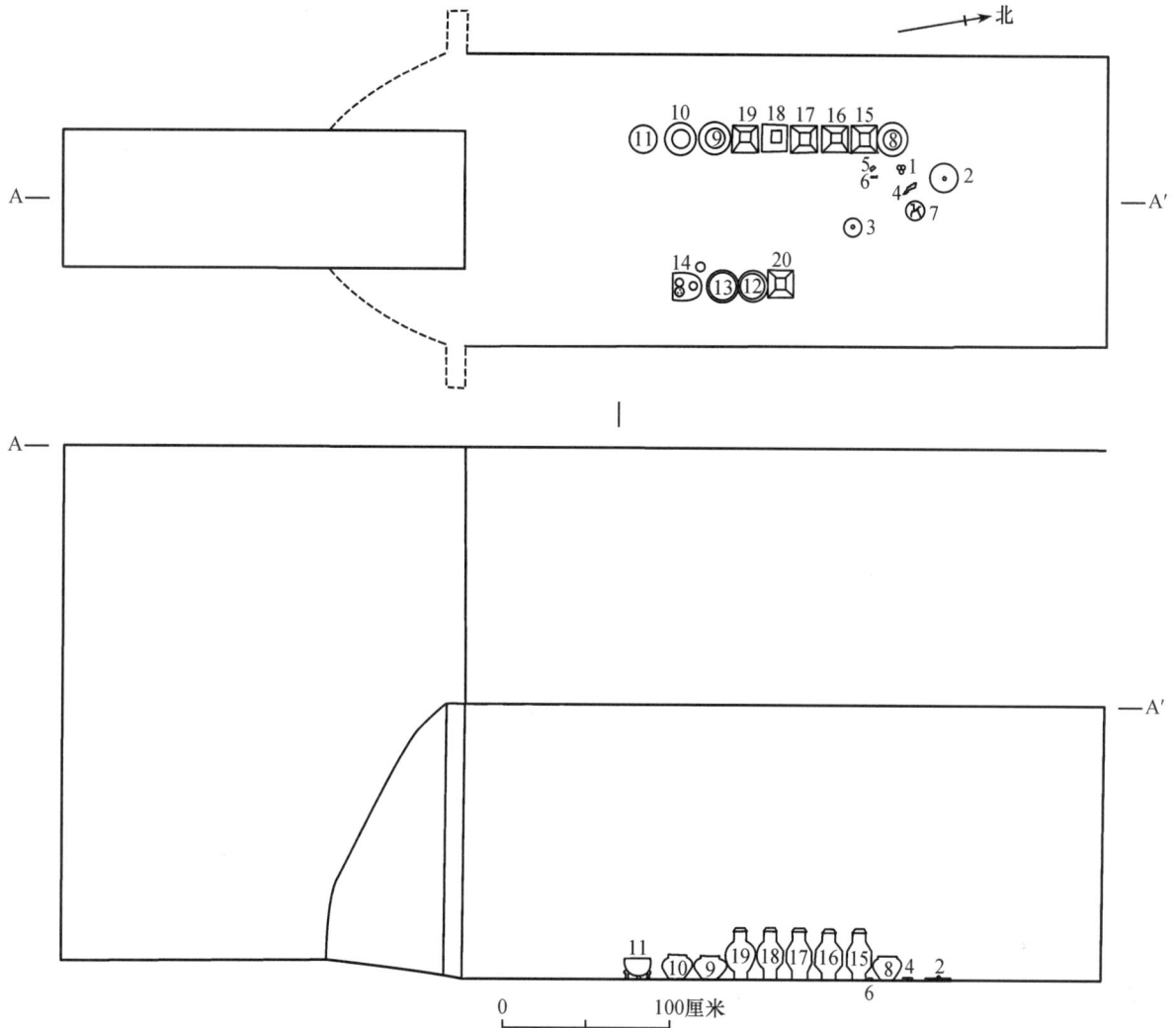

图四〇一　Ⅰ区M142平、剖面图

1.铜钱　2、3.铜镜　4.铁削　5.铁剑格　6.铜饰　7.铁熏炉　8～10.陶罐　11.陶鼎盖　12、13.陶盒　14.陶灶1套（盆1、甑1）

15～20.陶钫

　　鼎盖　1件，标本M142：11，浅覆钵形，弧顶。盖面施白色陶衣，之上红彩，边缘一周彩带，中央云气纹。口径17.8、高4.7厘米（图四〇二，1）。

　　盒　2件（M142：12、13），形制相同。盖，覆钵形，顶有矮圈足捉手。器身，子母口内敛，浅弧腹，平底，器身轮制，底部有旋切痕。器表红白彩绘，剥落严重。盖面，捉手内外及边缘各一周红彩带，捉手外两周彩带间饰云纹。器身，两组（每组一红、一白）彩带。标本M142：13，盖径18.4、口径17.6、腹深7.2、底径9.6、高11.5厘米（图四〇二，2）。

　　钫　6件（M142：15、16、17、18、19、20），形制相同。盖，覆斗形，子母口；器身，侈口，平沿，束颈，鼓腹，高圈足稍外撇，腹部模印铺首衔环。器表红白彩绘（局部已脱落）。器盖，上、下两组（每组两周，一红、一白）彩带，之间一周白彩连珠纹。器身，唇、肩、腹及足部各一组（每组两周，一红、一白）彩带，颈部两组彩带间饰红、白（内红、外白）

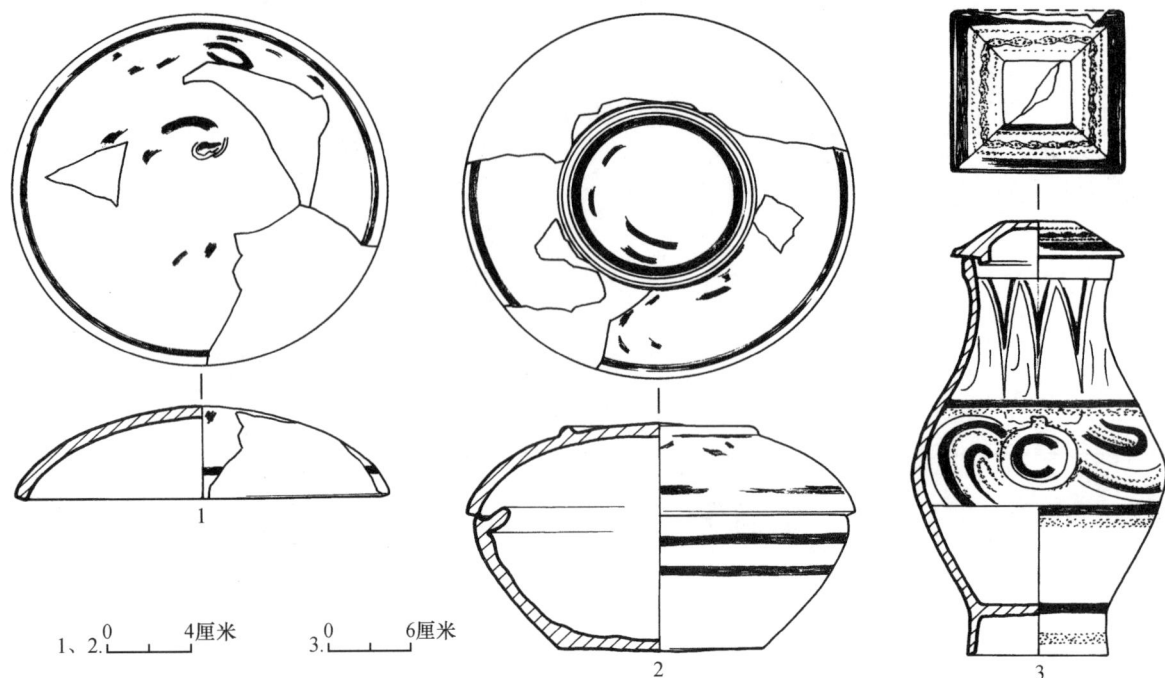

图四○二　Ⅰ区M142出土器物（一）

1. 陶鼎盖（M142：11）　2. 陶盒（M142：13）　3. 陶钫（M142：16）

双层倒三角纹，三角之间填饰白彩滴水纹，肩部两组彩带之间饰红白彩"S"形卷云纹。器身四壁、底、铺首衔环分体模制，而后粘结，粘结处外侧削平，内侧抹泥加固。标本M142：16，盖径12、器身口径10.4、腹径17.4、足径9.7、足高3.2、通高32.1厘米（图四○二，3）。

罐　3件（M142：8、9、10），形制基本相同。侈口，短束颈，弧肩，鼓腹略宽扁，平底。轮制，器表有轮旋纹。标本M142：8，尖圆唇，口径12.2、腹径18.5、底径11.2、高13.8厘米（图四○三，1）。标本M142：9，双唇，口径11.8、腹径18、底径10.4、高15厘米（图四○三，2）。标本M142：10，圆唇，口径11.4、腹径18.8、底径11.8、高15.9厘米（图四○三，3）。

灶　1件，标本M142：14-1，灶体平面呈马蹄形，前方后圆，灶面三釜呈"品"字形布置，尾部有短柱形烟囱，前端有方形的落地灶门，周围模印菱形网格纹。灶面、灶壁分体模制而后粘结，釜之肩部与灶面一次性模制而成，腹模制而后粘结于相应的位置。长18、宽16.4、高8.8厘米（图四○三，4）。

盆　1件，与灶配套。标本M142：14-2，敞口，平沿，方唇，弧腹，平底。模制，沿面有制坯时留下的线切纹。口径6.6、底径2、高2.9厘米（图四○三，5）。

甑　1件，与灶配套。标本M142：14-3，敞口，平沿，尖唇，弧腹，平底，底部有五个箅孔。模制，沿面有制坯时留的下线切纹。口径6.6、底径2、高3厘米（图四○三，6）。

铜器　4件，器类有镜和铜饰。

镜　2面，均为草叶纹镜，圆形，半圆钮，四叶纹座，内向十六连弧纹缘，镜面微凸。

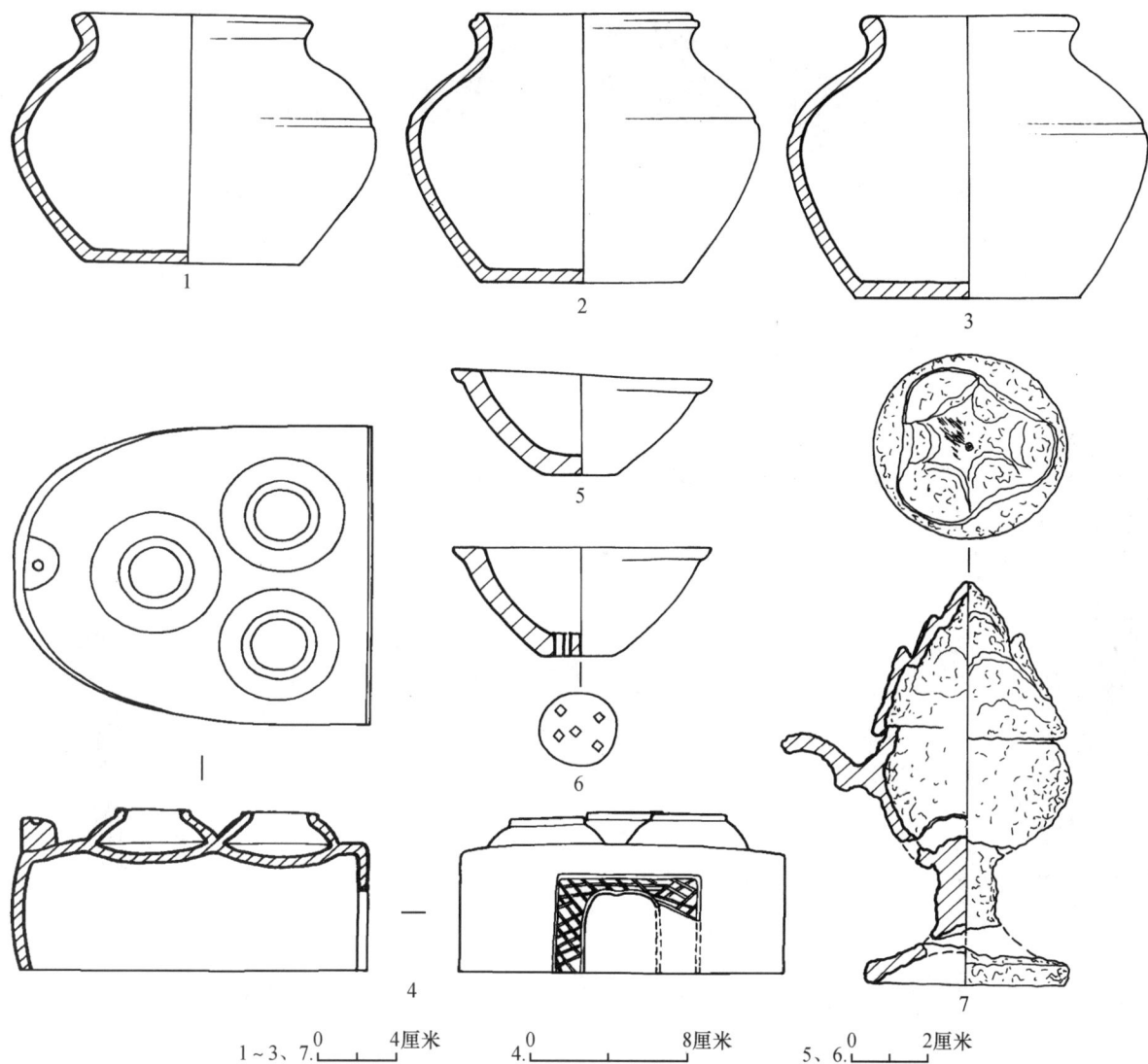

图四〇三　Ⅰ区M142出土器物（二）

1~3.陶罐（M142：8~10）　4.陶灶（M142：14-1）　5.陶盆（M142：14-2）　6.陶甑（M142：14-3）

7.铁熏炉（M142：7）

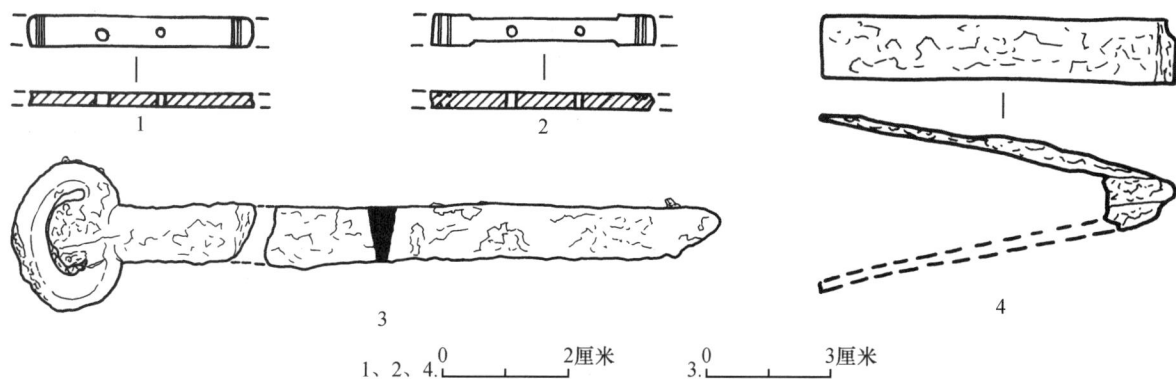

图四〇四　Ⅰ区M142出土器物（三）

1、2.铜饰（M142：6-1、2）　3.铁削（M142：4）　4.铁剑格（M142：5）

0　————　2厘米

图四〇五　Ⅰ区M142出土铜镜（M142：3）

　　标本M142：2，钮座外一凹面方框，框外有一方形细线纹，之外四角各伸出桃形花苞，四面正中各出一支二叠草叶纹。面径10.70、背径10.50、钮宽1.80、缘宽1.0、缘厚0.20厘米，重100克（图四〇六；彩版四〇，1）。标本M142：3，钮座外一凹面方框，之外方框内为"长乐未央，君勿相忘"铭文带，每面两字，两字以菱形网格方框相隔，四角方格连对角线，之外四角伸出三角形花苞及左右下卷的花叶，四面正中各一圆座乳钉，向外伸出桃形花苞，乳钉两侧有对称二叠层草叶纹。面径15.90、背径15.80、钮宽1.70、缘宽1.40、缘厚0.40厘米，重325克（图四〇五；彩版四〇，2）。

图四〇六　Ⅰ区M142出土铜镜（M142：2）

铜饰　2件，均残，形制基本相同，长条形，两端各有两道刻线，中间有两小穿孔。标本M142：6-1，长3.65（图四〇四，1）。标本M142：6-2，中部较窄，两端略宽，长3.6厘米（图四〇四，2）。

铁器　3件，器类有削、剑格、熏炉。

削　1件，标本M142：4，残，环首，直背，直刃。残长17.0厘米（图四〇四，3）。

剑格　1件，标本M142：5，残损。残长5.8厘米（图四〇四，4）。

熏炉　1件，标本M142：7，残，盖，博山形；器身，直口，平沿，圆鼓腹，肩部有一扳手，圜底，柱状实心柄，盘形底座，底座敞口，浅腹。炉口径10、盘口径8.2、底径10.2、通高21.9厘米（图四〇三，7）。

铜钱　7枚，均为半两钱，圆形方穿，穿之两侧有篆文"半两"二字（图四〇七）。

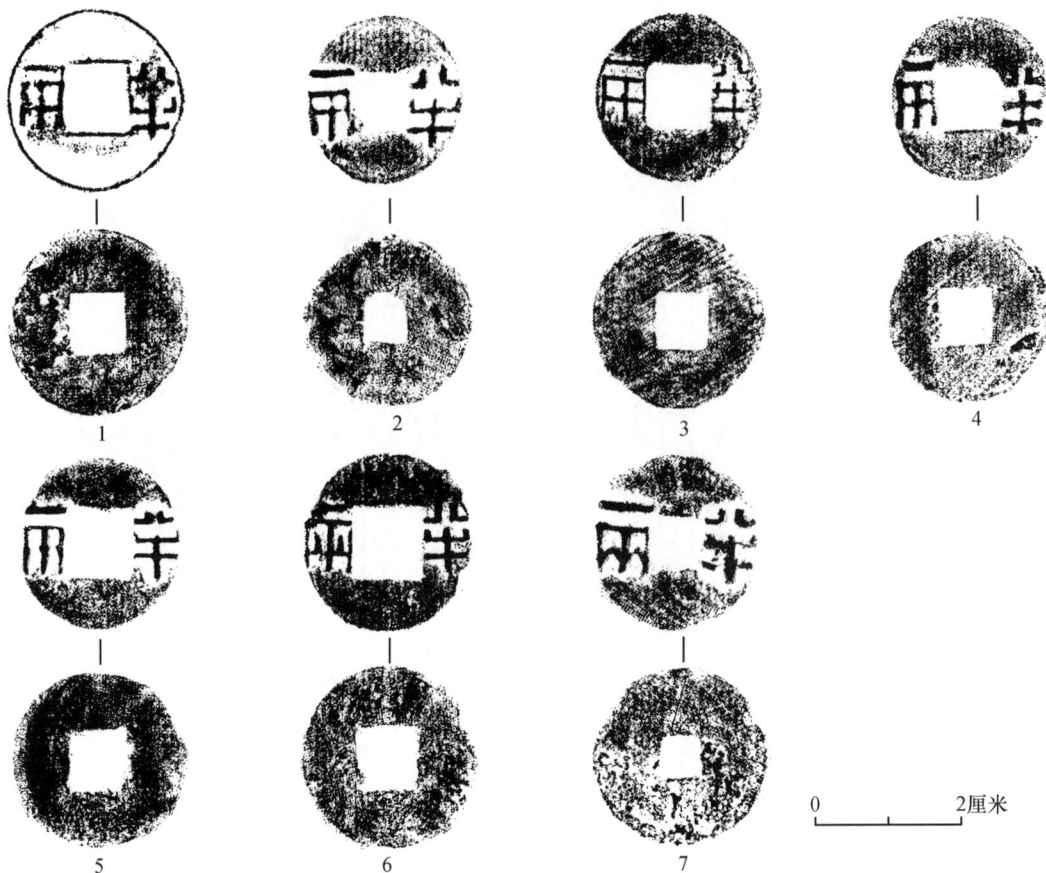

图四〇七　Ⅰ区M142出土铜钱

1. M142：1-1　2. M142：1-2　3. M142：1-3　4. M142：1-4　5. M142：1-5　6. M142：1-6　7. M142：1-7

第一四〇节　M143

1. 墓葬形制

　　M143，位于第一阶地中部南侧，探方T0802内，墓道延伸至T0803，西北邻M124、M125，东北邻M141、M145，距离较远，方向不同。方向310度。形制为斜坡墓道土洞墓，由墓道、甬道和墓室三部分组成（图四〇八）。

　　墓道　位于墓室的西北端，平面呈梯形，壁面较直，底部呈斜坡状。开口残长7.30、宽0.56～0.76、底宽0.76、坡长8.50、底距开口深0～3.50米，坡度31度。墓道内填五花土，土质疏松，未经夯打。

　　甬道　位于墓室和墓道之间，拱顶土洞。长1.00、宽1.34、高1.50米。

　　墓室　平面呈长方形，拱顶土洞。墓室长3.30、宽1.34、高1.50米。该墓经盗扰，仅出土铜柿蒂形棺饰8件。

　　封门　木板封门。两壁有凹槽，内有朽木痕迹。封门槽宽0.28、进深0.20、高1.50米。

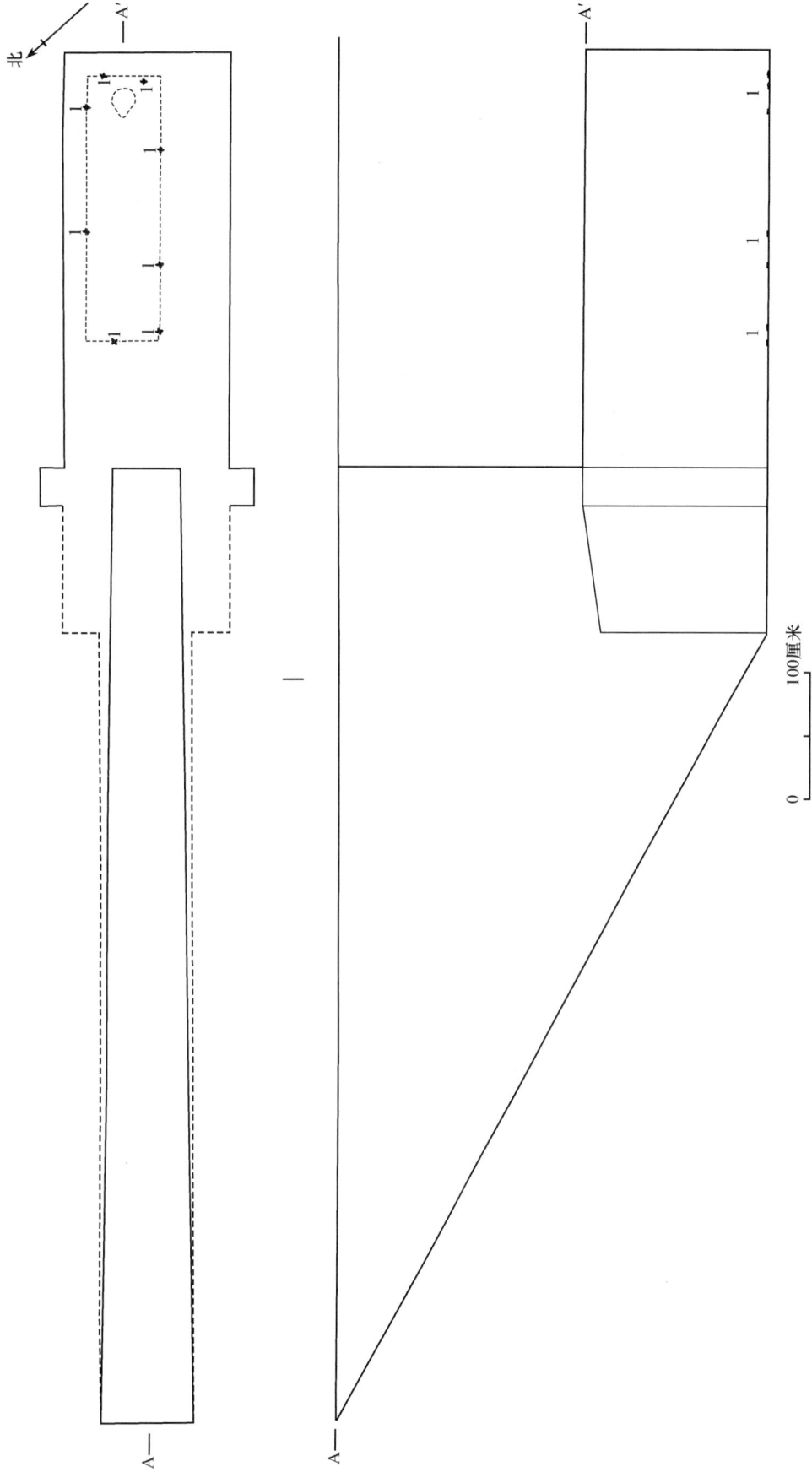

图四〇八　I 区M143平、剖面图
1. 铜柿蒂形棺饰

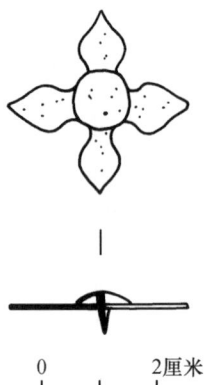

图四〇九　Ⅰ区M143出土铜柿蒂形棺饰
（M143：1）

葬具　木棺1具，仅存棺痕。棺痕长2.10、宽0.70米。

葬式　骨架1具，保存很差，已成粉末状。头向东南，仰身直肢葬。

盗洞　1处，位于墓室西北处，平面呈圆形，直径约0.60米。

2. 出土器物

该墓出土铜柿蒂形棺饰8件，形制相同。标本M143：1，柿蒂形，与泡钉同出，对角长3.1、泡径1.0、高0.7厘米（图四〇九）。

第一四一节　M144

1. 墓葬形制

M144，位于第一阶地西部偏北，探方T0503内，南与M159并列，西北有M155、M156，南侧有M161、M160。形制为竖穴墓道土洞墓，墓道两端各开凿一土洞墓室，这当是同坟同穴异室的一种合葬形式（图四一〇）。

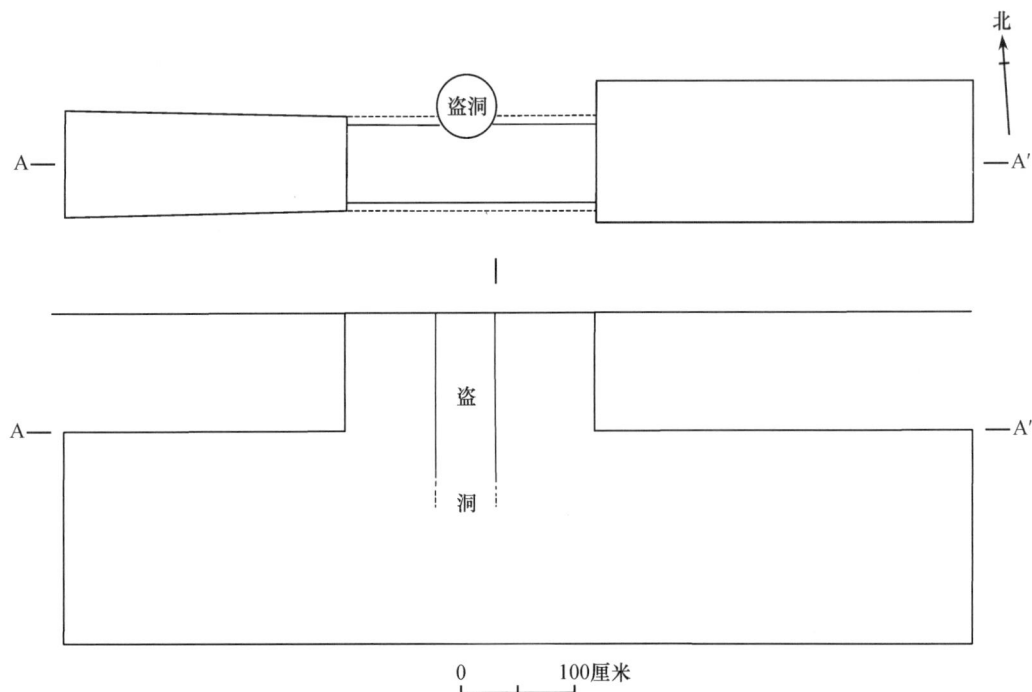

图四一〇　Ⅰ区M144平、剖面图

墓道　平面呈长方形，壁面较直。开口长2.20、宽0.66~0.80、底距开口深2.80米。墓道内填五花土，土质疏松，未经夯打。

墓室　在墓道东西两端各开一个洞室，分为东、西两墓室。东墓室，平面呈长方形，拱顶土洞，长2.50、宽0.85、高1.60米。西墓室，平面呈长方形，拱顶土洞，长3.30、宽1.30、高1.60米。两墓室盗扰严重，未出土器物。

封门　不详。

葬具　不详。

葬式　不详。

2. 出土器物

该墓未出土器物。

第一四二节　　M145

1. 墓葬形制

M145，位于第一价地中东部偏南，探方T0803内，东与M141并穴合葬，西与M138、M139并列，这四座墓关系密切。方向25度。形制为竖穴墓道土洞墓，由墓道、墓室两部分组成（图四一一；图版四八，1、2）。

墓道　位于墓室的北端，平面呈长方形，壁面较直。开口长2.60、宽1.0、底距开口深3.80米。墓道内填五花土，土质疏松，未经夯打。

墓室　平面呈长方形，拱顶土洞。墓室长3.10、宽1.0、高1.20米。该墓未被盗扰，器物主要出土于墓室北部及西侧，计有陶鼎2、陶盒盖2、陶钫（残）2、陶罐1、陶灶1套（盆1）、漆器（无法提取）、铜半两钱6。

封门　木板封门，两侧有封门槽。槽高1.60、宽0.10、进深0.10米。

葬具　木棺1具，已朽成灰，长2.00、宽0.60米。

葬式　骨架1具，已朽成灰，头向南，仰身直肢。

2. 出土器物

该墓出土陶器9件，另有铜钱6枚。分述如下。

陶器　9件，分泥质灰陶和泥质红陶，器类有鼎、盒盖、钫、罐、灶、盆。

鼎　2件（M145：1、2），泥质灰陶，形制相同。盖，浅覆钵形，弧顶，顶部均匀布置三钮。器身，子母口内敛，弧腹，近平底，肩附对称外撇板耳，耳顶端平折，底附三马蹄形足，腹部有一周台棱。器表涂黑，之上红、白彩绘。盖，中央三白彩水滴纹，向外三组中心对称大

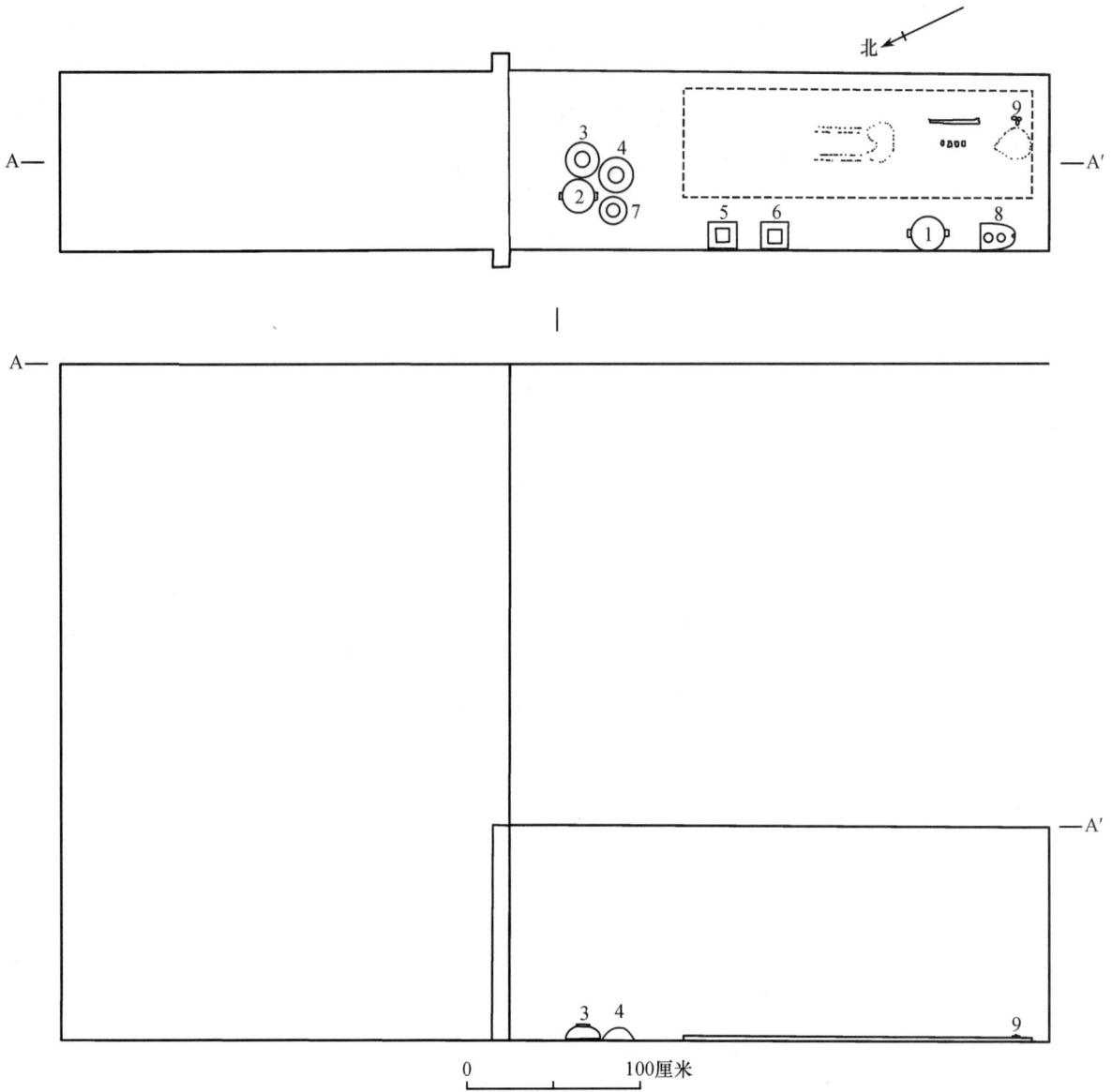

图四一一　Ⅰ区M145平、剖面图

1、2.陶鼎　3、4.陶盒盖　5、6.陶钫　7.陶罐　8.陶灶1套（盆1）　9.铜钱

卷云纹，卷云纹三层，内层双线白彩，中层红彩带，外层白彩带，盖边缘两周（内白、外红）彩带。器身，腹部饰两周（上红、下白）彩带。盖、腹轮制，耳、足模制，而后粘结。鼎内侧有螺旋形拉坯痕迹。标本M145：1，盖径18.1、器身口径18、腹深9.2、足高5.2、通高14.9厘米（图四一二，1）。

　　盒盖　2件（M145：3、4），泥质灰陶，器身残缺，形制相同。盖，覆钵形，顶有矮圈足捉手。器表涂黑，之上红、白彩绘，脱落严重，捉手内侧一周红彩带，中央两组对称白彩云纹，捉手外两周红彩带，之间可辨红、白彩卷云纹等图案。标本M145：3，盖径18.8、高5.6厘米（图四一二，2）。

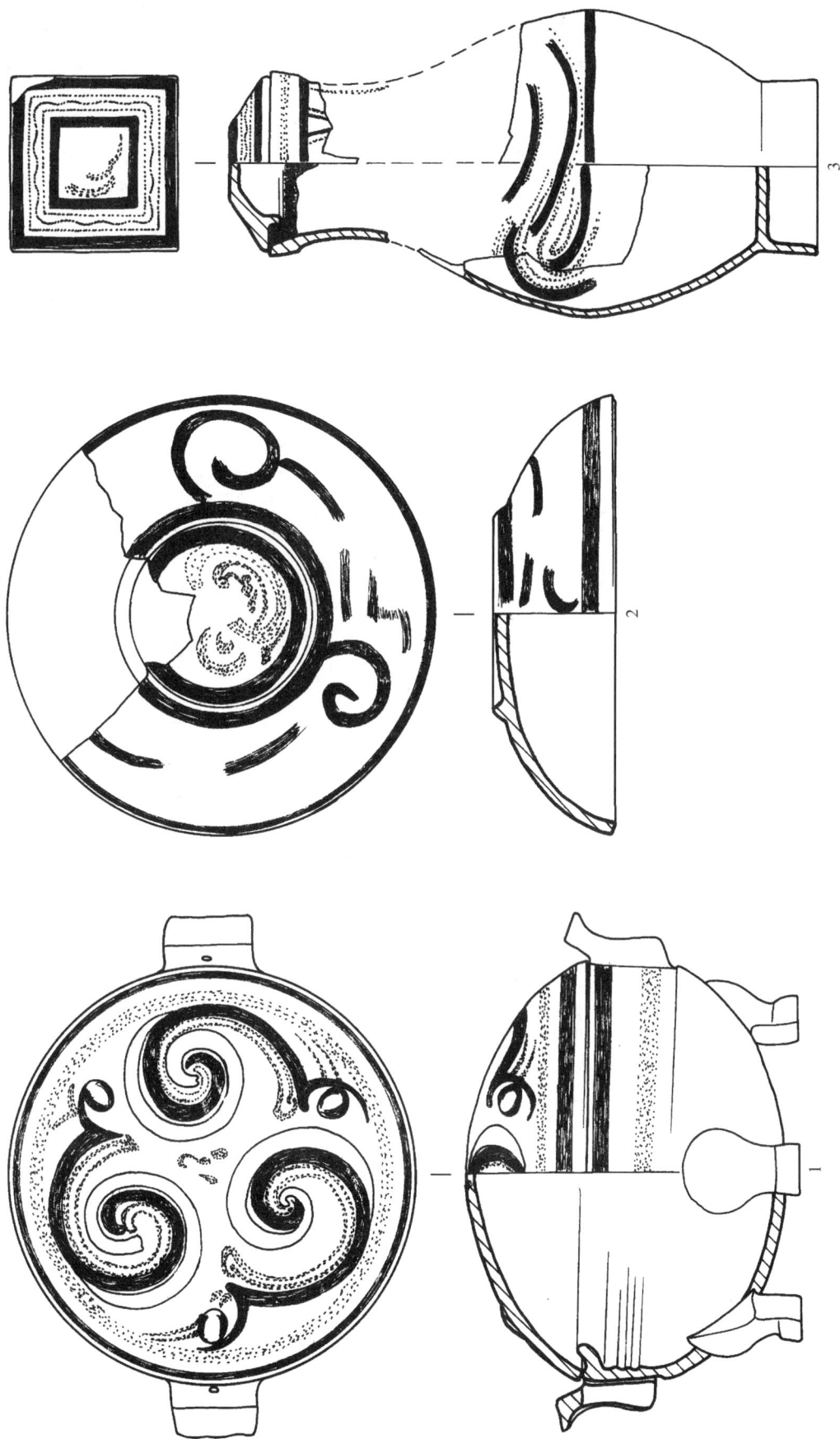

图四一三　Ⅰ区M145出土器物（一）

1. 陶鼎（M145∶1）　2. 陶盒盖（M145∶3）　3. 陶纺（M145∶5）

钫　2件（M145：5、6），泥质红陶，均残，形制相同。盖，覆斗形，子母口；器身，侈口，平沿，束颈，鼓腹，高圈足稍外撇。器表涂黑，之上红、白彩绘，局部已脱落。盖，顶部中央白彩云纹，四坡上、下两组（每组两周，一红一白，红宽白窄）彩带，上面一组上红下白，下面一组下红上白，两周彩带之间一周白彩连珠纹。器身，沿下、肩、腹部各一组红白彩带，颈部两组彩带间红、白彩倒三角纹，肩部两组彩带间红、白彩"S"形卷云纹。器身四壁、底、铺首衔环分体模制，而后粘结，粘结处外侧削平，内侧抹泥加固。标本M145：5，盖径11.5、器身口径12.1、腹径19.9、足径11.5、足高3.9、通高27厘米（图四一二，3）。

罐　1件，标本M145：7，泥质灰陶。侈口，平沿外斜，凹唇，束颈，弧肩，鼓腹，平底，肩部饰密集弦纹，轮制，器表有轮旋纹。口径9、腹径16.6、底径9.8、高19.8厘米（图四一三，1）。

灶　1件，标本M145：8-1，残，泥质灰陶。灶体平面呈马蹄形，前方后圆，灶面微鼓，三釜呈"品"字形布置，尾部有短柱形烟囱，前端有方形的落地灶门，周围模印多重菱形纹。灶面、灶壁分体模制而后粘结，釜之肩部与灶面一次性模制而成，腹模制而后粘结于相应的位置。长21.2、宽18、高10.5厘米（图四一三，2）。

盆　1件，与灶配套。标本M145：8-2，泥质灰陶，敞口，平沿，方唇，弧腹，平底。模制，器内有制坯时留下的手指纹。口径8、底径1.8、高3.3厘米（图四一三，3）。

铜钱　6枚，均为半两钱，圆形方穿，穿之两侧有篆文"半两"二字（图四一四）。

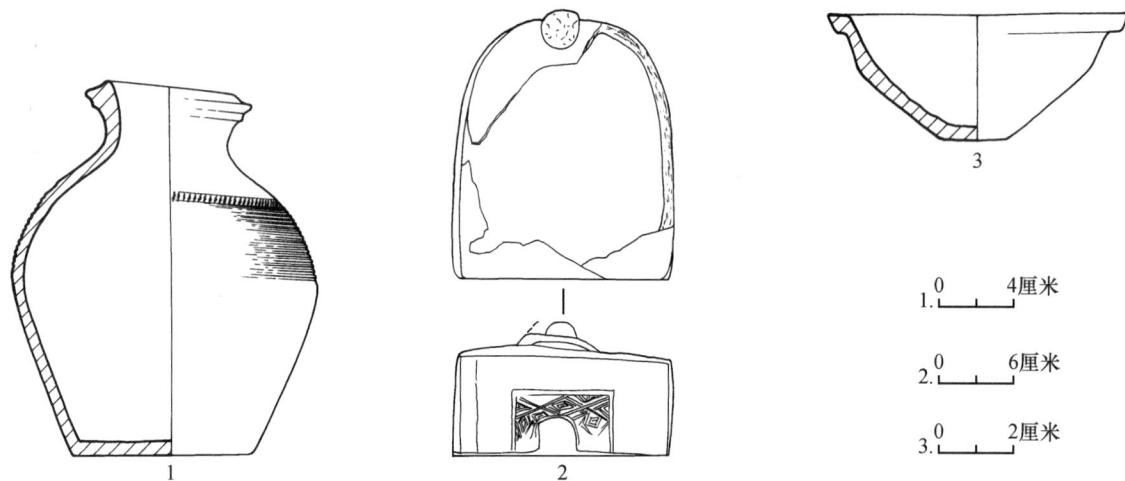

1.　　　　0　　　4厘米

2.　　　　0　　　6厘米

3.　　　　0　　2厘米

图四一三　Ⅰ区M145出土器物（二）
1.陶罐（M145：7）　2.陶灶（M145：8-1）　3.陶盆（M145：8-2）

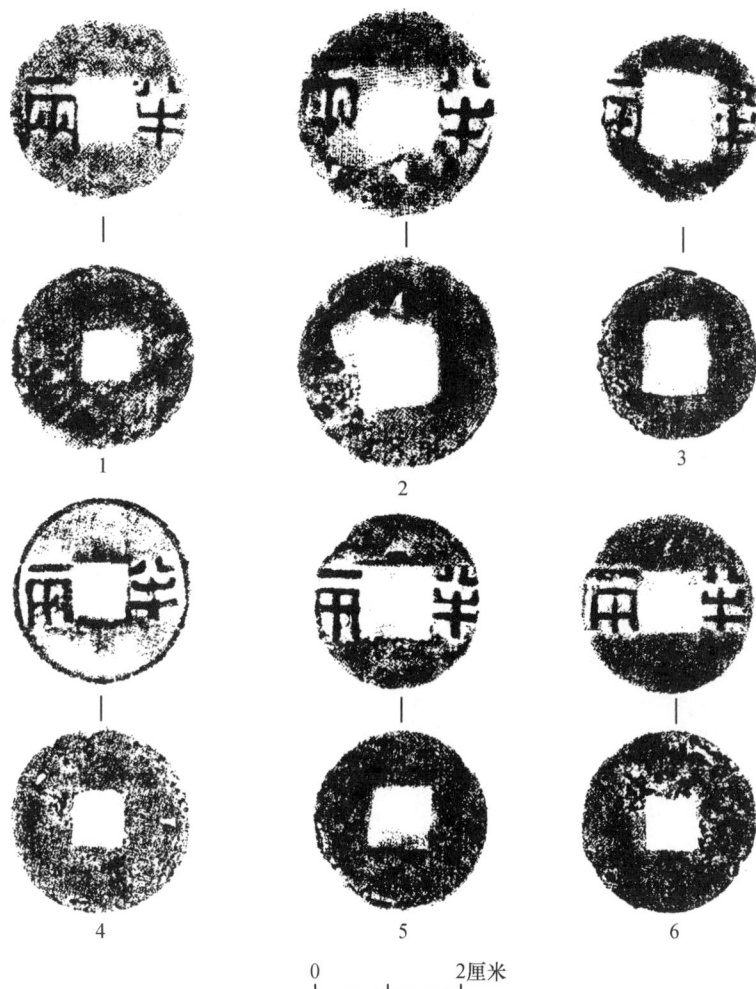

图四一四　Ⅰ区M145出土铜钱

1. M145：9-1　2. M145：9-2　3. M145：9-3　4. M145：9-4　5. M145：9-5　6. M145：9-6

第一四三节　M146

1. 墓葬形制

M146，位于第二阶地中部，探方T0703内，墓道被M147墓室打破。方向295度。形制为竖穴墓道土洞墓，墓道、墓室等宽，由墓道、墓室两部分组成（图四一五；图版四八，3、4）。

墓道　位于墓室的西端，平面呈长方形，壁面较直。开口长2.50、宽0.72、底距开口深1.90米。墓道内填五花土，土质疏松，未经夯打。

墓室　平面略呈长方形，拱顶土洞。墓室长2.60、宽0.72、高1.0米。该墓未被盗扰，出土陶罐1件，置于墓室西部，棺之前端。

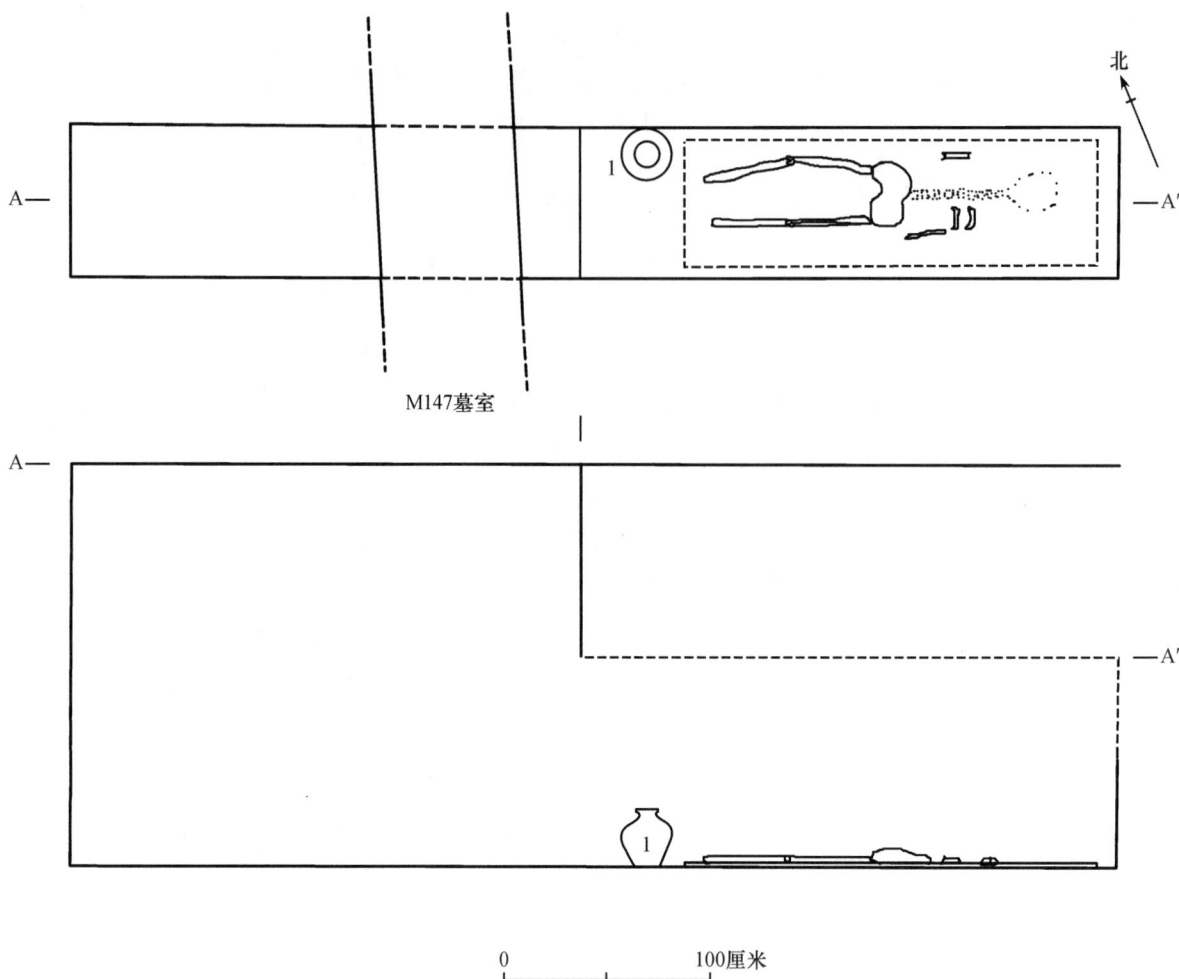

M147墓室

0　　　　　　　　　　100厘米

图四一五　Ⅰ区M146平、剖面图
1. 陶罐

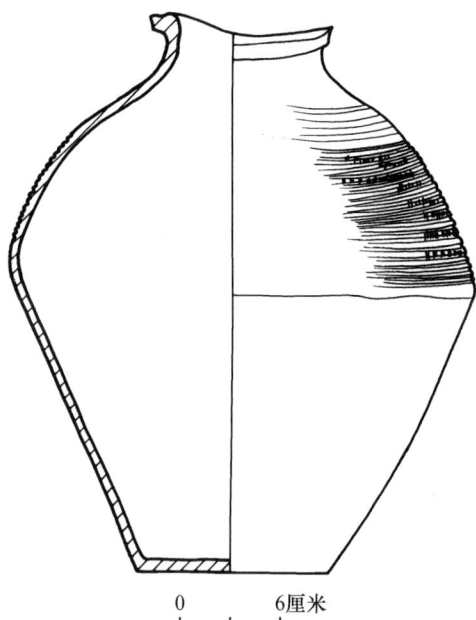

0　　　6厘米

图四一六　Ⅰ区M146出土陶罐（M146：1）

封门　不详。

葬具　木棺1具，仅存棺痕。长2.0、宽0.60米。

葬式　人骨1具，保存较差，仰身直肢葬，头向东。

2. 出土器物

该墓出土陶罐1件，标本M146：1，夹砂灰陶，器形变形严重。侈口，沿内有一周凹棱，凹唇，束颈，肩部略鼓，下腹斜内收，平底，腹部饰密集凹弦纹及米粒纹，轮制，器内有轮旋痕。口径11.2、腹径28.2、底径11.8、高32.7厘米（按：这件器物显然是件残次品，说不定是从窑场中捡的废品，拿来作随葬品，显示了墓主人生前的困囧状态）（图四一六）。

第一四四节　M147

1. 墓葬形制

M147，位于第一阶地中部，探方T0703内，墓室延伸至T0702，打破M146。方向205度。形制为竖穴墓道土洞墓，墓道、墓室基本等宽，由墓道、小龛、墓室三部分组成（图四一七；图版四九，1、2）。

墓道　位于墓室的南端，平面呈长方形，壁面较直。开口长2.50、宽0.76、底距开口深2.60米。墓道内填五花土，土质疏松，未经夯打。

墓室　平面略呈长方形，拱顶土洞。墓室长2.80、宽0.75、高1.10米。在墓室的东西两侧各有一小龛，平面呈长方形，长0.60～0.70、进深0.20、高0.50米。该墓未被盗扰，器物主要出土于小龛及棺内，计有陶缶1、陶罐1、陶灶1套（盆1、甑1）、铜带钩1、铁剑1、铁削2、铁器1、铜钱23。

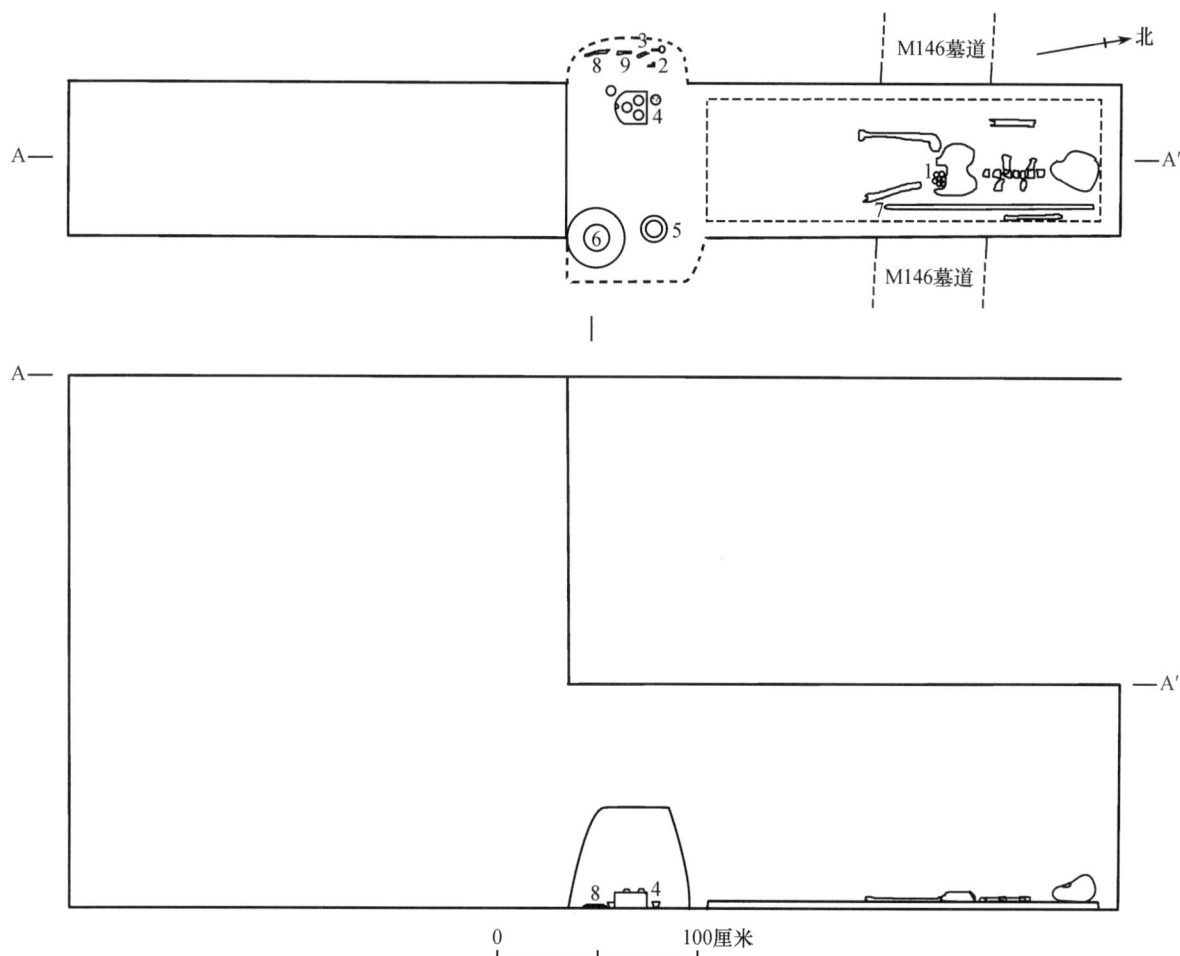

图四一七　Ⅰ区M147平、剖面图

1. 铜钱　2. 铜带钩　3. 铁器　4. 陶灶1套（盆1、甑1）　5. 陶罐　6. 陶缶　7. 铁剑　8、9. 铁削

封门　不详。

葬具　木棺1具，仅存棺痕，长2.0、宽0.60米。

葬式　人骨1具，仰身直肢葬，头向北，面向上。

2. 出土器物

该墓出土器物10件，另有铜钱23枚。质地为陶、铜、铁三种，分述如下。

陶器　5件，均为泥质灰陶，器类有缶、罐、灶、盆、甑。

缶　1件，标本M147：6，小口，平沿，尖唇，矮领，斜鼓肩，下腹内曲，平底内凹，腹部一周宽带纹，其上饰两周米粒纹。口径12.3、腹径21.2、底径17.3、高2.6厘米（图四一八，1）。

罐　1件，标本M147：5，侈口，双唇，束颈，腹瘦高、略下垂，平底。口径7.2、腹径13.8、底径8.2、高16.7厘米（图四一八，2）。

灶　1件，标本M147：4-1，灶体平面呈马蹄形，前方后圆，灶面微鼓，灶面三釜呈"品"字形布置，尾部有短柱形烟囱，前端有方形的落地灶门，周围模印菱形网格纹。长16.9、宽16、高8.8厘米（图四一八，3）。

盆　1件，与灶配套。标本M147：4-3，敞口，平沿，方唇，弧腹，平底。口径6.5、底径2、高3厘米（图四一八，4）。

甑　1件，与灶配套。标本M147：4-2，敞口，平沿，方唇，弧腹，平底，底部有三个箅孔。口径6.5、底径2.2、高3厘米（图四一八，5）。

铜带钩　1件，标本M147：2，琵琶形，兽首，圆柱形帽钮，通长5.5厘米（图四一八，6）。

铁器　4件，器类有剑、削等。

铁器　1件，器类不明，标本M147：3，长条扁平状，上宽下窄。残长18.6厘米（图四一八，7）。

削　2件，均残缺，直背，直刃。标本M147：8，残长11.75厘米（图四一八，8）。标本M147：9，环首，残长17.1厘米（图四一八，9）。

剑　1件，标本M147：7，断面扁椭圆形，铜质菱形剑格，器表残存木质剑鞘。残长74.7厘米（图四一八，10）。

铜钱　23枚，均为五铢钱，圆形方穿，穿背面有郭，部分穿上有一横郭或穿下有一星纹，穿之两侧有篆文"五铢"二字。"五"字瘦长或稍短，交笔斜直或缓曲，"铢"字金头三角，朱头方折（按：年代为武昭时期）（图四一九、图四二〇）。

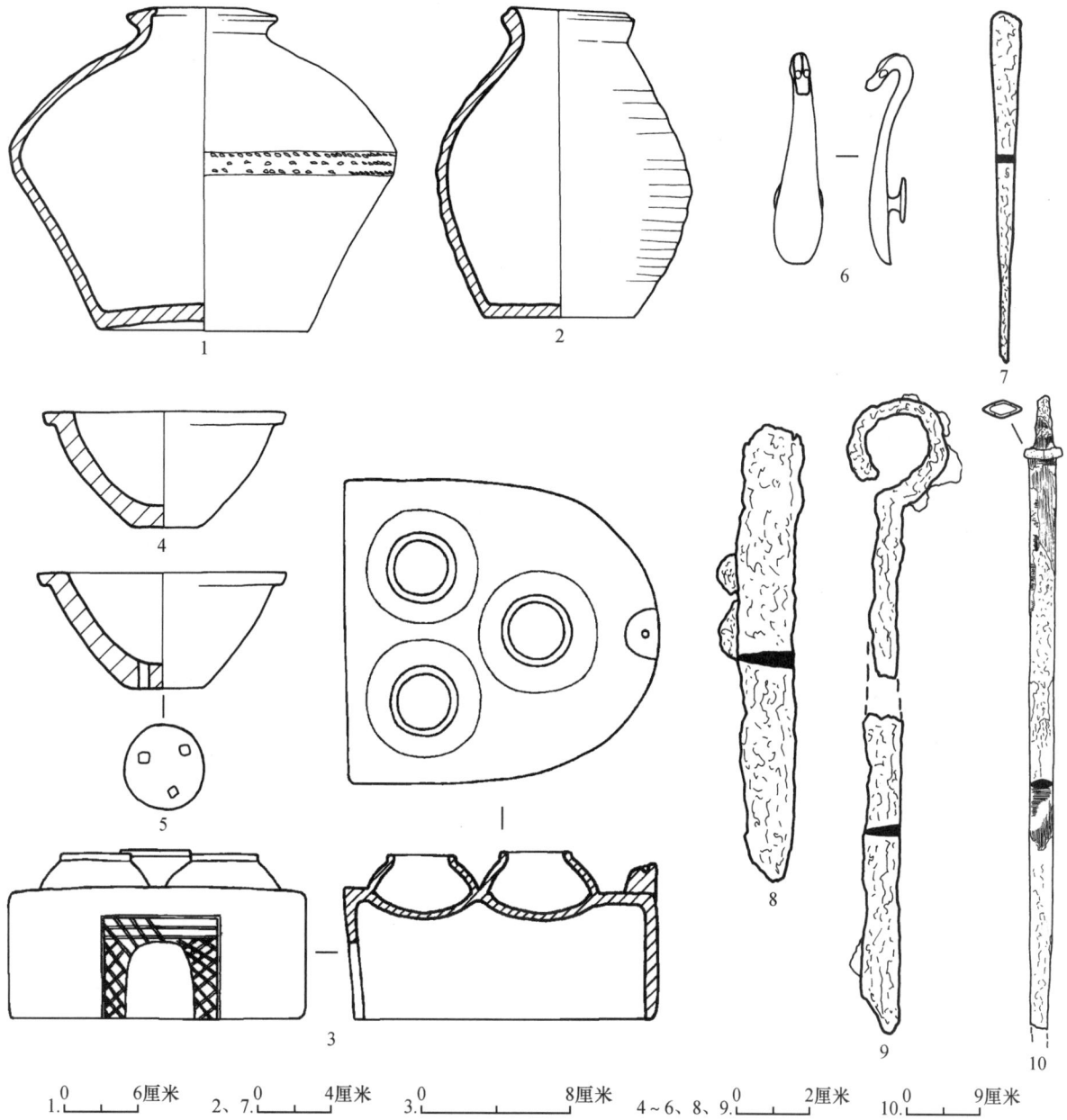

图四一八　I区M147出土器物

1. 陶缶（M147：6）　2. 陶罐（M147：5）　3. 陶灶（M147：4-1）　4. 陶盆（M147：4-3）　5. 陶甑（M147：4-2）

6. 铜带钩（M147：2）　7. 铁器（M147：3）　8、9. 铁削（M147：8、9）　10. 铁剑（M147：7）

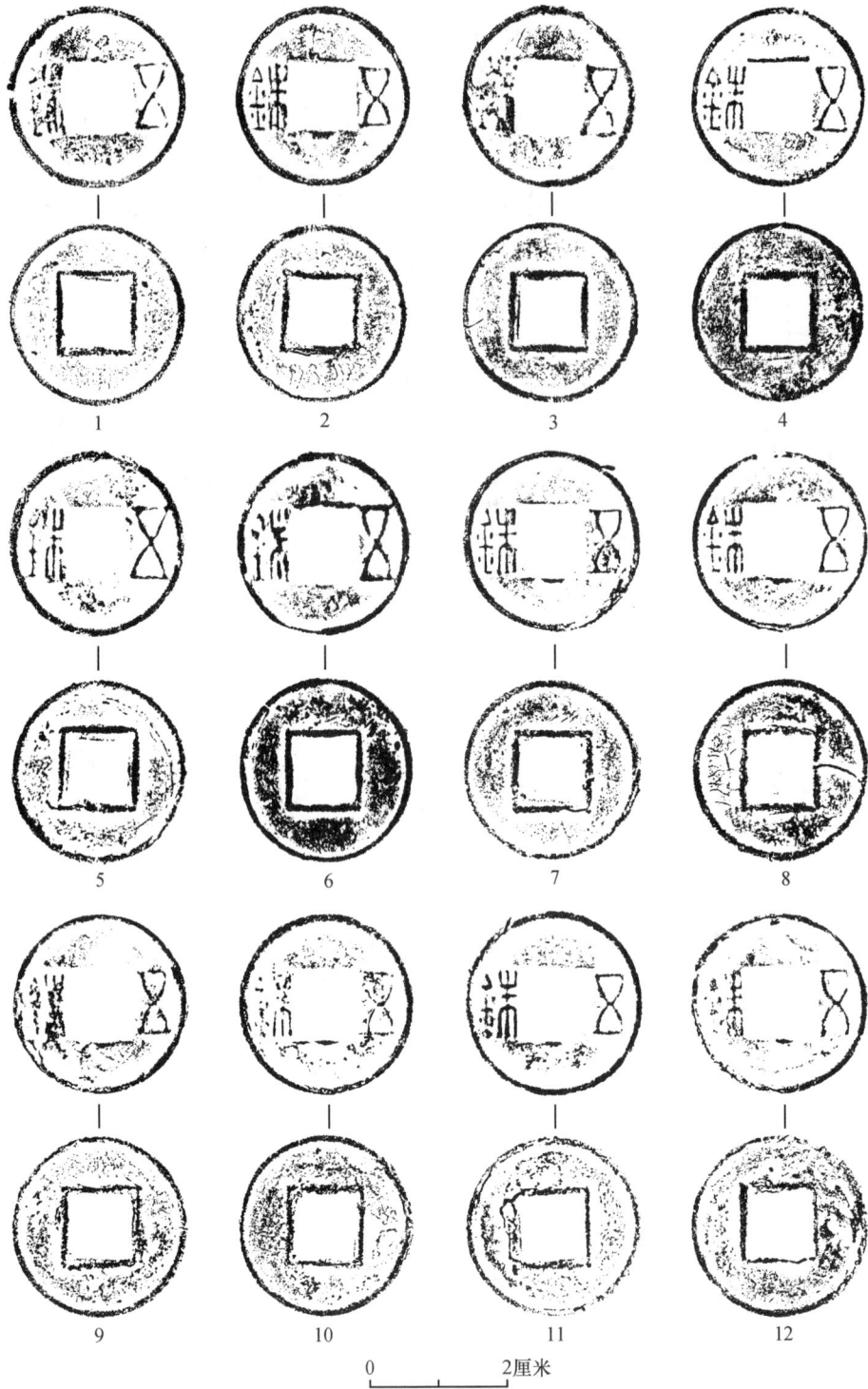

0　　　　　2厘米

图四一九　Ⅰ区M147出土铜钱（一）

1. M147∶1-1　2. M147∶1-2　3. M147∶1-3　4. M147∶1-4　5. M147∶1-5　6. M147∶1-6　7. M147∶1-7　8. M147∶1-8
9. M147∶1-9　10. M147∶1-10　11. M147∶1-11　12. M147∶1-12

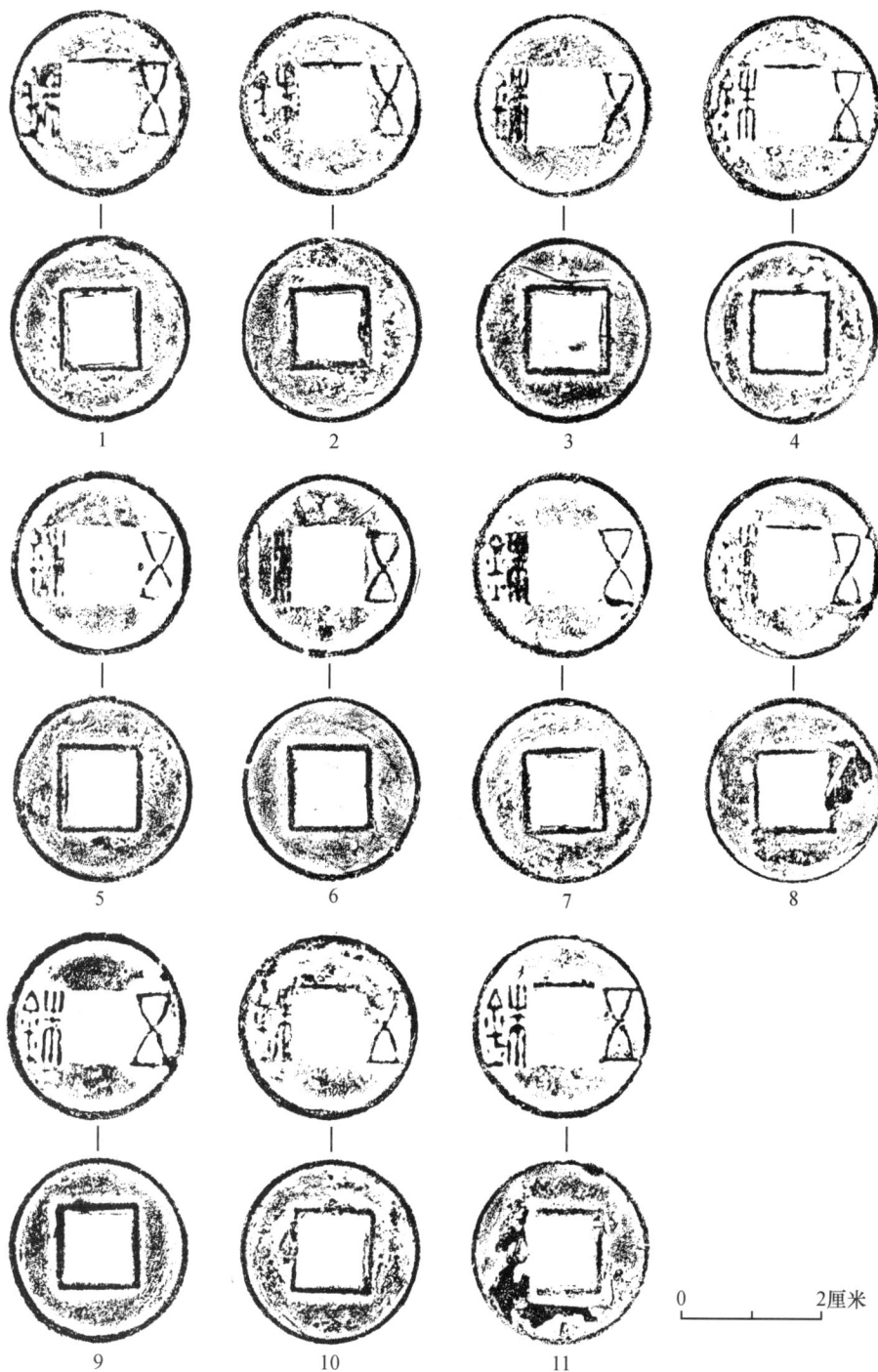

图四二〇　Ⅰ区M147出土铜钱（二）

1. M147：1-13　2. M147：1-14　3. M147：1-15　4. M147：1-16　5. M147：1-17　6. M147：1-18　7. M147：1-19
8. M147：1-20　9. M147：1-21　10. M147：1-22　11. M147：1-23

第一四五节　M148

1. 墓葬形制

　　M148，位于第一阶地中部偏西，探方T0602内，南侧有M162，东侧有M152，西侧有M160，但均相对较远，似无密切关系。方向10度。形制为竖穴墓道土洞墓，墓道略宽于墓室，由墓道、墓室两部分组成（图四二一；图版四九，3、4）。

　　墓道　位于墓室的北端，平面呈长方形，壁面较直。开口长2.40、宽0.90、底距开口深2.40米。墓道内填五花土，土质疏松，未经夯打。

　　墓室　平面呈长方形，拱顶土洞。墓室长3.0、宽0.80、高1.40米。该墓未被盗扰，出土有陶罐1、铜镜1、铜钱6。

　　封门　不详。

　　葬具　木棺1具，仅存棺痕，长2.20、宽0.64米。

　　葬式　骨架1具，已朽成灰，头向北，仰身直肢。

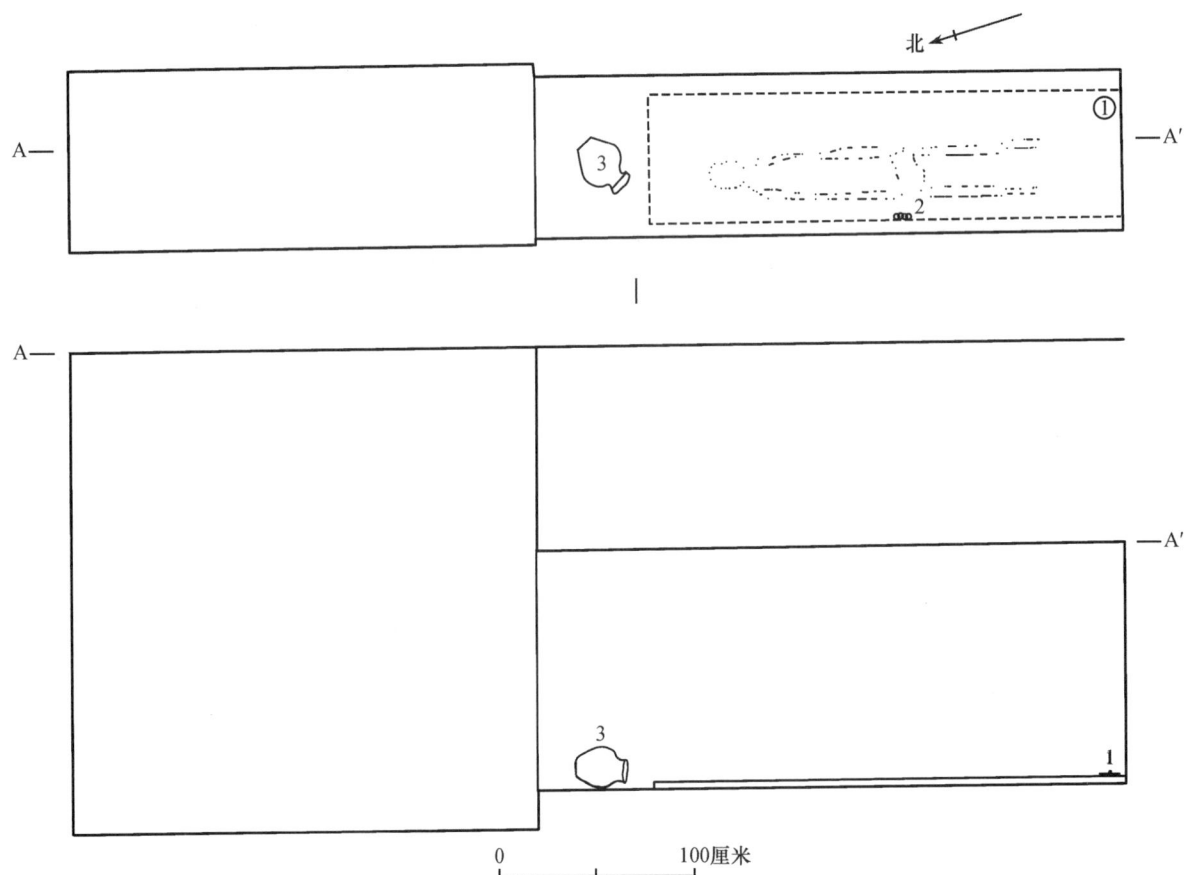

图四二一　Ⅰ区M148平、剖面图
1. 铜镜　2. 铜钱　3. 陶罐

2. 出土器物

该墓共出土器物2件，另有铜钱6枚。质地为陶、铜两种，分述如下。

陶罐 1件，标本M148：3，泥质灰陶。侈口，平沿，沿面内凹，凹唇，鼓肩，下腹斜内收，平底。腹部饰密集凹弦纹。口径11.7、腹径24.2、底径10.5、高30厘米（图四二二，1）。

铜镜 1面，标本M148：1，草叶纹镜。圆形，半圆钮，圆形座，内向十六连弧纹缘，镜面微凸。钮座向外均匀放出四条射线，座外一方框，四面也各一方框，方框中央有圆座乳钉，其中三个方框内的乳钉向外伸出四组（每组三条，向外一组呈三角形，其余三组平行）短线及四花叶，一个方框内乳钉两侧为三短线，内外为单线，末端连成花叶形。相邻方框间对称布置两枝草叶纹与花叶纹，与钮座外放出的四射线相接。面径10.20、背径10.0、钮宽1.50、缘宽0.70、缘厚0.40厘米，重145克（图四二二，2；彩版四一，1）。

铜钱 6枚，均为五铢钱，圆形方穿，穿背面有郭，一枚穿上有一横郭，穿之两侧有篆文"五铢"二字。"五"字瘦长，或较短，交笔斜直或缓曲，"铢"字金头三角，朱头方折（按：年代为武帝时期）（图四二三）。

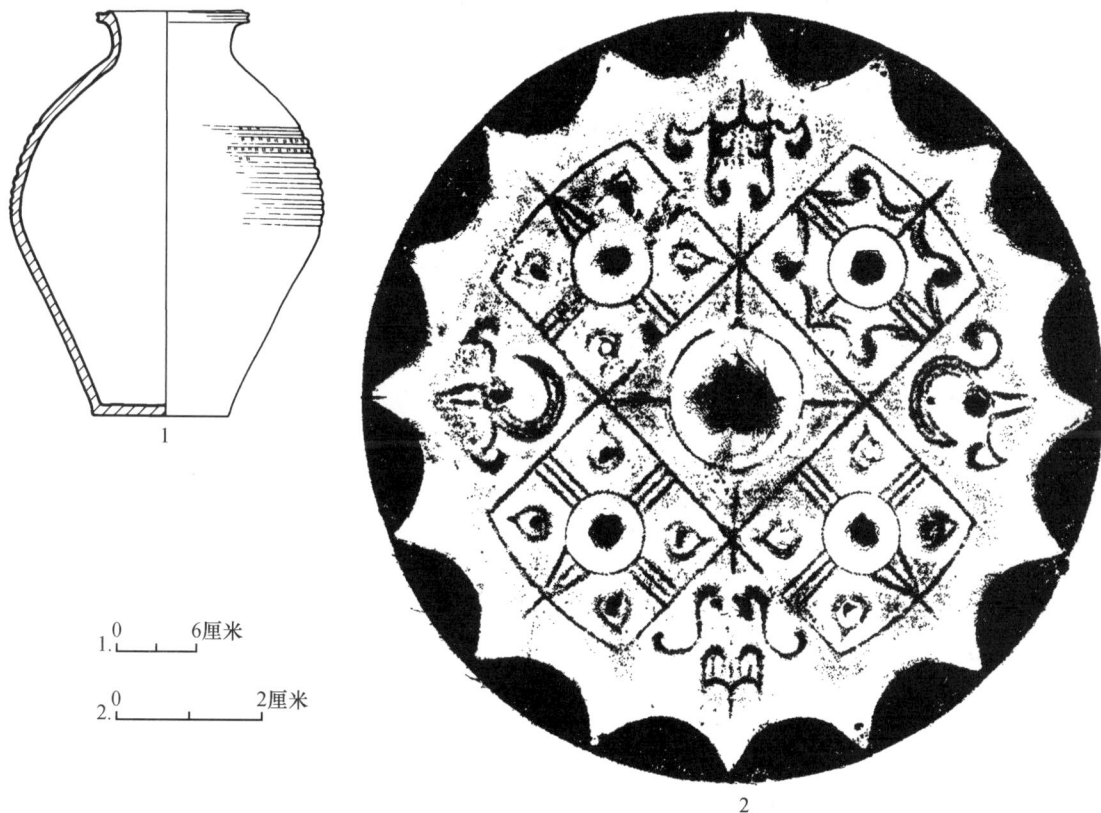

1.

0   6厘米
1. |____|____|

2.

0   2厘米
2. |____|____|

图四二二 Ⅰ区M148出土器物
1. 陶罐（M148：3） 2. 铜镜（M148：1）

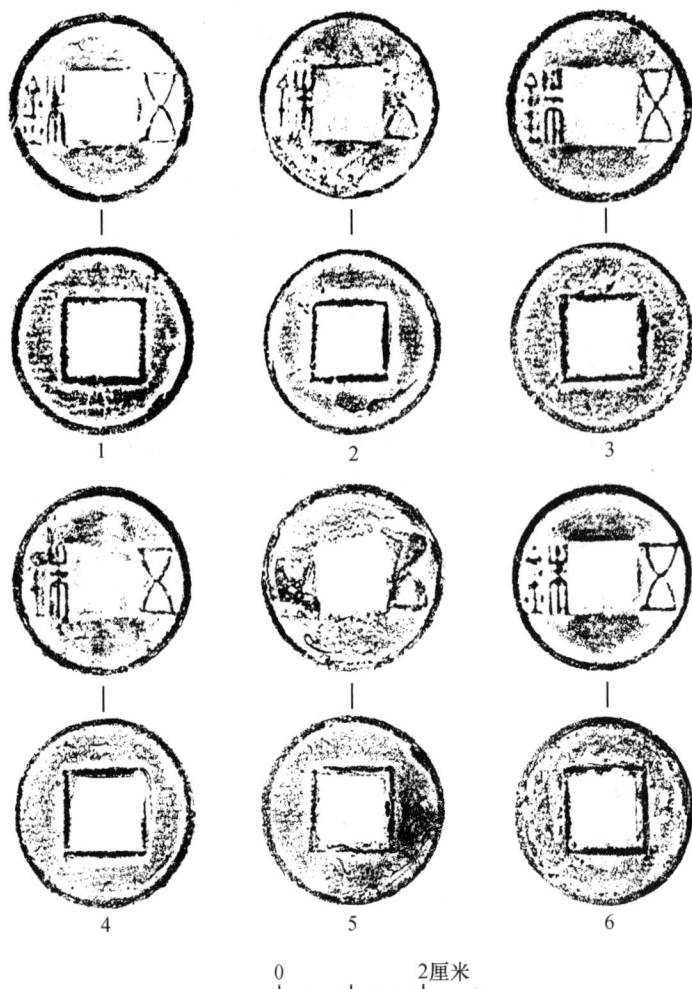

图四二三　Ⅰ区M148出土铜钱
1. M148：2-1　2. M148：2-2　3. M148：2-3　4. M148：2-4　5. M148：2-5　6. M148：2-6

第一四六节　M149

1. 墓葬形制

M149，位于第一阶地中部偏北，探方T0603内，西临M90，北临M94。方向40度。形制为斜坡墓道土洞墓，墓道略向东折，由墓道、墓室两部分组成（图四二四；图版五〇，1、2）。

墓道　位于墓室的北端，东侧斜坡墓道，平面呈长方形，壁面较直。开口残长5.9、宽0.85、底距开口残深2.6米。西侧有一长方形竖井，与斜坡墓道基本并列，呈30°夹角，长1.5、宽0.66、残深2.6米，其性质有待探讨。墓道内填五花土，土质疏松，未经夯打。

墓室　平面略呈长方形，拱顶土洞。墓室长4.10、宽1.40、残高0.8米。该墓未被盗扰，车马器出土于墓室前部，陶器出土于棺前及两侧，其他小件器物出土于棺内。计有陶罐6、铜镜3、铜印章1、铜带钩1、铜棺饰26、铜马衔镳2、铜衡末饰3、铜辖軎2、铜盖弓帽3、铜扣饰1、

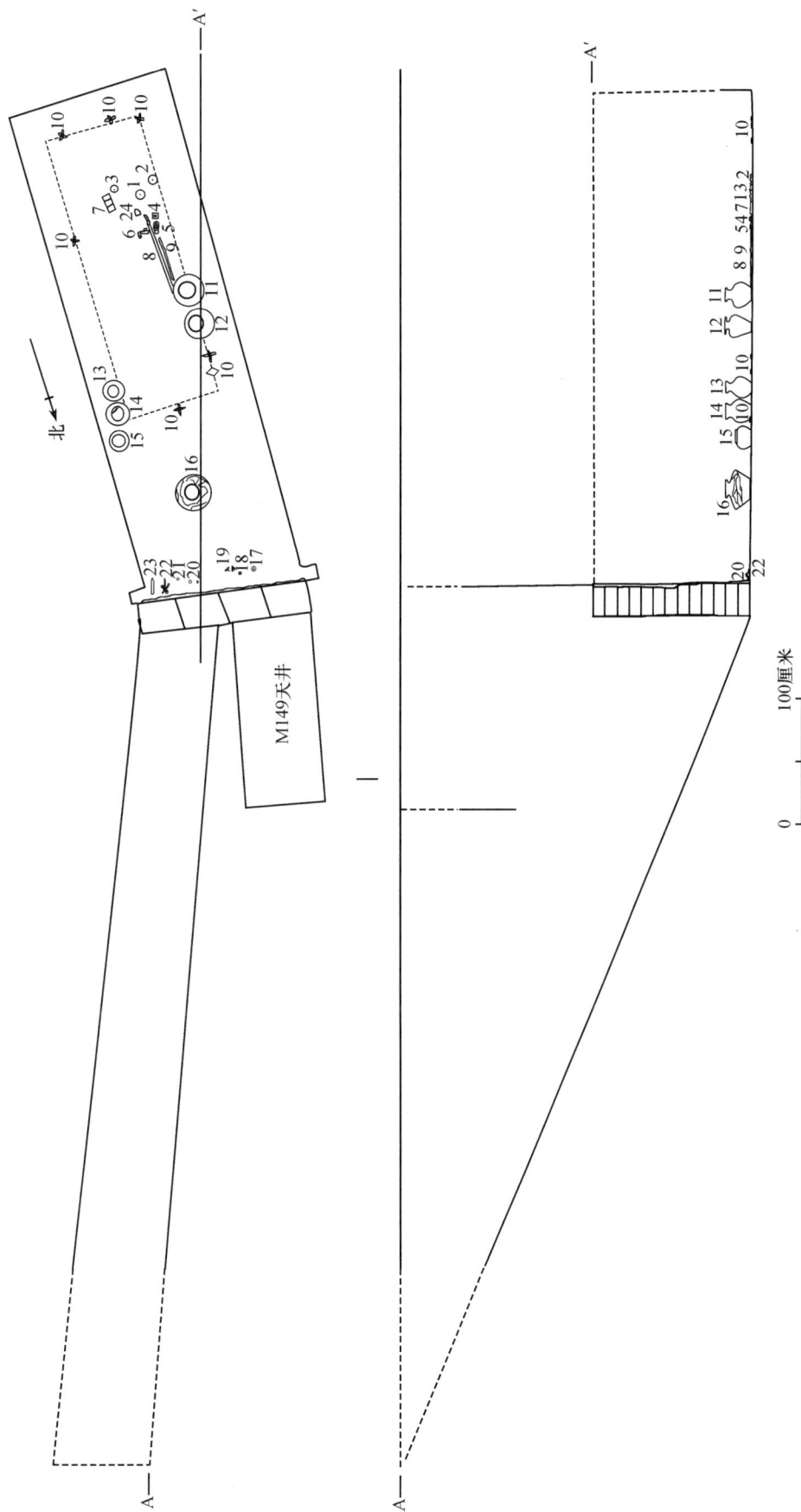

图四二四　Ⅰ区M149平、剖面图

1～3. 铜镜　4. 铜印章　5. 铜钱　6. 铜带钩　7. 石砚　8、9. 铁剑　10. 铜棺饰　11～16. 陶罐　17. 铜猪壶　18. 铜扣饰　19. 铜盖弓帽　20. 铜衡末饰　21. 铜环　22. 铜马衔镳　23. 铜当卢　24. 玉口玲

铜当卢1、铜环1、铁剑2、玉口琀1、石砚1、铜钱12。

　　封门　双重封门，外层土坯，内层木板。土坯封门，长1.40、宽0.24、高1.3，土坯尺寸36厘米×24厘米×6厘米。木板封门，有土封门槽，槽宽0.12、进深0.13、高1.30米。

　　葬具　木棺1具，仅存棺痕，长2.2、宽0.80米。

　　葬式　不详。

2. 出土器物

　　该墓出土器物54件，另有铜钱12枚。质地为陶、铜、铁、玉、石五种，分述如下。

　　陶器　6件，均为泥质灰陶罐。

　　罐　6件（M149：11、12、13、14、15、16）。M149：12、13，形制相同。喇叭口，双唇，束颈，鼓肩，腹瘦高，平底内凹。肩、腹饰两组（每组两周）凹弦纹。标本M149：12，下腹急内收，小平底内凹，口径9.5、腹径14、底径5.8、高21.2厘米（图四二五，2）。标本M149：13，下腹弧收，平底较大，口径8.7、腹径15.6、底径8.2、高19.1厘米（图四二五，4）。M149：11、14、15，形制相同。侈口，双唇，矮领，圆鼓腹，平底，肩部饰三组（每组两道）凹弦纹。M149：14，口径13.4、腹径25.8、底径13.6、高22.7厘米（图四二五，3）。标本M149：16，小口微敛，平沿，方唇，矮领，广斜鼓肩，折腹，下腹斜内收，平底稍内凹，腹中部有一周环带纹，肩部饰一周凹弦纹。口径11.9、腹径34.8、底径19.2、高34.9厘米（图四二五，1）。

　　铜器　44件，器类有带钩、辖軎、扣饰、盖弓帽、衡末饰、马衔镳、环、当卢、菱形棺饰、柿蒂形棺饰、镜、印章。

　　带钩　1件，标本M149：6，曲棒形，素面，圆柱形帽钮。通长11.1厘米（图四二六，1）。

　　辖軎　2件，形制相同。标本M149：17，喇叭筒形，近大端处有辖孔，辖穿于辖孔之内。軎长1.7、粗端径1.85、细端径1.1、辖长2.3厘米（图四二六，2）。

　　盖弓帽　3件，形制相同。标本M149：19，筒形，中部有一倒刺。长1.9、直径0.55厘米（图四二六，3）。

　　衡末饰　3件，标本M149：20-1，2件，形制相同，筒形器，一端封闭，长0.7、直径1.0（图四二六，4）。标本M149：20-2，1件，筒形器，一端封闭，中部有一突棱。长1.2、直径0.8厘米（图四二六，5）。

　　扣饰　1件，标本M149：18，圆扣帽形，下有两方形穿钮。直径1.1、高0.7厘米（图四二六，6）。

　　环　1件，标本M149：21，圆环形，直径1.5厘米（图四二六，7）。

　　当卢　1件，标本M149：23，圭形片状，一面两端各有一方形穿钮。长8.3、宽0.5~1.6厘米（图四二六，8）。

　　马衔镳　2件，形制相同。标本M149：22，镳，棒形，两端宽，中部细，有两孔，长7.8。衔，两节，两端有环，环环相扣，长7.4厘米（图四二六，9）。

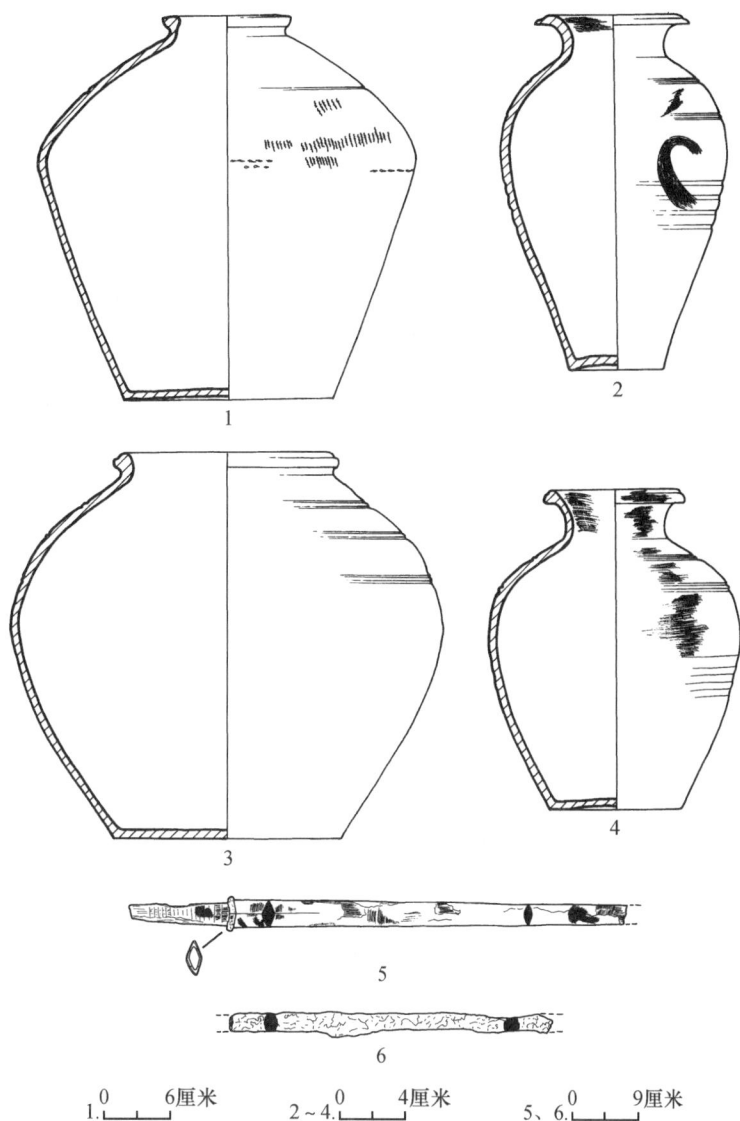

图四二五　Ⅰ区M149出土器物（一）

1~4. 陶罐（M149：16、12、14、13）　5. 铁剑（M149：8）　6. 铁剑（M149：9）

　　菱形棺饰　4件，形制相同，三重叠菱形，多与泡钉同出。标本M149：10-1，长6.8、宽4.3、泡径1.6、高1.3厘米（图四二六，10；彩版五四，1）。

　　柿蒂形棺饰　22件，形制相同，柿蒂形，多与泡钉同出。标本M149：10-2，对角长6.1、泡径1.6、高1.3厘米（图四二六，11；彩版五四，2）。

　　镜　3面。昭明镜1面，日光镜两面。标本M149：1，昭明连弧铭文镜，圆形，半圆钮，圆钮座，宽素平缘，镜面微凸。钮座圆周均匀伸出四组（每组三条）短竖线，之外一周内向八连弧，其外两周短斜线纹之间有"内清之以昭明，光之象夫日月，心忽而"铭文带。面径7.80、背径7.50、钮宽1.20、缘宽0.50、缘厚0.30厘米，重83克（图四二七，1；彩版四一，2）。标本M149：2，日光连弧铭文镜，圆形，半圆钮，圆钮座，宽素平缘，镜面微凸。钮座圆周均匀伸出四组（每组三条）竖短线，之外一周内向八连弧纹，其外有"见日之光，长毋相忘"铭

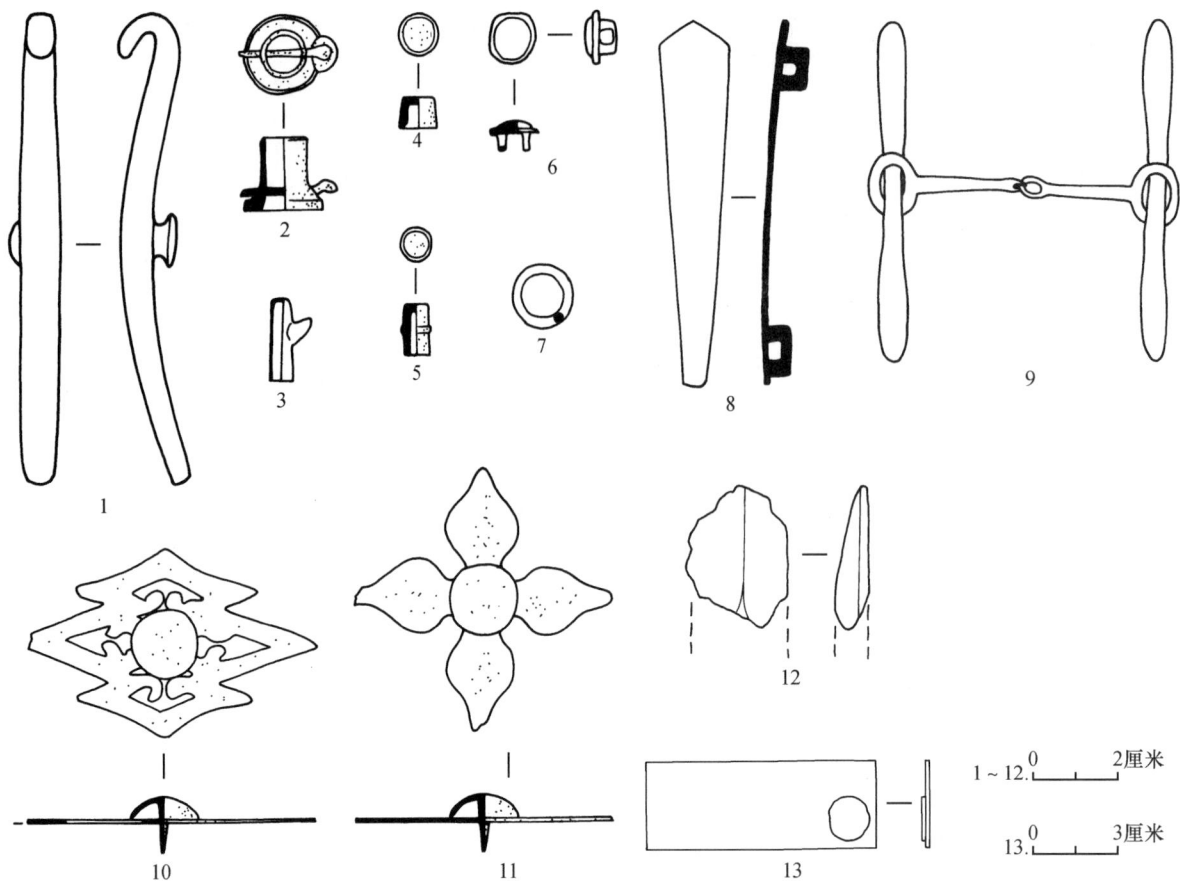

图四二六　Ⅰ区M149出土器物（二）

1.铜带钩（M149：6）　2.铜辖軎（M149：17）　3.铜盖弓帽（M149：19）　4、5.铜衡末饰（M149：20-1、2）

6.铜扣饰（M149：18）　7.铜环（M149：21）　8.铜当卢（M149：23）　9.铜马衔镳（M149：22）

10.铜菱形棺饰（M149：10-1）　11.铜柿蒂形棺饰（M149：10-2）　12.玉口琀（M149：24）　13.石砚（M149：7）

文带，铭文两字之间有"◈"符号，之外一周短斜线纹。面径6.0、背径5.90、钮宽1.0、缘宽0.40、缘厚0.30厘米，重42克（图四二七，2；彩版四二，1）。标本M149：3，日光连弧铭文镜，圆形，半圆钮，圆钮座，宽素平缘，镜面微凸。钮座圆周均匀伸出四组（每组一、三条）竖短线，之外一周内向八连弧纹，其外有"见日之光，长不相忘"铭文带，铭文两字之间有"◈"符号，之外一周短斜线纹。面径6.0、背径5.80、钮宽1.10、缘宽0.40、缘厚0.30厘米，重35克（图四二七，3；彩版四二，2）。

印章　1枚，标本M149：4，底座方形，有钮，钮座中间半圆形穿。底座边长1.5、高0.5厘米，钮座边长1~1.2、高0.7厘米，总高1.2厘米，篆刻"崔宪信印"（图四二七，4）。

铁剑　2柄，标本M149：8，断面菱形，铜质菱形剑格，残长67.0厘米（图四二五，5）。标本M149：9，无法辨认，残长43厘米（图四二五，6）。

玉口琀　1件，标本M149：24，残，蝉形，表面钙化严重。残长3.3、宽2.45、厚0.8~0.3厘米（图四二六，12）。

图四二七　Ⅰ区M149出土器物（三）

1～3. 铜镜（M149：1～3）　4. 铜印章（M149：4）

　　石砚　1件，标本M149：7，由砚和研组成。砚，长方形薄片状，长16.2、宽6.0、厚0.3厘米。研，圆形薄片状，直径3.0、厚0.3厘米（图四二六，13）。

　　铜钱　12枚，均为五铢钱，圆形方穿，穿背面有郭，一枚四角决文其他部分穿上有一横郭或穿下有一星纹，穿之两侧有篆文"五铢"二字。"五"字或瘦长，或较短，交笔或斜直，或缓曲，"铢"字金头三角，朱头方折（按：年代为武帝时期）（图四二八）。

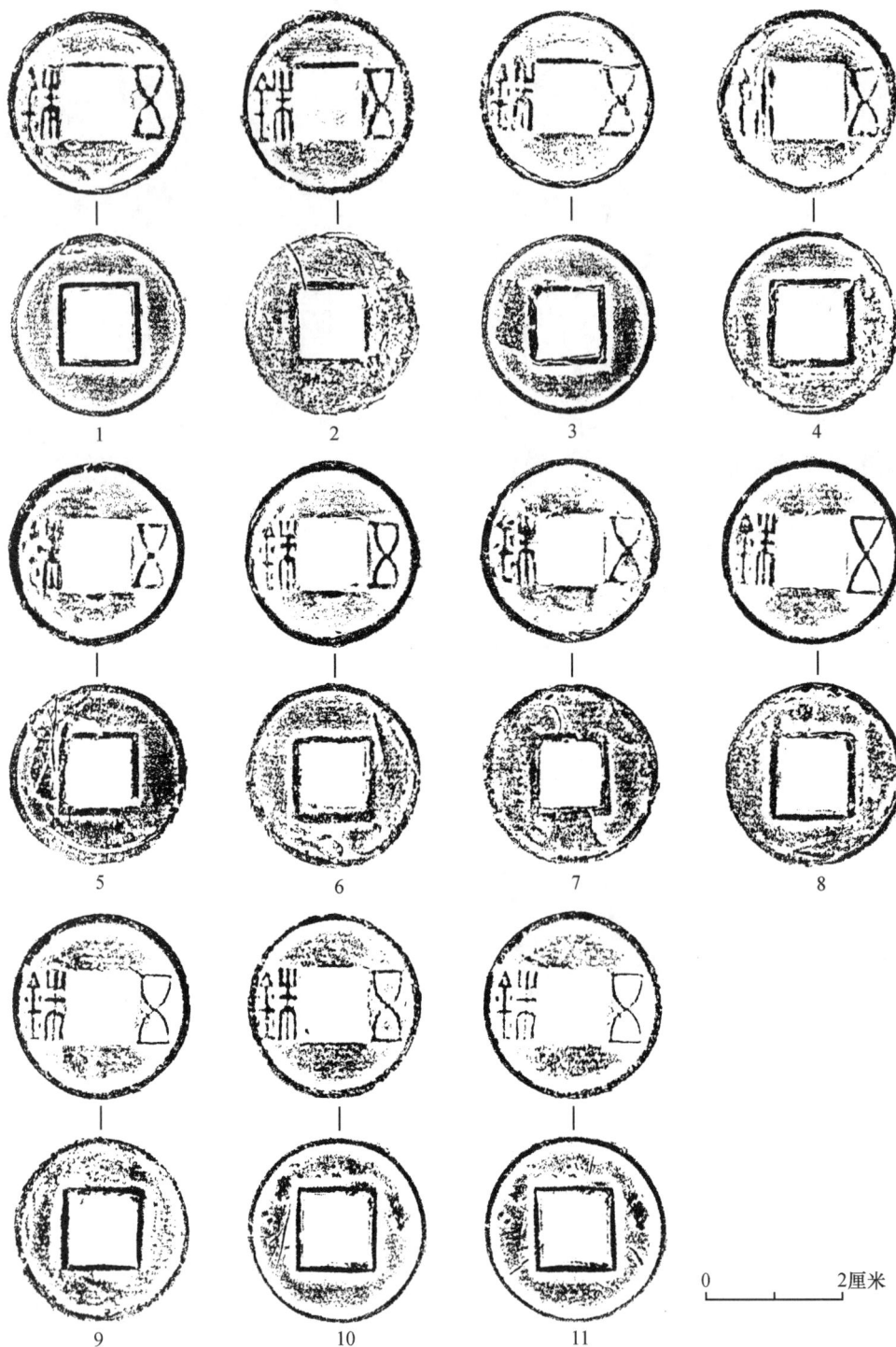

图四二八　Ⅰ区M149出土铜钱

1. M149：5-1　2. M149：5-2　3. M149：5-3　4. M149：5-4　5. M149：5-5　6. M149：5-6　7. M149：5-7　8. M149：5-8
9. M149：5-9　10. M149：5-10　11. M149：5-11

第一四七节　M150

1. 墓葬形制

M150，位于第一阶地中部偏南，探方T0602内，墓道延伸至T0702，西与M151并穴合葬，南侧为并列的M172、M173。方向25度。形制为竖穴墓道土洞墓，墓道与墓室有一定夹角，略呈刀把形，由墓道、墓室两部分组成（图四二九；图版五〇，3、4）。

墓道　位于墓室的北端，平面呈长方形，壁面较直。开口长2.50、宽0.80、底距开口深3.0米。墓道内填五花土，土质疏松，未经夯打。

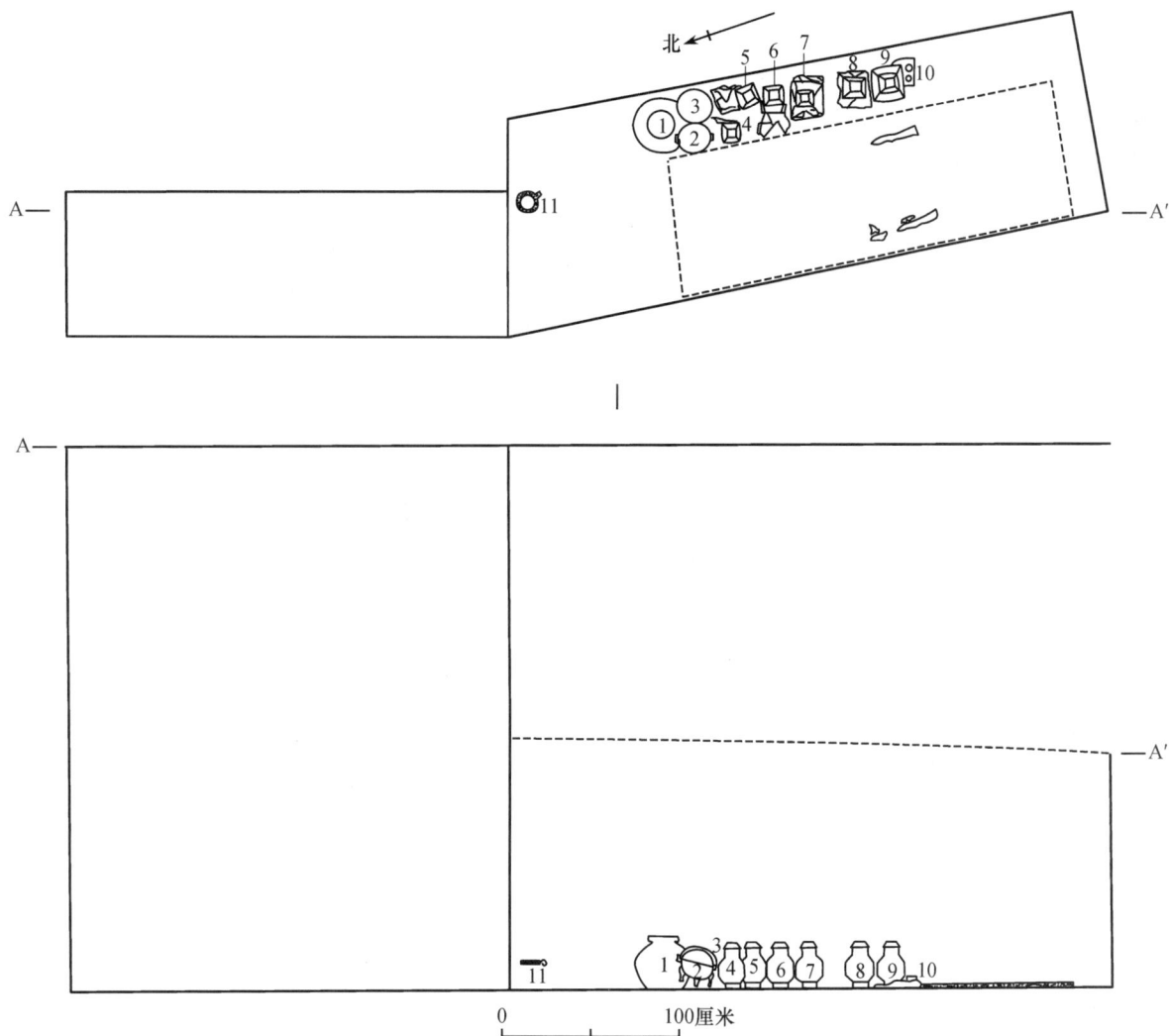

图四二九　Ⅰ区M150平、剖面图

1.陶缶　2、12.陶鼎　3.陶盒　4～9.陶钫　10.陶灶1陶（盆1、甑1）　11.铁铺首环

墓室　平面略呈长方形，拱顶土洞。墓室长3.40、宽1.10、高1.40米。该墓未被盗扰，器物出土于墓室东侧，计有陶鼎2、陶盒1、陶钫6、陶缶1、陶灶1套（盆1、甑1）、铁铺首环1。

封门　不详。

葬具　木棺1具，仅存棺痕，长2.26、宽0.80米。

葬式　骨架1具，保存较差，朽成粉末状，仰身直肢葬，头向北。

2. 出土器物

该墓出土器物14件，质地为陶、铁两种，分述如下。

陶器　13件，均为泥质灰陶，器类有鼎、盒、钫、缶、灶、盆、甑。

鼎　2件（M150：2、12），形制相同。盖，浅覆钵形，弧顶。器身，子母口内敛，弧腹，近平底，肩附对称外撇板耳，耳顶端平折，底附三马蹄形足，腹部有一周台棱。器表彩绘。盖面，三组红彩卷云纹，边缘一周红彩带；器身两周红彩环带。标本M150：2，盖径17.8、器身口径17.7、腹深7.6、足高5.1、通高13.6厘米（图四三〇，1）。

盒　1件，标本M150：3，盖缺；器身，子母口内敛，弧腹，平底。标本M150：3，口径17.6、腹深7.4、底径7.6、高7.4厘米（图四三〇，2）。

钫　6件（M150：4、5、6、7、8、9），形制相同。盖，覆斗形，子母口；器身，侈口，方唇，束颈，鼓腹，圈足。器表彩绘。盖，顶部中央白彩云纹，四坡上下各一周红彩圈带，之间两周白彩圈带。器身，口沿残存红彩带，沿下倒三角纹，足部一周红彩圈带。标本M150：5，盖，覆斗形，子母口；器身，侈口，方唇，束颈，鼓腹，圈足。器表彩绘，残损，彩绘脱落。高27.5、底径10厘米（图四三〇，3）。

缶　1件，标本M150：1，口微侈，平沿外斜，尖圆唇，短束颈，斜肩，折腹，下腹内收，平底，肩部饰磨光暗弦纹，腹部有一周宽环带纹。口径15.3、腹径31、底径15.3、高27.7厘米（图四三〇，4）。

灶　1件，标本M150：10-1，灶体平面呈马蹄形，前方后圆，灶面三釜呈"品"字形布置，后端一釜较大，尾部有短柱形烟囱，前端有方形的落地灶门，周围模印几何菱形纹。长16.8、宽15.4、高8厘米（图四三〇，5）。

盆　1件，与灶配套。标本M150：10-2，敞口，平沿，尖唇，弧腹，近平底。口径6.6、底径2、高2.6厘米（图四三〇，6）。

甑　1件，与灶配套。标本M150：10-3，敞口，平沿，尖唇，弧腹，圜底，底部有三个箅孔。口径6.4、高2.5厘米（图四三〇，7）。

铁铺首环　1件，标本M150：11，锈蚀，铺首残缺，背面有一榫，下衔一环。环直径10.1、通高15.2厘米（图四三〇，8）。

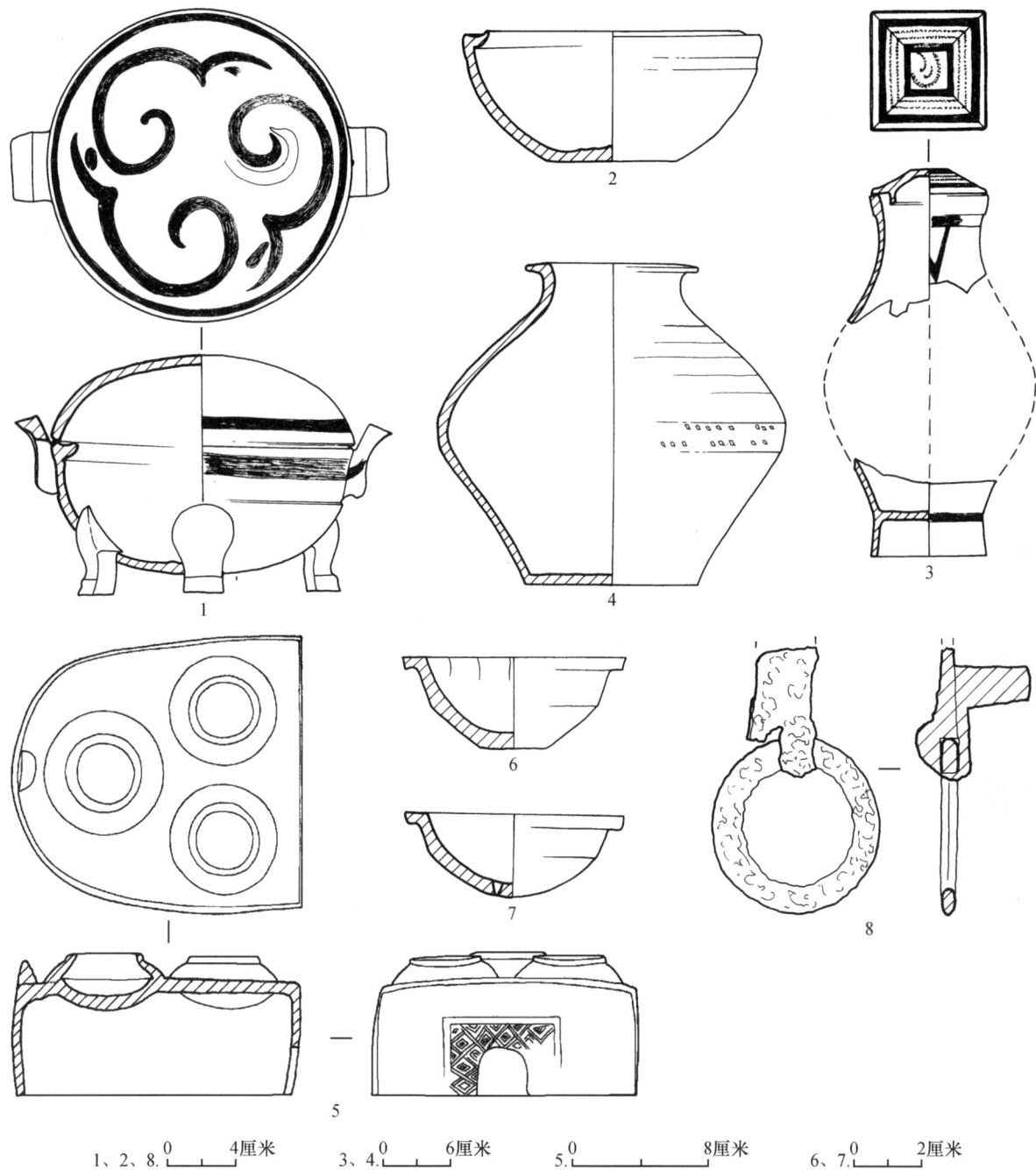

图四三〇 Ⅰ区M150出土器物

1、2、8. 0 ⊢—⊣ 4厘米   3、4. 0 ⊢—⊣ 6厘米   5. 0 ⊢—⊣ 8厘米   6、7. 0 ⊢—⊣ 2厘米

1.陶鼎（M150:2） 2.陶盒（M150:3） 3.陶钫（M150:5） 4.陶缶（M150:1） 5.陶灶（M150:10-1）
6.陶盆（M150:10-2） 7.陶甑（M150:10-3） 8.铁铺首环（M150:11）

第一四八节　M151

1. 墓葬形制

M151，位于第一阶地中部偏南，探方T0602内，东与M150并穴合葬。方向25度。形制为竖穴墓道土洞墓，墓室宽于墓道，由墓道、墓室两部分组成（图四三一；图版五一，1、2）。

墓道　位于墓室的北端，平面呈长方形，壁面较直，近墓室一端底部变宽。开口长2.60、宽1.0、距开口深4.0米。墓道内填五花土，土质疏松，未经夯打。

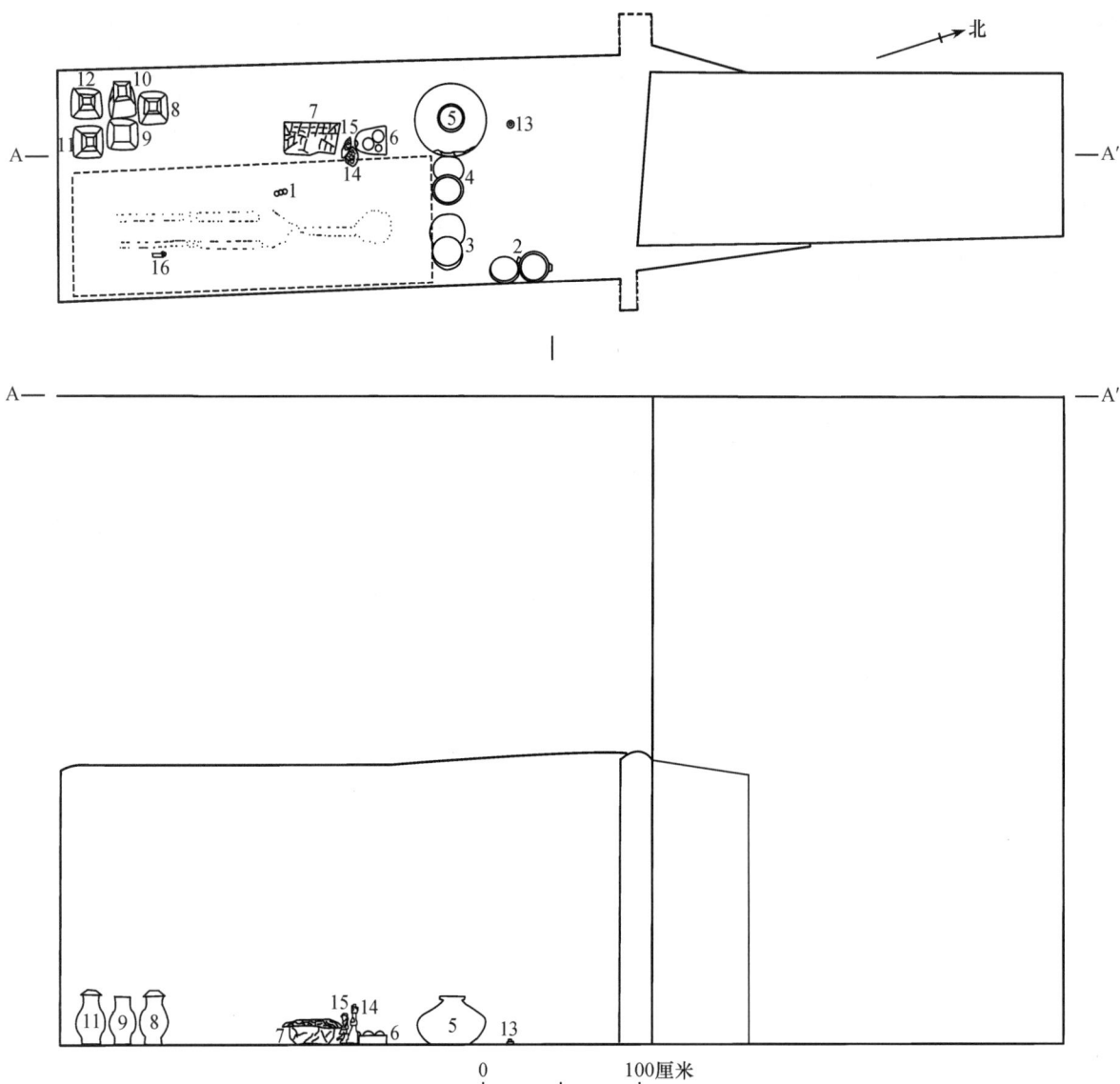

图四三一　Ⅰ区M151平、剖面图

1. 铜钱　2. 陶鼎　3、4. 陶盒　5. 陶缶　6. 陶灶1套（盆1、甑1）　7. 陶房形仓　8～12. 陶钫　13. 铅车軎　14、15. 陶人俑　16. 铜带钩

墓室 平面略呈长方形，拱顶土洞。墓室长3.80、宽1.42、高1.80米。该墓未被盗扰，器物主要出土于墓室的西部和北侧，计有陶鼎1、陶盒2、陶钫5、陶缶1、陶房形仓1、陶灶1套（盆1、甑1）、陶人俑2、铜带钩1、铅车軎1、铜钱4。

封门 木板封门，墓壁东西两侧有封门槽。槽宽0.10~0.20、进深0.20、高1.80米。

葬具 木棺1具，仅存棺痕。棺痕长2.50、宽0.78米。

葬式 骨架1具，保存较差，已成粉末状，仰身直肢葬，头向北。

2. 出土器物

该墓出土器物17件，另有铜钱4枚。质地为陶、铜、铅三种，分述如下。

陶器 15件，均为泥质灰陶，器类有鼎、盒、钫、缶、房形仓、灶、盆、甑、人俑（图版九四，2）。

鼎 1件，标本M151：2，盖，浅覆钵形，顶部均匀布置三钮；器身，子母口内敛，弧腹，圜底，肩附对称外撇板耳，耳顶端平折，底附三马蹄形足，腹部有一周台棱。器表红、白彩绘。盖，顶部三组卷云纹，卷云纹三重，内层双线白彩，中层红彩带，外层白彩带，边缘红、白两周彩带。鼎内侧有螺旋形拉坯痕迹。盖径17.4、器身口径17.8、腹深7.2、足高4.9、通高13.4厘米（图四三二，1；图版一三五，4）。

盒 2件（M151：3、4），形制相同。盖，覆钵形，顶有矮圈足提手；器身，子母口内敛，弧腹，平底。器表红、白彩绘，局部脱落严重。盖，提手内侧一周红彩圈带，中央两组对称白彩云气纹，提手外上、下各一周红彩带，之间以白线边框两段斜向红彩分其图案为三组，每组由一个卷云纹、变形三角云纹构成。器身，腹部红、白彩带各一周。器身轮制，底部有旋切痕。标本M151：3，盖径17.8、口径18、腹深7.6、底径8.1、高12.6厘米（图四三二，2）。

钫 5件（M151：8、9、10、11、12），形制相同。盖，覆斗形，子母口；器身，侈口，平沿，束颈，鼓腹，腹部模印铺首衔环，高圈足稍外撇。器表红、白彩绘，局部已脱落。盖，顶部白彩云纹，四坡上下各一红彩带，之间两周白彩带。器身，沿下、肩、腹及足部各一组红、白彩带，沿下彩带上白下红，肩、腹、足部彩带为上红下白，颈部两组彩带间，一周倒双层（内红、外白）三角纹，三角纹之间饰滴水纹，肩部两组彩带间饰"S"形多层卷云纹。器身四壁、底、铺首衔环分体模制，而后粘结，粘结处外侧削平，内侧抹泥加固。标本M151：8，盖径10.4、器身口径9.3、腹径17.4、足径10.4、足高3.6、通高32.4厘米（图四三二，3）。

缶 1件，标本M151：5，小口，平沿，尖唇，矮领，广斜肩，折腹，下腹斜内收，平底。肩部磨光，饰密集暗弦纹，腹部宽带状，上饰两周麻点纹，下腹饰带状竖向细绳纹。轮制，器底有轮旋痕。口径13.6、腹径40.8、底径19、高30厘米（图四三三，2；图版一三六，1）。

房形仓 1件，标本M151：7，仓身略呈梯形，上大下小，假圈足，庑殿顶，四坡板瓦、筒瓦覆盖，正面五窗，窗上有栓。顶檐长32.7、宽18.8、脊长17.1、底长20.4、宽9.4、通高25.5厘米（图四三三，1；图版一三六，2）。

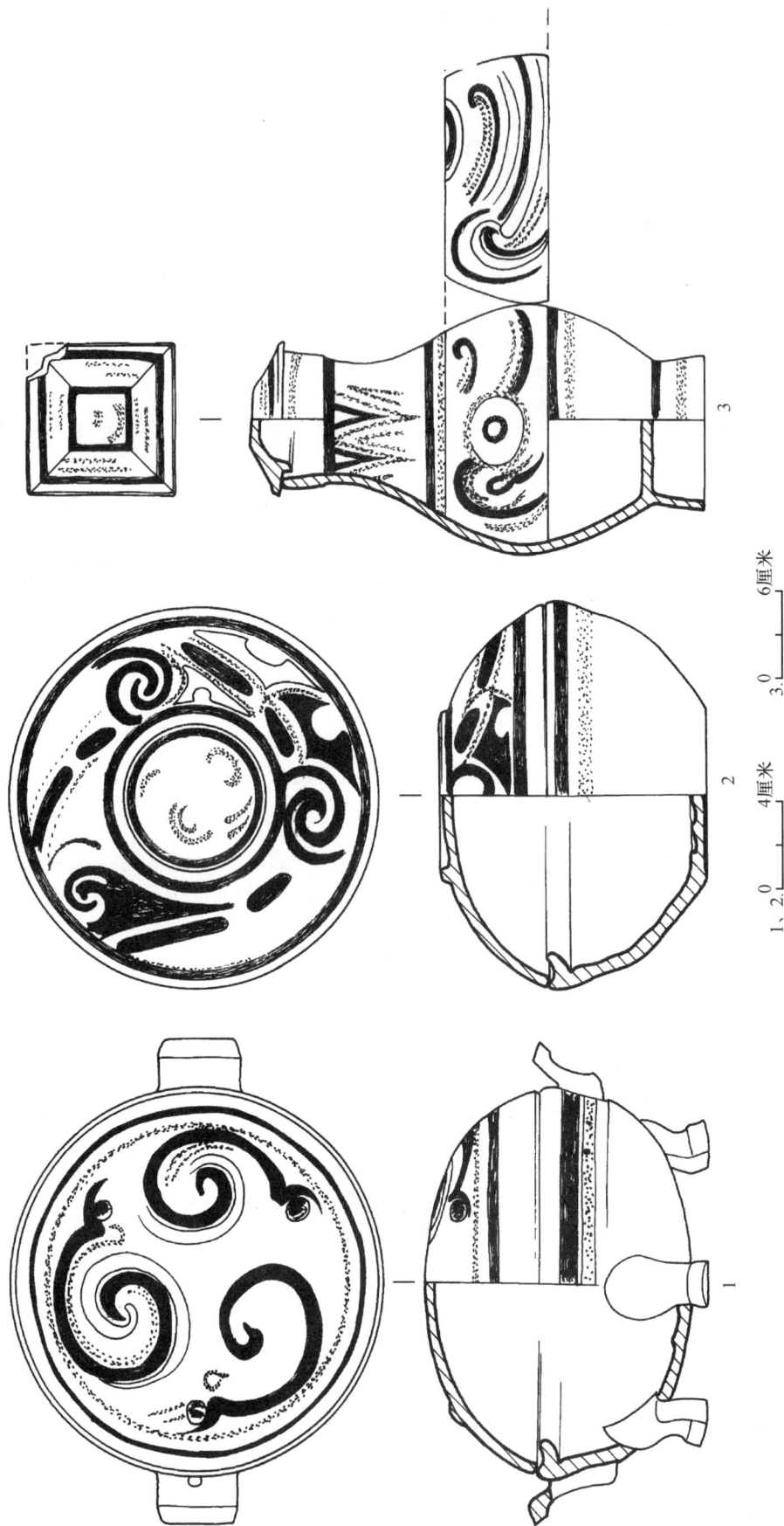

图四三二　Ⅰ区M151出土器物（一）

1. 陶鼎（M151∶2）　2. 陶盒（M151∶3）　3. 陶钫（M151∶8）

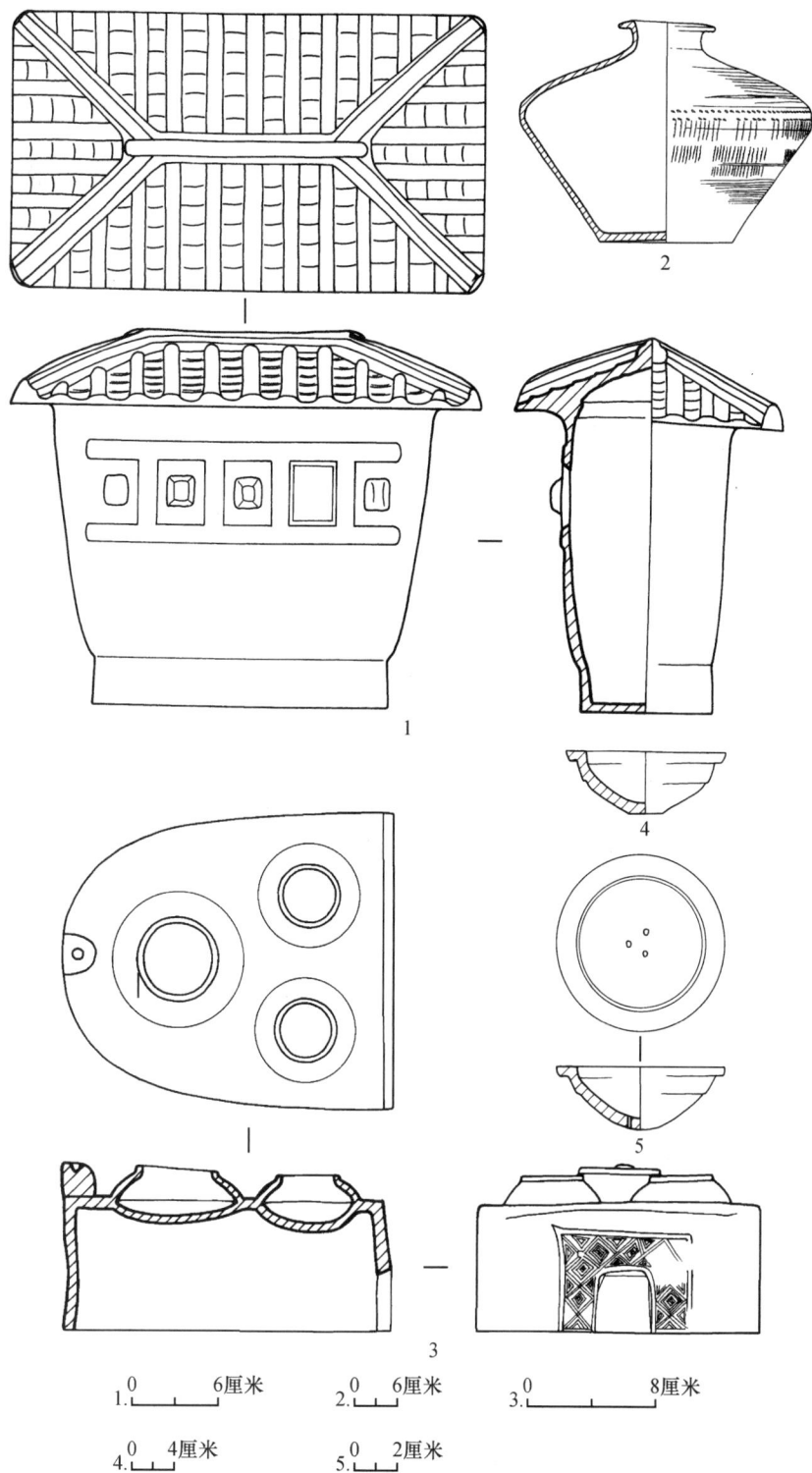

图四三三 Ⅰ区M151出土器物（二）

1. 陶房形仓（M151：7） 2. 陶缶（M151：5） 3. 陶灶（M151：6-1） 4. 陶盆（M151：6-3） 5. 陶甑（M151：6-2）

灶　1件，标本M151：6-1，灶体平面呈马蹄形，前方后圆，灶面三釜呈"品"字形布置，后端一釜大于前端两釜，尾部有短柱形烟囱，前端有方形的落地灶门，周围模印多层菱形纹。长20、宽17.4、高9.8厘米（图四三三，3；图版一三六，3）。

盆　1件，与灶配套。标本M151：6-3，敞口，平沿，尖唇，弧腹，近平底。口径7.5、底径1.6、高2.7厘米（图四三三，4）。

甑　1件，与灶配套。标本M151：6-2，敞口，平沿，尖唇，弧腹，圜底，底部有三个箅孔。口径7.8、高2.8厘米（图四三三，5）。

人俑　2件（M151：14、15），形制相同，均为女立俑。呈扁平状，身材修长，体态偏瘦，束发向后，至颈部上挽，成发髻于头顶，面庞清秀，双目平视，双唇微启，着衣四重，外层为交领宽袖襦，长裙垂地，双手拱于腹前，手隐于袖内。通体着白色陶衣。标本M151：14，宽11、厚5.4、高24.2厘米（图四三四，1；图版一三六，4~6）。

铜带钩　1件，标本M151：16，鸭形，钩首为鸭嘴形，钩身竖直，钩尾末端左右两侧有翅形装饰，圆柱形帽钮。通长5.3厘米（图四三四，2）。

铅车軎　1件，标本M151：13，残损，喇叭筒形，軎残长0.8、粗端径1.7厘米（图四三四，3）。

铜钱　4枚，均为半两钱，圆形方穿，穿之两侧有篆文"半两"二字（图四三五）。

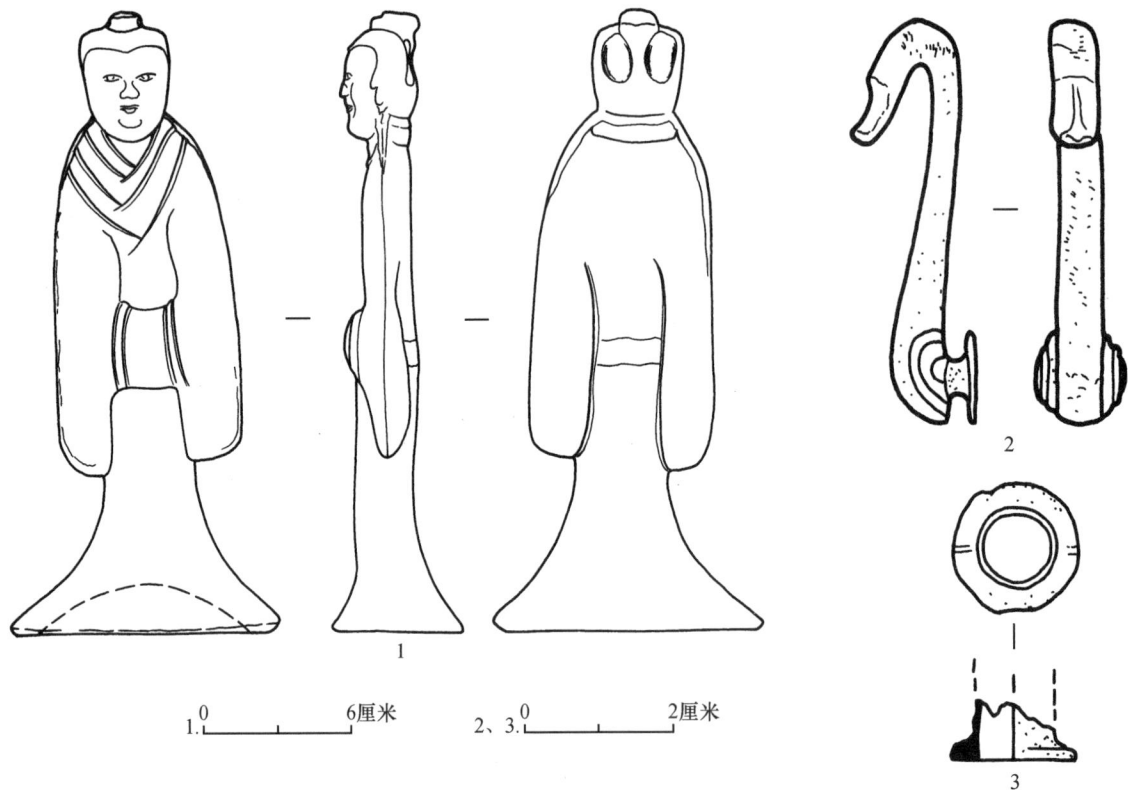

图四三四　Ⅰ区M151出土器物（三）

1. 陶人俑（M151：14）　2. 铜带钩（M151：16）　3. 铅车軎（M151：13）

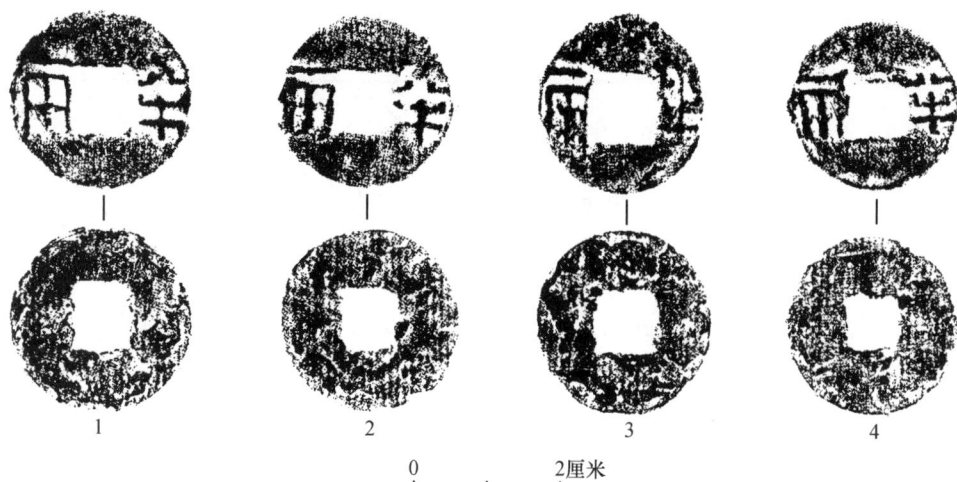

图四三五　Ⅰ区M151出土铜钱
1. M151∶1-1　2. M151∶1-2　3. M151∶1-3　4. M151∶1-4

第一四九节　M152

1. 墓葬形制

M152，位于第一阶地中部偏南，探方T0603内，东南临M150、M151，东北邻M92，东与M147基本并列，唯距离相对较远。方向205度。形制为竖穴墓道土洞墓，由墓道、墓室两部分组成（图四三六；图版五一，3、4）。

墓道　位于墓室的南端，平面呈长方形，壁面较直。开口长2.70、宽1.40、底距开口深3.50米。墓道内填五花土，土质疏松，未经夯打。

墓室　平面略呈长方形，拱顶土洞。墓室长3.40、宽1.40、高1.50米。该墓未被盗扰，器物主要出土于墓室的东西两侧，计有陶鼎1、陶盒2、陶钫2（残）、陶缶1、陶灶1套（盆1、甑1）、陶鸡2、陶狗1、陶猪1、铜带钩1。

封门　木板封门，东西两壁有封门槽。槽宽0.20、进深0.20～0.24、高1.50米。

葬具　木棺1具，仅存棺痕，长2.20、宽0.80米。

葬式　骨架1具，保存较差，已朽成灰，仰身直肢葬，头向北。

2. 出土器物

该墓出土器物14件，质地为陶、铜两种，分述如下。

陶器　13件，均为泥质灰陶，器类有鼎、盒、钫、缶、灶、盆、甑、鸡、狗、猪。

鼎　1件，标本M152∶3，盖缺；器身，子母口内敛，浅弧腹，近平底，肩附对称外撇板耳，耳顶端平折，底附三马蹄形足，腹部有一周台棱。腹部饰两周红、白彩带（上红、下白）。器身口径17.6、腹深6.8、足高5.2、通高9.1厘米（图四三七，1）。

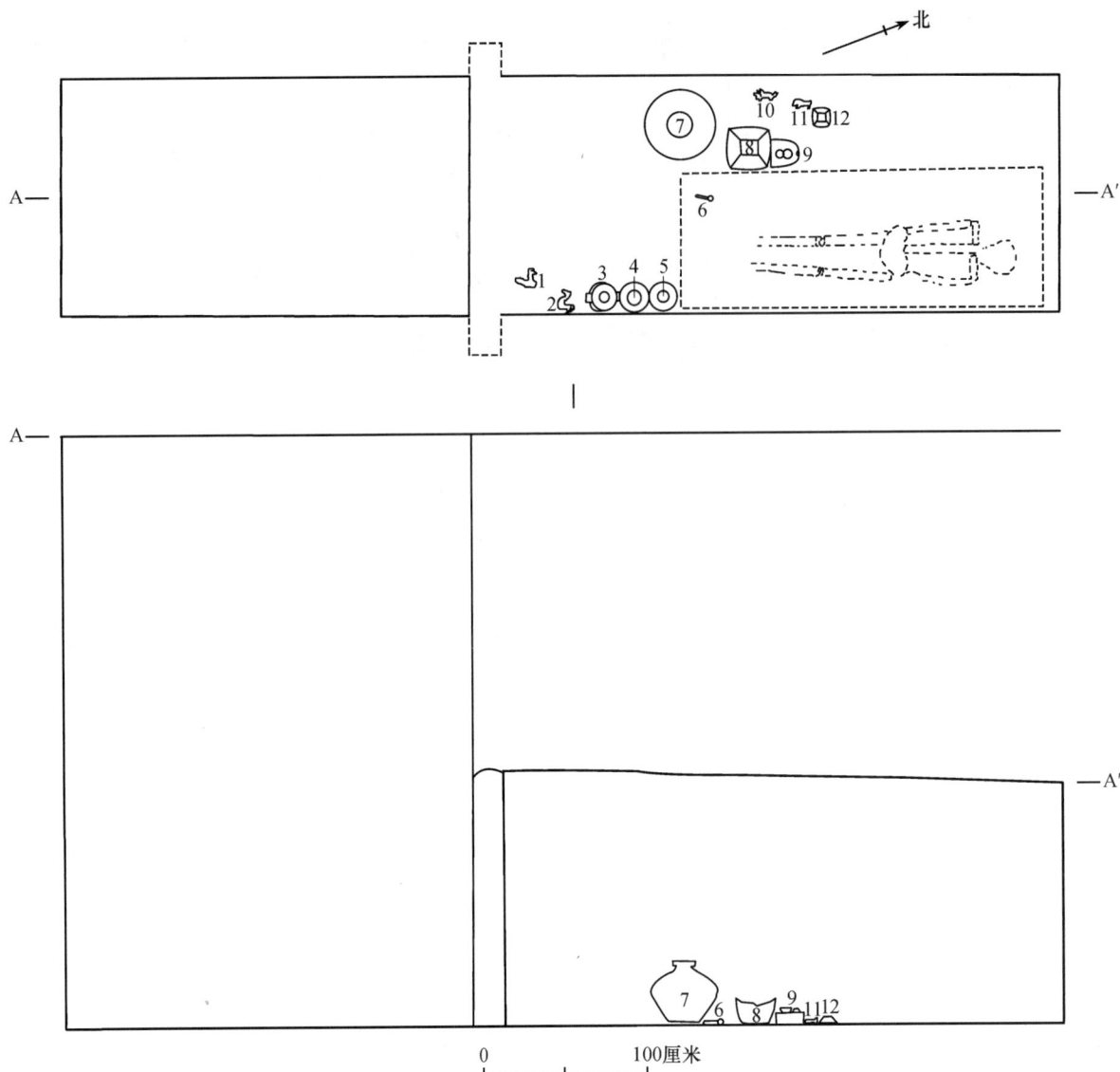

图四三六　Ⅰ区M152平、剖面图

1、2.陶鸡　3.陶鼎　4、5.陶盒　6.铜带钩　7.陶缶　8、12.陶钫　9.陶灶1套（盆1、甑1）　10.陶狗　11.陶猪

　　盒　2件（M152：4、5），形制相同。盖，覆钵形，顶有矮圈足捉手；器身，子母口内敛，弧腹，平底。器表饰红白彩绘，脱落严重。盖，捉手内侧一周红彩圈带，中央白彩云纹，捉手外上、下各一组彩带，每组两周，一红一白，红宽白窄，上组上红下白，下组上白下红，两组彩带之间三组对称布置的卷云纹、变形三角云纹等。器身，腹部两周红、白彩带（上红下白）。标本M152：5，盖径17.9、口径17.4、腹径7.6、底径8.8、高11.8厘米（图四三七，2）。

　　钫　2件（M152：8、12），均残，形制相同。盖，覆斗形，子母口；器身，侈口，平沿，方唇，束颈，鼓腹，高圈足稍外撇。器表红、白彩绘，脱落严重。盖，可辨四坡上、下各一周红彩带。器身，沿下、肩、腹及足部各一组红、白彩带（沿下一组上白下红，余均上红下白）。颈部两组彩带间，一周红、白彩倒三角纹（内红、外白），三角纹之间白彩滴水纹。肩部两组彩带之间，饰多重红、白彩"S"形卷云纹，衔环也饰以红、白彩圈带。标本M152：8，盖径10、器身口径10.5、腹径18、足径10.6、足高3.6、通高33.7厘米（图四三七，3）。

　　缶　1件，标本M152：7，小口，平沿外斜，尖唇，广斜肩略鼓，下腹内曲，平底。肩部饰密集凹弦纹，中腹环带状，之上饰两周麻点纹。轮制，器底有轮旋痕。口径13.2、腹径37.4、底径19.6、高31.5厘米（图四三七，4）。

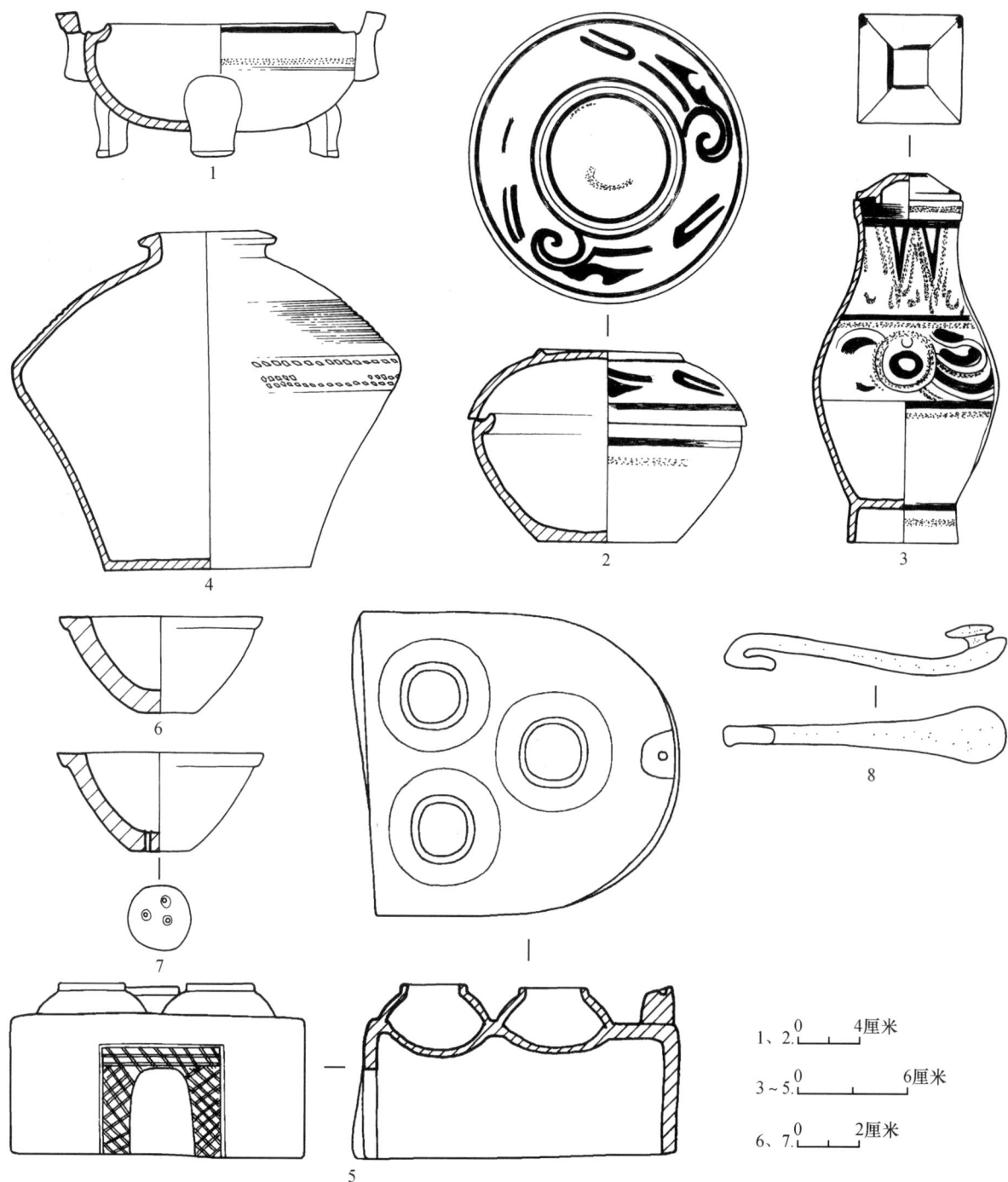

图四三七　Ⅰ区M152出土器物（一）

1. 陶鼎（M152：3）　2. 陶盒（M152：5）　3. 陶钫（M152：8）　4. 陶缶（M152：7）　5. 陶灶（M152：9-1）

6. 陶盆（M152：9-2）　7. 陶甑（M152：9-3）　8. 铜带钩（M152：6）

　　灶　1件，标本M152：9-1，灶体平面呈马蹄形，前方后圆，灶面三釜呈"品"字形布置，尾部有短柱形烟囱，前端有方形落地灶门，周围模印菱形网格纹。灶面、灶壁分体模制而后粘结，釜之肩部与灶面一次性模制而成，腹模制而后粘结于相应的位置。长17.7、宽16、高9.2厘米（图四三七，5）。

　　盆　1件，与灶配套。标本M152：9-2，敞口，平沿，尖唇，弧腹，平底。模制，沿面有制坯时留下的线切纹。口径6.6、底径2、高3厘米（图四三七，6）。

　　甑　1件，与灶配套。标本M152：9-3，敞口，平沿，尖唇，弧腹，平底，底部有三个箅孔。模制，沿面有制坯时留下的线切纹。口径6.6、底径2、高3厘米（图四三七，7）。

　　鸡　2件，模制，器身中间有一纵向模制扉棱，用刀削平。标本M152：1，公鸡，尖喙，圆目，三角冠，细长颈，腹底平，尾部扁平，先上翘而后下卷，线刻双翅。头冠、眼、下颌和颈部饰以红彩。通高6.8、长11.4厘米（图四三八，1）。标本M152：2，母鸡，尖喙，圆目，细长颈，腹底平，尾部扁平上翘，线刻出双翅。眼部饰以红彩。通高6.6、长11.0厘米（图四三八，2）。

　　狗　1件，模制，器身中间有一纵向模制扉棱，用刀削平。标本M152：10，站立状，体形修长，尖嘴，双耳直竖，尾部有一小孔。脖颈红彩绘出项圈及绳索。通高5.4、长12.8厘米（图四三八，3）。

　　猪　1件，模制，器身中间有一纵向模制扉棱，用刀削平。标本M152：11，站立状，头下低，嘴微张，双眼圆睁，耳朵椭圆，短尾，紧贴臀部，颈上鬃毛直立，腹略下垂。嘴、眼、耳饰以红彩。通高5.25、长9.7厘米（图四三八，4）。

　　铜带钩　1件，标本M152：6，琵琶形，兽首，素面，尾端有圆柱帽形钮。通长9.1厘米（图四三七，8）。

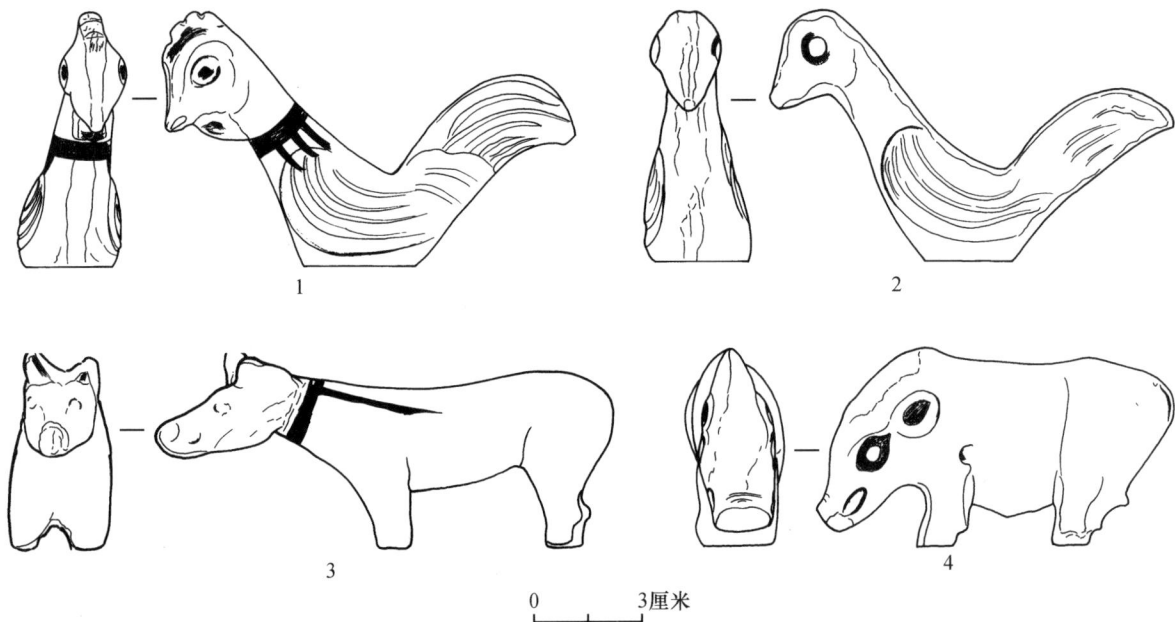

图四三八　Ⅰ区M152出土器物（二）
1、2.陶鸡（M152：1、2）　3.陶狗（M152：10）　4.陶猪（M152：11）

第一五○节　M153

1. 墓葬形制

M153，位于墓地中部，探方T0704内，第一、二阶地交界处，墓道打破M154墓道，二者呈十字交叉，向南面对M131。方向205度。形制为斜坡墓道土洞墓，由墓道、甬道、墓室三部分组成（图四三九；图版五二，1、2）。

墓道　位于墓室的南端，平面呈梯形，南宽北窄，壁面较直，底部呈斜坡状。开口长9.20、宽0.56～0.82、底宽0.82、坡长10.50、底距开口深0～4.30米，坡度28度。墓道内填五花土，土质疏松，未经夯打。

甬道　位于墓室和墓道之间，拱顶土洞。长0.50、宽1.40、高1.40米。

墓室　平面呈长方形，拱顶土洞。墓室长3.50、宽1.40、高1.40米。该墓未经盗扰，器物主要出土于墓室南部，计有陶罐1、铜带钩1、铜柿蒂形棺饰24、铅辖軎1、铅马衔镳1。

封门　木板封门。东西两壁有封门槽，内有朽木痕迹。槽宽0.20、进深0.30、高1.40米。

葬具　木棺1具，仅存棺痕。棺痕长2.20、宽0.70米。

葬式　骨架1具，保存很差，已成粉末状。头向北，仰身直肢葬。

2. 出土器物

该墓出土器物28件，质地为陶、铜、铅。分述如下。

陶罐　1件，标本M153：2，泥质灰陶，侈口，平沿，凹唇，矮领，圆鼓腹，平底。口径16、腹径27.2、底径17.2、高20厘米（图四四○，1）。

铜器　25件，器类有带钩和柿蒂形棺饰。

带钩　1件，标本M153：1，曲棒形，蛇首，钩身弧形，素面，圆柱帽形钮。通长9.2厘米（图四四○，2）。

柿蒂形棺饰　24件，形制相同，柿蒂形，与泡钉同出。标本M153：5，对角长3.5、泡径1.1、高0.85厘米（图四四○，3）。

铅器　2件，为辖軎和马衔镳。

辖軎　1件，标本M153：3，残，喇叭筒形，中部有三突棱。高1.3、大端直径1.6厘米（图四四○，4）。

马衔镳　1件，标本M153：4，残缺，仅存一段衔和单镳。衔残长2.5、镳残长3.7厘米（图四四○，5）。

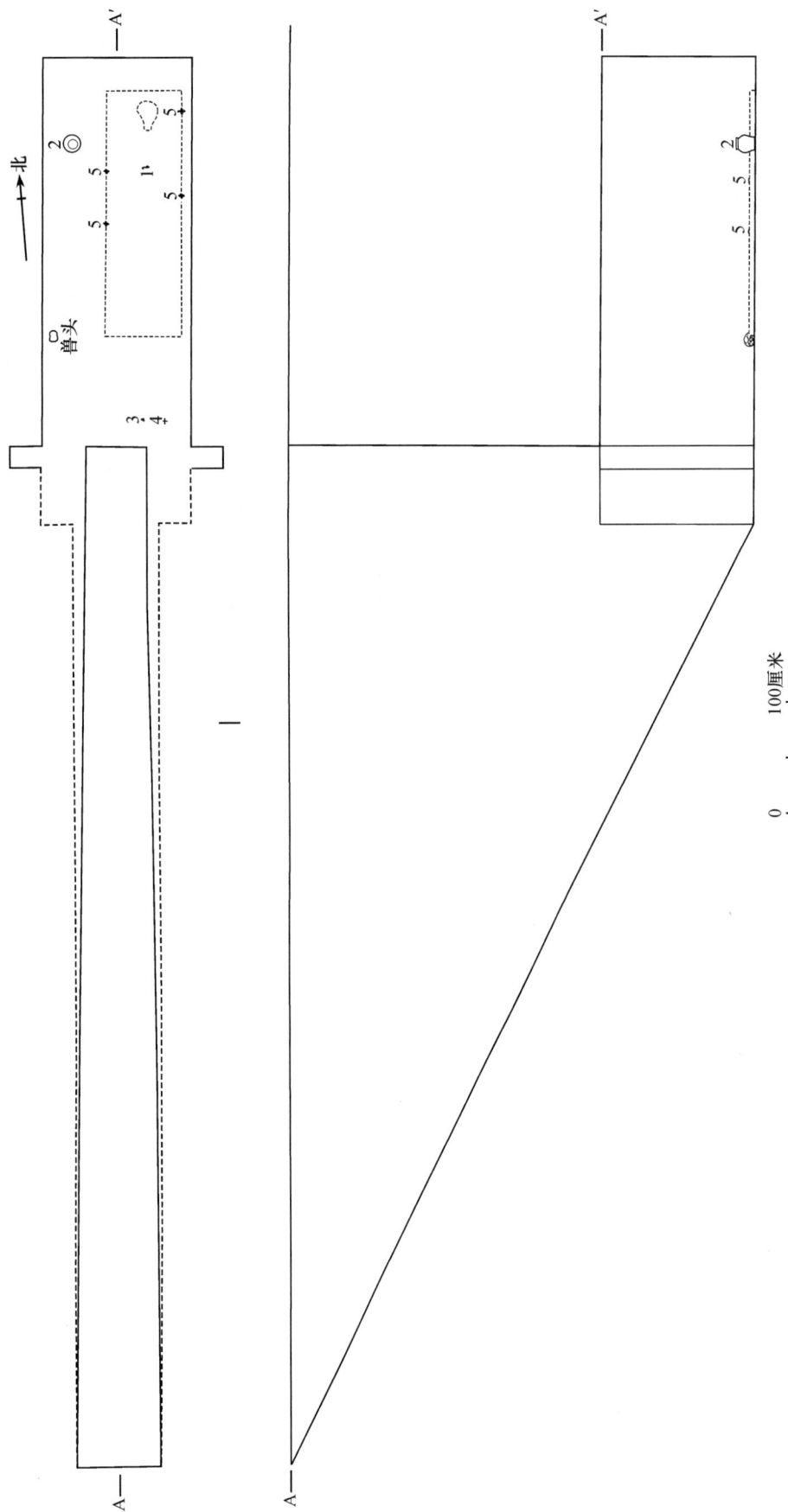

图四三九　Ⅰ区M153平、剖面图

1. 铜带钩　2. 陶罐　3. 铅辖害　4. 铅马衔镳　5. 铜柿蒂形棺饰

0   100厘米

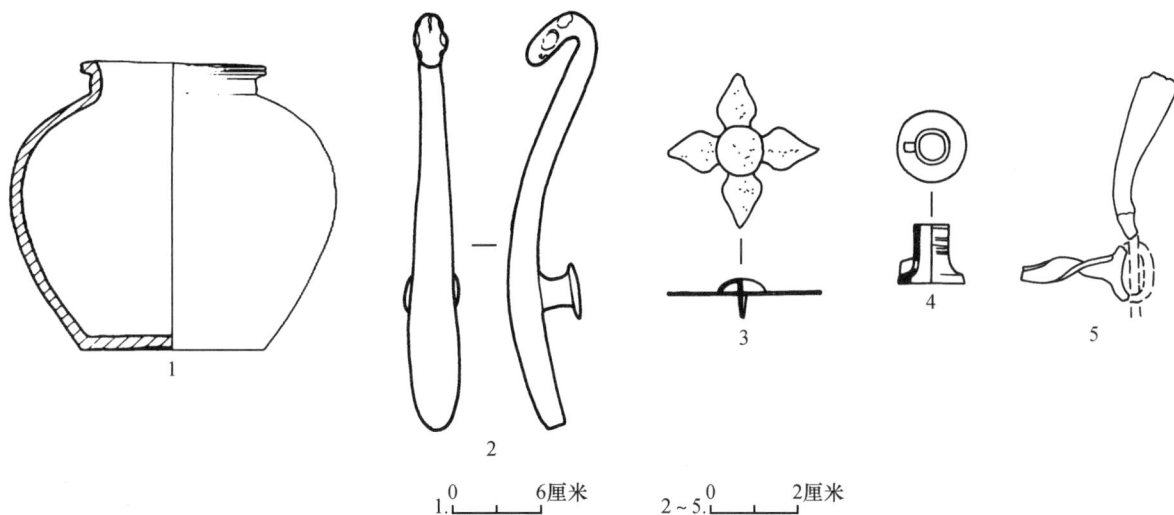

图四四〇　I区M153出土器物

1. 陶罐（M153：2）　2. 铜带钩（M153：1）　3. 铜柿蒂形棺饰（M153：5）　4. 铅辖𦈡（M153：3）　5. 铅马衔镳（M153：4）

第一五一节　M154

1. 墓葬形制

M154，位于墓地中部，探方T0704内，第一、二阶地交界处，被M153打破，南与M131基本并列，只是距离相对较远。方向290度。墓葬形制为斜坡墓道土洞墓，由墓道、过洞、天井、墓室四部分组成（图四四一；图版五二，3、4）。

墓道　位于墓室的西端，平面呈梯形，壁面较直，底部呈斜坡状。开口长7.40、宽0.78、坡长8.20、底距开口深0～3.60米，坡度26度。墓道内填五花土，土质疏松，未经夯打。

过洞　位于天井和墓道之间，拱顶土洞。长1.50、宽0.78、高1.40米。

天井　位于墓室和过洞之间，平面呈横长方形，壁面较直。长1.50、宽0.80、深4.0米。

墓室　平面呈长方形，拱顶土洞。墓室长3.30、宽1.20～1.30、高1.40米。该墓未经盗扰，器物主要出土于墓室南侧，小件器物出土于棺内。计有陶罐5、陶灶1套（盆1、甑1）、铜盆1、铜柄1、铜带钩1、铜柿蒂形棺饰24、铁剑1、铁削3。

封门　木板封门，发现木板倒塌痕迹。

葬具　木棺1具，仅存棺痕。长2.10、宽0.70米。

葬式　骨架1具，保存较差，已成粉末状，头向东，仰身直肢葬。

2. 出土器物

该墓共出土器物39件，质地为陶、铜、铁三种，分述如下。

陶器　8件，均为泥质灰陶，器类有罐、灶、盆、甑。

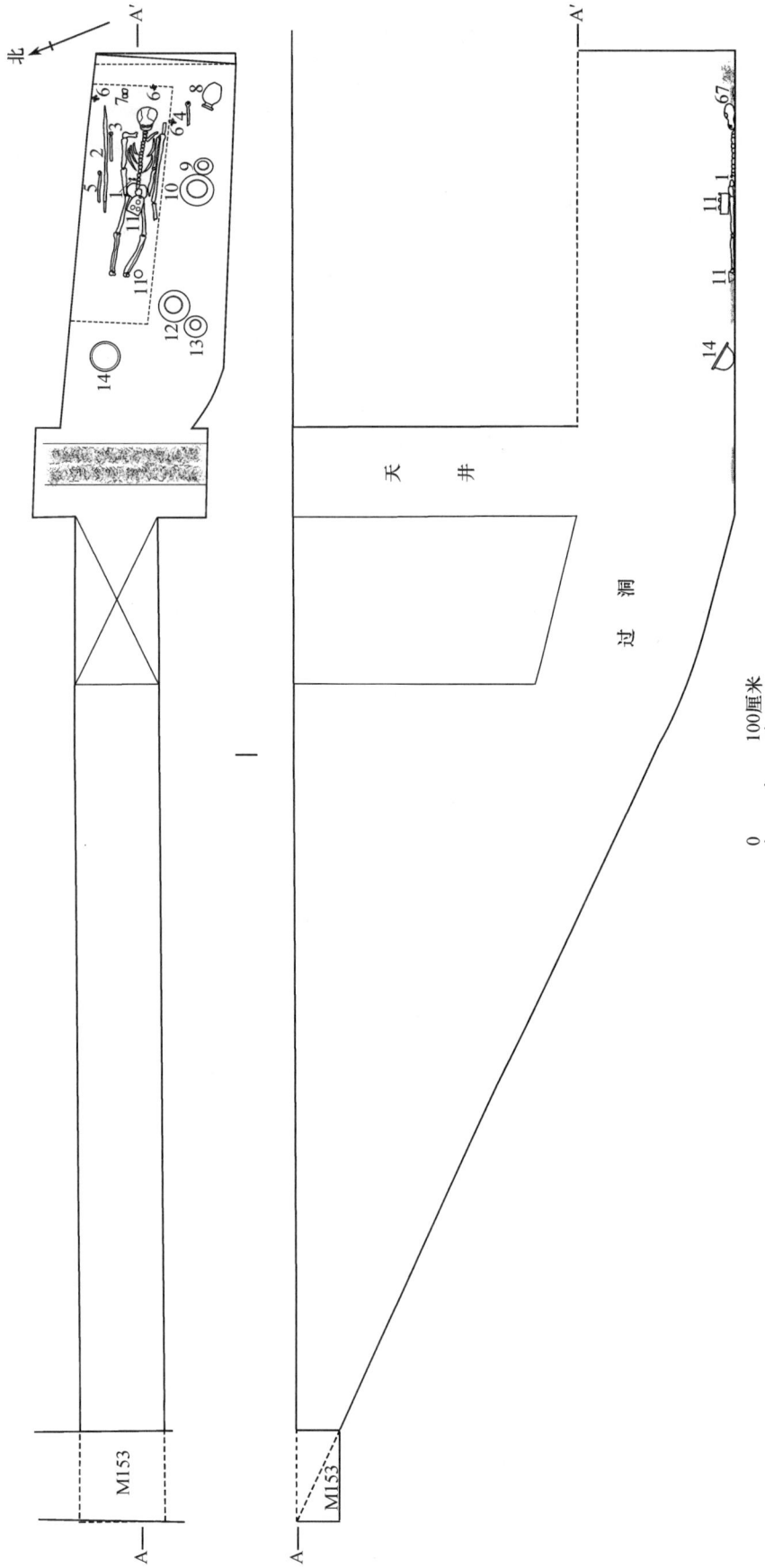

图四四— Ⅰ区M154平、剖面图

1. 铜带钩　2. 铁剑　3～5. 铁削　6. 铜柿蒂形棺饰　7. 铜柄　8～10、12、13. 陶罐　11. 陶灶1套（盆1、甑1）　14. 铜盆

　　罐　5件（M154：8、9、10、12、13）。M154：8、9、10，形制相同，侈口，圆唇，束颈，溜肩，鼓腹，平底，下腹有削痕。标本M154：8，口径7.8、腹径15.4、底径7.8、高21.4厘米（图四四二，1）。标本M154：12、13，形制相同，直口，圆唇，矮领，圆肩，鼓腹，大平底稍内凹。标本M154：12，口径16.2、腹径25.4、底径16.6、高17.2厘米（图四四二，2）。

　　灶　1件，标本M154：11-1，灶体平面呈马蹄形，前方后圆，灶面微鼓，灶面三釜呈

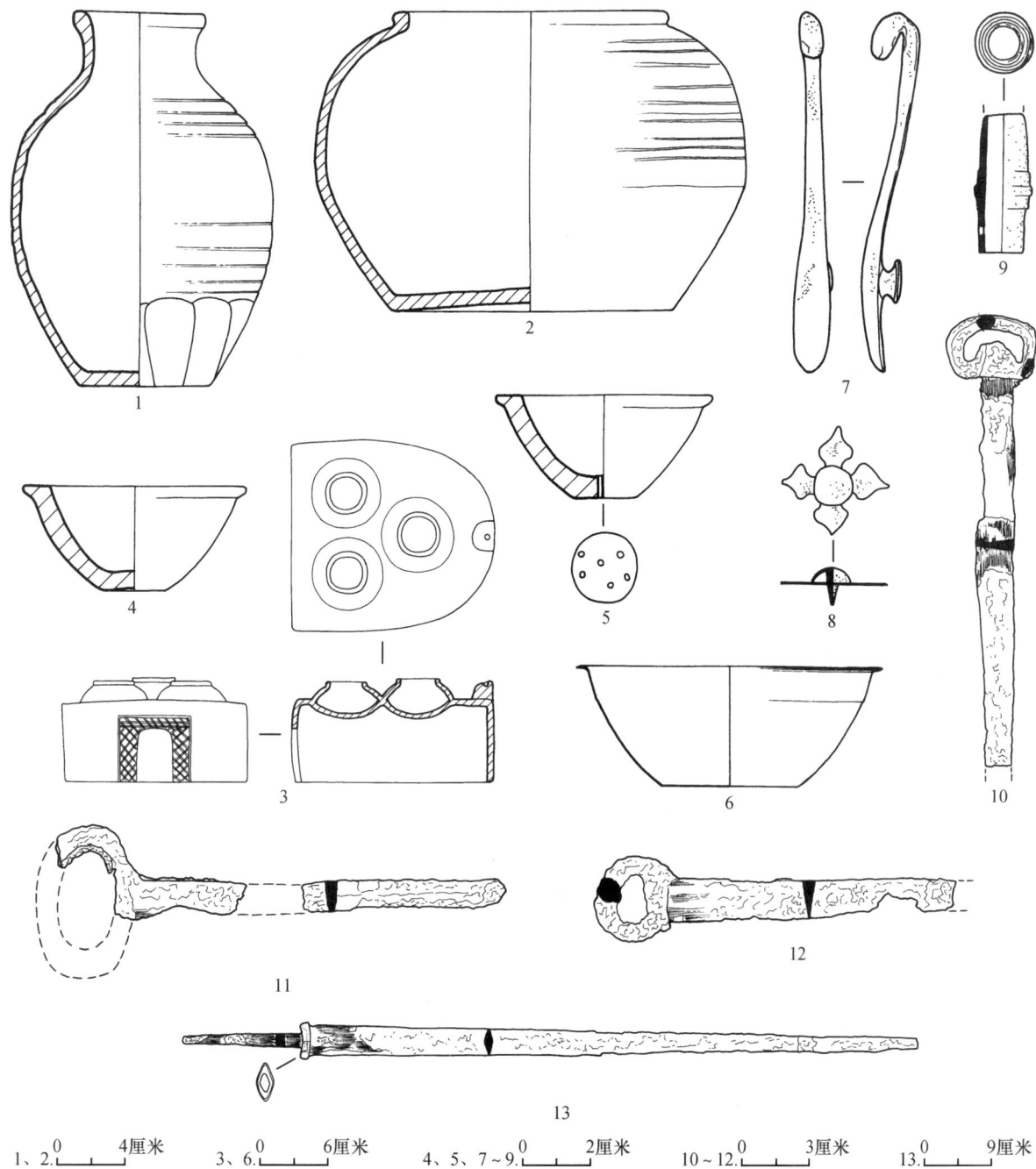

图四四二　Ⅰ区M154出土器物

1、2.陶罐（M154：8、12）　3.陶灶（M154：11-1）　4.陶盆（M154：11-3）　5.陶甑（M154：11-2）

6.铜盆（M154：14）　7.铜带钩（M154：1）　8.铜柿蒂形棺饰（M154：6）　9.铜柄（M154：7）　10～12.铁削

（M154：3～5）　13.铁剑（M154：2）

"品"字形布置，尾部有短柱形烟囱，前端有方形的落地灶门，周围模印菱形网格纹。长17.7、宽16.4、高8.8厘米（图四四二，3）。

盆　1件，与灶配套。标本M154：11-3，敞口，平沿，方唇，弧腹，平底。口径6.6、底径2、高3厘米（图四四二，4）。

甑　1件，与灶配套。标本M154：11-2，敞口，平沿，方唇，弧腹，平底，底部有六个箅孔。口径6.5、底径2、高3厘米（图四四二，5）。

铜器　27件，器类有盆、柄、带钩、柿蒂形棺饰。

盆　1件，标本M154：14，敞口，平沿，尖圆唇，斜直腹，平底，低矮假圈足。口径28.0、底径12.6、高10.6厘米（图四四二，6）。

带钩　1件，标本M154：1，曲棒形，蛇首，钩身弧形，素面，圆柱帽形钮。通长10.2厘米（图四四二，7）。

柿蒂形棺饰　24件，形制相同，柿蒂形，与泡钉同出。标本M154：6，对角长3.2、泡径1.2、高1.1厘米（图四四二，8）。

柄　1件，标本M154：7，筒形，中部有三突棱。长7.9、直径3.5厘米（图四四二，9）。

铁器　4件，器类有削、剑。

削　3件，形制基本相同，环首柄，直背，直刃。标本M154：3，残长19.4厘米（图四四二，10）。标本M154：4，残长19.7厘米（图四四二，11）。标本M154：5，残长16.2厘米（图四四二，12）。

剑　1件，M154：2，稍残，器表有木质剑鞘朽痕，铜质菱形剑格。长97.0厘米（图四四二，13）。

第一五二节　M155

1. 墓葬形制

M155，位于第一、二阶地交界处偏西，探方T0503内，墓道延伸至T0403，南与M156并穴合葬，西侧面对M157。方向280度。形制为斜坡墓道土洞墓，由墓道、墓室两部分组成（图四四三）。

墓道　位于墓室的西侧，平面略呈长方形，壁面较直，底呈斜坡状。开口残长7.50、宽0.76～0.90、坡长8.80、底距开口深0～4.70米，坡度22度。墓道内填五花土，土质疏松，未经夯打，内出土陶罐1件。

墓室　平面呈长方形，拱顶土洞。墓室长4.12、宽1.20、高1.50～1.60米。该墓被盗扰，器物主要出土于墓室南侧，计有陶鼎1、陶盒2、陶钫1、陶仓2、陶罐2、陶盆1、陶甑1、陶耳杯2（按：随葬陶质明器耳杯，这在东汉时期较为常见，而西汉时期较为少见）。

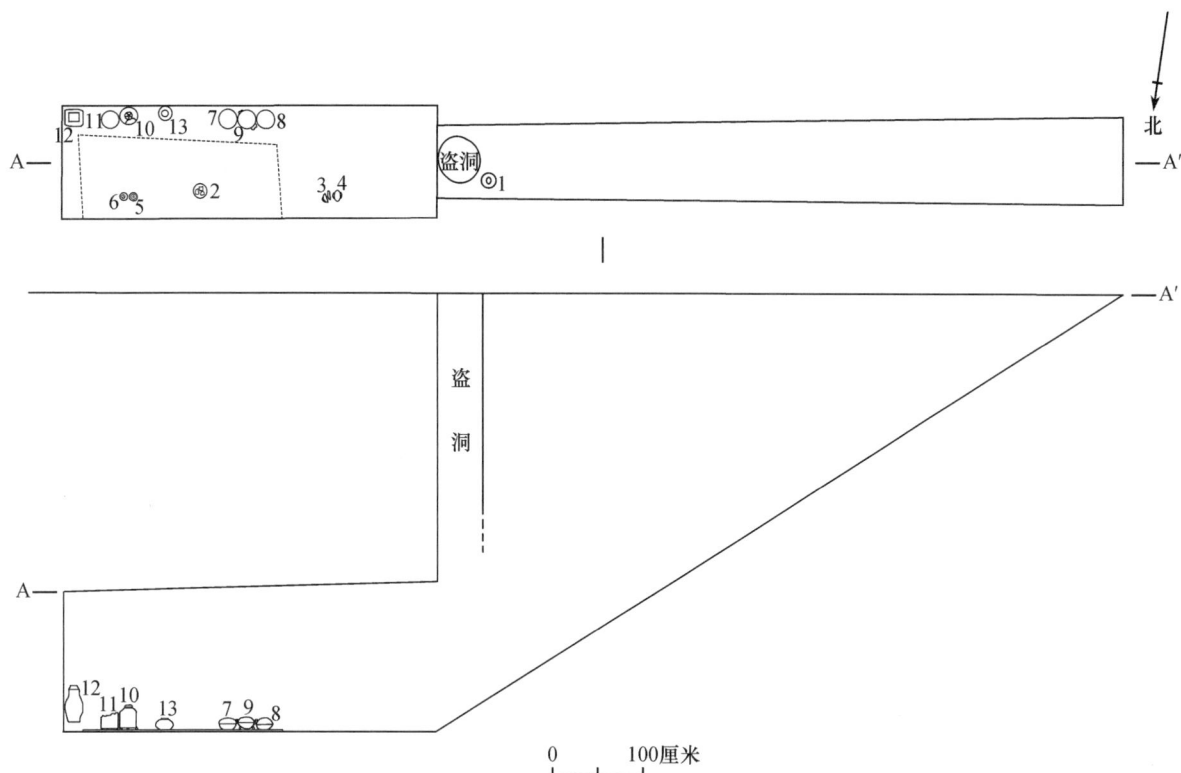

图四四三　Ⅰ区M155平、剖面图

1、2、13.陶罐　3、4.陶耳杯　5.陶盆　6.陶甑　7、8.陶盒　9.陶鼎　10、11.陶仓　12.陶钫

封门　土坯封门，已倒塌，结构不详。

葬具　木棺1具，仅存棺痕。长2.20、宽0.80～0.90米。

葬式　不详。

盗洞　1处，位于墓道末端，自上而下进入墓室。平面呈圆形，直径0.50米。

2. 出土器物

该墓出土器物13件，均为泥质灰陶器，器类有鼎、盒、仓、钫、罐、耳杯、盆、甑。

鼎　1件，标本M155：9，盖，浅覆钵形；器身，子母口内敛，深弧腹，圜底近平，肩附外撇弯曲板耳，顶端外折，腹中部有一周台棱，底附三马蹄形足。器表涂黑，之上红色彩绘。腹部台棱之上两周细红线，之间双线波折纹，波折与上、下红线形成三角纹，底边中央饰半圆圈纹，两底角饰羽状纹，台棱之下饰一周倒三角形纹。器身口径18.8、腹深10.4、足高7.8、通高14.7厘米（图四四四，1）。

盒　2件（M155：7、8），形制相同。盖，覆钵形，顶有矮圈足捉手；器身，子母口内敛，深弧腹，矮圈足。盖面装饰不详。器身先涂黑，之上饰红彩绘。盖下一周锯齿状三角纹，之下两周细线纹之间一周波折纹，波折与上、下细线形成的三角纹中，底线中央饰一半圆圈纹，两底角饰羽状纹。标本M155：7，盖径19.2、器身口径19、腹深9.9、底径10、高15.7厘米（图四四四，2）。

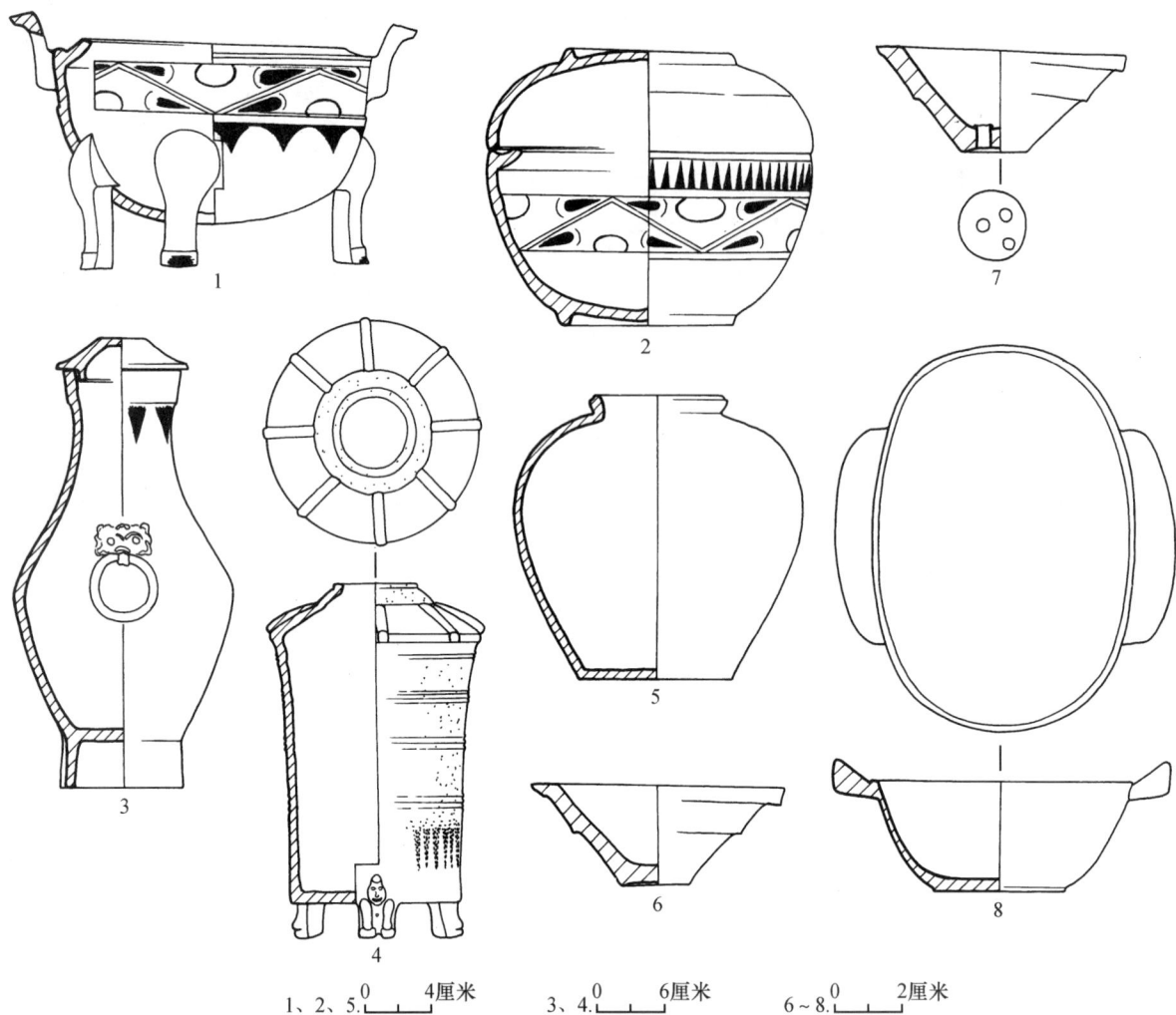

图四四四　Ⅰ区M155出土器物

1. 陶鼎（M155：9）　2. 陶盒（M155：7）　3. 陶钫（M155：12）　4. 陶仓（M155：11）　5. 陶罐（M155：13）

6. 陶盆（M155：5）　7. 陶甑（M155：6）　8. 陶耳杯（M155：4）

　　钫　1件，标本M155：12，盖，覆斗形，子母口；器身，侈口，平沿，束颈，鼓腹，高圈足稍外撇，腹部模印铺首衔环。器表红彩绘，剥落严重，仅沿下一周倒三角纹依稀可辨。盖径11.3、器身口径10.2、腹径18.9、足径10.3、足高3.9、通高34.5厘米（图四四四，3）。

　　仓　2件（M155：10、11），盖，浅碟形，顶部有一圆钮，之外有一周凸棱，外侧均匀布置八条凸棱；器身，小口，圆唇，矮领，稍出檐，绕口一周有环状台面，之外均匀布置八条凸棱，筒腹，平底，底附三蹲踞形胡人足，腹部饰三组（每组三道）凹弦纹。器表施白色陶衣，之上彩绘，剥落严重，内容不可辨。标本M155：11，盖径、器身口径7.6、底径15.3、足高3、通高30.2厘米（图四四四，4）。

　　罐　3件（M155：1、2、13），形制相同。侈口，双唇，矮领，鼓肩，下腹内收，平底。器表涂黑。标本M155：13，口径8.2、腹径17.2、底径9.2、高16.6厘米（图四四四，5）。

　　盆　1件，标本M155：5，敞口，平沿，方唇，折腹，平底内凹。口径7.4、底径2、高2.9

厘米（图四四四，6）。

甑　1件，标本M155：6，敞口，平沿，方唇，折腹，底部有三个箅孔。口径7.4、底径2、高3厘米（图四四四，7）。

耳杯　2件（M155：3、4），杯体椭圆船形，较瘦长，敞口，方唇，浅弧腹，低矮假圈足，口沿两侧有对称月牙形耳，耳微上翘，耳面内侧略低于杯口，外侧高于杯口。M155：4，口径7.7～11、底径3.9、高3.7厘米（图四四四，8）。

第一五三节　M156

1. 墓葬形制

M156，位于墓地中部偏西第一、二阶地交界处，探方T0503内，墓道延伸至T0403，北与M155并穴合葬。方向280度。形制为斜坡墓道砖室墓，由墓道、墓室两部分组成（图四四五）。

墓道　位于墓室的西端，平面略呈长方形，壁面较直，底呈斜坡状。开口残长7.80、宽0.80～0.90、坡长8.80、底距开口深0～4.40米，坡度27度。墓道内填五花土，土质疏松，未经夯打。

墓室　平面呈长方形，砖室塌毁，结构不详。墓室长4.0、宽1.36、高1.60米。该墓被盗扰严重，未出土器物。

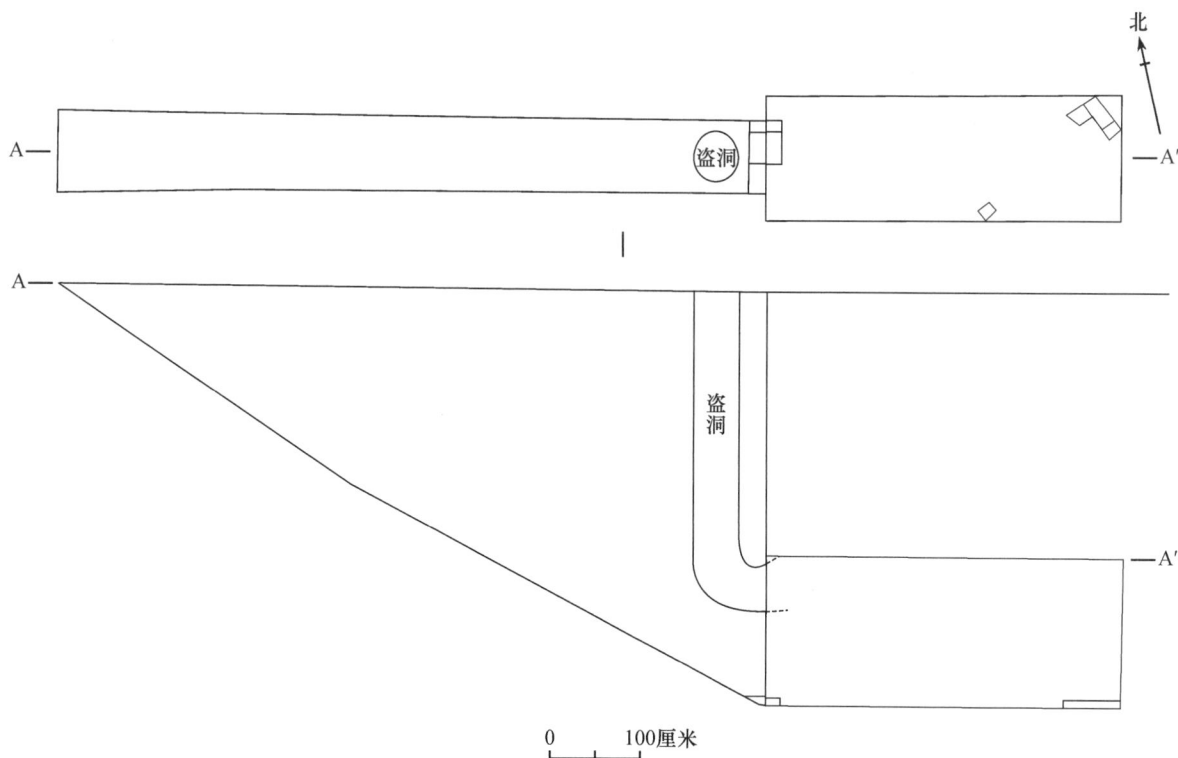

图四四五　Ⅰ区M156平、剖面图

封门　条砖封门，砖的尺寸35厘米×18厘米×8厘米。

葬具　不详。

葬式　不详。

盗洞　1处，位于墓道末端，自上而下进入墓室，平面呈圆形，直径0.50米。

2. 出土器物

该墓未出土器物。

第一五四节　　M157

1. 墓葬形制

M157，位于第一、二阶地交界处稍偏西，探方T0403北端偏东，墓室延伸至T0404，东邻M155、M156，向南打破M158。方向190度。形制为斜坡墓道土洞墓，墓道略左折，由墓道、墓室、小龛三部分组成（图四四六）。

墓道　位于墓室的南端，平面呈长方形，壁面较直，底呈斜坡状。开口残长9.0、宽0.80、坡长10.0、底距开口深0～4.40米，坡度29度。墓道内填五花土，土质疏松，未经夯打。

墓室　平面略呈长方形，拱顶土洞。墓室长3.60、宽1.22～1.50、高1.90米。墓室东侧靠近封门处有一小龛，拱顶土洞，宽0.46、进深0.20、高0.50米。该墓被盗扰，器物大多出土于墓室南部，计有陶鼎盖1、陶盒盖1、陶钫盖1、陶仓盖3、陶樽1、陶灶1、铜柿蒂形棺饰3、铅扣饰1、铅当卢1、铅盖弓帽3、铅马镳1、铅衡末饰1。

封门　条砖封门，错缝平砌。长1.20、宽0.12、高1.70米，条砖37厘米×18厘米×8厘米。

葬具　木棺1具，仅存棺痕，长2.30、宽0.90米。

葬式　不详。

盗洞　1处，位于墓道末端，自上而下进入墓室。平面呈圆形，直径0.50米。

2. 出土器物

该墓出土器物18件，质地为陶、铜、铅三种，分述如下。

陶器　8件，分为泥质灰陶和泥质红陶，器类有鼎、盒、钫、仓、樽、灶。

鼎盖　1件，标本M157∶8，泥质红陶，浅覆钵形，弧顶。轮制，口径17.6、高5.7厘米（图四四七，1）。

盒盖　1件，标本M157∶5，泥质灰陶，覆钵形，顶有矮圈足捉手。轮制，口径17.2、高5.5厘米（图四四七，2）。

钫盖　1件，标本M157∶4，泥质红陶，覆斗形，子母口，轮制。口径10.4、高3.2厘米

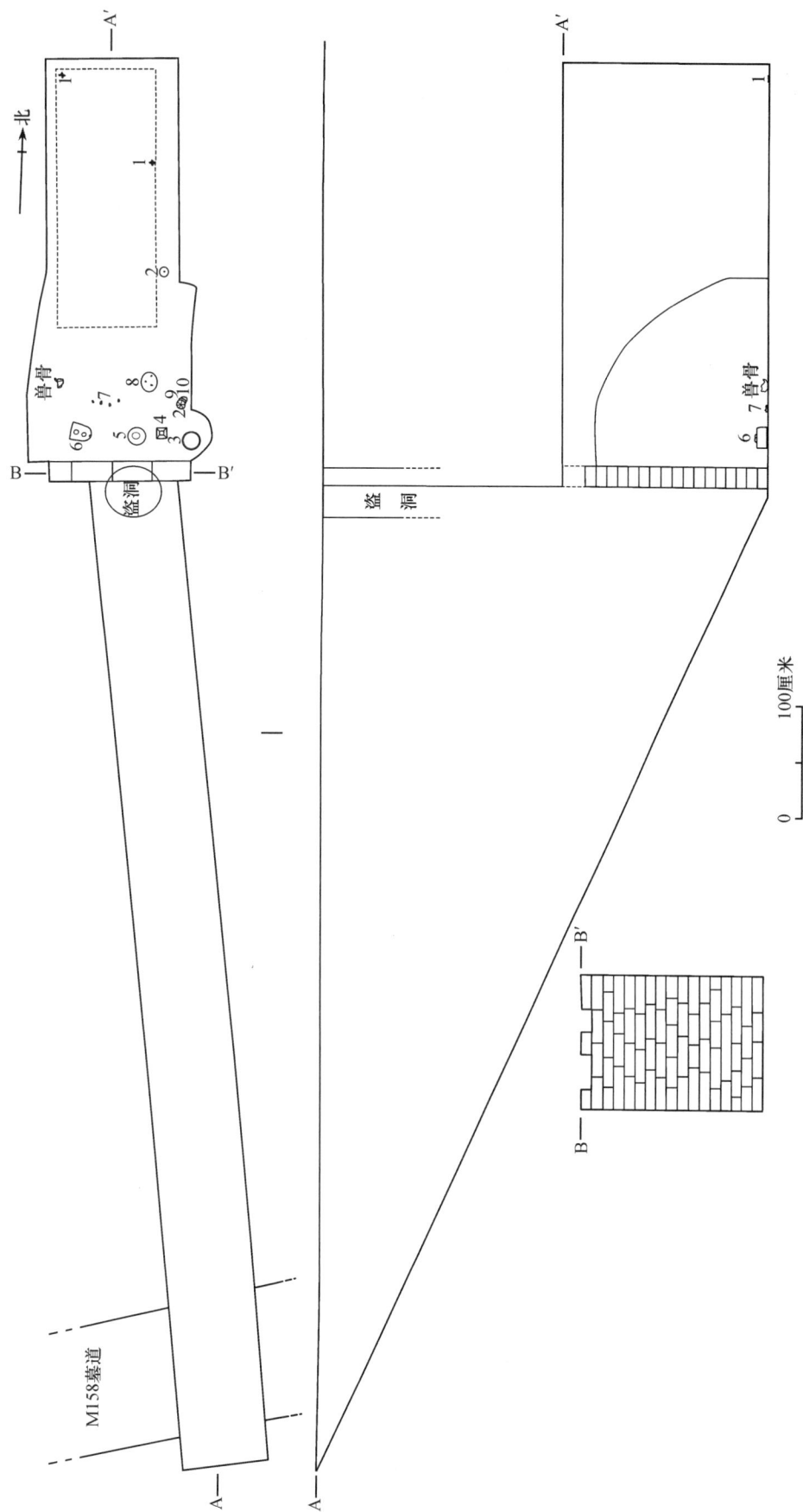

图四四六　Ⅰ区M157平、剖面图

1. 铜柿蒂形棺饰　2、9、10. 陶仓盖　3. 陶樽　4. 陶钫　5. 陶盒盖　6. 陶灶　7. 铅车马器　8. 陶鼎盖

（图四四七，3）。

仓盖　3件（M157：2、9、10），泥质灰陶。M157：2、9，覆浅碟形，近平顶，顶部用红色彩绘饰一圆形钮及六条竖棱，轮制，器内有轮旋纹，标本M157：9，口径9.6、高2.4厘米（图四四七，4）。标本M157：10，覆浅碟形，顶有一乳形钮，外侧有一周凸棱，凸棱外均匀布置八道竖棱。模制，口径9.3、高2.4厘米（图四四七，5）。

樽　1件，标本M157：3，泥质灰陶，直口，平沿，直腹，平底，轮制，器内有轮旋痕，口径20.3、底径20.5、高13厘米（图四四七，6）。

灶　1件，标本M157：6，灶体平面呈马蹄形，前方后圆，灶面两釜，前后布置，尾部有短柱形烟囱，前端有方形的落地灶门，周围模印多层菱形纹。灶面、灶壁分体模制而后粘结，釜之肩部与灶面一次性模制而成，腹模制而后粘结于相应的位置。长18.4、宽15.6、高7.6厘米（图四四七，7；图版一三七，2）。

铜柿蒂形棺饰　3件，形制相同，柿蒂形，多与泡钉同出。标本M157：1，对角残长3.1、

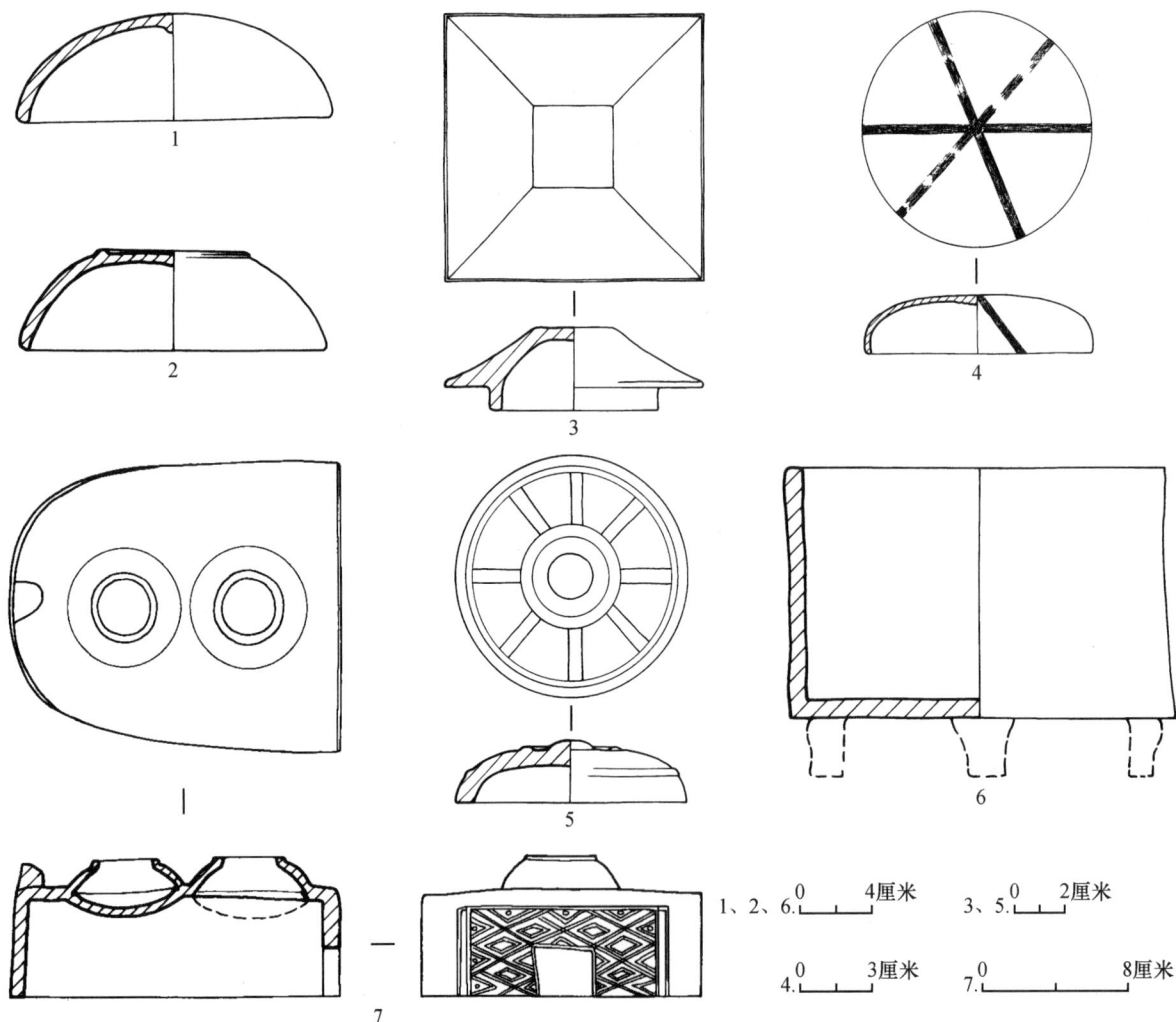

图四四七　Ⅰ区M157出土器物（一）

1. 陶鼎盖（M157：8）　2. 陶盒盖（M157：5）　3. 陶钫盖（M157：4）　4、5. 陶仓盖（M157：9、10）　6. 陶樽（M157：3）

7. 陶灶（M157：6）

泡径1.6、高0.9厘米（图四四八，1）。

铅器　7件，器类有扣饰、当卢、盖弓帽、马镳和衡末饰。

扣饰　1件，标本M157：7-1，圆扣帽形，下有两方形穿钮。直径1.25、高0.5厘米（图四四八，2）。

当卢　1件，标本M157：7-2，残缺，圭形片状，一面有浅浮雕卷云纹图案，另一面一端有一方形穿钮。残长2.4厘米（图四四八，3）。

盖弓帽　3件，形制相同。标本M157：7-3，筒形，上部为球形帽，中部有一倒刺。长1.4厘米（图四四八，4）。

马镳　1件，标本M157：7-4，残缺，仅存中部一段，有两穿孔。残长1.4厘米（图四四八，5）。

衡末饰　1件，标本M157：7-5，残缺，筒形，一端封闭，中部有一突棱。残长1.1厘米（图四四八，6）。

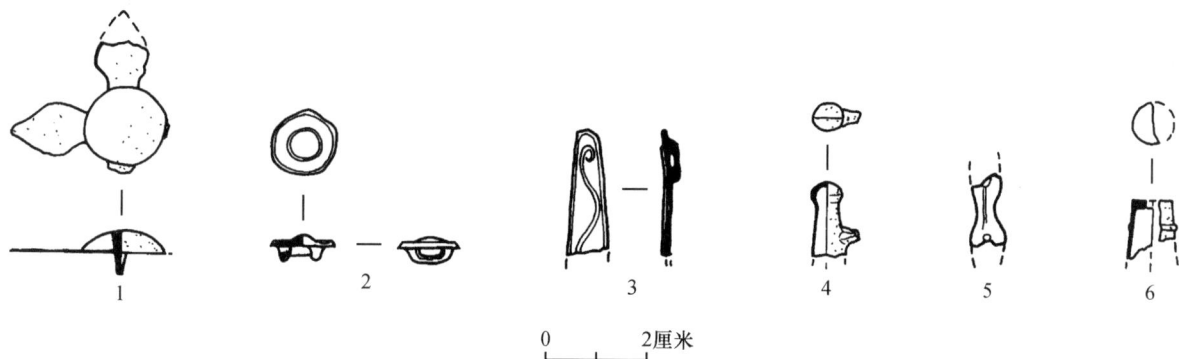

图四四八　Ⅰ区M157出土器物（二）
1. 铜柿蒂形棺饰（M157：1）　2. 铅扣饰（M157：7-1）　3. 铅当卢（M157：7-2）　4. 铅盖弓帽（M157：7-3）
5. 铅马镳（M157：7-4）　6. 铅衡末饰（M157：7-5）

第一五五节　M158

1. 墓葬形制

M158，位于第一阶地西部北侧，探方T0403内，墓室延伸至T0503，北邻M157，并被其打破，南与M177基本并列，唯距离相对较远，东侧有M144、M159，方向基本相同。方向260度。形制为斜坡墓道砖室墓，由墓道、墓室两部分组成（图四四九）。

墓道　位于墓室的西端，平面呈长方形，两侧壁有一级台阶，底呈斜坡状。开口残长8.80、宽0.92～1.10、坡长10.0、底距开口深0～4.60米，坡度26度。墓道内填五花土，土质疏松，未经夯打。

墓室　平面略呈长方形，砖室结构，塌毁，结构不详。墓室长3.90、宽2.07～2.20、高1.30米。该墓盗扰严重，出土有铜钱1枚。

北

A'

A'

•1

1

B —— B'

盗洞

M157墓道

M157

盗洞

0　　　　100厘米

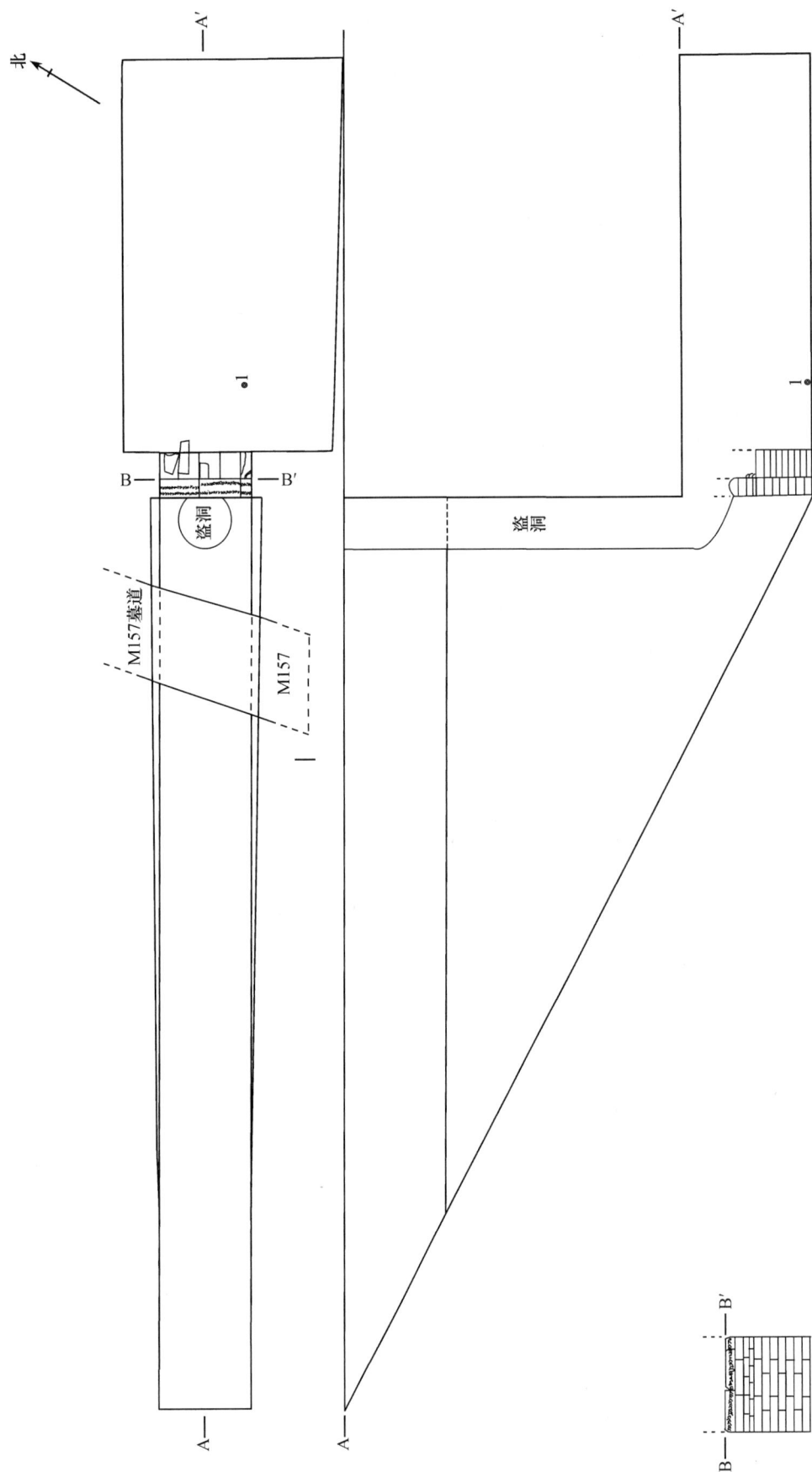

图四四九　Ⅰ区M158平、剖面图

1. 铜钱

A —

A —

B' —

B —

封门　双重封门。外层，上部为筒瓦铺砌，下部为条砖错缝平砌。内层，子母砖对缝平砌。长0.92、宽0.44、高0.84米。筒瓦的尺寸48厘米×18厘米×1.5厘米，条砖35厘米×18厘米×8厘米。子母砖20厘米×26厘米×（2～3）厘米。

葬具　不详。

葬式　不详。

盗洞　1处，位于墓道东端，自上而下进入墓室。平面呈圆形，直径约0.50米。

2. 出土器物

该墓仅出土铜钱1枚，为五铢钱。标本M158：1，圆形方穿，穿背面有郭，穿之两侧有篆文"五铢"二字，"五"字瘦长，交笔缓曲，钱径24.55、穿宽9.7、郭厚1.93毫米，重4.02克（图四五〇）。

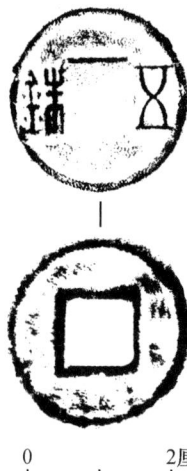

图四五〇　I 区M158出土铜钱（M158：1）

第一五六节　M159

1. 墓葬形制

M159，位于第一阶地中西部偏北，探方T0503内，北与M144并列，南侧有M160、M161。方向280度。形制为斜坡墓道土洞墓，由墓道、墓室两部分组成（图四五一）。

墓道　位于墓室的西端，平面呈长方形，壁面较直，底呈斜坡状。开口残长7.20、宽0.70～0.56、底宽0.70～0.78、坡长8.0、底距开口深0～3.80米，坡度31度。墓道内填五花土，土质疏松，未经夯打。

墓室　平面略呈长方形，拱顶土洞。墓室长3.60、宽1.34、高1.50米。该墓未被盗扰，器物主要出土于墓室南侧，计有陶缶1、陶罐4、陶釜1、陶灶1套（盆1、甑1）、铁削（残）1、铅盖弓帽4、漆器（无法提取）、铜钱16。

封门　双重封门。外层，土坯错缝平砌，长1.30、宽0.30、高0.50米，土坯砖40厘米×18厘米×8厘米。内层，木板封门，墓室南北两壁有凹槽，宽0.20、进深0.30、高1.50米。

葬具　木棺1具，仅存棺痕，长2.20、宽0.70米。

葬式　骨架1具，保存较差，仰身直肢葬，头向东。

2. 出土器物

该墓出土器物14件，另有铜钱16枚。质地为陶、铜、铁、铅四种，分述如下。

陶器　9件，分为泥质灰陶和夹砂灰陶，器类有缶、罐、釜、灶、盆、甑。

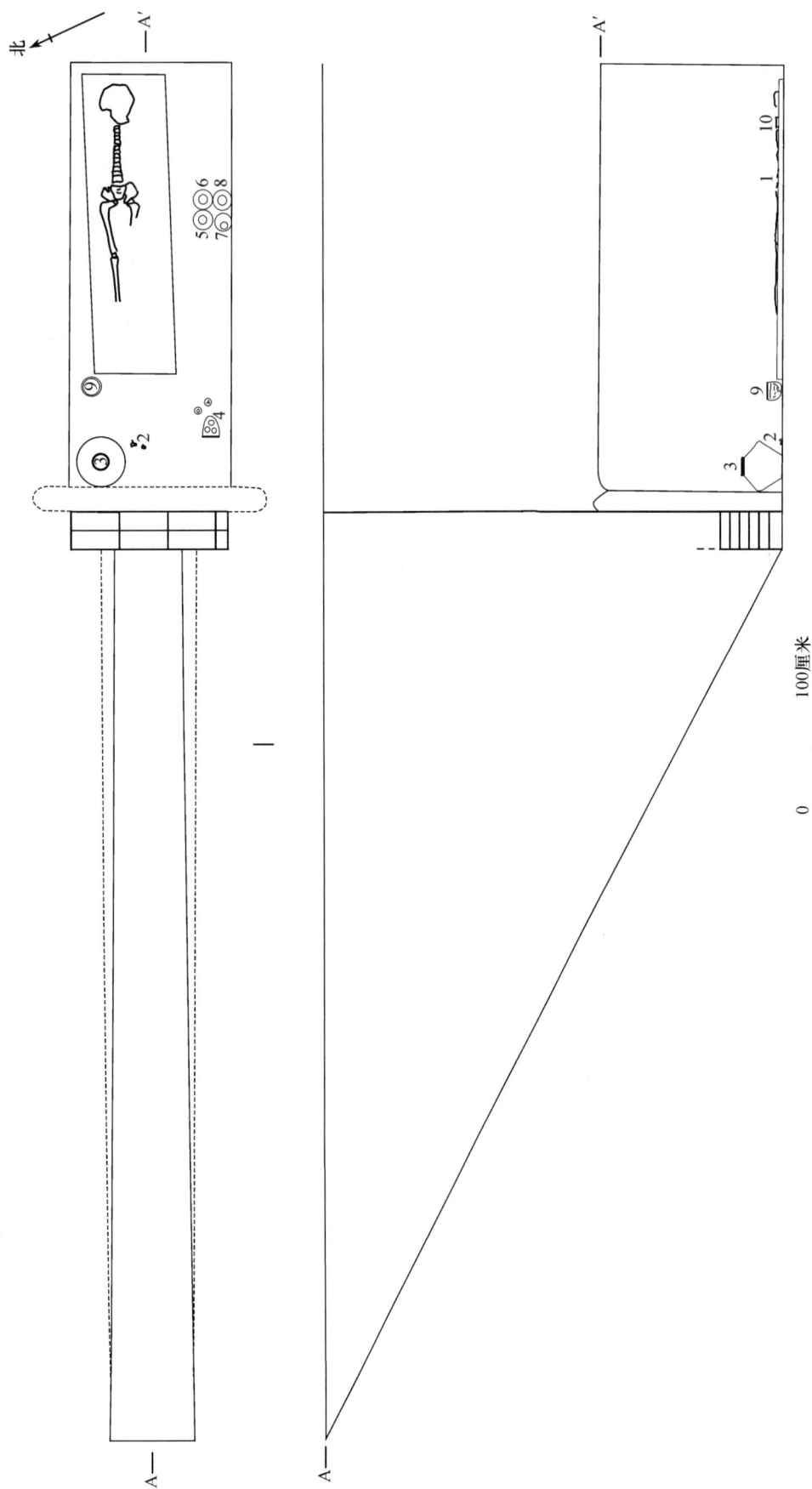

图四五一　Ⅰ区M159平、剖面图

1. 铜钱　2. 铅盖弓帽　3. 陶缶　4. 陶灶1套（盆1、甑1、罐1）　5～8. 陶罐　9. 陶釜　10. 铁削

缶 1件，标本M159：3，泥质灰陶，小口，平沿外斜，斜肩略鼓，折腹，下腹内收，平底微凹。口径13.2、腹径30.6、底径18.8、高29.9厘米（图四五二，1；图版一三七，3）。

罐 4件（M159：5、6、7、8），泥质灰陶，侈口，圆唇，矮领，圆鼓腹，平底。标本M159：5，口径9.6、腹径14.6、底径8、高12.4厘米（图四五二，2；图版一三七，4）。

釜 1件，标本M159：9，夹砂灰陶，直口，平沿内斜，尖唇，短束颈，垂腹，圜底，腹部饰瓦纹，底部饰粗篮纹，有烟炱痕。口径13.4、腹径13.8、高8.6厘米（图四五二，3；图版一三七，5）。

灶 1件，标本M159：4-1，泥质灰陶，灶体平面呈马蹄形，前方后圆，灶面微鼓，灶面三釜呈"品"字形布置，尾部有短柱形烟囱，前端有方形的落地灶门。长18、宽15.5、高7.3厘米（图四五二，4）。

盆 1件，与灶配套。标本M159：4-3，泥质灰陶，敞口，平沿，方唇，折腹，平底。口径7.5、底径2.2、高3.2厘米（图四五二，5）。

甑 1件，与灶配套。标本M159：4-2，泥质灰陶，敞口，平沿，方唇，折腹，底部有三

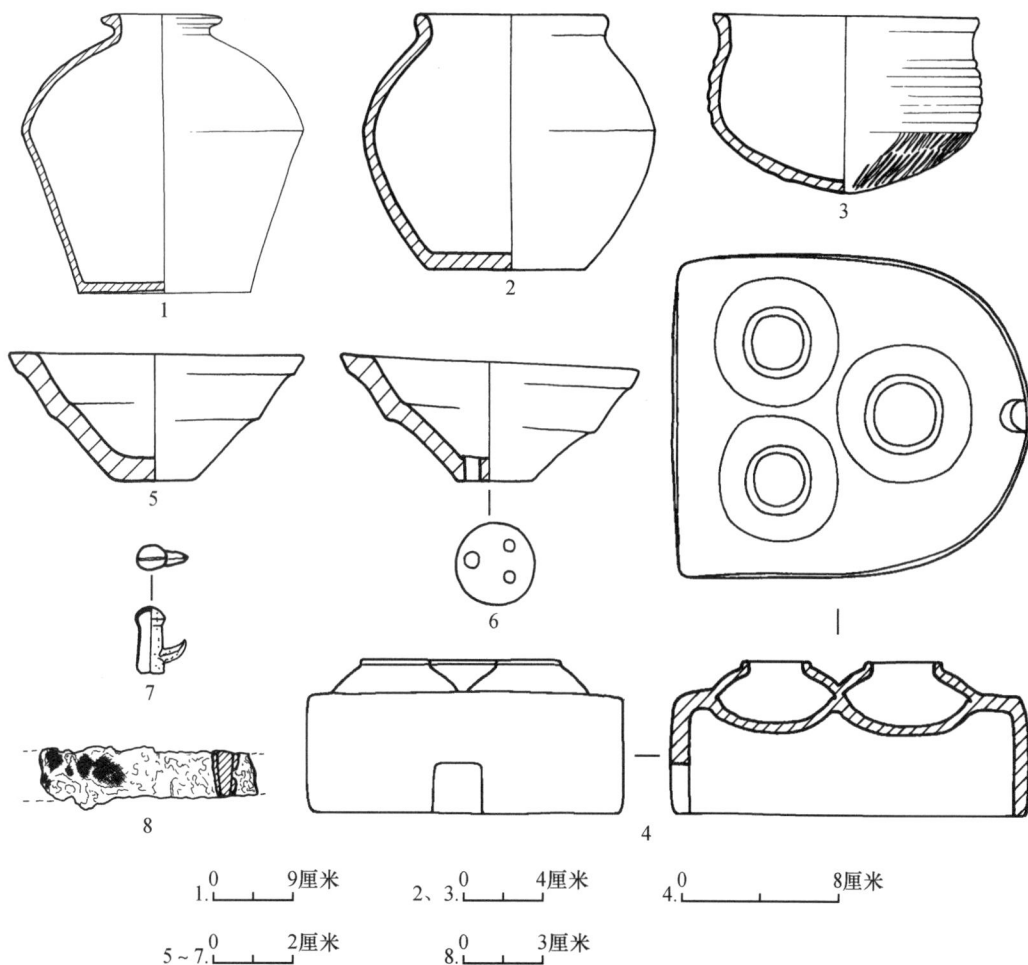

图四五二 Ⅰ区M159出土器物

1. 陶缶（M159：3） 2. 陶罐（M159：5） 3. 陶釜（M159：9） 4. 陶灶（M159：4-1） 5. 陶盆（M159：4-3）
6. 陶甑（M159：4-2） 7. 铅盖弓帽（M159：2） 8. 铁削（M159：10）

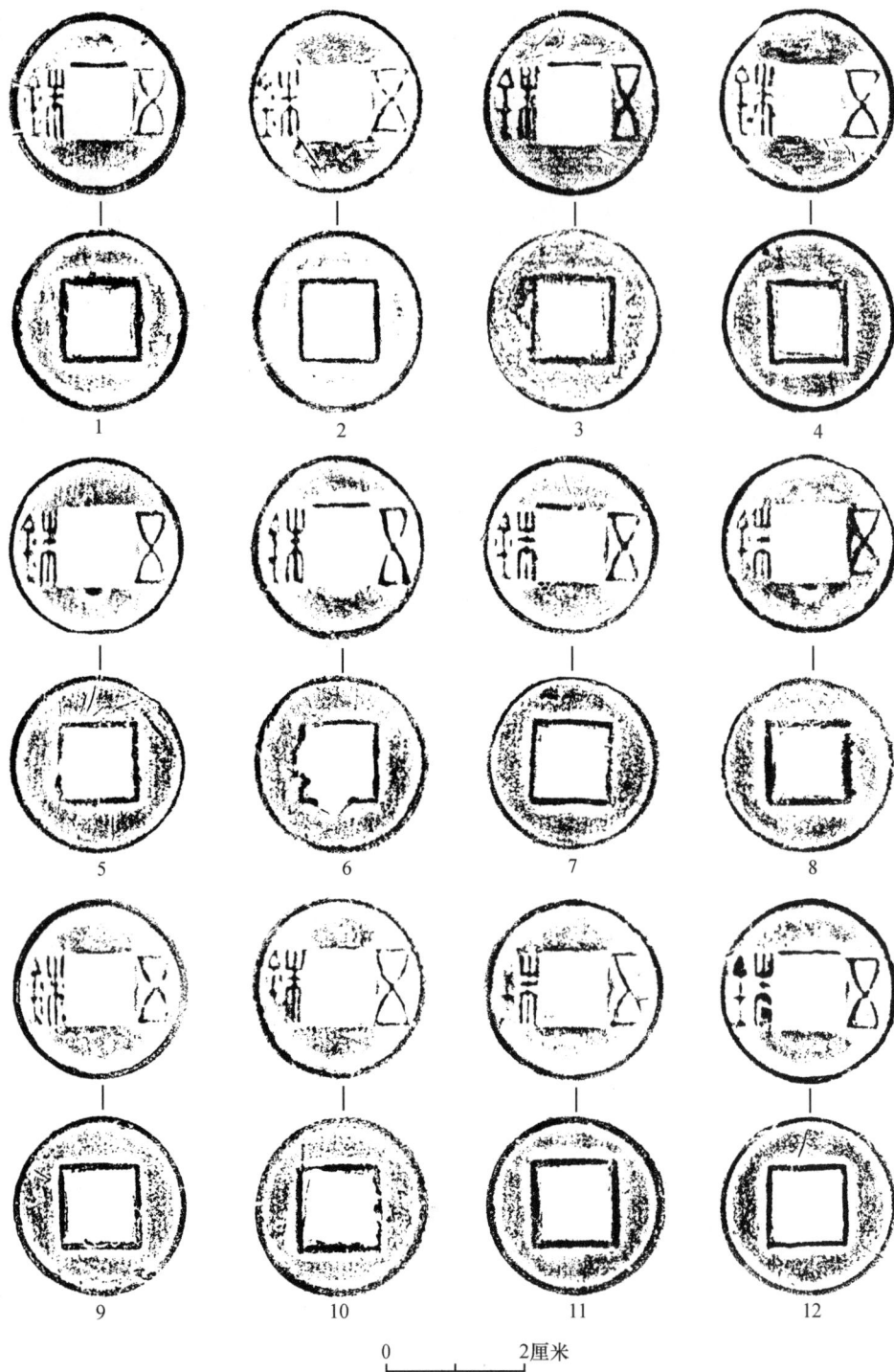

0 ————————— 2厘米

图四五三　Ⅰ区M159出土铜钱（一）

1. M159：1-1　2. M159：1-2　3. M159：1-3　4. M159：1-4　5. M159：1-5　6. M159：1-6　7. M159：1-7　8. M159：1-8
9. M159：1-9　10. M159：1-10　11. M159：1-11　12. M159：1-12

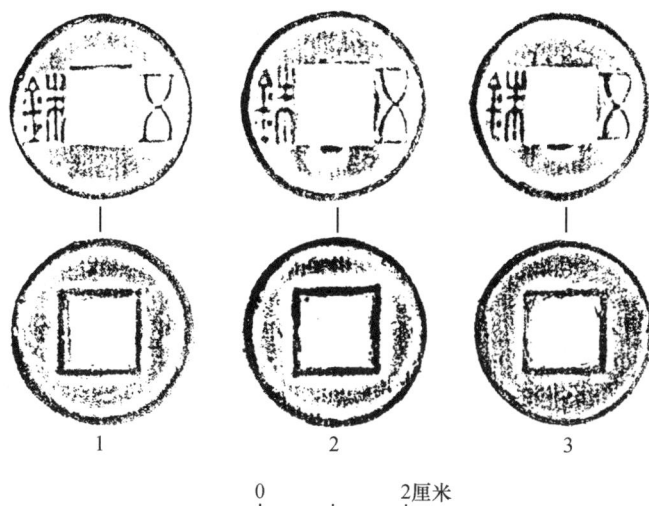

图四五四　Ⅰ区M159出土铜钱（二）

1. M159：1-13　2. M159：1-14　3. M159：1-15

个算孔。口径7.5、底径2、高3.1厘米（图四五二，6）。

铁削　1件，标本M159：10，残损，残长8.1厘米（图四五二，8）。

铅盖弓帽　4件，形制相同。标本M159：2，筒形，上部为球形帽，中部有一倒刺。长1.6厘米（图四五二，7）。

铜钱　16枚，均为五铢钱，圆形方穿，穿背面有郭，部分穿上有一横郭或穿下有一星纹，穿之两侧有篆文"五铢"二字。"五"字或瘦长，或宽短，交笔或斜直，或缓曲，"铢"字金头三角，之下圆点或短竖点，朱头方折（按：年代为武、昭时期）（图四五三、图四五四）。

第一五七节　M160

1. 墓葬形制

M160，位于第一阶地西部中央，探方T0502内，墓道延伸至T0503，西与M161并穴合葬。方向10度。形制为斜坡墓道土洞墓，平面呈长方形，由墓道、墓室两部分组成（图四五五；图版五三，1、2）。

墓道　位于墓室的北端，平面呈长方形，壁面较直，底部呈斜坡状。开口残长9.10、宽0.70～0.90、坡长9.80、底距开口深0～4.50米，坡度25度。墓道内填五花土，土质疏松，未经夯打。

墓室　平面呈长方形，拱顶土洞。墓室长3.86、宽1.34、高1.60米。该墓未被盗扰，器物主要出土于墓室的北部，计有陶鼎1、陶盒2、陶钫1、陶壶盖1、陶灶1套（盆1、甑1）、陶罐1、铜盆1、铜柿蒂形棺饰11、铜钱3。

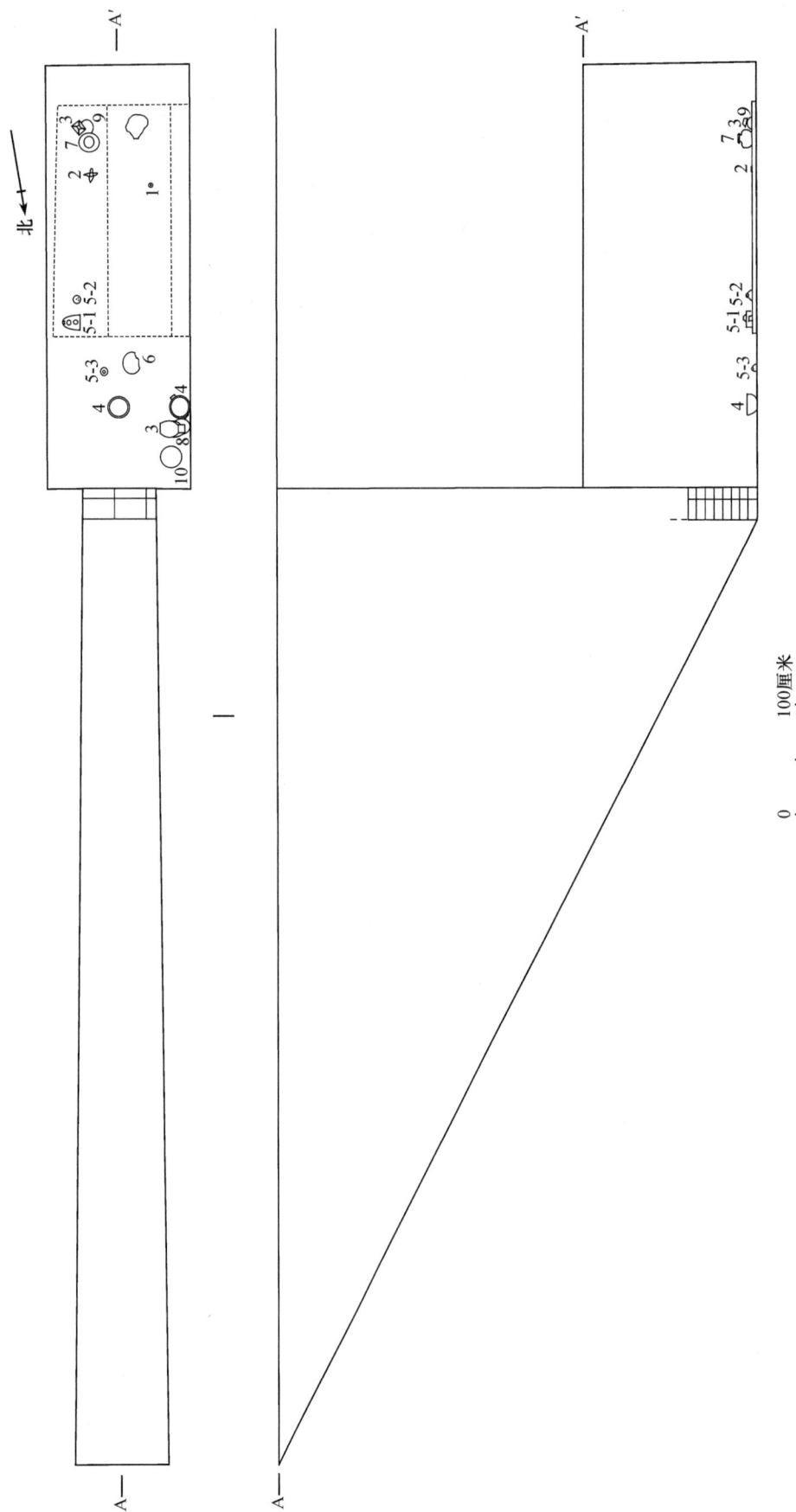

图四五五　Ⅰ区M160平、剖面图

1. 铜钱　2. 铜柿蒂形棺饰　3. 陶纺　4. 陶鼎　5. 陶灶1套（盆1、甑1）　6. 铜盆　7. 陶罐　8、10. 陶盒　9. 陶壶盖

封门　土坯封门。双排对缝平砌，一端一立砖坯。长0.70、宽0.36、高0.64米，土坯砖30厘米×18厘米×8厘米。

葬具　一棺一椁，保存较差，仅存棺痕、椁痕，棺长2.10、宽0.60米，椁长2.46、宽1.30米。

葬式　人骨1具，保存较差，仰身直肢，头向南。

2. 出土器物

该墓出土器物21件，另有铜钱3枚。质地为陶、铜两种，分述如下。

陶器　9件，均为泥质灰陶，器类有鼎、盒、钫、壶盖、罐、灶、盆、甑。

鼎　1件，标本M160：4，盖，浅覆钵形，弧顶；器身，子母口内敛，弧腹，圜底，肩附外撇弯曲板耳，顶端外折，腹中部有一周台棱，底附三马蹄形足。盖面红色彩绘。中央云气纹。之外两周红线之间，饰连续菱形纹带，菱形内饰一卷云纹，夹角间填饰变形三角纹、双短弧线纹，菱形之间的三角形底边中间饰半圆圈纹。边缘饰锯齿纹。盖径17.1、器身口径17.5、腹深6.9、足高5.2、通高14.4厘米（图四五六，1）。

盒　2件（M160：8、10），形制相同。盖，覆钵形，顶有矮圈足形捉手；器身，子母口内敛，弧腹，平底。盖面红彩绘。捉手内一周细线纹，中央云气纹。捉手外一周红线纹，之下两周细线纹间，一周卷云纹带，再下一周锯齿纹，边缘一周细线纹。部分云气纹剥落处发现黑线条，是否为线稿，还有待于进一步关注。器身，沿下一周锯齿纹，之下云气纹。标本M160：10，盖径17.4、口径17.4、腹径8、底径9.1、高13.8厘米（图四五六，2）。

壶盖　1件，标本M160：9，浅覆钵形，子母口。器面涂黑，之上红彩绘。边缘两周圈带，中部线形卷云纹。口径13.1、高3厘米（图四五六，3）。

钫　1件，标本M160：3，盖，覆斗形，子母口；器身，侈口，平沿，束颈，鼓腹，高圈足稍外撇。器表涂黑，之上饰红色彩绘，剥落严重。盖，顶、底及四角边棱处饰红彩带，顶部对角双线"十"字纹，四边坡饰"S"形卷云纹。器身，沿下及足部上、下两周细线纹，之间连续菱形，肩、腹各一组双线纹，颈部一周倒红彩三角纹，三角外有红边框，三角纹之间填饰云气纹，肩部两组双线间饰大线形卷云纹。盖径10.2、器身口径10.2、腹径17.5、足径10.1、足高3.6、通高32.5厘米（图四五六，4）。

罐　1件，标本M160：7，侈口，圆唇，矮领，弧肩，鼓腹，平底。口径10、腹径16.2、底径8.2、高14厘米（图四五七，1）。

灶　1件，标本M160：5-1，灶体平面呈马蹄形，前方后圆，灶面微鼓，灶面两釜前后布置，尾部有短柱形烟囱，前端有方形的落地灶门，周围模印多层菱形纹。长18、宽15.8、高7.4厘米（图四五七，2）。

盆　1件，与灶配套。标本M160：5-2，敞口，平沿，方唇，折腹，平底内凹。口径7.6、底径2.2、高2.8厘米（图四五七，3）。

甑　1件，与灶配套。标本M160：5-3，敞口，平沿，方唇，折腹，内凹，底部有四个箅孔。口径7.6、底径2.2、高3厘米（图四五七，4）。

1 ~ 3.　0　　　　4厘米　　　4.　0　　　　6厘米

图四五六　Ⅰ区M160出土器物（一）

1. 陶鼎（M160：4）　2. 陶盒（M160：10）　3. 陶壶盖（M160：9）　4. 陶钫（M160：3）

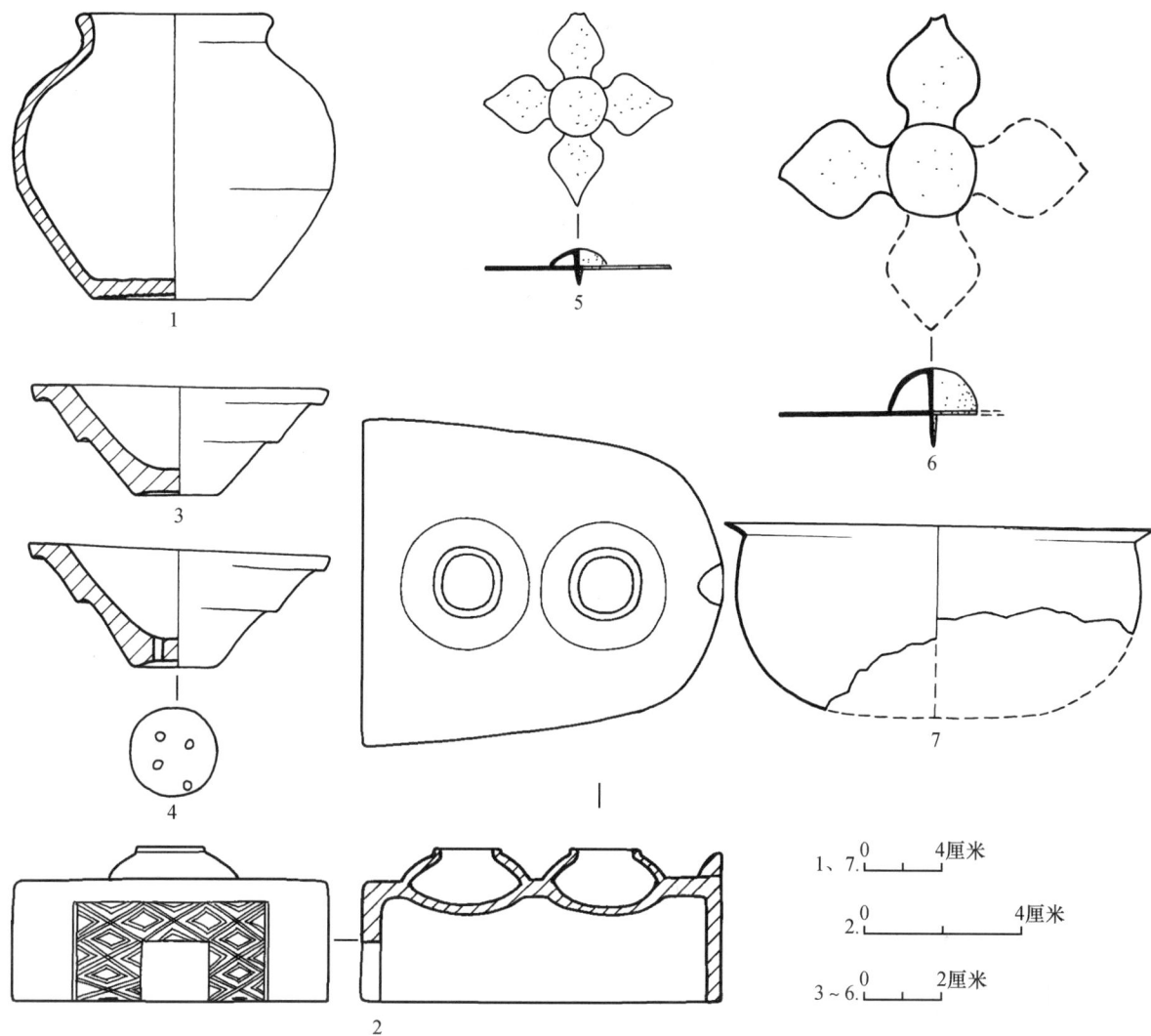

图四五七　Ⅰ区M160出土器物（二）

1. 陶罐（M160∶7）　2. 陶灶（M160∶5-1）　3. 陶盆（M160∶5-2）　4. 陶甑（M160∶5-3）　5、6. 铜柿蒂形棺饰
（M160∶2-1、2）　7. 铜盆（M160∶6）

铜器　12件，器类有盆和柿蒂形棺饰。

盆　1件，标本M160∶6，侈口，折沿，沿面内斜，腹微鼓，圜底。口径22.0、高9.4厘米（图四五七，7）。

柿蒂形棺饰　11件，柿蒂形，与泡钉同出。标本M160∶2-1，对角长4.75、泡径1.5、高0.9厘米（图四五七，5）。标本M160∶2-2，对角残长5.1、泡径2.3、高2.0厘米（图四五七，6）。

铜钱　3枚，均为五铢钱，圆形方穿，穿背面有郭，穿之两侧有篆文"五铢"二字。"五"字瘦长，交笔斜直，或缓曲（按：年代为武帝时期）（图四五八）。

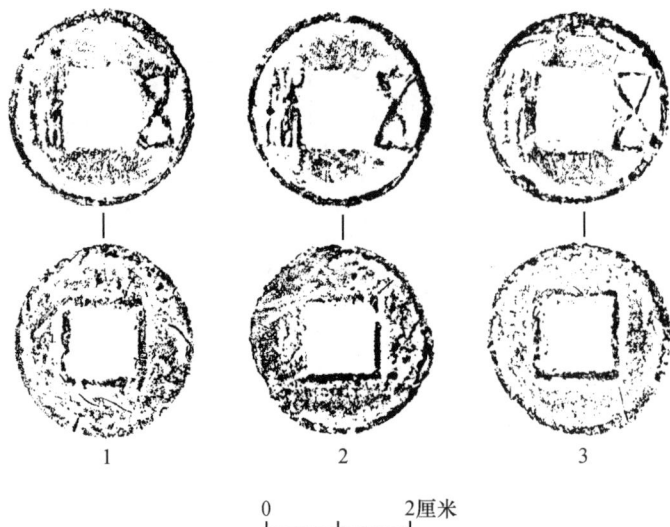

图四五八   Ⅰ区M160出土铜钱
1. M160：1-1   2. M160：1-2   3. M160：1-3

第一五八节   M161

1. 墓葬形制

M161，位于第一阶地西部中央，探方T0502内，墓道延伸至T0503，东与M160并穴合葬。方向10度。形制为斜坡墓道土洞墓，由墓道、甬道、墓室三部分组成（图四五九；图版五三，3、4）。

墓道   位于墓室的北端，平面呈长方形，壁面较直，底部呈斜坡状。开口残长9.10、宽0.80～0.90、坡长10.40、底距开口深0～5.0米，坡度25度。墓道内填五花土，土质疏松，未经夯打。

甬道   位于墓室与墓道之间，土洞结构，长0.90、宽0.80～1.20米。

墓室   平面呈长方形，拱顶土洞。墓室长4.22、宽1.30、高1.60米。该墓被盗扰，器物主要出土于墓室南部，计有陶瓿1、陶鼎耳1、铜柿蒂形棺饰8。

封门   土坯封门，对缝平砌，在墓室的东西两侧有凹槽。槽宽0.30、进深0.38、高1.60米。封门长2.06、宽0.36、残高0.16米，土坯砖的尺寸不详（按：有封门槽者，多为木板封门，也有内侧木板封门，外侧土坯封门，仅土坯封门者少有封门槽，而该墓的情况很可能就是木板封门向土坯封门的一个过渡形态）。

葬具   木棺1具，保存较差，仅存棺痕。长2.10、宽0.70米。

葬式   不详。

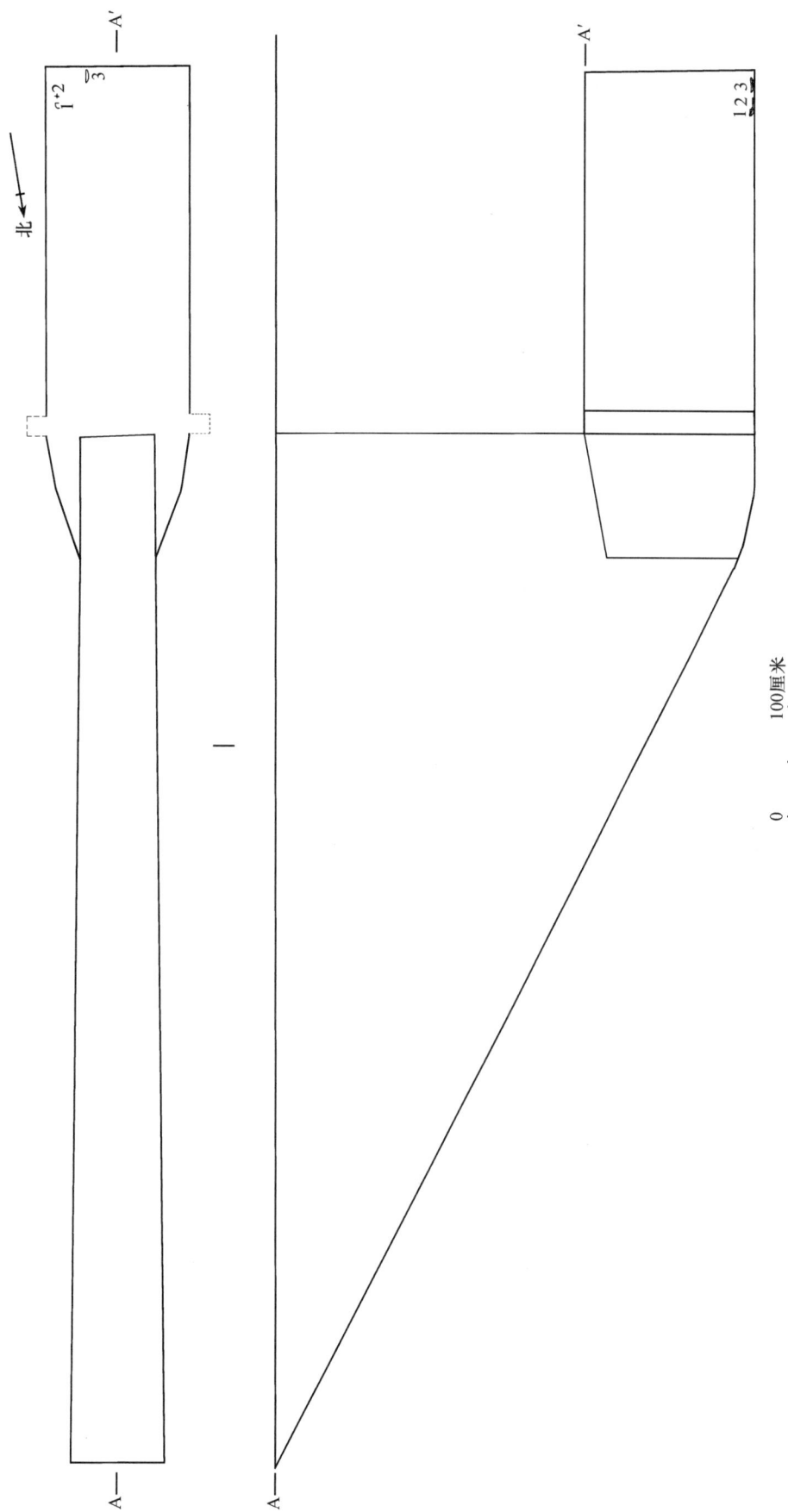

图四五九　Ⅰ区M161平、剖面图
1. 陶鼎耳　2. 铜柿蒂形棺饰　3. 陶瓶

2. 出土器物

该墓出土器物10件，质地为陶、铜两种，分述如下。

陶器　2件，均为泥质灰陶，器类有鼎、甑。

鼎　1件，标本M161：3，仅残存鼎耳，外撇弯曲板耳，顶端外折，模制，高8.2厘米（图四六〇，1）。

甑　1件，标本M161：2，敞口，平沿，尖唇，弧腹，平底，底部有四个算孔。轮制，器底有轮旋纹。口径10.6、底径3.8、高5.3厘米（图四六〇，3）。

铜柿蒂形棺饰　8件，残损，柿蒂形，与泡钉同出。标本M161：1，泡径1.5、高0.9厘米（图四六〇，2）。

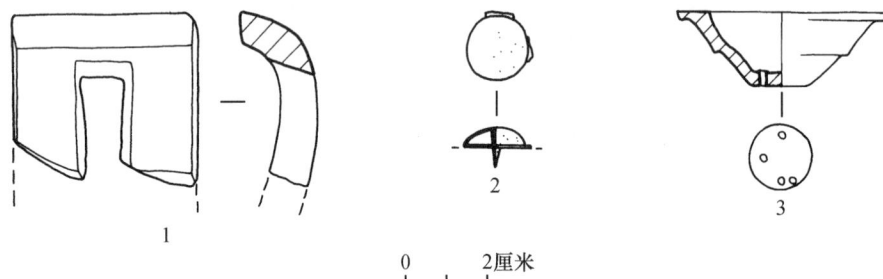

图四六〇　Ⅰ区M161出土器物
1. 陶鼎耳（M161：3）　2. 铜柿蒂形棺饰（M161：1）　3. 陶甑（M161：2）

第一五九节　M162

1. 墓葬形制

M162，位于第一阶地西部中央，探方T0602内，墓室延伸至T0502，西北邻M160、M161，北侧邻M148，东南侧有M167、M168，但从位置看它与这些墓似乎没有多大关系。方向275度。形制为竖穴墓道土洞墓，墓室与墓道等宽，由墓道、墓室两部分组成（图四六一）。

墓道　位于墓室西端，平面呈长方形，壁面较直。开口长2.66、宽1.0、底距开口深2.40～2.50米。墓道内填五花土，土质疏松，未经夯打。

墓室　平面呈长方形，拱顶土洞，前高后低。墓室长3.14、宽1.06、高1.40～1.50米。该墓未被盗扰，器物放置基本保持原有状态，紧贴墓室南壁前部，摆放陶仓4、陶盒2，之上又堆放陶仓1、陶鼎1、陶罐3（按：如此堆放随葬器物，尤其是礼器，似无祭奠之意）。出土器物计有陶鼎1、陶盒2、陶钫1、陶罐3、陶仓5、陶灶1套（盆1、甑1）、铜镜1、石丸1、铜钱11。

封门　土坯封门，错缝平砌，土坯的尺寸40厘米×18厘米×10厘米。

葬具　木棺1具，仅剩棺痕，长2.10、宽0.60米。

葬式　骨架1具，保存较差，大部分腐朽成灰，仰身直肢葬，头向东。

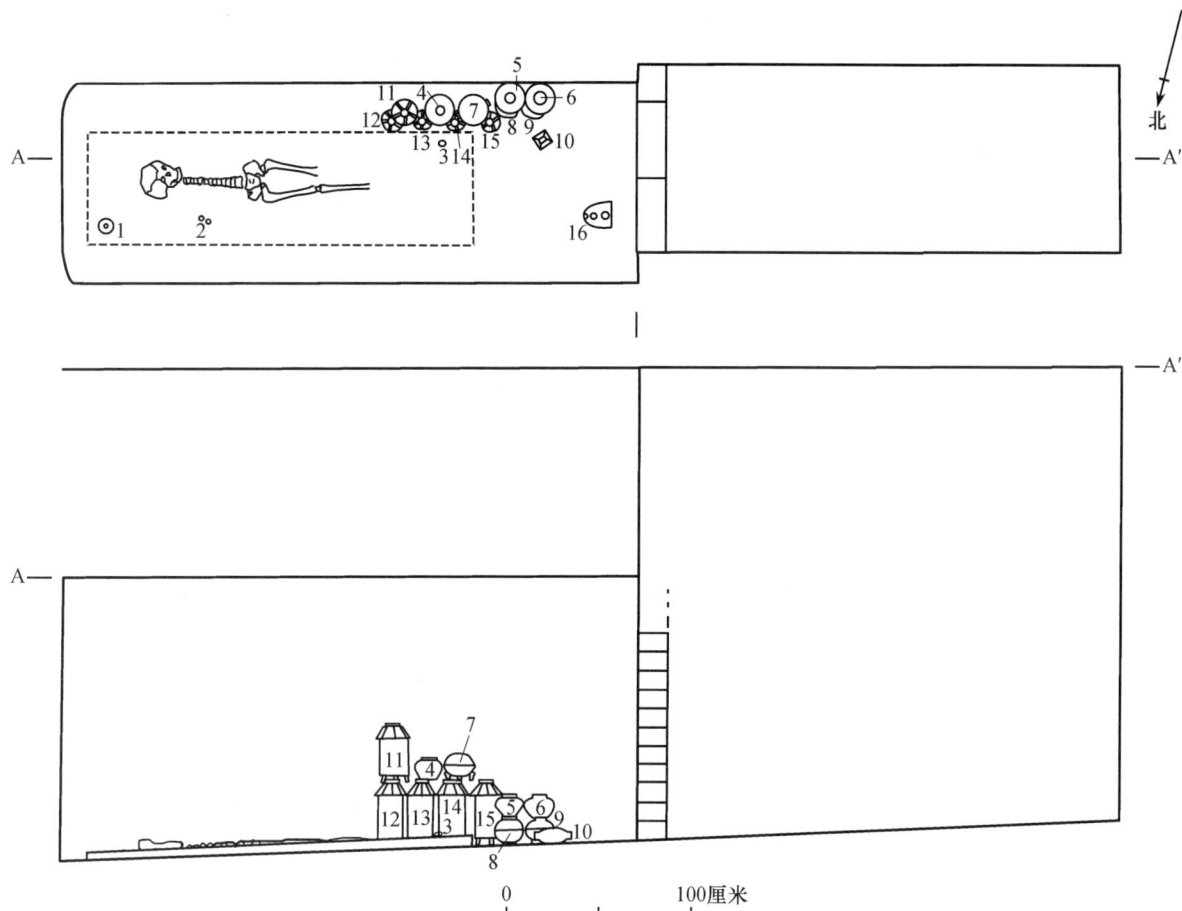

图四六一 Ⅰ区M162平、剖面图

1.铜镜 2.铜钱 3.石丸 4~6.陶罐 7.陶鼎 8、9.陶盒 10.陶钫 11~15.陶仓 16.陶灶1套（盆1、甑1）

2. 出土器物

该墓出土器物17件，另有铜钱11枚。质地为陶、铜、石三种，分述如下。

陶器 15件，均为泥质灰陶，器类有鼎、盒、钫、仓、罐、灶、盆、甑（图版九五，1）。

鼎 1件，标本M162：7，盖，浅覆钵形，弧顶；器身，子母口内敛，弧腹，圜底，肩附外撇弯曲板耳，顶端外折，腹中部有一周台棱，底附三马蹄形足。盖面白色陶衣，之上装饰不详。器身，上腹涂黑，之上散布白彩鱼形纹。盖与器身轮制，耳、足模制，而后粘结，器表有轮旋纹。盖径17.4、器身口径17.6、腹深8.6、足高5、通高15.4厘米（图四六二，1；图版一三七，6）。

盒 2件（M162：8、9），形制相同。盖，覆钵形，顶有矮圈足捉手；器身，子母口内敛，弧腹，平底。器表施白色陶衣，之上红、浅黄彩绘，剥落严重。盖，可辨有红彩红瓣纹、淡鱼形纹等。器身，装饰当与器盖相同，两周细线纹之间上下交错布置红彩花瓣纹，花瓣纹内一圆点，花瓣纹间对称布置淡黄色鱼形纹。器身轮制，底部有旋切痕。标本M162：9，盖径17.2、口径17.2、腹深7.9、底径8.1、高12.9厘米（图四六二，2；图版一三八，1）。

　　鈁　1件，标本M162：10，盖，覆斗形，子母口；器身，侈口，平沿，束颈，鼓腹，高圈足稍外撇。器表施白色陶衣，之上彩绘，剥落严重，可辨颈部饰羽状纹，肩部有云气纹等。器身四壁、底分体模制，而后粘结，粘结处外侧削平，内侧抹泥加固。盖径9.8、器身口径10、腹径17、足径10.1、足高3.8、通高32厘米（图四六二，4；图版一三八，2）。

　　罐　3件（M162：4、5、6），形制相同。侈口，双唇，圆鼓肩，下腹内收，平底，轮制，器底有轮旋纹。标本M162：6，口径7.8、腹径17、底径8.2、高16.2厘米（图四六二，3；图版一三八，3）。

　　仓　5件（M162：11、12、13、14、15），形制相同。盖，浅碟形，顶有一乳形钮，外侧有一周凸棱，凸棱外均匀布置八道竖棱；器身，小口，圆唇，矮领，肩出檐，绕口一周有环状台面，之外均匀布置五道竖棱，直筒腹，平底，底附三踞熊形足。腹部饰三组（每组一周）凹弦纹。器表施白色陶衣。盖、足模制，器身肩、腹轮制而后粘结。标本M162：13，盖径9.4、器身口径6.6、底径14.1、足高5.55、通高27.4厘米（图四六二，8；图版一三八，4）。

　　灶　1件，标本M162：16-1，灶体平面呈马蹄形，前方后圆，灶面微鼓，灶面两釜前后布置，尾部有短柱形烟囱，前端有方形的落地灶门，周围模印多层菱形纹。灶面、灶壁分体模制而后粘结，釜之肩部与灶面一次性模制而成，腹模制而后粘结于相应的位置。长17.9、宽15.6、高6.8厘米（图四六二，5；图版一三八，5）。

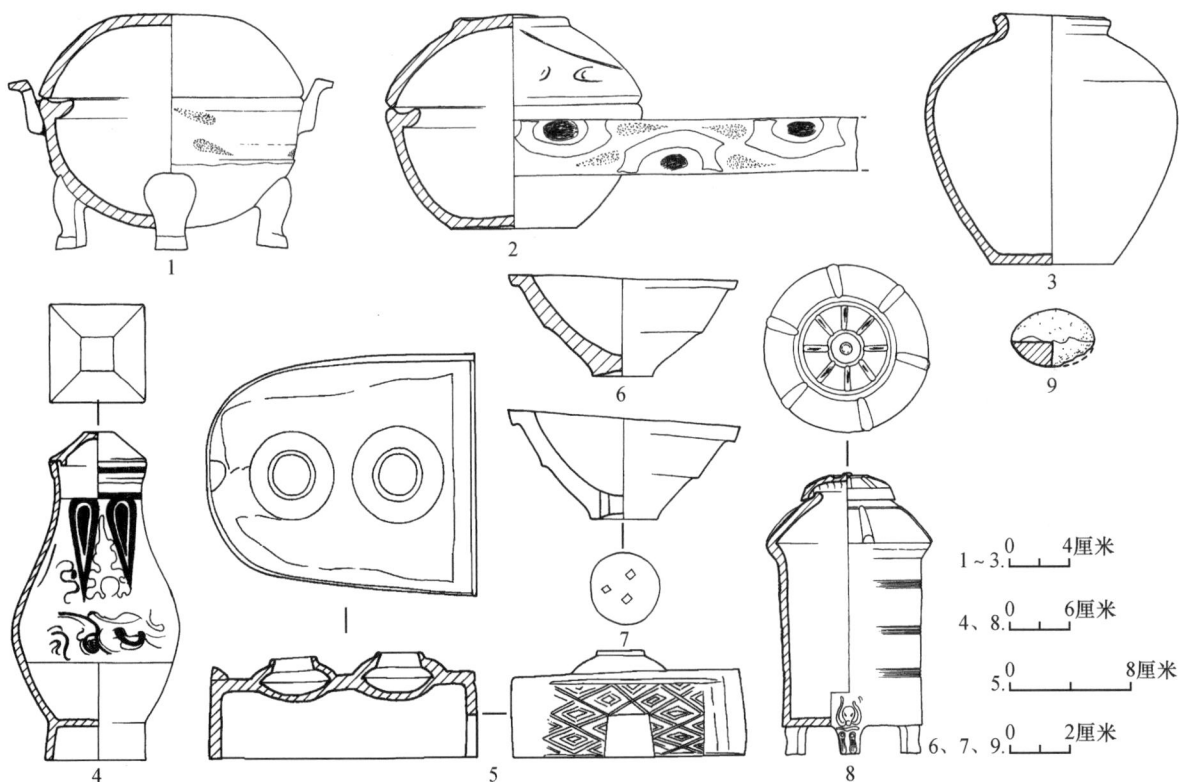

图四六二　Ⅰ区M162出土器物

1.陶鼎（M162：7）　2.陶盒（M162：9）　3.陶罐（M162：6）　4.陶鈁（M162：10）　5.陶灶（M162：16-1）
6.陶盆（M162：16-3）　7.陶甑（M162：16-2）　8.陶仓（M162：13）　9.石丸（M162：3）

盆　1件，与灶配套。标本M162：16-3，敞口，平沿，方唇，折腹，平底内凹。模制，沿面有制坯时留下的线切纹。口径7.7、底径2.3、高3.5厘米（图四六二，6）。

甑　1件，与灶配套。标本M162：16-2，敞口，平沿，方唇，折腹，内凹，底部有三个箅孔。模制，沿面有制坯时留的下线切纹。口径、底径、高厘米（图四六二，7）。

铜镜　1面，标本M162：1，四乳铭文镜，圆形，三弦钮，方形钮座，素窄缘，镜面微凸。钮座外有一凹面"回"字方格，四角之外四个角各有一"L"形饰，其间四乳与"常乐未央，长勿相忘"八字铭文配列，四乳带圆座，铭文篆体，端庄规整。面径8.10、背径8.10、钮宽0.70、缘宽0.10、缘厚0.40厘米，重57克（图四六三；彩版四三，1）。

石丸　1件，标本M162：3，残，椭圆形，直径1.8～2.8厘米（图四六二，9）。

铜钱　11枚，均为五铢钱，圆形方穿，背有穿郭，正面穿之两侧有篆书"五铢"二字。"五"字瘦长，交笔较直，或缓曲，"铢"字金头三角，朱头方折（按：年代为武、昭及宣帝前期）（图四六四）。

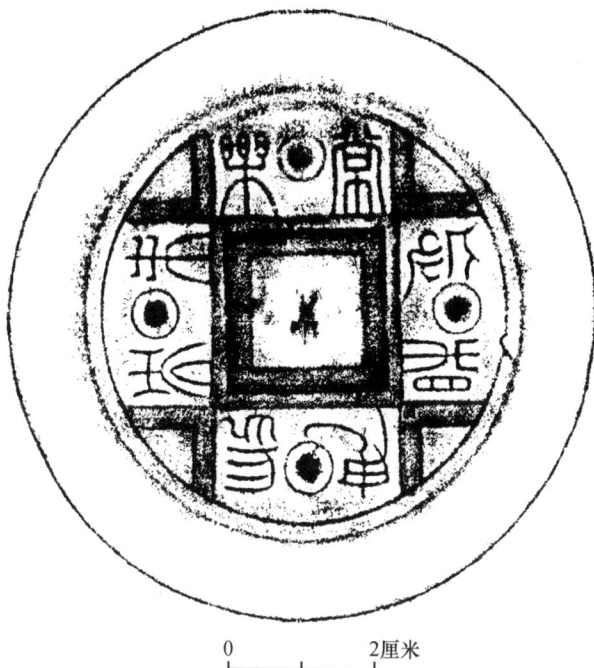

0 ___ 2厘米

图四六三　Ⅰ区M162出土铜镜（M162：1）

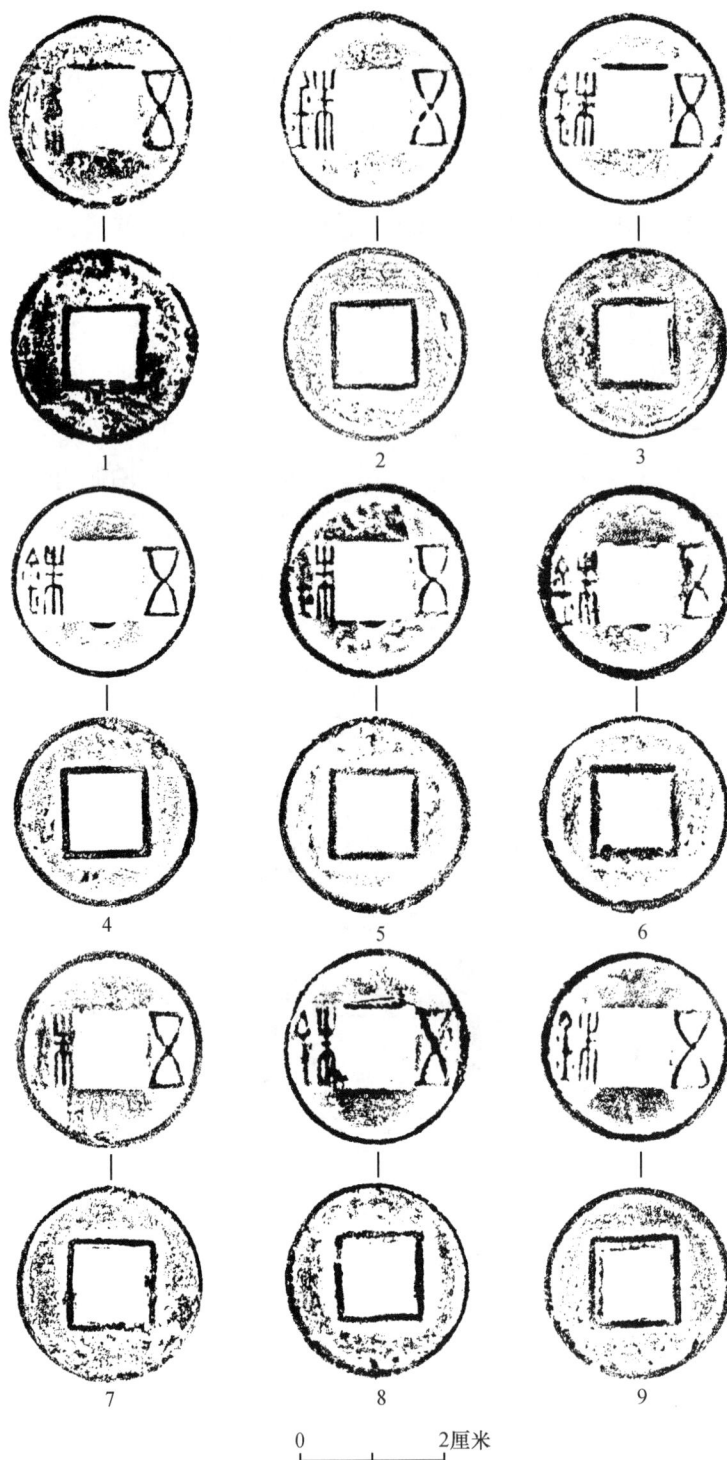

图四六四　Ⅰ区M162出土铜钱

1. M162：2-1　2. M162：2-2　3. M162：2-3　4. M162：2-4　5. M162：2-5　6. M162：2-8　7. M162：2-9　8. M162：2-10

9. M162：2-11

第一六○节　M163

1. 墓葬形制

M163，位于墓地西部第一、二阶地交界处，探方T0303内，距周围墓葬相对较远，东侧有M157、M158，西南有M179、M180。方向275度。形制为斜坡墓道砖室墓，由墓道、过洞、天井、墓室四部分组成（图四六五；图版五四，1）。

墓道　位于墓室的西端，平面呈长方形，壁面较直，底部呈斜坡状。开口残长10.50、宽0.90、坡长16.60、底距开口深0～6.50米，坡度24度。墓道内填五花土，土质疏松，未经夯打，出土瓦当（残）1。

过洞　位于墓道与天井之间，拱顶土洞，底呈斜坡状。长1.50、宽0.90、高3.26～3.88米。

天井　位于墓室和过洞之间，竖井土圹。南北两壁有对称分布的脚窝，其平面呈三角形，宽0.20、高0.10、进深0.08米。天进开口长3.60、宽0.90、深3.88～6.50米。

墓室　平面呈长方形，砖室结构，已塌毁，结构不详。墓室长4.0、宽2.20～2.30、高1.90米。该墓盗扰严重，出土有陶灶1、陶盆沿1、瓦当1、铜钱（残）1。

封门　条砖封门。上部顺向侧立错缝，下部顺向斜侧，呈"之"字形（按：斜侧立条砖封门，是东汉时期常见的封门形式，西汉时期较少见，从结构上看这种形式更适合二次打开，也是适应东汉时期多人合葬的需要）。条砖35厘米×17厘米×（3～4）厘米。封门长0.90、宽0.20～0.36、高1.10米。

葬具　木棺。仅存灰痕，灰痕长2.40、宽1.40米，可能是二棺。

葬式　盗扰严重，不详。

盗洞　1处，位于天井的东端，自上而下进入墓室。平面呈圆形，直径0.60米。

2. 出土器物

该墓出土陶器3件，另有铜钱1枚。分述如下。

陶器　3件，均为泥质灰陶，器类有灶、盆、瓦当。

灶　1件，标本M163：2，灶体平面呈马蹄形，前方后圆，灶面两釜前后布置，尾部有圆形烟囱，前端有方形的落地灶门，周围模印多重菱形纹。灶面、灶壁分体模制而后粘结，釜之肩部与灶面一次性模制而成，腹模制而后粘结于相应的位置。长22、宽16.5、高8.4厘米（图四六六，1）。

盆　1件，标本M163：3，仅存残沿，敞口，平沿，尖唇，口径28.8、残高3.6厘米（图四六六，2）。

瓦当　1件，标本M163：4，残，可辨为云纹瓦当（图四六六，3）。

铜钱　1枚，五铢钱，残损严重。

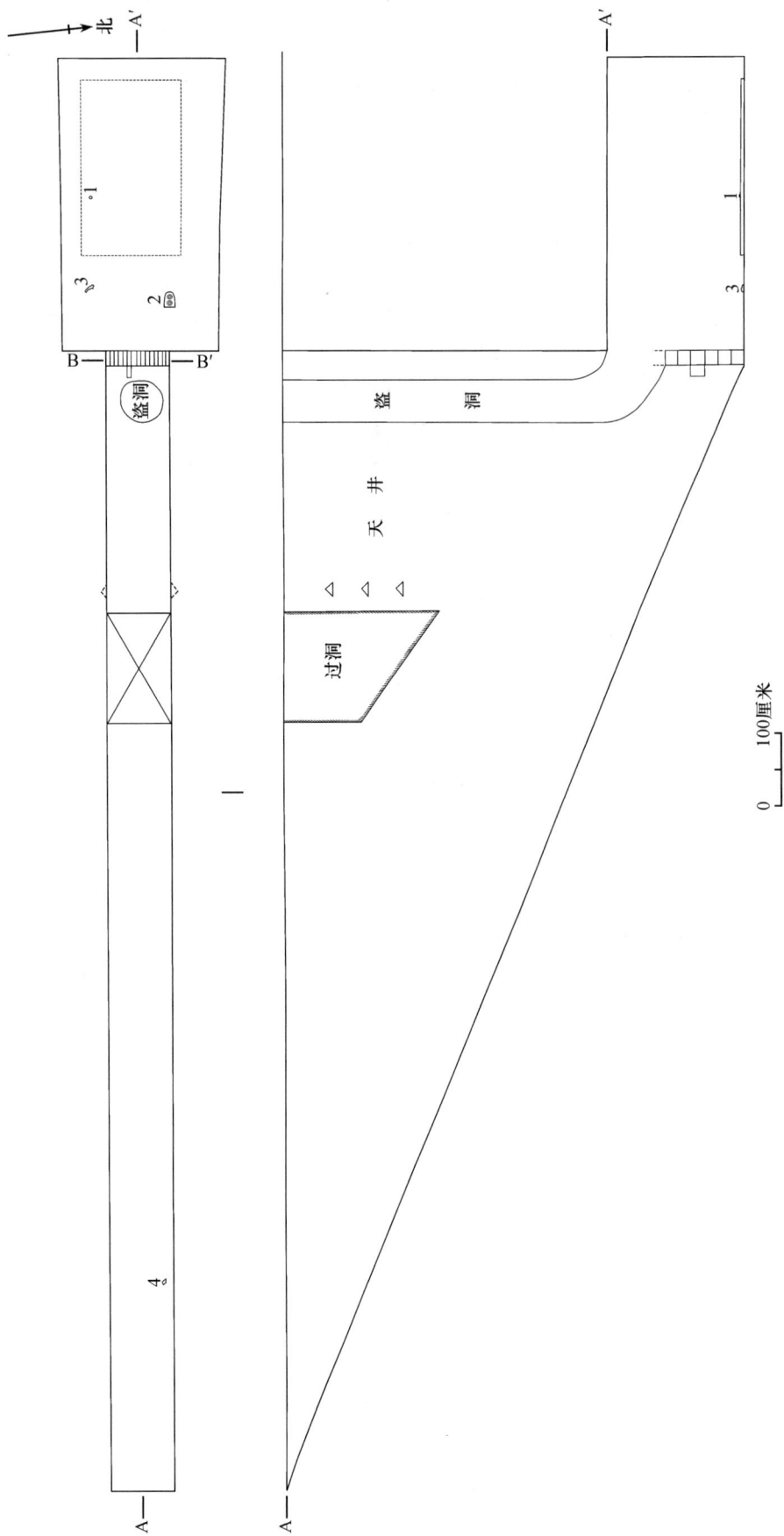

图四六五　Ⅰ区M163平、剖面图

1. 铜钱　2. 陶灶　3. 陶盆　4. 瓦当

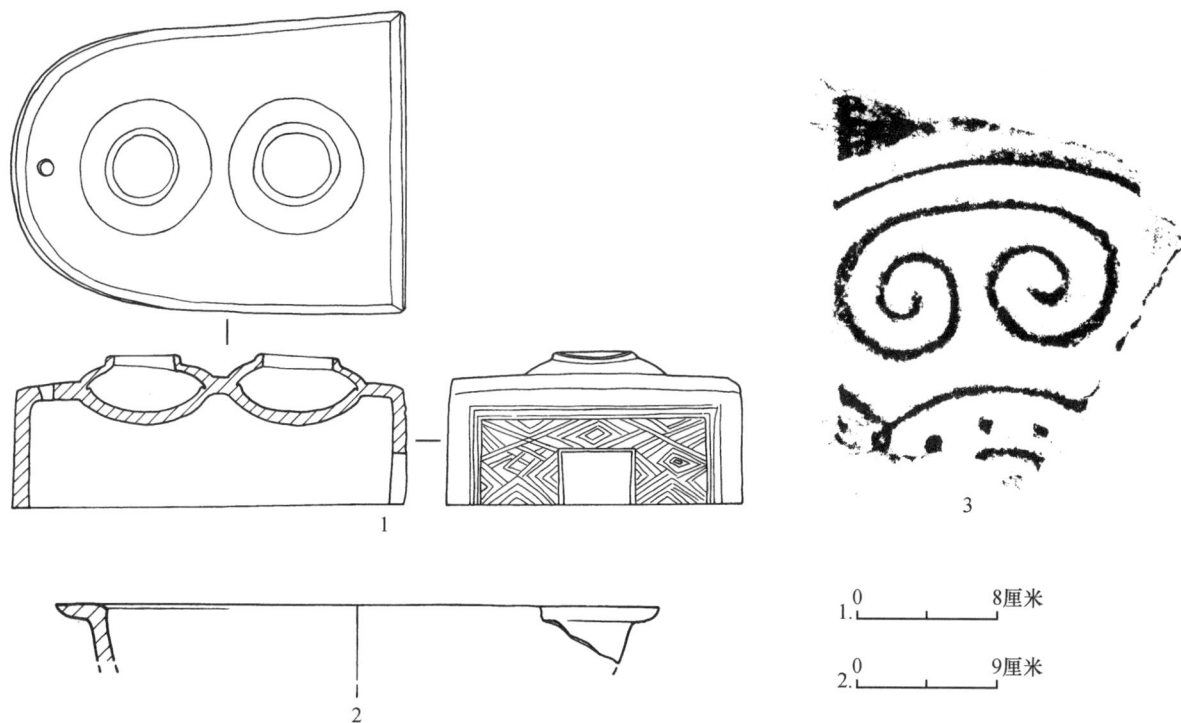

图四六六　Ⅰ区M163出土器物
1. 陶灶（M163：2）　2. 陶盆（M163：3）　3. 瓦当（M163：4）

第一六一节　M164

1. 墓葬形制

M164，位于第一阶地南侧中部偏西，探方T0601内，北侧M173、M172，且方向相同，似有一定关系，西侧有M165、M166。开口于扰土层下，距地表深0.50米。方向25度。形制为竖穴墓道土洞墓，由墓道、墓室、小龛三部分组成（图四六七）。

墓道　位于墓室的北端，平面呈长方形，壁面较直。开口长1.70、宽0.60米，深度不详。墓道内填五花土，土质疏松，未经夯打。内出土铜镜1面。

墓室　平面呈长方形，拱顶土洞。墓室长1.80、宽0.70～0.80米，高度不详。在墓室北部靠近墓道处西侧有一平面呈方形的小龛，土洞结构，宽0.40、进深0.40、高0.10米。该墓上部被取土破坏，器物主要出土于墓室北侧，计有陶盒2、陶罐（残）4、铜镜（墓道）1、铁灯1、铁削1、铜半两钱6。

封门　不详。

葬具　木棺1具，出土铁棺钉，形制、尺寸不详。

葬式　骨架1具，保存较差，仅存头部，头向北。

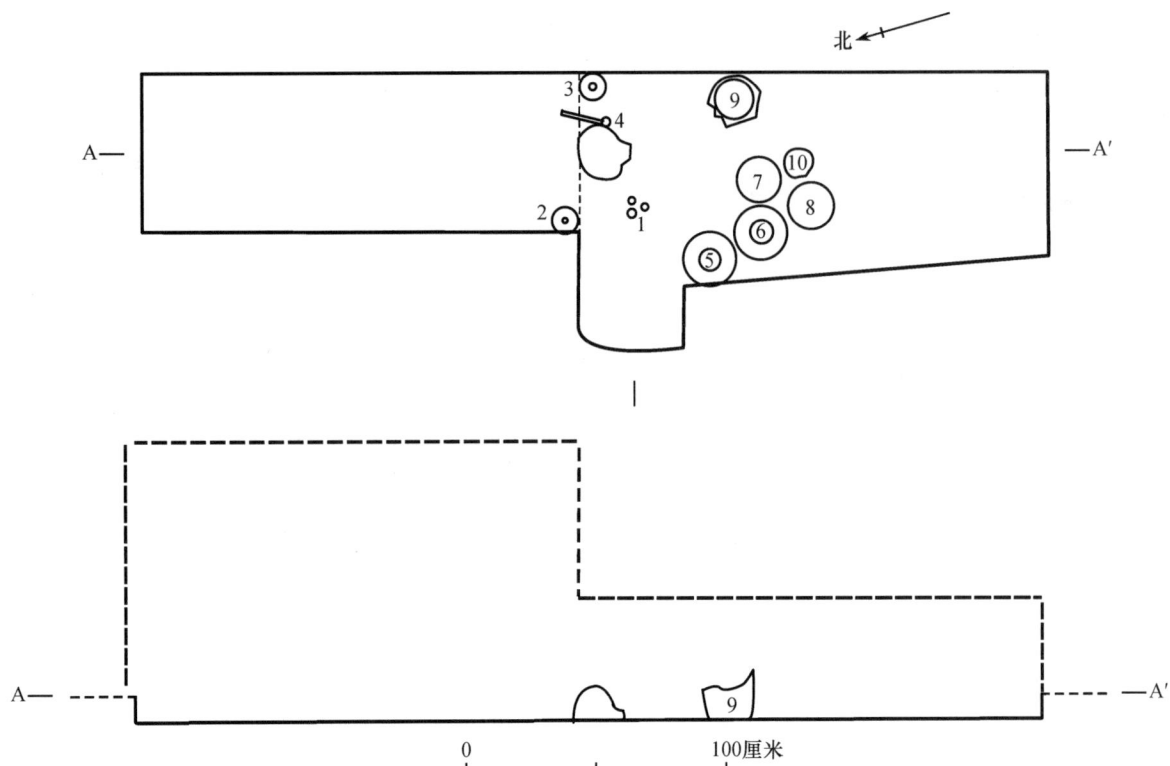

图四六七　Ⅰ区M164平、剖面图

1. 铜钱　2. 铜镜　3. 铁灯　4. 铁削　5、6. 陶盒　7~10. 陶罐

2. 出土器物

该墓出土器物9件，另有铜钱6枚。质地有陶、铜、铁三种，分述如下。

陶器　6件，均为泥质灰陶，器类有盒、罐。

盒　2件（M164：5、6），形制相同。盖，覆钵形，顶有矮圈足捉手；器身，子母口内敛，弧腹，平底。器表涂黑，之上红、白彩。盖，捉手一周红彩圈带，之内白彩卷云纹，捉手外上、下两周红彩圈带，之间三组云纹，每组由一白彩变形三云纹、一红彩变形三角云纹和红彩卷云纹构成，每组云纹之间以红彩斜向上单、下双线分界；器身，腹部红、白彩两周圈带。盖，器身轮制，底部有旋切痕。标本M164：5，盖径18.1、口径17.7、腹深8、底径9.1、通高12.2厘米（图四六八，1）。

罐　4件（M164：7、8、9、10），部分口部残缺。M164：7、8，形制相同，较瘦高，小口，平内凹，凹唇，束颈，弧肩，鼓腹，下腹内收，平底。轮制，器内有轮旋痕，标本M164：7，腹径17.2、底径9.2、残高19.4厘米（图四六八，2）。标本M164：9、10，残存下腹及底部，标本M164：10，鼓腹，下腹内收，大平底，轮制，器内有轮旋痕，残腹径23.8、底径13.4、残高17厘米（图四六八，3）。

铜镜　1面，标本M164：2，花卉镜，圆形，半圆钮，柿蒂纹座，素窄缘，镜面微凸。钮座外一周凹面圈带，之外均匀伸出四枝双叶纹，相邻草叶纹间布置一带圆座乳

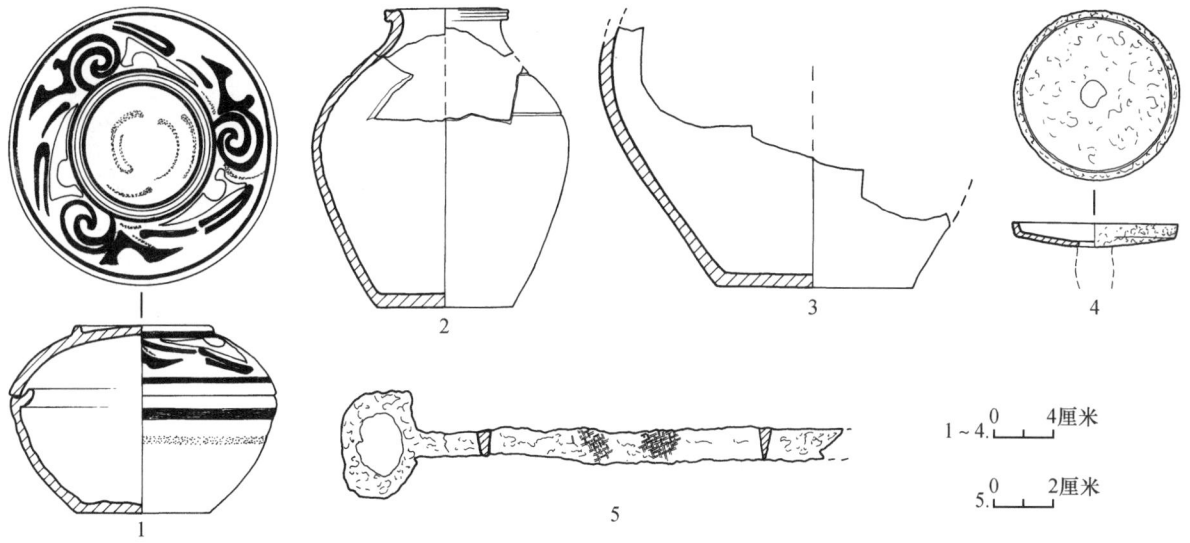

图四六八　Ⅰ区M164出土器物

1. 陶盒（M164：5）　2、3. 陶罐（M164：7、10）　4. 铁灯（M164：3）　5. 铁削（M163：4）

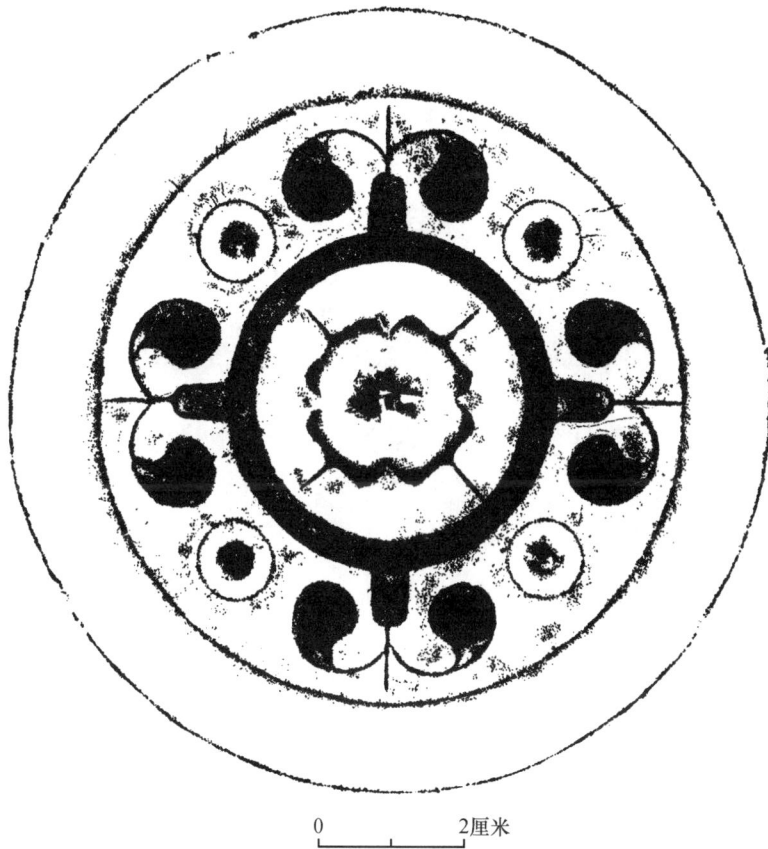

图四六九　Ⅰ区M164出土铜镜（M164：2）

钉。面径10.50、背径10.40、钮宽1.30、缘宽0.10、缘厚0.40厘米，重118克（图四六九；
彩版四三，2）。

铁器　2件，器类为灯和削。

灯　1件，标本M164：3，柄残缺，豆形。盘，敞口，平沿，方唇，斜腹，弧底。盘径
11.2、深1.2、残高1.6厘米（图四六八，4）。

削　1件，残损，标本M163：4，直背，直刃，环首柄。残长17.0厘米（图四六八，5）。

铜钱　6枚，均为半两钱，圆形方穿，无钱郭穿郭，穿之两侧篆书"半两"二字（图
四七〇）。

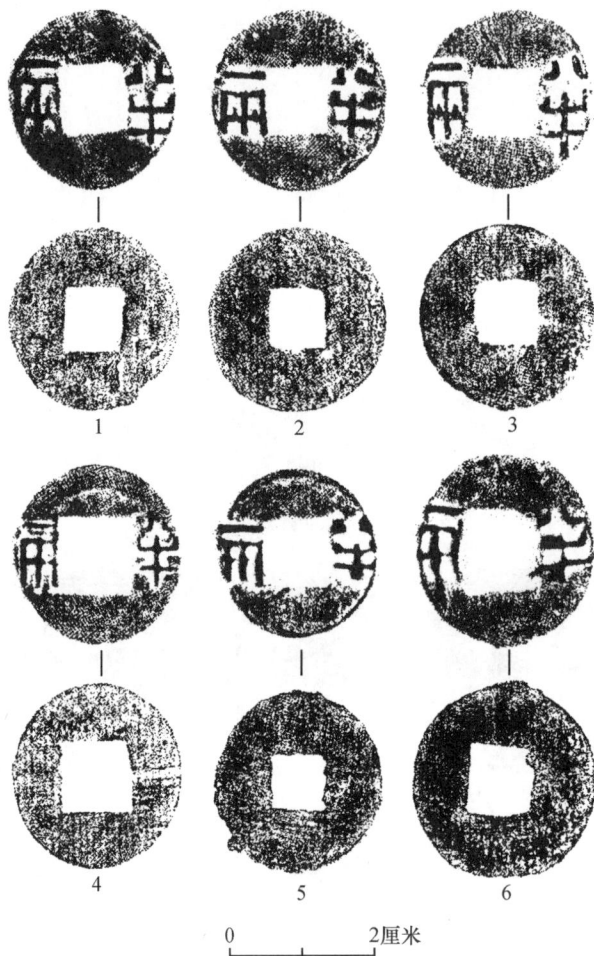

0　　　　　2厘米

图四七〇　Ⅰ区M164出土铜钱

1. M164：1-1　2. M164：1-2　3. M164：1-3　4. M164：1-4　5. M164：1-5　6. M164：1-6

第一六二节　M165

1. 墓葬形制

M165，位于第一阶地南侧偏西，探方T0601北部，墓室延伸至T0602，M164的西侧，北邻M169，南邻M166，西侧有M170、M171。方向110度。形制为竖穴墓道偏洞室墓，由墓道、墓室两部分组成（图四七一）。

墓道　位于墓室的南侧，平面呈长方形，壁面较直。开口长2.20、宽0.70、底距开口残深0.40米。墓道内填五花土，土质疏松，未经夯打。

墓室　平面呈长方形，拱顶土洞，底略低于墓道底部。墓室长2.0、宽0.50、残高0.46米。该墓未被盗扰，器物出土于墓室东侧，计有陶罐1、铜镜（残）1、铁器2。

封门　不详。

葬具　木棺1具，仅存棺痕，长1.80、宽0.42米。

葬式　骨架1具，保存较差，朽成粉末状，仰身直肢葬，头向东。

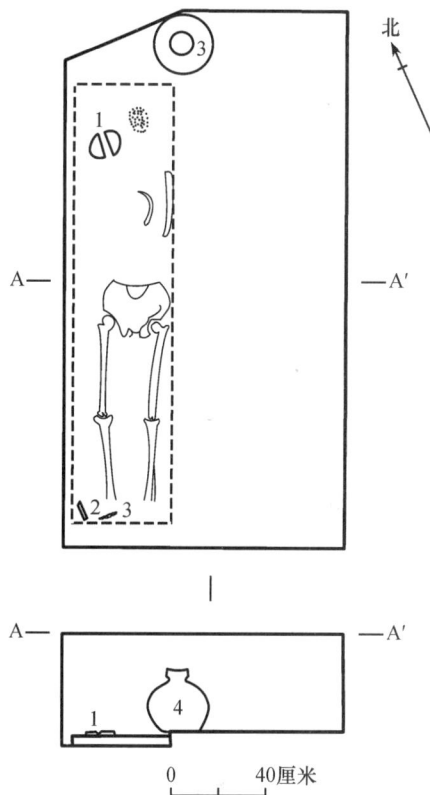

图四七一　Ⅰ区M165平、剖面图
1. 铜镜　2、3. 铁器　4. 陶罐

2. 出土器物

该墓出土器物4件，质地为陶、铜、铁三种，分述如下。

陶罐　1件，标本M165：3，夹砂灰陶，口部变形。侈口，沿面内凹，凹唇，短束颈，鼓肩，鼓腹，下腹内收，平底，腹部饰密集凹弦纹，弦纹间凸棱上密布点状纹。轮制，器表有轮旋纹，口径12、腹径27.6、底径12.8、高31.9厘米（图四七二，1）。

铜镜　1面，标本M165：1，残，草叶纹镜，圆形，内向十六连弧纹缘，镜面微凸。钮座外有两周凹面方框，之间有"见日之□□□可长"铭文带，方框四角方形对角相连。铭文框四面向外，中部一圆座乳钉，向外长出一叶，两侧各一叠层草叶纹。铭文框架四角各斜出一带枝左右下卷花叶纹。面径11.30、背径11.20、缘宽1.10、缘厚0.30厘米，重92克（图四七三；彩版四四，1）。

铁器　2件，标本M165：2-1，长方形扁平状，背面两端有两圆柱形钮。通长10.2（图四七二，2）。标本M165：2-2，"S"形扁平状，通长6.2厘米（图四七二，3）。

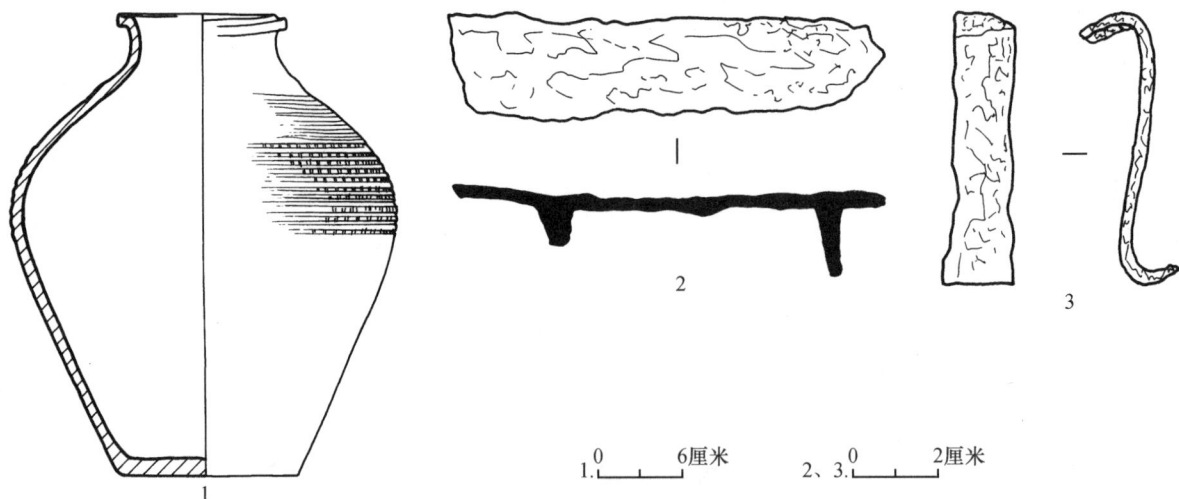

图四七二　Ⅰ区M165出土器物
1. 陶罐（M165：3）　　2、3. 铁器（M165：2-1、2）

图四七三　Ⅰ区M165出土铜镜（M165：1）

第一六三节　M166

1. 墓葬形制

M166，位于第一阶地南侧偏西，探方T0601内，M165南侧，西侧有M170、M171。墓葬开口于扰土层下，距地表深0.50米。形制为竖穴墓道偏洞室墓，即墓室位于墓道的长边一侧，由墓道、墓室两部分组成（图四七四；图版五四，2）。

墓道　位于墓室的东侧，平面呈长方形，壁面较直。开口长2.60、宽0.90、底距开口深0.80米。墓道内填五花土，土质疏松，未经夯打。

墓室　平面呈长方形，拱顶土洞。墓室长2.30、宽0.70~0.80、高0.60米。该墓未被盗扰，出土陶罐1件，置于墓室北部棺外东北角上。

封门　不详。

葬具　木棺1具，仅存棺痕，长2.0、宽0.54米。

葬式　骨架1具，保存较好，仰身直肢葬，头向北。

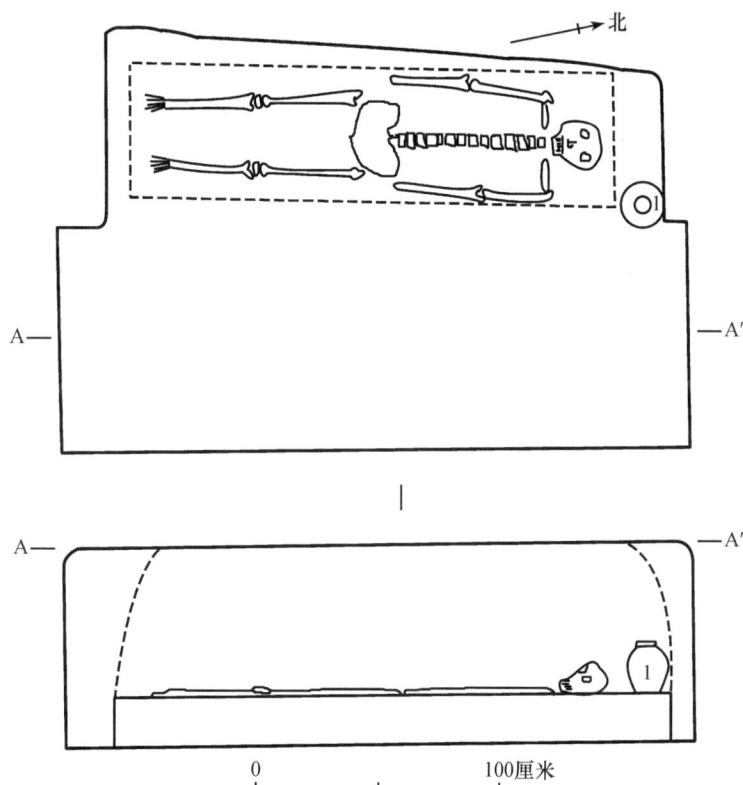

图四七四　Ⅰ区M166平、剖面图

1.陶罐

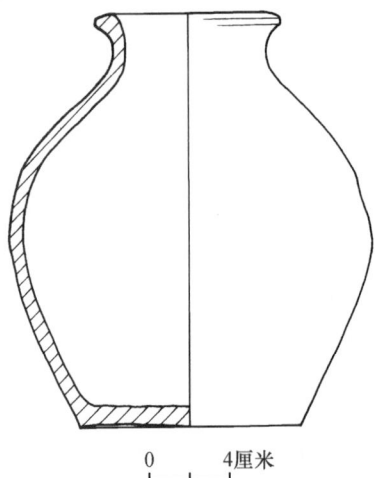

图四七五　Ⅰ区M166出土陶罐
（M166：1）

2. 出土器物

　　该墓出土陶罐1件。标本M166：1，泥质灰陶，侈口，平沿，方唇，束颈，溜肩，鼓腹，平底。轮制，器表有轮旋纹。口径9.2、腹径18、底径11、高20厘米（图四七五）。

第一六四节　M167

1. 墓葬形制

　　M167，位于第一阶地西部南侧，探方T0602内，东与M168并穴合葬，与M173、M172基本并列，向南打破M169。方向210度。形制为竖穴墓道土洞墓，由墓道、墓室两部分组成（图四七六）。

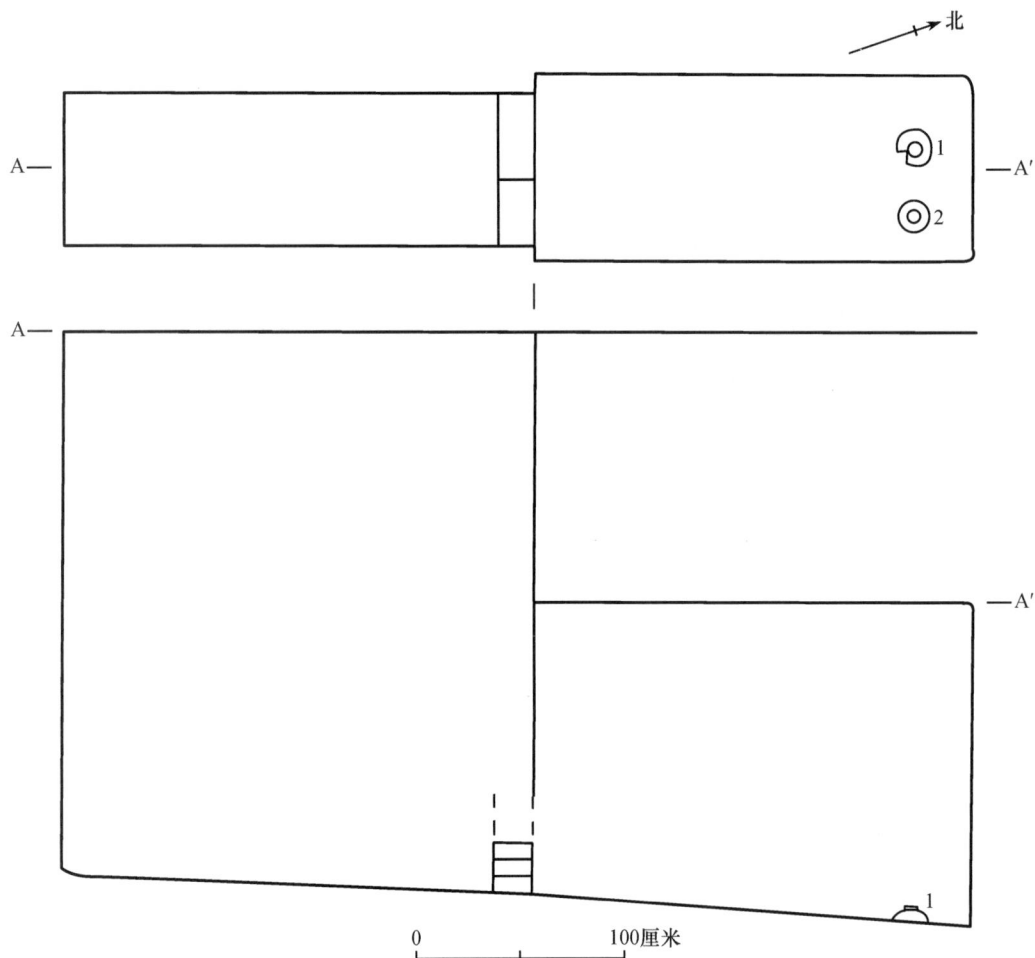

图四七六　Ⅰ区M167平、剖面图
1、2.陶盒盖

墓道　位于墓室的南端，平面呈长方形，壁面较直。开口长2.28、宽0.70、底距开口深2.50～2.60米。墓道内填五花土，土质疏松，未经夯打。

墓室　平面呈长方形，拱顶土洞。墓室长2.10、宽0.86、高1.35～1.50米。该墓被盗扰，出土陶盒盖2件。

封门　土坯封门，长0.7、宽0.18、高0.24米，土坯40厘米×18厘米×8厘米。

葬具　不详。

葬式　不详。

2. 出土器物

该墓共出土陶盒盖2件（M167：1、2），形制相同。覆钵形，顶有矮圈足捉手。器表涂黑，之上饰红、白彩绘，局部脱落严重。捉手之内，一周红彩圈带，中部白彩云气，捉手外侧，上、下两周红彩卷带，之间红、白彩云气等纹样。M167：1，口径18.4、高4.5厘米（图四七七，1）。M167：2，口径18.2、高4.7厘米（图四七七，2）。

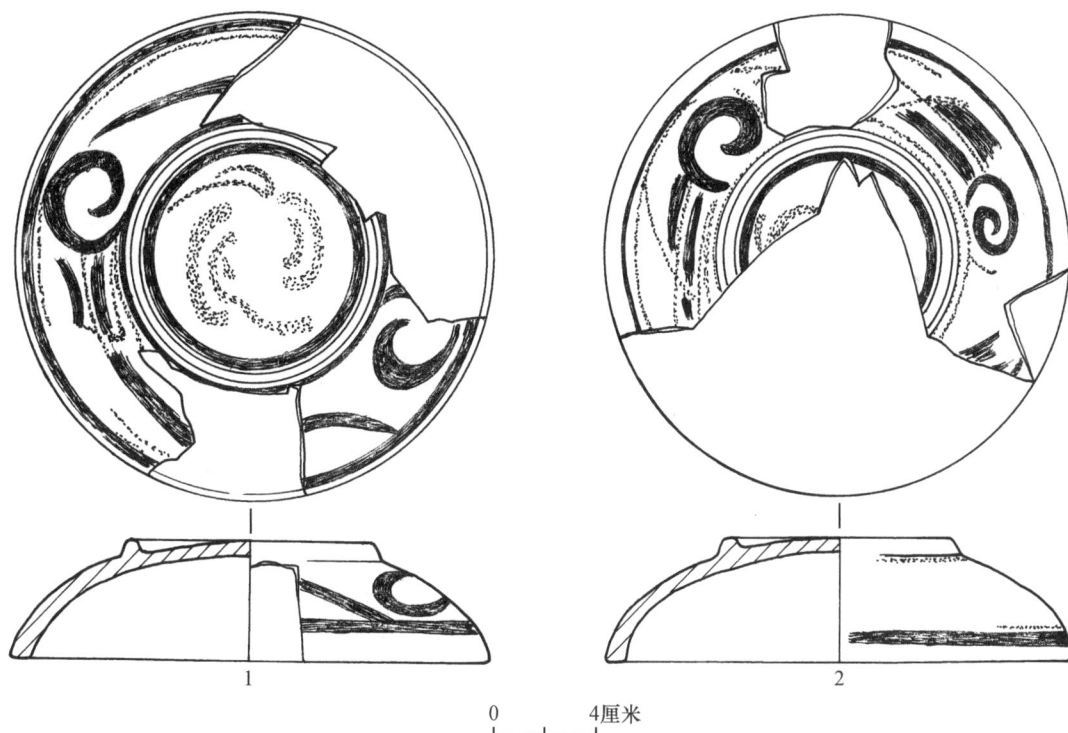

图四七七　Ⅰ区M167出土陶盒盖
1. M167：1　2. M167：2

第一六五节　M168

1. 墓葬形制

M168，位于第一阶地西部偏南，探方T0602内，西与M167并穴合葬。方向225度。墓葬形制为竖穴墓道土洞墓，由墓道、墓室两部分组成（图四七八）。

墓道　位于墓室的南端，平面呈长方形，壁面较直。开口长2.10、宽0.70、底距开口深2.50米。墓道内填五花土，土质疏松，未经夯打。

墓室　平面呈长方形，拱顶土洞。墓室长2.50、宽0.82、高0.80米。该墓被盗扰，出土有泥丸7件。

封门　不详。

葬具　不详。

葬式　不详。

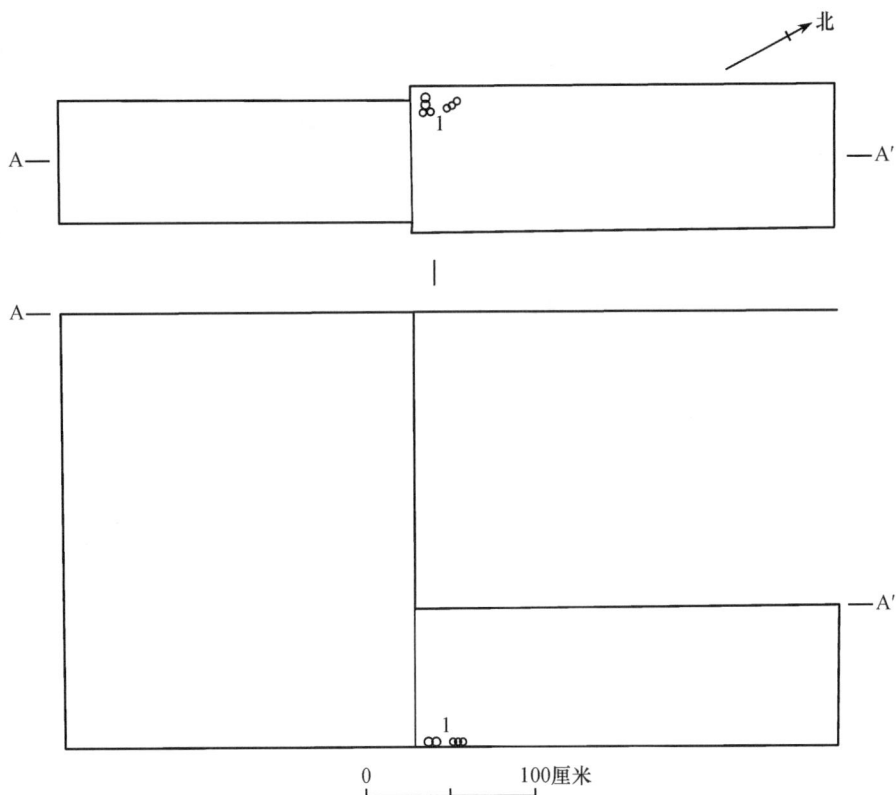

图四七八　Ⅰ区M168平、剖面图
1. 泥丸

2. 出土器物

该墓出土泥丸7件，形制相同，圆球形。标本M168∶1，直径0.9厘米（图四七九）。

图四七九　Ⅰ区M168出土泥丸（M168∶1）

第一六六节　M169

1. 墓葬形制

M169，位于第一阶地西部南侧，探方T0602内，北侧有M167、M168，且被M167打破，南侧有M165。方向110度。形制为竖穴墓道土洞墓，墓道与墓室基本等宽，由墓道、墓室两部分组成（图四八〇）。

墓道　位于墓室的东侧，平面呈长方形，壁面较直。开口长1.72、宽0.64～0.72、底距开口深0.90米。墓道内填五花土，土质疏松，未经夯打。

墓室　平面呈长方形，拱顶土洞。墓室长2.22、宽0.76、高0.62米。该墓被盗扰，器物主要出土于墓室东端，计有陶盒1、陶罐1、铜镜1、铜半两钱4。

封门　不详。

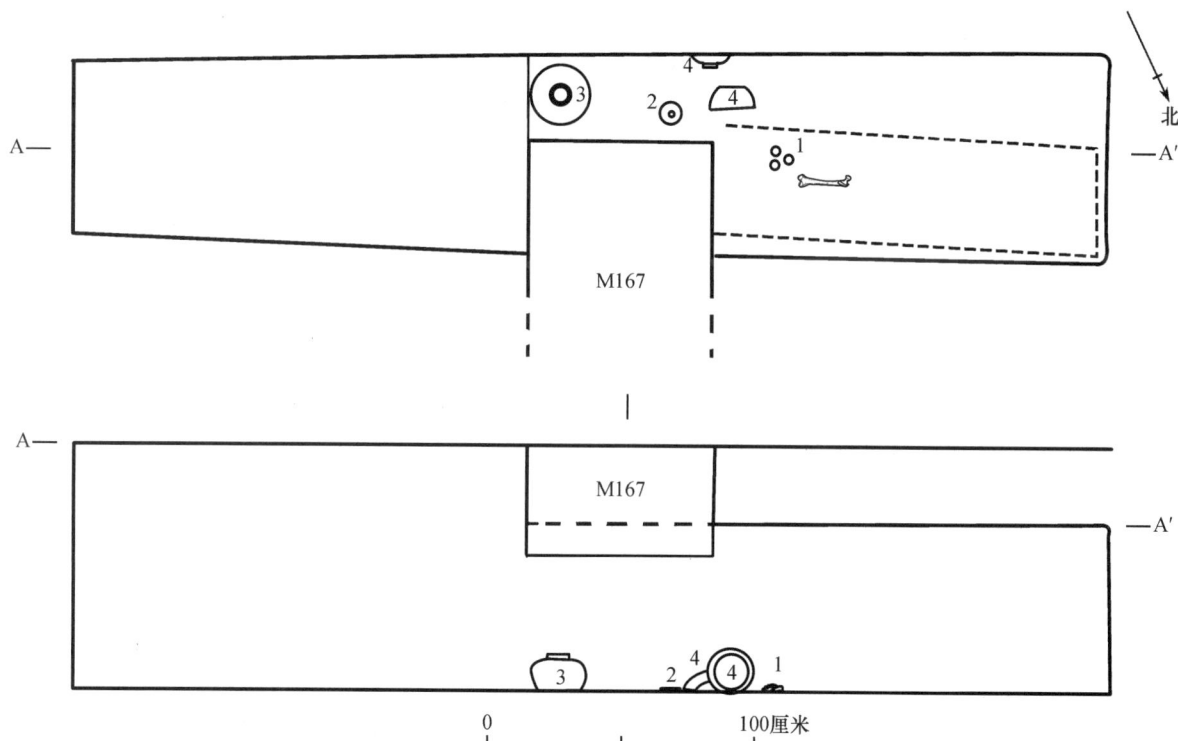

图四八〇　Ⅰ区M169平、剖面图
1.铜钱　2.铜镜　3.陶罐　4.陶盒

葬具　木棺1具，仅存棺痕，残长1.40、宽0.40米。

葬式　骨架1具，保存较差，仅存腿骨，推测头向东。

盗洞　1处，位于墓室东部，自上而下打破进入墓室。平面圆形，直径0.50米。

2. 出土器物

该墓出土器物3件，另有铜钱4枚。质地为陶、铜两种，分述如下。

陶器　2件，为泥质灰陶，器类有盒、罐。

盒　1件，标本M169：4，盖，残，覆钵形，顶有矮圈足捉手；器身，子母口内敛，弧腹，平底。器表红、白彩绘。盖，捉手内一周红彩圈带，中部白彩云纹，捉手外，上、下两周红彩圈带，之间饰红、白彩云气等纹饰。器身，上腹两周红、白彩圈带。器身轮制，底部有旋切痕。腹深8.4、底径9.1、通高12厘米（图四八一，1）。

罐　1件，标本M169：3，器形矮胖，侈口，近平沿，凹唇，短束颈，弧肩，鼓腹，下腹内收，平底，轮制，器表有轮旋纹，口径13.2、腹径22、底径12、高14.3厘米（图四八一，2）。

铜镜　1面，标本M169：2，昭明连弧铭文镜，圆形，半圆钮，圆钮座，宽素平缘，镜面微凸，钮座四周均匀伸出四组（每组三条）短弧线及卷云纹，之外一周内向八连弧，再外两周短斜线纹之间有"内清质而以昭明，光之日月，心忽忠不泄"铭文带。面径8.10、背径7.90、钮宽1.30、缘宽0.50、缘厚0.30厘米，重70克（按：昭明镜一般认为出现于西汉中后期，流行

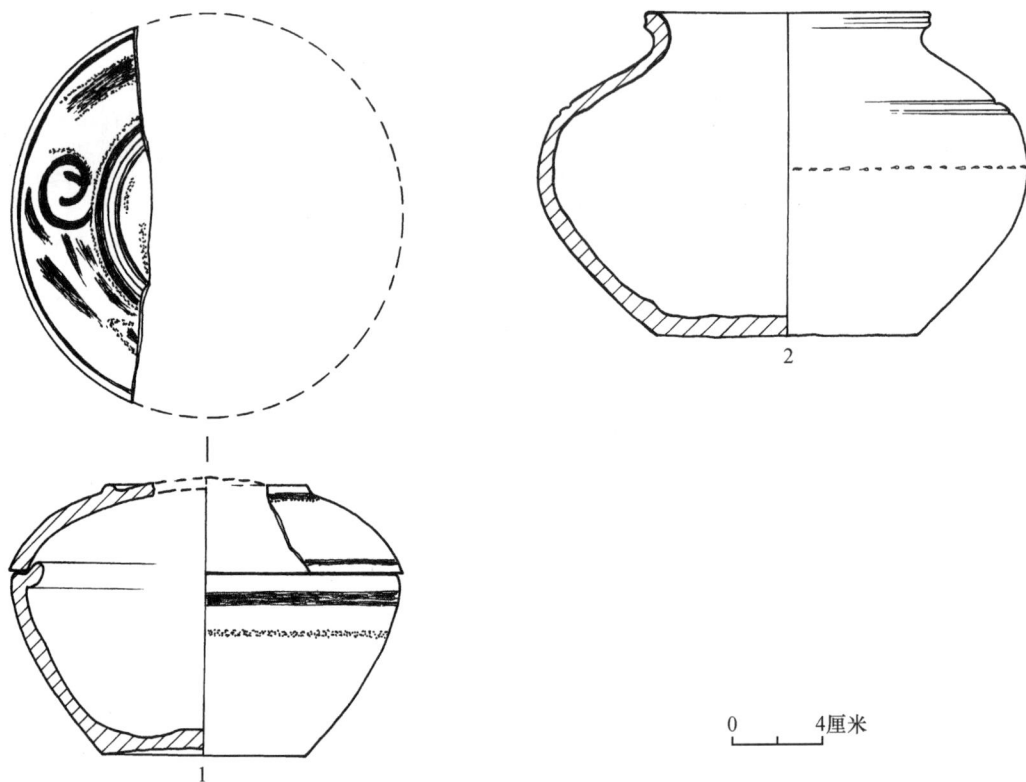

0 _____ 4厘米

图四八一　Ⅰ区M169出土器物

1.陶盒（M169：4）　2.陶罐（M169：3）

于西汉晚期至新莽时期，东汉早期以后消失。而该墓时代为西汉早期，该墓出土的昭明镜，把该类铜镜的年代提前到了西汉早期）（图四八二；彩版四四，2）。

铜钱　4枚，均为半两钱，圆形方穿，无钱郭及穿郭，正面穿之两侧有篆书"半两"二字（图四八三）。

0　　　　2厘米

图四八二　I 区M169出土铜镜（M169：2）

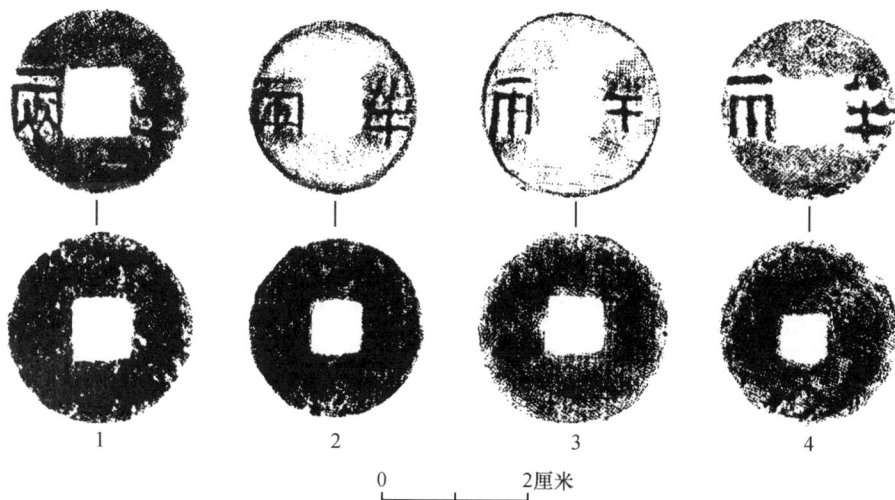

1　　　　　　　2　　　　　　　3　　　　　　　4

0　　　　2厘米

图四八三　I 区M169出土铜钱
1. M169：1-1　2. M169：1-2　3. M169：1-3　4. M169：1-4

第一六七节　M170

1. 墓葬形制

M170，位于第一阶地西部南侧，探方T0501东北角，墓室延伸至T0502，西与M171并穴合葬，东邻M165、M166，南近M175。方向175度。形制为竖穴墓道土洞墓，由墓道、墓室两部分组成（图四八四）。

墓道　位于墓室的南端，平面呈长方形，壁面较直。开口长2.70、宽0.86~0.90、底距开口深2.30米。墓道内填五花土，土质疏松，未经夯打。

墓室　平面呈长方形，拱顶土洞。墓室长3.0、宽1.14、高1.20米。该墓未被盗扰，器物主要出土于墓室南部，计有陶罐1、铜镜1。

封门　木板封门，墓室东西两壁有凹槽。槽宽0.21、进深0.24、高1.20米。

葬具　木棺1具，仅存棺痕，残长1.40、宽0.60米。

葬式　骨架1具，保存较差，仅存腿骨，推测其为仰身直肢，头向北。

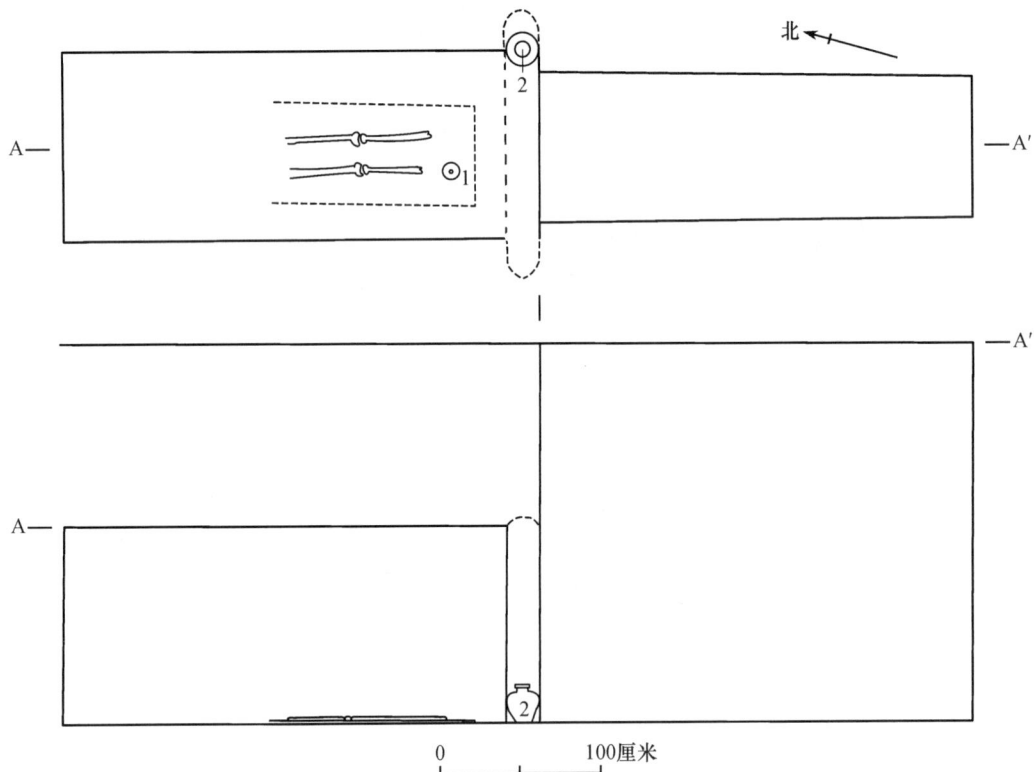

图四八四　Ⅰ区M170平、剖面图
1. 铜镜　2. 陶罐

2. 出土器物

该墓出土器物2件，质地有陶、铜两种，分述如下。

陶罐　1件，标本M170：2，泥质灰陶，侈口，平沿外斜，凹唇，束颈，圆鼓肩，下腹内收，小平底。肩部饰密集的凹弦纹、点状纹。轮制，器内有轮旋痕。口径12.5、腹径29.6、底径12、高35.6厘米（图四八五，1）。

铜镜　1面，标本M170：1，四乳铭文镜，圆形，桥形钮，宽窄缘，镜面微凸。钮外，一大一小两个方框（边为凹面宽带）垂直叠加，形成的四个三角形内各置一带圆座乳突，大方外侧有"长勿相忘"四字铭文，铭文一侧或两侧配置桃形花苞，铭文篆体，端庄规整。面径8.50、背径8.30、钮宽0.60、缘宽0.10、缘厚0.30厘米，重53克（图四八五，2；彩版四五，1）。

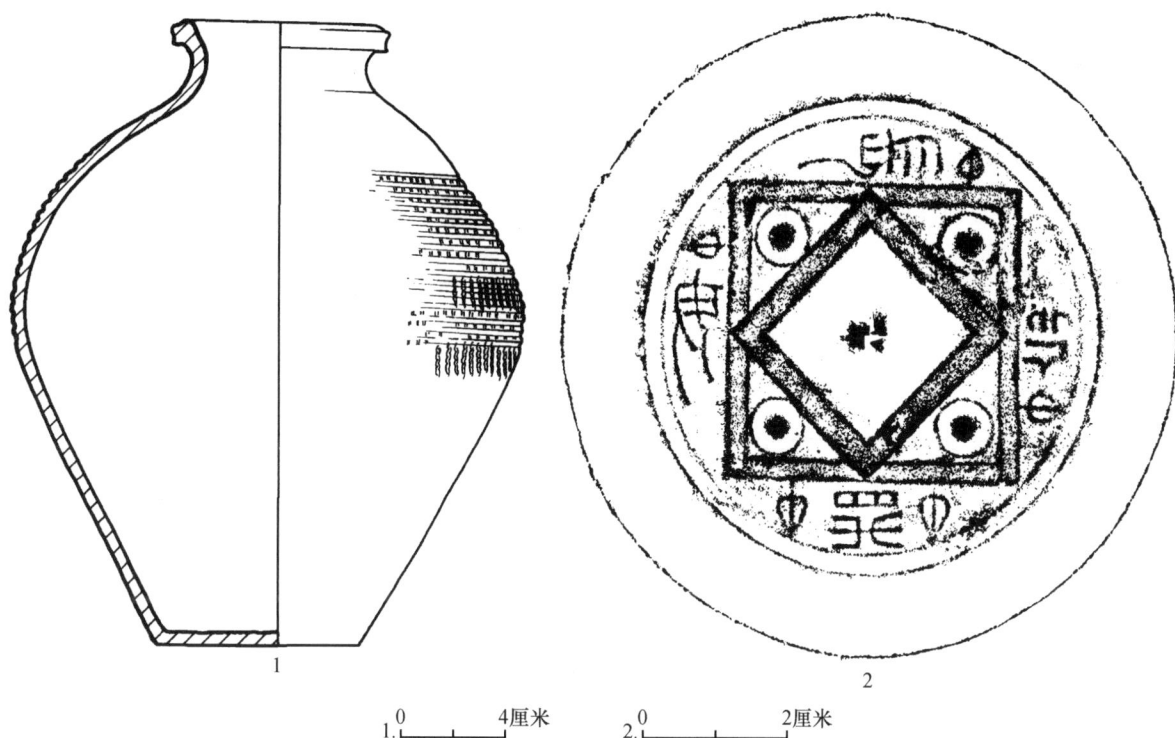

图四八五　Ⅰ区M170出土器物
1. 陶罐（M170：2）　2. 铜镜（M170：1）

第一六八节　M171

1. 墓葬形制

　　M171，位于第一阶地西部偏南，探方T0501东北角，墓室延伸至T0502，东与M170并穴合葬。方向185度。形制为竖穴墓道土洞墓，由墓道、墓室两部分组成（图四八六）。

　　墓道　位于墓室的南端，平面呈长方形，壁面较直。开口长2.10、宽0.80～0.86、底距开口深1.70米。墓道内填五花土，土质疏松，未经夯打。北端近墓室口处出土有陶罐1件（按：就小型汉墓而言，把随葬器放在墓道之内，不是一种常见现象，或许具有一定的特殊含义）。

　　墓室　平面呈长方形，拱顶土洞。墓室长2.30、宽0.86、高1.0米。该墓未被盗扰，墓室内未出土器物。

　　封门　不详。

　　葬具　不详。

　　葬式　骨架1具，保存较好，头向北，仰身直肢。

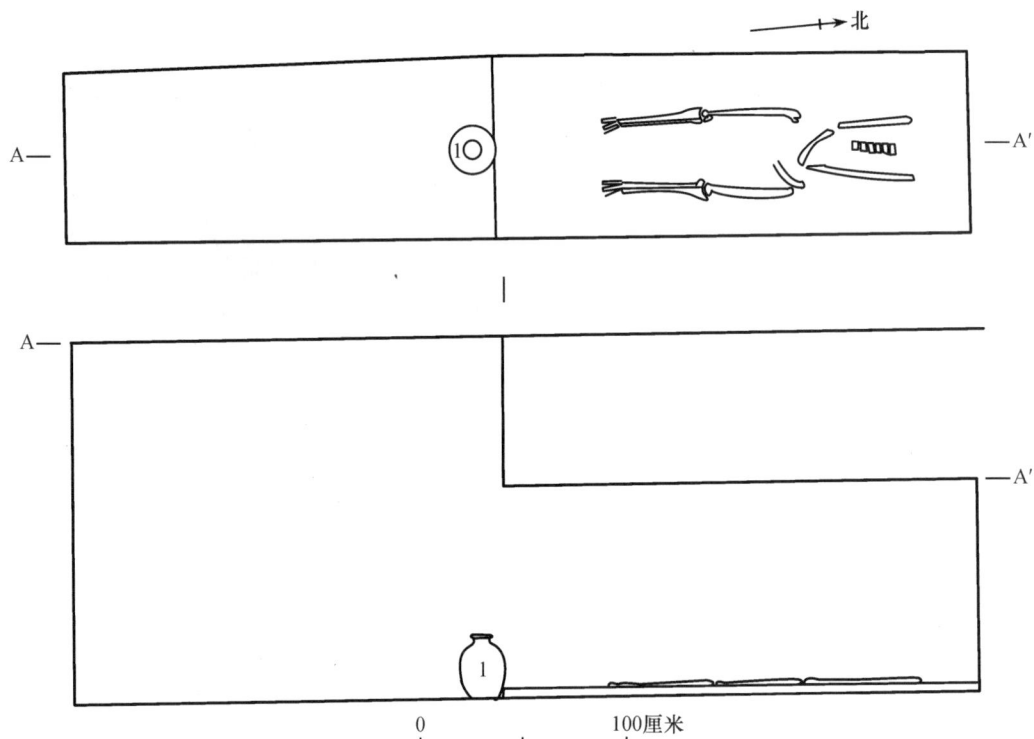

图四八六　Ⅰ区M171平、剖面图

1. 陶罐

2. 出土器物

该墓出土陶罐1件，标本M171：1，泥质灰陶，侈口，平沿，凹唇，束颈，鼓肩，鼓腹，下腹内收，小平底。肩部饰密集的凹弦纹。轮制，器内有轮旋纹。口径11.6、腹径24.3、底径9.4、高29.4厘米（图四八七）。

第一六九节　M172

1. 墓葬形制

M172，位于第一阶地中西部偏南，探方T0602内，西与M73并穴合葬，西侧与M167、M168基本并列，北侧邻M150、M151，三组墓葬位置相近，当有一定关系。方向10度，形制为竖穴墓道土洞墓，墓室略宽于墓道，由墓道、墓室两部分组成（图四八八；图版五五，1、2）。

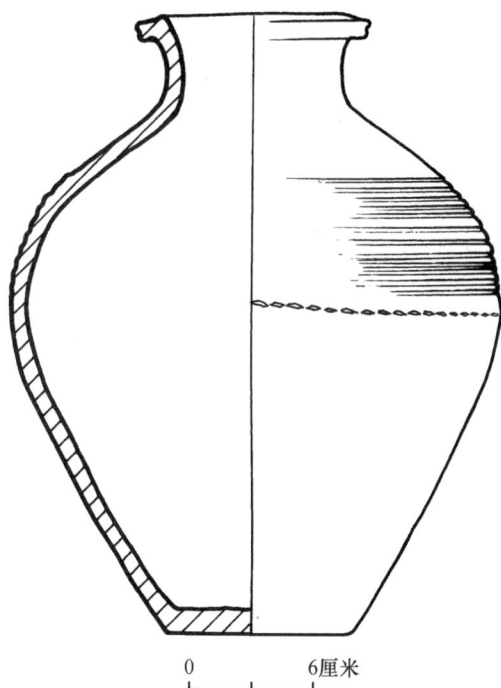

图四八七　Ⅰ区M171出土陶罐（M171：1）

墓道　位于墓室的北端，平面呈长方形，壁面较直。开口长2.30、宽0.84、底距开口深3.0米。墓道内填五花土，土质疏松，未经夯打。

墓室　平面呈长方形，拱顶土洞。墓室长2.76、宽0.80、高1.10米。该墓被盗扰，器物说要出土于墓室的北部，计有陶鼎1、盒盖1、灶1。

封门　不详。

葬具　木棺1具，仅存棺痕，长1.70、宽0.60米。

葬式　不详。

盗洞　1处，位于墓道的末端，自上而下，进入墓室。平面呈圆形，直径约0.50米。

2. 出土器物

该墓出土陶器3件，均为泥质灰陶，器类有鼎、盒盖、灶。

鼎　1件，标本M172：1，盖，浅覆钵形，弧顶近平；器身，子母口内敛，弧腹，圜底，肩附外撇弯曲板耳，顶端外折，腹中部有一周台棱，底附三马蹄形足。器表涂黑，之上红、白彩绘，脱落严重。盖，中心点状白彩，之外均匀布置三组卷云纹，一起一折后作逆时针方向内旋，云彩三层，内层线状白彩，中层带状红彩，外层带状白彩，盖之边缘上白、下红两周彩带。器身腹部，上红、下白两周彩带。盖与器身轮制，耳、足模制，而后粘结，器表有轮旋纹。盖径18.1、器身口径18.1、腹深6.9、足高4.1、通高12.9厘米（图四八九，1）。

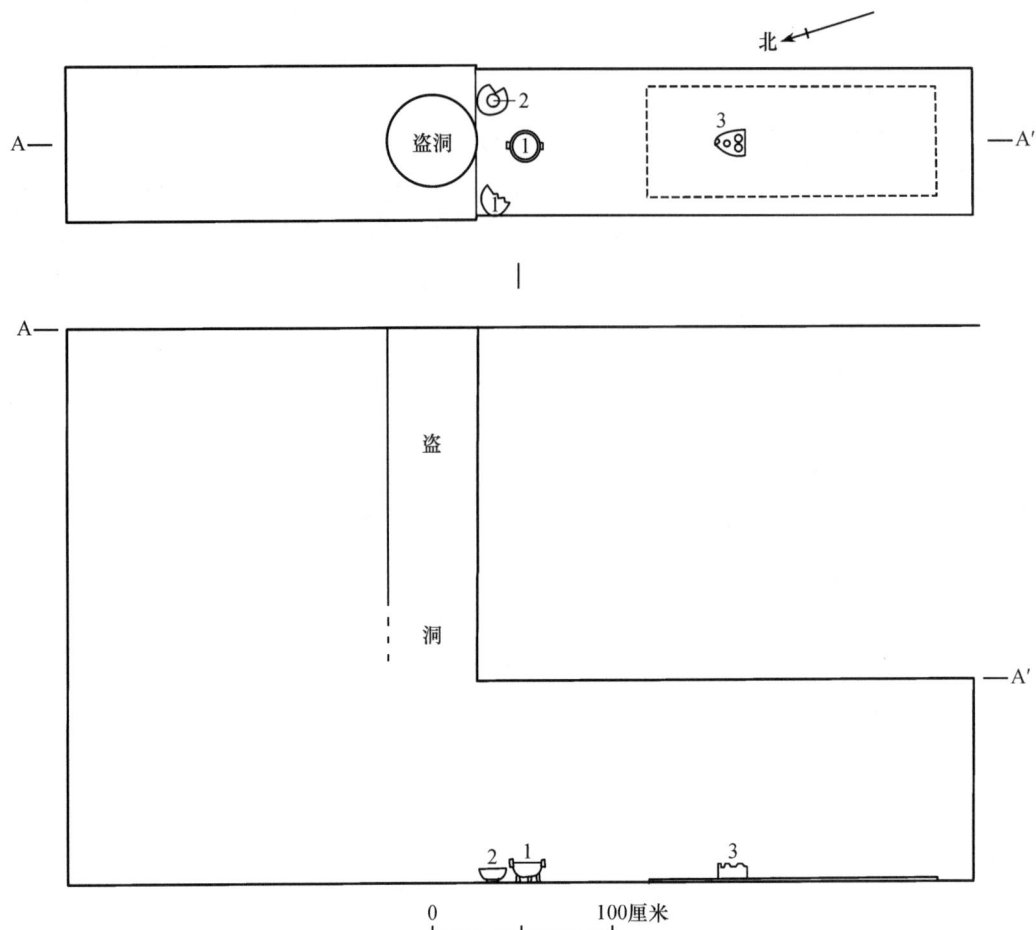

图四八八　Ⅰ区M172平、剖面图
1.陶鼎　2.陶盒盖　3.陶灶

　　盒盖　1件，标本M172：2，覆钵形，顶有矮圈足捉手。盖面涂黑，之上红、白彩绘。捉手内一周红彩圈带，中部两组白彩勾云纹，捉手之外，上下两组红、白彩带，两组彩带之间饰三组红彩三角云纹、卷云纹，其间以斜向彩带相隔，彩带上、下有对称白彩变形三角云纹，斜向彩带为白彩线状边框，内部上单、下双两段红彩带。口径18.2、高5厘米（图四八九，2）。

　　灶　1件，标本M172：3，灶体平面呈马蹄形，前方后圆，灶面三釜呈"品"字形分布，尾部有圆形烟囱，前端有方形的落地灶门，周围模印菱形网格纹。灶面、灶壁分体模制而后粘结，釜之肩部与灶面一次性模制而成，腹模制而后粘结于相应的位置。长18.6、宽16.8、高8.8厘米（图四八九，3）。

图四八九　Ⅰ区M172出土器物
1.陶鼎（M172：1）　2.陶盒盖（M172：2）　3.陶灶（M172：3）

第一七〇节　M173

1. 墓葬形制

M173，位于第一阶地中西部南侧，探方T0602内，西与M172并穴合葬。方向10度，形制为竖穴墓道土洞墓，由墓道、墓室两部分组成（图四九〇；图版五五，3、4）。

墓道　位于墓室的北端，平面呈长方形，壁面较直。开口长2.70、宽0.90、底距开口深2.30米。墓道内填五花土，土质疏松，未经夯打。

墓室　平面呈长方形，拱顶土洞。墓室长2.98、宽1.0、残高0.66米。该墓被盗扰，器物主要出土于墓室的北部，计有陶盒盖1、陶灶1套（盆1、甑1）、石丸1。

封门　条砖封门，错缝平砌。长1.0、宽0.18、高0.66米，条砖35厘米×18厘米×8厘米（按：条砖封门在西汉中期以后才流行起来，而这座墓的砖封门应该是比较早的了）。

葬具　木棺1具，仅存棺痕。长2.10、宽0.70米。

葬式　不详。

盗洞　1处，位于墓道的末端，自上而下，进入墓室。平面呈圆形，直径约0.50米。

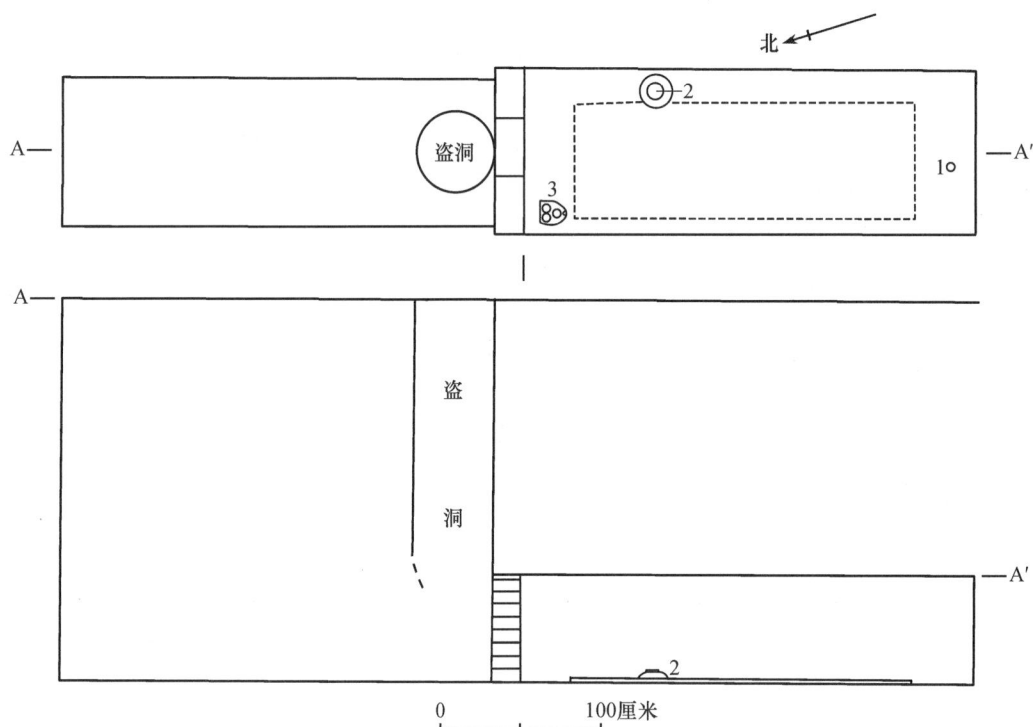

图四九〇　Ⅰ区M173平、剖面图

1. 石丸　2. 陶盒盖　3. 陶灶1套（盆1、甑1）

2. 出土器物

该墓出土器物5件，质地有陶、石两种，分述如下。

陶器 4件，为泥质灰陶，器类有盒盖、灶、盆、甑。

盒盖 1件，标本M173：2，覆钵形，顶有矮圈足捉手。器表涂黑，之上红、白彩绘，捉手内侧一周红彩圈带，中部两组白彩云纹，捉手外侧一周红彩圈带，边缘两周红白（内白、外红）圈带，上下两圈带之间饰三组红彩三角云纹、卷云纹，其间以斜向彩带相隔，彩带上、下有对称白彩变形三角云纹，斜向彩带为白彩线状边框，内部两段双线红彩带。口径17.6、高5.3厘米（图四九一，1）。

灶 1件，标本M173：3-1，灶体平面呈马蹄形，前方后圆，灶面三釜呈"品"字形分布，后端一釜大于前端两釜，尾部有圆形烟囱，前端有方形的落地灶门，周围模印菱形网格纹。灶面、灶壁分体模制而后粘结，釜之肩部与灶面一次性模制而成，腹模制而后粘结于相应的位置。长21、宽17.2、高10.6厘米（图四九一，2）。

盆 1件，与灶配套。标本M173：3-3，残，敞口，平沿，方唇，折腹。模制，沿面有制坯时留下的线切纹。口径7.5、高3.1厘米（图四九一，3）。

甑 1件，与灶配套。标本M173：3-2，敞口，平沿，方唇，折腹，内凹，底部有四个箅

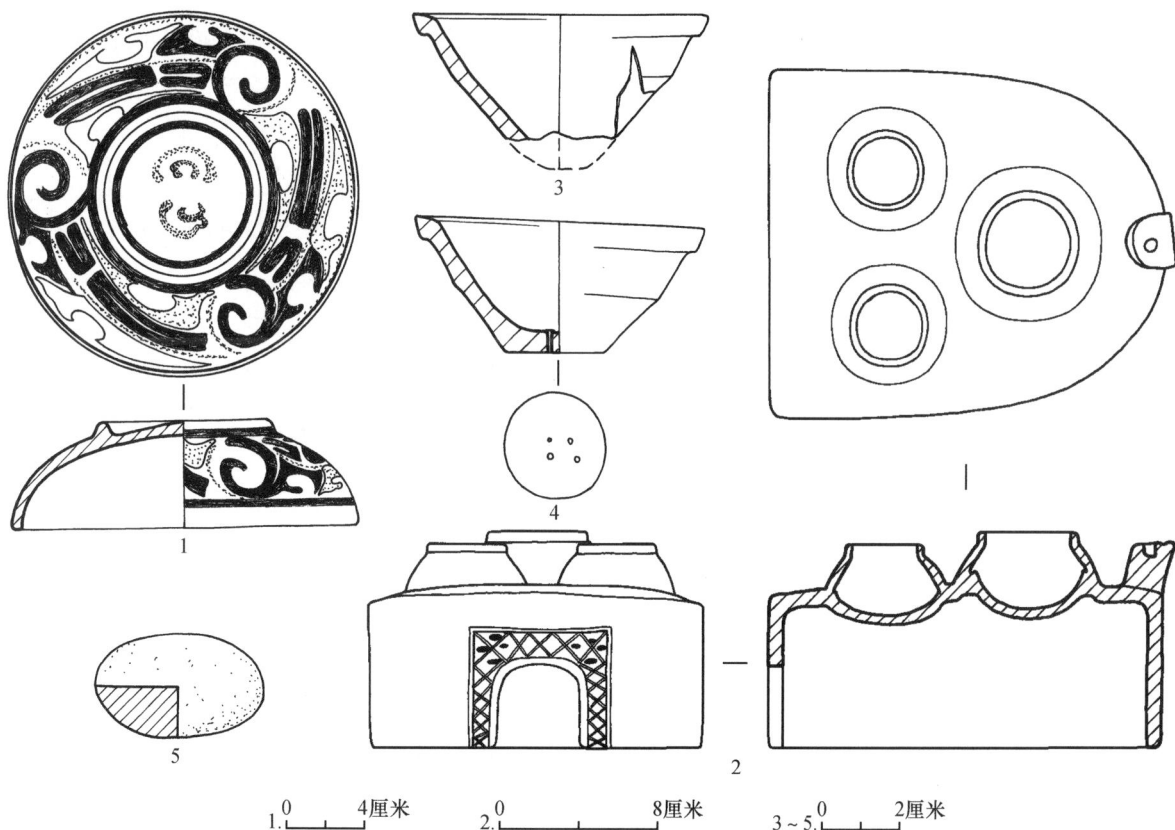

图四九一 I 区M173出土器物

1.陶盒盖（M173：2） 2.陶灶（M173：3-1） 3.陶盆（M173：3-3） 4.陶甑（M173：3-2） 5.石丸（M173：1）

孔。模制，沿面有制坯时留下的线切纹。口径7.4、底径2.6、高3.4厘米（图四九一，4）。

石丸 1件，标本M173：1，椭圆形，实心。长4.4、宽2.6厘米（图四九一，5；图版一五五，5）。

第一七一节 M174

1. 墓葬形制

M174，位于第一阶地西部中央，探方T0402内，北侧与M177基本并列，唯距离较远，东侧邻M161、M160，南侧邻M181、M182，从位置看，似与周邻墓葬无密切关系。方向275度。形制为斜坡墓道土洞墓，由墓道、墓室两部分组成（图四九二；图版五六，1、2）。

墓道 位于墓室的西端，平面呈长方形，壁面较直，底部呈斜坡状，南北两壁距开口0.80米处，有一级二层台，台宽0.06米。近墓室一端两壁有对称分布的脚窝，平面呈三角形，宽0.30、高0.18、进深0.10米（按：既然是斜坡墓道，还要脚窝有什么用，也许是其他用途，有待于再认识）。墓道开口长8.70、宽0.80～0.86、坡长10.0、底距开口深0～5.0米，坡度33度。墓道内填五花土，土质坚硬，经过夯打。

墓室 平面呈长方形，拱顶土洞。墓室长3.90、宽1.42、高1.20米。该墓被盗扰，遗物主要置于墓室西侧及棺内，出土陶鼎1、陶盒2、陶钫1、陶灶1套（盆1）、铜柿蒂形棺饰21、铜当卢1、铜马衔镳1、铜衡末饰2、铜扣饰3、铜车轙2、铜盖弓帽13、铜辖軎1、铜带钩1、铁削1、铜钱5。

封门 土坯封门，南北两壁有凹槽（土坯封门，还用封门槽，是一种过渡形态）。槽宽0.28、进深0.60、高1.60米。土坯尺寸不详。

葬具 木棺1具，仅存棺痕，棺长1.90、宽0.70米。

葬式 骨架1具，已成粉末状，仰身直肢葬，头向东。

盗洞 1处，位于墓道末端，自上而下进入墓室。平面呈长方形，长0.60、宽0.40米。

2. 出土器物

该墓出土器物52件，另出土铜钱5枚。质地为陶、铜、铁三种，分述如下。

陶器 6件，均为泥质灰陶，器类为鼎、盒、钫、灶、盆。

鼎 1件，标本M174：1，盖，浅覆钵形，弧顶，顶部有一桥形钮，中间有一穿环，之外均匀布置三乳突；器身，子母口内敛，深弧腹，圜底，肩附外撇弯曲板耳，顶端外折，腹中部有一周台棱，底附三马蹄形足。器表涂黑，之上红彩绘，脱落严重。盖，桥形钮之外绘一周弦纹，之外绘四组弦纹（每组两道），第一组、二组之间为一周云气纹带，第三组和第四组之间填饰一周锯齿纹；器身，上腹两组（每组两道）弦纹之间饰双线"之"字纹带，与上、下弦纹

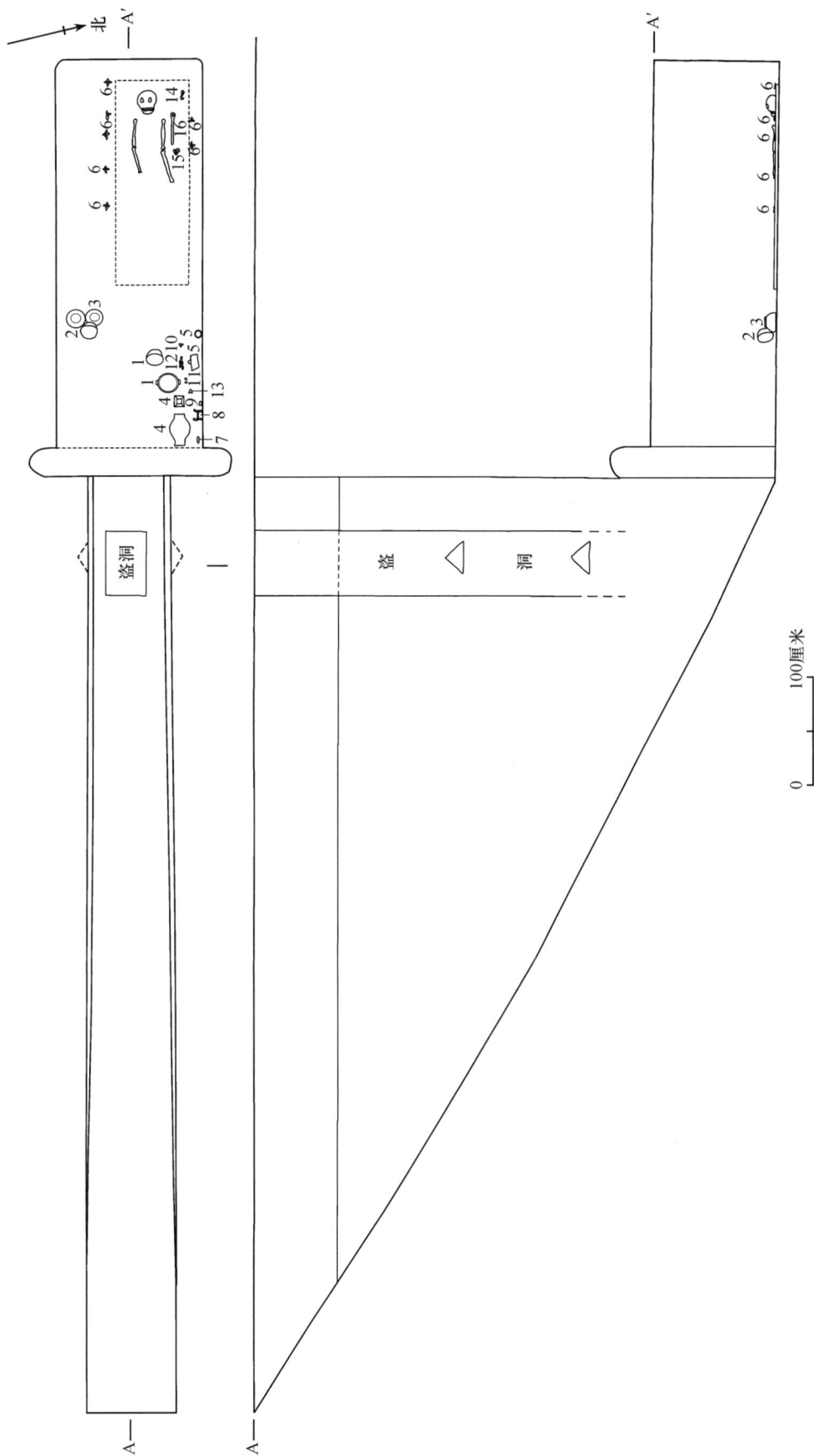

图四九二 Ⅰ区M174平、剖面图

1. 陶鼎 2、3. 陶盒 4. 陶纺 5. 陶灶1套（盆1） 6. 铜柿蒂形棺饰 7. 铜当卢 8. 铜马衔镳 9. 铜衡末饰 10. 铜扣饰 11. 铜车軎 12. 铜盖弓帽 13. 铜镝管 14. 铜带钩 15. 铜钱 16. 铁削

形成三角形底角间饰羽状纹，底边中部饰半圆圈纹。下腹一周锯齿纹。盖与器身轮制，耳、足模制，而后粘结，器表有轮旋纹。盖径19、器身口径19、腹深10.4、足高7.6、通高20.8厘米（图四九三；彩版五，2；图版一三八，6）。

盒　2件（M174：2、3），形制相同。盖，覆钵形，顶有矮圈足捉手；器身，子母口内敛，深弧腹，矮圈足，通体绘红彩，局部脱落严重。盖，捉手内绘卷云纹，捉手外云气纹，边缘一周密集锯齿纹；器身，沿下一周倒密集锯齿纹，之下两组（每组两道）弦纹之间饰双线"之"字纹带，与上、下弦纹形成三角形底角间饰羽状纹，底边中部饰半圆圈纹。盖，器身轮制，底部有旋切痕，标本M174：3，盖径18.9、口径19.2、腹径9.7、底径10.4、高15.6厘米（图四九五，1；图版一三九，1）。

钫　1件，标本M174：4，盖，覆斗形，子母口；器身，侈口，平沿，束颈，鼓腹，高圈足稍外撇，腹部模印铺首衔环。器表涂黑，之上饰红色彩绘。盖，盝顶四角各伸出一叶形纹；器身，沿下、颈、肩、腹及足部各两组弦纹（每组两周），颈部两组弦纹之间饰一周倒三角纹，三角纹之间填以滴水纹、云气纹、圆点纹等，肩部两组弦纹之间饰以"S"形卷云纹，下腹一周锯齿纹。器身四壁、底、铺首衔环分体模制，而后粘结，粘结处外侧削平，内侧抹泥加固。盖径10.3、器身口径10.5、腹径19.8、足径11.3、足高4.2、通高35.9厘米（图四九四；彩版一一，2；图版一三九，2）。

灶　1件，标本M174：5-1，灶体平面呈马蹄形，前方后圆，灶面两釜前后布置，尾部有短柱形烟囱，前端有方形的落地灶门，周围模印多重菱形纹。灶面、灶壁分体模制而后粘结，釜之肩部与灶面一次性模制而成，腹模制而后粘结于相应的位置。长18、宽15.8、高7.2厘米（图四九五，2；图版一三九，3）。

盆　1件，与灶配套。标本M174：5-2，敞口，平沿，方唇，折腹，平底内凹。模制，沿面有制坯时留下的线切纹。口径7.8、底径2.1、高3.1厘米（图四九五，3）。

铜器　45件，器类有柿蒂形棺饰、当卢、马衔镳、衡末饰、扣饰、车軎、盖弓帽、辖耑、带钩。

柿蒂形棺饰　21件，形制相同，柿蒂形，与泡钉同出。标本M174：6，对角残长4.5、泡径2.0、残高1.2厘米（图四九六，1）。

车軎　2件，形制相同。标本M174：11，"U"形，断面圆形。宽1.5、高1.3厘米（图四九六，2）。

当卢　1件，标本M174：7，圭形片状，一面两端各有一方形穿钮。长7.7厘米（图四九六，3；图版一五二，2）。

马衔镳　1件，标本M174：8，衔，两节，每节两端有环，两环相互咬合。镳，略呈"S"形，中部有两小孔。衔长7.15、镳长8.1厘米（图四九六，4）。

衡末饰　2件，形制相同。标本M174：9，筒形，一端封闭，中部有一突棱。长1.15、直径0.8~1.0厘米（图四九六，5）。

扣饰　3件，形制相同。圆扣帽形，下有两方形穿钮。标本M174：10，直径1.1、高0.6厘

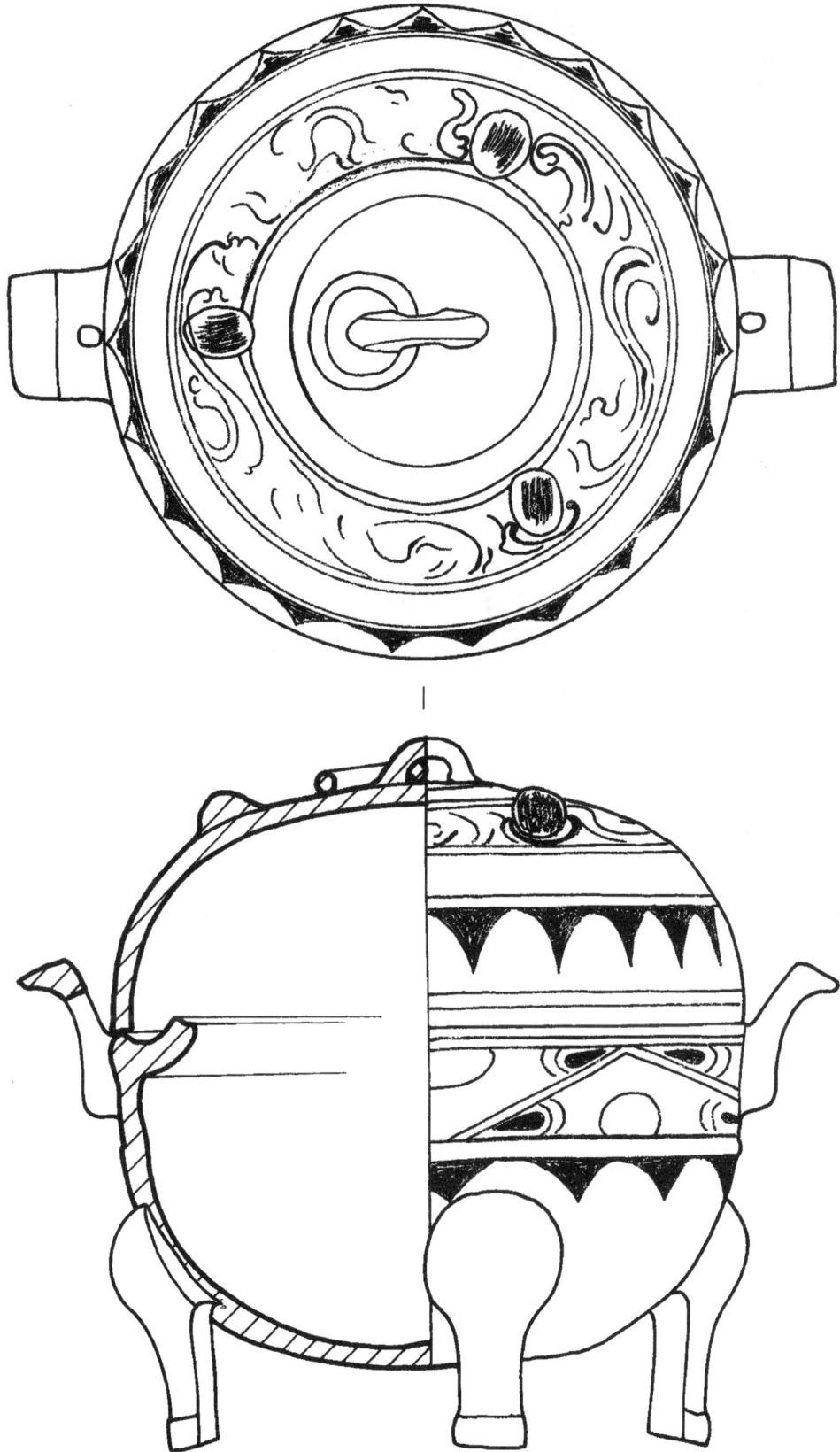

0   4厘米

图四九三 Ⅰ区M174出土陶鼎（M174∶1）

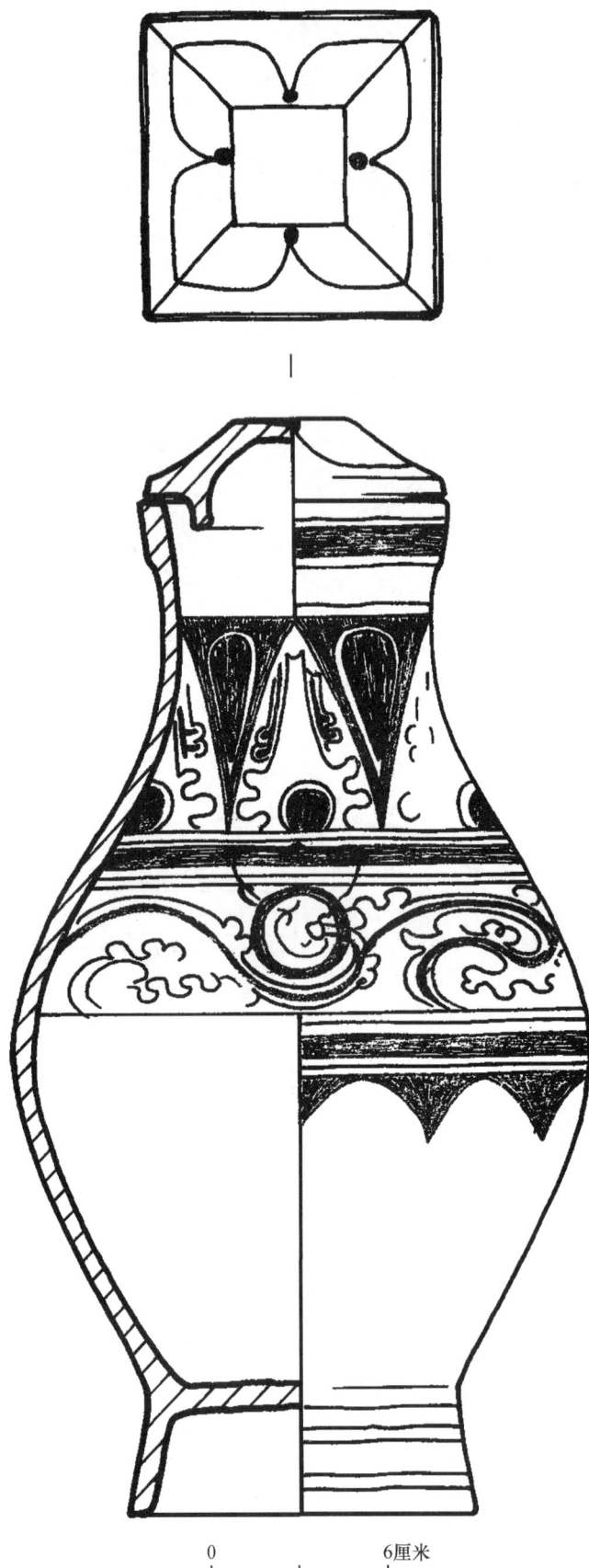

0　　　　　　　　6厘米

图四九四　Ⅰ区M174出土陶钫（M174∶4）

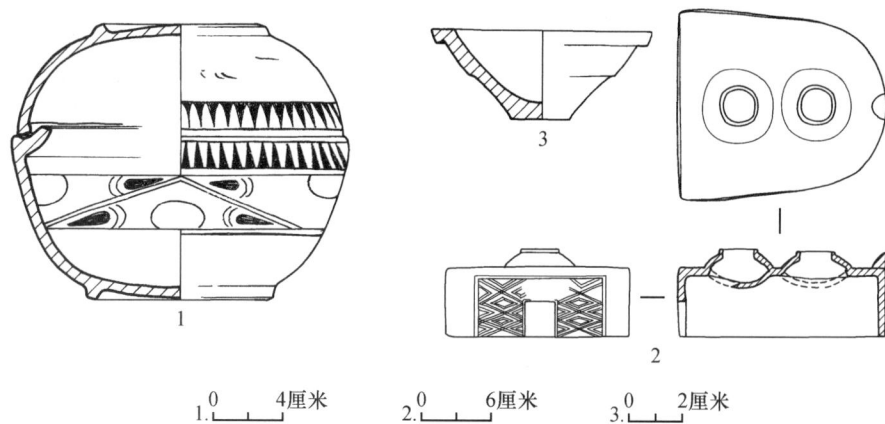

1. 　0　　4厘米
2. 　0　　6厘米
3. 　0　　2厘米

图四九五　Ⅰ区M174出土器物（一）

1. 陶盒（M174∶3）　2. 陶灶（M174∶5-1）　3. 陶盆（M174∶5-2）

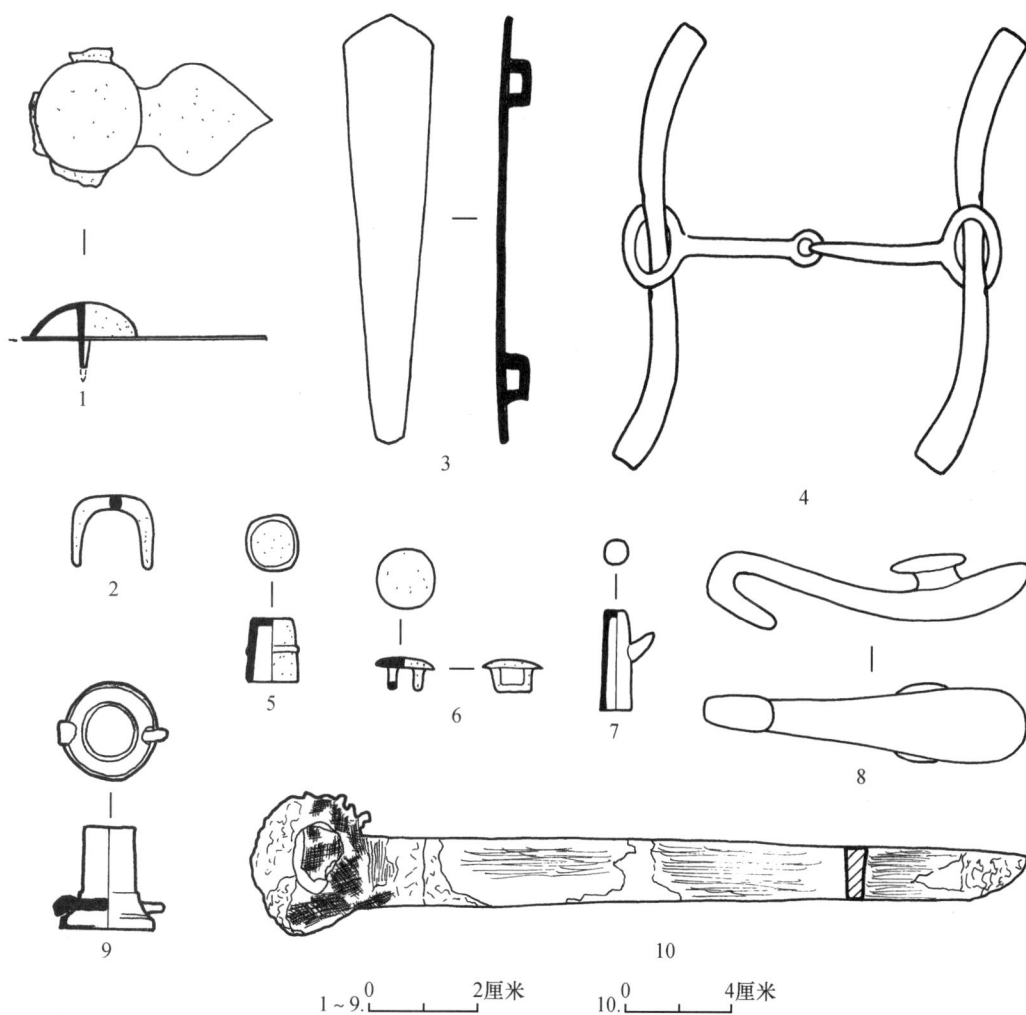

1～9. 　0　　2厘米　　10. 　0　　4厘米

图四九六　Ⅰ区M174出土器物（二）

1. 铜柿蒂形棺饰（M174∶6）　2. 铜车軎（M174∶11）　3. 铜当卢（M174∶7）　4. 铜马衔镳（M174∶8）　5. 铜衡末饰

（M174∶9）　6. 铜扣饰（M174∶10）　7. 铜盖弓帽（M174∶12）　8. 铜带钩（M174∶14）　9. 铜辖軎（M174∶13）

10. 铁削（M174∶16）

米（图四九六，6）。

盖弓帽　13件，形制相同。标本M174：12，筒形器，中部有一倒刺。长1.8、直径0.6厘米（图四九六，7）。

带钩　1件，标本M174：14，鸭形，素面，背面有一圆柱形帽钮。通长6.0厘米（图四九六，8）。

辖軎　1件，标本M174：13，喇叭筒形，近大端处有对应辖孔，辖穿于辖孔之内。长1.9、粗端径1.75、细端径0.9、辖长2.1厘米（图四九六，9）。

铁削　1件，标本M174：16，直背，直刃，环首柄，仅刃部末端为斜刃。通长29.2厘米（图四九六，10）。

铜钱　5枚，均为五铢，圆形方穿，有钱郭，背面有穿郭，正面穿之两侧有篆书"五铢"二字，部分穿之四角有决文、穿上一横或穿下一星，"五"字瘦长，交笔均较直或缓曲（图四九七）。

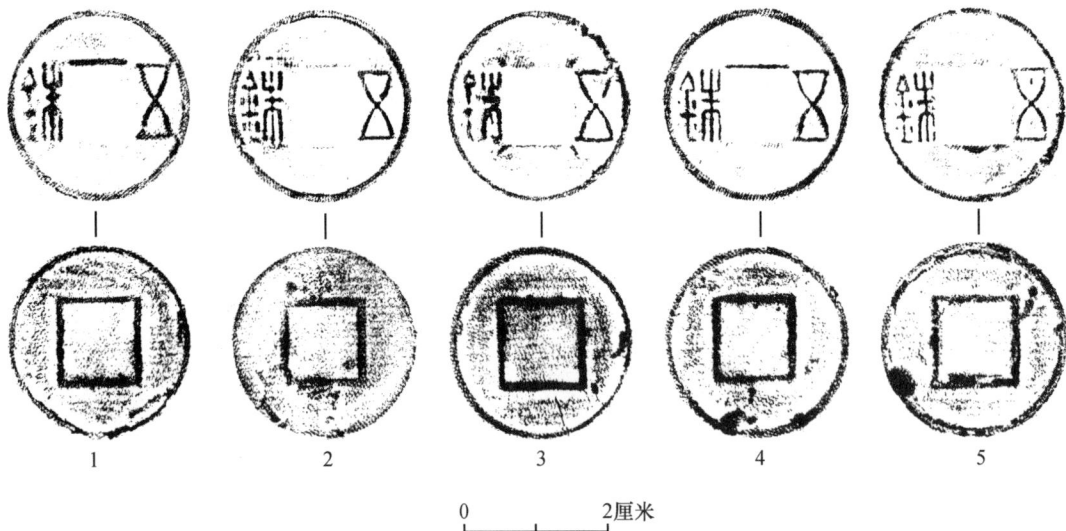

图四九七　Ⅰ区M174出土铜钱
1. M174：15-1　2. M174：15-2　3. M174：15-3　4. M174：15-4　5. M174：15-5

第一七二节　M175

1. 墓葬形制

M175，位于第一阶地西部南侧，探方T0501内，北邻M171、M170，西邻M176，东有M166，距离虽近，但方向不同，关系不甚明确。方向45度。形制为竖穴墓道土洞墓，由墓道、墓室两部分组成（图四九八；图版五六，3、4）。

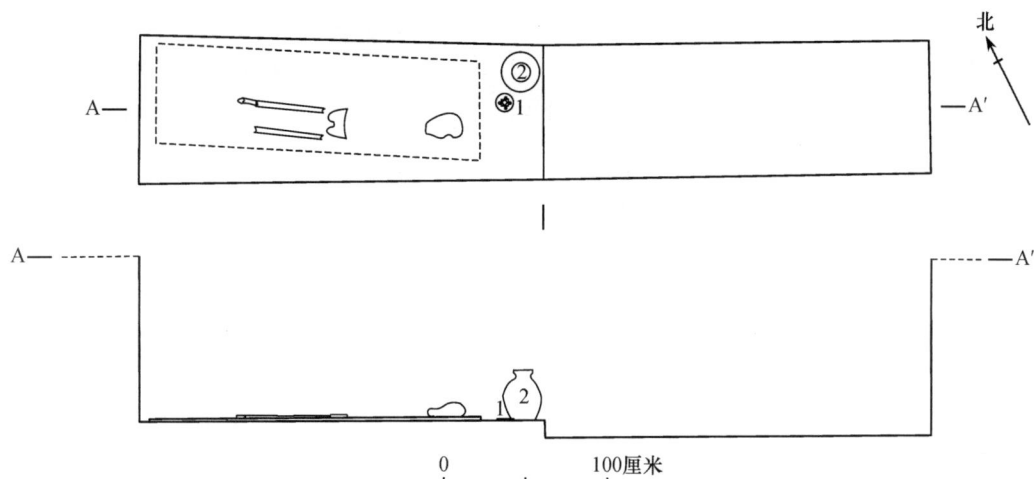

图四九八　Ⅰ区M175平、剖面图
1. 铜镜　2. 陶罐

　　墓道　位于墓室的东侧，平面呈长方形，壁面较直。开口长2.40、宽0.80、底距开口深1.10米。墓道内填五花土，土质疏松，未经夯打。

　　墓室　平面呈长方形，拱顶土洞。墓室长2.50、宽0.80～0.90、高1.0米。该墓未被盗扰，器物出土于墓室的东端，有陶罐1、铜镜1。

　　封门　不详。

　　葬具　木棺1具，仅存棺痕，长2.0、宽0.60米。

　　葬式　骨架1具，保存较差，仰身直肢葬，头向东。

2. 出土器物

　　该墓出土器物2件，质地有陶、铜两种，分述如下。

　　陶罐　1件，标本M175：2，泥质灰陶，侈口，平沿，凹唇，束颈，弧肩，鼓腹，下腹内收，平底，肩部饰密集的凹弦纹，轮制，器内有轮旋痕，口径12、腹径25.8、底径10、高29.2厘米（图四九九，1）。

　　铜镜　1面，标本M175：1，螭龙镜，圆形，半圆钮，四叶纹钮座，内向十六连弧纹缘，镜面微凸。钮座外有一凹面方框，框外布置四个圆座乳钉与两条身体呈"S"形相互追逐的螭龙配列。面径10.50、背径10.30、钮宽1.90、缘宽0.80、缘厚0.20厘米，重125克（图四九九，2；彩版四五，2）。

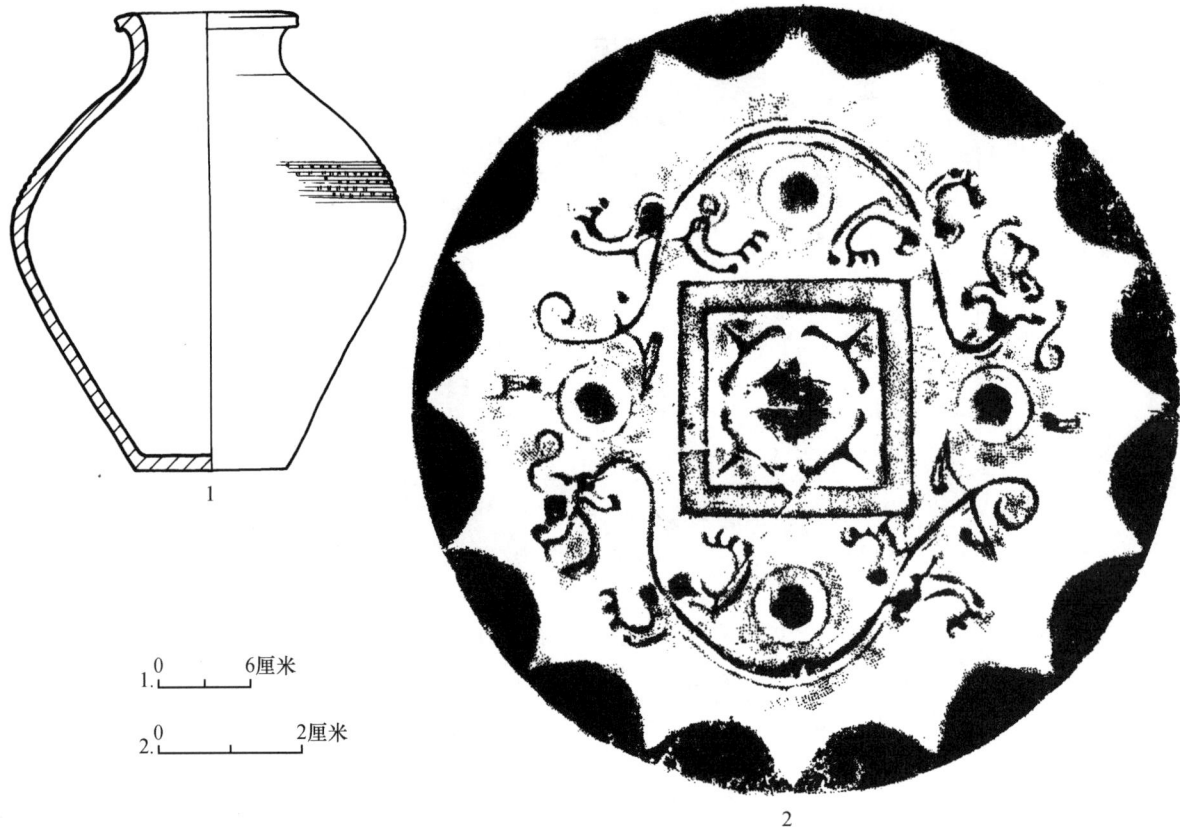

图四九九　　Ⅰ区M175出土器物

1. 陶罐（M175：2）　　2. 铜镜（M175：1）

第一七三节　M176

1. 墓葬形制

M176，位于第一阶地西部南侧，探方T0501内，东邻M175，西侧较空旷。方向175度。形制为斜坡墓道土洞墓，由墓道、墓室两部分组成（图五〇〇；图版五七，1、2）。

墓道　位于墓室南端，平面呈长方形，壁面较直，底部呈斜坡状。开口残长11.20、宽0.94、坡长12.30、底距开口深0～5.0米，坡度25度。墓道内填五花土，土质疏松，未经夯打。

墓室　平面呈长方形，拱顶土洞。墓室长3.90、宽1.52、高1.0米。该墓未经盗扰，器物主要出土于墓室西侧棺椁之间，计有陶鼎盖1、陶盒2、陶钫盖1、陶罐6、陶灶1、铜镜1、铜柿蒂形棺饰11、铜钱5。

封门　土坯双层封门，有封门槽。长1.52、宽0.48、高0.70～1.0米，土坯砖尺寸不详。

葬具　一棺一椁，仅存棺椁痕迹。棺长2.30、宽0.76米，椁长3.0、宽1.46米。

葬式　骨架1具，保存较差，成粉末状，仰身直肢葬，头向北。

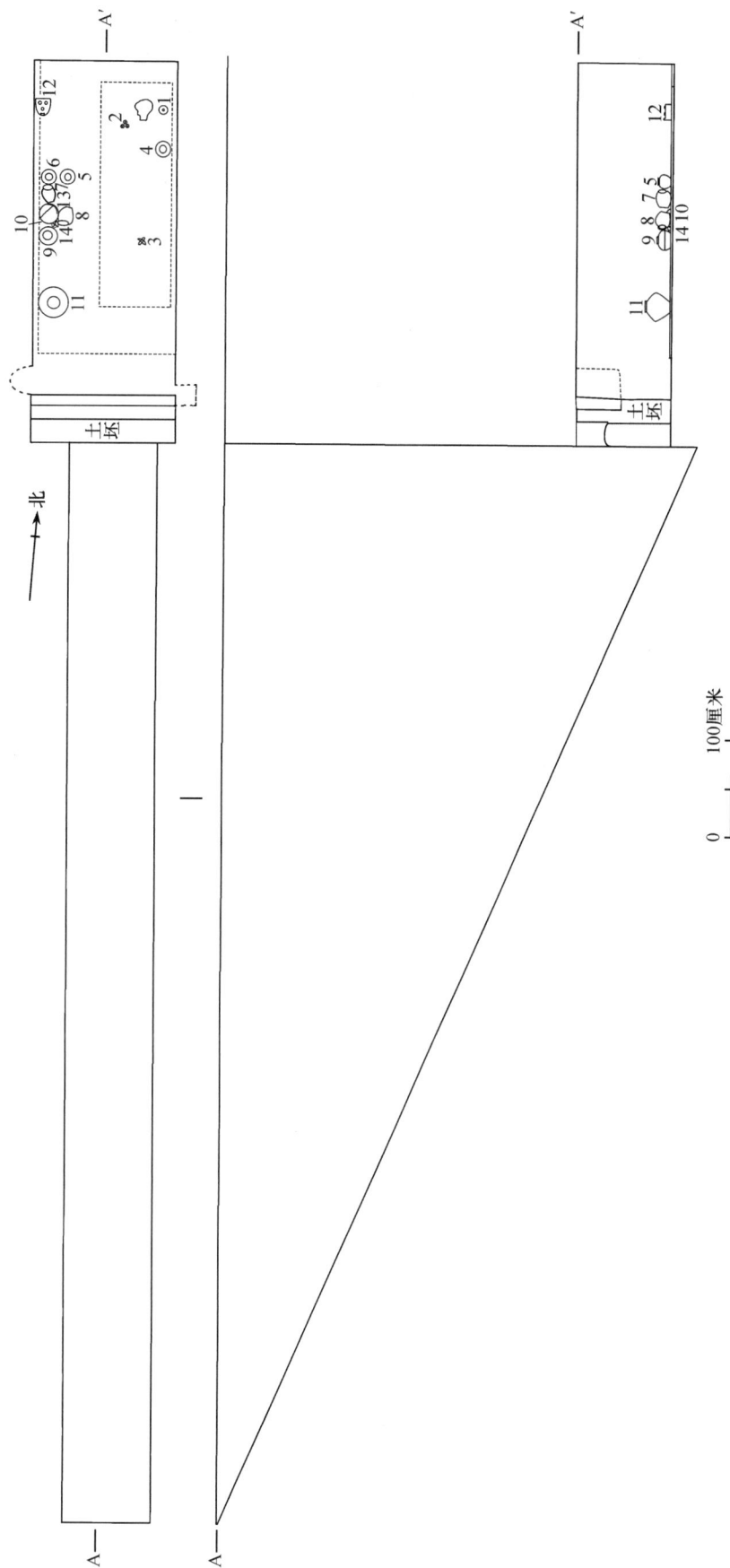

图五〇〇 Ⅰ区M176平、剖面图

1. 铜镜 2. 铜钱 3. 铜柿蒂形棺饰 4~8、11. 陶罐 9、13. 陶盒 10. 陶鼎盖 12. 陶灶 14. 陶纺盖

2. 出土器物

该墓共出土器物23件，另有铜钱5枚。质地为陶、铜两种，分述如下。

陶器　11件，均为泥质灰陶，器类有鼎盖、盒、钫盖、罐、灶。

鼎盖　1件，标本M176：10，浅覆钵形，弧顶；器身，子母口内敛，肩附外撇弯曲板耳，顶端外折。盖，轮制，器内有轮旋纹。盖径16.8、高5.9厘米（图五〇一，1）。

盒　2件（M176：9、13），形制相同。盖，覆钵形，顶有矮圈足提手；器身，子母口内敛，弧腹，平底内凹。器表彩绘，剥落严重。器身，腹部两周白彩圈带。盖，器身轮制，底部有

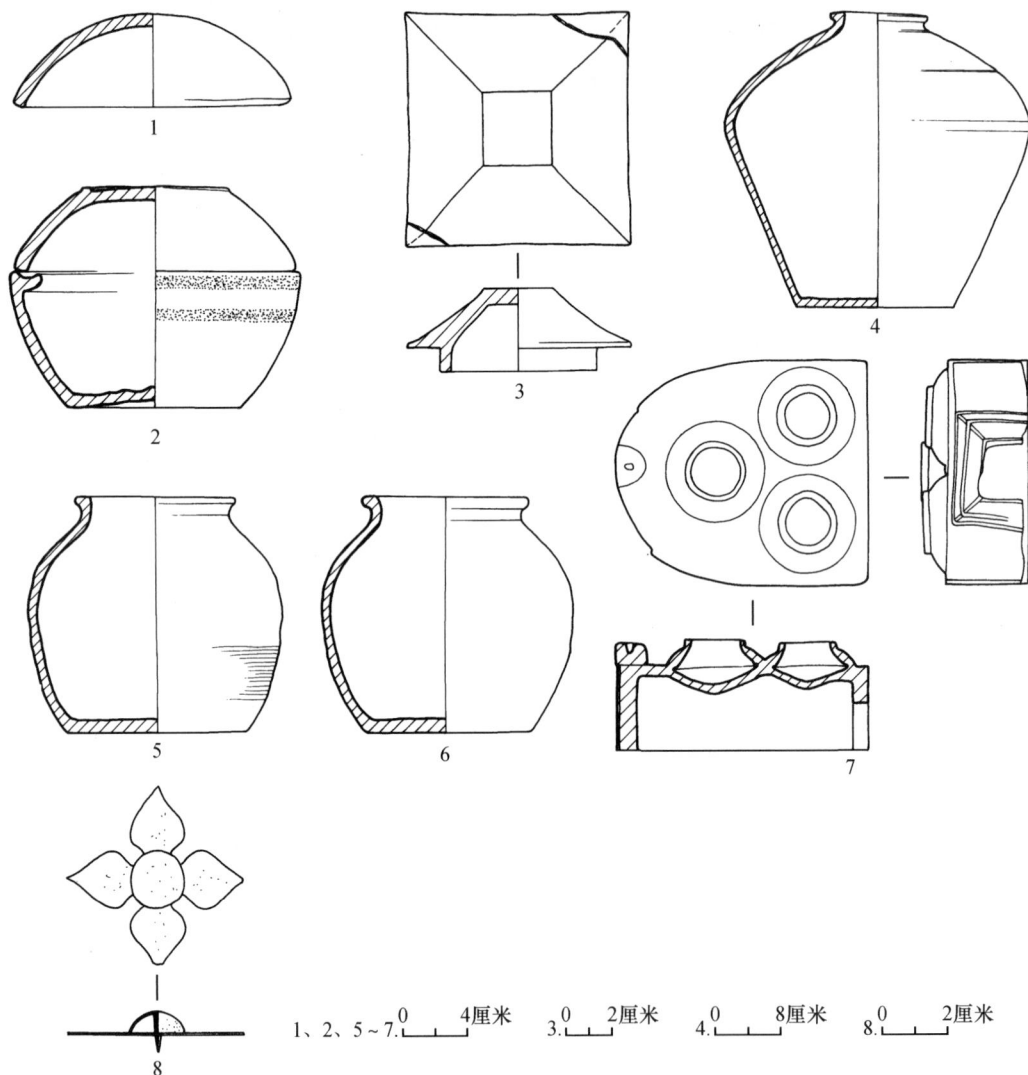

1、2、5~7. |0___4厘米|　　3. |0__2厘米|　　4. |0___8厘米|　　8. |0__2厘米|

图五〇一　Ⅰ区M176出土器物

1. 陶鼎盖（M176：10）　2. 陶盒（M176：9）　3. 陶钫盖（M176：14）　4~6. 陶罐（M176：11、8、5）

7. 陶灶（M176：12）　8. 铜柿蒂形棺饰（M176：3）

旋切痕。标本M176：9，盖径17.4、口径18、腹深7、底径10.8、高13.4厘米（图五〇一，2；图版一三九，4）。

钫盖　1件，标本M176：14，覆斗形，子母口。盖径9.9、高3.5厘米（图五〇一，3）。

罐　6件（M176：4、5、6、7、8、11），形制基本相同。侈口，尖圆唇，矮领，圆鼓腹，平底，轮制，器表有轮旋纹。标本M176：4、8，平沿。标本M176：8，口径10、腹径15.8、底径11、高14.1厘米（图五〇一，5；图版一三九，5）。标本M176：5、6、7，卷沿。标本M176：5，口径10.4、腹径15.8、底径10.4、高14.1厘米（图五〇一，6）。标本M176：11，小口，平沿外斜，方唇，广斜肩微鼓，下腹直内收，大平底，肩部饰一周凹弦纹，腹部饰一周带状纹及两周点状纹。轮制，器表有轮旋纹。口径11.8、腹径37.6、底径19.2、高35.2厘米（图五〇一，4；图版一三九，6）。

灶　1件，标本M176：12，灶体平面呈马蹄形，前方后圆，灶面三釜呈"品"字形分布，尾部有圆形烟囱，前端有方形的落地灶门，周围模印两重边框。灶面、灶壁分体模制而后粘结，釜之肩部与灶面一次性模制而成，腹模制而后粘结于相应的位置。长15.8、宽13.8、高6.7厘米（图五〇一，7；图版一四〇，1）。

铜器　12件，器类有镜和柿蒂形棺饰。

柿蒂形棺饰　11件，残损，柿蒂形，与泡钉同出。标本M176：3，对角长5.4、泡径1.7、高1.2厘米（图五〇一，8）。

镜　1面，标本M176：1，云雷纹镜，圆形，半圆形钮，圆钮座，宽素平缘，镜面微凸。钮座圆周均匀伸出四组短线纹（每组五条，中间三短竖线，两侧各一短外弧线），每组之间填一"人"字纹。之外两周凸弦圈带与镜边缘形成两周纹饰圈带。内周纹饰圈带由四组对称几何纹组成，中间三条弧线，两端各接一云雷纹，之外括以短弧线，每组几何纹之间以三角形折线相隔。外周圈带也由四组对称几何纹组成，每组几何纹两侧为上下对称的双层三角纹，中间一云雷纹，每组之间以中央三短竖线两侧各一云雷纹组成的图案相隔。用三条弧线连接与三角纹配列，其外为云雷纹用弧线连接。面径11.0、背径11.0、钮宽1.50、缘宽0.60、缘厚0.40厘米，重206克（图五〇二；彩版四六，1）。

铜钱　5枚，均为五铢钱，圆形方穿，穿背面有郭，穿之两侧有篆文"五铢"二字。"五"字瘦长，或较短，交笔较直或缓曲，"铢"字金头三角，朱头方折（按：年代为武、昭时期）（图五〇三）。

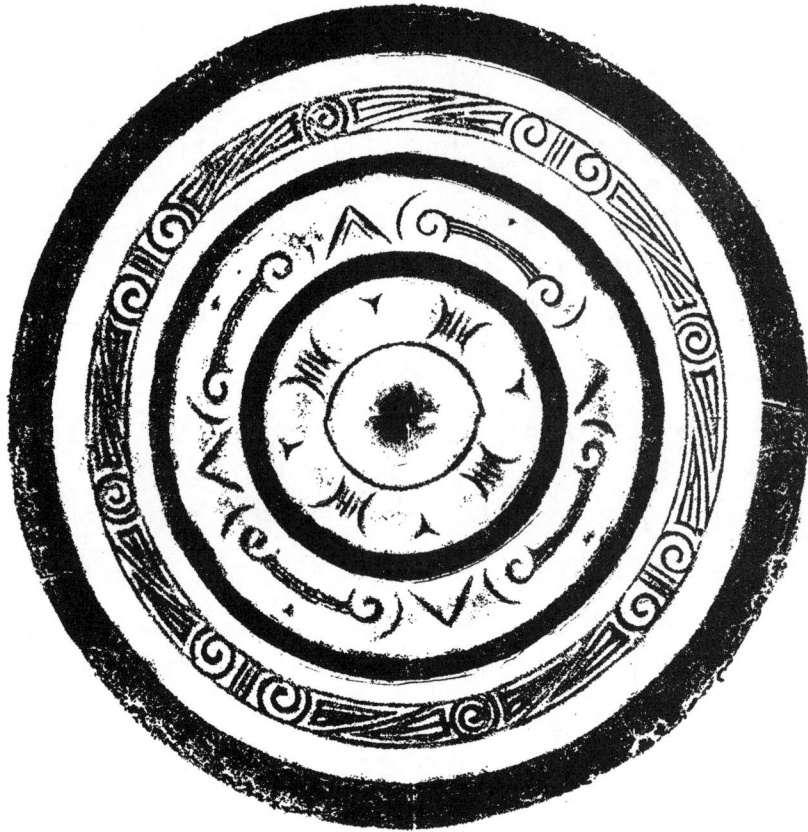

0　　　1　　　2厘米

图五〇二　Ⅰ区M176出土铜镜（M176：1）

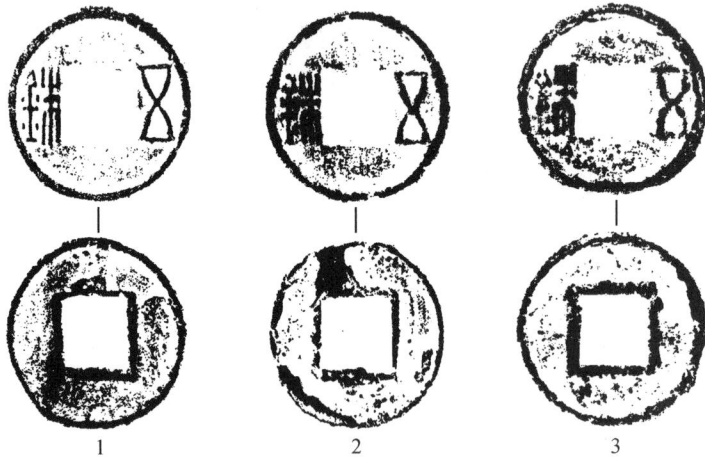

1　　　　　　　　　2　　　　　　　　　3

0　　　　　　2厘米

图五〇三　Ⅰ区M176出土铜钱
1. M176：2-1　2. M176：2-2　3. M176：2-4

第一七四节　M177

1. 墓葬形制

M177，位于第一阶地西部偏北，探方T0403内，南与M174并列，北侧邻M158，唯距离相对较远。方向280度。形制为斜坡墓道砖室墓，由墓道、墓室两部分组成（图五○四；图版五七，3、4）。

墓道　位于墓室的西端，平面略呈长方形，壁面较直，底呈斜坡状。开口残长8.0、宽0.80～0.90、坡长9.04、底距开口深0～4.20米，坡度33度。墓道内填五花土，土质疏松，未经夯打。

墓室　平面呈长方形，顶部条砖（楔形砖）对缝券顶，南、北、东三壁条砖错缝侧立，方砖对缝平铺地。楔形砖36厘米×18厘米×（5.5～7）厘米，条砖36厘米×18厘米×9厘米，方砖尺寸36厘米×36厘米×3.5厘米。墓室长4.04、宽1.24、壁高0.90、室高1.32米。该墓被盗扰严重，出土有陶鼎盖1、陶仓3、陶灶1。

封门　条砖封门，对缝平砌，略外弧。条砖36厘米×18厘米×8厘米。封门长0.90、宽0.18、高0.80米。

葬具　不详。

葬式　不详。

盗洞　2处，1处位于墓室中部，自上而下进入墓室，平面呈长方形，长0.60、宽0.40米。另1处位于墓室的封门处，平面呈扇形，最大径0.60米。

2. 出土器物

该墓出土器物5件，均为陶器，除1件泥质红陶外，余为泥质灰陶，器类有鼎盖、仓、灶。

鼎盖　1件，标本M177：5，仅存鼎盖，泥质红陶，浅覆钵形，弧顶近平；盖面红色彩绘，脱落严重，内容不详。轮制，器表有轮旋纹。口径16.8、高5.5厘米（图五○五，1）。

仓　3件（M177：1、2、3），形制相同。盖，浅碟形，中间有一乳突，之外一周突棱，外侧均匀布置八道竖棱；器身，直口，圆唇，矮领，肩部出檐，绕口一周有环状台面，之外均匀布置六道竖棱，直筒腹，平底，底附三蹲踞胡人形足。腹饰数周凹弦纹。肩、腹分体轮制，足模印而后粘结，底外侧有旋切痕迹。标本M177：2，盖径9.3、口径7.2、底径12、足高4.3、通高25.8厘米（图五○五，2）。

灶　1件，标本M177：4，灶体平面呈马蹄形，前方后圆，灶面两釜前后布置，尾部有圆形烟囱，前端有方形的落地灶门，周围模印菱形网格纹。灶面、灶壁分体模制而后粘结，釜之肩部与灶面一次性模制而成，腹模制而后粘结于相应的位置。长17.4、宽14.6、高7.2厘米（图五○五，3）。

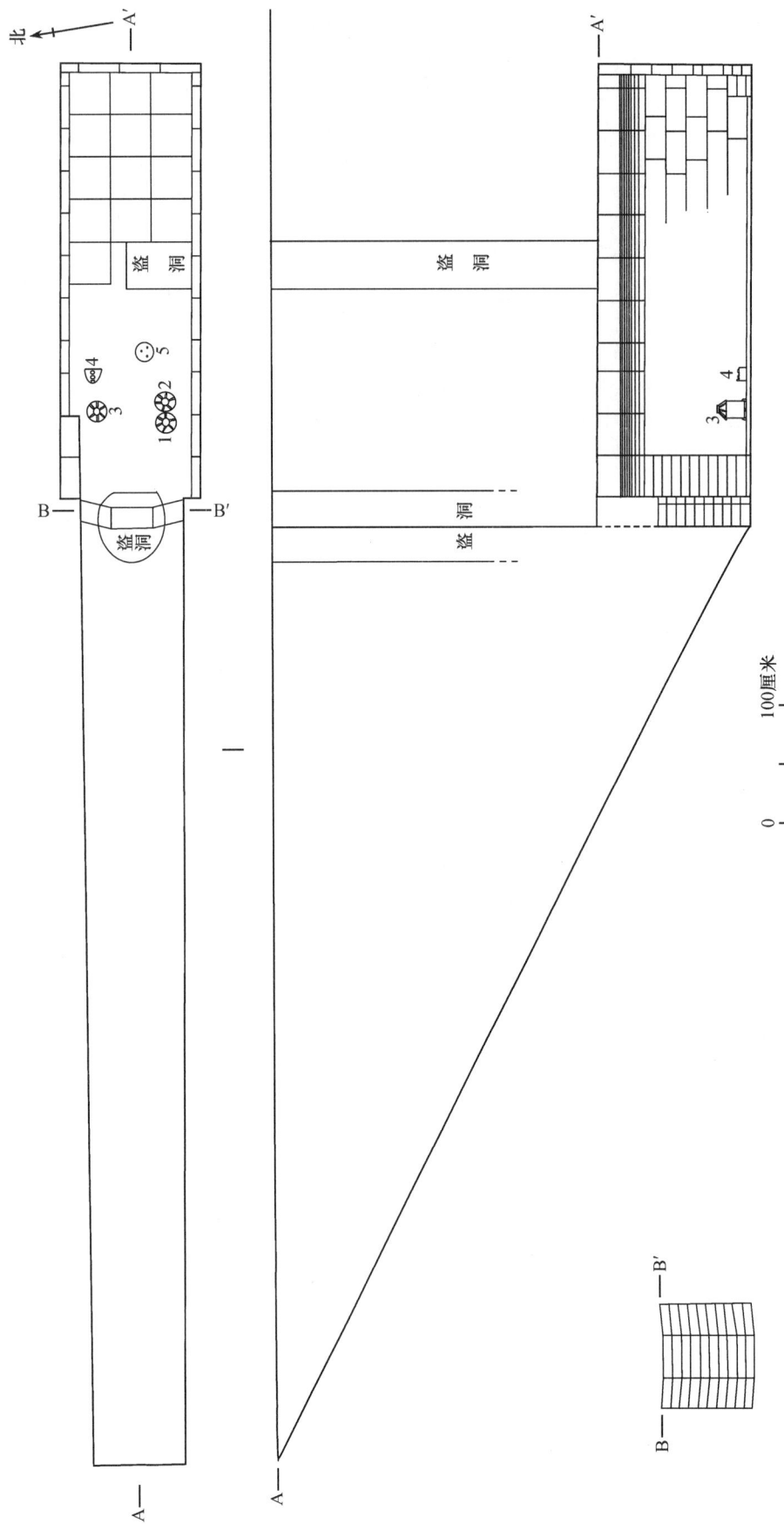

图五〇四　Ⅰ区M177平、剖面图

1~3. 陶仓　4. 陶灶　5. 陶鼎盖

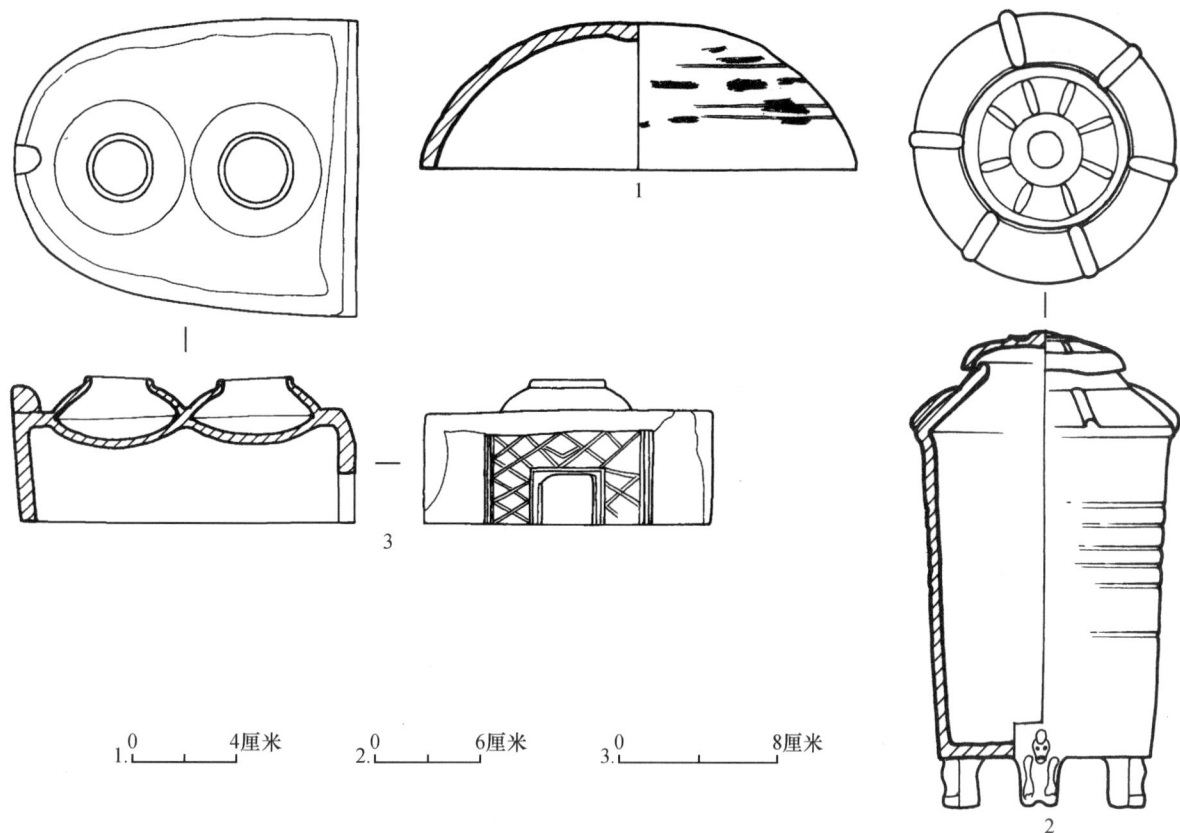

图五〇五　I 区 M177 出土器物

1. 陶鼎盖（M177：5）　2. 陶仓（M177：2）　3. 陶灶（M177：4）

第一七五节　M178

1. 墓葬形制

M178，位于第一阶地西部，探方 T0302 内，北邻 M179、M180，东邻 M184，南邻 M201。方向 180 度。形制为竖穴墓道土洞墓，由墓道、墓室两部分组成（图五〇六；图版五八，1、2）。

墓道　位于墓室的南端，平面呈长方形，壁面较直，东西两壁有不对称分布的脚窝。脚窝，平面呈三角形，宽 0.20、高 0.10、进深 0.07 米。墓道开口长 2.18、宽 0.90、底距开口深 4.0~4.10 米。墓道内填五花土，土质疏松，未经夯打。

墓室　平面呈长方形，拱顶土洞。墓室长 3.0、宽 0.90、残高 0.90 米。该墓被盗扰，器物出土于墓室南部东侧，计有陶灶 1 套（盆 1、甑 1）。

封门　土坯封门。土坯 35 厘米 ×18 厘米 ×6 厘米。长 0.90、高 0.18 米。

葬具　木棺 1 具，仅存棺痕。长 2.30、宽 0.70 米。

葬式　不详。

盗洞　1 处，位于封门处，自上而下进入墓室。平面呈圆形，直径约 0.50 米。

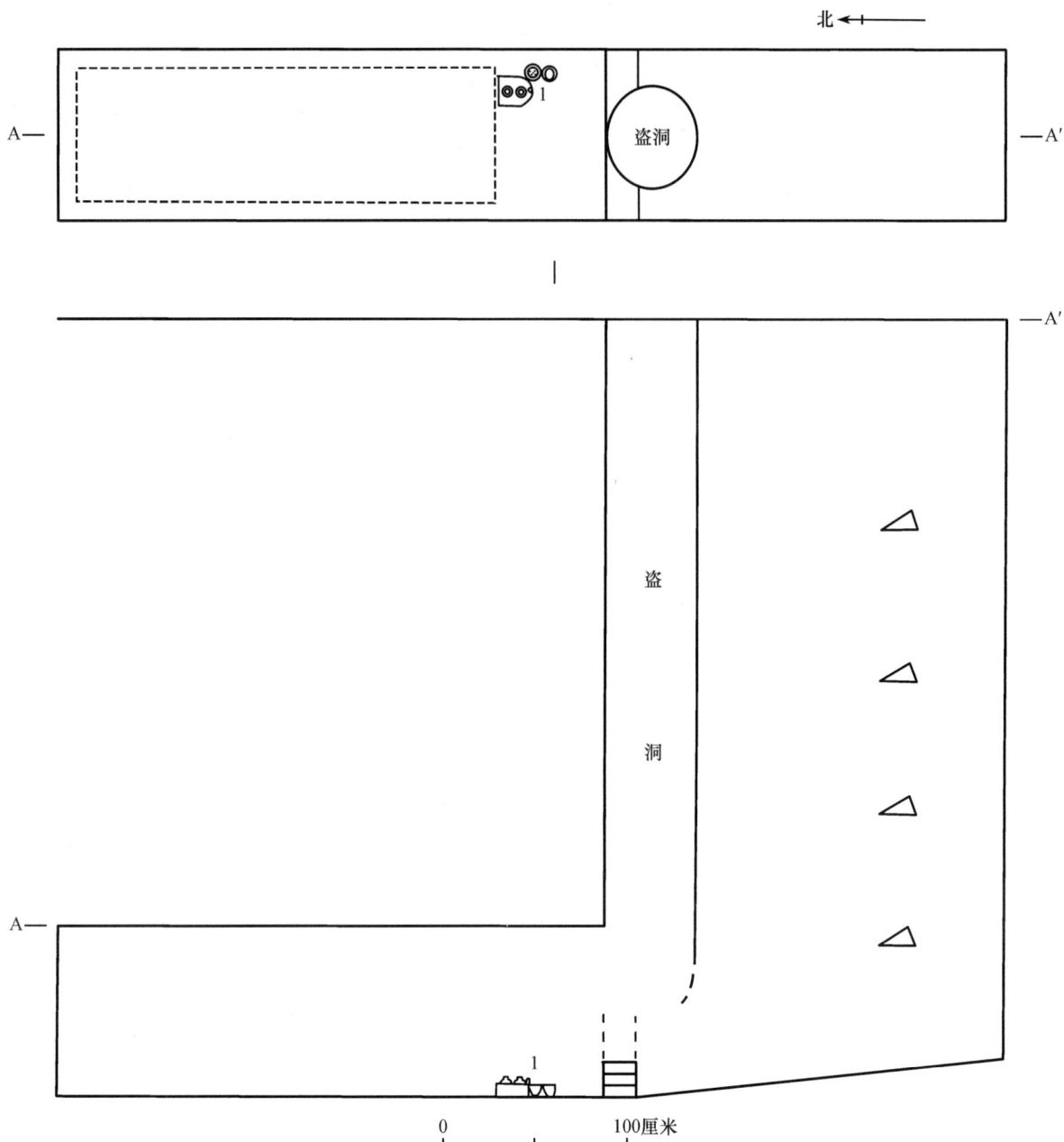

图五〇六　Ⅰ区M178平、剖面图
1. 陶灶1陶（盆1、甑1）

2. 出土器物

该墓共出土陶器3件，均为泥质灰陶，器类有灶、盆、甑。

灶　1件，标本M178：1-1，灶体平面呈马蹄形，前方后圆，灶面两釜呈前后布置，尾部有圆形烟囱，前端有方形的落地灶门，周围模印多重菱形纹。灶面、灶壁分体模制而后粘结，釜之肩部与灶面一次性模制而成，腹模制而后粘结于相应的位置。长17.2、宽14.4、高7.2厘米（图五〇七，1）。

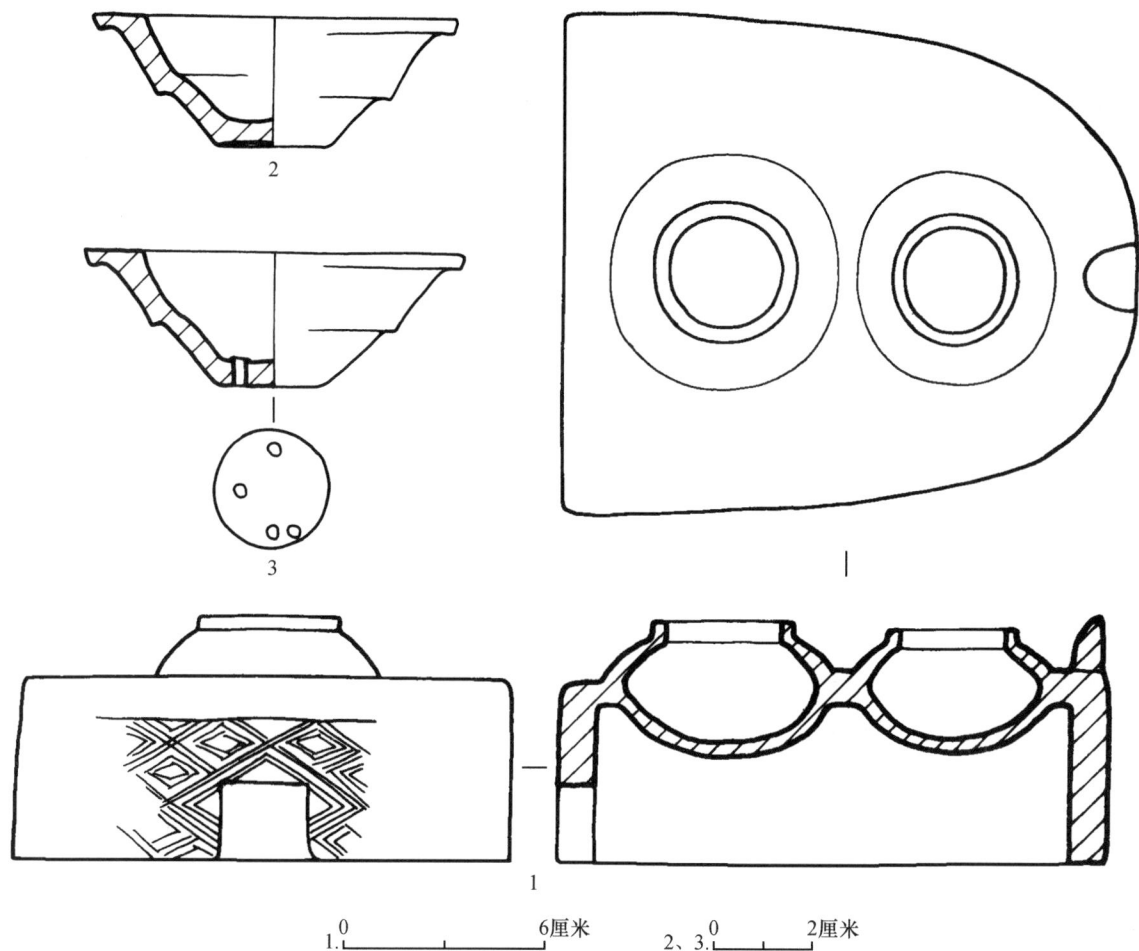

图五〇七　Ⅰ区M178出土器物

1. 陶灶（M178：1-1）　2. 陶盆（M178：1-2）　3. 陶甑（M178：1-3）

　　盆　1件，与灶配套。标本M178：1-2，敞口，平沿，尖唇，折腹，平底内凹，模制，沿面有制坯时留下的线切纹。口径7.5、底径2.3、高2.6厘米（图五〇七，2）。

　　甑　1件，与灶配套。标本M178：1-3，敞口，平沿，方唇，折腹，内凹，底部有四个箅孔。模制，沿面有制坯时留的下线切纹。口径7.6、底径2.3、高2.6厘米（图五〇七，3）。

第一七六节　M179

1. 墓葬形制

　　M179，位于第一阶地西部，探方T0303西南角，墓室延伸至T0203，北与M180并穴合葬，南邻M178。方向95度。形制为竖穴墓道土洞墓，平面呈长方形，由墓道、墓室、小龛三部分组成（图五〇八；图版五八，3、4）。

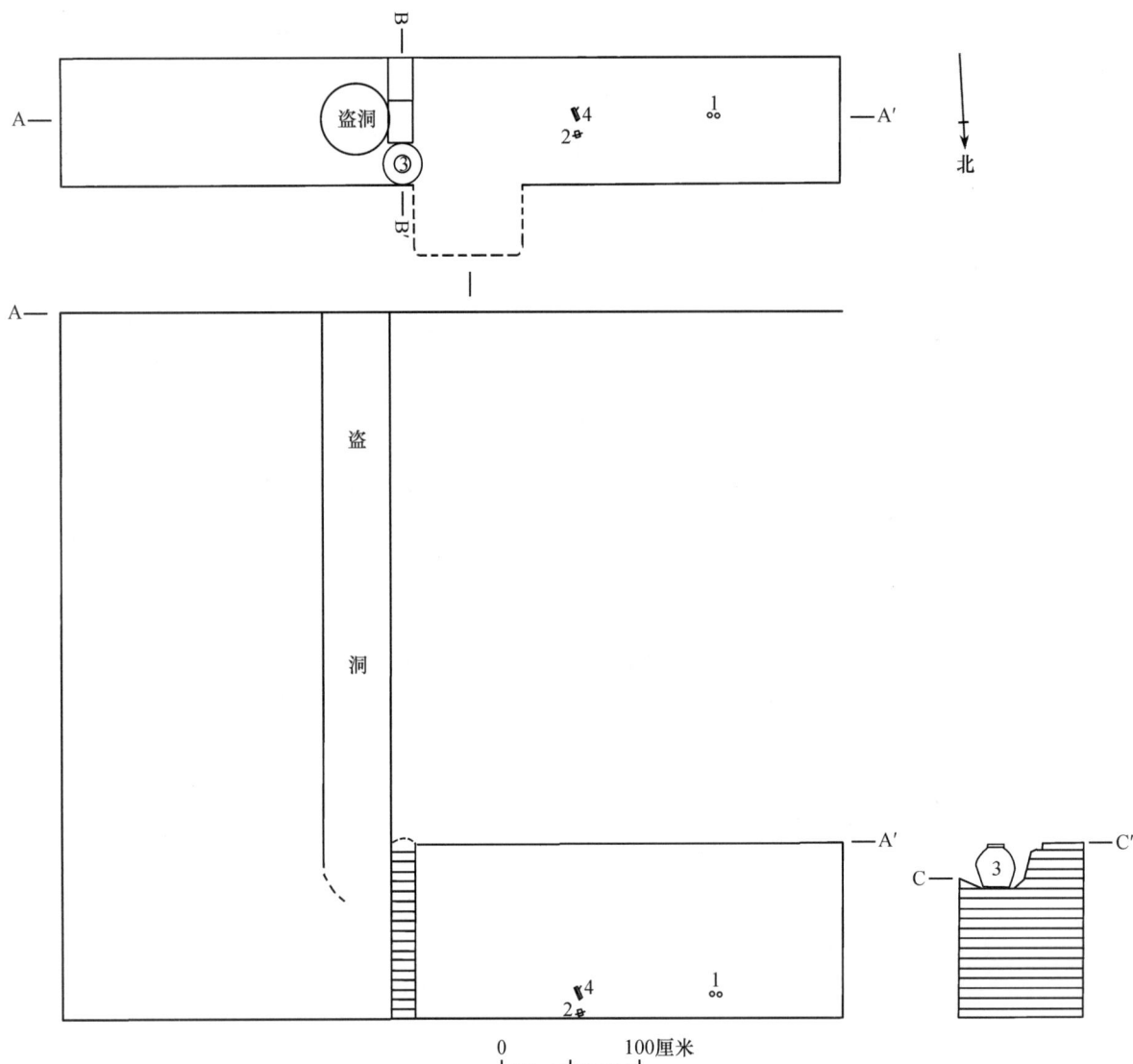

图五〇八　Ⅰ区M179平、剖面图
1. 铜钱　2. 铅马镳　3. 陶罐　4. 铅盖弓帽

墓道　位于墓室的东端，平面呈长方形，壁面较直。开口长2.40、宽0.90、底距开口深5.0米。墓道内填五花土，土质疏松，未经夯打。

墓室　平面呈长方形，拱顶土洞。墓室长3.28、宽0.90、高1.24米。靠近墓室封门处，北侧有一小龛，平面呈长方形，拱顶土洞，宽0.80、进深0.50、高0.80米。该墓被盗扰，出土有陶罐1、铅马镳1、铅盖弓帽1、铜钱4。

封门　土坯封门，错缝平砌。长0.90、宽0.18、高1.24米，土坯30厘米×18厘米×7厘米。

葬具　不详。

葬式　不详。

盗洞　1处，位于墓道的末端，自上而下进入墓室。平面圆形，直径0.50米。

2. 出土器物

该墓出土器物3件，另有铜钱4枚。质地为陶、铜、铅三种，分述如下。

陶罐　1件，标本M179：3，泥质灰陶，侈口，圆唇，矮领，鼓肩，筒腹，大平底，轮制，器内有轮旋痕。口径12.5、腹径27.3、底径20.6、高30.5厘米（图五〇九）。

铅器　2件，器类有马镳、盖弓帽。

马镳　1件，标本M179：2，残损，仅剩一小节，残长2.2厘米（图五一〇，1）。

盖弓帽　1件，标本M179：4，筒形器，上部为球形帽，倒刺残。通长1.6厘米（图五一〇，2）。

铜钱　4枚，均为五铢钱，圆形方穿，穿背面有郭，部分穿下有一星纹，穿之两侧有篆文"五铢"二字。"五"字或瘦长，或宽大，交笔或斜直，或缓曲，"铢"字金头三角或箭头形，朱头方折（按：年代为武帝、元帝时期）（图五一一）。

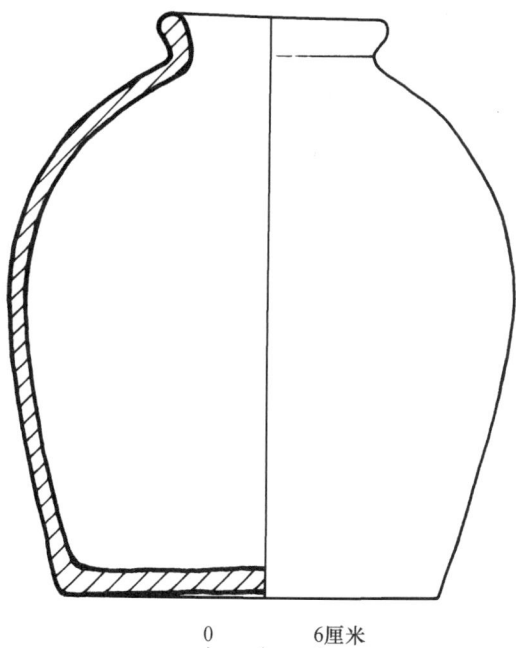

图五〇九　Ⅰ区M179出土陶罐（M179：3）

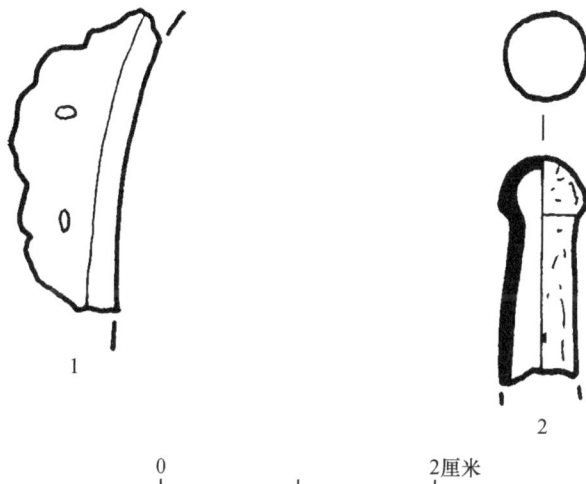

图五一〇　Ⅰ区M179出土器物
1. 铅马镳（M179：2）　2. 铅盖弓帽（M179：4）

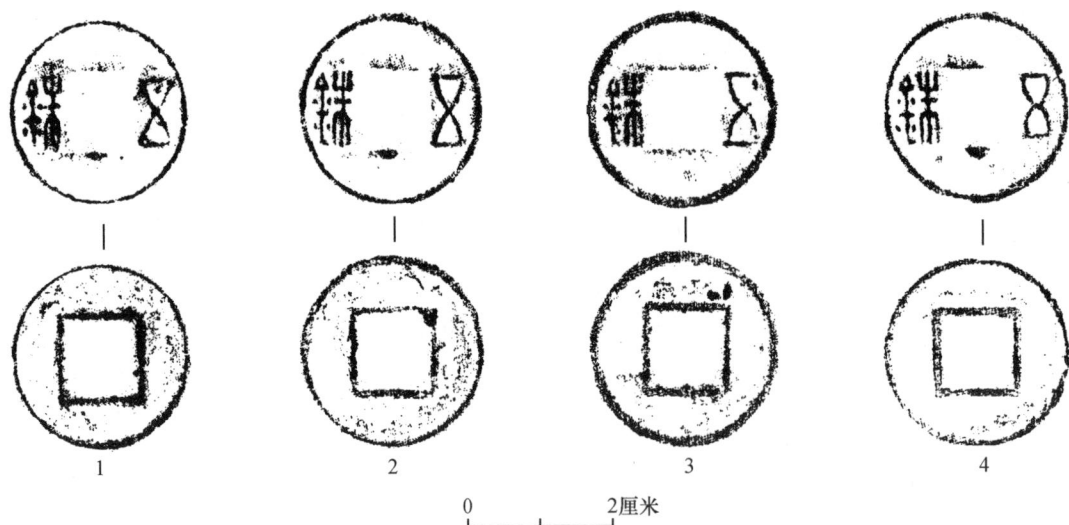

图五一一　Ⅰ区M179出土铜钱
1. M179：1-1　2. M179：1-2　3. M179：1-3　4. M179：1-4

第一七七节　M180

1. 墓葬形制

M180，位于第一阶地西部，探方T0303西侧偏南，墓室延伸至T0203，南与M179并穴合葬。方向100度。形制为竖穴墓道土洞墓，由墓道、墓室两部分组成（图五一二）。

墓道　位于墓室的东端，平面呈长方形，壁面较直。开口长1.96、宽0.76、底距开口深1.34~1.58米。墓道内填五花土，土质疏松，未经夯打。

墓室　平面呈长方形，拱顶土洞。墓室长2.46、宽0.76、残高0.78米。该墓未被盗扰，墓室前部出土陶罐1件，棺内头部出土铜钱4枚。

封门　土坯封门，错缝平砌。长0.76、残高0.24米，土坯33厘米×16厘米×6厘米。

葬具　木棺1具，仅存棺痕，尺寸不详。

葬式　骨架1具，保存较差，仰身直肢葬，头向西。

2. 出土器物

该墓出土陶罐1件，另有铜钱4枚。分述如下。

陶罐　1件，标本M180：2，泥质灰陶，侈口，双唇，弧肩，鼓腹，平底，肩、腹各饰一组（每组两道）凹弦纹，轮制，器内有轮旋痕。口径10.4、腹径19.2、底径9、高17.8厘米（图五一三）。

铜钱　4枚，均为五铢钱，圆形方穿，穿背面有郭，部分穿上有一横郭或穿下有一星纹，穿之两侧有篆文"五铢"二字，"五"字或瘦长，或宽大，交笔或较直或缓曲（图五一四）。

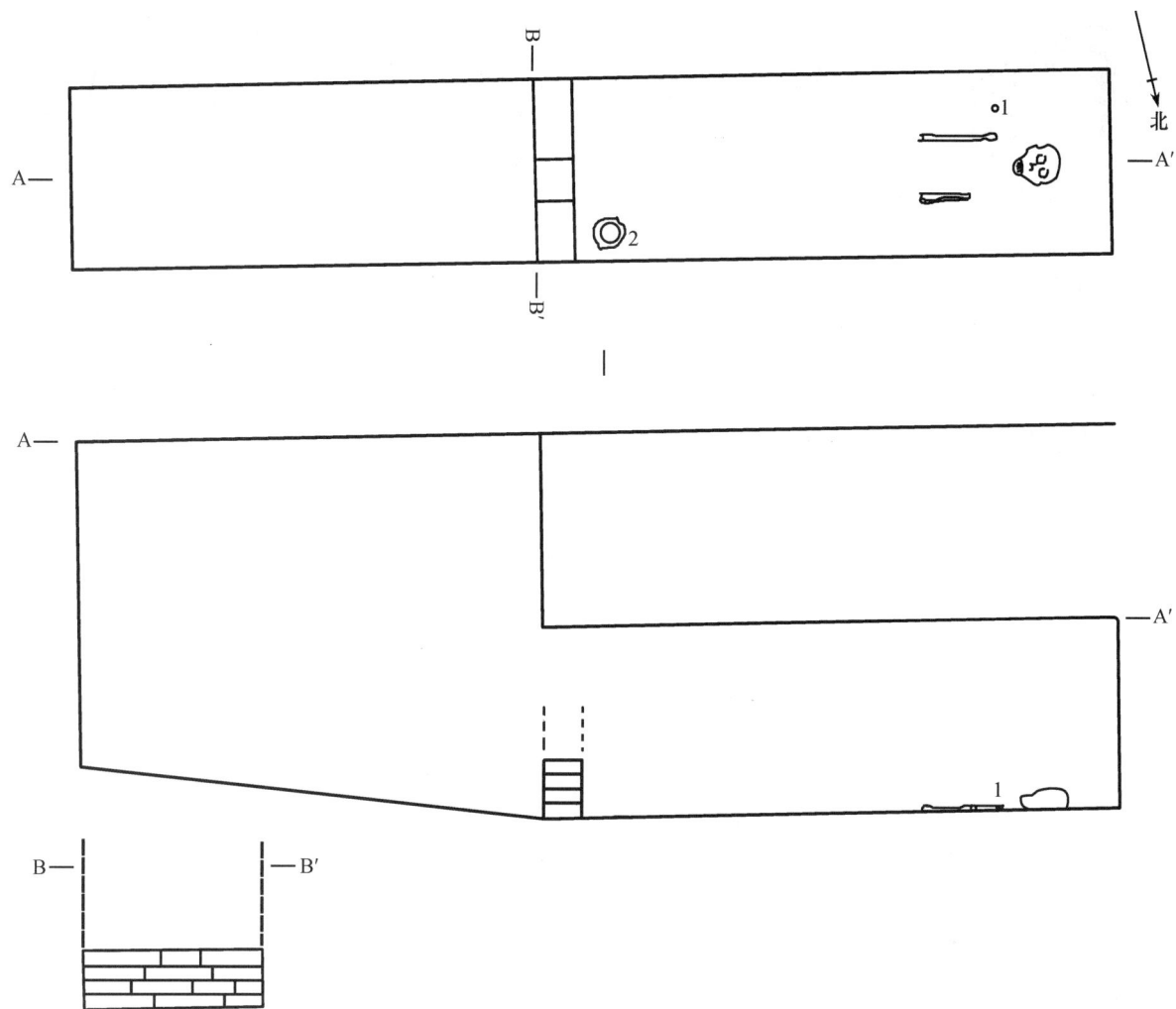

图五一二　Ⅰ区M180平、剖面图

1. 铜钱　2. 陶罐

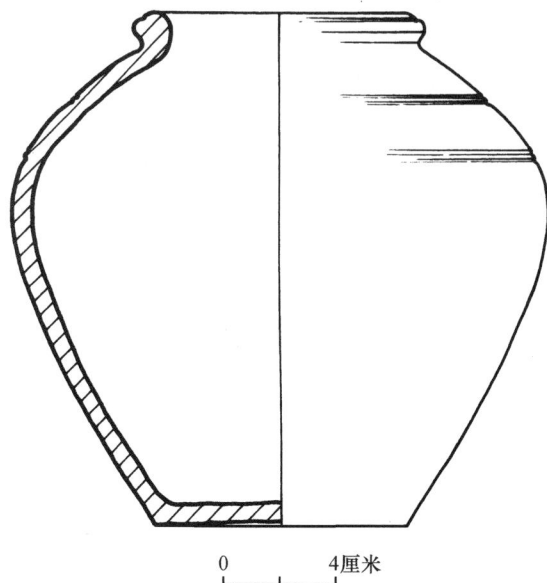

图五一三　Ⅰ区M180出土陶罐（M180∶2）

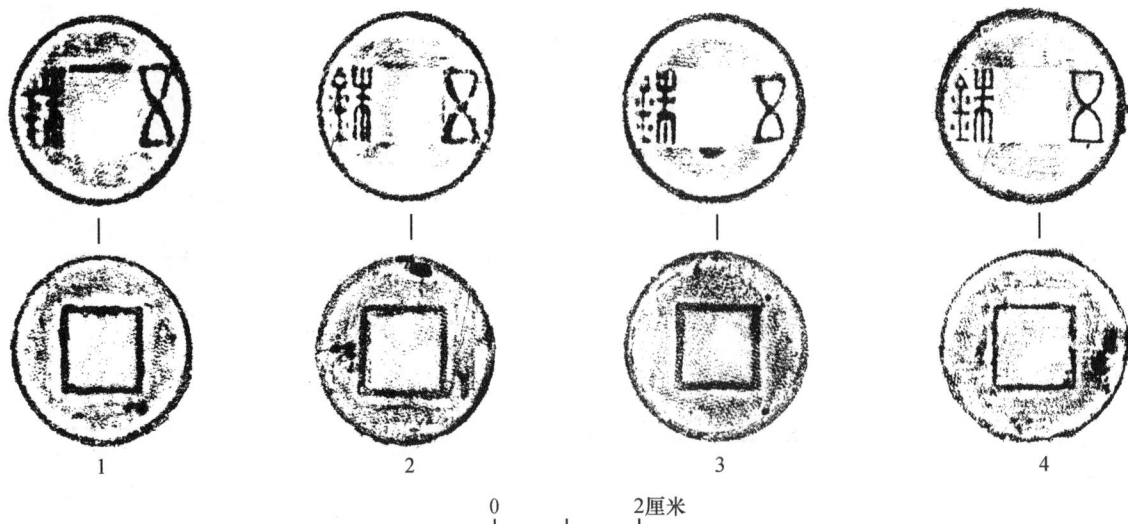

图五一四　Ⅰ区M180出土铜钱

1. M180：1-1　2. M180：1-2　3. M180：1-3　4. M180：1-4

第一七八节　M181

1. 墓葬形制

M181，位于第一阶地的西部偏南，探方T0402内，墓道延伸至T0401，东与M182、M183基本并列，方向大体一致。方向190度。形制为斜坡墓道土洞墓，由墓道、墓室两部分组成（图五一五；图版五九，1、2）。

墓道　位于墓室的南端，平面呈长形，壁面较直，底部呈斜坡状，东西两壁距开口0.86米处，有一级生土二层台，台面宽0.06米。在距离墓道开口2.40米处，有一平面呈三角形的脚窝，宽0.30、高0.30、进深0.20米，内有木炭痕迹。墓道开口长8.40、宽0.86~0.96、坡长9.30、底距开口深0~4.0米，坡度25度。墓道内填五花土，土质疏松，未经夯打。

墓室　平面呈长方形，拱顶土洞。墓室长4.0、宽1.40、高1.80米。该墓未经盗扰，器物主要出土于墓室西侧，部分出土于棺内，计有釉陶樽1、陶罐4、陶仓5、陶灶1套（盆1、甑1）、铜镜1、铜柿蒂形棺饰5、铅当卢1、铅衡末饰1、铅扣饰1、铜钱7（按：该墓规模不算小，出土陶器也不少，却没有出土陶礼器，值得思考。同时，该墓是为数不多的釉陶器和彩绘陶器同出的墓葬，说明了这两类明器在时空上的共存性）。

封门　木板封门，东西两壁有封门槽，内有朽木痕迹。槽宽0.30、进深0.30、高1.80米。

葬具　一棺一椁，仅存棺椁痕迹。棺长2.30、宽0.70米，椁长3.70、宽1.20米。

葬式　骨架1具，保存较差，已成粉末状，可辨其头向北。

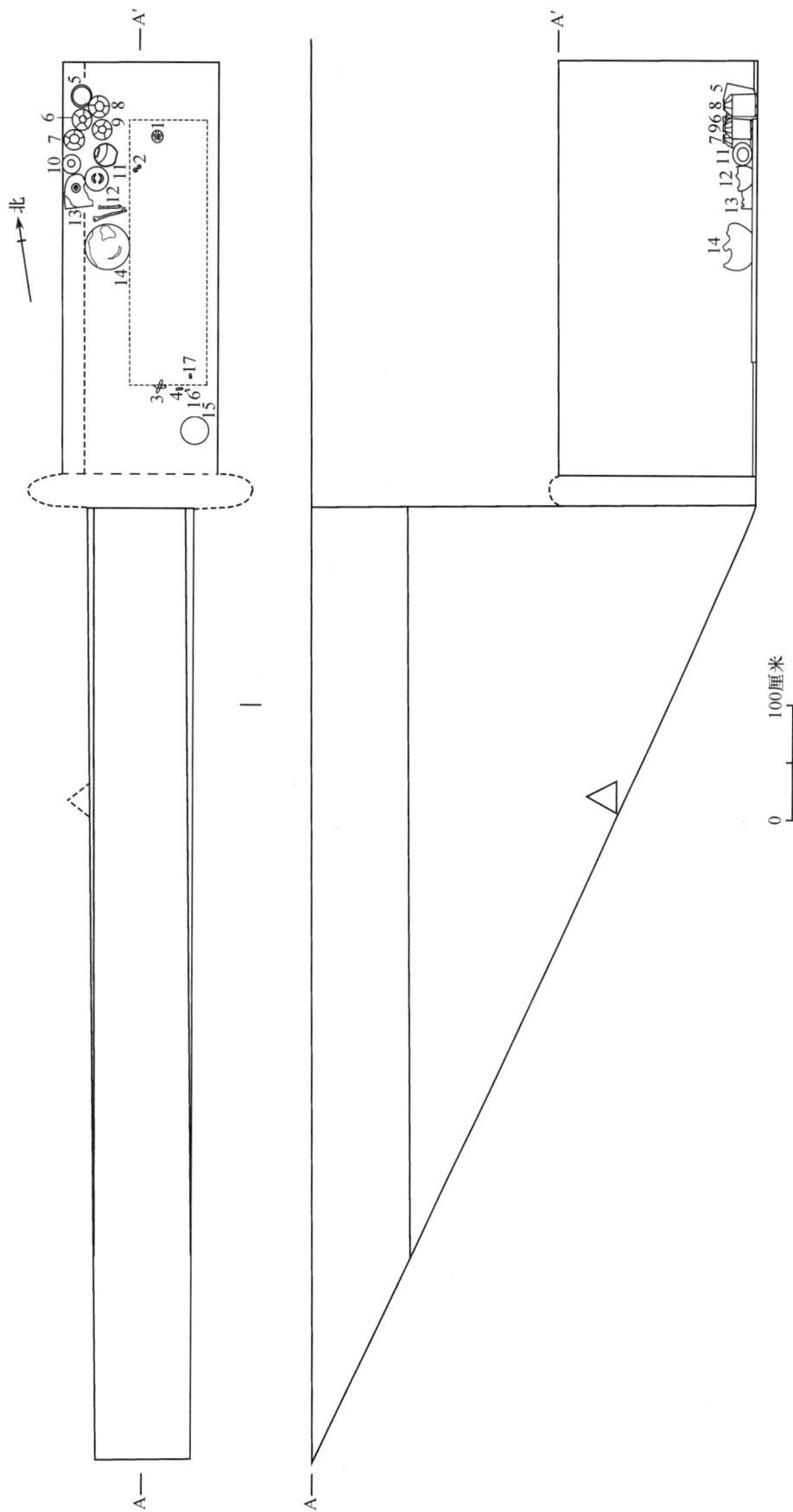

图五—五 I区M181平、剖面图

1. 铜镜 2. 铜钱 3. 铜柿蒂形棺饰 4. 铅当卢 5~9. 陶仓 10~12、14. 陶罐 13. 陶灶1套（盆1，甑1） 15. 釉陶樽 16. 铅衡末饰 17. 铅扣饰

2. 出土器物

该墓出土器物22件，另有铜钱7枚。质地为陶、铜、铅三种，分述如下。

陶器　13件，分为泥质灰陶和红胎釉陶，器类有樽、罐、仓、灶、盆、甑（图版九五，2）。

樽　1件，标本M181：15，红胎釉陶，通体饰酱黄釉，直口，平沿，直腹，平底，底附三蹲踞形胡人足。器身轮制、足模制而后粘结。口径24、足高5.8、通高18.4厘米（图五一六，1；图版一四〇，2）。

罐　4件（M181：10、11、12、14），泥质灰陶，形制相同，侈口，双唇，圆鼓肩，鼓腹，下腹内收，平底，轮制，底部有旋切痕。标本M181：11，口径7.8、腹径17、底径7.8、高16.3厘米（图五一六，2；图版一四〇，3）。

仓　5件（181：5、6、7、8、9），泥质灰陶，形制基本相同。盖，钵形，圆唇，浅腹，圜底；器身，小口，圆唇，矮领，绕口一周有环状台面，肩部稍出檐，直筒腹，平底，底附三蹲熊形足，腹部饰三组（每组两道）凹弦纹。器表红色彩绘，局部脱落。肩部，台面之上绘两周弦纹，或绘出竖棱，或在竖棱上彩绘；腹部，彩绘自上而下分四组。第一组，两组弦纹，每组两周；第二组，两组（每组两周）弦纹之间，绘卷云纹；第三组，两组（每组两周）

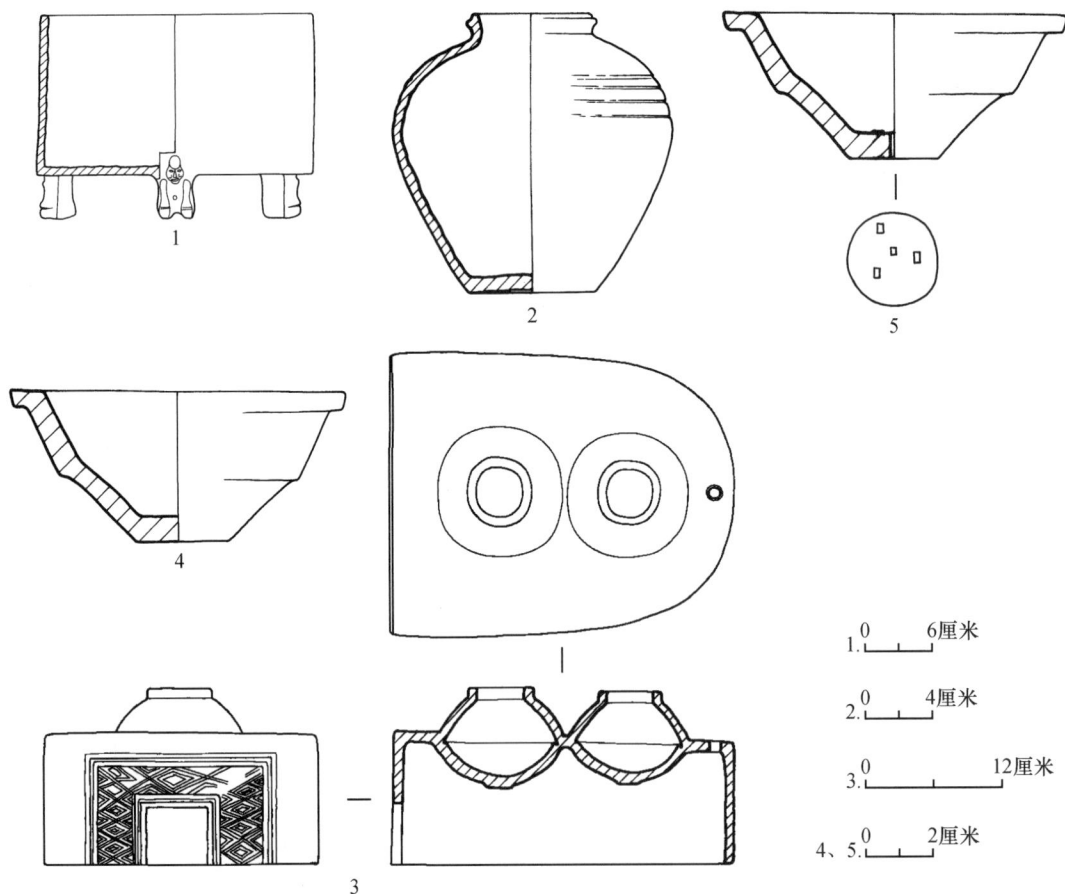

图五一六　Ⅰ区M181出土器物（一）

1. 陶樽（M181：15）　2. 陶罐（M181：11）　3. 陶灶（M181：13-1）　4. 陶盆（M181：13-2）　5. 陶甑（M181：13-3）

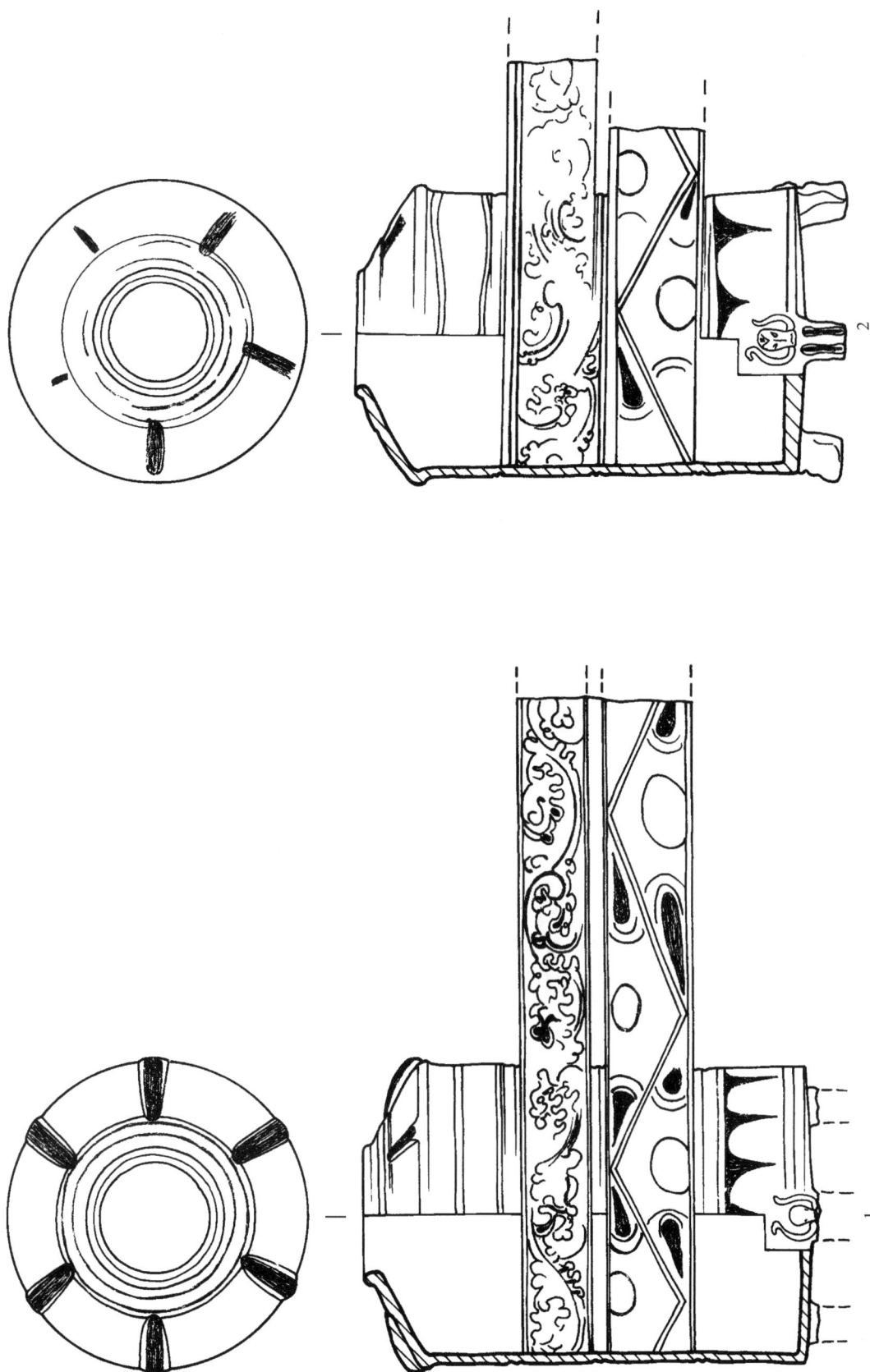

图五一七 Ⅰ区M181出土陶仓
1. M181：6 2. M181：9

0   6厘米

弦纹之间，一周波折纹，与上、下弦纹形成若干三角形，底角内绘羽状纹，底边中部饰半圆圈、圆圈纹；第四组，一周锯齿纹。轮制，肩、腹分体轮制，足模印而后粘结，底外侧有旋切痕迹。M181：6、8，台面之外均匀布置六道竖棱，其上绘红彩。标本M181：6，口径8.3、底径17.7、通高27.8厘米（图五一七，1；彩版一三，1；图版一四〇，5）。M181：5、7、9，台面之外用红彩均匀绘五条竖棱。标本M181：9，口径7.7、底径17.2、足高6、通高30厘米（图五一七，2；图版一四〇，6）（按：汉墓随葬陶仓，通常一组5件，而该墓出土的一组5件陶仓，肩上虽都设有瓦棱，但3件为红彩绘制，2件为制坯上凸棱，这种现象是偶然还是有意，值得关注）。

灶　1件，标本M181：13-1，灶体平面呈马蹄形，前方后圆，灶面两釜呈前后布置，尾部有圆形烟囱，前端有方形落地灶门，周围模印多重菱形纹。灶面、灶壁分体模制而后粘结，釜之肩部与灶面一次性模制而成，腹模制而后粘结于相应的位置。长30、宽24、高14.6厘米（图五一六，3；图版一四一，1）。

盆　1件，与灶配套。标本M181：13-2，敞口，平沿，方唇，折腹，平底内凹，模制，沿面有制坯时留下的线切纹。口径10、底径2.8、高4.4厘米（图五一六，4）。

甑　1件，与灶配套。标本M181：13-3，敞口，平沿，方唇，折腹，底部有四个箅孔。模制，沿面有制坯时留的下线切纹。口径10.2、底径2.7、高4.2厘米（图五一六，5）。

铜器　6件，器类有镜和柿蒂形棺饰。

镜　1面，标本M181：1，日光连弧铭文镜，圆形，半圆钮，圆钮座，素窄缘，镜面微凸。钮座向外，均匀伸出四条短弧线，短弧线间各饰一三角纹，之外一周内向八连弧，再外两周弦纹间有“见日之光，天下大明”铭文带，铭文两字之间有“の”“◇”符号。面径7.20、背径7.0、钮宽1.20、缘宽0.20、缘厚0.50厘米，重80克（图五一九；彩版四六，2）。

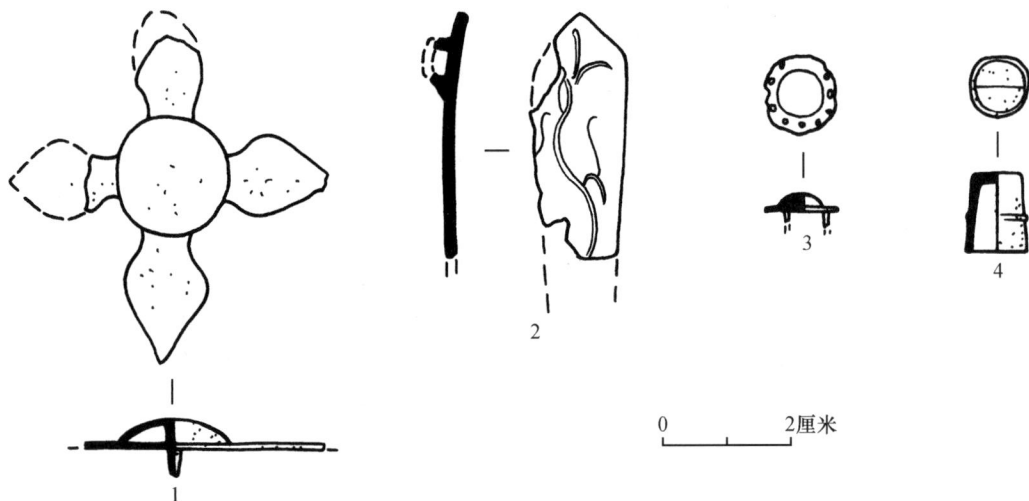

图五一八　Ⅰ区M181出土器物（二）

1.铜柿蒂形棺饰（M181：3）　2.铅当卢（M181：4）　3.铅扣饰（M181：17）　4.铅衡末饰（M181：16）

柿蒂形棺饰　5件，形制相同，柿蒂形，与泡钉同出。标本M181：3，残，对角残长3.8、泡径1.8、残高0.9厘米（图五一八，1）。

铅器　3件，为当卢、衡末饰、扣饰。

当卢　1件，标本M181：4，残，圭形片状，一面有浅浮雕式云纹图案，另一面有一方形穿钮。残长3.7厘米（图五一八，2）。

扣饰　1件，标本M181：17，残，圆扣帽形，下有两方形穿钮。直径1.1、残高0.5厘米（图五一八，3）。

衡末饰　1件，标本M181：16，筒形，一端封闭，中部有一突棱。长1.2、直径0.8～1.0厘米（图五一八，4）。

铜钱　7枚，均为五铢钱，圆形方穿，穿背

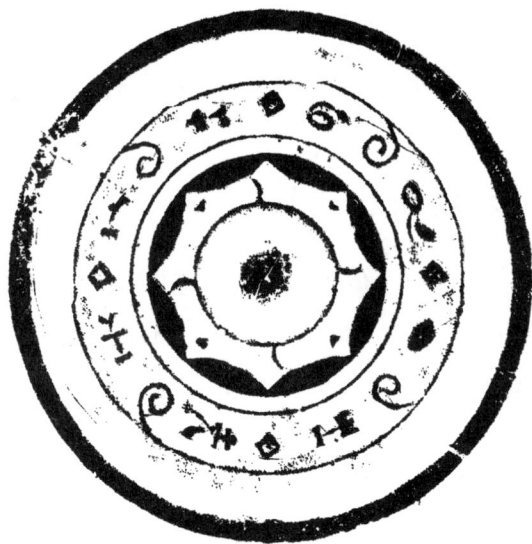

0 _____ 2厘米

图五一九　Ⅰ区M181出土铜镜（M181：1）

面有郭，部分穿上有一横郭或穿下有一星纹，穿之两侧有篆文"五铢"二字。"五"字或瘦长，或宽大，交笔斜直或缓曲，也有甚曲者，"铢"字金头三角，朱头方折（按：年代为武、昭及宣帝前期）（图五二〇）。

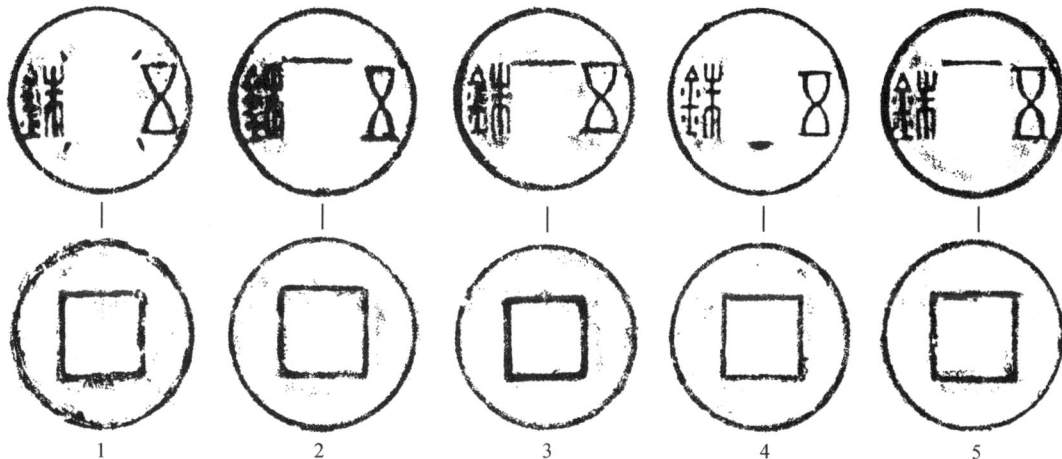

0 _____ 2厘米

图五二〇　Ⅰ区M181出土铜钱

1. M181：2-1　2. M181：2-2　3. M181：2-3　4. M181：2-6　5. M181：2-7

第一七九节　M182

1. 墓葬形制

M182，位于第一阶地西部偏南，探方T0402内，墓道延伸至T0401，西邻M181，东邻M183，三座墓葬方向一致，当有一定关系。方向180度。形制为斜坡墓道土洞墓，由墓道、甬道、墓室三部分组成（图五二一；图版五九，3、4）。

墓道　位于墓室的南端，平面呈长形，壁面较直，底部呈斜坡状，东西两壁距开口1.0米处，有一级二层台，台面宽0.06米。墓道开口长10.30、宽0.80～0.90、坡长11.40、底距开口深0～5.0米，坡度30度。墓道内填五花土，土质疏松，未经夯打。

甬道　位于墓室和墓道之间，平面呈长方形，拱顶土洞。长1.26、宽0.70、高1.60米。

墓室　平面呈长方形，拱顶土洞。墓室长3.70、宽1.46、高1.70米。该墓被盗扰，器物主要出土于墓室南部及棺之西侧，计有陶盒2、陶钫1、陶缶1、陶罐3、陶灶1套（盆1、甑1）、陶烟囱1、铜柿蒂形棺饰2、铅当卢1、铅扣饰1、铅马镳1。

封门　土坯木板双重封门。外层，土坯封门，残存一层，长1.26、高0.08米，土坯36厘米×18厘米×8厘米。

葬具　木棺一具，仅存棺痕。棺痕长2.10、宽0.70米。

葬式　不详。

盗洞　1处，位于墓道末端，自上而下进入墓室。平面呈圆形，直径约0.60米。

2. 出土器物

该墓出土器物16件，质地为陶、铜、铅三种，分述如下。

陶器　11件，均为泥质灰陶，器类有盒、钫、缶、罐、灶、盆、甑、烟囱。

盒　2件（M182：2、3），形制相同。盖，覆钵形，顶有矮圈足捉手；器身，子母口内敛，深弧腹，矮圈足。器表饰红色彩绘，脱落严重。盖面内容不可辨。器身，腹部两周弦纹之间，饰连续菱形纹，菱形夹角间填饰鱼形纹、卷云纹等。器身轮制，底部有旋切痕。标本M182：3，盖径19.2、口径19.4、腹深8.6、底径10.2、高15厘米（图五二二，1）。

钫　1件，标本M182：1，盖，覆斗形，子母口；器身，侈口，平沿，束颈，鼓腹，高圈足稍外撇。器身涂黑，之上红彩绘，剥落严重。沿下一周连续菱形纹带，肩部两组双线弦纹带之间一周双线三角纹，肩部两组双线纹之间饰云气纹，下腹及足部内容不可辨。器身四壁、底、铺首衔环分体模制，而后粘结，粘结处外侧削平，内侧抹泥加固。盖径10.5、器身口径10.5、腹径20、足径11.4、足高4.35、通高36.2厘米（图五二二，2）。

缶　1件，标本M182：4，小口，平沿，尖唇，广斜肩略鼓，折腹，下腹内曲，大平底稍

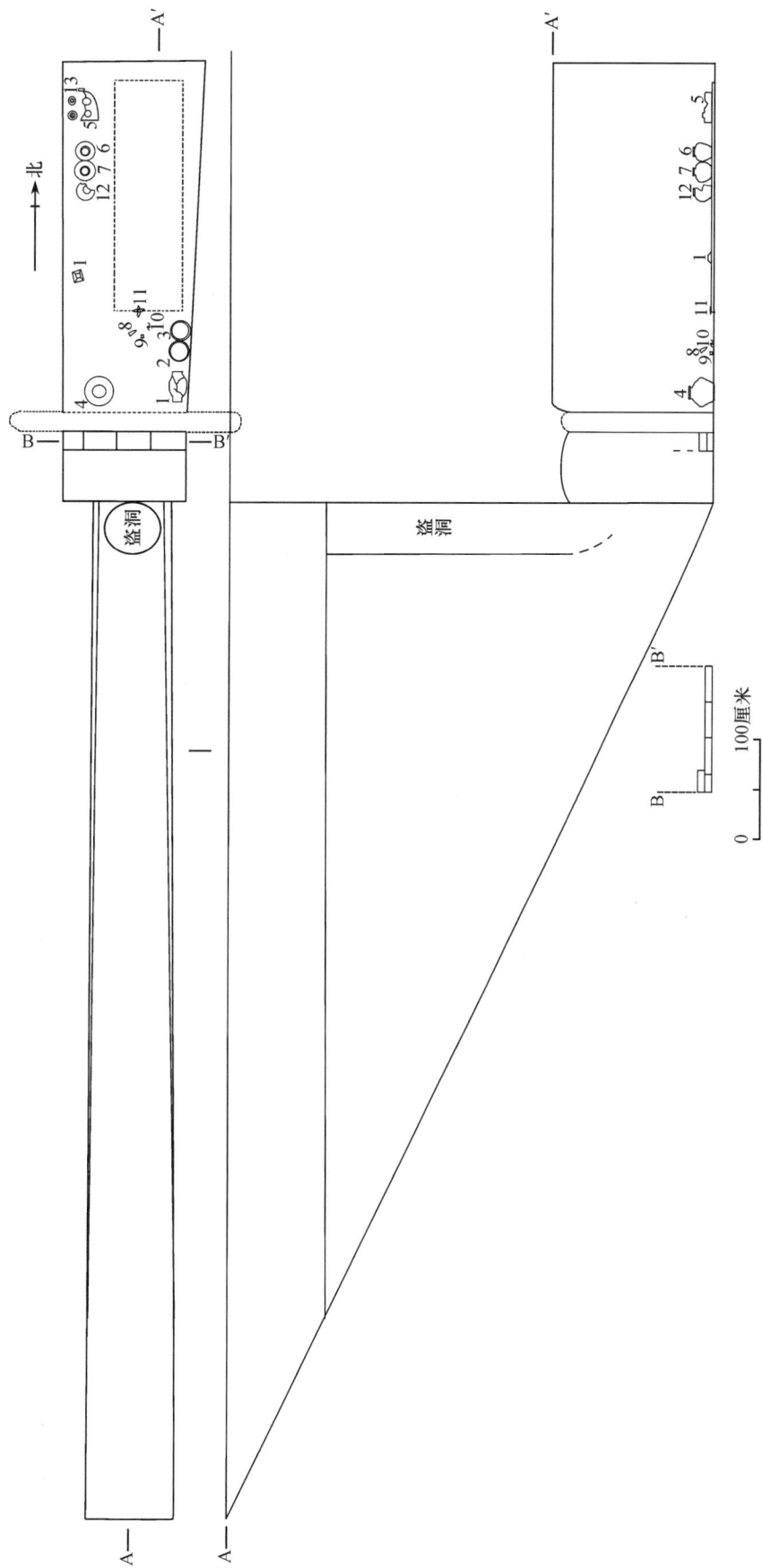

图五二一 Ⅰ区M182平、剖面图

1.陶纺 2、3.陶盒 4.陶缶 5.陶灶1套（盆1、甑1） 6、7、12.陶罐 8.铅当卢 9.铅扣饰 10.铅马镳 11.铜柿蒂形棺饰 13.陶烟囱

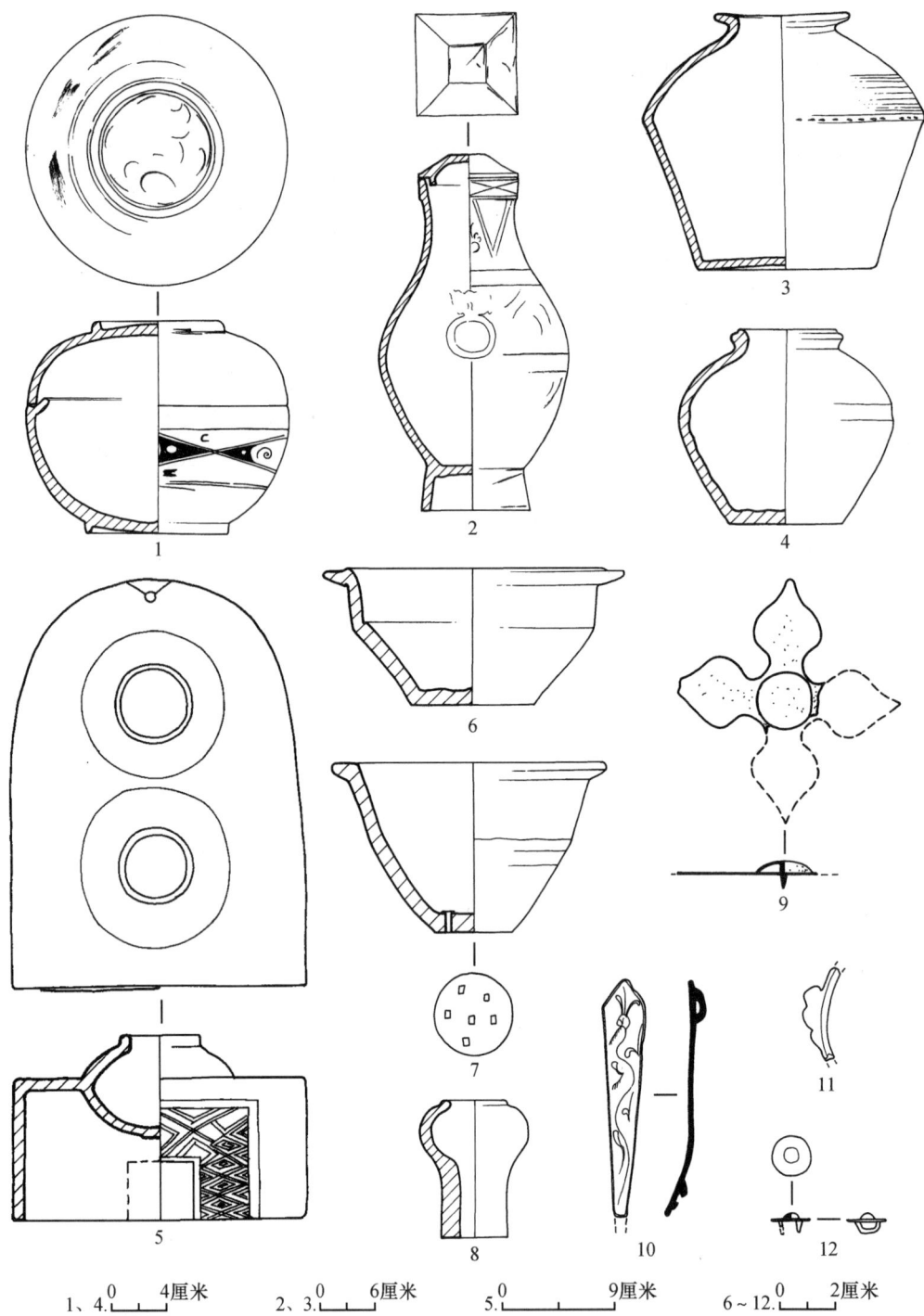

1、4.┕0──4厘米　　2、3.┕0──6厘米　　5.┕0──9厘米　　6~12.┕0──2厘米

图五二二　Ⅰ区M182出土器物

1.陶盒（M182：3）　2.陶钫（M182：1）　3.陶缶（M182：4）　4.陶罐（M182：6）　5.陶灶（M182：5-1）

6.陶盆（M182：5-2）　7.陶甑（M182：5-3）　8.陶烟囱（M182：13）　9.铜柿蒂形棺饰（M182：11）

10.铅当卢（M182：8）　11.铅马镳（M182：10）　12.铅扣饰（M182：9）

内凹，腹部是一周米粒纹，轮制，器身有轮制痕迹。口径14.4、腹径30.6、底径19.2、高27厘米（图五二二，3）。

罐　3件（M182：6、7、12），形制相同。侈口，双唇，圆鼓肩，鼓腹，下腹内收，平底，轮制，器表有轮旋纹。标本M182：6，口径8、腹径15.4、底径8.3、高13.6厘米（图五二二，4）。

灶　1件，标本M182：5-1，灶体平面呈马蹄形，前方后圆，灶面两釜呈前后布置，尾部有圆形烟囱，前端有方形的落地灶门，周围模印多重菱形纹。长31.2、宽23.1、高14.1厘米（图五二二，5）。

盆　1件，与灶配套。标本M182：5-2，敞口，平沿，尖唇，折腹，平底。口径10.8、底径4.4、高4.8厘米（图五二二，6）。

甑　1件，与灶配套。标本M182：5-3，敞口，平沿，尖圆唇，斜直腹，底部有六个箅孔。口径9.9、底径2.8、高5.9厘米（图五二二，7）。

烟囱　1件，与灶配套，标本M182：13，蒜头状，内空，上部呈圆形，下部柱状。口径2.4、底径2.4、高4.9厘米（图五二二，8）。

铜柿蒂形棺饰　2件，形制相同，柿蒂形，多与泡钉同出。标本M182：11，残，对角残长5.0、泡径2.0、残高0.9厘米（图五二二，9）。

铅器　3件，器类有当卢、马镳、扣饰。

当卢　1件，标本M182：8，圭形片状，一面有浅浮雕式云纹图案，另一面两端各有一方形穿钮。通长8.1厘米（图五二二，10）。

马镳　1件，标本M182：10，残损，仅剩一小节。残长3.3厘米（图五二二，11）。

扣饰　1件，标本M182：9，残，圆扣帽形，下有两方形穿钮。直径1.4、残高0.7厘米（图五二二，12）。

第一八〇节　　M183

1. 墓葬形制

M183，位于第一阶地西部偏南，探方T0502内，西与M181、M182并列。方向175度。形制为竖穴墓道土洞墓，平面略呈刀把形，由墓道、墓室两部分组成（图五二三）。

墓道　位于墓室的南端，平面呈长方形，壁面较直。开口长1.70、宽0.70、底距开口深0.40米。墓道内填五花土，土质疏松，未经夯打。

墓室　平面呈长方形，拱顶土洞。墓室长1.60、宽0.94、残高0.40米。该墓被盗扰，仅出土铜钱3枚。

封门　不详。

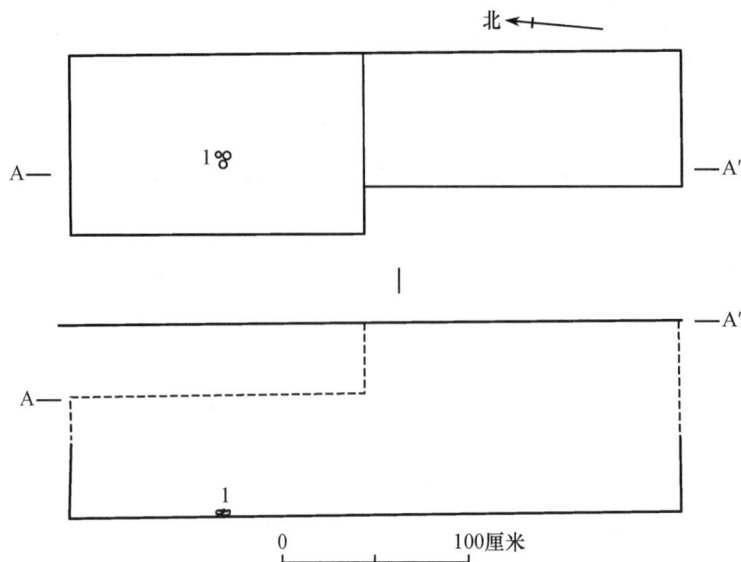

图五二三　Ⅰ区M183平、剖面图
1. 铜钱

葬具　不详。

葬式　不详。

2. 出土器物

该墓出土铜钱3枚，均为五铢钱，圆形方穿，穿背面有郭，部分穿上有一横郭或穿下有一星纹，穿之两侧有篆文"五铢"二字。"五"字瘦长，交笔斜直，或缓曲，"铢"字金三角，朱头方折（按：年代为武、昭时期）（图五二四）。

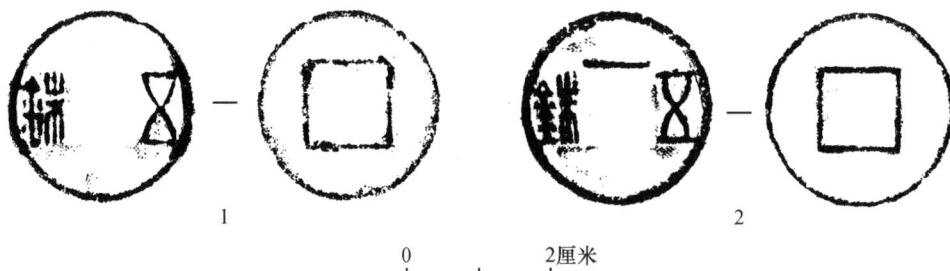

图五二四　Ⅰ区M183出土铜钱
1. M183：1-1　2. M183：1-2

第一八一节　M184

1. 墓葬形制

M184，位于第一阶地西部偏北，探方T0302内，西邻M178，南邻M201、M200、M196。方向230度。形制为斜坡墓道砖室墓，墓道折向左侧（按：墓之西侧为M178，如果不折向西南，墓道就会打破M178，或许这种折向一侧，目的就是避让M178），由墓道、过洞、天井、墓室四部分组成（图五二五；图版六〇，1、2）。

墓道　位于墓室的南端，平面呈长方形，壁面较直，底部呈斜坡状，东西两壁距开口0.50米处有一级二层台，台面宽0.08米。墓道开口残长6.0、宽1.0~1.10、坡长6.50、底距开口深2.56米，坡度25度。墓道内填五花土，土质疏松，未经夯打。

过洞　位于天井和墓道之间，拱顶土洞，底呈斜坡状，长2.04、宽1.10~1.28、高1.16~1.28米。

天井　位于墓室和过洞之间，竖井土圹，南北两壁各两排对称脚窝，平面呈三角形，宽0.16、高0.18、进深0.08米。天井长2.32、宽1.0、深5.20~6.10米。天井内填五花土，土质疏松，未经夯打。

墓室　平面呈长方形，券顶砖室，楔形砖对缝券顶，仅存前部两排，东、西、北三壁为条砖错缝平砌，底部铺地砖为"人"字形结构，楔形砖36厘米×18厘米×（3.5~5）厘米，条砖

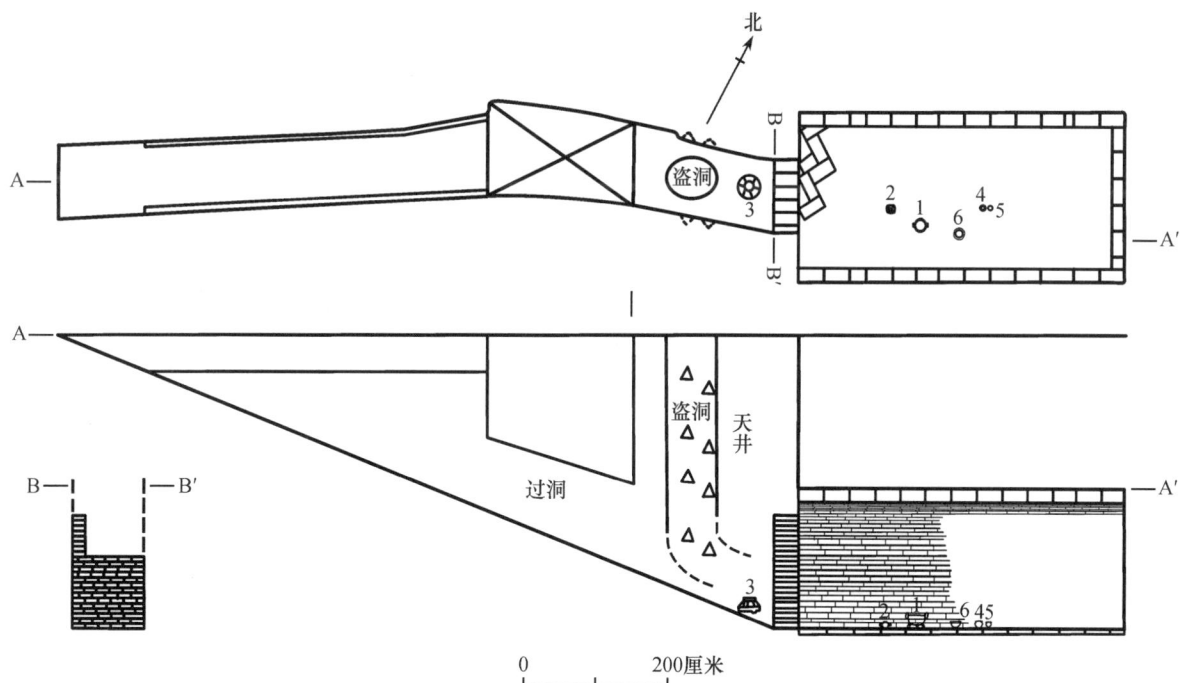

图五二五　Ⅰ区M184平、剖面图

1. 陶鼎　2. 陶钫盖　3. 陶仓　4、5. 陶釜　6. 陶盆

36厘米×18厘米×7厘米。墓室长4.60、宽2.30、壁高0.94、洞高1.90米。该墓盗扰严重，出土有陶鼎1、陶钫盖1、陶仓1（出土于盗洞内）、陶釜2、陶盆（残）1。

　　封门　条砖封门。顺向错缝平砌。条砖36厘米×18厘米×8厘米。封门长1.0、宽0.38、高0.98～1.53米。

　　葬具　木棺，出土有铁棺钉，形制、尺寸不详。

　　葬式　不详。

　　盗洞　1处，位于天井的末端，自上而下进入墓室，平面呈圆形，直径约0.60米。内出土陶仓1件。

2. 出土器物

　　该墓出土陶器6件，均为泥质灰陶，器类有鼎、钫盖、仓、釜、盆。

　　鼎　1件，标本M184：1，盖缺；器身，子母口内敛，深弧腹，圜底近平，肩附外撇弯曲板耳，顶端外折，腹中部有一周台棱，底附三马蹄形足。器表施白色陶衣。口径22、腹径22、底径7.8、高18厘米（图五二六，1）。

　　钫盖　1件，标本M184：2，覆斗形，子母口，口径10、高3.5厘米（图五二六，2）。

　　仓　1件，标本M184：3，盖缺；器身，小口，圆唇，矮领，肩部稍出檐，绕口一周有环状台面，之外均匀布置五条竖棱，直筒腹，平底，底附三蹲踞形熊足，腹部饰三组（每组一

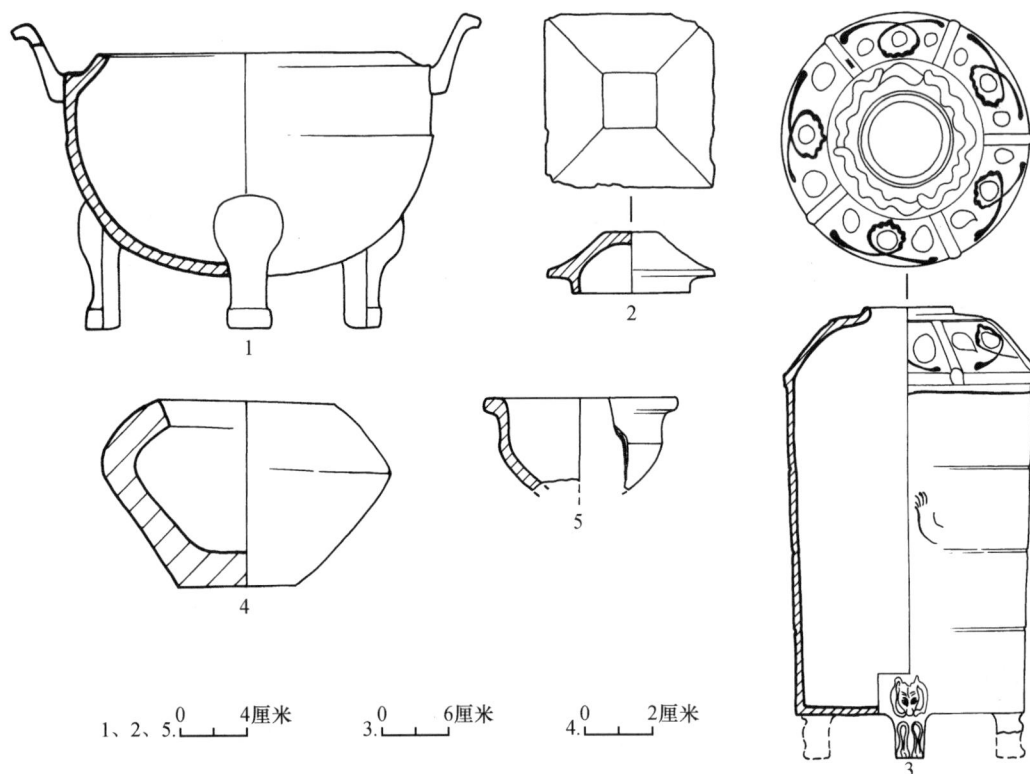

图五二六　Ⅰ区M184出土器物

1.陶鼎（M184：1）　2.陶钫盖（M184：2）　3.陶仓（M184：3）　4.陶釜（M184：5）　5.陶盆（M184：6）

道）凹弦纹。器身局部饰红、黑彩，台面上用黑彩绘一周水波纹，五条竖棱之间均匀绘弧线相交纹，中间绘黑点，两侧各有黑点。口径7.8、底径20.2、高38.8厘米（图五二六，3）。

釜 2件（M184：4、5），形制相同，侈口，尖唇，溜肩，折腹，平底。标本M184：5，口径5.3、腹径8.7、底径3.5、高5.4厘米（图五二六，4）。

盆 1件，标本M184：6，残，仅剩口沿部位，侈口，平沿，圆唇，矮领，弧肩。残高5.4厘米（图五二六，5）。

第一八二节 M185

1. 墓葬形制

M185，位于第一阶地西端，探方T0202内，墓道延伸至T0102，南与M204并列，西北邻M202、M203。方向270度。形制为斜坡墓道土洞墓，由墓道、墓室两部分组成（图五二七；图版六〇，3、4）。

墓道 位于墓室的西端，平面呈长方形，壁面较直，底部呈斜坡状。开口残长9.60、宽0.90～0.92、底宽0.88、坡长10.4、底距开口深4.40米，坡度27度。墓道内填五花土，土质疏松，未经夯打。

墓室 平面呈长方形，拱顶土洞，条砖错缝平铺底，条砖36厘米×18厘米×8厘米。墓室长4.04、宽1.36、高1.60米。该墓被盗扰，器物主要出土于墓室西部，计有陶鼎足1、陶盒2、陶樽1、陶罐2、陶仓2、陶釜（残）1、陶灶1套（盆1）、陶熏炉（残）1、铜马衔镳1、铜当卢1、铜盖弓帽1、铜衡末饰1、铜镜刷1、铜辖軎1、铜柿蒂形棺饰4、铁器（残）1。

封门 条砖封门，上部4层错缝平砌，之下对缝平砌。在墓室的南北两侧有凹槽，宽0.36、进深0.60、高1.60米。封门长1.62、高1.60米，条砖的尺寸：36厘米×18厘米×8厘米。

葬具 木棺，出土有铁棺钉，形制、尺寸不详。

葬式 不详。

盗洞 1处，位于墓道末端之上，自上而下进入墓室。平面呈圆形，直径约0.60米。

2. 出土器物

该墓出土器物23件，质地为陶、铜、铁三种，分述如下。

陶器 12件，分泥质灰陶和红胎釉陶，器类有鼎足、盒、樽、罐、仓、釜、熏炉、灶、盆（图版九六，1）。

鼎足 1件，标本M185：17，红胎釉陶，马蹄形，模制，残高4.3厘米（图五二八，1）。

盒 2件（M185：9、15），红胎釉陶，器表施青绿釉，釉层较薄，釉面无光泽，形制相同。盖，覆钵形，顶有矮圈足捉手；器身，子母口内敛，深弧腹，矮圈足。标本M185：9，口

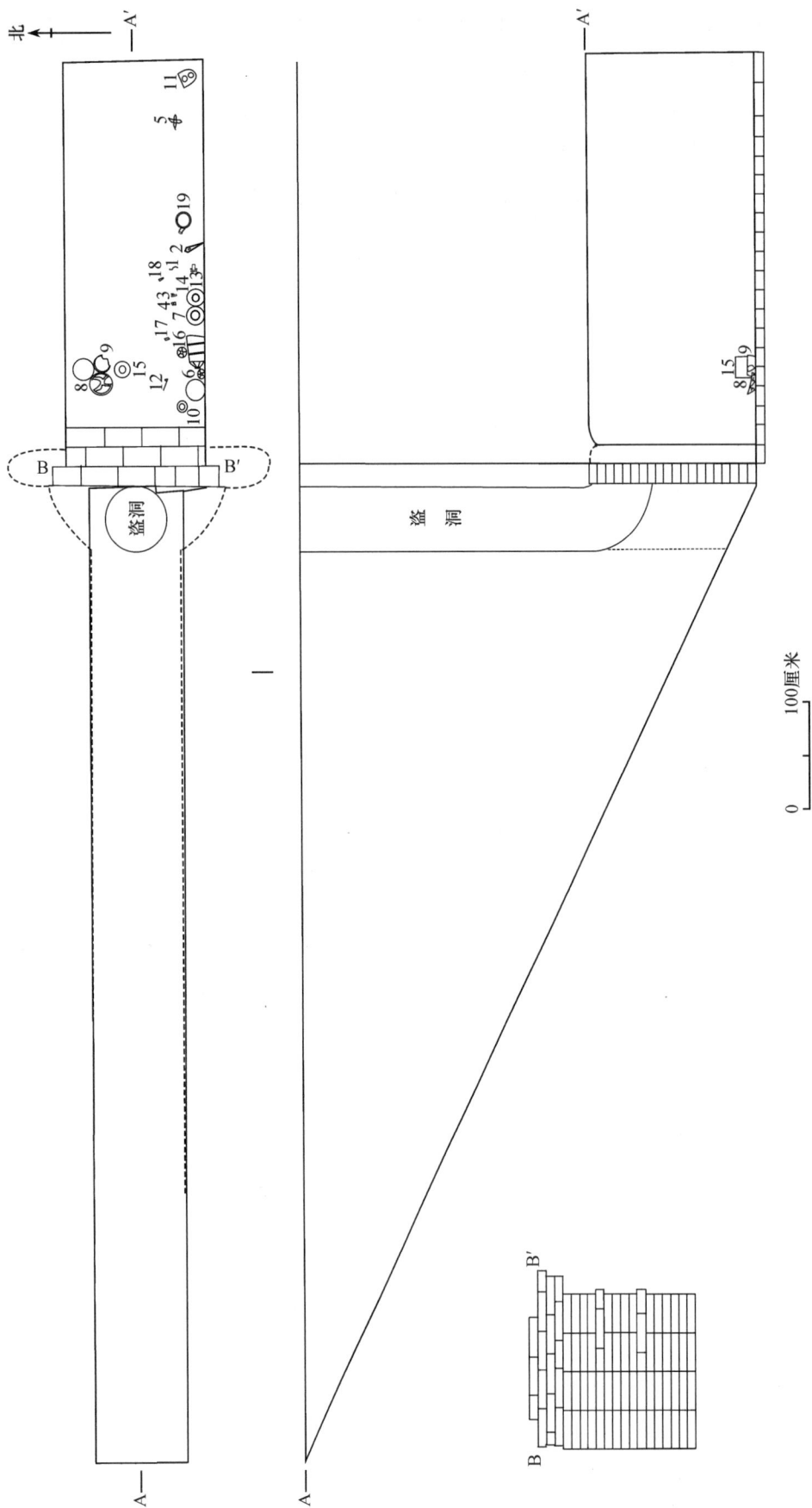

图五二七　Ⅰ区M185平、剖面图

1.铜马衔镳　2.铜当卢　3.铜盖弓帽　4.铜衡末饰　5.铜柿蒂形棺饰　6、16.陶仓　7、14.陶罐　8.陶樽　9、15.陶盒　10.陶熏炉　11.陶灶1套（盆1）　12.铜镜刷　13.铜铺首　17.陶鼎足　18.铁器　19.陶釜

径19.4、腹深10.9、底径10.4、高16.4厘米（图五二八，2；图版一四一，2）。

樽　1件，标本M185：8，红胎釉陶，器表施青绿釉，釉层较薄，釉面无光泽。盖，浅覆钵形，子母口，顶部中心有圆饼形捉手，之外均匀布置三乳突形饰，器表饰两组（每组两道）凹弦纹；器身，直口，平沿，直筒腹，底附三马蹄形足，足根饱满。盖径23、口径23、腹深13.8、足高6.2、通高23.4厘米（图五二八，3；彩版一七，2；图版一四一，3）。

仓　2件（M185：6、16），红胎釉陶，器表施青绿釉，釉层较薄，釉面无光泽。盖，浅碟形，顶部有一周凸棱，之外均匀布置六道竖棱；器身，小口，圆唇，矮领，肩部稍出檐，绕口一周有环状台面，之下均匀布置六道竖棱，直筒腹，平底，底附三马蹄形足，足根饱满，腹部饰三组（每组三道）凹弦纹。肩、腹分体轮制，足模印而后粘结，底外侧有旋切痕迹。标本M185：16，口径21.4、底径19.2、足高6、通高35.6厘米（图五二八，4；彩版一八，2）。

罐　2件（M185：7、14），红胎釉陶，器表饰釉，局部有脱釉现象，器表附着一层白色物质，形制相同。侈口，双唇，矮领，鼓肩，鼓腹，平底，肩、腹各饰一道凹弦纹。标本M185：7，口径8.8、腹径15.4、底径7.6、高15.1厘米（图五二八，5；彩版二〇，1；图版一四一，5）。

釜　1件，标本M185：19，红胎釉陶，器表施青绿釉，釉层较薄，釉面无光泽。敞口，斜平沿，尖圆唇，弧腹，圜底，轮制，器内有轮旋痕。口径17.1、高7.8厘米（图五二八，6；彩版一九，1；图版一四一，6）。

灶　1件，标本M185：11-1，泥质灰陶，灶体平面呈马蹄形，前方后圆，灶面两釜呈前后布置，尾部有烟囱（残），前端有方形的落地灶门，周围模印多重菱形纹。灶面、灶壁分体模制而后粘结，釜之肩部与灶面一次性模制而成，腹模制而后粘结于相应的位置。长18.5、宽15.9、高7.2厘米（图五二八，7；图版一四二，1）。

盆　1件，与灶配套。标本M185：11-2，泥质灰陶，敞口，平沿，方唇，折腹，平底内凹。模制，沿面有制坯时留下的线切纹。口径7.4、底径2、高2.9厘米（图五二八，8）。

熏炉　1件，标本M185：10，残，红胎釉陶，器表施青绿釉，釉层较薄，釉面无光泽。盖，博山形；炉身残，盘形底座，平沿，方唇，折腹，低矮假圈足，底内侧有一周台棱。盖口径8、底座口径15.2、底径8.1、通高15.4厘米（图五二八，9）。

铜器　10件，为马衔镳、当卢、盖弓帽、衡末饰、柿蒂形棺饰、镜刷和辖軎。

马衔镳　1件，标本M185：1，衔，两节，每节两端有环，两环相互咬合。镳，略呈"S"形，中部有两小孔。衔长7.2、镳长8.1厘米（图五二九，1；图版一五二，3）。

当卢　1件，标本M185：2，圭形片状，素面，另一面两端各有一方形穿钮。长8.0、宽0.6~1.7厘米（图五二九，2）。

盖弓帽　1件，标本M185：3，筒形，中部有一倒刺。长1.8、直径0.55厘米（图五二九，3）。

衡末饰　1件，标本M185：4，筒形，一端封闭，中部有一突棱。长1.2、直径1.0厘米（图五二九，4）。

镜刷　1件，标本M185：12，烟斗状，长8.9厘米（图五二九，5）。

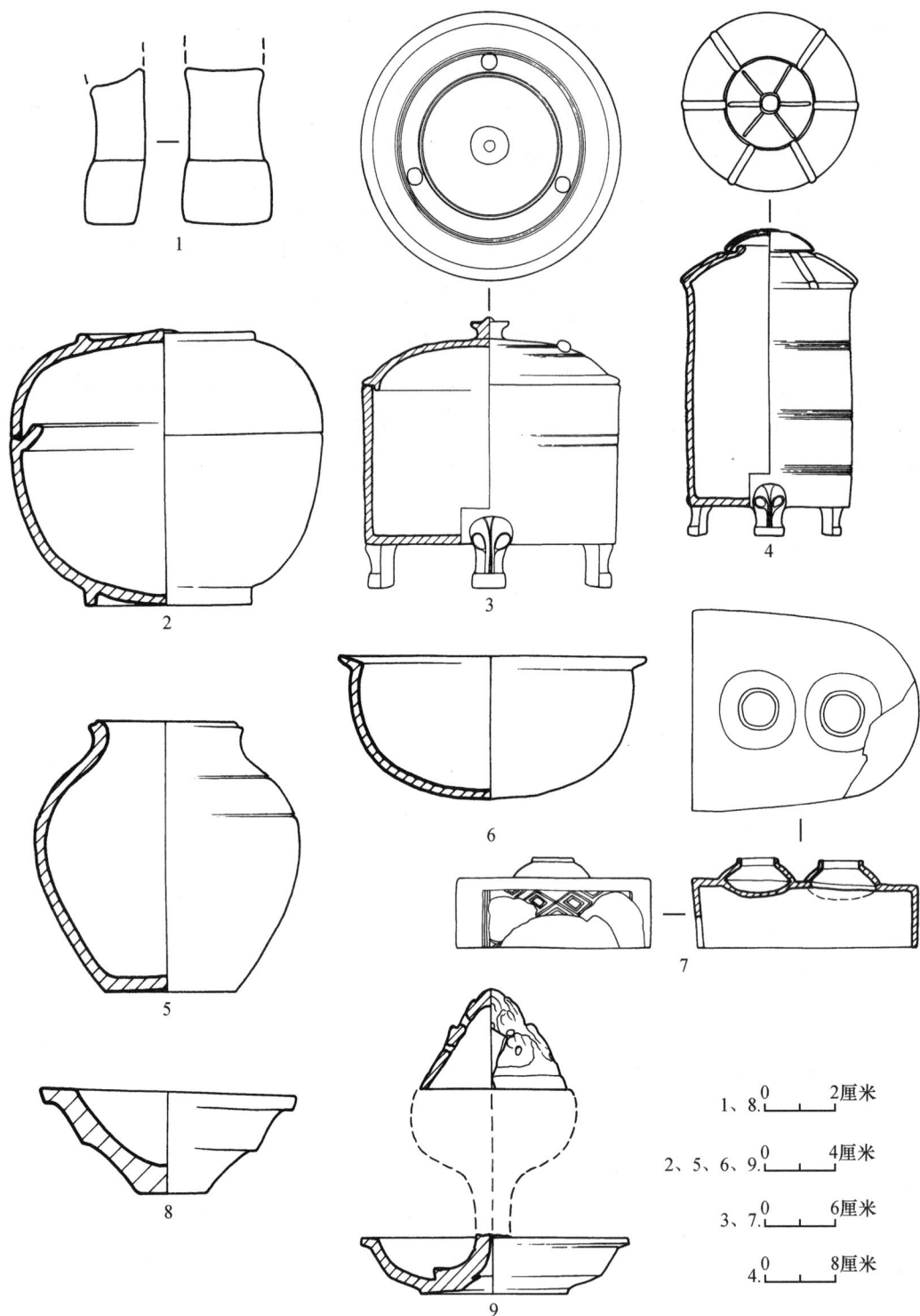

图五二八　Ⅰ区M185出土器物（一）

1.陶鼎足（M185：17）　2.陶盒（M185：9）　3.陶樽（M185：8）　4.陶仓（M185：16）　5.陶罐（M185：7）
6.陶釜（M185：19）　7.陶灶（M185：11-1）　8.陶盆（M185：11-2）　9.陶熏炉（M185：10）

柿蒂形棺饰　4件，形制相同，柿蒂形，多与泡钉同出。标本M185：5，残，泡径2.5、残高0.95厘米（图五二九，6）。

辖軎　1件，标本M185：13，喇叭筒形，近大端处有对应辖孔，辖穿于辖孔之内。长2.0、粗端径1.75、细端径1.0、辖长2.0厘米（图五二九，7）。

铁器　1件，标本M185：18，残，仅存一小节，残长4.5厘米（图五二九，8）。

该墓出土的一组釉陶器：鼎、盒、樽、仓，釉色为青绿釉，与西汉晚期的墨绿釉不同，釉层较薄且易剥落，其器型特征，与西汉中晚期施酱黄或红褐釉的同类器型相同。以前，一般认为西安地区汉代釉陶器，红色釉流行于西汉中晚期，而绿釉流行于西汉晚期至东汉。而该墓出土的釉陶器或许能说明绿釉出现于西汉中晚期，与红釉有并行时间，只是数量较少，到西汉晚期，随着红釉的衰微，绿釉才开始流行起来。

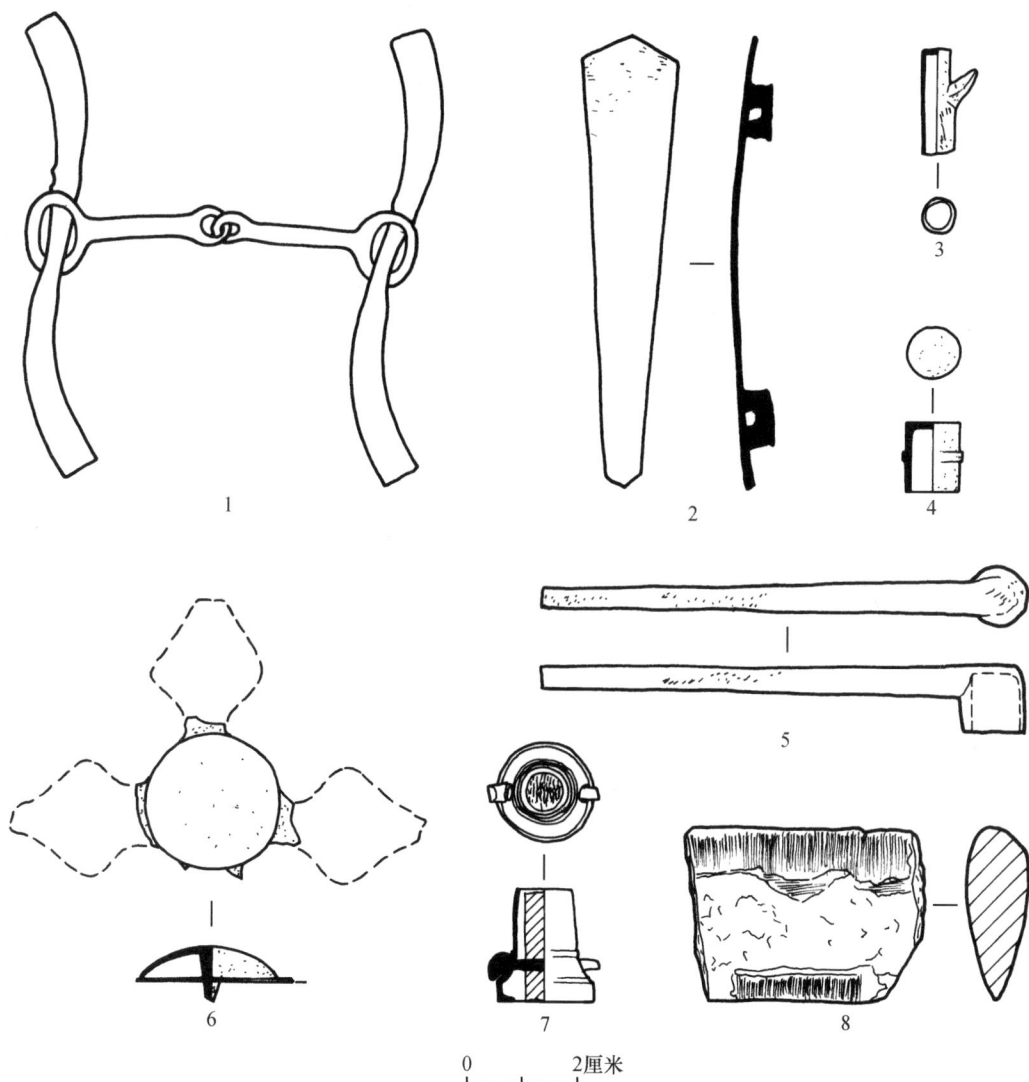

图五二九　Ⅰ区M185出土器物（二）

1.铜马衔镳（M185：1）　2.铜当卢（M185：2）　3.铜盖弓帽（M185：3）　4.铜衡末饰（M185：4）　5.铜镜刷（M185：12）　6.铜柿蒂形棺饰（M185：5）　7.铜辖軎（M185：13）　8.铁器（M185：18）

第一八三节　M186

1. 墓葬形制

M186，位于第一阶地西部南侧，探方T0401内，西邻M187、M188，且方向一致，当有一定关系。方向187度。形制为竖穴墓道砖室墓，由墓道、小龛、墓室三部分组成（图五三〇；图版六一，1、2）。

墓道　位于墓室的南端，平面呈长方形，壁面较直，底呈斜坡状。东西两壁有四组对称分布的脚窝，平面呈三角形，宽0.16、进深0.80、高0.16米。墓道的东壁底部有一平面呈半圆形的小龛，拱顶土洞，条砖侧立封门，条砖36厘米×18厘米×7厘米。小龛宽0.50、进深0.30、高0.30米，出土有陶灶1套（盆1、甑1）。墓道开口长2.40、宽0.86、底宽0.80、深2.80～3.0米。墓道内填五花土，土质疏松，未经夯打。

墓室　平面呈长方形，条砖砌壁，拱形土洞顶。东、西、北三壁条砖错缝平砌，底条砖错缝平铺，条砖36厘米×18厘米×7厘米。墓室长3.38、宽1.21、壁高0.90、室高1.20米。该墓未被盗扰，器物主要出土于墓室南部，计有陶壶1、陶罐6、陶灶1套（盆1、甑1）、铜镜1、泥灯（残）1、铜钱25。

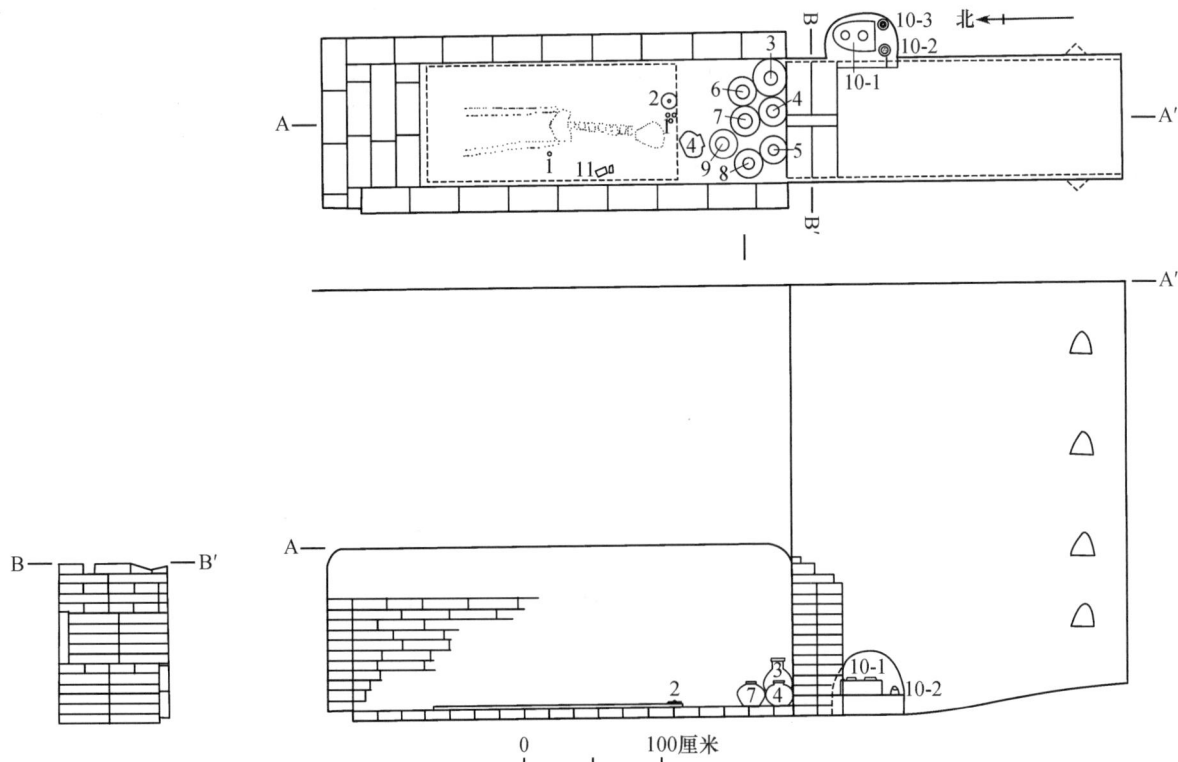

图五三〇　Ⅰ区M186平、剖面图

1. 铜钱　2. 铜镜　3. 陶壶　4～9. 陶罐　10. 陶灶1套（盆1、甑1）　11. 泥灯

封门　条砖封门，错缝平砌。封门长0.80、宽0.36、高1.12米。条砖36厘米×18厘米×7厘米。

葬具　木棺1具，仅存棺痕，长1.80、宽0.80米。

葬式　骨架1具，保存较差，仰身直肢葬，头向南。

2. 出土器物

该墓出土器物12件，另有铜钱25枚。质地为陶、铜、泥三种，分述如下。

陶器　10件，分泥质灰陶和红胎釉陶，器类有罐、壶、灶、盆、甑。

壶　1件，标本M186∶3，红胎釉陶，通体饰酱黄釉。侈口，平沿，唇部加厚，束颈，弧肩，鼓腹，平底，假圈足，肩部模印对称铺首衔环，饰三道凹弦纹。口径12.6、腹径22.8、底径14.3、高29.9厘米（图五三一，1）。

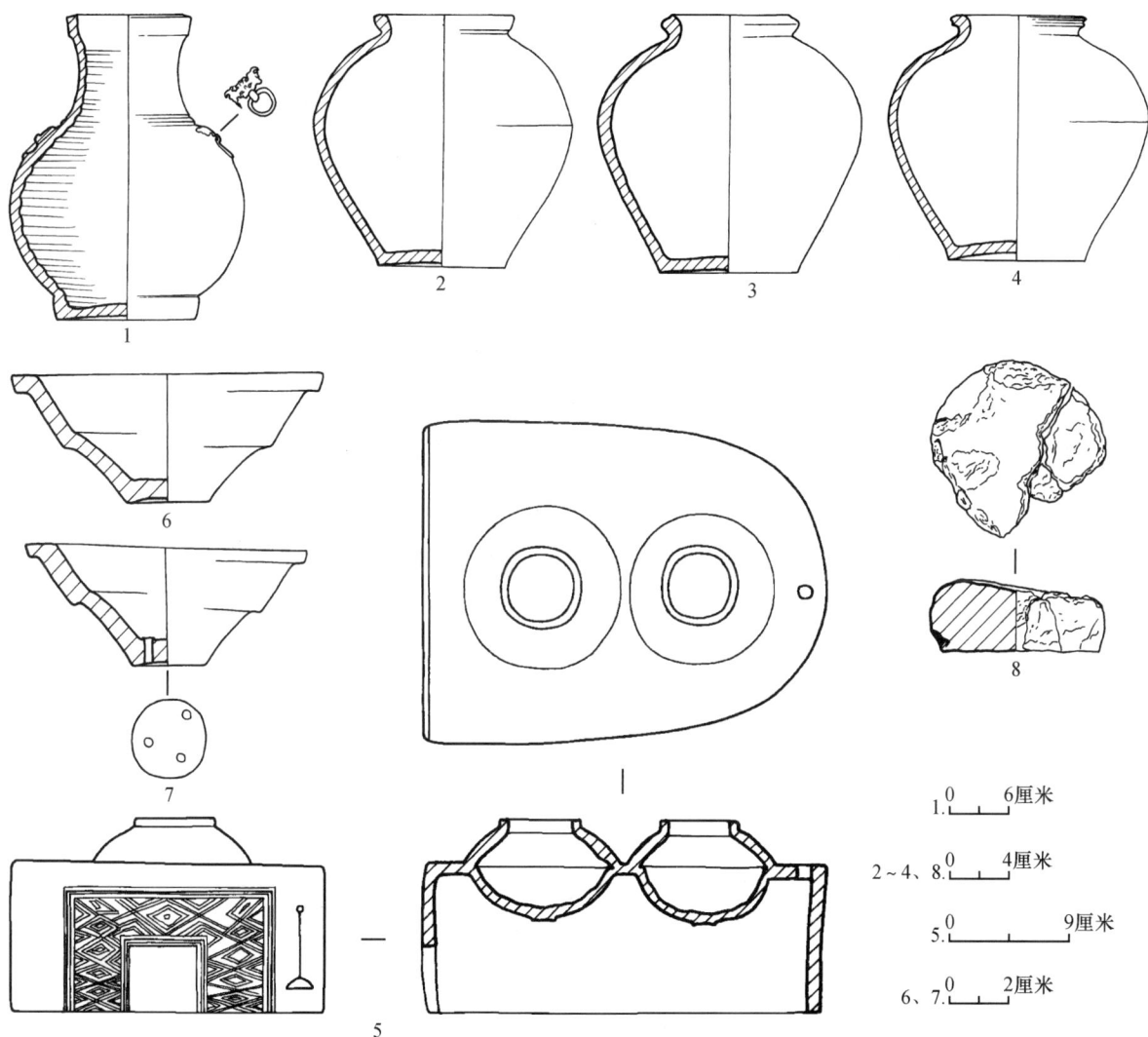

图五三一　I区M186出土器物

1.陶壶（M186∶3）　　2~4.陶罐（M186∶4、7、9）　　5.陶灶（M186∶10-1）　　6.陶盆（M186∶10-2）

7.陶甑（M186∶10-3）　　8.泥灯（M186∶11）

罐　6件（M186：4、5、6、7、8、9），泥质灰陶和红胎釉陶，形制基本相同。侈口，矮领，圆鼓肩，下腹内收，平底稍内凹。M186：4、8，平沿，尖圆唇。标本M186：4，口径9.4、腹径17.2、底径8.5、高16.4厘米（图五三一，2）。M186：6、7，双唇。标本M186：7，红胎釉陶，通体饰青釉，口径8.9、腹径17.7、底径9.5、高16.7厘米（图五三一，3）。M186：5、9，平沿，凹唇。标本M186：9，口径9.2、腹径17.6、底径9.4、高16厘米（图五三一，4）。

灶　1件，标本M186：10-1，灶体平面呈马蹄形，前方后圆，灶面两釜呈前后布置，尾部有圆形烟囱，前端有方形的落地灶门，周围模印多重菱形纹。长30、宽23、高14厘米（图五三一，5）。

盆　1件，与灶配套。标本M186：10-2，敞口，平沿，方唇，折腹，平底内凹，模制。口径10.4、底径2.8、高4.2厘米（图五三一，6）。

甑　1件，与灶配套。标本M186：10-3，敞口，平沿，方唇，折腹，内凹，底部有三个箅孔。口径9.4、底径2.5、高4厘米（图五三一，7）。

铜镜　1面，标本M186：2，昭明连弧铭文镜，圆形，半圆钮，圆钮座，宽素平缘，镜面微凸。钮座圆周均匀伸出四组（每组三线）短竖线，之外一周凸弦纹圈带和一周内向八连弧纹，其间饰有四"人"字纹与四短弧线纹相间布置，再外两周短斜线纹间有"内而清而昭明ⵁ，光之象夫日月，心不泄"铭文带。面径8.80、背径8.70、钮宽1.30、缘宽0.40、缘厚0.50厘米，重116克（图五三二；彩版四七，1）。

泥灯　1件，标本M186：11，残损，不规则圆饼形，中央稍内凹。直径11.8、厚4.6厘米

0　　　　　2厘米

图五三二　Ⅰ区M186出土铜镜（M186：2）

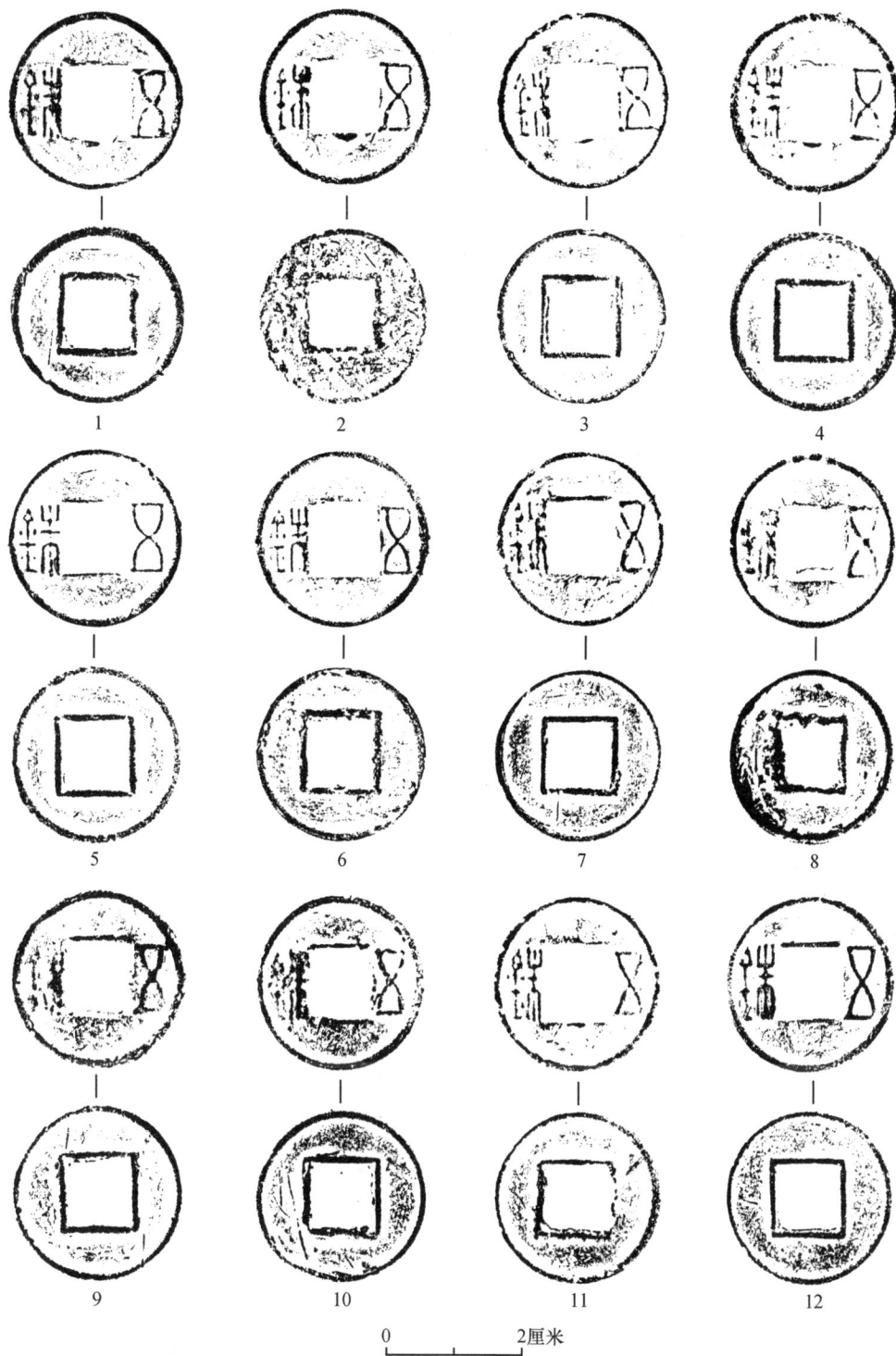

0　　　　　　2厘米

图五三三　Ⅰ区M186出土铜钱（一）

1. M186：1-1　2. M186：1-2　3. M186：1-3　4. M186：1-4　5. M186：1-6　6. M186：1-7　7. M186：1-8　8. M186：1-9
9. M186：1-10　10. M186：1-11　11. M186：1-12　12. M186：1-13

（图五三一，8）。

　　铜钱　25枚，均为五铢钱，圆形方穿，穿背面有郭，部分穿上有一横郭或穿下有一星纹，穿之两侧有篆文"五铢"二字。"五"字或瘦长较直，或宽大甚曲，"铢"字金头三角或箭头形，朱头方折，"五"字瘦长，交笔较直或缓曲（按：年代为武、昭、宣、元时期）（图五三三、图五三四）。

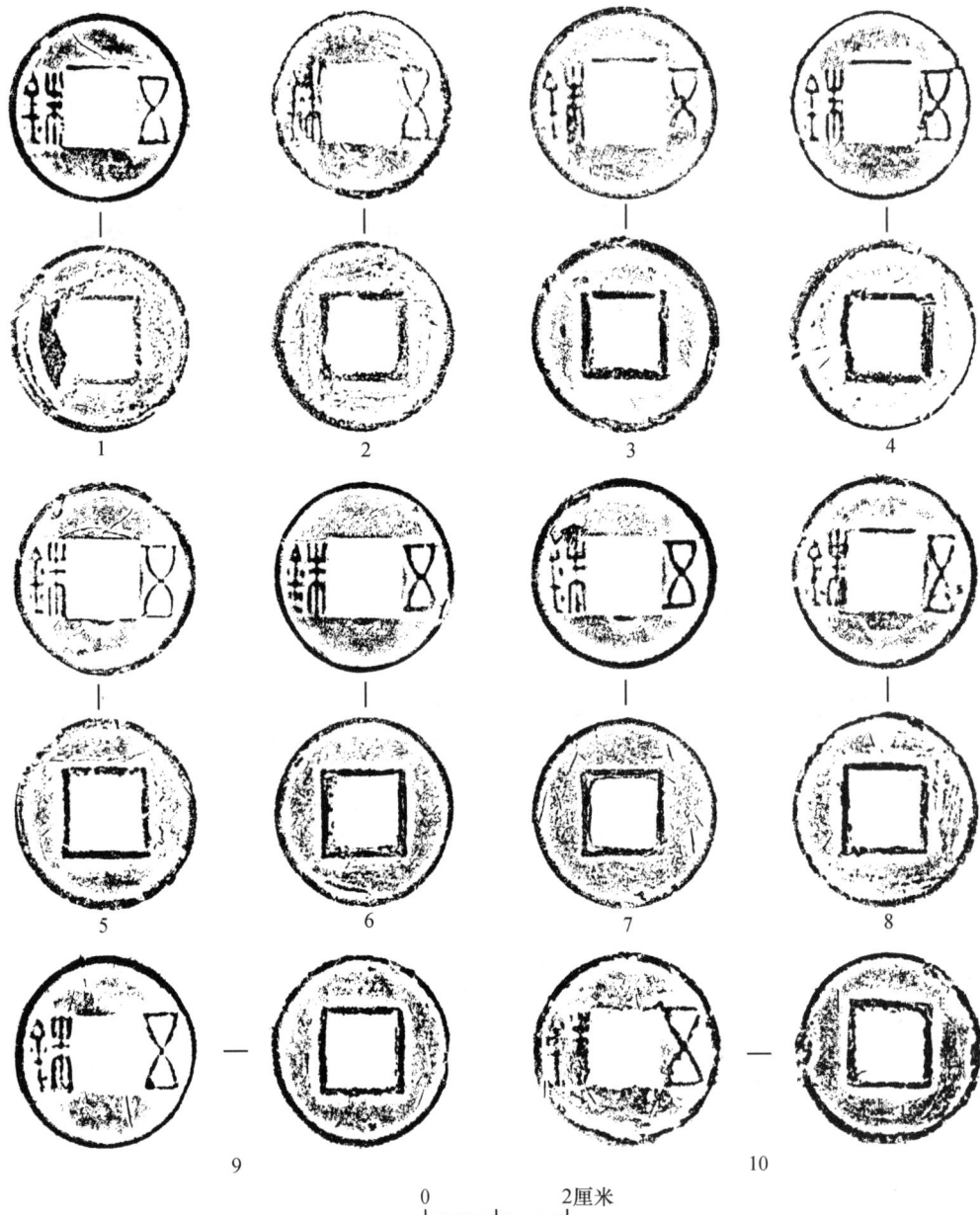

图五三四　Ⅰ区M186出土铜钱（二）

1. M186：1-14　2. M186：1-15　3. M186：1-16　4. M186：1-17　5. M186：1-18　6. M186：1-19　7. M186：1-20
8. M186：1-21　9. M186：1-22　10. M186：1-23

第一八四节　M187

1. 墓葬形制

M187，位于第一阶地西部南侧，探方T0401内，东邻M186，西邻M188，墓道被M189打破。方向200度。形制为竖穴墓道砖室墓，由墓道、墓室两部分组成（图五三五）。

墓道　位于墓室的南端，平面呈长方形，壁面较直。开口长2.80、宽0.94、底距开口深1.90米。墓道内填五花土，土质疏松，未经夯打。

墓室　平面呈长方形，券顶砖室。条砖（楔形砖）对缝券顶，东、西、北三壁条砖错缝平砌，底条砖错缝横铺，楔形砖36厘米×17厘米×（4.4～6）厘米，条砖36厘米×18厘米×8厘米。墓室长3.66、宽1.48、壁高0.85、室高1.24米。该墓被盗扰，出土有陶罐1、玉鼻塞2、玉口琀1、铜钱1。

封门　条砖封门，错缝平砌，长0.94、宽0.18、残高0.28米，条砖尺寸36厘米×18厘米×8厘米。

葬具　木棺1具，仅存棺痕，长2.30、宽0.80米。

葬式　架骨1具，保存较差，仅存头骨，头向北。

盗洞　1处，位于墓道的末端，自上而下从封门处进入墓室。平面呈圆形，直径约0.60米。

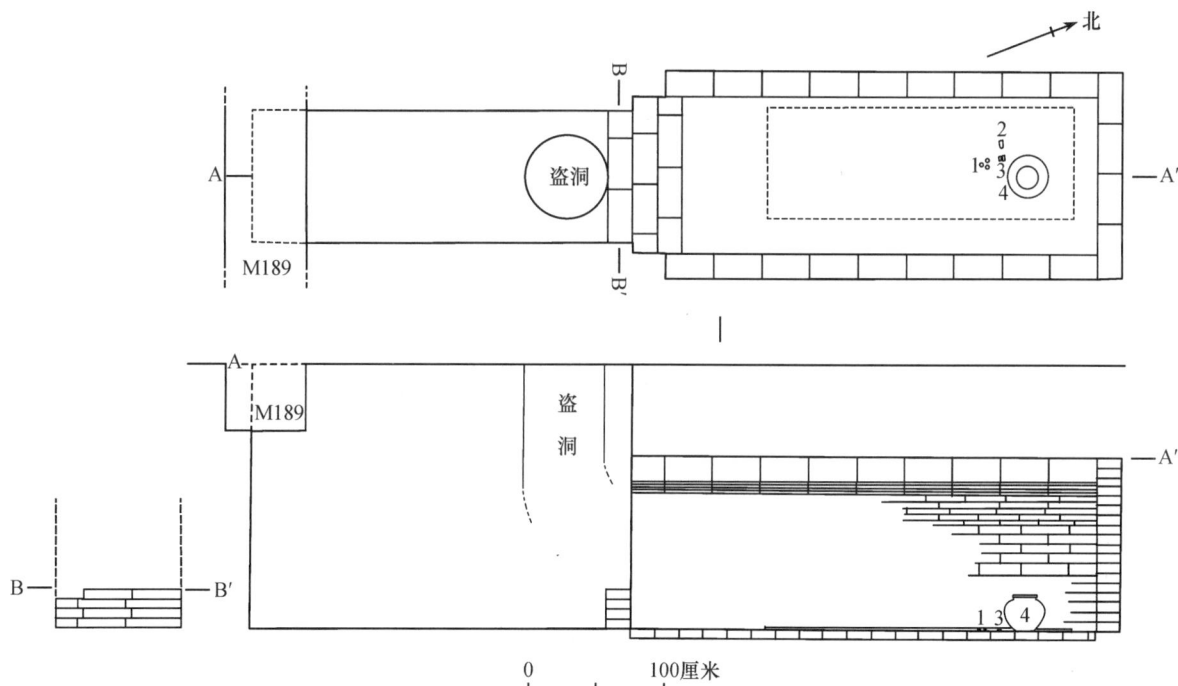

图五三五　Ⅰ区M187平、剖面图
1. 铜钱　2. 玉口琀　3. 玉鼻塞　4. 陶罐

2. 出土器物

该墓出土器物4件，另有铜钱1枚。质地为陶、铜和玉石三种，分述如下。

陶罐　1件，标本M187：4，泥质灰陶，侈口，平沿，方唇，短束颈，弧肩，鼓腹，下腹斜内收，平底，轮制，器表有轮旋痕。口径16.2、腹径28.8、底径16.2、高24厘米（图五三六，1）。

玉器　3件，为口琀和鼻塞。

口琀　1件，标本M187：2，蝉形，仅具轮廓。表面已钙化。宽2.5、通长4.7厘米（图五三六，2）。

鼻塞　2件，形制相同，短圆柱形。标本M187：3，长1.7、直径0.5~0.8厘米（图五三六，3）。

铜钱　1枚，标本M187：4，残损严重，仅剩半片，为五铢钱，圆形方穿，穿背面有郭，穿之一侧尚可辨认有篆文"五"字，特征不甚清晰。

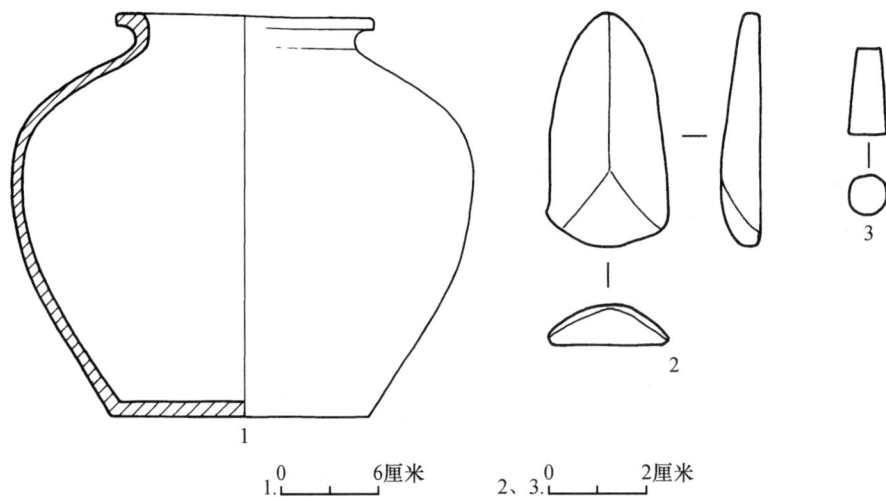

图五三六　Ⅰ区M187出土器物
1. 陶罐（M187：4）　2. 玉口琀（M187：2）　3. 玉鼻塞（M187：3）

第一八五节　M188

1. 墓葬形制

M188，位于第一阶地西南部南侧，探方T0401内，北邻M189，且被M189打破。方向20度。形制为竖穴墓道土洞墓，由墓道、小龛、墓室三部分组成（图五三七；图版六一，3、4）。

墓道　位于墓室的北端，平面呈长方形，壁面较直。开口长2.20、宽0.92、底距开口深2.46米。墓道内填五花土，土质疏松，未经夯打。

墓室　平面呈长方形，拱顶土洞。墓室东壁靠近封门处，有一小龛，平面半圆形，拱顶土洞，宽0.70、进深0.36、高0.80米。墓室长2.80、宽0.90~1.30、高1.0米。该墓被盗扰，器物主

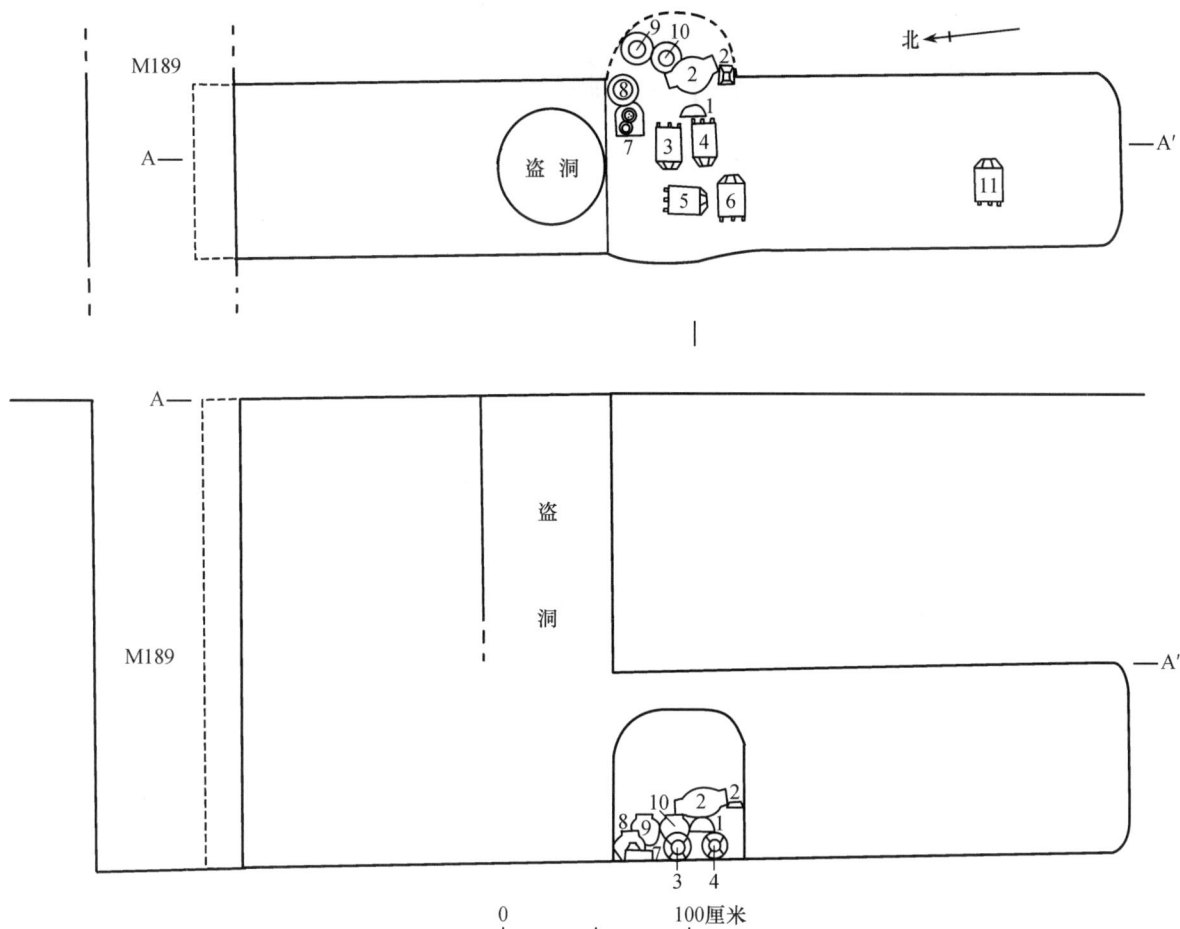

图五三七　Ⅰ区M188平、剖面图
1.陶盒盖　2.陶钫　3~6、11.陶仓　7.陶灶1套（盆1、甑1）　8~10.陶罐

要出土于小龛内及墓室前部，计有陶盒盖1、陶钫1、陶仓5、陶罐3、陶灶1套（盆1、甑1）。

封门　不详。

葬具　木棺，出土有铁棺钉，形制、尺寸不详。

葬式　不详。

盗洞　1处，位于墓道末端，自上而下进入墓室。平面呈圆形，直径约0.60米。

2. 出土器物

该墓出土器物13件，均为泥质灰陶器，器类有盒盖、钫、仓、罐、灶、盆、甑。

盒盖　1件，标本M188：1，覆钵形，顶有矮圈足捉手。器表施白色陶衣，之上黑、红彩绘，捉手内残存卷云纹，捉手外伸出三个流云纹，其内一卷云纹，流云纹间以上弧线相连，其内也饰一卷云纹。口径17.3、高5.7厘米（图五三八，1）。

钫　1件，标本M188：2，盖，覆斗形，子母口；器身，侈口，平沿，束颈，鼓腹，高圈足稍外撇。器身四壁、底模制，而后粘结，粘结处外侧削平，内侧抹泥加固。盖径9.6、器身

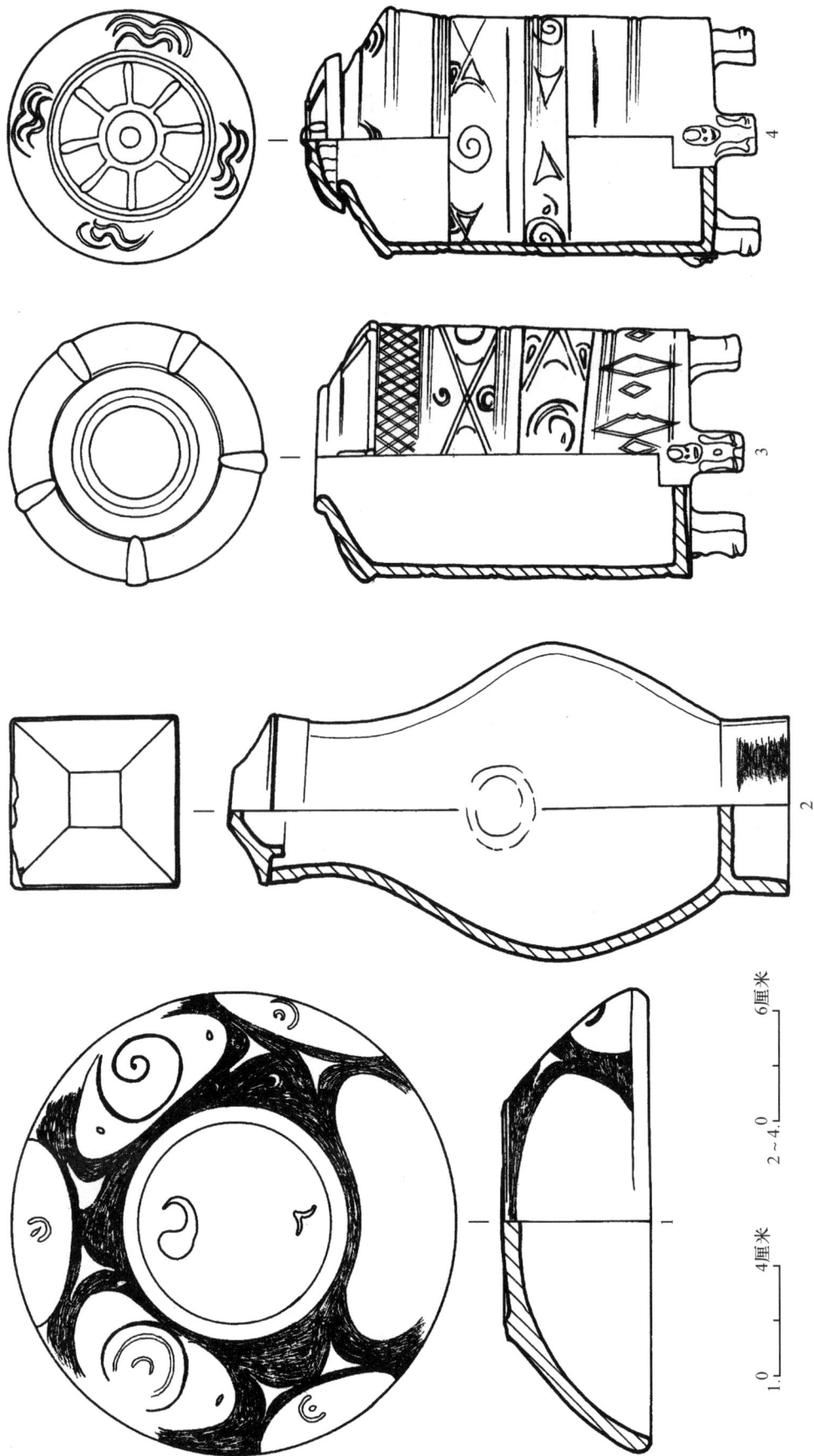

图五三八　Ⅰ区M188出土器物（一）

1. 陶盒盖（M188：1）　2. 陶纺（M188：2）　3、4. 陶仓（M188：3、11）

口径9.3、腹径17.7、足径9.8、足高3.9、通高32厘米（图五三八，2）。

仓　5件（M188∶3、4、5、6、11），形制基本相同。盖，浅碟形，顶中部有一乳突，外有一周突棱，突棱外侧布置八道竖棱；器身，小口，圆唇，矮领，稍出肩，直筒腹，平底，底附三蹲踞形胡人足，腹部饰三组（每组两道）凹弦纹。口器表着白色陶衣，之上红、黑彩绘。盖，模制，器身轮制，足模印而后粘结，底外侧有旋切痕迹。M188∶3、5，台面之外均匀布置五道竖棱。标本M188∶3，腹部彩绘分为上、下四组，第一组菱形网格纹带，第二、三组连续菱形纹带，其间填饰短弧线、卷云纹、羽状纹等，第四组为大小相间的竖向菱形纹。口径7.2、底径13.7、足高4.2、通高24.2厘米（图五三八，3）。M188∶4、6、11，台面之外无竖棱，标本M188∶11，肩部四组（每线三道）波浪纹，可能为板瓦叠痕示意，腹组四组，上、下两组内容不详，中间两组内容相同，以一周连续菱形纹带为主，之间填饰卷云纹、短弧线、羽状纹等。盖径8.9、器身口径6.9、底径13.3、足高4.2、通高26厘米（图五三八，4；彩版一三，2）。

罐　3件（M188∶8、9、10），形制相同。侈口，双唇，圆鼓肩，鼓腹，下腹内收，平底，轮制，器底有旋切痕。标本M188∶9，口径9.6、腹径17.3、底径8.8、高16厘米（图五三九，1）。

灶　1件，标本M188∶7-1，灶体平面呈马蹄形，前方后圆，灶面两釜呈前后布置，尾部有短柱形烟囱，前端有方形的落地灶门，周围模印双重菱形纹。长17.4、宽14.8、高7.3厘米（图五三九，2）。

盆　1件，与灶配套。标本M188∶7-2，敞口，平沿，方唇，折腹，平底内凹。口径7.5、底径2.2、高2.9厘米（图五三九，3）。

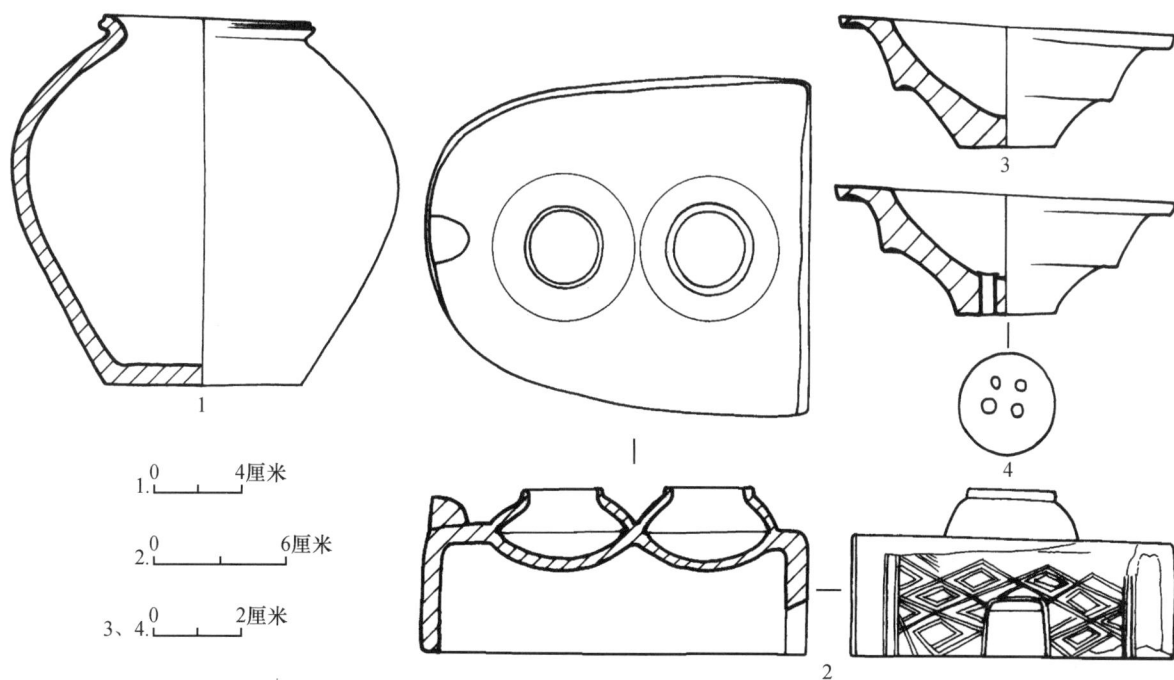

图五三九　Ⅰ区M188出土器物（二）

1.陶罐（M188∶9）　2.陶灶（M188∶7-1）　3.陶盆（M188∶7-2）　4.陶甑（M188∶7-3）

甑　1件，与灶配套。标本M188∶7-3，敞口，平沿，方唇，折腹，底部有四个箅孔。口径7.5、底径2.2、高2.8厘米（图五三九，4）。

第一八六节　M189

1. 墓葬形制

M189，位于第一阶地西部南侧，探方T0401内，打破M188、M187。方向95度。形制为斜坡墓道土洞墓，由墓道、墓室、小龛三部分组成（图五四○；图版六二，1、2）。

墓道　位于墓室的东端，平面呈长方形，壁面较直，底呈斜坡状。开口残长5.80、宽0.80~0.90、坡长6.50、底距开口深0~2.50米，坡度25度。墓道内填五花土，土质疏松，未经夯打。

墓室　平面呈长方形，拱顶土洞。墓室长3.18、宽1.0、高1.10米。墓室靠近封门处北侧有一小龛，平面半圆形，土洞拱顶，宽0.40、进深0.28、高0.50米。该墓未被盗扰，器物主要出土于墓室东部，计有陶鼎1、陶罐8、陶灶1套（盆1、甑1）、铜盆1、铜镜1、铜环1、铁器3、铜钱5。

封门　土坯封门，错缝平砌。长0.90、宽0.18、高0.78米。土坯36厘米×18厘米×6厘米。

葬具　木棺1具，保存较差，仅存棺痕，长2.10、宽0.6米。

葬式　人骨1具，保存较差，已成粉末，仰身直肢葬，头向东。

2. 出土器物

该墓出土器物18件，另有铜钱5枚，质地为陶、铜、铁三种，分述如下。

陶器　12件，均为泥质灰陶，器类有鼎、罐、灶、盆、甑。

鼎　1件，标本M189∶3。盖，浅覆钵形，弧顶；器身，子母口内敛，弧腹，近圜底，肩附外撇弯曲板耳，顶端外折，腹中部有一周台棱，底附三马蹄形足。盖径16.7、器身口径17、腹深8.2、足高5.6、通高15.6厘米（图五四一，1）。

罐　8件（M189∶5、6、7、8、9、10、11、15），形制基本相同。侈口，双唇，矮领，鼓腹，平底，肩腹各饰一道或两道凹弦纹。M189∶5、6、7、8，形体较大，腹圆鼓，最大径在中部。标本M189∶5，口径8、腹径16.4、底径8.8、高14.6厘米（图五四一，2）。M189∶9、10、11、15，形体较小，圆鼓肩，最大径在肩部。标本M189∶11，口径6.4、腹径11.1、底径4.8、高11厘米（图五四一，3）。

灶　1件，标本M189∶4-1，灶体平面呈马蹄形，前方后圆，灶面两釜呈前后布置，尾部有短柱形烟囱，前端有方形的落地灶门，周围模印多重菱形纹。长17.7、宽15.2、高7.2厘米（图五四一，5）。

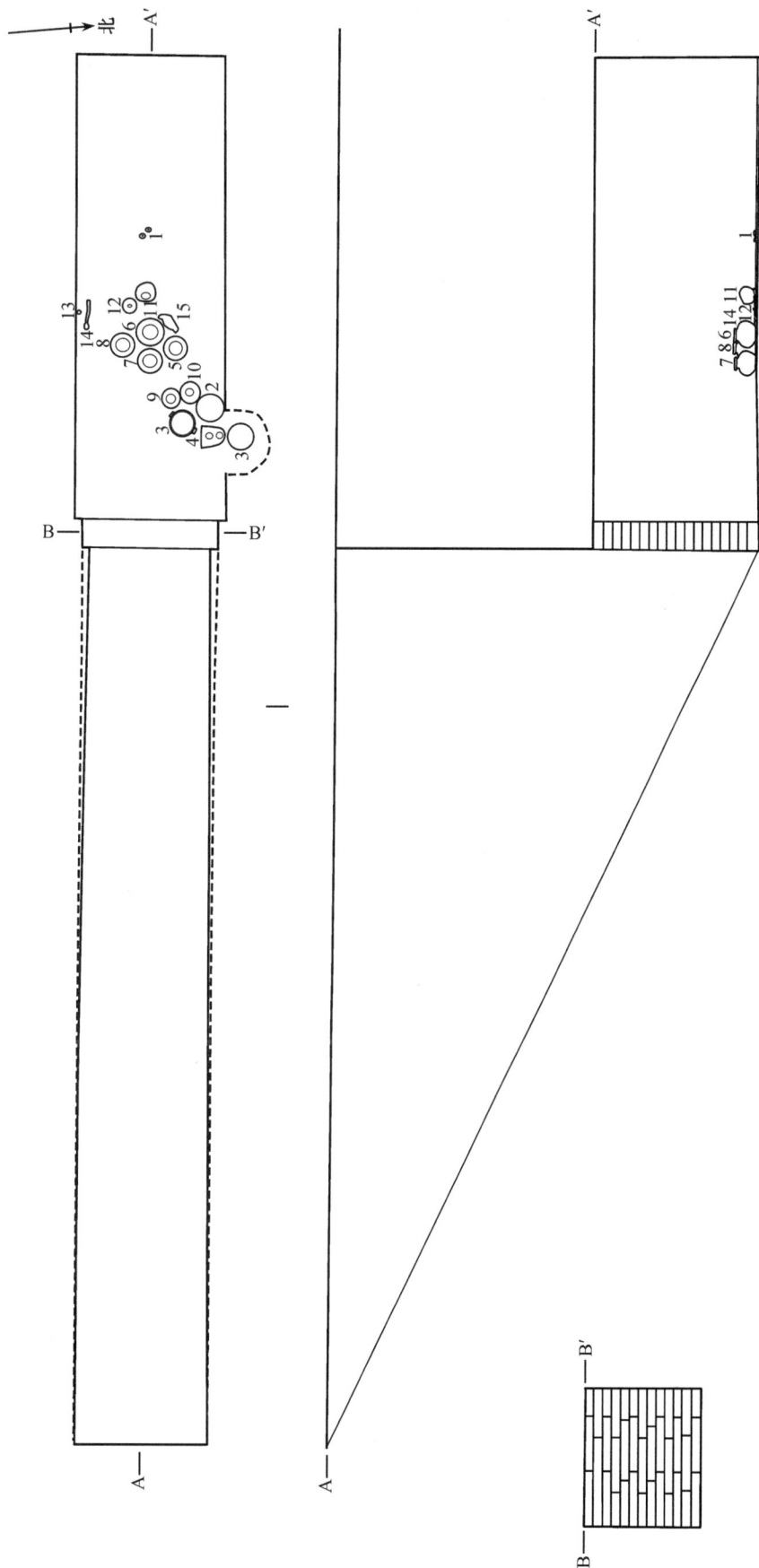

图五四〇　Ⅰ区M189平、剖面图

1. 铜钱　2. 铜盆　3. 陶鼎　4. 陶灶1套（盆1、甑1）　5～11、15. 陶罐　12. 铜镜　13. 铜环　14. 铁器

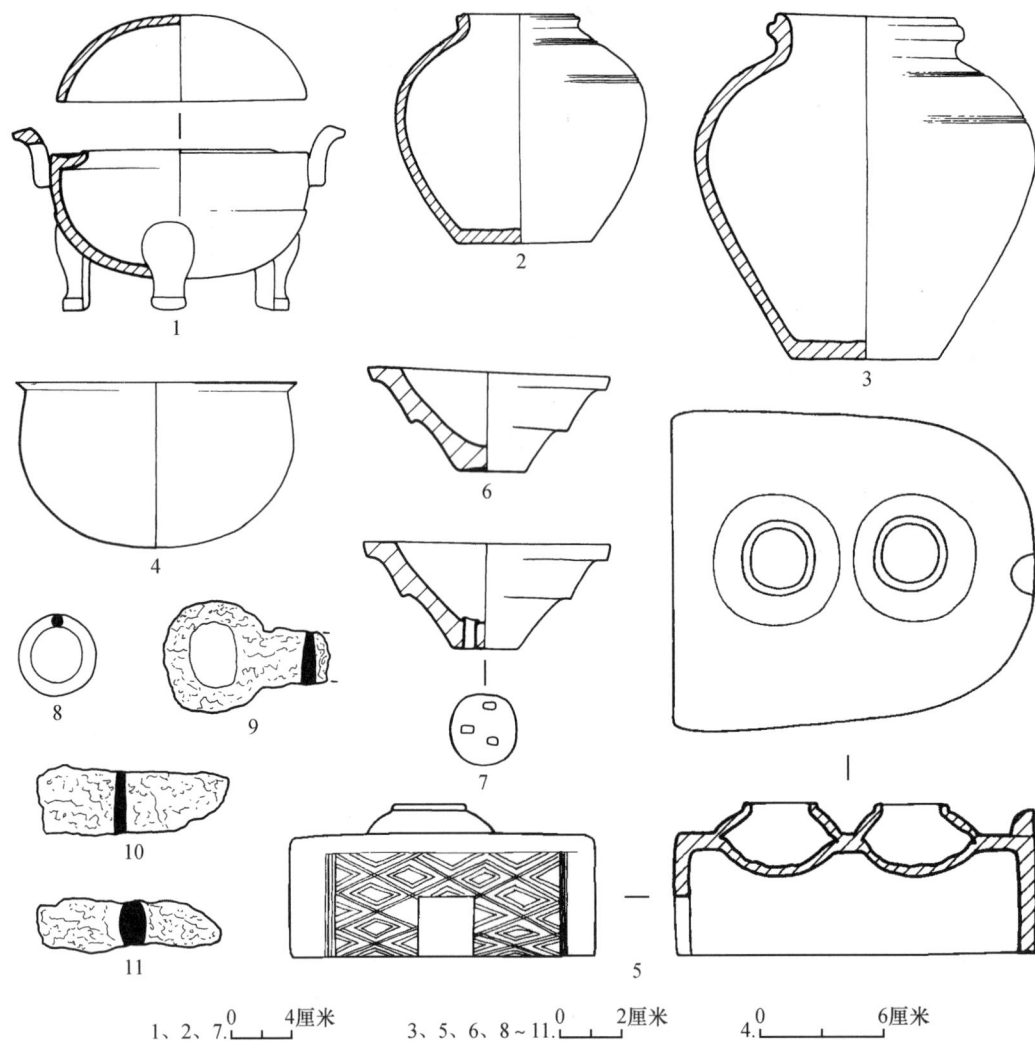

图五四一　Ⅰ区M189出土器物

1. 陶鼎（M189∶3）　2、3. 陶罐（M189∶5、11）　4. 铜盆（M189∶2）　5. 陶灶（M189∶4-1）　6. 陶盆（M189∶4-3）

7. 陶甑（M189∶4-2）　8. 铜环（M189∶13）　9～11. 铁器（M189∶14-1～3）

盆　1件，与灶配套。标本M189∶4-3，敞口，平沿，方唇，折腹，平底内凹。口径7.8、底径2.2、高3.2厘米（图五四一，6）。

甑　1件，与灶配套。标本M189∶4-2，敞口，平沿，方唇，折腹，底部有三个箅孔。口径8、底径2.1、高3.3厘米（图五四一，7）。

铜器　3件，器类有盆、环、镜。

盆　1件，标本M189∶2，侈口，斜平沿，鼓腹，圜底。口径18.6、高10.6厘米（图五四一，4；彩版二三，1）。

环　1件，标本M189∶13，圆环形，截面为圆形，直径2.6厘米（图五四一，8）。

镜　1面，标本M189∶12，昭明连弧铭文镜，圆形，半圆钮，并蒂十二连珠纹钮座，宽素平缘，镜面微凸。钮座外一周内向八连弧纹，其间四个短弧线与四人字纹相间环列，再外其外两周短斜线纹间有"内而清而以昭而明，光而日月而不泄"铭文带。面径9.20、背径9.10、钮宽1.30、缘宽0.40、缘厚0.60厘米，重150克（图五四二；彩版四七，2）。

铁器　3件，锈蚀，残缺。标本M189：14-1，环首柄，疑似铁削残片。残长5.5厘米（图五四一，9）。标本M189：14-2，近似长方形，可能是削残片。残长6.35厘米（图五四一，10）。标本M189：14-3，长条形，器形不可辨，残长6.0厘米（图五四一，11）。

铜钱　5枚，均为五铢钱，圆形方穿，穿背面有郭，部分穿上有一横郭，穿之两侧有篆文"五铢"二字。"五"字或瘦长，或宽大，交笔或斜直，或缓曲，或甚曲，"铢"字金头三角，朱头方折（按：年代为武、昭、宣、元时期）（图五四三）。

0　　　　　2厘米

图五四二　Ⅰ区M189出土铜镜（M189：12）

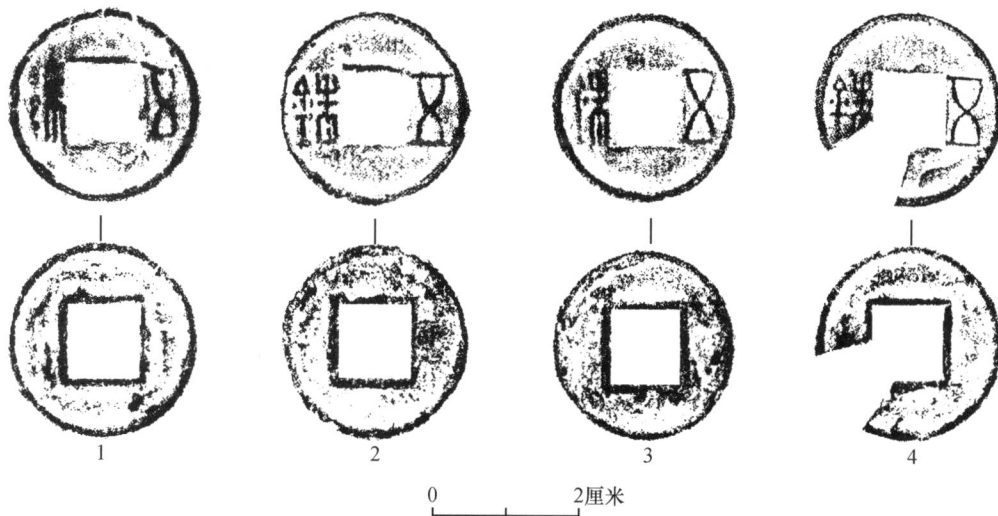

0　　　　　2厘米

图五四三　Ⅰ区M189出土铜钱
1. M189：1-1　2. M189：1-2　3. M189：1-4　4. M189：1-5

第一八七节　M190

1. 墓葬形制

M190，位于第一阶地西部南侧，探方T0401内，M189北侧，西邻M193，东邻M181，西南有M191、M192。方向280度。形制为竖穴墓道土洞墓，由墓道、墓室两部分组成（图五四四）。

墓道　位于墓室的西端，平面呈长方形，壁面较直。开口长2.60、宽0.80、底距开口深1.66米。墓道内填五花土，土质疏松，未经夯打。

墓室　平面呈长方形，拱顶土洞。墓室长2.20、宽0.80、高1.10米。该墓被盗扰，仅出土铜钱1枚。

封门　不详。

葬具　不详。

葬式　不详。

盗洞　1处，位于墓道的末端，自上而下，进入墓室，平面呈圆形，直径约0.60米。

2. 出土器物

该墓仅出土铜钱1枚，为五铢钱，标本M190∶1-1，圆形方穿，有钱郭，背有穿郭，正面穿之两侧有五铢二字，五字瘦长，交笔缓曲，穿上有一横郭，钱径24.76、穿宽9.36、郭厚1.76毫米，重3.13克（按：年代为武帝时期）（图五四五）。

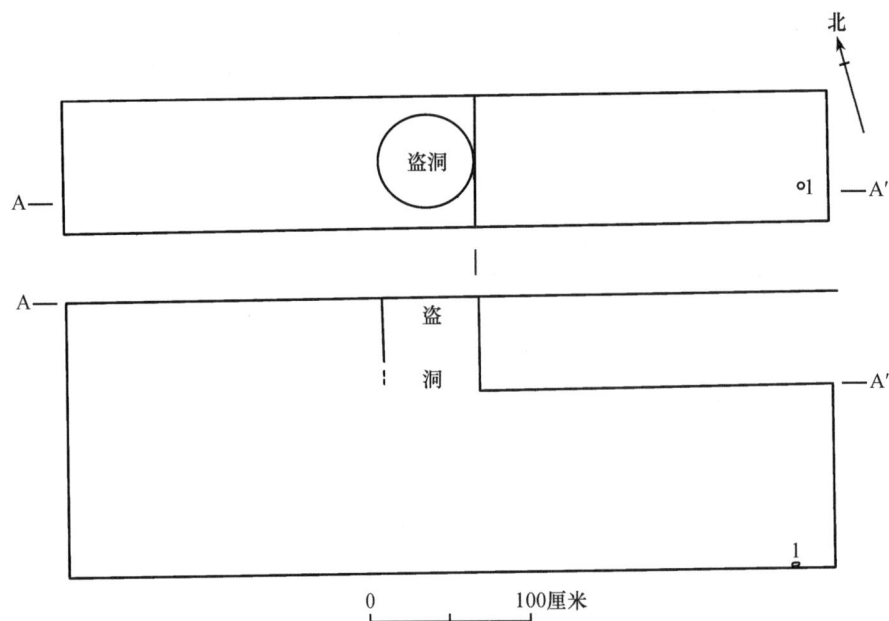

图五四四　Ⅰ区M190平、剖面图
1.铜钱

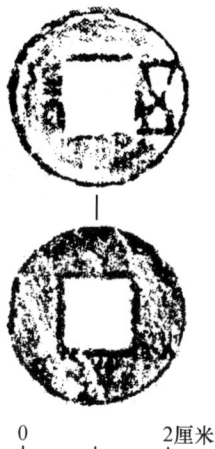

0   2厘米

图五四五 I 区M190出土铜钱（M190：1-1）

第一八八节 M191

1. 墓葬形制

M191，位于第一阶地西部偏南，探方T0401内，墓道延伸至T0301，北与M192、M193并列，西邻M195。方向280度。形制为竖穴墓道土洞墓，由墓道、墓室两部分组成（图五四六；图版六二，3、4）。

墓道 位于墓室的西端，平面呈长方形，壁面较直。开口长2.35、宽0.85、底距开口深2.40米。墓道内填五花土，土质疏松，未经夯打。

墓室 平面呈长方形，拱顶土洞，唯西端靠近封门处有一排条砖（楔形砖）砌壁券顶，条砖横置错缝平铺地。墓室长3.18、宽0.76～0.80、壁高0.76、洞高1.24米。条砖的尺寸36厘米×18厘米×7厘米、楔形砖的尺寸36厘米×18厘米×（3～5）厘米。该墓未被盗扰，遗物主要置于墓室的西部，出土有陶仓2、陶罐4、陶灶1套（甑1）、筒瓦1、铜钱3。

封门 条砖封门，上部错缝侧立，下部错缝平砌，条砖36厘米×18厘米×7厘米，封门长0.76、高1.24米。

葬具 木棺1具，已朽成灰。长2.0、宽0.60米。

葬式 骨架1具，已成粉末，仰身直肢，头向东，头下枕筒瓦（按：头下枕瓦这种现象，在汉墓中也有不少发现，这些墓多小而简陋，应只在下层人中使用）。

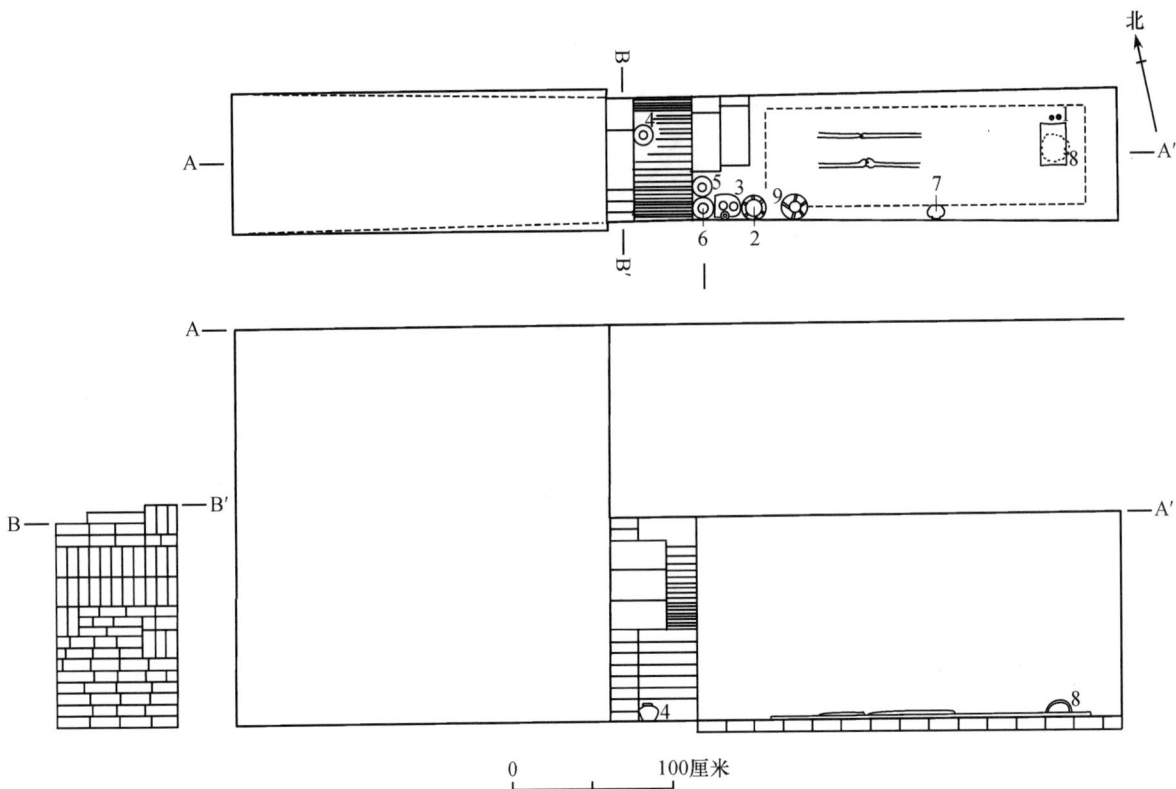

图五四六　Ⅰ区M191平、剖面图
1. 铜钱　2、9. 陶仓　3. 陶灶1套（甑1）　4~7. 陶罐　8. 筒瓦

2. 出土器物

该墓出土陶器9件，另有铜钱3枚，分述如下。

陶器　9件，均为泥质灰陶，器类有仓、罐、灶、甑、筒瓦。

仓　2件（M191：2、9），形制相同。盖，浅碟形，顶部、腹部各有一周突棱；器身，小口，圆唇，矮领，稍出肩，绕口一周有一环状台面，之外均匀布置六道竖棱，直筒腹，平底，底附三蹲踞形兽足，腹部饰三组（每组两道）凹弦纹。盖，模制，器身轮制，足模印而后粘结，底外侧有旋切痕迹。标本M191：2，盖径9.2、器身口径7.7、底径15、足高5.4、通高34厘米（图五四七，1）。

罐　4件（M191：4、5、6、7），形制相同。侈口，双唇，矮领，鼓肩，鼓腹，下腹内收，平底，肩部饰有两道凹弦纹，轮制，器底有轮旋痕。标本M191：5，口径7.2、腹径12.6、底径6.5、高9.7厘米（图五四七，2）。

灶　1件，标本M191：3-2，灶体平面呈马蹄形，前方后圆，灶面两釜呈前后布置，尾部有短柱形烟囱，前端有方形的落地灶门，周围模印多重菱形纹。长17、宽14.6、高6.7厘米（图五四七，3）。

甑　1件，与灶配套。标本M191：3-1，敞口，平沿，方唇，折腹，底部有五个箅孔。口径10、底径2.6、高3.4厘米（图五四七，4）。

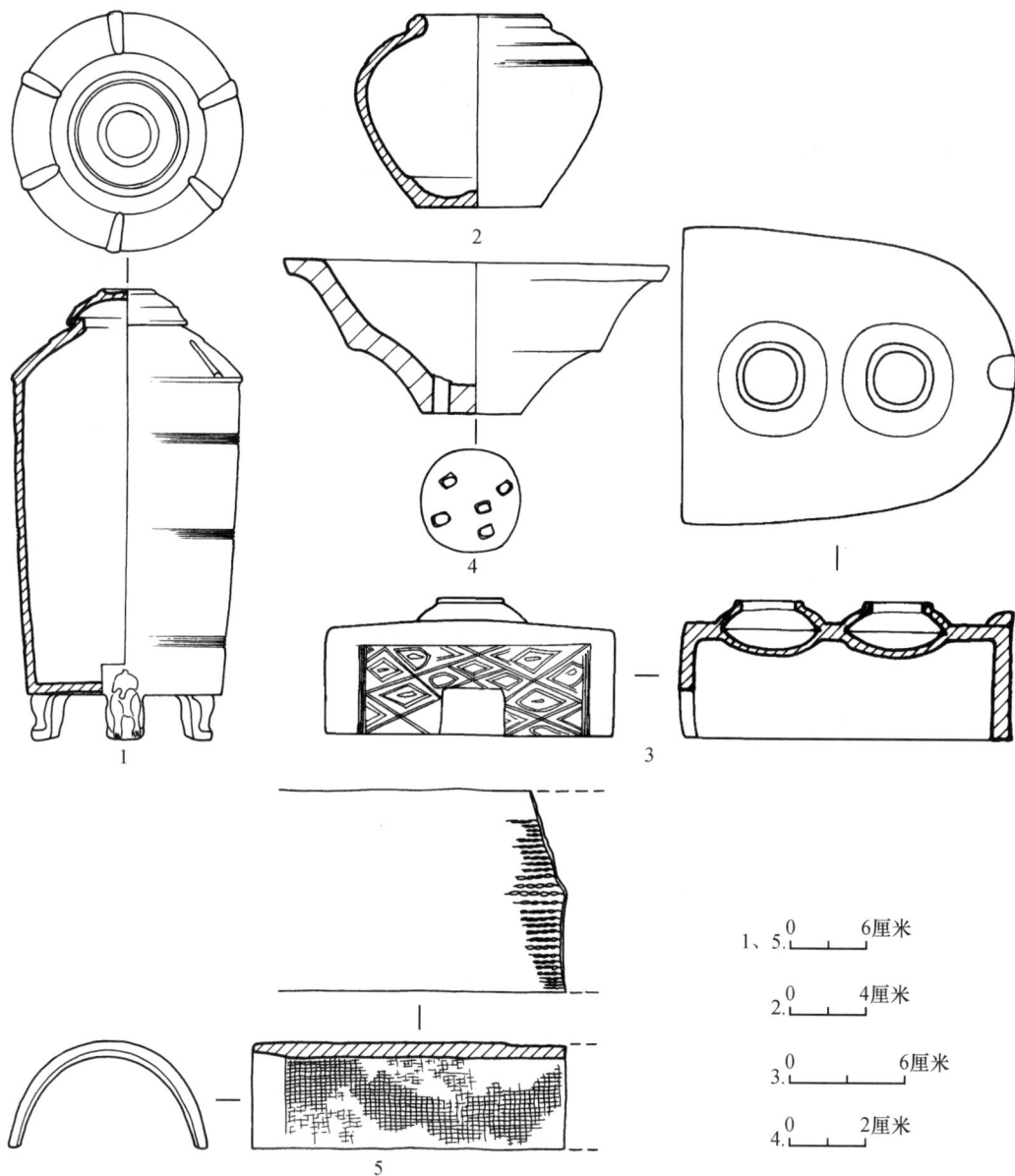

图五四七　Ⅰ区M191出土器物

1. 陶仓（M191：2）　2. 陶罐（M191：5）　3. 陶灶（M191：3-2）　4. 陶甑（M191：3-1）　5. 筒瓦（M191：8）

筒瓦　1件，标本M191：8，外侧局部饰粗绳纹，内侧有布纹。长24.4、宽15.5、弦高8.1厘米（图五四七，5）。

铜钱　3枚，均为五铢钱，圆形方穿，穿背面有郭，穿上有一横郭，穿之两侧有篆文"五铢"二字，五字瘦长，交笔较直或缓曲（图五四八）。

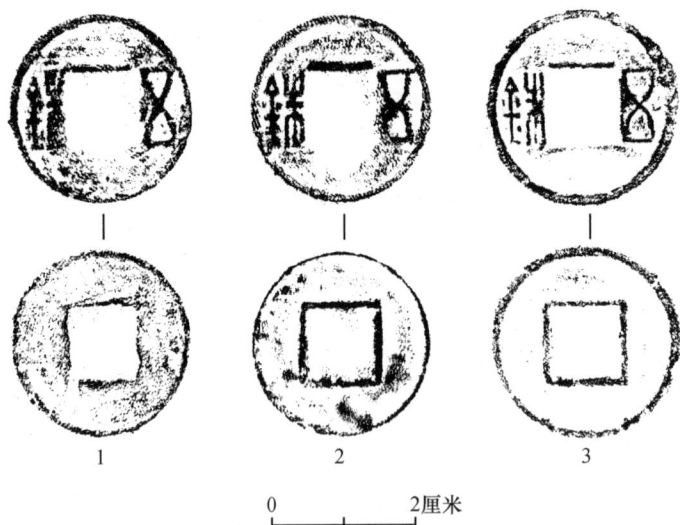

0　　　　　　　2厘米

图五四八　Ⅰ区M191出土铜钱
1. M191：1-1　2. M191：1-2　3. M191：1-3

第一八九节　M192

1. 墓葬形制

M192，位于墓地西部偏南，探方T0401内，南与M191并穴合葬，向西打破M195，北与M193并列。方向270度。形制为竖穴墓道土洞墓，由墓道、墓室两部分组成（图五四九）。

墓道　位于墓室的西端，平面呈长方形，壁面较直。开口长2.50、宽0.78～0.90、底距开口深0～2.40米。墓道内填五花土，土质疏松，未经夯打。

墓室　平面呈长方形，拱顶土洞，西端靠近封门处有一排条砖（楔形砖）砌壁券顶，之后为拱顶土洞，底为条砖横置对缝平铺。墓室长3.26、宽0.90、壁高0.80、高1.20米。条砖的尺寸36厘米×18厘米×9厘米，楔形砖的尺寸36厘米×18厘米×（3～5）厘米。该墓被盗扰，出土有陶灶1、铜铺首1、铜泡钉1、玉口琀1。

封门　条砖封门，错缝侧立。条砖36厘米×18厘米×9厘米，封门长0.80、高1.20米。

葬具　木棺，出土有铁棺钉，形制、尺寸不详。

葬式　不详。

盗洞　1处，位于墓道的末端，自上而下，从封门进入墓室。平面呈圆形，直径约0.60米。

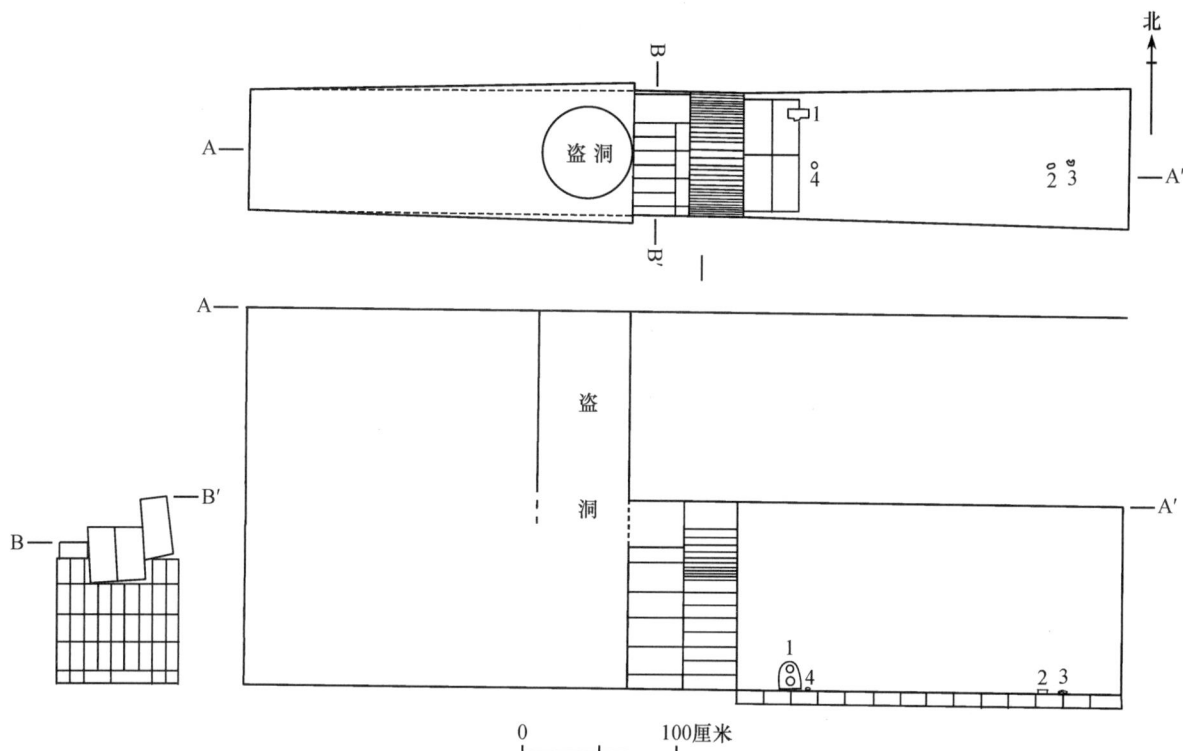

图五四九　Ⅰ区M192平、剖面图
1.陶灶　2.玉口琀　3.铜铺首　4.铜泡钉

2. 出土器物

该墓共出土器物4件，质地有陶、铜、玉石三种，分述如下。

陶灶　1件，标本M192：1，泥质灰陶，灶体平面呈马蹄形，前方后圆，灶面两釜呈前后布置，尾部有短柱形烟囱，灶面前端出檐，灶面模印出勺、盖等炊具。前壁有方形落地灶门，并模印几何图案，顶部连续菱形纹带，灶门两侧装饰基本相同，以一竖向双重菱形纹为主体，两侧为菱形网格带或连续菱形纹带，其中左侧之下有波折纹带。后壁也有与前壁类似的装饰，模印出门及周围的菱形纹、网格纹等几何图案（按：或许后壁这块泥坯原计划做灶门用的，在此用作后壁的泥料了）。灶面、灶壁分体模制而后粘结，釜之肩部与灶面一次性模制而成，腹模制而后粘结于相应的位置。长19.6、宽17、高9.1厘米（图五五〇，1）。

铜器　2件，器类有铺首、泡钉。

铺首　1件，标本M192：3，兽面形，两耳外撇，额头星形，圜眼，眼眉上扬内卷，背面有一榫。兽面宽3.4、高2.2厘米（图五五〇，2）。

泡钉　1件，标本M192：4，泡径1.5、高1.25厘米（图五五〇，3）。

玉口琀　1件，标本M192：2，椭圆形。通长3.9厘米（图五五〇，4）。

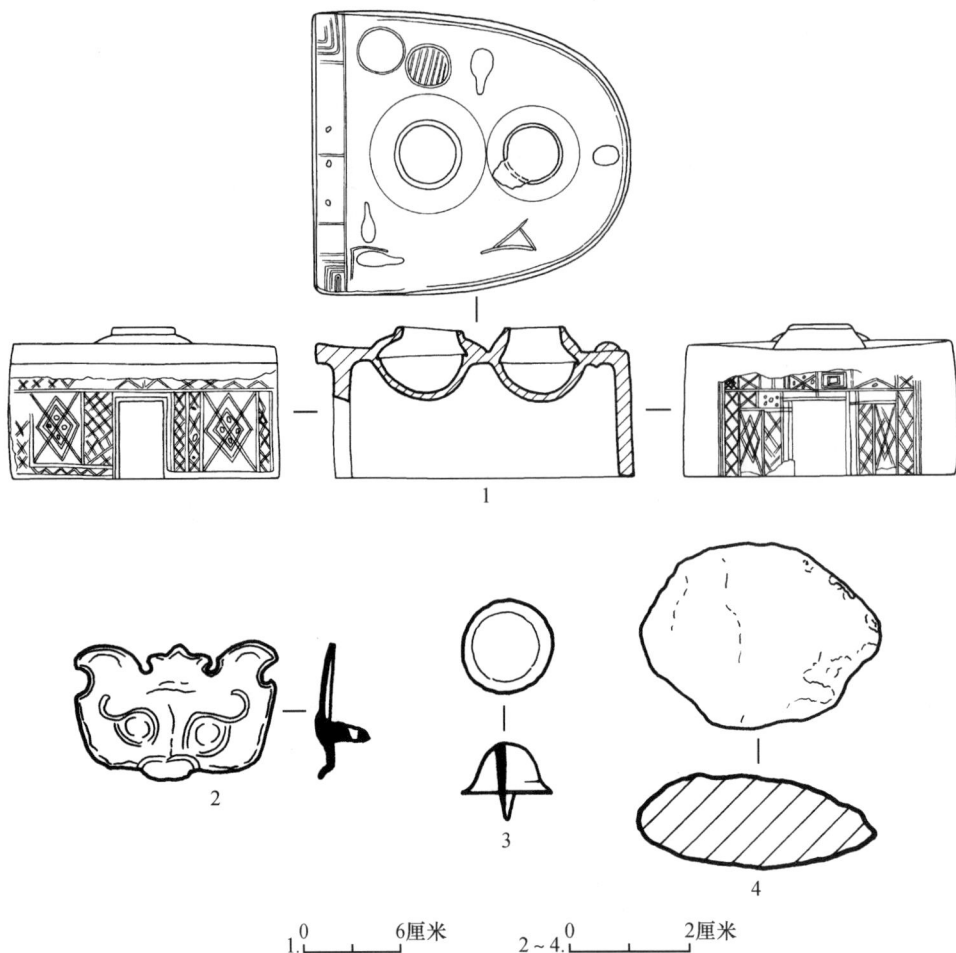

图五五〇　Ⅰ区M192出土器物

1.陶灶（M192：1）　2.铜铺首（M192：3）　3.铜泡钉（M192：4）　4.玉口琀（M192：2）

第一九〇节　M193

1. 墓葬形制

M193，位于第一阶地西部偏南，探方T0401内，墓道延伸至T0301，南与M192并列，东与M190相对且方向一致，西侧邻M194。方向280度。形制为竖穴墓道土洞墓，由墓道、小龛、墓室三部分组成（图五五一；图版六三，1、2）。

墓道　位于墓室西端，平面呈长方形，壁面较直。开口长2.25、宽0.70～0.76、底距开口深0～1.90米。墓道内填五花土，土质疏松，未经夯打。

墓室　平面呈长方形，拱顶土洞，墓室南、北壁靠近封门处各有一小龛，平面呈半圆形，拱顶土洞。北龛，宽0.30、进深0.16、高0.30米；南龛，宽0.70、进深0.30、高0.60米。墓室长2.55、宽0.90、残高0.90米。该墓未被盗扰，器物主要出土于小龛之内及墓室西部，计有陶樽1、陶罐5、陶灶1套（盆1、甑1）、铜镜1、玉口琀1、玉耳塞2、铜钱2。

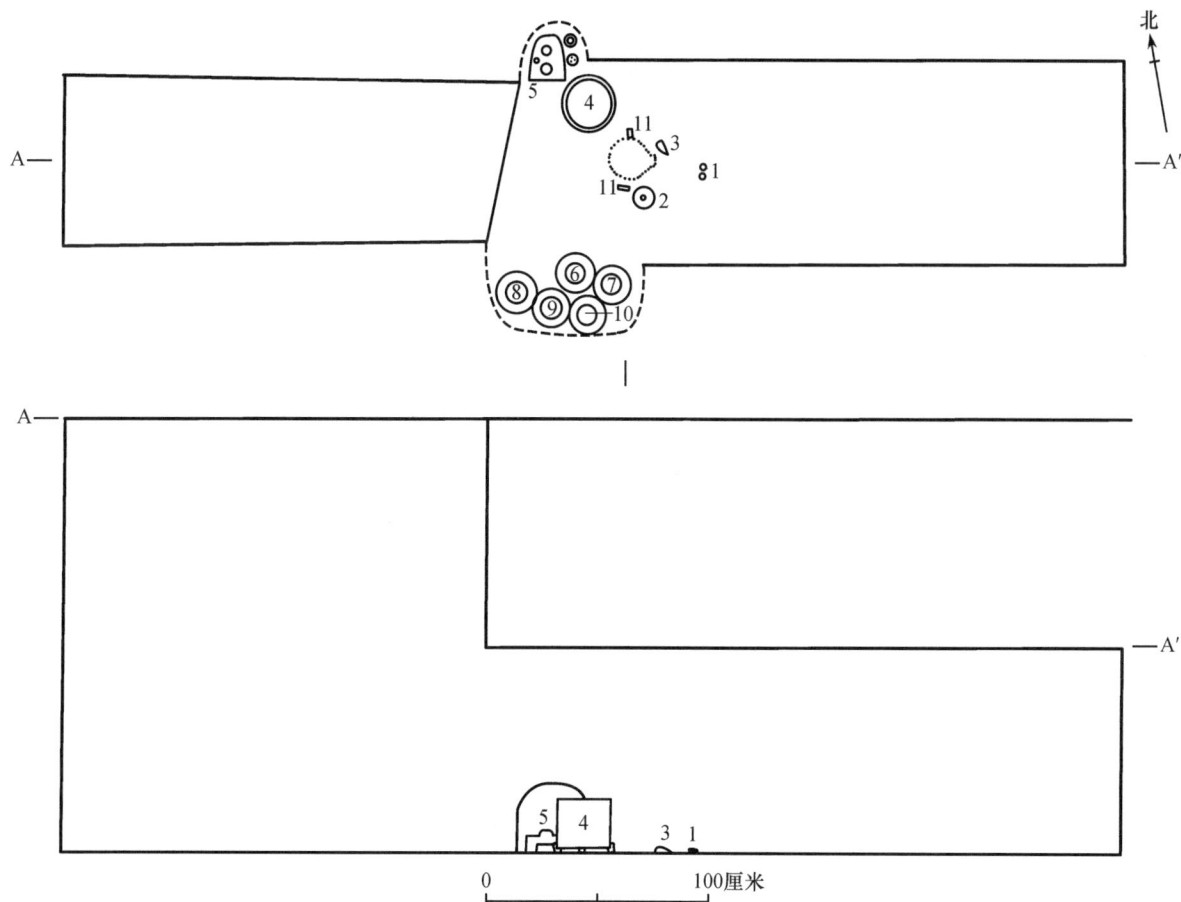

图五五一　Ⅰ区M193平、剖面图
1.铜钱　2.铜镜　3.玉口琀　4.陶樽　5.陶灶1套（盆1、甑1）　6～10.陶罐　11.玉耳塞

封门　不详。

葬具　木棺，出土有棺钉，形制、尺寸不详。

葬式　人骨1具，保存较差，已成粉末状，仰身直肢葬，头向西。

2. 出土器物

该墓出土器物13件，另有铜钱2枚。质地为陶、铜、玉石三种，分述如下。

陶器　9件，为泥质灰陶，器类有樽、罐、灶、盆、甑。

樽　1件，标本M193：4，直口，平沿，直筒腹，平底，底附三马蹄形足。口径22.3、底径21.8、足高5.6、通高18.4厘米（图五五二，1）。

罐　5件（M193：6、7、8、9、10），形制基本相同。矮领，圆鼓肩，鼓腹，下腹内收，平底。M193：7、8，侈口，双唇明显。标本M193：8，口径8.8、腹径15、底径7.4、高14.4厘米（图五五二，2）。M193：6、9、10，口微敛，双唇不明显。标本M193：6，口径7.8、腹径14.4、底径7.8、高13.6厘米（图五五二，3）（按：该墓保存完好，没有出土陶仓，而是出土了5件陶罐，是否有代替仓的含义，有待关注）。

灶　1件，标本M193：5-1，灶体平面呈马蹄形，前方后圆，灶面两大釜呈前后布置，边缘有一小釜。尾部有圆形烟囱，前端有方形的落地灶门，周围模印多重菱形纹，灶面，前端模印连续菱形纹与点状纹，釜周围模印鱼、火勾、瓢、刷等食物及炊具。长22.4、宽16.3、高9厘米（图五五二，4）。

盆　1件，与灶配套。标本M193：5-2，敞口，平沿，方唇，折腹，平底内凹。口径7.4、底径1.9、高3厘米（图五五二，5）。

甑　1件，与灶配套。标本M193：5-3，敞口，平沿，方唇，折腹，底部有三个箅孔。口径7.8、底径2.2、高3厘米（图五五二，6）。

铜镜　1面，标本M193：2，昭明连弧铭文镜，圆形，半圆钮，圆钮座，宽素平缘，镜面微凸。钮座圆周均匀伸出四条弧线，钮座之外一周凸弦纹圈带和一周内向八连弧，其外两周短斜线纹之间有"内而以昭明，光之象而日月，而不泄"铭文带。面径7.40、背径7.30、钮宽1.10、缘宽0.50、缘厚0.20厘米，重56克（图五五三，1；彩版四八，1）。

玉器　3件，为口琀和耳塞。

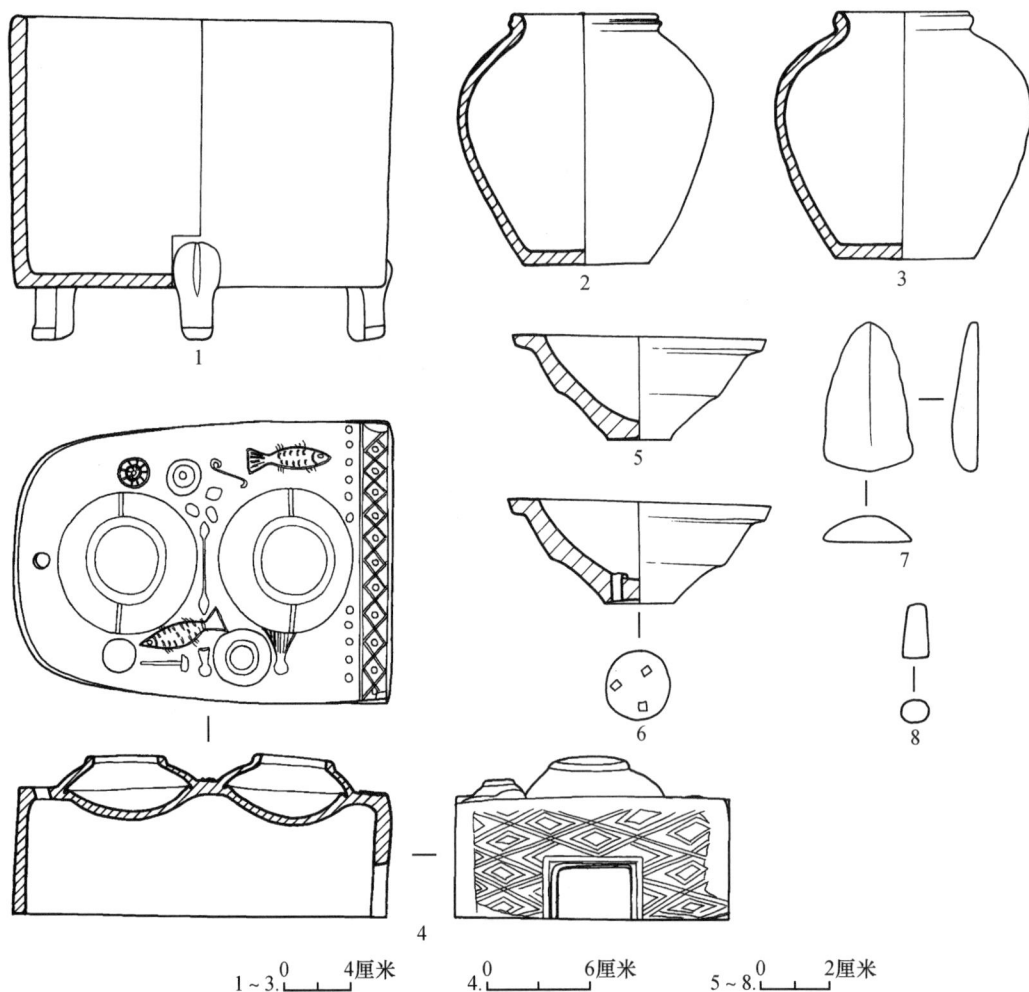

图五五二　Ⅰ区M193出土器物（一）

1.陶樽（M193：4）　2、3.陶罐（M193：8、6）　4.陶灶（M193：5-1）　5.陶盆（M193：5-2）　6.陶甑（M193：5-3）
7.玉口琀（M193：3）　8.玉耳塞（M193：11）

口琀　1件，标本M193：3，蝉形，表面钙化严重。通长4.2厘米（图五五二，7）。

耳塞　2件，形制相同，标本M193：11，圆柱形。高1.5、直径0.5～0.8厘米（图五五二，8）。

铜钱　2枚，均为五铢钱，1枚残缺。标本M193：1-1，圆形方穿，穿背面有郭，穿下一星纹，穿之两侧有篆文"五铢"二字，"五"字瘦长，交笔缓曲，钱径25.65、穿宽9.53、郭厚1.42毫米，重3.3克（图五五三，2）。

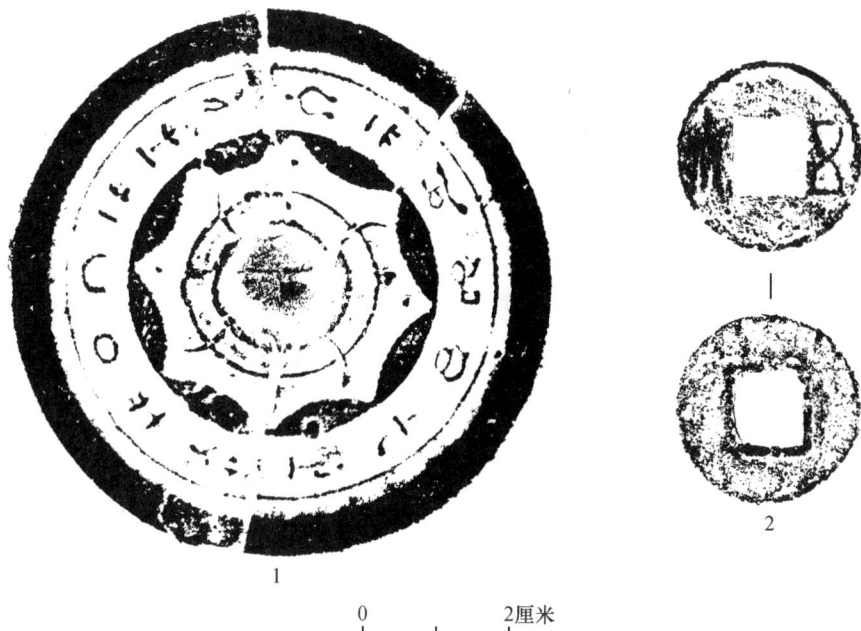

图五五三　Ⅰ区M193出土器物（二）
1.铜镜（M193：2）　2.铜钱（M193：1-1）

第一九一节　M194

1.墓葬形制

M194，位于第一阶地西部南侧，探方T0301内，M193西北侧，南与M195相对。方向90度，形制为竖穴墓道土洞墓，由墓道、墓室两部分组成（图五五四；图版六三，3、4）。

墓道　位于墓室的东端，平面呈长方形，壁面较直，南北两壁有对称分布的脚窝。脚窝，平面呈三角形，宽0.15、进深0.10、高0.15米。墓道长2.19、宽0.80、底距开口深0～4.7米。墓道内填五花土，土质疏松，未经夯打。

墓室　平面呈长方形，拱顶土洞，方砖对缝平铺地。方砖35.6厘米×35.6厘米×4.5厘米。墓室长3.70、宽0.86、高1.10米。该墓未被盗扰，器物出土于墓室东部，计有陶壶1、陶樽1、陶罐3、陶仓5、陶灶1套（盆1、甑1）、玉口琀1、玉耳塞2、玉鼻塞2、铜钱8。

封门　条砖封门，错缝平砌。长0.80、高1.35米。条砖38.5厘米×18.5厘米×9厘米。

葬具　木棺1具，保存较差，仅存棺痕。长2.0、宽0.60米。

葬式　人骨1具，保存较差，仅存腿骨，葬式不可辨。

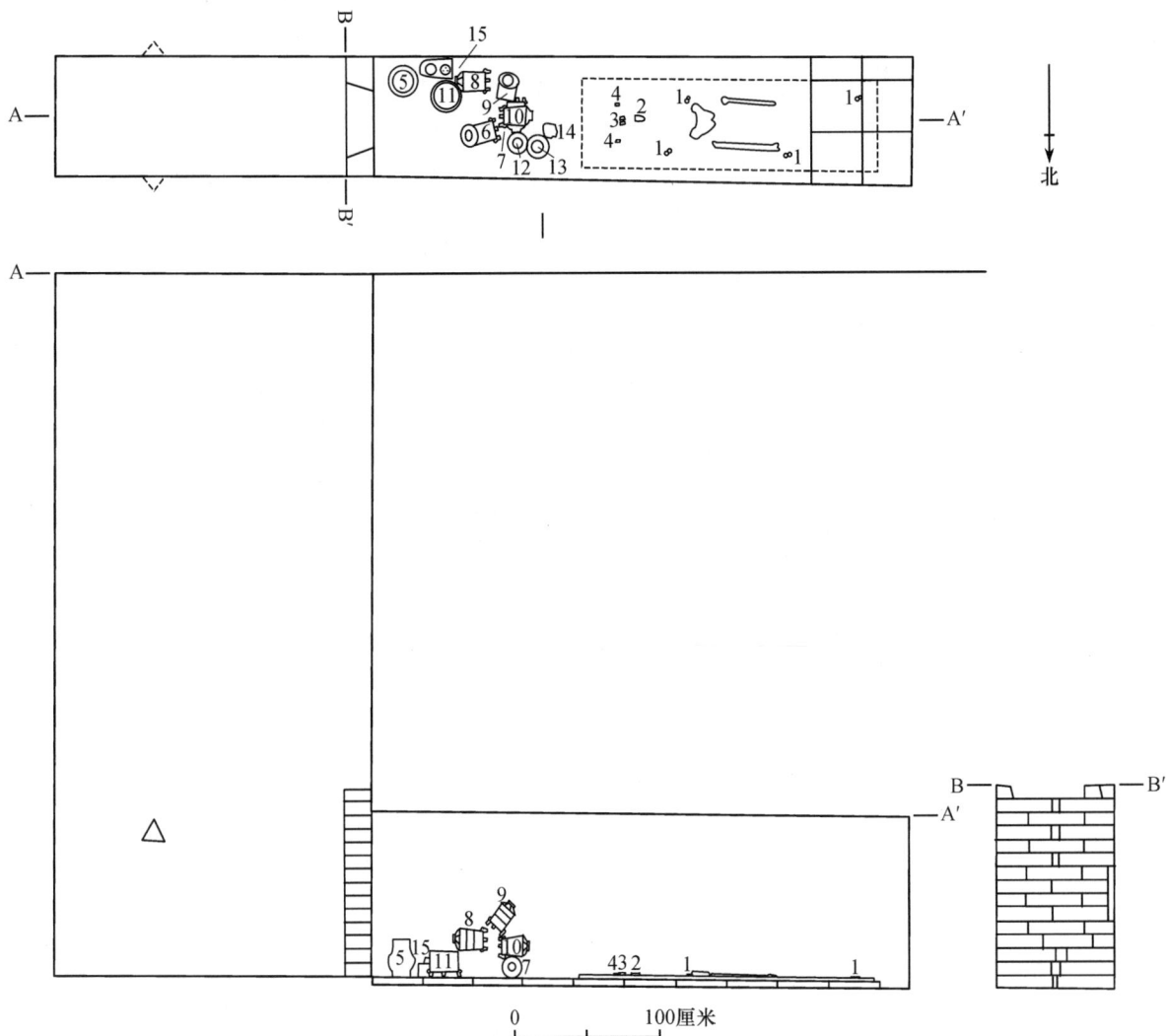

图五五四　Ⅰ区M194平、剖面图

1. 铜钱　2. 玉口琀　3. 玉鼻塞　4. 玉耳塞　5. 陶壶　6～10. 陶仓　11. 陶樽　12～14. 陶罐　15. 陶灶1套（盆1、甑1）

2. 出土器物

该墓出土器物18件，另有铜钱8枚。质地为陶、铜和玉石三种，分述如下。

陶器　13件，均为泥质灰陶，器类有壶、樽、罐、仓、灶、盆、甑（图版九六，2）。

壶　1件，标本M194：5，盘口，平沿，方唇，束颈，弧肩，圆鼓腹，空心假圈足。器表涂黑，肩部饰两周凹弦纹及铺首衔环，中腹饰一周米粒纹，器身轮制，器底有轮旋痕，铺首衔环模制而后粘结。口径13.9、腹径22.2、底径11.6、高27.8厘米（图五五五，1；图版一四二，2）。

樽　1件，标本M194：11，直口，平沿，直腹，平底，底附三马蹄形足，足根饱满，中央一道竖槽。器表涂黑。轮制，器内有轮旋痕。口径21、底径19.5、足高5.2、通高16.8厘米（图五五五，2；图版一四二，3）。

　　罐　3件（M194：12、13、14），形制相同。侈口，双唇，矮领，鼓肩，鼓腹，下腹内收，平底稍内凹。轮制，器内有轮旋痕。标本M194：12，口径7.5、腹径14、底径9.3、高11.8厘米（图五五五，3；图版一四二，4）。

　　仓　5件（M194：6、7、8、9、10），形制相同。直口，圆唇，矮领，肩部稍出檐，绕口一周有一环状台面，腹部上大下小，平底，底附三蹲踞熊形足。腹部饰两组（一组四道、一组一道）轮制凹弦纹，器底有轮旋痕。标本M194：8，口径7.1、底径9.6、足高4.8、通高25.1厘米（图五五五，6；图版一四二，5）。

　　灶　1件，标本M194：15-1，灶体平面呈马蹄形，前方后圆，灶面前端稍出檐，两釜前后布置，尾部有圆形烟囱。前端有方形的落地灶门，灶门上部一道连续菱形带及数道弦纹，两侧各模印两圆圈纹，灶面出檐部分模印连续菱形纹及点状纹，灶面模印鱼、火勾、瓢、勺、铲等食物及炊具。灶面、灶壁分体模制而后粘结，釜之肩部与灶面一次性模制而成，腹模制而后粘结于相应的位置。长23、宽15.3、高11.8厘米（图五五五，7；图版一四二，6、图版一四三，1）。

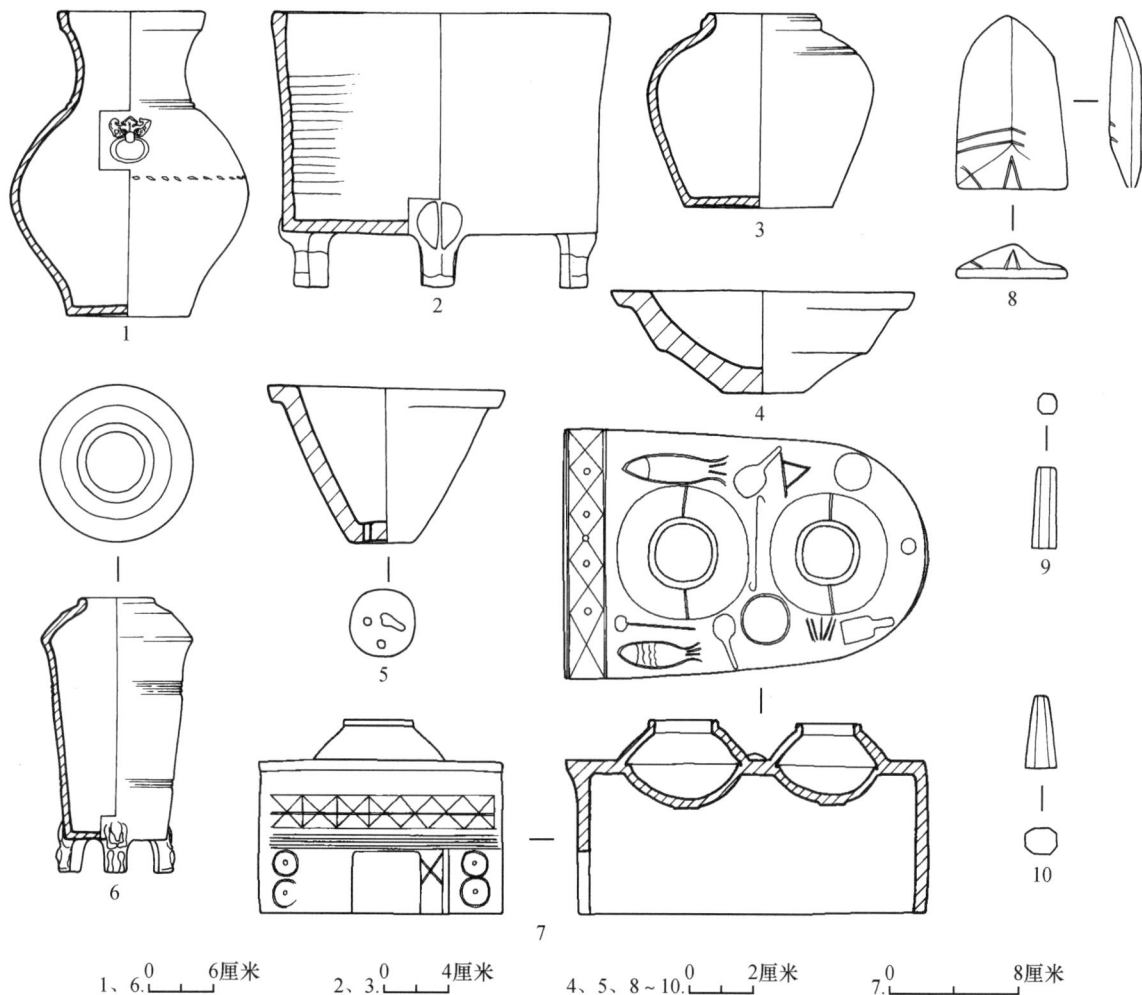

图五五五　Ⅰ区M194出土器物

1.陶壶（M194：5）　2.陶樽（M194：11）　3.陶罐（M194：12）　4.陶盆（M194：15-3）　5.陶甑（M194：15-2）
6.陶仓（M194：8）　7.陶灶（M194：15-1）　8.玉口琀（M194：2）　9.玉鼻塞（M194：3）　10.玉耳塞（M194：4）

盆　1件，与灶配套。标本M194：15-3，敞口，平沿，方唇，折腹，平底内凹，模制，沿面有制坯时留下的旋切纹。口径9.4、底径2.6、高3厘米（图五五五，4）。

甑　1件，与灶配套。标本M194：15-2，敞口，平沿，方唇，斜直腹，底部有三个箅孔。模制，沿面有制坯时留的旋切纹。口径7.3、底径2、高4.7厘米（图五五五，5）。

玉器　5件，器类有口琀、鼻塞、耳塞。

口琀　1件，标本M194：2，残，蝉形，头平齐，背部三棱形，腹部平直，尾上翘。背部两条阴线区分出头身，头部刻划出眼睛与嘴。宽3.5、通长5.3厘米（图五五五，8）。

鼻塞　2件，形制相同，标本M194：3，八棱柱形，一端略粗。长2.4、直径0.6~0.8厘米（图五五五，9）。

耳塞　2件，形制相同，标本M194：4，八棱柱形，一端略粗。高2.2、直径0.4~1.0厘米（图五五五，10）。

铜钱　8枚，均为五铢钱，圆形方穿，穿背面有郭，部分穿上有一横郭，穿之两侧有篆文"五铢"二字。"五"字或宽大，或瘦长，交笔或斜直，或甚曲，"铢"字金头三角，朱头方折（按：年代为武、昭、宣时期）（图五五六）。

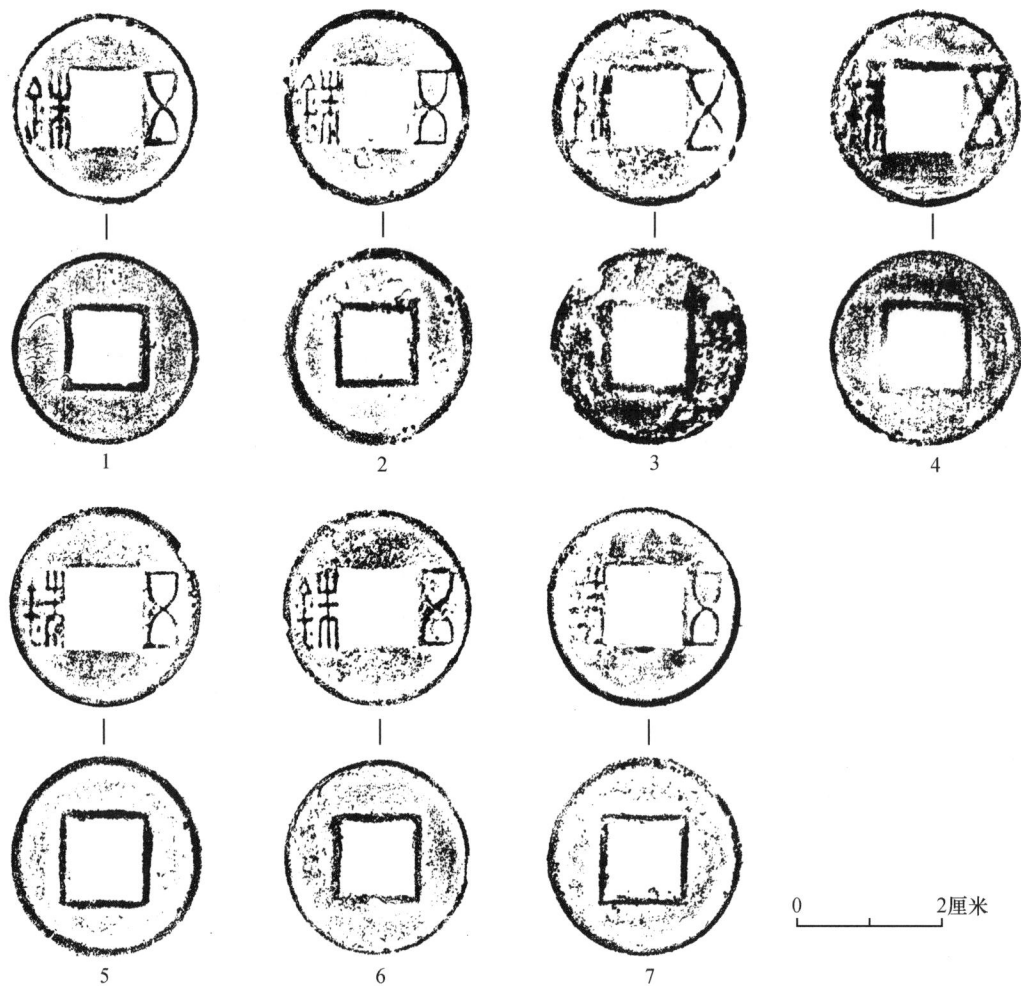

图五五六　Ⅰ区M194出土铜钱

1. M194：1-1　2. M194：1-2　3. M194：1-3　4. M194：1-4　5. M194：1-5　6. M194：1-6　7. M194：1-7

第一九二节　M195

1. 墓葬形制

M195，位于第一阶地西部南侧，探方T0301内，M194南侧，被M192打破，西与M197基本并列。方向3度，形制为斜坡墓道土洞墓，由墓道、甬道、墓室三部分组成（图五五七；图版六四，1、2）。

墓道　位于墓室的北侧，平面呈长方形，壁面较直，底部呈斜坡状。开口长10.78、宽0.90~1.0、坡长11.70、底距开口深0~4.60米，坡度30度。墓道内填五花土，土质疏松，未经夯打。

甬道　位于墓道和墓室之间，平面呈梯形，拱顶土洞。宽1.20~1.48、长0.42、高1.60米。

墓室　平面呈长方形，拱顶土洞。墓室长4.28、宽1.48、高1.60米。该墓被盗扰，器物主要出土于墓室西侧及棺内，计有陶鼎盖1、陶钫1、陶罐1、陶仓盖3、陶灶1套（盆1）、铜镜1、铜带钩1、铜柿蒂形棺饰1、铁削1、铜钱1。

封门　土坯封门，双层横向对缝平砌。宽1.44、残高0.70米。土坯36厘米×20厘米×10厘米。

葬具　一棺一椁，仅存棺椁痕迹。棺长2.10、宽0.64米，椁长2.90、宽1.38米。

葬式　骨架1具，保存很差，已成粉末状，头向南，仰身直肢葬。

盗洞　1处，位于甬道之上，自上而下进入墓室。平面呈圆形，直径约0.60米。

2. 出土器物

该墓出土器物12件，另有铜钱1枚。质地为陶、铜、铁三种，分述如下。

陶器　8件，为泥质灰陶，器类有鼎盖、钫、罐、仓盖、灶、盆。

鼎盖　1件，标本M195:8，浅覆钵形，弧顶，顶部中间有一桥形钮，之外均匀布置三乳突。器表红色彩绘，剥落严重，内容不可辨。口径21、高7.3厘米（图五五八，1）。

钫　1件，标本M195:7，盖，覆斗形，子母口；器身，口部残，束颈，鼓腹，高圈足稍外撇。器表涂黑，之上红色彩绘，仅下腹三角纹可辨。盖径10.6、口径10.8、腹径22.5、足径11.2、足高4.8、通高29厘米（图五五八，2）。

罐　1件，标本M195:9，侈口，双唇，矮领，鼓肩，鼓腹，平底。通体着白色陶衣，之上红色彩绘，内容不可辨。口径8.1、腹径17、底径8.7、高16.5厘米（图五五八，3）。

仓盖　3件（M195:6-1、2、3），形制相同。浅碟形，顶部有一圆形凸棱，之外均匀布置八道竖棱。通体施白色陶衣。标本M195:6-3，口径10、高3.1厘米（图五五八，4）。

灶　1件，标本M195:5-1，灶体平面呈马蹄形，前方后圆，灶面两釜前后布置，尾部有短柱形烟囱，前端有方形的落地灶门，灶门两侧模印多重菱形纹。长17.3、宽15.2、高7.5厘米

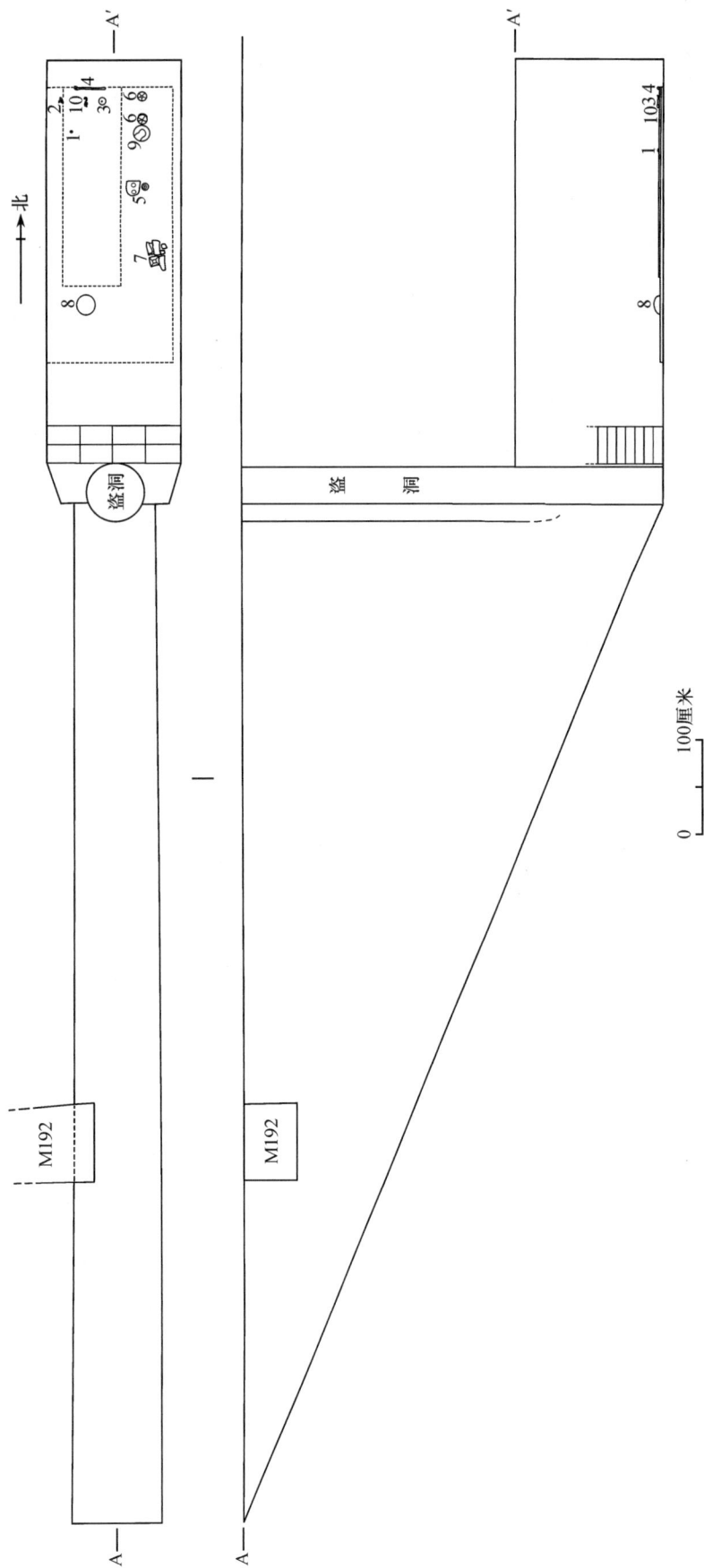

图五五七　Ⅰ区M195平、剖面图

1. 铜钱　2. 铜柿蒂形棺饰　3. 铜镜　4. 铁削　5. 陶灶1套（盆1）　6. 陶仓盖　7. 陶纺　8. 陶鼎盖　9. 陶罐　10. 铜带钩

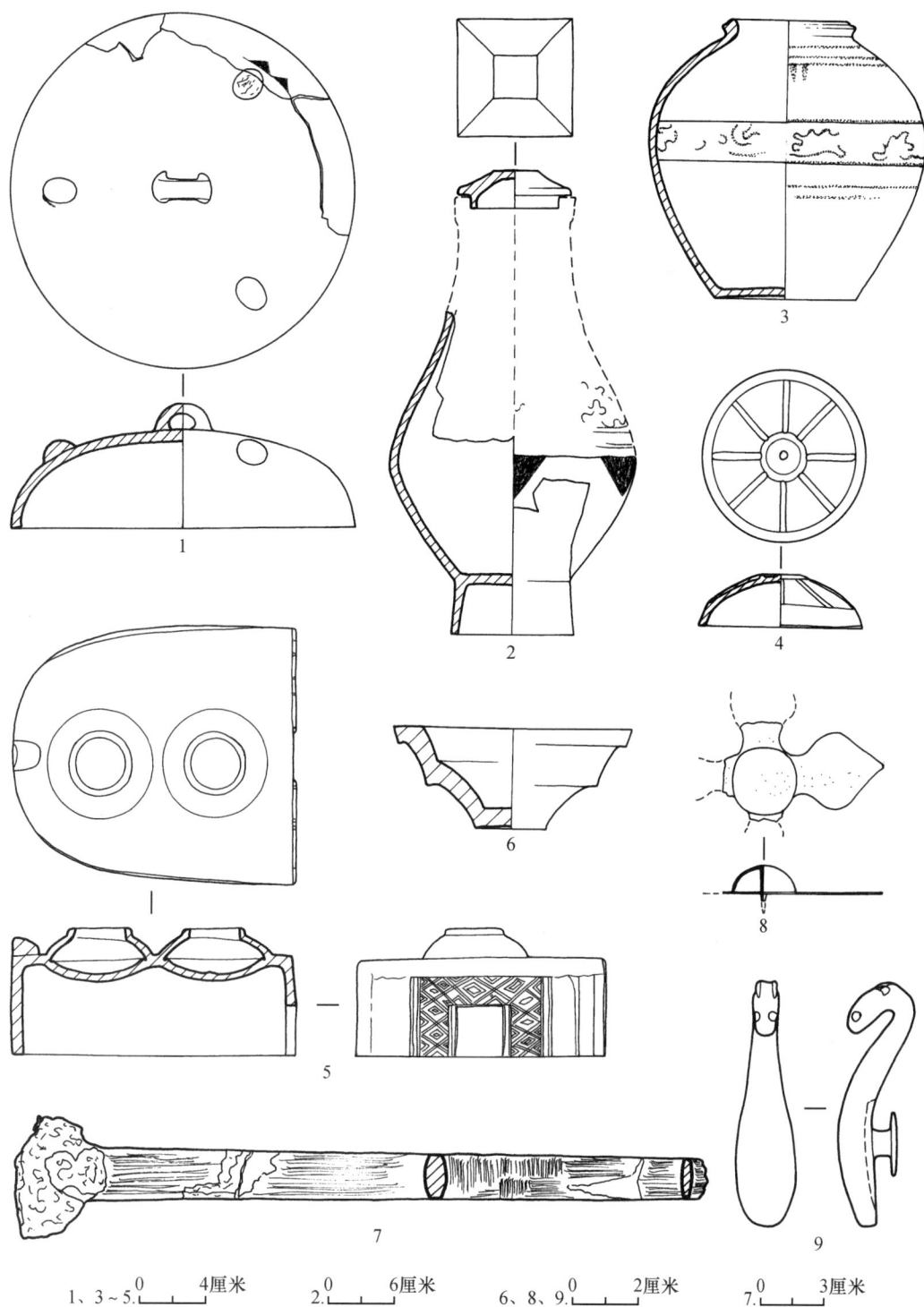

1、3～5. ⊢0————4厘米⊣　　2. ⊢0————6厘米⊣　　6、8、9. ⊢0——2厘米⊣　　7. ⊢0——3厘米⊣

图五五八　Ⅰ区M195出土器物（一）

1.陶鼎盖（M195：8）　2.陶钫（M195：7）　3.陶罐（M195：9）　4.陶仓盖（M195：6-3）　5.陶灶（M195：5-1）

6.陶盆（M195：5-2）　7.铁削（M195：4）　8.铜柿蒂形棺饰（M195：2）　9.铜带钩（M195：10）

（图五五八，5）。

　　盆　1件，与灶配套。标本M195：5-2，敞口，平沿，方唇，折腹，平底稍内凹。口径7.2、底径2.1、高3厘米（图五五八，6）。

　　铜器　3件，器类有铜镜、带钩、柿蒂形棺饰。

　　柿蒂形棺饰　1件，标本M195：2，残，柿蒂形，与泡钉同出。对角残长4.9、泡径2.0、残高1.0厘米（图五五八，8）。

　　带钩　1件，标本M195：10，鸭形，兽首，素面，腹部凹陷，有一圆柱形帽钮，通长7.2厘米（图五五八，9）。

　　铜镜　1面，标本M195：3，日光连弧铭文镜，圆形，半圆钮，圆钮座，并蒂十二连珠纹，素窄缘，镜面微凸。钮座之外一周内向八连弧，其外两周短斜线纹间有"见日之光，天下大明"铭文带，铭文两字之间有"の""◇"符号。面径7.20、背径6.80、钮宽1.0、缘宽0.20、缘厚0.50厘米，重74克（图五五九，1；彩版四八，2）。

　　铁削　1件，标本M195：4，残，环首柄，直背，直刃。残长31.7厘米（图五五八，7）。

　　铜钱　1枚，标本M195：1，五铢钱，圆形方穿，穿背面有郭，穿之两侧有篆文"五铢"二字，"五"字宽大，交笔甚曲，钱径25.36、穿宽9.73、郭厚1.79毫米，重3.19克（图五五九，2）。

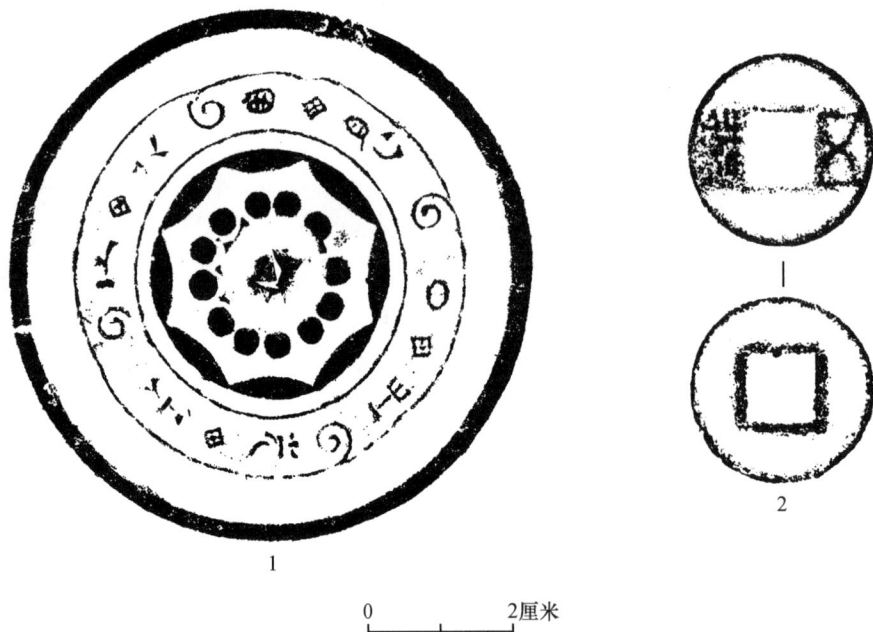

图五五九　Ⅰ区M195出土器物（二）
1.铜镜（M195：3）　2.铜钱（M195：1）

第一九三节　M196

1. 墓葬形制

M196，位于第一阶地西南部，探方T0302内，西与M200并穴合葬，再西与M201基本并列。方向185度。形制为斜坡墓道砖室墓，由墓道、墓室两部分组成（图五六〇；图版六四，3、4）。

墓道　位于墓室的南端，平面呈长方形，壁面较直，底呈斜坡状。开口长9.60、宽1.0~1.10、坡长10.20、底距开口深0~5.0米，坡度25度。墓道内填五花土，土质疏松，未经夯打。

墓室　平面略呈长方形，券顶砖室，条砖（楔形砖）券顶，壁条砖错缝平砌，条砖错缝平铺底，楔形砖35厘米×18厘米×（4~6）厘米，条砖36厘米×18厘米×7厘米，墓室长3.62、宽1.55、壁高0.86、高1.40米。该墓盗扰严重，出土有陶罐2、陶仓（残）5、陶灶1套（甑1、盆1）。

封门　条砖封门，残砖顺向多重封砌。长1.1、宽0.72、高0.98米，条砖的尺寸36厘米×18厘米×7厘米。

葬具　不详。

葬式　不详。

盗洞　1处，位于墓道北端，自上而下从封门进入墓室。平面呈圆形，直径约0.60米。

2. 出土器物

该墓出土陶器10件，泥质灰陶或红陶，器类有罐、仓、灶、盆、甑。

罐　2件（M196：2、3）。标本M196：2，泥质红陶，侈口，圆唇，矮领，鼓肩，下腹弧收，平底。肩部饰两周凹弦纹。轮制，器内有轮旋痕。口径9、腹径15.6、底径8、高14.5厘米（图五六二，1）。标本M196：3，泥质灰陶，小口，斜沿，唇残缺（可能是有意为之），矮领，斜广鼓肩，微折腹，下腹斜直，大平底。肩部饰两道凹弦纹，腹部饰两周米粒纹。轮制，器内有轮旋痕。腹径36.6、底径18.1、高37.9厘米（图五六二，2）。

仓　5件（M196：4、5、6、7、8），泥质灰陶，形制相同。小口，圆唇，矮领，绕口一周有一环状台面，肩稍出檐，直筒腹，平底，底附三蹲踞形熊足。器表涂黑，之上白色彩绘。肩部，环状台面边缘一周圈带，之外均匀绘出四条短竖棱。腹部，彩绘分四组。自上而下，第一组三周红褐彩带；第二组两条弦纹之间绘卷云纹；第三组上下两周彩带间饰"之"字纹带，其间填饰短弧线、圆圈纹等；第四组一周竖点状纹。盖、足模制，器身轮制，底外侧有旋切痕迹。标本M196：4，器身口径7.1、底径17.3、足高5.3、通高31.9厘米（图五六一）。

灶　1件，标本M196：1-1，残损严重，无法复原。

盆　1件，与灶配套。标本M196：1-2，泥质灰陶，敞口，平沿，方唇，折腹，平底稍内

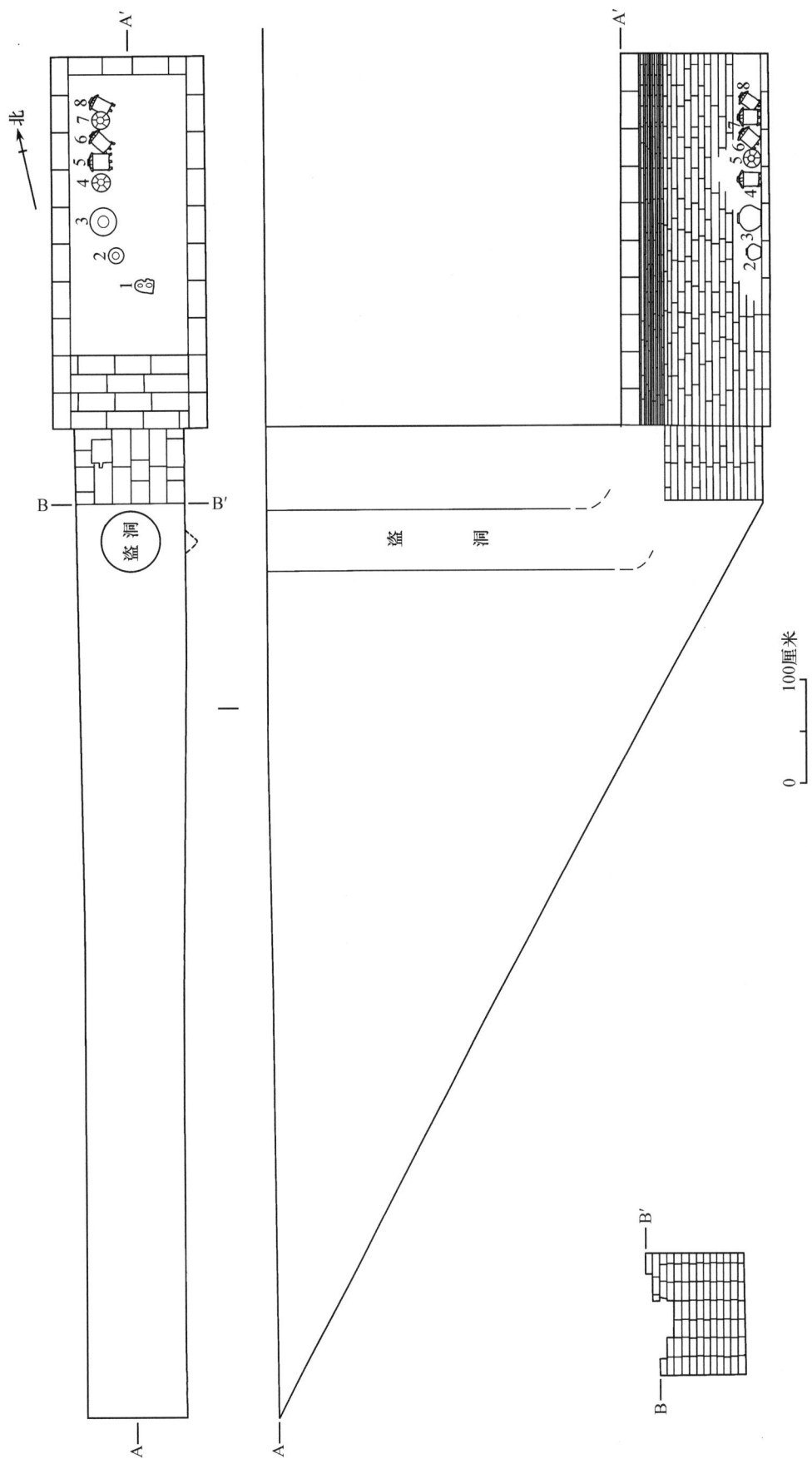

图五六〇 I区M196平、剖面图

1. 陶灶1套（甑1、盆1） 2、3. 陶罐 4～8. 陶仓

0 100厘米

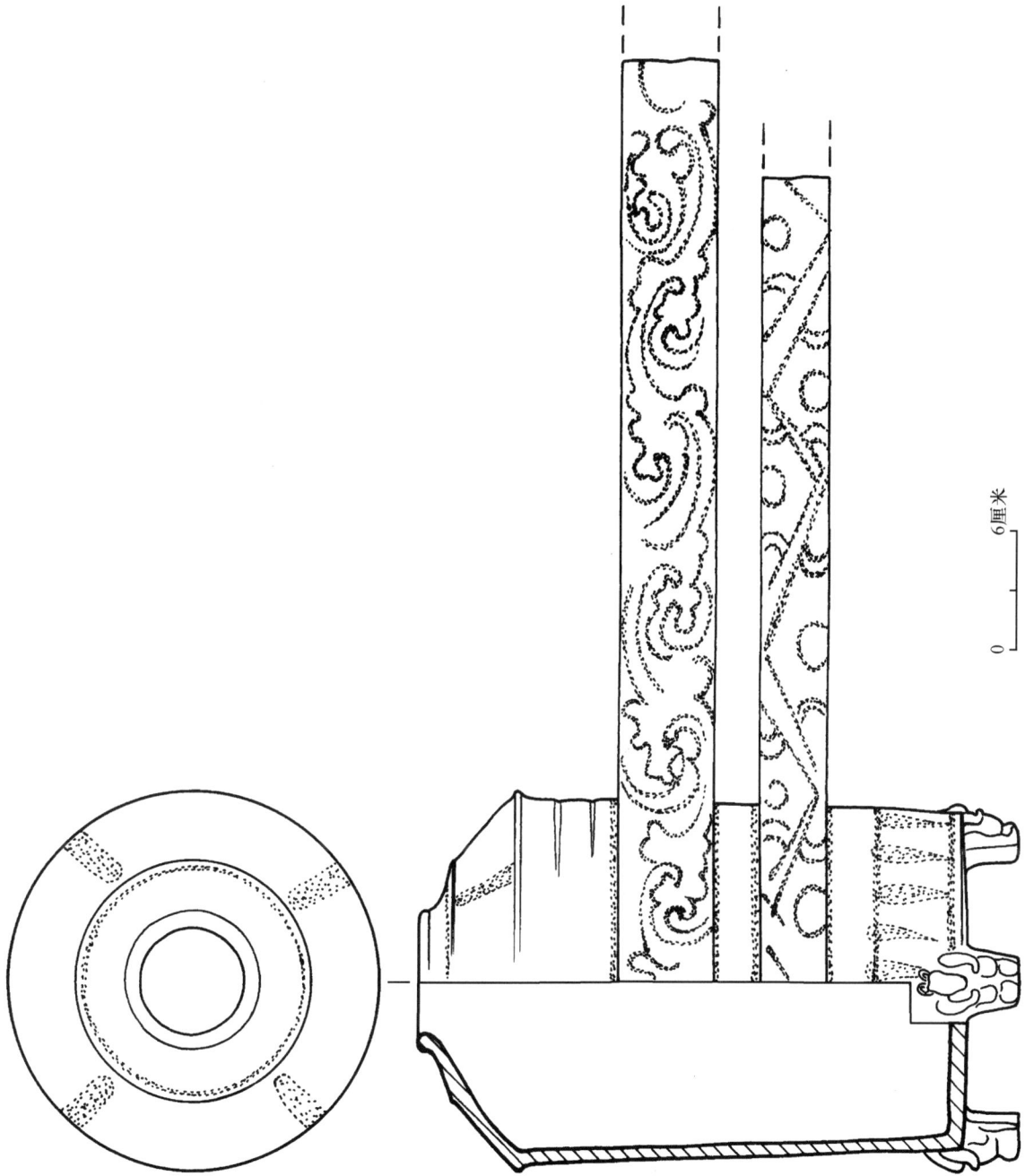

图五六一　Ⅰ区M196出土陶仓（M196：4）

0　　6厘米

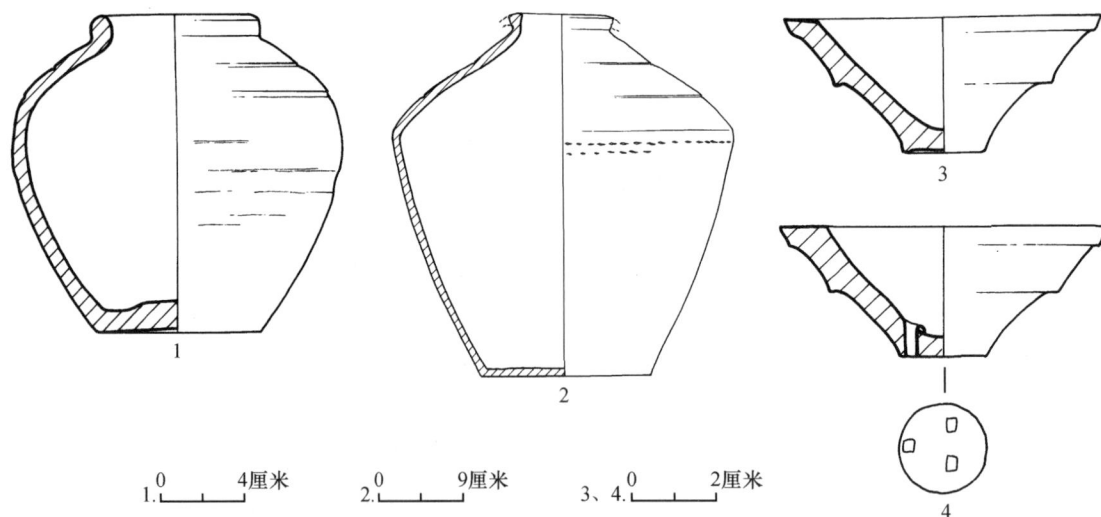

图五六二　Ⅰ区M196出土器物

1、2.陶罐（M196：2、3）　3.陶盆（M196：1-2）　4.陶甗（M196：1-3）

凹。模制，沿面有制坯时留的旋切纹。口径7.7、底径2、高3.2厘米（图五六二，3）。

甗　1件，与灶配套。标本M196：1-3，泥质灰陶，敞口，平沿，方唇，折腹，底部有三个箅孔。模制，沿面有制坯时留的旋切纹。口径7.8、底径2.1、高3.05厘米（图五六二，4）。

第一九四节　M197

1. 墓葬形制

M197，位于第一阶地西部南侧，探方T0301内，东与M195基本并列，西邻M198，且被其打破。方向335度。形制为斜坡墓道砖室墓，由墓道、墓室组成（图五六三；图版六五，1、2）。

墓道　位于墓室的北端，平面呈长方形，壁面较直，底部呈斜坡状，东西两壁开口向下0.50米处有一级台阶，宽0.02~0.06米。墓道开口长12.60、宽0.94~1.0、底宽0.90~1.20、坡长11.10、底距开口深0~5.20米。墓道内填五花土，土质疏松，未经夯打。

墓室　平面呈长方形，条砖砌壁，拱顶土洞。除西壁砖墙外，其余破坏严重，条砖错缝砌壁，错缝斜向"人"字形铺底。条砖36厘米×18厘米×7厘米。墓室长3.60、宽1.50、高1.50米。该墓被盗扰，出土有陶罐1、陶灶1、陶盆1、陶甗1。

封门　双重条砖封门，残存一层。长0.94、宽0.36、高0.07米。条砖35厘米×18厘米×7厘米。

葬具　木棺，出土铁棺钉，形制、尺寸不详。

葬式　不详。

盗洞　1处，位于墓道末端之上，自上而下进入墓室。平面呈圆形，直径约0.60米。

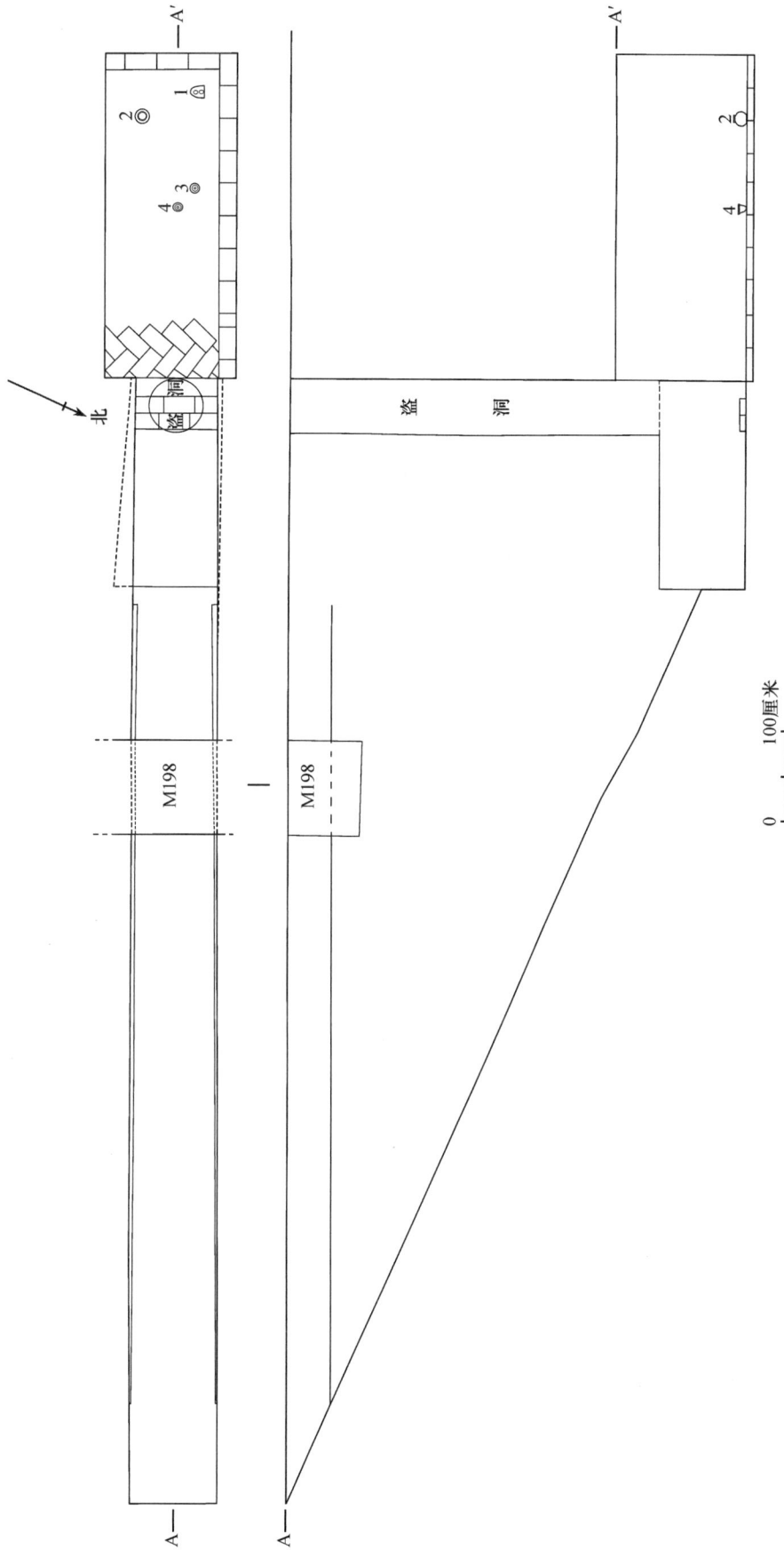

图五六三　Ⅰ区M197平、剖面图

1. 陶灶　2. 陶罐　3. 陶盆　4. 陶瓶

2. 出土器物

该墓出土陶器4件，均为泥质灰陶，器类有罐、灶、盆、甑。

罐　1件，标本M197：2，直口，平沿，矮领，弧肩，鼓腹，下腹内收，平底稍内凹。肩部磨光饰一周水波纹。轮制，器内有轮旋痕。口径19.8、腹径37.5、底径18.5、高36.2厘米（图五六四，1）。

灶　1件，标本M197：1，灶体平面呈马蹄形，前方后圆，灶面三釜呈"品"字形分布，前端一釜大于后端两釜，尾部有圆形烟囱，前端有方形的落地灶门，周围模印多重菱形纹。灶面、灶壁分体模制而后粘结，釜之肩部与灶面一次性模制而成，腹模制而后粘结于相应的位置。长29.6、宽23.6、高13.2厘米（图五六四，2）。

盆　1件，标本M197：3，敞口，平沿，方唇，折腹，平底，轮制，器内底部有轮旋痕。口径14、底径6.8、高6.2厘米（图五六四，3）。

甑　1件，标本M197：4，敞口，平沿，方唇，斜直腹，平底，底部有五个箅孔，腹部有两道凹弦纹，轮制，器内有轮旋痕。口径12.2、底径4.4、高7.3厘米（图五六四，4）。

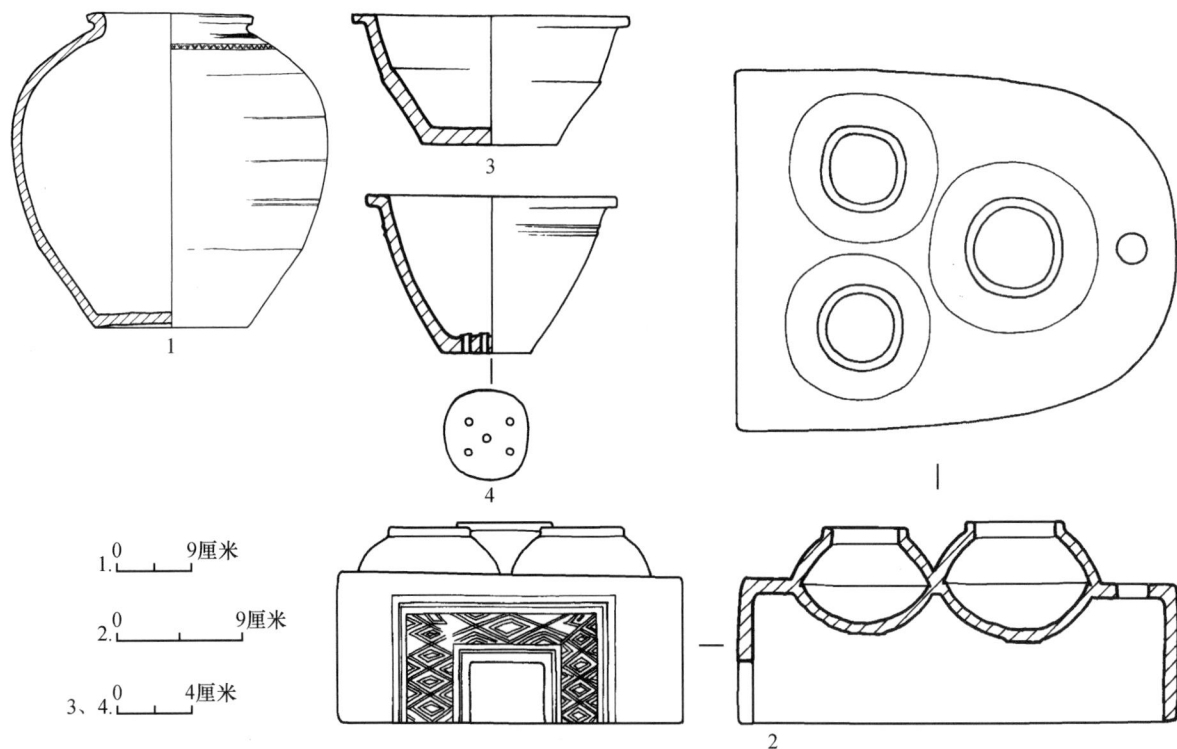

图五六四　Ⅰ区M197出土器物

1. 陶罐（M197：2）　2. 陶灶（M197：1）　3. 陶盆（M197：3）　4. 陶甑（M197：4）

第一九五节　M198

1. 墓葬形制

M198，位于墓地西部南侧，探方T0301内，墓室延伸至T0201，东临M197，且打破M197墓道。方向80度。形制为斜坡墓道并列双室砖墓（典型的同穴异室合葬墓），由墓道和两墓室组成（图五六五；图版六六）。

墓道　位于墓室的东端，平面呈长方形，壁面较直，底呈斜坡状。开口长11.80、上宽0.94~1.0、底宽0.94~1.66、坡长12.40、底距开口深0~4.0米，坡度23度。墓道内有二次加工痕迹，填五花土，土质疏松，未经夯打。

墓室　分为南（B）、北（A）两室。

A室与墓道正对，当为主墓室。前部条砖错缝砌壁，两排条砖（楔形砖）对缝券顶，后部拱顶土洞，条砖错缝平铺底。前部南壁有小过洞与B室相通。楔形砖35厘米×18厘米×（3~5）厘米，条砖36厘米×18厘米×6厘米。墓室长4.50、宽1.08~1.40、壁高1.0、高1.30米。该室未被盗扰，器物主要出土于墓室东部及北侧，计有釉陶鼎1、釉陶盒2、釉陶壶3、釉陶罐3、釉陶樽1、釉陶仓5、熏炉1、釉陶灯1、陶灶1套（盆2、甑1）、铜镜1、铜带钩1、铜匙2、铁剑1、葬石2、铜钱18。

B室位于A室南侧，券顶砖室，条砖（楔形砖）对缝券顶，壁条砖错缝平砌，条砖错缝平铺底。楔形砖35厘米×18厘米×（3~5）厘米，条砖36厘米×18厘米×6厘米。墓室长4.08、宽1.34~1.52、壁高0.90、高1.30米。北壁靠近封门1.20处，有一平面呈长方形小过洞与A室相连通，过洞宽0.24、高0.60、进深0.40米。该室未被盗扰，器物主要出土于棺之北侧，少数出土于棺内，计有陶鼎1、陶盒2、釉陶壶1、陶罐3、陶樽1、铜钫1、铜壶1、铜镜1、铜釜1、铜灶1、铜甑1、铜盆2、铜勺1、铁削2、玉饰件1、玉口琀1、玉鼻塞2、骨环1、铜钱83。

封门　双重条砖封门，错缝横砌。A室封门长1.08、宽0.36、高1.20米，B室封门长0.90、宽0.36、高1.18米。条砖的尺寸36厘米×18厘米×6厘米。

葬具　木棺2具。保存较差，仅存棺痕。A室木棺长2.40、宽0.90米，B室木棺长2.30、宽0.66米。

葬式　骨架2具，保存较差，已成粉末，头向东，仰身直肢葬。

2. 出土器物

A室出土器物28件，另有铜钱18枚。质地为陶、铜、铁、石三种，分述如下。

陶器　21件，分为泥质灰陶和红胎釉陶，器类有鼎、盒、壶、罐、樽、灯、仓、熏炉、灶、盆、甑（图版九七，1）。

鼎　1件，标本M198A：20，红胎釉陶，器表施酱黄釉，釉层较厚，釉面有光泽。盖，浅覆钵形，近平顶，中心有一穿环钮，外均匀布置三乳突形饰；器身，子母口内敛，深腹，圜底，肩附外撇弯曲板耳，顶端外折，腹中部有一周台棱，底附三马蹄形足。盖径19.2、器身口径19、腹深10.4、足高7.8、通高21.6厘米（图五六六，1；彩版一四，4；图版一四三，2）。

盒　2件（M198A：11、12），红胎釉陶，器表施酱黄釉，釉层较厚，釉面有光泽。盖，浅覆钵形，顶有矮圈足捉手；器身，子母口内敛，深弧腹，圈足。标本M198A：11，盖径9.6、器身口径19、腹深10.8、底径10.6、高16.3厘米（图五六六，2；彩版一五，2；图版一四三，3）。

壶　3件（M198A：18、19、26），红胎釉陶，器表施酱黄釉，釉层较厚，釉面有光泽，形制基本相同。侈口，平沿，唇部加厚，束颈，圆鼓腹，最大径在中部，假圈足，平底。M198A：18、19，形体较小，无铺首。标本M198A：18，口径7.4、腹径14.8、底径11.6、高17.2厘米（图五六六，3；彩版一六，2；图版四三，4）。标本M198A：26，残，形体较大，颈部两道凹弦纹，腹部模印对称铺首衔环，腹中部有一周米粒纹。口径15.8、腹径28.2、底径21、高35.9厘米（图五六六，4；图版一四三，5）。

罐　3件（M198A：15、16、27），红胎釉陶，器表施酱黄釉，釉层较厚，釉面有光泽，形制相同。侈口，双唇，鼓肩，鼓腹，最大径在肩部，下腹内收，平底，轮制，器表有轮旋痕。标本M198A：16，口径8、腹径16.2、底径8.6、高15.4厘米（图五六六，5；彩版二〇，2）。

樽　1件，标本M198A：23，红胎釉陶，器表施青绿釉，釉层较薄，釉面无光泽，剥落严重。盖缺；直口，平沿，直筒腹，底附三马蹄形足，足根饱满，器身轮制，足模制而后粘结。口径24、足高6.1、通高20.4厘米（图五六六，6；彩版一七，3；图版一四四，1）。

灯　1件，标本M198A：21，红胎釉陶，器表施酱黄釉，釉层较厚，釉面有光泽。盘，敞口，平沿，浅腹，平底，空心柱形柄，喇叭形底座，盘与底座分体轮制，而后粘结。口径8.4、底径5.6、高9.3厘米（图五六六，7；图版一四四，2）。

仓　5件（M198A：6、7、8、9、10），红胎釉陶，器表施酱黄釉，釉层较厚，釉面有光泽，形制相同。盖缺；器身小口，圆唇，矮领，绕肩部稍出檐，口一周有一环状台面，之外均匀布置六条竖棱，直筒腹，腹部饰三组（每组两道）凹弦纹，平底，底附三蹲踞熊形足，肩、腹分体轮制，足模制而后粘结，底部有旋切痕。标本M198A：7，口径9.2、腹径27、足高3.3、通高32.9厘米（图五六六，8；彩版一八，3）。

熏炉　1件，标本M198A：22，红胎釉陶，盖表施青绿釉，釉层较薄，釉面无光泽；器身表施酱黄釉，釉层较厚，釉面有光泽（器盖、器身不同釉色，或许当时并非有意为之，但就是在这无意间证明了黄褐釉与青绿釉的共时性）。盖，博山形；炉身，子母口内敛，深腹略鼓，圜底近平，实心柱形柄，盘形底座，平沿，方唇，折腹，低矮假圈足，底内侧有一周台棱。盖模制，炉身与柄座分体轮制，而后粘结，刷釉。炉身口径8.2、腹径9.2、底座口径14.8、底径4.4、通高16.6厘米（图五六六，9；图版一四四，4、5）。

灶　1件，标本M198A：17-1，泥质灰陶，灶体平面呈马蹄形，前方后圆，灶面两釜呈前后布置，尾部有圆形烟囱，前端有方形的落地灶门，周围模印多重菱形纹。灶面、灶壁分体

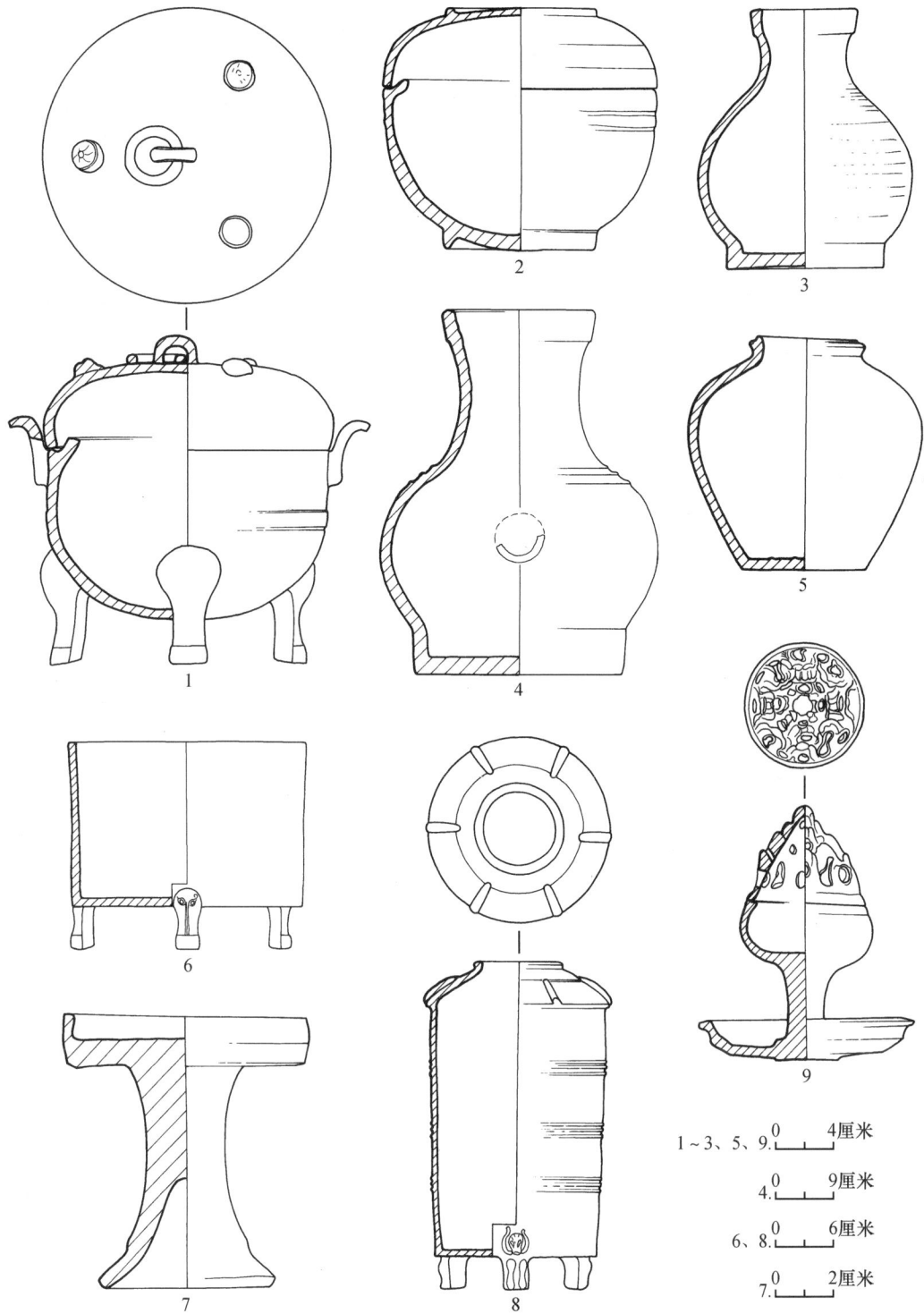

图五六六　I区M198出土器物（一）

1.釉陶鼎（M198A∶20）　2.釉陶盒（M198A∶11）　3、4.釉陶壶（M198A∶18、26）　5.釉陶罐（M198A∶16）
6.釉陶樽（M198A∶23）　7.釉陶灯（M198A∶21）　8.釉陶仓（M198A∶7）　9.釉熏炉（M198A∶22）

模制而后粘结，釜之肩部与灶面一次性模制而成，腹模制而后粘结于相应的位置。长30.8、宽
23、高12.8厘米（图五六七，1；图版一四四，6、图版一四五，1）。

甑　1件，与灶配套。标本M198A：17-2，泥质灰陶，敞口，平沿，方唇，折腹，平底，
底部有三个篦孔。模制，沿面有制坯时留下的线切纹。口径10.2、底径2.7、高4厘米（图
五六七，2）。

盆　2件（M198A：13、14），与灶配套，泥质灰陶，形制相同。敞口，平沿，方唇，折

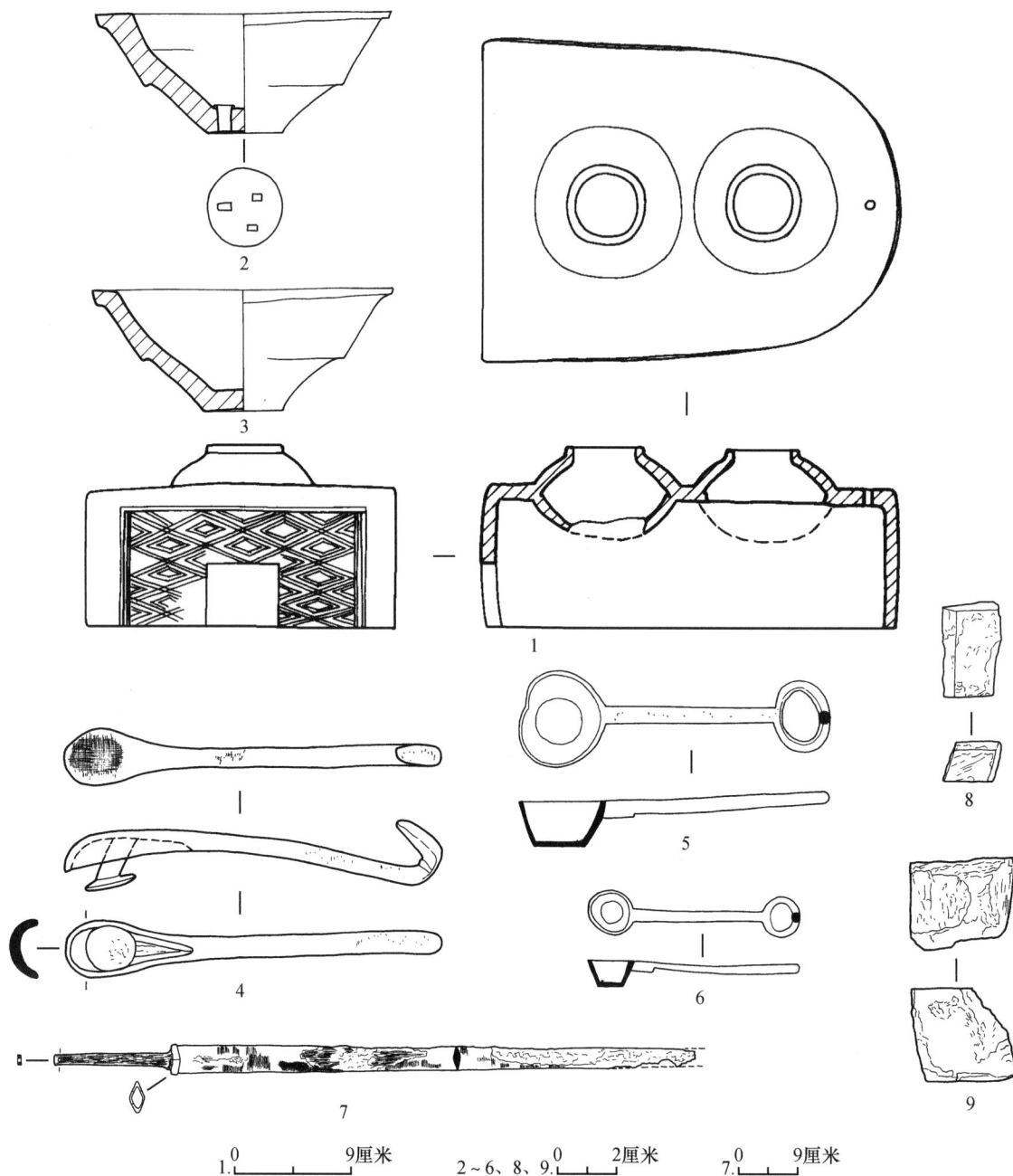

图五六七　Ⅰ区M198出土器物（二）

1.陶灶（M198A：17-1）　2.陶甑（M198A：17-2）　3.陶盆（M198A：13）　4.铜带钩（M198A：3）

5、6.铜匙（M198A：4、5）　7.铁剑（M198A：24）　8、9.葬石（M198A：25-1、2）

腹，平底稍内凹。模制，沿面有制坯时留下的线切纹。标本M198A：13，口径10.3、底径2.7、高4.05厘米（图五六七，3）。

铜器　4件，器类有带钩、匙、铜镜。

带钩　1件，标本M198A：3，鸭形，兽首，素面，腹部凹陷，有一圆柱形帽钮，通长12.9厘米（图五六七，4；彩版五二，1）。

匙　2件，圆形，敞口，平底，长柄，柄首呈椭圆形环状。标本M198A：4，匙口径2.7、腹深1.35、柄长7.6厘米（图五六七，5；彩版五二，2）。标本M198A：5，匙口径1.4、腹深0.7、柄长5.8厘米（图五六七，6）。

镜　1面，标本M198A：1，日光连弧铭文镜，圆形，半圆钮，圆钮座，宽素平缘，镜面微凸。钮座圆周均匀伸出四条竖弧线及月牙纹，之外一周内向八连弧纹，其外两周短斜线纹之间有"见日之光，天下大明"铭文带，铭文两字之间有"の"符号。面径7.30、背径7.20、钮宽1.10、缘宽0.50、缘厚0.30厘米，重60克（图五七〇；彩版四九，1）。

铁剑　1件，菱形铜剑格，剑身双刃，表面有木质剑鞘朽痕。标本M198A：24，残长97.1厘米（图五六七，7）。

葬石　2件，不规则扁长方体石块（形状虽不规则，但大小基本相当，不知是否与镇墓石有关，还是某种用具，如博具之类等）。标本M198A：25-1，长约3.1、宽约2.0、厚约1.3厘米（图五六七，8）。标本M198A：25-2，长约3.5、宽约3.0、厚约3.0厘米（图五六七，9）。

铜钱　18枚，均为五铢钱，圆形方穿，穿背面有郭，部分穿上有一横郭或穿下有一星纹，穿之两侧有篆文"五铢"二字。"五"字或瘦长，或宽大，交笔较斜直，或缓曲，或甚曲，"铢"字金头三角，或箭头形，之下四圆点或短竖点，朱头方折，"五"字瘦长，交笔较直或缓曲（按：年代为武帝至宣元时期）（图五六八、图五六九，1～6）。

B室出土器物24件，另有铜钱83枚。质地为陶、铜、铁、玉石，分述如下。

陶器　8件，分为泥质灰陶和红胎釉陶，器类有鼎、盒、壶、罐、樽。

鼎　1件，标本M198B：16，泥质灰陶。盖，浅覆钵形，近平顶，边缘均匀布置三乳突形饰；器身，子母口内敛，弧腹，近平底，肩附外撇弯曲板耳，顶端外折，腹中部有一周台棱，底附三马蹄形足。盖径17.1、器身口径16.8、腹深9、足高6.8、通高15厘米（图五七一，1；图版一四五，2）。

盒　2件（M198B：17、18），形制相同，泥质灰陶，盖，覆钵形，顶有矮圈足捉手；器身，子母口内敛，弧腹，平底稍内凹。盖，器身轮制，底部有旋切痕。标本M198B：17，盖径16.8、口径17、腹深7.8、底径9、高11.2厘米（图五七一，2；图版一四五，3）。

壶　1件，标本M198B：4，红胎釉陶，器表饰青绿釉，釉层较薄，无光泽。侈口，平沿，唇部加厚，束颈，弧肩，球形腹，圈足，足部有一道凸棱，肩、腹部有三组（每组两道）凹弦纹，肩部饰对称分布铺首衔环。口径17.4、腹径34.4、底径18.8、圈足高3.2、通高46.5厘米（图五七一，3；彩版一六，3；图版一四五，4、5）。

罐　3件（M198B：11、12、13），泥质灰陶，形制基本相同。侈口，矮领，鼓肩，鼓

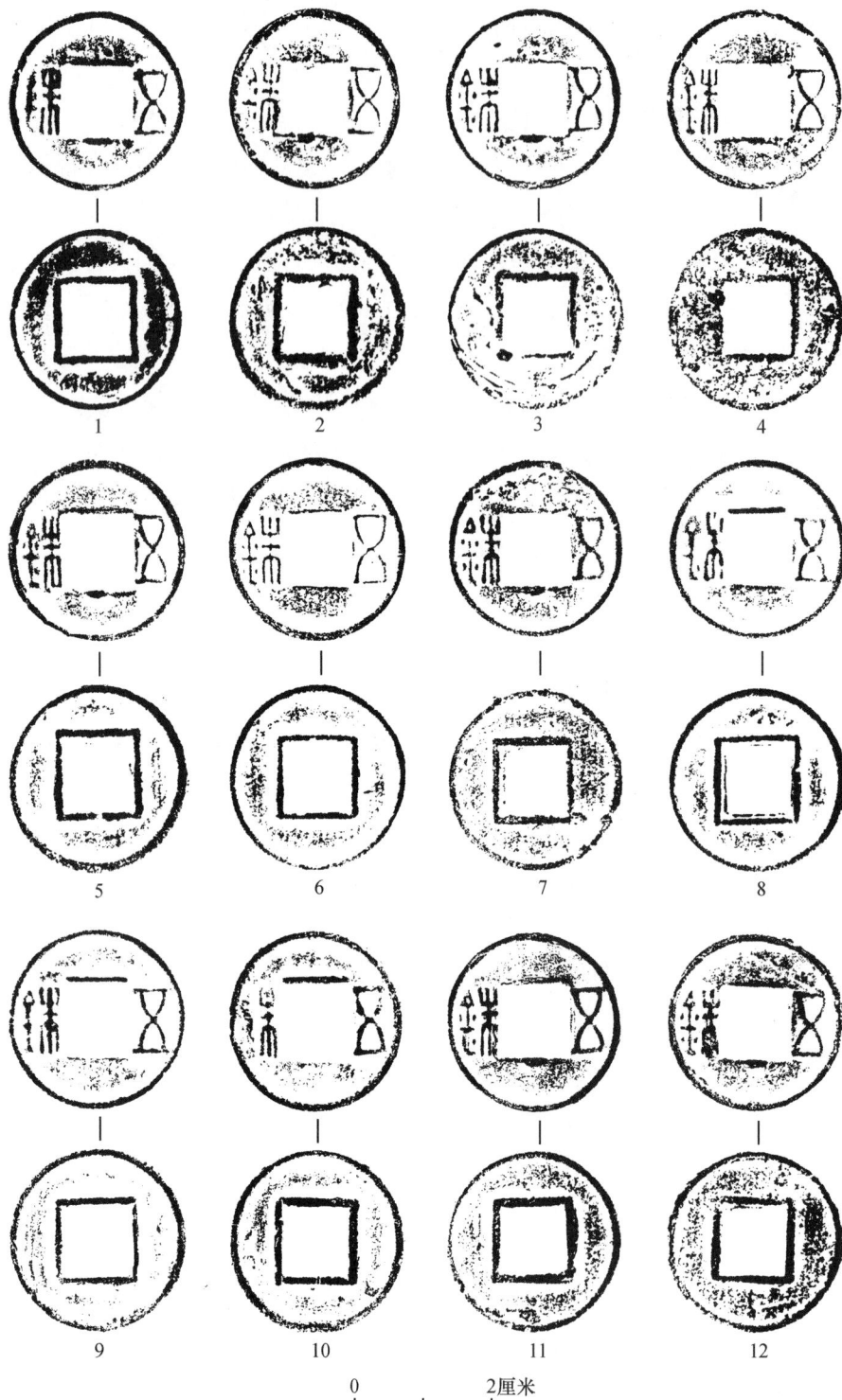

图五六八　Ⅰ区M198出土铜钱（一）

1. M198A：2-1　2. M198A：2-2　3. M198A：2-3　4. M198A：2-4　5. M198A：2-5　6. M198A：2-6　7. M198A：2-7
8. M198A：2-8　9. M198A：2-9　10. M198A：2-10　11. M198A：2-11　12. M198A：2-12

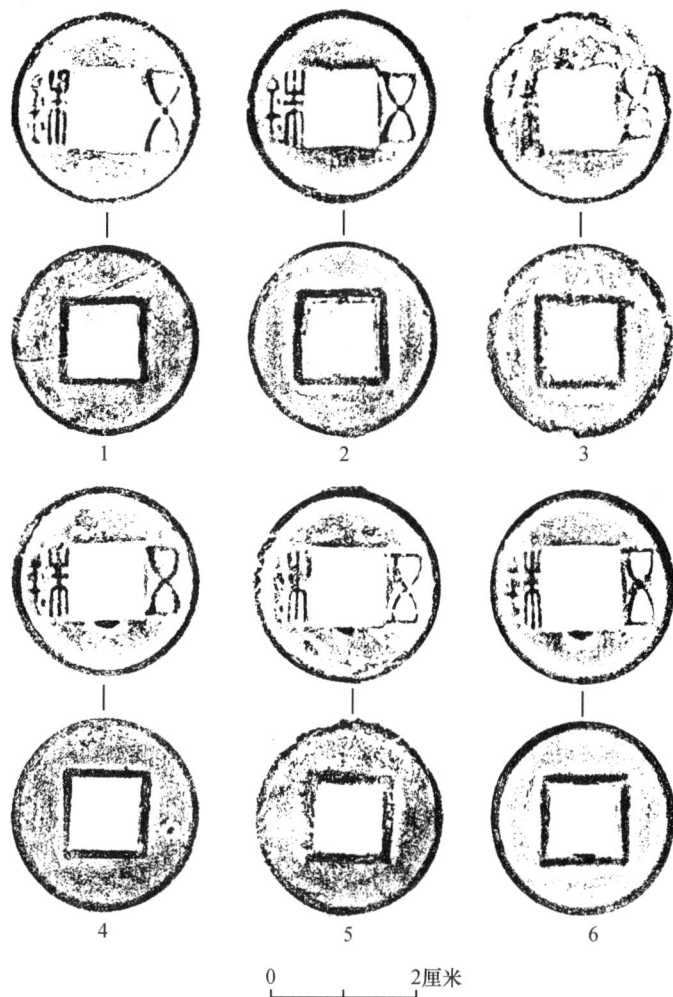

0　　　　　　　2厘米

图五六九　Ⅰ区M198出土铜钱（二）

1. M198A：2-13　　2. M198A：2-14　　3. M198A：2-15　　4. M198A：2-16　　5. M198A：2-17　　6. M198A：2-18

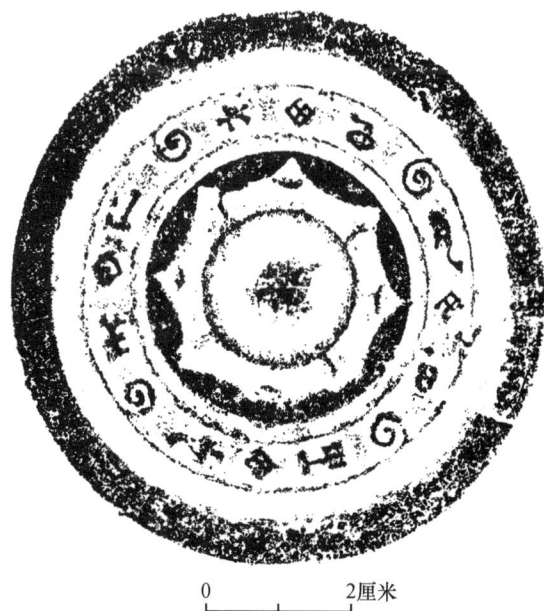

0　　　　　　　2厘米

图五七〇　Ⅰ区M198出土铜镜（M198A：1）

腹，最大径在肩部，平底。轮制，器底有轮旋痕。标本M198B：11，尖圆唇，矮领，平沿稍外斜，肩部饰两组（每组两道）凹弦纹。口径10.8、腹径21.4、底径12、高19.7厘米（图五七一，6；图版一四五，6）。标本M198B：12，双唇，矮领，双唇不明显，肩部饰两道凹弦纹。口径9.3、腹径18.2、底径8.6、高18.2厘米（图五七一，4）。标本M198B：13，双唇，矮领，双唇明显。口径7.2、腹径14.3、底径8、高13.2厘米（图五七一，5）。

樽　1件，标本M198B：6，泥质灰陶。盖，覆钵形，子母口，顶部有柿蒂形钮，之外布置六道弦纹；器身，直口，平沿，直筒腹，平底，底附三马蹄形足，足根饱满。器表漆黑。盖径21.2、器身口径20.8、底径20.6、足高5.2、通高22厘米（图五七一，7；图版一四六，1）。

铜器　9件，器类有钫、壶、灶、釜、甑、盆、勺、镜。

钫　1件，标本M198B：14，侈口，平沿，束颈，鼓腹，高圈足稍外撇，腹部饰一对称铺

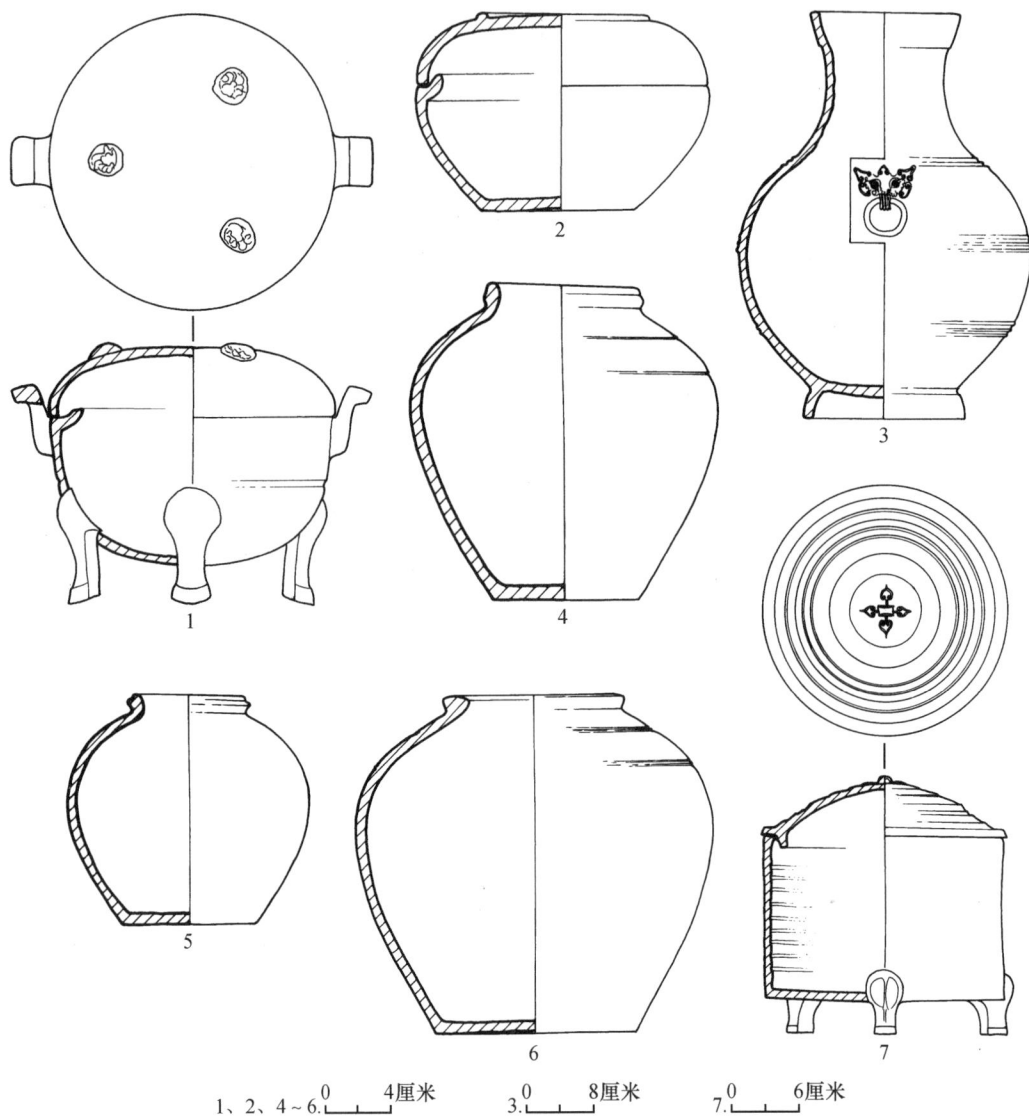

1、2、4～6. ├─0──4厘米─┤　　3. ├─0──8厘米─┤　　7. ├─0──6厘米─┤

图五七一　Ⅰ区M198出土器物（三）

1. 陶鼎（M198B：16）　2. 陶盒（M198B：17）　3. 釉陶壶（M198B：4）　4～6. 陶罐（M198B：12、13、11）

7. 陶樽（M198B：6）

首。口径4.1、腹径7.2、底径5.0、圈足高0.6、通高12.3厘米（图五七二，1；彩版二一，2）。

壶　1件，标本M198B：15，侈口，平沿，唇部加厚，短束颈，球形腹，平底，高圈足，腹部饰一对铺首。口径5.0、腹径9.2、底径6.0、圈足高0.7、通高11.5厘米（图五七二，2；彩版二四，1）。

灶　1件，标本M198B：9，灶体平面呈马蹄形，前方后圆，灶面有一圆形釜穴，后端中部有一圆形烟囱，前壁有长方形不落地灶门，平底，底附四个马蹄形足。长16.1、宽12.7、高7.6厘米（图五七二，3；彩版二二，3）。

釜　1件，与灶配套，标本M198B：2，直口，圆唇，矮领，鼓肩，腹部有一周凸棱，圜底。口径5.4、腹径10.3、高5.2厘米（图五七二，4；彩版二三，2）。

甑　1件，与灶配套，标本M198B：8，敞口，平沿，尖圆唇，深弧腹，高圈足，平底，腹部饰一对称桥形耳，底部有四组（每组四道）镂空短竖线。口径11.6、底径5.6、通高5.3厘米（图五七二，5；彩版二二，2）。

盆　2件（M198B：10、22），与灶配套，形制相同，敞口，平沿，尖圆唇，身弧腹，低矮假圈足，平底。标本M198B：22，口径11.6、底径5.7、高5.2厘米（图五七二，6；彩版二二，1）。

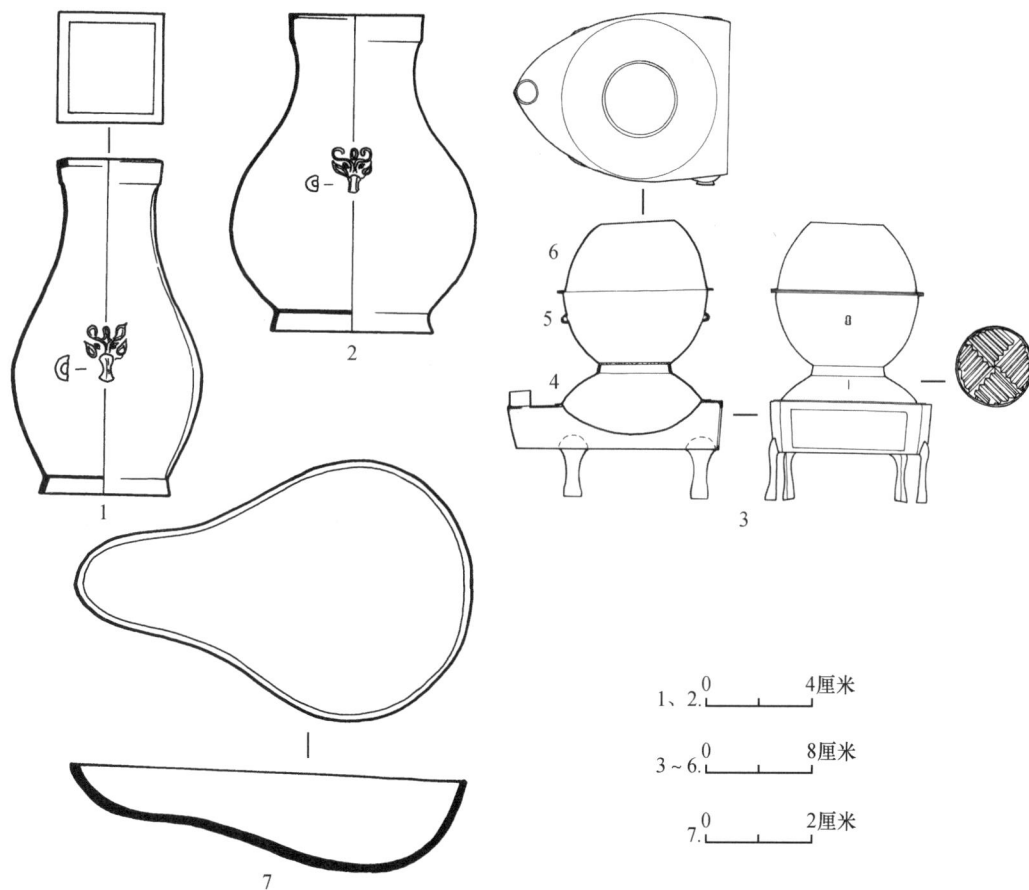

图五七二　Ⅰ区M198出土器物（四）

1. 铜钫（M198B：14）　2. 铜壶（M198B：15）　3. 铜灶（M198B：9）　4. 铜釜（M198B：2）　5. 铜甑（M198B：8）
6. 铜盆（M198B：22）　7. 铜勺（M198B：23）

勺　1件，标本M198B：23，器身椭圆钵形，敞口，方唇，浅弧腹，圜底，一侧曲柄上翘，口径4.8、腹深1.6、通长7.4、通高1.75厘米（图五七二，7；彩版二四，2）。

镜　1面，标本M198B：1，四乳四虺纹镜，圆形，半圆钮，圆钮座，宽素平缘，镜面微凸。钮座四周均匀伸出四组（每组三条）短竖线及四条弧线，之外一周凸弦圈带纹，再外两周短斜线纹之间有四个圆座乳钉纹与四条虺龙配列，龙腹背各配置一鸟。面径7.30、背径7.20、钮宽1.10、缘宽0.70、缘厚0.30厘米，重70克（图五七四，7；彩版四九，2）。

铁削　2件，标本M198B：3-1，残，两节，环首柄，直背，直刃。残长16.25厘米（图五七三，1）。标本M198B：3-2，残存一节。残长5.1厘米（图五七三，2）。

玉器　4件，器类为口琀、饰件、鼻塞。

口琀　1件，标本M198B：19，蝉形，钙化严重。通长4.4厘米（图五七三，3）。

饰件　1件，标本M198B：7，两头为帽形，中间偏细，一端有一凸棱。通长2.3厘米（图五七三，4；彩版五六，6）。

鼻塞　2件，标本M198B：20，圆柱形，高1.5、直径0.5～0.85厘米（图五七三，5）。

骨环　1件，标本M198B：21，圆形片状，中间有一圆形穿孔。直径3.4、穿孔1.4厘米（图五七三，6；图版一五六，3）。

铜钱　83枚，均为五铢钱，圆形方穿，穿背面有郭，部分穿上有一横郭或穿下有一星纹，穿之两侧有篆文"五铢"二字。"五"字或瘦长，或宽大，交笔或斜直，或缓曲，或甚曲，

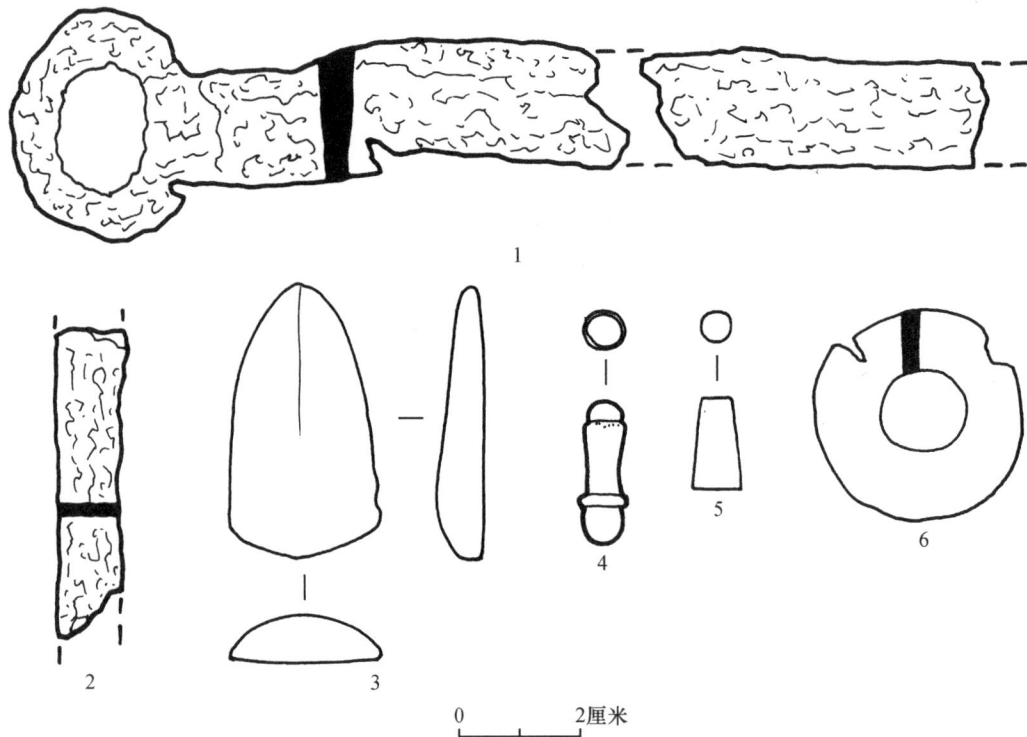

图五七三　Ⅰ区M198出土器物（五）

1、2.铁削（M198B：3-1、2）　3.玉口琀（M198B：19）　4.饰件（M198B：7）　5.玉鼻塞（M198B：20）
6.骨环（M198B：21）

图五七四 Ⅰ区M198出土铜镜（M198B∶1）

"铢"字金头三角，或箭头形，朱头方折，"五"字瘦长，交笔较直或缓曲，或甚曲（按：年代武帝到宣元时期）（图五七五~图五八一）。

第一九六节 M199

1. 墓葬形制

M199，位于第二阶地西部，探方T0204内，南邻M78，北与M205并列，方向一致，年代相当，当有一定关系。方向270度。形制为斜坡墓道土洞墓，由墓道、甬道、墓室、耳室四部分组成（图五八二；图版六五，3、4）。

墓道 位于墓室的西端，平面呈长方形，壁面较直，底部呈斜坡状。开口长7.10、宽0.60~0.70、坡长7.70、底距开口深0~2.80米，坡度25度。墓道内填五花土，土质疏松，未经夯打。

甬道 位于墓道和墓室之间，平面呈长方形，拱顶土洞。宽0.50、长0.70、高1.10米。

墓室 平面呈长方形，拱顶土洞，条砖"人"字形铺地。条砖33厘米×11厘米×6厘米。墓室长3.90、宽1.26~1.60、高1.10米。该墓被盗扰，器物主要出土于墓室西部，出土有陶壶1、陶钵2（其中1个出土于耳室）、陶灶1、陶盘1、陶案1（耳室）、陶井1、陶耳杯6（其中3个出土于耳室）、陶斗1（耳室）。

耳室 位于墓室前部北侧，平面呈长方形，拱顶土洞，条砖错缝平铺地。条砖33厘米×11厘米×6厘米。耳室长1.54、宽1.20、高1.10米。耳室内出土有陶案1、陶钵1、陶耳杯3、陶斗1。

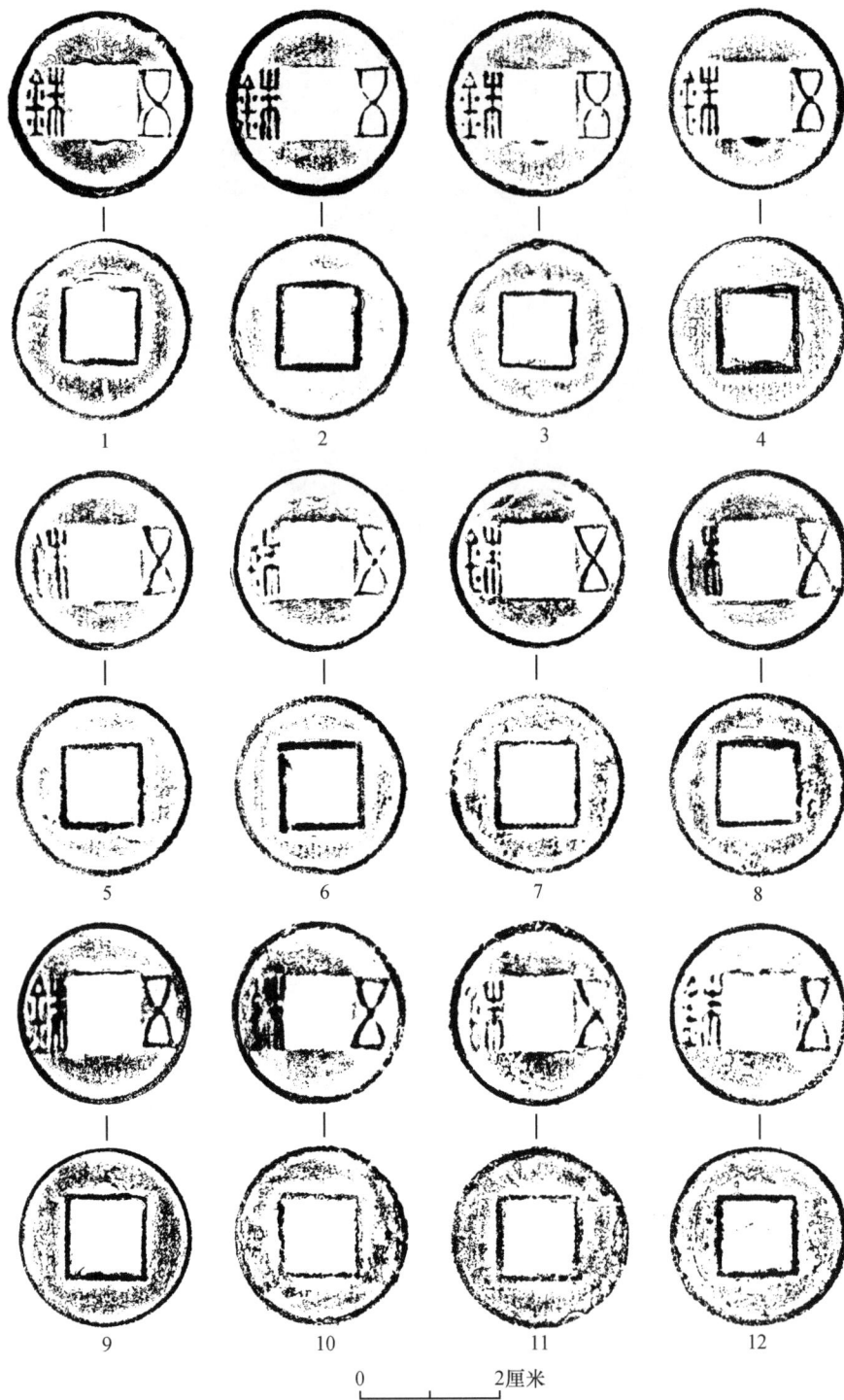

0　　　　　2厘米

图五七五　Ⅰ区M198出土铜钱（一）

1. M198B∶5-1　2. M198B∶5-2　3. M198B∶5-3　4. M198B∶5-4　5. M198B∶5-5　6. M198B∶5-6　7. M198B∶5-7
8. M198B∶5-8　9. M198B∶5-9　10. M198B∶5-10　11. M198B∶5-11　12. M198B∶5-12

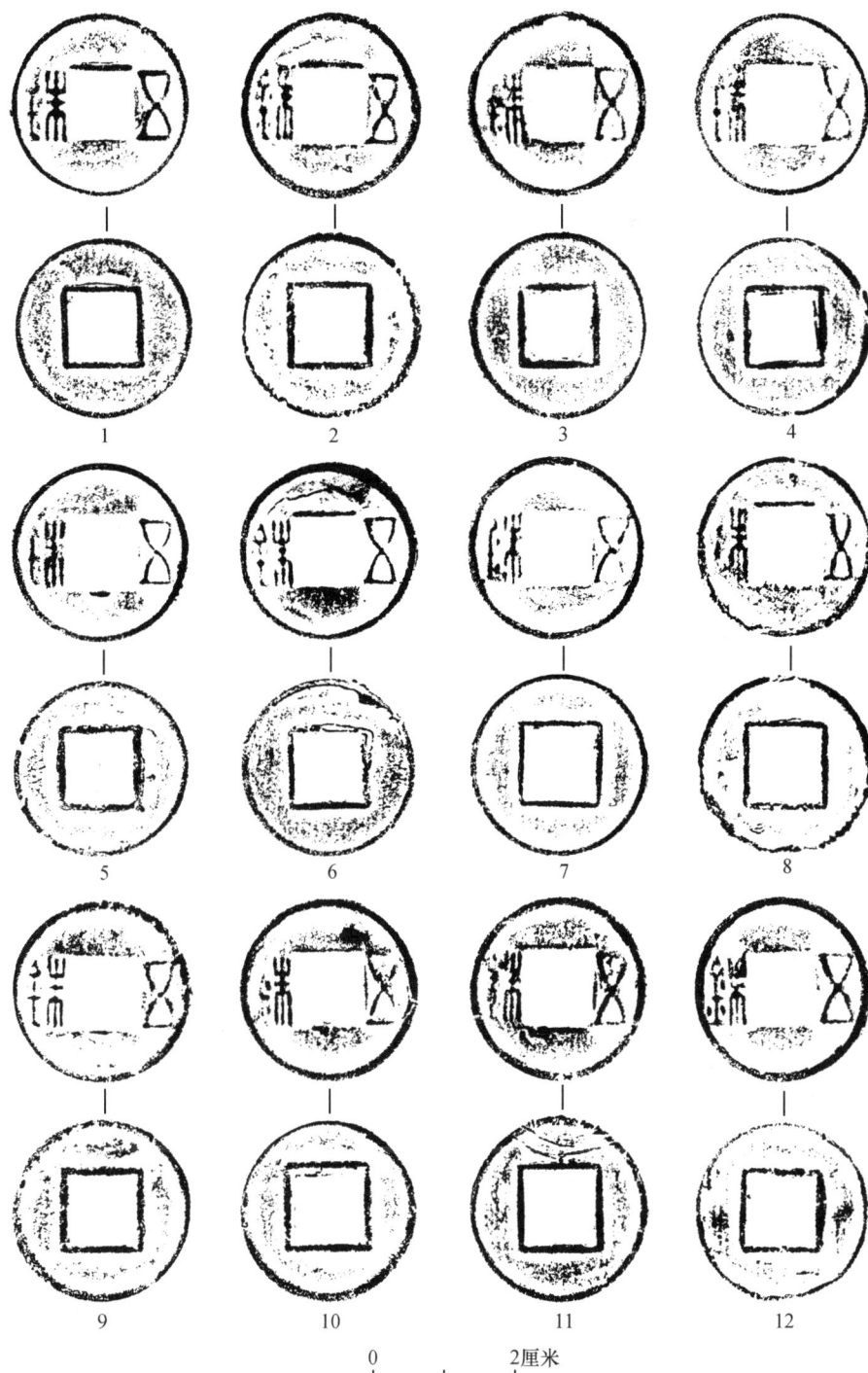

图五七六 Ⅰ区M198出土铜钱（二）

1. M198B：5-13　2. M198B：5-14　3. M198B：5-15　4. M198B：5-16　5. M198B：5-17　6. M198B：5-18　7. M198B：5-19
8. M198B：5-20　9. M198B：5-21　10. M198B：5-22　11. M198B：5-23　12. M198B：5-24

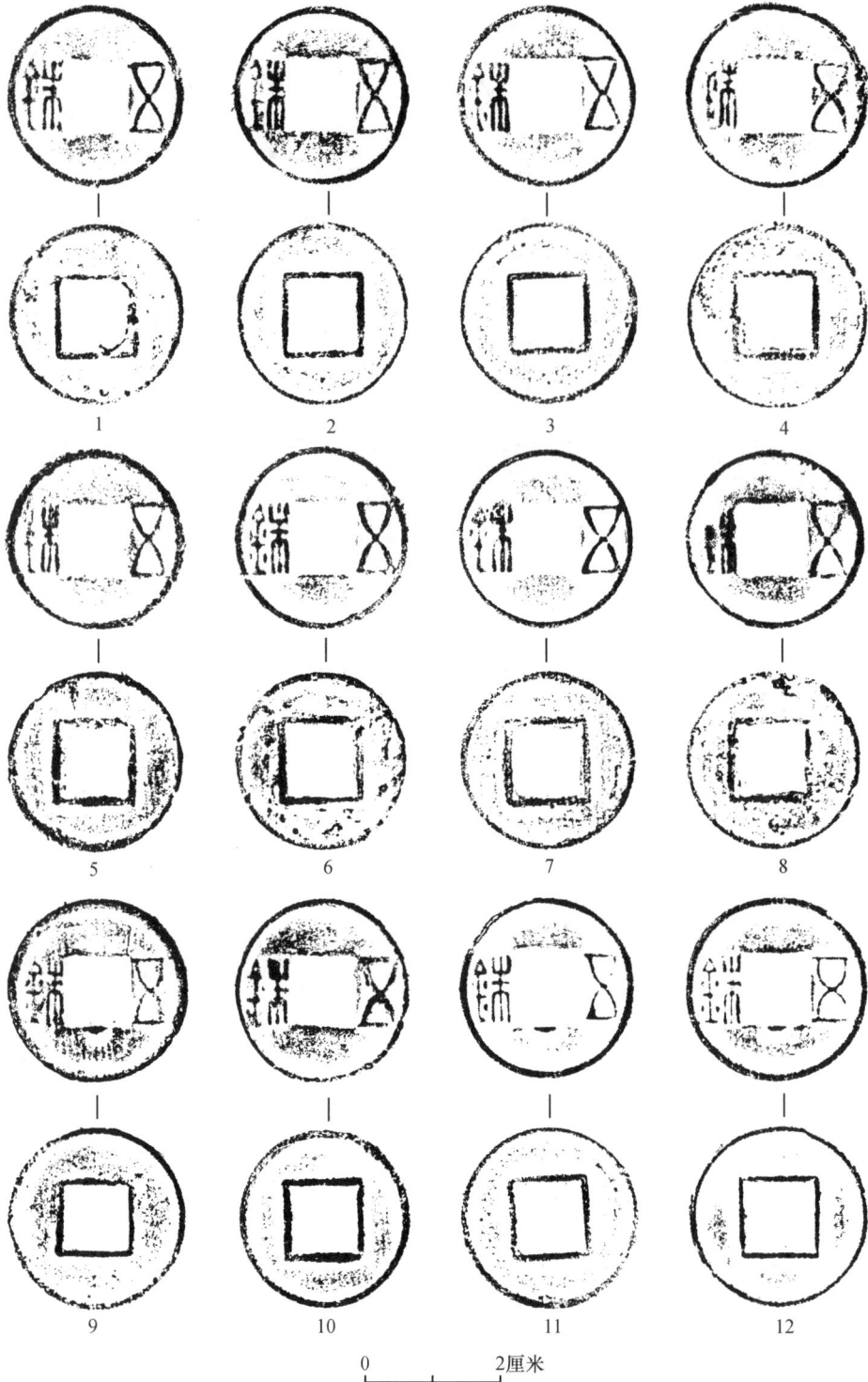

图五七七　Ⅰ区M198出土铜钱（三）

1. M198B：5-25　2. M198B：5-26　3. M198B：5-27　4. M198B：5-28　5. M198B：5-29　6. M198B：5-30　7. M198B：5-31
8. M198B：5-32　9. M198B：5-33　10. M198B：5-34　11. M198B：5-35　12. M198B：5-36

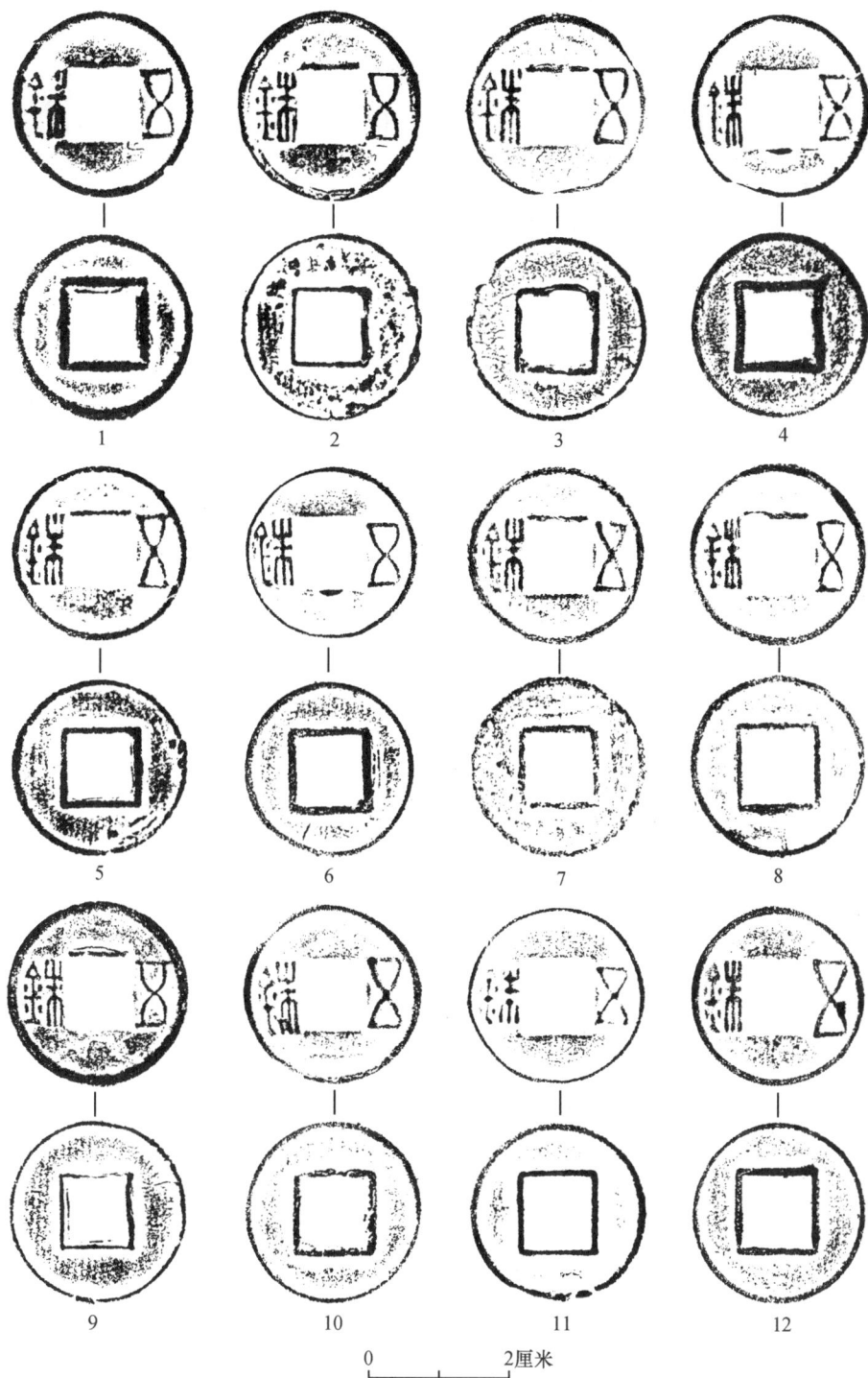

图五七八　Ⅰ区M198出土铜钱（四）

1. M198B：5-37　2. M198B：5-38　3. M198B：5-39　4. M198B：5-40　5. M198B：5-41　6. M198B：5-42　7. M198B：5-43

8. M198B：5-44　9. M198B：5-45　10. M198B：5-46　11. M198B：5-47　12. M198B：5-48

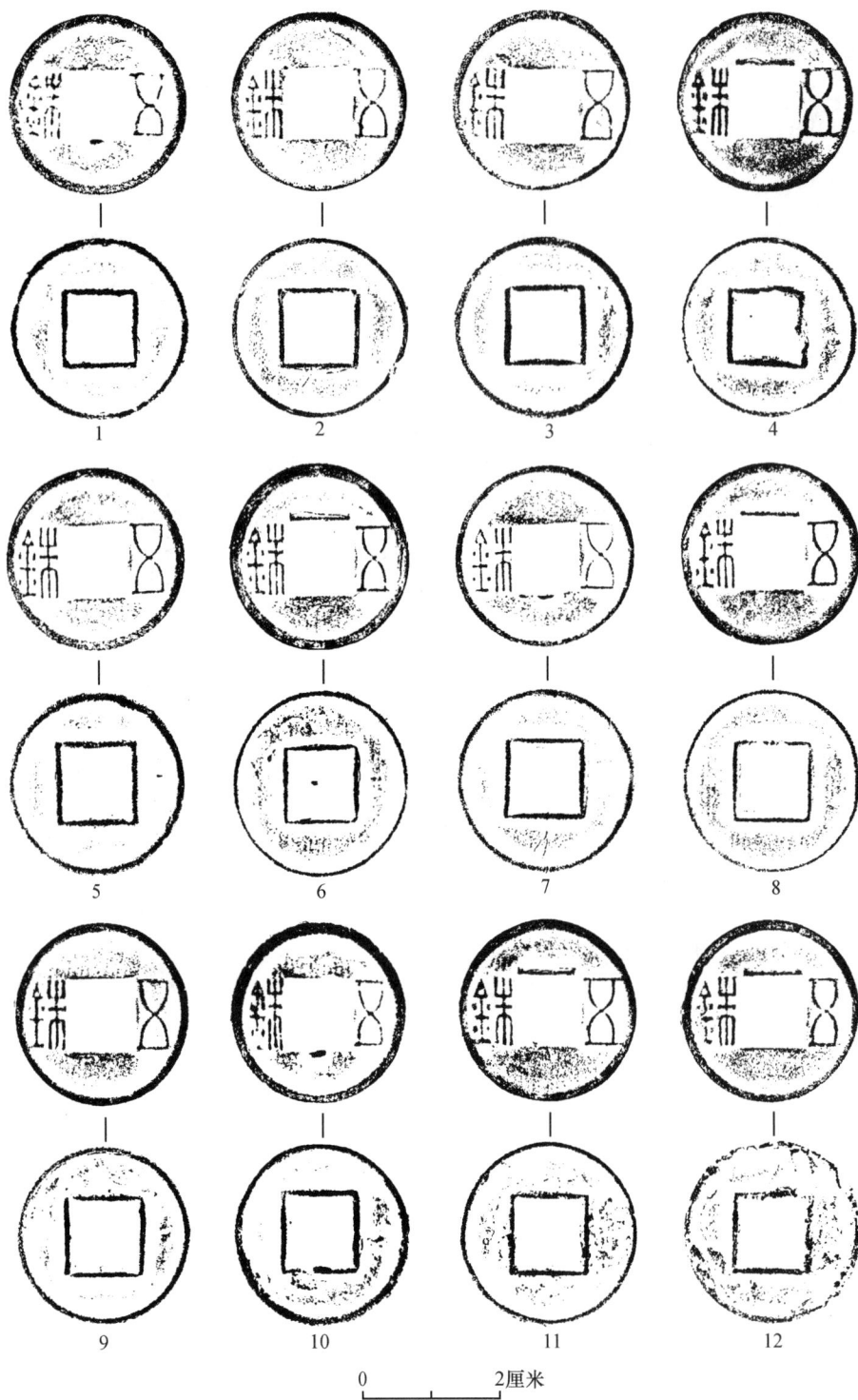

图五七九　Ⅰ区M198出土铜钱（五）

1. M198B：5-49　2. M198B：5-50　3. M198B：5-51　4. M198B：5-52　5. M198B：5-53　6. M198B：5-54　7. M198B：5-55
8. M198B：5-56　9. M198B：5-57　10. M198B：5-58　11. M198B：5-59　12. M198B：5-60

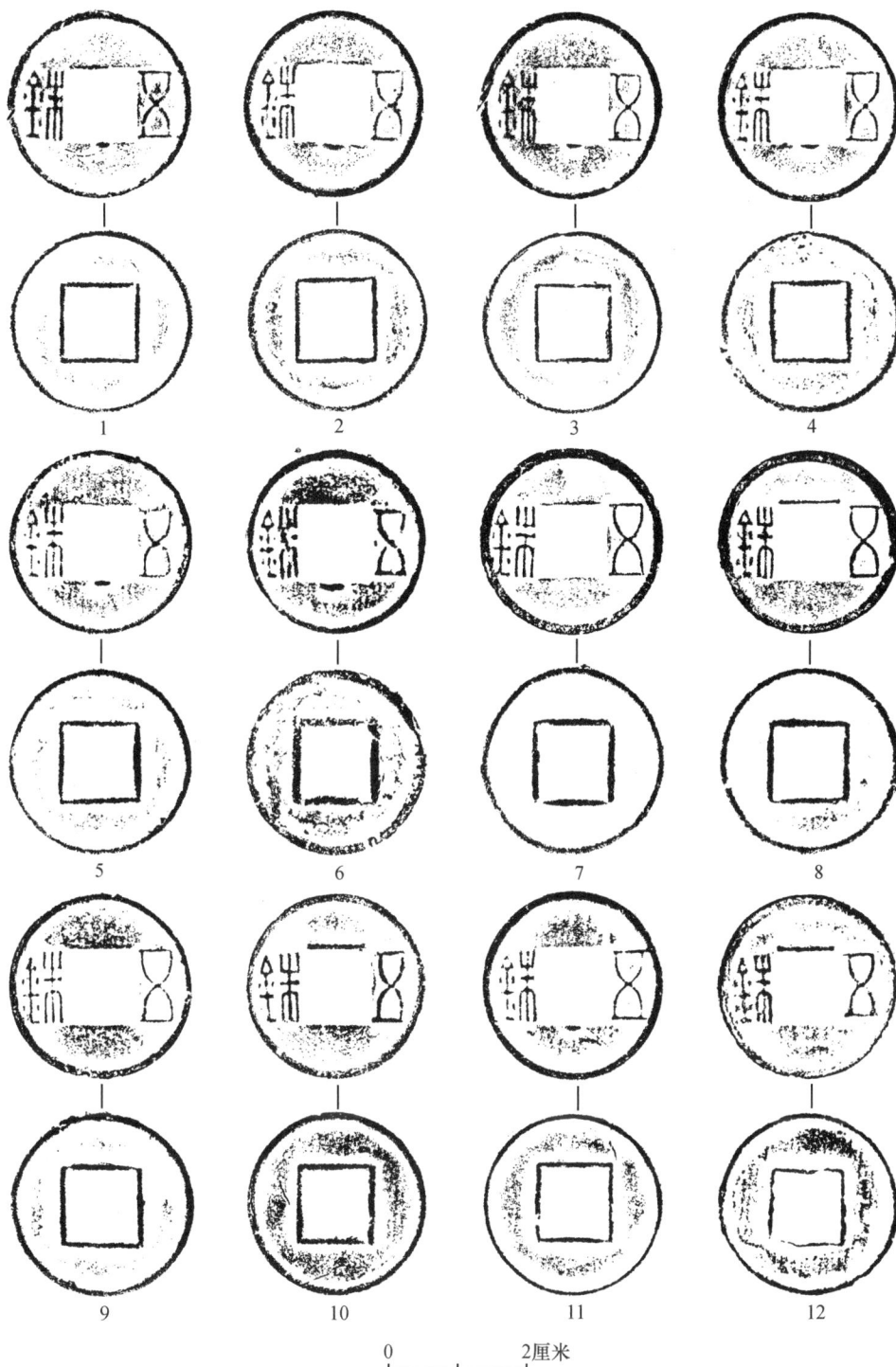

0　　　　　2厘米

图五八〇　Ⅰ区M198出土铜钱（六）

1. M198B：5-61　2. M198B：5-62　3. M198B：5-63　4. M198B：5-64　5. M198B：5-65　6. M198B：5-66　7. M198B：5-67
8. M198B：5-68　9. M198B：5-69　10. M198B：5-70　11. M198B：5-71　12. M198B：5-72

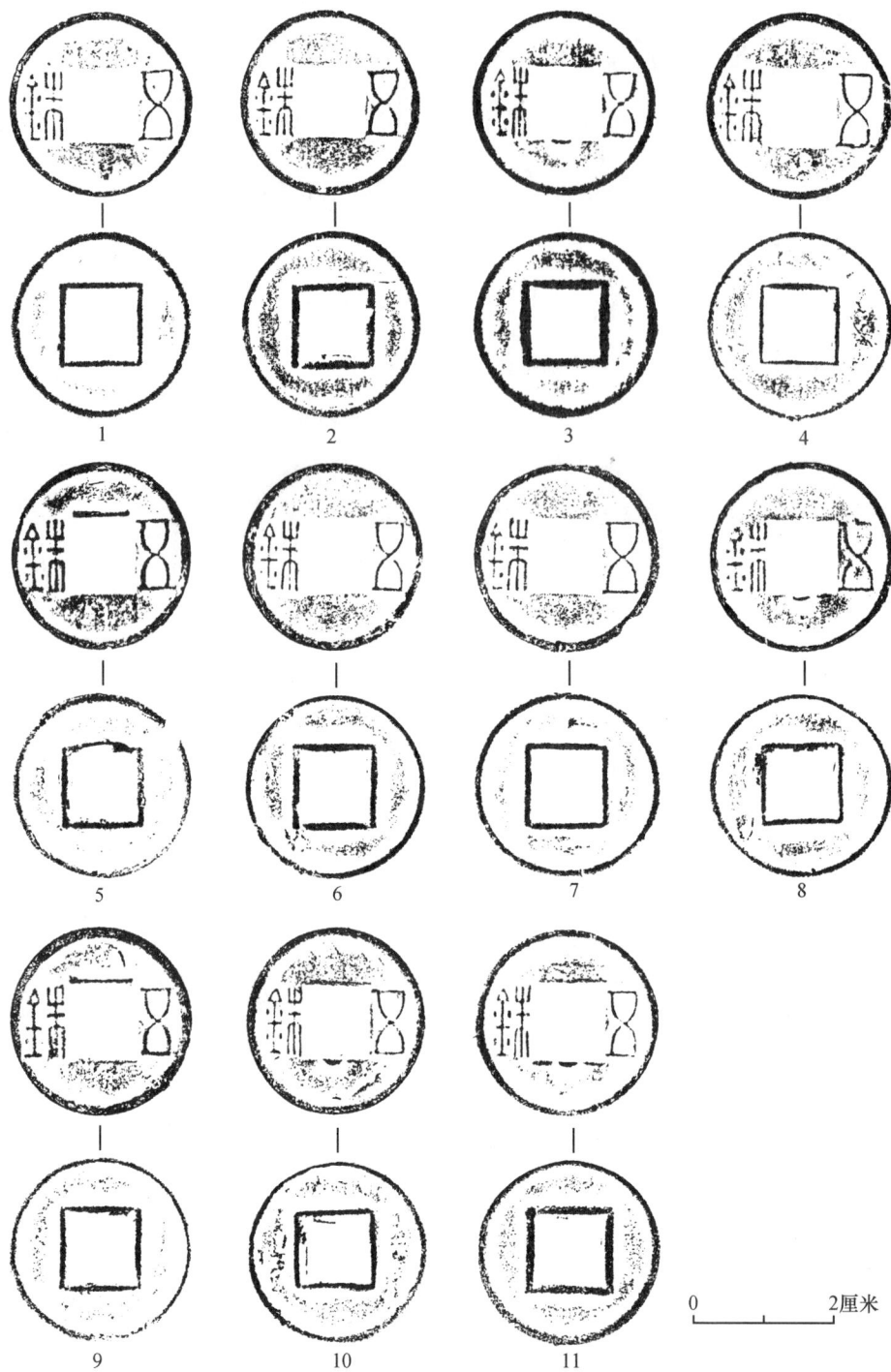

图五八一 Ⅰ区M198出土铜钱（七）

1. M198B：5-73　2. M198B：5-74　3. M198B：5-75　4. M198B：5-76　5. M198B：5-77　6. M198B：5-78　7. M198B：5-79
8. M198B：5-80　9. M198B：5-81　10. M198B：5-82　11. M198B：5-83

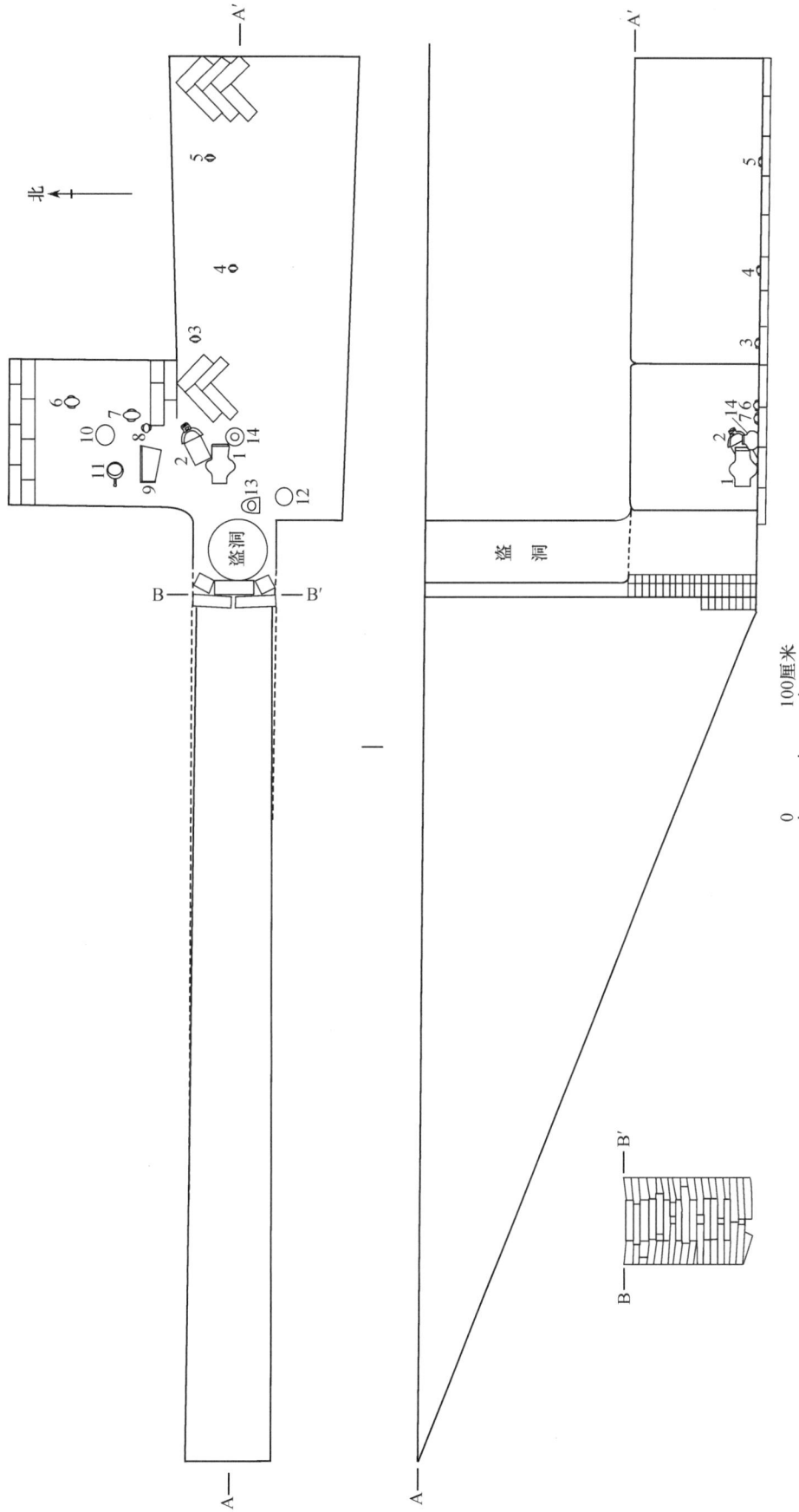

图五八二 Ⅰ区M199平、剖面图

1. 陶壶 2. 陶井 3～8. 陶耳杯 9. 陶案 10、14. 陶钵 11. 陶斗 12. 陶盘 13. 陶灶

封门　条砖封门，错缝平砌。长0.70、宽0.22、高1.10米。条砖33厘米×11厘米×6厘米。

葬具　不详。

葬式　不详。

盗洞　1处，位于甬道之上，自上而下进入墓室。平面呈圆形，直径约0.50米。

2. 出土器物

该墓出土器物14件，均为泥质灰陶，器类有壶、钵、盘、灶、案、井、耳杯、斗。

壶　1件，标本M199：1，泥质灰陶。侈口，平沿，粗长颈内束，扁鼓腹，高假圈足外撇，平底。肩、腹部各饰一组（每组两道）凹弦纹。口径14.1、腹径21.5、底径13.9、足高6.6、通高32.2厘米（图五八三，1）。

钵　2件（M199：10、14）。标本M199：10，敞口，圆唇，略鼓腹，假圈足，平底内凹。口径16.3、底径10、高6.7厘米（图五八三，3）。标本M199：14，侈口，平沿，矮领，圆鼓肩，鼓腹，最大径在肩部，下腹内曲，平底稍内凹，腹部有一周凸棱。口径11.6、腹径16、底径7.7、高11.7厘米（图五八三，2）。

灶　1件，标本M199：13，残，灶体平面呈马蹄形，前方后圆，灶面中部旋切一圆形釜穴，后端中部由内向外刺戳一圆形烟囱。长26.2、宽23.2、高9厘米（图五八四）。

盘　1件，标本M199：12，敞口，窄平斜沿，方唇，浅腹，腹壁斜直，平底内凹，内底饰两周凸弦纹。口径17.1、底径11.9、高2.6厘米（图五八三，4）。

案　1件，标本M199：9，泥质灰陶，残，长方形，边缘有一周台棱。长54、宽36.8、厚2厘米（图五八三，5）。

井　1件，标本M199：2，敛口，宽平沿，方唇，筒形腹，上小下大，平底稍内凹，井沿上粘附拱形井架，断面圆形，井架上方粘附两面坡房形井亭，顶部模印出屋脊、屋瓦，下部模印一亚腰形辘轳，腹部饰两周凹弦纹。井身轮制，井架手制，井亭合模制而后粘结。口径16.2、沿宽2.7、底径13.6、腹深15.9、通高27.6厘米（图五八三，6）。

耳杯　6件（M199：3、4、5、6、7、8），形制相同。杯体椭圆船形，敞口，方唇，浅弧腹，低矮假圈足，平底或稍内凹，口沿两侧有对称月牙形耳。外壁有模印痕，内壁有修坯削痕。标本M199：6，口径8.4～13、底径4.1～7.3、高3.8厘米（图五八三，7）。标本M199：7，口径6.6～11.2、底径2.1、高3.1厘米（图五八三，8）。

斗　1件，标本M199：11，残，敞口，圆唇，口沿一侧粘附龙首形柄，末端略下弯，柄模制，而后粘结。残长15、通高4.3厘米（图五八三，9）。

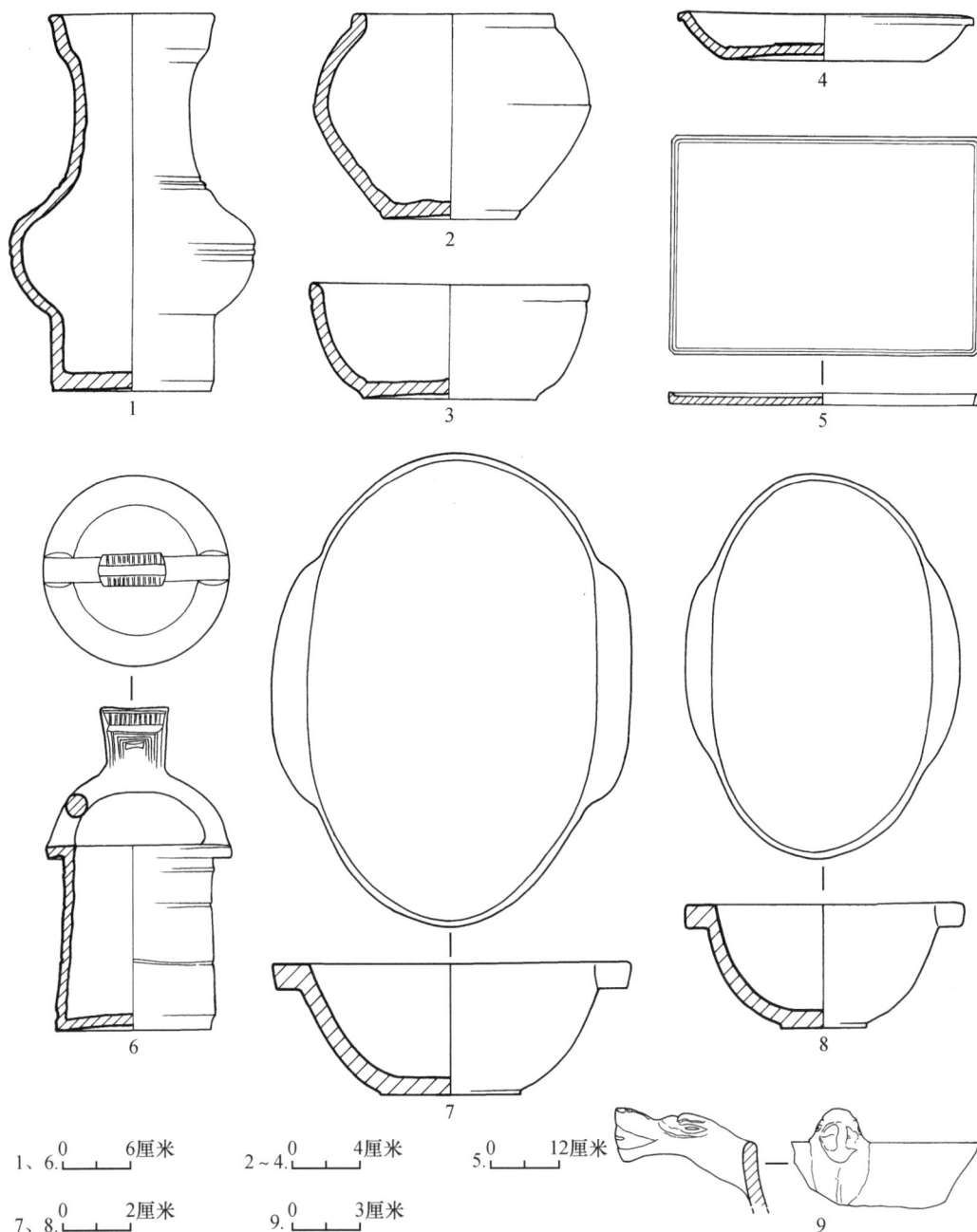

图五八三　Ⅰ区M199出土器物

1. 陶壶（M199∶1）　2、3. 陶钵（M199∶14、10）　4. 陶盘（M199∶12）　5. 陶案（M199∶9）　6. 陶井（M199∶2）

7、8. 陶耳杯（M199∶6、7）　9. 陶斗（M199∶11）

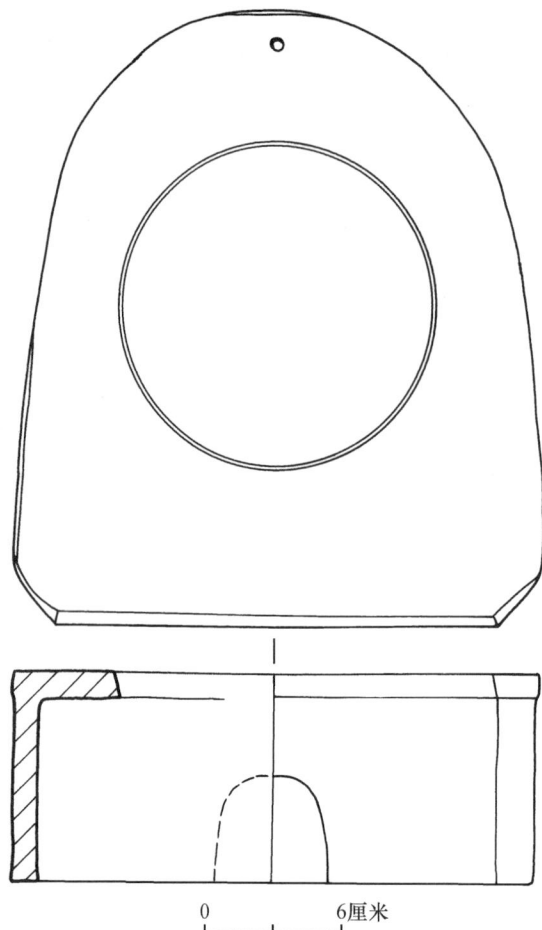

图五八四　Ⅰ区M199出土陶灶（M199：13）

第一九七节　M200

1. 墓葬形制

M200，位于第一阶地西部中央，探方T0302内，东与M196并穴合葬。方向185度。形制为竖穴墓道砖室墓，由墓道、墓室两部分组成（图五八五）。

墓道　位于墓室南端，平面呈长方形，壁面较直，底略呈斜坡状。开口长2.50、宽0.90、底距开口深5.10～5.60米。墓道内填五花土，土质疏松，未经夯打。

墓室　平面呈长方形，砖室破坏严重，结构不详。墓室长3.50、宽1.30～1.40、高1.30米。该墓被盗扰，出土有陶仓（残）1、陶罐（残）1、玉鼻塞1、铜钱2。

封门　条砖封门，错缝平砌。长0.84、高1.26米，条砖39厘米×18厘米×10厘米、36厘米×18厘米×6厘米。

葬具　木棺，出土有铁棺钉，尺寸不详。

葬式　不详。

盗洞　1处，位于墓道的末端，自上而下进入墓室。平面呈圆形，直径约0.50米。

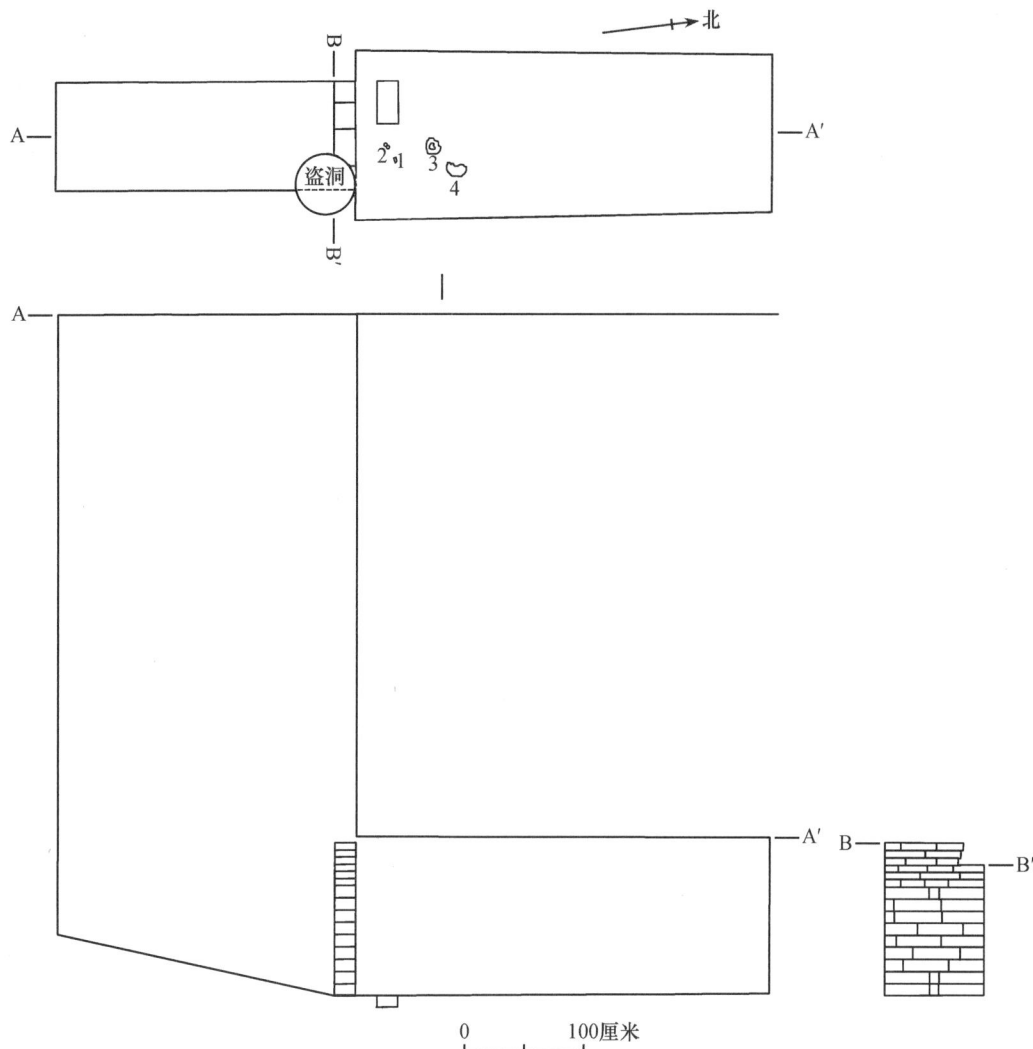

图五八五　Ⅰ区M200平、剖面图
1. 玉鼻塞　2. 铜钱　3. 陶仓　4. 陶罐

2. 出土器物

该墓出土器物3件，另有铜钱2枚。质地为陶、铜和玉石三种，分述如下。

陶器　2件，泥质灰陶，器类有仓、罐。

仓　1件，标本M200：3，残，仅剩口沿，侈口，平沿外斜，绕口一周有环状台面，稍出檐。口径8.8、残高5.8厘米，未绘图。

罐　1件，标本M200：4，残，仅剩下部，下腹斜内收，平底，轮制，器内有轮旋痕。底径9.2、残高5.9厘米（图五八六，1）。

玉鼻塞　1件，标本M200：1，圆柱形，高2.3、直径0.5～0.7厘米（图五八六，2）。

铜钱　2枚，均为五铢钱，圆形方穿，穿背面有郭，部分穿上有一横郭或穿下有一星纹，穿之两侧有篆文"五铢"二字。"铢"字金头三角，朱头方折或略有圆意。标本M200：2-1，五字瘦长，交笔缓曲，穿上一横，钱径25.28、穿宽9.63、郭厚1.74毫米，重3.39克（图

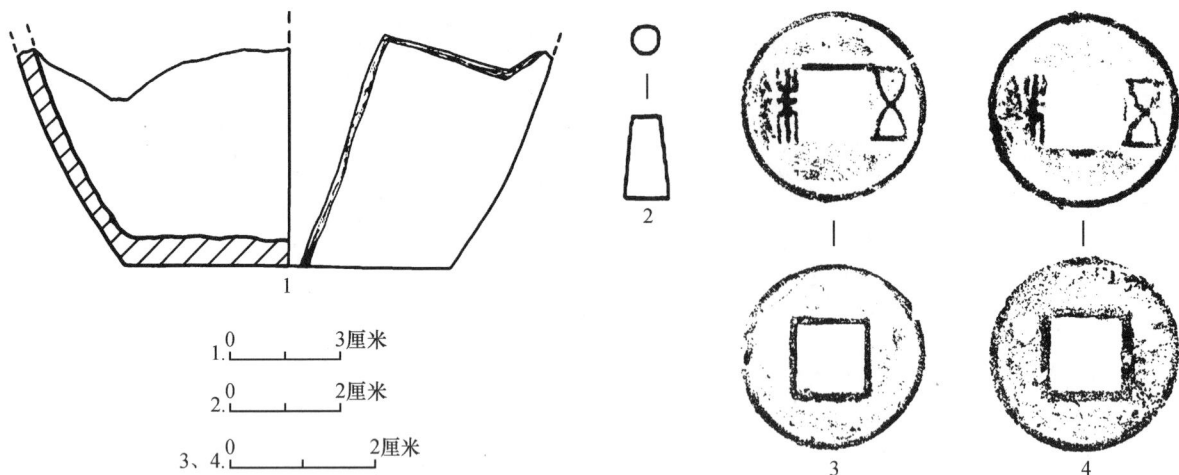

图五八六　Ⅰ区M200出土器物

1.陶罐（M200：4）　2.玉鼻塞（M200：1）　3、4.铜钱（M200：2-1、2）

五八六，3）。标本M200：2-2，五字瘦短，交笔缓曲，穿下一星，钱径25.95、穿宽9.09、郭厚1.83毫米，重3.07克（按：年代为武帝时期）（图五八六，4）。

第一九八节　M201

1. 墓葬形制

M201，位于第一阶地西部，探方T0302内，北邻M184、M178。方向220度。形制为竖穴墓道土洞墓，由墓道、墓室两部分组成（图五八七）。

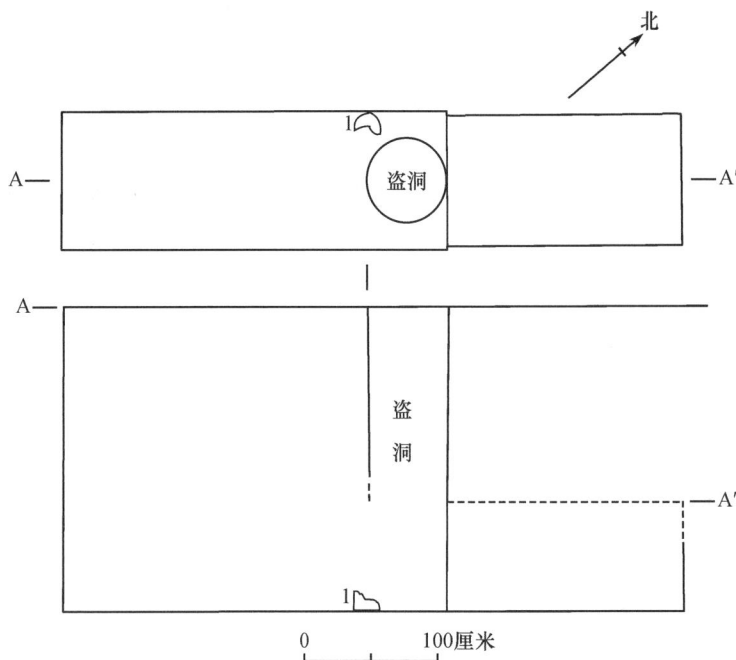

图五八七　Ⅰ区M201平、剖面图

1.陶仓

　　墓道　位于墓室的西端，平面呈长方形，壁面较直。开口长2.90、宽1.0、底距开口深2.20米。墓道内填五花土，土质疏松，未经夯打。内出土陶仓1件。

　　墓室　平面呈长方形，拱顶土洞。墓室长1.75、宽0.96、残高0.50米。该墓被盗扰，墓室内未出土器物。

　　封门　不详。

　　葬具　木棺，出土有铁棺钉，尺寸不详。

　　葬式　不详。

　　盗洞　1处，位于墓道的末端，自上而下进入墓室。平面呈圆形，直径约0.60米。

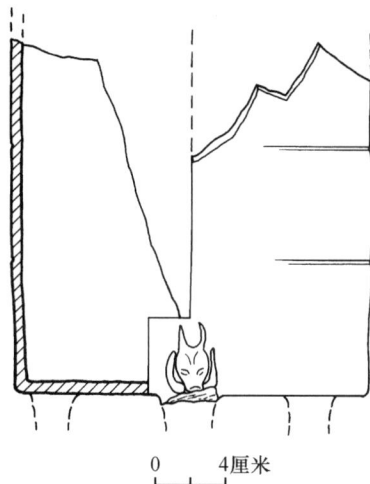

图五八八　Ⅰ区M201出土陶仓
（M201∶1）

2. 出土器物

　　该墓出土陶仓1件，标本M201∶1，泥质灰陶，上腹残，直筒腹，平底，底附三踞熊形足。轮制，器内有轮旋痕。底径20.0、残高20.0厘米（图五八八）。

第一九九节　M202

1. 墓葬形制

　　M202，位于第一阶地西部边缘，探方T0102北部，墓室延伸至T0103，西邻M203，与其墓室并列，方向一致，东南近M185、M204。方向190度。形制为斜坡墓道砖室墓，由墓道、墓室两部分组成（图五八九）。

　　墓道　位于墓室的南端，平面呈长方形，壁面较直，底部呈斜坡状。墓道开口残长4.70、宽0.90、坡长5.0、底距开口深0~3.90米，坡度25度。墓道内填五花土，土质疏松，未经夯打。

　　墓室　平面呈长方形，砖室破坏严重，结构不详，方砖铺地，方砖36厘米×36厘米×4厘米。墓室长3.50、宽1.40~1.44、高0.80米。该墓被盗扰，出土陶灶1件。

　　封门　条砖封门，结构较凌乱。长0.90、高0.66米，条砖36厘米×18厘米×6厘米。

　　葬具　木棺，出土有铁棺钉，尺寸不详。

　　葬式　不详。

　　盗洞　1处，位于墓道末端之上，自上而下进入墓室。平面呈圆形，直径约0.50米。

2. 出土器物

　　该墓共出土陶灶1件，标本M202∶1，泥质灰陶，残，无法复原，仅存灶面两釜，残长12.3、宽8厘米（图五九〇）。

北

盗洞

盗洞

B —   — B'

盗洞

A'

A'

A

A

B'

B

100厘米

0

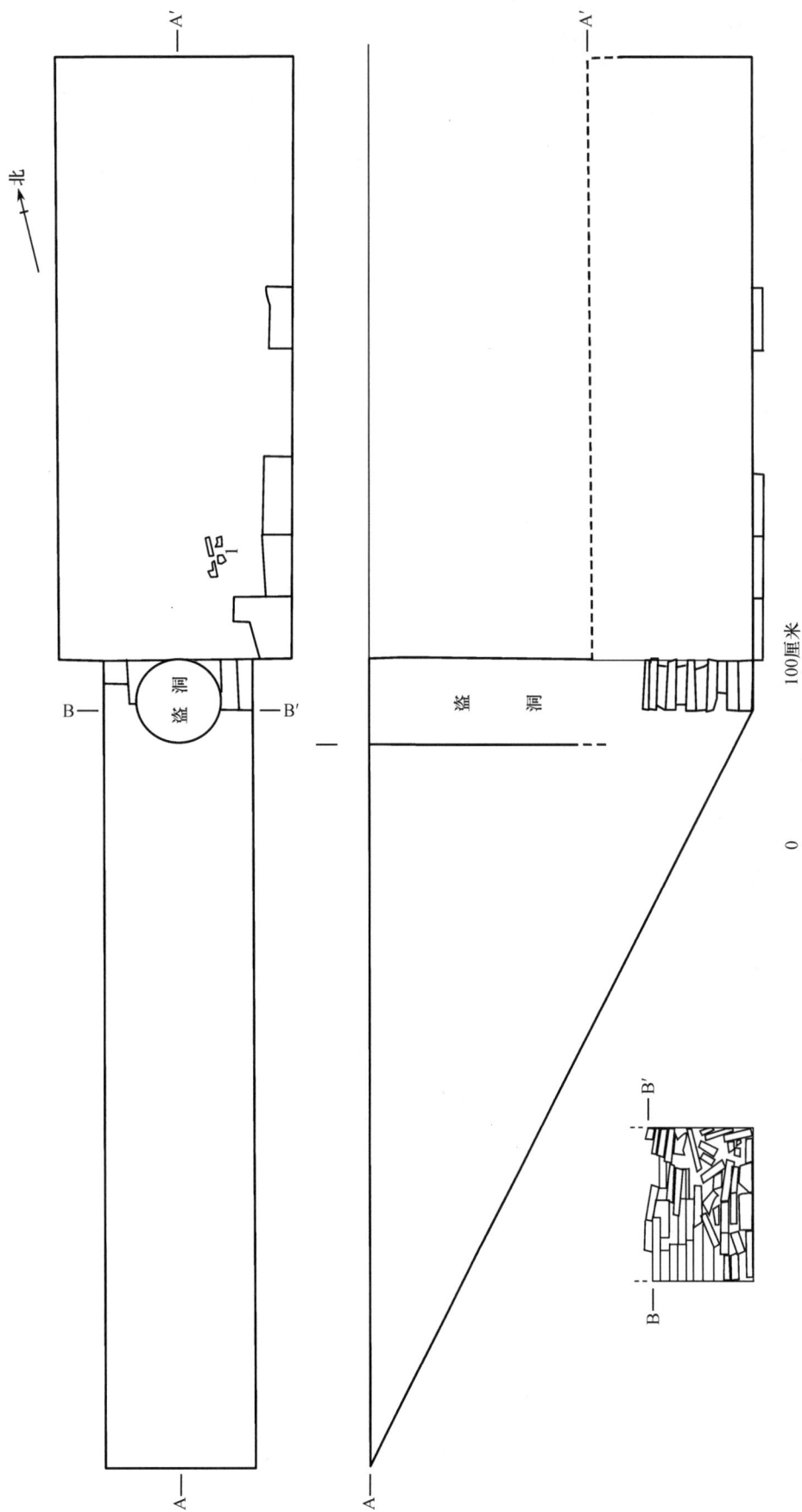

图五八九　Ⅰ区M202平、剖面图

1. 陶灶

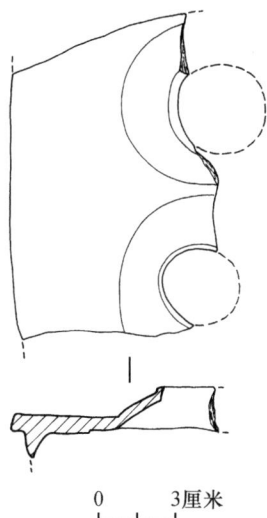

图五九〇　Ⅰ区M202出土陶灶（M202：1）

第二〇〇节　M203

1. 墓葬形制

M203，位于墓地最西端，探方T0102内，墓室延伸至T0103，东与M202并穴合葬，东南与M185、M204为邻。方向190度。墓葬形制为竖穴墓道砖室墓，平面略呈长方形，墓室等宽于墓道，全墓由墓道、墓室两部分组成（图五九一；图版六七，1、2）。

墓道　位于墓室的南端，平面呈长方形，壁面较直，开口长2.70、宽0.96、底距开口深5.60米。墓道内填五花土，土质疏松，未经夯打。

墓室　平面呈长方形，砖室结构，条砖（楔形砖）对缝券顶，东、西、北三壁为条砖错缝平砌，底为条砖错缝平铺，楔形砖尺寸36.5厘米×18.5厘米×（3.5～5）厘米，条砖尺寸36厘米×18厘米×9厘米。墓室长3.40、宽0.96、壁高0.94、高1.44米。墓室南部伸出土洞，延伸至墓道之内。该墓被盗扰，遗物位于墓室南侧，出土有陶鼎1、陶罐3、陶灶1套（甑1）。

封门　条砖封门，错缝平砌，长0.96、宽0.36、高1.54米。条砖尺寸36厘米×18厘米×9厘米。

葬具　木棺，出土铁棺钉，尺寸不详。

葬式　不详。

盗洞　1处，位于墓道的末端，自上而下进入墓室，平面呈长方形，长0.86、宽0.38米。

2. 出土器物

该墓共出土陶器6件，均为泥质灰陶。器类有鼎、罐、灶、甑。

鼎　1件，标本M203：3。盖，浅覆钵形，近平顶，边缘均匀布置三乳突形饰；器身，子母口内敛，弧腹，平底，肩附外撇弯曲板耳，顶端外折，腹中部有一周台棱，底附三马蹄形足

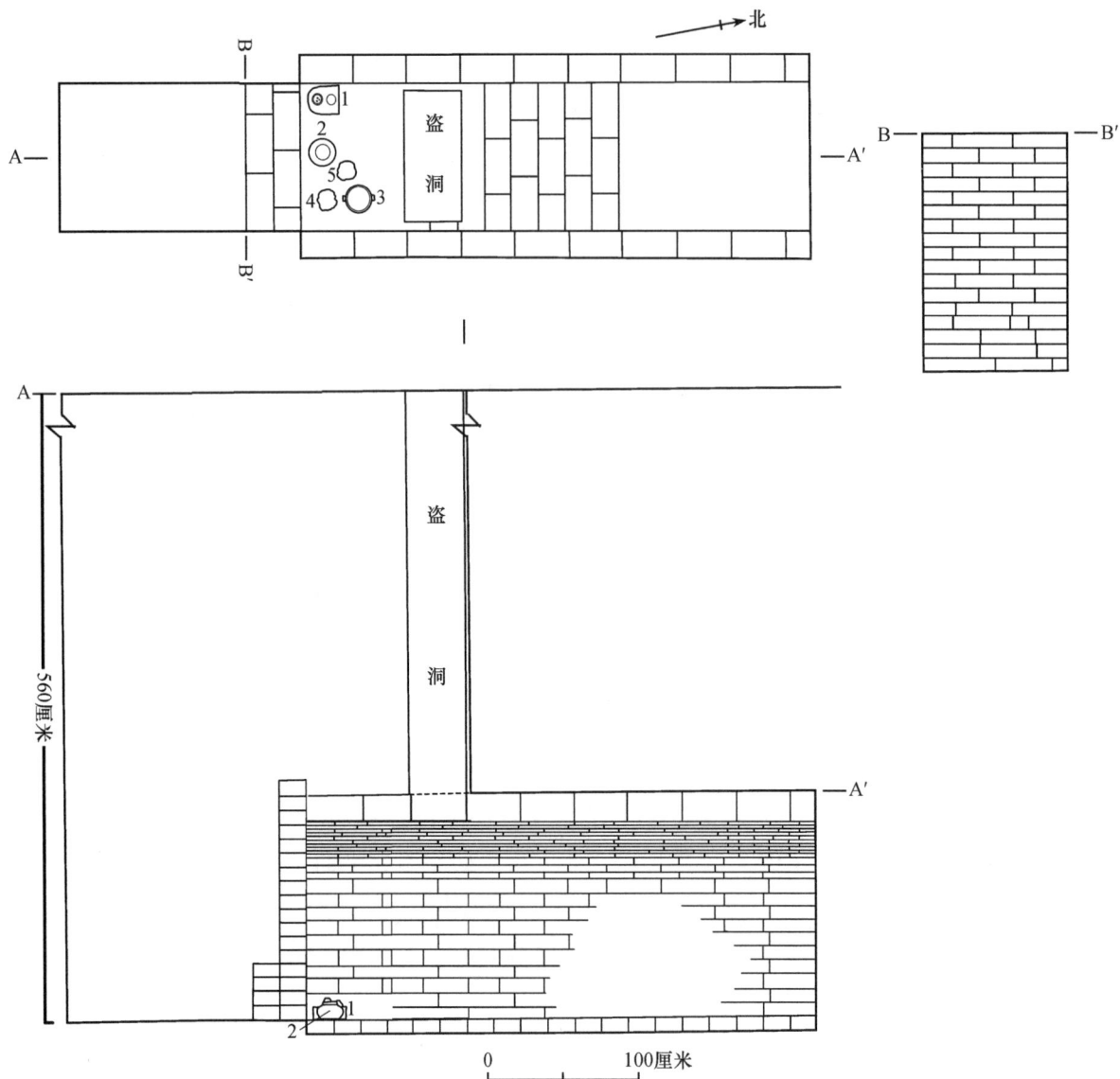

图五九一　Ⅰ区M203平、剖面图
1. 陶灶1（甑1）　2、4、5. 陶罐　3. 陶鼎

（残）。盖径17.4、器身口径17.4、腹深7.4、残通高12.4厘米（图五九二，1）。

　　罐　3件（M203：2、4、5），形制相同，侈口，双唇，矮领，鼓肩，鼓腹，最大径在肩部，平底稍内凹，肩部饰两道凹弦纹。标本M203：2，口径9.6、腹径16.4、底径10.6、高13.6厘米（图五九二，2）。

　　灶　1件，标本M203：1-1，灶体平面呈马蹄形，前方后圆，灶面两釜呈前后布置，尾部有圆形烟囱，前端有方形的落地灶门，灶门两侧模印几何菱形纹。灶面前端稍出檐，模印几何菱形纹及点状纹，灶面模印鱼、火勾和水瓢、盆等炊具。长22.4、宽15.2、高11.8厘米（图五九二，3）。

　　甑　1件，与灶配套。标本M203：1-2，敞口，平沿，方唇，斜直腹，平底，底部有三个箅孔。口径6.3、底径1.6、高4.5厘米（图五九二，4）。

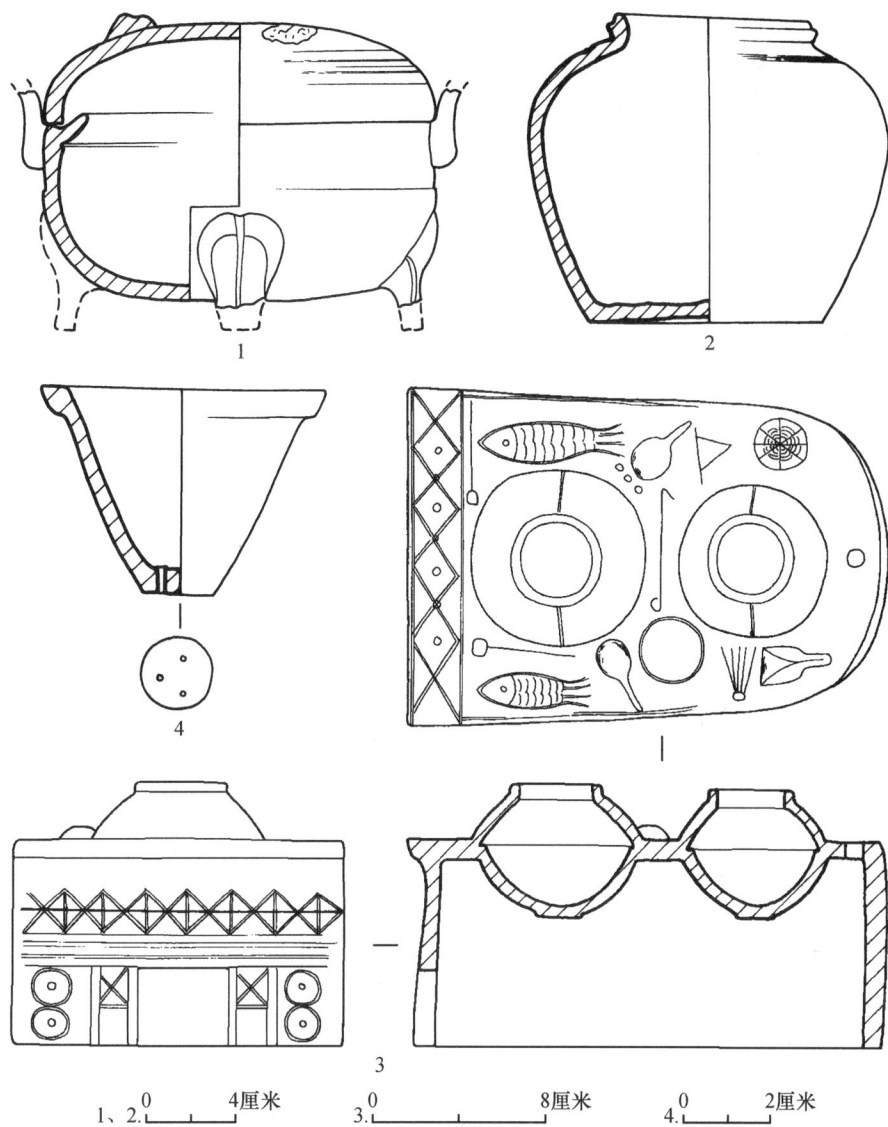

图五九二　Ⅰ区M203出土器物

1. 陶鼎（M203∶3）　2. 陶罐（M203∶2）　3. 陶灶（M203∶1-1）　4. 小陶甑（M203∶1-2）

第二〇一节　M204

1. 墓葬形制

M204，位于第一阶地西部，探方T0202内，M202、M203东南，北与M185并列。方向280度。形制为斜坡墓道砖室墓，由墓道、墓室两部分组成（图五九三；图版六七，3、4）。

墓道　位于墓室西端，平面呈长方形，壁面较直，底部呈斜坡状，距墓道开口向下1.0米处，有一级台阶，台面长6.80、宽0.03米。墓道开口残长7.80、宽0.84～0.90、坡长8.0、底距开口深0～7.0米，坡度30度。墓道内填五花土，土质疏松，未经夯打。

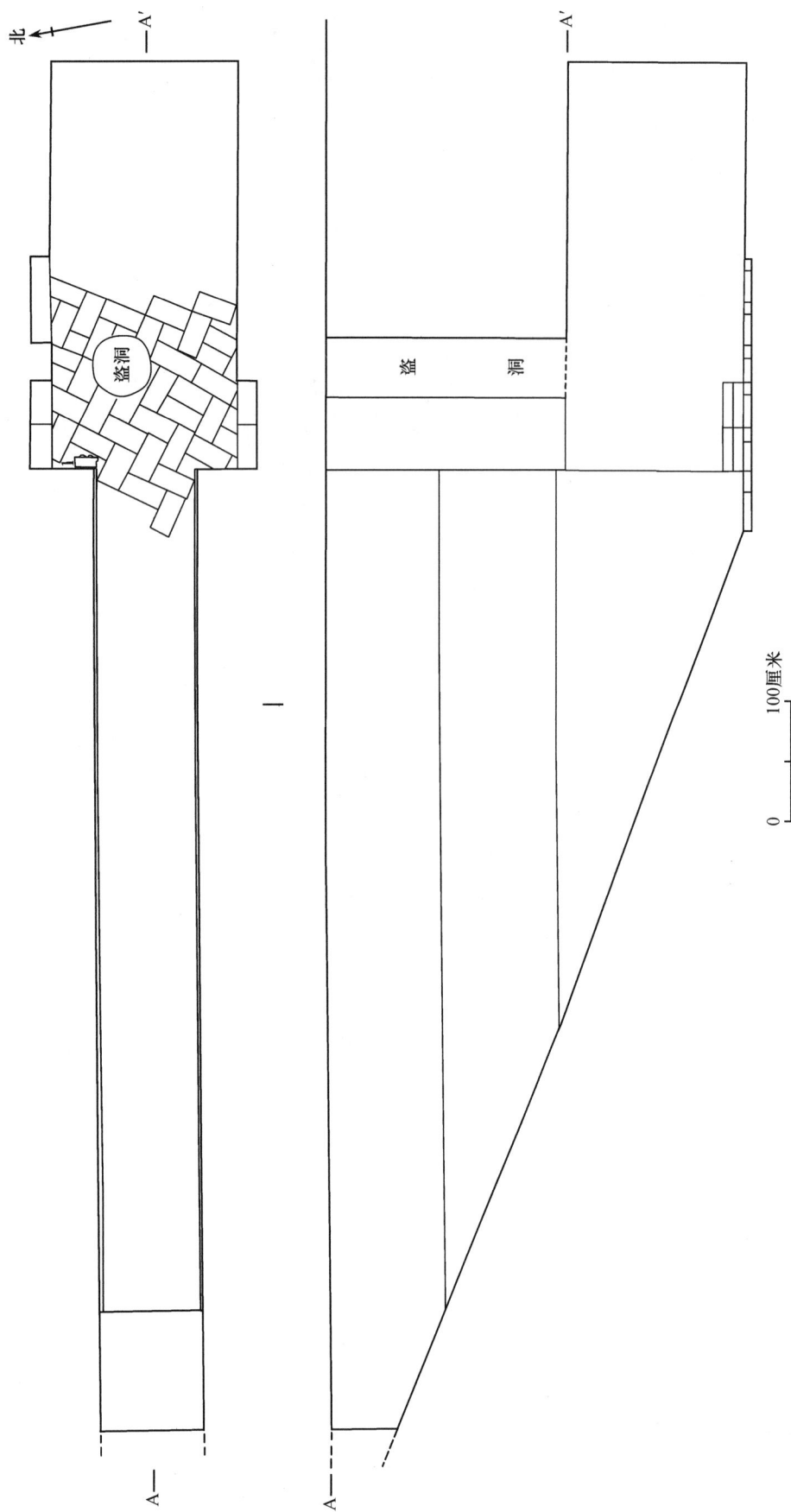

图五九三　Ⅰ区M204平、剖面图
1. 陶灶1套（盆1、甑1）

墓室 平面呈长方形，砖室被破坏，结构不详，条砖"人"字形铺地。条砖37厘米×18厘米×9厘米。墓室长3.40、宽1.96、高1.52米。该墓被盗扰，出土有陶灶1套（盆1、甑1）。

封门 不详。

葬具 木棺，出土有铁棺钉。形制、尺寸不详。

葬式 不详。

盗洞 1处，位于墓室中部偏西，自上而下进入墓室。平面圆形，直径约0.50米。

2. 出土器物

该墓出土陶器3件，均为泥质灰陶，器类有灶、盆、甑。

灶 1件，标本M204：1-1，灶体平面呈马蹄形，前方后圆，灶面两釜前后布置，尾部有圆形烟囱，前端有方形的落地灶门，周围模印几何菱形纹。长21.3、宽16.2、高8.4厘米（图五九四，1）。

盆 1件，与灶配套，标本M204：1-3，残，敞口，平沿，方唇，折腹，平底内凹。口径7.6、底径2.2、高3.2厘米（图五九四，2）。

甑 1件，与灶配套，标本M204：1-2，残，敞口，平沿，方唇，折腹，平底，底部有三个箅孔。口径9.2、底径2.9、高3.1厘米（图五九四，3）。

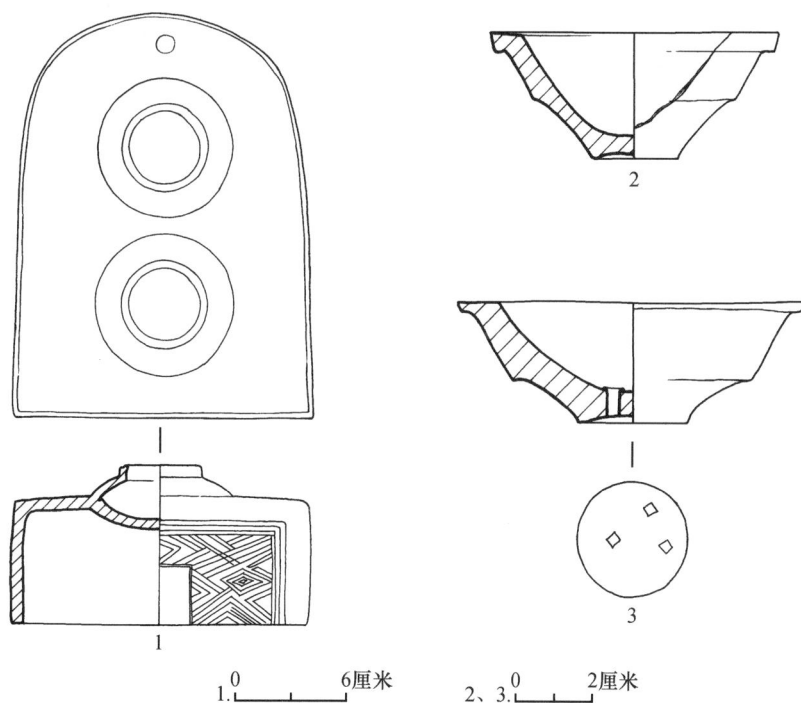

图五九四 I区M204出土器物
1. 陶灶（M204：1-1） 2. 小陶盆（M204：1-3） 3. 小陶甑（M204：1-2）

第二○二节　M205

1. 墓葬形制

　　M205，位于第二阶地西部北侧，探方T0205内，南与M199并列，北邻M206，西邻M207、M208。方向270度。形制为斜坡墓道土洞墓，由墓道、甬道、墓室三部分组成（图五九五；图版六八，1、2）。

　　墓道　位于墓室的西端，平面呈长方形，壁面较直，底部呈斜坡状。开口长7.10、宽0.64~0.70、坡长7.60、底距开口深2.70米，坡度25度。墓道内填五花土，土质疏松，未经夯打。

　　甬道　位于墓道和墓室之间，平面呈长方形，拱顶土洞。长0.64、宽0.50、高1.0米。

　　墓室　平面呈长方形，拱顶土洞。墓室长4.0、宽1.80、高1.0米。该墓未被盗扰，遗物主要置于墓室西部北侧，西北角置陶壶1件，之上置铁钩1件，其东置陶樽1件，樽内置陶勺1件，樽东侧置陶案1件，案上置陶钵1、陶勺1、陶斗1、陶耳杯2件，其中陶斗内亦置陶勺1件，案南侧有陶耳杯2件，可能是从案上漂移下来的，案之东侧东西并列置陶狗1、陶猪1、陶鸡2件，鸡之东侧出土条状铅饰1件，墓室之西南角置陶井1件，其东棺之南侧置陶灶1件，灶上有釜、甑各1件，再东侧有陶罐3件，棺内西南角置铜镜1面，铜钱10枚，铜削1件。

　　封门　条砖封门，错缝平砌，略外弧。条砖33厘米×11厘米×6厘米。

　　葬具　木棺1具，仅存棺痕。长2.0、宽0.60米。

　　葬式　骨架1具，保存较差，葬式不可辨。

2. 出土器物

　　该墓出土器物28件，另有铜钱10枚。质地为陶、铜、铅、铁四种，分述如下。

　　陶器　24件，均为泥质灰陶，器类有壶、釜、罐、樽、灶、盘、钵、案、井、耳杯、斗、甑、勺、鸡、狗、猪（图版九七，2）。

　　壶　1件，标本M205：25，侈口，平沿，粗长颈内束，扁鼓腹，高假圈足外撇，平底，肩、腹部各饰一组（每组两道）凹弦纹。口径14.4、腹径21、底径15、足高6.9、通高32.8厘米（图五九六，1；图版一四六，2）。

　　釜　1件，M205：4，直口，平沿，方唇，矮领，圆鼓肩，鼓腹，最大径在肩部，下腹内曲，平底稍内凹，腹部有一周凸棱。口径11.6、腹径16、底径8、高10.8厘米（图五九六，2；图版一四六，3）。

　　罐　3件（M205：6、7、8）。M205：6，喇叭口，平沿，方唇，束颈，弧肩，鼓腹，最大径在腹中上部，大平底内凹。口径12.4、腹径20.6、底径18.1、高18.8厘米（图五九六，3；图版一四六，4）。M205：7，口部（残），束颈，鼓肩，鼓腹，最大径在腹中上部，下

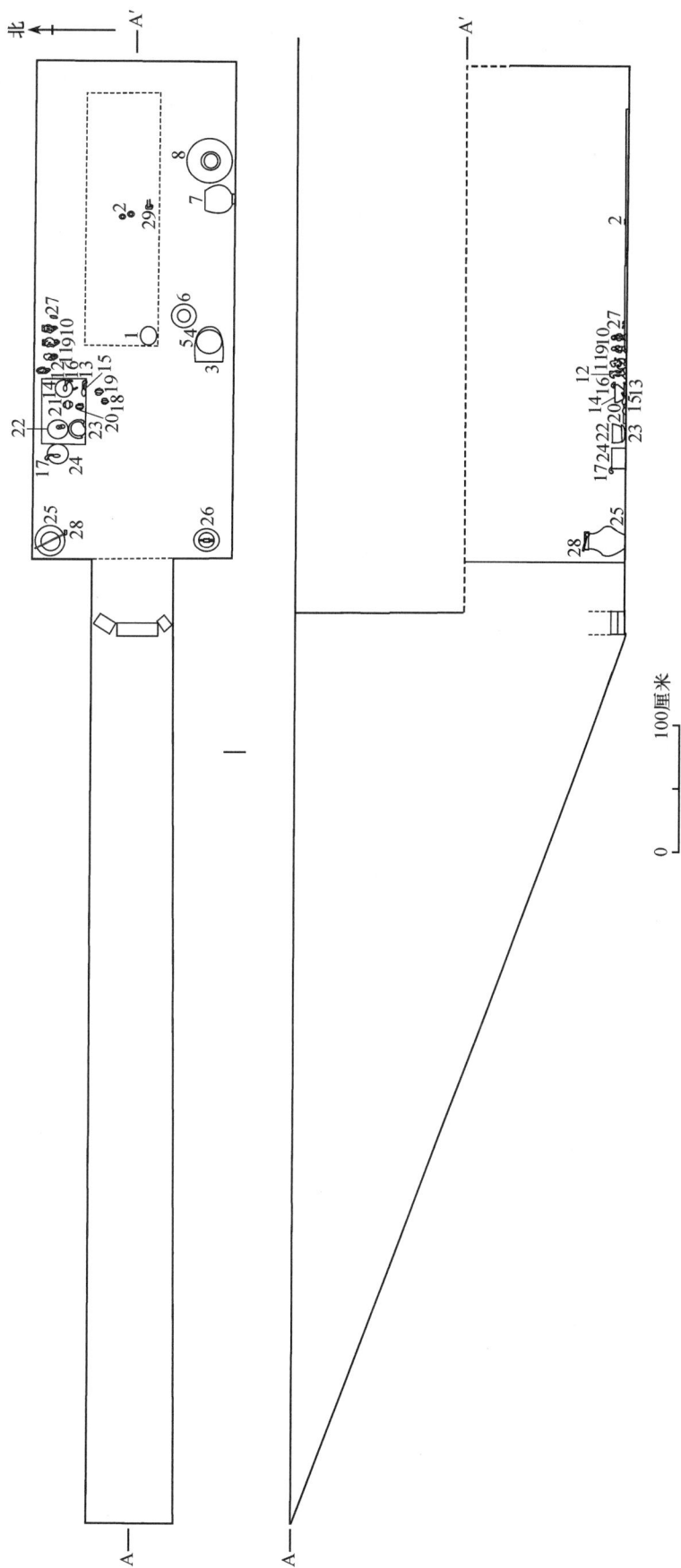

图五九五　Ⅰ区M205平、剖面图

1. 铜镜　2. 铜钱　3. 陶灶　4. 陶釜　5. 陶瓶　6～8. 陶罐　9、10. 陶鸡　11. 陶猪　12. 陶狗　13. 陶案　14. 陶斗　15～17. 陶勺　18～21. 陶耳杯　22. 陶钵　23. 陶盘　24. 陶樽　25. 陶壶　26. 陶井　27. 铅饰　28. 铁钩　29. 铜削

腹内收，平底。腹径22.8、底径13、残高24.8厘米（图五九六，5；图版一四六，5）。标本M205：8，直口，平沿，方唇，矮领，圆鼓肩，最大径在肩部，下腹内收，平底稍内凹，肩、腹部饰两周密集竖线纹。口径18.1、腹径35.1、底径19.2、高27.2厘米（图五九六，4；图版一四六，6）。

樽　1件，标本M205：24，直口，圆唇，直筒腹，平底稍内凹，唇部一下饰两道凹弦纹，近底部有一周凸棱。口径16、底径15.3、高7.8厘米（图五九六，6；图版一四七，1）。

灶　1件，标本M205：3，灶体平面呈马蹄形，前方后圆，灶面中部旋切一圆形釜穴，前端出檐，两角削去，后端中部由内向外刺戳一圆形烟囱，前壁切割方形拱顶落地灶门。灶面、灶壁分体模制而后粘结，长26.7、宽23.9、高9.6厘米（图五九六，7；图版一四八，2）。

盘　1件，标本M205：23，敞口，窄平沿，方唇，浅腹，腹壁斜直，平底内凹，内底饰两周凸弦纹。口径17、底径11.2、高2.9厘米（图五九六，8）。

钵　1件，标本M205：22，敞口，圆唇，略鼓腹，假圈足，平底内凹。口径16.4、底径10、高7厘米（图五九六，9；图版一四七，2）。

案　1件，标本M205：13，长方形，边缘有一周台棱。长57、宽36.3、厚2厘米（图五九六，10；图版一四七，3）。

井　1件，标本M205：26，敛口，宽平沿，方唇，筒形腹，上小下大，平底稍内凹，井沿上粘附拱形井架，断面圆形，井架上方粘附两面坡房形井亭，顶部模印出屋脊、瓦棱，下部模印一亚腰形辘轳，腹部饰两周凹弦纹，井身轮制，井架手制，井、亭合模制而后粘结。口径16.6、沿宽2.7、底径14.2、腹深16.2、通高27.9厘米（图五九七，1；图版一四七，4）。

耳杯　4件（M205：18、19、20、21），形制相同。杯体椭圆船形，敞口，方唇，浅弧腹，低矮假圈足，平底或稍内凹，口沿两侧有对称月牙形耳。标本M205：20，口径6.8～10.1、底径2.9、高3厘米（图五九七，2；图版一四七，5）。

斗　1件，标本M205：14，器身碗形，直口，圆唇，深腹，腹壁圆弧，低矮假圈足，平底，口沿一侧粘附龙首形柄，末端略下弯。口径14.2、底径9.1、腹深6.2、通长19.6、通高9.1厘米（图五九七，3；图版一四七，6）。

甑　1件，标本M205：5，敛口，平沿，方唇，斜直腹，平底，底部有五个箅孔，腹部有两道凹弦纹。轮制，器表有轮旋痕。口径16.5、沿径20、腹径17.2、底径8.8、高9.1厘米（图五九七，4；图版一四八，1）。

勺　3件（M205：15、16、17），形制基本相同。器身椭圆钵形，敞口，方唇，浅弧腹，圜底，一侧长曲柄上翘，末端略下弯。标本M205：16，口径7.4、腹深3.6、通长13.4、通高7.2厘米（图五九七，5；图版一四八，3）。

鸡　2件（M205：9、10），分为公鸡和母鸡两种，胎质较粗，左右合模制，较粗糙。标本M205：9，公鸡，站立姿，高冠，尖喙，长尾上翘，末端下垂，腹下有圆形底座，腹、背中线合模扉棱有修坯削痕。长16.5、宽7.8、高14.9厘米（图五九七，6；图版一四八，4）。标本M205：10，母鸡，站立姿，低冠，尖喙，面部刻画模糊，长尾上翘，末端齐平，腹下有圆形

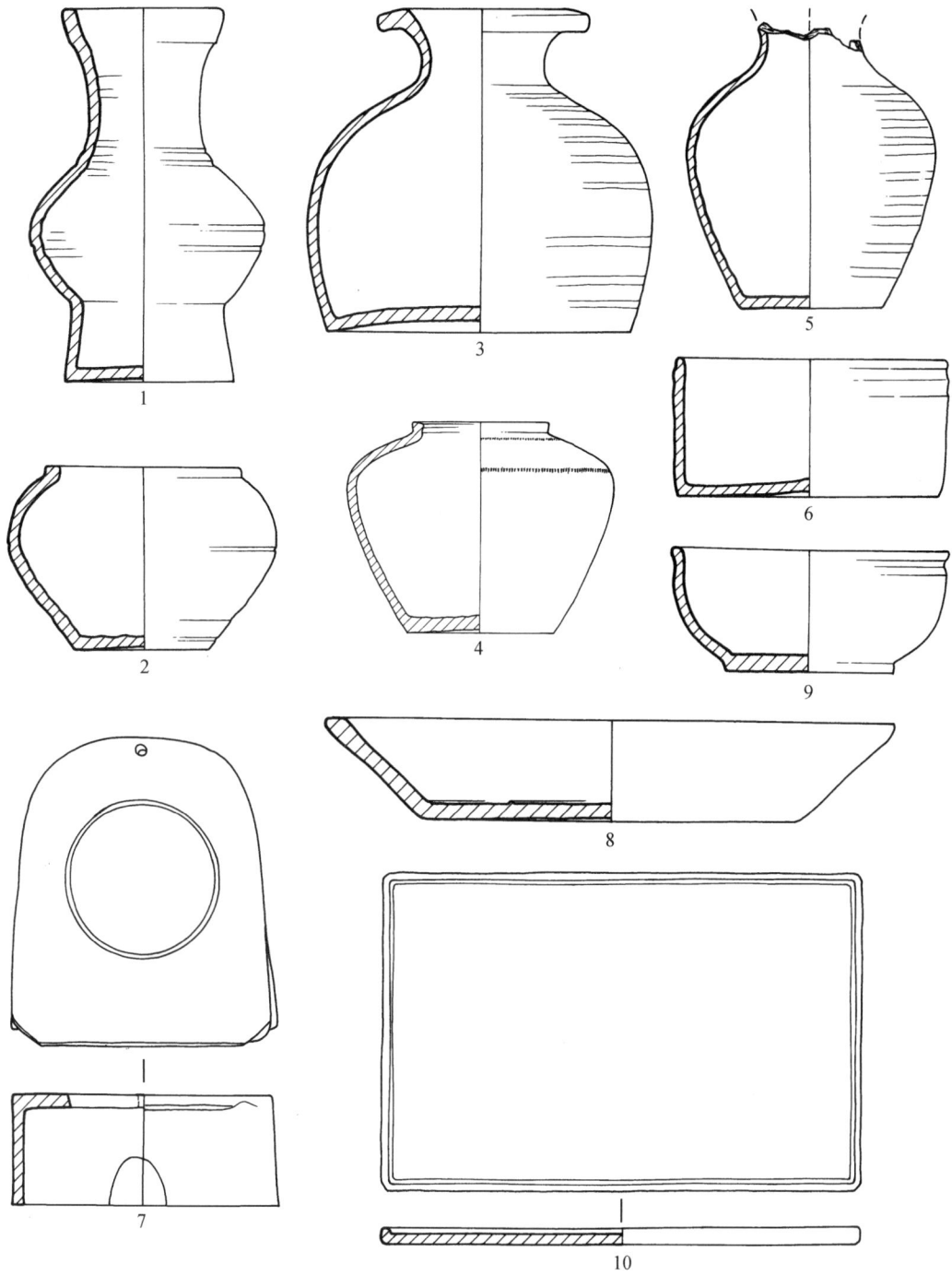

图五九六 Ⅰ区M205出土器物（一）

1. 陶壶（M205：25） 2. 陶釜（M205：4） 3～5. 陶罐（M205：6、8、7） 6. 陶樽（M205：24） 7. 陶灶（M205：3）

8. 陶盘（M205：23） 9. 陶钵（M205：22） 10. 陶案（M205：13）

图五九七　Ⅰ区M205出土器物（二）

1.陶井（M205∶26）　2.陶耳杯（M205∶20）　3.陶斗（M205∶14）　4.陶甑（M205∶5）　5.陶勺（M205∶16）
6、7.陶鸡（M205∶9、10）　8.陶狗（M205∶12）　9.陶猪（M205∶11）

底座，两侧粗略刻划出腿爪，腹内中空，腹、背中线合模扉棱有修坯削痕。长13.5、宽8.1、高15.1厘米（图五九七，7；图版一四八，5）。

狗　1件，标本M205∶12，站立状，头高昂，嘴微张，双目圆睁，两耳耸立，前肢略前伸，后肢直立，颈腹系带穿于背部环中，腹内中空，外表有合模扉棱修坯削痕，长16.2、宽8.4、高13.9厘米（图五九七，8；图版一四八，6）。

猪　1件，标本M205：11，站立状，长吻前伸，腹腰略下垂，颈部鬃毛较低，四肢短粗，左右相连，腹内中空，外表有合模扉棱修坯削痕，长18.3、宽6.9、高9.3厘米（图五九七，9；图版一四九，1）。

铜器　2件，器类有铜镜和铜削。

铜削　1件，标本M205：29，椭圆环形，环内有一羊头装饰。直径3.6厘米（图五九八，1）。

铜镜　1面，标本M205：1，变形四叶纹镜，圆形，半球形钮，圆形钮座，内向十六连弧缘，镜面微凸。钮座外伸出变形四叶纹，叶下单线相连，叶内角各有一字铭为"君宜高官"，叶外侧装饰对凤纹，凤鸟头向镜钮，相向而立，两喙相连，头顶有冠，尾、腹各以一叶形饰相连。面径13.80、背径13.60、钮宽2.80、缘宽1.50、缘厚0.30厘米，重208克（图五九九；彩版五〇，1）。

铁钩　1件，标本M205：28，素面，前部弯曲，柄细长，截面为方形，残长18.6厘米（图五九八，2；图版一五五，2）。

铅饰　1件，标本M205：27，长条片状，器类不可辨，残长7厘米（图五九八，3）。

铜钱　10枚，均为五铢钱，圆形方穿，穿背面有郭，穿之两侧有篆文"五铢"二字，"五"字瘦长，交笔缓曲或较直（图六〇〇）。

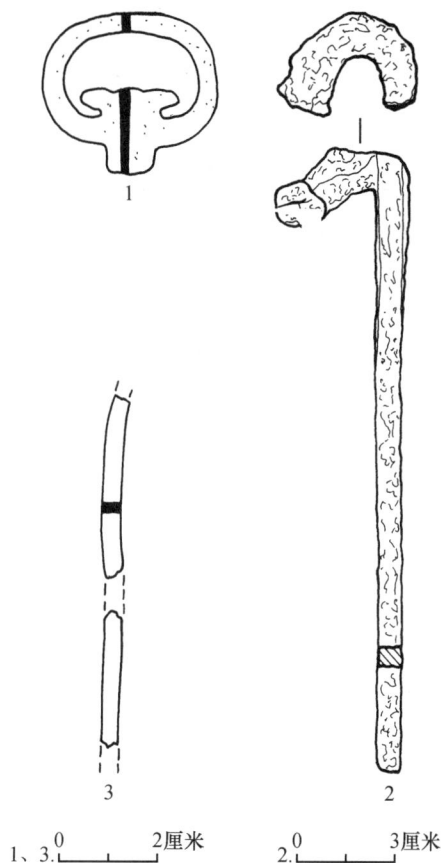

图五九八　Ⅰ区M205出土器物（三）

1.铜削（M205：29）　2.铁钩（M205：28）　3.铅饰（M205：27）

0 ———— 2厘米

图五九九　Ⅰ区M205出土铜镜（M205：1）

第二〇三节　M206

1. 墓葬形制

　　M206，位于第二阶地西部北侧，探方T0205内，南邻M205，东临M70。方向270度。形制为竖穴墓道土洞墓，由墓道、墓室两部分组成（图六〇一）。

　　墓道　位于墓室的西端，平面呈长方形，壁面较直。开口长2.30、宽0.70～0.80、底距开口深2.80米。墓道内填五花土，土质疏松，未经夯打。

　　墓室　平面呈长方形，拱顶土洞。墓室长3.10、宽0.86、残高0.60米。该墓被盗扰，未出土器物。

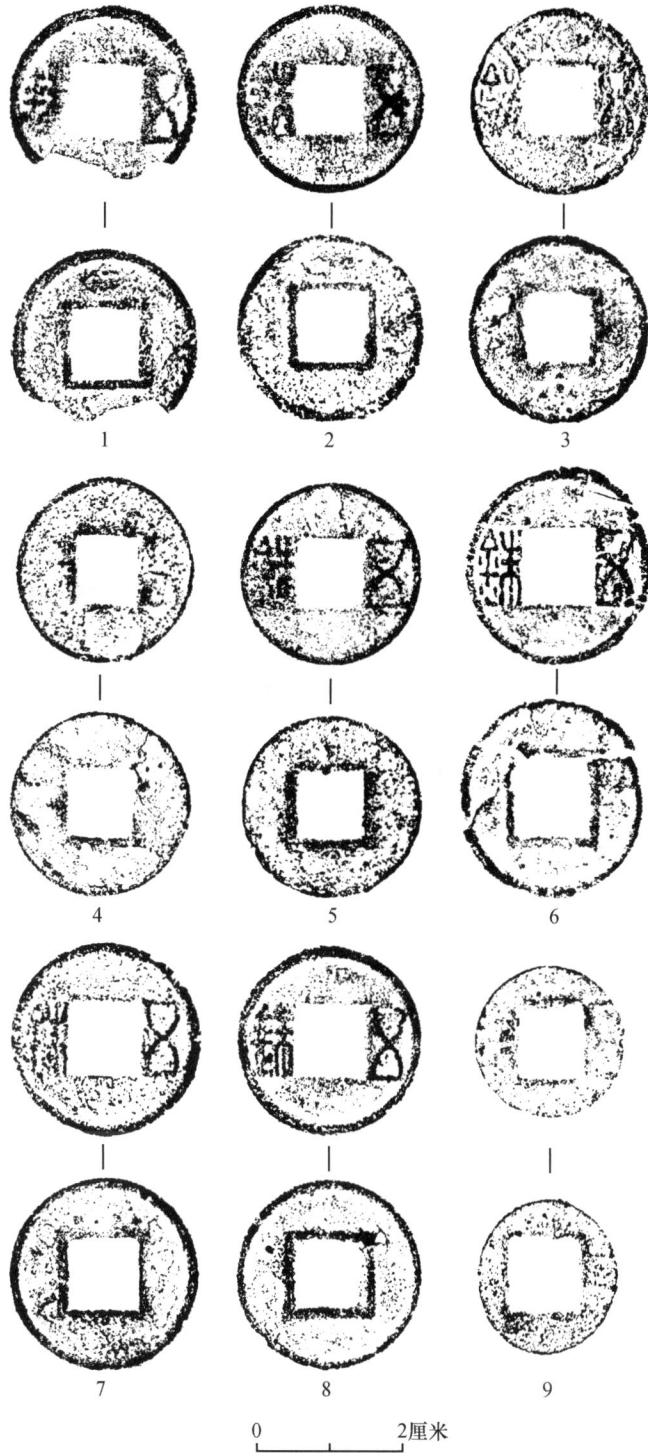

图六〇〇 Ⅰ区M205出土铜钱

1. M205：2-1　2. M205：2-2　3. M205：2-3　4. M205：2-4　5. M205：2-6　6. M205：2-7　7. M205：2-8　8. M205：2-9

9. M205：2-5

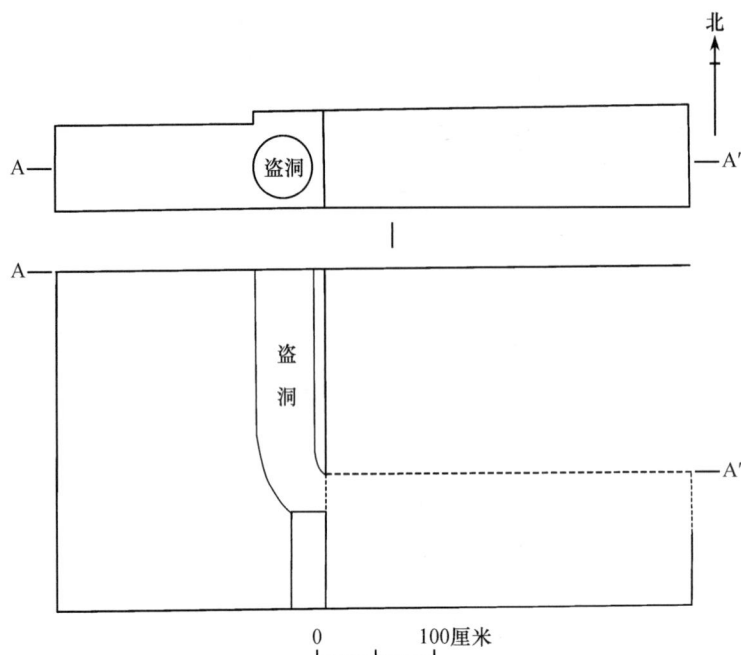

图六〇一　Ⅰ区M206平、剖面图

封门　土坯封门。长0.80、高0.80米。

葬具　木棺，出土有铁棺钉。形制、尺寸不详。

葬式　不详。

盗洞　1处，位于墓道的末端，自上而下进入墓室。平面呈圆形，直径约0.50米。

2. 出土器物

该墓未出土器物。

第二〇四节　M207

1. 墓葬形制

M207，位于第一阶地西部，探方T0104北部，墓室延伸至T0105，西与M208并穴合葬，南邻M209。方向180度。形制为竖穴墓道砖室墓，由墓道、墓室两部分组成（图六〇二；图版六八，3、4）。

墓道　位于墓室的南端，平面呈长方形，壁面较直。墓道的东西两壁有对称分布的六对脚窝。脚窝，平面呈三角形，长0.18、宽0.18、进深0.06米。墓道开口长2.67、宽0.90、底距开口深4.20米。墓道内填五花土，土质疏松，未经夯打。

墓室　平面呈长方形，条砖（楔形砖）对缝券顶，壁条砖错缝平砌，条砖错缝铺地。楔形

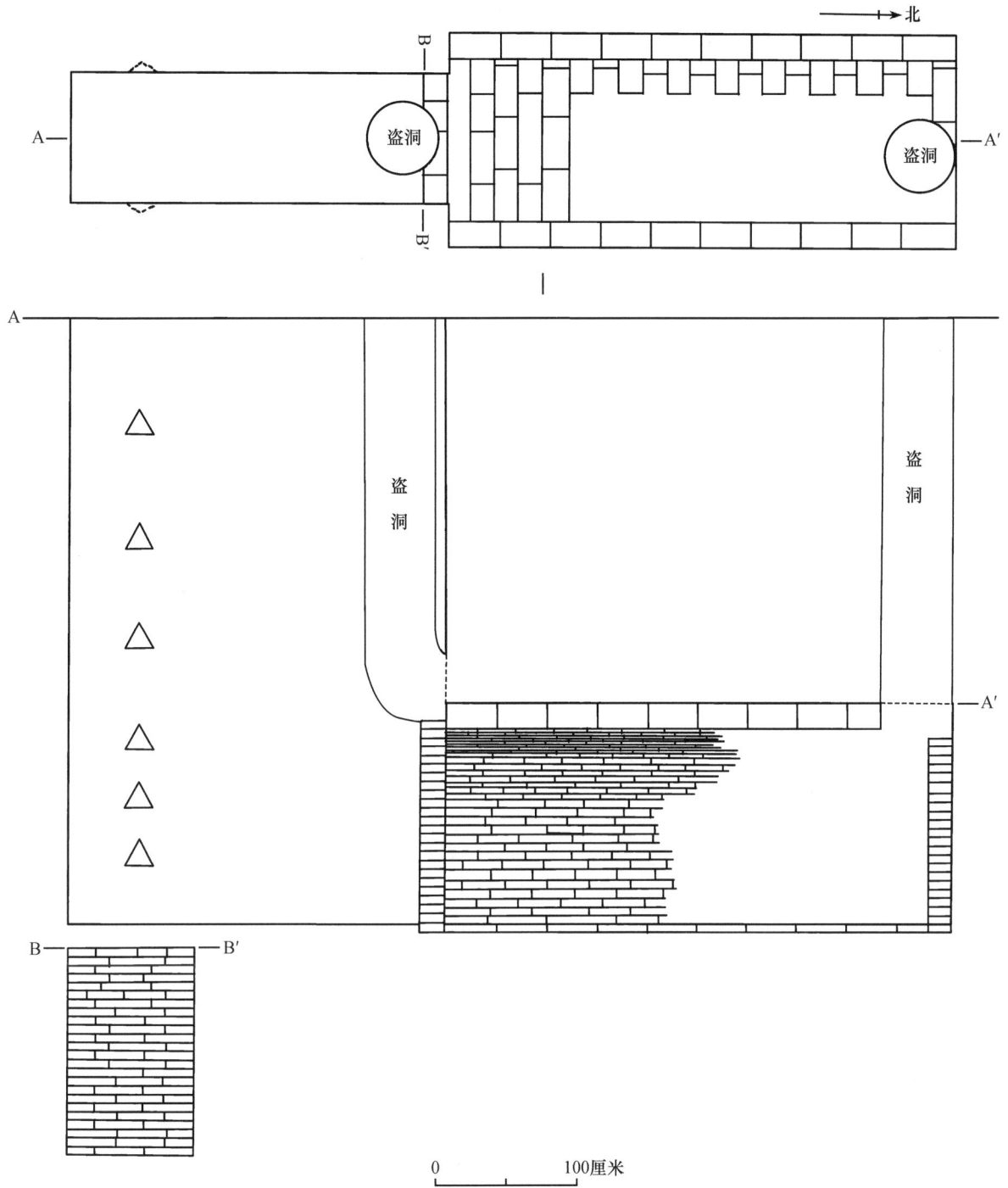

图六〇二　Ⅰ区M207平、剖面图

砖35厘米×18厘米×（3.5~4）厘米，条砖35厘米×17厘米×6厘米，墓室长3.63、宽1.48、壁高1.0、高1.52米。该墓盗扰严重，未出土器物。

　　封门　条砖封门，错缝平砌。条砖35厘米×17厘米×6两厘米，长0.90、高1.40米。

　　葬具　木棺，出土铁棺钉。形制、尺寸不详。

　　葬式　不详。

　　盗洞　2处。一处，位于墓道末端，自上而下进入墓室，平面呈圆形，直径约0.50米。另一处，位于墓室的末端，自上而下进入墓室，平面呈圆形，直径约0.50米。

2. 出土器物

　　该墓未出土器物。

第二〇五节　M208

1. 墓葬形制

　　M208，位于第二阶地西部，探方T0104北部，墓室延伸至T0105，东与M207并穴合葬，南邻M209，且被其墓道打破。方向185度。形制为斜坡墓道土洞墓，由墓道、墓室两部分组成（图六〇三；图版六九，1、2）。

　　墓道　位于墓室南端，平面呈长形，壁面较直，底部呈斜坡状，东西两壁开口向下0.56、3.60米处，各有一级台阶，台面宽0.09米。墓道开口长10.60、宽0.68~1.0、坡长12.10、底距开口深0~5.80米，坡度30度。墓道内填五花土，土质疏松，未经夯打。

　　墓室　平面呈长方形，拱顶土洞。墓室长4.18、宽1.48、高1.60米。该墓未经盗扰，器物主要出土于墓室东侧及棺内，计有陶罐5、陶灶1套（盆1、甑1）、铜盆（残）1、铜镜1、铜柿蒂形棺饰13、铜带钩1、铜辖軎1、铜当卢1、铜盖弓帽1、铜衡末饰1、铁削1、铁剑1、石砚1、石研1、铜钱13。

　　封门　条砖封门，错缝平砌，东西两壁有凹槽。槽宽0.40~0.50、进深0.26、高1.60米。封门宽1.48、高1.60米。条砖33厘米×18厘米×8厘米。

　　葬具　一棺一椁，仅存棺椁痕迹。棺长2.20、宽0.90米，椁长3.70、宽1.40米。

　　葬式　骨架1具，保存较差，已成粉末状，头向北，仰身直肢葬。

2. 出土器物

　　该墓出土器物32件，另有铜钱13枚。质地为陶、铜、石三种，分述如下。

　　陶器　8件，分为泥质灰陶和红胎釉陶，器类有罐、灶、盆、甑。

　　罐　5件（M208：14、16、17、18、19）。标本M208：14，泥质灰陶，侈口，圆唇，矮

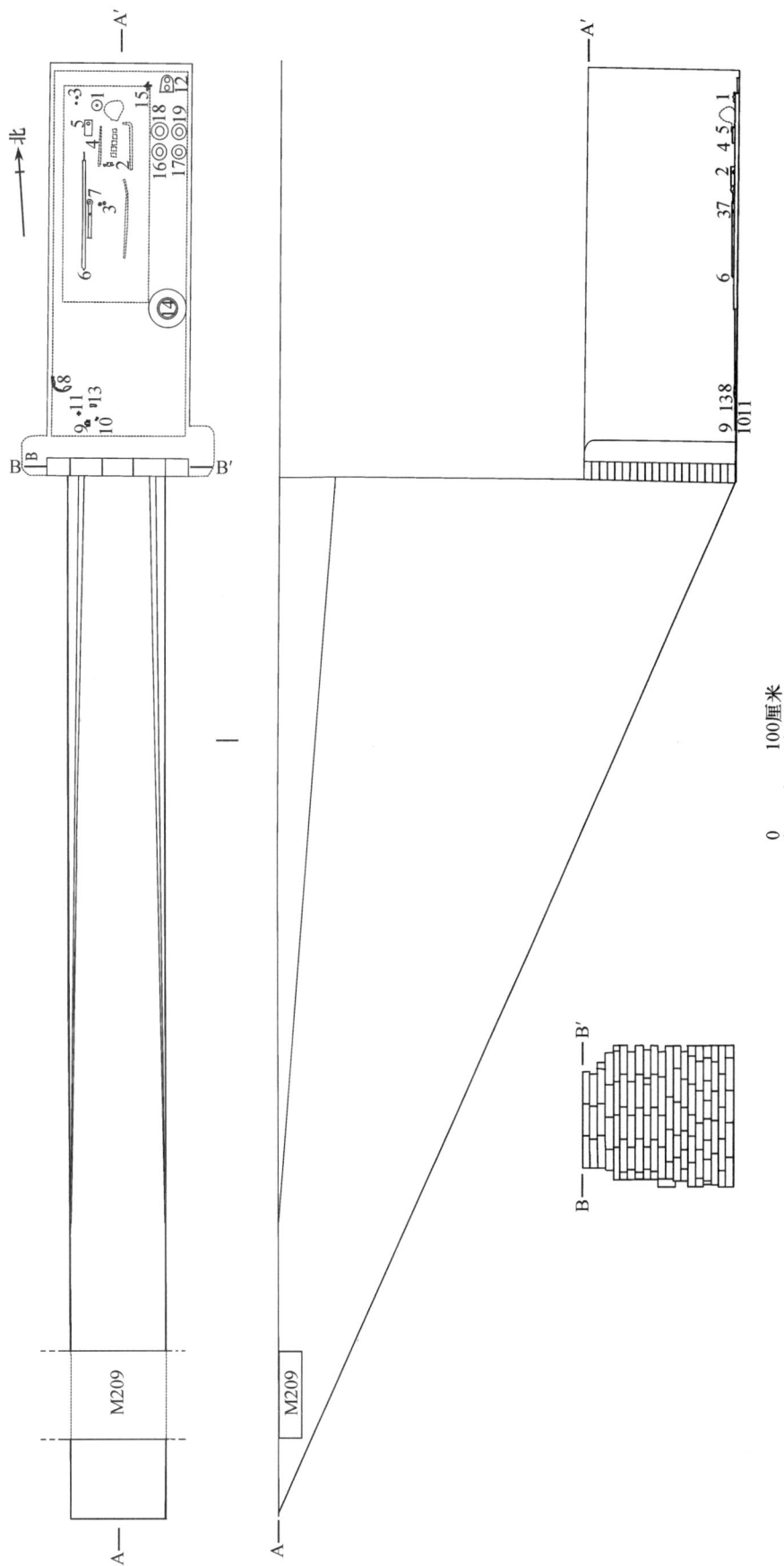

图六〇三　Ⅰ区M208平、剖面图

1. 铜镜　2. 铜带钩　3. 铜钱　4. 石砚　5. 石研　6. 铁剑　7. 铁削　8. 铜盆　9. 铜镶嘼　10. 铜盖弓帽　11. 铜衡末饰　12. 陶灶1套（盆1、甑1）　13. 铜当卢　14、16～19. 陶罐　15. 铜柿蒂形棺饰

领，圆鼓肩，最大径在肩部，鼓腹，平底稍内凹。肩部磨光，四周凹弦纹分肩部为上、中、下三部分。上部均匀布置五组（每组七道）竖向"之"字纹，中部一周波折纹，下部亦均匀布置五组（每组七道）竖向"之"字纹。下腹两周凹弦纹。轮制，器表有轮旋痕。口径21.1、腹径43.2、底径21.2、高36.9厘米（图六〇四，1）。M208：16、17、18、19，红胎釉陶，饰酱黄釉，局部有脱落现象。侈口，双唇（不明显），矮领，圆鼓肩，最大径在肩部，鼓腹，平底。标本M208：19，口径8.6、腹径16.6、底径8.6、高14.3厘米（图六〇四，2）。标本M208：18，口径7.2、腹径16、底径8、高14.5厘米（图六〇四，3）。标本M208：17，口径8.2、腹径16.6、底径8.6、高15.8厘米（图六〇四，4）。

灶　1件，标本M208：12-1，泥质灰陶，灶体平面呈马蹄形，前方后圆，灶面两釜呈前后布置，尾部有短柱形烟囱，前端有方形的落地灶门，周围模印多重菱形纹。长17.5、宽15、高7.4厘米（图六〇四，5）。

盆　1件，与灶配套。标本M208：12-3，泥质灰陶，敞口，平沿，方唇，折腹，小平底内凹。口径7.2、底径4.4、高2.6厘米（图六〇四，6）。

甑　1件，与灶配套。标本M208：12-2，泥质灰陶，敞口，平沿，方唇，折腹，平底，底部有四个箅孔。口径7.2、底径4.2、高2.7厘米（图六〇四，7）。

铜器20件，器类有镜、带钩、辖軎、当卢、盖弓帽、衡末饰、盆（残）、柿蒂形棺饰。

带钩　1件，标本M208：2，曲棒形，兽首，背部有一圆柱形帽钮。通长9.4厘米（图六〇五，1）。

辖軎　1件，标本M208：9，喇叭筒形，近大端处有对应辖孔，辖穿于辖孔之内。长1.9、粗端径1.8、细端径1.0、辖长1.9厘米（图六〇五，2）。

衡末饰　1件，标本M208：11，筒形，一端封闭，中部有一突棱。长1.2、直径0.9厘米（图六〇五，3）。

当卢　1件，标本M208：13，圭形片状，素面，另一面两端各有一方形穿钮。长8.0厘米（图六〇五，4）。

盖弓帽　1件，标本M208：10，筒形，中部有一倒刺。长1.9、直径0.65厘米（图六〇五，5）。

柿蒂形棺饰　13件，形制相同，柿蒂形，与泡钉同出。标本M208：15，残损严重，对角残长2.6、泡径2.0、高1.1厘米（图六〇五，6）。

盆　1件，标本M208：8，残，平沿尖唇，深腹内收，底已残。直径14.8、残高3.85厘米（图六〇五，7）。

镜　1件，标本M208：1，昭明连弧铭文镜，圆形，半圆钮，并蒂十二连珠纹钮座，素平缘，镜面微凸。钮座之外一周凸弦纹圈带和一周内向八连弧纹，其间饰有四组（每组三条）短竖线、人字纹及月牙纹，其外两周短斜线纹间有"内而清而以昭而明，光而象而日月，不泄"铭文带。面径10.10、背径10.0、钮宽1.80、缘宽0.30、缘厚0.40厘米，重120克（图六〇六；彩版五〇，2）。

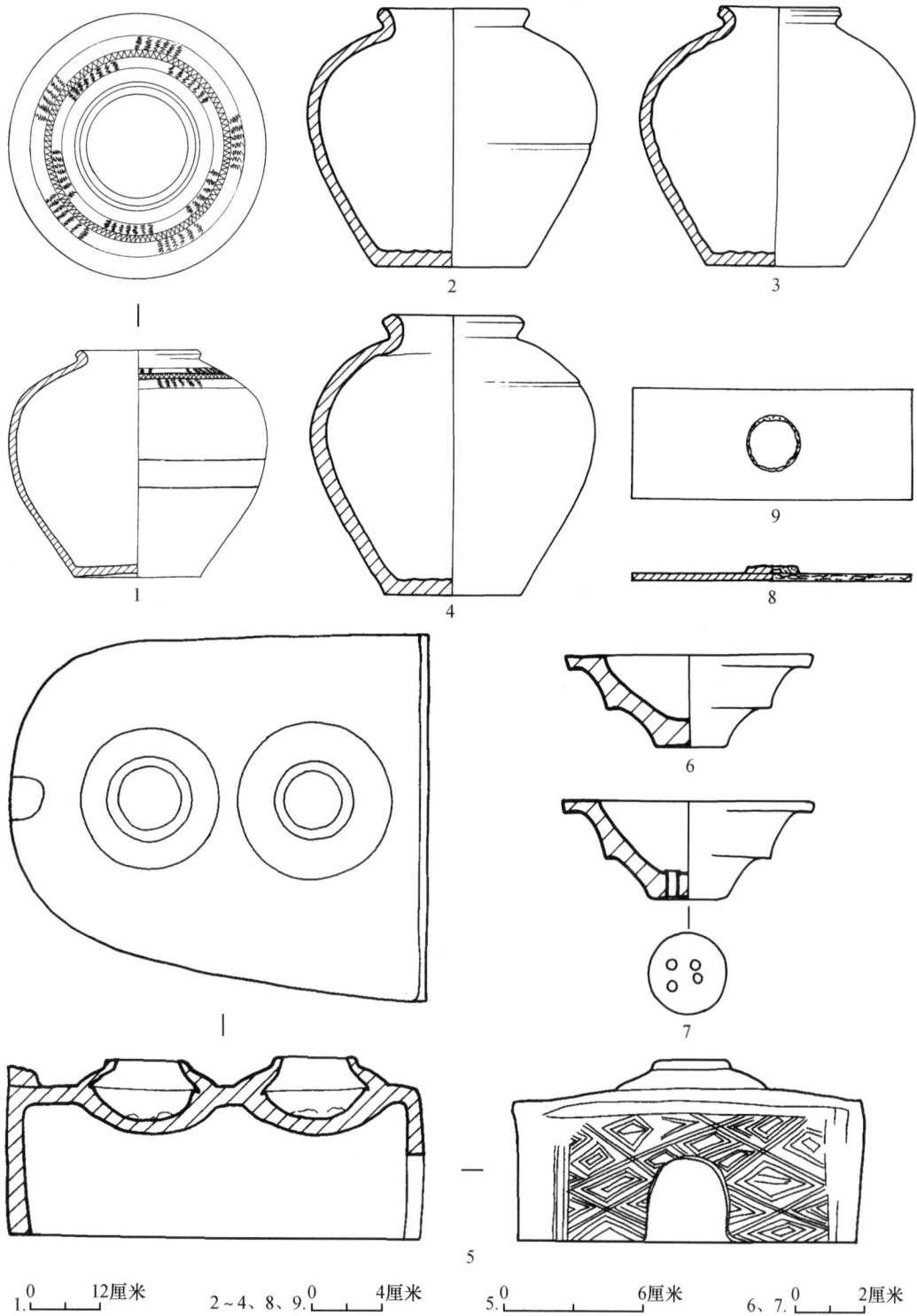

0 ┗━━┛ 12厘米
1.

2~4、8、9. 0 ┗━┛ 4厘米

5. 0 ┗━━┛ 6厘米

6、7. 0 ┗━┛ 2厘米

图六〇四　Ⅰ区M208出土器物（一）

1~4.陶罐（M208：14、19、18、17）　5.陶灶（M208：12-1）　6.小陶盆（M208：12-3）　7.小陶甑（M208：12-2）

8.石砚（M208：4）　9.石研（M208：5）

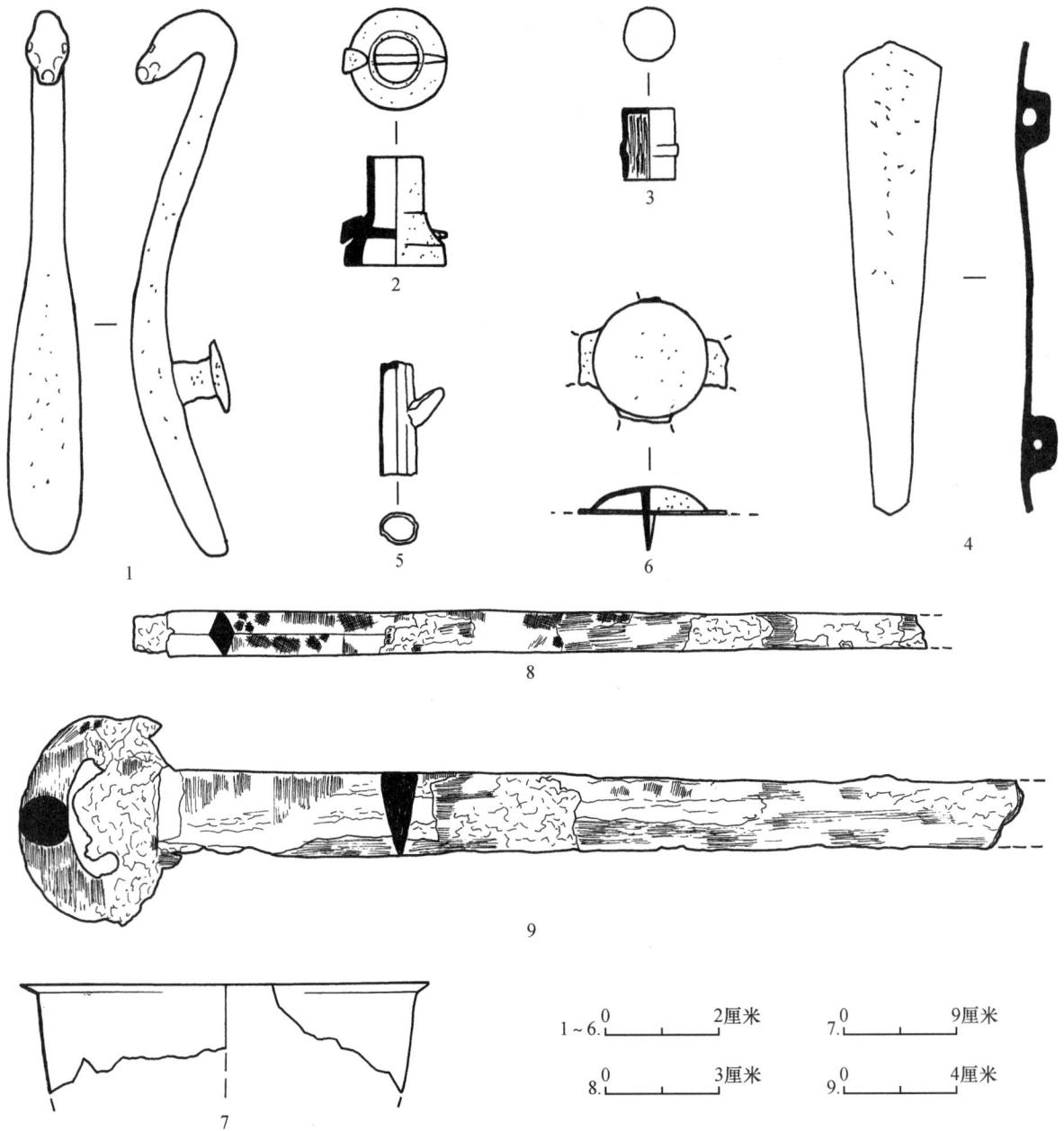

| 1~6. | 0 | 2厘米 | | 7. | 0 | 9厘米 |
| 8. | 0 | 3厘米 | | 9. | 0 | 4厘米 |

图六〇五　Ⅰ区M208出土器物（二）

1.铜带钩（M208：2）　2.铜辖軎（M208：9）　3.铜衡末饰（M208：11）　4.铜当卢（M208：13）　5.铜盖弓帽（M208：10）

6.铜柿蒂形棺饰（M208：15）　7.铜盆（M208：8）　8.铁剑（M208：6）　9.铁削（M208：7）

图六〇六　Ⅰ区M208出土铜镜（M208∶1）

铁器　2件，器类有剑、削。

剑　1件，标本M208∶6，残，断面菱形，器表有木质剑鞘朽痕，残长62.0厘米（图六〇五，8）。

削　1件，标本M208∶7，残，环首柄，直背，直刃，残长26.5厘米（图六〇五，9）。

石器2件，器类有砚、研。

砚　1件，标本M208∶4，石质黑色，长方形薄片状，长15.9、宽6.0、厚0.4厘米（图六〇四，8；图版一五六，1）。

研　1件，与砚配套。标本M208∶5，圆形薄片状，直径3.1、厚0.4厘米（图六〇四，9）。

铜钱　13枚，均为五铢，圆形方穿，穿背面有郭，部分穿上有一横郭或穿下有一星纹，穿之两侧有篆文"五铢"二字。"五"字或瘦长，或宽大，交笔或斜直，或缓曲，或甚曲，"铢"字金头三角，或箭头形，朱头方折（年代：武帝至宣元时期）（图六〇七）。

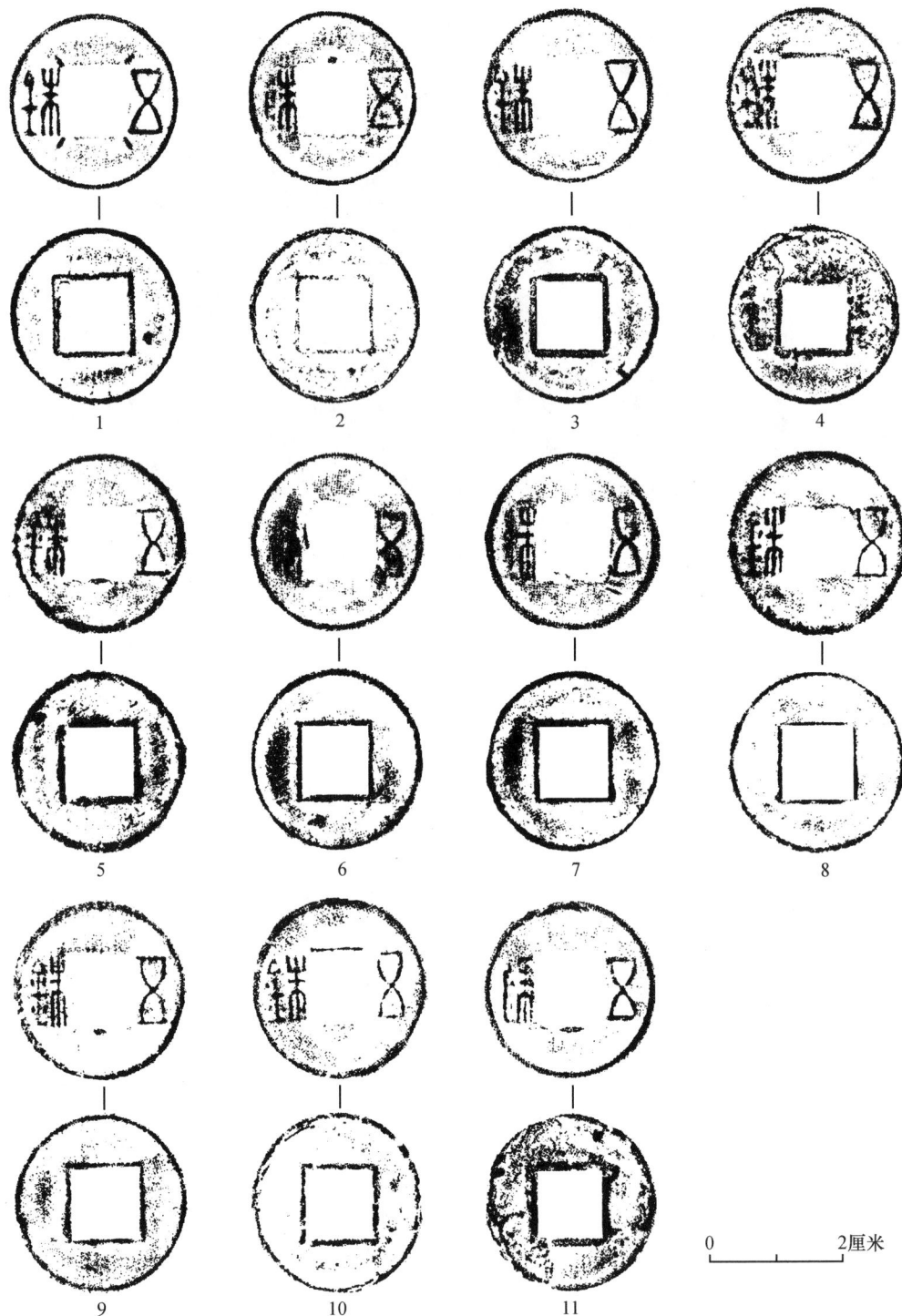

图六〇七　Ⅰ区M208出土铜钱

1. M208：3-1　2. M208：3-2　3. M208：3-3　4. M208：3-4　5. M208：3-5　6. M208：3-6　7. M208：3-7　8. M208：3-8
9. M208：3-9　10. M208：3-10　11. M208：3-11

第二〇六节　M209

1. 墓葬形制

M209，位于第二阶地西部南侧，探方T0104内，M208南侧，且打破M208墓道。方向250度。形制为斜坡墓道砖室墓，由墓道、墓室两部分组成（图六〇八）。

墓道　位于墓室的西端，平面呈长方形，壁面较直，底部呈斜坡状。在距离墓道开口0.56米处，有一级生台阶，台面宽0.06米。墓道开口长10.50、宽0.78～0.90、坡长11.20、底距开口深0～3.90米，坡度20度。墓道内填五花土，土质疏松，未经夯打。

墓室　平面呈长方形，砖室破坏严重，结构不详。墓室长4.0、宽1.60、残高0.64米。该墓盗扰严重，未出土器物。

封门　条砖封门，侧立错缝。长0.86、残高0.40米。条砖20厘米×18厘米×7厘米。

葬具　木棺，出土铁棺钉。形制、尺寸不详。

葬式　不详。

盗洞　1处，位于墓道末端，自上而下进入墓室。平面呈圆形，直径约0.60米。

2. 出土器物

该墓未出土器物。

北

盗洞

盗洞

0　　　100厘米

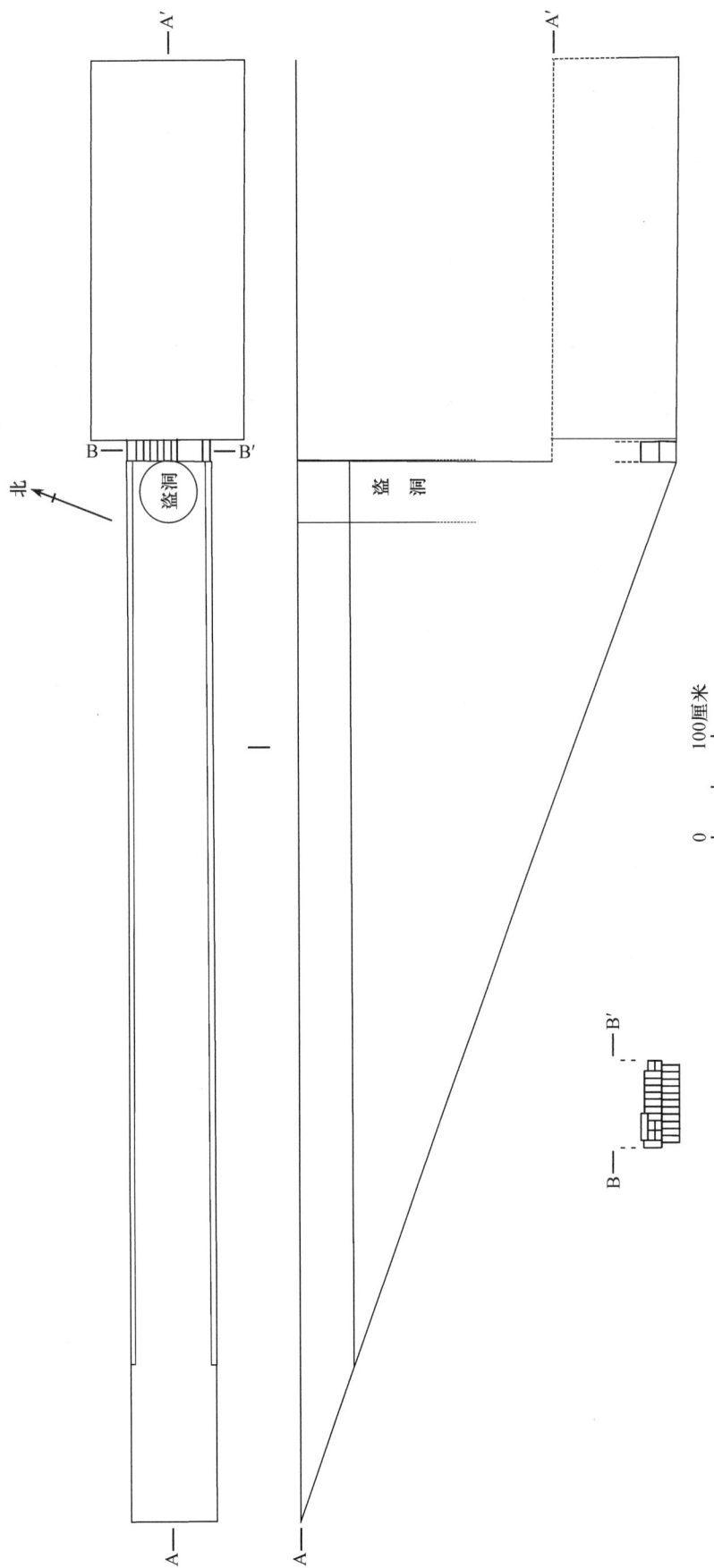

图六〇八　Ⅰ区M209平、剖面图